Über die Herausgeber

Anton Hügli, geb. 1939, Dr. phil. habil., Studium in Basel und Kopenhagen, Forschungsaufenthalt in Oxford, Lehrtätigkeit an den Universitäten Münster i. W. und Bielefeld, lehrt seit 1987 Philosophie an der Universität Basel; er ist Direktor des Pädagogischen Instituts Basel-Stadt und Professor für Philosophie an der Universität Basel.

Poul Lübcke, geb. 1951, Studium in Kopenhagen, Freiburg, Heidelberg und Leuven. Professor für Philosophie an der Universität Roskilde.

Verzeichnis der Mitarbeiter und Übersetzer siehe Seite 15.

Anton Hügli / Poul Lübcke (Hg.)

PHILOSOPHIELEXIKON

Personen und Begriffe
der abendländischen Philosophie
von der Antike bis zur Gegenwart

rowohlts enzyklopädie

rowohlts enzyklopädie
Herausgegeben von Burghard König

Vollständig überarbeitete und erweiterte Neuausgabe

Veröffentlicht im Rowohlt Taschenbuch Verlag GmbH,
Reinbek bei Hamburg, März 1997
Copyright © 1991 by Rowohlt Verlag GmbH, Reinbek bei Hamburg
Die dänische Originalausgabe erschien 1983 unter dem Titel
«Politikens filosofi leksikon»
im Politikens Forlag, Kopenhagen
Alle Fotos und Abbildungen Politikens Forlag und Archiv Rowohlt Verlag
«Politikens filosofi leksikon» Copyright © 1983 by Politikens Forlag, Kopenhagen
Alle deutschen Rechte vorbehalten
Umschlaggestaltung Jens Kreitmeyer
Satz Times und Helvetica (Linotronic 500)
Gesamtherstellung Clausen & Bosse, Leck
Printed in Germany
2990-ISBN 3 499 55453 4

Vorwort der Herausgeber

Das «Philosophielexikon» ist ein Nachschlagewerk und ein Handbuch, das sich nicht allein an Fachphilosophen richtet, sondern vor allem an einen breiten Kreis von philosophisch Interessierten. Das Grundanliegen, das wir mit diesem Werk verfolgen, hängt eng zusammen mit unserem Verständnis dessen, was Philosophie sein kann und – in unserer Zeit – sein soll.

1. Unser Philosophieverständnis

Wer immer er gewesen sein mag, der Erfinder des Wortes «Philosophie» – Pythagoras oder Heraklit von Ephesus –, die Zielrichtung dieses Wortes ist unverkennbar: Hier distanziert sich jemand von dem Anspruch, ein Weiser und Wissender, ein «Sophist», zu sein, und begibt sich in die bescheidenere Rolle eines Freundes und Liebhabers der Weisheit. Ein Philosoph ist nicht einer, der schon zu wissen glaubt, sondern einer, der noch immer nach Wissen sucht. Als ein solcher Suchender verfügt er auch nicht über Wissensbestände, die er anderen mitteilen könnte, er kann andere höchstens an seiner eigenen Wahrheitssuche teilhaben lassen.
Welche Art von Wissen ist es denn aber, die der Philosoph sucht und doch nie findet? Es ist zweifellos nicht ein Wissen über diese oder jene historische Tatsache oder über dieses oder jenes Naturphänomen – denn sonst wäre der Philosoph nicht zu unterscheiden von einem Ignoranten; gemeint ist vielmehr ein Wissen ganz anderer Art, das auf Fragen Antwort geben soll wie die, was eigentlich das Gute ist, nach dem wir angeblich immer streben, woher wir überhaupt wissen, daß alles in dieser Welt eine Ursache haben müsse, und mit welchem Recht wir annehmen, daß wir über die Zeit hinweg dieselbe Person bleiben. Alle diese Fragen lassen sich, gemäß dem klassischen Vorschlag von Immanuel Kant, auf drei einfache Grundfragen zurückführen:

1. Was kann ich wissen?
2. Was soll ich tun?
3. Was darf ich hoffen?

Vor Fragen dieser Art sehen wir uns gestellt, wenn wir vor uns selbst oder vor anderen Rechenschaft abzulegen versuchen über die letzten Voraussetzungen und die eigentlichen Ziele und Zwecke unseres Denkens und unseres Tuns. Philosophie ist von daher gesehen nichts anderes als der permanente Prozeß der Selbstprüfung und des Sich-Rechenschaft-Gebens über die grundlegenden Überzeugungen und fundamentalen Prämissen unseres Daseins, die wir in unserer Alltagspraxis stillschweigend immer schon als gerechtfertigt voraussetzen. Die eigenartige Erfahrung, die sich bei diesem Prozeß der Selbstprüfung einzustellen pflegt, ist dabei die, daß sich das, was wir längst schon zu wissen glauben, als höchst zweifelhaft und fragwürdig erweist. Schulbeispiel für diese philosophische Erfahrung ist die Wirkung, die man Sokrates, dem Urtypus des Philosophen, zugeschrieben hat. Von Sokrates wird berichtet, daß er seine als wissend und weise auftretenden Gesprächspartner mit seinen unerbittlichen Fragen nach dem Wesen dessen, was sie zu wissen vorgaben – was Tugend sei zum Beispiel oder Gerechtigkeit –, immer mehr in die Enge getrieben und in Ratlosigkeit und Verwirrung gestürzt habe. Sie hätten sich damit am Ende als noch unwissender entlarvt als Sokrates selbst, der selber nur eine Art von Wissen zu haben beanspruchte: das Wissen, daß er nichts wisse.

Nur die wenigsten Philosophen nach Sokrates haben es jedoch in dem Zustand der permanenten Unwissenheit ausgehalten. Die meisten zogen es vor, diesen Zustand möglichst bald wieder zu verlassen. Man kann daher die Philosophen grob in zwei Kategorien aufteilen: jene, die glauben, daß es in der Philosophie vor allem darum gehe, richtig in die Ratlosigkeit hineinzukommen, und jene, die das höchste Ziel der Philosophie darin sehen, aus der Ratlosigkeit möglichst bald wieder herauszukommen und sich zu höheren Formen des Wissens und der Gewißheit aufzuschwingen. Die erste Klasse sind die Philosophen, die sich selber als Skeptiker zu bezeichnen pflegen; die zweite Klasse umfaßt die vielen Spielarten all jener, die eine letzte und absolut sichere Begründung jeglichen Erkennens und Handelns suchen und die man deshalb als «Metaphysiker» bezeichnen kann. Zu diesen «Metaphysikern» gehört der größte Teil der europäischen Philosophen von Platon bis Hegel. Selbst die großen Kritiker der metaphysischen Tradition wie Ockham, Kant und Kierkegaard haben nach absolut festen Haltepunkten gesucht, die nun allerdings nicht mehr Gegenstände des metaphysischen Wissens, sondern des Glaubens sein sollten.

2. Die heutige Situation der Philosophie

Die Situation der Philosophie hat sich inzwischen grundlegend geändert. Nietzsche hat schon am Ende des letzten Jahrhunderts Gott für tot erklärt; die logischen Positivisten haben in den 30er und 40er Jahren dieses Jahrhunderts alle metaphysischen Sätze als sinnlos deklariert, und Heidegger versteht sein eigenes Denken als Beitrag zur Destruktion der abendländischen Metaphysik. Es ist inzwischen Mode geworden, unser Zeitalter als das der «Postmoderne» zu bezeichnen, in dem alle absoluten Wahrheiten sich totgelaufen haben und die metaphysischen «Meisterdenker» in Mißkredit geraten sind. In der Postmoderne, so heißt das neue Credo, gibt es keine geschlossene Gesamtdeutung des Lebens mehr und keine Ausrichtung auf ein universales, die Menschheit umfassendes Ziel, wie es etwa das Programm der Aufklärung beinhaltet. Was unsere Zeit kennzeichnet, so erklärt Jean-François Lyotard, einer der entschiedensten Verfechter des philosophischen Postmodernismus, ist das Hervortreten einer Vielzahl heterogener und autonomer Sprachspiele, Lebensformen und Lebensdeutungen, eine Pluralität unvereinbarer Praktiken und Konzepte, vergleichbar der babylonischen Sprachverwirrung.

Die philosophische Leitfigur der Postmoderne ist nicht der Metaphysiker, sondern dessen Widerpart, der Skeptiker. Der Metaphysiker glaubt an absolute Einsichten; für den Skeptiker ist dies nur eine neue Form des Irrtums; der Metaphysiker glaubt, den archimedischen Punkt gefunden zu haben, von dem her er die Welt kurieren kann; der Skeptiker betont die Bedingtheiten und Endlichkeiten, denen wir verhaftet sind. Er weiß, daß seine Sicht nur eine mögliche unter vielen ist – provisorisch und morgen schon überholt. Der Metaphysiker glaubt an die eine, unteilbare Wahrheit; der Skeptiker geht davon aus, daß es nicht eine Wahrheit, sondern eine Vielzahl von sich widerstreitenden Positionen gibt. Entgegen der landläufigen Meinung ist der Skeptiker keineswegs ein Mensch, der prinzipiell nichts weiß; er weiß – im herkömmlichen Sinn – soviel wie jedermann auch; doch er ist sich bewußt, daß es nichts Endgültiges zu wissen gibt, daß alles Wissen fragwürdig und vorläufig ist und daß die Wahrheit von heute der Irrtum von morgen sein kann.

Wie immer man sich als Philosoph zu dem Phänomen der sogenannten Postmoderne und zu dem Charme des Skeptikers stellen mag: Ob man auf alle Universalismen bewußt verzichtet, dem Partikularismus das Wort redet und die Individualität und Subjektivität hochhält oder ob man sich weiterhin dem Projekt der Moderne verpflichtet fühlt und im Zeichen einer universellen Vernunft nach letzten Zielsetzungen und umfassenden Begründungen sucht – einer Aufgabe wird man sich als Philosoph in jedem Fall zu stellen haben: sich mit der zweifellos bestehenden Vielfalt der philosophischen Deutungen und Theorien auseinanderzusetzen, Trennendes und Verbindendes zu suchen, Unvereinbares zu benennen und Brücken zu schlagen. Der Philosoph muß, mit einem Wort, zumindest Vermittler und Interpret sein können zwischen den verschiedenen Positionen.

3. Philosophieren im Alltag und Philosophie als Schuldisziplin

Was aber hat die Philosophie im allgemeinen und diese philosophische Entwicklung im besonderen mit den fachphilosophisch nicht vorgebildeten Leserinnen und Lesern zu tun, an die sich das «Philosophielexikon» in erster Linie wendet? Philosophie in dem oben explizierten Sinn eines Sich-Rechenschaft-Gebens über sich selbst ist, nach unserem Verständnis, nicht nur eine Angelegenheit von Fachphilosophen. Allein aufgrund der Tatsache, daß wir sprachlich miteinander kommunizieren können und müssen, stehen wir Menschen dauernd unter dem Anspruch, uns für das, was wir sagen, meinen oder tun, zu rechtfertigen. Diese Rechtfertigung mag zwar zumeist darin bestehen, daß wir uns auf die Üblichkeiten und Gepflogenheiten, auf das, was ‹man› so denkt und tut, berufen, aber in Situationen der Krise und des Konflikts können alle diese Selbstverständlichkeiten in sich zusammenbrechen. In unserer pluralistischen, von grenzenloser Dynamik erfaßten postmodernen Gesellschaft hilft zudem die Berufung auf die Usancen schon darum nicht sehr viel, weil durch die zunehmende Zersplitterung, Ausdifferenzierung und Fragmentisierung des gesellschaftlichen Lebens, die mit dieser Entwicklung einhergeht, der über alle Gruppierungen und Schichten hinweggehende Konsens längst zerbrochen ist. Daß wir in der Postmoderne leben, macht sich in unserem Alltag schon dadurch bemerkbar, daß wir in unseren verschiedenen gesellschaftlichen Rollen als Bürger, als Fachleute, als Künstler, als Vertreter religiöser Gemeinschaften oder ethnischer Min-

derheiten usf. immer mehr gezwungen sind, uns gegenüber uns fremden Personen und Gruppierungen zu erklären und zu rechtfertigen, die kaum eine der tragenden Prämissen unseres Lebens kennen oder gar teilen. Die Fähigkeit, unser Tun auch anderen verständlich zu machen und mit guten Gründen zu rechtfertigen, ist zu einer Lebensnotwendigkeit geworden.
Die Philosophie als der Inbegriff des Prozesses der Selbstprüfung erscheint unter diesem Gesichtspunkt als ein Humanum schlechthin: als eine Tätigkeit, auf die kein Mensch verzichten kann, soweit er überhaupt Mensch sein will. Wir können uns vor diesem Anspruch verschließen; aber es wird immer wieder Augenblicke geben, in denen wir uns mit Erstaunen fragen, warum wir und die Dinge um uns überhaupt so sind, wie sie sind, und mit welchem Recht wir eigentlich von all den Annahmen ausgehen, die wir bisher vorausgesetzt haben. Dieses Staunen aber und dieser radikale Zweifel sind, wie man exemplarisch wiederum an Sokrates oder an Descartes erfahren kann, der Anfang jedes Philosophierens.
Wie aber verhält sich dieses alltägliche Philosophieren zu dem, was Fachphilosophen tun? Auch der Fachphilosoph wird immer wieder dort anfangen müssen, wo Menschen im Alltag mit Philosophieren beginnen. Die fachphilosophische Tätigkeit ist von daher gesehen nur eine Verlängerung, Systematisierung und methodische Disziplinierung dessen, was im alltäglichen Philosophieren immer schon geschieht. Diese Tätigkeit hat allerdings ihre bleibenden Spuren hinterlassen. Viele der möglichen Denkwege haben die großen Philosophen im Verlauf der Denkgeschichte bereits abgeschritten, mögliche Aporien, Fallen und Holzwege aufgespürt und Scheidewege markiert. Wer sich – mit klarem Bewußtsein – auf das Gebiet der Philosophie begibt, wird zur Kenntnis nehmen müssen, daß es Philosophie vor ihm gegeben hat und daß sein Philosophieren ein Philosophieren nach Platon, nach Aristoteles, nach Kant oder nach Hegel ist und deshalb in vieler Hinsicht nur ein Nach-Denken sein kann. Dies heißt allerdings nicht, daß Philosophie heute sich in der Exegese klassischer Texte erschöpfen müßte. Originäres, aus eigenem Ursprung schöpfendes philosophisches Denken wird es weiterhin geben, wo immer die Philosophie lebt; denn anders auch als in den positiven Wissenschaften mit etablierter Forschungstradition von der Art der Physik oder Chemie muß man in der Philosophie nicht den neuesten Theoriestand kennen, um überhaupt sinnvoll weiterfragen zu können. Sobald das ursprüngliche Philosophieren sich zu entfalten versucht, wird es jedoch unweigerlich in den Sog jener Problem- und Begriffsfelder geraten, die die Philosophie in ihrer Geschichte bereits durchlaufen hat. Die Lek-

türe der klassischen Schriften der Philosophie wird daher gerade für das ursprüngliche Fragen eine unentbehrliche Orientierungshilfe sein.

Daß die Philosophie eine Geschichte hat, zeigt sich nicht nur daran, daß das Feld weitgehend abgesteckt worden ist, sondern auch darin, daß inzwischen ein beachtliches Arsenal von Techniken, Methoden und begrifflichen Instrumentarien zur Bearbeitung philosophischer Probleme zur Verfügung steht, auf die niemand mehr verzichten kann. Ein eindrückliches Beispiel dieser (technischen) Entwicklung sind die Methoden der logischen Analyse und der Sprachanalyse, die vor allem von angelsächsischen Philosophen im Anschluß an den großen deutschen Logiker Frege im 20. Jahrhundert entwickelt worden sind. Die Position, die nicht zuletzt nach den Kriterien von «wahr» oder «falsch» für Behauptungen jedweder philosophischer Provenienz fragt, kommt denn auch in vielen Artikeln dieses Lexikons zum Ausdruck.

Wer sich ernsthaft mit philosophischen Fragen in der heutigen Zeit zu beschäftigen versucht, wird sich mit diesen philosophischen Instrumentarien vertraut machen und den Anschluß an die gegenwärtige fachphilosophische Diskussion finden müssen.

4. Leitideen des «Philosophielexikons»

Das «Philosophielexikon» ist darauf angelegt, den Anschluß an die Fachdiskussion zu erleichtern. Aufgeschlüsselt nach Begriffen und Personen werden in kurzen und längeren Artikeln die Probleme und Denkwege der abendländischen Philosophie in historischer und systematischer Perspektive skizziert. Ausgangspunkt ist die heutige philosophische Diskussion. Dieser Bezugspunkt hat zur Folge, daß große Strecken der Philosophiegeschichte einen verhältnismäßig bescheidenen Platz einnehmen. Eine weitere Einschränkung ergibt sich aus unserem Philosophieverständnis: Philosophie als argumentative Tätigkeit, die darauf abzielt, mit Gründen und Gegengründen sich selbst und anderen Rechenschaft zu geben über die fundamentalen Voraussetzungen unseres Denkens, unseres Seins und unseres Tuns. Denker, die zur Verwirklichung dieses Programms beigetragen haben oder es skeptisch von innen her in Frage zu stellen versuchten, haben mehr Gewicht bekommen als Autoren, die ihre Philosophie in der Form von literarischen oder mythischen Visionen, fachwissenschaftlichen Systemen, geschlossenen Weltanschauungen oder Heilslehren zum Ausdruck gebracht haben.

Unserem Hauptanliegen, Brücken zu schlagen über die verschiedenen Richtungen und Strömungen der Philosophie hinweg, haben wir mit der Zusammensetzung des Autorenteams Rechnung zu tragen versucht. Um schulbezogene Einseitigkeiten zu vermeiden, ist die Autorengruppe so zusammengesetzt, daß in ihr die führenden Richtungen der modernen Philosophie vertreten sind. Dies zeigt sich vielleicht am deutlichsten in den Begriffsartikeln, die jeweils die unterschiedlichen Bedeutungen entfalten, die der entsprechende Begriff innerhalb der verschiedenen Traditionen angenommen hat. Im allgemeinen haben wir es vorgezogen, die Stichwörter systematisch zu behandeln. Viele dieser Überlegungen lassen sich jedoch nur verstehen, wenn man auch die Denkwege kennt, die zu ihnen geführt haben. Aus diesen Gründen wird die systematische Darstellung immer wieder durch historische und vor allem begriffshistorische Erläuterungen unterstützt. Aber auch dort, wo die historische Perspektive eingenommen wird, geschieht dies nicht in der Absicht zu erklären, warum sich die Philosophie gerade so und nicht anders entwickelt hat. Zum einen würde dies den Rahmen dieses Lexikons sprengen, zum anderen haben wir gewisse Zweifel an der Möglichkeit solcher geschichtlichen Erklärungen.

Das dänische Autorenteam wollte nicht nur die Möglichkeiten schaffen zu einer Verständigung über die verschiedenen Positionen der Philosophie hinweg, sondern hat auch versucht, sich diesem Prozeß der gegenseitigen Verständigung zu unterwerfen. Deshalb haben alle Autoren die Manuskripte gegenseitig gelesen, kommentiert und korrigiert. Die einzelnen Beiträge im «Philosophielexikon» sind aufgrund dieses Vorgehens zu Gemeinschaftsprodukten geworden, deren individuelle Anteile sich nicht mehr ausmachen lassen. Wir haben es aus diesem Grund unterlassen, die einzelnen Artikel zu signieren. Dies bedeutet allerdings nicht, daß die Autoren die zwischen ihnen bestehenden philosophischen Differenzen verwischt hätten. Jeder Autor hat letztlich selber über die letzte Fassung seiner Beiträge entscheiden können.

Trotz aller noch so klaren Auswahlprinzipien, dessen sind wir uns bewußt, wird jede Auswahl am Ende immer subjektiv bleiben. Eingeweihte werden deshalb diesen oder jenen Begriff oder Namen vermissen, andere für überflüssig halten. Viele der Auswahlentscheidungen erklären sich aus dem Werdegang des «Philosophielexikons».

Das Philosophielexikon ist eine deutsche Neubearbeitung des 1983 im Politikens-Verlag in Kopenhagen erschienenen «Politikens Filosofileksikon». Das «Filosofileksikon» in seiner ursprünglichen Form diente primär dazu, eine unter dem Titel «Vor tids filosofi» erschienene zweibändige Darstellung der Philosophie im 20. Jahrhundert zu erschließen und Hintergrundinformationen zu Begriffen und Personen zu geben, die in diesen beiden Bänden nur erwähnt, aber nicht weiter beschrieben werden. Diese Funktion behielt das Lexikon auch bei, als es ebenfalls 1983 ins Schwedische übersetzt wurde.

In der deutschen Bearbeitung wurde der Bezug zu den beiden Philosophiebänden gekappt; die einzelnen Beiträge wurden im Hinblick auf das deutschsprachige Publikum redaktionell überarbeitet und über weite Strecken durch neue Artikel ersetzt oder ergänzt. Trotz dieser einschneidenden Veränderung bleibt die ursprüngliche Konzeption des Werks und dessen Ausrichtung auf eine skandinavische, gegen den angelsächsischen Kulturkreis hin offene Leserschaft in mancher Hinsicht noch immer spürbar. Dies erscheint uns allerdings nicht als Mangel; wir hoffen, daß sich dadurch Perspektiven eröffnen, die man in vergleichbaren deutschsprachigen Werken nicht finden wird.

Vorwort zur Neuausgabe

Dieses Lexikon soll, nach unserer Zielbestimmung, den Anschluß an die aktuelle philosophische Diskussion ermöglichen. Das Risiko eines solchen Vorhabens ist, angesichts der wachsenden Fülle von immer neuen Publikationen auf dem Gebiet der Philosophie, offensichtlich: Man kommt notorisch zu spät. Oder dann zu früh: indem man Eintagsfliegen zu Elefanten macht. Diese Neuauflage ist der Versuch, das Beste aus dieser Situation zu machen.

Die Literaturhinweise wurden durchgehend aktualisiert, einzelne Artikel maßvoll auf den neueren Diskussionsstand hin erweitert, einzelne Stichwörter wie «Feministische Philosophie» oder «Kommunitarismus» neu aufgenommen. Ergänzt wurde vor allem der Bestand an Personenartikeln, in denen die neuesten Bewegungen sich am besten widerspiegeln – es sind an die 30 hinzugekommen.

Selbstverständlich haben wir im Zuge der Redaktion alle Artikel nochmals von Grund auf geprüft und allfällige Irrtümer und Fehler berichtigt. Besonders zu danken haben wir dabei Daniel Sollberger, ohne dessen große Mithilfe das Pensum kaum zu bewältigen gewesen wäre.

Basel/Kopenhagen 1996 *Anton Hügli und Poul Lübcke*

Hinweise

Das «Philosophielexikon» ist so aufgebaut, daß es in verschiedenen Zusammenhängen und auf verschiedene Weisen benutzt werden kann. Fachlich schwierigere Artikel stehen neben einführenden Übersichten. Die lexikalische Form ermöglicht es dem Leser, die für ihn einschlägigen Artikel aufzusuchen, ohne sich durch das Geflecht der Verweisartikel durchlesen zu müssen.
Um dem fachphilosophisch weniger vorgebildeten Benutzer den Zugang zu erleichtern, enthält das Werk eine Reihe von kleineren und größeren Basisartikeln. Diese verweisen auf ergänzende Artikel, können aber auch unabhängig von diesen gelesen werden. Alle anderen kleinen und mittelgroßen Begriffs- oder Personenartikel sind auf der Grundlage dieser Basisartikel ausgearbeitet worden. Um Querverweise zu ermöglichen, sind Wörter, die auf andere Artikel verweisen, mit einem Stern versehen worden. Diese Sterne haben zwei Aufgaben: (1) auf die anderen Artikel zu verweisen, in denen der betreffende Ausdruck eingehender behandelt wird, und (2) bei alltagssprachigen Ausdrücken wie «Erklärung», «Verstehen», «Sinn» oder «Ursache» die Aufmerksamkeit darauf zu lenken, daß der Ausdruck in einer technischen Bedeutung gebraucht wird, die in einem anderen Artikel erklärt wird. Um einen Überfluß an Sternen zu vermeiden, sind diese bei Personennamen und gängigen philosophischen Begriffen (z. B. «Erkenntnistheorie», «Ethik», «Philosophie» und «Metaphysik») ausgelassen worden; auf diese wird bisweilen verwiesen durch «s.» oder «vgl.» am Schluß eines Absatzes bzw. Artikels. Da es jeweils vom Kontext abhängt, was als ‹gängiger Ausdruck› anzusehen ist, kann das gleiche Wort im einen Artikel einen Stern haben und im anderen nicht, je nach Inhalt und Anspruchsniveau des Artikels.
Gewöhnlich wird nicht zwischen der substantivischen, adjektivischen oder adverbialen Form der Stichwörter unterschieden. Zum Beispiel verweisen sowohl «Solipsismus*» als auch «Solipsist*» oder «solipsistisch*» auf den Artikel **Solipsismus**. In gewissen Fällen sind verschiedene Artikel zu einem zusammengezogen, so «analytisch/synthetisch» oder «Platonismus/Neuplatonismus». In solchen Fällen gibt das eine Stichwort – in unserem Beispiel «synthetisch» oder «Neuplatonismus» nur eine erste

Information, während die ausführliche Darstellung unter dem Sammelartikel zu finden ist, auf den verwiesen wird. Bei zusammengesetzten Ausdrücken ist der Stern unmittelbar nach dem Buchstaben bzw. dem Wort angebracht, das als Artikelstichwort fungiert, zum Beispiel «a* priori» oder «Ding an* sich».

Größere Artikel werden mit Hinweisen auf Ausgaben (verkürzt Ausg.) und Literatur (verkürzt Lit.) ergänzt. Diese Hinweise erheben keinen Anspruch auf Vollständigkeit, sondern ermöglichen eine erste Orientierung über ein Thema oder einen Autor. Ist ein Werk bereits im Text erwähnt, wird es in der Regel nicht mehr in dem abschließenden Ausg.- und Lit.-Verzeichnis aufgenommen. – In den Artikeln sind Buchtitel *kursiv* gesetzt.

Bezüglich Geburts- und Todesjahr sind wir in Zweifelsfällen den neuesten internationalen Lexika gefolgt. Was die antiken Philosophen betrifft, haben wir den *Kleinen Pauly* (Ausg. von 1979) zugrunde gelegt, wobei jedoch an einzelnen Stellen eine Vereinfachung vorgenommen wurde. So gibt der *Kleine Pauly* an, daß Anaximander von etwa 610/09 bis etwa 547/46 gelebt hat, weil die antike Datierung offenläßt, ob er im Frühling oder im Herbst geboren wurde, und deshalb eine genaue Vergleichung mit unserem Kalender unmöglich ist. Da zudem die Datierung von vornherein mit Unsicherheit behaftet ist, haben wir die Information vereinfacht so wiedergegeben: von 610 – um 546 v. Chr. Wenn es sich um Philosophen aus dem 20. Jahrhundert handelt, haben wir in den Fällen, in denen keine lexikalischen Auskünfte vorliegen, entweder direkt an den betreffenden Philosophen geschrieben, nach seinem Nekrolog gesucht oder uns an die verlagsöffentlichen Informationen gehalten. Bei verstorbenen zeitgenössischen Philosophen war es allerdings oft schwierig bis unmöglich, das Todesdatum festzustellen.

Die Artikel benutzen durchgehend eine Reihe von Abkürzungen, z. B. «Philos.» für «Philosoph(en)» und «Philosophie(n)». Innerhalb eines Artikels wird dessen Stichwort abgekürzt, z. B. «A.» für «Aristoteles» oder für «Argument». Endungen, die einen bestimmten grammatikalischen Fall oder den Plural angeben (z. B. «Arguments» oder «Argumente»), werden den Abkürzungen nicht hinzugefügt; sie gehen aus dem Zusammenhang hervor. Weitere Abkürzungen (wie «Prof.» für Professor oder «dt.» für deutsch) folgen den gängigen Regeln.

Doppelte Anführungszeichen («...») werden nur benutzt, wo es sich um Zitate, Artikel oder Übersetzungen anderssprachiger Buchtitel handelt; in allen anderen Fällen stehen einfache Anführungen (‹...›).

Verzeichnis der Mitarbeiter

Redaktionelle Mitarbeiter

Paul Burger, Daniel Kipfer, Katrin Meyer, Bernadette Kaufmann, Christian Müller, Bernhard Schmid, Daniel Sollberger, Andrea Szente, Peter Widmer

Autoren der dänischen Kerngruppe

Sten Ebbesen, Arne Grøn, Jørgen Husted, Poul Lübcke, Stig Alstrup Rasmussen, Peter Sandøe, Niels Christian Stefansen

Autoren von Einzelbeiträgen in der dänisch-schwedischen Ausgabe

Henning Andersen, Lars Christiansen, Jens Fleischer, Jan Riis Flor, Karsten Friis Johansen, Jørgen I. Jensen, Sven Erik Nordenbo, Troels Engberg Pedersen, Sven Erik Stybe, Jakob Wolf, Per Oehrgaard

Autoren von ergänzenden Beiträgen für die deutschsprachige Ausgabe

Paul Burger, Ariane Bürgin, Ulrich Dierse, Günther Figal, Wilfried Greve, Anton Hügli, Daniel Kipfer, Carl Henrik Koch, Arnold Künzli, Poul Lübcke, Christian Müller, Søren Gosvig Olesen, Oliver R. Scholz, Bernhard Schmid, Daniel Sollberger, Peter Widmer, Jean-Claude Wolf

Übersetzer

Wilfried Greve, Eberhard Harbsmeier, Ulli Zeitler

A

a posteriori, s. *a priori/a posteriori*.

a priori/a posteriori (lat., von dem, was vorher kommt/von dem, was nachher kommt), unabhängig/abhängig von der (Sinnes-)Erfahrung, z. B. apriorische/ aposteriorische Begriffe, Urteile*, Argumente* oder Erkenntnis. Die Unabhängigkeit/Abhängigkeit hat zwei Hauptbedeutungen: 1. Im genetischen Sinn ist etwas a priori, wenn es aus etwas anderem als der (Sinnes-)Erfahrung stammt. Angeborene Ideen* sind a priori in diesem Sinn (vgl. Chomsky). Entsprechend kann man von apriorischen Urteilen oder apriorischer Erkenntnis sprechen, wenn die Urteile oder Erkenntnis ihren Ursprung nicht in der (Sinnes-)Erfahrung haben. Umgekehrt kann man von aposteriorischen Begriffen, Urteilen oder Erkenntnis sprechen, wenn sie aus der (Sinnes-)Erfahrung stammen. 2. In einem logischen Sinn ist etwas a priori, wenn seine Gültigkeit ohne Rückgriff auf die (Sinnes-)Erfahrung erwiesen werden kann. Bestimmte Varianten des ontologischen Gottesbeweises* versuchen beispielsweise zu zeigen, daß der Gottesbegriff ein apriorischer Begriff ist. Ein Urteil oder eine Erkenntnis heißt a priori, wenn die Wahrheit des Urteils oder der Erkenntnis ohne Gebrauch der (Sinnes-)Erfahrung, insbesondere ohne Gebrauch von empirischen* Experimenten und Untersuchungen, bewiesen werden kann. Umgekehrt kann man von aposteriorischen Begriffen, Aussagen oder Erkenntnissen sprechen, wenn die (Sinnes-) Erfahrung herangezogen werden muß, um zu entscheiden, ob die Aussage bzw. die Erkenntnis wirklich wahr ist. – Ein Argument ist a priori, wenn es ausschließlich auf apriorischen Prämissen* in der Bedeutung (1) oder (2) beruht.

Die Begriffe a priori/a posteriori werden bereits in der scholastischen* Philos. als Bezeichnung für die aristotelische* Unterscheidung zwischen Beweisen verwendet, die von dem ausgehen, was «infolge der Natur zuerst kommt», und Beweisen, die sich darauf gründen, was «für uns zuerst ist», wenn wir etwas erkennen. Diese Bedeutung wird jedoch im 17. Jh. von Descartes und Leibniz aufgegeben und durch die obenerwähnte moderne ersetzt. Kant gibt den Wörtern eine besondere Prägung, indem er die Scheidung zwischen a priori/a posteriori mit den Distinktionen analytisch*/synthetisch und notwendig/kontingent* verbindet. Nach Kant gibt es drei Urteilstypen:

1. Synthetische Urteile a posteriori (kontingent), z. B. ‹Auf Grönland gibt es Eis› oder ‹Die Schallgeschwindigkeit in der Luft ist ca. 333 Meter pro Sekunde›. Das sind Urteile, deren Wahrheit oder Falschheit nur mit Hilfe der (Sinnes-)Erfahrung entschieden werden kann.
2. Analytische Urteile a priori (notwendig), z. B. ‹Alle Junggesellen sind unverheiratet›. Das sind Urteile, deren Wahrheit oder Falschheit ohne Einbeziehung der (Sinnes-)Erfahrung entschieden werden kann, weil es ein Selbstwiderspruch wäre, solche Urteile zu verneinen. (Solche Urteile explizieren bloß die im Begriff enthaltenen Bestimmungen.)
3. Synthetische Urteile a priori (notwendig), z. B. ‹Der anschauliche Raum hat drei und nur drei Dimensionen› (*Prolegomena*, § 12) oder ‹Alle Veränderungen geschehen nach dem Gesetz der Verknüpfung von Ursache* und Wirkung› (*Kritik der reinen Vernunft* B 232).

Kant kritisiert die Empiristen* (z. B. Hume), weil sie die Möglichkeit solcher Urteile bestreiten. Es gibt eine Reihe von Urteilen, die von den Bedingungen handeln, die überhaupt jeder (Sinnes-)Erfahrung zugrunde oder vorausliegen und folglich im Verhältnis zu dieser a priori sein müssen. Diese Urteile können nicht mit rein logischen Mitteln bewiesen werden, d. h. sie sind nicht analytisch, sondern synthetisch. Nichtsdestoweniger sind sie notwendig, denn sie müssen notwendigerweise Bestandteil einer jeden (Sinnes-)Erfahrung sein. Andererseits beschränkt sich aber auch ihr Gültigkeitsbereich auf die Menge möglicher Erfahrungen. Es ist daher verkehrt zu glauben – wie die Rationalisten* (z. B. Wolff) –, daß man sie unmittelbar auf die Dinge an* sich, unabhängig von jedweder Erfahrung, anwenden kann (z. B. *Prolegomena* § 30). Man spricht hier von a priori gültigen transzendentalen* Prinzipien, d. h. Urteilen, die sich über die Bedingungen jeder möglichen Erfahrung aussprechen und die auf diese Weise der Erfahrung vorausgehen. Es sind jedoch keine a priori spekulativen* Prinzipien, d. h. Urteile, die von dem handeln, was jede mögliche Erfahrung überschreitet.

Im dt. Idealismus* (Fichte, Schelling und Hegel) erhält die Rede von apriorischen Prinzipien wieder einen spekulativen Sinn. Hier wird nämlich behauptet: Wenn man apriorisch zeigen kann, daß etwas nicht anders gedacht werden kann, dann muß es notwendigerweise auch so in Wirklichkeit und nicht bloß in unseren Gedanken sein (vgl. Dialektik). In der zweiten Hälfte des 19. Jh. bekommt die Bezeichnung a priori oft eine psychologische Bedeutung, z. B. bei G. Simmel, der Kants transzendentale Prinzipien als psychologische Gesetzmäßigkeiten, die nur für das menschliche Bewußtseinsleben Gültigkeit haben, (miß-)deutet. Bei den Neukantianern (vgl. Kantianismus, Cohen, Natorp u. a.) werden die apriorischen Prinzipien zu Prinzipien, die vorausgesetzt werden müssen, wenn empirische* (aposteriorische) Wissenschaft möglich sein soll. In der phänomenologischen* Philos. (vgl. Husserl) wird versucht, mittels der sog. Wesensschau* eine Reihe von wesentlichen* Eigenschaften an den Phänomenen* aufzudecken und diese in einer Reihe von synthetischen und a priori notwendigen Urteilen auszudrücken. Diese Wesensschau wird als eine besondere Erfahrung des Wesens des Gegenstands interpretiert, womit der Erfahrungsbegriff im Verhältnis zu Kant und den Neukantianern erweitert wird; diese behaupten, daß alle Erfahrung aposteriorisch (empirisch) ist.

Bei den logischen* Positivisten wird die Möglichkeit eines synthetischen a priori notwendigen Wissens geleugnet. Nur die analytischen Urteile, die auf der Grundlage der Bedeutung der Wörter und der logischen Regeln bewiesen werden können, könne man a priori erkennen. Solche analytischen, apriorischen Urteile (Tautologien*) sind zwar vollkommen sicher, aber sie sagen nichts über die Wirklichkeit aus. Wenn wir etwas über die Wirklichkeit wissen wollen, müssen wir eine empirische Untersuchung vornehmen.

In der Philos. nach 1945 hat sich die Auffassung in bezug auf die Unterscheidung zwischen a priori/a posteriori verändert. Die kontinentale Philos. hat die Rede von der phänomenologischen apriorischen Wesensschau im Sinn Husserls weithin aufgegeben. Der Begriff a priori wird überhaupt nur noch selten benutzt, und wenn er benutzt wird, dann in relativem Sinn, wonach etwas a priori in bezug auf ein anderes ist, relativ zu einer gegebenen geschichtlichen Situation. Dies gilt z. B. für den Horizontbegriff* bei Gadamer, für Apels ideale (apriorische) Kommunikationsgemeinschaft (vgl. Kommunikation).

Dieselben relativistischen Tendenzen kann man innerhalb der angelsächsischen Philos. wiederfinden. Dem späteren Wittgenstein zufolge gibt es zwar besondere «grammatische Sätze» mit apriorischem Status, aber nur relativ in bezug auf ein bestimmtes Sprachspiel*, so daß das Apriorische dasjenige ist, welches uns innerhalb eines bestimmten Zusammenhangs «besonders einleuchtend vorkommt» (*Philosophische Untersu-*

Repräsentant	Kant		Der logische Positivismus		Kripke			
Das Urteil ist:	notwendig wahr/falsch	kontingent wahr/falsch	notwendig wahr/falsch	kontingent wahr/falsch	notwendig wahr/falsch		kontingent wahr/falsch	
Art des Wissens	a priori	a posteriori	a priori	a posteriori	a priori	a posteriori	a priori	a posteriori
analytisches Urteil	+		+		+			
synthetisches Urteil	+	+		+	?	+	+	+

Die ersten beiden Spalten unter «Kant» und dem «logischen Positivismus» geben deren Selbstverständnis wieder. Bei Kripke dagegen handelt es sich um eine Interpretation, da dieser nicht explizit Stellung nimmt zur Unterscheidung zwischen analytisch und synthetisch in ihrer Beziehung zu den anderen Unterscheidungen.

chungen, § 158). In den 50er und 60er Jahren hat Quines Kritik an der Unterscheidung zwischen analytischen und synthetischen Sätzen auch die Unterscheidung zwischen a priori und a posteriori beeinflußt. In den 70er Jahren ist namentlich Kripkes Kritik der Verknüpfungen ‹a priori› – ‹notwendig› – ‹sicher› und ‹a posteriori› – ‹kontingent› – ‹unsicher› bedeutsam geworden.

Lit.: K.-O. Apel: Transformation der Philos. II. Das Apriori der Kommunikationsgemeinschaft, 1973. F. Kambartel: Wie abhängig ist die Physik von Erfahrung und Geschichte? In: K. Hübner/A. Menne: Natur und Geschichte, 1974. I. Kant: Kritik der reinen Vernunft, 1789, Einl. S. A. Kripke: Identity and Necessity. In: M. Munitz (Hg.): Identity and Individuation, 1971, S. 135–64. W. V. O. Quine: From a Logical Point of View, 1980. A. Pap: The Apriori in Physical Theory, 1946. M. Schlick: Gibt es ein materiales Apriori? (1930). In: Gesammelte Aufsätze, 1969.

Abbild- oder **Widerspiegelungstheorie**, erkenntnistheoretische Auffassung, nach der die menschlichen Erkenntnisse objektive Verhältnisse der Außenwelt* widerspiegeln (abbilden). Die A. geht auf Demokrit zurück und ist insbesondere mit der materialistischen Erkenntnistheorie verbunden. Für den sog. mechanischen Materialismus*, u. a. bei Condillac, bilden sich in der Erkenntnis die materiellen Außenweltverhältnisse direkt ab. Dagegen betont der dialektische Materialismus* die Wechselwirkung (die dialektische Beziehung) zwischen der materiellen Außenwelt bzw. dem gesellschaftlichen Sein der Menschen auf der einen und der Erkenntnis auf der anderen Seite.

Abduktion (von lat. *ab-ducere*, wegführen). 1. In der traditionellen Logik Bezeichnung für einen Syllogismus*, in dem der Obersatz wahr ist, aber der Untersatz und damit die Konklusion* nur wahrscheinlich. 2. Bei Peirce ist A. neben Deduktion* und Induktion* eine eigene Schlußform. Sie wird allgemein benutzt, um merkwürdige, überraschende Tatsachen zu erklären. Im Gegensatz zur Deduktion, die von der Regel und dem Fall auf das Resultat schließt, und anders als die Induktion, die vom Fall und dem Resultat auf die Regel schließt, verdeutlicht Peirce den abduktiven Schluß aus Regel und Resultat auf den Fall folgender-

Pierre Abélard schickt seine frühere Geliebte Héloïse ins Kloster. Der nach oben weisende Finger deutet an, daß die himmlischen Freuden nun die sinnlichen ersetzen sollen.

maßen: «Regel. – Alle Bohnen in diesem Sack sind weiß. Resultat. – Diese Bohnen sind weiß. Fall. – Diese Bohnen sind aus diesem Sack.»

Lit.: Ch. Peirce: Schriften I, 2.2619 ff. (Zur Entstehung des Pragmatismus), hg. von K.-O. Apel, 1967. K. F. Fann: Peirce's Theory of A., 1970. J. R. Josephson/S. G. Josephson (Hg.): Abductive Inference. Computation, Philosophy, Technology, 1994.

Abélard, Pierre (Petrus Abaelardus, 1079–1142), franz. Philos. und Theologe. Führte seit 1113 seine eigene Schule, hauptsächlich in Paris. Lebte zeitweise in Klöstern. Die Liebesbeziehung mit der jungen Héloïse veranlaßte den Onkel des Mädchens, A. überfallen und entmannen zu lassen.
A. war ein engagierter Kritiker seiner Zeit. So war er nicht ohne weiteres bereit, die Vernunft dem Glauben unterzuordnen. Einige seiner Ansichten wurden auf den Kirchentreffen von 1121 und 1142 verurteilt, was aber seinen Einfluß auf die zeitgenössischen Intellektuellen nicht verringerte. A. beschäftigte sich mit verschiedenen Aspekten der Philos., u. a. mit Ethik und Erkenntnistheorie. Sein wichtigster Beitrag lag in einer konzeptualistischen Lösung des Universalienstreits*, wie er sie in seinen beiden Hauptwerken *Dialectica* und *Logica ingredientibus* darlegt. Statt von der Existenz universaler Dinge auszugehen, sprach er von universalen Wörtern (z. B. «Mensch») und nicht-dinglichen «Zuständen» *(status)*, z. B. vom «Menschsein», um die Anwendung dieser Wörter auf bestimmte Individuen zu rechtfertigen. Er arbeitete an einer Prädikationstheorie, die Subjekt und Prädikat nicht nur als mit einer Kopula* (ist, ist nicht) verbundene Wörter gleicher Art (Namen) behandelte. Er wollte den Inhalt von nicht-dinglichen «Aussagen» *(dicta)*, z. B. «Sokrates läuft», bestimmen und befaßte sich mit Folgebeziehungen, Bedingungssätzen und Argumenten. Dabei unterschied er zwischen Argumenten, die kraft ihrer Form (Syllogismen) Gültigkeit beanspruchen, und solchen, deren Haltbarkeit allein auf der Bedeutung der vorkommenden Ausdrücke beruht. A. befand sich als Forscher in ständiger Entwicklung, ohne ein System zu errichten. Sein Wirken lag unmittelbar vor den Aristoteles-Übersetzungen, die die Voraussetzung mittelalterlicher Philos. grundsätzlich änderten. Daher wurde er von späteren Philos. nur wenig beachtet. Durch seine lange Lehrtätigkeit hat er jedoch die Entwicklung der Scholastik* wesentlich mitbestimmt.

Ausg.: Philos. Schriften. Hg. von B. Geyer, 1973. – *Lit.:* L. Grane: P. A. Philos. und Christentum im Mittelalter, 1969. J. Jolivet: Aspects de la pensée médiévale. Abélard Doctrine du langage, 1987. A. Podlech: Abaelard und Heloïse oder Die Theologie der Liebe, 1990. R. Thomas (Hg.): P. A.: Person, Werk und Wirkung, 1980.

Abschattung, in der Phänomenologie* Husserls Bezeichnung für die immer nur ‹einseitige› (perspektivische) intentionale* Gegebenheit des transzendenten Raumdinges. Der Gegenstand der Perzeption* ist nie ‹adäquat› evident (der Wahrnehmung eines Hauses bietet sich nur dessen Vorderseite dar), wodurch in jeder Gegenstandswahrnehmung ein ‹Überschuß› intentionalen Vermeinens über das wirklich Gegebene liegt. Alles Intendieren eines Raumdinges verweist daher auf die ‹Bewährung› dieses Überschusses in anderen perspektivischen Wahrnehmungen (vgl. Horizont), oder aber es wird im Prozeß des Näherbestimmens des Gegenstandes ‹durchgestrichen› (was vorn wie ein Haus aussieht, entpuppt sich nun beispielsweise als bloße Kulisse).

absolut (lat. *absolutus*, von *absolvere*, ablösen, losmachen). 1. unbedingt; unendlich; unbegrenzt (im Gegensatz zu relativ und endlich*). 2. an* sich; unabhängig; selbständig (im Gegensatz zu relativ). – Vgl. Raum, Wert, Zeit.

Absolute, das. 1. Das eigentlich Wirkliche, das letzthin Wirkliche. 2. Das Unbedingte, das als solches alles andere bedingt; das Unendliche, das die Bedingung für das Endliche* ist. 3. Der letzte oder äußerste Grund* für das, was ist. 4. Das an* sich selbst Seiende, das Sichselbst-Genügende. 5. Das im höchsten Grad Seiende; das höchste Wesen; Gott*. 6. Das Umfassende. 7. Adjektivisch gebraucht, steht ‹absolut› für unabhängig, unbedingt, vollkommen, im Gegensatz zu relativ.

Das Problem des A. ist eines der Leitthemen der gesamten metaphysischen Tradition, wenn auch die griech. Philos. den Ausdruck nicht kannte. Bei Cusanus wird erstmals eine enge Beziehung zwischen Gott und dem A. hergestellt. Die Frage nach dem A. ist die Frage danach, was das Grundlegende sei. Als solche ist sie zuallererst ontologisch ausgerichtet: Wodurch wird bewirkt, daß die Wirklichkeit ist, wie sie ist? Worin liegt ihr Grund? Worin liegt letztlich die Bedeutung der Wirklichkeit, in der wir leben? Was kennzeichnet die Wirklichkeit als ganze? Welches sind ihre wesentlichen Züge? Die Suche nach dem Grundlegenden geht so in zwei Richtungen: Zum einen wird nach den allgemeinen Zügen dessen, was ist, gefragt, d. h. nach den elementaren Bestimmungen, die Seiendes als Seiendes auszeichnen (Ontologie*); zum anderen geht die Suche nach einem höchsten Seienden, einem höchsten Wesen, von dem her das Seiende als Ganzes (die Welt) sich bestimmen läßt, das ein letztes, abschließendes und zugleich einheitsstiftendes Prinzip ist (Theologie*, vgl. auch Ontotheologie). Wer den Begriff des A. verwendet, spricht der Wirklichkeit einen Sinnzusammenhang zu.

Neben der ontologischen gibt es eine erkenntnistheoretische sowie eine ethische Bedeutung des A. Erkenntnistheoretisch wäre das der Wirklichkeit Zugrundeliegende zugleich das Grundlegende für deren Verstehbarkeit. Diese Verbindung wurde insbesondere in der frühen Phase des deutschen Idealismus hergestellt: Dort wurde als das A. dasjenige bezeichnet, das letztlich unser Wissen von Wirklichkeit ermöglicht, nämlich die sinnstiftende oder synthesenschaffende Instanz (das absolute Ich). In ethischer Hinsicht wiederum lautet die Frage: Worin besteht das höchste Gut, das ein absolutes, vollkommenes Gutes wäre, da es an sich selbst gut ist? Die Verbindung der ontologischen mit der ethischen Frage tritt insbesondere bei Platon deutlich hervor. Bei ihm ist das höchste Prinzip, das eigentlich Wirkliche, das Gute selbst, die Idee des Guten.

Der Begriff des A. spielt vor allem im deutschen Idealismus eine große Rolle. Im Hintergrund steht hier Spinozas Begriff von Gott als dem Unendlichen, dem A. oder der unbedingten Einheit, in der alles andere seinen Grund hat. Ebenso grundlegend ist aber auch Kants kritische Philos.: Sie behauptet, es sei unmöglich, von einem A. in dem Sinn zu reden, wie die metaphysische Tradition es verstand, nämlich als selbständigem Objekt (vgl. Subjekt/Objekt). Das A. resp. das Unbedingte kann nach Kant in theoretischer wie in praktischer (ethischer) Hinsicht nur als Ideal* im Sinne eines regulativen Prinzips verstanden werden. Der deutsche Idealismus in der Nachfolge Kants darf als ein großangelegter Versuch interpretiert werden, das A. unter Berücksichtigung der Kantschen Kritik gleichwohl zum philos. Thema zu erheben. Der Begriff des A. wird hier mit dem Systemgedanken verbunden (vgl. System). Das A., so die gemeinsame Grundanschauung der deutschen Idealisten, ist die Wirklichkeit als zusammenhängende Einheit. Allerdings läßt sich fragen, worin diese Einheit gründet. Was ist das A., als Prinzip der Wirklichkeit verstanden? In dieser Frage gehen die Antworten auseinander:

Bei Fichte ist das A. – jedenfalls zunächst – das bedingende Ich. Bei Schelling ist es der ursprüngliche gemeinsame Grund für Natur und Freiheit, also die ursprüngliche *Identität* (vgl. Identitätsphilos.). Bei Hegel ist das A. die *Idee*, d. h. die Vernunft* (der Begriff), die sich selbst Wirklichkeit gibt. In Hegels Auffassung kommt zweierlei zum Ausdruck: Zum einen, daß die Wirklichkeit im eigentlichen Sinn vernünftig ist, und zum andern, daß die Vernunft die Macht besitzt, sich selbst zu verwirklichen. Das A. wird dadurch sein eigenes Resultat, nämlich das Ergebnis jenes Prozesses, in dem es sich verwirklicht. In diesem Prozeß trennt es sich von sich selbst (Entzweiung) und kehrt zu sich selbst zurück (Versöhnung). Die absolute Idee ist dann *Geist**: ein Zu-sich-selbst-Kommen, eine Selbstentfaltung.

Alle drei Philos. geben Antwort auf die Frage, was die Wirklichkeit im Grund charakterisiert und verstehbar macht. Das A. ist Prinzip der Wirklichkeit. Bei Fichte besteht das eigentlich Wirkliche in der Freiheit, der schöpferischen Aktivität; alles andere muß von ihr her verstanden werden. Bei Schelling ist das Grundlegende die ursprüngliche Identität von Freiheit und Natur, die für sich selbst nur Abstraktionen sind. Bei Hegel dagegen meint das A. nicht das Ursprüngliche oder ‹Erste›. Dieses wäre als solches vielmehr abstrakt, unentfaltet. Das A. ist Prozeß und Resultat. Etwas wird nur dadurch wirklich, daß es entfaltet wird. Die Wirklichkeit selber soll werden. Das im eigentlichen Sinn Wirkliche ist die zu verwirklichende Vernunft. Insofern das A. aber Vernunft ist, kann es begriffen werden, nämlich im spekulativen Denken (vgl. Spekulation, Dialektik).

Diese Möglichkeit einer begrifflichen, spekulativen Erkenntnis des A. wird in der nachhegelschen Philos. Gegenstand der Kritik. Das Unbedingte des A. gilt jetzt als eine Voraussetzung, welche die Vernunft nicht selber einholen oder aufheben könne. Eine Erkenntnis des A. ist deshalb nicht möglich. Insbesondere innerhalb der verschiedenen Formen des Positivismus wird sogar die Möglichkeit eines sinnvollen Sprechens über das A. bestritten, z. B. vom logischen* Positivismus, im Zuge seines Versuchs, ein Kriterium für sinnvolle Sätze aufzustellen. – S. auch Hegel, absoluter Geist.

Lit.: J. Habermas: Das A. und die Geschichte, 1954. J. Heiler: Das A., 1921. D. Henrich: Andersheit und Absolutheit des Geistes. Sieben Schritte auf dem Weg von Schelling zu Hegel. In: Selbstverhältnisse, 1982, S. 142–172. K. Hemmerle: Gott und das Denken nach Schellings Spätphilos., 1968. S. Majetschak: Die Logik des Absoluten. Spekulation und Zeitlichkeit in der Philosophie Hegels, 1992. H. Radermacher: Fichtes Begriff des A., 1970. N. Rescher: Moral Absolutes. An Essay on the Nature and Rationale of Morality 1989. V. Rühle: Verwandlung der Metaphysik. Zur systematischen Darstellung des A. bei Hegel, 1989. X. Tilliette: L'absolu et la philosophie. Essais sur Schelling, 1987.

Absolutismus. 1. Lehre, die etwas Absolutes geltend macht (absolute oder objektive Wahrheiten, absolute Werte), Gegensatz Relativismus*; eine Philos. (Metaphysik*) des Absoluten*. 2. Dogmatismus*. 3. Form von Staat und Gesellschaft mit absoluter, uneingeschränkter Macht des Königtums. 4. Epoche der europ. Geschichte (17./18. Jh.), die durch absolutistische Staaten geprägt wurde; Zeitalter des A.

abstrakt (von lat. *abstrahere*, wegziehen, fortreißen). 1. allgemein, begrifflich gefaßt; Gegensatz individuell (konkret*); 2. unanschaulich; Gegensatz wahrnehmbar und anschaulich* (konkret). So sind Größen wie Mengen und Zahlen, aber auch geistesgeschichtliche Strömungen a. Ein Ausdruck kann dann a. genannt werden, wenn von den konkreten Erscheinungsbildern abgesehen wird, etwa bei ‹Säugetier› und bei ‹Kreis›. Im letzteren Fall verhält es sich so, daß kein konkreter Kreis den Gehalt einer geometrischen Darstellung ausdrückt. Und ‹Säugetier› läßt sich auf eine bestimmte Menge von Tieren anwenden, unabhängig von ihrer jeweiligen Größe, Farbe, Gefährlichkeit etc. 3. Hegel verwendet den Ausdruck a. in einem anderen Sinn. Ein Verstandesbegriff ist ‹abstrakt›, wenn er für sich allein genommen wird ohne Bezug zur Mannigfaltigkeit. Ein solcher Begriff ist kein allgemeiner. Allgemein ist ein konkreter Begriff, der im Durchgang durch die Mannigfaltigkeit die verschiedenen Bestimmungsmomente einer genetischen Totalität in sich aufgenommen hat und so zum Vernunftbegriff geworden ist. Das Einzelne ist so das Abstrakte, während das Allgemeine das Konkrete ist.

Unter Abstraktion wird verstanden: 1. der Prozeß des Absehens von den verschiedenen Seiten einer Sache, mittels dessen man zu abstrakten Ausdrücken gelangt; 2. das Resultat eines Abstraktionsprozesses, das Abstrakte selber.

absurd (lat. *absurdus*, mißtönend, grell). Der Ausdruck a. besitzt im modernen Sprachgebrauch eine Reihe stärkerer und schwächerer Bedeutungen: sinnlos, unvernünftig, selbstwidersprüchlich (kontradiktorisch*), voller Gegensätze, widersinnig. 1. Gebräuchlich ist die Redewendung ‹etwas ad absurdum führen› als Bezeichnung für eine Methode der indirekten Beweisführung: Man beweist die Unhaltbarkeit einer Auffassung, indem man zeigt, daß sich aus ihr sinnlose oder selbstwidersprüchliche Folgerungen zwingend ergeben (ein sog. *reductio ad absurdum*-Argument). 2. Die Formel *credo quia absurdum* (‹gerade weil es voller Widersprüche ist, glaube ich es›) steht bei den Kirchenvätern für die Vorrangigkeit des Glaubens gegenüber der Vernunft. Es wird geglaubt, obwohl der Gegenstand des Glaubens mit Hilfe der diskursiven Vernunft nicht explizierbar ist. Fälschlich wird die Formel Tertullian zugeschrieben. 3. Kierkegaard verwendet ‹das Absurde› u. a. zur Bezeichnung des Widerspruchs, daß Gott (die ewige Wahrheit) durch Christus in die Zeit getreten ist; Kierkegaard spricht hier auch vom Paradox*. 4. Für den französischen Existentialismus (Sartre, Camus) sind die Welt wie auch die menschliche Existenz sinnlos; die Frage nach dem Sinn der Existenz prallt an der Welt ab; der Mensch ist aber gezwungen, immer aufs neue diese Frage zu stellen. So ist die menschliche Existenz selbst durch das Absurde geprägt. Nach Camus kann man dem Absurden nur begegnen, indem man dagegen revoltiert.

Lit.: A. Camus: Der Mythos von Sisyphos, (1942) 1950. A. Camus: Der Mensch in der Revolte, (1952) 1953. W. F. Haug: J.-P. Sartre und die Konstruktion des Absurden, 1966. B. Rosenthal: Die Idee des Absurden, 1977. J.-P. Sartre: Das Sein und das Nichts, (1943) 1952.

actus (lat. Akt), s. *dynamis/energeia*.

ad infinitum (lat. *ad*, bis auf, zu; *infinitus*, unbegrenzt, unendlich); ins Unendliche, ohne Grenzen.

adäquat (von lat. *adaequare*, gleichmachen), sich deckend, übereinstimmend, passend, entsprechend. 1. Thomas von Aquin übernimmt vom jüd. Neuplatoniker* I. Israeli die Definition der Wahrheit als «adaequatio intellectus et rei»

(Übereinstimmung zwischen Intellekt und Sache; vgl. Korrespondenztheorie der Wahrheit). 2. Spinoza definiert eine Idee als a., die «insofern sie an sich und ohne Beziehung zum Objekt betrachtet wird, alle Eigenschaften oder innerlichen Merkmale einer wahren Idee hat» (*Ethica*, 2. Teil, Definitionen). Eine a. Ursache* wird definiert als «Ursache, deren Wirkung klar und bestimmt durch diese Ursache erkannt werden kann» (*Ethica*, 3. Teil, Definitionen). 3. Husserl unterscheidet zwischen a. und apodiktischer* Evidenz. 4. In der Logik heißt ein formales Systems a., wenn es sowohl korrekt als auch vollständig ist.

Adäquatheitsbedingung (von lat. *adaequare*, gleichmachen), in der Wissenschaftstheorie ist die A. eine Forderung nach Explikation* unserer Begriffe.

ad hoc (lat., für dieses), zu diesem besonderen Zweck; nur für diesen besonderen Anlaß bestimmt. Eine ad-hoc-Hypothese ist eine Hilfshypothese, die beim Auftreten von neuen Problemen resp. Daten zur Stützung einer Theorie resp. zur Problemlösung selbst aufgestellt wird. Sie dient als heuristisches* Mittel, ohne sogleich einer kritischen Überprüfung ausgesetzt zu sein. In die Ausarbeitung einer Theorie dürfen allerdings keine solchen ungeprüften ad-hoc-Hypothesen einfließen. – Vgl. versteckte Parameter.

Adorno, Theodor W. (Wiesengrund) (1903–69), dt. Philos. Studium der Philos., Musikwissenschaft, Psychologie und Soziologie. Promotion (1924) mit einer Arbeit über E. Husserl bei H. Cornelius in Frankfurt/M. Seit 1923 Freundschaft mit W. Benjamin. 1924–26 Kompositionsstudium bei Alban Berg in Wien. Habilitation (1931) in Frankfurt/M. mit einer Schrift zu S. Kierkegaard. 1934 Emigration nach Großbritannien; bis 1938 Advanced Student am Merton College in Oxford. 1938 Übersiedlung in die USA, dort enge Zusammenarbeit mit M. Horkheimer. Nach seiner Rückkehr nach Deutschland (1949) lehrte A. bis zu seinem Tod als Prof. an der Frankfurter Universität.

Philos. ist für A. ebenso wie für seinen Freund Max Horkheimer in erster Linie Kritik einer als naturbeherrschend diagnostizierten Vernunft. In seinen Grundlinien ist sein Denken von der Kunstkritik W. Benjamins beeinflußt und hat sich seit seinem Aufenthalt in Wien hauptsächlich an der Kunst orientiert. Wie bereits die gemeinsam mit Horkheimer verfaßte *Dialektik der Aufklärung* (1947) zeigt, sieht A. in der Kunst das einzige Medium, in dem der Herrschaftscharakter der Vernunft offenbar und zugleich gebrochen wird: An der Kunst allein ist die von der Vernunft beherrschte Natur noch erfahrbar. Während es in der *Dialektik der Aufklärung* noch darum geht, eine Entwicklungsgeschichte der naturbeherrschenden Vernunft zu schreiben, hat A. sich in den meisten seiner späteren Schriften darum bemüht, Formen des Denkens und Sprechens zu finden, die dem von der Vernunft Unterdrückten Rechnung tragen; er will im Vollzug vernünftigen Denkens die Negation seiner Unterdrückung der Natur einüben und so der Erfahrung des Besonderen, des «Nichtidentischen», Raum verschaffen. In der *Negativen Dialektik* (1966) ist dieses Denkverfahren methodisch in der Auseinandersetzung mit M. Heidegger, I. Kant und G. W. F. Hegel reflektiert. Die posthum erschienene *Ästhetische Theorie* (1970) ergänzt die *Negative Dialektik*: A. will hier zeigen, daß die Kunstwerke als Maßstab für die Erfahrung des Nichtidentischen zu gelten haben, und damit gibt er eine umfassende Erörterung dessen, was er in seinen Schriften zur Literatur und zur Musik praktiziert. Seine Kritik einer naturbeherrschenden Vernunft hat A. auch im Zusammenhang soziologischer Fragestellungen und Debatten vertreten.

Ausg.: Schriften, 1970 ff. Nachgelassene Schriften, 1993 ff. Briefe und Briefwechsel, 1994 ff. – *Lit.:* H. Brunkhorst: T. W. A.: Dialektik der Moderne, 1990. G. Figal: T. W. A.

Das Naturschöne als spekulative Gedankenfigur, 1977. L. v. Friedeburg/J. Habermas (Hg.): A.-Konferenz 1983, 1983. F. Grenz: A. Philos. in Grundbegriffen, 1974. R. Kager: Herrschaft und Versöhnung: Einführung in das Denken T. W. A., 1988. B. Lindner/W. M. Lüdke (Hg.): Materialien zur ästhetischen Theorie T.W.A., 1979. U. Müller: Erkenntniskritik und negative Metaphysik bei A.: eine Philos. der dritten Reflektiertheit, 1988. W. v. Reijen/ G. Schmid Noerr (Hg.): Vierzig Jahre Flaschenpost: «Dialektik der Aufklärung» 1947–1987, 1987. H. Scheible: T.W.A., 1989. G. Schweppenhäuser: Ethik nach Auschwitz. A.s negative Moralphilosophie, 1993. R. Wiggershaus: T. W. A., 1987.

Affirmation (lat. *affirmatio*, Bejahung), Zustimmung, Bejahung (eines Satzes bzw. eines Urteils*). Als A. wird dabei entweder der psychische Akt, der Sprechakt* des Behauptens resp. Bejahens oder der Inhalt, oft Proposition genannt, der behauptet oder bejaht wird, bezeichnet.

agape (griech., Liebe) bezeichnet das besondere christliche Liebesverständnis. Der schwed. Theologe A. Nygren stellt a. dem Eros* gegenüber, der laut Platon und dem Neuplatonismus das Streben des Menschen nach Gott, dem Göttlichen, Ewigen ist, also eine motivierte Liebe. A. dagegen ist zunächst die Liebe Gottes zum Menschen, zum Sünder, also eine unmotivierte, frei geschenkte Liebe (Gnade). Ferner bedeutet a. die menschliche Nächstenliebe.

Agens (von lat. *agere*, in Bewegung setzen, treiben, verfahren, tätig sein), die treibende Kraft, der oder das eine Handlung Ausführende im Gegensatz zu *passum* oder *patiens*: das oder der, an dem oder mit dem eine Handlung ausgeführt wird. So ist der Arzt A., der Kranke Patient. Das A. ist also das Subjekt* einer Handlung.

Agnostizismus (von griech. *agnostos*, unerkennbar, unbekannt). 1. Lehre, die behauptet, daß man nicht wissen könne, ob es einen Gott gibt oder nicht. 2. Lehre, die behauptet, daß Gott (das höchste Seiende) nicht erkannt werden könne. 3. Lehre, die behauptet, daß die menschliche Erkenntnis die Grenzen möglicher Erfahrung nicht überschreiten (transzendieren) könne und demgemäß die Möglichkeit einer transzendenten* Metaphysik verneint (vgl. Kant, Kritizismus). 4. Lehre, die behauptet, daß die Wirklichkeit (Wahrheit) nicht erkannt werden könne (vgl. Skeptizismus). In der Bedeutung von (3.) und (4.) ist der A. stets mit einem philos. Realismusstandpunkt verbunden, da er zwar die Erkennbarkeit bestimmter Entitäten bestreitet, damit aber zugleich deren Existenz behauptet. – Vgl. auch Atheismus, Erkenntnis, Relativismus.

Lit.: H. R. Robert (Hg.): Der moderne A., 1979.

Agrippa (um Christi Geburt), griech. Philos., ihm werden fünf Argumente zur Verteidigung des Skeptizismus* zugeschrieben: 1. Es gibt vom selben Gegenstand verschiedene Auffassungen. 2. Unsere Meinungen sind relativ, weil ein Gegenstand je nach dem Temperament, mit dem man ihn auffaßt, verschieden hervortritt. 3. Sucht man etwas zu beweisen, endet man in einem unendlichen Regreß*. 4. Sucht man den unendlichen Regreß aufzuhalten mit Hilfe einer dogmatischen Annahme, ist deren Wahl willkürlich. Oder man endet 5. in einem *circulus vitiosus*, sofern man genau das annimmt, was man beweisen wollte. 3, 4 und 5 wurden später – von A. unabhängig – bekannt als «Fries'* Trilemma».

Agrippa von Nettesheim (Heinrich Cornelius, 1486–1535), dt. Theologe und Philos. Machte in jungen Jahren den Versuch, den okkulten Wissenschaften eine philos. Begründung zu geben (*De occulta philosophia,* 1510). Später fand er mit einem Werk «Über die Unsicherheit und Eitelkeit der Wissenschaften» (*De incertitudine ac vanitate scientiarum,* 1530) Beachtung.

Ainesidemos von Knossos (Änesidem; um 40 v. Chr.), griech. Philos., Begründer der neuskeptischen Schule. Nach A. sprechen insgesamt zehn Gründe (Tropen*) für den Skeptizismus*: Unterschiede in den Auffassungen eines Gegenstands ergeben sich aus den Verschiedenheiten auf der Seite des Betrachters. Solche Unterschiede entstehen (1) zwischen den Lebewesen, (2) zwischen den Menschen selbst, (3) zwischen den verschiedenen Sinnen des Menschen, (4) zwischen seinen Wahrnehmungen etwa in der Jugendzeit und im Alter wie auch in wachem und schlafendem Zustand usw. sowie (5) zwischen den Perspektiven: So sieht z. B. ein ins Wasser gehaltener Stock aus, als wäre er geknickt. Weiter sind die Auffassungen desselben Gegenstands verschieden, weil (6) dieser selbst nie direkt betrachtet werden kann, sondern immer nur mittels eines Mediums, das ihn verschleiert, und (7) weil er verschiedene Eigenschaften besitzt. Schließlich verändert sich (8) die Auffassung eines Gegenstands je nach der Beziehung der Wahrnehmenden zu ihm, (9) der Vertrautheit mit der entsprechenden Art der Wahrnehmung und (10) den jeweiligen Lebensweisen, Gesetzen, Sitten, philos. Systemen usw.

Ajdukiewics, Kasimierz (1890–1963), poln. Logiker und Philos., studierte in Göttingen, 1926–27 Prof. in Warschau, 1928–39 in Lemberg, 1945–55 in Poznan und 1955–61 wieder in Warschau. A. war Mitglied der Warschauer* Gruppe. Seine Arbeiten über die formale Syntax* und die Semantik* enthalten u. a. die erste bekannte Formulierung des Deduktionstheorems*.

Akademie (griech. *akademeia*), ursprünglich Name eines Tempelbezirks nordwestlich von Athen; einer etwas unsicheren antiken Überlieferung zufolge nach dem Helden Akademos benannt. Als Platon 385 v. Chr. in unmittelbarer Nähe seine Schule gründete, ging der Name des Tempelbezirks auf sie über. Als Philosophenschule hatte die A. Bestand bis ins Jahr 529 n. Chr., in welchem sie von Kaiser Justinian geschlossen wurde (vgl. Platonismus). Heute dient der Begriff A. zur Bezeichnung von Forschungs- und Bildungseinrichtungen oder Vereinigungen zur Förderung der Künste und Wissenschaften. Als akademisch wird die Lehre und Forschung an den Hochschulen bezeichnet.

Akosmismus (von griech. *a*, nicht, und *kosmos*, Welt), Lehre, die der Welt eine eigenständige Wirklichkeit abspricht. Als A. interpretierte Hegel die Lehre Spinozas, weil darin nur der einen, unendlichen, unteilbaren Substanz (Gott) Wirklichkeit zugesprochen werde. Fichte gebrauchte A. zur Kennzeichnung seines Denkens, um sich gegen den Vorwurf des Atheismus zu verwahren. Bisweilen wird auch der Spiritualismus* (z. B. von Berkeley) als akosmistische Lehre interpretiert.

Akt (zu lat. *actus*). 1. Scholastische* Übersetzung des Begriffs *energeia* bei Aristoteles. Der A. ist die Tätigkeit, durch die eine Fähigkeit «aktualisiert» wird, oder die Verwirklichung einer Möglichkeit (vgl. *dynamis/energeia*). Gegenüber der Antike erfährt A. bei Thomas von Aquin eine wesentliche Erweiterung, da das Wesen des endlichen Seienden als Potenz* aufgefaßt wird, die zu ihrer Verwirklichung auf eine Wirklichkeit angewiesen ist, die ihrerseits reine Wirklichkeit, *actus purus*, einziger unendlicher Geist, ist. 2. Bei Husserl ist A. ein intentionales* Erlebnis, das auf einen Gegenstand gerichtet ist – im Gegensatz zum Sinneseindruck (Sinnesdatum*), der bloß das Erlebnismaterial (griech. *hyle*) für das Gegenstandserlebnis bedeutet. Mit der Verwendung des Begriffs A. betont Husserl, daß die Gegenstandserfahrung eine Art von Tätigkeit ist. – Vgl. Konstitution.

Akzidens (lat. *accidere*, hinfallen, vorfallen), das Kontingente*, nicht Notwendi-

ge, Zufällige an einer Sache. A. ist eine lat. Übersetzung des griech. *symbebekos*. Damit werden bei Aristoteles diejenigen Eigenschaften eines Gegenstands bezeichnet, die ihm weder mit Notwendigkeit noch normalerweise (im allgemeinen) zukommen. So ist es ein A. an einem Menschen, daß er weiß ist; denn man braucht nicht notwendig weiß zu sein, um ein Mensch zu sein, und Menschen sind auch normalerweise nicht weiß. – Das Gegenstück zu den A. ist die Essenz (das Wesen*) oder die Substanz* (vgl. Prädikabilien).
Im Mittelalter behandelten einige Philos. die A. als prinzipiell selbständige Dinge, besonders aufgrund der Lehre von der Transsubstantiation (Wesensverwandlung), wonach die Substanz des Abendmahlbrots bei der Konsekration in den Leib Christi verwandelt wird, während die Akzidenzien unverändert bleiben.

Albertus Magnus

Albert, Hans (geb. 1921), dt. Gesellschaftswissenschaftler und Philos., Prof. in Mannheim, führender Vertreter des kritischen* Rationalismus in der dt. Philos., beschäftigt sich mit Erkenntnistheorie und Wissenschaftsphilos. mit besonderem Bezug auf die Gesellschaftswissenschaften und die politische Praxis. A. war zusammen mit K. R. Popper einer der Hauptexponenten im dt. Positivismusstreit gegen die philos. Auffassungen der Frankfurter Schule*. In den Werken *Traktat über kritische Vernunft* (1968), *Konstruktion und Kritik* (1972) und *Transzendentale Träumereien* (1975) formuliert A. seine Position in kritischer Auseinandersetzung mit der analytischen*, hermeneutischen*, marxistischen* und konstruktivistischen* Wissenschaftsphilos.

Lit.: G. Ebeling: Kritischer Rationalismus. In: H. A.: Traktat über kritische Vernunft, 1973.

Albertus Magnus (Albert von Bollstädt, 1200 [1193?] – 1280), dt. Philos. und Theologe, Dominikaner. A. lebte und wirkte in Padua, Paris, Köln und Würzburg. 1260 übernahm er für zwei Jahre den Regensburger Bischofssitz. Sein bedeutendster Schüler war Thomas von Aquin, dessen Berufung an die Pariser Universität er empfahl.
Die Weite seiner wissenschaftlichen Kenntnisse und seiner Forschungen trugen ihm den Beinamen *doctor universalis* ein. Von großer Bedeutung für die weitere Entwicklung der Philos. war seine Rezeption des antiken wie auch des islamischen und indischen Denkens. Als erster in Westeuropa versuchte er in den 1250er und 60er Jahren, die Werke des Aristoteles gründlich zu kommentieren, und trug so zum Durchbruch der aristotelischen Naturphilos. an den Universitäten des Mittelalters bei. Als Naturforscher legte er Wert auf eigene Erfahrungen und Beobachtungen, da sich nach seiner Auffassung Naturerkenntnis nicht allein auf die Theorie stützen kann. Als Kirchenmann vertrat er vehement die Auffassung, daß die aristotelische Philos. mit der christlichen Theorie vereinbar sei, ohne aber Vernunft und Glaube in eins zu setzen. Diese Auffassung einer Vereinbarkeit antiker und christlicher Philosopheme

förderte seine breite Rezeption durch mittelalterliche Philosophen unterschiedlichster Prägung, so etwa durch Thomas von Aquin wie auch durch den Mystiker Meister Eckhart.

Ausg.: Opera omnia. Hg. vom Albert-Magnus-Institut, 1951ff. – *Lit.:* I. Craemer-Ruegenberg: A.M., 1980. M. Entrich (Hg.): A.M., 1982. A. de Liberia: Albert le Grand et la philosophie, 1990. A. Zimmermann (Hg.): Albert der Große. Seine Zeit, sein Werk, seine Wirkung, 1981.

Alchemie oder Alchimie (arab. *alkimiya*, von griech. *khymeia = khymeusis*, Vermischung oder die Lehre von der Vermischung), Lehre von der Veredlung. Die A. gründet auf der naturphilos.* Annahme, alle Stoffe seien letztlich verschiedene Erscheinungsformen desselben Urstoffs. Es muß daher möglich sein, einen Stoff zu ‹reinigen›, zu ändern oder gar mit ganz neuen Eigenschaften zu versehen, indem man ihn auf den Urstoff zurückführt. Die A. hatte für die Entwicklung der experimentellen Naturwissenschaften große Bedeutung.

d'Alembert, Jean Le Rond (1717–83), franz. Mathematiker und Philos., gab zusammen mit Diderot die große franz. Enzyklopädie heraus (*L'Encyclopédie*, 1751–65). Neben andern Schriften trug er v.a. durch eine Reihe von Artikeln in diesem Werk zur franz. Aufklärungsphilos.* bei. Er setzte sein Vertrauen in die Möglichkeiten einer rational begründeten Wissenschaft, welche sich an Beobachtung, Deduktion und Experiment orientiert, und vertrat gegenüber metaphysischen und religiösen Fragen eine agnostische* Haltung. – Vgl. Enzyklopädisten.

Ausg.: Oeuvres, 18Bde., 1805. Einleitung zur Enzyklopädie (1751), 1975. Essai sur les éléments de philosophie (1759), 1986. *Lit.:* E. Cane: D'A. and the Question of Limitation of Knowledge, 1974. M. Emery/P. Monzani (Hg.): J. d'A., savant et philosophe, 1989. T.L. Hankins: J. d'A., Science and Enlightment, 1971.

aletheia (griech.), Wahrheit, Unverborgenheit. In der griech. Philos. kommen dem Ausdruck zwei Bedeutungen zu: Zum einen wird damit die Wirklichkeit der Dinge angesprochen, die ihre Bestimmtheiten in sich tragen. Zum anderen werden damit Aussagen, Urteile qualifiziert; das Denken hat zur Aufgabe, der Wirklichkeit der Dinge zu entsprechen. Da die griech. Philos. von der Idee einer Identität von Denken und Sein durchdrungen war, stellen diese beiden Aspekte von a. (richtige Aussage, Wirklichkeit) nur zwei Seiten einer einzigen Sache dar.
Dieser traditionellen Interpretation hat Heidegger vehement widersprochen. Gestützt auf die etymologische Herleitung des Begriffs «a.» aus dem *a-privativum* (nicht) und dem Verb *lethein* (verbergen) behauptet Heidegger, die ursprüngliche Bedeutung von Wahrheit sei Unverborgenheit, Nicht-Verstecktheit, Enthülltheit. Wahrheit drücke demgemäß die Erfahrung der Offenheit aus, in der das Seiende stehe. Bei Platon gehe diese ursprüngliche Erfahrung endgültig verloren, und als wahr würden nurmehr Aussagen betrachtet. Das gleiche gelte für alle modernen Theorien der Wahrheit*, welche nur der Herrschaft der Logik gehorchen.
In der Neuzeit wurde der Ausdruck Alethiologie (von griech. *aletheia*, Wahrheit, und *logos*, Lehre) bisweilen für die Reflexion auf die Charakteristika von Wahrheit selbst (z.B. Differenz zwischen Wahrheit und Irrtum) verwendet.

Lit.: M. Heidegger: Platons Lehre von der Wahrheit. In: Gesamtausgabe, Bd. 9, 1976. E. Lask: Die Lehre vom Urteil, 1912.

Alexander von Aphrodisias (in Kleinasien, etwa 200 n. Chr.), griech. Philos., Lehrer der aristotelischen Philos. (in Athen?). Bekanntester Aristoteles-Kommentator des Altertums. Seine Lehre vom aktiven Intellekt* beeinflußte u.a. Avicenna und Averroes und dadurch die westeuropäische Scholastik*.

Alexander, Samuel (1859–1938), engl. Philos., geb. in Australien. Studium in Oxford und Freiburg (bei Münsterberg). Prof. in Manchester 1893–1924. In seinem Hauptwerk *Space, Time and Deity* (1920) entwickelt er eine Metaphysik, die «der empirischen* Methode» folgt, womit er den Einbezug der Ergebnisse der Erfahrungswissenschaften in seine Metaphysik erreichen möchte. Grundlage der Natur seien eine Reihe von raum-zeitlichen Relationen, die als Voraussetzung für verschiedene Schichten von organisierten Strukturen (sog. *emergents*) dienen. Die niedrigeren Schichten oder Strukturen sind notwendige, aber nicht hinreichende Bedingungen für die höheren Schichten. Auf der Basis von chemischen und physischen «emergents» entstehen das Leben, die Tiere und die Menschen. Gott muß als ein neuer, höherer «emergent» begriffen werden, den das Universum erzeugt hat und auf den unsere religiösen Gefühle gerichtet sind. Es gehört somit zur Natur als Raum-Zeit, daß sie eine schöpferische Tendenz enthält und deshalb aus einem schöpferischen zeitlichen Entwicklungsprozeß mit ständig neuen «emergents» besteht.

Lit.: Ph. Devaux: Le système d'A., 1929.

Alkmaion von Kroton (um 500 v. Chr.), griech. Philos., Dualist*, von Pythagoras beeinflußt.

alles fließt (griech. *panta rhei*), geflügeltes Wort, von Simplikios (um 500) Heraklit zugeschrieben. Nach Heraklit befindet sich alles in der Welt in steter Veränderung. Einem anderen Fragment zufolge ist es uns «unmöglich, zweimal in denselben Fluß zu steigen», weil wir uns ändern und weil der Fluß sich geändert hat. Aber die ewige Veränderung ist für Heraklit einem unveränderlichen Prinzip unterworfen, dem *logos**. Es wird heute allerdings stark bezweifelt, ob «alles fließt» ein echtes Heraklitwort ist.

Allgemeinbegriff, das dt. Wort für Universale*.

allgemeingültig. 1. Ein Gesetz ist a., wenn es uneingeschränkt gilt. Dabei kann es sich um ein Naturgesetz handeln, das mit Naturnotwendigkeit ‹in allen möglichen Welten› gilt, oder um ein ethisch-juristisches Gesetz. 2. Eine Aussage ist a., wenn sie faktisch von allen anerkannt wird oder notwendigerweise anerkannt werden müßte. – Vgl. intersubjektiv.

Allheit (vgl. Totalität). Bei Kant und den Neukantianern ist A. «die Vielheit als Einheit betrachtet», d. h. die Einheit, die in einer Mannigfaltigkeit von ansonsten verschiedenen Größen liegen kann. Sie ist eine der Kategorien der Quantität.

Allmacht Gottes. Theologischer Begriff, der in der scholastischen* Philos. zur Begründung dafür dient, daß für Gott alles möglich sei. Oft unterscheidet man zwischen der absoluten und der geregelten A. Gottes *(potentia Dei absoluta/ordinata)*. In bezug auf die absolute A. ist alles möglich, was keinen Widerspruch beinhaltet. Bezüglich der geregelten A. ist nur das möglich, was nicht den Naturgesetzen widerspricht.

Alltagssprache (oder Umgangssprache; engl. *ordinary language*), die natürliche Sprache, die wir gewöhnlich in alltäglichen Situationen sprechen und die sich sowohl von einer eigentlich formalisierten Sprache als auch den spezialisierten (technischen) Sprachen der Wissenschaften und Philos. unterscheidet. Es gibt keine klaren, allgemein anerkannten Kriterien*, nach denen die Alltagssprache von anderen Sprachtypen abgegrenzt werden kann. Der *ordinary* language philosophy* (Austin, Ryle, Strawson) zufolge ist die Alltagssprache die Grundlage für eine philos. Begriffsanalyse; in der hermeneutischen* Philos. (z. B. Gadamer) ist die Alltagssprache mit unserer Lebenswelt verknüpft und als solche eine transzendentale* Bedingung eines jeden Verstehens*.

Lit.: E. v. Savigny: Die Philos. der normalen Sprache, ²1974.

Alquié, Ferdinand (1906–85), franz. Philos., 1952–76 Prof. an der Sorbonne (Paris). A. wendet sich gegen den Existentialismus*, der den Menschen durch Leugnung eines transzendenten* Seins* ins Zentrum setzt und zum Prinzip erhebt; er wendet sich aber auch gegen den Versuch, das Sein oder das Absolute* zu objektivieren, z. B. indem man es wie Hegel mit dem Ganzen identifiziert. Statt dessen vertritt A. im Anschluß an Kant und Descartes eine negative Ontologie*: Das Sein als etwas, das über den Menschen hinausgeht, kann nicht positiv bestimmt werden.

Ausg.: Descartes, 1962. La nostalgie de l'être, ²1973. Le désir d'éternité, ⁹1983.

Als-ob. Der Ausdruck nimmt zuerst bei Kant eine besondere Stellung ein. Nach Kant wissen wir zwar nicht, ob Natur und Geschichte von Zwecken bestimmt sind, aber wir betrachten sie, *als ob* sie es wären; wir können zwar theoretisch nicht beweisen, daß Gott, Freiheit usw. existieren, wir müssen aber «so handeln, *als ob* wir wüßten, daß diese Gegenstände wirklich sind». – H. Vaihinger hat diesen Gedanken aufgegriffen und eine eigentliche Theorie des Als-ob, eine Theorie wissenschaftlicher Fiktionen, entworfen.

Lit.: H. Vaihinger: Die Philos. des Als ob, 1911.

Althusser, Louis (1918–90), franz. Philos., geb. in Birmandreis (Algerien), Studium an der École Normale Supérieure in Paris, ab 1948 dort Lehrer.
Aufmerksamkeit erregte A. Mitte der 60er Jahre mit seinem Programm für eine neue Marx-Lektüre. A. Deutung baut auf einer scharfen Trennung zwischen Ideologie* und Wissenschaft auf. Als Ideologie bezeichnet A. das erlebte Verhältnis des Menschen zu seiner Umgebung, das zu einem unbewußten System von Vorstellungen ausgebaut wird. Unreflektierte Erlebnisse oder Erfahrungen werden dem Bereich der Ideologie zugeordnet. Das menschliche Subjekt ist bloßer «Träger» unbewußter Strukturen. Wissenschaftliche Erkenntnis setzt dagegen einen radikalen Bruch mit der ideologischen Erlebniswelt voraus. Mit diesem Begriff vom «wissenschaftstheoretischen Bruch», den A. im Anschluß an Bachelard entwickelt, wendet er sich gegen die phänomenologisch*-dialektische* Tradition der modernen franz. Philos. (Kojève, Merleau-Ponty, Sartre); sie versteht das Marxsche Denken als Humanismus*. A. behauptet, daß es bei Marx selber einen wissenschaftstheoretischen Bruch gebe: Er liegt, allgemein formuliert, zwischen dem frühen «humanistischen» Marx, der vom deutschen Idealismus* geprägt ist, und dem späten Marx, der die Wissenschaft der Geschichte begründet, den historischen Materialismus*. Vom historischen unterscheidet A. den dialektischen Materialismus, mit welchem die Philos. der wissenschaftlichen Praxis bezeichnet sein soll.

Ausg.: Für Marx, 1968. Das Kapital lesen, 1969. Elemente der Selbstkritik, 1975. – *Lit.:* A. Assiter: A. and Feminism, 1990. G. Elliott (Hg.): A. A Critical Reader, 1994. S. Karsz: Theorie und Politik: L. A., 1976. K. Thieme: Althusser zur Einführung, 1982.

Altruismus (von lat. *alter*, ‹der andere›), Nächstenliebe, Uneigennützigkeit. 1. Altruistische Züge finden sich schon in der Stoa*, im Judentum und im Christentum. Dort verbindet sich der A. oft mit einer deontologischen* Moralauffassung, die die Pflicht zur Nächstenliebe ins Zentrum stellt (vgl. Kierkegaard). 2. Seine moderne Bedeutung gewann der A. bei Comte als Bezeichnung für eine moralische Theorie, nach der man selbstlos für das Wohl der anderen leben solle. Diese Bedeutung findet sich in der modernen angelsächsischen Moralphilos. wieder; dort heißt eine teleologische Ethik* A., die sich auf alles Lebendige außer dem eigenen Selbst bezieht. 3. Bei Spencer und Nietzsche wird der A. als Ausdruck seines vermeintlichen Gegenteils betrachtet, des Egoismus*. – Am radikalen A. wird kritisiert, er sei logisch selbstwidersprüchlich (kontradiktorisch*).

Ambiguität, s. Mehrdeutigkeit/Eindeutigkeit.

Ammonios Sakkas (um ca. 175 bis ca. 242 n. Chr.), Philos. aus Alexandria; Lehrer von Plotin und Origines, wird deswegen oft als einer der Begründer des Neuplatonismus angesehen. A. hinterließ keine schriftlichen Zeugnisse.

Lit.: M. Baltès: A. S. In: Reallexikon für Antike und Christentum. Hg. v. T. Klauser, 1941 ff.

Amphibolie, s. Mehrdeutigkeit/Eindeutigkeit.

an sich/für sich/an und für sich (franz. *en soi/pour soi/en et pour soi*). 1. Im Anschluß an Aristoteles wird in der spätantiken und scholastischen* Philos. unterschieden zwischen (a) dem, was in Seiendes* *per se* (griech. *kath' auto*) ist, d. h. ihm aufgrund des eigenen inneren Wesens mit Notwendigkeit zukommt, und (b) dem, was dem Seienden *per accidens** (griech. *kata symbebekos*), d. h. nur aufgrund äußerer (kontingenter*) Umstände zukommt.

In der dt. Philos. des 18. Jh. wird diese Unterscheidung aufgenommen. Der Ausdruck ‹per se› gilt jetzt als Synonym zu ‹absolut*› und ‹intrinsisch› (d. h. das Inwendige); er wird u. a. übersetzt mit ‹an sich› im Gegensatz zu ‹bedingt› oder ‹äußerlich›.

2. Kant übernimmt den Ausdruck ‹an sich› von Baumgarten und verwendet ihn gelegentlich noch in seiner früheren Prägung. Entscheidend aber ist sein neuer Begriff des *Dings an sich*. Mit ihm stützt sich Kant zwar auf die traditionelle Bestimmung des ‹an sich› als ‹dem inneren Wesen entspringend›, ‹unabhängig von äußeren (kontingenten) Umständen›, wandelt sie aber ab. Genauer unterscheidet er zwischen (a) dem Ding an sich, d. h. dem Ding (oder Seienden), wie es ist, unabhängig von dem Umstand, daß es von einem Bewußtsein wahrgenommen wird, und (b) dem Ding als Erscheinung oder Vorstellung, d. h. dem Ding (oder Seienden), insofern es als Ding (Seiendes) Gegenstand der Erfahrung ist.

Wird ein Ding (Seiendes) erkannt, so ist es Objekt (für ein erkennendes Subjekt*). Dieses Objekt erscheint in bestimmten, dem Subjekt zugehörigen Erkenntnisformen*; es ist in Zeit und Raum gegeben, und zwar als ein Ding unter anderen Dingen, es steht in einem Ursache*-Wirkungs-Verhältnis zu diesen anderen Dingen usw. Sofern ein Ding einem Subjekt als Objekt der Erfahrung gegeben ist, untersteht es nach Kant notwendigerweise diesen Anschauungs- und Verstandesformen, d. h. letztere gelten uneingeschränkt für alle Erscheinungen. Wie das Ding an sich selbst, unabhängig von seiner Beziehung zum erfahrenden Subjekt ist, darüber läßt sich jedoch nach Kants erkenntniskritischer Theorie per definitionem nichts wissen. Entsprechend wirft Kant der traditionellen Metaphysik vor, sie übertrage Eigenschaften des wahrgenommenen (vorgestellten) Dings dogmatisch* auf das Ding an sich.

3. Wie alle deutschen Idealisten* lehnt Hegel den Kantischen Ding-an-sich-Begriff ab. Er hält den Gedanken, daß ‹hinter› den Erscheinungen ein Wesen mit prinzipiell unerkennbaren Eigenschaften existieren und zugleich die absolute Grundlage seines Daseins bilden soll, für eine unhaltbare Abstraktion*. Vielmehr faßt Hegel die Wirklichkeit* als konkrete* Einheit des ‹inneren› Wesens und der ‹äußeren› Umstände. Isoliert von diesen äußeren Umständen ist das Ansichsein der Qualität* oder des Wesens nur eine noch nicht verwirklichte Anlage, Tendenz oder Möglichkeit (griech. *dynamis*). Die Verwirklichung geschieht erst, indem die Qualität oder das Wesen zum Äußeren in Beziehung tritt und durch

Abgrenzung Identität* und Individualität erlangt. Die verwirklichte Individualität nennt Hegel *Fürsichsein*. Da er den Grundcharakter der Wirklichkeit als Geist* auffaßt, kann er behaupten: Das Bewußtsein* von sich selbst, das der Geist erreicht, ist die eigentliche Triebkraft im Übergang vom Inneren zur Einheit des Inneren und des Äußeren, von Möglichkeit zu Wirklichkeit, von Ansichsein zu Fürsichsein. In diesem Selbstbewußtsein erkennt der Geist, daß sein eigenes Fürsichsein als Selbstbewußtsein Ausdruck der vollkommensten Verwirklichung aller weltgeschichtlichen Möglichkeit ist, weshalb Hegel vom Geist als An- und Fürsichsein sprechen kann.

4. Schopenhauer identifiziert das Ding an sich mit dem reinen Willen. Dagegen lehnen die meisten Neukantianer* den Begriff des Dings an sich ab. In seiner Auseinandersetzung mit dem Neukantianismus spricht N. Hartmann erneut von einem Ansich-seienden, hält es aber im Gegensatz zu Kant für erkennbar. Jaspers hebt vom Ansichsein das Sein für mich als Gegenstand (Objekt) der Erkenntnis ab. Das Ansichsein läßt sich nicht erkennen, wohl aber existentiell erfahren. Sartre teilt das Sein auf in das Ansich-Sein *(l'être en soi)* der Dinge und das Für-sich-Sein *(l'être pour soi)* des Subjekts oder Ich*. Das Ding heißt ‹an sich›, da es nur ist, was es ist, und sich nicht zu den Möglichkeiten seines Umfeldes verhält; umgekehrt verhält sich das Subjekt zu seiner Situation und den Möglichkeiten einer Verwirklichung von Neuem, die in ihr liegen.

analogia entis (lat., Verhältnisgleichheit, Analogie des Seins). Grundbegriff der thomistischen Ontologie, Metaphysik und Erkenntnistheorie. Thomas von Aquin versucht mit dem Begriff folgendes erkenntnistheoretische Problem zu lösen: Werden die Transzendentalien, v. a. seiend, eins, gut, wahr, von allem Seienden im selben Sinn ausgesagt, also univok* verwendet, dann muß eine ontologische Verschiedenheit der Seienden geleugnet werden, d. h. «seiend» könnte von Gott in derselben Bedeutung prädiziert werden wie von Geschöpfen. Werden die Transzendentalien dagegen in gänzlich verschiedenem Sinn verwendet, also äquivok* gebraucht, dann folgt daraus Gottes Unerkennbarkeit und die Unvergleichbarkeit der Dinge. Thomas löst die Aporie, indem er vorschlägt, die Transzendentalien weder univok noch äquivok zu verwenden, sondern analog. Die a. e. ist das Mittlere im Sinn proportionaler Ähnlichkeit. Somit können die Transzendentalien jedem Seienden zugesprochen werden; jedoch haben die Seienden – und darauf beruht im wesentlichen die a. e. – gemäß ihres eigenen Wesens, d. h. in unterschiedlichem Maß, Anteil am Seiend-, Eines-, Gut- und Wahrsein und insofern – gemäß Thomas – an Gott.

Lit.: G. Manser: Das Wesen des Thomismus, [4]1949. J. Owens: The Doctrine of Being in the Aristotelian Metaphysics, [2]1963. E. Przywara: A. e., Metaphysik, 1932. F. Riva: L'analogia metaforica. Una questione logico-metaphysica nel tomismo, 1989.

Analogie (von lat. *analogia*, gleiches Verhältnis, Gleichheit, Übereinstimmung). Wenn wir wissen, daß a die Eigenschaften P und Q hat und b die Eigenschaften P, wäre es ein A.schluß zu behaupten, daß b dann auch die Eigenschaft Q mit a gemein hat. – A.- und A.schlüsse werden häufig angewendet, um, ausgehend von dem uns Bekannten und Vertrauten, dasjenige zu erforschen und zu verstehen, von dem wir keine Kenntnis haben. So werden beispielsweise im Empirismus* A.schlüsse benutzt, um zu begründen, daß andere Menschen ein Seelenleben haben (vgl. Phänomenalismus, das Fremdpsychische und Solipsismus). Gestützt auf die uns aus eigenem Erleben bekannten seelischen Zustände wie Freude und Trauer und deren körperlichen Äußerungsformen wird der Schluß gezogen, daß das mit dem unsrigen vergleichbare körperliche Verhalten der anderen mit denselben oder ähnlichen seelischen Zuständen verbunden sei, wie wir sie von uns selbst her kennen.

Unterschieden werden verschiedene Typen der A., so etwa die strukturelle A., wonach die in Verhältnis gesetzten Systeme hinsichtlich der internen Beziehung ihrer Elemente sich ähnlich sind, oder die funktionale A., wonach die Ähnlichkeit zweier Systeme darin gesehen wird, daß sie zur Erfüllung einer bestimmten Aufgabe in gleicher Weise geeignet sind und in dieser Hinsicht durcheinander ersetzt werden können. Aristoteles unterscheidet zwei Formen eines analogen Wortgebrauchs: die Attributionsa. und die Proportionalitätsa. Bei der Attributionsa. werden Teilhabe und Kausalität ins Verhältnis gesetzt: Endliches Sein hat am unendlichen Sein Gottes teil, d.h. ist durch es verursacht. Folglich kann man bestimmte, der Erfahrung zugängliche Vollkommenheit endlichen Seins auch vom unendlichen Sein Gottes aussagen. Bei der Proportionalitätsa. werden Verhältnisse zueinander ins Verhältnis gesetzt; so wird beim Wort «Sehen» dasselbe Verhältnis von Sehen und Gesehenem unterstellt, ob es sich nun um einen mittels der Augen erfolgten Wahrnehmungsprozeß handelt oder um eine intellektuelle Tätigkeit des Einsehens.

A. werden auch als rhetorisches Argumentationsmittel zur suggestiven Weckung von Überzeugungen benutzt. Platon vergleicht z.B. die Beziehung des Herrschers zum Volk mit der Beziehung des Kapitäns zu seiner Besatzung oder des Arztes zum Patienten. Die beiden letzten Beziehungen beruhen auf technischen Fertigkeiten, die gelernt werden können. Auf gleiche Weise müßte demnach der Herrscher, der ebenfalls eine Art Führer oder Ratgeber ist, ein besonderes technisches Wissen haben, um rational und gerecht zu regieren.

Lit.: A. Biela: Analogy in Science, 1991. Dialectica 17 (1963), 111–295. D.H. Helman (Hg.): Analogical Reasoning. Perspectives of Artificial Intelligence, Cognitive Science, and Philosophy, 1988. P. Weingartner: A. Ein Versuch, verschiedene Arten der A.beziehung zu präzisieren. In: G. Patzig/E. Scheibe/W. Wieland (Hg.): Logik, Ethik, Theorie der Geisteswissenschaften, 1977, S. 500–511.

Analyse (griech. *analysis*), Auflösung, Zerlegung in Bestandteile, im Gegensatz zu Synthese*. Die A. ist eine der ältesten wissenschaftlichen Methoden, die nicht nur in der Mathematik, z.B. bei der Suche nach den Konstruktionsbedingungen einer geometrischen Figur, sondern auch bei der Bestimmung der möglichen Mittel zur Verwirklichung eines gesetzten praktischen Ziels, so nicht zuletzt auch in der Medizin, ihre Anwendung fand. Für Aristoteles ist A. das grundlegende Verfahren der von ihm unter dem Titel der *Analytiken* entwickelten Logik, in der es ihm unter anderem darum geht, logische Schlüsse auf ihre die Schlüssigkeit garantierende logische Form, d.h. auf die Figuren und Modi schlüssiger Syllogismen, zurückzuführen. Ein besonderer Anwendungsfall der analytischen Methode in der Philos. ist die schon von Sokrates und Platon geübte A. grundlegender Begriffe als Versuch einer Antwort auf Fragen wie ‹Was ist das Gute/die Gerechtigkeit/das Wissen?›. Trotzdem hat erst die Philos. des 20. Jh., genauer die sog. analytische* Philos., die methodische Klärung der Begriffsa. als solche zu einem zentralen Thema gemacht. Der Gegenstand einer Begriffsa. wird hiernach nicht als ein von Sprache und Denken unabhängig Existierendes angenommen, als eine Idee* im platonischen Sinn oder eine private Vorstellung im Bewußtsein des einzelnen Individuums, sondern als das Charakteristische der Bedeutung und des Gebrauchs derjenigen sprachlichen Ausdrücke, von welchen man annimmt, daß sie den entsprechenden Begriff zum Ausdruck bringen. Eine Begriffsa. ist in diesem Sinn eine logische A. (auch begriffslogisch genannt, im Unterschied zur formallogischen* A.). Der analytischen Philos. zufolge muß die Begriffsa. notwendigerweise eine logische

A. sein, um überhaupt Objektivität beanspruchen zu können.
Bei Moore und dem frühen Russell nahm die logische A. die Form eines Definitionsverfahrens an. Sie wollten zeigen, wie der Ausdruck (das *analysandum* der A.: das, was analysiert werden soll), z. B. das Wort ‹Wissen›, mittels einer Zusammensetzung einfacherer und deutlicherer Ausdrücke (das *analysans* der A.: das, was analysiert), z. B. ‹wohlbegründeter, wahrer Glaube›, definiert werden kann. Die Behauptung, die in einer A. wie ‹Wissen ist wohlbegründeter, wahrer Glaube› enthalten ist, ist somit eine Behauptung einer Synonymie-Relation zwischen Analysandum und Analysans in der Sprache. Wenn die Behauptung wahr ist, hat sie den Status einer analytischen* Wahrheit.
Russells Beschreibungstheorie gilt als Musterbeispiel für eine neue A.technik, die in Freges Bedeutungstheorie und in Wittgensteins *Tractatus* ihre Begründung findet. Diese analysiert in erster Linie die Bedeutung ganzer Sätze, wobei die Bedeutung der Wörter aus ihrem Stellenwert für die Bestimmung der Bedeutung der Sätze erklärt wird. Russells A. des Satzes «Der König von Frankreich ist kahlköpfig» durch den Satz «Es gibt nur eine Person, die König von Frankreich ist, und diese ist kahlköpfig» veranschaulicht, wie Sätze mit problematischen Ausdrücken – hier «der König von Frankreich» – durch andere Sätze mit (angeblich) gleicher Bedeutung, aber ohne die problematischen Ausdrücke, ersetzt werden können. Die A. zeigt zum einen, daß der ‹verschwundene› Ausdruck keine selbständige Bedeutung hat, sondern zur Festlegung der logischen Form des Satzes dient, zum andern, daß die grammatische Form des Satzes irreführend ist. Eine solche A. beruht auf der Voraussetzung, daß der analysierende Satz in logisch richtig artikulierter Form die Wahrheitsbedingung* des analysierten Satzes angibt.
Gemäß der zugrundeliegenden Bedeutungstheorie wird die Bedeutung eines Satzes durch dessen Wahrheitsbedingungen festgelegt. Entsprechend wird die Bedeutung eines Wortes durch den Beitrag bestimmt, den dieses zur Festlegung der Wahrheitsbedingungen der Sätze leistet, in denen es vorkommt.
Von Wittgensteins Spätphilos. *(Philosophische Untersuchungen)* her ist schließlich eine dritte A.technik, die vom Sprachgebrauch ausgehende analytische Methode, entstanden. Der Grundgedanke Wittgensteins ist, daß die Bedeutung eines sprachlichen Ausdrucks eine Funktion des Gebrauchs ist, den die Sprecher der Sprache von ihm in konkreten Sprechsituationen machen. Zur theoretischen Klärung der Prinzipien der philos. Spracha., wie sie v. a. von der sog. Ordinary Language Philos. praktiziert worden ist, hat Austins Theorie der Sprechakte* wesentlich beigetragen. Stawsons performative* A. des Wahrheitsbegriffs* und Hares präskriptivistische* A. moralischer Aussagen sind Beispiele für A. dieser Art.
Den hier erwähnten Auslegungen der Begriffsa. als eine logische A. ist die Annahme gemeinsam, daß es auf den verschiedenen Sprachstufen objektiv feststellbare Tatsachen* in bezug auf die Bedeutung und bedeutungsmäßigen Beziehungen der Ausdrücke gibt. Diese Annahme ist in den letzten drei Jahrzehnten, mit Quine als einem der führenden Kritiker, Gegenstand heftiger Kritik gewesen. Quine zufolge stützt sich die Annahme auf ein falsches Sprachmodell und eine falsche Auffassung des Verhältnisses zwischen Sprache und Wirklichkeit. Die A. ist illusorisch, und die sog. philos. A. muß als ein Revisions- und Rekonstruktionsprozeß verstanden werden, in dessen Verlauf unklare Ausdrücke entweder als für rationale Zwecke unbrauchbar ganz verworfen oder durch besonders konstruierte, wohlgeordnete Ausdrücke ersetzt werden.

Lit.: A. J. Ayer: Sprache, Wahrheit und Logik, 1978. R. Carnap: Der logische Aufbau der Welt, 1928. J. Hintikka/U. Remes: The Method of Analysis. Its Geometrical Origin and its

General Significance, 1974. R. Hönigswald: Abstraktion und Analysis, 1961. G. Patzig: Sprache und Logik, 1970. E. Tugendhat: Vorlesungen zur Einführung in die sprachanalytische Philos., 1976.

analytisch/synthetisch. Der Terminus ‹analytisch›, auf Urteile* oder Aussagen angewendet, steht im Gegensatz zu ‹synthetisch› und bezeichnet eine für die Erkenntnistheorie seit I. Kant zentrale Unterscheidung. Es bestehen jedoch verschiedene Ansichten darüber, wie die Unterscheidung vorzunehmen und ob sie überhaupt haltbar ist.
1. Nach Kants ursprünglicher Definition in der Einleitung (A7–A8, B10–11) zur *Kritik der reinen Vernunft* (1781) ist ein Urteil a., wenn der Begriff des Prädikats* bereits im Begriff des Subjekts* enthalten ist und auf diese Weise nichts Neues hinzufügt. Zum Beispiel ist das Urteil ‹Alle Körper haben eine Ausdehnung› a., weil der Begriff ‹Ausdehnung› schon im Begriff des Körpers enthalten ist. Dagegen ist ‹Einige Körper haben Schwere› s., da der Begriff ‹Schwere› als solcher nicht in dem des Körpers enthalten ist. Die offensichtlichen Mängel dieser Definition – sie gilt nur für Urteile mit Subjekt-Prädikat-Form, und der Ausdruck ‹enthalten› ist ungenau – versucht Kant in seinen *Prolegomena* (1783) zu beheben. In Teil 2 dieser Schrift ergänzt Kant die Definition durch das Kriterium, daß die Verneinung eines a. Urteils einen Selbstwiderspruch mit sich führt. So ist der Satz ‹Alle Junggesellen sind unverheiratet› a., weil seine Verneinung, ‹Einige Junggesellen sind nicht unverheiratet›, identisch wäre mit dem Satz ‹Einige unverheiratete Männer sind nicht unverheiratet›. Das gleiche gilt für die Aussage ‹Es ist unmöglich, daß es sowohl regnet als auch nicht regnet›, wogegen die beiden Urteile ‹Alle Junggesellen sind glücklich› und ‹Es ist unmöglich, daß es entweder regnet oder schneit› s. sind, weil sich beide ohne Selbstwiderspruch verneinen lassen. Mit Hilfe dieses neuen Kriteriums kann Kant zeigen, daß a. Urteile mit Notwendigkeit wahr sind; denn da ein Selbstwiderspruch notwendigerweise falsch ist, muß seine Verneinung oder das gegenteilige Urteil notwendigerweise wahr sein. A. Urteile sind also absolut sichere Wahrheiten, was letztlich der Satz vom Widerspruch garantiert.
Für s. Urteile gibt es keine entsprechende Garantie, so daß diese sowohl wahr als auch falsch sein können. In seinen erkenntnistheoretischen Argumentationen führt Kant jedoch den Nachweis, daß einige s. Urteile, u. a. das Kausalprinzip, gleichfalls notwendigerweise wahr sind (s. *a priori*), freilich aus einem ganz anderen Grund als die a. Urteile. Es ist einer der Hauptgedanken Kants, daß alle a. Wahrheiten notwendige Wahrheiten sind, es aber auch notwendige Wahrheiten gibt, die nicht a. sind.
2. Diese Auffassung wird von der empiristischen* Tradition bestritten. Dieser zufolge muß notwendige Wahrheit mit a. Wahrheit gleichgesetzt werden: Die einzige Weise, in der etwas mit Notwendigkeit wahr sein kann, ist die, daß das Gegenteil einen logischen Selbstwiderspruch beinhaltet. Wahrheiten formulieren Regeln und Zusammenhänge in dem sprachlichen Beschreibungssystem von der Art wie ‹Alle Junggesellen sind unverheiratet› und ‹Eine Woche hat sieben Tage›. Sie bezahlen für Ihre Sicherheit den Preis, daß sie als a. Urteile über faktische Verhältnisse gar nichts aussagen.
Kants Unterscheidung ist daher für den Empirismus von entscheidender Wichtigkeit, und nicht zuletzt in diesem Jahrhundert haben sich die Empiristen zu zeigen bemüht, daß die Unterscheidung sowohl scharf als auch nicht-willkürlich ist. Der logische Positivismus hat sich hierzu G. Freges Bestimmung von a. Wahrheit in den *Grundlagen der Arithmetik* (1884, Teil 3) bedient: Ein Urteil ist eine a. Wahrheit (Falschheit), wenn es, ausschließlich mit Hilfe der Gesetze der Logik und den Definitionen der Sprache, bewiesen (widerlegt) werden kann. Dieses formale Kriterium hat weitgehend Anerkennung gefunden und zu dem Versuch geführt, mathematische Sätze auf a.

Wahrheiten zurückzuführen (vgl. Tautologie, Logizismus).

Innerhalb der überwiegend empiristisch orientierten *ordinary language philosophy** finden eher inhaltliche Kriterien Verwendung. Gewöhnlich wird hier ein a. Urteil als ein Urteil expliziert, welches allein kraft der Bedeutungen der vorkommenden Ausdrücke wahr ist. Der Satz ‹Eine Woche hat sieben Tage› drückt ein a. (wahres) Urteil aus, weil ihn jeder, der ihn versteht, als wahr ansehen muß: Sollte ihn jemand verneinen, ist dies ein Beweis dafür, daß der Betreffende ihn nicht verstanden hat.

3. In den jüngsten Tendenzen der Sprachphilos. ist die Unterscheidung zwischen a. und s. Urteilen einer scharfen Kritik unterzogen worden. Auf je eigene Weise haben führende Philos. wie Wittgenstein und Quine dafür argumentiert, daß die Unterscheidung nicht nur willkürlich und unscharf sei, sondern auch auf einer irreführenden Auffassung des Verhältnisses zwischen Sprache und Wirklichkeit beruhe. Andere Philos., u. a. S. Kripke, haben eine neue Diskussion des Begriffs ‹notwendige Wahrheit› eröffnet, in der die traditionelle Unterscheidung zwischen a. und s. Urteilen nicht mehr von Bedeutung ist. Schließlich haben auch die neuesten Entwicklungen innerhalb der mathematischen Logik und Modallogik dazu beigetragen, die Unterscheidung prinzipiell in Frage zu stellen.

Analytische Philosophie, zusammenfassende Bezeichnung für eine Reihe von philos. Richtungen des 20. Jh., hauptsächlich im engl. Sprachraum. Trotz bedeutungsvoller Unterschiede in Theorie und Praxis der verschiedenen Richtungen gemeinsame Hauptanliegen und Grundgedanken. 1. Beinahe durchgängig ist ihnen eine skeptische oder geradezu feindliche Haltung gegenüber metaphysischer Systemkonstruktion gemeinsam, wie man sie sowohl in der klassischen als auch modernen kontinental-europäischen Philos. findet. 2. Im weiteren wird die Auffassung vertreten, daß die traditionellen philos. Probleme nur durch eine Klärung der in den Problemformulierungen enthaltenen Ausdrücke und ihrer Bedeutung gelöst oder aufgelöst werden können. Eine solche Klärung geschieht mittels der besonderen Methode der philos. Analyse*, welche der a. Philos. zufolge die einzige Möglichkeit der Philos. ist, abschließende Ergebnisse zu erzielen. 3. Zur Grundüberzeugung gehört: Die Philos. ist nur in bezug auf ihre Methode systematisch. Die philos. Probleme können daher isoliert und ohne Rücksicht auf einen systematischen Zusammenhang behandelt werden. 4. Schließlich ist die a. Philos. allgemein durch eine empiristische* Grundeinstellung gekennzeichnet.

Die Hauptrichtungen innerhalb der a. Philos. unterscheiden sich vor allem durch ihre Auffassung der philos. Analyse. Von Moore geht eine Tradition aus, die das Hauptgewicht auf die Alltagssprache legt. Aufgabe der Philos. ist es dieser Tradition zufolge, den Sinn von *common sense**-Wahrheiten zu klären, die in den traditionellen philos. Problemen, z. B. dem Problem der Objekt- oder Außenwelt oder dem Problem der Freiheit* des Willens, enthalten sind. Eine Analyse muß zeigen, wie sich die problematischen Ausdrücke durch unproblematischere mit denselben Bedeutungen ersetzen lassen, die im übrigen in der Alltagssprache formuliert werden können müssen. Die *ordinary* language philosophy* ist eine Weiterführung dieser Richtung, beruht aber in Abhebung von jener Moores auf der Bedeutungstheorie des späteren Wittgenstein.

Von Russell geht eine andere Tradition aus; für sie ist moderne formale Logik das wichtigste Werkzeug der philos. Analyse. Als besonders einflußreich erwies sich dabei die von Russell entwickelte Technik, philos. Verwirrung aufzulösen durch den Nachweis, daß die grammatische* Form eines Satzes häufig dessen logische Form verschleiere. Russell hat mit

seinem Ansatz verschiedene Strömungen in der a. Philos. beeinflußt, insbesondere den logischen* Positivismus und die formale Semantik* nach 1960.
Die neuesten Entwicklungen in der a. Philos. in den 70er Jahren – hier sind u. a. D. Davidson, M. Dummett und S. A. Kripke zu nennen – sind darauf ausgerichtet, eine systematische philos. Bedeutungstheorie zu entwickeln, die erklärt, wie es möglich ist, eine ganze Sprache zu verstehen. Ziel ist nicht mehr, isolierte Analysen bestimmter sprachlicher Ausdrücke durchzuführen, geschweige denn von Behauptungen im üblichen Sinn. Vielmehr geht es darum, traditionelle philos. Grundfragen, nicht zuletzt etwa die metaphysische Debatte zwischen Realismus und Idealismus*, auf die Frage nach dem richtigen Modell des Sprachverständnisses zurückzuführen und in der Folge als sprachphilos. Probleme zu behandeln. Nach dieser Neuorientierung ist die Bezeichnung a. Philos. eher für die geschichtlichen Wurzeln dieser philos. Richtung als für ihren Inhalt zutreffend.

Lit.: P. Bieri (Hg.): A. Philos. des Geistes, 1981. A. C. Danto: A. Philos. der Geschichte, 1973. Ders. A. Handlungsphilos., 1979. M. Dummett: Ursprünge der a. Philos., 1988. W. K. Frankena: A. Ethik, 1972. U. Hoche: Einführung in das spracha. Philosophieren, 1990. H.-H. Hoche/W. Strube: A. Philos., 1985. M. K. Munitz: Contemporary Analytic Philosophy, 1981. E. Runggaldier: A. Sprachphilos., 1990. K. Lüdeking: A. Philos. der Kunst, 1988. E. v. Savigny: A. Philos., 1970. W. Stegmüller: Probleme und Resultate der Wissenschaftstheorie und a. Philos., 1969. P. F. Strawson: Analyse und Metaphysik. Eine Einführung in die Philos., 1994. E. Tugendhat: Vorlesungen zur Einführung in die spracha. Philos., 1976.

Anamnese (griech. *anamnesis*), Erinnerung*, Gedächtnis.

Anarchismus, Gesellschaftsphilos., welche die Anarchie als Gesellschaftsform ohne Staatsgewalt, d. h. ohne Autorität, begreift. – Zunächst versteht der A. sich als Kritik, insbesondere des Staates. Er behauptet, daß die politische Organisation einer Gesellschaft auf der Basis zentraler Macht – des Staates – immer eine Entmündigung der einzelnen bedeute. An die Stelle des Staates setzt er freiwillige Organisationen und den aktiven Zusammenschluß im Vertrauen auf die Fähigkeiten des einzelnen, sein eigenes Leben zu verwalten. Es erhebt sich allerdings die Frage, ob und in welcher Weise die verschiedenen Individuen ihre Selbstentfaltung (Freiheit) miteinander vereinbaren können. Die Antwort des A. lautet, eine Harmonisierung vollzieht sich entweder aufgrund der sozialen Natur des Menschen auf organische Weise, oder sie kommt durch freiwillige Verträge zustande. Letztes Ziel des A. ist die dezentralisierte Gesellschaft, bestehend aus sich selbst regierenden Gruppen (lokalen Gesellschaften), die sich durch freie Absprachen zu einer Föderation (Föderalismus) zusammenschließen.

Mit dem Marxismus* teilt der A. die Kritik der ökonomischen Unterdrückung im kapitalistischen System. Aber im Gegensatz zum Marxismus betrachtet er die Staatsgewalt als ein völlig untaugliches Instrument für eine wirkliche Veränderung; vielmehr muß eine Veränderung die ganze Gesellschaft erfassen. Die Befreiung des Individuums kann nie durch Mittel erreicht werden, die die individuelle Freiheit unterdrücken, wozu auch die Diktatur des Proletariats gehört. Wirkliche Befreiung kann nur zustande kommen, wenn das Individuum das Recht erhält, über sein Leben zu bestimmen. Aus diesem Grund warf der A. schon früh dem Marxismus totalitäre Tendenzen vor.

Diese Betonung menschlicher Freiheit als Ausgangspunkt und Ziel teilt der A. mit dem Liberalismus*. Im Gegensatz zum Liberalismus bestreitet er jedoch, daß die Freiheit in einer moralischen Privatsphäre liegt; Freiheit kann nur durch gemeinschaftliches politisches Handeln ermöglicht werden. Ebenso bestreitet der A., daß die begrenzende Macht des

Staates notwendig ist. Er bezeichnet sich als ‹libertären› im Gegensatz zum autoritären Sozialismus, mit welchem er den Marxismus meint.

Zuweilen wird der A. mit Nihilismus* und Terrorismus in Verbindung gebracht. Diese Gleichsetzung ist jedoch nicht in Einklang zu bringen mit dem vom A. betonten natürlichen Recht (vgl. Naturrecht) des Individuums auf Autonomie. Gegen den Vorwurf, er ziele auf soziale Unordnung, hat der A. ein eigenes Schlagwort geprägt: ‹Anarchie oder Chaos›. Damit soll deutlich werden, daß sich in einer Gesellschaft erst mit der freiwilligen Vereinigung der Individuen wirkliche Ordnung herstelle.

Man unterscheidet verschiedene Formen des A.: individualistischer A. (Stirner), Mutualismus (Proudhon), kollektivistischer A. (Bakunin), kommunistischer A. (Kropotkin), Anarcho-Syndikalismus (der den Gewerkschaften, den «Syndikaten», eine zentrale Rolle zuerkennt) und pazifistischer A. (Leo Tolstoi).

Lit.: M. Bakunin: Gott und der Staat und andere Schriften, 1969. P. Kropotkin: Die Eroberung des Brotes und andere Schriften, 1973. H. Marcuse: Über Revolte, Anarchie und Einsamkeit, 1969. G. Plechanow: Anarchismus und Sozialismus, ^{3}1911. P. J. Proudhon: Was ist das Eigentum? 1844, 1971. M. Stirner: Der Einzige und sein Eigentum, 1845, 1968.

Anaxagoras (500 / 496 – 428 v. Chr.), griech. Philos. A. stammte aus der griech. Kolonie Klazomenai an der Küste Kleinasiens, lebte lange Zeit in Athen, wo er mit Perikles in Verbindung stand. Aufgrund einer Anklage wegen Gottlosigkeit wurde er später aus Athen verbannt; er hatte behauptet, die Sonne bestehe aus glühendem Gestein.

A. Naturphilos. berücksichtigt die eleatische* Kritik an den Spekulationen, welche die ionischen Naturphilos.* über Weltentstehung und Veränderung angestellt hatten; allerdings versucht er in Abhebung von der Annahme der Eleaten, daß das Sein eine unbewegliche Einheit sei, auch den Umstand zu erklären, daß die Welt eine Mannigfaltigkeit verschiedener Dinge umfaßt. Einig mit dem Eleatismus ist er darin, daß nichts entsteht oder vergeht. So gibt es keine Atome. Wie oft man einen Gegenstand auch zerteilen mag, immer stößt man auf etwas, das Elemente von derselben Art wie das Ganze enthält. A. nimmt an, daß die Welt von jeher alles enthalten habe und jedes Ding einen Teil von allem in sich trage. In ihrem Urzustand umfaßte die Welt eine unendlich große Menge unendlich kleiner Elemente. Um die Verschiedenartigkeit der Dinge zu erklären, führt A. den Begriff der ‹Weltvernunft› ein (griech. *nous*). Am Anfang der Zeiten setzte die Weltvernunft eine Wirbelbewegung in Gang, wodurch die Dinge in ihrer Verschiedenartigkeit ausgesondert wurden. Die Weltvernunft hat die Weltentwicklung nicht nur begonnen, sondern ist auch Garantie für die Erhaltung alles Lebendigen.

Ausg.: Diels/Kranz: Fragmente der Vorsokratiker, 1903 (^{6}1951/52). *Lit.:* Th. Buchheim: Die Vorsokratiker, 1994. W. K. C. Guthrie: A History of Greek Philosophy II, 1965, 266–338. S.-V. Teodorsson: A. Theory of Matter, 1982.

Anaximander (ca. 610 – ca. 546 v. Chr.), griech. Philos. aus Milet. Den Stoff, aus dem alles hervorgeht, nennt A. *apeiron*, das Grenzenlose. Aus diesem Urstoff entstehen durch Rotation Gegensätze, aus welchen sich erst die unbelebte, dann die belebte Natur bildete. Bei A. deutet sich bereits ein biologischer Entwicklungsgedanke an, wenn er die Entstehung des Menschen aus einem fischähnlichen Wesen anderer Art beschreibt.

Ausg.: Diels/Kranz: Fragmente der Vorsokratiker, 1903 (^{6}1951/52). – *Lit.:* Th. Buchheim: Die Vorsokratiker, 1994. W. K. C. Guthrie: A History of Greek Philosophy I, 1962, 72–115. U. Hölscher: A. und der Anfang der Philos. In: Ders., Anfängliches Fragen. Studien zur frühen griech. Philos., 1968. H. Schmitz: A. und die Anfänge der griech. Philos., 1988.

Anaximenes (zwischen 585 und 528–525 v. Chr.), griech. Philos. aus Milet. In der Bemühung um eine rationale, auf empirischen Beobachtungen beruhenden Kausalerklärung der Weltentstehung und der Naturprozesse setze A. Thales' und Anaximanders philos. Spekulationen fort. Für ihn war die Luft der Grundstoff.

Ausg.: Diels/Kranz: Fragmente der Vorsokratiker, 1903 (⁶1951/52). – *Lit.:* Th. Buchheim: Die Vorsokratiker, 1994. W. K. C. Guthrie: A History of Greek Philosophy I, 1962, 115–140. W. Röd: Die Philos. der Antike I (Von Thales bis Demokrit), 1976.

Andere, das (griech. *to heteron*; franz. *l'autre*), das Verschiedene; das, was einen Unterschied (eine Differenz) in bezug auf etwas Gegebenes setzt oder ausmacht; das, gegen das oder durch das etwas abgegrenzt und somit bestimmt wird. – 1. Das, was nicht dasselbe ist wie eine gegebene Größe; das in bezug auf ein Seiendes* (eine Idee* oder ein Ding) übrige. 2. Das Nicht-Eine (vgl. das Eine), das strukturierte Mannigfaltige (die Ideen und Phänomene* beim späten Platon und bei Plotin). 3. Die unbestimmte Zweiheit beim späten Platon und bei Plotin. 4. Das Negative von etwas; ein gegenüber dem Ersten ‹Anderes›: Alles, was ist, ist ein Etwas im Verhältnis zu einem Anderen, durch das es wesentlich* bestimmt ist; dieses ist sein Anderes. – Vgl. Dialektik, Hegel.

Andere, der (franz. *l'autre, autrui*). 1. Das andere, fremde Ich* (nach Husserl). 2. Die andere Person, der Mitmensch oder das Du, dem ich im Gespräch gegenüberstehe (Dialog*; Dialogphilos.*). 3. Das andere Selbst oder andere Selbstbewußtsein*, in dem ich mir meiner selbst bewußt bin, sofern ich es anerkenne (vgl. Dialektik, Hegel). 4. Der ganz oder absolute* Andere; das absolute Du; Gott (z. B. bei Buber, Ebner, Grisebach).

Lit.: M. Buber: Die Schriften über das dialogische Prinzip, 1954. E. Husserl: Cartesianische Meditationen und Pariser Vorträge, 1950. K. Löwith: Das Individuum in der Rolle des Mitmenschen, 1928. M. Theunissen: Der Andere, 1965.

Anderssein (oder Andersheit, engl. *otherness*; franz. *altérité, être-autre*; griech. *heterotes*; lat. *alteritas*), etwas Anderes oder ein Anderer sein. Der Begriff spielt in der platonischen* Tradition eine zentrale Rolle (besonders bei Plotin und Cusanus). In der Neuzeit erfuhr er vor allem durch Hegels spekulative Dialektik* eine Neuprägung. A. bedeutet bei Hegel: 1. Für – bestimmt im Verhältnis auf – ein Anderes oder einen Anderen zu sein und dadurch diesem Anderen gegenüber ein Anderes oder ein Anderer zu sein. 2. Aus sich selbst heraus in ein Anderes gekommen zu sein, ‹entäußert› (sich selbst äußerlich gemacht) oder objektiviert zu sein (Objektivierung, Entäußerung). 3. Ein Anderer zu sein als man selbst; ein Anderer zu sein in der Bedeutung des Fremdseins sich selbst gegenüber (vgl. Entfremdung).

Lit.: W. Beierwaltes: Proklos. Grundzüge seiner Metaphysik, 1965, S. 60ff. W. Flach: Negation und Andersheit, 1959. H. R. Schlette: Das Eine und das Andere. Studien zur Problematik des Negativen in der Metaphysik Plotins, 1966. G. Schneider: Gott – das Nichtandere. Unters. zum metaphysischen Grunde bei Nikolaus von Kues, 1970.

Anfangsbedingung, Initialbedingung. Ausgangsbedingung, Ausgangssituation. Der Ausdruck A. bezeichnet in wissenschaftlichen Erklärungen* (speziell deduktiv-nomologischer Art) die logischen Prämissen (z. B. Zustände, Ereignisse, Tatsachen* usw., die gegeben sein müssen, damit eine deduktiv-nomologische Erklärung möglich ist), die in einer Kausalanalyse bestimmt werden und bei einer adäquaten Erklärung den Ursachen des Dings entsprechen, dessen A. sie sind.

Angst (engl. *anxiety* oder *dread*; franz. *angoisse*; griech. *agkhein*; lat. *angor* oder *anxietas*), unlustbetontes Gefühl oder seelischer Zustand, der von der Vorstellung künftiger Übel verursacht ist. Terminologisch wird die objektunbestimmte A. von der objektbezogenen *Furcht* unterschieden. – Thema eingehender Diskussion wurde das Phänomen A. erstmals in der Spätantike. Für die christliche Tradition (z. B. Augustinus) gehört die A. mit der Furcht vor Gott und der Hölle zusammen. Der Glaube wird dabei als die einzige Möglichkeit erkannt, die Weltangst des Menschen aufzuheben. Als philos. bedeutsamer Terminus geht die A. erst nach dem Ende der Aufklärung* in die Geschichte ein. Bei Hegel ist sie eine notwendige Übergangsstufe auf dem Weg des Bewußtseins zum Selbstbewußtsein: Die Furcht vor dem Tod ängstigt den Menschen in seinem ganzen Wesen und äußert sich in einer unspezifischen A. Erst durch die Arbeit* wird er ein konkretes, selbstbewußtes Individuum, das diese A. überwinden kann. Kierkegaard stellt A. in einen scharfen Gegensatz zu Furcht: Während die Furcht sich immer auf einen Gegenstand richtet, ist die A. gegenstandslos. Weil ich mich nicht vor etwas ängstige, kann man sagen, die A. sei A. vor dem Nichts*. Kierkegaard deutet sie als das Bewußtsein, frei und verantwortlich wählen zu können, wer ich sein will; denn das Nichts der Freiheit besteht darin, daß ich nicht von vornherein auf etwas Bestimmtes festgelegt bin. Heidegger übernimmt die Unterscheidung von A. und Furcht, weitet A. jedoch aus: Sie gilt nicht nur der freien Wahl des Selbst als Menschen, sondern auch der freien Deutung der Welt in ihrer Ganzheit. In der A. werde ich mir gewahr, daß die Welt (oder der Verständnisrahmen, in dem ich mich befinde) nie als fertiger Gegenstand vorgegeben ist; sie kann nur durch mein eigenes Deutungsbemühen erfahren werden. Deshalb wird die A. bei Heidegger zu einem Grundzug des Menschen, während Kierkegaard noch davon ausgeht, daß sie sich durch den Glauben aufheben lasse. Im Unterschied zu Kierkegaard, Heidegger und der Existenzphilos.* benutzen weder Freud noch die biologisch orientierte Psychiatrie die Unterscheidung zwischen A. und Furcht; statt dessen wird A. als krankhafte Form der Furcht aufgefaßt, so etwa als neurotische A., die sich nach Freud auf innere unterdrückte Triebansprüche bezieht, von denen eine unbestimmte Gefahr ausgeht.

Lit.: W. Bitter (Hg.): A. und Schuld, 1971. S. Freud: Hemmung, Symptom und A. (1926). In: Ges. Werke XIV, 1948, ^{6}1977, S. 111–205. M. Heidegger: Sein und Zeit, 1927. S. Kierkegaard: Der Begriff der A., (1844) 1965. A. Künzli: Die A. als abendländische Krankheit, 1948. J.-P. Sartre: Das Sein und das Nichts, (1943) 1952.

anima (lat.), Seele, Lebenshauch. 1. Seele als Lebensprinzip (vgl. Leben). 2. Seele* im engeren Sinn als Trägerin der Vernunft, als das den Menschen Auszeichnende.

Animismus (von lat. *anima*). 1. Glaube (insbesondere bei Naturvölkern), daß alle natürlichen Dinge eine Seele besitzen, die jener des Menschen analog* ist. 2. Behauptung, die Seele sei Prinzip allen organischen Lebens. – Vgl. Vitalismus.

Anisotropie/Isotropie (von griech. *an*, nicht, *isos*, dasselbe, gleich, und *trope*, ‹Wendung›), Ungleichheit/Gleichheit in verschiedenen Richtungen. 1. Ein physischer Stoff heißt isotrop, wenn sein Aufbau in allen Richtungen gleich ist und wenn die physischen Eigenschaften von der Richtung unabhängig sind. 2. Entsprechend heißt ein Raum isotrop, der wie der Euklidische Raum in allen Richtungen dieselben Eigenschaften besitzt. Dagegen ist der Anschauungsraum anisotrop, da z. B. zwischen ‹senkrecht/ waagrecht› und ‹rechts/links› unterschieden werden kann. 3. In der Frage nach ihrer Gerichtetheit spricht man bezüglich der Zeit* von A. bzw. I.

Annahme (engl. *assumption*, *supposition*, *hypothesis*; franz: *hypothèse*), dt. Wort für Hypothese* (von griech. *hypo*, unten, und *thesis*, Setzung), nicht-behaupteter Aussagesatz, der einen noch wahrheitsindifferenten Gedanken zum Ausdruck bringt.

Anomalie (griech. *anomalia*, Unregelmäßigkeit), Abweichung von der Norm, dem Erwarteten oder Gesetzmäßigen. In T. S. Kuhns Wissenschaftsauffassung sind A. beobachtete Phänomene, experimentelle Ergebnisse oder Schlußfolgerungen aus theoretischen Erwägungen, die sich nicht durch das «Paradigma*» erklären lassen, das in der entsprechenden Wissenschaft vorherrscht.

Lit.: T. S. Kuhn: Die Struktur wissenschaftlicher Revolutionen, 1967. T. S. Kuhn: Die Entstehung des Neuen. Studien zur Struktur der Wissenschaftsgeschichte, 1977.

Anschauung (engl. *intuition*; franz. *intuition*). Das Wort A. wird in der philos. Tradition sehr unterschiedlich verwendet. Jedoch sind den nachstehenden sieben Begriffsbedeutungen folgende Merkmale gemeinsam: (a) Die A. ist eine Form der Erfahrung* oder jedenfalls mit der Erfahrung verknüpft (obwohl nicht notwendig mit der Sinneserfahrung). (b) Durch die A. wird etwas in seiner Ganzheit erfahren, nicht nur ein Teil davon. (c) Sofern etwas in der A. gegeben* ist, zeigt es sich, erscheint* es dem anschauenden Subjekt. (d) In der A. ist etwas als anwesend gegeben. – Die meisten, wenngleich nicht alle Philos. verbinden mit der A. zusätzlich folgende Bestimmungen: (e) Die A. ist speziell mit der Sinneserfahrung verbunden (vgl. aber unten 5, Platon, 6, Fichte, Schelling und 7, Husserl). (f) Die A. ist ein rezeptiver* Akt (bzw. dessen Resultat) (vgl. aber unten 6, Fichte und zum Teil Schelling). (g) Es kann nur eine A. des Individuellen geben (vgl. aber 5, 6 und 7). (h) Oft wird A. mit Intuition* oder Evidenz* gleichgesetzt; damit wird ihr ein besonderes Maß an Gewißheit zugesprochen (vgl. aber 7, Husserl).
1. In der Auffassung der naiven Realisten* gibt die A. als Sinneserfahrung ein direktes Wissen von der Wirklichkeit. Die Wirklichkeit zeigt sich so, wie sie an* sich ist, unabhängig von aller Wahrnehmung. – 2. Im klassischen Empirismus* bedeutet A. die Einheit einer Reihe von Sinnesdaten*. In der A. sind die Sinnesdaten immer voll und ganz gegeben; nicht gegeben ist aber, daß ihnen etwas aus der erfahrungsunabhängigen Wirklichkeit entspricht. – Vgl. Phänomenalismus. – 3. Im späteren Empirismus (z. B. bei J. S. Mill) bedeutet A. die logisch und methodologisch kontrollierte Sinneserfahrung. 4. Kant unterscheidet zwischen empirischer und reiner A. Die empirische A. setzt ein Material von Sinnesdaten, «Empfindungen», voraus, welches in der A. durch die zwei Formen der A., Zeit* und Raum*, gestaltet wird. Die Reihe der Sinnesdaten ergibt als solche noch keine Dingerfahrung, kein Erfahrungswissen; dazu bedarf es weiterer Formgebung, zu der die A. beiträgt. Die beiden A.formen sind Gegenstand der reinen A., d. h. unabhängig von jedem konkreten Wahrnehmungsmaterial (*a priori*). Ausgehend von der reinen A. von Raum und Zeit behauptet Kant, daß man eine reine, d. h. nichtempirische, nicht sinnesgebundene Mathematik und Geometrie konstruieren* könne; sie ist für alle Arten der A. gültig, sowohl die reine wie die empirische. 5. Platon und andere Philos. halten es für möglich, die ewigen, universellen Ideen* direkt zu erfahren; Platon deutet diese nicht-empirische A. oder Schau (griech. *noein*) der Ideen in Analogie* zu der optischen Wahrnehmung. – 6. Nach Kant dagegen besitzt der Mensch zu einer A. in der Bedeutung 5 keinerlei Fähigkeit. Als Wesen mit endlichem Verstand bedarf er, um etwas zu erkennen, immer des Affiziertwerdens von außen. So bleibt der Verstand* auf die Sinne angewiesen, um empirische Vorstellungen zu bilden. Alle (menschliche) A. ist an die Sinneserfahrung bzw. deren A.formen gebunden. Die Möglichkeit einer intellektuellen, d. h. einer nicht-sinnlichen A., welche ihre Gegenstände ohne Hilfe des Verstands unmittelbar erkennt, weist Kant daher

zurück. Diese würde voraussetzen, daß die beiden Grundlagen der Erkenntnis, A. und Verstand, in eins zusammenfielen. Der Verstand wäre hinsichtlich seines materialen Gehalts nicht mehr der Sinnesrezeption bedürftig, sondern schöpferisch. Er bildete die Objekte nach seinen Gesetzen selbst. Freilich spricht Kant in den §§ 76–77 der *Kritik der reinen Urteilskraft* hypothetisch auch von einem anderen als dem menschlichen Verstand, nämlich dem «intellectus archetypus» (dem archetypischen* Verstand); dieser würde den Gegensatz zwischen dem Allgemeinen (dem Begriff) und dem Besonderen (dem Mannigfaltigen, das durch die A. gegeben ist) nicht kennen.

Bei Fichte und Schelling wird der hypothetische Charakter der intellektuellen A. aufgehoben. Ihnen zufolge bietet sie, als absolute Erkenntnis, den adäquaten* Zugang zum Absoluten*. Sie ist zum einen ein absolut-freies Wissen, d. h. ohne begriffliche Vermittlung, zum anderen ein Wissen, das gleichzeitig sein eigenes Objekt hervorbringt, d. h. ein Wissen, in dem Produzierendes und Produziertes ein und dasselbe sind. Sinnliche A. ist dadurch charakterisiert, daß der A.akt und das Angeschaute sich unterscheiden; in der intellektuellen A. dagegen fallen Subjekt* und Objekt unmittelbar zusammen. Eine solche A. ist das Selbstbewußtsein*, da durch das Wissen des Ichs von sich selbst das Ich selbst (das Objekt) sich setzt, d. h. erst entsteht. Im reinen Selbstbewußtsein besteht unmittelbare Subjekt-Objekt-Identität*. Diese Identität, die in der intellektuellen A. gesetzt wird, ist das absolute Ich und gilt als Prinzip der Philos. «Die intellektuelle Anschauung ist das Organ alles transcendentalen Denkens» (Schelling, *Sämtl. Werke* 1, III, S. 369). Schelling weicht von Fichte insofern ab, als für ihn die transzendentale oder intellektuelle A. in der ästhetischen* A. objektiv wird. Auch Hölderlin nimmt diese ästhetische Bestimmung der intellektuellen A. durch die Kunst auf. Hegel weist den Begriff der intellektuellen A. entschieden zurück: Er mache die Philos. zu einer Sache des Kunsttalents, des Genies*, «als ob nur Sonntagskinder sie hätten» (*Vorlesungen über die Geschichte der Philosophie* III, Jub.-Ausg. Bd. 19, S. 655). Diese A. setze die absolute Identität, die erst bewiesen werden soll, bereits voraus, d. h. überspringe die gesamte Vermittlung* durch die Geschichte* des Selbstbewußtseins (s. Hegel und Schelling). 7. Wie Kant bestreitet auch Husserl eine A. in den Bedeutungen 5 und 6; im Unterschied zu Kant führt er aber den Begriff der kategorialen A. ein (vgl. *Logische Untersuchungen* II/2). A. beinhaltet für Husserl die direkte Erfahrung eines Gegenstands in seiner ursprünglichen Anwesenheit. Zwar bildet die empirische A. für alle anderen Typen von A. die Grundlage; aber die Erfahrung etwa eines Sachverhalts (einer Tatsache*) überschreitet die bloße empirische A. und erfaßt einen Gegenstand eigener, nicht-empirischer Art. Eine besondere Form der kategorialen A. ist die sog. Wesensschau*. A., Evidenz und Intuition gehören für Husserl eng zusammen; daher weist er den Skeptizismus* zurück, lehnt es aber dennoch ab, der A. einen besonderen Grad an Gewißheit zuzuschreiben (Husserl, *Ideen zu einer reinen Phänomenologie und phänomenologischen Philos.*, I, [4]1977, 333–357). Heidegger übernimmt Husserls Begriff der A., nicht aber die Behauptung, die A. sei Grundlage allen Verstehens*. 8. Schließlich kann A. auch ‹Betrachtungsweise›, ‹Auffassung› oder ‹Perspektive› bedeuten. In diesem Sinn spricht man von Lebensa. oder Welta. (vgl. Heidegger, *Grundprobleme der Phänomenologie*, 1975, § 2). Diese Begriffsverwendung orientiert sich am Modell der optischen Wahrnehmung, in der der angeschaute Gegenstand unter einem bestimmten Gesichtspunkt, aus einem bestimmten Blickwinkel betrachtet wird.

Lit.: B. Barthlen: Der Begriff der A., 1954. W. Cramer: Der Begriff der reinen A., 1937. W.

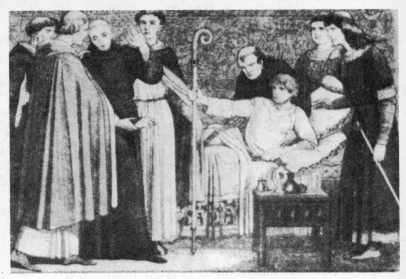

Wilhelm II. von England forderte 1093 Anselm auf, Erzbischof von Canterbury zu werden. Die Abbildung zeigt, wie Anselm sich zunächst weigert, das Amt zu übernehmen.

Flach: Zur Prinzipienlehre der A., 1963. H.-G. Gadamer u. a.: A. als ästhetische Kategorie, 1980. J. König: Der Begriff der Intuition, 1926.

Anselm von Canterbury (1033/34–1109), Theologe, geb. in Aosta in Norditalien, 1060 Mönch, später Abt in Bec in der Normandie, 1093 Erzbischof von Canterbury. A. ist bekannt für seine semantischen Untersuchungen in *De grammatico*, in denen er zwischen *significatio* (Sinn) und *appelatio* (Bedeutung) unterscheidet; seine Diskussion der Wahrheit findet sich in *De veritate*; sein Argument für den Beweis der Existenz Gottes, welcher seit Kant als «ontologischer Gottesbeweis» bezeichnet wird, findet sich im *Proslogion*.

Im Gegensatz zu vielen späteren Scholastikern unterscheidet A. nicht zwischen engen theologischen Problemen, die nur die Offenbarung erhellen kann (z. B. das Problem der Einheit und Dreifaltigkeit Gottes), und Problemen, die von der Vernunft gelöst werden können (etwa Fragen nach der Existenz Gottes). Seine Grundthese lautet *credo ut intelligam* (Ich glaube, damit ich begreifen kann): Die Wahrheit ist zwar in den Glaubenssätzen enthalten, jedoch nicht unmittelbar begreiflich; begreiflich werden sie erst durch die philos. Analyse, die – unabhängig von den Glaubenssätzen – zu einem intellektuellen Verständnis der gleichen Wahrheit gelangt, die die Glaubenssätze ausdrücken. Diese Haltung bildet den Hintergrund für A. berühmten Gottesbeweis, der den Gehalt des Ausdrucks «dasjenige, über das hinaus nichts Größeres gedacht werden kann» analysiert – einen Ausdruck, von dem der Gläubige weiß, daß er allein auf Gott zutrifft.

Der Beweis ist Gegenstand verschiede-

ner Kritik geworden, so etwa bei A. Zeitgenossen Gaunilo, bei Thomas von Aquin und später bei Kant und Frege (vgl. Gottesbeweis). Als offene Frage erwies sich dabei auch der Verlauf des formallogischen Beweisschlusses. In groben Zügen kann der Beweis wie folgt wiedergegeben werden:
1. *G* ist eine Abkürzung für «dasjenige, über das hinaus nichts Größeres gedacht werden kann».
2. *G* kann begriffen werden.
3. Aus (2) folgt, daß *G* entweder *Ga* sein muß, d. h. etwas, das nur begriffliche Existenz hat; oder ein *Gb*, d. h. etwas, das sowohl begrifflich als auch in Wirklichkeit existiert.
4. Ein *Gb* wäre größer als ein *Ga*.
5. Man kann sich ein *Gb* vorstellen.
6. Die Annahme, daß *G* ein *Ga* ist, führt in Verbindung mit (4) und (5) dazu, daß man sich etwas vorstellen kann, das größer ist als *G*, was der Definition von *G* in (1) widerspricht.
7. *G* kann also kein *Ga* sein; (3) zufolge muß *G* daher ein *Gb* sein.
Indem vorausgesetzt wird, daß *G* wirkliche Existenz hat, versucht A. nun zu zeigen, daß *G* – im Gegensatz zu anderen wirklichen Dingen – notwendig existiert, daß man sich also nicht vorstellen kann, daß *G* nicht existiert. Der Beweis gleicht dem vorigen und verläuft in den Hauptzügen wie folgt:
8. *G* ist entweder ein *Gc*, d. h. etwas, wovon man sich vorstellen kann, daß es nicht existiert; oder ein *Gd*, d. h. etwas, wovon man sich nicht vorstellen kann, daß es nicht existiert.
9. Ein *Gd* wäre größer als ein *Gc*.
10. Man kann sich ein *Gd* vorstellen.
11. Die Annahme, daß *G* ein *Gc* ist, führt in Verbindung mit (9) und (10) dazu, daß man sich etwas vorstellen kann, das größer ist als *G*, was der Definition von *G* in (1) widerspricht.
12. *G* kann also nicht *Gc* sein. Laut (8) ist *G* damit ein *Gd*.
Auf den Einwand, daß es doch Menschen gebe, die denken, daß Gott nicht existiert, antwortet A., dies seien Leute, die im eigentlichen Sinn gar nicht denken; sie hätten nämlich die Bedeutung der Wörter, die in ihre sogenannten Gedanken eingehen, überhaupt nicht begriffen.

Ausg.: Opera omnia, I, 1938; II–VI, 1946–61. Proslogion, 1962. Monologion, 1964. – *Lit.:* K. Barth: Fides quaerens intellectum. A. Beweis Gottes im Zusammenhang seines theologischen Programms, 1931. M. Corbin: Prière et raison de la foi. Introduction à l'œuvre de S. Anselm de Cantorbéry, 1992. W. Cramer: Gottesbeweise und ihre Kritik, 1967. D. Henrich: Der ontologische Gottesbeweis, 1960. J. Kopper: Reflexion und Raisonnement im ontologischen Gottesbeweis, 1962. R. W. Southern: Saint Anselm, 1991.

Antagonismus (von griech. *antagnoizesthai*, gegeneinander kämpfen), Widerstand, Widerstreit, Gegensatz, auch Widerspruch. Der Ausdruck kommt bei den antiken Philos. nicht vor; er tritt erstmals bei Kant in einer sozialphilos. Bedeutung auf. – Ein Antagonist ist ein Widersacher.

Antezedenz (lat. *antecedere*, vorausgehen), in Sätzen der Form ‹Wenn p, dann q› (sog. Implikationen* oder Konditionalsätzen) wird p A. genannt, während q die Konsequenz* ist. Z. B. ist in dem Satz ‹Wenn es regnet, wird die Straße naß› die A. der Ausdruck ‹es regnet›.

Anthropologie (von griech. *anthropos*, Mensch, und *logos*, Lehre), Name für die Lehre vom Menschen, dessen Natur und Wesen, etwa seit Beginn des 16. Jh. gebräuchlich. Über das Wesen des Menschen nachgedacht und entsprechende Theorien entwickelt hat man allerdings seit den Anfängen des griechischen Denkens, und «implizit» liegt jeder menschlichen Tätigkeit ein bestimmtes Selbstverständnis des Menschen zugrunde. Daß die A. gerade in der Neuzeit zu einer eigenen Disziplin wurde, hängt mit einer entscheidenden Themenverschiebung in der Philos. zusammen: Nachdem, verkürzend gesprochen, in der Antike der Kosmos, im Mittelalter Gott im Zentrum stand, rückt nun der Mensch selbst in den

Mittelpunkt, und alle philosophischen Fragen, so hat es dann Kant exemplarisch ausgedrückt, fallen in der einen Frage zusammen: «Was ist der Mensch?» – wobei nach Kant allerdings weniger die «physiologische Hinsicht» interessiert, die auf Erforschung dessen geht, «was die Natur aus dem Menschen macht», als vielmehr die A. in «pragmatischer Hinsicht», die das untersucht, was der Mensch «als frei handelndes Wesen, aus sich selber macht oder machen kann und soll» (Akad.-Ausg. 7, 119). Die durch diese Unterscheidung sich eröffnende Grundfrage, wie das, was der Mensch aus sich machen kann, zu dem steht, was die Natur aus ihm gemacht hat, wird allerdings in der Folge vor allem mit Blick auf die Naturseite des Menschen zu beantworten versucht: so in den zahllosen, zumeist von Ärzten und Naturphilosophen geschriebenen Anthropologien zu Beginn des 19. Jahrhunderts und so dann auch wieder bei der Entstehung der modernen philosophischen A. in den 20er Jahren des 20. Jh.

Die A. dieses Jh. ist im Wesentlichen geprägt durch die Arbeiten dreier Philos.: Max Scheler, Helmuth Plessner und Arnold Gehlen. Grob lassen sich zwei Denkrichtungen unterscheiden. Die eine versucht, ausgehend vom Vergleich zwischen Mensch und Tier, das spezifische Verhältnis des Menschen zu seiner Umwelt zu bestimmen. Während das Tier mit seinem Organbau, seinem bestimmten Instinktrepertoire, angeborenen Bewegungsmustern usw. in seinen Lebensbereich eingepaßt ist, d. h. eine mit seiner Umwelt artspezifische Einheit bildet, ist der Mensch ‹weltoffener› und nicht in dieser Weise an eine Umwelt gebunden wie das Tier. Im Gegensatz zu diesem verfügt er über die Kategorie der Substanz (Scheler), d. h. er hat die Möglichkeit der Objektivierung. Aufgrund dieser Möglichkeit der Distanznahme und Vergegenständlichung – nicht zuletzt zentraler Einsatzpunkt für den Begriff der Arbeit, der das spezifisch gestaltende Verhältnis der Menschen zur Welt zum Ausdruck bringt – wird dem Menschen als einzigem Lebewesen ein Körper zugeschrieben. Der Leib wird nicht nur als Zustand, sondern auch als Gegenstand und damit als Körper erfahren. Das Tier ist ausschließlich Leib, d. h. erlebt seine Umwelt ohne die Möglichkeit der Distanznahme allein aus seiner Leiblichkeit heraus. Plessner bestimmt dieses Verhältnis von Leib und Umwelt als «Positionsform», beim Tier als «zentrisch», beim Menschen als «exzentrisch» beschreibt. Diese dem Menschen eigentümliche Spaltung von Leibsein und Körperhaben bestimmt als zentraler anthropologischer Grundcharakter alle Bereiche physischen und psychischen Erlebens. Und genau dieser Bruch und die daraus erwachsende Weltoffenheit läßt die Stelle erkennen, die die Bestimmung des Menschen als Geistwesen freigibt. Scheler beschreibt mit dem «Prinzip des Geistes» jene Möglichkeit des Menschen, sich zu seiner eigenen Natur ins Verhältnis setzen zu können, Triebe zu bejahen oder zu hemmen, «nein» sagen zu können.

Die andere Denkrichtung der modernen A. setzt mit der ihr zentralen Begriffen des Mängel- und Handlungswesens ein. In erster Linie wird sie durch Gehlen vertreten, der mit seinem Ansatz demjenigen Schelers entgegentritt. Insbesondere zeigt sich dies in einer Abwehrhaltung gegen das als «metaphysisch» bezeichnete Geistprinzip. In der Tradition Herders, der den Menschen in seiner Instinktarmut als Mängelwesen beschreibt, geht auch Gehlen aus von der Hilflosigkeit des Menschen mangels spezifischer Organe. Aufgrund dieser *conditio humana* wird die Fähigkeit intelligenten Handelns als Kompensation interpretiert: Der Mensch verändert seine Umwelt derart, daß er in ihr überleben kann; er schafft von Natur aus Kulturelles, ist von Natur aus ein Kulturwesen. So werden kulturelle Leistungen wie Sprache, Technik, gesellschaftliche Institutionen usw. von Gehlen kompensatorisch als Organersatz und Entlastung des Menschen gedeutet.

Allerdings wurde gerade gegen Gehlens Theorie der Institutionen heftige Kritik geübt. So wird ihr vorgeworfen, sie enthalte antiaufklärerische Züge und versuche, aus der Natur des Menschen die Notwendigkeit einer autoritären Gesellschaft, welche von archaischen, repressiven Institutionen geprägt ist, zu begründen (Habermas). Im übrigen greife die anthropologische Reduktion des Geistes auf das unmittelbar Lebensdienliche zu kurz. Demgegenüber hat sich in Frankreich unter C. Lévi-Strauss eine strukturalistisch geprägte A. durchgesetzt. Aus der Skepsis gegenüber dem Fortschrittsglauben der Gesellschaftstheorie und gegenüber vernünftiger Normkritik und -begründung schreibt die strukturelle A. archaischen Normen, Orientierungen und Zielen, deren Darstellung sie entwickelt, paradigmatische Bedeutung auch für unser Leben zu.

Das Unternehmen einer philos. A. sieht sich vor eine Reihe von Problemen gestellt:

1. Voraussetzung für den Versuch einer Wesensbestimmung des Menschen ist die Annahme anthropologischer Konstanten, d. h. die Ansicht, daß sich allgemeine Eigenschaften, Verhaltens- und Erfahrensweisen beschreiben lassen, die allen Menschen unabhängig von bestimmten historischen, ökonomischen, kulturellen oder individuellen Unterschieden zukommen. Ob es aber überhaupt so etwas wie eine «Natur» des Menschen gibt, ist – angesichts der Tatsache, daß der Mensch immer nur in einer bestimmten historischen und kulturellen Überformung erscheint – selber bereits eine höchst umstrittene anthropologische These.

2. Eine spezifische, von der philos. A. mitreflektierte Problematik besteht in der Selbstbezüglichkeit des Fragenden als Befragtem. Denn auch der Anthropologe findet sich in der Situation eines konkreten Menschen, von welcher er sich objektivierend distanzieren muß. Trotz dieser Distanzierung werden sowohl Fragestellung als auch gefundene Antworten aufgrund eines Verstehenszirkels vorgeprägt sein von der Selbstdeutung des Menschen, wie sie in den verschiedenen Lebensbereichen als Angebot oder Norm bereits vorliegt. Der historische Einwand, die philos. A. mißachte die geschichtliche Bedingtheit menschlichen Verhaltens, Handelns und Erfahrens, wenn sie trotz des beschriebenen Zirkels universelle Behauptungen über das Wesen des Menschen aufstelle, wird durch den Hinweis entkräftet, daß die spezifische Fragesituation gerade auf die Nichthintergehbarkeit der Lebenswelt deute. So daß also auch die Darstellungsweise und -mittel der Historiographie ihrerseits dieser Lebenswelt entstammen, die die Vergleichbarkeit verschiedener Situationen und damit ihr historisches Verstehen erst ermöglicht.

3. Mit dieser spezifischen Problematik hängt ein anderes Grundproblem der A. des 20. Jh. zusammen. Auf der einen Seite erhebt die A. den Anspruch, philos. Fundamentalwissenschaft schlechthin zu sein (und als solche die Grundlage abzugeben für alle Wissenschaften vom Menschen), andererseits ist sie auf die Vorgabe einzelwissenschaftlicher Untersuchungen, etwa der Biologie, Ethologie, Psychologie und Soziologie, angewiesen und verhält sich zu diesen im Grunde nur «reaktiv» und «verarbeitend» (Habermas). Je nach der gerade maßgeblichen Bezugswissenschaft ändert sich darum auch die Ausrichtung der philos. A. Man kann unterscheiden: A. von «oben», von der geistigen Sphäre des Menschen her (N. Hartmann, E. Cassirer, E. Rotacker, M. Scheler), A. von «unten», von der Naturverfassung des Menschen her (A. Gehlen, A. Portmann etc.), A. von «innen», von der phänomenalen Befindlichkeit und der erlebten existentiellen Verfassung des Menschen her (G. Marcel, J.-P. Sartre, M. Merleau-Ponty, L. Biswanger, O. F. Bollnow u. a.) und A. von «außen», vom Sozialen her (G. H. Mead, E. Goffman u. a.). Diesen Konzeptionen entsprechend wird der Mensch bald als Natur- oder Sozialwesen, bald als Kulturwesen oder Individual- oder Geisteswesen bestimmt. Die Aspekthaftigkeit der

A. zeigt sich nicht zuletzt auch in dem Umstand, daß jede einzelne Wissenschaft als Grundlagentheorie eine eigene A. zu schaffen versucht, wie dies in zahlreichen Disziplintiteln von der «pädagogischen» über die «soziologische» bis hin zur «medizinischen» A. zum Ausdruck kommt.
In den neueren Ansätzen der philos. A. – exemplarisch dafür ist etwa W. Kamlah – sieht man den Ausweg aus dieser Problematik darin, die Aufgabe der philos. A. darauf zu beschränken, unser alltägliches Selbstverständnis und unsere Alltagserfahrungen wie Tod und Geburt, Kindheit, Arbeit usw. zu reflektieren und die entsprechenden Alltagsbegriffe wie «Handeln» und «Widerfahrnis», «Begehren» und «Bedürfnis» zu klären, die jeder Wissenschaft immer schon vorausgehen. Eine nicht unwichtige Aufgabe einer so verstandenen philos. A. ist die Abwehr aller unkritischen Totalisierungen der Einzelwissenschaften, insbesondere aller Versuche, aus dem, was man über die «Natur» des Menschen glaubt sagen zu können, Aussagen darüber zu gewinnen, was der Mensch aus sich zu machen hat.

Lit.: U. W. Diehl: Personalität und Humanität. Zur Frage nach dem Wesen, der Würde und der Bestimmung des Menschen, 1994. H.-G. Gadamer/P. Vogler (Hg.): Neue A., Bde. I–VIII, 1972ff. A. Gehlen: Der Mensch. Seine Natur und seine Stellung in der Welt, 1940. Ders.: Anthropologische Forschungen. Zur Selbstbegegnung und Selbstentdeckung des Menschen, 1961. G. Haeffner: Philos. A., 1989. W. Kamlah: Philos. A. Sprachliche Grundlegung und Ethik, 1973. D. Kamper/Ch. Wulf (Hg.): A. nach dem Tode des Menschen. Vervollkommnung und Unverbesserlichkeit, 1994. M. Landmann: De Homine. Der Mensch im Spiegel seines Gedankens, 1962. Ders.: Fundamental-A., 1979. P.L. Landsberg: Einführung in die philos. A., ²1960. W. Lepenies/H. Nolte (Hg.): Soziologische A. Materialien, 1971. C. Lévi-Strauss: Strukturale A., 1967. K. Lorenz: Einführung in die philos. A., 1990. H. Plessner: Die Stufen des Organischen und der Mensch, 1928. A. Portmann: Biologische Fragmente zu einer Theorie vom Menschen, 1944. Th. Rentsch: Die Konstitution der Moralität. Transzendentale A. und praktische Philos., 1990. M. Scheler: Die Stellung des Menschen im Kosmos, 1928.

Anthropomorphismus (von griech. *anthropos*, Mensch, und *morphe*, Form, Gestalt), Bezeichnung für Anschauungen, in denen etwas Nichtmenschliches – die Natur oder Gott – mit menschlichen Eigenschaften versehen oder in Analogie* zu menschlichen Verhältnissen aufgefaßt wird.

Lit.: G. van der Leeuw: Phänomenologie der Religion, ²1956.

Anthroposophie (von griech. *anthropos*, Mensch, und *sophia*, Weisheit), Menschenweisheit. Zum erstenmal wurde der Begriff A. 1828 von I. P. V. Troxler (1780–1866) gebraucht. Heute dient er gemeinhin als Bezeichnung für R. Steiners theosophische* Lehre vom Menschen. Der Mensch ist Teil einer dreistufigen Welt und kann, indem er diesen Stufen folgt, immer höhere seelische Fähigkeiten entwickeln. – Vgl. R. Steiner.

Lit.: R. Steiner: Wahrheit und Wissenschaft, 1892. Ders.: Philos. der Freiheit, 1894. I. P. V. Troxler: Naturlehre des menschlichen Erkennens oder Metaphysik, 1828.

anthropozentrisch (von griech. *anthropos*, Mensch, und *kentron*, Mittelpunkt), Bezeichnung für Anschauungen, die den Menschen als Mittelpunkt oder Ziel der Welt bzw. der Schöpfung betrachten. Meistens im Gegensatz zu theozentrisch* verwendet.

Antinomie (von griech. *anti*, gegen, und *nomos*, Gesetz). 1. Im engeren Sinn Gesetze, Maximen*, Prinzipien oder Regeln, die sich als widersprüchlich erweisen, ohne daß bei ihrer Aufstellung offensichtliche Fehler in die Voraussetzungen oder Folgerungen eingegangen wären. 2. Wohlbegründete Behauptungen (Urteile*), die einander widerstreiten; so bei Kant (sowohl in der *Kritik der reinen* und der *praktischen Vernunft* als auch in der *Urteilskraft*) durch den dogmatischen Gebrauch der Vernunft zustande kommend und nur durch eine Vernunftkritik auflösbar. – Vgl. Paradox/Antinomie.

Antiochos von Askalon (ca. 120–69 v. Chr.), griech. Philos., Platoniker, Schüler des Philon, als dessen Nachfolger er die Akademie* leitete (ca. 88–68 v. Chr.). Wandte sich gegen einen extremen Skeptizismus*, den er zuvor selbst vertreten hatte: Die Behauptung, daß alles zweifelhaft sei, ist selbstwidersprüchlich, da zumindest diese Behauptung selbst als sicher gelten muß. A. führt die Akademie in gewisser Weise zurück zur ‹dogmatischen Philos.› und den Platonismus* in eine eklektische* Periode, da er die Autorität der bedeutendsten Philos. als Kriterium der Wahrheit annimmt.

Lit.: J. Glucker: A. and the Late Academy, 1979.

Anti-Realismus, Dummetts Bezeichnung für den Gegensatz zum Realismus* im sprachphilos.* Sinn.

Antithese (von griech. *anti*, gegen, und *thesis*, die Setzung oder der Satz). Gegenbehauptung oder Gegensatz zu einer als These* vorgetragenen Behauptung.

Antizipation (lat. *anticipatio*, Übersetzung des griech. *prolepsis*), Vorgriff, Vorwegnahme. Bei F. Bacon ist A. die alltägliche, nicht-methodische und unbegründete Verallgemeinerung (im Gegensatz zur Induktion*). Bei Kant bedeutet A. generell die apriorische* Erkenntnis dessen, was zur sinnlichen Wahrnehmung gehört (s. A. der Wahrnehmung). In der modernen Philos. ist der A.-Begriff mit der Analyse der Zeit* verknüpft (Bergson, Husserl, Heidegger). A. bezeichnet den Charakter des menschlichen Bewußtseins oder der menschlichen Existenz als ‹Entwurf›.

Antizipationen der Wahrnehmung (s. Antizipation), in Kants *Kritik der reinen Vernunft* Bezeichnung für die apriorische* Vorwegnahme der Wahrnehmung, deren Prinzip lautet: «In allen Erscheinungen hat das Reale, was ein Gegenstand der Empfindung ist, intensive Größe, d. i. einen Grad» (B 207). Gemeint ist damit, daß in allen Wahrnehmungen Empfindungen, d. h. subjektiv empfundene Sachgehalte – das Reale der Erscheinungen –, enthalten sind, welche einen bestimmten Grad haben. Nun sind zwar Empfindungen nicht (apriorisch) antizipierbar, da sie schlechterdings empirisch sind; jedoch kann von jeder Empfindung *a priori* ausgesagt werden, daß sie eine intensive Größe, einen Grad hat.

Äon (griech. *aion*). 1. In der frühen griech. poetischen Sprache bezeichnet Ä. ein Leben, eine Lebenszeit oder eine Lebenskraft, insbesondere die eines Menschen. 2. Daneben meint das Wort ‹langer Zeitraum›, ‹Zeitalter›. 3. Bei Platon erhält Ä. eine neue Bedeutung, indem es das unendliche Bestehen, d. h. die Ewigkeit der Ideen bezeichnet.

apeiron (griech. *to apeiron*, das Unbegrenzte). Bezeichnung für etwas, das ohne äußere Grenzen ist (unendlich oder unermeßlich groß) oder ohne innere Grenzen (unbestimmt, undifferenziert). Der Begriff nimmt u. a. bei Anaximander, den Pythagoreern und bei Platon eine zentrale Stellung ein.

Apel, Karl-Otto (geb. 1922), dt. Philos., studierte Philos. (bei E. Rothacker), Geschichte und dt. Literatur in Bonn, wo er 1950 promovierte. 1961 Habilitation in Mainz; danach Prof. für Philos. in Kiel (1962–69), Saarbrücken (1969–72) und Frankfurt a. M. (1972–89). Beeinflußt wurde A. u. a. von Peirce, Wittgenstein und Heidegger. Über letzteren schrieb er seine Dissertation. – Aus seiner intensiven Beschäftigung mit den Schriften des amerik. Pragmatisten C. S. Peirce, von denen er eine deutsche Auswahl edierte und ausführlich einleitete (*Der Denkweg von Charles S. Peirce,* 1975), ist für A. das eigentliche Programm seiner philos.

Karl-Otto Apel

Arbeit entstanden: die Transformation der Philos. Die klassische Transzendentalphilos. soll auf dem Hintergrund moderner sprachphilos. Erkenntnisse transformiert werden in eine transzendentale* Sprachpragmatik. Den Kern dieser Transformation bildet der Gedanke einer «transzendentalen Kommunikationsgemeinschaft», mit welchem im wesentlichen der Übergang vom Privat-Subjekt der Bewußtseinsphilos. in die Intersubjektivität einer unhintergehbaren und unbegrenzten Argumentationsgemeinschaft geleistet werden soll. Mit seinem Versuch einer Transformation der Philos. hält A. jedoch – im Gegensatz zu Habermas – an der Idee der Letztbegründung fest. Leitende Aufgabe der Philos. bleibt für ihn die reflexive Aufklärung der Bedingungen der Möglichkeit sprachlichen Weltvollzugs, welche aus der Umgangssprache rekonstruktiv erschlossen werden können. Als letztbegründet gilt nach A. eine solche transzendentale rekonstruierte Einsicht dann, wenn der Versuch ihrer Widerlegung sich als widersprüchlich erweist, zum andern aber auch nicht zirkelfrei logisch bewiesen werden kann. Solche in einer Argumentation nicht weiter hintergehbare sprachlichen Voraussetzungen beschreibt A. als sprachpragmatische Regeln. Diese haben als Bedingungen der Möglichkeit sprachlicher Verständigung insofern transzendentalen Charakter, als sie von allen Teilnehmern einer Sprachgemeinschaft notwendig (wenn auch nur implizit) anerkannt werden müssen, wenn Verständigung möglich sein soll. Die transzendentale Kommunikationsgemeinschaft darf demnach nicht als «Common-Sense-Apriori», als bloße Konvention mißverstanden werden. Die Anerkennung einer transzendentalen, nach rekonstruierbaren Regeln funktionierenden Kommunikationsgemeinschaft stellt sich dabei u. a. als Prinzip der «kommunikativen Ethik» heraus.

Von szientistischer und rein sprachanalytischer Philos. unterscheidet A. sein Konzept dadurch, daß er mittels transzendental-pragmatischer Analysen die Bedingungen der Möglichkeit jeglicher Sprachpraxis rekonstruieren will, die jedoch nicht wie in der philos. Hermeneutik als bloß faktisch historische, sondern als apriorische Bedingungen verstanden werden. Sein sprachpragmatischer Ansatz führt A. durch Einbezug des «Leibapriori» über Erkenntnistheorie und Ethik hinaus zu einer philos.-anthropologisch fundierten Gesellschaftskritik. – Gegen die philos. Hermeneutik wendet A. ein, sie decke lediglich faktisch-historische, aber nicht apriorische Bedingungen der Sprachpraxis auf.

Ausg.: Die Idee der Sprache in der Tradition des Humanismus von Dante bis Vico, (Habil.) 1963. Transformation der Philos., 2 Bde., 1973. Sprechakttheorie und transzendentale Sprachpragmatik, 1976. Die Erklären-Verstehen-Kontroverse in transzendentalpragmatischer Sicht, 1979. Diskurs und Verantwortung, 1988. Schriften zum Pragmatismus und Pragmatizismus, 1991. – *Lit.:* A. Dorscher/M. Kettner/W. Kuhlmann / M. Niquet (Hg.): Transzendentalpragmatik. Ein Symposium für K.-O. A., 1993. H. Ebeling: Die ideale Sinndimension, 1982. W. Kuhlmann/D. Böhler (Hg.): Kommunikation und Reflexion, 1982. W. Reese-Schäfer:

K.-O. A. zur Einführung, 1990. F. Röhrhirsch: Letztbegründung und Transzendentalpragmatik, 1993. G. Schönrich: Bei Gelegenheit Diskurs. Von den Grenzen der Diskursethik und dem Preis der Letztbegründung, 1994.

apodiktisch (von griech. *apodeixis*, Beweis), überzeugend; notwendig. 1. Kant unterscheidet drei Urteilsmodalitäten (vgl. Modalität): Problematische Aussagen behaupten eine Möglichkeit; assertorische behaupten eine Wirklichkeit; a. Aussagen drücken logische Notwendigkeit aus (vgl. *Kritik der reinen Vernunft*, B 100). 2. Der spätere Husserl unterscheidet zwischen adäquater* und a. Evidenz*. Eine adäquate Evidenz liegt vor, wenn man eine direkte Einsicht hat, die jedoch nicht wiederholbar ist (Beispiel: Man hat die direkte Einsicht, Zahnschmerzen zu fühlen; aber Tage später gibt es nur noch die Erinnerung an die Zahnschmerzen und folglich keine direkte Einsicht). Eine a. Evidenz liegt vor, wenn man eine direkte Einsicht hat, die beliebig oft wiederholt werden kann (Beispiel: die direkte Einsicht in notwendige mathematische Wahrheiten).

apophantisch (griech. *apophansis*, Aussage, Äußerung, Behauptung, Meinung), bei Aristoteles eine Bezeichnung für Prädikation*, sowohl der Zuerkennung wie auch der Aberkennung von Prädikaten. Bei Husserl ist die Apophantik ein Teil der formalen Logik*, die sich mit prädikativen Aussagen* beschäftigt. Daß man mit einer Aussage etwas über etwas aussagen kann («das apophantische Als»), setzt nach Heidegger voraus, daß die Behauptung der Aussage in eine Situation eingebunden ist, in der wir uns in einem praktischen Umgang mit dem Seienden befinden, welches dadurch als etwas Bestimmtes ausgelegt wird («das hermeneutische Als»). – Vgl. Heidegger: *Sein und Zeit*, § 33.

Lit.: E. Husserl: Formale und transzendentale Logik, 1929.

Aporie (griech. *a-poria*, Ausweglosigkeit), eine Schwierigkeit, ein Problem, ein Selbstwiderspruch, für den sich keine Lösung finden läßt. Verschiedene Dialoge Platons führen in eine Aporie. Bei Aristoteles ist eine A. das Resultat zweier gleichermaßen überzeugender Argumente mit unvereinbaren Schlußfolgerungen. Die aporetische Methode besteht darin, eine Untersuchung mit der Formulierung einer A. einzuleiten, die im weiteren Verlauf aufgelöst wird. Unter der Bezeichnung Quaestio-Methode (lat. *quaestio*, Frage, Untersuchung) fand dieses Verfahren Eingang in die scholastische* Philos. des Mittelalters.

Lit.: G. Graf: Die sokratische Aporie im Denken Platons, 1963.

Apperzeption (engl. *apperception*; franz. *aperception*). 1. Leibniz führt den franz. Neologismus «aperception» in Analogie* zu «perception» ein, um den Schwierigkeiten zu entgehen, die die cartesianische* Identifikation von «perceptio» (Erkenntnis, Verstehen) und «cogitatio» (Selbstbewußtsein) mit sich führt. Bereits die Tiere haben nach Leibniz eine Vorstellung und Erkenntnis («perception») ihrer sie umgebenden Welt, aber erst die Menschen haben Selbstbewußtsein («apperception»). In der A. erlangt der Mensch nach Leibniz ein Bewußtsein* seiner eigenen «inneren» Bewußtseinszustände und seines eigenen Ich*, worauf die Einheit im Leben der Person* beruht. So dient die A. bei Leibniz als Bezeichnung für das Selbstbewußtsein, die Ich-Auffassung und die Konstitution* der Person als einer Einheit.
2. Bei Kant wird zwischen einer empirischen* und einer transzendentalen* A. unterschieden. Die empirische A. (auch «Apprehension» genannt) ist das (Selbst-)Bewußtsein, das ich von meinen faktisch vorkommenden (inneren) Bewußtseinszuständen habe. Die transzendentale A. (auch «reine» A. genannt) ist

demgegenüber ein (Selbst-)Bewußtsein der synthetisierenden* Einheit in meinem Bewußtsein und als solche Bedingung der Möglichkeit von Vorstellungen (konkreten* Bewußtseinsinhalten) überhaupt. – Vgl. Kant.
3. In der sog. A.-Psychologie (z. B. Wundt, Meinong, Höffding und Th. Lipps) wird mit dem Begriff der A. der Einfluß des Subjekts* auf die Erkenntnis, z. B. die Perzeption*, hervorgehoben.

Lit.: D. Henrich: Identität und Objektivität. Eine Untersuchung über Kants transzendentale Deduktion, 1976. I. Kant: Kritik der reinen Vernunft, §§ 15–27. Leibniz: Vernunftprinzipien der Natur und der Gnade, § 4. Ders.: Monadologie, §§ 14 u. 19. W. Wundt: Grundzüge der physiologischen Psychologie III, ⁵1903.

Applikation (von lat. *applicare*), Anwendung, Aneignung. A. ist ein Schlüsselbegriff der theologischen und philos. Hermeneutik*. Gadamer bezeichnet mit A. nicht die bewußte, methodische Anwendung von etwas Verstandenem, sondern im Gegenteil ein Strukturmoment des Verstehens* selbst: Um einen Text zu verstehen, muß man ihn mit der Situation, in der man sich selbst befindet, verbinden oder ihn auf sie «anwenden» können.

Lit.: H.-G. Gadamer: Wahrheit und Methode, 1960.

Approximation (von neulat. *approximare*, gradweise näherkommen), Annäherung, Näherungswert. Wird u. a. benutzt im Zusammenhang der philos. Theorien der Wahrheit*. – Vgl. Peirce, Popper.

Apriorismus (von *a priori*), Philos., welche die Möglichkeit einer Erkenntnis a* priori behauptet. 1. Erstmals in der Geschichte wurde der Ausdruck A. in der zweiten Hälfte des 19. Jh. von Neukantianern* und Kantinterpreten verwendet. 2. Der Marburger Schule diente das Wort als Bezeichnung für die Methode ihrer eigenen Philos. 3. In der empirisch* orientierten angelsächsischen Philos. wird A. zumeist in abschätzigem Sinn, fast synonym mit Dogmatismus* gebraucht.

Lit.: N. Hartmann: Das Problem des A. in der platonischen Philos., 1935. J. Mittelstrass: Erfahrung und Begründung. In: Ders.: Die Möglichkeit von Wissenschaft, 1974.

Äquipollenz (lat. *aequi-polleo*, gleich stark sein), zwei Urteile* werden traditionell äquipollent genannt, wenn sie entweder materiale Ä. haben, d. h. den gleichen Wahrheitswert*, oder wenn sie einander logisch implizieren*. Carnap definiert in diesem Sinn zwei Sätze genau dann als äquipollent, wenn sie syntaktisch* die gleichen Sätze implizieren, die nicht allein aus logischen Gründen wahr sind.

äquivalent (von lat. *aequus*, gleich, und *valens*, kräftig, einflußreich). 1. Ein Satz S heißt genau dann material ä. mit dem Satz S1, wenn die Sätze den gleichen Wahrheitswert* haben, d. h. entweder beide wahr oder beide falsch sind. Diese Beziehung wird mit den Symbolen ‹<–›› oder ‹=› (lies: genau dann, wenn) dargestellt. 2. Ein Satz S heißt genau dann logisch ä. mit dem Satz S1, wenn S <–> S1 eine logische* Wahrheit darstellt (in der Aussagenlogik eine Tautologie*).

Äquivalenz (von lat. *aequi-valeo*, gleich wert sein). Eine Relation* R ist genau dann eine Ä.-Relation, wenn sie reflexiv*, symmetrisch* und transitiv* ist. In der Logik* sind folgende Ä.-Relationen besonders wichtig: 1. Identität*, d. h., daß sich zwei Namen auf den gleichen Gegenstand beziehen. 2. Materiale Ä. zwischen zwei Sätzen, d. h., daß zwei Sätze den gleichen Wahrheitswert* haben. 3. Logische (bzw. syntaktische* und semantische*) Ä. zwischen Sätzen, d. h., daß zwei Sätze beweisbar* sind oder mit logischer Notwendigkeit den gleichen Wahrheitswert haben.

Äquivalenzthese, Bezeichnung für Tarskis Definition des Begriffs ‹Wahrheit›. – Vgl. Bedeutung und Wahrheit (Tarskis semantische Wahrheitstheorie).

äquivok, s. univok.

Äquivokation, s. Mehrdeutigkeit/Eindeutigkeit.

Arbeit. 1. Zweckgerichtete Tätigkeit oder Wirksamkeit, durch die der Mensch sein Leben erhält und gestaltet. 2. Das Resultat oder Produkt dieser Arbeit. 3. Die Aufgabe oder der Zweck, dem die Tätigkeit dient (die A., die getan werden soll). Der Begriff A. gilt als Schlüsselbegriff der philos. Anthropologie*. Als solcher soll er das Eigentümliche der menschlichen Tätigkeit im Unterschied zur nicht-menschlichen (mechanischen oder instinktmäßigen) Tätigkeit herausstellen. Der Begriff A. bezeichnet also eine spezifisch menschliche Tätigkeit. Abgrenzungsprobleme stellen sich allerdings gegenüber dem Begriff der Handlung*, die ihrerseits eine spezifisch menschliche Tätigkeit bezeichnet.

Begründet wurde die ‹praktische› Philos. im Sinn einer Philos. des menschlichen Handelns durch Aristoteles. Er unterscheidet zwei Formen von Handlung, *praxis* und *poiesis*. Praxis ist eine Tätigkeit, die ihren Zweck in sich trägt. Sie wird um ihrer selbst willen ausgeführt (z. B. das Flötenspielen oder das Retten eines Kindes vor dem Ertrinken). Poiesis, Herstellung oder A., hat dagegen den Zweck außerhalb ihrer selbst, nämlich im ‹Werk›, das sie durch die Bearbeitung eines gegebenen Materials herstellt (z. B. hat das Bauen eines Hauses seinen Zweck im Haus, welches wiederum nur Mittel zum Zweck des Wohnens ist; ein Haus wird nicht des Bauens wegen gebaut). Poiesis ist der Praxis untergeordnet, dem eigentlichen Handeln, das zuallererst ein Handeln in Gesellschaft oder Gemeinschaft ist, ein ethisch-politisches Handeln.

In der Neuzeit spielt der Begriff A. eine immer zentralere Rolle. Locke und Adam Smith heben die A. als wert- und kulturschöpfende Tätigkeit hervor. In diesem Sinn entwickelt auch Hegel seinen Begriff der A.; darüber hinaus versucht er aber, die A. wieder in eine umfassende, differenzierte Bestimmung des menschlichen Handelns einzuordnen. Als Bearbeitung der Natur befreit A. vom Naturzwang. Durch sie formt der Mensch die Dinge ‹nach seinem Bild› und bildet dadurch sich selbst. Gleichzeitig ist sie eingebunden in einen Zusammenhang zwischenmenschlicher Handlungen. Sie findet immer in einem sozialen Kontext statt. So unterscheidet Hegel zwischen A. und Handlung, die von ihm als Verwirklichung eines im Bewußtsein liegenden Entschlusses bestimmt wird. Diesen Gedankengang nimmt Marx auf: A. ist das Wesen des Menschen; was der Mensch ist, wird er durch A. Im selben Atemzug wendet sich Marx jedoch gegen Hegels Idealismus* und betont den materiellen*, körperlichen Charakter von A.: «Die A. ist zunächst ein Prozeß zwischen Menschen und Natur, ein Prozeß, worin der Mensch seinen Stoffwechsel mit der Natur durch seine eigene Tat vermittelt, regelt und kontrolliert.» Die «seiner Leiblichkeit angehörigen Naturkräfte, Arme und Beine, Kopf und Hand» (MEW 23, S. 192) benutzt der Mensch zum Eingreifen in den Naturprozeß, um seine Bedürfnisse zu befriedigen. Die A. zeichnet ihn insofern aus, als sie eine Differenz zwischen Mensch und Natur setzt. Sie ist in dem Sinn zweckgerichtet, daß der Mensch selber ihren Zweck bestimmt. Mittels der A. drückt er der Umwelt seinen Stempel auf. Allerdings kann dieses Verhältnis zwischen Mensch und Produkt so entstellt werden, daß der Mensch sich in dem, was er hergestellt hat, nicht mehr wiedererkennt (vgl. Entfremdung). Mit der Veränderung der äußeren Natur verändert der Mensch auch die eigene innere Natur. Er entwickelt durch die A. seine eigenen Bedürfnisse und Möglichkeiten, stellt sich selbst durch sie her. Damit wird sie zu einem geschichtsbildenden Faktor. In ihr schafft sich der Mensch eine soziale und kulturelle Welt, eine ‹zweite Natur*›. Dies begründet die umfassende und grundlegende Bedeutung, die die A. in der marxistischen Tradition erhält. Sie meint nicht mehr eine bestimmte Form menschlicher Wirksamkeit, sondern den Prozeß selbst, durch den der Mensch sein Leben gestaltet. Tendenziell wird in dieser Tradition Praxis oder Handeln mit A. identifiziert. Eine solche Identifikation wirft aber das Problem auf, wie Handeln hinsichtlich seines ethisch-politischen Aspekts zu verstehen ist. Darf Handeln auf die Bearbeitung eines gegebenen Materials reduziert werden? In einer der marxistischen Tradition immanenten Kritik unterscheidet Habermas deshalb zwischen «instrumentellem», technischem Handeln, d. h. A., und «kommunikativem» Handeln, Interaktion*, d. h. jenem Handeln, welches das interaktive Moment zentral berücksichtigt.

Lit.: H. Arendt: Vita activa oder vom tätigen Leben, 1960. Aristoteles: Nikomachische Ethik. J. Habermas: Theorie des kommunikativen Handelns, 1981. K. Marx: Das Kapital, (1867–94) 1962, S. 49–98. Ders.: Die entfremdete A. In: Oekonomisch-philos. Manuskripte, 1968, S. 510–522. M. Weber: Die protestantische Ethik und der Geist des Kapitalismus. In: Aufsätze zur Religionssoziologie, ^{5}1963, S. 30–62.

Archetyp(us) (griech. *archetypon*), Urbild, Vorbild. Bei C. G. Jung ist der A. der eigentliche Inhalt des kollektiven Unbewußten oder genauer: dessen innere Ordnung oder Struktur. Er kommt zum Vorschein in den «archetypischen Vorstellungen», die sich sowohl in den Mythen* der verschiedenen Kulturen wie in den Träumen und Phantasien des einzelnen Menschen wiederfinden (vgl. Symbol). Beispiel für eine archetypische Figur ist der Schatten; er symbolisiert «die andere Seite» unserer selbst. Nach Jung ist die Zahl der A., die typische allgemeinmenschliche Grunderlebnisse repräsentieren, begrenzt. Der A. besitzt einen Doppelcharakter: Einerseits ist er eine «unanschauliche Grundform» oder Struktur von Erlebnissen (Vorstellungen), andererseits eine «numinose» Kraft, von welcher der Mensch in seinen Erlebnissen ergriffen wird.

Arendt, Hannah (1906–75), dt.-amerik. Politologin und Philos. jüd. Herkunft. Studium in Marburg, Freiburg und Heidelberg, vor allem bei Heidegger und Jaspers. 1933 Flucht nach Paris, 1941 in die USA. Lehrtätigkeit an mehreren amerik. Universitäten, freie Schriftstellerin. – Für A. ist der Mensch aufgrund seiner natürlichen Bedingtheiten ein tätiges, aktives Wesen. In ihrer Schrift *Vita activa* (1958; dt. 1960) kritisiert sie die traditionelle philos. Bevorzugung einer nicht-tätigen, nur betrachtenden Daseinsweise *(vita contemplativa)*. Zugleich unterscheidet A. innerhalb der menschlichen Aktivität drei Grundformen. Auf der niedrigsten Stufe steht die Arbeit* als die Grundtätigkeit, welche gegen die Natur die Erfüllung vitaler Bedürfnisse durchsetzt; darüber wird das Herstellen als Schaffung einer Welt, in der sich der Mensch vergegenständlicht, angesiedelt; schließlich beschreibt A. als die oberste Stufe des Handelns die Interaktion, die gemeinsame kommunikative Praxis, das Politische. Während in der Antike die griech. *polis* im Handeln noch den eigentlichen Raum der Freiheit erkannte, wurde im Lauf der historischen Entwicklung der griech. *praxis*-Begriff zurückgedrängt: im Mittelalter zugunsten des Herstellens, in der Neuzeit zugunsten der Arbeit. Aufgrund dieser Diagnose kritisiert A. die moderne technische Welt als durch einen Mangel an Freiheit geprägt.

Ausg.: Vita activa oder Vom tätigen Leben, 1960. Macht und Gewalt, 1970. Elemente und Ursprünge totaler Herrschaft, 1975, ^{4}1995. Eichmann in Jerusalem. Ein Bericht von der Banalität des Bösen, 1978. Vom Leben des Geistes I–II, 1979. – Zs. mit K. Jaspers: Briefwechsel 1926–1969, 1993. *Lit.:* D. Barley: H. A. Einführung in ihr Werk, 1990. K.-H. Breier: H. A. zur Einführung, 1992. W. Heuer: H. A., 1991. W. Heuer: Citizen: persönliche Integrität und politisches Handeln. Eine Rekonstruktion des politischen Humanismus H. A., 1990. I. Nordmann: H. A., 1994. A. Reif: H. A. Materialien zu ihrem Werk, 1979. M. Reist: Die Praxis der Freiheit. H. A. Anthropologie des Politischen, 1990. E. Young-Bruehl: H. A. Leben, Werk und Zeit, 1982.

arete (griech. Tugend, Tüchtigkeit, Vollkommenheit). A. ist jene charakteristische Eigenschaft, die Lebewesen, Körperteile, Organe, Werkzeuge oder Gegenstände in die Lage versetzt, ihre jeweiligen Funktionen auf angemessene Weise zu erfüllen. Grundbegriff bei Sokrates, Platon und Aristoteles.

Lit.: H. J. Krämer: A. bei Platon und Aristoteles. Zum Wesen und zur Geschichte der platonischen Ontologie, 1959.

Argument (lat. *argumentum*, Beweis, Grund). 1. In der Mathematik und mathemathischen Logik ist A. ein Ausdruck, der durch einen Funktor näher bestimmt wird. 2. In einer gängigeren Bedeutung ist ein A. eine Sammlung von Behauptungen, wovon eine, die Konklusion*, als von den übrigen, den Prämissen*, begründet dargelegt wird. Ein A. ist keine Behauptung und daher weder wahr noch falsch. Es wird als gültig betrachtet, wenn die Prämissen die Konklusion tatsächlich begründen, sonst ist es ungültig. Ein gültiges A. ist haltbar, wenn alle seine Prämissen wahr sind. Ein ungültiges A. wird Fehlschluß genannt (ungültige Schlußfolgerung*).

Wo die Konklusion als eine logische Folgerung* der Prämissen erscheint, handelt es sich um ein deduktives* A. Ein solches ist genau dann gültig oder schlüssig, wenn die Prämissen logisch zur Konklusion führen. In diesem Fall muß, sofern die Prämissen wahr sind, die Konklusion notwendig wahr sein. Ein induktives* A. liegt vor, wenn die Prämissen die Konklusion zwar unterstützen, ohne aber eine logische Folgebeziehung darzustellen. Es ist gültig, wenn die Annahme der Prämissen, aus denen die Konklusion gefolgert wird, gute Gründe für sich in Anspruch nehmen kann.

Die Logik unterscheidet verschiedene A.-Typen. In der informellen Logik oder A.theorie werden z. B. charakteristische Typen von Fehlschlüssen untersucht. Gefragt wird etwa danach, unter welchen Bedingungen A. als gute Gründe gelten können. In der formalen Logik* werden die A. nach ihrer logischen Form oder A.struktur eingeteilt unter Absehung des Inhalts der Prämissen und Konklusionen. Die Form kann in einem Schema von logischen Konstanten* und Symbolen für andere Ausdrücke dargestellt werden, das lediglich deren syntaktischen Typus berücksichtigt. Nehmen wir z. B. an, P, Q, R... seien zufällige Prädikate; dann kann das A. ‹Alle Tiere sind sterblich; alle Menschen sind Tiere; also sind alle Menschen sterblich› mit folgender Formel ausgedrückt werden: ‹Alle P sind Q, alle R sind P; also sind alle R Q›.

In diesem Fall kann von einem gültigen deduktiven A., nämlich einem Syllogismus* gesprochen werden. Andere Beispiele sind der *modus ponens** und der *modus tollens**. Das Interesse an der Formalisierung ist nicht nur ein theoretisches, sondern hat auch praktische Bedeutung, weil die A. derselben Form entweder alle gültig oder alle ungültig sind. Die Festlegung der Form eines A. hängt davon ab, was man als die logischen Konstanten der Sprache ansieht. Wenn die formale Logik angewendet werden soll, wird daher eine bestimmte logische Analyse der Sprache vorausgesetzt, in der die Argumente formuliert sind.

Lit.: G. Frege: Begriffsschrift, eine der arithmetischen nachgebildete Formelsprache des reinen Denkens. In: Ders., Begriffsschrift und andere Aufsätze, 1964. P. T. Geach: Reason and Argument, 1976. J. Habermas: Wahrheitstheorien. In: H. Fahrenbach (Hg.): Wirklichkeit und Reflexion, 1973. G. B. Keene: The Language of Reason, 1993. P. Lorenzen/ O. Schwemmer: Konstruktive Logik, Ethik und Wissenschaftstheorie, ²1975. S. Toulmin: Der Gebrauch von Argumenten, 1975. U. Verster: Philosophical Arguments, 1992.

Aristoteles (384–322 v. Chr.), griech. Philos., Logiker und Naturforscher. Geb. in

Stagira, wo der Vater Leibarzt des makedonischen Königs war. Ging 367 nach Athen, um an Platons Akademie* zu studieren. In den 20 Jahren, die er dort blieb, entwickelte er eigene philos. Auffassungen, die von denen des Lehrmeisters immer weiter abwichen. Obwohl Platon A. mit großer Achtung begegnete, überließ er 347 die Leitung der Akademie seinem Neffen Speusippos. Aufgrund beträchtlicher Differenzen mit dem neuen Leiter über das rechte Philosophieverständnis verließ A. die Akademie und reiste nach Kleinasien und Lesbos. Dort gründete er eine Familie. In den folgenden Jahren befaßte er sich mit biologischen Studien. 343 folgte A. einem Ruf Philipps von Makedonien, um die Erziehung des 13jährigen Sohns Alexander, des späteren Alexander des Großen, zu übernehmen. Acht Jahre lang war A. in Makedonien tätig. Als Alexander den Thron bestiegen hatte, kehrte A. nach Athen zurück und gründete dort seine eigene Schule, das Lykeion. Die folgenden Jahre waren für A. außerordentlich fruchtbar. Er hielt Vorlesungen, betrieb Forschungen auf diversen Gebieten und arbeitete an zahlreichen Manuskripten über Themen der Naturwissenschaft, Psychologie, Metaphysik, Ethik, Dichtkunst und Rhetorik. Nach Alexanders Tod (323) erhoben sich die Athener gegen die makedonische Herrschaft, und A. war in Gefahr, wegen Hochverrats zum Tod verurteilt zu werden. Damit «die Athener sich nicht zum zweitenmal an der Philos. versündigten» (wie an Sokrates), floh A. nach Chalkis auf Euböa. Dort starb er ein Jahr später im Alter von 62.

Die meisten der zahlreichen überlieferten Werke A. tragen den Charakter von Vorlesungsmanuskripten und Aufzeichnungen zum Gebrauch für Schüler und Mitarbeiter. Diese Texte wurden Jahr für Jahr umgearbeitet und waren nie zur Veröffentlichung vorgesehen («esoterische Schriften»). Der Stil ist gedrängt, viele Ausdrücke der griech. Alltagssprache haben eine ungewöhnliche, theoriebezogene Bedeutung, der Inhalt setzt Vorkenntnisse voraus. Diese Schriften sind häufig schwierig zu lesen, aber sehr sorgfältig und streng in der Darstellung; sie knüpfen beim Alltagsverständnis und der Alltagssprache an, weniger beim Sprachgebrauch der zeitgenössischen Philos.

A. ist der Vater der formalen Logik*. Er erkannte, daß die Gültigkeit eines Arguments nicht auf seinem Gegenstand oder Inhalt beruht, sondern auf seiner Form. Zur Untersuchung der formalen Gültigkeitsbedingungen entwickelte er einen systematischen Begriffsapparat einschließlich gewisser symbolischer Bezeichnungen (vor allem Variablen*). So entwickelte er das erste rein formale logische System, die Lehre von den Syllogismen*. Sie umfaßt nur Urteile* einer bestimmten Form - die kategorischen Urteile - und beschränkt sich daher auf den Typus von Argumenten, in dem solche Urteile verwendet werden. Trotz ihrer geringen, für praktische Zwecke fast zu vernachlässigenden Bedeutung bildete sie bis zum Ausgang des 19. Jh., ihres streng systematischen Charakters wegen, das Kernstück aller formalen Logik.

A. logische Texte, von denen die Erste Analytik (lat. *analytica priora*) die Lehre von den Syllogismen enthält und die Zweite Analytik (lat. *analytica posteriora*) erkenntnistheoretische und sprachphilos.* Themen behandelt, werden unter der Bezeichnung *Organon* zusammengefaßt, dem griech. Wort für Werkzeug. Ihm gehört auch die Topik an, welche die Syllogistik innerhalb der praktischen Wissenschaften in Form dialektischer Schlüsse anwendet. Das Organon illustriert A. Auffassung von der Logik als Hilfswissenschaft für alle anderen Wissenschaften. Während diese sich je mit einem Ausschnitt der Wirklichkeit befassen, besitzt die Logik kein entsprechendes Gegenstandsfeld; vielmehr benennt und präzisiert sie nur die Begriffe und Schlüsse, die in alle Formen vernünftiger Überlegung und Beschreibung eingehen.

Wissenschaft im weitesten Sinn wird von A. in theoretische und praktische eingeteilt. Theoretische Wissenschaften untersuchen «das, was nicht anders sein kann», und fragen schlicht nach der Wahrheit. Sie zerfallen in drei Disziplinen mit je eigenem Thema: Die Physik studiert Gegenstände mit selbständiger Existenz und der Tendenz zur Veränderung. Die Mathematik studiert das, was unveränderlich, aber ohne selbständige Existenz ist; die Erste Philos. (griech. *prote philosophia*, von A. Nachfolgern ‹Metaphysik› genannt) schließlich handelt vom selbständig Existierenden, das zugleich unveränderlich ist. Die praktischen Wissenschaften beschäftigen sich mit dem, «was anders sein kann». Sie zielen letztlich darauf ab, Anleitungen zum Handeln zu geben. Ihre wichtigsten Gebiete sind Ethik und Politik (Gesellschaftsphilos.).

Bei dem mit *Physik* betitelten Werk handelt es sich um eine überwiegend naturphilos.* Abhandlung, die die Begriffe «Werden», «Veränderung», «Ort», «Zeit», «Raum», «Endlichkeit», «Unendlichkeit» u. a. m. erläutert. A. Methode läßt sich weder als empirische* Verallgemeinerung (Induktion*) noch als *(a* priori)* Deduktion* aus abstrakten Prinzipien charakterisieren. Denn als wirkliches System* ist A. Philos. kaum zu bezeichnen. Vielmehr geht A. davon aus, daß eine Anzahl natürlicher Dinge existieren, die sich bewegen und über die man in der Alltagssprache* reden kann. Der Philos. soll an die Alltagssprache anknüpfen und einen Begriffsapparat entwickeln, um die Dinge und ihre Bewegungen angemessen beschreiben zu können; ebenso soll er die Voraussetzungen für die Möglichkeit einer solchen Bewegung untersuchen. Dagegen ist es nicht Aufgabe des Philos., die Existenz der Welt oder der Bewegung von abstrakten (göttlichen) Prinzipien aus zu erklären oder zu beweisen; denn die Existenz von Welt und Bewegung ist von vornherein als unproblematisch vorausgesetzt. So zeigt die *Physik* – als einer von sehr wenigen Texten –, wie A. überhaupt zu seinen Grundbegriffen kommt, von denen er in den übrigen Wissenschaften ausgeht.

Von hier aus läßt sich auch das Verhältnis dieses Textes zu A. zweitem Hauptwerk bestimmen, den *Schriften zur Ersten Philosophie* (später «Metaphysik» betitelt): Im Aristotelismus* und bei den früheren A.-Interpreten war es üblich, die *Physik* als einzelwissenschaftliches Werk aufzufassen, das den *Schriften zur Ersten Philosophie* untergeordnet sei. Dagegen wird in der modernen A.-Forschung betont, daß die *Physik* als Naturphilos. ihrerseits schon enthält, was in der späteren philos. Tradition ‹Metaphysik› heißt. Die *Physik* ist also keine einzelwissenschaftliche Abhandlung, sondern eine allgemeine Lehre von den Prinzipien, die für die natürliche Welt gelten. Und die *Schriften zur Ersten Philosophie* behandeln eine Reihe von Grenzfragen, denen sich eine konsequent durchgeführte Naturphilos. stellen muß. Insofern bilden die Analysen der *Physik* die Grundlage für A. gesamte Philos. Sie setzen keine ‹höhere› Wissenschaft voraus, die sie erklärt und in einen philos. Zusammenhang erst stellt; sie bieten keine Konkretisierungen andernorts gewonnener allgemeiner, abstrakter Prinzipien.

Bezeichnend für die *Physik* ist, daß es im Gegensatz zur vorsokratischen Naturphilos. nicht die Natur in ihrer Ganzheit zu erklären sucht; statt dessen will sie eine Theorie der veränderlichen Einzeldinge entwickeln. Die Vorstellung von Natur als allumfassender Zusammenhang oder als Substanz* (vgl. Stoa), in der die Dinge nur Momente* sind, ist von Grund auf unaristotelisch. Wenn A. über Werden und Veränderung spricht, denkt er deshalb weder an kosmische Bewegung noch an ein anderes abstraktes Werden ‹an* sich selbst›, sondern an etwas Konkretes, das zu diesem oder jenem wird.

Vom alltäglichen Sprechen ausgehend, nimmt A. an, daß jedes Werden etwas Zugrundeliegendes voraussetzt (griech. *hypokeimenon*; lat. *substratum*), etwas, das im Lauf des Prozesses eine bestimmte Gestalt annimmt (griech. *morphe*). Von hier aus gelangt A. zur Unterscheidung zwischen Stoff (griech. *hyle*; lat. *materia*) und Form* (griech. *eidos*; lat. *forma*). Das griech. und lat. Wort für Stoff bedeutet eigentlich ‹Holz›, speziell ‹Nutzholz›, ‹Bauholz›. Das Holz ist das zugrundeliegende Material oder der Stoff, der zu einem Boot werden kann, indem er durch die Formgebung eine bestimmte Gestalt annimmt. Auf dem Hintergrund solcher Beispiele bildet A. durch Analogie* die allgemeinen Begriffe Stoff und Form als zwei Prinzipien, die in jedes Werden und sein Ergebnis eingehen. Eine Axt besteht aus Eisen und Holz; das ist ihr Stoff. Daß die Axt aber zu einer Axt wird – und nicht z. B. zu einem Hammer –, liegt an ihrer Form. Gewöhnlich erklärt A. den Begriff der Form mit Hilfe des Funktionsbegriffs: beschreiben, was ein Ding kraft seiner Form ist, heißt beschreiben, wozu es dient. Die Form der Axt muß von ihrem Zweck her verstanden werden. Was ein Ding ist und wozu es gut ist, gehört zusammen. Der Stoff spielt hier nur eine untergeordnete Rolle. Er ist da um der Form willen, nicht umgekehrt. Damit eine Axt ihrem Zweck dienlich ist, muß sie auch aus Eisen gefertigt sein; aber nicht jedes Eisen gehört zu einer Axt. Entscheidend für die Erklärung eines Gegenstands ist daher der Hinweis auf seine Form, nicht auf seinen Stoff. – Form und Stoff können als zwei Aspekte eines Dings voneinander unterschieden, aber nicht voneinander getrennt werden. Die Form ist nämlich immer das Innewohnende (immanent*). Eine Form existiert nur als die Form dieses oder jenes Einzeldings. An diesem Punkt setzt sich A. der Auffassung Platons entgegen, da er die Annahme einer selbständig existierenden – transzendenten im Gegensatz zur immanenten – Form (*eidos*) leugnet. Es gibt allerdings eine Ausnahme, einen Fall, in dem eine Form existiert, ohne zugleich Stoff zu sein. Diese Form ohne Stoff ist Gott.

Wenn von einem konkreten Einzelding, etwa von einer Axt, die Rede ist, wird der Begriff ‹Stoff› nur in relativem Sinn benutzt. Der Stoff der Axt – Eisen und Holz – ist wohl Stoff im Verhältnis zu ihr, aber nicht absolut. Denn ein Stück Eisen hat ebenfalls Form und Stoff, da es wie alle anderen Dinge letztlich verstanden werden muß als bestimmte Zusammensetzung der vier Elemente* Erde, Luft, Feuer und Wasser. Diese Urelemente sind jedoch ihrerseits nicht grundlegend, weil sie sich verändern und ineinander übergehen können; so wird z. B. Wasser beim Verdampfen zu Luft. Deshalb nimmt A. – vermutlich als Grenzbegriff* – einen ersten Stoff an (lat. *prima materia*), ein grundlegendes Substrat, das sich niemals rein, sondern immer nur in Form von Erde, Luft, Feuer oder Wasser findet (vgl. Form/Materie).

Dieser Aspekt der Prozeßhaftigkeit wird in der Unterscheidung zwischen Möglichkeit* (griech. *dynamis**; lat. *potentia*) und Verwirklichung (griech. *energeia*; lat. *actus*) vertieft, eine Unterscheidung, die mit der zwischen Stoff und Form eng zusammengehört. Ein Marmorblock ist potentiell (der Möglichkeit nach) eine Statue, eine Raupe potentiell ein Schmetterling. Die fertiggestellte Statue und der vollentwickelte Schmetterling sind Aktualisierungen (Verwirklichungen) dieser Potentialitäten. Wie die Form vor dem Stoff Vorrang hat, so die Aktualität vor der Potentialität. Bei der Beschreibung einer bestimmten Potentialität ist stets der Hinweis auf eine bestimmte Aktualität notwendig – im Verhältnis, zu der die Möglichkeit Möglichkeit ist –, während das Umgekehrte nicht gilt. Ferner bezeichnet die Aktualität den Zweck, um dessentwillen die Potentialität existiert. Das Verwirklichte besitzt deshalb immer einen höheren Wert als das nur Mögliche. Schließlich geht die Aktualität in der Zeit der Potentialität voran. Wohl kommt die Raupe vor dem Schmetterling, aber sie kann nur begriffen werden als Produkt eines anderen, früheren Schmetterlings. Zwar gibt es den Marmorblock vor der Statue, und seine Entstehung hängt zweifellos nicht mit einer früheren Statue zusammen. Dennoch geht der Herstellung der Statue aus dem Marmorblock etwas Wirkliches voraus, nämlich die Vorstellung des Bildhauers von ihr – die Form der Statue, wie sie in seinem Denken existierte. Die Wirklichkeit als das tatsächlich Existierende fällt nach A. daher nicht mit dem gegenwärtig Vorliegenden zusammen, dem bereits Verwirklichten. Sie umfaßt auch die ‹wirklichen› Möglichkeiten, d. h. die noch nicht entfalteten Möglichkeiten, wie sie als Fähigkeiten, Kräfte, Anlagen, Neigungen u. ä. existieren. Für die Erklärung eines konkreten Prozesses reicht es daher nicht aus, auf eine Ursache* (lat. *causa**) hinzuweisen, die bewirkt hat, daß der Prozeß in Gang kam. Neben der Wirkursache muß der Stoff berücksichtigt werden, der es ermöglicht hat, daß die Form einen bestimmten Zweck erreichen konnte. Insgesamt sind sogar vier Ursachen zu berücksichtigen: die Wirkursache (lat. *causa efficiens*), die Stoffursache (lat. *causa materialis*), die Formursache (lat. *causa formalis*) und die Zweckursache (lat. *causa finalis*). Die Erklärung eines Gegenstands, z. B. eines Hauses, erfordert die Angabe aller vier Ursachen. Die Angabe der bewirkenden Ursache des Hauses, die Leistung der Arbeiter, beantwortet die Frage ‹Wie, wodurch ist es hergestellt?›. Die Angabe der stofflichen Ursache, der Baumaterialien, beantwortet die Frage ‹Woraus ist es hergestellt?›. Die Formursache, die Charakteristik des Hauses als Haus, bezieht sich auf die Frage ‹Was ist es?›, und die finale Ursache schließlich, hier der Wunsch des Bauherrn nach einem eigenen Haus, auf die Frage ‹Welches ist sein Zweck?›. A. betrachtet die Zweckursache als die wichtigste und bemerkt, daß sie oft die formale und die bewirkende Ursache in sich enthalte. Aus dem Ziel des Bauherrn, ein Haus zu errichten, geht die Formbestimmung hervor, wie ein Haus sein soll – aber auch das Bauen selbst.

A. Lehre von den vier Ursachen darf nicht als endgültige Klassifikation aufgefaßt werden; sie dient eher heuristischen* Zwecken. Auf der Basis einer Analyse der alltäglichen Rede vom Werden betrachtet A. vielmehr die Einteilung in vier typische Ursachen als praktisches Hilfsmittel bei der Suche nach konkreten Ursachenzusammenhängen. Nichts hindert daran, in gewissen Situationen aus praktischen Gründen einige der verschiedenen Typen der Ursachen zusammenzuwerfen oder sie in anderen Situationen noch genauer zu unterteilen. (Solche weitere Unterscheidung nahm im übrigen die Scholastik* vor; vgl. *causa*.)

Bislang wurde der Prozeß oder das Werden nur im allgemeinen betrachtet, undifferenziert. Entscheidend für A. ist aber, daß er verschiedene Typen des Werdens* annimmt. Zunächst gibt es den Übergang von Möglichkeit zu Wirklichkeit, durch den etwas entsteht. Nur individuelle Dinge (griech. *prote ousia*; lat. *prima substantia*) können entstehen, konkrete Verbindungen von Form und Materie. Jede andere Veränderung (griech. *metabole*) setzt voraus, daß bereits ein konkretes Einzelding existiert. Ofters zählt A. vier Formen von Veränderung auf: 1. Substantielle Veränderung, d. h. eine Veränderung, in der ein Einzelding (die primäre Substanz*) zu existieren aufhört, indem es sein formgebendes Gepräge (auch Wesen* genannt; griech. *to ti en einai*; lat. *essentia*) verliert. Eine substantiale Veränderung geschieht z. B. mit einer gelben Vase, wenn sie in Brüche geht; damit hört sie auf zu existieren. 2. Eine qualitative Veränderung erfolgt, indem z. B. die Vase blau angemalt wird. 3. Eine quantitative Veränderung findet statt, wenn z. B. die Vase schwerer wird, wenn sie statt einen zwei Henkel erhält. 4. Von Ortsveränderung, d. h. einer Bewegung, durch die ein Ding seinen Ort im Raum wechselt, ist die Rede, wenn z. B. die Vase vom Boden auf den Tisch gestellt wird.

Mit der Unterscheidung der Veränderungstypen ist deutlich geworden, daß man auf mehrere Weise über ein in Bewegung bzw. Veränderung befindliches Ding sprechen kann: auf der einen Seite über das individuelle Ding (die Substanz), auf der anderen Seite über seine Qualitäten, Quantitäten und seine Pla-

		primäre Substanz		partikulare Akzidenzien									
partikulär			Sokrates		Sokrates' vier Fuß	das Weiße an Sokrates	Sokrates ist größer als ein Hund	im Lykeion	gestern	sitzend	hat Schuhe an	verbrennt etwas	wird selber verbrannt
universal	species / genus		lebendes Wesen	universale Akzidenzien	Längenmaß	Farbe							
Kategorie			Substanz		Quantität	Qualität	Relation	Ort	Zeit	Lage	Haben	Wirken	Leiden
Transzendentalie*		das Sein – das Gute – das Wahre											

Aristoteles' zehn Kategorien

zierung an verschiedenen Orten im Raum. So gelangt A. zu Grundbegriffen – sog. Kategorien* –, die für alles in der Welt Geltung haben, d. h. alles, was existiert, muß auf einen dieser Grundbegriffe zurückgeführt werden können. In einigen Versionen gibt er bis zu zehn Kategorien an; aber am wichtigsten scheint ihm nicht die Zahl der Kategorien zu sein, sondern das Prinzip, daß es überhaupt Kategorien geben muß. Es scheint ihn denn auch nicht zu stören, daß einige der gefundenen Kategorien sich überschneiden. Entscheidend ist vielmehr das Prinzip, daß in einem Kategoriensystem mit den verschiedenen Kategorien verschiedene Seinsweisen bezeichnet werden. Die bedeutendste Kategorie ist die der Substanz, weil nur eine Substanz selbständig zu existieren vermag; sie ist «das, von dem etwas anderes ausgesagt werden kann, das aber nicht selber von etwas anderem ausgesagt werden kann». Die Substanzkategorie bezeichnet das Wesentliche* (Essentielle) des Dings, dasjenige, bei dessen Verlust das Ding aufhören würde zu existieren. Demgegenüber bezeichnen die übrigen Kategorien das Kontingente* (Akzidentelle*; von lat. *accidentia*) des Dings, dasjenige, bei dessen Verlust das Ding durchaus weiterexistiert. So bleibt eine Vase auch dann diese bestimmte Vase, wenn sie ihre Farbe ändert. Selbstverständlich kann das Einzelding (die Substanz) nicht ohne alle akzidentelle Bestimmungen existieren. Es gehört zur Kategorienlehre, daß jedes Ding einige Eigenschaften innerhalb jeder der Kategorien aufweisen muß; die substantiellen Bestimmungen müssen allerdings dieselben bleiben, damit der Gegenstand nicht zu existieren aufhört.

Die Substanzkategorie wird von A. noch einmal unterteilt. Die Einzeldinge, die konkreten Verbindungen von Form und Materie – Sokrates, dieses Pferd hier, jener Tisch dort –, machen den einen Teil aus; die Arten (lat. *species*) und Gattungen (lat. *genera*) von Einzeldingen bilden den anderen Teil. Arten und Gattungen sind Substanzen, nicht Qualitäten. Wenn es von Sokrates heißt, er sei ein Mensch (Artbestimmung) oder ein Lebewesen (Gattungsbestimmung), so wird ausgesagt, was er ist – nicht, wie er ist, d. h. welche – zufällige – Eigenschaft er besitzt. Im Gegensatz zum Einzelding, der Primärsubstanz (griech. *prote ousia*; lat. *prima substantia*), nennt A. dessen Arten und Gattungen sekundäre Substanzen (griech. *ousia deutera*; lat. *secunda substantia*). Arten und Gattungen besitzen nämlich keine ganz und gar selbständige Existenz wie die Einzeldinge; sie sind vielmehr daran gebunden, daß jene konkret existieren. Indem A. solchermaßen dem Einzelding den Status des eigentlich Wirklichen zuerkennt, wendet er sich gegen Platons Ideenlehre. Nach Platon sind die konkreten, wahrnehmbaren Einzeldinge (Phänomene*) nur teilweise wirklich. Sie sind wie Schattenbilder des eigentlich Wirklichen, der universalen Ideen*, die in den Einzeldingen mehr oder weniger unvollkommen exemplifiziert werden. Auf der anderen Seite will A. den Arten und Gattungen Wirklichkeit im strengen Sinn nicht aberkennen, da doch sie, nicht die Einzeldinge, Gegenstand der Wissenschaften sind. Obwohl, so A., die Formen nur in den konkreten Einzeldingen existieren, können die Wissenschaften von der individuellen Materie eines Dings abstrahieren und seine Form als etwas Universales betrachten, das dieses Ding mit anderen Dingen derselben Form gemeinsam hat.

In seinen biologischen Schriften entwickelt A. ein weitverzweigtes Klassifikationssystem der Tierarten (die er für ewig und unvergänglich ansieht). Hier zeigt sich seine durchgängig teleologische (zweckorientierte) Betrachtungsweise in der Praxis: Die entscheidende biologische Erklärung der Eigenschaften einer Art wird in den Nachweis gelegt, daß diese Arteigenschaften für die einzelnen Individuen in ihrem Streben nach Selbsterhaltung zweckmäßig sind.

Wenn A. zahlreiche Unterscheidungen vornimmt (zwischen Form und Stoff, Möglichem und Wirklichem, den vier Ursachen, den Veränderungstypen, den Kategorien und zwischen Individuellem und Allgemeinem) ohne den Versuch, sie aus einem obersten Prinzip abzuleiten, so bringt dies deutlich zum Ausdruck, daß es A. nicht um die Etablierung eines philos. Systems im modernen Sinn geht. Es kommt ihm vielmehr darauf an, daß man über die Wirklichkeit auf verschiedene Weise zu sprechen vermag und daß der Begriffsapparat seine Bedeutung ändert je nach der Perspektive, unter der gefragt wird. So können bei A. die Worte ‹Form›, ‹Wesen› und ‹Allgemeinbegriff› in dem einen Zusammenhang als Synonyme* behandelt, müssen aber in einem anderen streng unterschieden werden. *Die Schriften zur ersten Philosophie* setzen die Diskussion der *Physik* fort und suchen die Grenzfrage zu beantworten, welche der verschiedenen Weisen, über die Wirklichkeit (das Sein*) zu sprechen, die fundamentale sei. Die Frage ist zweideutig: Zum einen fragt sie nach dem Seienden als Seiendem, d. h. dem Seienden als solchem und nicht diesem oder jenem Seienden, zum anderen nach dem höchsten Seienden (Gott). Diese zweideutige Fragestellung blieb für die europäische Metaphysik bis ins 20. Jh. hinein typisch (vgl. Ontotheologie). Bei A. hat sie eine besondere Bedeutung. Er hält daran fest, daß man auf vielerlei Art über die Wirklichkeit reden kann; aber jede dieser Redeweisen deutet auf eine, die für alle anderen eine notwendige* Bedingung ist. Nicht, wie Platon glaubte, die Rede über das Seiende als Seiendes ist die übergeordnete, allgemeine; vielmehr weisen alle Äußerungsformen zurück auf das Sprechen über das individuelle, konkrete, veränderliche Ding; es ist für alles andere eine notwendige Voraussetzung. Es gibt jedoch innerhalb der individuellen Dinge eine Hierarchie, die auf ein höchstes Seiendes weist, das aller Bewegung und Verwirklichung zugrunde liegt. Dieses höchste Seiende ist Gott.

A. bestimmt Gott als die äußerste Zweck-, Form- und Wirkursache für alles andere. In seiner Vollkommenheit ist Gott der letzte Zweck aller Dinge und damit Formgeber. Insofern muß er reine Form sein ohne Stoff. Entsprechend ist er reine Wirklichkeit (Aktualität) und daher die eigentliche Ursache für alle Übergänge von Möglichkeit (Potentialität) zu Wirklichkeit. Weil Gott ohne Stoff und Potentialität existiert, ist er nicht nur der Beweger von allem, sondern auch der von allem unbewegte Beweger. Seine Tätigkeit besteht im ‹reinen Denken› und dessen Gegenstand in ihm selber. Die Existenzweise der Gottheit ist also die höchste Form von Tätigkeit. Was darunter näher zu verstehen sei, war unter den A.-Interpreten seit je umstritten.

Aber nur bei der Gottheit gibt es Vernunft ohne stoffliche Grundlage. Jedes lebende Wesen, Tier wie Pflanze, besitzt eine Psyche, ein lebensstiftendes Prinzip; und das Verhältnis zwischen der Psyche – im Fall des Menschen des Bewußtseins oder der Seele* – und dem Leib muß verstanden werden als Verhältnis zwischen Form und Stoff und zwischen Aktualität und Potentialität. Also ist die Seele des Menschen keine innere, nicht-stoffliche Substanz im Unterschied zum Leib. Das seelische Leben besteht nicht in den Tätigkeiten und Zuständen einer solchen inneren Substanz, sondern in den Tätigkeiten des lebendigen Organismus selbst. Die Erklärung seelischer Phänomene, die Psychologie, muß deshalb Hand in Hand gehen mit der Erklärung der biologischen Organe, deren Tätigkeiten die seelischen Phänomene ausmachen. Der Körper ist nicht wie für Platon das irdische Gefängnis der unsterblichen Seele.

Der entscheidende Unterschied zwischen der Psyche des Menschen und der aller anderen lebenden Wesen besteht in der Fähigkeit des Menschen, vernünftig* zu denken. Der Mensch ist das vernünftige Tier, behauptet A.; und diese Bestimmung öffnet auch den Zugang zur Ethik, der Wissenschaft von dem, ‹was anders sein kann›. A. fragt hier, welche Gewohnheiten und Charakterzüge als Tugenden anzusehen und bei sich selbst und anderen zu fördern seien. Die Antwort hängt für ihn von dem ab, was unter Glück (griech. *eudaimonia*) oder dem guten Leben verstanden werden soll. Dazu behauptet er, wie für jedes andere Ding bestehe das beste Leben für den Menschen in der Entfaltung dessen, wozu er sich am besten eigne (*entelecheia*; vgl. Entelechie). Deshalb ist das gute Leben des Menschen ein Leben, das vom Gebrauch der Vernunft beherrscht wird. A. unterscheidet zwei Seiten der Vernunft: die theoretische, die Fähigkeit zum Wissen von dem, ‹was nicht anders sein kann›, und die praktische, die Fähigkeit zur Steuerung von Handlungen, von dem, ‹was anders sein könnte›. Handlungsziel des Menschen ist die Befriedigung seiner Wünsche und Bedürfnisse, auch der körperlichen. Dann gibt es immer die beiden Möglichkeiten, entweder ausschweifend zu leben oder asketisch auf Befriedigung zu verzichten. Die richtige Handlung liegt indes auf dem Mittelweg zwischen den Extremen. Allerdings läßt sich der Mittelweg, der Weg der Tugend, nicht ein für allemal und für alle an-

geben. Deshalb liegt es am einzelnen selber, in der konkreten Situation die Vernunft praktisch zu gebrauchen und die richtige Entscheidung zu treffen.
In einer gegebenen Situation die richtige Handlung erkennen heißt aber noch nicht, sie auch auszuführen. Um die Einsicht in Handeln umzusetzen, benötigt man den rechten Charakter. Ihn zu besitzen ist keine Frage der Veranlagung, sondern eine Frage der Übung. Eine Person wird freigebig, indem sie immer wieder großzügig handelt. Sie ist freigebig geworden, wenn das Ausführen solcher Handlungen für sie eine Gewohnheit, ein Persönlichkeitsmerkmal geworden ist, so daß sie oft gemeinnützig handelt ohne selbstische Motive und mit Freude. Die unmittelbare Freude, das unmittelbare Gefallen des Handelnden an der Tat ist Kennzeichen dafür, daß die anerkennenswerte Handlung Ausdruck eines tugendhaften Charakters ist. Und nur in diesem Fall liegt im eigentlichen Sinn eine moralisch richtige Handlung vor. Der Hinweis auf das Erlebnis von Freude gibt A. nicht nur ein Kriterium für richtiges Handeln; er bildet auch die Grundlage für seine Behauptung, daß ein tugendhaftes Leben ein glückliches, d. h. ein geglücktes Leben ist. Deshalb erweist man dem Menschen einen Dienst, wenn man ihn in der Erziehung den rechten Charakter lehrt, ihn lehrt, Freude und Gefallen zu finden an den rechten Dingen. Das Ideal ist der Mensch, der das tut, was er tun soll, und der es tut, weil er es zu tun wünscht. – S. auch Aristotelismus.

Ausg.: Aristotelis Opera I-V. Hg. von I. Bekker, 1831–70; Repr., hg. von O. Gigon, 1960–63. Werke in dt. Übersetzung, 20 Bde. Hg. von E. Grumach/H. Flashar, 1956 ff. Die Lehrschriften. Hg. von P. Gohlke, 9 Bde., 1947–61 (16 Bde., 1952–72). – *Lit.:* I. Barnes: A. Eine Einführung, 1992. W. Bröcker: A., 1935. I. Düring: A., 1966. H. Flashar: A. In: F. Ueberweg (Begr.): Grundriß der Geschichte der Philos. Die Philos. der Antike. Bd. 3, 1983. R. M. Hare: A. In: R. M. Hare/ J. Barnes/ H. Chadwick (Hg.): Founders of Thought, 1991. O. Höffe: A., 1996. W. Jaeger: A. Grundlegung einer Geschichte seiner Entwicklung, 1923. G. Patzig: Die aristotelische Syllogistik, 1959. E. R. Sandvoß: A., 1981. E. Tugendhat: Ti kata tinos, eine Untersuchung zu Struktur und Ursprung aristotelischer Grundbegriffe, 1968. W. Wieland: Die aristotelische Physik, 1962.

Aristotelismus, Sammelbezeichnung für die verschiedenen philos. Traditionen, die sich, wenn auch oft weit von ihr entfernt, der Philos. von Aristoteles anschließen. Im Altertum oft peripatetische* Philos. genannt. Aristoteles' Philos. wurde unmittelbar von Theophrastos u. a. weitergeführt, übte aber darüber hinaus großen Einfluß auf die übrige hellenistische Philos. (z. B. die Stoa) aus. Als selbständige Denkrichtung erlebte der A. im 1. Jh. v. Chr. einen Aufschwung, als eine Neuausgabe von Aristoteles' Schriften erschien. Bald danach wurden Kommentare wie die des Alexander von Aphrodisias um 200 n. Chr. veröffentlicht. Seit Prophyrios wurde es üblich, A. in der Logik mit dem Platonismus in der Ontologie zu verbinden, eine Vereinigung, die fortan die spätantike Philos. dominierte. Die sog. Neuplatoniker sind deshalb eigentlich Aristoteles-Platoniker.
Über syr. und arab. Übersetzungen der Werke von Aristoteles und griech. Kommentare wurde die Tradition in die islamische Welt übertragen. Hier finden sich große Aristoteles-Interpreten wie Avicenna (um 1000) und Averroes (12. Jh.). Im Anschluß an den muslimischen A. entstand auch ein jüd. A. mit Maimonides (1135–1204) als bekanntestem Vertreter. In Byzanz galt das Interesse an Aristoteles hauptsächlich seiner Logik, doch um 1100/1150 widmeten sich Kommentatoren wie Eustratios und Michael von Ephesos dem Gesamtwerk.
In Westeuropa setzte sich Boethius (um 500) für den A. ein; bis etwa um 1100 gab es allerdings nur wenige philos. Studien. An den philos. Schulen, die im 12. Jh. in Westeuropa gegründet und zu Vorläufern der Universitäten wurden, benutzte man die Werke des Aristoteles als

Grundlage (vgl. Scholastik*). Zunächst hatte man nur einige logische Schriften *(Ars vetus)* in Boethius' Übersetzung zur Verfügung. Bald aber wurden auch der Rest des Organon *(Logica nova)* und im Lauf des 12. und 13. Jh. alle Werke des Aristoteles aus dem Griechischen (manchmal über das Arabische) ins Lateinische übersetzt. Auch griech. und arab. Kommentare wurden jetzt in lat. Sprache zugänglich. Gelegentliche Versuche im 12. und 13. Jh., die Ausbreitung der aristotelischen Naturphilos. zu begrenzen, hatten keinen dauerhaften Erfolg. Obgleich immer von einem platonischen Einschlag mitgeprägt, blieb der A. bis in die Renaissance dominierend. Die fundamentale Verschiedenheit zwischen Vertretern des A. zeigt sich deutlich etwa zwischen den Philos. Thomas von Aquin und William von Ockham.

In der Renaissance wurden zwar griech. Ausgaben von Aristoteles' Werk gedruckt, aber an den Universitäten verlor der A. an Bedeutung. Einige katholische Lehranstalten führten die Tradition des scholastischen A. weiter, der mit der thomistischen Neuscholastik Ende des 19. Jh. eine neue Blüte erlebte. In den protestantischen Ländern ist der A. zwar weniger einflußreich, aber ein nicht unbedeutender Faktor im philos. Unterricht und der philos. Diskussion gewesen.

Lit.: W. Jaeger: Aristoteles, Grundlegung einer Geschichte seiner Entwicklung, 1956. E. Kessler u. a. (Hg.): A. und Renaissance, 1988. J. Moreau: Der A. bei den Griechen, 2. Bde., 1973–84. J. Moreau: Aristote et son école, 1985.

Arkesilaos (316/15–241/40 v. Chr.), griech. Philos., Begründer und Leiter der «mittleren Akademie» (vgl. Platonismus), prägte unter Einfluß von Pyrrhon und Timon einen extremen Skeptizismus. U. a. soll er gesagt haben, er sei sich keiner Sache sicher, nicht einmal der, daß er sich keiner Sache sicher sei. Er kritisierte die Erkenntnistheorie der Stoiker* und leugnete, daß die Sinneserfahrungen irgendeine Art von Sicherheit geben.

Artefakt (von lat. *ars*, Kunst, Handwerk, und *facere*, tun), Kunstprodukt, menschliches Erzeugnis, Werkzeug. Artefaktparadigma (engl. *artefact paradigm* oder *construct paradigm*). M. Mastermans Bezeichnung für Werkzeuge und Hilfsmittel wie Bücher, Instrumente oder typische Versuchsanordnungen, welche nach Kuhns Paradigmentheorie als Muster oder Leitfaden der wissenschaftlichen Arbeit einer bestimmten Periode dienen. Nach Masterman (und Kuhn) bedeutet das Wort ‹Paradigma› vor allem Artefaktparadigma.

Aseität (von lat. *a se*, von sich, aus sich selbst; *aseitas*), An*-und-durch-sich-selbst-Sein; Von-sich-heraus-Sein *(esse a se)*; unabhängig von anderem; das In-sich-Haben von Ursache und Prinzip des eigenen Seins. 1. Die scholastische* Philos. bezeichnet das Sein Gottes als Aseität, da es unbedingt ist, d. h. jede von außen kommende Ursache* ausschließt. Dies zeichnet das Sein Gottes vor dem geschaffenen Seienden aus, welches durch ersteres bedingt ist. 2. Schopenhauer spricht von der A. des Willens und meint damit dessen Unabhängigkeit. 3. Bei E. von Hartmann bezeichnet A. die Unabhängigkeit des Unbewußten; er spricht auch von der «A. der Substanz*».

assertorisch (von lat. *assere*, behaupten), sicher, gewiß. Ein a. Urteil behauptet, daß etwas der Fall (bzw. nicht der Fall) ist. Der Ausdruck wird gebraucht als Gegensatz zu apodiktisch* und problematisch (s. Modalität).

Ästhetik (von griech. *aisthesis*, Wahrnehmung, Empfindung, Gefühl). 1. Die Lehre von der Wahrnehmung*. In dieser Bedeutung findet sich der Begriff in Kants Bestimmung der transzendentalen Ä. als der Lehre von den apriorischen* Formen der sinnlichen Wahrnehmung*. 2. Die Lehre von dem Schönen, näher bestimmt als die Lehre von dem Schönen in der Kunst, die Kunstphilos. Eine solche Philos. schließt traditionell eine allgemeine

Theorie des Schönen ein, in der das Kunstschöne zum Naturschönen in Beziehung gesetzt wird. Die Ausformung der Ä. als eigenständiger philos. Disziplin beginnt mit A. G. Baumgarten, der den Begriff Ä. geprägt hat. Ä. wird von Baumgarten im Zusammenhang mit einer allgemeinen, metaphysischen Lehre vom Schönen (als einer Vollkommenheit der sinnlich wahrnehmbaren Welt) und einer Lehre der sinnlichen Erkenntnis entwickelt. In der Folge wird philos. Ä. mit Kunstphilos. identisch gebraucht. In der modernen Kunst löst sich die enge Verknüpfung zwischen der Kunst und dem Schönen.

Philos. Ä. befaßt sich mit dem Wesen* der Kunst – dem Kunstwerk, dem künstlerischen Schaffen, der Kunsterfahrung – sowie mit der Bedeutung des Phänomens* der Kunst im menschlichen Dasein und untersucht insbesondere das Verhältnis zwischen Kunst und Wirklichkeit.

Bisweilen wird der Ausdruck philos. Ä. in einem engeren Sinn als philos. Reflexion über Aussagen bezüglich der Kunst bzw. der Kunstwerke gebraucht. In diesem Sinn ist philos. Ä. eine Metadisziplin (wie etwa die Metaethik; vgl. Ethik). Sie analysiert kunstkritische Aussagen, wobei ‹Kunstkritik› (engl. *criticism*) in einem weiten Sinn zu verstehen ist und jegliche Aussage über Kunst, insbesondere Aussagen innerhalb der Kunstwissenschaften, umfaßt.

Etwas ist ästhetisch, wenn es (1) die Wahrnehmung, (2) das Schöne oder die Kunst, (3) die philos. Ä., (4) das unengagierte, betrachtende, lediglich genießende Verhältnis zu einem Gegenstand oder zum Leben betrifft. In Anknüpfung hieran spricht Søren Kierkegaard von dem ästhetischen Stadium, in dem der Mensch in Unmittelbarkeit lebt und sich der ethisch-religiösen Entscheidung und der daraus folgenden Verpflichtung und Verantwortung entzieht.

Lit.: T. W. Adorno: Ästhetische Theorie, 1970. A. G. Baumgarten: Aesthetica, 1750–58. B. Bolzano: Untersuchungen zur Grundlegung der Ä., 1972. H. Cohen: Kants Begründung der Ä., 1889. A. C. Danto: Die philosoph. Entmündigung der Kunst, 1993. J. Dewey: Art as Experience, 1934. A. Gethmann-Seifert: Einführung in die Ä., 1995. N. Goodman: Sprachen der Kunst, 1973. N. Hartmann: Ä., 1953. W. Iser (Hg.): Immanente Ä. – ästhetische Reflexion, 1966. W. Iser/D. Henrich (Hg.): Theorien der Kunst, 1982. I. Kant: Kritik der Urteilskraft, 1790. F. Koppe: Grundbegriffe der Ä., 1992. O. Marquard: Aesthetica und Anaesthetica, 1989. W. Tatarkiewicz: Geschichte der Ä., I–III, 1979 ff. W. Welsch (Hg.): Die Aktualität des Ästhetischen, 1993.

Ataraxie (griech. *ataraxia*, von *a-*, nicht, und *tarasso*, umrühren), Unerschütterlichkeit, Gemütsruhe. Bei Demokrit gilt A. als Ziel einer philos. Lebensführung, ebenso später bei Epikur, bei den Skeptikern* und Stoikern*.

Atheismus (von griech. *a-*, nicht, und *theos*, Gott). 1. Haltung oder Lehre, die bestreitet, daß es einen Gott* gibt; Verneinung der Existenz Gottes. 2. Lehre, die den Glauben an Gott verwirft, aber nicht deshalb, weil Gott nicht existiert, sondern weil der Glaube als widersprüchlich oder sinnlos angesehen wird, insofern das Wort ‹Gott› keine klare Bedeutung hat. 3. In schwächerem Sinn eine Anschauung, die den Glauben an einen persönlichen Gott ablehnt im Gegensatz zum Theismus* in strengem Sinn. Unter diese Form von A. kann auch der Pantheismus* subsumiert werden (vgl. Pantheismusstreit). 4. In noch schwächerer Bedeutung eine Lehre, die behauptet, daß man nicht wissen kann, ob ein Gott existiert oder nicht (Agnostizismus*). – S. im übrigen Deismus, Religionsphilos., Säkularisierung.

Lit.: H. M. Barth: A. und Orthodoxie. Analysen und Modelle christlicher Apologetik im 17. Jh., 1969. E. Bloch: A. im Christentum, 1973. W. Fahs: Theous nomizein. Zum Problem der Anfänge des A. bei den Griechen, 1969. H. Ley: Geschichte der Aufklärung und des A., 2 Bde., 1966/71. M. Martin: Atheism. A philosophical Justification, 1990. F. Mauthner: Der A. und seine Geschichte im Abendlande, 4 Bde., 1920–23 (ND 1963). W. Weischedel: Der Gott der Philosophen, 2 Bde., 1971.

Äther (von griech. *aither*, die ‹Luft über den Wolken›). 1. In der griech. Philos. (bei Anaxagoras, Empedokles, den Pythagoreern, bei Platon, Aristoteles und bei den Stoikern*) ist Ä. der feinste Urstoff. Ä. wird als eine leuchtende Materie* und/oder als eine besondere Form von Luft betrachtet; einige halten Ä. für etwas Göttliches. Nach Platon und Aristoteles ist Ä. das fünfte Element* (lat. *quinta essentia*, die Quintessenz*), die rangmäßig das erste ist und den Himmelsraum über dem Mond ausfüllt. Bei den Stoikern ist Ä. mit dem Feuer identisch, das den Grundstoff darstellt, aus dem alles andere entstanden ist. 2. Bei den Neuplatonikern* und im Mittelalter wird Ä. als eine besonders feine Materie aufgefaßt, die sich zwischen dem Seelischen* und dem Körperlichen befindet. Diese Auffassung lebt heute weiter bei den Vitalisten*, den Theosophen* und den Spiritisten. 3. In der Renaissance* wird Ä. als eine unsichtbare Quintessenz gedeutet, die den vier anderen Elementen übergeordnet ist und die ein Medium zwischen dem Geist und dem Körper darstellt. Nach G. Bruno ist der Ä. nicht meßbar, und als beseelter durchströmt er das Weltall und alle Körper. 4. Bei Newton erhält der Ä. einen physikalischen Sinn, indem er als eine feine Materie verstanden wird, deren Existenz angenommen werden muß, um die Phänomene des Lichts und der Schwerkraft zu erklären. Diese Ä.-Theorie wird erst Anfang des 20. Jh. hinfällig, nachdem sich die spezielle Relativitätstheorie durchgesetzt hat.

Lit.: P. Ehrenfest: Zur Krise der Licht\ä.-Hypothese. In: Ders.: Collected Scientific Papers, 1959. F. Fürlinger: Studien zum Ä.-Begriff bis Platon, 1948. Ch. Wildberg: John Philoponus' Criticism of Aristotle's Theory of Aether, 1988.

Atom (griech. *atomos*, unteilbar), unteilbares Element. 1. In der modernen Naturwissenschaft kleinster Teil eines chemischen Elements. Dieses setzt sich aus Atomkern und Elektronenhülle zusammen, wobei der Atomkern wiederum in weitere Teilchen zerlegbar ist. Das Atom der Neuzeit ist somit teilbar. 2. Leukipp und Demokrit entwickelten in der Antike die Auffassung, daß die Natur wie auch die Seele aus unveränderlichen, unteilbaren Atomen aufgebaut sind. – Vgl. Atomisten, Element.

Atomisten, Bezeichnung für Leukipp (geb. 480/470 v. Chr.), Demokrit (um 460–ca. 370 v. Chr.) und Epikur (341–271 v. Chr.). Der Atomismus oder Indivisibilismus, der Continua (Linien, geometrische Körper, Zeit) aus unteilbaren Komponenten zusammengesetzt sein läßt, taucht im 12. Jh. bei Abélard sowie im 14. Jh. bei Philos. wie Henry of Harclay und J. Wyclif wieder auf. Die meisten Scholastiker fanden aber Aristoteles' Argumente gegen den Atomismus überzeugend. Eine Wiederaufnahme des epikureischen Atomismus findet man bei P. Gassendi (1592–1655).

Attribut (von lat. *attribuere*, zuteilen). 1. Bei Spinoza wird zwischen Substanz*, Attribut und Akzidenz* (= Modus*) unterschieden. Ein A. ist eine wesentliche Eigenschaft, d. h. eine Eigenschaft, die etwas notwendigerweise haben muß, um seine Identität zu bewahren. Die Akzidenz (= ein Modus) ist hingegen eine unwesentliche Eigenschaft, d. h. eine Eigenschaft, die verloren werden kann, ohne daß etwas aufhört, mit sich selbst identisch zu sein. 2. In der Logik eine Sammelbezeichnung für ‹Eigenschaften*› (einstellige Prädikate*) und ‹Relationen*› (n-stellige Prädikate).

aufheben/das Aufgehobene, Grundbegriff der Hegelschen Dialektik (vgl. *Logik*, 1. Teil, 1. Buch, 1. Abschnitt, 1. Kap. C. 3). Das Aufgehobene ist (1) das, was aufgehört hat zu existieren, zu sein oder Gültigkeit zu haben *(tollere)*. Anders als die bloße Vernichtung beinhaltet Aufhebung aber, daß (2) dieses Aufgehobene in dem neuen Zustand aufbewahrt, erhalten bleibt *(conservare)*, insofern es (3) auf eine höhere Stufe emporgehoben ist *(elevare)*. Das Aufgehobene wird also zum Moment* einer neuen umfassenden Einheit. – Marx übernimmt das Wort ‹aufheben› von Hegel, wenn er in seinen Frühschriften fordert, die philos. Ideale müßten in der politischen Praxis verwirklicht (aufgehoben) werden.

Aufklärung, Zeitalter der (engl. *the age of enlightment*; franz. *le siècle des lumières*), Sammelbezeichnung für die das 18. Jh. prägenden philos., politischen und sozialen Strömungen in Europa (vor allem England, Frankreich und auch Deutschland).

Aufklärungsphilosophie, Bezeichnung für die Hauptströmung der europäischen Philos. im Zeitalter der Aufklärung*. Die A. entwickelte sich zuerst im 17. Jh. in England (Hobbes, Locke, Newton; später Hume), erhielt in Frankreich ihre radikalste Ausprägung (Voltaire, La Mettrie, Diderot, Condillac, Helvétius, d'Alembert, d'Holbach, Condorcet) und breitete sich dann nach Deutschland aus (Wolff, Lessing und zum Teil Kant). Entscheidende Voraussetzung für die A. war der Aufschwung der Naturwissenschaften im 17. Jh. Die engl.-franz. A. kann bezüglich der Erkenntnistheorie im wesentlichen als empiristisch* bezeichnet werden, bezüglich der Metaphysik als materialistisch*, bezüglich der Moral- und Gesellschaftsphilos. als naturalistisch*; die dt. A. ist dagegen rationalistisch* eingestellt. In der Theologie und Religionsphilos. herrscht eine deistische* Gottesauffassung vor. Die A. wendet sich gegen jede Form von Autoritätsgläubigkeit und Traditionsgebundenheit. Der Mensch kann die Natur, deren Teil er ist, voll und ganz erkennen; doch muß er lernen, seine Vorurteile abzulegen und Vernunft und Sinne auf methodische Weise zu gebrauchen. Die Religion und der Glaube an Übernatürliches insgesamt stehen dem Erwerb von Erfahrungswissen über Natur, Mensch und Gesellschaft im Wege. Erfahrungswissen aber ist die notwendige Voraussetzung, um den eigentlichen Menschheitszweck zu erreichen, das Glück des Individuums und seine persönliche Selbstentfaltung. Politisch tritt die engl.-franz. A. für die grundlegenden Institutionen der bürgerlichen Demokratie ein, u. a. für Gewaltenteilung, Meinungs- und Pressefreiheit und Anerkennung naturgegebener Menschenrechte sowie für eine vernünftige, wissenschaftliche Steuerung der gesellschaftlichen Entwicklung zum größtmöglichen Wohl aller. (Die dt. A. unterstützt dagegen weitgehend den sog. aufgeklärten Absolutismus*.) Mittel des Fortschritts ist die Aufklärung: Sie will die natürliche menschliche Fähigkeit stärken, selber zu denken, und damit von den Vorurteilen befreien, die durch die traditionellen Autoritäten, d. h. zuallererst durch Kirche und Adel, verbreitet und aufrechterhalten werden. «*Sapere aude!* Habe Mut, dich deines *eigenen* Verstandes zu bedienen! ist also der Wahlspruch der Aufklärung» (Kant). So wird die A. von einem starken Fortschrittsglauben getragen: Je mehr die Vernunft die Oberhand gewinnt und Irrtümer, Aberglaube und Vorurteile als solche entlarvt, desto näher kommt der Mensch einem Goldenen Zeitalter, in dem Toleranz, Frieden und Harmonie herrschen. – Die Überbetonung der Vernunft und des Intellekts auf Kosten von Phantasie und Gefühl provozierte allerdings bald eine Gegentendenz und führte zur Epoche der europäischen Romantik*. Diese Reaktion auf die A. kündigt sich bereits bei Rousseau an mit seiner Kritik am verderblichen Einfluß der Zivilisation auf den von Natur aus guten Menschen.

Lit.: T. W. Adorno/M. Horkheimer: Dialektik der A., 1947. P. Kondylis: Die A., 1981. I. Kopper: Einführung in die Philos. der A., 1990. Ders.: Ethik der A., 1983. I. Mittelstrass: Neuzeit und A., 1970. W. Oelmüller: Was ist heute A.?, 1972.

Aurelius Augustinus liest Paulus.

Augustinus, Aurelius (354–430), Theologe und Philos., geb. in Thagaste in der römischen Provinz Numidien als Sohn eines heidnischen Vaters und einer christlichen Mutter. Er wurde in Karthago in Rhetorik* ausgebildet und im Jahr 374 Lehrer in diesem Fach. 383 Berufung nach Rom und kurz danach in die Residenzstadt Mailand, wo er als Rhetor wirkte. – Die Krisen seiner Jugend hat A. in seinen *Bekenntnissen* (um 397/401) niedergeschrieben, eine der ersten individualistischen Selbstbiographien der Weltliteratur. Zunächst fühlte er sich zum Dualismus* zwischen dem Guten und Bösen, dem Licht und der Finsternis als den zwei fundamentalen Mächten des Daseins bei den Manichäern hingezogen. Später näherte er sich den Skeptikern*; aber auch hier fand er den gesuchten Halt nicht. In Mailand lernte er den Neuplatonismus kennen und kam durch ihn zum Christentum. 387 ließ er sich taufen, und 391 wurde er zum Priester in Hippo Regius in Nordafrika ernannt. Von 396 bis zu seinem Tod war er Bischof dieser Stadt. In seinem umfassenden Werk bekämpfte A. u. a. die Skeptiker und die Manichäer. Er kritisierte auch Pelagius, der die Lehre von der Erbsünde verwarf. Neben diesen polemischen Schriften schrieb A. systematische Werke über die

Dreieinigkeit und das Verhältnis zwischen Kirche und Gesellschaft.
Für A. lassen sich Theologie und Philos. nicht scharf unterscheiden; vielmehr sind beide miteinander verknüpft in A. Maxime: «Ich glaube, damit ich erkennen kann» (lat. *credo, ut intelligam*). Ohne die göttliche Erleuchtung in unserem Glauben können wir die Weisheit (lat. *sapientia*), mit deren Hilfe wir zur Glückseligkeit (lat. *beatitudo*) gelangen, nicht erkennen. Der Wunsch nach Glückseligkeit ist der einzige Grund zum Philosophieren. Die Philos. hat keinen selbständigen Wert, sondern ist ein Mittel, den Glauben zu nähren und zu vertiefen. Die scharfsinnigsten philos. Analysen A. finden sich denn auch in rein theologischen Zusammenhängen. Dies gilt besonders für seine grundlegende Analyse des Begriffs der Dreieinigkeit. Ebenso wert seine subtilen Zeitanalysen in Verbindung mit der Auslegung bestimmter Schriftsteller über die Weltschöpfung entwickelt.
A. philos. Quelle der Inspiration ist der Neuplatonismus* (vgl. auch Platonismus). Platons Unterscheidung zwischen der veränderlichen Erscheinungswelt (Phänomen*) und der ewigen, unveränderlichen Ideenwelt der Vernunft*, die Vorstellung, daß nur das Wirkliche voll und ganz erkannt werden kann, und der Dualismus* zwischen Seele und Leib sind für A. philos. Überlegungen grundlegend. A. Denken richtet sich gegen die akademischen Skeptiker, die behaupten, daß es keine Wahrheit gebe. A. versucht sie mit verschiedenen Argumenten zu widerlegen: Wenn sich jemand in seinem Glauben irrt, existiert er. Denn derjenige, der nicht existiert, kann auch nicht irren. Daraus folgt: Wenn ich mich in meinem Glauben an meine Existenz irre, existiere ich. Ferner ist deutlich: Wenn ich existiere, so kann ich nicht in meinem Glauben an meine Existenz irren. Aus den beiden letzten Behauptungen folgt: Wenn ich mich in meinem Glauben an meine Existenz irre, dann irre ich mich nicht in meinem Glauben an meine Existenz. Daher irre ich mich nicht in meinem Glauben an meine Existenz (vgl. Descartes' Cogito-Argument). So gibt es jedenfalls eine wahre Aussage. Auch hält A. an logischen Wahrheiten wie dem Satz vom Widerspruch* als Voraussetzung alles Denkens fest – eine Voraussetzung, die selbst die Skeptiker machen müssen, wollen sie nicht in Selbstwidersprüche geraten.
A. theoretische Behandlung der Sinneserfahrung und Vernunfterkenntnis ist stark vom Platonismus geprägt. So erklärt auch er die Möglichkeit einer Erkenntnis aus sinnlicher Wahrnehmung erst aufgrund einer Aktivität der Seele. Die Seele kann den Leib beeinflussen, der Leib aber nicht die Seele. Das Höhere kann das Niedrige, das Niedrige aber nicht das Höhere beeinflussen. Der Leib ist das Werkzeug der Seele. A. unterscheidet zwischen einer körperlichen und einer geistigen Sicht. Erstere ist die physische Beeinflussung der Augen, während letztere ein mentaler Prozeß ist, der spontan entsteht und im Fall des Sehens von etwas Wirklichem parallel mit dem physischen Prozeß verläuft. Die geistige Sicht ist nicht durch körperliche Einflüsse verursacht und kann daher auch ohne ihr körperliches Gegenstück vorliegen, z. B. in Träumen und Phantasien. Die Aufmerksamkeit leitet den Blick der Seele in jenen Fällen, in denen die beiden Prozesse parallel verlaufen. A. spricht auch von der intellektuellen Sicht als der besonderen mentalen Aktivität, die das Gesehene der beiden anderen Sicht-Arten interpretiert, wertet und beurteilt. Zur intellektuellen Aktivität gehört die Vernunft, die Begriffe braucht, um die Erfahrungen zu verstehen. Die Gegenstände der Vernunfterkenntnis sind ewig und unveränderlich, während sich die Objekte der sinnlichen Erkenntnis in ständiger Veränderung befinden. Mathematische Wahrheiten und moralische Normen sind Beispiele notwendiger und universaler Vernunfterkenntnis. Sie existieren in der Wirklichkeit und repräsentieren die intelligible Welt, welche A. mit Gott als dem Grund und Garanten der Möglichkeit menschlicher Vernunfter-

kenntnis überhaupt identifiziert. In seiner Theorie der Vernunfterkenntnis greift A. wieder auf Platon zurück, insbesondere auf die drei Gleichnisse im Dialog *Der Staat*. Allerdings weist A. Platons Lehre von der Erkenntnis als Erinnerung* zurück und behauptet statt dessen, daß die Ideen* der intelligiblen Welt (d. h. der Vernunftwelt) den Geist der Menschen erleuchten (lat. *illuminatio*, Erleuchtung). Das intelligible Licht, welches Gott ausstrahlt, erleuchtet den Geist des Menschen und befähigt ihn, die Vernunftwahrheiten einzusehen (vgl. Intuition*). Gott durchdringt und erleuchtet alles. Der Geist des Menschen unterscheidet sich von allem andern in dieser Welt dadurch, daß er die Möglichkeit hat, sich dem göttlichen Licht und der Erkenntnis zuzuwenden. Das intelligible oder göttliche Licht wird als das beschrieben, was dem Menschen Vernunftwahrheiten gibt, wie auch als Kriterium*, das den Menschen befähigt zu entscheiden, ob etwas eine Vernunftwahrheit darstellt oder nicht.

Der Mensch steht unter dem Einfluß verschiedener Kräfte und Einwirkungen; aber er ist ihnen nicht völlig preisgegeben, da er kraft seines Willens imstande ist, diese zu wählen und zu ordnen. Gerade dieser Ordnungsgedanke spielt für A. eine zentrale Rolle. Die Tugend ist die richtig geordnete Liebe oder Neigung. Das ewige oder göttliche Gesetz ordnet und reguliert jede Handlung und erleuchtet das Gewissen des Menschen, so daß es danach handeln kann. Das, worüber man sich erfreut (lat. *frui*, sich erfreuen, genießen), hat Wert* an sich, während anderes allein Wert hat als Mittel, um etwas zu erreichen, um dessentwillen man es gebraucht (lat. *uti*, gebrauchen). *Uti* und *frui* zu vermischen wäre für A. moralisch verwerflich. Der einzige Wert an sich ist Gott, alles andere ist diesem Grundwert als Mittel untergeordnet. Das Menschenleben ist eine Wallfahrt zur ewigen Glückseligkeit. In der geordneten Liebe ist die Rangordnung daher: Gott – Ich – der Nächste – der eigene Leib.

Die Manichäer hatten gefragt, wie die Allmächtigkeit und Güte Gottes mit dem Faktum des Bösen vereinbar sind. Was ist das Böse, und woher stammt es?. A. antwortet, daß das Böse ein Mangel ist, die «Privation*» eines Guten (vgl. Plotin). Allein das Gute existiert wirklich. Das Böse kommt in die Welt als Folge der freien Wahl des Menschen. Mit Adams Sündenfall wandte sich der Mensch in Ungehorsamkeit von Gott ab und einem Niedrigeren, d. h. sich selbst, zu. Der Wille wendet sich hier nicht an das Böse, sondern das Böse ist das Hinwenden des Willens vom Höheren zum Niedrigeren. Natürliche Übel wie Krankheit und Dürre sind Gottes Strafe für den Sündenfall. A. behauptet auch, daß es im großen Zusammenhang, unter Gottes Gesichtspunkt, kein Böses und keine Übel gibt. Daß etwas als böse oder übel erscheint, ist allein auf den verengten menschlichen Gesichtspunkt zurückzuführen (vgl. das Theodizeeproblem).

Der Mensch ist von Natur ein Gemeinschaftswesen. Die Gemeinschaft ist notwendig, damit er seine Anlagen entwickeln kann – selbst das Leben der Seligen ist sozial strukturiert. Der Staat ist zwar nicht natürlich, aber dennoch notwendig, um die schlimmsten Folgen des Sündenfalls, der als ein Verfallen der Ordnung in Unordnung beschrieben werden kann, zu beheben. Der Staat hat sich um Gesetz, Ordnung und den materiellen Wohlstand zu bemühen, während die geistige Wohlfahrt dem einzelnen überlassen wird. A. Lehre der zwei Reiche, des Reiches Gottes und jenes der Erde (lat. *civitas Dei* und *civitas terrena*), welche sich in den beiden Städten Jerusalem und Babylon repräsentieren, handelt von den mit Gott in Übereinstimmung bzw. Abweichung Lebenden. In allen menschlichen Gesellschaften sind die zwei Reiche vermischt; erst im Jüngsten Gericht werden sie eindeutig voneinander getrennt, wobei diejenigen, die von Gott zur ewigen Glückseligkeit vorbestimmt sind, von den Verlorenen gesondert werden. A. Reich Gottes ist also nicht als Gottesstaat

im Sinn eines theokratisch* regierten Staats zu verstehen.
A. übte u. a. durch Petrus Lombardus' *Sententiae* großen Einfluß auf die mittelalterliche Theologie und Philos. aus. Seine von der Stoa inspirierte Zeichentheorie beeinflußte u. a. Roger Bacon.

Ausg.: Werke I ff., 1950ff. – *Lit.:* A.-Lexikon. Hg. von C. Mayer, 1986 ff. M. T. Clark: Augustine, 1994. K. Flasch: A. Einführung in sein Denken, 1980, ²1994. S. Gilson: Der heilige A. Eine Einführung in seine Lehre, 1930. H. Jonas: A. und das paulinische Freiheitsproblem, ²1965. J. Kreuzer: A., 1995. H.-I. Marron: A. und das Ende der antiken Bildung, 1994. J. M. Rist: Augustine. Ancient Thought Baptized, 1994. K. A. Wohlfahrt: Der metaphysische Ansatz bei A., 1969.

Ausdruck. 1. Wort, Wortkombination, Satz. 2. Sinnvolle Äußerung oder Mitteilung. Ein Ausdruck gilt als vollständiger A., wenn er in sich sinnvoll ist. Umgekehrt handelt es sich um einen unvollständigen A., wenn er nur als Teil eines anderen A. sinnvoll ist. Z. B. ist ‹…schläft› ein unvollständiger A., während ‹Lise schläft› ein vollständiger A. ist. 3. Etwas Äußeres, Wahrnehmbares, verstanden als Mitteilung von etwas Innerem, Verborgenem oder nicht Mitteilbarem, z. B. einem Gefühl.

Außenwelt (engl. *the external world*), der Bereich des Seienden, der vom eigenen Bewußtsein verschieden ist, d. h. das physische und das fremdpsychische* Seiende. Die Frage, ob dieses Seiende existiert, heißt Problem der Außenwelt (engl. *the problem of the external world*). – S. auch Berkeley und Phänomenalismus.

Austin, John Langshaw (1911–60), engl. Philos., geb. in Lancaster, studierte klassische Philologie in Oxford. Von 1952 bis zu seinem Tod war er Prof. für Moralphilos. am Magdalen College Oxford.
A. ist ein Exponent der *ordinary* language philosophy*, die die engl. Philos. in den 50er Jahren dominierte. Seine philos. Methode, die linguistische Phänomenologie, besteht in der genauen Beschreibung der Art und Weise, wie wir Sprachphänomene und Sprache überhaupt gebrauchen. Nach A. werden die philos. Probleme oft verkehrt gestellt, weil wir unseren Sprachgebrauch mißverstehen und ihn mit vorgefaßten Meinungen und naiven Theorien deuten. Die Philos. muß mit einer Beschreibung der funktional differenzierten sprachlichen Sachverhalte anfangen. A. ist (im Gegensatz zu den logischen* Positivisten) jedoch nicht der Meinung, daß alle traditionellen philos. Probleme mit einem solchen Verfahren zum Verschwinden gebracht werden können; aber erst auf dieser Grundlage kann ihr wirklicher Inhalt gefunden und diskutiert werden. A. demonstriert die Anwendung seiner Methode u. a. innerhalb der moralphilos. Diskussion über Verantwortung und in der metaphysisch-erkenntnistheoretischen Diskussion über die Wahrnehmung mentalen Lebens bei anderen Personen. In einer Vorlesungsreihe über das Perzeptionsproblem* kritisierte er die Sinnesdatentheorie*.
A. wichtigster Beitrag zur Philos. ist die Grundlegung der Sprechakttheorie (vgl. Sprechakte). In einem frühen Aufsatz unterscheidet er zwischen einem affirmativen Gebrauch der Sprache und dem Gebrauch von performativen Ausdrücken (engl. *perform*, ausführen, tun). Sage ich z. B., daß ich schreibe, so stelle ich fest, was ich tue. Mit dem Äußern eines performativen Satzes wird hingegen selbst eine Handlung ausgeführt. Sage ich ‹Ich verspreche, morgen zu kommen›, so habe ich nicht nur etwas gesagt, ich habe etwas versprochen, d. h. eine Handlung ausgeführt. A. entwickelte diese Theorie später weiter. Bei jeder Äußerung eines Satzes (oder eines Ausdrucks, der als solcher dienen kann) werden drei Akte zugleich ausgeführt: (1) der lokutionäre Akt, die Äußerung als solche; (2) der illokutionäre Akt, d. h. der Sprechakt, welcher mit der Äußerung ausgeführt wird, z. B. behaupten, fragen oder befehlen; (3) der perlokutionäre Akt, das Wirken auf den Adressa-

ten der Äußerung, z. B. daß der Zuhörer überzeugt oder erschreckt wird. – P. F. Strawson hat diese Analyse auf Äußerungen der Form ‹Der Satz p ist wahr› angewendet. Nach Strawson handelt es sich hier nicht nur um eine Behauptung über die Wirklichkeit, sondern eher um eine Empfehlung, p zu akzeptieren. Traditionelle Wahrheitstheorien beruhen daher auf einem Irrtum über den illokutionären Status des Aktes, der mit solchen Äußerungen ausgeführt wird. A. selbst war jedoch mit Strawson in diesem Punkt nicht einig und argumentierte für eine modifizierte Version der Korrespondenztheorie der Wahrheit*. – Die Sprechakttheorie ist später von J. Searle weiterentwickelt worden.

Ausg.: Zur Theorie der Sprechakte, 1972. Wort und Bedeutung, 1975. Sinn und Sinnerfahrung, 1976. – *Lit.:* J. Rehbein: Komplexes Handeln, 1977. G.J. Warnock: J.L.A., 1989. M. H. Wörner: Performative und sprachliches Handeln, 1978.

Autarkie (griech. *autarkeia*, Selbstgenügsamkeit). A. bezeichnet die von einem Menschen oder von einem Staat anzustrebende Fähigkeit, ohne auf andere und anderes angewiesen zu sein, sich selbst versorgend und sich selbst genügend existieren zu können. Besonders bei Demokrit, bei den Kynikern* und Stoikern* Ideal des weisen Menschen: Der Weise benötigt nur die Tugend, um glücklich zu sein. Im Neuplatonismus* und in der christlichen Dogmatik wird von der A. Gottes (vgl. Aseität) gesprochen, weil Gott für seine Existenz, sein Erkennen und sein Handeln von nichts, außer von sich selbst, abhängig sei.

Autonomie (von griech. *autos*, selbst, und *nomos*, Gesetz), Selbstbestimmung, Selbstgesetzgebung, Unabhängigkeit (vgl. Freiheit). 1. Als philos. Begriff ist A. wesentlich von Kant geprägt. A. wird primär als Bestimmung der Freiheit* verwendet (moralische A.). A. bedeutet hier die Selbstbestimmung des Menschen als Vernunftwesen: Durch die praktische Vernunft* gibt der Mensch sich selbst das allgemeine Gesetz, nach dem er handeln soll (vgl. kategorischer Imperativ). 2. In der Verlängerung von (1) kann A. auch als A. der Vernunft verstanden werden, d. h. als Unabhängigkeit der Vernunft von äußeren – besonders religiösen – Autoritäten. A. bezeichnet die Befreiung (Emanzipation) des Menschen zu einem selbständigen Vernunftwesen (vgl. Säkularisierung). 3. In einem allgemeinen Sinn kann A. heißen, daß ein Bereich oder eine Tätigkeit sich aus sich heraus bildet und aus sich selbst heraus verständlich ist (z. B. A. der Kunst, A. der Dichtung). – S. Gegensatz: Heteronomie.

Averroes (1126–98), lat. Name des arab. Philos. Ibn Rushd aus Andalusien, dessen Aristoteles-Kommentare großen Einfluß auf die christliche Scholastik* in Westeuropa ausübten; hier galt er als führender Aristoteles-Kenner. Im Gegensatz zu Ghazali verteidigte A. die Vereinbarkeit der aristotelischen Philos. mit dem Islam. Wenn auch der *Koran* und die aristotelische Philos. sprachlich anders gefaßt sind, so sind sie doch vereinbar und widersprechen einander nicht. A. wurde u. a. bekannt, weil er die Unsterblichkeit der individuellen Seele bestritt. Die Seele als die den Körper des Menschen formende Bestimmung muß, wenn der Körper vergeht, ebenfalls vergehen. Persönliche Bewußtseinselemente sind an die Materie, den Leib gebunden und können nicht selbständig überleben. Nur Erkenntnisverfahren ohne individuellen Inhalt (z. B. Mathematik) sind unsterblich, aber eben für alle identisch.

Lit.: H. A. Davidson: Alfarabi, Avicenna und A. Their Cosmologies, Theories of Active Intellect and Theories of Human Intellect, 1992. M.-R. Hayoun/A de Liberia: A et l'averroïsme, 1991. M. Horten: Die Metaphysik des A., 1912. G. F. Hourani: A. on the Harmony of Religion and Philosophy, 1961. A. von Kügelen: A. und die arab. Moderne, 1994.

Avicenna (980–1037), lat. Name des pers. Philos. und Arztes Ibn Sina. Das Hauptwerk *Kitab-al-Shifa*, «Buch der Genesung», ist eine umfassende philos. Enzyklopädie, die große Bedeutung sowohl in der arab. Welt wie in der europäischen Scholastik erhielt. A. stützt sich auf die spätantike Synthese von Aristotelismus und Neuplatonismus. Er unterscheidet zwischen Wesen und Existenz. Bei Gott fallen beide zusammen: Er existiert mit Notwendigkeit. Die Geschöpfe dagegen sind nicht an sich notwendig, sondern verwirklichen sich, indem ihnen Existenz von Gott zugesprochen wird. Da Gott aber notwendigerweise schöpferisch ist, ist die Existenz der Welt ebenso notwendig und ewig wie Gott. – Eine scharfe Kritik an A. finden wir u. a. bei Ghazali.

Ausg.: M. Horten (Hg.): A. Buch der Genesung der Seele, 1907–09. – *Lit.:* H. A. Davidson: Alfarabi, Avicenna und A. Their Cosmologies, Theories of Active Intellect and Theories of Human Intellect, 1992. E. Goodman: A., 1992. M. Horten: Die Metaphysik des A., 1907. E. Bloch: A. und die aristotelische Linke, 1963. G. Verbeke: A. Grundleger einer neuen Metaphysik, 1983.

Axiologie (von griech. *axios*, wertvoll, und *logos*, Lehre) – S. Wertphilos.

Axiom (griech. *axioma*), ein Grundsatz, welcher ohne Beweis* akzeptiert wird, weil er auf Konvention beruht oder unmittelbar als richtig einleuchtet, d. h. evident* ist. Ein axiomatisches System besteht aus einer Reihe von Sätzen oder Schlußregeln*, von denen die fundamentalen Sätze A. genannt werden, während die übrigen, aus den A. mit Hilfe von Schlußregeln abgeleiteten Sätze als Theoreme* bezeichnet werden. Von einer Axiomatisierung eines Fachgebiets spricht man, wenn dessen Sätze in einem axiomatischen System geordnet werden. Als Standardbeispiel eines axiomatischen Systems gilt die Geometrie des griech. Mathematikers Euklid, *Die Elemente*, (um 300 v. Chr.). Ein Fachgebiet ist *finit* (lat., endlich) axiomatisierbar, wenn es möglich ist, ihm eine Axiomatisierung mit einer endlichen Zahl nicht-logischer A. zu geben.

Alfred Jules Ayer

Ayer, Alfred Jules (1910–89), engl. Philos., Prof. in London 1946–59 und Oxford 1959–78, 1970 geadelt. Hatte während eines Studienaufenthalts in Wien engen Kontakt zum Wiener* Kreis, dessen Ansichten er mit dem Buch *Language, Truth and Logic* (1936) in die engl. analytische* Philos. einführte. Sein Werk hat eine ungewöhnlich große Verbreitung gefunden. Als Grundlage für die systematische Behandlung der traditionellen erkenntnistheoretischen und moralphilos. Begründungsprobleme dient A. das Verifikationskriterium*. Er entwikkelt eine phänomenalistische* Version des Empirismus* und formuliert für Moralaussagen eine emotive* Werttheorie, in welcher Moralaussagen nicht als Behauptungen, sondern als Ausdruck der Gefühle des Sprechers behandelt werden. In der Zweitausgabe von *Language, Truth and Logic* von 1946 modifiziert A. seine ursprünglichen Ansichten und schwächt das Verifikationskriterium ab. Aussagen, die nicht endgültig aufgrund von Erfahrungsdaten verifiziert werden können, anerkennt A. jetzt auch als sinnvoll, wenn sie aufgrund von Erfahrung bloß wahrscheinlich gemacht werden können. Eine Verifikation muß allerdings prinzipiell möglich sein. Spätere Werke, u. a. *The Problem of Knowledge* (1956), *The Concept of a Person* (1963) und *The Central Questions of Philosophy* (1973), zeigen Einflüsse von Wittgenstein und der *ordinary* language philosophy,* wie sie von G. Ryle und J. L. Austin formuliert wurden. Obwohl Ayer im wesentlichen seine ursprünglichen Ansichten revidiert hat, hält er in allen seinen Werken konsequent an der empiristischen Tradition D. Humes fest. Zusammen mit B. Russell wird er als Hauptexponent dieser philos. Richtung angesehen. – Vgl. Positivismus.

Ausg.: Sprache, Wahrheit und Logik, 1970. Die Hauptfragen der Philos., 1976. – *Lit.:* J. Foster: A., 1985. L. E. Hahn (Hg.): The Philosophy of A. J. A., 1992.

B

Baader, Franz von (1765–1841), dt. Philos. und Theologe, ab 1826 Prof. in München. B. ist beeinflußt von der Kabbala*, Böhme, Schelling und dem franz. Mystiker* St. Martin. Er wirft der Philos. vor, sich seit Bacon und Descartes von der Religion entfernt zu haben. Insbesondere in Frontstellung gegen Kants Philos. und dessen Lehre von der Autonomie des Willens vertritt B. die Auffassung, daß die wahre Philos. ihr Fundament im katholischen Glauben finden soll. Obwohl die wahrnehmbare Welt als göttliche Selbstmanifestation betrachtet werden muß, ist sie doch Ausdruck des Sündenfalls. Wie das Licht in Gott in alle Ewigkeit über die Dunkelheit siegt, ist es Aufgabe des Menschen, durch Geistwerdung zu Gott zurückzukehren. – In seiner Staatsphilos. kritisiert B. die Theorie vom Gesellschaftsvertrag*: Die Zugehörigkeit zu einer Gesellschaft ist Teil der menschlichen Natur* und muß nicht durch Vereinbarungen erst hergestellt werden.

Ausg.: Sämtl. Werke, 16 Bde., 1851–60. Schriften zur Gesellschaftsphilos., 1925. Über die Begründung der Ethik durch die Physik, 1813. Über den Begriff der Zeit, 1818. Über Liebe, Ehe und Kunst, 1953. Der Mythos über Orient und Occident, [2]1956. – *Lit.:* P.Koslowski (Hg.): Die Philosophie, Theologie und Gnosis F. v. B., 1993. G. Wehr: F. v. B. Zur Reintegration des Menschen in Religion, Natur und Erotik, 1980.

Bachelard, Gaston (1884–1962), franz. Philos., 1903–13 Angestellter bei der franz. Post. 1919 Gymnasiallehrer für Physik und Chemie. 1930 Prof. für Philos. in Dijon. 1940–54 Prof. für Wissen-

Franz von Baader

schaftsgeschichte und Philos. an der Sorbonne in Paris.
B. veränderte die wissenschaftstheoretische Tradition in der franz. Philos., die vorwiegend vom Neukantianismus* (Brunschwicg) geprägt war.
Die Pole, um die seine Untersuchungen kreisen, sind (Natur-)Wissenschaft und Poesie. Wissenschaft und Kunst, Vernunft und Phantasie, sind dialektisch aufeinander bezogen und entwickeln sich über ihre Gegensätze. Von Bedeutung ist dabei die Einsicht, daß auch die Wissenschaft die Phantasie oder Einbildungskraft* voraussetzt. B. entwickelte einen dynamischen, dialektischen* Wissenschaftsbegriff. Zwar kommt Wissenschaft nur durch einen Bruch mit der Alltagserfahrung zustande. Dennoch ist sie durch einen prozessualen Charakter geprägt, da sie sich durch Berichtigung von Irrtümern, Bruch mit früheren Theoriebildungen und Überwindung von Widersprüchen entwickelt. Entscheidend werden daher die Übergangsperioden (z. B. der Begriff der Masse in Newtons Mechanik bzw. Einsteins Relativitätstheorie). Die Wissenschaft hat den Charakter einer Erzeugung (Produktion). Ihr Objekt ist konstruiert, ein Kunstprodukt. Aus dieser Grundthese B. folgt denn konsequenterweise auch seine Kritik an der Auffassung vom Gegebenen als dem Grundlegenden.

Ausg.: Die Philos. des Nein, 1940. Psychoanalyse des Feuers, 1940. Poetik des Raums, 1957. Epistemologie, 1993. Der neue wissenschaftliche Geist, 1993. – *Lit.:* L. Baumann: G. B. materialistischer Transzendentalismus, 1987. D. Gil: B. et la culture scientifique, 1993. P. Ginestier: B., 1987.

Bacon, Francis (1561–1626), engl. Philos., Essayist und Staatsmann; geb. in London. Nach Studien am Trinity College, Cambridge, begann B. seine Laufbahn als Staatsmann. 1584 wurde er dank seiner Beziehungen zum Königshaus, besonders zum Grafen von Essex, ins Parlament gewählt. Im späteren Prozeß gegen den wegen Verrats angeklagten und zum Tod durch Enthauptung verurteilten Grafen hatte B. selbst die Anklageschrift verfaßt. Während der Regierungszeit von James I. machte B. schnell Karriere. 1607 wurde er Reichsanwalt, 1613 Justizminister, 1616 Mitglied des Geheimrats, 1617 Großsiegelbewahrer, 1618 Lordkanzler und Baron von Verulam. 1621 wurde B. Vicomte von St. Albans, doch im gleichen Jahr wegen Bestechung angeklagt und verurteilt. B. entging einer längeren Gefängnisstrafe im Tower; die ihm auferlegte riesige Geldstrafe wurde niemals eingetrieben, aber er verlor alle seine Titel.
Mit seinem Wissenschaftsbegriff legt B. im Anschluß an den Naturalismus* der Renaissance, an Alchimie und an Magie entscheidenden Wert auf die Erfahrung*, doch im Unterschied zu diesen Traditionen unterstreicht er die Notwendigkeit einer systematischen und methodischen Erforschung der Natur. B. Philos. kann allerdings nicht als empiristisch in der modernen Bedeutung des Wortes bezeichnet werden. Sie ist sowohl von der Tradition Platons und Augustins wie auch von jener des Aristotelismus* be-

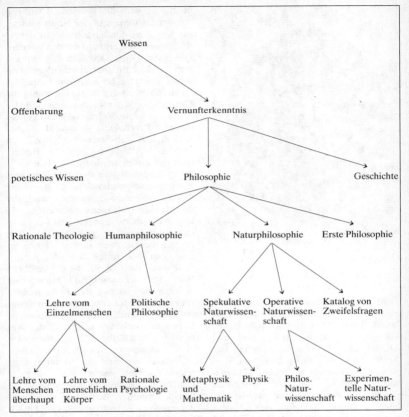

Vereinfachte Wiedergabe der Klassifikation des Wissens nach Francis Bacon

einflußt, gegen die B. so entschieden gekämpft hatte. Seine Traditionsgebundenheit einerseits, die traditionskritische Haltung andererseits zeigen B. als einen Philos. an der Wende zur Neuzeit.

B. zentrale Botschaft macht ihn zu einem Apologeten der naturwissenschaftlichen und technischen Revolution, die damals begann und immer noch anhält. Diese Botschaft lautet: Wissen ist Macht, und: Die Wissenschaft muß planmäßig und in der Form eines Großunternehmens organisiert werden. Sie soll aus der Zusammenarbeit vieler Wissenschaftler hervorgehen und sich auf das systematische Sammeln und Bearbeiten von Erfahrungen nach strengen Methodenregeln gründen. Wissen soll aufgrund eines bestimmten methodischen Regelkanons als rationales* ausgewiesen werden und mehr Disziplinen als bloß die Naturwissenschaften und die technischen Wissenschaften umfassen. Allerdings kommt B. besondere historische Bedeutung in der

Francis Bacon

Förderung gerade dieser Wissenschaften zu. Ein weiterer Hauptgedanke bei B. lautet, daß die methodischen Regeln, die für die Erforschung von Natur und Mensch benutzt werden, auch bei der Vermittlung, der Weitergabe von Wissenschaft Anwendung finden. Dadurch wird es möglich, daß eine Generation von Forschern dort fortsetzt, wo die vorherige aufhörte. B. befaßt sich mit dem Aspekt der Vermittlung sehr eingehend und experimentiert in seinen zahlreichen Werken mit diversen Vermittlungsformen. Sie sind nie zufällig, sondern immer abhängig vom Charakter des vermittelten Stoffs und von den Voraussetzungen des Lesers. B. Einteilung der Wissenschaften ist weitgehend traditionell, aber die Bezeichnungen werden auf eine neue Weise angewendet. Von theologischer Seite sollen dem rationalen Wissen keine Hindernisse in den Weg gelegt werden. B. unterscheidet scharf zwischen rationaler Erkenntnis, die allein mit Hilfe des Vernunftgebrauchs erworben werden kann, und dem geoffenbarten Wissen. So beschäftigt sich die rationale Theologie mit der Existenz und der Natur Gottes, insofern diese durch Beobachtung der erschaffenen Welt erkannt werden können. Die Natur Gottes an* sich dagegen gehört in die Offenbarungstheologie. Zu dieser gehört z. B. auch die Frage der Unsterblichkeit der Seele, nicht aber die Untersuchung der Fähigkeiten und der Natur der Seele, welche vielmehr zur rationalen Psychologie gehört. B. ist bezüglich der Leib-Seele-Problematik ein Dualist*. Allerdings nehmen Träume oder der Zusammenhang zwischen seelischen Eigenschaften und Physiognomie insofern eine Sonderstellung ein, als mit ihnen Probleme angesprochen sind, die den Menschen als Ganzen betreffen.

Die Naturphilos. gliedert sich bei B. in ein spekulatives* Suchen nach Ursachen zu gegebenen Phänomenen* sowie in eine operative Anwendung der Kenntnisse von Ursachen, die die gewünschten Wirkungen hervorbringen können. Operative Naturwissenschaft ist angewandte spekulative Naturwissenschaft. Im weiteren stellt B. einen Katalog von Zweifelsfragen auf, welcher im Bereich der Naturphilos. auch die Klassifikation von nicht bekanntem Wissen ermöglichen und damit zugleich der weiteren Forschung von Nutzen sein soll.

Das Verhältnis zwischen Metaphysik und Physik formuliert B. mittels irreführender aristotelischer Begriffe. Die Physik beschäftigt sich damit, die materiellen Ursachen (*causa* materialis*) und ihre wirkenden Ursachen (*causa efficiens*) ausfindig zu machen. Die Metaphysik ermittelt ihre formalen Ursachen (*causa formalis*) sowie die sog. Zweckursachen (*causa finalis*). B. lehnt jedoch aus ähnlichen Gründen wie Spinoza die Suche nach den Zweckursachen ab. Sie existieren zwar, können aber nicht erkannt werden.

Die Begriffe werden also nicht im aristotelischen Sinn verwendet, was besonders aus der Schrift *Novum Organum* hervorgeht. Dort heißt es von der Physik, daß diese nach dem *latens processus*, d. h. den nicht unmittelbar wahrnehmbaren Ereignissen hinter den Phänomenen sucht sowie dem *latens schematismus*, der verborgenen Struktur. Die Physik betrachtet die Dinge als aus kleinen Partikeln zusammengesetzt, deren Bewegung und Positionen im Verhältnis zueinander für das verantwortlich sind, was wir unmittelbar erleben. Unter metaphysischem Aspekt werden die Dinge als bestehend aus einer Reihe von Qualitäten oder Naturen* beschrieben, deren bestimmte Kombination die Dinge konstituieren. Jede Natur hat ihre eigene Form*, deren Anwesenheit die hinreichende Bedingung* dafür ist, daß die Natur auftritt. Die Natur oder Qualität Wärme hat z. B. eine bestimmte Bewegungsart als Form, und wo immer es diese Bewegung gibt, gibt es auch Wärme. Gewisse Qualitäten sind einfach, andere komplex, d. h. aus einfachen zusammengesetzt. Aufgabe der Metaphysik ist es, die grundlegenden Formen ausfindig zu machen. Das Verhältnis zwischen Physik und Metaphysik bleibt bei B. jedoch ungeklärt; es heißt lediglich, daß die Physik die Phänomene in der Materie betrachtet, während die Metaphysik von der Materie absieht, d. h. abstrakt ist – entsprechend wird sie in der Einteilung auch der Mathematik zugeordnet.

Prima philosophia, die Erste Philos., wird von der Metaphysik unterschieden. Sie ist die Grundlage jeder Philos. und beschäftigt sich mit Grundbegriffen wie Möglichkeit, Sein usw. sowie mit Grundsätzen wie: Wenn von zwei Größen jede genauso groß ist wie eine dritte, sind sie beide gleich groß – ein Axiom* von Euklid aus dem 1. Buch seines geometrischen Lehrbuchs *Elemente*.

Der Titel *Novum Organum* verweist auf die Logik des Aristoteles, die traditionell *Organon* genannt wird. Die Logik ist als Organon nicht eine Erkenntnis mit eigenem Inhalt, sondern notwendiges Mittel für den Erwerb jedweder Erkenntnis. B. richtet deshalb einen heftigen Angriff auf die aristotelische Logik, weil sie nicht der Erkenntnis diene. Dagegen setzt er sein eigenes neues Organon, welches Erkenntnis sichern soll, indem es, als Methodenlehre formuliert, uns vor den zwei Gefahren der Erkenntnis warnt, nämlich (1) vor dem übereilten Schluß* oder übertriebener Verallgemeinerung*, und (2) vor den Trugbildern oder Vorurteilen, denen wir ständig erliegen.

Der übereilte Schluß läßt sich auf einen falschen Gebrauch der Induktionsmethode* zurückführen. Das Ergebnis ist nicht die wahre Interpretation der Naturphänomene, *interpretatione naturae*, sondern ein Vorgreifen auf nicht beobachtete Phänomene, *anticipatione naturae*. B. legt großes Gewicht auf das systematische Sammeln von Beobachtungen in bezug auf die Natur – so etwa Wärme –, die man zu untersuchen wünscht. Aus diesen Beobachtungen können induktive Schlußfolgerungen gezogen werden, wobei B. dieses induktive Schließen aber nicht in traditioneller Weise als einfache Aufzählung versteht. Er beachtet vielmehr die Asymmetrie zwischen wahr und falsch, d. h. den Umstand, daß eine universale* Aussage durch noch so viele positive Beobachtungen nicht endgültig bestätigt werden kann, wohl aber falsifiziert, wenn nur eine Beobachtung ihr widerspricht. Deshalb plädiert B. für Induktion durch Eliminierung. Aufgrund einer metaphysischen Betrachtung über die Grundlagen der physischen Welt lassen sich, glaubt B., alle nur möglichen Hypothesen* über die Natur, z. B. die Natur von Wärme, in einer Liste endgültig erfassen. Danach werden Beobachtungen gesammelt, und wenn einige von ihnen einer der aufgestellten Hypothesen widersprechen, ist diese eliminiert. B. Postulat lautet, daß durch eine solche Prozedur eine einzige Hypothese übrigbleibt, im gewählten Beispiel die, daß Wärme Bewegung ist. Diese Hypothese nennt B. ‹die erste Weinlese›; sie kann wieder Anlaß geben zu weiteren Experimenten und Überprüfungen. So besteht das Verfahren der Naturwissenschaft insgesamt aus einer Kombination von Induktion durch Eliminierung und hypothetisch-deduktiver Methode. Diese Methode empfiehlt B. den Naturwissenschaften.

Die andere Gefahr, der die Erkenntnis ausgesetzt ist, sind die Trugbilder, die in vier Typen eingeteilt werden: 1. Die Trugbilder der Gattung *(idola tribus)* sind fehlerhafte Neigungen, die wir alle besitzen. Hierzu gehören unser Hang, dem unmittelbaren Zeugnis der Sinne zuviel Gewicht zu geben, der Hang zum Wunschdenken, zu übertriebener Abstraktion* sowie die Neigung, der Natur menschliche Eigenschaften zuzusprechen – z. B. indem man überall sog. Zweckursachen sieht. 2. Die Trugbilder der Höhle *(idola specus)* sind individuelle Vorurteile, die entweder angeboren oder erlernt sind. 3. Die Trugbilder des Marktes *(idola fori)* sind gängige Vorstellungen, die sich in der Alltagssprache niedergeschlagen haben. 4. Die Trugbilder des Theaters *(idola theatri)* schließlich sind die überlieferten philos. Systeme, vor deren irreführenden Gedankenketten sich der Wissenschaftler zu hüten hat.

Ausg.: The Works and Letters of F. B., 14 Bde, 1848–74. Neues Organ der Wissenschaften, 1830 (Repr. 1962). – *Lit.:* H. Blumenberg: Rechtfertigung der Neugierde als Vorbereitung der Aufklärung. In: Der Prozeß der theoretischen Neugierde, ³1984. W. Krohn: F. B., 1987. Ch. Whitney: F. B. Die Begründung der Moderne, 1989. B. H. G. Wormald: F. B. History, Politics and Science, 1561–1626, 1993.

Bacon, Roger (um 1214–92/94), engl. Philos., Ausbildung und Lehrtätigkeit in Paris und Oxford, seit etwa 1255 Franziskaner. Hauptwerk *Opus maius* aus dem Jahre 1267. – B. verfocht die Einheitstheorie der Erkenntnis: Die Erkenntnis entstammt dem aktiven Intellekt* (für B. = Gott), welcher unsere Seele «erleuchtet» (Illuminationstheorie*). Jede nützliche Erkenntnis kann in einer endlichen Enzyklopädie beschrieben werden und ist faktisch in der Bibel enthalten. Die Bibel enthält implizit die vollständige Erkenntnis, die Gott den jüdischen Weisen offenbarte und auf der die zwar explizitere, aber weniger vollständige Darstellung bei griech. und arab. Philos. aufbaut. Westeuropa könnte mit diesen Grundlagen durch einen beherzten Forschungseinsatz eine sowohl vollständige als auch explizite Erkenntnis erlangen. Alle Disziplinen hängen zusammen: Die Handlungslehre (Ethik) zielt auf ewige Erlösung und stützt sich selbst auf die theoretischen Disziplinen, die sich alle derselben angeborenen Logik bedienen. Alle Ereignisse folgen dem gleichen kausalen Mechanismus, nämlich der Verbreitung von Kraft *(species)* seitens eines Agens* – auch wenn das Agens eine Menschenseele (Willenshandlungen) oder ein Himmelskörper (Astrologie) ist. Wie Species verbreitet werden, ist beim Licht zu beobachten. Die Optik liefert daher den Schlüssel für eine mathematisch-geometrische Beschreibung. B. lehnte die Verdinglichung von Universalien* ab und entwickelte eine neue Semantik, die die Abhängigkeit der Bedeutung vom Sprachgebrauch der Individuen, die sich in ständig neuen Situationen befinden, hervorhebt.

Ausg.: Opus maius, 1897–1900. – *Lit.:* W. Wieland: Ethik und Metaphysik. Bemerkungen zur Moralphilos. R. B., 1974.

Badische Schule, s. Neukantianismus.

Bakunin, Michail (1814–76), russ. Philos. Zunächst gehörte B. einem Kreis konservativer Hegelianer in Moskau an. Während eines Studienaufenthalts in Deutschland wurde er aber – besonders durch Arnold Ruge – für den Linkshegelianismus gewonnen (vgl. Hegelianismus). B. nahm überall in Europa an revolutionären Aufständen teil. Seit etwa 1864 entwickelte er eine anarchistische* Philos. Sie lehnt sich an diejenige Proudhons an, gibt dem Anarchismus jedoch eine kollektivistische Richtung: Die Produktionsmittel müssen den Arbeitern, die sie benutzen, gemeinsam gehören. Diese sich selbst verwaltenden Arbeitskollektive bilden das Fundament einer föderativ organisierten Gesellschaft. – Nach einer Auseinandersetzung mit Marx wurde B. 1872 aus der Ersten Internationalen ausgeschlossen.

Ausg.: Œuvres complètes, 1973 ff. Ges. Werke, 3 Bde., 1921–24. Gott und der Staat, 1969. – *Lit.:* R. Huch: M. B. und die Anarchie, 1923. J. F. Wittkop: M. A. B. in Selbstzeugnissen und Dokumenten, 1974.

Bar-Hillel, Yehoshua (1915–75), israel. Sprachphilos. und Sprachwissenschaftler, studierte an Jerusalems hebräischer Universität, an welcher er seit 1954 unterrichtete und wo er der Abteilung für angewandte Logik vorstand. B. hat, unter Einfluß von R. Carnap und später N. Chomsky, zur Erforschung der Semantik* und Pragmatik* der natürlichen Sprache beigetragen.

Ausg.: Aspects of Language, 1970. (Mit A. A. Fraenkel u. A. Levy) Foundations of Set Theory, 1959, ²1976.

Barth, Karl (1886–1968), dt.-schweiz. Theologe. Prof. in Göttingen 1921, in Münster 1927, in Bonn 1930. 1935–62 in Basel. Mit der zweiten Ausgabe seines Kommentars zum *Römerbrief* (1922) wurde B. zur führenden Persönlichkeit der dialektischen* Theologie. Als diese Bewegung sich um 1933 auflöste, trat er im sog. Kirchenkampf hervor und trug zur Gründung der antinazistischen Bekennenden Kirche bei. Wegen des Widerstands gegen den Nazismus wurde er 1935 seines Amtes enthoben. – Die anfänglich starke Betonung des «unendlichen qualitativen Unterschieds» zwischen Gott und Mensch (die «Negation») nahm B. nach und nach zurück und unterstrich statt dessen die Gemeinsamkeit zwischen Gott und Mensch, die in der Menschwerdung Gottes ausgedrückt ist (die «Position»). Aus dieser «zweiten Phase» stammt das unvollendete Werk *Kirchliche Dogmatik* (1932 ff.; 14 Bände).

Lit.: H. U. von Balthasar: K. B., ⁴1976. E. Jüngel: Barth-Studien, 1982. E. Busch: K. B. Lebenslauf, ³1978.

Barthes, Roland (1915–80), franz. Literat, Essayist und Semiologe, Prof. in Paris. Mit seinen Beiträgen zur Semiologie* wurde B. eine der Zentralfiguren des Strukturalismus*. Durchgängiges Thema seines Werks ist die Frage nach der Natur des Zeichens, insbesondere des literarischen Zeichens. In dieser Frage wendet er sich von Anfang an gegen die beiden klassischen Doktrinen, daß das literarische Zeichen «natürlich» motiviert, d. h. darstellendes Abbild der wirklichen Dinge sei (Mimesis), und daß die Literatur autonom im Sinn einer freien subjektiven Schöpfung zu verstehen sei. Vielmehr zeichnet sich nach B. der ästhetische Text als freier Prozeß der Bedeutungsproduktion, als Spiel der Signifikanten aus. Die Wurzeln B. reichen zurück in den Existentialismus*.

Werke: Mythen des Alltags, 1964. Literatur und Geschichte, 1969. Die Lust am Text, 1974. – Fragmente einer Sprache der Liebe, 1984. – *Ausg.:* Die helle Kammer, 1989. *Lit.:* L.-J. Calvet: R. B. Eine Biographie, 1993. G. Neumann: B. In: H. Turk (Hg.): Klassiker der Literaturtheorie. Von Boileau bis B., 1979. G. Röttger-Denker: R. B. zur Einführung, 1989. R. Rylance: R. B., ²1995.

Basale Einzeldinge (engl. *basic particulars*), sind nach Strawson ‹halbgroße› materielle Körper in Raum und Zeit. Die Existenz dieser Dinge ist bei Strawson eine Bedingung der Möglichkeit von objektiver Erfahrung.

Basissätze (von griech. *basis*, Fundament), innerhalb des logischen* Atomismus und des logischen Positivismus die Bezeichnung für Sätze, die – wenn sie wahr sind – eine einfache, unanalysierbare Tatsache* wiedergeben. Dem logischen Atomismus zufolge repräsentieren B. (von Wittgenstein Elementarsätze genannt), wenn sie wahr sind, einfache Tatsachen einer bewußtseinsunabhängigen Wirklichkeit. Wittgenstein selbst liefert keine Beispiele für B., und es scheint überhaupt unmöglich zu sein, Sätze zu finden, die seinen Forderungen an B. gerecht werden. Darüber hinaus behaupten die Vertreter des logischen Atomismus, daß jeder Satz, der einen kognitiven*

Sinn hat, entweder ein Basissatz oder eine logische Funktion* mehrerer B. ist. Diese Auffassung wird vom logischen Positivismus übernommen. Ihm gelten B. (auch Beobachtungssätze oder Protokollsätze genannt) zugleich als letzte Grundlage für die Prüfung empirischer Aussagen, da sie als Aussagen über Beobachtungen direkt mit Sinneserfahrungen verknüpft sind. Die logischen Positivisten haben keine Einigkeit darüber erlangt, welchen geltungslogischen Status die Sinneswahrnehmungen als Fundamente der empirischen Wissenschaften einnehmen sollen und welche Verbindung zwischen Sinneswahrnehmungen und B. besteht. Auf der einen Seite werden B. als Sätze lediglich subjektiven persönlichen Inhalts verstanden, weil sie Aussagen über Sinneswahrnehmungen, über subjektive Erlebnisse machen. Ein Beispiel solcher B. könnte sein: ‹Hier und jetzt gibt es etwas Schwarzes auf weißem Hintergrund.› Damit werden B. zweifellos wahr; jedoch ergibt sich das Problem, B. mit der wissenschaftlichen Erkenntnis, die nicht privat, sondern intersubjektiv* ist, zu verknüpfen. – Vgl. Phänomenalismus.

Auf der anderen Seite gab es die Tendenz, die Sinneswahrnehmungen als Wahrnehmungen bewußtseinsunabhängiger raum-zeitlicher Phänomene und B. als Wiedergabe dieser Phänomene aufzufassen. Ein Beispiel solcher B. könnte sein: ‹NN sieht um 14 Uhr ein Buch auf seinem Schreibtisch.› Damit werden B. aber nicht länger als unbezweifelbar wahr gelten. – Vgl. Physikalismus.

Bataille, Georges (1897–1962), franz. Philos. und Schriftsteller, Bibliothekar an der Bibliothèque Nationale in Paris. Ursprünglich gehörte B. der surrealistischen Bewegung an. In Anlehnung an Nietzsche setzte er sich mit der systemorientierten Philos. kritisch auseinander, insbesondere mit Hegel. Hauptmotiv seines Denkens und Schreibens ist der Dualismus zwischen dem Bereich zweckrationaler Produktivität und dem der jeglichen Zweck leugnenden Verschwendung, ein Dualismus, den B. in die Begriffe der Homogenität und Heterogenität terminologisch faßt.

Ausg.: Œuvres complètes, 12 Bde, 1970–1988. Das obszöne Werk, 1977. Der heilige Eros, 1982. Die Aufhebung der Ökonomie, 1985. – *Lit.:* R. Bischof: Souveränität und Subversion. G. B. Theorie der Moderne, 1984. N. Land: The Thirst for Annihilation. G. B. and virulent Nihilism, 1992. B. Mattheus: G. B. Eine Thanatographie, 1984. P. Wiechens: B. zur Einführung, 1995.

Baudrillard, Jean (geb. 1929), franz. Soziologe. Seit 1966 am Institut für Soziologie an der Université de Paris X-Nanterre, wo die Mairevolte von 1968 begann. In seinen ersten Büchern entfaltet B. eine Theorie der Konsumgesellschaft, in der er diese vom Objekt her analysieren will, dem Konsumgegenstand, den er als Zentrum der neuen, sozialisierenden Riten dieser Gesellschaft versteht. Eine Weiterentwicklung dieses Ausgangspunkts ist die Theorie von der Funktion des Symbolischen in der modernen Gesellschaft. Die Theoriebildung B. spitzt sich zu in seinen Gedanken über virtuelle Realität, Simulation und Verführung, die er generell als Trennung der Zeichen von jeder Wahrheitsfunktion versteht.

Ausg.: Der symbolische Tausch und der Tod, 1982. Der Tod der Moderne. Eine Diskussion. Redner J. B. und andere, 1983. Das andere Selbst, 1987. Das System der Dinge, 1991. Die fatalen Strategien, 1991. Die Illusion des Endes oder Der Streik der Ereignisse, 1994.

Lit.: R. Bohn/D. Fuder (Hg.): Simulation und Verführung, 1994. D. Kellner: J. B. From Marxism to Postmodernism and beyond, 1989. J. Kroker: J. B. From Symbolic Exchange to Virtual Reality, 1993.

Bauer, Bruno (1809–82), dt. Theologe, Junghegelianer (vgl. Hegelianismus), 1839–42 Privatdozent in Bonn. – B. stand zuerst auf der äußersten Rechten der theologischen Orthodoxie, wandte sich dann aber radikal gegen jede Form von Religion. Im Gottesglauben trennt der Mensch den Inhalt seines Selbstbewußtseins* von sich ab. Denn die jenseitige Gottheit ist nichts weiter als ein – verzerrtes – Bild dieses menschlichen Selbstbewußtseins. Den Höhepunkt stellt das Christentum dar: Dort wird das Bewußtsein sich selbst absolut* fremd. Erst das kritische Bewußtsein durchschaut diese Sachlage. Jedoch kann die Alternative zur Religiosität nicht im Atheismus* liegen, weil dieser sich immer noch auf den negierten Gegenstand (Gott) bezieht. Wahrheit kommt allein dem kritischen Bewußtsein selbst zu. Deshalb leitet die Religionskritik über in eine Kritik an Staat, Familie, Kunst und Wissenschaft; sie alle werden von der reinen Kritik zunichte gemacht.

Ausg.: Kritik der Geschichte der Offenbarung, I–II, 1838. Kritik der evangelischen Synoptiker, I–III, 1841/42, ²1846. Die Hegelsche Linke. Hg. von K. Löwith, 1962, S. 75–225. – *Lit.*: E. Barnikol: B. B. Studien und Materialien, 1972. H. u. J. Pepperle: Die Hegelsche Linke. Dokumente zu Philos. und Politik im deutschen Vormärz, 1986.

Baumgarten, Alexander Gottlieb (1714 bis 62), dt. Philos. Geb. in Berlin; 1738 Prof. in Halle/Saale, 1740–62 in Frankfurt an der Oder. Schüler von Chr. Wolff. B. *Metaphysica* (1739) nutzte Kant bei seinen Vorlesungen als Grundlage. Mit den *Meditationes* (1735) und der *Aesthetica* 1–2 (1750–58) führte B. in Deutschland die Ästhetik* als selbständige Wissenschaft ein. Wolff hatte in seinem System das Ästhetische nicht abgehandelt, weil es unter die sinnliche Wahrnehmung falle und folglich als *cognitio confusa* nicht in klaren und deutlichen Begriffen beschrieben werden könne. B. betrachtete es als seine Aufgabe, diese Lücke im System Wolffs auszufüllen und die Regeln für das Ästhetische zu untersuchen. Eine solche Untersuchung mußte für B., dem Wolffschen Erbe getreu, die Regeln für die Sinneserkenntnis angeben. Diese Auffassung des Ästhetischen spiegelt sich denn auch noch in Kants Begriff der «transzendentalen* Ästhetik».

Lit.: M. Jäger: Kommentierende Einführung in Baumgartens ‹Aesthetica›. Zur entstehenden wissenschaftlichen Ästhetik des 18. Jh. in Deutschland, 1980. H. R. Schweizer: Ästhetik als Philos. der sinnlichen Erkenntnis. Eine Interpretation der ‹Aesthetica› A. G. B., 1973.

Bayle, Pierre (1647–1706), franz. Philos. B. gehörte dem Calvinismus an, nachdem er für kurze Zeit zum Katholizismus übergetreten war. Ab 1676 Prof. für Philos. an der protestantischen Akademie in Sedan, bis diese 1681 geschlossen wurde. Danach lebte B. in Rotterdam. Hier schrieb er seinen *Dictionnaire historique et critique* (Historisches und critisches Wörterbuch, 1696–97, überarbeitete Fassung 1702); darin versucht er, einerseits das Wissen der Zeit kritisch zusammenzufassen, andererseits trägt er – in Anmerkungen zur Diskussion – seine eigenen Überlegungen vor. Durch dieses Werk gewann B. für die Aufklärung entscheidende Bedeutung. – So setzt er sich für eine vollständige Religionsfreiheit ein: Zwischen Religion und Moral gibt es keine notwendige Beziehung. Atheisten* können moralisch, Christen unmoralisch leben. Überdies ist es nicht möglich, mit der menschlichen Vernunft* eine religiöse oder metaphysische Auffassung zu begründen. B. vertritt hier einen Skeptizismus*, welcher der Vernunft alle Fähigkeiten zur Wirklichkeitserkenntnis abspricht. B. bemüht sich zu zeigen, daß beim Versuch, die Welt mit Hilfe der Vernunft zu erfassen, eine Dialektik* spielt, die die Vernunft selbst in Widersprüche führt und so letzlich im Zweifel endet. Insofern ist der Skeptizismus ihre eigene Konsequenz. Sich selbst überlassen, findet sie nichts, bei dem sie stehenbleiben kann. Als Ausweg aus dieser Situation betrachtet B. den Glauben. Allerdings nimmt die Darlegung des Glaubens nur wenig Raum ein, da sich B. vielmehr darum bemüht, den Konflikt zwischen Vernunft und Offenbarung aufzuzeigen. Im Mittelpunkt steht das Problem des Bösen: Die Existenz des Bösen läßt sich mit der Existenz eines allmächtigen und all-

gütigen Gottes nicht vereinbaren. Nach B. kann die Erfahrung des Bösen allein durch die Hypothese des Manichäismus* erklärt werden, daß es zwei gegenläufige Grundprinzipien gibt, ein gutes und ein böses. Auf diese Herausforderung B. suchte Leibniz mit seiner Theodizee* zu antworten.

Lit.: F. Schalk: Studien zur franz. Aufklärung, 1984. R. Whelan: The Anatomy of Superstition. A Study of Historical Theory and Practice of P. B., 1989

Beauvoir, Simone de (1908–86), franz. Autorin und Philos. Studium an der École Normale Supérieure in Paris, wo B. Sartre begegnete, mit dem sie ihr Leben verbrachte; Gymnasiallehrerin für Philos. 1929–43, danach freie Schriftstellerin. – Mit ihren literarischen Werken, Essays, moralphilos. und frauenpolitischen Schriften zählt B. zum franz. Existentialismus*. Geprägt von der Sicht des Sartre-Kreises, zeichnet sie in ihren Erinnerungen ein vielschichtiges Bild der Zeit.

Ausg.: Le deuxième sexe, 1949 (Dt. Das andere Geschlecht, 1990). Der Lauf der Dinge, 1966. Die Welt der schönen Bilder, 1968. Das Alter, 1972. – *Lit.:* M. Evans: S. d. B. A Feminist Mandarin, 1985. T. Moi: S. d. B. The Making of an Intellectual Woman, 1994. R. Winegarten: S. d. B. A critical View, 1989. C. Zehl Romeo: S. d. B., 1978.

Bedeutung (engl. *meaning*; franz. *sens, signification*). B. ist ein Grundbegriff der Semantik*. Er bezeichnet dasjenige, was ein sprachlicher Ausdruck oder ein anderes Zeichen zu verstehen gibt bzw. was derjenige, der den Ausdruck oder das Zeichen gebraucht, damit meint. Wie schon der alltägliche Sprachgebrauch zeigt, ist die Verwendung des Begriffs B. durchaus mehrdeutig und meint etwa Sinnhaftigkeit, Bedeutsamkeit oder Wichtigkeit bestimmter Dinge oder Sachverhalte. Auch in theoretischen Bestimmungsversuchen seines Verhältnisses zu Wirklichkeit*, Sprache und Bewußtsein* hat der Begriff die verschiedensten Interpretationen erfahren. Als Gegenstand sprachanalytischer Untersuchungen werden zum einen seine semantischen Beziehungen zu andern Begriffen wie ‹Wahrheit*›, ‹Referenz*›, ‹Verstehen*› (d. h. Erkenntnis von Bedeutung), ‹Kommunikation*›, ‹Sprachregel› usw. geklärt; zum andern wird er im Umfeld bewußtseins- und handlungstheoretischer Untersuchungen in seinem Verhältnis z. B. zur ‹Intentionalität*› (Absicht, Bezug), ‹Verstehen*› (d. h. Erkenntnis von Absicht), ‹Gedanke›, ‹Meinung›, ‹Handlung*› und ‹Verhalten› bestimmt. Dabei wird der B.begriff zumeist differenziert oder ersetzt durch andere Begriffe – z. B. Sinn* (Frege), Konnotation* (Mill), Intension* (u. a. Carnap), le signifié* (Saussure). Eine irreführende Gleichsetzung von B. mit Gegenstand wurde durch Frege und den frühen Wittgenstein unterstützt. An dieser Gleichsetzung wird kritisiert, daß sie die gegenstandskonstitutive Kraft der Sprache zu sehr vernachlässigt und übersieht, daß erst die Wortb. erkennbar macht, was einer Sprachgemeinschaft als Gegenstand dient. Wittgenstein hat in seiner Spätphilos. diesen Umstand insofern berücksichtigt, als er die B. eines Wortes als dessen Gebrauch innerhalb eines ‹Sprachspiels*› bestimmte. Quine u. a. verwerfen den B.begriff als für philos. und wissenschaftliche Zwecke völlig unbrauchbar. – Zu den Bedeutungstheorien der Phänomenologie und Hermeneutik* s. Verstehen.

In der analytischen* Philos. steht die Untersuchung des B.begriffs häufig in einem engen Zusammenhang mit der Diskussion der Frage, wie eine vollständige B.theorie für eine natürliche Sprache (z. B. dt., engl., franz. oder russ.) zu bilden ist. Zumeist wird diese Frage dahingehend beantwortet, daß eine B.theorie als Theorie vom Verstehen* sprachlicher Ausdrücke im Sinn der korrekten Verwendung dieser Ausdrücke durch den Sprachbenutzer zu formulieren ist. Gewöhnlich bezieht man sich auf Freges Behauptung, daß die B. eines Satzes durch seine Wahrheitsbedingungen* festgelegt wird: Eine Person versteht die B. eines Satzes dann, wenn sie die Bedingungen und Umstände kennt, unter denen der Satz wahr sein würde. Der Hauptstreit in den 60er und 70er Jahren dreht sich um die Frage, wie wir die Ausdrücke ‹etwas kennen› und ‹wahr sein› verstehen sollen. D. Davidson und seine Anhänger (bes. J. McDowell) formulieren folgendes Programm einer vollständigen B.theorie natürlicher Sprachen: (1) die Aufgabe der B.theorie ist gelöst, wenn eine Theorie formuliert wird, die für jeden Satz ‹p› in der natürlichen Sprache einen Satz der Form ‹p ist genau dann wahr, wenn q› impliziert (wobei ‹q› die Wahrheitsbedingungen für ‹p› angibt). Eine solche Theorie ermöglicht es nach Davidson, daß eine Person, die von dieser Theorie Kenntnis hat, damit auch die betreffende natürliche Sprache sprechen kann (These von der hinreichenden Bedingung). (2) In einem bedeutungstheoretischen Zusammenhang kann der Begriff Wahrheit*, wie ihn Tarskis Wahrheitsdefinition (die sog. Äquivalenzthese*) expliziert, übernommen werden. Tarskis These besagt: Es gilt für jeden Satz ‹p›, daß ‹der Satz p genau dann wahr ist, wenn p›. (3) Die B.theorie kann davon ausgehen, daß das sog. Bivalenzprinzip* – jeder Satz ist entweder wahr oder falsch (eine Voraussetzung jedes sog. bedeutungstheoretischen Realismus*) – für alle Sätze Geltung hat.

M. Dummett hat gegen die These von der hinreichenden Bedingung eingewendet, daß eine B.theorie nicht nur formulieren muß, was ein Sprachbenutzer weiß, wenn er eine Sprache versteht, sondern auch erklären können muß, was es heißt, ein solches Wissen zu haben, d. h. worin das Verstehen der Sprache besteht. Eine B.theorie muß also etwa erklären können, über welche praktischen Fertigkeiten ein Sprachbenutzer verfügt, von dem man sagen kann, er kenne die Wahrheitsbedingungen eines Satzes wie ‹Kiel ist eine Hafenstadt›. In diesem Fall ist der Wahrheitsbegriff aber gerade nicht hinreichend durch die Äquivalenzthese charakterisiert. Zwar ist es richtig, daß der Satz ‹Kiel ist eine Hafenstadt› genau dann wahr ist, wenn Kiel eine Hafenstadt ist. Aber es verbleibt dem B.theoretiker immer noch die Aufgabe zu erklären, welches die Bedingungen der Möglichkeit* sind, damit ein Sprachbenutzer überhaupt wissen kann, daß Kiel tatsächlich eine Hafenstadt ist. Nach Dummett muß die Äquivalenzthese mit einer Theorie über Wahrheit und Behauptbarkeit verbunden werden. Ein Sprachbenutzer kann nur dann sinnvoll die Behauptung ‹Kiel ist eine Hafenstadt› aufstellen, wenn er die dt. Sprache gelernt hat und über Kriterien* verfügt, mit deren Hilfe er entscheiden kann, ob die Behauptung wahr oder falsch ist. Wenn jedoch Wahrheit auf diese Weise als Behauptbarkeit interpretiert wird, ist es nicht mehr selbstverständlich, daß jeder Satz entweder wahr oder falsch ist, wie es das Bivalenzprinzip und der bedeutungstheoretische Realismus behaupten. Die allgemeine Gültigkeit des Bivalenzprinzips ist dann in Frage gestellt, wenn es sich um unentscheidbare Sätze handelt wie ‹Alle Raben sind schwarz›, ‹Wenn der Student G. Princip nicht den österreichischen Erzherzog ermordet hätte, wäre 1914 kein Krieg ausgebrochen› oder ‹Es gibt unendlich viele Primzahlen›.

Lit.: R. Carnap: B. und Notwendigkeit, 1972. D. Davidson: Inquiries into Truth and Interpretation, 1984. M. Dummett: Frege. Philos. of Language, 1981. G. Evans/J. McDowell (Hg.): Truth and Meaning, 1976. G. Frege: Funktion, Begriff, B., 1986. A. Hofmann: B.begriff und B.theorie, 1995. J. J. Katz: The Metaphysics of Meaning, 1990. W. Künne: Abstrakte Gegenstände, 1983. C. K. Ogden: Die B. der B., 1974. H. Putnam: The Meaning of «Meaning». In: Philos. Papers, Bd. 2, 1975. W. V. O. Quine: Wort und Gegenstand, 1980.

Bedingung (engl. *condition*; franz. *condition*), etwas, das etwas anderes ermöglicht oder von dem etwas anderes abhängt. – Vgl. notwendige und hinreichende Bedingung.

Bedingung der Möglichkeit. Bei Kant Bezeichnung für eine (transzendentale*) Bedingung, die erfüllt sein muß, damit die Erfahrung* eines Gegenstands* (d. h. auch die Gewinnung naturwissenschaftlicher Erkenntnis) überhaupt möglich ist. Die B. d. M. für Gegenstandserfahrung bzw. naturwissenschaftliche Erkenntnis sieht Kant in den Anschauungsformen von Zeit* und Raum* und bestimmten Grundbegriffen (Kategorien*) wie ‹Substanz›, ‹Ursache – Wirkung› usw. 2. In der nachkantischen Philos. Bezeichnung für alle transzendentalen notwendigen* Bedingungen von Erfahrung, Freiheit, Dialog, gesellschaftlichem Leben usw. sowie die ontologischen* notwendigen Bedingungen der verschiedenen Bereiche der Wirklichkeit (vgl. Ontologie). Häufig wird die B. d. M. nach folgendem Kriterium von der weiter gefaßten notwendigen Bedingung unterschieden: Wenn A B. d. M. für X sein soll, ist es unmöglich, daß A und X in einem Ursache*-Wirkung-Verhältnis stehen; ein solches Kausalverhältnis ist dagegen (normalerweise) nicht ausgeschlossen, wenn man A für eine notwendige Bedingung von X hält. 3. In weniger strengem Sprachgebrauch Synonym für ‹notwendige Bedingung›.

Befindlichkeit, Neologismus Heideggers (*Sein und Zeit*, § 29). In der Umgangssprache benutzt man Ausdrücke wie ‹sich im Zentrum der Ereignisse befinden›, ‹etwas für gut befinden›, ‹Wohlbefinden›. Von ihnen ausgehend, bildet Heidegger einen umfassenden Begriff: B. ist die ontologische Bezeichnung für die Erfahrung des Daseins*, daß es sich in einer bestimmten Situation als existierendes Seiendes* unter diesen bestimmten Seienden in diesem bestimmten Seinsverstehen befindet. Formen der B. sind die Sinneserfahrung, die Erfahrung des Umgangs mit Gebrauchsgegenständen, die Erkenntnis mathematischer Verhältnisse, Furcht (als Beispiel für das Gerichtetsein auf etwas Seiendes). Beispiele für die B. als Seinserfahrung sind Angst* und Langeweile. – Vgl. Verstehen.

Begierde/Begehren, Streben; zielgerichtetes, zwischen unwillkürlichem Drang und bewußtem Wollen liegendes Streben. In der philos. Tradition wird B. als ein dynamisches Prinzip (Kraft, Energie) verstanden; ihr Verhältnis zur Vernunft wird als eines ihrer Hauptprobleme diskutiert. Im Gegensatz zur B. wird ein vernunftbestimmtes Streben als Wille* bezeichnet.

Begriff 1. Sprachlicher Ausdruck einer allgemeinen Vorstellung oder Idee als Resultat eines einfachen Denkaktes (im Gegensatz zu Urteil* und Schluß*): z. B. ‹Pferd›, ‹rot›, ‹gerecht› oder als abgeleiteter Ausdruck ‹Gerechtigkeit›, ‹Liebe› und ‹Furcht›. Der B.inhalt (die B.intension) ist die Summe der B.merkmale, die ein Gegenstand aufweisen muß, um unter den B. zu fallen. Der B.umfang (die B.extension) ist die Menge der Gegenstände, die faktisch unter den B. fallen. Eine sog. B.bestimmung (im Sinn einer Inhaltsangabe) stößt in den meisten Fällen auf große Schwierigkeiten. So kann der B. ‹Junggeselle› mittels der Merkmale ‹unverheiratet›, ‹erwachsen› und ‹Person männlichen Geschlechts› bestimmt werden. Dagegen ist es weniger eindeutig, ob es z. B. zu den Merkmalen des B. ‹Pferd› gehört, daß ein Pferd vier Beine hat, als Zugtier gebraucht werden kann und lebende Nachkommen gebiert. Vertreter einer Urteilstheorie, die zwischen analytischen* und synthetischen Urteilen unterscheiden – z. B. Kant und die logischen* Positivisten – behaupten, daß es auf solche Fragen eindeutige Antworten gibt. Dem widersprechen ihre Kritiker, die die Möglichkeit einer scharfen und nicht-willkürlichen Grenzziehung zwischen unserem Wissen über die Sprache und unserem Wissen über die Welt bestreiten. Einige dieser Kritiker, z. B. Quine, leugnen aus diesem Grund die Anwendbarkeit der B. für wissenschaftliche Zwecke. Ähnliche Schwierigkeiten ergeben sich beim Versuch einer Klärung von Ausdrücken des alltäglichen Sprachgebrauchs: Was heißt es etwa, einen B. zu haben oder zu kennen? Kann

man z. B. sagen, daß einer den B. ‹Pferd› kennt, wenn er imstande ist, Pferde als solche zu identifizieren? Muß er nicht auch die logischen und grammatischen Funktionen der Wörter in der Sprache beherrschen und evtl. auch ein allgemeines faktisches Wissen über Pferde haben (daß sie als Zugtiere benutzt werden usw.)?
Ein weiteres vieldiskutiertes Problem ist die Klärung des ontologischen Status von B. Im klassischen Empirismus* werden die B. psychologistisch* ausgelegt, d. h. als bewußtseinsmäßige Vorstellungen, die das Ergebnis von Abstraktionsprozessen sind. Frege, Husserl, Ingarden und andere Vertreter des B.realismus (Platonismus*) interpretieren die B. als abstrakte, unveränderliche Größen, die unabhängig von unserer Sprache und unserem Bewußtsein existieren. Unter dem Einfluß des späteren Wittgenstein deutet man schließlich in der neueren Sprachphilos.* B. als Fähigkeit der Sprachbenutzer, in bestimmten Sprechsituationen den entsprechenden sprachlichen Ausdruck richtig, d. h. regelgerecht, verwenden zu können (der B. ist, wie man verkürzt sagt, bestimmt durch den Gebrauch).

2. Bei Hegel ist ein B. eine Struktur der Wirklichkeit* an sich und nicht nur eine psychologisch verstandene Vorstellung, ein idealer Bedeutungsinhalt oder eine Sprachfertigkeit. B. sind Bestimmungen der Wirklichkeit, die die voll entwickelte Vernunft* (des absoluten Geistes*) als notwendigerweise für sie geltend erkennt. Das bedeutet (a), daß die faktisch vorkommende Welt mit ihrem B. in Widerstreit geraten kann, daß in ihr aber zugleich eine Tendenz hin zur Verwirklichung ihres B. besteht; und (b), daß die Menschen auf einer bestimmten Stufe in der Entwicklung der Vernunft von der Erkenntnis des eigentlichen, begriffsbßigen Zusammenhangs der Wirklichkeit abgeschnitten sein können. Erst wenn der B. in der faktischen Geschichte seine Verwirklichung, seine wahre Wirklichkeit gefunden hat, wird er auch voll erkennbar sein – und umgekehrt hat erst mit der vollen Erkenntnis des B. die faktische Geschichte ihre Vollendung gefunden.

3. G. Frege gebraucht das Wort B. als Bezeichnung für die Satzfunktionen, d. h. die unvollständigen Ausdrücke, die sich bei der Entfernung singulärer Ausdrücke aus vollständigen Sätzen ergeben, z. B. ‹...ist ein Pferd› und ‹...liebt...›. Von diesen Satzfunktionen wird gefordert, daß sie für jedes Argument (jeden singulären Ausdruck), das man in sie einsetzt, einen Wahrheitswert ergeben, daß also für jeden Gegenstand bestimmt ist, ob er unter den Begriff fällt oder nicht. – Zu den Ausdrücken Unterb., Oberb. und Zwischenb. vgl. Logik, klassische.

Begriffsbildung 1. Entwicklung eines Begriffs oder einer abgegrenzten Begriffsstruktur, oft mit Hinblick auf die Diskussion einer besonderen Thematik, die mit gewöhnlichen Begriffen nicht hinreichend erfaßt werden kann. 2. Bezeichnung für die verschiedenen Verfahren der Begriffsbestimmung/-entwicklung einer Wissenschaft, durch welche die Formulierung und Definition der die jeweilige Wissenschaft bestimmenden Begriffe ermöglicht werden.

Begriffsrealismus, s. Realismus.

begging the question (engl., die Wahrheit von dem, was diskutiert werden soll, als erwiesen annehmen). S. *petitio principii*.

Begründungszusammenhang / Entdeckungszusammenhang (engl. *context of justification/context of discovery*), eine Unterscheidung, die 1938 von H. Reichenbach eingeführt wurde. Unter E. versteht man die biologischen, psychologischen und sozialen Umstände, unter denen eine wissenschaftliche Entdeckung zustande kommt. Der B. umfaßt die Bedingungen, die erfüllt sein müssen, damit eine wissenschaftliche Behauptung als wohlbegründet gelten kann. Mehrere Philos. (z. B. Carnap und Popper) möchten die strenge logische Unterscheidung zwischen B. und E. aufrechterhalten, während andere (z. B. Habermas) behaupten, daß die beiden Zusammenhänge voneinander abhängig sind, weil der E. zur Bestimmung dessen beiträgt, was eine gute Begründung ausmacht. – Vgl. Falsifikation, Verifikation, Paradigma.

Behauptung. 1. Der Sprechakt*, eine Behauptung aufzustellen. 2. Das, was behauptet wird, wenn eine Behauptung aufgestellt wird. Eine Aussage, die beansprucht, wahr zu sein.

Behaviorismus (engl. *behavior*, Betragen, Verhalten). 1. Richtung innerhalb der modernen Psychologie, die ausschließlich das von außen her beobachtbare Verhalten von Mensch (und Tier) zum Gegenstand der Psychologie erklärt. Zur Methode des B. gehört die Untersuchung der Zusammenhänge zwischen äußeren Einflüssen (Reizen, *stimuli*) und verhaltensmäßigen Reaktionen (Reflexen, *responses*). Der B. wird auch methodologischer B. genannt, da er jede Form von Introspektion* und Einfühlung (Verstehen*) als psychologische Methode ablehnt und einen Objektivismus vertritt, der nur das Studium – nach naturwissenschaftlich deskriptiver Methode – des äußeren, beobachtbaren Verhaltens als relevant für eine wissenschaftliche Psychologie anerkennt. Der B. hat u. a. die amerik. Psychologie beherrscht, wo er 1913 von J. B. Watson mit dem Werk *Behaviorism* eingeführt wurde. In seiner jüngsten Gestalt wurde der B. vor allem durch die Theorie von B. F. Skinner geprägt.
2. Dem philos. B. zufolge können Urteile* über das Seelenleben von Personen auf Urteile über ihr Verhalten oder ihre Verhaltensdispositionen zurückgeführt werden. Obwohl die Grundbehauptung der Theorie eine analytische* These über bestimmte Übersetzungsbeziehungen zwischen sprachlichen Ausdrücken ist, wird die Theorie oft als Gegenposition zu der Ansicht formuliert, daß es innere, private Bewußtseinsphänomene gebe.

Dieser philos. B. hat zwei Formen angenommen: Der sog. kategorische B. glaubt, Urteile über Bewußtseinsphänomene als (kategorische) Urteile über aktuell vorkommendes Verhalten analysieren zu können. Danach wäre z. B. ein Urteil über den Zorn einer bestimmten Person mit jenem Urteil gleichbedeutend, das das entsprechende Verhalten dieser Person beschreibt – daß sie laut spricht, auf den Tisch schlägt, rot im Gesicht ist usw. J. B. Watson schlägt sogar vor, daß ein Urteil über die Gedanken einer Person mit der Beschreibung der kleinen, jedoch keine Laute hervorbringenden Bewegungen im Kehlkopf identifiziert werden kann: Das Äußern von Gedanken ist nichts anderes als das Bewegen der Stimmbänder.

Die zweite und wichtigere Form des philos. B. ist der sog. hypothetische B., der im wesentlichen auf G. Ryle zurückgeht. Ryle zufolge spricht man, wenn man vom Seelenleben einer Person redet, von den mehr oder weniger komplexen Dispositionen* dieser Person, d. h. der Geneigtheit, sich in bestimmten Situationen unter verhaltensrelevanten Einflüssen auf bestimmte Art und Weise zu verhalten (zu handeln und zu sprechen). Ein Urteil wie ‹Peter ist ehrgeizig› soll als ein hypothetisches Urteil (Bedingungssatz) analysiert werden, wie etwa ‹Wenn Peter dem und dem ausgesetzt wird, dann wird er so und so handeln›. Die Behauptung, eine Person sei ehrgeizig, soll analog der Aussage verstanden werden, daß Zucker wasserlöslich sei. Und Wasserlöslichkeit ist eben keine unsichtbare, innere Eigenschaft, die dem Zucker neben seinen sichtbaren Eigenschaften zukommt, sondern eine bestimmte Disposition, nämlich die, gewisse seiner sichtbaren Eigenschaften beim Eintauchen in Wasser zu verlieren. Nach Ryle ist der Glaube an innere, private Bewußtseinsphänomene Ausdruck eines Mißverständnisses der Logik der mentalen Begriffe.

Beneke, Friedrich Eduard (1798–1854), dt. Philos. Als einer der ersten Neukantianer betrachtet B. unter dem Einfluß von Jakob F. Fries die Psychologie als Grundlage der Philos. Die Teilgebiete der Philos. wie Logik, Metaphysik, Erkenntnistheorie, Ethik, Rechtsphilos. usw. sind gemäß B. nur Zweige der angewandten Psychologie. Diesen extremen Psychologismus* und Empirismus* vertritt B. u. a. in *Neue Grundlegung zur Metaphysik* (1822) und in *Grundlinien des natürlichen Systems der praktischen Philosophie* (3 Bde., 1837–40).

Lit.: A. Wandschneider: Die Metaphysik B., 1903.

Benjamin, Walter (1892–1940), dt. Philos. und Literaturkritiker. Studium der Philos. in Freiburg, Berlin, München und Bern. Promotion 1919 in Bern mit einer Arbeit über den *Begriff der Kunstkritik in der dt. Romantik*. Danach freier Schriftsteller. Freundschaft mit T. W. Adorno, E. Bloch, B. Brecht und dem Judaisten G. Scholem. Nach seiner Emigration im Jahr 1933 lebte B. in Paris. Auf der Flucht aus Frankreich nach Spanien nahm er sich an der frz.-spanischen Grenze in Port Bou aus Furcht vor einer Auslieferung an die Gestapo das Leben. Die philos. Konzeption B. ist hauptsächlich in seinen Arbeiten zu literarischen Werken ausgearbeitet. Die Philos. ist für B. auf die Werke der Kunst verwiesen, wenn sie ihrer Aufgabe einer Darstellung der Wahrheit gerecht werden soll. Darstellung der Wahrheit ist Darstellung des wahren Zusammenhangs der Dinge, der nicht erst im Bewußtsein gebildet wird; in den Kunstwerken findet der wahre Zusammenhang der Dinge jeweils eine Gestalt. Die philos. Kritik negiert eine Autonomie der Kunstwerke, wonach sich diese gegenüber der Welt ihres Entstehens unabhängig zu machen vermögen, und läßt sie so als Erscheinungen der Dinge in ihrem wahren Zusammenhang durchsichtig werden. Am konsequentesten hat B. seine Konzeption einer als Kunstkritik auftretenden Philos. in dem Essay *Goethes Wahlverwandtschaften* (1924) und in *Der Ursprung des deutschen Trauerspiels* (1928) entwickelt.

B. philos. Kunstkritik steht von Anfang an im Zusammenhang einer Theologie der Geschichte: Der wahre Zusammenhang der Dinge ist ihre Ordnung gemäß der göttlichen Schöpfung, und indem die Philos. als Kunstkritik auf diese Ordnung verweist, durchbricht sie im Augenblick die profane Ordnung der Welt. Sie verweist damit auf die messianische Erlösung der Welt am Ende der Geschichte. Daß diese Erlösung sich mit menschlichen Mitteln zwar nicht herbeiführen, aber doch in der anarchischen Revolte vorbereiten läßt, wollte B. bereits in seinem Aufsatz *Zur Kritik der Gewalt* (1921) zeigen. Mit B. Wendung zu einem undogmatischen Marxismus tritt dieser politische Aspekt deutlicher hervor und bestimmt nun auch seine Konzeption der Kunstkritik. In der Arbeit *Das Kunstwerk im Zeitalter seiner technischen Reproduzierbarkeit* (1936) entwickelt B. u. a. eine Theorie des Films, derzufolge dieser allein durch seine Technik das zusammenhängende Bild der bestehenden Welt durchbricht und durch die Philos. nurmehr vor seinem politischen Mißbrauch gerettet werden muß. Im Film radikalisiert sich für B. freilich nur, was in der unter «kapitalistischen Produktionsbedingungen» entstandenen Kunst des 19. Jh. bereits angelegt war: Das technisch Reproduzierte wird aus dem Bereich der Tradition gelöst und damit die Aura des Kunstwerks zerstört. Seine Einmaligkeit wird durch die Vervielfältigung auf Gleichartigkeit reduziert. Der Untersuchung dieser Kunst sind Benjamins Arbeiten zu Baudelaire ebenso wie das großangelegte und Fragment gebliebene Werk *Pariser Passagen* gewidmet. In den Zusammenhang des Passagen-Werks gehören auch B. Thesen *Zum Begriff der Geschichte* (1940), in denen er die wesentlichen Motive seines theologischen Materialismus zusammenführt.

Ausg.: Gesammelte Schriften. Unter Mitwirkung von T. W. Adorno und G. Scholem hg.

Jeremy Bentham

von R. Tiedemann u. H. Schweppenhäuser, 1972ff. – *Lit.:* H. Arendt: W. B., Bertolt Brecht. Zwei Essays, 1971. W. Fuld: W. B. – Zwischen den Stühlen. Eine Biographie, 1979. J. Habermas: Bewußtmachende und rettende Kritik – die Aktualität W. B. In: Zur Aktualität W. B. Aus Anlaß des 80. Geburtstages von W. B. hg. von S. Unseld, 1972, S. 173–223. B. Lindner: W. B. im Kontext, 1985. D. Schöttker: W. B., 1992. R. Tiedemann: Studien zur Philos. W. B., 1973. B. Witte: W. B. in Selbstzeugnissen und Bilddokumenten, 1985.

Bentham, Jeremy (1748–1832), engl. Philos. und Jurist, geb. in London. Nach dem Studium in Oxford Ausbildung als Rechtsanwalt in London. Sein ganzes Leben hindurch beschäftigte er sich mit juristischen Fragen, arbeitete u. a. für radikale Reformen der Verfassung und der Strafgesetze in Großbritannien und im Ausland. Er übte großen Einfluß auf W. James und John S. Mill aus.
B. entwickelt eine Moralphilos., die die Grundlage von Gesellschaftsreformen bilden soll. Sein Hauptwerk ist *An Introduction to the Principles of Morals and Legislation* (1789). Als Hedonist* behauptet B., es sei eine psychologische Tatsache, daß die Menschen ausschließlich nach Lust und dem Vermeiden von Schmerzen streben und daß – deshalb – Lust das einzige Gut an sich darstellt. Jede Handlung muß laut B. nach der Größe des Gutes, das sie erzeugt, bewertet werden. Die richtige Handlung, d. h. die Handlung, die man in einer gegebenen Situation ausführen soll, ist diejenige, die gegenüber allen anderen den höchsten Anteil an Lust und den geringsten Anteil an Schmerz mit sich bringt. – Nach B. können alle Formen der Lust und des Schmerzes mit Faktoren wie Intensität und Dauer des Lustgefühls und Anzahl der betroffenen Personen erfaßt und mittels eines Glückskalküls gegeneinander verrechnet werden. B. Auffassung hat unter der Bezeichnung Utilitarismus* Schule gemacht.

Ausg.: The Works, 11 Bde., 1838–43 (ND 1976). The Collected Works, 1968ff. – *Lit.:* M. Baurmann: Folgenorientierung und subjektive Verantwortlichkeit, 1981. J. E. Crimmins: Secular Utilitarianism. Social Science and the Critique of Religion in the Thought of J. B., 1990. P. J. Kelly: Utilitarianism and Distributive Justice. J. B. and the Civil Law, 1990. C. Laval: J. B., 1994. B. Parekh (Hg.): J. B. Critical Assessments, 1993.

Beobachtungsausdruck, bei Hempel u. a. die Bezeichnung für Ausdrücke, deren Anwendung ausschließlich in bezug auf Beobachtbares festgelegt wird. Beispiele sind ‹rot›, ‹viereckig›, ‹länger als›. Sätze, in denen sämtliche nicht-logischen Ausdrücke B. sind, werden Beobachtungssätze genannt (engl. *observation sentences*). Der logisch-positivistischen Meinung, Beobachtungssätze könnten allein aus der Wahrnehmung und völlig unabhängig von allen Theorien verifiziert*/falsifiziert* werden, wurde entgegengehalten, daß auch eine Sprache, die nur aus B. bestehe, eine sog. Beobachtungssprache*, durchaus ‹theoriegeladen› sei. – Vgl. Basissätze.

Beobachtungssprache, in der empiristischen Wissenschaftsphilos. Bezeichnung für den Teil der Sprache einer Einzelwissenschaft, die allein Beobachtungssätze (Basissätze) enthält. Der Gegensatz zu B. ist Theoriesprache*; die Unterscheidung ist jedoch umstritten.

Berdjajew, Nikolai (1874–1948), russ. Philos., geb. in Kiew, aus adeliger Familie. In den 1890er Jahren suchte B., von Marx geprägt, dessen Denken mit dem Idealismus zu vereinen; später distanzierte er sich jedoch vom Marxismus. Wegen seiner politischen Aktivitäten kam er ins Gefängnis und wurde zu drei Jahren Verbannung verurteilt. Nach der Revolution von 1917 wurde B. Prof. für Philos. in Moskau, kam aber erneut ins Gefängnis. Aufgrund seiner kritischen, religiös bestimmten Haltung gegenüber dem Kommunismus wurde er 1922 ausgewiesen. Seit 1924 lebte er in Paris. – Vor allem von Dostojewskij beeinflußt, vertritt B. eine christliche Existenzphilos.* Der Mensch wird als Geist bestimmt, d. h. als schöpferische Freiheit. B. trug zur Entwicklung der modernen franz. Existenzphilos. bei, insbesondere des Personalismus*. Er selbst befürwortet einen personalistischen Sozialismus.

Ausg.: Vom Sinn des Schaffens, 1927. Von des Menschen Knechtschaft und Freiheit, 1954. Der Sinn der Geschichte, 1960. – *Lit.:* O. Clément: B. Un philosophe en France, 1991. W. Dietrich: Provokation der Person. N. B. in den Impulsen seines Denkens, 5 Bde., 1975–79. R. Kremser: N. B. metaphysische Grundlegung der Geschichtsphilos., 1943.

Bergson, Henri (1859–1941), franz. Philos., 1900–21 Prof. am Collège de France in Paris. Während dieser Zeit übte B. über die Grenzen Frankreichs hinaus großen Einfluß auf die Philos. seiner Zeit aus. – Unmittelbare Wirkung erzielte seine Philos. mit ihrer Kritik an der modernen Wissenschaftsgläubigkeit des Positivismus* und Naturalismus*. Seine Kritik ist jedoch keineswegs irrational, vielmehr will B. selbst die Philos. zu einer strengen Wissenschaft erheben. Gegen die moderne Naturwissenschaft, die, ausgehend von der klassischen Physik, sich eines mechanistischen Zeitbegriffs bedient, wendet sich B. mit der Betonung der subjektiven Erfahrung der Zeit. Im Gegensatz zu einer ausschließlich quantitativen Betrachtungsweise versteht B. die subjektiv erfahrene Zeit als kontinuierlichen Wechsel von Phänomenen, der weder als Abfolge diskreter Zustände noch als quantitativ meßbare Größe begriffen werden kann. Diesen Wechsel, die Dauer, bestimmt B. als die ursprüngliche konkrete Zeit. Sie ist das unmittelbar Gegebene, das, was wir unmittelbar erleben. Strenge Wissenschaftlichkeit kann die Philos. dadurch erreichen, daß sie eine grundlegende Beschreibung dieses unmittelbar Gegebenen leistet. Die ihr eigene Methode ist die Intuition*. Die zu seiner Zeit konstatierte Vernachlässigung der subjektiven Erfahrung reicht nach B. zurück bis zu Platon. Der philos. Tradition fehle das Verständnis für den eigentlichen Charakter der Wirklichkeit: Schöpfung, ein stetes Werden von Neuem zu sein.

Zentrale Bedeutung für die moderne franz. Philos. besitzt B. zum einen wegen seines Begriffs des unmittelbar Gegebenen als des Konkreten, zum anderen wegen seines Begriffs der Freiheit, verstanden als Schöpfung.

Ausg.: Œuvres complètes, 7 Bde., 1945/46. Materie und Gedächtnis, 1908. Zeit und Freiheit. Eine Abhandlung über die unmittelbaren Bewußtseinstatsachen, 1911. Denken und schöpferisches Werden, 1948. – *Lit.:* G. Bachelard: La dialectique de la durée – H. B., 1972. F. Burwick/P. Douglass: The Crisis of Modernism. B. and the Vitalist Controversy, 1992. G. Deleuze: B. zur Einführung, 1989. R. Ingarden: Intuition und Intellekt bei H. B., 1921. A. Philonenko: B. ou De la philosophie comme science rigoureuse, 1994.

Berkeley, George (1685–1753), irischer Philos. und Theologe, geb. in Kilkenny, studierte am Trinity College in Dublin, wo er seit 1707 als Dozent tätig war. 1724 wurde B. Dompropst in Derry und brach 1728 mit seiner Familie nach den Bermudas auf, um dort ein College zu gründen,

Berkeley, George

George Berkeley

das Kinder der Eingeborenen zu Priestern ausbilden sollte; dafür hatte B. bei Privatleuten große Geldsummen gesammelt. Zudem hatte ihm das engl. Parlament öffentliche Mittel in Aussicht gestellt, dieses Versprechen jedoch nicht eingehalten, so daß B. 1731 wieder nach Irland zurückkehren mußte. Dort wurde er 1734 Bischof von Cloyne.
Die Hauptgedanken von B. Philos. sind in zwei Notizbüchern aus den Jahren 1708–09 enthalten. Seine erste Veröffentlichung ist *An Essay Towards a New Theory of Vision* aus dem Jahr 1709. Bereits ein Jahr später liegt das Hauptwerk *A Treatise Concerning the Principles of Human Knowledge* vor. Die Gedanken dieses Werks werden in der populären Schrift *Three Dialogues between Hylas and Philonous* (1713) umformuliert und gegen die in der Zwischenzeit erhobenen Einwände verteidigt. Die späteren Werke, u. a. *De Motu* (1721) und *Alciphron* (1732), sind der Sache nach größtenteils Wiederholungen und Verteidigungen der ursprünglichen Positionen B.

B. wird zusammen mit Locke und Hume zu den Klassikern des engl. Empirismus* gezählt. Er trug wesentlich zur Radikalisierung dieser Theorie bei, wobei ihm die Erkenntnistheorie nicht als das höchste galt, sondern als notwendiges Mittel zur Verwirklichung seines metaphysischen Vorhabens. Er wollte zeigen, daß das Sein im ganzen im Grunde geistig, von Gott geschaffen und seine Erhaltung in jedem Augenblick direkt von seinem Willen als dem Garanten der Seinserhaltung abhängig ist. B. entscheidender Schritt in seinem Hauptwerk ist die Leugnung der Existenz der materiellen* Außenwelt*. Damit will er nicht die gewöhnliche Ansicht bestreiten, daß Gegenstände wie Stühle, Stöcke und Steine wirklich sind und unabhängig von unserem Wissen von ihnen existieren (*common* sense*-Auffassung). Vielmehr setzt er seine Theorie der zu seiner Zeit fast alleingültigen philos. Auslegung der *common sense*-Annahme entgegen. Diese Auslegung, die insbesondere auf Descartes und Locke zurückgeht, vereinigt verschiedene Komponenten. In erkenntnistheoretischer Hinsicht besteht sie in dem Nachweis, daß wir, wenn wir von dem sprechen, was wir sehen, hören oder auf andere Weise sinnlich wahrnehmen, unterscheiden müssen zwischen dem Erlebnis des Gegenstands, z. B. dem Erlebnis des Sehens eines Sterns, und dem erlebten Gegenstand selbst, dem Stern; das, wovon wir in der Erfahrung direkte Kenntnis haben, ist unser Erlebnis des Gegenstands, nicht der Gegenstand selbst.
Auf metaphysischer Ebene wird sAuf metaphysischer Ebene wird unterschieden zwischen der Welt des Bewußtseins, deren Gegenstände – die Bewußtseinsphänomene – nicht-räumlich und privat sind, und der materiellen Welt, deren Gegenstände – äußere Dinge – räumlich und ausgedehnt sind. Aus diesen Unterscheidungen ergibt sich, daß das, was wir sehen, hören usw. und von dem wir dadurch eine direkte Kenntnis haben, etwas in unserem Bewußtsein ist, Erleb-

nisse sind, die seinsmäßig von den erlebten äußeren Dingen, die außerhalb des Bewußtseins, in der materiellen Welt vorkommen, vollkommen verschieden sind.

Eine weitere Komponente besteht in der Theorie, daß Sinneserlebnisse durch Einwirkung der äußeren Gegenstände auf die Sinnesorgane verursacht werden. Die Erlebnisse werden demnach als innere Repräsentanten der äußeren Gegenstände verstanden. Schließlich unterscheidet man zwischen primären und sekundären Qualitäten*. Gemäß dieser Unterscheidung sind gewisse Sinneseindrücke – wie Ausdehnung, Festigkeit, Form, Gewicht, Bewegung usw. – getreue Kopien von Eigenschaften äußerer Dinge (primäre Qualitäten), wogegen andere, etwa Farb-, Laut-, Geruchs- oder Geschmacksempfindungen, nicht Qualitäten äußerer Dinge wiedergeben. Diese sekundären Qualitäten entstehen während des Wahrnehmungsprozesses und existieren nur in dem erlebenden Bewußtsein.

B. hielt die *common sense*-Annahme jedoch für sinnlos und nutzlos, und zwar aus mehreren Gründen. Erstens ist die Unterscheidung zwischen primären und sekundären Qualitäten nicht haltbar, da Lockes Argumente dafür, dem Bewußtsein die sekundären Qualitäten zuzuschreiben, ebenso für die primären Qualitäten Geltung haben. Auch diese können nämlich nur im Bewußtsein existieren, nicht in irgendeiner bewußtseinsunabhängigen Außenwelt. Zweitens ist es sinnlos, davon zu sprechen, daß Erlebnisse Kopien äußerer Dinge sind oder diesen ähneln. Ein Ding kann nur einem Ding derselben Art gleichen, nicht aber einem, das seinsmäßig von völlig anderer Art ist. Drittens ist es unverständlich, wie Erlebnisse von äußeren Dingen verursacht sein sollen. Wie soll etwas Räumliches auf etwas Nicht-Räumliches einwirken können? Schließlich ist das Verursachen eine Aktivität, ein Handeln und damit Wesen mit Bewußtsein vorbehalten; die leblose Materie ist davon ausgeschlossen. Selbst wenn die Hypothese von einer bewußtseinsunabhängigen Außenwelt einen gewissen Sinn hätte, wäre sie völlig nutzlos. Denn es macht keinerlei Unterschied für unsere Erfahrung, ob diese Annahme wahr oder falsch ist. Locke gibt zwar zu, daß die Annahme nicht aus der Erfahrung bewiesen werden kann. Die Erfahrung gibt uns nur Kenntnis von Erlebnissen, nie von äußeren Gegenständen. Auch läßt sich nicht von Erlebnissen auf äußere Gegenstände schließen; denn, wie Locke selbst nachweist, können Erlebnisse z. B. in Träumen vorkommen, ohne von etwas Äußerem hervorgerufen worden zu sein. Dennoch ist Locke der Auffassung, daß wir gute Gründe haben, etwa angesichts der Geordnetheit unserer Erfahrung, die Annahme einer äußeren Wirklichkeit zu supponieren. B. macht darauf aufmerksam, das Problem liege nicht darin, daß wir nur mehr oder weniger plausible Gründe für diese Annahme geben können, nicht aber einen Beweis. Vielmehr zeigt sich, daß, wenn die Annahme auch falsch wäre – wenn die Erlebnisse entweder keine Ursachen hätten oder andere Ursachen als die äußeren Dinge –, wir dennoch die genau gleichen Gründe hätten, an ihre Wahrheit zu glauben, wie wenn sie wahr wäre. Wie die Erfahrung nicht zeigen kann, daß die Annahme wahr ist, kann sie, solange wir Erlebnisse haben, auch nicht zeigen, daß sie falsch ist. So erklärt sie gar nichts und ist also nutzlos.

Im übrigen ist die Annahme laut B. geradezu schädlich. Denn wenn Dinge wie Stühle, Stöcke und Steine als äußere Gegenstände verstanden werden sollten, ist es zweifelhaft, ob es solche wohlbekannte Gegenstände überhaupt gibt. Wir haben keinerlei Kenntnis von ihnen, nur Vermutungen, die in jeder frei bestreiten kann. Die Gegenstände, die wir in der Erfahrung antreffen, sind keine äußeren, nicht irgendein Unbekanntes jenseits des Schleiers unserer Erlebnisse. Sie sind Erlebnisse, genauer Ansammlungen oder Bündel von Erlebnissen. Eine Apfelsine ist z. B. die Summe einer Reihe von Erlebnissen, die normalerweise gemacht werden: eines Süßen, Orangefarbenen, Runden, Kühlen, Weichen, Saftigen, Feuchten usw. Der Begriff einer Apfelsine ist nicht der Begriff eines Verborgenen und Unerkennbaren, sondern ein Begriff über die Zusammengehörigkeit der genannten Erlebnisse. Der Satz ‹Diese Apfelsine existiert› bedeutet dasselbe wie ‹Ich habe jetzt die und die Erlebnisse, die ich zusammenfassend ‚eine Apfelsine' nenne›.

Für die Gegenstände in unserer Erfahrungswelt gilt somit, daß sie nur im Bewußtsein des Erlebenden existieren. Sein heißt Wahrgenommensein: *esse est percipi.* Die Existenz der Gegenstände setzt die Existenz von Bewußtsein*, einer Seele, voraus, wobei B. damit sowohl das Bewußtsein der Menschen als auch Gottes meint. Sein ist eine Struktur des Bewußtseins.

B. hält diese idealistische* Theorie für die einzige vernünftige Alternative zu der unhaltbaren Annahme einer materiellen Außenwelt. Er versucht deshalb, sie als eine konsistente Theorie, frei von Einwänden, auszuformulieren. Was ist der Grund von Erlebnissen, wenn nicht äußere Gegenstände? B. antwortet, daß alle Erlebnisse – genauer die wohlgeordneten Erlebnisse, die im Gegensatz zu Halluzinationen und dergleichen wirkliche Gegenstände ausmachen – von Gott erschaffen sind. Gott ist aber nicht allein der Schöpfer von Erlebnissen und Ideen, er erlebt sie selbst auch ohne Unterbrechung. Eine Apfelsine, die von keinem Menschen wahrgenommen wird, hört also aus diesem Grund nicht auf zu existieren: Sie existiert als Wahrnehmung einer Reihe von Qualitäten im Bewußtsein Gottes.

Ein anderes Problem für B. Theorie stellt die Erklärung des Erfolgs der Physik dar. Die effiziente Anwendbarkeit der physikalischen Theorien beruht nach B. darauf, daß sie wahre Beschreibungen ihres Gegenstands geben, nämlich des Aufbaus und der Eigenschaften der Materie. Aber wie verträgt sich dies damit, daß B. die Existenz der Materie bestreitet? Die Lösung dieses scheinbaren Widerspruchs finden wir in dem Werk *De Motu* aus dem Jahr 1721. Die physikalischen Theorien geben eigentlich keine Beschreibungen materieller Gegenstände und sind deshalb weder wahr noch falsch. Ihre Funktion ist es, Regeln für Schlußfolgerungen und Berechnungen aufzustellen, die es erlauben, andere Wahrnehmungen aus gegebenen Wahrnehmungen vorauszusagen. Mit diesem Gedankengang greift B. dem einflußreichen Instrumentalismus* der heutigen Wissenschaftsphilos. vor. Zu seiner Zeit fand er mit seiner Auffassung keine Anerkennung.

Die Stärke B. liegt weniger in seinen Schlußfolgerungen als in seinen Analysen und Argumentationen. Er wirkte auf Hume und später auf den Phänomenalismus* des 20. Jh. Sein wesentlichster Beitrag liegt aber bis heute in seiner scharfen Formulierung des Problems der Annahme einer Außenwelt und seiner provozierenden Haltung in dieser Frage.

Ausg.: The Works of G. B., Bishop of Cloyne, 1948–57. – *Lit.:* D. M. Armstrong: B. Theory of Vision, 1960. D. Berman: G. B., 1993. W. Breidert: G. B. 1685–1753, 1989. C. D. Broad: B. Argument about Material Substance, 1942 (ND 1975). E. Cassirer: B. System, 1914. W. E. Creery Hg.): G. B. Critical Assessment, 3 Bde., 1991. G. D. Hicks: B., 1932 (ND 1992). A. Kulenkampff: G. B., 1987. R. Schantz: Der sinnliche Gehalt der Wahrnehmung, 1988.

Beschreibung/Kennzeichnung

(lat. *descriptio*). 1. Wird oft der Erklärung* gegenübergestellt. 2. Gegensatz zu Bewertung. 3. In der Logik* werden seit Russell die Ausdrücke unbestimmte B. und bestimmte B. (engl. *indefinite* und *definite description*) benutzt. Unbestimmte B. sind Ausdrücke wie ‹ein Mensch›, ‹ein Stein› usw., während bestimmte B. Ausdrücke von der Form sind: ‹das einzige x, das die Eigenschaft F› hat, z. B. ‹Dänemarks gegenwärtige Königin›. Bestimte B. und Eigennamen verhalten sich logisch analog. Gemäß Russells Analyse von bestimmten B. hat der Satz ‹Der gegenwärtige französische König ist kahlköpfig› die logische Form: ‹Es gibt nur ein Individuum, das jetzt König von Frankreich ist, und dieses Individuum ist kahlköpfig›. Die bestimmte B. bezieht sich (Referenz*) hier auf ein nicht-existierendes Individuum, so daß der ganze Satz nach Russell falsch ist. – Laut Strawson und auch Frege sind solche Sätze nicht falsch, haben aber keinen Wahrheitswert; bei Frege, weil sie sinnlos sind, bei Strawson, weil ein Sprachbenutzer bei ihrer Äußerung nichts behauptet: In der Äußerung wird etwas vorausgesetzt, was nicht der Fall ist, so daß es sich nicht um eine Behauptung handelt, die wahr oder falsch sein kann. Nach K. Donnellan gilt dies allerdings nur, wo die bestimmte B. attributiv verwendet wird. In diesem Fall wird behauptet, daß der Gegenstand, der die B. erfüllt, diese oder jene Eigenschaft hat. Dagegen gebraucht man die B. referentiell, um sich auf einen bestimmten Gegenstand zu beziehen (referieren), der unabhängig davon festgelegt wird, ob er der B. entspricht. Die Aussage, deren Bestandteil eine B. ist, kann daher einen bestimmten Wahrheitswert haben, unabhängig davon, ob die B. auf den Gegenstand, auf den man sich bezieht, zutrifft oder nicht.

Bestätigung, das Verhältnis zwischen zwei Urteilen*, in dem der Wahrheitsanspruch des einen mit der Wahrheit des anderen Urteils gerechtfertigt wird. Ein B.verhältnis zwischen zwei Urteilen ist daher immer schwächer als ein Implikationsverhältnis*, in welchem die Wahrheit des einen Urteils die des anderen logisch garantiert.

Bestätigungstheorie. Theorie der Bedingungen der größeren oder geringeren Bestätigungsfähigkeit (als Behauptung oder Hypothese formulierter) genereller empirischer* Urteile* durch Beobachtungsaussagen* (s. Basissätze). Die Schwierigkeiten, die sich bei der Bestätigung genereller Urteile wie ‹Alle Raben sind schwarz› ergeben, bestehen darin, daß bei einer noch so großen Anzahl von Beobachtungsaussagen die Urteile prinzipiell nicht verifiziert werden können. Denn die Menge solcher bestätigenden Aussagen ist immer begrenzt (endlich), während Allaussagen von einer grenzenlosen Menge sprechen. Positivistisch* orientierte Philos., u. a. Carnap und Hempel, waren bestrebt, die B. zu formalisieren, um den Inhalt der positivistischen These zu präzisieren, daß sich Urteile wissenschaftlichen Anspruchs dadurch auszeichnen, daß sie in einem Bestätigungsverhältnis zu (möglichen) Beobachtungsaussagen stehen. Trotz gewisser Fortschritte bei der Konstruktion einer sog. induktiven* Logik* ist die B. durch so viele Probleme, u. a. logische Paradoxa, belastet, daß viele moderne Wissenschaftstheoretiker und Philos. eine Lösung als aussichtslos betrachten. So bestreitet Popper überhaupt den Sinn einer Bestätigung wissenschaftlicher Hypothesen durch Beobachtungsaussagen.

Beweis. 1. Begründung der Richtigkeit oder Geltung einer Behauptung. Unterschieden wird zwischen deduktivem und induktivem B. Bei ersterem wird in einem formgerechten Schluß aus bereits anerkannten gültigen Prämissen auf eine Aussage geschlossen; dieser B. führt vom Allgemeinen auf das Besondere. Bei induktiven B. werden umgekehrt generelle Aussagen aus der Gültigkeit von singulären Einzelaussagen, d. h. aus den Tatbeständen, die als B.gründe fungieren, gezogen. – 2. In der Metamathematik* oder B.theorie, die die syntaktischen* Eigenschaften formaler Systeme untersucht, wird der syntaktische Begriff des B. wie folgt definiert: Ein B. für p in einem System S besteht aus einer endlichen Sequenz (geordneten Aufeinanderfolge) definierter Formeln mit p als letztem Element, so daß jede Formel entweder ein Axiom* in S ist oder kraft der Schlußfolgerungsregeln des Systems S aus früheren Formeln in der Sequenz folgt. Der Begriff einer logischen Folge wird als syntaktisch bezeichnet, wenn die Schlußformel aus den anderen Formeln des Systems hergeleitet werden kann.

Bewußtsein (engl. *consciousness* oder *mind*; franz. *conscience*; griech. *synesis, synaisthesis, phronesis*; lat. *conscientia*, auch *cogitatio, sensus internus, mens*). Die Diskussion um den B.begriff gehört vornehmlich der neuzeitlichen Philos. an. Traditionell bedeutete das lat. Wort *conscientia* nicht nur ‹B. im engeren Sinn›, sondern auch ‹Gewissen›. Descartes blendet diesen zweiten Aspekt aus, und Wolff übersetzt zu Beginn des 18. Jh. den Descartesschen *conscientia*-Begriff mit dem Wort ‹Bewußtsein›. Auf diesem Weg haben sich mit dem Wort drei Hauptbedeutungen verbunden.
1. B. dient zunächst als Sammelbezeichnung für die verschiedenen Formen von Erlebnis, Aufmerksamkeit oder Auffassung, d. h. für das, was B.zustände (mentale Akte*) genannt wird. Dazu zählen u. a. Sinnesempfindungen (z. B. Lust und Schmerz oder Empfindungen von hell und dunkel), Perzeptionen* (d. h. gegenstandsgerichtete, organisierte Wahrnehmungen), Erinnerungs-, Erwartungs- und Phantasievorstellungen, Gefühle (Liebe, Haß, Furcht usw.), Stimmungen (Wehmut, Angst* usw.) und das Denken (vgl. Verstand* und Vernunft*).
2. Im weiteren wird B. als Bezeichnung für die Meinungen, Theorien oder Gesichtspunkte eines bewußten Wesens verwendet. Unter dem Einfluß des dt. Idealismus hat sich dieser Wortgebrauch vor allem in der kontinentaleuropäischen Philos. eingebürgert. Der Zusammenhang zwischen der Verwendung von B. in der 1. und der 2. Bedeutung besteht darin, daß B. – mit Ausnahme einfacher Sinnesdaten und je nach Theorie auch des Selbstbewußtseins (s. u.) – Gegenstandsb. ist: Die B.zustände sind auf ein Etwas gerichtet, von dem man etwas meint (vgl. Intentionalität). Daher lag es nahe, mit dem B. sowohl das Erlebnis eines Etwas abzudecken (B. in der 1. Bedeutung) als auch die Meinung über dieses Etwas (B. im 2. Sinn). Auf die 2. Bedeutung bezieht sich auch die Rede vom falschen B., also einem B., das über etwas falsche Meinungen hat. Sofern das falsche B. zur Erhebung universaler Geltungsansprüche für Partikularinteressen führt, spricht man vom ideologischen B. (s. Ideologie).
3. Schließlich wird B. auch verwendet im Sinn von Selbstb., d. h. mein B. oder Wissen von meinem eigenen B. (oder der Situation*). Mit dem Begriff des Selbstb. verbindet sich seit seiner Einführung als einem der zentralen Begriffe neuzeitlichen Philosophierens bei Descartes *(cogito)* über Leibniz' und Kants Begriff der Apperzeption* und den dt. Idealismus bis heute eine intensiv geführte philos. Diskussion. Traditionell wird Selbstb. in Abgrenzung zur Selbstreflexion definiert. In der Selbstreflexion ‹richte ich mich auf› (‹reflektiere ich über›) mein eigenes B. (1 = meine eigenen Meinungen, Theorien, Gesichtspunkte usw.), indem ich dieses B. zum Gegenstand* näherer Untersuchung mache. Dagegen soll (u. a. nach Fichte) das Selbstb. dadurch charakterisiert sein, daß ich mich in einem unmittelbaren Verhältnis zu mir befinde, in dem ich als B.subjekt mich nicht zum Gegenstand (Objekt) meines B. mache. Das Argument für diese Beschreibung lautet: Wenn man annimmt, daß jedes Gegenstandsb. (z. B. die Erfahrung* eines blühenden Apfelbaums) von einem Selbstb. begleitet wird, muß dieses Selbstb. vom Gegenstandsb. verschieden sein. Denn wäre Selbstb. eine Form des Gegenstandsb., würde es seinerseits begleitet werden von einem neuen Gegenstandsb. zweiter Ordnung, das als Gegenstandsb. wieder von einem Selbstb. dritter Ordnung begleitet wäre – usw. in unendlichem Regreß*. Ergo muß mein Verhältnis zum eigenen B. etwas anderes sein als ein gegenstandsorientiertes B. Dieser Argumentation stimmen die meisten Philos. zu. Uneinigkeit herrscht jedoch über das Problem, worin dann das Selbstb. genauer bestehen soll. Wichtige Lösungsvorschläge sind:

Selbstb. ist das unmittelbare Verhältnis, das mein B. zu sich selbst hat und aufgrund dessen mein B. eine Einheit bildet (in grober Verallgemeinerung: Kant, Fichte und Husserl); Selbstb. ist keine Erfahrung dieser oder jener Eigenschaft* meines B. oder meiner Situation, sondern das in Drittperspektive objektivierbare B., daß ich existiere (Tugendhat); Selbstb. ist kein wirklicher B.zustand, vielmehr die Fähigkeit (oder Disposition*) zu Selbsreflexion und Selbstreferenz; Selbstb. ist eine widersprüchliche philos. Fiktion* ohne Wirklichkeitsgehalt. – S. auch Dialogphilos., Erfahrung, Erkenntnistheorie, insbesondere das Problem des Fremdpsychischen und das Leib/Seele-Problem.

Lit.: P. Bieri (Hg.): Analytische Philos. des Geistes, 1981. F. Brentano: Psychologie vom empirischen Standpunkt, 1874 (^{2}1955). K. Cramer u. a. (Hg.): Theorie der Subjektivität, 1987. D. Dennett: Philos. des menschlichen B., 1994. D. Henrich: Identität und Objektivität, 1976. D. Hume: Untersuchung über den menschlichen Verstand, 1748. E. Husserl: V. Logische Untersuchung, 1901. I. Kant: Kritik der reinen Vernunft, 1787. W. G. Lyan: Consciousness, 1987. Th. Metzinger (Hg.): B. Beiträge aus der Gegenwartsphilos., 1995.

Bias von Priene (in Kleinasien; um 600–540 v. Chr.), griech. Philos., laut Platon einer der sieben Weisen* Griechenlands.

Binswanger, Ludwig (1881–1966), schweiz. Psychiater. Auf Heideggers Lehre der menschlichen Existenz aufbauend, entwickelte B. eine Theorie der Existenzialanalyse («Daseinsanalyse») als Grundlage der Psychiatrie.

Ausg.: Einführung in die Probleme der allg. Psychologie, 1922. Grundformen und Erkenntnis menschlichen Daseins, 1942 (^{3}1962). Wahn. Beiträge zur phänomenologischen und daseinsanalytischen Forschung, 1965.

Biologismus. 1. Betrachtung und Erklärung des Daseins ausschließlich mit Hilfe biologischer Begriffe und Theoreme. 2. Übertragung biologischer Betrachtungsweisen auf andere, nicht primär biologische Gebiete, z. B. auf das gesellschaftliche Leben. Die entsprechenden Phänomene werden auf biologische reduziert und dadurch erklärt. 3. (In der Philos.) Richtung, die – reduktionistisch – alle seelischen Eigenschaften und Vermögen des Menschen einschließlich Denken und Erkennen als biologisch beschreib- und erklärbare begreifen möchte; Denk- und Erkenntnisvermögen werden als Funktionen des Lebens im Kampf um die Arterhaltung interpretiert. Dieser B., der oft als Materialismus* auftritt, gibt eine instrumentalistische* Deutung von Erkenntnis: Erkenntnis ist nichts weiter als ein zweckmäßiges Mittel im Überlebenskampf. Diese Auffassung findet sich – andeutungsweise – u. a. bei Nietzsche, W. James und in den Schriften Quines.

Bivalenzprinzip (von lat. *bi-valeo*, sich auf zwei beziehen), das semantische* Prinzip, daß jeder Satz entweder wahr oder falsch sein muß, unabhängig von der Möglichkeit, seinen Wahrheitswert* de facto auch festzustellen. Das B. impliziert das Prinzip vom ausgeschlossenen Dritten. In Dummetts Sprachphilos. ist die Zustimmung zum B. charakteristisch für den bedeutungstheoretischen Realismus.

Bloch, Ernst (1885–1977), dt. Philos. jüd. Abstammung. Studierte Philos., Physik und Musik in München (bei T. Lipps) und Würzburg (bei O. Külpe). Dort 1907 Dissertation *(Kritische Erörterungen über Rickert und das Problem der modernen Erkenntnistheorie)*. 1908–11 Aufenthalt in Berlin; Teilnahme an G. Simmels Privatseminaren. Im selben Zeitraum besuchte B. Budapest. G. Lukács, dem er dort begegnete, führte ihn 1912 in Heidelberg in den Kreis um Max Weber ein. 1914 verließ B. Heidelberg und lebte auf Schloß Grünwald im Isartal, wo sein erstes Werk entstand *(Der Geist der Utopie.* Die 1. Ausgabe erschien 1918, eine geänderte, stärker marxistisch orientierte Fassung 1923). 1917–19 in Bern; Bekanntschaft mit Benjamin. Nach der

Bloch, Ernst

Ernst Bloch

Rückkehr nach Deutschland wechselnde Aufenthaltsorte: Berlin (1919), München (1919–21), Berlin (1921–24), Positano (1924), Paris und Sanary (1925–26), Berlin (1926–28), wo B. mit Adorno, Benjamin, Brecht und Kracauer in Verbindung stand, Wien (1928) und Berlin (1930–33). Mit Hitlers Machtübernahme begann für B. eine lange Zeit der Emigration, in der er u. a. das faschismuskritische Buch *Erbschaft dieser Zeit* (1935) veröffentlichte. Zuerst lebte er in Zürich (1933), dann in Wien (1934), Paris (1935) und Prag (1936–38). Die Jahre von 1938–49 verbrachte B. in den USA: in New York 1938–40, in Marlborough 1940–41 und in Cambridge (Mass.) 1942–49. Während dieser Zeit arbeitete er u. a. an seinem dreibändigen Hauptwerk *Das Prinzip Hoffnung* (erschienen 1949–59). 1949 wurde B. Prof. für Philos. an der Universität Leipzig. Nach Meinungsverschiedenheiten mit dem DDR-System mußte er 1957 seinen Lehrstuhl aufgeben. Als 1961 die Berliner Mauer gebaut wurde, kehrte B. von einer Vortragsreise im Westen nicht mehr in die DDR zurück. Im selben Jahr nahm er eine Gastprofessur in Tübingen an, wo er bis zu seinem Tod lehrte. In den letzten Jahren wurden ihm eine Reihe von Ehrungen zuteil. Bis auf den posthum erschienenen 17. Band (1978) konnte er die umfangreiche Gesamtausgabe seiner Werke mitgestalten (1959–77).

Gegenstand der Philos. B. ist die utopische* Hoffnung auf eine bessere Welt. Seit der Antike wurden Utopien entwickelt, z. B. Ordnungsutopien (Platon und Campanella), die aufgrund der Kritik am gegenwärtigen Staatszerfall Formen eines gerechten Staats aufzeigen, oder Freiheitsutopien (Thomas More). Diese Utopien zeigten größtenteils jedoch nur mögliche bessere Zustände auf, ohne den Weg zur Verwirklichung anzugeben. Erst mit der Theorie des dialektischen Materialismus* ist nach B. die Grundlage für einen neuen Utopiebegriff geschaffen, in dem das Utopische nicht bloßes Wunschdenken bleibt. B. Kritik an der traditionellen Philos. zielt auf deren Verständnis von Erkenntnis als Betrachtung oder Schau. Das Wissen werde in solchem Verständnis immer nur auf etwas bezogen, das in irgendeiner Form bereits vorliegt und als solches schon feststeht bzw. vollendet ist. An die Stelle der bloß betrachtenden Erkenntnis setzt B. die vorgreifende Hoffnung als Erkenntnisideal und mißt ihr damit eine Erkenntnisfunktion zu. Dem Utopischen oder Noch-Nicht-Bewußten als erkenntnistheoretischer Kategorie entspricht auf ontologischer Ebene der Begriff des Noch-Nicht-Gewordenen (*Gesamtausgabe* Bd. 5, § 15). Das Aufsuchen utopischer Vorstellungen wird verstanden als Teil verschiedener, auf Neues zielender Tendenzen, die in den realen Möglichkeiten der objektiven gesellschaftlichen und natürlichen Wirklichkeit schon vorhanden sind; hierin zeigt sich B. Materialismus. Auf diesem Hintergrund wirft er orthodoxen Marxisten und Freudianern vor, die Träume und das Unterbewußte nur als Symptome für den Ballast der Überlieferung bzw. für Verdrängtes und Vergessenes aus der Kindheit (*Gesamtausgabe* Bd. 5, § 14) auszulegen. Dagegen will B. gerade in den Tagträumen, Phantasien, Märchen und Wunschvorstellungen das utopische Potential entdecken. In ihnen liegt ein Erbe, das nicht durch rationalistisches* Erklären überwunden, sondern als solches bewahrt werden soll. B. Philos. stellt sich als offenes System* dar (*Gesamtausgabe* Bd. 15, S. 24–31) und arbeitet mit neuen Kategorien* wie Front, novum, Heimat, Jetzt und Hier. Diese Kategorien werden in konkreten kulturhistorischen Analysen entwickelt. B. betont, daß das utopische Streben kein unendliches Streben sei, sondern der Wunsch nach erfülltem gegenwärtigem Dasein; es richtet sich auf den erfüllten Augenblick. Ihm steht als stärkste Nicht-Utopie der Tod entgegen (*Gesamtausgabe* Bd. 5, § 52). Dem religiösen Bemühen, diese letzte Grenze zu überschreiten, bringt B. insofern Sympathie entgegen, als auch er dem Tod etwas entgegenstellt: die Utopie des erfüllten Augenblicks.

Ausg.: Gesamtausgabe, 1969ff. Briefe 1903–1975, 1985. – *Lit.:* Bloch-Almanach, 1981ff. A. F. Christen: Metaphysik der Materie, 1979. R. Damus: Hoffnung als Prinzip – Prinzip ohne Hoffnung, 1971. H. Gekle: Wunsch und Wirklichkeit. B. Philos. des Noch-Nicht-Bewußtseins und Freuds Theorie des Unbewußten, 1986. D. Horster: B. zur Einführung, ⁶1987. E. Kruttschnitt: E. B. und das Christentum: Der geschichtliche Prozeß und der philosophische Begriff der «Religion des Exodus und des Reiches», 1993. S. Markun: E. B., 1977. M. Riedel: Tradition und Utopie: E. B. Philos. im Licht unserer geschichtlichen Denkerfahrung, 1994. K. Rohrbacher (Hg.): Zugänge zur Philosophie E. B., 1995. H. Schelsky: Die Hoffnung B., 1979. H.-E. Schiller: Metaphysik und Gesellschaftskritik. Zur Konkretisierung der Utopie im Werk E. B., 1982. B. Schmidt (Hg.): Materialien zu E. B. «Prinzip Hoffnung» (mit Bibliographie), 1978. Ders., E. B., 1985.

Blondel, Maurice (1861–1949), franz. Philos., Prof. in Aix en Provence 1896–1949. In seinem Hauptwerk *L'action* (1893) legt B. den Akzent auf die konkrete Wirklichkeit des Menschen: In eingehenden Detailanalysen konkreter Lebenssituationen – und nicht anhand von Kriterien begrifflicher Klarheit und logischer Korrektheit – soll die Struktur des vorbegrifflichen Lebens- und Handlungszusammenhangs, der *action*, geklärt und begriffen werden. Grundgedanke dabei ist, daß das begriffliche Denken nur Teil – von B. beschrieben als späte Phase im Leben eines Menschen – einer integralen Einheit von Denken, Wollen und Empfinden ist und daß die Klärung unseres geistigen Lebens daher eine Aufklärung der Strukturen dieser vorbegrifflichen, nicht aber unbegreiflichen Lebens- und Handlungsganzheit fordert. B. betont den transzendierenden Charakter menschlichen Handelns, denn aufgrund der Einsicht in die Kluft zwischen Verwirklichungsstreben des Menschen und der nie erreichbaren Vollendung der Verwirklichung wird das Streben über das Erreichte hinaus als entscheidende Kraft erkannt. Hierin deutet sich eine Ausrichtung auf etwas Transzendentes*, das Absolute* an. B. hat Themen und Einsichten der modernen franz. Existenzphilos.* vorweggenommen. – Sein Spätwerk zeigt B. als bedeutenden Vertreter der katholischen Philos., ohne daß damit aber eine Absage an den Ausgangspunkt seines Philosophierens verbunden wäre.

Lit.: P. Favraux: Une philos. du médiateur, 1987. A. van Hooff: Die Vollendung des Menschen, 1983. U. Hommes: Transzendenz und Personalität, 1972. A. Raffelt: Spiritualität und Philos.. Zur Vermittlung religiöser Erfahrung in M. B. «L'action», 1978.

Blumenberg, Hans (1920–96), promovierte 1947 in Kiel, 1950 Habilitation ebd., 1958–70 Prof. in Hamburg, Gießen und Bochum, 1970–85 Prof. in Münster. – B. vielfältige und kenntnisreiche Arbeiten sind philos.-kulturgeschichtlicher Art. Neben Gebieten der antiken Philos. steht v. a. die Epochenschwelle zur Neuzeit im Mittelpunkt seines Interesses. In zahlreichen Büchern analysiert er in kritischer Absicht zentrale Kategorien, die den Ursprung neuzeitlichen Denkens und die Herkunft neuzeitlichen Selbstbewußtseins und neuzeitlicher Selbstbehauptung betreffen, so etwa die Kategorie der «Säkularisierung». Verschiedentlich zeigt B., daß sich gerade die die Neuzeit bestimmenden Attribute aus dem theologischen Absolutismus des zu Ende gehenden und nachwirkenden Mittelalters herleiten lassen.

Ausg.: Paradigmen zu einer Metaphorologie, 1960. Die kopernikanische Wende, 1965. Legitimität der Neuzeit, 1966. Genesis der kopernikanischen Welt, 1975. Arbeit am Mythos, 1979, ^{5}1996. Schiffbruch mit Zuschauer, 1979. Die Lesbarkeit der Welt, 1981, ^{3}1993. Lebenszeit und Weltzeit, 1986. Das Lachen der Thrakerin, 1987. Die Sorge geht über den Fluß, 1987. Matthäuspassion, 1988, ^{4}1993. Höhlenausgänge, 1989. – *Lit.:* I. Wetz: H. B. zur Einführung, 1993.

Bochenski, Joseph M. (1902–1995), poln.-schweiz. Philos., Prof. in Freiburg/Schweiz. B. ist Vertreter des Thomismus* und Autor von Werken über formale Logik und dialektischen Materialismus*.

Ausg.: Die zeitgenössischen Denkmethoden, 1954. Formale Logik, 1956. Wege zum philos. Denken, 1959.

Bodin, Jean (1530–96), franz. Jurist und Gesellschaftstheoretiker. Nach Studium der Rechtswiss. Lehrer für Röm. Recht in Toulouse, ab 1560 Advokat beim Parlament in Paris und ab 1576 Staatsanwalt in Laon. Schloß sich früh der Partei «Les Politiques» an (Die Politiker), die unter dem Eindruck der religiösen Gegensätze zwischen Katholiken und Reformierten zur Stärkung der Königsmacht aufrief und die den Zweck des Staates nicht in der Aufrechterhaltung wahrer Religion sah, sondern in der Aufrechterhaltung gesellschaftlicher Ordnung. – Der Gedanke der Stärkung von Königsmacht umfaßt für B. auch die Ausgestaltung eines gemeinsamen Rechtskodex, was wiederum ein grundlegendes System von Prinzipien für die Gesetzgebung und die Einrichtung des Staates voraussetzt. Ein derartiges System müßte laut B. auf der Basis historischer Forschungen entwickelt werden. Die Regeln für solche Forschungen stellt er in seinem ersten systematischen Werk auf, *Methodus ad facilem historiarum cognitionem* (Methode zur Erleichterung der geschichtlichen Erkenntnis, 1566). B. Hauptwerk *Six livres de la république* (Sechs Bücher über die Republik, 1576) verteidigt den Absolutismus*, trug aber mit seiner Definition des Souveränitätsbegriffs zur Weiterentwicklung der politischen Philos. bei. B. zählt hier die sog. Majestätsrechte auf, die gemeinsam Souveränität konstituieren: das Recht der Gesetzgebung, das Recht zu Kriegserklärung und Friedensschluß, das Recht der Begnadigung, das Recht der Münzprägung und das Recht zur Steuererhebung. Auch B. Unterscheidung zwischen Staats- und Regierungsform erhielt bleibende Bedeutung. Und schon vor Montesquieu betonte er den Einfluß des Klimas auf Staatsform und Gesetzgebung. – B. war, auch mehr im verborgenen, Fürsprecher religiöser Toleranz. Obwohl er die Existenz von Hexen ursprünglich skeptisch beurteilte, wurde er allmählich von ihr überzeugt, und zwar aufgrund gleichlautender Geständnisse in den Verhörsprotokollen aus weiten Teilen Europas. Seine Auffassungen stellte er dar in *De la démonomanie des sorciers* (Über die Dämonomanie der Hexen, 1580), einem Werk, das bis 1693 zahlreiche Neuauflagen erlebte.

Ausg.: Les six livres de la république, 10. Ausg. 1593 (ND 1986). – *Lit.:* J. H. Franklin: J. B. and the Rise of Absolutist Theory, 1974. S. Goyard-Fabre: J. B. et le droit de la république, 1989.

Boethius, Anicius Manlius Severinus (um 480–524). Römischer Adliger, wegen angeblichen Hochverrats hingerichtet. Zwischen seiner Verhaftung und seiner Hinrichtung schrieb er *Trost der Philosophie (Consolatio Philosophiae)*. Zuvor hatte er Porphyrios' *Isagoge* und den größten Teil von Aristoteles' Logik ins Lat. übersetzt, nach griech. Vorbild Kommentare dazu geschrieben sowie mehrere kleinere logische und theologische Abhandlungen verfaßt. – B. war ein christlicher Neuplatoniker und teilte mit Porphyrios die Hochachtung für Aristoteles und Platon. B. wurde im Mittelalter stark rezipiert. Von besonderer Bedeutung wurde (1) seine Behandlung der Universalienfrage (vgl. Universalienstreit); (2) seine Definition der Persönlichkeit *(persona)* als einer individuellen Substanz; (3) seine Lehre der nicht-syllogistischen Argumentation (Topik*); (4) seine Definition der Ewigkeit *(aeternitas)* als zeitlich ungeteilter und vollkommener Besitz unbegrenzten Lebens, im Gegensatz zu Beständigkeit *(perpetuitas)*, d. h. unbegrenztem zeitlichem Dasein. B. und viele nach ihm verwenden diese Unterscheidung, um zu erklären, wie Gott Ereignisse ‹voraussehen› kann, ohne daß diese damit zugleich notwendig werden. Gott sieht in seiner Ewigkeit alle Ereignisse wie in einem einzigen Augenblick und hat daher sicheres Wissen von ihnen, ohne daß diese Betrachtung den zeitlichen Ereignissen Notwendigkeit aufzwingen würde. – Vgl. Zeit/Ewigkeit.

Lit.: M. Fuhrmann/J. Gruber (Hg.): B., 1984. J. Gruber: Kommentar zu B. «Consolatio Philosophiae», 1978. P. Huber: Die Vereinbarkeit von göttlicher Vorsehung und menschlicher Freiheit in der «Consolatio Philosophiae» des B., 1976. U. Schmidt-Kohl: Die neuplatonische Seelenlehre in der «Consolatio Philosophiae» des B., 1965.

Boëtius de Dacia (?–ca. 1277), dän. Philos., wirkte in den 1270er Jahren an der Pariser Universität. Bedeutender Linguist, besonders bekannt wegen seiner Wissenschaftstheorie. Auf aristotelischer Grundlage betrachtet B. jede Wissenschaft als ein selbständiges System mit eigenen Axiomen. Die erschaffene Welt ist kontingent* – alles hätte anders oder überhaupt nicht dasein können. Aber im normalen Verlauf der Natur herrschen Kausalzusammenhänge, die erkannt und als Bedingungen formuliert werden können: ‹Wenn A der Fall ist, dann ist auch B der Fall.› Wissenschaftliche Aussagen über den Aufbau der Welt behalten ihre Richtigkeit, auch wenn die oberste Ursache, Gott, die normalen Kausalzusammenhänge durchbricht. Daher kann es naturwissenschaftlich wahr sein, daß jeder Mensch Eltern haben muß, obgleich der Christ durch die Offenbarung weiß, daß dies für Adam nicht galt (vgl. doppelte Wahrheit). Im Jahr 1277 verbot der Bischof von Paris, daß eine Reihe von B. Theoremen an den Universitäten weiter gelehrt werden. In der Folge stellte B. seine Lehrtätigkeit ein; seine scharfe Trennung von Glauben und Philos./Wissenschaft wurde allerdings weiter rezipiert, z. B. von Buridan.

Böhme, Jakob (1575–1624), dt. Philos., gelernter Schuhmacher. Zentralfigur der christlichen Mystik*. Selber lutherisch geprägt, wurde B. von den orthodoxen Lutheranern heftig verfolgt. – Die Verbindung des *unio mystica*-Gedankens (Einheit mit Gott) mit dem Problem des Bösen gibt der B.schen Mystik ihre besondere Prägung. B. Grundidee ist die der absoluten* göttlichen Einheit, in der alle Gegensätze vermittelt sind. B. entwickelt daraus eine spekulative* Lehre über den inneren Zusammenhang von Gegensätzen: Etwas kann nur durch etwas anderes offenbar werden, sich zeigen. Allein durch die Dunkelheit ist das Licht. Ebenso kann sich das Gute nur durch das Böse zeigen. Die Wirklichkeit besteht aus Gegensätzen und ist doch Eines, weil die Gegensätze zusammengehören. Über diesen Gedanken sucht B. das Negative, moralisch gesprochen das Böse, in Gott oder von Gott her zu begreifen. An sich selbst ist Gott der ‹Ungrund›, ein unterschiedsloses Nichts. Aber durch absolute Unterschiede oder Gegensätze offenbart er sich und kommt zu sich selbst. – B. hat u. a. Goethe, Hegel, F. von Baader und vor allem Schelling beeinflußt.

Jakob Böhme

Ausg.: Gesamtausg., 11 Bde., ND 1955 ff. – *Lit.:* B. Anderson: «Du sollst wissen es ist aus keinem Stein gesogen». Studien zu J. B. «Aurora oder Morgen Röte im auffgang», 1986. E. Benz: Der vollkommene Mensch nach J. B., 1937. G. Bonheim: Zeichendeutung und Natursprache, 1992. G. Wehr: J. B. in Selbstzeugnissen und Dokumenten, 1971.

Bollnow, Otto Friedrich (geb. 1903), dt. Philos. und Pädagoge. 1938–43 Prof. für Psychologie und Pädagogik in Gießen, 1945–53 Prof. in Kiel, Gießen und Mainz, 1953–70 Prof. für Philos. und Pädagogik in Tübingen. B. Anstrengungen gelten der Ausarbeitung einer philos. Anthropologie*, in welcher er die Existenzphilos.* (zu der er u. a. Kierkegaard, Jaspers, Heidegger und Sartre zählt) mit der von Dilthey ausgehenden hermeneutischen Tradition zu verbinden sucht.

Ausg.: Dilthey, 1936 (^{4}1980). Existenzphilos. und Pädagogik, 1959. Philos. der Erkenntnis, Bd. I, 1970, Bd. II, 1975. Vom Geist des Übens, 1978. – *Lit.:* W. Gantke: Die Bedeutung des hermeneutischen Ansatzes O. F. B. für die Religionswissenschaft, 1987. G. Schwartländer (Hg.): Die Verantwortung der Vernunft in einer friedlosen Welt. Philos.-pädagogisches Kolloquium aus Anlaß des 80. Geburtstags von O. F. B., 1984.

Bolzano, Bernhard (1781–1848), böhmischer Philos., Logiker, Mathematiker und Religionswissenschaftler. Studium der kath. Theologie, Philos. und Mathematik, danach Priesterweihe und Prof. für philos. Religionslehre in Prag. 1819 Amtsenthebung wegen seiner politischen Anschauungen (d. h. seiner engagierten Ablehnung von Krieg und sozialer Ungleichheit sowie der Befürwortung des zivilen Ungehorsams). Zog sich aus dem politischen Leben zurück und konzentrierte sich auf die wissenschaftliche Arbeit. – B. trennt scharf zwischen den psychologischen Erkenntnisprozessen und deren logischem Inhalt. Die Logik beschäftigt sich nicht mit psychischen Vorgängen, sondern ausschließlich mit «Vorstellungen und Sätzen *an sich*». Sie existieren nach B. unabhängig vom tatsächlichen menschlichen Denken und sind in der Sprache nur repräsentiert. Mit dieser Unterscheidung gewann B. Einfluß auf Brentano, Husserl u. a. Seine Wissenschaftslehre nahm wichtige Teile der modernen Logik vorweg, z. B. die Begriffe der logischen Folgerung* und der logischen* Form; in der Mathematik entwickelte er Grundsätze, die K. Weierstraß später zur Theorie der Funktionen* ausarbeitete.

Ausg.: Gesamtausg., 1969 ff. – *Lit.:* C. Christian: B. B. Leben und Wirkung, 1981. J. Danek: Die Weiterentwicklung der Leibnizschen Logik bei B., 1970. F. Kambartel: B. B. Grundlegung der Logik, 1963. M. Neemann: B. B. Lehre von Anschauung und Begriff in ihrer Bedeutung für erkenntnistheoretische und pädagogische Probleme, 1972.

Bonaventura (Giovanni di Fidanza, um 1217 oder 1221–74), ital., franziskanischer Theologe. B. studierte und unterrichtete in Paris, bis er 1257 zum General und 1273 zum Kardinal seines Ordens er-

Bonaventura

nannt wurde. 1482 Heiligsprechung, 1588 von Sixtus V. zum Kirchenvater mit dem Beinamen *doctor seraphicus* proklamiert. – B. verficht in seiner Metaphysik eine Art Exemplarismus, d.h. jene Theorie, wonach bestimmte Muster (Ideen*) bei Gott Vorbilder für die erschaffenen Dinge sind und als solche die Bedingung dafür abgeben, daß sowohl Gott die Welt (und nicht bloß sich selbst) als auch die Menschen überhaupt etwas erkennen können. Die Natur ist gleichsam ein Spiegel der Vollkommenheit Gottes. Unscharf in der anorganischen Natur, am schärfsten in der menschlichen Seele gibt sie das Abbild Gottes wieder. Erkenntnis überhaupt setzt ein Verständnis dieses Verhältnisses zwischen Vorbild und Abbild voraus, ein Verständnis, das aber weder aus der Erfahrung gewonnen werden kann noch als angeboren bereits bekannt ist. In vielen Punkten befindet sich B. in Opposition zu seinem Zeitgenossen Thomas von Aquin. So vertritt B. einen universellen Hylemorphismus*, wonach alle Schöpfungen, sogar Engel, durch Materie wie auch durch Form bestimmt sind. Im Ausgang von einer Vielheit von substantiellen (wesentlichen) Formen ist nach B. Auffassung beispielsweise ein individueller Mensch durch drei den Begriffen ‹Körper, Tier, Mensch› entsprechende Formen bestimmt. Im weiteren ist B. der Auffassung, daß es unmöglich sei, ohne Selbstwiderspruch zu behaupten, die Welt sei zugleich geschaffen und ewig; ebensowenig sei zu beweisen, daß es eine Schöpfung gegeben habe.

Ausg.: Opera omnia, 1883–1902. Das Sechstagewerk, 1964. – *Lit.:* H. Baum: Das Licht des Gewissens, 1990. Buzzotto: Erkenntnis und Existenz. Unters. zur Erkenntnislehre B., 1972. A. Gerken: Theologie des Wortes. Das Verhältnis von Schöpfung und Inkarnation bei B., 1963. R. Jehl: Melancholie und Acedia. Ein Beitrag zur Anthropologie und Ethik B., 1984. F. Sakaguchi: Der Begriff der Weisheit in den Hauptwerken B., 1968. M. Wiegels: Die Logik der Spontaneität. Zum Gedanken der Schöpfung bei B., 1969.

Böse, das (engl. *evil, badness, harm*; franz. *mal*; griech. *kakon*; lat. *malum*), Sammelbezeichnung für alles Schlechte und Schreckliche, das im Gegensatz zum Guten steht. B. kann es allerdings in verschiedener Hinsicht und in verschiedenen Bereichen geben. Nach einer gängigen, auf Leibniz zurückgehenden Einteilung kann unterschieden werden zwischen dem moralischen Malum, dem B. im engeren Sinn, dem physischen Malum, d. h. dem Leiden (Tod, Krankheit usw.), und dem metaphysischen Malum, d. h. dem Unvollkommenen (Endlichen, Zweckwidrigen) schlechthin. Diese Unterscheidung erlaubt dann auch die Frage, wieweit die verschiedenen Arten des B. aufeinander zurückgeführt werden können, ob beispielsweise das moralisch B. nur die Folge des metaphysischen Malum (z. B. der Unvollkommenheit unserer Erkenntnis) ist; ob die physischen Übel – wie der Mythos des Sündenfalls nahelegt – eine Folge des moralisch B. sind oder ob umgekehrt, wie in den meisten biologischen, psychologischen und sozialwissenschaftlichen Theorien des 19. und 20. Jahrhunderts geltend gemacht wird, das moralische B. nur ein physisches Übel, eine Krankheit z. B., eine Entgleisung der Natur oder der Gesellschaft ist.

Über das Verhältnis zwischen dem B. und dem Guten gibt es die unterschiedlichsten Lehrmeinungen: 1. Platon und insbesondere der Neuplatonismus* identifizieren das Gute mit den einheitsstiftenden harmonischen ewigen Prinzipien (Ideen*), die das eigentliche Sein* ausmachen. Die Phänomene* (Erscheinungen) in Raum und Zeit mit ihren Unvollkommenheiten unterliegen einem Seinsmangel, so daß das B. keine selbständige Realität besitzt, sondern aus der Abwesenheit des Guten resultiert. Insofern es sich bei den Erscheinungen um eine bloße Scheinwirklichkeit handelt, ist das B. also etwas Unwirkliches, zugleich aber auch eine Folge des Auftretens der Ideen in Raum und Zeit. 2. Im Christentum wird das Gute in der Gestalt des Schöpfergottes personifiziert. Das B. ist keine unmittelbare Folge der Schöpfung einer raum-zeitlichen Welt, sondern eine Folge des menschlichen Sündenfalls. Diese Erklärung führt jedoch zum Problem der Theodizee*, d. h. zur Frage, wie der allgütige und allmächtige Gott die Entstehung des B. überhaupt hat zulassen können. 3. Während Platonismus und Christentum die höchste Wirklichkeit mit der Idee des Guten bzw. dem guten Schöpfergott identifizieren, fassen Parsismus* und Manichäismus* Gut und B. als zwei gleichgestellte metaphysische Prinzipien auf. Diese stehen miteinander in ewigem Kampf, und der Mensch hat sich zwischen ihnen zu entscheiden. 4. Bei den Sophisten* sowie später bei Hume, Nietzsche und einer Vielzahl von Philos. des 20. Jh. (z. B. den logischen* Positivisten und zum Teil im Existentialismus*) werden Gut und B. nicht als metaphysische Prinzipien betrachtet, sondern als menschliche Deutungen der oder Reaktionen auf die Wirklichkeit. Die Welt selber ist weder gut noch böse, und wenn es keine Menschen gäbe, gäbe es auch nichts Gutes oder B. Daher existiert für das B. keine besondere Ursache*, kein besonderer Grund*; vielmehr kann es ebenso durch die Natur hervorgerufen werden wie durch den einzelnen Menschen oder die sozialen Umstände, in denen er lebt. Entsprechend gibt es keinen allgemeinen Weg, um das B. zu überwinden. 5. In kritischer Einsicht in «das Mißlingen aller philosophischen Versuche in der Theodizee» (Akad.-Ausg. 6, 135) wendet sich Kant ab vom physischen und metaphysischen B. und richtet seine Aufmerksamkeit auf das moralische B. Mit Bezug auf die im Deutschen – im Gegensatz zum lateinischen Gegensatzpaar von «malum» und «bonum» – eindeutiger hervorzuhebende Unterscheidung zwischen dem außermoralischen «Wohl und Wehe» und dem moralischen «Gut und Böse» (Akad.-Ausg. 5, 59f) betont Kant, daß die physischen Übel eine Folge der Entlassung des Menschen «aus dem Mutterschoße der Natur» (Akad.-Ausg. 8, 115) seien. Dagegen läßt sich das moralisch B. sowie der Hang eines jeden Menschen zum B., wie in Kants Lehre vom «radikal B. in der menschlichen Natur» deutlich wird, nicht auf einen Naturtrieb zurückführen. Denn dies widerspräche in krasser Weise dem Freiheitsprinzip. Das moralisch B. muß seinen Ursprung selbst wiederum in einem moralischen Vermögen haben, jenem der Willkür. In seiner perversesten Form ist das moralisch B. nach Kant ein «radikal B.», da es in einem schlechthin bösen Willen gründet und «den Widerstreit gegen das Gesetz selbst zur Triebfeder» (Akad.-Ausg. 8, 35) erhebt. Aus der Tatsache jedoch, daß auch für den radikal bösen Menschen weiterhin die Pflicht besteht, ein guter Mensch zu werden, schließt Kant, daß er dies auch jederzeit kann, allerdings nicht durch eine allmähliche Reform, sondern durch eine «Revolution in der Gesinnung», «durch eine Art von Wiedergeburt» (Akad.-Ausg. 6, 47). Es ist das Verdienst von Denkern wie

K. Jaspers, P. Ricœur und L. Kolakowski, diese moralische Dimension des B. auch im 20. Jahrhundert wieder – allen psychologischen und sozialwissenschaftlichen Erklärungsversuchen zum Trotz – in Erinnerung gerufen zu haben. 6. Im Gegenzug zur christlichen Tradition vertritt Nietzsche in seiner «Genealogie der Moral» die Auffassung, daß die Idee des B. als Gegensatz zum Guten aus einem «Sklavenaufstand in der Moral» entstanden sei. Ursprünglich hieß der Gegensatz nicht gut–böse, sondern gut–schlecht; dabei bezeichnete ‹schlecht› das Niedere, Geringere, Ehrlose, ‹gut› dagegen das Vortreffliche. Erst mit Humanismus* und Christentum wurde ‹gut› dann zur Bezeichnung für Askese und Moral, und ‹böse› meinte alles, was den Menschen schuldig macht.

Lit.: F. Billicsich: Das Problem des Übels in den Philos. des Abendlandes, 2 Bde., ²1955. C. Colpe/W. Schmidt-Biggemann (Hg.): Das B. Eine histor. Phänomenologie des Unerklärlichen, 1993. P. Ricœur: Symbolik des B., ²1988. A. Schuller/W. von Rahden (Hg.): Die andere Kraft. Zur Renaissance des B., 1993.

Boyle, Robert (1627–91), engl. Physiker und Chemiker, dessen mechanistische* Naturauffassung und Korpuskulartheorie eine Voraussetzung bildet für John Lockes Erkenntnistheorie im *Essay Concerning Human Understanding* (Versuch über den menschlichen Verstand, 1689). B. trennt zwischen den primären Qualitäten* der physischen Welt – Bewegung, Ruhe, Größe, Form und Struktur – und ihren sekundären Qualitäten, d. h. solchen, die den primären entspringen. Obwohl B. ebenso wie Galilei, Gassendi, Descartes und Hobbes sekundäre Eigenschaften wie z. B. Farbe und Geruch für subjektiv* hält, betrachtet er sie keineswegs als Fiktionen; denn sie beruhen auf den primären Eigenschaften. Die Unterscheidung zwischen primären und sekundären Qualitäten ist daher für B. eine physische Unterscheidung, und als solche kommt sie in Lockes Erkenntnistheorie auch vor.

B. setzt sich des weiteren mit der scholastischen* Lehre von den substantiellen* Formen auseinander und mit der Vorstellung des Aristotelismus*, daß die Dinge der Welt in natürliche* Klassen fallen. Die Arten, denen der Mensch die Gegenstände der physischen Welt zuordnet, sind nicht absolut, sondern Ergebnis einer aus theoretischen und praktischen Gründen vorgenommenen Einteilung. Die Begriffe für Arten und Gattungen geben daher nicht das Wesen* oder die Essenz der Dinge an, denn die Dinge hätten auch auf andere Weise eingeteilt werden können, als es tatsächlich der Fall ist. Diese Auffassung liegt Lockes Unterscheidung zwischen Real- und Nominalessenz zugrunde.

Schließlich geht B. auf das Problem der persönlichen Identität* ein. Er betrachtet den Menschen als zusammengesetzte Substanz, d. h. als Einheit der Seele* und der entsprechenden Menge strukturierter und organisierter Materie, und hält die Kontinuität der Seele für das entscheidende Kriterium persönlicher Identität; damit lehnt er zugleich die aristotelische Lehre von der Seele als Form des Körpers ab. Auf dieser Diskussion baut Lockes Analyse der persönlichen Identität erkennbar auf.

Ausg.: The Works 1–6, 1772 (ND 1965). Selected Philosophical Papers. Hg. von M. A. Stuart, 1979. – *Lit.:* M. Boas: R. B. and seventeenth-century Chemistry, 1958.

Bradley, Francis Herbert (1846–1924), engl. Philos., von 1870 bis zu seinem Tod Mitglied des Universitätskollegiums am Merton College in Oxford, Verfasser einer Reihe von Büchern, in denen er eine Kritik am Empirismus* formuliert wie auch eine idealistische* Metaphysik entwirft, mit der sich Moore und Russell kritisch auseinandergesetzt haben. B. stand unter dem Einfluß von Hegel und gilt als einer der bedeutendsten Vertreter des Neuhegelianismus in England. – In seinen moralphilos. Analysen opponiert B. gegen einen individualistischen Ansatz in der Ethik. Der Mensch kann nicht losgerissen und isoliert von seinen sozialen Zusammenhängen verstanden werden; denn der einzelne ist in seiner Bestimmtheit wesentlich geprägt durch die Gesellschaft. Der Ansatz beim Individuum, wie im Utilitarismus* und Liberalismus* üblich, ist nicht nur ein geschichtliches Phantombild, sondern auch moralisch unbegründbar und deshalb nicht tragfähig. Moralisch handeln heißt, in Übereinstimmung mit der gesellschaftlichen, existierenden Moral zu handeln. Ziel solchen Übereinstimmens ist nach B. die Selbstverwirklichung. Dieses ‹Selbst›, das verwirklicht werden soll, ist kein psychologisch aufzufassendes Ich, sondern eine metaphysische Größe, die als ein moralischer Organismus charakterisiert wird. Dieser wiederum exemplifiziert sich in jedem und repräsentiert das wahre Ich des einzelnen.

In seiner Logik und Metaphysik kritisiert B. eine Reihe von Hypothesen, die er als grundlegend für den Empirismus betrachtet, etwa die Annahme, die Welt sei die Summe von einzelnen Tatsachen*, die in keiner inneren Beziehung zueinander stünden, und die Erkenntnis sei ein Aufhäufen wahrer Urteile*, die deutlich und definitiv die isolierten Tatsachen abbilden würden. Die elementaren Urteile der Empiristen, z. B. ‹Ich habe Zahnschmerzen› oder ‹Dieser Apfel ist reif›, können aber, so die Kritik B., nicht eindeutig die existierenden Tatsachen abbilden oder sich definitiv auf sie beziehen, weil solche Urteile allgemeine Elemente wie ‹Zahnschmerzen› und ‹Apfel› enthalten. Beschreibende Ausdrücke, die allgemeine Elemente enthalten, können auch von anderen Tatsachen als den vorliegenden ausgesagt werden, woraus folgt, daß sie nicht eindeutig an vorliegende Tatsachen gebunden sind oder sich auf sie beziehen. Eindeutige Beziehungen (Referenzen*) können nicht gesichert werden, ganz gleich, mit wieviel hinweisenden Wörtern ein Urteil ausgerüstet ist, und so kann sich ein Elementarurteil nie auf eine einzelne Tatsache beziehen. Daher erweisen sich die Elementarurteile der Empiristen als eine Unmöglichkeit.

Neben seinen Einwänden gegen empiristische Elementaraussagen zielt B. Kritik auch auf die traditionelle Urteilsstruktur von Subjekt-Prädikat. In einer Prädikation* behaupten wir, daß A B ist. In dieser Prädikation schreiben wir dem Subjekt (A) etwas (B) zu, was es nicht ist (B ist nicht A); wenn wir dagegen von A etwas prädizieren, was von ihm als Subjekt nicht verschieden ist (also A ist A), dann sagen wir inhaltlich nichts aus. Was wir im ersten Fall sagen, ist falsch – denn A ist nicht B –, und was wir im zweiten Fall sagen, ist auch falsch; denn wenn nur reine Identitätsaussagen wahrheitsfähige Urteile wären, dann wären alle inhaltlich gehaltvollen Behauptungen falsch. Deswegen seien alle Subjekt-Prädikat-Urteile aufgrund einer falschen Struktur falsch.

Auf ähnliche Weise kritisiert B. auch die Unterscheidung zwischen Ding und Eigenschaft sowie die verschiedenen Relationen* und Kategorien wie Raum, Zeit, Ursache und Bewegung. Begriffliches Denken bedarf der Unterscheidungen und der Relationen und kann darum die eigentliche Wirklichkeit nicht erfassen. Eine Andeutung der Wirklichkeit kann uns einzig die unmittelbare Erfahrung geben, in der Erlebnis und Erlebtes nicht unterschieden sind. B. Idee des Wirklichkeit jedoch – das Absolute* – als ein Allesumfassendes, vollständig Systematisches (vgl. die Kohärenztheorie der Wahrheit) und Harmonisches entzieht sich den Kategorien und Begriffen des herkömmlichen Denkens. Die Erscheinungen – unsere normale Auffassung der Dinge – werden von der Ganzheit dieser Wirklichkeit verschlungen. Die traditionellen Gegensätze zwischen Natur und Bewußtsein und zwischen Tatsache und Wert werden in dieser Ganzheit aufgehoben.

Ausg.: The Principles of Logic, 2 Bde., 1950. Writings on Logic and Metaphysics, 1994. Ethical Studies, 1990. Erscheinung und Wirklichkeit, 1928. – *Lit.:* R. P. Horstmann: Ontologie und Relationen, 1984. W. J. Mauder: An Introduction to B. Metaphysics, 1994. J. Schüring: Studien zur Philos. von B., 1963.

Brahe, Tycho
(1546–1601), dän. Astronom. Erhielt 1576 vom dän. König Frederik II. die Insel Hveen im Øresund zum Lehen und baute dort das Renaissanceschloß Uranienborg, das mit astronomischen Observatorien und chemischen Laboratorien ausgestattet wurde. Wegen Streitigkeiten mit der Regierung verließ B. 1597 Dänemark. 1599 wurde er von Rudolf II. in Prag als kaiserlicher Mathematiker angestellt. – Seine wichtigste Leistung besteht in der Sammlung von Beobachtungsmaterial, das zur Erarbeitung umfassender und genauer Sternkataloge diente sowie als Grundlage für Keplers Formulierung der drei Gesetze über die Planetenbewegung. B. Beobachtungen brachten auch die aristotelische Kosmologie* des Mittelalters zu Fall. 1572 bemerkte B. im Sternbild Kassiopeia eine Nova, d. h. einen neuen Stern. Er konnte nachweisen, daß sich dieser in der Sphäre über dem Mond befindet, wo den Aristotelikern zufolge das Gesetz der Unveränderlichkeit herrscht; und so mußte die traditionelle Auffassung vom Himmel als einer Welt, in der nichts entsteht und nichts vergeht, für widerlegt gelten. Widerlegen konnte B. des weiteren die mittelalterliche kosmologische Lehre, das Universum sei aus einem System kristallener Sphären erbaut, an welche die Planeten geheftet sind. B. zeigte nämlich, daß die Kometenbahnen diese Sphären durchschneiden, die also nicht undurchdringlich sein können. Dagegen lehnte er den kopernikanischen Heliozentrismus ab, weil er sich von seinem Beobachtungsmaterial aus nicht bestätigen ließ, und entwarf ein eigenes Weltbild mit der Erde als Zentrum: Die Sonne kreist um die Erde, während die übrigen Planeten um die Sonne kreisen. – Besonders kath. Astronomen benutzten bis weit ins 17. Jh. hinein diesen Kompromiß zwischen geozentrischem und heliozentrischem Weltbild als Arbeitsgrundlage.

Ausg.: Opera Omnia 1–15, 1913–29. – *Lit.:* V. Thoren: The Lord of Uraniborg. A Biography of T. B., 1990.

Brentano, Franz
(1838–1917), dt. Philos. und Psychologe, wurde 1864 katholischer Priester, 1872 a. o. Prof. in Würzburg. 1873 legte er sein Amt nieder und trat aus der kath. Kirche aus – aus Protest gegen das Dogma der Unfehlbarkeit des Papstes. 1874 wurde B. o. Prof. für Philos. in Wien, mußte die Stellung aber schon 1880 aufgeben. Danach lehrte er in Wien als Privatdozent (1880–95). B. beeinflußte Meinong, Husserl, der in der Zeit von 1884–86 bei ihm studierte, Twardowski, C. Stumpf, T. Masaryk, C. Ehrenfels und F. Hillebrand. Sein Begriff der beschreibenden (im Gegensatz zur experimentellen) Psychologie ähnelt bereits dem Phänomenologie*-Begriff des frühen Husserl.

In seiner *Psychologie vom empirischen Standpunkt* (1874, verb. Fassung 1911) unterscheidet B. zwischen physischen und psychischen Phänomenen* (vgl. 1. Bd., 2. Buch, 1. Kap.). Die psychischen Phänomene zeichnen sich durch Intentionalität* aus, d. h. ihr Gerichtetsein auf einen Gegenstand. Dieser Gegenstand muß nicht zwangsläufig außerhalb des Bewußtseins existieren. Nach den verschiedenen Formen von Intentionalität lassen sich die psychischen Phänomene in drei Gruppen einteilen: (1) Vorstellungen*, worunter sowohl Akustisches und Optisches als auch Ideen und Gedanken zu rechnen sind. Gegenstand ist in diesen Fällen etwas rein Bewußtseinsimmanentes. (2) Urteile, die eine intellektuelle Stellungnahme zum Gegenstand des Bewußtseins beinhalten. (3) Gemütstätigkeiten, also Liebe und Haß im weiten Sinn. Sie stellen ein gefühlsmäßiges Verhältnis zum Bewußtseinsobjekt her. Auf den Gegensatz von Liebe und Haß sucht B. die Moralphilos. zu gründen. Die Äußerung ‹A ist gut› bedeutet: ‹Es ist unmöglich, A. auf unrichtige Weise zu lieben›. – Die Vorstellungen sind die fundamentalen psychischen Phänomene; denn

Franz Brentano

man kann sich nicht urteilend oder gefühlsmäßig zu etwas verhalten, wenn es nicht im Bewußtsein gegeben, also vorgestellt ist.
In dem posthum erschienenen Werk *Wahrheit und Evidenz* (1930) unterscheidet B. zwischen unmittelbar und mittelbar evidenten Urteilen. Es gibt zwei Arten unmittelbarer Evidenz: (1) Urteile der inneren Wahrnehmung, also darüber, wie ich selbst etwas erlebe (z. B. ‹Jetzt sehe ich etwas Rotes›); (2) Verstandeserkenntnisse (z. B. ‹Zwei Dinge sind mehr als eins›). Alle evidenten Urteile sind wahr, aber nicht alle wahren Urteile sind evident. Allerdings enthält Wahrheit einen Hinweis auf Evidenz; denn ein wahres Urteil behauptet genau das, was eine Person mit Evidenz behaupten würde. – In seiner an Aristoteles orientierten Kategorienlehre* stellt B. die Thesen auf, es gebe nur konkrete einzelne Gegenstände, und jedes wahre Urteil lasse sich in eine Aussage umformulieren, die ein konkretes Ding entweder akzeptiert oder verwirft.

Ausg.: Von der mannigfachen Bedeutung des Seienden nach Aristoteles, 1862 (Repr. 1962). Psychologie vom empirischen Standpunkt, 1874 (^{2}1955). Vom Ursprung sittlicher Erkenntnis, 1889 (^{4}1955). Grundlegung und Aufbau der Ethik, 1952. Religion und Philos., 1954. Die Lehre vom richtigen Urteil, 1956. Grundzüge der Ästhetik, 1959. Wahrheit und Evidenz, 1964. Philos. Untersuchungen zu Raum, Zeit und Kontinuum, 1976. – *Lit.:* E. Campos: Die Kantkritik B., 1979. R. M. Chisholm / R. Haller: Die Philos. F. B., 1978. D. Münch: Intention und Zeichen, 1993. W. Stegmüller: Philos. der Evidenz: F. B. In: Ders.: Hauptströmungen der Gegenwartsphilos., ^{6}1976.

Bruno, Giordano (1548–1600), ital. Philos., Dominikaner, von der katholischen Inquisition als Ketzer auf dem Scheiterhaufen verbrannt. B. bekämpfte im Geist des Kopernikus die geozentrische Auffassung, wonach die Erde den Mittelpunkt des Universums bilde. Allerdings verwarf er auch das heliozentrische Weltbild, welches die Sonne ins Zentrum des Universums setzt. Unter dem Einfluß des Neuplatonismus* und der Stoa* behauptete er vielmehr die Unendlichkeit des Universums, in welchem nichts Zentrum, sondern Gott selbst das All ist. B. entwickelte daraus einen radikalen Pantheismus* (u. a. in *Della causa, principio e uno*, «Von der Ursache, dem Prinzip und dem Einen», 1584, und *De l'infinito, universo e mondi*, «Zwiegespräche vom unendlichen All und den Welten», 1584). Mit seinem Pantheismus wirkte B. später auf Spinoza, Goethe, Schelling und die Romantik. Im 19. Jh. wurde er für die antikirchliche Bewegung in Italien zur Symbolfigur.

Ausg.: Ges. Werke, 6 Bde., 1904–09. – *Lit.:* E. Drewermann: G. B. und Der Spiegel des Unendlichen, 1992. A. Groce: G. B., 1970. K. Huter: Einheit und Vielheit in Denken und Sprache G. B., 1965. J. Kirchhoff: G. B., 1980.

Giordano Bruno

Brunschwicg, Léon (1869–1944), franz. Philos., Prof. für Philos. an der Sorbonne 1909–40. – B. ist die führende Persönlichkeit des späten franz. Neukantianismus*, der bis in die 30er Jahre hinein die Universitätsphilos. beherrschte. Allerdings rückt er vor allem in zwei Hinsichten vom erkenntniskritischen Idealismus* ab. Zum einen verbindet er ihn mit einem metaphysischen Idealismus: Das Wirkliche ist die Welt, die der Geist* *(L'esprit)* schafft. Zum anderen entwikkelt B. eine historische Methode: Die Philos. soll die schöpferische Wirksamkeit des Geistes begreifen, wie sie sich in der Geschichte entfaltet. Diese Geschichte wird aber auf die Geschichte der Wissenschaften reduziert. Sie bestimmt sich als ‹Fortschritt des Bewußtseins›, das zugleich als Fortschritt des moralischen Bewußtseins gedeutet wird. Die Historie als solche ist auf geistige (spirituelle) Werte gerichtet, insbesondere ‹die Einheit›, die Vereinigung der Menschheit. Die grundlegende Tätigkeit des Geistes besteht für B. im Urteilen als einem Akt der Einheitsstiftung und Synthesis.

Ausg.: L'idéalisme contemporaine, 1905. Les étapes de la philosophie mathématique, 1912, 1949. De la connaissance de soi, 1931. Écrits philosophiques I–III, hg. von A.-R. Weill-Brunschvicg u. C. Lehec, Paris 1951–58. – *Lit.:* M. Deschoux: La philosophie de L. B., 1949.

Buber, Martin (1878–1965), dt.-israel. Philos. und Theologe, geb. in Wien. Studierte Philos. und Kunstgeschichte in Wien, Berlin, Leipzig und Zürich. Ab 1924 Dozent, ab 1930 bis zu seiner Entlassung 1933 Honorarprof. für jüdische Religionswissenschaft und Ethik an der Universität Frankfurt/M. Nach der nationalsozialistischen Machtübernahme 1933 verstärkte B. die pädagogische Arbeit in der jüdischen Erwachsenenbildung, die er in den 20er Jahren zusammen mit Franz Rosenzweig begonnen hatte. 1938 emigrierte er nach Palästina, von 1938–51 wirkte es als Prof. für Sozialphilos. in Jerusalem. – B. engagiert sich von Anfang an in der zionistischen Bewegung, kritisierte aber schon früh deren nationalistische Tendenzen: Die Errichtung eines jüdischen Staats dürfe kein Selbstzweck sein; die Aufgabe des Zionismus liege vielmehr in einem ‹hebräischen, biblischen Humanismus›. Mit dieser Auffassung wurde B. zu einem der wichtigsten Befürworter einer friedvollen Koexistenz von Juden und Arabern im selben Staat – eine Position, die mit der Teilung Palästinas 1947–49 politisch unterlag. B. ist der bedeutendste Interpret des Chassidismus. Ausgangspunkt seiner Philos. ist die Wiederentdeckung des dialogischen Prinzips: die Ich-Du-Beziehung in ihrem grundlegenden (konstitutiven) Charakter als Dialog* (vgl. auch Dialogphilos.). Sein Hauptwerk trägt den programmatischen Titel *Ich und Du* (1923).

Für den Menschen gibt es nach B. zwei ‹Grundarten des Daseins›. Er kann sich entweder als Subjekt verhalten, das etwas erfährt (betrachtet), nämlich ein Objekt, ein außerhalb liegendes ‹Es›. Oder er kann sich als Person* verhalten, die in einer Beziehung zu einer anderen Person steht, einem ‹Du*›. Diese zweite Verhaltensweise ist die entscheidende. Durch die Beziehung zu einem ‹Du› wird das Ich erst zum ‹Ich›; an und durch sich selbst ist es nichts. Die menschliche Wirklichkeit, der Geist, liegt also nicht im Ich, sondern zwischen ‹Ich› und ‹Du› und wird eben durch das Zwischen konstituiert.

Die menschliche Existenz als Ganze steht in der Spannung zwischen Anrede (Frage) und Antwort. Durch das, was ihm widerfährt, wird der Mensch von einem ‹ewigen Du› angesprochen, von Gott. Durch seine Handlungen vermag er aber seinerseits auf diese Anrede zu antworten, d. h. die Verantwortung für sein Schicksal zu übernehmen. Gleichzeitig mit der Unmittelbarkeit der Ich-Du-Beziehung betont B. die fundamentale Bedeutung der Sprache: «In Wirklichkeit ist die Sprache nämlich nicht im Menschen, sondern der Mensch in der Sprache.» Ein ‹Ich› sein heißt sprechen, im Dialog stehen mit dem anderen, einem ‹Du›.

Ausg.: Ges. Werke, 3 Bde., 1962–64. Briefwechsel, 3 Bde., 1972/73. – *Lit.:* A. Anzenbacher: Die Philos. M. B., 1965. H. Kohn: M. B., Sein Werk und seine Zeit, [4]1979. M. Theunissen: Der Andere, 1965. G. Wehr: M. B., 1991. H.-J. Werner: M. B., 1994. S. Wolf: M. B. zur Einführung, 1992.

Bultmann, Rudolf (1884–1976), dt. Theologe, Privatdozent für Neues Testament in Marburg 1912, Prof. in Breslau 1916, Gießen 1920 und Marburg 1921–51. – B. hat die moderne protestantische Theologie entscheidend geprägt. Nach dem 1. Weltkrieg schloß er sich der dialektischen* Theologie an, betonte jedoch im Gegensatz zu Barth den Zusammenhang zwischen Christentum und Existenzproblematik. Wer von Gott spricht, muß dabei von der menschlichen Existenz sprechen. Diese Existenztheologie* B. stützt sich wesentlich auf Kierkegaard und Heidegger. Seit dem 2. Weltkrieg wurde B. u. a. bekannt durch seine Forderung nach Entmythologisierung* des Neuen Testaments.

Ausg.: Geschichte der synoptischen Tradition, 1921, ([8]1970). Offenbarung und Heilsgeschehen, 1941. Theologie des NT, 1948. Glaube und Verstehen, 4 Bde., 1952–67. Die Frage der Entmythologisierung, 1959. Geschichte und Eschatologie, 1958. – *Lit.:* H. Hübner: Politische Theologie und existentiale Interpretation, 1973. B. Jaspert (Hg): R. B. Werk und Wirkung, 1984. R. A. Johnson: R. B., 1987. W. Stegemann: Der Denkweg R. B. Darstellung der Entwicklung und Grundlagen seiner Theologie, 1978. F. Vonessen: Mythos und Wahrheit. B. Entmythologisierung und die Philos. der Mythologie, 1972.

Bunge, Mario Augusto (geb. 1919), argentin./kanad. Philos. und Physiker, Prof. in Buenos Aires, La Plata und Montreal. B. hat eine Reihe von Werken über Wissenschaftstheorie verfaßt, und zwar über die Grundlage der Physik wie über allgemeine Wissenschaftstheorie. Er behauptet, daß die verschiedenen Wissenschaften eine Reihe von ontologischen* Voraussetzungen teilen. Zu diesen gehören, daß die Wirklichkeit unabhängig vom menschlichen Bewußtsein existiert und daß die Natur objektiven Gesetzmäßigkeiten unterliegt. Bunge arbeitet an einer systematischen Darstellung der Philos., *Treatise on Basic Philosophy*, Vol. 1–7 (1974ff.), worin er die Sprachphilos., Ontologie, Erkenntnistheorie und Ethik in einem Zusammenhang abhandelt.

Buridan, Jean (Johannes Buridanus, um 1295–1358), franz. Philos., lehrte an der philos. (‹artes›-)Fakultät in Paris. B. entwickelte eine eigene, gemäßigte Form des Nominalismus*, welche dennoch große Ähnlichkeiten mit jener Wilhelms* von Ockham aufweist. B. war ein namhafter Logiker, der die Syllogistik (einschließlich der 4. Figur, die bei Aristoteles fehlt) in die Schlußlehre einarbeitete. Das Werk B. behandelt alle philos. Disziplinen seiner Zeit. In der Naturphilos. entwickelte B. die Vorstellung, wonach der *impetus** (Kraft) in Relation zu Geschwindigkeit und Materie zu definieren sei. Mit dieser Vorstellung wollte B. die Projektilbewegung erklären.

Ausg.: Summula de dialectica, 1487 (Repr. 1965). – *Lit.:* A. Maier: Die Vorläufer Galileo Galileis im 14. Jh. Studien zur Spätscholastik, 1949. R. Wolff: Geschichte der Impetustheorie. Untersuchungen zum Absprung der klassischen Mechanik, 1978.

Buridans Esel. Ein Beispiel, welches in der Diskussion über Tatmotive gebraucht wird. Wenn die Entscheidung nur von der Größe des Reizes abhinge, könnte es einem wie dem Esel ergehen, der, zwischen zwei gleich großen und gleich guten Heuhaufen stehend, sich für keinen der beiden entscheiden kann und daher an Hunger stirbt. In Buridans Schriften läßt sich dieses Beispiel zwar nicht finden, wohl aber ähnliche.

Lit.: G. Krieger: Der Begriff der prakt. Vernunft nach J. B., 1986. R. Schönberger: Relation als Vergleich. Die Relationslehre des J. B. im Kontext seines Denkens und der Scholastik, 1994.

Burley, Walter (um 1275–1344/45), engl. Philos. und Theologe. Arbeitete in Oxford und Paris. Bedeutender Logiker, der trotz seiner ‹realistischen› Semantik auf Nominalisten wie Wilhelm von Ockham großen Einfluß hatte.

Ausg.: Tractatus de universalibus realibus, 1492/93.

Butler, Joseph (1692–1752), engl. Theologe und Moralphilos., Studium in Oxford, seit 1714 Anglikaner, wurde 1718 zum Priester geweiht, 1738 Bischof von Bristol und 1750 Bischof von Durham. – Seiner Zeit bereits bekannt geworden durch seine Einwände gegen S. Clarkes philos. Theologie, argumentiert B. in seinem Hauptwerk (*The Analogy of Religion, Natural and Revealed, to the Constitution and Course of Nature*, 1736) aufgrund der These eines komplementären Verhältnisses zwischen Natur und Offenbarung gegen den Deismus*. In seiner Ethik bekämpft B. den Hedonismus unter Zugrundelegung des Prinzips des Gewissens*, welchem die zentrale Rolle einer Beherrschung von Leidenschaften zukommt. Das wahre Glück ist nach B. erst im Jenseits zu erreichen.

Ausg.: The Works, 3 Bde., 1896–97. The Analogy of Religion, 1736. Fifteen Sermons Preached at the Rolls Chapell, 1726. – *Lit.:* C. D. Broad: Five Types of Ethical Theory, 1930, Kap. 3. T. Penelhum: B., 1985. W. H. Schrader: Ethik und Anthropologie in der engl. Aufklärung, 1984, S. 103–124.

Cambridger Schule 1. Bezeichnung für die in der 2. Hälfte des 17. bis zu Beginn des 18. Jh. an der Cambridge University vorherrschende platonisch-mystische Philos. mit Ralph Cudworth und Henry More als Hauptvertreter: 2. Ein Kreis engl. Philos. an der Cambridge University in den ersten zwei Jahrzehnten des 20. Jh. Moore, Russell und Broad waren die führenden Vertreter, welche den Idealismus* der Schule von Green und Bradley scharf kritisierten. Die C. S. verfocht realistische Anschauungen im Bereich der Erkenntnistheorie und Moralphilos. und übte mit ihren strengen Forderungen an eine logische Analyse großen Einfluß auf die analytische* Philos. aus.

Campanella, Tommaso (1568–1639), ital. Philos., Dominikaner. Angeklagt wegen Ketzerei und Verschwörung gegen die span. Machthaber Neapels, verbrachte C. die Hälfte seines Lebens im Gefängnis. – Wie später Descartes entwickelte C. ein philos. System, das von der Gewißheit der Existenz des Ich ausgeht. C. kritisierte das Bestreben der Scholastik*, die Bibel mit der Philos. Platons und Aristoteles' zu vereinbaren, und folgte statt dessen den Erkenntnissen der neuzeitlichen Naturwissenschaft (u. a. in *Apologia pro Galileo*, 1622). C. utopische Schrift *La città del sole* («Der Sonnenstaat», 1602, dt. 1900) beschreibt eine sozialistische Idealgesellschaft, in der alle Gesellschaftsschichten gleichwertig sind; für alle besteht eine Arbeitspflicht; es existiert kein Privateigentum; Vaterlandsliebe und Gemeinschaftssinn bilden die sozialen Triebkräfte.

Lit.: R. Ahrbeck: Morus, C., Bacon. Frühe Utopisten, 1977. G. Bock: T. C. Politisches Interesse und philos. Spekulation, 1974.

Camus, Albert (1913–1960), franz. Schriftsteller und Philos., geb. in Mondovi (Algerien). Nobelpreis für Literatur 1957. Starb im Januar 1960 bei einem Verkehrsunfall. – Nach Sartre steht C. in der Tradition der franz. Moralisten*. Sein Denken kreist um die Frage, wie der Mensch handeln soll, wenn er weder an Gott noch an die Macht der Vernunft glaubt. In *Le mythe de Sisyphe* (1942) (Der Mythos von Sisyphos, 1950) entwickelt C. die Philos. des Absurden: Die Situation des Menschen ist absurd*, weil die Welt an* sich keinen Sinn hat und dem Menschen immer fremd bleibt. Weil für C. der Begriff des Absurden eine ähnlich zentrale Rolle spielt wie für Sartre, wurde er dem Existenzialismus* zugerechnet. C. selbst lehnt jedoch den Existentialismus ab, da er ihn als philos. System auffaßt, d. h. als Ausweichen vor der Anerkennung des Absurden.
Im zweiten moralphilos. Hauptwerk *L'homme révolté* (1952) (Der Mensch in der Revolte, 1953) vertritt C. einen humanistischen Standpunkt. Durch die Revolte gegen das Absurde, den Kampf für die Würde des Menschen, kann das Leben Sinn erhalten. War C. frühere Position dem Nihilismus* gegenüber ambivalent, sieht er jetzt in der Humanität* das Ziel der Geschichte. Dieses Ziel ist für ihn aber nicht metaphysisch begründet. Seinen nicht-metaphysischen, humanistischen Begriff der Revolte grenzt C. von der «metaphysischen» und «historischen» Revolte, der Revolution, ab, die er als Ausdruck eines totalitären Humanismus interpretiert: Begonnen mit dem Zweck, den Menschen von Grund auf zu befreien, schafft sie neuen Terror und neue Unfreiheit.

Lit.: M. Lebesque: C. in Selbstzeugnissen und Bilddokumenten, 1991. A. Pieper: A. C., 1984. A. Pieper (Hg): Die Gegenwart des Absurden. Studien zu A. C., 1994. B. Sändig: A. C. Eine Einführung in Leben und Werk, 1992.

Cantor, Georg (1845–1918), dt. Mathematiker. 1879–1913 Prof. in Halle. C. begründete die transfinite Mengenlehre, d. h. die Lehre über unendliche Mengen. Er lieferte mit Hilfe seines später viel angewandten *Diagonalverfahrens* den Beweis dafür, daß es Grade der Unendlichkeit gibt: Die Menge der reellen Zahlen hat gößere Mächtigkeit als die Menge der natürlichen Zahlen; sie läßt sich folglich nicht zählen. C. entdeckte das erste bekannte mengentheoretische Paradox*. Seine Theorie bezeichnete C. selbst als philos., d. h. als eine metaphysische Theorie über aktual unendliche Größen.

Ausg.: Gesammelte Abhandlungen mathematischen und philos. Inhalts, 1962. – *Lit.:* H. Meschkowski: G. C. Leben, Werk und Wirkung, 1983. W. Purkert/H. J. Ilgauds: G. C., 1987.

Carlyle, Thomas (1795–1881), engl. Essayist, Philos. und Geschichtswissenschaftler. Verfaßte Studien zu Theologie und Jurisprudenz. C. übernimmt Kants Unterscheidung zwischen den Erscheinungen (Phänomenen*) und dem Ding an sich, verwendet diese Unterscheidung jedoch anders. Die Wirklichkeit ist an sich von göttlicher Art, aber sie zeigt sich in der Natur und Geschichte als eine Reihe von Erscheinungen. Es ist die Aufgabe der Philos., hinter diese Erscheinungen vorzudringen. Der Mensch ist die höchste Offenbarung und das beste Symbol der göttlichen Wirklichkeit. In einer elitären und konservativen Sicht betont C. in Übereinstimmung mit Fichte die Bedeutung der großen Männer und Helden für die Geschichte als Ausdruck der göttlichen Wirklichkeit. Auf solchem Hintergrund verwirft er den klassischen engl. Utilitarismus* (J. Bentham, J. Mill und J. S. Mill), indem er leugnet, daß das Nützlichkeitsprinzip und die rationale, kühle Überlegung imstande seien, einen großen und neuen Ausdruck der eigentlichen Wirklichkeit hervorzubringen.

Ausg.: Arbeiten und nicht verzweifeln. Auszüge aus seinen Werken, 1902. The Works of T. C. Hg. von H. D. Traill, 1896–1901 (30 Bde.). – *Lit.:* W. Dilthey: T. C., 1890. In: Ders.: Gesammelte Schriften Bd. 4, 1935. J. Kedenburg: Teleologisches Geschichtsbild und theokratische Staatsauffassung im Werke T. C., 1960. Ch. K. Vanden Bossche: C. and the Search for Authority, 1991.

Carnap, Rudolf (1891–1970), dt./amerik. Philos. und Logiker, geb. in Ronsdorf im Rheinland. C. studierte 1910 Mathematik, Physik und Philos. in Freiburg i. B. und Jena, wo er Vorlesungen von Frege hörte. Während des 1. Weltkriegs war C. Soldat. 1921 promovierte er in Jena mit einer Abhandlung über den Raumbegriff. 1926 wurde er auf Betreiben M. Schlicks Dozent für Philos. an der Universität Wien. Hier nahm er regelmäßig an den Treffen des Wiener* Kreises teil und wurde dort schnell zu einer der führenden Figuren. 1931 erhielt C. einen Lehrstuhl für Naturphilos. an der dt. Universität in Prag. Unter dem Eindruck der politischen Entwicklung in Deutschland nach Hitlers Machtergreifung emigrierte er 1935 in die USA, wo er den Rest seines Lebens verbrachte, seit 1941 als amerik. Staatsbürger. Er erhielt schnell eine feste Anstellung als Prof. in Chicago (1936–52), später war er Forschungsmitarbeiter in Princeton (1952–54) und Prof. in Los Angeles (1954–61). Er übte in entscheidender Weise Einfluß auf die Entwicklung der amerik. Philos. aus und wird heute als der bedeutendste Repräsentant des logischen* Positivismus angesehen. – C. hat seine wichtigsten Impulse von Mach, Frege, Russell und Wittgenstein erhalten.

C. philos. Arbeit ist unlöslich mit dem logischen Positivismus verknüpft. In einer Reihe großangelegter Werke hat er die Ideen und Gedanken dieser Bewegung zu formulieren versucht. Seine philos. Ansichten haben sich zwar laufend geändert und sind modifiziert worden. Es gibt jedoch zwei Grundvorstellungen, an denen er stets festgehalten hat: Erstens betrachtet er die traditionelle Weise, Philos. zu betreiben, als hoffnungslos. Eine

Reihe von philos. Problemen, z. B. über die Existenz der Außenwelt und das Leib-Seele-Verhältnis, erweisen sich so, wie sie gestellt wurden, als unlösbar. Er bezeichnet diese Probleme als ‹metaphysisch› und behauptet, daß eine ‹anständige Philos.› sie ganz vermeiden könne. Zweitens ist er der Meinung, daß die Philos. nur weiterkomme, wenn sie sich der formalen Logik* bedient. Diese habe Ende des 19. und Anfang des 20. Jh. eine stürmische Entwicklung durchlaufen, die uns Einsichten und Mittel an die Hand gegeben hat, mit deren Hilfe die Philos. revolutioniert werden könne.

In seinem ersten Hauptwerk *Der logische Aufbau der Welt* aus dem Jahr 1928 versucht C. zu zeigen, daß sämtliche Erscheinungen in der Welt, logisch gesehen, auf Sinneserlebnisse zurückgeführt werden können. Verschiedene Empiristen* vor C. haben das zwar auch behauptet, C. aber ist der erste, der dies auch entschlossen zu realisieren versucht. So gibt es gemäß C. vier Haupttypen von Erscheinungen oder Gegenständen: soziokulturelle Gegenstände, das Bewußtsein anderer Personen, physische Gegenstände und eigene Erlebnisse. Es ist möglich, sagt C., von jedem dieser Gegenstandstypen aus die übrigen Gegenstandstypen zu konstituieren*. Ein Gegenstand a ist aus einem Gegenstand b konstituiert, wenn es für jede Aussage, die a enthält, möglich ist, eine Aussage anzugeben, die b und nicht a enthält und wenn die neue Aussage dann und nur dann wahr ist, wenn auch die Aussage, die a enthält, wahr ist. C. geht von den eigenen Erlebnissen aus, da diese den Ausgangspunkt des Erkenntnisprozesses bilden. Dieses Vorgehen bezeichnet er als methodischen Solipsismus*, um auszudrücken, daß er zwar die Welt mit Hilfe eigener Erlebnisse aufbauen möchte, aber nicht, wie der konsequente Solipsist, behaupten will, daß die Welt mit einem einzelnen Subjekt* und dessen Erlebnissen identisch ist. C. hält in dieser wie auch allen übrigen metaphysischen Fragen daran fest, daß seine Position in bezug auf alle traditionellen philos. Streitigkeiten wie die zwischen Realisten* und Idealisten* neutral sei.

Im Gegensatz zu früheren Empiristen begreift C., unter dem Einfluß der Gestaltpsychologie, Erlebnisse als Erlebnisganzheiten. Er definiert die verschiedenen Erlebnisqualitäten aus diesen Erlebnistotalitäten heraus durch die Relation der ‹Ähnlichkeitserinnerung›. Eine Erlebnisqualität wird als identisch erklärt mit einer Klasse von Erlebnistotalitäten. Die physischen Gegenstände werden als eine Klasse von Erlebnisqualitäten definiert, die in einer raum-zeitlichen Kontinuität existieren; das Bewußtsein anderer Personen wird wiederum auf gleiche Weise aus den physischen Gegenständen definiert usw. Nur die erste dieser Stufen, die Definition von Erlebnisqualitäten, formuliert C. in streng logischer Weise; in bezug auf die übrigen Stufen begnügt er sich mit skizzenhaften Darstellungen. C. meint, daß die so aufgebaute Welt intersubjektiv* sei, weil sie nicht auf dem Inhalt unserer privaten Erlebnisse beruht, sondern auf logischen Relationen zwischen diesen Erlebnissen. Eine Konsequenz dieses Gedankengangs in *Der logische Aufbau der Welt* ist die, daß sich für jede Aussage über die Welt mit Hilfe einer endlichen Anzahl von Sinneserlebnissen entscheiden läßt, ob sie wahr ist. Alle Aussagen, die nicht auf eine endliche Anzahl von Sinneserlebnissen zurückgeführt werden können, sind nicht falsch, sondern kognitiv* sinnlos. Dies ist eine radikale Formulierung des Verifizierbarkeitskriteriums*, das den Kern des logischen Positivismus ausmacht. C. lieferte mit seinem ersten Hauptwerk eine theoretische Grundlage der Philos. des Wiener Kreises. Unter dem Eindruck der dort einsetzenden Diskussionen verwarf C. jedoch wenig später diese Grundhaltung.

Unter dem Einfluß von Neurath schloß sich C. einer physikalistischen* Auffassung der Wissenschaften an. Alle wissenschaftlichen Aussagen müssen in Aussagen übersetzt werden können, die sich auf einfache raum-zeitliche Phänomene beziehen. C. gab den Versuch auf, diese Aussagen auf eigene Erlebnisse zurückzuführen, und suchte statt dessen mit Neurath und Popper nach einer konventionalistischen* Lösung des Problems der Grundlage der Erkenntnis. Ein akzeptabler Basissatz* muß auf einen relativ einfachen Satz in der physikalischen Sprache zurückgeführt werden können; es gibt aber andererseits keine Basissätze, die sich nicht korrigieren lassen, und die Entscheidung darüber, ob ein Basissatz wahr ist oder nicht, beruht letzten Endes auf einem willkürlichen Entschluß.

C. Hauptinteresse galt weiterhin der Analyse der wissenschaftlichen Sprache; aber er zog zugleich die volle Konsequenz aus der Preisgabe des Gedankens, den Wissenschaften müsse eine Idealsprache zugrunde liegen. In seiner zweiten großen Arbeit, *Logische Syntax der Sprache* (1934), formuliert er diese Konsequenz in dem sog. Toleranzprinzip*, demzufolge es jedem freisteht, diejenige Logik und Sprache zu konstruieren, der ihm am besten gefällt. Man muß jedoch verlangen, daß deutlich gemacht wird, nach welchen Prinzipien die betreffende Sprache aufgebaut ist. Die *Logische Syntax der Sprache* ist ein großangelegter Versuch, eine Theorie aufzustellen, die der Analyse verschiedener Formen von Sprache und Logik dienen kann. Diese Theorie, die von Hilberts Metamathematik* beeinflußt ist, ist rein formal – sie behandelt nicht den Sinn von Wörtern und Sätzen, sondern nur Regeln dafür, wie verschiedene Worttypen in Sätzen zusammengefügt und wie verschiedene Satztypen ineinander verwandelt werden können. Der Theorie liegt die Auffassung zugrunde, daß es ausschließlich von den formalen Eigenschaften einer Sprache und nicht vom Sinn der betreffenden Wörter abhängt, welche Schlußfolgerungen in der Sprache Gültigkeit haben. Nach C. kann man die Sprache auf zweierlei Weise gebrauchen, entweder um Aussagen über sprachunabhängige Sachverhalte in der Welt zu machen oder um die formalen Eigenschaften einer anderen Sprache oder der Sprache als solcher wiederzugeben. Die erste Verwendung wird *Objektsprache**, die zweite *Metasprache* genannt. Die Metasprache ist stets reicher als die Objektsprache, die sie behandelt, weil sie eine Reihe von Begriffen enthält, die die formalen Eigenschaften der Objektsprache bezeichnen. C. schlägt auf dem Hintergrund dieser Unterscheidung eine Arbeitsteilung zwischen den Fachwissenschaften und der Philos. vor: Die Fachwissenschaften gebrauchen die verschiedenen Sprachen, um Theorien über Sachverhalte in der Welt aufzustellen, während die Philos. die formalen Eigenschaften der wissenschaftlichen Sprachen analysiert. Sieht man sich die traditionellen Diskussionen in der Philos., z. B. zwischen Realisten* und Idealisten*, etwas näher an, scheinen sie von sprachunabhängigen Phänomenen zu handeln und nicht von formalen Eigenschaften der wissenschaftlichen Sprachen. Dies ist aber laut C. nur scheinbar der Fall. Der Satz ‹Ein Ding ist ein Komplex von Sinnesdaten›, der eine Version des Idealismus ausdrückt, ist in Wirklichkeit ein verkappter metasprachlicher Satz oder, wie C. dies nennt, ein ‹Pseudo-Objektsatz›. In Wirklichkeit handelt er nicht von ‹Dingen›, sondern von einer bestimmten Klasse von Wörtern, und er läßt sich in einer Weise formulieren, die weniger irreführend ist: ‹Jeder Satz, der Ding-Wörter enthält, ist logisch äquivalent* mit einer Klasse von Sätzen, die nur Wörter von Sinnesdaten enthalten.› Formuliert man die traditionellen philos. Probleme auf diese Weise um, zeigt sich laut C., daß sie entweder gelöst werden können oder auf Mißverständnissen der Logik der Sprache beruhen. – C. gab später den Gedanken auf, daß es für jede Sprache möglich sei, gültige Schlußfolgerungen zu definieren, ohne die Bedeutung der in ihnen enthaltenen Ausdrücke einzubeziehen. In einer Reihe von Arbeiten aus den 40er Jahren versucht er, die formale Theorie über Sprachen, die

Syntax*, durch eine Theorie zu ergänzen, die der Analyse der Wortbedeutungen dienen soll, die Semantik*. Er stützt sich hier auf Frege und Tarski.

In der Diskussion über den logischen Positivismus hatte sich gezeigt, daß sich das Verifizierbarkeitskriterium in der radikalen Form, wie es u. a. C. verfocht, nicht aufrechterhalten läßt. Dieses Kriterium hätte nämlich zur Folge, daß eine Reihe von wissenschaftlichen Sätzen, z. B. solche, die generelle Gesetzmäßigkeiten ausdrücken, kognitiv sinnlos sind. C. versucht in einigen Aufsätzen vor allem in «Testability and Meaning» (*Philosophy of Science*, Vol. 3–4, 1936–37), das Verifizierbarkeitskriterium so zu formulieren, daß solche Schwierigkeiten vermieden werden. Er schlägt vor, einen Satz nur dann als kognitiv sinnvoll zu betrachten, wenn es grundsätzlich möglich ist, den Glauben an seine Wahrheit oder Falschheit mit Hilfe von Sinneserfahrungen zu begründen. In späteren Arbeiten entwickelt C. eine Wahrscheinlichkeitstheorie*, die die theoretische Grundlage für diese Auffassung liefern soll. Danach ist der grundlegende Wahrscheinlichkeitsbegriff logisch und nicht statistisch. Ob die Wahrheit eines Satzes die Wahrheit eines anderen wahrscheinlicher macht, ist eine logische und nicht mehr eine empirische Frage.

Ausg.: Der logische Aufbau der Welt, 1928. Das Fremdpsychische und der Realismusstreit, 1928. Logische Syntax der Sprache, 1934. Einführung in die symbolische Logik, 1954. Induktive Logik und Wahrscheinlichkeit, 1959. Einführung in die Philos. der Naturwissenschaft, 1969. Bedeutung und Notwendigkeit, 1972. – *Lit.:* V. Kraft: Der Wiener Kreis, 1950. L. Krauth: Die Philos. Carnaps, 1970. R. Naumann: Das Realismusproblem in der analyt. Philos. Studien zu C. und Quine, 1993. E. Tegtmeier: Komparative Begriffe. Eine Kritik der Lehre von C. und Hempel, 1981.

Cartesianismus/cartesianisch (von lat. *Cartesius*, Descartes). 1. Descartes' Philos. 2. Philos. Schulen in Frankreich, Holland, Deutschland und Italien, die auf den Theorien Descartes' aufbauen (vgl. u. a. A. Arnold, A. Geulincx und N. Malebranche). 3. Allgemeine Bezeichnung für eine dualistische* Auffassung des Verhältnisses von Seele* (Bewußtsein*) und Leib. 4. Allgemeine Bezeichnung für die erkenntnistheoretische Lehrmeinung, wonach Erkenntnis auf unbezweifelbaren Einsichten gründet (oder gründen sollte).

Lit.: W. Röd: Descartes' Erste Philos., unter besonderer Berücksichtigung der cartesianischen Methodologie, 1971. R. Specht: Commercium mentis et corporis. Über Kausalvorstellungen im Cartesianismus, 1966.

Castañeda, Hector-Neri (1924–93), geb. in Guatemala, studierte C. an den Universitäten von Oxford und Minnesota, wo er 1954 bei W. Sellars doktorierte. Seine Lehrtätigkeit begann an der Universität San Carlos in Guatemala und führte über die Wayne State University zur Indiana University, wo er seit 1969 als Mahlon Powell Prof. für Philos. lehrte. Neben zahlreichen Gastprofessuren an verschiedensten Universitäten, auch in Europa, gründete er 1966 die philos. Zeitschrift «Nous», als deren Herausgeber er seither fungierte. Von 1973–75 war er Präsident der «Society of Exact Philosophy» und von 1979–80 der «American Philosophical Association». – Obschon sich C. Arbeiten ganz auf dem Boden der analytischen Philos. bewegen und durch eine logisch-formalistische Methode geprägt sind, gilt C. Interesse der Frage nach den grundlegenden ontologischen Strukturen der Realität und der Erfahrungen dieser Realität. Dabei dient ihm das «Selbst» als systematischer Ausgangspunkt der reflexiven Rekonstruktion von Welt – insbesondere von Einzeldingen, Eigenschaften, Relationen, sprachlichen Bezugnahmen auf Realität mittels Eigennamen, Indikatoren, definiten Beschreibungen und Quantoren*. Welt und Sprache, so unterstellt C., sind dabei der Struktur nach als isomorph* zu betrachten.

Eine breitere Rezeption erfuhr seine Theorie der Quasi-Indikatoren. In dieser

Theorie versucht C. dem besonderen Umstand, daß man in Aussagen über Bewußtseinszustände Dritter mit indexikalischen Ausdrücken zu kurz greift, Rechnung zu tragen, indem er sog. «Quasi-Indikatoren» einführt. Mit ihnen sind Ausdrucksformen an die Hand gegeben, die in indirekter Rede erlauben, die epistemologisch irreduzible und privilegierte Perspektive eines Subjekts auf sich selbst aus der objektiven «er»-Perspektive angemessen zu berücksichtigen und damit das Phänomen der Intersubjektivität in der Sprache erst richtig zur Geltung zu bringen.

Neben seiner «Guise-Theory» (Theorie der Gestaltungen), die seine Analysen sprachlicher Referenz in eine semantisch-ontologische Gesamttheorie einbettet, entwickelte C. eine umfassende Handlungstheorie, welche die (bisher) weiteste, auf der Autonomie des praktischen Denkens gegründete deontische Logik* enthält. Die Autonomie des Praktischen zeigt sich nach C. am deutlichsten in der Unterscheidung von Propositionen und «Praktionen», wie er die im praktischen Diskurs erwogenen propositionalen Gehalte nennt.

Ausg.: Thinking and Doing. The Philosophical Foundations of Institutions, 1975. On Philosophical Method, 1980. Sprache und Erfahrung, 1982. Thinking, Language, and Experience, 1989. – *Lit.:* K. Jacobi/H. Pape (Hg.): Thinking and the Structure of World. Das Denken und die Struktur der Welt, 1990. J. E. Tomberlin (Hg.): H.-N. C., 1986.

Castoriadis, Cornelius (geb. 1922 in Konstantinopel), Studium des Rechts, der Ökonomie und der Philos. in Athen. Zusammen mit politisch Gleichgesinnten bildete C. zu Beginn der dt. Besatzung in Griechenland eine Opposition gegen die nationalistisch eingestellte griech.-kommunistische Partei. In der Folge wandte C. sich den Trotzkisten zu. 1945 reiste C. nach Frankreich aus, wo er 1946 zusammen mit einer Splitterpartei, die sich von den Trotzkisten abspaltete, die Zeitschrift «Socialisme ou Barbarie» gründete und bis 1966 herausgab. Von 1948–70 arbeitete C. als Ökonom bei der OECD, 1970 ließ er sich in Frankreich einbürgern. 1973 wird C. als Psychoanalytiker tätig. Seit 1980 ist er Direktor der Ecole des Hautes Etudes en Sciences sociales in Paris. – In vielen seiner Zeitschriftenartikel, die er unter diversen Pseudonymen in *Socialisme ou Barbarie* publizierte, versucht C. zu zeigen, wie die kommunistische Partei in den sozialistischen Oststaaten, allen voran in der UdSSR, den Arbeiterkampf mißbraucht, um sich selbst an die Spitze eines ausbeuterischen und unterdrückerischen bürokratischen Apparats zu stellen. Demgegenüber glaubt C., daß es aus einer antibürokratischen Haltung heraus die Idee der kollektiven Selbstverwaltung stark zu machen gilt (*Le contenue du socialisme*, 1955–57). In einer fundamentalen Kritik am Marxismus und in der Analyse des modernen Kapitalismus gewinnt C. den Ansatz einer Gesellschaftstheorie, an welcher er seit den 70er Jahren zu arbeiten beginnt (*L'institution imaginaire de la societé*, 1975, dt. Gesellschaft als imaginäre Institution, 1984).

Aus der Einsicht, daß die politische Philos. seit Platon und bis hin zu Marx auf einem ontologischen Denken basiert, das das Wesen und die Identität in den Vordergrund stellt und dabei gerade das fundamental Imaginäre soziohistorischer Prozesse aus den Augen verliert, stellt C. für das Verständnis des Geschichtlich-Sozialen die symbolischen und die gesellschaftlich imaginären Bedeutungen in den Vordergrund seiner Theorie. Zwar trägt der gesellschaftliche Prozeß in der Entstehung von Institutionen selbst zu seiner eigenen Determination und identischen Festschreibung bei. Dennoch darf dabei nicht vergessen werden, daß er sich letztlich einem Netz imaginärer Bedeutungen verdankt. So sind nach C. selbst jene sozialphilosophischen Theorieansätze und Denktraditionen, die den Ursprung der Gesellschaft außerhalb ihrer selbst festzumachen versuchen, auch wiederum als Manifestationen dieses symbolisch-imaginären Prozesses zu analysieren. Die Gesellschaft ist wesentlich in ihrer Selbstinstantiierung und -institutionalisierung zu begreifen, wovon das politische Denken ein Teil ist. Auch seine Arbeiten zu Psychoanalyse, Sprachphilosophie und Erkenntnistheorie sind geprägt von dem Bestreben, die Menschen determinierende und einschränkende, insbesondere wissenschaftliche Denktraditionen auf ihre Ursprünge hin durchsichtig zu machen, um in der Distanz gegenüber Ansprüchen, die sich aus ihnen herleiten, autonom zu werden.

Ausg.: Autonome Gesellschaft und libertäre Demokratie. Hg. von U. Rödel, 1990. Durchs Labyrinth Seele, Vernunft, Gesellschaft, 1983. – *Lit.:* A. Pechriggel/K. Reitter (Hg.): Die Institution des Imaginären, 1991.

Cassirer, Ernst (1874–1945), dt. Philos. und Philos.historiker jüdischer Herkunft. Studierte 1892–99 Jura, Germanistik und Neuere Literaturgeschichte, seit 1896 auch Philos. und Mathematik. 1899 Diss. bei H. Cohen und P. Natorp. 1906 Privatdozent in Berlin, 1919–33 Prof. in Hamburg, 1933–35 in Oxford, 1935–41 in Göteborg, ab 1941 in Yale, 1944–45 in New York Gastprof.
Die Herkunft C. aus der neukantianischen Marburger Schule zeigt sich u. a. an der Themenwahl seiner ersten philosophiegeschichtlichen Abhandlungen: Descartes, Leibniz und Kant. – Nach C. sind in der Philos. die historische und die systematische Methode aufeinander angewiesen. So versteht C. auf der einen Seite die Philos.geschichte nicht als eine bloße Anhäufung historischer Tatsachen, sondern als historische Entwicklung, in deren Verlauf der philos. Geist* zur Klarheit über sich selbst und die philos. Probleme kommt. Auf der anderen Seite lehnt C. die Meinung ab, die Philos. könne ohne Berücksichtigung ihrer Entwicklung systematisch begründet werden, und führt deshalb einen neuen Begriff apriorischer Erkenntnis ein. Kant hatte die Rekonstruktion von Erkenntnisformen* angestrebt, die jederzeit und überall gelten, d. h. aller Erfahrung zugrunde liegen, insofern als sie unabhängig von aller Erfahrung (d. h. *a* priori*) gewußt werden können. Dieser These stellt C. seinen Begriff des «relativen Apriori» gegenüber: Jedem theoretischen System liegen einige Begriffe zugrunde, die seinen Charakter bestimmen. Diese Begriffe – bzw. das Wissen darum – sind dann «relativ *a priori*», d. h. *a priori* in bezug auf das System. Die Philos.geschichte läßt sich als historische Entwicklung solcher relativer Erkenntnisformen auffassen.
Die historische Entfaltung der Erkenntnisformen und des begrifflichen Denkens ist für C. jedoch nur ein Spezialfall der allgemeinen kulturellen Entwicklung von Symbolen*. Der Mensch ist das symbolverwendende Tier; und ebenso wie die Grundbegriffe einer Theorie deren Gegenstandsfeld abgrenzen und bestimmen, so konstituieren* die Symbole die kulturgeprägte Welt. In ihr findet sich der Mensch mittels seiner Symbole zurecht. So wird die Philos. zur allgemeinen Symbol- und Kulturphilos.; sie soll die Funktion der Symbole in Alltagsleben, Wissenschaft, Kunst und Religion nachweisen.

Ausg.: Das Erkenntnisproblem in der Philos. und Wissenschaft der neueren Zeit, 3 Bde., 1906–20. Philos. der symbolischen Formen, 3 Bde., 1923–29. – *Lit.:* H.-J. Braun (Hg.): Über E. C. Philos. der Symbolischen Formen, 1988. T. Göller: E. C. kritische Sprachphilos. Darstellung, Kritik, Aktualität, 1986. A. Graeser: E. C., 1994. H. Paetzold: E. C. zur Einführung, 1993. E. Rudolph/ H. I. Sandkühler (Hg.): Symbolische Formen, mögliche Welten – E. C., 1995. P. A. Schilpp (Hg.): E. C., 1966.

causa (lat., Ursache*, Grund*). Die scholastische* Lehre von den verschiedenen Ursachen *(causae)* setzt die aristotelische Einteilung voraus und differenziert sie weiter.
Grundsätzlich wird zwischen den internen (inneren) und den externen (äußeren) Ursachen eines Seienden (z. B. einer Bronzestatue) unterschieden.

1. *causa materialis* (materiale Ursache) gehört zu den inneren Ursachen. Sie liegt im Stoff (griech. *hyle*), «woraus etwas entsteht, und was in diesem Etwas ist, z. B. ist die Bronze die Ursache der Statue» (Aristoteles).

2. *causa formalis* (formale Ursache) gilt als die zweite innere Ursache. Sie besteht in der Form (griech. *idea* oder *eidos*), der Struktur oder dem Muster, das sich im Seienden findet. Die Bronzestatue z. B. entsteht dadurch, daß die Bronze in der Form der Statue gestaltet ist. Die scholastische Philos. identifiziert *c. formalis* häufig mit *c. exemplaris* (der exemplarischen Ursache), die weitgehend identisch ist mit der platonischen Idee (griech. *idea*). Die Unterscheidung zwischen *c. materialis* und *c. formalis* ist eine relative. So ist die Bronze selbst aus einem Stoff und einer besonderen Bronzeform zusammengesetzt, ebenso wie die Bronzestatue als Materie dienen kann, z. B. bei der Herstellung von Schmuck.

3. *causa efficiens* (wirkende Ursache) ist eine äußere Ursache; sie ist «die Quelle, worin die Veränderung oder die Ruhe ihren Ursprung hat» (Aristoteles), d. h. die *c. efficiens* bewirkt, daß etwas erzeugt wird. So ist das Hämmern des Schmieds auf die Bronze eine der wirkenden Ursachen, die die Bronzestatue erzeugen. Auch der Schmied selbst kann als *c. efficiens* bezeichnet werden.

4. *causa finalis* (Zweckursache) ist eine äußere Ursache; sie gibt den Zweck unseres Tuns an. «Z. B. ist Gesundheit die Ursache eines Spaziergangs. Denn ‹Warum macht man einen Spaziergang?› sagen wir. ‹Wegen der Gesundheit.› Und wenn wir das sagen, meinen wir, daß wir die Ursache angegeben haben» (Aristoteles). *C. finalis* war für Aristoteles und die Scholastiker ein naturwissenschaftliches Prinzip.

Teilweise die Einteilung in 1–4 überschneidend, gibt es noch weitere Gruppen der c.:

5. *causa prima/causa secund(ari)a* (erste/zweite Ursache): In einer endlichen Kausalreihe a, b, c … heißt n die «primäre» oder «erste Ursache», wenn n die Ursache der ganzen Kausalreihe ist; alle übrigen Ursachen sind sekundär. *c. prima* wird gewöhnlich mit Gott identifiziert.

6. *causa proxima/causa remota* (nächste/entfernteste Ursache) und *causa immediata/mediata* (unmittelbare/mittelbare Ursache): In der Kausalreihe a, b, c … n ist die Ursache c *c. proxima* und *c. immediata* der Wirkung b, da zwischen b und c keine weitere Ursache liegt; hingegen ist die Ursache c *c. remota* und *c. mediata* der Wirkung a, da zwischen a und c die Ursache b liegt.

7. *causa principalis/instrumentalis* (ursprüngliche/instrumentelle Ursache): Wenn die Ursache n durch die Verwendung der Ursachen a, b, c wirkt, dann ist n *c. principalis*, während a, b, c jeweils *c. instrumentalis* sind.

8. *causa sufficiens/deficiens* (hinreichende/nicht hinreichende Ursache): Wenn eine Ursache aus sich selbst heraus eine bestimmte Wirkung erzielen kann, ist sie *c. sufficiens*; kann sie die Wirkung nicht erzeugen – z. B. aufgrund widriger Umstände –, ist sie *c. deficiens*.

9. *causa adaequata* (adäquate Ursache; von lat. *adaequare*, gleichstellen): eine Ursache, die der Wirkung entspricht.

10. *causa efficiens/conservans* (auswirkende/bewahrende Ursache): *c. efficiens* bewirkt, daß etwas zustande kommt, *c. conservans*, daß etwas weiterhin existiert.

11. *causa cognoscendi/essendi* (Ursache des Erkennens/des Seins): Die Scholastik unterscheidet streng zwischen der *c. cognoscendi*, die Ursache dafür ist, daß ein Seiendes erkannt werden kann, und der *c. essendi*, der Ursache dafür, daß ein Seiendes ist, wie es ist.

12. *causa sui* (Ursache seiner selbst): Bezeichnung dafür, daß ein Seiendes nicht von einem anderen, sondern nur durch sich selbst bestimmt ist. Der Begriff wurde in der Geschichte der Philos. in zweifacher Bedeutung verwendet: Zum einen kann *c. sui* dasjenige heißen, das notwendigerweise existiert und dessen Nicht-

Existenz unmöglich gedacht werden kann. Einen solchen *c. sui*-Begriff verwenden u. a. Plotin, Descartes, Spinoza und Hegel, während Thomas von Aquin ihn ablehnt. Zum anderen kann *c. sui* dasjenige heißen, das radikal frei ist, insofern es sich selber verursacht. Diese Bedeutung findet sich bei Aristoteles und Thomas von Aquin sowie bei Plotin, Descartes, Spinoza und Hegel.

13. *causa occasionalis* (Gelegenheitsursache) ist bei Malebranche die Bezeichnung für ein Ereignis, das selber keine Wirkung hat, sondern nur die Gelegenheit (lat. *occasio*) dafür abgibt, daß Gott eine Wirkung erzeugt. Laut Malebranche sind z. B. körperliche Zustände die *c. occasionalis* für Bewußtseinszustände und umgekehrt. – Vgl. Okkasionalismus.

Lit.: Aristoteles: Metaphysik. Thomas von Aquin: Über das Sein und das Wesen. Spinoza: Ethik. R. Bubner/ K. Cramer/ R. Wiehl (Hg.): Kausalität, 1992. M. Bunge: Kausalität, Geschichte und Probleme, 1987. D. Henrich: Der ontologische Gottesbeweis, 1960. R. Spaemann/R. Löw: Die Frage ‹Wozu?›, 1981. W. Stegmüller: Das Problem der Kausalität. In: Probleme der Wissenschaftstheorie. Hg. von E. Topitsch, 1960.

Celsus von Alexandria (griech. *Kelsos*; 2. Jh. n. Chr.), Philos. Das Wissen über Celsus stammt u. a. aus der Schrift *Contra Celsum* («Gegen Celsus») des neuplatonischen* Kirchenvaters Origenes. Sie zitiert lange Abschnitte aus C. verlorengegangenem Werk *Alethes logos* («Wahres Wort»). C. richtete heftige Angriffe gegen das Christentum. Für ihn ist es bestenfalls eine verzerrte Wiedergabe von Grundgedanken der griech. Philos.

Ausg.: Alethes Logos, 1924. – *Lit.:* C. Andresen: Logos und Nomos. Die Polemik des Kelsos wider das Christentum, 1955.

Certeau, Michel de (1925–86), franz. Philos., Theologe und Historiker, geb. in Chambéry. Studium in Grenoble und Paris, Prof. in Paris 1968–78, danach Prof. an der University of California, San Diego. Seit der Gründung 1964 Mitglied in Lacans L'École Freudienne de Paris. – C. philos. Interesse gilt u. a. der Geschichte*. Sie wird als ‹Geschichtsschreibung› verstanden, d. h. als Diskurs*, der eine zusammenhängende Darstellung der Vergangenheit erzeugt. C. Philos. ist mit jener Foucaults, Derridas und Levinas' verwandt. Die Geschichtsschreibung beruht nach C. auf dem Verhältnis zum ‹anderen›, dem Abwesenden. Der Historiker muß die Spuren aufsuchen, die von anderen hinterlassen worden sind und für ein Abwesendes zeugen. Wir verstehen die Vergangenheit nur in ihrer Verschiedenheit von uns, aber zugleich verstehen wir sie nur von uns selbst her (*Kunst des Handelns*, 1988).

Ausg.: L'étranger ou l'union dans la différence, 1969. La Culture au pluriel, 1980. Histoire et psychoanalyse entre science et fiction, 1987. Invention du quotidien, 2 Bde., 1990.

ceteris paribus (lat. unter sonst gleichen Umständen). Naturgesetze, so wird behauptet, gelten nicht uneingeschränkt, sondern nur c. p., d. h. unter der Voraussetzung, daß die natürliche Gesetzmäßigkeit durch keine äußeren Faktoren gestört wird. Diese Behauptung beinhaltet, daß Naturgesetze nur für idealisierte Fälle gelten. Auch bei der Formulierung moralischer oder ökonomischer Regeln treten c. p.-Bedingungen auf.

characteristica universalis (lat., allgemeine Charakteristik). Leibniz' Bezeichnung für seine geplante Kunstsprache. Sie sollte leicht erkennbare Symbole («Charaktere») aller Grundbegriffe und Urteile* enthalten und dadurch als ein «Alphabet» des Denkens der Formulierung einer umfassenden exakten Wissenschaft dienen. – S. auch *mathesis universalis*.

Lit.: H. Burkhardt: Logik und Semiotik in der Philos. von Leibniz, 1980, bes. S. 186–205.

Charakterologie oder Charakterkunde (von griech. *charakter*, Prägung, Typus, und *logos*, Lehre). 1. Im weitesten Sinn

Bezeichnung für die verschiedenen Theorien, die seit der Antike über die Typen menschlicher Persönlichkeit und den Zusammenhang von Persönlichkeitstypus und Körperbau vorgetragen werden. 2. Im engeren Sinn Bezeichnung für die Lehre von L. Klages (1872–1956) und verwandte Theorien, nach denen sich die Charakterzüge einer Person an ihrem körperlichen Ausdruck (vor allem an der Handschrift) erkennen lassen.

Lit.: L. Klages: Die Grundlagen der Charakterkunde, (1926) [14]1969. P. Lersch: Aufbau der Person, 1938.

Charron, Pierre (1541–1603), franz. Philos. und Humanist, Hofprediger bei Königin Margarete von Navarra, ab 1599 Domherr in Condom. In seinem apologetischen Werk *Les trois vérités* (Die drei Wahrheiten, 1591) sucht C. zu beweisen, daß Gott existiert, daß im Christentum die wahre Religion zu sehen ist und im Katholizismus der wahre Glaube. C. betrachtet hier den Glauben als einzige religiöse Autorität und stellt ihn der Vernunft gegenüber, der Autorität in Angelegenheiten der Wissenschaft. Das Christentum ist deshalb über jede philos. Diskussion erhaben. Mit dieser Auffassung schließt sich C. seinem Lehrmeister Montaigne an, teilt aber dessen Skeptizismus* ansonsten nicht.

Das Thema von C. Hauptwerk *De la sagesse* (Über die Weisheit, 1601) ist – wie später in der Philos. des 17. Jh. zumeist – der Mensch. Durch das erste der drei Bücher soll der Mensch sich selbst kennenlernen, durch das zweite soll er die Gefühle und Leidenschaften beherrschen lernen, die sein Unglück verursachen, und im dritten Buch werden als Aspekte von Weisheit die Tugenden der Klugheit, Gerechtigkeit, der Stärke und des Maßes erörtert. Das Werk bietet also den systematischen, stoisch* beeinflußten Versuch, eine rein humane und naturalistische* Moral zu entwickeln, unabhängig von jeder religiösen Anschauung. Dadurch wurde C. in der ersten Hälfte des 17. Jh. zu einer umstrittenen Gestalt, bewundert und verehrt von den freisinnigen Geistern der Zeit, kritisiert und abgelehnt von konservativen Theologen.

Lit.: J. D. Charron: The ‹Wisdom› of P. C. An Original and Orthodox Code of Morality, 1960. A. Levi: French Moralist. The Theory of Passions 1585–1649, 1964. R. H. Popkin: The History of Scepticism from Erasmus to Spinoza, 1979.

Chiffre (von arab. *sifr*, leer, Zahlzeichen ohne absoluten Wert, Null; engl. *cipher*; franz. *chiffre*). 1. Im 13. Jh. ging das Wort C. in seiner arab. Bedeutung auf die romanischen und germanischen Sprachen über. Nachdem sich das ital. *nulla* durchgesetzt hatte, wurde C. zu ‹Ziffer› (Zahlzeichen). 2. Im 18. Jh. wurde C. als Begriff für Geheimzeichen innerhalb der Kryptologie, der Lehre von den geheimen Kodeschriften, in den dt. Wortschatz aufgenommen. Dieser Wortgebrauch findet sich noch heute in der Rede von der ‹Chiffrierung›, der Numerierung sprachlicher Zeichen zum Zweck einer ‹Chiffrenschrift›, wie sie in Geheimkodes und als Computersprache in der modernen Datenverarbeitung benutzt wird. 3. In der dt. Romantik* gilt die Natur als C., da sie in geheimen Zeichen vom Göttlichen spricht. Die C. der Natur zu deuten ist Aufgabe von Philos. und Dichtung. 4. Für Jaspers kann alles Vorhandene zur C. werden. Die absolute Wirklichkeit (das Umgreifende) läßt sich nie direkt erkennen. Aber der Mensch kann sich Natur, Geschichte, Kunstwerke, philos. Systeme, Mythen usw. als Zeichen dieser Wirklichkeit in Freiheit aneignen.

Lit.: K. Jaspers: Chiffren der Transzendenz, 1970. X. Tilliette: Sinn, Wert und Grenze der C.-Lehre, 1960.

Chisholm, Roderick (geb. 1916), amerik. Philos., in North Attleboro (Mass.) geboren, Studium der Philos. an der Brown und Harvard University u. a. bei Ducasse, Quine und Russell, seit 1947 Prof. an der Brown University. C. ist zusammen mit E. Sosa Herausgeber der Zeitschrift

«Philosophy and Phenomenological Research». – C. Arbeiten situieren sich ganz in der analytischen Philos. angelsächsischer Tradition. Entsprechend sind sie darum bemüht, zentrale Begriffe der Theorie exakt zu definieren und mittels intuitiver Gegenbeispiele zu überprüfen. Dennoch zeichnen sich C. zahlreiche Aufsätze und Bücher dadurch aus, daß sie das phänomenologische Erbe von F. Brentano* und A. Meinong* weiterführen. So steht der Begriff der Intentionalität im Zentrum seiner Untersuchungen etwa zur Philos. des Geistes, zur Sprachphilos. und Bewußtseinstheorie. Empfindungen, aber auch Wünsche und Meinungen zu haben, Urteile zu fällen, sind nach C. Beispiele für intentionale Eigenschaften. Diese können durch Reflexion auf eigene psychische Zustände und Akte des Bewußtseins erfaßt werden. Dabei argumentiert C. gegen einen Funktionalismus in Fragen des Leib-Seele-Verhältnisses, indem er zu zeigen versucht, daß nur Personen, nicht aber abstrakte Systeme, Prozesse oder Strukturen intentionale Eigenschaften haben können.

Auch wendet sich C. in seinen erkenntnistheoretischen Arbeiten gegen die von Quine* inaugurierte Skepsis gegen eine synthetisch/analytisch- und apriori/aposteriori-Unterscheidung. Neben apriorischem Wissen, d. h. dem unmittelbaren Erfassen von Eigenschaften, die einer Entität aufgrund anderer Eigenschaften zukommen müssen, ist nach C. auch die Selbstzuschreibung sog. «selbstrepräsentierender Eigenschaften» – z. B. Schmerzen zu haben – eine Quelle von Gewißheit. In der Selbstzuschreibung von Eigenschaften erkennt C. das eigentliche Fundament jeglicher Art von Urteil, d. h. der Bezugnahme auf Objekte: Ich schreibe mir im Urteilen über etwas selbst die Eigenschaft zu, zu diesem individuellen Etwas in einer eindeutigen Relation zu stehen. Die Grundlage objektiver Bezugnahme ist von daher nicht sprachlicher, sondern intentionaler Natur, und Intentionalität selbst wiederum ist nicht auf Sprachliches rückführbar.

Im Rahmen der praktischen Philos. und Handlungstheorie vertritt C. eine Position, die weder dem Determinismus* zugerechnet werden kann noch indeterministisch zu nennen wäre. In der Verteidigung der Willensfreiheit* beschreibt C. eine spezifische Handlungskausalität, welche im Gegensatz zur Naturkausalität die Wirkungen zwar nicht aufgrund hinreichender Ursachen determiniert, aber dennoch kausal wirkt: Die Person selbst wird als Verursacher aufgefaßt. – In C. hat die Konzeption intrinsischer Werte als Fundament einer objektiven Begründung der Ethik, wie sie von F. Brentano* und G. E. Moore* vertreten wurde, gegenwärtig ihren prominentesten Vertreter gefunden.

Ausg.: Perceiving, 1957. Theory of Knowledge, 1966. Person and Object, 1976, The First Person, 1981 (dt. Die erste Person, 1992). Brentano and Meinong Studies, 1982. The Problem of Criterion, 1973. On Metaphysics, 1989. – *Lit.:* R. J. Bogdan (Hg.): Profiles. R. M. C., 1986.

Chomsky, Noam Avram (geb. 1928), amerik. Sprachforscher und Philos., seit 1955 Prof. am Massachusetts Institute of Technology (MIT). C. leitete 1957 mit *Syntactic Structures* (dt. Strukturen der Syntax, 1973) eine neue Ära in der Sprachforschung ein, die sog. *(generative) Transformationsgrammatik*. Er kritisierte die traditionelle Linguistik, weil sich deren Untersuchungen auf faktisch produzierte Texte beziehen. Diese faktische Seite der Sprache – die Performanz – ist aber nur ein zufälliges Oberflächenphänomen, welches das wesentliche Element einer Sprachbeschreibung verdeckt – die Kompetenz, d. h. die Fähigkeit, Sätze zu generieren. Dank dieser Fähigkeit ist es möglich, eine unendliche Anzahl neuer, nie zuvor gesagter und gehörter Sätze zu bilden und zu verstehen, die grammatisch korrekt sind. Diese kreative Kompetenz besteht laut C. in einer (unbewußten) Kenntnis einer endlichen Anzahl satzbildender Regeln, die gesamthaft den Begriff eines grammatisch korrekten Satzes der betreffenden Sprache definieren. Die

Aufgabe der Linguistik besteht darin, eine theoretische Rekonstruktion dieser Regeln und damit ein Modell der Kompetenz zu liefern. Nach C. sollen in einer solchen Grammatik zwei Hauptkomponenten berücksichtigt werden; zum einen der Basisteil mit einer Reihe einfacher Kernsätze – Tiefenstrukturen –, die mit Hilfe von Formeln beschrieben werden. Zum anderen die Transformationsregeln, dank denen diese einfachen Strukturen zu ständig komplizierteren Sätzen umgewandelt werden können, so daß sich das sprachliche Endergebnis – die Oberflächenstruktur – stark von der Tiefenstruktur unterscheidet. Den Wortbestand der einzelnen Sätze vermittelt das Lexikon, die Bedeutung der Wörter bestimmt die semantische* Komponente, und die Aussprache der Sätze folgt den Regeln der phonologischen Komponente.

C. Standardsystem finden wir in *Aspects of the Theory of Syntax* (1965, dt. Aspekte der Syntax-Theorie, 1969); doch C. selbst wie auch andere haben seither wesentliche Änderungen vorgeschlagen. Besonders umstritten ist das Verhältnis zwischen Syntax und Semantik: Gegenüber einer steigenden Zahl von Kritikern hat C. daran festgehalten, daß das syntaktische Regelsystem in sich selbst ruht und völlig unabhängig von der Semantik besteht.

C. vertritt die These, daß alle menschlichen Sprachen im Grunde gleich sind, weil sie über eine gemeinsame, universelle Basis verfügen. Die Unterschiede zwischen den Sprachen ergeben sich durch die Transformationen, die von der Basisstruktur zur Oberflächenstruktur führen. Auf diesem Hintergrund hat auch C. Annahme weite Beachtung gefunden, daß die Sprache angeboren ist *(the innateness hypothesis)*. Weil Kinder von Geburt an Sprachkompetenz besitzen, lernen sie mit ihrer Muttersprache nur noch die Transformationsregeln und mit ihnen die in ihrem sprachlichen Milieu entscheidenden Oberflächenstrukturen. Diese rationalistische Sprachauffassung wird u. a. in den Werken *Cartesian Linguistics* (1966; dt. Cartesianische Linguistik, 1971), *Language and Mind* (1968, dt. Sprache und Geist, 1970) und *Reflections on Language* (1975; dt. Reflexionen über die Sprache, 1977) dargestellt. In letzterem und in *Rules and Representation* (1980) setzt sich C. kritisch mit behavioristischen* und empiristischen* Richtungen der modernen Sprachtheorie auseinander, wie sie u. a. von Skinner, Quine, Wittgenstein und Grice vertreten werden.

C. hat sich aktiv in der politischen Diskussion in den USA engagiert und nicht zuletzt den Vietnamkrieg und den amerik. Imperialismus in Asien scharf kritisiert. Die Bücher *American Power and the New Mandarins* (1969, dt. Amerika und die neuen Mandarine, 1969), *At War With Asia* (1970, dt. Im Krieg mit Asien, 1972) und *Language and Responsibility* (1977) sind Ausdruck dieses politischen Engagements.

Ausg.: Die Verantwortlichkeit der Intellektuellen, 1971. Die formale Natur der Sprache, 1972. Über Erkenntnis und Freiheit, 1973. Thesen zur Theorie der generativen Grammatik, 1974. – *Lit.:* K.-O. Apel: N. C. Sprachtheorie und die Philos. der Gegenwart. Eine wissenschaftstheoretische Fallstudie. In: Linguistik und Sprachphilos. Hg. von M. Gerhardt, 1974. J. Lyons: N. C., 1971, ³1991. C. P. Oteros (Hg.): N. C., 1994. H. Weydt: N. C. Werk. Kritik, Kommentar, Bibliographie, 1976.

Chrysippos (281/77–208/04 v. Chr.), Vertreter der Stoa. Dritter Leiter der stoischen Schule in Athen (von 232 v. Chr. bis zu seinem Tod). C. interessierte sich besonders für die Logik und Erkenntnistheorie und suchte nach den Prinzipien der Natur. – Vgl. Stoa.

Lit.: K. Hülser (Hg.): Die Fragmente zur Dialektik der Stoiker, 4 Bde., 1987/88. M. Pohlenz: Die Stoa. Geschichte einer geistigen Bewegung, 1948. R. T. Schmidt: Die Grammatik der Stoiker, 1979.

Church, Alonzo (geb. 1903), amerik. Logiker und Philos., Prof. in Princeton und

Los Angeles. C. hat sich mit mathematischer Logik und Sprachphilos. beschäftigt. Er formulierte 1936 die zwar begründete, aber nicht bewiesene These, daß alle effektiv entscheidbaren* Funktionen* rekursiv sind (vgl. Rekursionsformel). Auf dem Hintergrund dieser Annahme, C. These genannt, bewies er, daß die Prädikatenlogik* erster Stufe nicht entscheidbar ist, es also keinerlei effektive mechanische Methoden gibt, um zu entscheiden, ob ein gegebener grammatisch korrekter Satz wahr ist oder nicht. Dieses Ergebnis nennt man C. Theorem.

Ausg.: Introduction to mathematical logic, 1956.

Cicero, Marcus Tullius (106–43 v. Chr.), römischer Redner, Politiker (Konsul im Jahr 63 v. Chr.), Schriftsteller und Philos. In einer Reihe von Werken, die sich mit Erkenntnistheorie und Ethik (einschließlich der Staatslehre) beschäftigen, gibt C. die erste größere Darstellung der griechischen Philos. in lat. Sprache. C. weist den Epikureismus generell zurück; in der Erkenntnistheorie vertritt er einen gemäßigten akademischen Skeptizismus*, in der Logik und Ethik einen Kompromiß zwischen stoischer und peripatetischer Theorie. Die erkenntnistheoretischen und ethischen Schriften C. waren für Augustinus und die Denker der Renaissance von großer Bedeutung. C. *Topica* (dt. «Topik», 1983) beeinflußte die scholastische Logik des Boethius.

Ausg.: Vom Gemeinwesen, 1960. Vom rechten Handeln, 1964. Vom Wesen der Götter, 1978. Gedanken über Tod und Unsterblichkeit, 1969. Sämtliche Reden, 7 Bde., 1970–82. Über die Rechtlichkeit, 1983. Über die Ziele des menschlichen Handelns, 1988. – *Lit.:* K. Büchner: C., 1964. M. Fuhrmann: C. und die römische Republik, 1992. M. Giebel: M. T. C. in Selbstzeugnissen und Bilddokumenten, 1991. O. Gigon: Die antike Philos. als Maßstab und Realität, 1977. W. Görler: Untersuchungen zu C. Philos., 1974. P. Grimal: C. Philos., Politiker, Rhetor, 1988.

Cioran, Emile Michel (1911–95), rumän. Schriftsteller, von 1928–31 Studium der Philos. in Bukarest mit einer Abschlußarbeit über Bergson (1932), lebte von 1937 bis zu seinem Tod in Paris. – In Vorwegnahme der philos. Strömung des Existentialismus in Frankreich entwickelt C. in Anknüpfung an die Philos. Kierkegaards und die philos. Aphorismen Kafkas einen antisystematischen, tief pessimistischen Nihilismus. Im Zentrum seiner Schriften stehen dabei als Hauptprobleme menschlichen Daseins die Existenzberechtigung und der Tod. Die Zeit und das Leben sind gewissermaßen Gebrechen der Ewigkeit bzw. der Materie, der Mensch ist ein Unfall der Natur. Einzig die Kunst vermag in einer derart absurden Welt dem Dasein allenfalls einen Sinn zu geben.

Ausg.: Lehre vom Zerfall, 1939. Geschichte und Utopie, 1979. Die verfehlte Schöpfung, 1979. Vom Nachteil, geboren zu sein, 1979. Über das reaktionäre Denken, 1979. Syllogismen der Bitterkeit, 1980. Dasein als Versuchung, 1983. Auf den Gipfeln der Verzweiflung, 1989. Das Buch der Täuschungen, 1990. – *Lit.:* D. Hell: Skepsis, Mystik und Dualismus. Eine Einführung in das Werk E. M. C., 1983.

circulus vitiosus (lat., ‹fehlerhafter Zirkel›), Zirkelschluß. Beweis, bei dem die Wahrheit dessen, was bewiesen werden soll (die Konklusion), bereits im Ausgangspunkt des Beweises (den Prämissen) vorausgesetzt ist. Im folgenden einfachen Beispiel fällt die Konklusion inhaltlich mit der einzigen Prämisse des Beweises zusammen: ‹Jedem Menschen ungehinderte Redefreiheit zu erlauben, muß im großen und ganzen für den Staat immer von Vorteil sein; denn es ist in hohem Maße im Interesse der Gesellschaft, daß jede Person eine vollkommen unbegrenzte Freiheit genießt, ihre Meinungen auszudrücken› (Erzbischof Whateley: *Elements of Logic,* 1843). Man sagt auch: die These mit der These beweisen.

Clemens von Alexandria (gest. vor 215 n. Chr.), eigtl. Titus Flavius Clemens; lebte 175–202 in Alexandria. Christlicher Philos. C. versuchte das Christentum mit der griech. Bildung zu vereinen, indem er die griech. Philos. als Vorläuferin der christlichen Glaubenswahrheit darstellte.

Ausg.: Ausgewählte Schriften. Hg. von O. Stählin, 1934–38. In: Bibliothek der Kirchenväter, Reihe 2; Bde. 7, 8, 17, 19, 20. Welcher Reiche wird gerettet werden?, 1983. – *Lit.:* G. Apostolopoulou: Die Dialektik bei C. v. A., 1977. M. Pohlenz: Klemens von Alexandreia und sein hellenisches Christentum, 1943. W. Völker: Der wahre Gnostiker nach C. Alexandrinus, 1952.

cogito ergo sum (lat. ‹Ich denke, also bin ich›). Sein methodischer Zweifel führt Descartes in den «Meditationen» zu dem Ergebnis: Das einzige, dessen man sich absolut sicher sein kann, ist die eigene Existenz als Bewußtseinswesen. – Vgl. Descartes.

Cohen, Hermann (1842–1918), dt. Philos., 1876–1912 Prof. in Marburg. Gründer der Marburger Schule, des logisch-methodologischen Idealismus* innerhalb des Neukantianismus*. Zeugnisse dieses Idealismus sind u. a. *Logik der reinen Erkenntnis* (1902), *Ethik des reinen Willens* (1904) und *Ästhetik des reinen Gefühls* (1912). In seinen letzten Jahren wandelte sich C. Auffassung über das Verhältnis zwischen religiösem Glauben und Vernunfterkenntnis: Für C war der Glaube von der Vernunfterkenntnis völlig unabhängig und in keiner Weise untergeordnet. C. Werke aus dieser Zeit (*Der Begriff der Religion im System der Philosophie*, 1915, und *Die Religion der Vernunft aus den Quellen des Judentums*, 1919) hatten großen Einfluß auf das jüdische Denken in Deutschland, besonders auf die Dialogphilos.*.

Ausg.: Werke, 16 Bde. Hg. von H.-C.-Archiv Zürich, 1977 ff. – *Lit.:* G. Edel: Von der Vernunftkritik zur Erkenntnislogik, 1988. H. Holzhey: C. und Natorp, 2 Bde., 1986. W. Kinkel: H. C., 1924. H. Holzhey (Hg.): H. C., 1994.

coincidentia oppositorum (lat., ‹Zusammenfall der Gegensätze›). Bei Nicolaus Cusanus Bezeichnung für die Aufhebung aller Widersprüche und die Vereinigung aller Gegensätze in Gott. Für Giordano Bruno und Schelling ist die c. o. ein Merkmal aller Wirklichkeit. – Vgl. Cusanus.

Lit.: D. Mahnke: Unendliche Sphäre und Allmittelpunkt, 1966.

Collingwood, Robin George (1889–1943), engl. Philos., Archäologe und Geschichtswissenschaftler. Studierte in Oxford, wo er 1927 seine eigene Lehrtätigkeit begann, von 1935–41 als Prof. für Metaphysik.

In seinen frühen Werken ist C. deutlich von B. Croce beeinflußt, löste sich aber später zusehends von dessen Ideen. In *An Essay on Metaphysics* (1940) bestimmt C. die Metaphysik als eine geschichtliche Untersuchung unserer absoluten* Voraussetzungen. In den Wissenschaften stellen und beantworten wir eine Reihe von Fragen, und unsere Antworten können wahr oder falsch sein. Die wissenschaftliche Problemformulierung und die wissenschaftlichen Antworten beruhen indessen auf einer Reihe von Voraussetzungen, die entscheiden, was überhaupt sinnvoll diskutiert werden kann. Da diese Voraussetzungen nicht selbst in Frage gestellt und diskutiert werden können, sind sie nach C. weder wahr noch falsch. Es ist die Aufgabe der Metaphysik, durch eine geschichtliche Studie die absoluten, weil indiskutablen Voraussetzungen freizulegen, die die verschiedenen Gesellschaften und wissenschaftlichen Traditionen festgesetzt haben. Dagegen verwehrt C. der Metaphysik den Anspruch, darüber entscheiden zu können, welche absoluten Voraussetzungen die Wissenschaften wählen sollen.

Innerhalb der Geschichtswissenschaft ist C. vor allem wegen seiner Theorie über das *re-enactment* (vgl. engl. *re*, wieder; *enactment*, Verfügung, Spiel, Aufführung) bekannt geworden: Es ist die Aufgabe des Geschichtswissenschaftlers, auf der Grundlage der überlieferten Quellen die Vergangenheit dadurch zu rekonstruieren, daß er erneut die Gedanken durchspielt, die sich in den vergangenen Ereignissen ausdrücken.

Ausg.: Religion and Philos., 1916. The Principles of Art, 1938. Essays on Metaphysics, 1940. Philos. der Geschichte, 1955. Denken. Eine Autobiographie, 1955. – *Lit.:* D. Boucher: The Social and Political Thought of R. G. C., 1989. A. F. Russell: Logic, Philos. and History, 1984.

common sense, Philos. des: Theorie, nach der Aussagen des ‹gesunden Menschenverstands› grundlegend sind und die Aufgabe der Philos. darin besteht, die Grundzüge des alltäglichen Wirklichkeitsverständnisses zu beschreiben sowie gegen philos. Angriffe seitens des Skeptizismus* zu verteidigen. Thomas Reid, der wichtigste Vertreter der schottischen Philos. des c. s. im 18. Jh., verteidigte diese Auffassung von der Existenz der Außenwelt gegen Philos. wie Locke, Berkeley und Hume. In diesem Jahrhundert hat Moore eine Philos. des c. s. vertreten. Bei ihm ist der Begriff c. s. eng mit dem des ‹gewöhnlichen Sprachgebrauchs› verbunden. Zudem hat Moore Reids Hinweise auf das, worüber sich alle vernünftigen Menschen einig sind, durch sog. Paradigma-Argumente ersetzt.

Lit.: H. Albersmeyer-Bingen: C. s. Ein Beitrag zur Wissenssoziologie, 1986. L. Ferguson: C. S., 1989. E. Lobkowicz: C. s. und Skeptizismus. Studien zur Philos. von Thomas Reid und David Hume, 1986. G. E. Moore: Eine Verteidigung des c. s., 1969. H. Pust: C. s. von der zweiten Hälfte des 17. Jh. bis zum Beginn des 18. Jh. In: J. Knobloch u. a. (Hg.): Europäische Schlüsselwörter, II 1, 1964.

Comte, Auguste (1798–1857), franz. Philos., Polytechniker und Soziologe. Begründer des Positivismus*. 1816 wurde C. von der Pariser École Polytechnique verwiesen, wo er einen Studentenaufruhr angeführt hatte. 1817–24 Sekretär Saint-Simons. C. unterrichtete an der École Polytechnique in einer untergeordneten Position; er verlor diese Stelle jedoch nach einem Streit mit der Schulleitung.

Auguste Comte

Seine Forschungen wurden durch private Unterstützungsbeiträge finanziert, vermittelt u. a. von J. S. Mill. 1829–46 hielt C. öffentliche Vorlesungen, die von namhaften Wissenschaftlern besucht wurden. Diese Vorlesungen bilden den Inhalt von C. Hauptwerk *Cours de philosophie positive* (Abhandlung über die Philos. des Positivismus, 6 Bde., 1830–42; dt. in Auszügen 1880, 1907). Erkenntnis und Wissenschaft, so lautet die Hauptthese, müssen sich auf das Positive* beschränken, müssen aus dem Beschreiben und Ordnen erfahrungsgegebener Tatsachen hervorgehen. Jeder Versuch, die Verhältnisse in Natur und Gesellschaft durch verborgene Ursachen* zu erklären – z. B. durch den Willen Gottes oder ein metaphysisches Wesen* –, ist als fruchtlos aufzugeben. Die menschliche Erkenntnis und die Gesellschaft durchlaufen nach C. drei Entwicklungsstadien. Im theologischen Stadium werden die Erscheinungen der Natur aus dem Eingreifen von Göttern erklärt; Autoritätsgläubigkeit, königliche Macht und Militarismus prägen die Gesellschaft. Im metaphysischen Stadium werden die Phänomene auf abstrakte Ideen und Kräfte zurückgeführt; in der Gesellschaft herrschen Unruhe und Egoismus, der juristische Machtapparat löst den militärischen ab und die Herrschaft des Volkes jene des Königs. Im positiven Stadium wird neben der Erfahrungswelt keine höhere Wirklichkeit mehr anerkannt. Die beobachtbaren Phänomene werden aus sich selbst erklärt, d. h. aus den Gesetzen über die konstanten Zusammenhänge der Erscheinungen. Diese Gesetze lassen sich durch Registrieren und Ordnen der erfahrungsgegebenen Daten zweifelsfrei bestimmen. Die positiven Wissenschaften ermöglichen Voraussagen und damit eine Kontrolle der natürlichen und sozialen Erscheinungen; dank ihren Erkenntnissen kann ein wohlgeordnetes, rationales Gesellschaftsleben entstehen, u. a. auf der Basis technologisch-industrieller Produktion. – Auch die positiven Wissenschaften mußten sich erst aus dem theologischen und dem metaphysischen Stadium herausentwickeln. Als erste Wissenschaft erreichte die Mathematik das positive Stadium; danach folgten Astronomie, Physik, Chemie und Biologie (damit auch die Psychologie). Die letzte positive Wissenschaft ist laut C. erst im Entstehen begriffen: nämlich die Soziologie, die mittels der Statistik die sozialen Entwicklungstendenzen beschreiben soll. Mit dieser Methode versuchte C. der neuen Wissenschaft das notwendige Fundament zu geben. – Ursprünglich forderte C. vehement die Wertfreiheit* der Wissenschaft. Später aber vertrat er die Auffassung, daß die Wissenschaft die Moral nicht ersetzen kann, da die Moral die Wertgrundlage darstelle, die die Richtung und den Umfang jedes Forschungsprozesses bestimmt.

Ausg.: Œuvres complètes, 12 Bde., 1968–71. Katechismus der positiven Religion, 1891. Der Positivismus in seinem Wesen und seiner Bedeutung, 1894. Rede über den Geist des Positivismus, 1956. – *Lit.:* K. Löwith: Weltgeschichte und Heilsgeschehen, 1953. O. Massing: A. C. In: D. Käsler (Hg.): Klassiker des soziologischen Denkens I, 1976. I. Muglioni: A. C., 1995. O. Negt: Die Konstituierung der Soziologie als Ordnungswissenschaft, ²1974.

conatus (lat., Streben, Tendenz), bei Spinoza Streben nach Aufrechterhaltung (Bewahrung) des eigenen Seins; Lebenskraft; Selbsterhaltungstrieb.

Condillac, Étienne Bonnot de (1714–1780), franz. Philos. C. folgte Lockes empiristischer* Theorie, nach der das Bewußtsein* einer leeren Tafel gleicht, auf die ausschließlich Sinneserfahrungen eingetragen werden. Für C. lassen sich alle mentalen Phänomene auf einfache, passive Empfindungen* reduzieren. Die Fähigkeit, zu urteilen und die einzelnen Empfindungen zu vergleichen (Lockes *ideas of reflection*), ist für C. das Ergebnis der Aufmerksamkeit, die ihrerseits eine Empfindung ist. Sie entsteht dann, wenn einige Empfindungen im Gemüt einen so starken Eindruck erzeugen, daß andere Empfindungen daneben unmöglich werden.

Ausg.: Œuvres, 23 Bde., 1798. Œuvres complètes, 31 Bde., 1803. Œuvres philosophiques de C., 3 Bde., 1947–51. Abhandlung über die Empfindungen, 1983. – *Lit.:* G. Klaus: Philos. historische Abhandlungen. Kopernikus, D'Alembert, C., Kant, 1977. U. Ricken: Sprachauffassung, Anthropologie, Philos. in der franz. Aufklärung. Ein Beitrag zur Geschichte des Verhältnisses von Sprachtheorie und Weltanschauung, 1982.

conditio sine qua non (lat., ‹Bedingung, ohne welche nicht›), unerläßliche Bedingung. 1. In der scholastischen* Physik Synonym für *conditio necessaria* (notwendige Bedingung) und für *causa sine qua non*, d. h. Ursache*, ohne welche die Wirkung ausbleibt. 2. In der Logik Synonym für notwendige* Bedingung.

contradictio in adjecto (lat., ‹Widerspruch in der Beifügung›, Widerspruch im Eigenschaftswort). Bezeichnung für eine Begriffsbestimmung, bei der die hinzugefügte Bestimmung mit dem bestehenden Begriff unvereinbar ist. Wenn etwa der Begriff ‹Kreis› als ‹viereckig› bestimmt wird, entsteht die c. i. a. ‹viereckiger Kreis›. Bei der c. i. a. handelt es sich also um einen begrifflichen Widerspruch, der durch die Konjunktion* zweier konträrer* Termini* verursacht wird. In welchen Fällen man von einer c. i. a. spricht, hängt oft vom Standpunkt des Urteilenden ab. So ist es z. B. eine Frage der politischen Anschauung, ob man die Ausdrücke ‹bürgerliche Demokratie› oder ‹demokratischer Zentralismus› als c. i. a. versteht oder nicht.

corroboration (engl. Bewährung). Begriff in Poppers Wissenschaftsphilos. Eine Hypothese, d. h. eine vorgeschlagene Gesetzmäßigkeit, erhält einen bestimmten Grad an c., insofern sie mit Beobachtungen und experimentellen Daten übereinstimmt, die im Hinblick auf ihre Überprüfung gesammelt worden sind. Kein Grad von c. sichert jedoch, daß die Hypothese wahr ist.

Cousin, Victor (1792–1867), franz. Philos., Prof. in Paris. Bekleidete in den 30er und 40er Jahren des 19. Jh. hohe Verwaltungsposten, die ihm einen entscheidenden insitutionellen Einfluß auf die franz. Philos. sicherten. C. Geschichtsphilos. knüpft an Hegel und Schelling an, trägt aber bewußt einen eklektischen* Charakter.

Ausg.: Fragments philosophiques, 1826 (ND 1971).

covering-law model. W. Drays Bezeichnung für ein Modell wissenschaftlicher Kausalerklärung, das in Anlehnung an die Theorie Poppers von Hempel und Oppenheim formuliert wurde und gleichermaßen auf Naturphänomene und geschichtliche Ereignisse Anwendung finden sollte. Nach diesem Modell muß ein Ereignis – z. B. daß sich ein Stück Metall ausgedehnt hat – mittels eines Schlusses aus singulären Aussagen und einem allgemeinen Gesetz erklärt werden können. Die singulären Aussagen beschreiben die Anfangsbedingungen oder ein (resp. mehrere) vorausgehendes Ereignis (die Ursache) – hier z. B., daß das Metall erhitzt worden ist. Das allgemeine Gesetz bedarf einer solchen Form, daß die Beschreibung des erklärten Ereignisses (der Wirkung) logisch aus der Gesetzesformulierung und der Beschreibung der Ursache folgt. Die Erklärung kann in unserem Beispiel die folgende Gestalt annehmen: (1) Dieses Stück Metall ist einer Erhitzung ausgesetzt worden. (2) Alle Metalle, die erhitzt werden, dehnen sich aus. Daher: (3) Dieses Stück Metall hat sich ausgedehnt. Das in (2) angeführte Gesetz deckt *(covers)* den konkreten Fall, indem es zeigt, wie die zwei Ereignisse als Beispiel eines festen Musters verstanden werden können. Dieses auch deduktiv-nomologische Erklärung genannte Modell sah sich starker Kritik ausgesetzt, nicht zuletzt weil es auch auf geistes- und sozialwissenschaftliche Erklärungen übertragen wurde, dort aber der Status von Anfangsbedingungen und von Gesetzen umstritten ist. – S. Erklärung.

credo ut intelligam (lat., ‹Ich glaube, um einsehen zu können›). Grundsatz des Anselm von Canterbury, der damit Gedanken von Augustinus weiterführt: Die Quelle der höchsten Einsicht liegt im Glauben; die Aufgabe der Vernunft besteht darin, diese Einsicht zu interpretieren. Die Hochscholastik (u. a. Thomas von Aquin) benutzt die Formel, um Glauben und Vernunft als zwei eigenständige Erkenntnisquellen voneinander zu trennen. Danach gelangt der Glaube zu Einsichten, der der Vernunft unzugänglich bleiben.

Croce, Benedetto (1866–1952), ital. Philos. und Politiker. Aus wohlhabender Gutsherrenfamilie stammend, war C. zeitlebens ökonomisch unabhängig. Studium an der Universität Rom (ohne Abschluß); u. a. Beschäftigung mit Herbart

Benedetto Croce

und Marx. Seit 1886 in Neapel. Freundschaft mit G. Gentile seit 1898, wegen dessen Zugehörigkeit zum Faschismus 1925 aufgekündigt. 1943 Neubegründer und Vorsitzender der liberalen Partei, 1944 Minister.
C. vertritt eine idealistische* Philos., nach der es nichts Wirkliches gibt außer dem Geist*. Dieser verwirklicht sich dialektisch* in vier Stufen, von denen die beiden ersten theoretischer, die beiden letzten praktischer Art sind: (1) ästhetische Stufe (Intuition*), (2) logische Stufe (Synthese* von Allgemeinem und Individuellem), (3) ökonomische Stufe (Nützlichkeitsstandpunkt, Wollen des einzelnen), (4) ethische Stufe (Wollen des Allgemeinen). – Ursprünglich war C. an der Geschichts- und Literaturtheorie des franz. Positivismus* orientiert. Kurz vor der Jahrhundertwende änderte er jedoch seine Auffassung zugunsten einer idealistisch geprägten Philos., die zum Teil auf Vico und Hegel zurückgeht.
Auch in seiner Ästhetik unterscheidet C. vier Stufen einer Vergegenwärtigung und Wiedergabe des Individuellen durch den Geist; sie entsprechen zugleich vier Phasen seiner eigenen philos. Entwicklung. (1) Die ästhetische Erfahrung wird als eine Art primitive Erkenntnis betrachtet, als ästhetische Anschauung (Intuition). Anschauung ist eine nicht-begriffliche Form von Erkenntnis, in der man sich der Anwesenheit eines einzelnen Bildes bewußt wird. Dieser Standpunkt erinnert an einen naiven Realismus* und steht deshalb in scheinbarem Gegensatz zu C. Behauptung (2), daß alle ästhetische Anschauung lyrisch ist: Die ästhetische Anschauung wird in einer poetischen Sprache formuliert, die Gefühle und Stimmungen auf nicht-begriffliche Weise mitteilt; darin kommt die praktische Natur des Menschen zum Vorschein. Aber die Kunst ist deshalb keineswegs individualistisch. Vielmehr (3) besitzt alle Anschauung eine kosmische Dimension, ohne aber etwas Allgemeines über den ästhetischen Gegenstand, der ja etwas Partikuläres, Einzelnes ist, auszusagen. Doch sagt die Anschauung etwas Allgemeines aus über den menschlichen Geist: daß er Anschauung hat. Insofern zeigt sich in der Kunst das allgemein Menschliche. Schließlich behauptet C. (4), Literatur werde erst zur Kunst, wenn sie eine rein ästhetische Anschauung ohne Bezug auf intellektuelle oder praktische Zwecke ausdrückt.
Leitender Gesichtspunkt für C. Geschichtsauffassung ist, daß nur den Manifestationen des Geistes Wirklichkeit zukommt. C. unterscheidet zwischen bloßer Sammlung historischer Fakten und eigentlicher Geschichte. Eigentliche Geschichte wird das Historische, wenn es uns in der Gegenwart betrifft. Allein durch ein Interesse an der Gegenwart gibt es wirkliche Tatsachen der Vergangenheit. Gegenstand der Geschichte ist immer das Individuelle; C. bestreitet die Möglichkeit einer Universalgeschichte. Aber das Interesse, das sich auf den einzelnen Gegenstand der Geschichte richtet, ist Ausdruck des universellen allgemein menschlichen Geistes. Wirkliche Geschichte besteht somit im individuel-

len Gegenstand der Vergangenheit, insofern er durch den ewig gegenwärtigen allumfassenden Geist gedeutet wird.
Da die Darstellung des Geistes Aufgabe der Philos. ist, sind Geschichte und Philos. untrennbar miteinander verbunden. Diese Verbundenheit steht denn auch quer zu allen Versuchen, ein geschlossenes philos. System zu schaffen. Diese Versuche werden deswegen von C. auch abgelehnt. Philos. und Philos. der Geschichte sind nicht voneinander zu trennen. In der Philos. legt der Geist zu aller Zeit die Wirklichkeit aus, und diese Wirklichkeit ist nur durch die Auslegung wirklich.

Ausg.: Gesammelte philos. Schriften in dt. Übertragung, 1927–30. Lebendiges und Totes in Hegels Philos., 1909. Logik als Wissenschaft vom reinen Begriff, 1912. Grundriß der Ästhetik, 1913. Geschichte Europas im 19. Jh., 1935. Die Dichtung, 1970. – *Lit.:* K. Acham: B. C. Die Grundprobleme des Historismus. In: Die Großen der Weltgeschichte XI, 1978. A. M.-Fränkel: Die Philos. B. C. und das Problem der Naturerkenntnis, 1929. K. E. Lönne: B. C. als Kritiker seiner Zeit, 1967. D. D. Roberts: B. C. and the Uses of Historicism, 1987.

Cusanus, Nicolaus (Nikolaus Krebs von Kues, 1401–64), dt. Theologe, Kardinal 1448. C. stand unter dem Einfluß der älteren theologisch-philos. Literatur (z. B. Abélard und Eckhart) sowie der zeitgenössischen Scholastik und des humanistischen Neuplatonismus. In seiner Erkenntnistheorie bricht C. mit dem scholastischen Aristotelismus. Laut C. gelangen wir zur Erkenntnis eines Gegenstands a durch Vergleiche, in denen festgestellt wird, daß a etwas anderes ist als b, c usw. (oder kompliziertere Beziehungen zu b, c usw. hat). Arithmetische Proportionen stellen ein gutes Modell für das Erkennbare dar: Wir können ein Netzwerk von Beziehungen erkennen, nicht aber das Wesen der Dinge; das Ziel unseres Strebens nach Wissen muß daher eine erweiterte Erkenntnis dessen sein, was die Dinge nicht sind, eine «aufgeklärte Unwissenheit» (Titel seiner Schrift *De docta ignorantia* von 1440). Dies gilt um so mehr, wenn sich unser Denken dem unerkennbaren Gott zuwendet, dessen Unbegrenztheit es uns unmöglich macht, ein a zu finden, das sich von einem b unterscheidet, und Vergleiche anzustellen: In Gott fallen die Gegensätze zusammen *(coincidentia oppositorum)*, und der Satz vom Widerspruch verliert seine Geltung. Gott vereinigt in sich Möglichkeit und Wirklichkeit, Können und Sein *(possest)*; die Welt ist die Entfaltung *(explicatio Dei)* dieser Einheit. C. ist für seine geometrischen Darstellungen der Verbindung der Gegensätze bekannt; meistens stützen sie sich auf die Idee einer Geraden als Grenzfall einer ständig flacheren Kurve oder eines ständig stumpferen Winkels sowie auf das Prinzip, daß jedes unendliche, unbegrenzte Ding mit jedem anderen identisch ist.

Ausg.: Schriften des N. v. K. in dt. Übers. 1936ff. – *Lit.:* W. Beierwaltes: Identität und Differenz, 1977. H. Blumenberg: Die Legitimität der Neuzeit, Vierter Teil, 1976. K. Jacobi (Hg.): Nikolaus v. Kues. Einführung in sein philos. Denken, 1979. K. Jaspers: N. C., 1968. S. Otto: Nikolaus v. Kues. In: O. Höffe (Hg.): Klassiker der Philos. I, 1981. G. Pick: Nikolaus von Kues, 1994. I. Stallmach: Ineinsfall der Gegensätze und Weisheit des Nichtwissens. Grundzüge der Philos. des N. v. K., 1989.

Dämon/dämonisch (griech. *daimon*, Gottheit oder Wesen zwischen Gott und Mensch). 1. Für Sokrates ist der Dämon die göttliche innere Stimme, die ihm sagt, wie er in einer bestimmten Situation nicht handeln soll, die ihm also hilft, das Falsche zu vermeiden. 2. Seit den Kirchenvätern* werden die Dämonen mit den bösen Geistern identifiziert. 3. Bei Kierkegaard ist das «Dämonische das Verschlossene... ist Angst* vor dem Guten».

Dasein. Wird gewöhnlich verwendet als Übersetzung von *existentia* (s. Existenz). Bei Heidegger Bezeichnung für jedes Seiende*, das sich wie der Mensch zum eigenen Sein* (zur eigenen Existenz) verhält. Dieses Seiende richtet sich auf (intendiert*) das umgebende Seiende auf dem Hintergrund eines Verstehens* der Welt (bzw. des Seins).

Davidson, Donald (geb. 1917), amerik. Philos., geb. in Springfield (Mass.), studierte Philos., Literatur und Griechisch an der Harvard University, wo er 1949 mit einer Arbeit über Platons Dialog «Philebos» doktorierte. Von 1951–67 lehrte er Philos. an der Stanford University, danach an den Universitäten Princeton (1967–70), Rockefeller (1970–76) und Chicago (1976–81). 1981 wurde D. an die University of California, Berkeley, berufen, wo er seither lehrt. Neben seiner Lehrtätigkeit in den USA übernahm er eine Vielzahl von berühmten Gastprofessuren, so in Tokio, Oxford, London, Mexiko, Oslo und Paris. Neben vielen anderen Auszeichnungen wurde D. 1991 mit dem Hegel-Preis der Stadt Stuttgart geehrt. – Nach seinen Arbeiten im Bereich der Entscheidungstheorie in den 50er Jahren, die er 1957 zusammen mit Patrick Suppes als Monographie publizierte (*Decision-Making: An Experimental Approach*), begann D. sich seit seinem Ordinariat in Stanford mehr und mehr den philosophischen Problemen zu widmen, die sich zu den beiden großen Themenkreisen entwickeln sollten, die heute seiner Philos. ihren prägenden Charakter geben: zum einen die Analyse von Handlungen und Ereignissen, zum andern die Frage nach der Methodologie einer formalen Semantik für natürliche Sprachen. Zahlreiche Aufsätze sind seither aus dieser Arbeit hervorgegangen, so insbesondere die beiden Aufsatzsammlungen *Essays on Actions and Events* (1980; dt. Handlung und Ereignis, 1985) und *Inquiries into Truth and Interpretation* (1984; dt. Wahrheit und Interpretation, 1986).

Im Rahmen seiner Handlungstheorie behauptet D., daß das Prinzip der Kausalität für die Erklärung und Beschreibung menschlicher Handlungen eine wichtige Rolle spielt. Für D. sind Handlungen eine Art von Ereignissen, die sich von andern Ereignissen dadurch unterscheiden, daß sie aus Gründen geschehen. Da D. Ereignissen in dem Sinn einen ontologischen Status attestiert, daß sie ähnlich wie Dinge individuierbar sind, d. h. wir unter verschiedenen Beschreibungen auf dasselbe Ereignis Bezug nehmen können durch die Angabe seiner Ursachen und Wirkungen, behauptet D. weiter, daß auch Handlungen durch die Angabe ihrer Ursachen und Wirkungen nicht nur individuierbar und damit identifizierbar und quantifizierbar seien, sondern auch allererst verstehbar. Handlungen als Verhaltensweisen von Menschen lassen sich nach D. also erst eigentlich über eine Kausalerklärung verstehen, indem die Gründe angegeben werden, aus denen die Handlung erfolgte. Aufgrund dieses Ansatzes einer Handlungstheorie ergibt sich für D. ein Problem der Sprache.

Denn allein die Sprache ermöglicht und vermittelt uns einen Einblick in die Gründe des Handelnden.

Dieses zweite große, sprachphilos. Themenfeld, dem sich D. seit seinen philosophischen Anfängen widmet, umkreist die Frage, was es heißt und wie es möglich ist, andere Menschen zu verstehen. Eine semantische Bedeutungstheorie müßte nach D. zum einen erklären, wie es für endliche Wesen möglich ist, die Bedeutung einer unendlichen Vielzahl von immer neuen Sätzen zu verstehen. Zum andern, und dies hat D. 1973 unter dem Titel einer *Theorie der radikalen Interpretation* zur Diskussion gestellt, muß die philosophisch-semantische Frage geklärt werden, wie es möglich ist, daß wir die Gedanken, Wünsche, Absichten etc. des Sprechers einer uns vollkommen fremden Sprache und die Bedeutung der Sätze dieser fremden Sprache verstehen lernen. In seinen diesbezüglichen Überlegungen kann D. auf seine programmatischen Arbeiten an der Tarskischen Wahrheitstheorie aus den 60er Jahren zurückgreifen. D. versuchte damals die für eine formale Sprache erarbeitete Wahrheitstheorie Tarskis* den Besonderheiten natürlicher Sprachen anzupassen und darauf seine Bedeutungstheorie aufzubauen (vgl. Sinn). Die Bedeutungstheorie einer natürlichen Sprache L muß nach D. für jeden Satz <p> einen Satz der Form ««<p> ist wahr dann und nur dann, wenn <q>» (wobei <q> die Wahrheitsbedingungen für <p> angibt) formulieren können. Eine Person, die diese Theorie kennt, wäre imstande, die Sprache L zu sprechen – eine Annahme, die insbes. M. Dummett bezweifelte. Bezogen auf die Forderung einer «radikalen Interpretation» heißt dies, daß die Person, die die intentionalen Einstellungen eines fremden Sprechers zu verstehen versucht, dadurch die Verbindung zwischen den vom Fremden geäußerten Sätzen und der Welt schafft, daß sie angibt, unter welchen Bedingungen die Sätze wahr sind. Die Kenntnis der Wahrheitsbedingungen geäußerter Sätze ermöglicht eine Unterscheidung der verschiedenen Intentionen eines Sprechers und damit ein Verstehen der fremden Sprache. Gestützt auf Tarskis Theorem, daß sich aus einer endlichen Anzahl nicht-logischer Axiome Wahrheitsbedingungen einer unendlichen Anzahl von Sätzen einer formalen Sprache ableiten lassen, glaubt D. mit seiner wahrheitsfunktionalen Bedeutungstheorie auch der Theorieforderung zu genügen, daß wir als endliche Wesen die Bedeutung einer Unendlichkeit von Sätzen einer natürlichen Sprache verstehen können.

Aufgrund dieser Überlegungen teilt D. mit Quine einen semantischen Holismus der Sprache: Man kann einen Satz nicht unabhängig vom Rest der Sprache verstehen, und man kann die Bedeutung eines Satzes nicht unabhängig von den intentionalen Einstellungen des Sprechers verstehen. Allerdings führt diese Auffassung keineswegs in einen Relativismus. Im Gegenteil, eine wahrheitsfunktionale Semantik, welche geäußerte Sätze eng an die kausale Interaktion mit der Welt bindet, sieht sich gezwungen, jedem auch noch so fremden Sprecher rationale, von unseren nicht grundsätzlich verschiedene intentionale Einstellungen zu unterstellen. D. bezeichnet dieses für seine Theorie entscheidende Kriterium einer Rationalitätsvoraussetzung als «Principle of Charity». – Gegen D. sprachlichen Holismus wurde eingewendet, daß er im Widerspruch stehe zur Forderung einer Erlernbarkeit der Sprache: Wie soll ein Kind eine Sprache schrittweise erlernen, wenn die Bedeutung eines Satzes jeweils nur im Kontext des gesamten Rests der Sprache (die es ja noch nicht kennt) verstehbar ist?

Bekannt geworden ist D. Programm nicht zuletzt wegen der Konsequenzen, zu denen es in Fragen des Leib-Seele-Problems führt. So hat D. zu zeigen versucht, daß intentionale Einstellungen qua Gründe von Handlungen Ursachen dieser Handlungen sind. Das heißt, es gibt zumindest einige mentale Ereignisse, die mit physikalischen Ereignissen

(Körperbewegungen) kausal verknüpft sind. Obschon nun aber Kausalverhältnisse deterministischen Gesetzen unterliegen, gibt es gerade für die zuletzt beschriebenen Kausalverhältnisse keine solchen strengen Gesetze, die eine Prognose und Erklärung mentaler Ereignisse ermöglichten. D. spricht in diesem Zusammenhang von einer «Anomalie des Mentalen». Und in dieser Anomalie sieht er denn auch ein Argument für die Identität des Physischen und Mentalen. Sie zeigt sich darin, daß auf den identischen Referenten mit zwei korreferentiellen Beschreibungen Bezug genommen wird, zum einen mit einer physikalischen, zum andern mit einer psychologischen Beschreibung. Das Phänomen, das mit der psychologischen Beschreibung in den Blick genommen wird, kann als Ursache zwar in einem Kausalverhältnis stehen, was mit einer physikalischen Beschreibung auch angemessen berücksichtigt wird; dennoch aber unterliegt es keinem deterministischen Kausalgesetz – ein Umstand, dem wiederum mit der psychologischen Beschreibung Rechnung getragen wird.

Ausg.: Handlung und Ereignis, 1985. Wahrheit und Interpretation, 1986. Der Mythos des Subjektiven, 1993. – *Lit.:* S. Evnine: D. D., 1991. K. Glüer: D. D. zur Einführung, 1993. E. Le Pore/B. McLaughlin (Hg.): Actions and Events: Perspectives on the Philos. of D. D., 1985. E. Le Pore (Hg.): Truth and Interpretation: Perspectives on the Philos. of D. D., 1986. R. Stoecker (Hg.): Reflecting D., 1993.

De Morgansche Gesetze. Bezeichnung für zwei satzlogische Tautologien*,
(1) – (pvq) ↔ (– p& – q), und
(2) – (p&q) ↔ (– pv – q).
Benannt nach dem Urheber, dem engl. Logiker und Mathematiker Augustus De Morgan (1806–1871), dessen logisches Hauptwerk *Formal Logic or the Calculus of Inference* (1847) erste Ansätze der Grundideen von Freges moderner Logik enthält.

Deduktion/deduzieren (von lat. *deducere*, ableiten, herleiten). 1. In der formalen Logik* ist das Deduzieren identisch mit dem Ausführen einer D., d. h. dem Ableiten einer Aussage* (eines Urteils*) aus anderen Aussagen in Übereinstimmung mit logischen Schlußfolgerungsregeln*. Deduzieren und D. sind syntaktische* Begriffe, da es möglich ist, den Schlußfolgerungsregeln zu folgen und die Folgerichtigkeit der D. zu kontrollieren, ohne daß man den Sinn* zu kennen braucht, den wir mit den Wörtern verbinden, die in den Prämissen* und der Konklusion* auftreten. 2. Im weiteren Sinn spricht man auch von Schlüssen*, die nicht (ausschließlich) auf einer kompletten Reihe von Schlußfolgerungen beruhen, als von D. (siehe Argument und Beweis). 3. Bei den Scholastikern* und u. a. bei Descartes bezeichnet das Wort D. bisweilen einen Schluß vom Allgemeinen (Generellen, Universellen) auf das Besondere. 4. Ein deduktives System (auch ein formales* System genannt) besteht aus einer Reihe von Axiomen* und Schlußfolgerungsregeln.

Deduktionstheorem. Metalogisches* Prinzip, welches besagt: Wenn q in einem logischen System aus p und einer Menge von Sätzen S deduziert* werden kann, dann kann die Implikation* ‹Wenn p, dann q› aus S deduziert werden. Wenn das D. für das Implikationszeichen in einer Sprache Geltung hat, ist diese Implikation mit der materialen Implikation äquivalent*.

Definition (von lat. *definire*, abgrenzen, genau bestimmen). 1. Begriffsbestimmung: die Erklärung eines Begriffsinhalts (Begriff). 2. Sacherklärung, Angabe der Kennzeichen einer Sache:
Eine analytische D. gibt an, wie ein Gegenstand aus seinen Bestandteilen zusammengesetzt ist, z. B. ‹Ein Anzug besteht aus einer Jacke und einem Paar Hosen, die aus demselben Stoff genäht sind›. Demgegenüber beschreibt eine synthetische D. das Verhältnis des Ge-

genstands zu anderen Gegenständen als Teil eines Ganzen, z. B. ‹Das Herz ist die Pumpe des Blutkreislaufs›.

Eine genetische D. nennt die Entstehungs- oder Erzeugungsregeln eines Gegenstands, z. B. ‹Ein Kreis entsteht durch die Bewegung eines Punkts in gleichbleibendem Abstand um einen anderen Punkt herum›.

Eine D. *per genus proximum et differentiam specificam* ist in der scholastischen Philos. eine D. durch die nächsthöhere Gattung *(genus)* und den besonderen artbildenden Unterschied *(differentia specifica)*, z. B. ‹Ein Mond ist ein Himmelskörper, der sich auf einer Bahn um einen Planeten bewegt› (vgl. *genus, species*).

Eine Nominald. ist in der traditionellen Logik eine gebrauchsdefinierende Worterklärung im Gegensatz zu einer Reald. (Wesensd.), die eine Sacherklärung mit Angabe der wesentlichen Kennzeichen des bezeichnenden Gegenstands darstellt, z. B. ‹Der Mensch ist ein vernünftiges Tier›. Die Rede von einer Reald. setzt eine metaphysische Theorie über das Wesen* (die Essenz) voraus. Die Problematik von Reald. ist in neuerer Zeit wieder von Husserl und in der Diskussion über natürliche* Klassen (s. Kripke) aufgenommen worden.

Eine dritte Art von D. hat den Charakter von Worterklärungen. Hier gibt es folgende Hauptarten:

Bedeutungsd. haben gewöhnlich die Form «‹U_1› bedeutet (dasselbe wie) ‹U_2›», wobei der definierende Ausdruck auf der linken Seite der D.gleichung *definiendum* (‹das, was definiert werden soll›) genannt wird und der definierende Ausdruck auf der rechten Seite *definiens* (‹das, was definiert›). D. dieser Art können nach verschiedenen Einteilungen, die einander überkreuzen, geordnet werden. (a) Eine lexikalische D. (beschreibende Verbald.) formuliert die faktische Bedeutung des definierten Ausdrucks in dem geltenden Sprachgebrauch, z. B. «‹Junggeselle› bedeutet ‹unverheirateter Mann›». Das Definiens soll hier als synonym mit dem Definiendum verstanden werden. Als Beschreibung des faktischen Gebrauchs kann die D. wahr oder falsch sein. Das Gegenstück hierzu ist die regelgebende D. (vorschreibende oder stipulative D.), die festlegt, daß das Definiendum in Zukunft in der vom Definiens angegebenen Bedeutung gebraucht werden woll. Der Zweck einer solchen D. kann die Präzisierung der Bedeutung eines bereits existierenden Ausdrucks sein, z. B. «‹Junggeselle› soll hier bedeuten, ‹ein Mann, der nie verheiratet gewesen ist›», oder das Einführen eines neuen Ausdrucks, z. B. «Unter ‹weichem Sozialismus› soll im folgenden ein ‹nicht-revolutionärer Sozialismus› verstanden werden». Die D. kann hier als mehr oder weniger zweckmäßig beurteilt werden, nicht als wahr oder falsch. (b) Während eine explizite* D. die Form einer D.gleichung hat, wo das Definiendum allein auf der linken Seite steht, besteht eine implizite D. in einer Reihe von Sätzen, die alle auf irgendeine Weise ein Definiendum enthalten und gemeinsam die Bedeutung dieses Ausdrucks festlegen, ohne ihn mit einem bestimmten Ausdruck gleichzusetzen. So enthalten die verschiedenen Axiome* der Geometrie undefinierte Ausdrücke wie ‹Punkt› und ‹Linie›. Sie können aber in dem Sinn als definiert betrachtet werden, daß man sagt, die Gesamtheit der Axiome definiere sie implizit: als diejenigen Ausdrücke, die den Axiomen genügen. (c) Ein anderes Gegenstück zu den expliziten D. ist die Kontextd. (engl. *definition in use*). Ein Ausdruck, der isoliert keinen Sinn hat, wird hier durch die Angabe definiert, wie Ausdruckszusammenhänge, in denen er vorkommt, durch andere Ausdruckszusammenhänge ersetzt werden können, in denen er nicht vorkommt. Z. B. ist «‹$x - y = z$› $\underset{df}{=}$ ‹$x = z + y$›» eine Kontextd. des Subtraktionszeichens ‹$-$›. (d) Während eine verbale D. rein sprachliche Mittel anwendet, besteht eine ostensive D. (D. durch Hinweis oder Auswahl) in der Angabe einer oder mehrerer Beispiele dafür, worauf der definierte Ausdruck angewendet wird, z. B. «Diese Farbe heißt

‹Königsblau›». Nachdem eine Zeigehandlung an sich nicht ausreicht, um anzugeben, auf was hingewiesen wird (die Form? die Farbe? usw.), setzt eine ostensive D. immer schon einen näher bestimmten sprachlichen Rahmen voraus (im Beispiel: die Beherrschung des Begriffs ‹Farbe›).

Extensionsd. erklären Ausdrücke durch die Angabe der Referenz*, des Bezugs (bei singulären Ausdrücken) oder der Extension* (bei generellen Ausdrücken). Was die singulären Ausdrücke betrifft, können diese die Form einer ostensiven D. oder einer D. mittels bestimmter Beschreibung* annehmen. Ein Beispiel der letzteren ist ‹Der Mond ist der natürliche Trabant der Erde›, worin die bestimmte Beschreibung ‹der natürliche Trabant der Erde› eindeutig die Referenz des Namens* ‹Mond› bezeichnet. Was die generellen Ausdrücke betrifft, können diese die Form von ostensiven D. haben oder von Aufzählungsd., wo die Extension des Ausdrucks durch Aufzählung ihrer Mitglieder angegeben werden kann, z. B. ‹Die Planeten sind Venus, Mars ...›. Ferner können sie (wie ‹Wasser ist H$_2$O›) in der Anwendung eines anderen Ausdrucks mit gleicher Extension als Definiendum bestehen, d. h. die Form ««U$_1$› hat gleiche Extension wie ‹U$_2$›» haben. Extensionsd. sind entweder stipulativ oder beschreibend. Im letzten Fall hat die D.gleichung nicht wie bei der Bedeutungsd. den Status eines analytischen*, sondern eines synthetischen Urteils.

Eine operationale D. (P. Bridgman: *The Logic of Modern Physics*, 1927) bestimmt die Bedeutung eines Audrucks mit Hinweis auf ein bestimmtes Verfahren oder eine Methode, die das Kriterium für die Anwendung des Ausdrucks in konkreten Fällen angeben. Ein Beispiel ist die folgende D. von ‹Säure›: «Um festzustellen, ob der Ausdruck ‹Säure› in Verbindung mit einer gegebenen Flüssigkeit angewandt werden kann, muß man ein Stück blaues Lackmus-Papier in die Flüssigkeit eintauchen. Die Flüssigkeit ist dann und nur dann eine Säure, wenn sich das Lackmuspapier rot färbt.» Ein anderes Beispiel ist: «Intelligenz ist dasjenige an einer Person, was mit Hilfe des Stanford-Binet Intelligenztests gemessen werden kann.»

Persuasive D., Überredungsd. (engl. *persuasive d.*), ist ein von Stevenson (*Mind*, Bd. 47, 1938) eingeführter Begriff, um ein in der ethischen Argumentation häufig auftretendes Phänomen zu erklären. Das Phänomen hat mit Ausdrücken zu tun, die zweierlei Eigenschaften aufweisen: Sie haben gefühlsmäßige Bedeutungen (Stevenson: *emotive* meaning*), und sie sind in ihrem beschreibenden Inhalt unbestimmt. Beispiele sind ‹Demokratie›, ‹Freiheit›, ‹Unterdrückung›, ‹Terrorismus›. Der Ausgang einer Diskussion hängt oft davon ab, welcher der Teilnehmer das Glück hat, seiner eigenen Sache einen positiven Ausdruck zu geben oder der Sache seines Gegners einen negativen. Die persuasive D. macht sich die beschreibungsmäßige Unbestimmtheit der Ausdrücke zunutze. Unter dem Vorwand, nur eine Präzisierung vorzunehmen, verändert man durch die D. den beschreibenden Inhalt des Ausdrucks so, daß der Gegner seine Anwendung auf das, was man positiv oder negativ dargestellt haben möchte, akzeptiert: A sagt zu B, daß C nicht kultiviert ist. A macht darauf aufmerksam, daß C schlechte Manieren hat, nicht belesen ist, sich nicht für geistige Werte interessiert usw. B bestreitet diese letzten Punkte nicht, bemerkt aber, daß B kultiviert ist; denn er sei gefühl- und phantasievoll, und der wirklich kultivierte Mensch sei ja gerade jemand, der Phantasie und Gefühl habe. Das Beispiel illustriert einen weiteren Kunstgriff der persuasiven D.: Man sagt, daß der beschreibende Inhalt, den man dem Wort zuschreibt, seine ‹wahre›, ‹volle›, ‹wirkliche›, ‹eigentliche› Bedeutung darstellt. Der Zuhörer wird dann leichter Vorbehalte gegenüber der D. aufgeben und einräumen, daß sein Verständnis des Wortes möglicherweise etwas zu oberflächlich war.

Eine rekursive D. (v. lat. *recursus*, zurückgehen) ist ein in der Logik und Mathematik häufig angewendetes Verfahren, um die Bedeutung (Extension) von Funktionsausdrücken* festzulegen. Die D. wird mit Beispielen von Gegenständen, die der Extension des Definiendum angehören, eingeleitet; danach wird ein allgemeines Verfahren angegeben, mit dessen Hilfe man neue Beispiele erzeugen kann.

Lit.: W. K. Essler: Wissenschaftstheorie I (D. und Reduktion), 1970. F. v. Kutschera: Elementare Logik, 1967. E. v. Savigny: Grundkurs im wissenschaftlichen Definieren, 1970. P. Suppes: Introduction to Logic, 1957.

Deismus (von lat. *deus*, Gott). Lehre über (Glaube an) einen Gott*, der die Welt geschaffen hat, aber nach der Schöpfung in den Weltenlauf nicht eingreift (im Gegensatz zum Theismus*). – Der D. ist vor allem die Gotteslehre der Aufklärung*. In ihm spiegelt sich das Bemühen, Religion und Autonomie der Vernunft* zu vereinbaren. Zwar wird die Existenz eines Gottes anerkannt, aber nur als Schöpfer einer gesetzmäßigen, vernunftbestimmten Welt, die aus sich selbst verstehbar ist. Ein wirkliches Verhältnis zur Welt besitzt dieser Gott nicht. Und je stärker die innere (immanente*) Gesetzmäßigkeit der Welt betont wird, desto unwichtiger erscheint die Annahme eines sie überschreitenden (transzendenten*) Gottes. So kann sich der D. schließlich einem Atheismus* nähern.

Lit.: P. Byrne: Natural Religion and the Nature of Religion. The Legacy of Deism, 1991. G. v. Lechter: Geschichte des engl. D., 1965. E. Troeltsch: Der D. In: Gesammelte Schriften Bd. 4, 1924. G. Szczesny: Die Disziplinierung des D., 1974.

Dekonstruktion (franz. *dé-construction*, nach dt. De-struktion), Abbruch, Entblößung. Phil. Arbeitsweise, entwickelt u. a. von J. Derrida in Anlehnung an Heidegger. Das Programm einer D. der Metaphysik wird ursprünglich von Heidegger als «Aufgabe einer Destruktion der Geschichte der Ontologie» formuliert und bezeichnet hier eine Verlagerung des philos. Überlieferten in bezug auf das in der Tradition wirksame Denken. De-(kon)struktion ist kritisch in Hinsicht auf die Tradition, aber diese Kritik geschieht im Namen der Tradition. In der franz. Weiterführung (nicht nur bei Derrida, der den Begriff geprägt hat) bedeutet D. die Freilegung der Zweideutigkeit, die Heidegger einmal auf die Formel gebracht hat: Philos. als Tradition und Philos. als Denken. Eine Reihe von Arbeiten der franz. Philos. seit Mitte der 60er Jahre läßt sich so von dieser doppelten Aufgabe her bestimmen: die Zugehörigkeit einer philos. Tradition zur Tradition aufzuzeigen und zugleich zu untersuchen, wie diese Formation die Möglichkeit eines Gedankens entfaltet. Diese Aufgabe wird sowohl monographisch, z. B. in bezug auf Marx, Hegel oder Kant, als auch thematisch in bezug auf die Schrift, die Kunst, die Politik, die Geschichte in Angriff genommen.

Deleuze, Gilles (1925–95), franz. Philos., Prof. in Paris. Besonders von Bergson beeinflußt, kritisiert D. die dialektische* Philos., weil sie die Unterschiede (speziell die in der Zeit) in einer höheren Identität* vereint sieht. Dadurch unterdrückt sie laut D. den Unterschied als solchen. – Nach dem Mai '68 suchte D. die Begierde (das Unbewußte) im Zusammenhang mit dem Problem der Macht (dem Politischen) zu analysieren. Diese Analyse, die sich primär auf Nietzsche stützt, hat ihren Ort in der zeitgenössischen Diskussion des Verhältnisses von Marxismus (Kapitalismusanalyse) und Psychoanalyse. Ihr leitendes Ideal ist das des tätigen und souveränen Individuums.

Ausg.: Anti-Oedipus, 1974, [6]1992. Proust und die Zeichen, 1978. Nietzsche und die Philos., 1985. Foucault, 1987. Spinoza – Praktische Philos., 1988. Bergson zur Einführung, 1989. Differenz und Wiederholung, 1992. Logik des Sinns, 1993. Francis Bacon: Logik der Sensation, 2 Bde., 1985. Was ist Philos.?, 1996. –

Gilles Deleuze

Lit.: M. Hardt: G. D. Apprenticeship in Philos., 1993. Ph. Mengue: G. D. on le système des multiples, 1994.

Demarkationskriterium (engl. *criterion of demarcation*). Kriterium, mit dessen Hilfe verschiedene Gegenstandsbereiche voneinander abgegrenzt werden können. Es ist eine der wichtigsten Aufgaben der Erkenntnistheorie und Erkenntnismethodologie, für die Wissenschaft (im Gegensatz zur Nicht-Wissenschaft) und für die Philos. (im Unterschied zu Weltanschauung oder Fachwissenschaft) ein D. anzugeben.

Demiurg (von griech. *demos*, Volk, und *ergon*, Arbeit), Baumeister, Künstler. 1. In Platons *Timaios* formt der D. die Welt aus dem von Ewigkeit her bestehenden Chaos. 2. In der Gnosis* ist der D. derjenige Gott, der die Welt schafft, selbst aber der höchsten Gottheit untersteht und auch von ihr verschieden ist.

Demokratie (von griech. *demos*, Volk, und *kratein*, herrschen), Volksherrschaft. In der klassischen Staatsformenlehre (Herodot, Platon, dann v. a. Aristoteles) entspricht die D. der Herrschaft aller freien Bürger, wobei je nach Herrschaftsausübung (gesetzlich – ungesetzlich, zum Nutzen aller – zum Nutzen der Regierenden) eine Idealform (Politie) und eine Entartungsform (Ochlokratie, oft auch Demokratie genannt) normativ unterschieden werden. In der Idealform der griech. D. besteht Gleichheit der Bürger vor dem Gesetz (Isonomie), Besetzung der Ämter durch Los und wechselseitiges Regieren und Regiertwerden der freien und gleichen Bürger. Von der D. als Staatsform unterscheiden sich demokratische Elemente (Ratsbefugnisse, Wahlverfahren, Zulassungsbedingungen), die auch in anderen Staatsformen (Monarchie, Aristokratie) enthalten sein können. War in Griechenland die D. eine Staatsform unter anderen, so wird sie mit der Amerik. und Franz. Revolution als Legitimationsbasis moderner Staatlichkeit schlechthin dem monarchischen Prinzip (Gottesgnadentum) gegenübergestellt. Die von Rousseau entwickelten Gedanken der Volkssouveränität, des homogenen Volkswillens *(volonté générale)* und der Identität von Regierenden und Regierten werden für den reinen Begriff der D. zentral. In der Folge tritt die D. jedoch in verschiedenen Verbindungen mit anderen politischen Prinzipien (Rechtsstaatlichkeit, Liberalismus, Nationalismus, Sozialismus, Marxismus) auf und erfährt charakteristische Abwandlungen (repräsentative D., demokratischer Verfassungsstaat, demokratischer Zentralismus). Zur D. als politische Form treten ergänzend die Forderungen nach gesellschaftlicher und sozialer Demokratisierung.

Lit.: P. Graf Kielmannsegg: Volkssouveränität. Eine Untersuchung der Bedingungen demokratischer Legitimität, 1977. J. Habermas: Faktizität und Geltung, 1992. M. Kriele: Einführung in die Staatslehre, ⁴1990. U. Matz (Hg.): Grundprobleme der D., 1973. C. Meier: Entstehung des Begriffs ‹D.›, 1970. K. Mittermair/ M. Mair: D. Die Geschichte einer politischen Idee von Platon bis heute, 1995. J. Rawls: Theorie der Gerechtigkeit, 1995. Ch. Taylor: The Ethics of Authenticity, 1991. M. Walzer: Zivile Gesellschaft und amerik. D., 1992.

Demokrit(os) (um 460–370 v. Chr.), griech. Philos. aus Abdera in Thrakien. Schüler des Leukipp(os). Sein großes systematisches Werk umfaßte u. a. Physik, Ethik, Mathematik, Kunst und Literatur. Nur weniges davon ist überliefert. – D. sucht nach einer Erklärung für die veränderliche Welt, die gleichzeitig die Argumente der Eleaten* gegen Wandlung, Bewegung und Vielheit berücksichtigt. Diese Erklärung findet er in der Atomtheorie: Das allein Wirkliche sind die Atome* und der leere Raum. Jedes der Atome entspricht im kleinen dem Sein* des Parmenides; und der leere Raum existiert, obwohl er nicht aus Materie besteht. Die Atome sind massiv oder kompakt und deshalb unteilbar, weil Teilbarkeit Poren oder Lücken voraussetzt. Sie sind ewig, unveränderlich und unsichtbar. Voneinander unterscheiden sich durch Größe und Form. Sie befinden sich in steter Bewegung und prallen aufeinander, wobei sie Richtung und Geschwindigkeit ändern. Sie können sich aber auch miteinander verbinden und zusammengesetzte Körper bilden. Deren Charakter und Eigenschaften hängen völlig von den Atomen ab.

D. erklärt das Bekannte durch das Unbekannte. Einige wenige theoretische Größen – die Atome und der leere Raum – sollen die bekannten Erscheinungen in ihrer Mannigfaltigkeit verständlich machen. So gibt D. u. a. eine ursächliche Erklärung der menschlichen Sinneserfahrung: Sowohl die Objekte wie die Wahrnehmungsorgane sind Körper, bestehen also aus Atomen. Optische Wahrnehmung ergibt sich aus einem Zusammenstoß zwischen den Atomen, die von den Dingen ausgehen, und denjenigen, die das Auge ausstrahlt. Sinneserkenntnis ist das Resultat eines Zusammenspiels zwischen dem Zustand des Körpers und den Atomen, die in ihn eindringen. Diese bleibt jedoch unsicher und muß deshalb durch Vernunfterkenntnis ergänzt werden.

Nichts geschieht zufällig, denn jedes Ereignis ist Glied einer Kette wirkender Ursachen. D. erklärt mit Hilfe seiner Atomtheorie auch den Kosmos und die Seele. Die geordnete Welt entstand durch eine Wirbelbewegung, bei der die schweren Atome ins Zentrum geschleudert wurden und nach und nach die Erde bildeten. D. Moralphilos. sieht in der Ruhe des Gemüts das höchste Lebensziel.

Ausg.: H. Diels/ W. Kranz: Fragmente der Vorsokratiker, 1903 (^{6}1951/52). – *Lit.:* Th. Buchheim: Die Vorsokratiker, 1994. R. Löbl: D. Atomphysik, 1987.

Denkgesetze. Älterer Ausdruck für die Gesetze der Logik*, d. h. Axiome und Schlußfolgerungsregeln. Der Ausdruck spiegelt die psychologisierende* Tendenz im logischen Denken vor Frege wieder. Man faßte die Schlußfolgerungsregeln als Richtlinien für faktische Denkprozesse auf, die, wenn befolgt, die Korrektheit des Denkens garantieren würden.

Denkökonomie. Ein von E. Mach formuliertes Prinzip, das u. a. von R. Avenarius und H. Cornelius übernommen wurde. Das Prinzip besteht darin, daß man sich in den Wissenschaften (und im Alltag) möglichst weniger und einfacher Hypothesen* bedient; nur die Begriffe und Theorien werden berücksichtigt, die streng notwendig sind, um bestimmte Phänomene* darzustellen. Das Prinzip kann auf zwei Weisen verstanden werden: (1) erkenntnispsychologisch/soziologisch als Lehre, wie erfolgreich erkennende Wesen faktisch nach Vereinfachung streben und dadurch ihre Möglichkeiten verbessern, Erkenntnis als Mittel im Kampf ums Überleben einzusetzen; (2) als methodologisches Prinzip, das besagt, daß die Wissenschaften sich der D. bei ihrer Wahl von Begriffen und Hypothesen bedienen sollten. Die erste

Form der D. wurde u. a. von M. Schlick kritisiert, der die zweite Form jedoch akzeptierte. Diese allerdings wird u. a. von Bunge, Hönigswald, Husserl, Lotze, Nelson und Natorp kritisiert.

Lit.: R. Avenarius: Philos. als Denken der Welt gemäß dem Prinzip des kleinsten Kraftmaßes, 1876 (^{2}1903). H. Cornelius: Psychologie als Erfahrungswissenschaft, 1897. E. Husserl: Logische Untersuchungen I–II, 1900/01. F. Kallfelz: Das Ökonomieprinzip bei Ernst Mach, 1929.

Dennett, Daniel (geb. 1942), amerik. Philos., Studium in Harvard und Oxford bei Quine, Ryle und Parsons, nach Professuren an verschiedenen amerikan. Universitäten ist er seit 1975 Prof. für Philos. an der Tufts University und dort seit 1985 Direktor des Center of Cognitive Science. – D. gilt in der analytischen Philos. als einer der Hauptexponenten der Philos. des Geistes, der Bewußtseinsphilos. und Kognitionstheorie. D. teilt zwar die Auffassung von Ryle, daß es sich bei mentalen und physischen Phänomenen um kategorial verschiedene Größen handelt, und die These von Quine, daß psychische und physische Entitäten verschieden individuiert werden. Im Unterschied zu Quine und Ryle wendet er sich jedoch gegen einen physikalischen Reduktionismus, welcher psychische Zustände vollständig in Beschreibungen physischer Zustände zu überführen versucht.

Ein System (eine Person etwa) kann nach D. als intentionales System angesehen werden, wenn – unter Voraussetzung, es verhält sich rational – Voraussagen bezüglich seines Verhaltens durch Rückgriff auf Wünsche und Vorstellungen gemacht werden können. So vertritt D. einen Beschreibungspluralismus in dem Sinn, daß die aus intentionaler Perspektive einem System zugeschriebenen Zustände (bestimmte Absichten oder Wünsche z. B.) bessere Aussagen über das künftige Verhalten des Systems ermöglichen als der Versuch einer physikalischen Beschreibung. Obschon sich die Realisierung intentionaler Zustände auf einer physikalischen und funktionalen Ebene beschreiben läßt, erübrigt sich die intentionale Sprechweise deshalb nicht. Intentionale Zustände stehen nun allerdings nach D. nicht in einem gesetzesartigen, sondern in einem Rechtfertigungs- und Sinnzusammenhang mit einem bestimmten Verhalten. Dennoch verabschiedet D. die Vorstellung von einem «cartesianischen Theater», wonach ein ausgezeichnetes Ich-Zentrum alle Informationen ordnet und zu der Einheit des Bewußtseinsstroms verbindet. Unter Einbeziehung der Resultate und Forschungen insbesondere der Neurowissenschaften, der kognitiven Psychologie und künstlichen Intelligenzforschung argumentiert D., daß sich zu jedem Zeitpunkt «vielfältige Konzepte von Erzählfragmenten in unterschiedlichen Stadien der Bearbeitung und an unterschiedlichen Orten des Gehirns» finden. Diese reale Vielfalt wird durch eine «virtuelle Maschine», die zum Teil aus einer Verkabelung von Hirnstrukturen, zum Teil aus weiter programmierbaren Programmen besteht, zusammengestellt. – Auch in der Diskussion um die Willensfreiheit vertritt D. einen Standpunkt, der deterministisch-mechanistische Auffassungen mit Auffassungen, die eine moralische Verantwortung in den Vordergrund stellen, vereint.

Ausg.: Content and Consciousness, 1969. Brainstorms, 1985. Ellbow Room: The Varieties of Free Will Worth Wanting, 1984 (dt. Ellenbogenfreiheit. Die wünschenswerten Formen von freiem Willen, 1986, ^{2}1994). The Intentional Stance, 1987. Philos. des menschlichen Bewußtseins, 1994. – *Lit.:* B. Dahlbom (Hg.): D. and his Critics, 1995.

Denotation/Konnotation (von lat. *de*, ab, von, und *notare*, kenntlich machen, auf etwas anspielen, *com*, zusammen, gemeinsam). In der Logik und philos. Semantik* unterscheidet man seit J. S. Mill zwischen der D. und K. eines allgemeinen Ausdrucks. Die D. eines solchen Ausdrucks ist die Menge der Gegenstände, von denen der Ausdruck wahr ist, während die K. die Bedeutung* oder abstrakte Definition des Ausdrucks ist, d. h. die Bestimmung der Bedingungen dafür, daß der Ausdruck auf einen gegebenen Gegenstand zutrifft. Beispielsweise hat der Ausdruck ‹Junggeselle› die Menge sämtlicher Junggesellen als D. und den Ausdruck ‹unverheirateter Mann› als K. Die Unterscheidung zwischen D. und K. fällt meistens vollständig mit der Unterscheidung zwischen Extension* (Begriffsumfang) und Intension (Begriffsinhalt) zusammen. Dagegen ist sie nicht ohne weiteres identisch mit Freges Unterscheidung zwischen Bedeutung (Referenz*) und Sinn*, welche auf Namen*, Begriffe*, Prädikate* usw. angewendet werden kann. Es muß ferner beachtet werden, daß die logisch-philos. Unterscheidung zwischen D. und K. nicht identisch ist mit der gleichnamigen Unterscheidung, wie sie in den Sprach- und Literaturwissenschaften üblich ist. Im letzteren Fall ist die D. eines Ausdrucks die präzise, neutrale, beschreibende Wortbedeutung, wohingegen die K. des Ausdrucks die gemeinsamen oder privaten Nebenvorstellungen bezeichnet, die an seine D. anknüpfen. Z. B. hat ‹Junggeselle› die D. ‹unverheirateter Mann› und die K. ‹einsam, frei, sorglos›.

Deontologie (von griech. *deon*, das Erforderliche, die Pflicht, und *logos*, Lehre), Pflichtenlehre.

deontologische Ethik (von griech. *deon*, das Erforderliche, die Pflicht; *logos*, Lehre, und *ethos*, Gewohnheit, Sitte), Pflichtethik. 1. Alle Formen normative Ethik*, welche die Verbindlichkeit und Qualität einer Handlung nicht von deren tatsächlichen oder vermeintlichen Folgen abhängig machen. Die Begründung des Gebots oder Verbots einer Handlung darf sich deshalb auch keineswegs auf außermoralische Werte wie Annehmlichkeit und Nutzen stützen. In diesem Sinn steht die d. E. im Gegensatz zur teleologischen Ethik*. 2. In speziellerem Sinn eine normative Ethik, die den moralischen Wert einer Handlung davon abhängig macht, ob sie aus Pflicht geschieht oder nicht. Die bloße Einhaltung moralischer Regeln ist unzureichend. Moralischen Wert erhalten Handlungen erst, wenn sie durch das Pflichtgefühl gegenüber den moralischen Regeln motiviert sind. 3. Grundsätzlich wird zwischen zwei Formen der d. E. unterschieden: Die Handlungsdeontologie knüpft die Verpflichtung an die einzelne Situation (z. B. Adam Smith), die Regeldeontologie an ein moralisches Prinzip (z. B. in der Ethik Kants).

Derrida, Jacques (geb. 1930 in El Biar, Algerien), franz. Philos. Studium an der École Normale Supérieure in Paris 1952–56. Lehrer für Philos. an der Sorbonne in Paris 1960–64, ab 1964 Lehrer für Philos.geschichte in der École Normale Supérieure. Direktor der École des Hautes Études en Sciences Sociales. Seit Ende der 60er Jahre häufig Gastprof. in den USA.

Vor allem von Heidegger beeinflußt, entwirft D. das Programm einer *Dekonstruktion* der abendländischen metaphysischen Tradition seit Platon. Wie bei Heidegger kann und soll es dabei nicht darum gehen, von einem außerhalb liegenden Standpunkt mit der Metaphysik abzurechnen; denn jede solche Auseinandersetzung begegnet der Schwierigkeit, selber metaphysische Begriffe verwenden zu müssen. Daher lautet das Grundproblem: Wie läßt sich etwas von der Tradition Verschiedenes denken, wenn das Denken selbst durch sie geprägt ist, wenn nur mit Begriffen operiert werden kann, die aus dieser Tradition hervorgegangen sind? Ein Angriff auf die Metaphysik von außen macht keinen Sinn, weil es keinen Standpunkt außerhalb geben kann. Eine andere Sprache als die der Tradition steht nicht zur Verfügung. D. Auseinandersetzung vollzieht sich daher als langwieriges Sich-Einlassen auf die Tradition. Ziel ist es, ihre versteckten Voraussetzungen oder Möglichkeitsbedingungen und damit ihre Grundlagen freizulegen.

Charakteristisches Merkmal der metaphysischen Tradition ist, daß sie Sein* als Präsenz *(présence)* bestimmt, etwa als Präsenz des Absoluten *(parousia)* oder als Fortdauer des Gegenstands (der Substanz*). Nachdem die Tradition mit Descartes' Rückgang auf das selbstbewußte Subjekt* einem epochalen Wandel unterworfen worden ist, stellte sie die Selbstpräsenz des Subjekts in den Mittelpunkt. Ein anderes Merkmal der tradierten Metaphysik ist das Denken in Gegenüberstellungen, z. B. der Gegenüberstellung von Innerem und Äußerem.

Zum Ausgangspunkt für seine Kritik nimmt D. den Begriff des Zeichens*. In der metaphysischen Tradition wird die Schrift der Stimme (Rede) untergeordnet. Denn die Stimme zeichnet sich durch unmittelbare Präsenz – der Bedeutung und des Subjekts – aus, während die Schrift bloß als äußere, sekundäre Darstellung der Stimme gilt. Sie ist als Schreiben eine ‹Veräußerlichung› *(extériorisation)*, ein Auf-Abstand-Bringen und daher gefährlich, sofern man sich in ihr verlieren kann.

D. Dekonstruktion besteht nun in einem doppelten Gegenzug: zum ersten in einem Umkehren des Prioritätsverhältnisses von Stimme und Schrift, zum zweiten in einer Verschiebung des Schriftbegriffs: Dieser wird ‹verallgemeinert›. Daß etwas nur im Verhältnis zu etwas ‹anderem› präsent sein kann, ist der Ausgangspunkt. Etwas kann nur durch die Verschiedenheit zu diesem anderen hervorgebracht werden. So erfahren wir die Gegenwart *(le présent)* nur aus dem Vergangenen. Das ‹andere›, das Abwesende, muß also als solches im Gegenwärtigen irgendwie vorhanden sein. Es muß eine ‹Spur› gelegt haben. Und erst in dieser Spur von etwas anderem gibt es Gegenwärtiges, Präsenz. Für die grundlegende Hervorbringung des Unterschieds *(différence)* benutzt D. den Begriff der ‹eingesetzten Spur›. Die Hervorbringung des Unterschieds in der Spur ist die Möglichkeitsbedingung dafür, daß etwas präsent ist. Diese ‹ursprüngliche› Hervorbringung von Unterschied als Einritzung oder Einsetzen von Unterschieden kann in einem erweiterten Sinn ‹Schrift› heißen: Die Hervorbringung geschieht durch gleichzeitiges Auf-Abstand-Bringen. Damit wird ein Grundmerkmal der Schrift festgehalten und ‹verallgemeinert›. D. kann deshalb sein Projekt *Grammatologie* nennen, Lehre von der Schrift. Diese allgemeine Theorie der Schrift hat die ‹verallgemeinerte› Schrift zum Gegenstand, das ‹ursprüngliche› Schreiben oder Bilden von Unterschieden.

Die metaphysische Tradition operiert mit dem Begriff einer letzten Instanz, einer letzten Bedeutung. Aber das ‹Ursprüngliche› ist nicht ein einheitsstiftender Sinn, sondern die Hervorbringung von Unterschied. D. Dekonstruktion ist also ein Versuch, die metaphysische Tradition insbesondere in bezug auf das Verhältnis zwischen Gegenwart und Differenz zu problematisieren, wobei diese Begriffe im Licht der erweiterten Schriftkonzeption gesehen werden.

Beim späteren D. spielt das Problem von Rede, Gegenwart und Schrift (im weiten Sinn) eine weniger große Rolle. In dieser Periode diskutiert D. die philos. Praxis (hierunter auch die Unterrichtspraxis) seiner Generation. Mit *De l'esprit* (1988) erreicht diese Diskussion mit einer eindringlichen Studie über Heidegger, insbesondere über das Verhältnis zwischen Heideggers Denken und den Dichtern, ihren Höhepunkt. Derrida fragt nach dem, was Heidegger sich in der Wiederholung des Dichterworts zu sagen erlaubt, wo auch Schlüsselworte aus der philos. Tradition Eingang finden, die der Philos. Heidegger selbst niemals anwenden würde. So die Kategorie Geist, die in Heideggers Trakl-Deutung «übernommen» wird. In dieser Deutung nähert sich die Bedeutung von Geist der Bedeutung von «Flamme». Der Geist ist nicht nur ein Funke der Inspiration, sondern auch das heilige Feuer, der Herd des Menschen, sein Vaterland – so wie Deutschland Verwalter des heiligen Feuers Europas, der Philos., ist. Aus dieser Sicht versucht der späte D., Heidegger als metaphorische Fortsetzung der philos. Tradition einzuordnen.

Ausg.: Die Schrift und die Differenz, 1972. Die Stimme und das Phänomen. Ein Essay über das Problem des Zeichens in der Philos. Husserls, 1978. Grammatologie, 1982 (1974). Die Postkarte. Von Sokrates bis an Freud und Jenseits, 1982. Positionen, 1986. Husserls Weg in die Geschichte am Leitfaden der Geometrie, 1987. Randgänge der Philos., 1988. Vom Geist. Heidegger und die Frage, 1988. Gesetzeskraft, 1991. Die Wahrheit in der Malerei, 1992. Die Archäologie des Frivolen, 1993. Falschgeld, 1993. Politique de l'amitié, 1994. Dissemination, 1995. Apories, 1996. – *Lit.*: K. Englert: Frivolität und Sprache. Zur Zeichentheorie bei J. D., 1987. M. Frank: Was ist Neostrukturalismus?, 1984. H. Kimmerle: D. zur Einführung, 1992. S. Lorenzer: J. D., 1994. D. Wood (Hg.): D. A Critical Reader, 1992.

Descartes, René (lat. Renatus Cartesius; 1596–1650), franz. Philos., Mathematiker und Naturforscher. Begründer der modernen Philos. Geb. in La Haye, Nordfrankreich. Ausbildung an der berühmten Jesuitenschule in La Flèche; dort gründliche Schulung in Mathematik und scholastischer* Philos. Nachdem D. einige Jahre mit juristischen und medizinischen Studien verbracht hatte, ging er 1618 auf Reisen und beschäftigte sich mit den Arbeiten Galileis. Im Jahr 1618 trat er in den Militärdienst ein, der ihn auch nach Deutschland führte. Hier hatte er eines Nachts (in Ulm am 10.11.1619) eine Art Erleuchtung, die ihn seine Lebensbestimmung erkennen ließ: eine einheitliche Naturwissenschaft auf mathematischer Basis zu errichten. D. gab 1621 den Kriegsdienst auf und reiste in den folgenden acht Jahren durch Europa, um Forschungen zu betreiben und mit den verschiedensten Gelehrten zu diskutieren.
Die ersten Ergebnisse faßte D. 1628 in den *Regulae ad directionem ingenii* zusammen (Regeln zur Leitung des Verstandes, 1701). Die Schrift entwickelt eine Methode zum Erwerb wissenschaftlicher Erkenntnis bzw. rational begründeter Einsicht überhaupt. 1629 ließ sich D. in Holland nieder, um in einem Klima sozialer und kultureller Offenheit in Ruhe arbeiten zu können. Hier konnte er für das kopernikanische System eintreten. Unter dem Eindruck des Prozesses gegen Galilei verzichtete D. jedoch darauf, das physikalische Hauptwerk *Le monde* (Die Welt) zu publizieren. Statt dessen schrieb er eine Abhandlung über – theologisch weniger umstrittene – mathematische und physikalische Themen. 1637 veröffentlicht, enthält sie u. a. eine neue mathematische Disziplin, die analytische Geometrie; diese erlaubt es, geometrische Probleme allein mit Hilfe algebraischer Gleichungen zu lösen. Als methodologische Einleitung fügte D. die eher populäre Schrift *Discours de la méthode* (Von der Methode) bei, eine klare und bündige Zusammenfassung der *Regulae*.
1641 folgte D. philos. Hauptwerk, die *Meditationes de Prima Philosophia* (Meditationen über die Erste Philos.); gleichzeitig mit diesem Werk publizierte D. sechs Gruppen von Einwänden bedeutender Denker (darunter Arnauld, Gassendi und Hobbes) sowie seine eigenen Erwiderungen auf diese. Die in ihrem Stil fast dramatische Darstellung seiner Philos. ergänzte D. durch eine mehr akademische, deduktive Version, die *Principia Philosophiae* (Die Prinzipien der Philos., 1644). Moralische und psychologische Themen behandelt das letzte Werk, *Les Passions de l'âme* (Über die Leidenschaften der Seele) von 1649. Ein Jahr darauf starb D. in Stockholm, wohin er auf Einladung der philos. interessierten Königin Kristina – widerwillig – gezogen war.
Die Methode, die D. in den *Regulae* und im *Discours* erläutert und in seinen wissenschaftlichen Abhandlungen sowie den *Meditationes* praktiziert, ist eine heuristische* (eine *ars inveniendi*, Forschungstechnik): Sie schreibt die Handlungen vor, die ein Forscher zur Lösung seines Problems ausführen muß. Orientiert ist sie an der Problemlösung der Mathematik. Das Verfahren besteht in einem Zusammenspiel von Analyse* und

René Descartes

Synthese*. Die Analyse legt das Problem, den komplexen Gegenstand, in seine kleinsten, intuitiv* erkennbaren Bestandteile auseinander, die Synthese rekonstruiert ihn aus diesen Bestandteilen mit Hilfe strenger logischer Operationen (Deduktion*). Richtig angewendet, verspricht diese Methode nicht nur in Mathematik und Naturwissenschaft sichere Ergebnisse, sondern bei allen rational erfaßbaren Gegenständen – auch religiösen und moralischen. Sie bildet die Grundlage für die Einheit der Erkenntnis – ein Ideal, das D. stets beibehalten hat; denn sie gibt die notwendigen* und hinreichenden Bedingungen an, unter denen der Mensch sich bei diszipliniertem Vorgehen eine vollständige, systematische Klarheit über das Dasein verschaffen kann.

Eine der entscheidenden methodischen Regeln aus dem *Discours* besteht darin, ‹niemals eine Sache als wahr anzuerkennen, von der ich nicht evidentermaßen erkenne, daß sie wahr ist: d. h. Übereilung und Vorurteile sorgfältig zu vermeiden und über nichts zu urteilen, was sich meinem Denken nicht so klar und deutlich darstellte, daß ich keinen Anlaß hätte, daran zu zweifeln.› Die Hauptregel befolgt D. in seinen wissenschaftlichen Abhandlungen, indem er jedesmal nach grundlegenden ‹ewigen› Wahrheiten sucht, Wahrheiten von der Qualität des Satzes ‹Der geometrische Ort für alle Punkte, die von einem gegebenen Punkt gleich weit entfernt liegen, ist der Kreis›. Diese Wahrheiten betrachtete D. als ‹von Gott geschaffen›; allmählich bezweifelte er jedoch die Haltbarkeit solcher Berufung auf einen wahrheitsgarantierenden Gott, weil Existenz und Eigenschaften dieses Gottes ihrerseits nicht sicher waren. Seine Zweifel führten ihn zu jener Frage, die alle spätere Erkenntnistheorie bestimmen sollte: «Was kann ich überhaupt wissen?»

Von dieser Frage aus entwickelt D. in den *Meditationes* das Prinzip des sog. methodischen Zweifels. Durch ihn will D. bis zur letzten Grundlage der Erkenntnis vorstoßen, indem er soviel wie möglich bezweifelt, d. h. einen Grund angibt, warum die vorgelegten Behauptungen falsch sein könnten. Dadurch soll festgestellt werden, ob es Dinge gibt, die dem systematischen Zweifel standhalten. Diese wären dann das absolut sichere Fundament der Erkenntnis; auf ihm könnte das System der Philos. neu errichtet werden.

D. Vorschlag, auf die Frage «Was kann ich wissen?» mit einer Suche nach dem absolut Unbezweifelbaren zu antworten, besagt: Man soll die vorhandenen Meinungen überdenken, um zu denjenigen zu gelangen, deren Wahrheit garantiert ist, und zwar nicht durch etwas anderes, sondern allein durch den Umstand, daß man sie hat. D. Suche nach dem Unbezweifelbaren ist die Suche nach dem Evidenten*, nach dem, was durch sich selbst unmittelbar einsichtig ist. Echtes Wissen soll daran erkennbar sein, daß es sein eigener Garant ist.

Aufgrund dieser Vorschrift macht D. in den *Meditationes* mit fast allen seinen ungeprüften Meinungen kurzen Prozeß. Daß physische Gegenstände existieren, daß dem Gegenwärtigen etwas vorausgegangen ist, daß er selbst einen Körper besitzt, daß es andere Menschen mit Bewußtsein gibt – all dies hatte D. geglaubt, aber nur deshalb, weil er seinen Sinnen, seiner Erinnerung sowie seiner Fähigkeit zur Unterscheidung von Traum und Wirklichkeit blind vertraut hatte. Nun hat D. aber erfahren, daß diese Erkenntnisfähigkeiten ihn dann und wann täuschen. Deshalb kann er nicht ausschließen, daß sie ihn immer täuschen; also können sämtliche der genannten Meinungen falsch sein (Illusions- bzw. Traumargument). – Daß $7 + 5 = 12$ ist, daß ein allmächtiger und allgütiger Gott existiert, daß es entweder regnet oder nicht regnet, auch dies glaubt D., aber nur, weil er zu seiner Vernunft*, die ihm dies sagt, Vertrauen hat. Dieses Vertrauen in die eigene Vernunft, die Neigung, ihr zu glauben, ist zwar eine Tatsache, aber nicht begründet. Deshalb kann D. nicht ausschließen, daß ein böser Geist ihm betrügerisch eine irreführende Vernunft mitgab und ihn mit der starken Neigung ausgestattet hat, ihre Ergebnisse überzeugend zu finden; es könnten also auch diese Meinungen falsch sein.

Solche möglicherweise falschen Meinungen können kein sicheres Fundament der Erkenntnis abgeben. Doch gibt es überhaupt etwas, das dem methodischen Zweifel standhält? Ja, antwortet D., eben dies: daß ich als Denkender existiere. Daran kann ich unmöglich zweifeln; denn falls ich nicht existierte, könnte ich an gar nichts zweifeln. Das Erfassen meiner selbst als existierend – ob als jemand, der alles bezweifelt oder in allem betrogen wird, ist irrelevant – ist die Garantie dafür, daß ich existiere.

D. geht weiter: Unbezweifelbar ist nicht

allein das Urteil ‹Ich existiere› und damit ‹Ich bin mir meiner Existenz bewußt (um sie wissend)›. Dasselbe gilt für jedes meiner Urteile über die eigenen privaten Bewußtseinszustände oder Erlebnisse – wie ‹Ich denke an Paris›, ‹Ich empfinde Kopfschmerzen›, ‹Es kommt mir vor, als sei weit vorn eine Oase›. Sich solcher Zustände bewußt zu sein ist dasselbe, wie sie zu haben; deshalb können auch diese Formen des Selbstbewußtseins nicht falsch sein. Sicheres Wissen besitzt D. insofern nicht nur von der eigenen Existenz, sondern zugleich von der eigenen Existenz als Bewußtseinswesen. Seine erste sichere Feststellung «Ich denke (habe Bewußtsein), also existiere ich» *(cogito* ergo sum)* beinhaltet also eine zweite: «Ich bin ein Bewußtseinswesen» *(sum res cogitans)*.

Das ist der gegebene Ausgangspunkt. Von diesem Gegebenen her muß alle andere Existenz – die der physischen Gegenstände, der Vergangenheit, des eigenen Körpers, anderer Menschen, Gottes usw. – wenn möglich bewiesen werden. Sollen meine Meinungen von der Existenz dieser Größen überhaupt die Bezeichnung ‹Wissen› verdienen, muß es gelingen, sie in meiner Kenntnis der eigenen Existenz und der privaten, unmittelbar gegebenen Bewußtseinsinhalte zu verankern; Sofern objektive Erkenntnis möglich ist, muß sie sich aus subjektiver* Erkenntnis ableiten lassen.

Zunächst bemerkt D., daß sein Erfassen des absolut unbezweifelbaren Urteils «Ich existiere» klar und deutlich ist. Wenn er sich auf diese intuitive Vernunftfähigkeit nun verlassen könnte, etwas klar und deutlich zu begreifen, dann hätte er das Kriterium für sichere Wahrheit gefunden. D. muß also den Grund für das Bezweifeln der Vernunft, die Hypothese vom bösen Geist, zu beseitigen suchen. Er hat die Existenz eines allmächtigen und allgütigen Gottes zu beweisen. D. beginnt mit der Feststellung, rein faktisch verfüge er in seinem Bewußtsein über eine Idee von Gott als dem vollkommensten Wesen. Wenn aber das vollkommene Wesen im Denken existiert, dann muß es auch in Wirklichkeit existieren. D. beweist diese Behauptung mit zwei Argumenten aus der Scholastik: Das eine ist eine Version von Anselms ontologischem Gottesbeweis*, das andere – der psychologische Gottesbeweis – steht in der Tradition des augustinischen Gottesbeweises. In diesem zweiten Argument schließt D. von der Wirkung auf die Ursache und erläutert: Weil die Idee des vollkommenen Wesens unmöglich aus etwas Unvollkommenem stammen könne, sei sie nicht von ihm, D., selbst verursacht, sondern von etwas Realem, das unabhängig von ihm existiert: also von Gott.

Aufgrund dieser Überlegungen hält sich D. für berechtigt, sich auf seine Vernunft zu verlassen; und er benutzt dieses Recht, um dasselbe Recht in bezug auf die übrigen Erkenntnismittel zurückzuerhalten, die nach gängiger Meinung bei ordnungsgemäßem Gebrauch objektive Erkenntnis bringen. In diese Mittel (wie Sinne, Gedächtnis usw.) hat Gott uns ein tiefes Vertrauen gegeben. Wären sie nicht zuverlässig, wäre Gott ein Betrüger. Aber zur Allmacht Gottes gehört seine Allgüte, und deshalb müssen unsere Erkenntnismittel unseres Vertrauens auch wert sein.

Die Antwort auf die Frage ‹Was kann ich wissen?› beschränkt sich nicht auf die Erhellung von Struktur und Umfang der Erkenntnis. Sie klärt ebenso die metaphysische Frage nach der Seinsweise des Menschen: Für D. ist das Ich, dessen Existenz er aufgezeigt hat, eine Substanz*, deren Wesen* (Essenz) darin besteht, Bewußtsein zu haben. (‹Bewußtsein› heißt die Fähigkeit, etwas zu erleben und unmittelbar von diesem Erleben zu wissen.) Diese Substanz, die Seele, die *res cogitans*, unterscheidet sich nun völlig vom Leib, mit dem das Ich verbunden ist. Denn D. kann, so sagt er, um seine Existenz als Bewußtseinswesen mit absoluter Sicherheit wissen und gleichzeitig an der Existenz seines Leibes zweifeln; also muß er selbst, sein Selbst, die Seele, vom

Leib verschieden sein. Die Differenz in bezug auf die Erkennbarkeit zeigt, daß Seele und Leib nicht ein und dasselbe sind.

Der Leib gehört zur ausgedehnten Substanz *(res extensa)*, zur Materie. Die Materie ist eine einzige Substanz mit zeitlicher und räumlicher Ausdehnung als Wesenseigenschaft. Bei den bestimmenden Eigenschaften physischer Dinge – Größe, Form, Ort, Dauer und Bewegung – handelt es sich bloß um verschiedene Weisen der Ausdehnung; und physische Ereignisse und Veränderungen sind eigentlich nur mechanische Änderungen der Bewegung. Farbe, Duft, Geschmack, Härte und ähnliche qualitative Eigenschaften bilden keine objektiven Eigenschaften des physischen Dings, sondern repräsentieren subjektive Erlebnisse. Sie werden hervorgerufen durch ein Zusammenspiel zwischen unseren Sinnesorganen und den Ausdehnungseigenschaften des Gegenstands.

Der zentrale Punkt in D. metaphysischem System ist sein Dualismus*. Ihm zufolge kann jede (geschaffene) Größe unter eine von zwei einander entgegengesetzten Kategorien subsumiert werden: entweder der Welt des Bewußtseins *(res cogitans)* oder der materiellen Welt *(res extensa)*. Sollen aber Seele und Leib verschiedenen Welten angehören, ergibt sich das besondere Problem, wie sie sich zueinander verhalten. D. bestreitet nicht, daß er unter allen physischen Gegenständen zu einem bestimmten, zum eigenen Leib, ein einzigartiges Verhältnis hat. Wenn er will, vermag er diesen zu bewegen, und wenn mit dem Leib etwas geschieht oder in ihm ein Bedürfnis entsteht, hat er ein Wissen um diese Geschehnisse im Bewußtsein. Zwischen Seele und Leib existiert nach D. ein außerordentlich intimes Verhältnis; das Ich ist «nicht nur in der Weise meinem Leib gegenwärtig... wie der Schiffer seinem Fahrzeug». Dennoch lehnt er die verbreitete Auffassung ab, die Seele sei das lebensstiftende Prinzip des Leibes. Als physischer Körper ist und bleibt der Leib ein rein mechanisches System mit eigenem Energiehaushalt. Der Unterschied zwischen einem lebenden und einem toten Leib gleicht dem Unterschied zwischen einer funktionierenden und einer nicht funktionierenden Uhr. So stirbt der Leib auch nicht deshalb, weil die Seele ihn verläßt; vielmehr verläßt ihn die Seele, weil er tot ist.

Die Beziehung zwischen Seele und Leib hält D. für letztlich unbegreifbar. Gleichwohl bietet er u. a. in seinem Spätwerk eine Erklärung: Nach der sog. Wechselwirkungshypothese verursachen gewisse Veränderungen der Seele Veränderungen im Leib und umgekehrt; so werden Armbewegungen durch Entschlüsse der Seele hervorgerufen. D. benennt für die Umsetzung zwischen Seelischem und Körperlichem sogar ein bestimmtes Organ, die Zirbeldrüse im Gehirn. Diese Vorstellung erschien der deutschen Prinzessin Elisabeth, mit der D. einen Briefwechsel unterhielt, völlig uneinsichtig. Denn wie sollte sich an einem Punkt im Raum zwischen zwei Größen Kontakt ergeben können, von denen die eine räumlich, die andere aber nicht räumlich ist? D. blieb der Prinzessin die Antwort schuldig und empfahl ihr statt dessen, über dieses äußerst verwirrende Thema nicht zuviel nachzugrübeln.

Mit seinem dualistischen Philos. versucht D., die christlich-katholische Lehre mit der neuen Naturwissenschaft in Einklang zu bringen. Der religiösen Auffassung vom Menschen als Geschöpf und Ebenbild Gottes stand die naturwissenschaftlich-mechanische* Auffassung gegenüber, daß alle physischen Erscheinungen, auch die lebensbedingenden Funktionen beim Menschen, als Funktionen einer arbeitenden Maschine verstanden werden müssen. Die Trennung zweier Wesensregionen erlaubt es D., beiden Auffassungen gerecht zu werden. Er kann innerhalb der ausgedehnten Natur die unbeschränkte Gültigkeit der mechanischen Gesetze anerkennen; und er kann gleichzeitig behaupten, mit der Seele besitze der Mensch eine Dimension, die nicht im

Gültigkeitsbereich der Naturgesetze liegt. Dennoch sah er sich hier einem anscheinend unlösbaren Problem gegenübergestellt: Wenn eine frei gewählte Handlung, etwa eine Armbewegung, in der physischen Welt stattfindet und somit in deren geschlossenem System voll und ganz determiniert ist, wie können dann freier Wille und Bewußtsein zur Erklärung der Handlung hinzugezogen werden? Entweder unterliegen alle physischen Vorgänge den Gesetzen der Mechanik, und dann gelten diese Gesetze auch für diejenigen physischen Vorgänge, die als menschliche Handlungen gelten; oder die menschlichen Handlungen unterliegen den Gesetzen der Mechanik nicht, und dann gelten diese Gesetze nicht für alle physischen Vorgänge. D. neigte der zweiten Alternative zu. Wie die Annahme eines freien Willens mit dem physikalischen Determinismus* zu vereinbaren sei, dieses Problem – dessen war sich D. durchaus bewußt – wurde durch seine Theorie eher aufgezeigt als gelöst.

D. Einfluß reicht über die rationalistischen* Systeme, die im unmittelbaren Anschluß an sein Denken entstanden (Malebranche, Spinoza, Leibniz), weit hinaus. Indem er die Erkenntnistheorie zur philos. Grundlagendisziplin erhob, brach er mit einer langen Tradition. Frühere Philos. hatten ihren Ausgangspunkt in der Metaphysik genommen, um – sozusagen aus dem Blickwinkel Gottes – die Wirklichkeit zu erklären. Dagegen beharrt D. auf der Anfangsfrage ‹Was kann ich wissen?›. Denn um über die Wirklichkeit in ihrer allgemeinen Beschaffenheit Aussagen mit Gültigkeitsanspruch machen zu können, muß vorab Klarheit erlangt werden über den Status dessen, worüber etwas ausgesagt werden kann und über die damit verknüpfte Gültigkeit der Aussagen. Viele spätere Philos., besonders im 17. und 18. Jh., folgten D. dualistischem Ansatz, ebenso wie sie seiner Anweisung treu blieben, nach dem sicheren Fundament der Erkenntnis zu suchen.

Ausg.: Œuvres I–XII. Hg. von C. Adam/ P. Tannery, 1897–1913. (Dt. liegen die meisten Schriften D. in Einzelausgaben vor.) – *Lit.:* E. Cassirer: D. Lehre, Persönlichkeit, Wirkung, ND 1995. J. Cottingham: D. Dictionary, 1992. H. H. Holz: D., 1994. A. Kenny: D., 1968 (ND 1993). P. Prechtl: D. zur Einführung, 1996. W. Röd: D., 1993. R. Specht: D., 1984. B. Williams: D. Vorhaben der reinen philos. Untersuchung, 1981.

designieren (von lat. *designare*, bezeichnen), ein semantischer* Begriff dafür, daß Namen*, Begriffsausdrücke und Prädikatsausdrücke etwas bezeichnen. 1. Wird häufig synonym mit referieren*, auf etwas Bezug nehmen, (Designation oder Referent*) verwendet. Z. B. designiert der Name ‹Basel› die Stadt Basel, indem der Name dasjenige bezeichnet, wofür der Name Name ist. Das Wort ‹Pferd› designiert alles, was unter den Begriff ‹Pferd› fällt. Ferner designiert der Prädikatsausdruck ‹rot› alles, worauf das Prädikat ‹rot› angewendet werden kann. – 2. In R. Carnaps Terminologie läßt sich sagen:
designieren = denotieren* =
                      referieren
Designation = Denotation* =
                      Referent.
3. Kripke führt den Begriff eines ‹rigiden Designators› (engl. *rigid designator*) ein, der, wenn er überhaupt etwas bezeichnet, dies in jeder Situation (‹in jeder möglichen Welt›) designieren wird – unter der Voraussetzung, daß das Bezeichnete existiert und die Sprache unverändert bleibt. Laut Kripke sind alle Namen rigide Designatoren, aber auch ein Ausdruck wie ‹Löwe› (sowie alle Ausdrücke, die natürliche Klassen von Entitäten* bezeichnen) hat diese Funktion. Der Gegensatz zum rigiden Designator ist die bestimmte Beschreibung*.

Determination (von lat. *determinare*, abgrenzen, bestimmen). 1. In der Logik spricht man von der D. eines Begriffs, wenn man einem übergeordneten Allgemeinbegriff (z. B. ‹Staat›) ein neues Kennzeichen hinzufügt, so daß man einen bestimmten Begriff erhält (z. B. ‹demokratischer Staat›). 2. In der Biologie ist D. mit einem Funktionszustand identisch, der die weitere Entwicklung eines Organismus festlegt.

Determinismus (von lat. *determinare*, abgrenzen, bestimmen). 1. Auffassung, jedes Ereignis sei so durch Ursachen* bestimmt, daß es als Ergebnis der vorhandenen Bedingungen zwangsläufig eintritt. Die Aussage ‹Alles hat seine Ursache› bedeutet also für den D.: Es gibt für alles nicht nur eine Erklärung*, sondern eine ursächliche Erklärung (s. Ursache). Man unterscheidet zwischen metaphysischem D. und wissenschaftlichem D. Der metaphysische D. behauptet, die Wirklichkeit sei gekennzeichnet durch einen umfassenden Ursachenzusammenhang (die Kausalität). Der wissenschaftliche D., der in der neuzeitlichen Diskussion gelegentlich zur Begründung des metaphysischen D. diente, befaßt sich vor allem mit der Qualität des Wissens und behauptet: Vorausgesetzt, die Gesetzmäßigkeit einer bestimmten Art von Ereignissen ist bekannt und ebenso der Zustand des entsprechenden Ausschnitts der Wirklichkeit (des Systems) zu einer bestimmten Zeit, so ist es prinzipiell möglich, Ereignisse zu einer beliebigen anderen Zeit vorherzusagen bzw. retrospektiv zu bestimmen. Der wissenschaftliche D. stützt sich darauf, daß die klassischen und modernen Theorien der Physik – mit Ausnahme der Quantenmechanik – ihrer logischen Struktur nach deterministisch sind. 2. Verneinung eines freien Willens beim Menschen. Der freie Wille wird als Vermögen verstanden, eine im voraus unentschiedene Wahl zwischen verschiedenen Handlungsmöglichkeiten zu treffen (vgl. Freiheit, *liberum arbitrium, libertas indifferentiae*, willkürlich). 3. Zum sog. logischen D. s. Freiheit 1.

Lit.: M. Bunge: Kausalität, Geschichte und Probleme, 1987. E. Dreher: Die Willensfreiheit, 1987. W. Heisenberg: Physik und Philos., 1959. T. Honderich: Wie frei sind wir? Das D.-Problem, 1995. W. Marx (Hg.): D.-Ind. Philos. Aspekte physikal. Theoriebildung, 1990. P. Mittelstaedt: Phil. Probleme der modernen Physik, Kap. V, ^{2}1966. U. Pothast (Hg.): Seminar: Freies Handeln und D., 1978.

Dewey, John (1859–1952), amerik. Philos. und Pädagoge. D. war Prof. für Philos. u. a. in Chicago (1894–1904) und Columbia (1904–29). Zu seinen philos. Inspirationsquellen zählen so verschiedene Autoren wie A. Huxley, Hegel und H. James. D. wollte den traditionellen philos. Dualismus* zwischen Erkenntnis und Welt aufheben: der Umstand, daß es uns Menschen unmöglich ist, einen absoluten Standpunkt einzunehmen, d. h., daß wir die Welt immer nur unter einer bestimmten Perspektive und entsprechenden Beschreibung erkennen können, brachte D. dazu, die sog. Beobachtertheorie der Erkenntnis, die Annahme, die Erkenntnis sei ein passives Beschauen einer ewigen und unveränderlichen Welt, abzulehnen. Die Wahrheit* ist nicht die korrekte Abbildung einer Wirklichkeit, die unabhängig von den Menschen und ihrem Tun existiert, sondern die vorläufige, unsere Handlungsfähigkeit erweiternde Antwort auf Probleme, die sich in einer bestimmten Situation stellen. Aussagen sind Instrumente bei der Lösung von Problemen: daß ein Urteil wahr ist, bedeutet nichts anderes, als daß wir berechtigt sind, es zu behaupten, weil wir die Situation zu ändern und das ursprüngliche Problem dadurch zu lösen vermögen.

Im Anschluß an seine pragmatische Wissenschaftslehre, wonach die Entwicklung der Wissenschaften sich aus der Entwicklung heuristischer Verfahren zur Lösung lebenspraktischer Probleme rekonstruieren läßt, reklamiert D. auch für die Philos., daß sie praxisrelevant und pädagogisch sowie sozialphilosophisch umsetzbar sein muß. Die pädagogischen Ansätze D. fanden ein starkes Echo und wurden v. a. in den USA ursprünglich von ihm selbst, aber auch in Japan, Indien und den Staaten Lateinamerikas zu einem großen Teil realisiert. – Vgl. Pragmatismus.

Ausg.: Democracy and Education, 1916 (dt. Demokratie und Erziehung, 1930, 1993). Human Nature and Conduct, 1922 (dt. Die menschliche Natur, ihr Wesen und ihr Verhalten, 1931). Experience and Nature, 1925. The Theory of Inquiry, 1938. Erfahrung und Natur, 1995. – *Lit.:* J. Campbell: Understanding J. D., 1995. W. Corell: J. D. Psychologische Grundfragen der Erziehung, 1974. E. Martens (Hg.): Texte der Philos. des Pragmatismus, 1985. M. Suhr: J. D. zur Einführung, 1994.

Dialektik (griech. *dialektike techne*, Gesprächskunst). D. ist ein häufig verwendeter, schwer zu handhabender und umstrittener philos. Begriff. Er hat im Lauf der Philos.geschichte erhebliche Bedeutungsveränderungen erfahren:
Systematisch tritt er zuerst bei Platon auf. D. wird ausdrücklich an das Gespräch (den Dialog*) gebunden. Sie meint eine Kunst der Gesprächsführung, die, so betont Platon gegen die Sophisten*, im Dienst der Sache steht. Die ‹Kunst› der Sophisten dagegen, jeder beliebigen Meinung zu widersprechen oder jede beliebige Meinung zu ‹beweisen›, bestehe nur in Wortspielerei (Eristik*). D. ist für Platon eine Methode, Positionen zu problematisieren und schließlich durch die Bewegung des Gesprächs zwischen den Teilnehmern (Frage – Antwort) den Widerstreit der Meinungen zu überwinden; sie ist der Weg zur Erkenntnis der Wirklichkeit (der Ideen*). Im weiteren bestimmt Platon die D. als Disziplin, welche die Struktur der Wirklichkeit untersucht. Sie grenzt die verschiedenen Begriffe voneinander ab und hält sie zugleich unter allgemeineren, umfassenderen Begriffen zusammen (*Sophistes*, 253b ff.).
Bei Aristoteles hat die D. mit denjenigen Fragen zu tun, über welche die Meinungen kontrovers sind und die sich nur entscheiden lassen, indem Für und Wider dialektisch abgewogen werden. D. ist danach eine Methode, diese Fragen durch Einbeziehung allgemeiner Gesichtspunkte *(topoi)* zu klären. Insofern kann die D. als besonderer Teil der Logik* aufgefaßt werden: als Topik* im Gegensatz zur sog. Analytik* der formalen klassischen Logik. So stellt sich im Anschluß an Aristoteles das Problem des Verhältnisses von D. und Logik. In der scholastischen* Philos. des Mittelalters geht die Tendenz dahin, beides zu identifizieren.
Die Unterscheidung zwischen Analytik und D. greift Kant wieder auf in seiner *Kritik der reinen Vernunft* (1781). Aber im Gegensatz zu Aristoteles (und Platon) betrachtet er die D. als «Logik des Scheins», d. h. als «Blendwerk»; Thema der Dialektik sind erklärbare, aber nicht auflösbare Widersprüche. Wenn ein Vernunftbegriff (z. B. ‹die Welt›) über die Grenzen möglicher Erfahrung* hinaus zur Anwendung gelangt, entsteht der sog. «transzendentale» Schein»: Der Versuch, über das jenseits der Erfahrung Liegende Aussagen zu treffen, führt in Selbstwidersprüche (Antinomien). So kann man etwa sowohl die Behauptung (Thesis) «beweisen», daß die Welt in Raum und Zeit einen Anfang hat, wie auch die Gegenbehauptung (Antithesis), daß die Welt in Raum und Zeit keinen Anfang hat. Aufgabe der transzendentalen D. ist es, solche Täuschung aufzudecken. Denn die menschliche Vernunft besitzt eine natürliche Neigung, sich darin zu verwickeln, weil sie nach der Erkenntnis unbedingter (absoluter*) Einheit als Grundlage aller ihrer Erfahrungen strebt.
Kants Kritik der D. der Vernunft bleibt bei dem Nachweis stehen, daß eine Reihe von Thesen und Antithesen gleichermaßen bewiesen werden kann, wenn die Vernunft die Grenzen des Erfahrbaren überschreitet. Die Möglichkeit einer Versöhnung – einer Synthese – der widerstreitenden Behauptungen gibt es für ihn nicht. Fichte dagegen spricht von einem «synthetischen Verfahren», welches die Vereinigung der Gegensätze in einem Dritten gerade zum Zweck hat. Zu mehr als einer Methode wird die «Triade» (Dreiheit) von These-Antithese-Synthese beim jungen Schelling. Er behauptet,

daß diese Dreiheit der Entwicklung in Natur und Geschichte entspricht.

Hegel wiederum lehnt bereits 1807 die Triade von These-Antithese-Synthese ab; es sei ein bloß «äußerliches lebloses Schema». Statt dessen sucht Hegel einen neuen Begriff der D. zu entwickeln. Dazu geht er auf Platon zurück und betont, die D. sei keineswegs bloße Scheinlogik, wie Kant glaubte. Zwar stimmt er Kant insofern zu, als dialektisches Denken der Vernunft entspringt; aber die von Kant für endgültig erklärten Vernunftwidersprüche lassen sich nach Hegel sehr wohl aufheben, und zwar in der spekulativen* D. Die (Selbst-)Widersprüche der Vernunft sind ihrerseits nur scheinbar; indem Kant bei ihnen stehenbleibt, behandelt er sie viel zu abstrakt. Er übersieht, daß sie Momente* eines größeren Zusammenhangs sind, in dem sie aufgehoben (vermittelt*) werden. Der konsequente Gebrauch der Vernunft jenseits des Bereichs von (Sinnes-)Erfahrung führt nicht (nur) zu Täuschungen. Er führt zur Einsicht in viele Strukturen und Formen, die gar nicht anders gedacht werden können und folglich aus eigentlicher Erkenntnis stammen müssen. Deshalb ist die D. für Hegel – im Einklang mit Schelling – keine bloße Methode: Jene Unterschiede und Zusammenhänge, von denen nicht gedacht werden kann, daß sie anders sein könnten, müssen notwendige (ontologische) Grundzüge der Sache selbst, der Wirklichkeit, sein. Eine solche Folge von vernünftigen notwendigen Unterschieden und Zusammenhängen bezeichnet Hegel gern als dialektische Bewegung, Prozeß oder Werden*, ob diese Folge nun einen zeitlichen Verlauf hat oder nicht. Die Wirklichkeit insgesamt ist durch Unterschiede und Zusammenhänge strukturiert, und die spekulative D. weist nach, wie sich solche Unterschiede und Zusammenhänge auseinander entwickeln. Durch den Gebrauch der Vernunft suchen wir die notwendigen Strukturen der Wirklichkeit zu begreifen; und die spekulative D. läßt uns erkennen, daß unsere ersten, vorläufigen Begriffe von der Wirklichkeit zu derem widerspruchsfreien Begreifen keineswegs ausreichen. Dadurch werden wir zur Einsicht in neue und umfassendere Unterschiede und Zusammenhänge gebracht.

Ebenso wie Hegel geht Schleiermacher in den Vorlesungen aus den 1820er Jahren auf Platon zurück. Anders als Hegel betont er aber, daß D. zunächst eine Theorie über Gesprächssituationen ist, also eine Kommunikationstheorie. Ihr Ziel besteht in der Überwindung der widerstreitenden Meinungen bei den Diskussionsteilnehmern. Allerdings hatte Schleiermachers Begriff von D. auf die spätere Entwicklung kaum Einfluß. Im weiteren 19. und im 20. Jh. spielt die Frage, was D. sei, bei den unterschiedlichsten Philos. eine Rolle: bei Kierkegaard, Marx, Engels, Sartre, Merleau-Ponty und Adorno. Die Überlegungen nehmen ihren Ausgangspunkt jeweils bei Hegel; doch wird dessen D.-Begriff durchweg abgewandelt oder gar verworfen. – Vgl. auch (dialektischer) Materialismus.

Lit.: R. Bubner/K. Cramer/R. Wiehl (Hg.): Hermeneutik und D., Aufsätze I–II, 1970. A. Diemer: Elementarkurs Philos.: D., 1976. K. Dürr: Die Entwicklung der D. von Plato bis Hegel. Dialectica 1, 1947. H.-G. Gadamer: Hegels D., 1971. R.-P. Horstmann: Seminar: D. in der Philos. Hegels, ²1989. W. Röd: Dialektische Philos. der Neuzeit I–II, 1974.

Dialektische Theologie. Bezeichnung für die Kehrtwendung in der protestantischen Theologie nach dem 1. Weltkrieg. Die d. T., entwickelt von Barth, Gogarten, Brunner, Thurneysen und Bultmann, bricht mit der liberalen* Theologie radikal, deren Glaube an einen geschichtlichen Fortschritt durch die Ereignisse des Krieges untergraben worden war. Damit schien der Versuch, eine harmonische Synthese zwischen Christentum (Evangelium) und bürgerlich-liberaler Kultur herzustellen, unmöglich. Einen Durchbruch erlebte die d. T. 1921/22 vor allem aufgrund der 2. Ausgabe von Karl Barths Kommentar zum *Rö-*

merbrief und mit der Gründung der Zeitschrift *Zwischen den Zeiten*, die bis zum Krisenjahr 1933 erschien, als die Differenzen innerhalb der d. T. zu einer offenen Spaltung führten.
Barth gilt als führende Persönlichkeit der Bewegung. Sein Denken basiert auf der «gebrochenen» Dialektik* Kierkegaards: Barths Hauptziel liegt darin, den «‹unendlichen qualitativen Unterschied› von Zeit und Ewigkeit» in aller Schärfe festzuhalten, «die Tiefe der Qualitätsverschiedenheit zwischen Gott – und Mensch» zu befestigen. Alle menschlichen Aussagen über Gott sind unangemessen. Von ihm kann man nicht direkt sprechen, sondern nur in Satz und korrigierendem Gegensatz; daher nennt sich diese Theologie ‹dialektisch›. Die stete Bewegung zwischen Satz (z. B. daß der Mensch nach Gottes Ebenbild geschaffen ist) und Gegensatz (z. B. daß der Mensch Sünder ist) führt zu keinem stimmigen Ergebnis; zwischen These* und Antithese gibt es keine Mitte, keine Synthese. Die einzige Beziehung zwischen Gott und Mensch besteht – paradox – im Abstand («Diastase»), in der Trennung. Aber selbst diese Dialektik zwischen Gott und Mensch ist gebrochen. Durch Gottes Offenbarung in Jesus Christus wird die menschliche Welt «senkrecht von oben» durchschnitten. Dies geschieht im Augenblick, in einem Schnittpunkt, der keine eigentliche Ausdehnung besitzt. – Daher behauptet Paul Tillich in einer frühen Kritik an Barth, in der d. T. sei eine wirkliche Dialektik, eine echte Vermittlung*, nicht vorhanden.
Die d. T. wird auch Theologie der Krisis genannt: In ihr verschärft sich das allgemeine Krisenbewußtsein nach dem 1. Weltkrieg zu einem theologischen Bewußtsein von der absoluten *Krisis* (griech. Unterscheidung, Entscheidung) der Welt. Sofern Gott «der ganz Andere» ist, geht durch die menschliche Existenz ein Widerspruch, ein «Riß».
Barth erhebt die Offenbarung wieder zur entscheidenden theologischen Kategorie. Damit erteilt er jeder Theologie eine Absage, die mit Schleiermacher vom frommen Selbstbewußtsein des Menschen ausgeht und so den Glauben als eine nur menschliche Haltung, als Religion bestimmt. Aber indem die d. T. zwischen der Offenbarung Gottes (dem Glauben) und der Religion des Menschen absolut unterscheidet, muß sie Religion in zweideutiger Weise auffassen: Als Theo-logie sieht sie darin das ‹allzumenschliche› Streben nach Gott; gleichzeitig ist Religion der notwendige Reflex des Glaubens. – Vgl. Existenztheologie, Religionsphilos., Säkularisierung.

Lit.: K. Barth: Der Römerbrief, 1919. M. Beintker: Die Dialektik in der d. Th. Karl Barths, 1987. J. Moltmann: Anfänge der d. T., 2 Bde., 1962/63. Zeitschrift für d. Th., 1985 ff.

Diallele (griech. *diallelos tropos*, durcheinander), ältere Bezeichnung für einen Zirkelschluß *(circulus* vitiosus)*; mitunter auch eine Zirkeldefinition, d. h. eine Definition*, die die gleichen Ausdrücke sowohl im *definiens* wie im *definiendum* enthält.

Dialog (griech. *dialogos*), Gespräch. 1. Bei Platon besitzt der D. grundlegende methodische Bedeutung: Er ist Mittel, um zur Einsicht in die Wahrheit zu gelangen (vgl. Dialektik). 2. Eine gewichtige Rolle innerhalb der modernen Philos. spielt der D.-Begriff vor allem für die sog. D.philos.*. Verstanden als kommunikative Beziehung zwischen zwei Partnern, ist der D. nicht nur eine Methode zum Erreichen von Wahrheit; vielmehr ist er Bedingung dafür, daß es Personen, die ihrer selbst bewußt sind, also die Fähigkeit haben, sich und die Welt zu erkennen, überhaupt geben kann. Im Gespräch rede ich zu einem anderen*, der als ein Du* an-geredet wird und von dem ich umgekehrt selber als Du an-geredet werde. Erst durch das Gegenüber eines Du kann ich als ein Ich sprechen, mich als ein Ich aussprechen.

Dialogphilosophie (oder Dialogismus, dialogisches Denken), eine Philos., welche die entscheidende Bedeutung des Dialogverhältnisses betont (vgl. Dialog), d. h. der Beziehung zu dem anderen* als einem Du*. Daher wird die D. auch Ich-Du-Philos. genannt.
Ansätze zu einer D. finden sich in der dt. Philos. Ende des 18. und Anfang des 19. Jh. bei J. G. Hamann, F. H. Jacobi, J. G. Fichte, W. v. Humboldt und später bei L. Feuerbach. Als D. im eigentlichen Sinn wird eine Strömung bezeichnet, die nach dem 1. Weltkrieg zum Durchbruch kam und mit Namen wie F. Ebner, F. Rosenzweig, M. Buber und G. Marcel verknüpft ist. Unabhängig voneinander arbeiten diese Autoren den Gedanken aus, daß das Dialogverhältnis grundlegend sei. Dabei lassen sich eine schwächere und eine strengere Fassung dieses Grundgedankens unterscheiden. Nach der schwächeren Fassung wird das Individuum nur in der Dialogbeziehung ein wirkliches Selbst, eine Person*. Dagegen existiert nach der strengeren Fassung gar kein Ich – kein Individuum – außerhalb der Beziehung; im Dialogverhältnis entsteht das Ich überhaupt erst. Zugleich mit der fundamentalen Rolle des Verhältnisses wird die der Sprache hervorgehoben: Das Verhältnis besteht in und durch Sprache. – Die D. versteht sich als Gegenbewegung zur ‹monologischen› Tradition der Philos., insbesondere zur Transzendentalphilos.*; diese muß den anderen vom Ich her verstehen, sieht ihn also nur als anderes, fremdes Ich.

Lit.: B. Casper: Das dialogische Denken, 1967. P. Lorenzen: Dialogische Logik, 1978. H. H. Sehrey: Dialogisches Denken, 1991. M. Theunissen: Der Andere, 1977, ²1981. B. Waldenfels: Das Zwischenreich des Dialogs, 1970.

dianoetische/ethische Tugenden (von griech. *dianoia*, Denken; *ethos*, Sitte, Gewohnheit, Eigenart, und ahd. *tugan*, taugen). Diese Unterscheidung zweier Hauptformen der Tugend (griech. *arete**) geht auf Aristoteles zurück. 1. Die dianoetischen Tugenden sind die Tugenden des Verstands. Zu den wichtigsten gehören *phronesis** und *techne*. *Phronesis* meint das Vermögen, von allgemeinen Handlungsregeln auf das zu schließen, was in einer gegebenen Situation getan werden muß. Sie ist notwendig, wenn die entsprechende Handlung auf eine Verwirklichung des ‹guten Lebens› abzielt und folglich ihren Zweck* in sich selbst hat. *Techne* heißt das Vermögen, in jedem einzelnen Fall unter mehreren Alternativen das richtige Mittel zu finden. Sie ist notwendig, wenn die entsprechende Tätigkeit ihren Zweck außerhalb ihrer selbst hat. 2. Die ethischen Tugenden sind die des Charakters. Sie bestehen in einer Reihe von seelischen Vermögen und versetzen den Menschen in die Lage, zwischen zwei Extremen den mittleren Weg *(mesotes**)* frei zu wählen.

Dichotomie (von griech. *dicha-*, zwei-, und *temnein*, schneiden), Zweiteilung; Aufgliederung einer Einheit in zwei entgegengesetzte Teile.

dictum de omni et nullo (lat.), Aussage über alles und nichts. Ein Aristoteles zugeschriebenes logisches Prinzip. Was von allen Elementen (einer gegebenen Menge) behauptet oder bestritten werden kann, kann auch von den einzelnen Elementen (der gegebenen Menge) behauptet oder bestritten werden. Z. B.: ‹Wenn alle Störche rote Schnäbel haben, dann hat der einzelne Storch auch einen roten Schnabel.›

Diderot, Denis (1713–84), franz. Schriftsteller, Kunsttheoretiker und Philos., Mitherausgeber der großen franz. *Enzyklopädie**. Für D. ist die Materie kein toter Stoff; die Atome* besitzen eine potentielle Kraft, eine Lebensmöglichkeit, die Bewußtsein* zu erzeugen vermag. Allerdings hat D. der Kritik d'Alemberts nie widersprochen, wonach die Einheit, die das Bewußtsein charakterisiert, durch mechanistischen Zusammenfügung kleinster Teile nicht erklärbar ist. Obwohl er nicht dem mechanistischen

Denis Diderot

Materialismus* seiner Zeit folgte, verläuft bei ihm alles Geschehen nach notwendigen Gesetzen; ein freier* Wille ist daher ein Unding. Die Moral ist eine Folge der natürlichen Bedürfnisse und der natürlichen Entwicklung; sie kann durch Erziehung und Gesetzgebung verändert werden. In politischen Fragen denkt D. reformistisch.

Ausg.: Œuvres complètes, hg. Assézat-Tourneux, 20 Bde., 1875–77. Oeuvres complètes, ed. critique, 1975 ff. – Lit.: L. Alary: D., 1993. J. Schlobach (Hg.): D. D., 1992. J. v. Stackelberg: D., 1983. U. Winter: Der Materialismus bei D., 1972. R.-R. Wuthenow: D. zur Einführung, 1994.

differentia specifica (lat., artbildender Unterschied), spezifische Differenz im Gegensatz zu numerischer Differenz. Unterschied einer Art zu den anderen Arten derselben Gattung, resp. eines Individuums zu den anderen Individuen derselben Art. Der Ausdruck ist besonders mit der Lehre von den Prädikabilien* und von der Definition* verknüpft.

Dilemma (griech., zweigliedrige Annahme). 1. In der Alltagssprache bezeichnet ein D. eine schwierige oder ausweglose Situation, in der man sich befindet. Es gibt zwei Wahlmöglichkeiten, von denen eine ergriffen werden muß, die aber beide zu einem unerwünschten Resultat führen. 2. In der Logik* ist ein D. eine bestimmte Form von Argument*: (a) Ein positives oder konstruktives D. hat die Form: Wenn p, dann q; wenn r, dann q; entweder p oder r; daher q. (b) Ein negatives oder destruktives D. hat die Form: Wenn p, dann q; wenn p, dann r; entweder nicht-q oder nicht-r; daher nicht-p.

Lit.: F. Ueberweg: System der Logik und Geschichte der logischen Lehren, 1857, § 123.

Dilthey, Wilhelm (1833–1911), dt. Philos. und Philos.historiker. Studium der Geschichte und Philos. in Heidelberg u. a. bei Kuno Fischer und in Berlin bei Böckh, Ranke und Trendelenburg. Dort 1864 Habilitation. Ab 1866 Prof. in Basel, dann Kiel, Breslau und 1882–1905 in Berlin. Verfaßte außer seinen Beiträgen zu Metaphysik, Moralphilos. und Erkenntnistheorie geistesgeschichtliche Werke über Renaissance, Reformation, die dt. Aufklärungsphilos.* und die Entwicklung des dt. Idealismus*. – D. Hauptanliegen besteht in einer erkenntnistheoretischen Fundierung der Geisteswissenschaften, wobei er insbesondere an die Hermeneutik* und Dialektik* Schleiermachers anknüpft. Bei ihm finden sich sowohl ein cartesianischer bewußtseinsphilos.* als auch ein lebensphilos.* Ansatz, die zueinander in einer gewissen Spannung stehen: Einerseits sucht D. erkenntnistheoretisch vom eigenen Bewußtsein auszugehen, das von sich selbst Gewißheit hat (vgl. *cogito ergo sum*); in Entsprechung dazu sollen andere Menschen und die Kulturen insgesamt als Objektivation fremden Bewußtseinslebens verstanden werden. Andererseits will D. die kommunikative, kulturelle und historische Lebensgemeinschaft als Grundlage nehmen für das Verstehen nicht nur des fremden, sondern auch des eigenen Bewußtseinslebens.

Im Anschluß an Schleiermachers geisteswissenschaftlichen Pädagogik-Begriff versucht D. im Gegensatz zu den abschließenden Systembildungen der Tradition die Pädagogik als eine historische Erfahrungswissenschaft zu fundieren. So gilt es nach D. die geschichtlich-historische Bedingtheit und relative Geltung der Erziehungswirklichkeiten zu berücksichtigen: Die Pädagogik ist durch eine psychologische «Analyse des Zweckzusammenhangs der Erziehung» aufzubauen. D. betont aber auch die Allgemeingültigkeit von Regeln und Normen der Kultursysteme, zu denen auch die Erziehung gehört. Die nicht dem geschichtlichen Wandel unterliegende Allgemeingültigkeit dieser Normen ist in dem «teleologischen Charakter des Seelenlebens» und dessen daraus ableitbarer «Vollkommenheit» begründet. Aus dieser den Nachfolgern D. nicht unentdeckt gebliebenen Zwiespältigkeit hinsichtlich der Geltungsfrage der Erziehungswissenschaft sind in der Pädagogik in der Folge auch je verschiedene Begründungslinien entstanden.

Ausg.: Gesammelte Schriften 1914–58, 1957ff. – *Lit.:* O. F. Bollnow: D., [4]1980. H. H. Gander: Positivismus als Metaphysik: Voraussetzungen und Grundstrukturen von D. Grundlegung der Geisteswissenschaften, 1988. H. Ineichen: Erkenntnistheorie und geschichtlich-gesellschaftliche Welt. D. Logik der Geisteswissenschaften, 1975. R. A. Makreel: D. Philos. der Geisteswissenschaften, 1991. E. W. Orth (Hg.): D. und die Philos. der Gegenwart, 1985. F. Rodi/H.-U. Lessing (Hg.): Materialien zur Philos. W. D., 1984.

Ding (von ahd. *thing*, Versammlung der freien Männer, Gericht; von daher auch Rechtshandlung, Rechtssache; engl. *thing*; franz. *chose*; griech. *ousia*; lat. *res* oder *substantia*). 1. D. wird benutzt (a) im weiteren Sinn als Synonym für ‹Seiendes›, ‹Gegenstand› oder ‹Objekt›, (b) im engeren Sinn als Synonym für ‹physischer Gegenstand›. 2. Zu der Frage, was ein physisches D. sei, gibt es im wesentlichen drei Arten von Erklärung: (a) Für Aristoteles handelt es sich beim physischen D. um eine Substanz* (griech. *ousia*), (b) nach der empiritisch* orientierten Philos., z. B. Russell, um eine Summe (oder ein Bündel) von physischen Eigenschaften, und für Husserl (c) um den Identitätspol* für eine Reihe unselbständiger physischer Phänomene*. 3. Zum D. an sich s. an sich/ für sich/an und für sich. 4. Zu Verdinglichung oder Reifizierung s. Objektivation.

Lit.: P. F. Strawson: Einzelding und logisches Subjekt, 1972.

Ding an sich, s. an sich/für sich/an und für sich.

Dingler, Hugo (1881–1954), dt. Wissenschaftstheoretiker, geb. in München; dort Studium, 1907 Promotion, 1912 Habilitation, a. o. Prof. 1920–32. 1932–34 o. Prof. in Darmstadt. Verlor seine Stellung durch politische Intrigen. – D. Bestrebungen gelten der methodischen und vollständigen Begründung der exakten Wissenschaften auf einer stark an Kant orientierten philos. Grundlage. Er gehört zu den Vorläufern der Erlanger* Schule.

Ausg.: Die Grundlagen der Naturphilos., 1913. Metaphysik als Wissenschaft vom Letzten, 1929. Philos. der Logik und Arithmetik, 1931. Grundriß der methodischen Philos., 1949. Die Ergreifung des Wirklichen, 1955. – *Lit.:* W. Krampf: Die Möglichkeit einer operativen Begründung der Wissenschaften, 1971. U. Weiss: H. D. methodische Philos., 1991.

Diogenes Laertios, griech. Schriftsteller, der im 3. Jh. n. Chr. ein zehnbändiges philos.geschichtliches Sammelwerk verfaßte. Seine Darstellung ist unkritisch, bunt vermengt mit Anekdoten, Legenden und Biographischem und oft selbstwidersprüchlich im Referat philos. Lehrsätze. Gleichwohl gehört D. Werk zu den wichtigsten Quellen für die Philos. der Antike.

Ausg.: Leben und Meinungen berühmter Philos., übersetzt von O. Apelt, [2]1967.

Disjunktion, die logische* Konstante ‹oder›; Aussage, deren Teilsätze mit ‹oder› verbunden sind. Genauer wird unterschieden zwischen der ausschließenden D. (D. im eigentlichen Sinn, ‹entweder... oder›, symbolisiert mit ›–‹) und der nicht ausschließenden D. (Adjunktion, ‹oder›, symbolisiert mit ‹v›). Bei der D. ‹p ›–‹ q› kann nur ‹p› oder ‹q› wahr sein. Die Adjunktion ‹p v q› ist auch dann wahr, wenn ‹p› und ‹q› wahr sind. Zwei Mengen sind disjunkt, wenn sie kein gemeinsames Element haben. Eine vollständige D. liegt dann vor, wenn eine der Alternative wahr sein muß: Entweder ist 8 eine gerade oder eine ungerade Zahl.

disjunktiver Syllogismus. In der klassischen Logik* Bezeichnung für Schlüsse mit zwei Prämissen*, von denen die eine ein kategorisches Urteil*, die andere ein disjunktives ist. Es gibt zwei gültige Schlußformen: *modus* tollendo ponens* und *modus ponendo tollens*.

Diskurs (lat. *discursus*, von *discurrere*, hin und her laufen), Rede, Gespräch, Erörterung. 1. Diskursive* Darstellung eines Gedankengangs durch eine Reihe von Aussagen. 2. Reihe von Aussagen oder Äußerungen, Aussagenkette. 3. Die Form einer Kette von Aussagen oder Ausdrücken und damit die Art und Weise, auf welche sie entstanden sind. So kann man von einem wissenschaftlichen, poetischen oder religiösen D. sprechen. 4. Regelgesteuerte Praxis, die eine Kette oder ein zusammenhängendes System von Aussagen, also Wissensformen, hervorbringt, z.B. die Medizin, die Psychiatrie, die Biologie (Foucault). 5. Die Sprache als etwas Praktiziertes oder der Gebrauch der Sprache; die gesprochene Sprache im Gegensatz zum Sprachsystem oder zum Code (Ricœur). 6. Die Sprache als Totalphänomen, das Sprachuniversum. 7. Diskussion und Infragestellung von Gültigkeitskriterien mit dem Ziel, einen Konsens unter den Diskursteilnehmern herzustellen (Habermas).

Lit.: M. Foucault: Die Ordnung des D., 1974. C. F. Gethmann: Protologik. Untersuchungen zur formalen Pragmatik von Begründungsd., 1979. J. Habermas: Theorie des kommunikativen Handelns, 1981. H. Schnädelbach: Reflexion und D., 1977.

Diskursethik. Aufbauend auf ihre Diskurstheorie, wonach der Diskurs* eine Infragestellung von Gültigkeitskriterien darstellt mit dem Ziel, einen Konsens unter den Diskursteilnehmern zu erlangen, haben K.-O. Apel und J. Habermas die D. entwickelt. Sie erweitert den diskurstheoretischen Rahmen konstativer Wahrheit und z. T. expressiver Wahrhaftigkeit um den Bereich normativer Richtigkeit. Teilt die D. ihren ethischen* Kognitivismus mit dem Utilitarismus* sowie mit Kants Ethik, so ergeben sich diesen gegenüber spezifische Unterschiede. «Vernunft» im Bereich des Handelns sei weder über ein Handlungsfolgekalkül noch über eine bloß «monologische» Überprüfung der Verallgemeinerungsfähigkeit von Maximen zu realisieren; vielmehr verweise der an Handlungen zu stellende Vernunftanspruch auf eine intersubjektive Verständigungsprozedur. «Normative Richtigkeit» wird an dem Kriterium, daß alle Betroffenen mit Gründen zustimmen können, bemessen. Damit der Konsens als rational gelten kann, muß er bestimmte Bedingungen erfüllen, die nie real realisierbar sind (unbegrenzte Teilnehmerzahl, ideale Handlungsentlastung etc.). Habermas spricht in diesem Zusammenhang von der «idealen Sprechsituation», Apel von der «idealen Kommunikationsgemeinschaft». Der Unterschied der Apelschen und der Habermasschen Version besteht dabei insbesondere darin, daß Apel jene Normen, deren Geltung für die Pragmatik argumentativer Auseinandersetzung unabdingbar sind, als «letztbegründet» von der Bewährung *innerhalb* von Argumentationsprozeduren ausnehmen will, wohingegen Habermas unter Verzicht auf den Anspruch von Letztbegründung moralischer Aufklärung seine Version

bloß als «Rekonstruktion» der «lebensweltlichen» moralischen Intentionen verstehen will, welche keine Fundamentalnormen auszuzeichnen vermag.
Die D. ist international auf breite Resonanz gestoßen. Dabei überwiegen die kritischen Stimmen. Kritisiert wird an der D. insbesondere die Idealität ihres Geltungskriteriums, das weder zur moralischen Orientierung situativ gebundenen Handelns noch zur adäquaten Rekonstruktion von deren Struktur beizutragen vermöge.

Lit.: K.-O. Apel: Das Apriori der Kommunikationsgemeinschaft und die Grundlagen der Ethik. In: ders.: Transformation der Philosophie, Bd. II, 1973, S. 358-436. Ders.: Diskurs und Verantwortung, 1990. W. Kuhlmann: Reflexive Letztbegründung, 1985, Kap. 5. J. Habermas: Erläuterungen zur Diskursethik, 1991. A. Wellmer: Ethik und Dialog, 1986.

diskursiv (von lat. *discurrere*, hin und her laufen), mittelbar, begriffsmäßig. Eine diskursive Erkenntnis ist eine Erkenntnis, die durch Verknüpfung von Zwischengliedern, durch Schlüsse und nicht unmittelbar zustande kommt. Sie ist eine Erkenntnis durch Begriffe*. Ein Denken ist d., wenn es verschiedene Momente durchläuft oder, genauer, durch logische Übergänge zwischen verschiedenen Bestimmungen geschieht. Es ist ein Denken ‹in Begriffen›. Es äußert sich in einem Gedankengang, in dem Glied auf Glied folgt und der deshalb sprachlich in einer Aussagekette (Diskurs*) dargestellt werden kann. – Gegensatz: intuitiv (s. Intuition).

Disposition (von lat. *dispositio*, Ordnung, Einteilung). 1. Systematische Ordnung des Stoffes in einer Darstellung. 2. In der Psychologie die Bezeichnung für Neigung, Anlage, Tendenz zu einem bestimmten Verhalten, einem sich immer wieder einstellenden Zustand; Verhaltens- oder Reaktionsmuster. 3. Anlage oder Neigung. Z. B. ist die Zerbrechlichkeit des Körpers seine D. zu zerbrechen, wenn er sich an hartem Material stößt. – Vgl. *dynamis/energeia*.

distributiv (von lat. *distribuere*, verteilen), verteilend. Ein d. Gesetz ist in der Logik die Bezeichnung für gewisse aussagenlogische Tautologien*, u. a. ‹(p v (q & r)) < – > ((p v q) & (p v r))› (Gesetz über die Verteilung oder Distribution der Disjunktion* über die Konjunktion*) und ‹(p & (q v r) < – > ((p & q) v (p & r))› (Verteilung der Konjunktion über die Disjunktion).

Dogma (griech. *dogma*, Meinung, Lehre), Lehrsatz, Grundsatz. 1. Glaubenssatz einer kirchlichen Gemeinschaft; Satz, der für die Mitglieder einer Kirche bindend ist; sprachlich formulierte (fixierte) Bestimmung einer geoffenbarten Wahrheit; spezifischer: die Übereinstimmung zwischen kirchlicher Verkündigung und Offenbarung (K. Barth). 2. Fundamentale Behauptung, die keinen Zweifel zuläßt; Behauptung, die unbedingt gilt. 3. Fundamentale Behauptung, die ohne rationale Begründung vertreten wird; Behauptung, die sich zwar in einer bestimmten Tradition eingebürgert hat, aber eigentlich zweifelhaft ist. In der Bedeutung (3) ist der Begriff D. herabsetzend gemeint.

Dogmatik (von griech. *dogma*, Meinung, Lehre), Glaubenslehre; systematische, zusammenhängende Darstellung der Dogmen* einer Kirche; als solche eine Disziplin der Theologie.

Dogmatismus (von griech. *dogma*, Meinung, Lehre). 1. Das Festhalten an unbegründeten Behauptungen sogar dann, wenn sie auf Gegenargumente stoßen. 2. Metaphysisches* Denken, das weder nach seiner Grundlage fragt noch nach Charakter und Reichweite der menschlichen Erkenntnis; Gegensatz Kritizismus* (Kant). 3. Das Vertreten positiver Behauptungen über die Wirklichkeit; Gegensatz Skeptizismus*. 4. Das Vertreten von Dogmen*.

Doppelaspekt-Theorie (engl. *double aspect theory*), Theorie, wonach das Bewußtsein* und der physische Körper zwei

Aspekte ein und derselben zugrundeliegenden Wirklichkeit sind.

doppelte Wahrheit. Im 12. Jh. entstandene mittelalterliche Lehre, nach der zwei gegensätzliche Aussagen* über denselben Sachverhalt* zugleich wahr sein können – je nach der zugrundegelegten Erkenntnis. Diese Theorie will die Möglichkeit philos. Wahrheiten für solche Fälle sichern, in denen diese zu theologischen Wahrheiten in Widerspruch stehen. Sie bezieht sich auf Probleme unterschiedlicher Aussagen bezüglich des Anfangs der Welt resp. ihrer unendlichen zeitlichen Ausdrehung, der individuellen Unsterblichkeit und der Frage nach der Erkenntnis und dem Handeln Gottes. Von der katholischen Kirche wurde die Lehre der d.W. wiederholt verurteilt (u. a. 1277 und 1513).

dritter Mensch. Aristoteles' Bezeichnung (*Metaphysik*, 990b 17) für ein Argument gegen Platons Ideenleere, das sich schon bei Platon selber findet (vgl. den Dialog *Parmenides*, 132–133). Nach Platon sind die individuellen Erscheinungen (vgl. Phänomen) das, was sie sind, weil sie an den Ideen* ‹teilhaben› (partizipieren*). Z. B. ist ein schönes Ding schön, weil es an der Idee der Schönheit ‹teilhat›. Weiter behauptet Platon, die Idee des Schönen selber sei schön, und im Menschen sei die Idee des Menschen das eigentlich Menschliche. An diesen Aussagen ist problematisch, daß die Ideen den Erscheinungen, logisch gesehen, gleichgestellt werden. Falls es nämlich eine ‹Idee des Menschen› geben muß, damit vom Menschen ausgesagt werden kann, daß er Mensch ist, dann muß es auch eine Meta-Idee geben, um von der Idee des Menschen aussagen zu können, daß sie das eigentlich Menschliche im Menschen ausmacht. Damit vom Menschen und der Idee des Menschen die Rede sein kann, ist also ein d. M. erforderlich, d. h. die Meta-Idee. Weil diese Idee ihrerseits eine Idee ist, ergibt sich dann aber dieselbe Forderung erneut, so daß ein unendlicher Regreß* entsteht. – Dieses Problem wird auch als Problem der Selbstprädikation der Idee bezeichnet.

Dritte Welt (engl. *third world*), Poppers Bezeichnung für die Welt* des Sinns* (der objektiven Gedankeninhalte), die nach seiner Theorie neben der physischen und der psychischen Welt existiert (vgl. K. R. Popper: Objektive Erkenntnis, 1973).

Du. 1. Der Andere*. 2. Der Andere als das andere, fremde Ich* oder Selbst* (Scheler, Jaspers). 3. Der Andere als Partner, dem ich im Dialog* gegenüberstehe. Das Du ist demnach vom Ich qualitativ verschieden. In dieser Bedeutung gehört das Du in den Bereich der Sprache, es ist nicht der andere Mensch schlechthin, sondern An-geredeter im Gespräch. Insofern ist ‹Du› ein Grundbegriff der Dialogphilos.*

Dualismus/Monismus/Pluralismus. Dualismus (lat. *dualis*, zwei enthaltend) ist die Bezeichnung für metaphysische Theorien, die entweder die Existenz von zwei sich ausschließenden Substanzen* behaupten (Substanzd.) oder auf dem Prinzip aufbauen, daß alles Seiende* in zwei grundlegend verschiedene Typen eingeteilt werden kann oder aus zwei klar getrennten und unabhängigen Grundprinzipien heraus erklärt werden soll (Eigenschaftsd.). Während der D. der ersten Form in der Geschichte der Philos. nur wenige Exponenten fand, hat die zweite Form weite Verbreitung gefunden. Das bekannteste und einflußreichste Beispiel eines D. (der Eigenschaften) ist der von Descartes, wonach jede Substanz entweder seelisch oder materiell ist und die beiden Arten von Substanz nicht aufeinander reduziert werden können, weil sie entgegengesetzte Eigenschaften enthalten (unräumlich/räumlich usw.). Monismus (griech. *monos*, allein, einzig, einzeln) ist entsprechend die Bezeichnung für Theorien, die entweder die Existenz ausschließlich einer Substanz be-

haupten (Substanzm.) oder die Auffassung vertreten, daß alles Seiende ein und demselben grundlegenden Typus angehört oder aus einem einzigen Grundprinzip erklärt werden kann (Eigenschaftsm.). Beispiele eines Substanzm. sind Spinozas Identitätstheorie (die Doppelaspekt-Theorie*), Hegels und Bradleys absoluter Idealismus* und der neutrale Monismus (James, Russell u. a.). Beispiele eines Eigenschaftsm. sind der Materialismus* (Demokrit, Hobbes, moderner Physikalismus*, die materialistische Identitätstheorie u. a.) und der Idealismus* (Berkeley, Leibniz).
Pluralismus (von lat. *plures*, mehrere) ist eine Bezeichnung für die Auffassung, daß es mehrere Substanzen gibt (Substanzp.). Descartes' D. ist ein P., weil er die Existenz einer einzigen materiellen Substanz (die Materie) und einer unendlichen Anzahl seelischer Substanzen postuliert. Auf gleiche Weise sind die Versionen des Idealismus bei Berkeley und Leibniz sowie die bekanntesten Formen des Materialismus auch Ausdruck eines P. Der Gegensatz zum P. ist der Substanzm. z. B. bei Spinoza. – Neben diesen metaphysischen Verwendungen des Begriffs P. wird er auch in einer methodischen Bedeutung gebraucht. Der methodische P. sagt nichts darüber aus, wie viele Prinzipien die Wirklichkeit hat, sondern nur darüber, wie viele Prinzipien wir in unsere Beschreibung der Wirklichkeit einbeziehen müssen. Der methodische P. kann schwächere oder stärkere Formen annehmen: 1. In der schwachen Form wird anerkannt, daß es prinzipiell und ideell möglich nur eine einzige Methode gibt, die besser ist als die anderen; aber in der Praxis kommt man am weitesten, wenn man mehrere konkurrierende Methoden zur Anwendung bringt (vgl. z. B. P. Feyerabend). Diese schwache Form des P. läßt durchaus zu, daß der einzelne Forscher sich an eine bestimmte Methode hält, wenn er nur einräumt, daß auch andere Methoden zulässig sind. Hier kann man am besten von einem forschungspolitischen Liberalismus sprechen. 2. In seiner stärkeren Form behauptet der methodische P., daß es immer mehrere Methoden geben müsse und es prinzipiell unmöglich sei, zwischen ihnen zu wählen bzw. eine vorzuziehen (vgl. T. S. Kuhn). 3. Wenn darüber hinaus postuliert wird, es müsse jeweils ‹die beste› dieser verschiedenen Methoden oder Theorien angewendet werden, nähert sich der methodische P. dem Eklektizismus*. 4. Unter politischem P. wird dasjenige soziale Ordnungsprinzip verstanden, nach dem die Steuerung und Kontrolle sozialer und politischer Prozesse durch die Konkurrenz verschiedener Gruppen und deren unterschiedlichen Meinungen gewährleistet werden soll.

Dualitätsprinzip (von lat. *dualitas*, Zweiheit). Erstmals 1873 von E. Schröder formuliertes Prinzip der Symmetrie von ‹wahr› und ‹falsch› in der Junktorenlogik: Wird in einem Aussagenschema S, das weder Implikationen noch Äquivalenzen enthält, der Junktor ‹und› überall durch ‹oder› ersetzt (oder umgekehrt), so heißt das entstandene Schema S' dual zu S. Aufgrund des D. gilt u. a.: Ist S wahr, so ist S' falsch. Oder: Ist S wahr, so ist Nicht-S' auch wahr.

Dühring, Karl Eugen (1833-1921), dt. Philos., Volkswirtschaftler und Wissenschaftshistoriker. In seiner positivistischen* Erkenntnistheorie geht D. vom «Gesetz der bestimmten Anzahl» aus, demzufolge jede gedachte Anzahl endlich sein muß. Daraus schließt er, daß die Welt in Zeit und Raum begrenzt sein müsse und die Materie nicht unbegrenzt teilbar sein könne. In seiner Gesellschaftsphilos. vertritt D. einen ethischen und sozialphilos. Optimismus utopischen Zuschnitts, insofern er auf eine ständige Weiterentwicklung der sympathetischen Instinkte im Menschen hofft. Dieses Vertrauen in eine menschliche Gesinnungsänderung setzt er der Darwinschen Lehre vom «Kampf ums Dasein» wie auch der Marxschen Theorie entgegen. Größere

Michael Anthony Eardley Dummett

Bedeutung erlangte D. im Zusammenhang der politisch-strategischen Diskussionen innerhalb der deutschen Sozialdemokratie, die auch Anlaß für Engels berühmte Kritik *(Anti-Dühring)* waren. – Seit 1924 setzt sich der sog. D.-Bund für die Verbreitung seiner Philos. ein.

Ausg.: Kapital und Arbeit, 1865. Kritische Geschichte der Philos., 1869. Logik und Wissenschaftstheorie, 1878. – *Lit.:* F. Engels: Herrn E. D. Umwälzung der Wissenschaft, 1878 (K. Marx, F. Engels, Werke, Bd. 20, 1971).

Duhem, Pierre-Maurice, (1861–1916), franz. Physiker, Wissenschaftshistoriker und Philos. Geb. in Paris, dort Studium, ab 1894 Physikprof. in Bordeaux. D. Wissenschaftstheorie hat pragmatische*, positivistische* und falsifikationistische* Züge. Die These, nach der eine wissenschaftliche Hypothese nie isoliert überprüft werden kann, wurde als sog. D.-Quine-These nach seinem Namen benannt. Diese These verlangt, daß experimentelle Ergebnisse immer mit der vorhandenen Theorie als ganzer konfrontiert werden müssen.

Ausg.: Ziel und Struktur der phys. Theorien, 1978. Le système du monde, 10 Bde., 1913–59.

Dummett, Michael Anthony Eardley (geb. 1925), engl. Philos. und Logiker. Arbeitete an den Universitäten Birmingham (1950–51), Berkeley in Kalifornien (1955–56) und Oxford (seit 1962, 1979 als Prof.). Der Hauptteil von D. Arbeiten liegt in den Gebieten Mathematik, Logik und Sprachphilos.* In dem außerordentlich einflußreichen Werk *Frege: Philosophy of Language* (1973) interpretiert und würdigt er die Grundgedanken von Freges philos. Semantik*. Er rekonstruiert Freges Theorie in der Zuspitzung auf die These, daß eine Bedeutungstheorie für eine Sprache eine Verstehenstheorie sein muß, d. h. eine theoretische Darstellung des Wissens, das der Benutzer der Sprache hat, wenn er die Sprache versteht. Indem er sich der Theorien des späten Wittgenstein über die Bedeutung und den Gebrauch von Begriffen bedient, richtet D. eine scharfe Kritik gegen Freges realistische Bedeutungstheorie, wonach das Verstehen eines Satzes in der Kenntnis seiner Wahrheitsbedingungen liegt. D. vertritt eine sog. anti-realistische Bedeutungstheorie, die das Satzverständnis als Kenntnis von Geltungsbedingungen interpretiert (s. Semantik). D. betrachtet diesen von Wittgenstein angeregten Anti-Realismus als eine Verallgemeinerung des intuitionistischen* Standpunkts innerhalb der Philos. der Mathematik. – In späteren Werken bemüht er sich um weitere Explikation dieses Standpunktes. In der Verteidigung seiner Frege-Interpretation gegen deren Kritiker sieht sich D. zugleich zur Kritik an bestimmten Aspekten der sprachphilos. Theorien von Davidson, Kripke und Quine veranlaßt.

Ausg.: The Interpretation of Frege's Philosophy, 1981. Ursprünge der analytischen Philos., 1992. Seas of language, 1993. Truth and other Enigmas, 1978. – *Lit.:* B. McGuiness/G. Oliveri (Hg.): The Philos. of M. D., 1994. B. Rössler: Die Theorie des Verstehens in Sprachanalyse und Hermeneutik, 1990

Duns Scotus, Johannes (um 1265–1308), schottischer Philos. und Theologe, Franziskaner, wirkte in Paris, Oxford und Köln. D., *doctor subtilis* (der scharfsinnige Lehrer) genannt, verwarf viele der im 13. Jh. anerkannten Kompromisse zwischen christlicher Theologie und aristotelischer Philos. (vgl. Thomas von Aquin). Da Gott vom Menschen in Seligkeit begriffen werden kann, müssen wir Zugang zu einem Seinsbegriff* haben, der breit genug ist, um univok* den unbegrenzten Gott und die begrenzte Schöpfung zu umfassen. Sowohl die Schau Gottes als auch das Sichern des Verstandesvermögens, seine Erinnerung nach dem Tod zu bewahren, führen D. zu der Annahme, daß eine direkte (intuitive) Erkenntnis der Dinge in ihrer individuellen Existenz möglich ist, nicht nur eine abstraktive Erkenntnis, bei der seelische Mechanismen eine Verbindung zwischen den Einzeldingen der wirklichen Welt und den allgemeinen Begriffen der Erkenntnis bilden. Im Gegensatz zu Wilhelm von Ockham erkennt D. jedoch das allgemeine Wesen eines jeden Dinges *(quidditas)* als Realität an, die über den Unterscheidungen zwischen abstrakt/konkret (Menschheit/Mensch) und universell/partikulär (Mensch/Sokrates) steht, die wir aber immer auf eine bestimmte Weise anschauen (in Abstraktion oder Konkretion usw.). Mehrere solche Universalien oder ‹Naturen›, z. B. die des Menschen oder des lebendigen Wesens, können in einem Individuum numerisch identisch, zugleich aber formell getrennt sein, ebenso wie es zwischen Individuum und spezifischer Natur einen formalen Unterschied gibt. Universalien sind nicht bloß Gedankenprodukte; sie haben eine Art Sein, welches aber nicht objektivistisch aufgefaßt werden darf, und sie konstituieren eine Einheit, welche jedoch ‹weniger als numerisch› ist: Handelte es sich um numerische Einheiten, könnten zwei Universalien niemals numerisch identisch sein. Da Materie und Quantität selbst individuiert werden können, können sie kein Individuationsprinzip sein. Statt dessen spricht D. hier von Individualität: ‹Dieses-hier-sein› *(haecceitas)* als ein Prinzip an sich, welches ein Individuum aus einer Spezies (z. B. ‹Mensch›) erklärt, ebenso wie eine Differenz (‹Vernünftigkeit›) eine Spezies (‹Mensch›) aus einem Genus (‹Lebewesen›) erklärt. Für D. sind die Beziehungen, die die Weltordnung gestalten, Realitäten, und er betont ihren Ursprung in dem freien Schöpfungsakt Gottes. Dies führt ihn zu neuen Analysen der Freiheit, des Willens, den er gegenüber der Vernunft akzentuiert, der Macht und der Möglichkeit – im letzteren Fall mit Ergebnissen, die an den modernen Gebrauch ‹möglicher Welten› in der Modallogik* erinnern. – D. Auffassungen haben einen großen Teil der philos. Diskussion des 14. Jh. bestimmt. Am bekanntesten ist die Auseinandersetzung Wilhelms von Ockham mit den scotistischen Universalien.

Ausg.: Opera omnia, 1639 (Repr. 1968). Editio Vaticana: Opera omnia, 1950ff. Abhandlung über das erste Prinzip, 1974. – *Lit:* E. Gilson: J. D. S. Einführung in die Grundgedanken seiner Lehre, 1959. L. Honnefelder: Ens inquatum ens, 1979. W. Pannenberg: Die Prädestinationslehre des D. S. im Zusammenhang der scholastischen Lehrentwicklungen, 1954. G. Stratenwerth: Die Naturrechtslehre des J. D. S., 1951.

Durkheim, Émile (1858–1917), franz. Soziologe und Philos., Prof. in Bordeaux und Paris. D. entwickelte eine soziologische Methode, die soziale Phänomene als selbständige Größen betrachtet, welche sich nicht auf psychologische Phänomene reduzieren lassen.

Ausg.: Les règles de la méthode sociologique, 1895 (dt. 1908). Le suicide 1897 (dt. 1973). Sociologie et philos. 1924 (dt. 1976). – *Lit:* R. König: É. D. zur Diskussion, 1978. E. Thompson: E. D., 1990, S. P. Turner (Hg.): E. D. Sociologist and Moralist, 1993.

Dworkin, Ronald Myles (geb. 1931 in Worcester, Mass.), amerik. Rechtsphilos., erhielt den Bachelor of Arts sowohl in Har-

Johannes Duns Scotus

vard (1953) wie in Oxford, wo er 1955 auch den Master of Arts erwarb; nach dem Bachelor of Law 1957 und mehreren Jahren Anwaltstätigkeit in New York wurde er 1962 a. o. Prof. an der Yale Law School und 1969 Prof. für Rechtswissenschaften am University College in Oxford. Seit 1975 hat er eine Professur für Rechtswissenschaft an der New York University inne. Als Gastprof. lehrte er auch Philos. an verschiedenen Universitäten. – Das Zentrum seiner Arbeit bildet die Bemühung um eine «liberale Theorie des Rechts». In der Weiterentwicklung der Gerechtigkeitstheorie von J. Rawls und in Abhebung vom Rechtspositivismus* eines H. L. A. Hart versucht D. zu zeigen, daß der Rechtsbegriff nicht ohne Rückgriff auf moralische Prinzipienargumente auskommt. Denn um die Achtung vor den Rechten des einzelnen – allenfalls auch gegen eine Mehrheit oder gegen staatliche Pflicht etwa im zivilen Ungehorsam – zu sichern, müssen im jeweiligen Einzelfall Rechte und Pflichten der Beteiligten konkretisiert, das heißt nicht allein vom Ermessen des Richters, sondern von Begründungen und Legitimationen abhängig gemacht werden. Dahinter verbirgt sich eine Vorstellung politischer Gleichheit, die auf dem moralischen Prinzip gleicher Berücksichtigung und Achtung fußt. Moralische Prinzipien geben entsprechend den Maßstab der konkreten, positiven Rechtsregeln ab. Mit seinen Vorstellungen zu einer liberalen Rechtstheorie setzt sich D. explizit ab von minimalstaatlichen Theorien, wie sie in der Tradition Lockes etwa von R. Nozick vertreten wird, und die auf ein Staatsverständnis hin angelegt sind, wonach der Staat allein eine Art Schutzvereinigung darstellt und nur bei Kompetenzüberschreitungen einzelner auf Kosten anderer ein legitimes Recht zum Eingreifen hat.

Ausg.: Taking Rights Seriously, 1977 (dt. Die Bürgerrechte ernstgenommen, 1984). A Matter of Principle, 1985. Law's Empire, 1986. Life's Dominion, 1993 (dt. Die Grenzen des Lebens, 1994). – *Lit.:* M. Cohen (Hg.): R. D. and Contemporary Jurisprudence, 1984.

dynamis/ energeia (griech., Vermögen/ Tätigkeit, Möglichkeit/Wirklichkeit), von Aristoteles eingeführte Unterscheidung; wird in der scholastischen* Philos. (u. a. bei Thomas von Aquin) übersetzt als *potentia* (Potenz*) und *actus* (Akt*).
Aristoteles benutzt die Unterscheidung zwischen d. und e., um Bewegung (griech. *kinesis*), Veränderung (griech. *metabole*) und Werden überhaupt zu erklären. Dabei wandeln sich je nach Zusammenhang ihre Bedetungen: 1. d. kann die Kraft oder das Vermögen (die Fähigkeit) eines Seienden sein; e. bezeichnet dann die Tätigkeit, Wirksamkeit, mit welcher dieses Vermögen sich verwirklicht. Wenn z. B. ein Mensch das Vermögen hat, Häuser zu bauen, ist der tatsächliche Hausbau Verwirklichung (e.) dieses Vermögens. In dieser Verwendung von d. und e. ist enthalten, daß die Ursache einer Veränderung (als Verwirklichung) beim Tätigen selber liegt. 2. Möglichkeit (d.) kommt auch dem Stoff, der Materie (griech. *hyle*) zu, insofern diese selbst formlos ist. Die Ursache einer Veränderung liegt hier in der Form* (griech. *eidos*). Die Form ist das im eigentlichen Sinn Wirkliche (e.), weil ursächlich Bestimmende. Ein Stück Ton z. B. ist nur möglicherweise ein Krug; der Ton besitzt von sich selbst her nicht die Kraft, die Form zu ändern. Die Form bewirkt die Wirklichkeit.
Beide Bedeutungen des Unterschieds d./ e. stehen im Gegensatz zum modallogischen* Gebrauch der Distinktion Möglichkeit/Wirklichkeit. Die Aussage ‹Es ist möglich, daß p›, bedeutet in der Modallogik, daß ‹p› zumindest in einer der möglichen Welten wahr ist. Was eine mögliche Welt sei oder wie die Menge möglicher Welten abgegrenzt werden könne, muß dabei nicht notwendig geklärt sein; es geht der Modallogik um einen rein formalen Möglichkeitsbegriff. Dagegen ist bei Aristoteles d. (als Vermögen oder als Formbarkeit) immer an bestimmte Möglichkeiten gebunden, je nach dem Seienden, von dem die Rede ist. Denn die d. eines Seienden weist immer in bestimmte Richtungen und schließt andere Möglichkeiten aus. D. ist entweder auf Verwirklichung oder auf Formgebung (e.) bezogen. Ontologisch* gesehen ist die e. fundamental. Dies steht im Zusammenhang mit der teleologischen* Naturauffassung und der das aristotelische Denken abschließenden Leh-

re eines unbewegt Bewegenden, das reine e. ist.

Lit: Aristoteles: Metaphysik Buch IX. I. Düring: Aristoteles, 1966. J. Stallmach: Dynamis und Energeia, 1959. U. Wolf: Möglichkeit und Notwendigkeit bei Aristoteles und heute, 1979.

Eck(e)hart (genannt Meister E., um 1260–1328), dt. Dominikaner, lebte u. a. in Erfurt, Straßburg und Köln, von mehreren Studien- und Lehraufenthalten in Paris, wo er 1302 Magister der Theologie wurde, unterbrochen. 1303–11 Provinzial der Ordensprovinz Sachsen. 1325 wurde gegen E. ein Inquisitionsverfahren eingeleitet, das zur päpstlichen Bulle von 1329 führte, in der eine Reihe von Aussagen des schon verstorbenen E. als häretisch verurteilt wurde. Wie alle Gelehrten seiner Zeit schrieb E. Werke in lat. Sprache; nicht zuletzt aber ist er bekannt geworden, weil er über philos. und theologische Themen auch in dt. Sprache schrieb *(Deutsche Predigten)*. Nach E. Tod wurden seine lat. Schriften, im Unterschied zu den dt., kaum mehr gelesen.

E. gilt als wichtiger Vertreter der dt. – religiös-theologisch motivierten – Mystik*, in die er wesentliche Motive des Neuplatonismus einfließen läßt. Sein mystisches Sprechen kreist um das Unaussprechliche. Bekannt geworden ist E. Formulierung vom «Fünklein der Seele», durch das eine Vereinigung *(unio)* von Gott und Mensch möglich wird; Gott ist mit Hilfe des mystischen Sprechens immanent erfahrbar. Trotzdem hält E. an der Trennung von Gott und Welt fest: Das Sein der Kreaturen ist im Verhältnis zum Sein Gottes ein «reines Nichts». – Einige haben E. wohl fälschlicherweise als Pantheisten verstanden, andere haben in seinen Werken die Vorbereitung der modernen Objektivierung der Natur gesehen.

Ausg.: Die deutschen und lateinischen Werke. Hg. von der Deutschen Forschungsgemeinschaft, 1964ff. – *Lit.:* B. Mojsisch: Meister Eckhart. Analogie, Univozität und Einheit, 1983. K. Ruh: Meister Eckhart. Theologe – Prediger – Mystiker, 1985. E. Waldschütz: Denken und Erfahren des Grundes, 1989. B. Welte: Meister E., 1992.

ego (lat.), s. Ich.

Egoismus (von lat. *ego*, ich), Eigenliebe, Selbstliebe, Selbstsucht, die ausschließliche Rücksichtnahme auf sich selbst zuungunsten anderer. Gegensatz Altruismus. – Das Wort E. kam Mitte des 18. Jh. auf, wurde aber hauptsächlich (z. B. bei Wolff) in metaphysischer Bedeutung verwendet, nämlich im Sinn von Solipsismus*. Diese Bedeutung findet sich noch bei Kant, wenn er in seiner Anthropologie* (1798) vier Formen des E. unterscheidet und eine von ihnen als metaphysischen E. bezeichnet; die anderen sind der logische, der ästhetische und der moralische E. Seit dem 19. Jh. wird E. allein in diesem letzten Sinn gebraucht. Weiterhin sind zu unterscheiden: 1. der E. als psychologische Theorie, wonach der Mensch immer das wähle, von dem er glaube, daß es für ihn das Beste ist; 2. der eigentliche ethische E., der besagt, daß jeder das wählen solle, was für ihn das Beste ist. Ob man einen solchen ethischen E. ohne Selbstwiderspruch formulieren kann, ist in der Moralphilos. umstritten. So wird geltend gemacht, daß der E. nicht als möglicher Standpunkt innerhalb der normativen Ethik*, sondern vielmehr als Grenze der Ethik aufzufassen sei.

Lit.: D. Birnbacher und N. Hoerster (Hg.): Texte zur Ethik, 1976, Kap. 6.

Eidetik/eidetisch (von griech. *eidetike* (Neologismus), ‹Wissenschaft vom Angeschauten›). 1. Bei Husserl Bezeichnung für eine Wesenslehre, die auf der Grundlage phänomenologischer Wesensschau* erarbeitet wurde. 2. Bei E. R. Jaensch (1883–1940) Bezeichnung für die psychologische Lehre, wonach bestimmte Personen, die sog. Eidetiker, ein besonderes Vermögen zur Bildung visueller (und anderer) Vorstellungen besitzen. So könnten Eidetiker sich aus der Erinnerung einen bestimmten Gegenstand visuell vorstellen und ihn aufgrund dessen detailliert beschreiben.

Lit.: E. R. Jaensch: Die E. und die typologische Forschungsmethode, ^{3}1933.

eidetische Deskription/Reduktion, s. Wesensschau.

eidos, s. Idee.

Eigenschaft (lat. *attributum, proprietas, qualitas;* engl. *property;* franz. *propriété*), was ein Ding kraft seiner Natur oder seines Wesens* (essentielle E.) oder als Folge von kontingenten* Gegebenheiten (akzidentielle E.) charakterisiert oder ihm zugehört. Man unterscheidet zwischen relationalen E., z. B. höher sein als anderes, und nicht-relationalen, z. B. rot sein. Der E.-Begriff hängt eng mit dem logisch-semantischen Begriff Prädikat* zusammen: Ein Ding hat genau dann die Eigenschaft E, wenn das Prädikat ‹E› korrekt auf das Ding angewendet werden kann. – E. wurden eingeteilt in solche, die einem Gegenstand wesentlich zukommen, weil er ohne sie aufhören würde, das zu sein, was er ist (Attribute*), und solche, die unwesentlich, akzidentiell sind.

Lit: H. Putnam: On properties, in: N. Rescher (Hg.): Essays in Honour of Carl Hempel, 1970. W. Stegmüller: Probleme und Resultate der Wissenschaftstheorie und Analytischen Philos. II/1, 1970, S. 213ff. P. F. Strawson: Einzelding und logisches Subjekt, 1972.

einai (griech., entspricht lat. *esse*), sein, s. Sein.

Einbildungskraft (engl. und franz. *imagination*; griech. *phantasia*; lat. *imaginatio*). Allgemein heißt E. oder Phantasie die Kraft bzw. Fähigkeit, sich etwas vorzustellen, das nicht (sinnlich) anwesend ist. Spezieller meint E. das Vermögen, ein Bild zu erzeugen (lat. *imago*): Die

Vorstellung des Abwesenden geschieht in Form eines Bildes. In der Ästhetik* bedeutet E. das Vermögen des ‹Dichtens›, des schöpferischen Umformens eines gegebenen Materials zu einer nicht-wirklichen neuen Welt. Ausgehend vom ästhetischen Sinn der E. als (freiem) schöpferischem Vermögen, wird die E. auch als Fähigkeit aufgefaßt, andere Möglichkeiten zu sehen und zu verwirklichen als diejenigen, die unmittelbar vorliegen oder akzeptiert werden. Insbesondere bei Aristoteles, Kant und im dt. Idealismus* erhält die E. eine wichtige Funktion, nicht zuletzt wegen ihrer eigentümlichen Struktur: Auf der einen Seite ist sie auf sinnlich Gegebenes angewiesen, mit dem sie arbeitet. Auf der anderen Seite kann sie über das Materiale frei verfügen und über das sinnlich Gegebene hinausgehen. Schon Aristoteles hebt die Doppelstruktur der *phantasia* hervor und ordnet sie als ein Vermögen zwischen Wahrnehmen und Denken ein. – Kant weist der E. eine theoretische Schlüsselfunktion zu. Sie soll zwischen den beiden Grundvermögen menschlicher Erkenntnis vermitteln, nämlich zwischen Sinnlichkeit (Anschauung*) und Verstand*. Die Vermittlung leistet sie dadurch, daß sie eine Synthese* des Mannigfaltigen hervorbringt, das in der Anschauung gegeben ist. In abstraktem Sinn muß diese produktive E. als Bedingung der Möglichkeit für Erfahrungserkenntnis überhaupt verstanden werden (transzendentale* E.). Auch in der Ästhetik weist Kant der E. grundlegende Bedeutung zu. Hier meint sie jedoch das produktive Vermögen, ein Vorgegebenes umzugestalten. Einen zentralen Platz erhält die E. im Zusammenhang mit den Bemühungen des dt. Idealismus, über Kant hinauszugehen. So gilt sie bei Schelling als das zwischen dem Endlichen und dem Unendlichen Vermittelnde. E. besteht in der Fähigkeit, das Unendliche (das Ideale, Idee) in das Endliche einzubilden. Als solche ist sie für die Kunst bestimmend; denn Kunst ist der Versuch, das Unendliche in endlicher, sinnlicher Gestalt auszudrücken.

Lit.: D. Kamper: Zur Geschichte der Einbildungskraft, 1981 (1990). H. Mörchen: Die Einbildungskraft bei Kant, ²1971. J. J. Sallis: Die Krisis der Vernunft. Metaphysik und das Spiel der Einbildungskraft, 1983.

Eine, das, Grundbegriff im Spätwerk Platons (vor allem im Dialog *Parmenides*). D. E. bezeichnet die grundlegende Einheit der Wirklichkeit im Gegensatz zur Mannigfaltigkeit von Ideen* und Erscheinungen* (vgl. das Andere). Den Neuplatonikern* (Plotin) gilt d. E. als oberstes ontologisches ‹Prinzip› der Wirklichkeit.

Lit: W. Beierwaltes: Denken des Einen, 1985. Ders: Identität und Differenz, 1980.

Einfühlung. 1. Das Sich-Einleben (Sich-Versetzen) in die Vorstellungswelt anderer. In solcher E. sehen einige Hermeneutiker* (Schleiermacher, Dilthey) eine Bedingung dafür, daß wir Gedanken, Reden oder Schriften anderer Menschen verstehen* können. Diese Auffassung wird von Heidegger und Gadamer kritisiert. So handle es sich im Verstehen nicht um das Sich-Einleben in eine fremde Psyche, sondern um das Verstehen des Sinns fremder Äußerungen. Ferner sei ein solches Konzept von E. psychologisch wenig überzeugend, schon aufgrund des historisch-kulturellen Abstands. Statt dessen müsse eine Verschmelzung von Horizonten auf der Sinnebene erreicht werden. 2. Das Übertragen (die Projektion) eigener Gefühle auf einen anderen Körper. In solcher E. wird das Verhalten des anderen in Analogie* zu mir selber aufgefaßt und begriffen. Nach Dilthey und Husserl liegt im einfühlenden Analogieschluß die Lösung für das Problem des Fremdpsychischen*. Heidegger, Gadamer, Strawson u. a. lehnen diese Theorie ab.

Lit.: T. Lipps: Leitfaden der Psychologie, 1906.

eingeborene Ideen (oder angeborene Ideen), Begriffe oder Vorstellungen, die vor und unabhängig von aller Erfahrung im Bewußtsein enthalten sind. Vertreten wurde die Lehre von den e. I., der sog. Nativismus, u. a. von Platon und Descartes. Platon versteht die Kenntnis von Allgemeinbegriffen als ein ins Gedächtnis zurückgerufenes, ‹wiedererinnertes› Wissen, das aus dem vorirdischen Dasein der Seele* stammt (vgl. Erinnerung/Gedächtnis). Für Descartes ist alles Wissen durch klare und deutliche Begriffe bedingt (z. B. den Gottesbegriff) und durch selbsteinleuchtende Wahrheiten (z. B. den Satz ‹Alles hat seine Ursache›). Sie sind angeboren und rein mit Hilfe der Vernunft zu erfassen. – Die empiristische* Philos. (zuerst Locke in Buch I des *Essay Concerning Human Understanding*) lehnt die Annahme e. I. entschieden ab. Im 20. Jh. wurde sie von Chomsky erneuert, und zwar aufgrund sprachtheoretischer Argumente.

Einheitswissenschaft, s. logischer Positivismus.

Einstellung, natürliche. Husserls Bezeichnung für die natürliche und alltägliche Auffassung eines Bewußtseins* von seiner Umgebung und von sich selbst; wird auch die mundane Einstellung genannt (von lat. *mundus*, Erde).

Eklektiker (von griech. *eklegein*, auswählen), Theoretiker, der seine Gedanken unterschiedlichen philos. Richtungen oder Schulen entnimmt. Maßstab der Auswahl ist aber nicht ein einheitliches, systematisches Prinzip, sondern allein, daß dem E. die verschiedenen Einzeltheoreme sinnvoll erscheinen. In dieser Bedeutung kommt das entsprechende Adjektiv ‹eklektisch› zuerst bei Diogenes Laertios vor (ca. 210 n. Chr.); heute wird es zumeist abwertend gebraucht – im Sinn von ‹unselbständig›, ‹bloß nachahmend›. – Eklektizismus ist ein Verfahren und das Ergebnis dieses Verfahrens (auch in der Kunst). Der Eklektizismus war in der Philos. besonders in den ersten Jh. v. und n. Chr. verbreitet (vgl. Platonismus und Stoa). Er hat allerdings in jüngster Zeit wieder positive Bedeutung bekommen: Der eklektische Umgang mit herkömmlichen Stilen und Traditionsbeständen gilt als eines der Grundmerkmale der ‹Postmoderne›*.

Eleaten. Bezeichnung für den griech. Philos. Parmenides, der aus der griech. Kolonie Elea in Süditalien stammte, und seine beiden Schüler Zenon und Melissos. Zuweilen wird auch Xenophanes hinzugerechnet. – Parmenides stellte in seinem in großen Teilen erhaltenen Lehrgedicht die Lehre auf, daß die Wirklichkeit eine ewige, unveränderliche und unbewegliche Einheit sei. Die veränderliche Welt ist nur ein von den Sinnen verursachtes Trugbild. Was nicht existiert, kann auch nicht erkannt werden. Denn was man erkennt oder an was man denkt, muß existieren, da man sonst an nichts dächte – was ein Widerspruch wäre. Zenon entwickelte für diese Lehre indirekte Beweise, indem er von der gewöhnlichen Auffassung von Bewegung und Vielheit ausging und diese durch das Aufzeigen scheinbar unentrinnbarer Paradoxien* ad absurdum führte. Die beiden bekanntesten, bis in die heutigen Tage diskutierten Beispiele sind diejenigen vom ‹stehenden fliegenden Pfeil› und von Achill, der auch den Langsamsten nicht einzuholen vermag.

Lit.: M. Geier: Das Sprachspiel der Philosophen, 1989. K. Reinhardt: Parmenides und die Geschichte der griech. Philos., ²1959. W. Schadewaldt: Die Anfänge der Philos. bei den Griechen, 1978, S. 307–348.

Element (lat. *elementum*, Übersetzung von griech. *stoicheion*, Phonem, Grundeinheit), Grundbestandteil, Grundstoff. 1. Feuer, Luft, Wasser und Erde galten in der antiken, vorsokratischen Naturphilos. als E. Die Erde wurde als aus diesen aufgebaut vorgestellt, wobei erst zumeist je eines dieser E. als das grundlegende angesehen wurde. Empedokles entwikkelte später die Lehre, wonach alle Dinge aus den vier E. bestehen. Diese sind ewig und lassen sich auf nichts anderes reduzieren. 2. Demokrit hingegen behauptet, daß die Eigenschaften, die den E. zugeschrieben wurden, diejenigen der Atome (gr. *atomos*, unteilbar) seien. Die Welt ist durch den leeren Raum und die Atome aufgebaut. Diese sind ewig, unteilbar, unveränderlich und von unendlicher Anzahl, sie unterscheiden sich nur durch Größe und Form. Sie befinden sich in steter Bewegung und stoßen dabei aneinander. Im Zusammenprall werden sie entweder voneinander abgestoßen oder bleiben aneinander hängen und bilden Körper. Alles ist aus Atomen zusammengesetzt, und jede Veränderung geschieht durch deren Verbindung oder Trennung. Die Welt als Ganzes wird gedacht als das Produkt eines riesigen Wirbels, wobei die massereichen Atome sich in der Mitte befinden und die Erde bilden. 3. Epikur vertritt dann die Auffassung, daß die Atome, weil sie ausgedehnt sind, auch Teile haben müssen, gleichwohl aber nicht unendlich teilbar sind. Die Atome fallen aufgrund ihres Gewichts nach unten, wobei alle mit der gleichen Geschwindigkeit und in die gleiche Richtung sich bewegen. Die Annahme einer zufälligen Abweichung von dieser senkrechten Fallbewegung dient Epikur zur Erklärung der Weltbildung. 4. Platon und Aristoteles haben die Redeweise über Elemente begrifflich präzisiert. Platon führt die E. Feuer, Luft, Wasser und Erde auf geometrische Formen zurück. Aristoteles unterscheidet vier Bedeutungen: (a) Laute (Elemente der Sprache), (b) Grundstoffe (der Körper), (c) Grundbestandteile für die Beweisführung und (d) oberste Allgemeinbegriffe. Hinsichtlich der Grundstoffe folgte Aristoteles seinen Vorgängern und sah Feuer, Luft, Erde und Wasser als die E. an. Für die Existenz der Himmelskörper nahm er ein fünftes E., den Äther, an. Er verband die E.-Lehre mit einer Lehre der vier Grundqualitäten warm, kalt, trocken und feucht. Dieses Begriffssystem bildete die Grundlage für die mittelalterliche Chemie. In der Bedeutung von (c) benutzt die Mathematik E. im Sinn von Beweisgrundlage, z. B. bei den E. des Euklid. 5. In der modernen Wissenschaft sind E. Stoffe, die chemisch nicht zerlegt werden können. Es gibt deren über 100. – Von E. wird auch in der Logik und in der Mengenlehre gesprochen.

Lit.: H.-G. Gadamer: Antike Atomtheorie. In: Gesammelte Werke, Bd. 5, 1985.

Eliade, Mircea (1907–86), rumän.franz.-amerik. Religionsphilos.; Prof. in Chicago. Vertreter der Religionsphänomenologie*.

Ausg.: Der Mythos der ewigen Wiederkehr, 1953. Das Heilige und das Profane, 1957. Die Sehnsucht nach dem Ursprung, 1973. – *Lit.:* D. Cave: M. E. Vision for a New Humanism, 1993. H. P. Duerr (Hg.): Die Mitte der Welt: Aufsätze zu M. E., 1984.

Emanation (griech. *aporrhoia*; lat. *emanare*, ausfließen, ausströmen), Ausströmung. In der Gnosis* und im Neuplatonismus ist E. der bildliche Ausdruck für das Verhältnis zwischen Gott und dem sonstigen Seienden*. Gott, auch «das Eine*» genannt, ist Einheit, unendlich, unbegrenzt, in ewiger Ruhe, vollkommen, einfach und immer mit sich identisch. Jedoch besteht in Gott als der höchsten Form des Seins ein ‹Überfluß›; und als Folge dieser ‹Ausströmung› (Emanation) aus Gott ergibt sich alles übrige Seiende. Es ist daher Vielheit, endlich, begrenzt, Raum und Zeit unterworfen, unvollkommen, verschiedenartig und miteinander uneins. Insbesondere mit der Begegnung zwischen griech. E.-Philos. und christlicher Schöpfungstheologie drängten sich bezüglich der E.-Lehre eine Reihe von Fragen auf: Kommt es durch die E. zu einer Minderung des göttlichen Seins? Geschieht E. notwendig oder aufgrund des freien göttlichen Schöpferwillens? Läßt sich die E.-Lehre mit dem Glauben an einen persönlichen Gott vereinbaren? Hebt sie die scharfe Trennung zwischen

Gott und Mensch nicht auf? Betrachtet sie die E. als ewigen ‹Prozeß› und damit die Welt selber als ewig, oder steht sie mit dem Glauben in Einklang, daß die Welt zu einem bestimmten Zeitpunkt geschaffen worden ist? – Außer in der Gnosis und im Neuplatonismus spielt der Begriff der E. bei N. Cusanus und G. Bruno wieder eine Rolle.

Lit.: H. Jonas: Gnosis und spätantiker Geist, 2 Bde., ²1964. K. Kremer: Die neuplatonische Seinsphilos. und ihre Wirkung auf Thomas von Aquin, 1966.

Emergenz (von lat. *ex-*, aus, heraus, und *mergere*, versenken, eintauchen), der Umstand, daß in einer Ganzheit Eigenschaften zum Vorschein kommen, die sich aus den Eigenschaften ihrer Einzelteile nicht erklären lassen; das Entstehen von Phänomenen höherer Ordnung (engl. *emergents*), die gegenüber der niederen Ordnung, in der sie ihren Ursprung haben, qualitativ neu sind. Der Emergenztheorie zufolge ist etwa das Bewußtsein eine Eigenschaft, die plötzlich auftaucht, wenn ein Organismus hinreichend komplex geworden ist. Diese Theorie soll nicht bloß für die Entwicklung der Arten (Phylogenese) gelten, sondern auch für die Entwicklung des einzelnen Individuums (Ontogenese). Sie wird vor allem vertreten von dem engl. Psychologen und Biologen Lloyd Morgan (1852–1936) und dem austral.-engl. Philos. Samuel Alexander.

Lit.: A. Beckermann/H. Flohr/J. Kim (Hg.): Emergence or Reduction? Essays on the Prospects of Nonreductive Physicalism, 1992. H. Hastedt: Das Leib-Seele-Problem, 1989.

emotive Bedeutung (von lat. *movere*, bewegen), das Vermögen eines sprachlichen Ausdrucks, eine Haltung, ein Gefühl o. ä. auszudrücken; im Gegensatz zur kognitiven* Bedeutung. Z. B. haben die zwei Ausdrücke ‹Person mit nationalsozialistischen Sympathien› und ‹Nazi› die gleiche kognitive, aber verschiedene e. B.

Emotivismus (von lat. *emovere*, erschüttern), metaethische* Theorie, der zufolge Werturteile keine Behauptungen oder Feststellungen, sondern bloß Ausdruck von Gefühlen, Haltungen u. a. sind. Werturteile bezeichnen nach dieser Theorie kein empirisch aufweisbares Merkmal von Gegenständen, sie haben keine deskriptive oder kognitive*, sondern lediglich emotive* Bedeutung, sie können deshalb auch nicht wahr oder falsch sein. Eine moralische Wertung, z. B. ‹Es ist verwerflich, arme Leute zu bestehlen›, beschreibt gemäß emotivistischer Auffassung nicht die entsprechende Form des Diebstahls, sondern ist Ausdruck eines Widerwillens gegen Diebstahl an Unbemittelten sowie Ausdruck des Wunsches, daß andere diesen Widerwillen teilen mögen. Unter den Anhängern des E. herrscht jedoch keine Einigkeit darüber, wie Werturteile analysiert werden sollen: Einige betrachten sie als reine Gefühlsäußerungen (Ayer) und die ethische Diskussion als gegenseitige Propaganda (Stevenson) mit dem Zweck, andere zur Übernahme der eigenen Haltung zu bewegen, während wieder andere Emotivisten behaupten, daß die ethische Argumentation einer Reihe von logischen Forderungen genügen müsse.

Lit.: A. J. Ayer: Sprache, Wahrheit und Logik, 1970. W. D. Hudson: Modern Moral Philosophy, 1970, S. 107–154. S. Satris: Ethical E., 1987. C. L. Stevenson: Ethics and Language, 1944, ¹³1969.

Empedokles (ca. 492–430 v. Chr.), griech. Philos., Dichter und Arzt. Geb. in Akragas (Agrigent) auf Sizilien, wo E. offenbar auf demokratischer Seite eine maßgebliche politische Rolle spielte; wurde schließlich jedoch vertrieben. Um seine Person rankt sich eine Reihe von Legenden; so soll er den Tod gefunden haben, indem er sich in den Krater des Ätna stürzte. E. verfaßte seine Philos. als Hexameterdichtungen, von denen zwei in größeren Fragmenten erhalten sind: «Über die Natur» *(Peri Physeos)* und «Entsühnungen» *(Katharmoi)*. In ihnen verbinden sich eleatische*, pythagoreische* und orphische* Gesichtspunkte mit ionischer Naturphilos* und mit Gedankengängen, die sich von Heraklit herleiten lassen. Daß etwas einerseits aus nichts entstehen und andererseits völlig zunichte gemacht werden könne, bestreitet E. gleichermaßen. Die Sinne täuschen; doch läßt sich mit Hilfe von Vernunft und göttlicher Eingebung erkennen, daß alles Entstehen und Vergehen und auch jede Veränderung in der Wirklichkeit auf die Mischung und Trennung von etwas Zugrundeliegendem, in sich Unveränderlichem zurückzuführen ist. Dieses Zugrundeliegende, die «Grundwurzeln aller Dinge», die Aristoteles später in seinem Referat des E. «Elemente*» nennt, sieht E. in Erde, Wasser, Luft und Feuer. Sie sind den kosmischen Größen Land, Meer, Atmosphäre und «Himmelsfeuer» (d. h. Sonne, Sterne und Licht) direkt zugeordnet. Die vier Elemente werden von zwei Grundkräften bewegt: Liebe / Freundschaft / Anziehung und Haß / Streit / Abstoßung. Zu Beginn des Weltprozesses steht alles in der Macht der Liebe. Folglich sind alle Elemente miteinander vereinigt, vermischt; Einzeldinge gibt es noch nicht. Dieser Zustand geht allmählich über in jenen, in dem die «Grundwurzeln» vollständig voneinander getrennt, entmischt sind; aber der neue Zustand kehrt gradweise in den Zustand vollkommener Mischung zurück. Die gegenwärtige Welt befindet sich in einem Zwischenstadium innerhalb dieses zyklischen Prozesses. Von den lebenden Wesen sind Pflanzen und Menschen zuerst entstanden.

Bewußtsein und Erkenntnis hängen von organischen Vorgängen ab, was allerdings nicht rein materialistisch* verstanden werden darf, da E. an anderer Stelle betont: «Denn alles, wisse, hat Bewußtsein und am Denken Anteil.» Wahrnehmung kommt dadurch zustande, daß sich kleinste Teilchen des Wahrgenommenen absondern und in die «Poren» der Sinnesorgane eindringen, falls sie dorthinein «passen». Nur weil der Mensch aus denselben Elementen besteht wie das Wahrgenommene, kann er es überhaupt erkennen. «Denn durch Erde schauen wir die Erde, durch Wasser das Wasser, durch Äther den göttlichen Äther, aber durch Feuer das vernichtende Feuer; die Liebe ferner durch *unsere* Liebe und den Haß durch *unseren* traurigen Haß». Aufgrund dieser Erkenntnislehre muß E. das menschliche Erkennen für begrenzt halten. Er stellt dem philos. Wissen die göttliche Eingebung an die Seite. Mit ausdrücklicher Berufung auf die Praxis der Pythagoreer verlangt E. von seinen Anhängern, die Lehre geheimzuhalten. So erhält diese Lehre eine ethisch-religiöse Dimension; schon E. Naturphilos. hatte eine geistige «Entsühnung» (Reinigung) gefordert. E. übernimmt die pythagoreische Seelenwanderungslehre und betrachtet sich selbst als gefallenen «Dämon*»; letztlich zielt seine Philos. auf einen asketischen Reinigungsprozeß, durch den die Kette der Wiedergeburten abgebrochen werden kann.

Ausg.: H. Diels / W. Kranz: Die Fragmente der Vorsokratiker, 2 Bde., ⁶1951/52. J. Mansfeld (Hg.): Die Vorsokratiker, griech.-dt., 1987. – *Lit.:* J. Bollack: Empédocle, 1992. Th. Buchheim: Die Vorsokratiker, 1994. J. C. Lüth: Die Struktur des Wirklichen im Empedokleischen System «Über die Natur», 1970. K. Reinhardt: E., Orphiker und Physiker. In: H.-G. Gadamer (Hg.): Um die Begriffswelt der Vorsokratiker, 1968.

Empfindung (lat. *sensation, sensio*; engl. *sensation, sense datum*). E. bezeichnet einerseits ein Vermögen, andererseits Typen und Vorkommnisse seelischer Realitäten. Unter letzteren stellt man sich in der Regel elementare Bestandteile oder Inhalte der Sinneswahrnehmung, des Bewußtseins oder des Erlebens vor, die in einem Subjekt durch (meistenteils äußere) Reize veranlaßt werden. Zu den Bestimmungen von E. gehören vor allem die Qualität, die Intensität sowie die Dauer. E. werden u. a. eingeteilt nach den betroffenen Sinnen (Gesichts-, Gehör- ... Tast-E.) oder danach, was empfunden wird bzw. welche

Qualität die E. hat (Farb-, Klang- ... Temperatur-E.).

Einige Philos. haben zwischen E. und Gefühl* dahingehend unterschieden, daß E. auf (äußere) Gegenstände bezogen werden, während ein Gefühl etwas ist, «wovon ich weiter nichts weiß, als daß es eine Veränderung in mir selbst sei» (J. N. Tetens; ähnlich Kant). Gegen Auffassungen, welche E. als psychische ‹Atome› betrachten, wenden sich seit geraumer Zeit Richtungen, die in der Wahrnehmung den Gesamteindruck oder bestimmte Gestalten als primär ansehen. Auch die Behauptung, E. seien private geistige Gegenstände, ist neuerdings in Zweifel gezogen worden. Wie insbesondere Wittgenstein zu zeigen versucht hat, sind E. in keinem Sinn privat, insbesondere nicht in dem Sinn, daß es einen bevorzugten Zugang zu ihnen gäbe.

Zu den klassischen Grundproblemen der Erkenntnistheorie* gehört die Frage, inwiefern uns – angesichts der Komplexität der mit den Sinnesc. verbundenen neurophysiologischen Prozesse – E. überhaupt Erfahrung* einer äußeren Welt vermitteln kann.

In der neueren Philos. des Geistes ist umstritten, ob der funktionalistische Materialismus den E.qualitäten gerecht werden kann (oder ob sich an ihnen seine Unzulänglichkeit erweist).

Empirie (griech. *empeiria*), Erfahrung*; empirisch: erfahrungsgemäß, die Erfahrung (speziell die Sinneserfahrung) betreffend. Eine empirische Theorie ist eine Theorie, die entweder auf einem Wissen aufbaut, das durch die Sinneserfahrung zustande gekommen ist, oder Behauptungen (Urteile*) enthält, die (wenn sie überhaupt wahr sind) mit Hilfe der Sinneserfahrung verifiziert werden. Das Wort E. ist synonym mit dem Ausdruck *a posteriori* (vgl. *a priori/a posteriori*). Eine empirisch orientierte Philos. behauptet, daß sich unsere Erkenntnis ganz oder hauptsächlich auf die (Sinnes-) Erfahrung stützen muß.

Empiriker/Empirist (von griech. *empeiria*, Erfahrung). 1. Ein Empiriker ist eine Person, die mittels der Sinneserfahrung, welche zu eigentlichen methodisch durchgeführten wissenschaftlichen Experimenten weiterentwickelt werden kann, Wissen erwerben oder die Richtigkeit ihrer Meinungen kontrollieren möchte. 2. Ein Empirist ist ein Anhänger des Empirismus*, d. h. derjenigen philos. Auffassung, nach der alles Wissen auf Sinneserfahrungen beruht und alles Seiende sinnlich wahrnehmbar ist. – Folglich ist es möglich, Empiriker zu sein, ohne zugleich Empirist zu sein. – (S. Empirie, Empirismus)

Empiriokritizismus (von griech. *empeiria*, Erfahrung, und *krinein*, trennen, [ver-]urteilen), erkenntnistheoretische Richtung innerhalb des Positivismus*, die versucht, die Grundlage der Erkenntnis in den reinen Empfindungen (engl. *sense data**) zu finden. Farbe, Ton, Druck, Wärme usw. sind die grundlegenden Elemente* der Welt, und es ist die Aufgabe der Wissenschaften, ihre Grundbegriffe auf diese zurückzuführen. Begriffe wie ‹Atom›, ‹Ding›, ‹Seele› usw. müssen als logische Konstruktionen* auf der Grundlage reiner Empfindungen gedeutet werden. Daß sie überhaupt gebildet worden sind, kann darauf zurückgeführt werden, daß sie sich im biologisch bedingten Überlebenskampf der Menschen als nützlich erwiesen haben, und wenn sie eines Tages diesen Überlebenswert verlieren, müssen sie aufgegeben werden. Die wichtigsten Repräsentanten des E. sind R. Avenarius und E. Mach. Ferner der Österreicher Heinrich Gomperz (1873–1942) und der Deutsche Theodor Ziehen (1862–1950). Durch Mach übte der E. Einfluß auf den Wiener Kreis aus. – Lenins Buch *Materialismus und Empiriokritizismus* (1909) verdankt seine Entstehung dem Umstand, daß die russischen Sozialdemokraten seit dem Aufstand vom Jahr 1905 den dialektischen Materialismus* durch eine Art E. ersetzen wollten.

Lit.: H. Schnädelbach: Erfahrung, Begründung und Reflexion, 1971.

Empirismus (von griech. *empeiria*, Erfahrung). Erkenntnistheoretische Hauptrichtung, welche im Gegensatz zum Rationalismus* behauptet, daß alles Wissen über die Wirklichkeit aus der Sinneserfahrung (Wahrnehmung) stammt. Die klassische Version des E. wurde v. a. von den brit. Philos. Locke, Berkeley, Hume und J. S. Mill erarbeitet. Kern des E. sind zwei den Grundannahmen des Rationalismus widersprechende Thesen. Die erste These behauptet, daß alle Begriffe von der Sinneserfahrung abgeleitet sind bzw. daß ein Ausdruck nur dann einen Sinn hat, wenn die Regeln der Sprache direkt oder indirekt (über andere Ausdrücke) diesen mit etwas in der Erfahrung Gegebenem verbinden. Diese These – Begriffs- oder Bedeutungse. genannt – schließt die Existenz von apriorischen Begriffen (vgl. auch angeborene Ideen) aus, d. h. von Begriffen, die zwar gültig auf die Erfahrung angewendet werden können, jedoch unabhängig von jener im Bewußtsein (der Sprache) gegeben sind. Aus dieser These ergibt sich der Folgesatz, daß alle angeblich apriorischen Begriffe entweder auf einfachere Begriffe, die von der Erfahrung abgeleitet werden, zurückgeführt werden können oder überhaupt inhaltsleer sind.

Die andere These – der Wissens- oder Beweise. – behauptet, daß jede Aussage, die ein Wissen über faktische Sachverhalte ausdrückt, in der Sinneserfahrung (Wahrnehmung) begründet ist. Entweder ist die Aussage selbst eine Beschreibung eines in der Erfahrung Gegebenen, oder sie hat logische Beziehungen zu solchen Beschreibungen. Im letzten Fall gibt es zwei Möglichkeiten: zum einen, daß die Aussage logisch aus Erfahrungsbeschreibungen folgt, zum anderen, daß sie logisch Erfahrungsbeschreibungen beinhaltet, deren Wahrheit ihr induktiv* Wahrscheinlichkeit oder Sicherheit verleiht. Die These schließt die Existenz von sog. synthetisch apriorischen Urteilen aus, d. h. von Urteilen, die etwas über die Wirklichkeit aussagen und von der Erfahrung logisch unabhängig sind. Jede Wahrheit, die unabhängig von der Erfahrung feststeht und in diesem Sinn notwendig ist, ist analytisch*, d. h. eine tautologische Wahrheit, die, wie z. B. ‹Alle Junggesellen sind unverheiratet›, allein auf willkürlich festgesetzten Beziehungen zwischen den Bedeutungen von Wörtern beruht und nichts über die Wirklichkeit aussagt. Die formalen Wahrheiten der Mathematik und der Logik sind somit dem E. zufolge analytisch.

Unser Wissen über die Wirklichkeit ist mit unserem empirischen Wissen identisch, das durch Beobachten, Erinnern und induktive Schlußfolgerungen zustande kommt. Die beiden ersten Erkenntnismittel liefern die vorgegebene Grundlage der Erkenntnis, und das dritte erlaubt ihre Überschreitung; denn es berechtigt zu Aussagen darüber, was einmal der Fall war, in der Zukunft der Fall sein wird oder immer der Fall ist. Der E. verwirft metaphysische Spekulationen, die im besten Fall fruchtlos, im schlimmsten aber sinnlos seien, und mißt den experimentellen Wissenschaften einen höheren Wert bei. Das geschichtliche Entstehen des klassischen E. ist denn auch eng mit der Entwicklung verbunden, durch die die Naturwissenschaften ihre eigene Identität erlangten und sich von der früheren Dominanz und dem Wissensmonopol der Mathematik und Metaphysik emanzipierten.

Der klassische E. versteht die Erfahrung subjektivistisch*, d. h. als die Erfahrung des einzelnen Menschen in Form seiner eigenen privaten Erlebnisse. Er wirft damit das Begründungsproblem auf, wie objektive Erkenntnis (von äußeren Gegenständen, anderen Personen usw.) auf der Grundlage rein subjektiver Erkenntnis möglich sein kann. Mit der Verschärfung der empiristischen Position bei Hume erscheint dieses Problem als unlösbar, so daß der E. in seiner konsequenten Gestalt zu einem subjektiven Idealismus* oder Skeptizismus* führen muß.

20. Jh. hat sich der E. in zwei Lager geteilt, wobei der phänomenalistische* E. (Avenarius, Mach, Russell, Schlick) die subjektivistische Erfahrungsauslegung weiterführt. Das andere Lager, oft der moderne E. genannt, versteht dagegen die Erfahrung auf eine realistische* Weise, d. h. als (durch die Sinne vermittelte) Konfrontation des Individuums mit öffentlich beobachtbaren, objektiven Gegenständen in Raum und Zeit (vgl. Subjekt/Objekt). Hierzu gehören u. a. Moores Philos. des «common* sense» sowie Neuraths und Carnaps physikalistische* Version des logischen* Positivismus.

Der E. hat auf verschiedene Weise Positionen in anderen als erkenntnistheoretischen Gebieten begründet. In der Moralphilos. hat Hume u. a. die sog. Theorie des «moral sense» entwickelt, um die Entstehung moralischer Begriffe aus der inneren Erfahrung (dem Gefühlsleben) zu erklären. Auch der Emotivismus* ist eine Form von E. In der Wissenschaftsphilos. sind der Instrumentalismus* und Szientismus* die markantesten Formen von E. In der Bewußtseinsphilos. hat der E. den Behaviorismus*, u. a. in der Version von G. Ryle, begründet.

Lit.: M. Benedikt: Der philos. E. I (Theorie), 1977. F. Kambartel: Erfahrung und Struktur. Bausteine zu einer Kritik des E. und Formalismus, 1968. L. Kreimendahl: Hauptwerke des Philos. Rationalismus und E., 1994. L. Krüger: Der Begriff des E. Erkenntnistheoretische Studien am Beispiel J. Lockes, 1973.

Empyreum (von griech. *empyrios*, im Feuer, voll Feuer; lat. *empyrius*), Feuerhimmel, Lichthimmel. In der antiken Philos. die äußerste Sphäre, aus der angeblich das Licht stammt. In der mittelalterlichen Philos. und bei Dante der oberste Himmel, in dem Gott, die Engel und die Seligen wohnen.

en-soi (franz.), an* sich. Sartre bezeichnet damit das Sein, das ist, was es ist *(être-en-soi)*, im Gegensatz zum *pour-soi* (für sich), das zu sein hat, was es ist, weil es sich auf Ziele hin entwirft und darum noch nicht ist, was es ist, oder das ist, was es noch nicht ist.

endlich/unendlich (engl. *finite/infinite;* franz. *fini/infini;* griech. *peras/apeiron,* lat. *finitus/infinitus*). Die griech. Philos. läßt sich, vereinfacht gesprochen, als eine Lehre von der Endlichkeit charakterisieren, die das Wesen, den Grund aller Dinge als begrenzt auffaßt. Gegen diese Betonung des Endlichen wendet sich Plotin. Das höchste Prinzip (das Eine*) ist gerade wegen seiner Unendlichkeit, seiner Erhabenheit über alle Begrenzungen und Einengungen vollkommen. Und alles niedriger stehende Wirkliche ist durch seine Begrenztheit unvollkommen. – Die christliche, theologisch orientierte Philos. des Mittelalters verbindet die Unterscheidung von e./u. mit der Unterscheidung zwischen der geschaffenen Welt und dem schaffenden Gott*. Das Endliche ist das Relative, das Unendliche dagegen das Absolute*. Das Endliche ist das Begrenzte oder durch etwas anderes Begrenzbare, das Unendliche dagegen das Begrenzende. Das Endliche ist nicht durch sich selbst bestimmt, sondern passiv, sofern es sich durch etwas anderes begrenzen läßt. Das Unendliche dagegen ist aktiv, ist das sich und anderes Bestimmende. Zum Endlichen gehört auch der Mensch, weil er wie die übrige Wirklichkeit von Gott geschaffen wurde. Da Gott ihn jedoch nach seinem Ebenbild geschaffen hat, besitzt der Mensch in seinem Wesen auch Unendliches. Es zeigt sich in seiner Freiheit*, über das eigene Leben zu bestimmen. Solche Freiheit bleibt allerdings, weil der Mensch nicht Gott ist, e. Freiheit. Die Endlichkeit wirkt sich auch in der menschlichen Erkenntnis aus: Sie ist von den Sinnen abhängig, auf sie angewiesen.

Diese Problematik wird von Kant neu durchdacht. Er unterscheidet zwischen der e. Erkenntnis des Menschen, die an seine Rezeptivität (Empfänglichkeit) für Sinneseindrücke und an seinen diskursiven Verstand* gebunden ist, und einer u. Erkenntnis (als Grenzbegriff*), die rein anschauend und selbsttätig ist, weil sie von keinerlei Sinnesmaterial abhängt. Wäre die menschliche Erkenntnis u. und also göttlich, wäre sie weder an eine Form noch an ein Material geknüpft, sondern könnte ihren eigenen Gegenstand frei schaffen, indem sie ihn erkennt. Durch die menschliche Endlichkeit aber, d.h. durch die Abhängigkeit von bestimmtem (vorgegebenem) Sinnesmaterial und bestimmten Erkenntnisformen, sind auch die Grenzen gesteckt für das, was Erkenntnis genannt werden kann. – Im Gegensatz zu Kant behauptet Schelling die Existenz einer reinen anschauenden Erkenntnis. Mit ihrer Hilfe läßt sich einsehen, daß die Grundlage der Wirklichkeit im Absoluten* liegt, das die reine Identität von Endlichem und Unendlichem ist. Schellings Vorstellung einer reinen anschauenden Erkenntnis und sein Begriff des Absoluten werden von Hegel wiederum abgelehnt. Zwar gehören auch nach Hegel das Unendliche und das Endliche zusammen, aber nicht als unterschiedslose Einheit. Vielmehr setzt das Unendliche das Endliche voraus; es muß sich vom Endlichen notwendig abgrenzen und zeigt gerade dadurch, daß es mit dem Endlichen verbunden ist. So ist die Rede von einem schlechthin Unendlichen selbstwidersprüchlich; etwas kann nur in bestimmter Hinsicht u. sein. Folglich muß sich die Unendlichkeit in der Endlichkeit manifestieren. Dies bedeutet für die Naturphilos., daß die u. logischen Formen sich notwendig in einer zeitlich-räumlichen Welt ausdrücken. Und dies bedeutet für die Geschichts- und Religionsphilos., daß die Geschichte Ausdruck der u. Gottheit ist, die sich in e. Gestalt manifestiert. Die höchste Manifestation ist die Geburt Christi. Auf der anderen Seite weist das Endliche seinerseits auf das Unendliche hin. Hegel unterscheidet hier die schlechte Unendlichkeit, d.h. die bloße Anhäufung von Endlichkeiten zu einer u. Folge, und die wahrhafte Unendlichkeit, d.h. die Ganzheit oder Struktur, wie sie einer Reihe von Endlichkeiten zugrunde liegt. Denn diese Ganzheit geht über die Einzelteile hinaus und ist insofern un-endlich; sie ist als ordnendes Prinzip mehr als ihre Teile. Zwar kann die Endlichkeit bestehen, ohne in schlechte Unendlichkeit zu münden; aber sie wäre völlig unstrukturiert und konfus, wenn nicht die Endlichkeiten Teile eines Prozesses wären, in dem sich die wahrhafte Unendlichkeit aufbaut. Dieser kulminiert in der Selbstbeziehung der absoluten Vernunft*, die als letztbegründendes Ordnungsprinzip die höchste Form der wahrhaften Unendlichkeit darstellt. Deshalb ist auch die höchste Erkenntnis das Ergebnis eines Prozesses, in dem die u. Erkenntnis durch eine e., historische Entwicklung vermittelt ist.

Kierkegaard weist diese Hegelsche Versöhnung von Endlichem und Unendlichem zurück. Es ist schon paradox*, daß der e. Mensch in seiner Freiheit für das eigene Leben u. Verantwortung trägt, und daß der u. Gott in Christus Fleisch geworden ist, läßt sich nur als absolutes Paradox auffassen.

Jaspers, Heidegger und Sartre heben hervor, daß zur menschlichen Seinsweise (Existenz) gerade ihre Endlichkeit gehört. Die Endlichkeit zeigt sich in der Freiheit und in der Erkenntnis des Menschen, sofern sie stets an eine vorgegebene historische Situation und einen vorgegebenen Horizont* gebunden ist (vgl. Geschichtlichkeit).

Seit Zenon seine Paradoxien aufstellte, nimmt die Diskussion des Unendlichkeitsproblems in der Mathematik einen hervorragenden Platz ein. Geführt wurde diese Diskussion – im Anschluß an Leibniz und Newton – insbesondere im Zusammenhang mit der Entwicklung von Begriffen zur Beschreibung von Bewegung, d.h. dem mathematischen Grenzbegriff und dem Begriff der Kontinuität*), später im Anschluß an Cantors Lehre von den sog. transfiniten* Mengen. Der wichtigste Streitpunkt in der Philos. der Mathematik betrifft die Frage, ob das Operieren mit unendlichen Mengen erlaubt sei: Mathematische

Realisten* (oder Platoniker*) halten die Rede von der Existenz aktual u. Mengen für sinnvoll (Gödel), während mathematische Intuitionisten (Brouwer, Heyting) und Konstruktivisten* (Bishop, Lorenzen) nur von potentiell u. Mengen sprechen. Strenge Finitisten* (Wittgenstein, Essenin-Volpin) lassen ausschließlich e. Mengen und Prozesse zu.
Schließlich sind Endlichkeit und Unendlichkeit auch Themen der physikalischen Kosmologie.

Engagement (franz., von *engager*, verpfänden). Als philos. Begriff hat E. zwei – in der Sache zusammenhängende – Grundbedeutungen: 1. Gestelltsein (Eingebundensein, Eingefügtsein) in eine Situation*. 2. Das Sich-Einsetzen für etwas (ein Ziel, einen Plan, eine Sache) und damit das Sich-einer-Situation-Stellen. E. meint deshalb auch Verantwortlichsein, Sich-Verbürgen, Einstehen, Sich-Verpflichten (engl. *commitment*). Darin liegt vor allem, daß das Denken und Handeln einer Sache bzw. Situation, in der man steht, verpflichtet ist (vgl. Existenz als besondere Form des Seins). Insofern nimmt der Begriff E. auf, was in anderen Zusammenhängen, vor allem bei Kierkegaard, mit Bestimmungen wie Ernst, Interesse oder Leidenschaft ausgedrückt wird. Für die franz. Existenzphilos.* und Phänomenologie* ist E. ein Grundzug menschlichen Daseins. Sie bestimmt die Freiheit des Menschen als Freiheit in einer Situation. – Als ‹Philos. des E.› wird diejenige Richtung bezeichnet, die in Frankreich nach dem 2. Weltkrieg vorherrschte und in Sartre ihren Hauptvertreter hatte. Allerdings war E. schon in den 30er Jahren ein Schlüsselthema in der franz. Philos., und zwar bei G. Marcel und im sog. Personalismus*.

Lit.: J.-P. Sartre: Das Sein und das Nichts, 1952. B. Waldenfels: Phänomenologie in Frankreich, 1983.

Engels, Friedrich (1820–95), dt. Philos., Ökonom und Journalist. 1837–41 Ausbildung als Kaufmann, 1841–42 Militärzeit in Berlin, wo E. in linkshegelianischen Kreisen verkehrte. 1842–44 Aufenthalt in Manchester. Nach der Rückkehr aus England 1844 Begegnung mit K. Marx; gemeinsam mit ihm verfaßte E. 1845–46 *Die deutsche Ideologie*, gerichtet gegen B. Bauer, L. Feuerbach und M. Stirner, sowie 1848 das *Manifest der kommunistischen Partei* («Kommunistisches Manifest»). Wegen seiner politischen Tätigkeit mußte er 1850 Deutschland verlassen und nach Manchester ins Exil gehen. 1870 zog E. nach London und wurde Mitglied in der Leitung der internationalen Arbeiterbewegung.
Als E. philos. Hauptwerke gelten *Herrn Eugen Dührings Umwälzung der Wissenschaft* (1878), der sog. «Anti-Dühring», *Ludwig Feuerbach und der Ausgang der klassischen deutschen Philosophie* (1888), und die posthum erschienene *Dialektik der Natur*. In diesen Schriften erarbeitete E. die Grundlagen des dialektischen Materialismus*, auf dem später, durch Lenin modifiziert, osteuropäische und chinesische Philos. aufbauten. E. sucht die dialektisch-materialistische Methode auf alle Bereiche der Wirklichkeit anzuwenden, so auch auf die Natur. Nicht nur das naturwissenschaftliche Denken ist seinem Wesen nach dialektisch; auch dessen Gegenstände, die Naturvorgänge, entwickeln sich laut E. nach dialektischen Gesetzen, die denen der historischen Entwicklung prinzipiell entsprechen.

Ausg: K. Marx/F. E.: Werke, Schriften, Briefe. Hist.-krit. Gesamtausg., 1927–35 (MEGA). K. Marx/F. E.: Werke I–XXXIX, Erg.-Bde. I–II, 1957–68 (MEW). – *Lit.:* M. Adler: Marx und E. als Denker, 1972. T. Carver: F. E. His Life and Thought, 1989. A. Cornu: Karl Marx und F. E. Leben und Werk I–II, 1954/62. M. Fleischer: Marx und E., 1970. H. Hirsch: F. E. in Selbstzeugnissen und Bilddokumenten, 1968. L. Kolakowski: Die Hauptströmungen des Marxismus, Bd. 1, ^{2}1981.

ens (lat.), Seiendes*, Ding*. Begriff der scholastischen* Philos., der dem griech. *to on* entspricht.

Entelechie (von griech. *en*, in, *telos*, Zweck, und *echein*, haben; *entelecheia*, ständige Wirksamkeit; Vollkommenheit, Vollendung, Verwirklichung, Wirklichkeit). 1. Aristoteles benutzt das Wort E. oft synonym mit *energeia* (lat. *actus*) als Gegensatz zu *dynamis** (lat. *potentia*). In diesem Fall meint E. den Vorgang, durch den ein Seiendes seine *dynamis* (Vermögen, Anlage, Formbarkeit) verwirklicht. 2. In anderen Zusammenhängen unterscheidet Aristoteles zwischen *energeia* als Prozeß der Verwirklichung und *entelecheia* als Ergebnis oder Endphase dieses Prozesses. 3. Leibniz bezeichnet die Monaden* als E., weil sie den Zweck ihrer eigenen Verwirklichung in sich tragen. 4. Im Vitalismus* (vor allem bei H. Driesch) ist die E. ein nicht-räumlicher Faktor, der die Entwicklung eines Organismus auf seine Vollendung hinlenkt.

Lit.: U. Arnold: Die E., 1965. W. Burchard: Der E.-Begriff bei Aristoteles und Driesch, 1928. H. Driesch: Philos. des Organischen I–II, 1909. I. Düring: Aristoteles. Darstellung und Interpretation seines Denkens, 1966.

Entfremdung (lat. *alienatio*; engl. *alienation*; franz. *aliénation*). Allgemein: Bezeichnung für den Prozeß, in dem dasjenige, das zum Subjekt* (Mensch) gehört, diesem fremd wird. Genauer: Bezeichnung für den Prozeß, in dem etwas, das vom Subjekt selber erzeugt worden ist, sich verselbständigt und dem Subjekt als Fremdes gegenübertritt. Dieser Vorgang der E. führt in einen Zwiespalt: Am Anfang steht der Mensch, der seine Welt formt und sich so in ihr ausdrückt. Im Zuge der E. jedoch muß er diese Welt, in der Zusammenhang, in dem er sich ausgedrückt sehen soll, als fremd betrachten. Das Ergebnis ist Unfreiheit.

Philos. auf den Begriff gebracht wird E. in Hegels *Phänomenologie des Geistes* (1807). Für Hegel heißt E. immer Selbst-E. Wenn der Mensch sich in der sozialen Welt, in der er lebt, nicht wiederfinden kann, wird er sich selber fremd. Entscheidend ist jedoch, daß Hegel E. als Moment* in der Bewegung des Geistes auffaßt. Geist* ist der Prozeß, «sich ein Anderes, d. h. Gegenstand seines Selbst zu werden und dieses Anderssein aufzuheben». E. als Entäußerung ist ein notwendiges Moment von Entwicklung. Sich äußerlich zu werden heißt, sich selber Gegenstand*, Objekt zu werden (Selbstobjektivierung). Als solcher ist man sich ein Anderes, sich fremd. Die Aufhebung dieses Andersseins bedeutet die Aufhebung von E. Sie besteht darin, sich in dem Anderen, dem man gegenübersteht, selber zu entdecken, in der Welt, in der man lebt, zu sich zu kommen. Indem Hegel E. mit Entäußerung verbindet, erhebt er sie zu einem notwendigen Moment von Selbstentfaltung oder Selbsterzeugung. Nur dann entfaltet sich der Geist, wenn er aus sich heraustritt, sich von sich selber trennt, sich fremd wird, um in dem Anderen wieder zu sich zurückzukommen.

Marx versucht vor allem in den Frühschriften, diese Theorie der E. umzuformen. Im Mittelpunkt steht die Analyse entfremdeter Arbeit*, wobei Marx den Hegelschen Begriff zugrunde legt: Insofern der Mensch durch Arbeit ein bestimmtes Produkt erzeugt, tritt er in der Arbeit aus sich heraus (Entäußerung). Der Arbeiter (Produzent) legt seine Tätigkeit, sein Leben in das Produkt und eignet sich dadurch umgekehrt die Natur an, die er bearbeitet. Dieser Zusammenhang wird nun in der E. unterbrochen. Wenn das Produkt und die Produktionsmittel jemand anderem gehören als dem Arbeiter, ist das von ihm erzeugte Produkt nicht bloß äußerer Gegenstand. Es existiert außerhalb des Produzenten, «unabhängig, fremd von ihm». Durch diese Verselbständigung gewinnt das Produkt die Herrschaft über den Arbeiter. Dessen eigene Tätigkeit richtet sich gegen ihn selber. Die E. wird zur sozialen, zur E. der Menschen voneinander,

welche sich nur über fremde Produkte zueinander verhalten. Da E. ökonomisch begründet ist, kann sie nur durch eine Änderung der Produktions- und Arbeitsbedingungen aufgehoben werden.
Im 20. Jh. bildet E. im Zusammenhang mit der erneuten Diskussion um Hegel und Marx ein zentrales Thema, insbesondere in den Versuchen, den Marxismus als Humanismus* zu begreifen, und in der Kritischen Theorie. Strittig ist dabei u. a., ob die soziale Dimension des Menschen grundsätzlich E. einschließt oder ob sich E. als solche aufheben läßt. Auch in der modernen Existenzphilos.* spielt E. eine Rolle; hier wird sie zurückgeführt auf die prinzipielle menschliche Möglichkeit, uneigentlich zu leben.

Lit.: W. Hoebig: Bedürftigkeit. E. der Bedürfnisse im Kapitalismus, 1984. J. Israel: Der Begriff E., 1972. H. D. Lewis: Freedom and Alienation, Edinburgh 1985. H. Meyer: Alienation, E. und Selbstverwirklichung, 1984. F. Müller: E. Zur anthropologischen Begründung der Staatstheorie bei Rousseau, Hegel, Marx, 1985. R. Schacht: The Future of Alienation, Urbana etc. 1994. H. Schuller: Die Logik der E., 1991.

Enthymem (griech. *enthymema*, Gedanke, Räsonnement), Argument* mit stillschweigend vorausgesetzten Prämissen*, z. B. ‹Alle Menschen sind zweibeinig; folglich ist Sokrates zweibeinig›. Hier wird die Prämisse ‹Sokrates ist ein Mensch› vorausgesetzt.

Lit.: H. Lausberg: Handbuch der literarischen Rhetorik, 1960.

Entität (lat. *entitas*, Wesen, Seiendes), Ausdruck, der in der Scholastik als Übersetzung des griech. *on* eingeführt wurde. 1. Das Wesen* eines Dinges oder einer Art. 2. Ein Seiendes*, ein Gegenstand. 3. In der Wissenschaftsphilos. heißen die nicht beobachtbaren Größen der theoretischen Wissenschaften, z. B. die Atome, theoretische E.

Entmythologisierung, von R. Bultmann in dem Artikel «Neues Testament und Mythologie» 1941 geprägter Begriff. Nach dem 2. Weltkrieg wurde E. zum zentralen Thema der protestantischen Theologie. – Bultmann bestreitet, daß die christliche Botschaft an ein mythologisches Weltbild gebunden ist, nach dem übernatürliche Kräfte in den Lauf von Natur und Geschichte eingreifen. Die E. will dieses falsche Verständnis der christlichen Botschaft überwinden, um für den modernen Menschen ein angemessenes sichtbar zu machen. Der Fehler liegt in der mythologischen Verbrämung der christlichen Verkündigung (z. B. die Auferstehung und Himmelfahrt Jesu). Durch die wissenschaftliche und technologische Entwicklung ist das mythologische Weltbild endgültig überholt. Aber diese Entwicklung nährt die Illusion, der Mensch könne über die Welt und über sein Leben selbstherrlich verfügen. Die wirkliche Herausforderung durch das Evangelium liegt in dessen Einspruch gegen das menschliche Streben, das eigene Dasein vollständig zu beherrschen.
Die Absicht der E. liegt also nicht in einer Beseitigung der mythologischen Aussagen, sondern in deren Deutung. Sie will hinter die mythologische Ausdrucksform zurückgehen, um zur tieferen Bedeutung des Mythos* zu gelangen. Insofern ist die E. eine hermeneutische* Methode.
Die Auslegung des *Neuen Testaments* hat sich nach Bultmann an der leitenden Frage, wie die menschliche Existenz* dort verstanden wird, zu orientieren. Aber die Klärung der grundlegenden Begriffe zur Deutung eines bestimmten Existenzverständnisses ist eine philos. Aufgabe. Insofern muß sich die E. – als Deutungsmethode speziell des neutestamentlichen Existenzverständnisses – auf die Philos. stützen: Die Grundzüge der menschlichen Existenz, die sich verstehend zu sich selbst verhält, müssen philos. analysiert werden. Hier schließt Bultmann an Heideggers Existentialontologie an, formt sie allerdings zu einer Philos. des Existentiellen um (vgl. Existenzphilos., existential/existentiell).

Lit.: H. W. Bartsch. Entmythologisierende Auslegung, 1962. R. Bultmann: Glauben und Verstehen 1–4, 1933–65. M. Huppenbacher: Mythos und Subjektivität. Aspekte neutestamentlicher E. in Anschluß an Rudolf Bultmann und Georg Picht, 1992. K. Jaspers: Die Frage der E., 1954. B. Jaspert (Hg.): Rudolf Bultmanns Werk und Wirkung, 1984.

Entropie (griech. *entrope*, Drehung, Verwandlung), physikalischer Begriff. Die E.-Änderung eines Systems wird definiert als die Änderung der Wärmeenergie, dividiert durch die absolute Temperatur des Systems. E. ist eine Maßeinheit für Unordnung, die statistisch wahrscheinlicher ist als Ordnung. In der philos. Literatur wird der Begriff in Verbindung mit der Interpretation der Gerichtetheit der Zeit* verwendet (H. Reichenbach).

Lit.: M. Planck: Vorlesungen über die Thermodynamik, ^{8}1930.

entscheidbar/unentscheidbar 1. Ein Satz ist in einem formalen* System e., falls dieser oder seine Negation* in dem System bewiesen* werden kann. 2. Ein Satz wird e. genannt, falls es einen Algorithmus (d. h. ein effektives Berechnungsverfahren) gibt, um über seinen Wahrheitswert zu entscheiden. 3. Ein formales System wird u. genannt, wenn seine Formeln im Sinn von (2) u. sind, d. h. kein eindeutiges Verfahren vorliegt, das mit einer endlichen Anzahl von Schritten die Feststellung erlauben würde, ob das System einen Beweis für die vorliegende Formel enthält oder nicht. Die Prädikatenlogik* und die Mengenlehre sind beide u. – Vgl. Churchs These; Logik, moderne.

Entscheidungstheorie. Theorie über Entscheidungen in Situationen, in denen eine Person oder Personengruppe vor einer Wahl zwischen verschiedenen Handlungsalternativen steht. Die E. sucht Verfahren zu entwickeln, die in solchen Situationen eine rationale Wahl erlauben, wobei die Maximierung des Nutzens der jeweils Entscheidenden oberstes Rationalitätskriterium ist. Ihre Grundgedanken gehen zurück auf den schweiz. Mathematiker Daniel Bernoulli (1700–82) und den engl. Geistlichen Thomas Bayes (gest. 1763). Sofern die Konsequenzen der verschiedenen Handlungsalternativen und mithin ihre Nutzenwerte genau bekannt sind, lautet die Entscheidungsregel: ‹Wähle die Handlung mit dem maximalen Nutzen›. Sofern sich Konsequenzen (und Nutzen) der Handlungsalternativen nur mit bestimmter (subjektiver) Wahrscheinlichkeit angeben lassen, gilt es nach der Regel von Bayes, den (subjektiv) erwarteten Nutzen zu maximieren. Sofern man die Konsequenzen nicht einmal mit einer bestimmten Wahrscheinlichkeit voraussagen kann, gelten mehrere rivalisierende Regeln.
Als *Spieltheorie* wird der von Morgenstern und v. Neumann entwickelte Zweig der E. bezeichnet, der rationale Entscheidungsregeln für Wahlsituationen zu formulieren versucht, in denen die eigenen Handlungen von den Handlungen anderer abhängen.
Die *Sozialwahltheorie* (Wohlfahrtsökonomie) ist eine Theorie der Wahl in einer Situation, in der es gilt, die unterschiedlichen Präferenzen einer Gruppe von Individuen in eine einzige soziale Präferenz dieser Gruppe umzusetzen.

Lit.: R. C. Jeffrey: Logik der Entscheidung, 1967. R. Jeffrey: Probability and the Art of Judgment, 1992. E. v. Kutschera: Einführung in die Logik der Normen, Werte und Entscheidungen, 1973. P. K. Moser: Rationality in Action, 1990. J. v. Neumann/O. Morgenstern: Spieltheorie und wirtschaftliches Verhalten, 1961. M. Shubik (Hg.): Spieltheorie und Sozialwiss., 1965.

Enzyklopädie (von griech. *enkyklios paideia*, kreisförmige Erziehung), war im antiken Griechenland die Bezeichnung für die ‹chorische (musische) Erziehung› der freigeborenen Knaben, von daher später: ‹Allgemeinbildung› und ‹Kreis der Wissenschaften› (lat. *orbis doctri-*

nae). Das Wort «encyclopaedia» wurde erst gegen Ende des 15. Jh. von humanistischen Gelehrten gebildet. Er wird seither für die Gesamtheit der Wissenschaften gebraucht, die in einer ‹E.› im Überblick, nach ihrer Gliederung, Einteilung und ihrem Zusammenhalt vorgestellt werden. Dies kann für alle Wissenschaften oder nur für eine von ihnen geschehen. Gibt es zunächst nur systematische E., entstehen seit dem 18. Jh. (der franz. *Encyclopédie*, Paris 1751–80) zunehmend auch solche in alphabetischer Reihenfolge der Stichwörter, so daß der Terminus heute fast mit ‹Lexikon› identisch ist. Je nach philos. Orientierung sind z. B. von Leibniz, den franz. Enzyklopädisten (Diderot, d'Alembert), Kant, Hegel, Comte und zuletzt dem Logischen Positivismus ganz unterschiedliche Wissens- und Wissenschaftsbegründungen und -einteilungen und demnach E. aufgestellt worden. Es gibt aber auch (bis zu Anfang des 20. Jh.) rein praktisch-propädeutisch orientierte E., die dem Anfänger zu Beginn seines Studiums eine Übersicht über den Umfang und Inhalt seines Fachs geben wollen.

Enzyklopädisten, die Mitarbeiter am großen enzyklopädischen Werk der franz. Aufklärung, der *Encyclopédie ou Dictionnaire raisonné des sciences, des arts et des métiers*. Herausgegeben wurde das Werk, das 1751–80 erschien, von Diderot (1713–84) und (bis zum 8. Bd., 1765) d'Alembert (1717–83); philos. Beiträge lieferten u. a. d'Holbach, Montesquieu, Rousseau und Voltaire. Bestimmend für die *Encyclopédie* ist eine liberale, tolerante Einstellung in politischen und sozialen Fragen, die einhergeht mit einer skeptischen Haltung gegenüber der Religion und gegenüber der Macht von Kirche und Adel. Aufgrund einer solchen Haltung wurden auch andere zeitgenössische Denker (z. B. Condillac und Helvétius) E. genannt.

epagoge (griech.), Hinführung, ‹Hinaufführung›. Bei Aristoteles Bezeichnung für die Bewegung des Gedankens vom Einzelnen zum Allgemeinen. Traditionell wird e. mit Induktion* übersetzt, dessen moderne Bedeutung mit dem aristotelischen Wortgebrauch allerdings nicht übereinstimmt. Für jeden Sachbereich (Mathematik, Dialektik usw.) gibt es nach Aristoteles eine besondere e., die ein je verschiedenes Maß an Genauigkeit erzielt.

Epigenese (griech. *epigenesis*, spätere oder nachträgliche Entstehung), Entwicklung des Organismus durch Neubildungen nicht aufgrund innerer Anlagen, sondern aufgrund äußerer Umstände. Nach der biologischen E.-Theorie entstehen die Organe eines Organismus aus dem ursprünglich undifferenzierten Ei oder Keim erst im Verlauf der Entwicklung, sind also nicht von vornherein dort angelegt. – Gegensatz Präformationstheorie.

Epigone (von griech. *epigonos*, der Nachgeborene). 1. Bei den Griechen ‹Nachkomme› oder ‹Nachfolger› ohne negativen Nebensinn. 2. Im modernen Sprachgebrauch ein negativ konnotierter Begriff, der einen Menschen bezeichnet, welcher ohne eigene Schöpferkraft einen großen Vorgänger nachahmt. Diese Bedeutung kam in der 1. Hälfte des 19. Jh. auf als Gegensatz zu den seit der Goethezeit positiv bewerteten Begriffen Originalität und Genie*.

Epiktet (Epiktetos) (ca. 50–135 n. Chr.), griech.-röm. Philos., Vertreter der späten Stoa*. In Rom Sklave; nach seiner Freilassung lehrte E. zuerst dort, später in Nikopolis (Epirus, heute Griechenland) Philos. Von einem Schüler, Flavius Arrianus, wurden seine Vorlesungen niedergeschrieben, u. a. im *Encheiridion* (dt. «Handbüchlein der Moral und Unterredungen»). E. Morallehre zielt auf die Unabhängigkeit des Menschen von den Schicksalsfällen seines Lebens. Dazu muß sich der Mensch innere Freiheit verschaffen, indem er die Neigungen beherrscht und von jenen äußeren Verhältnissen unberührt bleibt, die nicht in seiner Macht stehen. Bei E. erhält die stoische Ethik, die der christlichen Ethik ähnelt, eine deutlich religiöse Prägung.

Epikur (341–271 v. Chr.), griech. Philos. Geb. auf Samos; lehrte in Athen, wo er den «Garten» gründete, eine philos. Schule und Lebensgemeinschaft. Vom umfangreichen Werk, das er hinterließ, ist nur weniges überliefert. – E. nimmt an, daß alle Erkenntnis aus der Wahrnehmung stammt. Die Sinneseindrücke sind klar und verläßlich; damit sie aber zu Erkenntnis werden können, müssen sie durch Vorstellungsbilder, Allgemeinvorstellungen (griech. *prolepsis*) ergänzt werden, die in der Wiederholung gleicher Sinneseindrücke entstanden sind. Diesen strikten Empirismus* ergänzt E. mit dem Prinzip, daß das Nichtbeobachtbare nur wahr ist, wenn es den klaren Sinneseindrücken nicht widerspricht. Zum Nichtbeobachtbaren gehören u. a. eine unendliche Anzahl kleinster Körper, die Atome, und ihre Bewegungen im unendlichen leeren Raum.

Wie der Leib ist auch die Seele aus Atomen zusammengesetzt. So sind alle menschlichen Funktionen Ergebnisse von Prozessen zwischen den Atomen. Die Sinneseindrücke werden z. B. als ursächliche Vorgänge angesehen, bei denen atomare Ausströmungen aus den Dingen auf die Sinnesorgane treffen. Doch ist nicht alles streng ursachenbestimmt. Aufgrund kleiner Abweichungen im Spiel der Atome ist der Mensch frei. E. anerkennt wohl die Existenz von Göttern; diese nehmen aber in keiner Hinsicht Anteil am Leben der Menschen. Es gibt auch kein Schicksal. Alle Menschen streben nach Genuß und Lust (griech. *hedone*). Das Freisein von Schmerz oder Unlust ist in sich selbst die größte Lust. Die einzelnen Wünsche und Bedürfnisse soll man nicht um eines unmittelbaren Lustgefühls willen erfüllen, das sich bei der Befriedigung einstellt; man soll vielmehr das Leben – gegebenenfalls auch unter Entsagungen – derart gestalten, daß Glück und Lust als Dauerzustand sich einstellen. – Durch die Vermittlung der rechten Einsicht in das Wesen des Todes und der Götter kann die Philos. auch die Furcht vor dem Tod nehmen.

E. Moral ist individualistisch. Es geht nicht um das Glück vieler oder aller Menschen, sondern um das Glück des einzelnen. E. macht keinen Versuch, die Existenz des Menschen in den politischen Bereich einzuordnen, was nicht zuletzt angesichts des damaligen Zerfalls des griech. Stadtstaats (*polis*) auch verständlich ist. Dennoch ist für ihn das Glück eng verbunden mit der Führung eines tugendhaften Lebens.

Lit.: C. J. Classen (Hg.): Studien zu E. und den Epikureern, 1983. M. Hossenfelder: E., 1991. W. F. Otto: E., 1975. G. Rodis-Lewis: Épicure et son école, 1993.

Epikureer, Anhänger der Philos. Epikurs. Ihr Ideal ist die Gemütsruhe (griech. *ataraxia*). Ein gutes Leben besteht in der Vermeidung all dessen, was auf Dauer mehr Schmerz als Lust verschafft. – Zu den bedeutendsten E. zählen Metrodoros von Lampsakos (ca. 330–277 v. Chr.) sowie Philodemos (ca. 110–40/35 v. Chr.) und Lukrez (ca. 97–55 v. Chr.), die beide in Italien lehrten.

Epiphänomen (griech. *epi*, nach, und *phainomenon*, Phänomen), Begleiterscheinung, Folgeerscheinung. 1. In der Psychologie ist E. die Bezeichnung für psychische Erscheinungen, die durch organische Prozesse hervorgerufen sind, aber für den weiteren Verlauf dieser Prozesse keine Bedeutung haben. 2. In der Bewußtseinsphilos. vertritt der Epiphänomenalismus die Auffassung, daß Bewußtseinsphänomene unwesentliche Begleiterscheinungen der physiologischen Vorgänge seien (z. B. L. Büchner, E. Haeckel).

episteme (griech., Kenntnis, Wissen, Wissenschaft). In der griech. Philos. bezeichnet e. das sichere Wissen im Gegensatz zur *doxa*, der bloßen Annahme oder Meinung. Gewöhnlich wird e. mit Vernunfterkenntnis identifiziert und insofern als begründetes und notwendig wahres Wissen verstanden, während *doxa* mit Sinneserfahrung identifiziert wird und daher als weniger gesichert gilt.

Epistemologie (von griech. *episteme*, Kenntnis, Wissen, Wissenschaft, und *logos*, Vernunft, Sprache). 1. Erkenntnistheorie*. 2. Wissenschaftstheorie*.

Epizykel (von griech. *epi*-, nach, auf, und *kyklos*, Kreis), Kurve, welche alle Punkte auf der Peripherie eines Kreises beschreiben, dessen Zentrum sich auf der Peripherie eines anderen Kreises befindet. In Antike und Mittelalter stellte sich die Frage, wie sich vom ptolemäischen Weltbild aus, für das die Erde den Mittelpunkt der Welt darstellt, die unregelmäßigen Bewegungen der Planeten erklären lassen. Dazu wurde angenommen, daß die Planeten sich in kleinen Kreisen bewegen, während sie sich gleichzeitig in großen Kreisen um die Erde drehen. Diese Epizykeltheorie wird Apollonius von Perga zugeschrieben (geb. ca. 230 v. Chr.).

epoche (griech., Zurückhalten, Haltepunkt, Anhalten). 1. Im griech. Skeptizismus* (Pyrrhon) das Unterlassen von bejahenden oder verneinenden Urteilen über alles, wovon man nichts Sicheres wissen kann. Durch den Platoniker* Arkesilaos wurde ‹e.› in die Stoa* eingeführt und dort zum ethischen Gebot, sich jeder Aussage über Ungewisses zu enthalten. 2. Bei Husserl methodologisches Prinzip der Zurückhaltung gegenüber der natürlichen Einstellung. ‹e.› heißt, daß man den Glauben der natürlichen Einstellung* an das Sein der Welt ebenso «einklammert» wie alle bisher als gültig angenommenen Meinungen und Theorien über die Welt. Übrig bleiben dadurch die reinen Phänomene*, die sich nun in ihrer Individualität oder in bezug auf ihr universales Wesen* beschreiben lassen (vgl. Wesensschau).

Lit.: E. Ströker: Das Problem der E. in der Philos. Husserls, 1970.

Epoche (von griech. *epoche*, Zurückhalten, Haltepunkt, Anhalten). 1. Besonderer Zeitpunkt als Einschnitt in der Geschichte, mit dem eine neue Entwicklung oder neue Zeit beginnt. Personen oder Ereignisse, die neue Entwicklungen initiieren, gelten als epochemachend bzw. epochal. 2. Seit ca. 1800 (Kant, Hegel) benennt E. nicht mehr einen Zeitpunkt, sondern einen Zeitabschnitt, besitzt also eine ähnliche Bedeutung wie Periode. Die Einteilung der Geschichte in E. ist eine Klassifikation* historischer Ereignisse, die nicht einheitlich ist; so werden als Beginn des Mittelalters die Jahre 284, 370 und 476 angegeben, als dessen Ende die Jahre 1453, 1485, 1492 und 1517. Verantwortlich dafür, von welchen E. man spricht, sind verschiedene Faktoren, insbesondere die geschichtliche Stellung des Historikers selber wie auch die Kenntnis historischer Ereignisse. Trotz gründlicher Kenntnis lassen sich die geschichtlichen Ereignisse verschieden klassifizieren, wenn die Einteilung aufgrund unterschiedlicher Prinzipien erfolgt. So ergibt ein an ökonomischen Verhältnissen orientiertes Gliederungsprinzip eine völlig andere Einteilung als eines, das sich auf große Herrscher oder auf entscheidende religiöse Begebenheiten konzentriert. – Die Geschichtsphilos., die untersucht, was unter Geschichte oder einem geschichtlichen Ereignis eigentlich verstanden werden soll, beschäftigt sich mit den Fragen: Ist die Geschichte im Ganzen eschatologisch* (Christentum), vom Weltgeist (Hegel), von ökonomischen Kräften (Marx) oder von der Seinsgeschichte (Heidegger) bestimmt? Oder besteht Geschichte, wie moderne Empiristen* und Positivisten* behaupten, nur aus einer Reihe von Ereignissen, die auf vielerlei Weise geordnet werden können, und zwar aufgrund willkürlich* (dezisio-

Erasmus von Rotterdam

nistisch) aufgestellter Klassifikationsprinzipien?

Lit.: R. Herzog/R. Koselleck (Hg.): Epochenschwelle und Epochenbewußtsein, 1987

Erasmus von Rotterdam (1466 oder 1469 bis 1536), holl. Philologe und Philos. E. ist die führende Gestalt des nordeuropäischen Humanismus*. Er hat unter Anwendung philologisch-kritischer Methoden u. a. *Das Neue Testament* herausgegeben. E. möchte Humanismus und Christentum verbinden, indem er letzteres als ethisch-religiöses Ideal auffaßt. Aufgabe ist die Bildung des Individuums. E. verficht ein undogmatisches Christentum und wendet sich besonders gegen die scholastische Theologie. Mit seiner kritischen Haltung gegenüber Kirche und Theologie ist er Wegbereiter der Reformation, bleibt aber selbst in der katholischen Kirche. Zwischen E. und M. Luther kommt es zu einer Auseinandersetzung über das Problem der Willensfreiheit. Es geht in diesem Streit um das Verhältnis zwischen Mensch und Gott, um die Frage, ob es in der Macht der Menschen steht, das Dasein nach einem Ideal zu gestalten und dadurch das ‹Gesetz› (die ethisch-religiösen Gebote) zu erfüllen, oder ob der Mensch alles von Gottes Gnade empfangen muß. E. Anliegen ist es, die Verantwortung des Menschen zu betonen und zugleich – wegen der Sündhaftigkeit des Menschen – die Notwendigkeit der Gnade anzuerkennen. Wenn der Mensch nicht ein gewisses Maß an Freiheit hat, Gutes zu tun, wird das Moralgesetz sinnlos.

Ausg.: Opera omnia, 1969 ff. Ausgewählte Schriften 1–8. Hg. von W. Welzig, 1968–80. – *Lit.:* C. Augustijn: E. Leben – Werk – Wirkung, 1986. J. McConica: E., 1991. A. G. Dikkens/W. R. D. Jones: E, the Reformer, 1994. J. Huizinga: E, 1928.

Erdmann, Johann Eduard (1805–1892), dt. Philos. und Philos.historiker. A. o. Prof. in Berlin 1836, o. Prof. in Halle 1839. E. verstand sich selbst als Rechtshegelianer. Da es für ihn nur innerhalb des Staats Freiheit gibt, wendet er sich in seinen rechtsphilos. Schriften gegen die Revolution von 1848. E. philos.geschichtliche Werke führen Hegels Idee fort, daß die Philos.geschichte selbst ein philos. Thema sei. Die philos. Systeme sind durch ihr Zeitalter bestimmt. Deshalb müssen sie aufgelöst und durch andere Systeme ersetzt werden. Diese neuen Systeme enthalten die vorhergegangenen, indem sie deren Stärken und Schwächen Rechnung tragen.

Ausg.: Versuch einer wissenschaftlichen Darstellung der Geschichte der neueren Philos., 7 Bde., 1834 ff. Grundriß der Geschichte der Philos., 1866.

Erfahrung (griech. *empeiria*, engl. *experience*, franz. *expérience*). 1. Der alltägliche Begriff der E. bezeichnet die Vertrautheit mit einem Thema oder einem bestimmten Tun (ich bin in einer bestimmten Sache erfahren, ich habe praktisches Wissen), ohne daß dies mit theoretischem Wissen verbunden zu sein braucht. So spricht man von einem erfahrenen Tischler, ohne daß dieser sein

Handwerk theoretisch erklären können muß. Eine solche alltägliche Bedeutung von E. finden wir bei Aristoteles, der E. mit unserer Vertrautheit mit dem Besonderen verbindet. Dieser E.begriff herrschte in der Antike und im Mittelalter vor. – 2. Mit der Entstehung eines neuen Wissenschaftsideals in der Renaissance bezeichnet E. nicht mehr den Besitz bestimmter praktischer Fähigkeiten. Statt dessen wird E. mit einem methodisch kontrollierten Verfahren gleichgesetzt, durch das wir zu wissenschaftlichem E.wissen gelangen. Bei Bacon und Galilei ist E. identisch mit methodisch kontrolliertem Beobachten und Experimentieren, durch das wir unser Wissen über die Welt vermehren. – 3. Der englische Empirismus* (Locke, Berkeley und Hume) bricht sowohl mit der antiken Auffassung der E. als auch mit derjenigen der Renaissance: E. wird aus der Verbindung mit menschlichen Arbeits- und Handlungszusammenhängen herausgerissen und mit den Sinneseindrücken (vgl. Empfinden*, Sinnesdaten*) identifiziert, die den Empiristen als Grundlage der Erkenntnis gelten. Die letzte E.grundlage jeder Erkenntnis ist das sinnlich Gegebene*, d. h. die Reihe der selbständigen, ‹reinen› Sinneseindrücke (Wahrnehmungen). Locke veranschaulicht dies mit dem Bild des Bewußtseins als eines unbeschriebenen Blatts, das darauf wartet, von einer Reihe von Sinneseindrücken beschrieben zu werden. Für den Empiristen stellt sich daher die Aufgabe, alles E.wissen auf das durch die Sinne ‹Gegebene› zurückzuführen. Für die klassischen Empiristen (von Locke bis J. S. Mill) bedeutet dies, daß unsere Theorie über die Welt durch eine direkte Konfrontation mit den reinen Sinneseindrücken überprüft werden muß. Bei den modernen Empiristen (z. B. Carnap) wird dieses Projekt durch den Versuch ersetzt, alle (wissenschaftlichen) Theorien auf eine Reihe einfacher Aussagen (Basissätze*) zurückzuführen, die in theoriefreier Weise unsere einfachen E. ausdrücken (z. B. ‹Am 28.9.1930, 22 Uhr, steht ein Zeiger auf 3›). Es wird daher versucht, zwischen der theoriebeladenen Theoriesprache*, die begründet werden muß, und der Beobachtungssprache*, durch die unsere E. ausgedrückt wird und die als Grundlage aller Theorie gelten muß, zu unterscheiden. Diese Unterscheidung ist später (u. a. von Popper und Kuhn) mit der Begründung kritisiert worden, daß alle Aussagen theoriebeladen seien und es deshalb illusorisch ist zu glauben, es gebe theoriefreie Aussagen, die reine E. widerspiegeln. Im Zusammenhang mit dem empiristischen E.begriff entsteht das sog. Induktionsproblem: Wenn alle E. an isolierte und selbständige Sinneserlebnisse gebunden ist, wie ist es dann möglich, zu Wissen von universalen Zusammenhängen zu gelangen, z. B. zum Wissen von physikalischen Gesetzen, die in der Natur universal gelten? Der empiristische E.begriff führt daher oft in den Skeptizismus* (s. Empirismus). 4. Mit seinem transzendentalphilos. begründeten E.begriff sucht Kant die Schwierigkeiten des Empirismus zu überwinden: Er behauptet, daß E. immer mehr als nur sinnliche (empirische) Elemente enthält. Das bloße Sinneserlebnis (Empfindung) ist noch keine E.; dies wird sie erst, wenn die Sinneserlebnisse durch die Aktivität des Verstands strukturiert und zu Erlebnissen eines seiner selbst bewußten Bewußtseins werden. Diese Verstandesaktivität ist in bezug auf die E. «transzendental*», d. h. sie ist in ihr immer schon vorausgesetzt und bedingt ihren Charakter. Die E. ist von vornherein an Formen des Verstands («Kategorien») gebunden, die den Sinneserlebnissen vorausgehen und sie in bestimmter Weise organisieren. Es ist die Aufgabe der Philos., diese Strukturen aufzudecken und die Grenzen ihrer Anwendbarkeit aufzuzeigen. – 5. Hegel entwickelt in der Nachfolge Kants einen dialektischen* E.begriff. Kant habe insofern recht, als das einzelne Sinneserlebnis nicht E. genannt werden könne; Kants eigene Lösung aber sei unzulänglich, weil sie den Sinneserlebnissen nur eine Reihe von allgemeingültigen Verstandesformen hinzufüge. Damit bleibe Kant in der einfachen Gegenüberstellung von Partikulärem (Sinnlichem) und Universalem (Verstandes- und Begriffsmäßigem) verhaftet. Nach Hegel entspringt die eigentliche E. dem sog. philos. Bewußtsein; sie hat das wahrnehmende Bewußtsein zu seinem Gegenstand. E. in diesem Sinn beruht auf einer «Dialektik*» zwischen dem Partikulären und dem Universalen, weil E. sowohl einen negativen als auch einen positiven Aspekt hat. Der negative Aspekt besteht darin, daß das philos. Bewußtsein kritisch darauf aufmerksam macht, daß es einen Widerspruch gibt zwischen den einzelnen (partikulären) Sinneserlebnissen des wahrnehmenden Bewußtseins und den allgemeinen (universalen), theoretischen Konsequenzen, die daraus gezogen werden. Das philos. Bewußtsein kritisiert, daß es etwas gibt, worauf in diesen Generalisierungen keine Rücksicht genommen wird (es gibt einen Widerspruch zwischen der ‹Sache› und dem ‹Begriff der Sache›). Aufgrund dieser kritischen E. erfährt das philos. Bewußtsein, daß die Kritik von der Vision lebt, es sei auf längere Sicht möglich, eine zusammenhängende, allgemeine Theorie zu schaffen (in der das Erfahrene seinem Begriff ‹entspricht› oder mit diesem ‹identisch› ist). – 6. Gerade diese Vision wird im (negativ) dialektischen E.begriff der Frankfurter* Schule aufgegeben. Adorno will mit seinem Begriff der «negativen Dialektik» an der rein kritischen Seite des Hegelschen E.begriffs festhalten. Die eigentlichen E. bestehen darin, daß Menschen zu einem philos. Bewußtsein von der Unhaltbarkeit der bestehenden Meinungen, Theorien und Weltanschauungen gelangen, ohne daß aus diesen E. notwendigerweise eine neue und umfassende Theorie entstehen muß. Es ist die Aufgabe der Philos., diese E. festzuhalten, weil sie die geschichtlich konkreten Situationen analysieren und von innen her kritisieren. – 7. Der phänomenologische E.begriff Husserls stimmt insofern mit demjenigen der Empiristen überein, als die Phänomene* mit dem ‹Erfahrenen› identifiziert werden. Im Gegensatz zu den Empiristen gibt es für Husserl jedoch viele verschiedene Formen von ‹Gegebenheit›, je nachdem, mit welcher Art von Phänomenen wir zu tun haben. – 8. Der hermeneutische* E.begriff bei Heidegger und Gadamer ist kritisch gegen den empiristischen wie auch gegen den phänomenologischen gerichtet. Jede E. setzt einen Verstehenshorizont voraus, in dem E. überhaupt erst stattfinden kann. Die hermeneutische E. entsteht, wenn wir mit-erfahren, daß das ‹unmittelbar Gegebene› (bei Husserl) ein immer schon Interpretiertes ist (vgl. griech. *hermeneuein*, auslegen). Durch eine solche E. werden wir auf die Bedingungen aufmerksam, die wir normalerweise stillschweigend voraussetzen, ohne sie nachzuprüfen.

Lit.: T. W. Adorno: Negative Dialektik, 1966 (Einleitung). H.-G. Gadamer: Wahrheit und Methode, 1960, v. a. S. 329–344. M. Heidegger: Hegels Begriff der Erfahrung. In: Holzwege, 1950. N. Hinske: Lebenserfahrung und Philos., 1986. H. Holzhey: Kants E.begriff, 1970. E. Husserl: E. und Urteil, 1939 (1972). F. Kambartel: E. und Struktur, 1968. W. Röd: E. und Reflexion. Theorien der E. in transzendentalphilos. Sicht, 1991. H. Schnädelbach: E., Begründung und Reflexion, 1971. L. Stevenson: The Metaphysics of Experience, 1982. H. J. Wagner: Der E.begriff des Positivismus, der Kritischen Theorie und der objektiven Hermeneutik und seine Implikationen für die empirische Sozialforschung, 1981.

Eri(u)gena, Johannes Scotus, (um 810 bis 877), irischer Philos. und Theologe, wirkte am franz. Hof. Übersetzte theologische Werke aus dem Griech., u. a. Pseudo-Dionysios*, dessen neuplatonische Metaphysik seine Spuren in E. Hauptwerk *Peri physeon* oder *De divisione naturae* hinterlassen hat. Dieses Werk geriet später unter Pantheismusverdacht und wurde 1225 vom Papst verboten.

Ausg.: P. Migne (Hg.): Patrologia latina, Bd. 122. Über die Einteilung der Natur 1 und 2, 1870/74. – *Lit.:* W. Beierwaltes: E. Grundzüge seines Denkens, 1994. A. Schneider: Die Erkenntnislehre des J. S. E. im Rahmen ihrer metaphysischen und anthropologischen Voraussetzungen, 2 Bde., 1921/23. G. Schrimpf: Das Werk des J. S. E. im Rahmen des Wissenschaftsverständnisses seiner Zeit, 1982.

Erinnerung/Gedächtnis (engl. *memory, recollection*; franz. *souvenir, mémoire*; griech. *anamnesis*; lat. *memoria, recordatio*). 1. Im Dialog *Menon* (82 b–85 b) von Platon behauptet Sokrates, daß alle Erkenntnis letztlich auf E. der ewigen, notwendigen und allgemeinen Ideen* beruht, die den zufälligen, singulären, wahrnehmbaren Phänomenen* in Zeit und Raum zugrunde liegen und die wir vor der Geburt bereits erfahren haben. 2. Bei Aristoteles wird unterschieden zwischen der platonischen E., die ein Wissen von dem Allgemeinen beinhaltet, und dem G., das in der Fähigkeit besteht, individuelle Vorstellungen auf der Grundlage einer früheren Wahrnehmung wieder hervorzurufen. 3. Die platonische Anamnesis findet sich in verschiedenen Varianten bis hin zu der Lehre von Descartes und Leibniz von den angeborenen Ideen, die eine apriorische* (d. h. von der Erfahrung unabhängige) Erkenntnis ermöglichen. Der Mythos von der Präexistenz der Seele wird zwar aufgegeben; aber da von angeborenen Ideen die Rede ist, kann man sagen, daß es sich auch hier um eine Erinnerung an etwas handelt, das der Mensch – potentiell* – schon weiß. 4. Die Empiristen* (Locke, Berkeley, Hume) dagegen lehnen die platonische Anamnesislehre ab und führen alles Wissen zurück auf das G. gespeicherte, auf frühere Wahrnehmungen zurückgehende Vorstellungen. 5. Hegel kritisiert den platonischen Mythos von der Präexistenz der Seele wie auch die Theorie von der E. als einer apriorischen Erkenntnis abstrakter Ideen. Doch auch für ihn ist die Philos. eine E. an die allgemeinen Ideen, wie sie durch die faktische Geschichte der Menschheit vermittelt worden sind. Die Geschichte ist nicht nur eine Summe von historischen Daten, sondern ein Ganzes, zu dem sich der Philos. erinnernd verhalten kann. 6. Diese Unterscheidung wird von Kierkegaard auf die individuelle Geschichte übertragen, wenn er in den *Stadien auf dem Lebensweg* zwischen E. und G. unterscheidet. E. richtet sich auf einen ideellen, wesentlichen Zusammenhang in der Vergangenheit, G. dagegen auf etwas Zufälliges, Einzelnes. Diese Unterscheidung setzt voraus, daß es im Leben des einzelnen einen Zusammenhang, d. h. eine das ganze Leben bestimmende Idee gibt, auf die hin er immer schon gelebt hat und auf die hin nun nachträglich, in der Reflexion der E., alles bezogen werden kann. Dieser E.zusammenhang aber ist nach christlicher Lehre durch den Sündenfall unterbrochen worden. Christliche und heidnische Lebensauffassungen unterscheiden sich daher grundsätzlich in bezug auf die Frage, ob E. überhaupt möglich sei. Kierkegaard deutet aus diesem Grund in den *Philosophischen Brocken* die sokratische Theorie von der Wiedere. zu der Lehre um, daß der Mensch aus eigener Kraft sich in sein Leben zurückerinnern und die den Zusammenhang stiftende Idee in seinem Leben finden kann. Dieser Lehre stellt er die christliche Lehre von der Wahrheitserkenntnis durch Gnade entgegen, nach der der Mensch allein mit Hilfe Gottes den Zusammenhang (die Idee) in seinem Leben wiedergewinnt.

Lit.: A. Haverkamp/R. Herzog/R. Lachmann (Hg.): Memoria – Erinnern und Vergessen, 1992. N. Malcolm: Three Lectures on Memory, in: Knowledge and Certainty, 1963, S. 187–240. L. Oeing-Hanhoff: Zur Wirkungsgeschichte der platonischen Anamnesislehre, in: Collegium philosophicum. Studien Joachim Ritter zum 60. Geb., 1965.

Eristik (griech. *eristike techne*, Kunst des Streitens), die Fähigkeit, mit logischen Spitzfindigkeiten beliebige Positionen zu vertreten und im Disput durchzusetzen. Platon und Aristoteles werten die Argumente der Sophisten* als E. Ihr stellt Platon die sokratische Dialektik* gegenüber, während Aristoteles die eristischen Folgerungen den Fehlschlüssen zurechnet. – Als Eristiker werden häufig die Philos. der megarischen* Schule bezeichnet.

Erkenntnis/Erkenntnistheorie (engl. *knowledge/theory of knowledge* oder *epistemology;* franz. *connaissance/théorie de la connaissance;* griech. *episteme;* lat. *cognitio*). E.theorie ist eine philos. Disziplin, die die menschliche E. hinsichtlich ihrer Bedingungen, Möglichkeiten und Grenzen untersucht. Nach traditioneller Auffassung von E.theorie hat eine Person das Wissen oder die E., daß ‹p› der Fall ist (wobei ‹p› eine in einem Satz ausgedrückte Behauptung ist) genau dann, wenn: (1) ‹p› wahr ist; (2) die Person davon überzeugt ist, daß ‹p› wahr ist; (3) die Person gute, ausreichende oder zwingende Gründe für ihre Überzeugung hat, daß ‹p› wahr ist. Die drei Forderungen sind notwendige* Bedingungen von Wissen oder E. E. (Wissen) ist nach dieser klassischen Analyse identisch mit wahrer, begründeter Überzeugung. Eine solche Auffassung finden wir z. B. bei Platon, Aristoteles, Descartes, den Empiristen*, Kant, Husserl, Hartmann und Ingarden.

Diese Analyse ist von verschiedenen Seiten angegriffen worden. Einige Gegner, z. B. Dummett, sind der Auffassung, daß es nicht möglich ist, notwendige und hinreichende Bedingungen für wahres Wissen anzugeben, da Wissen und E. vage (unbestimmte*) Größen sind. Andere, z. B. Cook, Wilson und Prichard, behaupten, daß Wissen undefinierbar ist. Von skeptischer* Seite ist hervorgehoben worden, daß alle Versuche, Kriterien oder Definitionen des Wissens zu finden, scheitern müssen, da sie in einen unendlichen Regreß* oder einen *circulus* vitiosus* führen. Die Gründe, die aufzubringen seien, um die Überzeugung, daß ‹p› wahr ist, zu rechtfertigen, müssen selbst wiederum E., d. h. durch Gründe gestütztes Wissen sein, so daß E. nicht erklärt werden kann, ohne sie schon vorauszusetzen (Sextus Empiricus, Nelson). Andere akzeptieren zwar die Problemstellung, kritisieren aber die traditionelle Form der einzelnen Bedingungen, insbesondere die der Überzeugung (Bedingung 2) und der Begründung (Bedingung 3). Die Forderung, daß das Erkannte wahr sein müsse, gilt zwar als unproblematisch, umstritten ist einzig die Analyse des Wahrheitsbegriffs (vgl. Wahrheitstheorien). Gegen die zweite Bedingung wird eingewendet, die Erkenntnis könne nicht einfach als besonderer psychologischer Zustand oder als Neigung bzw. Überzeugung, deren Charakter noch ganz ungeklärt ist, begriffen werden. Dies sei deshalb unmöglich, weil es beispielsweise wissenschaftliche E. geben kann, ohne daß jemand von ihrer Wahrheit überzeugt wäre (Popper). Die traditionelle Antwort auf diesen Einwand lautet: Wenn etwas E. zu sein beansprucht, dann muß es auch begriffen oder verstanden werden – und das heißt, es muß überzeugen. Aber damit wird das eigentliche Problem der E. umgangen, das genau darin besteht zu erklären, wie wir mit unserem Bewußtsein* und unserer Sprache eine Welt begreifen und beschreiben können, die sich jenseits des Bewußtseins und der Sprache befindet.

Die Analyse der dritten Bedingung, der Begründungsforderung, ist ebenfalls umstritten. Was begründet werden soll, sind Behauptungen: Eine Behauptung ‹p› wird von einer anderen Behauptung ‹o› begründet, wenn ‹p› logisch aus ‹o› folgt. Die logische Folge* gilt als die stärkste Begründungsform. Man hat auch eine Reihe von schwächeren Begründungsformen aufgestellt, bei denen im Gegensatz zur logisch stringenten Deduktion die Argumentation aufgrund von guten, vernünftigen oder hinreichenden Gründen als ausreichend angesehen wird. Eine Begründungsreihe besteht aus Behauptungen, die wahre auszuweisen sind. Es stellt sich dabei die Frage, ob die Begründungskette abgeschlossen werden kann oder nicht. Unter denen, die glauben, daß die Reihe von Begründungen nicht abgeschlossen werden kann, lassen sich die Pessimisten von den Optimisten unterscheiden. Die Pessimisten oder Skeptiker* behaupten, daß es sich bei der Begründungskette um den bereits erwähnten unendlichen Regreß handle, der nur durch einen *circulus vitiosus* oder einen willkürlichen Abschluß unterbrochen werden kann. Da weder der unendliche Rückgriff noch der Zirkel, noch ein willkürlicher Abschluß zu gesicherter E. führt, meinen die Skeptiker, daß E. aus prinzipiellen Gründen überhaupt nicht möglich ist (Agrippa, Sextus Empiricus, Bayle, Fries, Unger). Die Optimisten (z. B. Peirce, Popper und Apel) dagegen behaupten, daß wir uns selbst bei der Unmöglichkeit einer positiven Letztbegründung der E. (Apel bestreitet diese Unmöglichkeit allerdings) doch der Wahrheit annähern können – durch fortlaufende Eliminierung der als falsch erwiesenen Behauptungen (vgl. falsfizieren).

Auf der anderen Seite stehen diejenigen Philos., die glauben, daß die Begründungskette durchaus abschließbar ist, da die E. eine sichere Grundlage hat. Probleme ergeben sich hier bei der Frage, was als Grundlage der E. gelten kann und welches Verhältnis zwischen Grundlage und Wirklichkeit besteht. Gemäß den Empiristen* (wie Locke, Berkeley, Hume, Russell, Ayer) besteht die Grundlage der E. aus unbezweifelbaren Sinnesphänomenen – *sense data* oder Empfindungen –, die privat sind und zu denen nur der einzelne Zugang hat (vgl. Phänomenalismus). Alles Wissen über die Welt stammt aus Sinneserfahrungen, die in Sätzen in erster Person Einzahl ausgedrückt werden. Beispielhaft dafür ist B. Russells Unterscheidung zweier Arten der E.: zum einen die E. durch «Bekanntschaft», zum anderen die E. durch «Beschreibung». Während Russell zur ersteren die basalen Sinnesdaten, d. h. etwa Farb- oder Geruchswahrnehmungen rechnet, umfaßt die E. durch Beschreibung das sprachlich vermittelte Wissen darum, daß ein Gegenstand «so-und-so» ist. Diese Erkenntnisart ist nach Russell rückführbar auf jene elementarere der Bekanntschaft. Ihr Vorteil aber ist, daß wir durch sie mit Dingen bekannt gemacht werden können, die noch nie in unserer Erfahrung vorgekommen sind.

Die Hauptschwierigkeit des Empirismus ist es, über die erste Person Singular hinauszukommen, d. h. den Intersubjektivitätsaspekt mit zu berücksichtigen. Das Außenweltproblem*, das Problem des Fremdpsychischen*, das Problem der Erinnerung* und das Induktionsproblem* können alle als empiristische Variationen dieses Hauptproblems aufgefaßt werden. Der Empirismus bleibt eine Antwort auf die Frage schuldig, wie denn Behauptungen über die Welt, das Bewußtsein anderer, die Vergangenheit und Naturgesetze empirisch mittels bloß subjektiver Empfindungen begründet werden können. Denn der Wahrheitsanspruch der Behauptungen geht weit über das hinaus, was die erfahrungsgeleiteten Begründungen leisten. Einer der Versuche, über die erste Person Singular hinauszukommen, ist die kausale Perzeptionstheorie, die wie folgt argumentiert: Wir können nicht alle unsere Erfahrungen allein auf unser Bewußtsein als deren Ursache zurückführen; da aber alles eine Ursache* haben muß, müssen einige unserer Erfahrungen eine Ursache außerhalb unseres Bewußtseins haben. Folglich stammen einige unserer Erfahrungen aus der Außenwelt (vgl. Descartes, Locke). Diese Kausalerklärung kann auch den drei Bedingungen der E. eine neue Deutung geben. Die Tatsache, daß ‹p› wahr ist (Bedingung 1), ist Teil der Ursache, daß die Person von ‹p› überzeugt ist (Bedingung 2); die dritte E.bedingung (der zwingenden Gründe) handelt von einer Ursachenverbindung (Kausalnexus*) zwischen (1) und (2) und nicht von einem Begründungsverhältnis (Nozick). Beide Varianten sind von Phänomenalisten und Skeptikern kritisiert worden.

Eine weitere epistemologische Tradition ist der Apriorismus* (z. B. Platon, Leibniz und Kant). Seine Vertreter behaupten, daß die menschliche E. eine solide Grundlage in Vernunftprinzipien und

Erkenntnis/Erkenntnistheorie

Vernunftwahrheiten hat, die der Sinneserfahrung (Wahrnehmung) vorausgehen *(a* priori)* und von ihr unabhängig sind. Die Welt kann allein aufgrund der menschlichen Vernunft erkannt werden. Die radikalen Aprioristen (z. B. Platon) meinen, daß die Sinneswahrnehmung zu keiner wahren E. führen kann und deshalb keine entscheidende Bedeutung hat. Wahre E. beruht allein auf der Vernunft. Die moderaten Aprioristen (z. B. Kant) behaupten dagegen, daß die Erfahrung zwar eine konstitutive Rolle spielt, aber von der Vernunft durch synthetische* Grundsätze ergänzt werden muß, die die Bedingungen der Möglichkeit von Wirklichkeitserfahrung, d. h. von Gegenständlichkeit (Objektivität), überhaupt ausdrücken, z. B. die Kategorie von Ursache und Wirkung oder die Anschauungsformen von Raum und Zeit.

Quer zu der Unterscheidung zwischen Empirismus und Apriorismus verläuft die Unterscheidung zwischen Realisten* und Idealisten*. Den Realisten zufolge besteht die Welt aus Dingen und Ereignissen, die unabhängig von Menschen und ihrer E. existieren, aber zum Gegenstand der menschlichen E. gemacht werden können, etwa in der Form wissenschaftlicher Theorien, die die grundlegenden Gesetzmäßigkeiten der Natur zu formulieren versuchen (vgl. Hartmann, Ingarden, Popper, Putnam). Der Idealismus wird von verschiedenen Positionen vertreten: In der starken Version wird behauptet, daß das erkennende Subjekt nur imstande ist, seine eigenen mentalen* Erfahrungen zu erkennen (z. B. Berkeley). Die schwächere Version behauptet, daß die menschliche E. nur von Gegenständen handeln kann, die durch die E.fähigkeit oder die Sprache des Menschen konstituiert* sind (z. B. Kant, Husserl, Heidegger, Gadamer und der späte Wittgenstein). Die Realisten behaupten, daß der (objektive) Wahrheitswert* unserer Aussagen auf Tatsachen beruht, die unabhängig von unseren Möglichkeiten, sie zu erkennen, existieren. Behauptungen sind wahr oder falsch kraft einer Wirklichkeit, die unabhängig von uns besteht. Demgegenüber meinen die Idealisten, daß Behauptungen nur in Abhängigkeit davon verstanden werden können, was wir als Belege für unsere Behauptungen gelten lassen (vgl. Dummett). Eine Aussage ist genau dann wahr oder falsch, wenn es eine für uns prinzipiell erkennbare Situation gibt, die, hätten wir Kenntnis von ihr, die Grundlage abgeben würde, eben diese Behauptung zu verifizieren oder zu widerlegen. Daß eine Behauptung wahr ist, kann nur bedeuten, daß unsere Kriterien für deren Wahrheit erfüllt sind.

Verschiedene seit Mitte der 70er Jahre entstehende Arbeiten versuchen, das menschliche Erkennen verstärkt auf dem Hintergrund der Evolutionstheorie philos. aufzuklären. Der v. a. von G. Vollmer in Weiterführung der systematischen Arbeiten von K. Lorenz entwickelte Ansatz einer «Evolutionären E.» faßt die Strukturen des menschlichen Denkapparates biologisch als Evolutionsprodukt auf. Aufgrund der theoretischen Entwicklungsprinzipien der Selektion und Mutation behaupten die Vertreter dieses Theorieansatzes, daß sich im Laufe der Menschheitsentwicklung eine zumindest teilweise Übereinstimmung, eine «Passung», subjektiver Erkenntnisstrukturen und objektiver Strukturen der Wirklichkeit herausgeformt haben muß. So daß jetzt das Kantische Apriori-Problem gewissermaßen auf die Ebene der Naturwissenschaften, insbes. der Biologie, Neurophysiologie und Neurobiologie transponierbar sei. Während die Annahme, der Denk- und Erkenntnisapparat sei als menschliches Organ ein Evolutionsprodukt, kaum umstritten ist, gaben die weitergehenden Folgerungen bezüglich einer «Passung» von Geist und Welt und des biologisch bestimmten Verhaltens von Menschen (Soziobiologie) sowie die damit meist gekoppelte philos. Position eines erkenntnistheoretischen Realismus doch zu verschiedenen, heftig geführten Diskussionen Anlaß.

Popper und Toulmin haben im weiteren versucht, das Modell der evolutionären E. auf die Wissenschaftsentwicklung im ganzen zu übertragen.

Lit.: K. O. Apel: Transformation der Philos., 2 Bde., 1973. A. J. Ayer: The Problem of Knowledge, 1956. G. Bachelard: Epistemologie, 1993. E. Cassirer: Das E.problem in der Philos. und Wissenschaft der neueren Zeit, I–III, 1906–20, IV, 1957. R. M. Chisholm: E., 1979. H. Cohen: Logik der reinen E., 1902. G. Gabriel: Grundprobleme der E. von Descartes bis Wittgenstein, 1993. N. Hartmann: Grundzüge einer Metaphysik der E., 1921. J. Hintikka: Knowledge and the Known, 1974. E. Husserl: Erfahrung und Urteil, 1948. G. Klaus: Semiotik und E., ⁴1973. P. Koslowski/ R. Spaemann/R. Löw (Hg.): Evolutionstheorie und menschliches Selbstverständnis, 1984. V. Kraft: E.lehre, 1960. K. Lorenz: Kants Lehre vom Apriorischen im Lichte gegenwärtiger Philos., in: Blätter für dt. Philos. 15 (1941), 94–125. W. Lütterfelds (Hg.): Transzendentalphilos. oder volutionäre E., 1987. H. R. Matwana: Was ist Erkennen? 1994. L. Nelson: Über das sog. E.problem, 1908. A. Pap: Analytische E.theorie, 1955. K. R. Popper: Objektive Erkenntnis. Ein evolutionärer Entwurf, 1973. R. Riedl: Biologie der Erkenntnis, 1975. B. Russell: E. durch Bekanntschaft und E. durch Beschreibung, in: Philos. der log. Atomismus, 1976, S. 66–82. M. Schlick: Allgemeine E.lehre, 1979. W. Stegmüller: Metaphysik, Skepsis, Wissenschaft, ²1969. S. Toulmin: Theorie der kollektiven Vernunft, 1978.

Erkenntnisform, eine apriorische* Form oder Struktur, die alle Erkenntnis charakterisiert (sowohl auf der Seite des Bewußtseins als auch der Gegenstände). Die Existenz solcher E. ist u. a. von Kant, Husserl und Strawson behauptet worden.

Erklärung (engl. *explanation*; franz. *explication*; lat. *explanatio*), zentraler Begriff in Philos. und Wissenschaftstheorie. Man unterscheidet zwischen verschiedenen Theorien der E.:
1. deduktiv-nomologische E. (von lat. *deductio*, Ableitung, und griech. *nomos*, Gesetz); ein Ereignis* ist erklärt, wenn gezeigt werden kann, daß es aus einem allgemeinen Gesetz* und einer Reihe spezieller Umstände (Anfangsbedingungen*) gefolgert werden kann. Eine solche E. hat folgende Struktur:
allgemeines Gesetz: *Falls* die Ereignisse a des Typus A, b des Typus B... und n des Typus N eintreten, *dann* wird ein Ereignis x des Typus X eintreten.
Initialbedingungen: Es treten die Ereignisse a des Typus A, b des Typus B... und n des Typus N ein.
Es tritt ein Ereignis x des Typus X ein.
Da die E. darin besteht zu zeigen, daß eine Reihe von Ereignissen a, b... n mit einem anderen Ereignis x verbunden sind, weil das Verbindungsglied ein Gesetz ist, das die Ereignisse des entsprechenden Dings ‹deckt› (engl. *covers*), spricht man auch vom *covering-law model** für E. Schließlich wird es nach den modernen Vertretern dieser Theorie das Hempel-Oppenheim- oder Hempel-Popper-Schema für E. genannt.
2. Statistische E.: Hier wird das allgemeine Gesetz in dem deduktiv-nomologischen E.modell durch ein statistisches Gesetz ersetzt.
3. Während nach den beiden bisher erwähnten E.modellen Ereignisse dadurch erklärt werden, daß man sie als Spezialfälle von allgemeinen oder statistischen Gesetzen auffaßt, kann man Gesetze auch als Sonderfälle umfassenderer Gesetze erklären.
4. Ursachene.: Ein Ereignis x kann dadurch erklärt werden, daß x als eine Wirkung der Ursachen a, b... n betrachtet wird. Seit Hume ist es unter Empiristen und Positivisten üblich, Ursachene. mit deduktiv-nomologischen E. zu identifizieren. In der modernen Wissenschaftstheorie hat man jedoch gewöhnlich die beiden E.typen auseinandergehalten, weil der Hinweis auf regelmäßige Zusammenhänge zwar als ein gutes Kriterium* für das Vorliegen von kausalen Zusammenhängen betrachtet werden kann, aber nicht imstande ist zu erklären, was es heißt, daß ein solcher kausaler Zusammenhang vorliegt (vgl. Ursache-Wirkung).
5. Dispositionse. (von engl. *disposition*,

Neigung, Anlage): Ein Ereignis wird hier aus einer Eigenschaft bzw. Anlage (oder Disposition) für das Eintreten eines Ereignisses dieser Art heraus erklärt; dies ist z. B. der Fall, wenn wir sagen, ‹daß das Glas zerbrochen ist, weil es zerbrechlich war›.
6. Motive.: E. der Handlung einer Person (evtl. eines Tiers) aus ihren Zwecken* oder Absichten (Intentionen). Es ist eine strittige Frage, ob Motive. als Ursachen- oder Dispositionse. aufgefaßt werden können. Gegen diese Interpretation wird eine Reihe mehr oder weniger weitgehender Argumente geltend gemacht. Das radikalste besagt, daß es wegen des freien Willens des Menschen unmöglich sei, eine Ursachen- oder Dispositionse. seiner Handlungen anzugeben.
7. E. aus Sinnzusammenhängen: E. eines Phänomens durch den Hinweis, daß es in einem bestimmten Zusammenhang als sinnvoll erscheint. Diese E.form wird oft in der Literatur- und Geschichtswissenschaft benutzt, um eine bestimmte Textstelle oder eine geschichtliche Erscheinung aus dem Sinnzusammenhang, in dem sie lokalisiert ist, zu erklären. Wie bei den Motive. ist es umstritten, ob E. aus Sinnzusammenhängen durch Ursachen- und Dispositionse. ersetzt werden können oder überhaupt mit ihnen vereinbar sind (vgl. Interpretation; Situationslogik).
8. Erklären/Verstehen: Eine von W. Dilthey eingeführte Unterscheidung. Danach bedienen sich die Naturwissenschaften der E., indem sie auf dem Hintergrund einer Reihe einzelner Beobachtungen eine Theorie eines allumfassenden, kausalbestimmten Naturzusammenhangs konstruieren. Die Geistes- und Gesellschaftswissenschaften brauchen diesen Umweg nicht, sondern haben, weil wir unser eigenes Bewußtseinsleben und unsere eigenen Kulturerzeugnisse «von innen her» *verstehen*, einen unmittelbaren Zugang zu den Zusammenhängen des Bewußtseinslebens und der Kultur. Mit dem Unterschied von Erklären und Verstehen eng verbunden ist die Unterscheidung von nomothetischen* (Gesetzes-) und ideographischen Wissenschaften.
9. Modelle.: Wenn etwas als erklärt betrachtet wird, insofern es in ein vorher angenommenes Modell eines bestimmten Teils der Wirklichkeit eingefügt werden kann (z. B. ein Atommodell oder ein Modell der dt. Gesellschaft für den Zeitraum 1980–2000), spricht man von Modelle. Das vorausgesetzte Modell ist entscheidend dafür, welche E. als E. akzeptiert werden können.

Lit.: K.-O. Apel: Die Erklären-Verstehen-Kontroverse in transzendentalpragmatischer Sicht, 1979. K.-O. Apel/J. Manninen/R. Thomela (Hg.): Neue Beiträge zur Erklären-Verstehen-Kontroverse, 1978. A. C. Danto: Analyt. Philos. der Geschichte, 1974. C. G. Hempel: Aspekte wissenschaftlicher Erklärung, 1977. J. Mittelstrass (Hg.): Methodologische Probleme einer normativ-kritischen Gesellschaftstheorie, 1975. K. R. Popper: Logik d. Forschung, ²1966, ¹⁰1994 M. Riedel: Verstehen oder Erklären?, 1978. O. Schwemmer: Theorie der rationalen E., 1976. W. Stegmüller: Probleme und Resultate der Wissenschaftstheorie und Analytischen Philos. I, Wissenschaftliche E., Begründung, Kausalität, 1969. G. v. Wright: E. und Verstehen, 1974.

Erlanger Schule, ein Kreis dt. Wissenschaftstheoretiker, besonders an den Universitäten Erlangen und Konstanz. Der Gründer und Inspirator der Schule ist P. Lorenzen, dessen frühe Arbeiten aus den 50er Jahren über die Grundlagen der Mathematik und Logik den Ausgangspunkt des Programms der E. S. bilden. Andere Exponenten der Schule sind P. Janich, F. Kambartel, W. Kamlah, K. Lorenz, J. Mittelstraß und O. Schwemmer.

Das konstruktive, wissenschaftstheoretische Programm der Schule strebt eine methodische und kritische Begründung sämtlicher Wissenschaften, einschließlich der Wissenschaftstheorie selbst an. Ihre allgemeine Auffassung der Form der Begründung ist von den Arbeiten H. Dinglers inspiriert. Daß eine Begründung methodisch ist, heißt, daß sie vollständig, zirkelfrei und in deutlich ge-

trennten Schritten vor sich geht. Vollständigkeit bedeutet, daß sie ihren Ausgangspunkt in einer Begründungsbasis hat, die keine weitere Begründung erfordert. Diese Basis ist immer eine vorwissenschaftliche Praxis und ein hierin eingeübter Sprachgebrauch. Die Praxis geht also jeder Theorie voraus.
Konkret nimmt die Begründung die Form einer systematischen Rekonstruktion der sprachlichen Ausdrucksmittel jeder einzelnen Wissenschaft an. Ziel ist, der wissenschaftlichen Praxis durchschaubare und intersubjektiv* zu erlernende sprachliche Mittel zur Verfügung zu stellen. Dadurch will man sichergehen, daß rationale Dialoge über wissenschaftliche Behauptungen mit einem gemeinsamen Wissen darüber geführt werden können, wie erlaubterweise für oder gegen diese Behauptungen argumentiert werden kann. Diese Rekonstruktion hat ihren Ausgangspunkt in Wittgensteins Idee von den Sprachspielen. Da es der E. S. zufolge nicht möglich ist, Sprache und Wirklichkeit radikal zu unterscheiden, wird die Rekonstruktion der sprachlichen Mittel der Wissenschaften zugleich als eine Konstruktion ihrer Gegenstände aufgefaßt. Deshalb nennt man ihre Wissenschaftstheorie konstruktiv. Die wissenschaftliche Praxis soll nicht bloß beschrieben und analysiert werden, sie muß kritisch begründet werden. In dem Maße, in dem eine Praxis nicht begründet werden kann, muß sie als unvernünftig kritisiert werden.

Lit.: P. Janich / K. Kambartel / J. Mittelstraß: Wissenschaftstheorie als Wissenschaftskritik, 1974. K. Lorenz (Hg.): Konstruktionen versus Positionen. Beiträge zur Diskussion um die Konstruktive Wissenschaftstheorie, 2 Bde., 1978. J. Mittelstraß / M. Riedel (Hg.): Vernünftiges Denken. Studien zur praktischen Philos. und Wissenschaftstheorie, 1978.

eros (griech.), Liebe, Verlangen. 1. Streben nach dem Schönen und Guten, der höchsten Form von Wirklichkeit (Platon). In diesem Streben entfaltet der Mensch seine Möglichkeiten und wird durch die Selbstentfaltung immer mehr vom Kosmos* bestimmt. Er wird selber verändert. 2. Sinnliche Liebe, Begierde / Begehren*. 3. Lebenstrieb im Gegensatz zum Todestrieb (Freud). – Vgl. auch *agape*.

Lit.: C. S. Lewis: Was man Liebe nennt, ²1979. J. B. Lotz: Die drei Stufen der Liebe. Eros, Philia, Agape, 1971.

errare humanum est (lat.), Irren ist menschlich. Oft mit dem Zusatz: *sed in errore perseverare turpe* (lat.), aber im Irrtum zu beharren ist schändlich. Abwandlung eines Zitats aus Ciceros philippischen Reden.

Erscheinung, s. Phänomen.

Erschlossenheit. Heideggers Bezeichnung für den Umstand, daß der Mensch (das Dasein*) sich in Situationen befindet*, in denen er durch ein Verstehen* seines eigenen Seins* (Existenz), der Welt und des Seins als solchem gekennzeichnet ist. E. bedeutet deshalb Seinsverständnis.

Lit.: M. Heidegger: Sein und Zeit, 1927, v. a. §§ 28–31.

Erste Philosophie / Erste Wissenschaft (griech. *prote philosophia*; lat. *prima philosophia*), Lehre von den ersten Prinzipien und Ursachen. Aristoteles' Bezeichnung für diejenigen seiner Schriften (und deren Gegenstand), die später Metaphysik* genannt wurden.

Erster Beweger (griech. *proton kinoun akineton*; lat. *primum movens*), die erste bewegende Ursache in einer Ursachenkette. Bei Aristoteles und im Aristotelismus* mit Gott identisch. – Vgl. kosmologischer Gottesbeweis*.

Lit.: I. Düring: Aristoteles, 1964, S. 209 ff., 299 ff.

Eschatologie (von griech. *eschatos*, äußerst, zuletzt, und *logos*, Lehre), Lehre von den äußersten, den letzten Dingen (Ereignissen). Dieses ‹Letzte› kann als

Abschluß des einzelnen menschlichen Lebens (Unsterblichkeitsproblem) wie auch als Abschluß der Welt aufgefaßt werden. Im zweiten Fall bedeutet das ‹Letzte› das Ziel, in dem die Geschichte* sich abschließt und erfüllt. E. in diesem Sinn deutet also die Welt von ihrem geschichtlichen Abschluß her. Sie gehört zuallererst in die jüdisch-christliche Tradition und meint hier im besonderen die Lehre von der Ankunft des Gottesreiches. Von da aus übertragen, kann E. auch allgemein als Bezeichnung für politisch-philos. Lehren gebraucht werden (z. B. den Marxismus*), die mit der Idee einer zukünftigen radikalen Befreiung des Menschen arbeiten (vgl. Utopie).

Lit.: D. Hattrup: E., 1992. K. Löwith: Weltgeschichte und Heilsgeschehen, 1953. G. Sauter: Einführung in die E., 1995. J. Taubes: Abendländische E., 1947.

esoterisch (griech. *esoterikos*, nach innen gekehrt), nur für Eingeweihte; rein fachlich oder wissenschaftlich; gelehrt, schwer zugänglich; geheim. Einige mystische Richtungen bezeichnen die Eingeweihten als ‹Esoteriker›, (Gegensatz exoterisch*). Traditionell unterscheidet man zwischen Platons exoterischem Werk, das für ein großes Publikum, für die Öffentlichkeit bestimmt war und der Nachwelt überliefert ist, und seiner e. Lehre. Sie war ausschließlich für die Akademie* bestimmt und wurde nur dort diskutiert. Platons e. Lehre ist nicht überliefert. Diese Unterscheidung gilt auch für spätere Philos.: Exoterische Schriften sind für die Publikation bestimmt, esoterische dienen ausschließlich Schulzwecken.

Essenz, essentiell, s. Wesen.

Essentialismus (von lat. *essentia*, das Wesen oder die wahre Natur einer Sache). 1. Begriffsrealismus (platonischer Realismus*). 2. Die von Aristoteles ausgehende metaphysische Auffassung, daß gewisse Arten von Existenzen Essenzen, d. h. notwendigerweise oder wesentlich* bestimmte Eigenschaften haben, ohne welche sie nicht existieren oder dasjenige sein würden, was sie sind. Zu dieser Auffassung gehört die Annahme von *de re* Modalitäten. 3. Die ursprünglich von Locke vorgebrachte wissenschaftsphilos. Auffassung, wonach Objekte einer bestimmten Art neben ihren beobachtbaren Eigenschaften (nominale Essenz) eine zugrundeliegende, verborgene Struktur haben (reale Essenz), die ihre beobachtbaren Eigenschaften, Reaktionen, ihr Verhalten usw. kausal* festlegt. Es ist das letzte Ziel der Wissenschaften, mittels Theorie- und Modellkonstruktion in die Realessenzen der Objekte Einsicht zu geben, und die vornehmste Form wissenschaftlicher Erklärung* ist die Erklärung aus einer solchen Erkenntnis. In der modernen Diskussion sind u. a. Anhänger des wissenschaftsphilos. Realismus von der Theorie der Realessenzen ausgegangen. Diese sind u. a. von Popper heftig kritisiert worden, der seine eigene Position als «modifizierten E.» betrachtet. – S. auch Modalität, natürliche Klassen und Kripke.

Ethik (von griech. *ethos* Sitte, Gewohnheit), Moralphilos., Zweig der Philos., der sich mit moralischen Phänomenen und Werten beschäftigt. Drei Gebiete oder Problemkreise lassen sich innerhalb der E. unterscheiden: 1. Die normative E. diskutiert, welche Moral die richtige ist. 2. Die Moralwissenschaft untersucht z. B. die psychologischen, biologischen, sozialen und historischen Grundlagen moralischer Phänomene. Obwohl von vielen Philos. Moraltheorien entwickelt worden sind und werden, zählt die Moralwissenschaft nicht zu den spezifisch philos. Disziplinen. 3. Die Metae. fragt nach der Abgrenzung der moralischen von den nicht-moralischen Phänomenen und nach der erkenntnistheoretischen, sprachphilos. und ontologischen Grundlage moralischer Urteile*. Diese drei Gebiete werden jedoch nicht von allen Philos. genau unterschieden. – Zuweilen gilt E. als Bezeichnung für die gesamte praktische Philos.

Die normative E. schreibt Moral vor. Solche Setzungen von Moral finden sich freilich nicht nur bei Philos., sondern auch bei Politikern, Pädagogen, Theologen usw. Philos. E. zeichnet sich aber dadurch aus, daß sie die von ihr vorgeschriebene Moral zugleich zu begründen und zu systematisieren sucht. Dabei hängen Begründung und Systematisierung oft eng zusammen. Meist vollzieht sich die Begründung so, daß alle moralischen Urteile auf ein oder mehrere fundamentale Prinzipien zurückgeführt werden; und diese Prinzipien werden ihrerseits gerechtfertigt durch den Hinweis auf ihren evidenten* Charakter und/oder auf ihre Fähigkeit, alle relevanten Züge der moralischen Urteile zu umfassen. Viele Moralphilos. behaupten, daß sie keine neue Moral vorschreiben, sondern die schon geltende Moral begründen und systematisieren (Aristoteles, Kant, J. S. Mill). Andere dagegen lehnen die geltende Moral bewußt ab und stellen statt dessen eine neue auf (Platon, Nietzsche).

Es gibt zwei verschiedene Typen moralischer Urteile. Entweder schreiben sie Pflichten* vor (‹Man soll dies oder jenes tun›), oder sie schreiben vor, welche Handlungsziele gut oder erstrebenswert sind (‹Dies oder jenes ist gut oder erstrebenswert›). Man kann die Moralphilos. danach einteilen, welche der beiden Typen sie als den grundlegenden ansehen: Die Teleologen (von griech. *telos*, Zweck) oder Verantwortungsethiker behaupten, Handlungen seien ausschließlich danach zu beurteilen, wie gut oder erstrebenswert ihre Folgen sind. Die gegenteilige Meinung vertreten die Deontologen* (von griech. *deon*, Pflicht) oder Gesinnungsethiker: Handlungen dürfen nicht ausschließlich nach den Folgen beurteilt werden, die sich aus ihnen ergeben. So kann der Deontologe die Erwägungen für entscheidend halten, die einer Handlung zugrunde liegen; dagegen kann für den Teleologen eine Handlung nie allein deshalb für gut gelten, weil ihr eine richtige Überlegung vorausging (obwohl vielleicht für lobenswert). Eine teleologische E. muß mit einer Theorie verknüpft sein, die erklärt, was in sich selbst gut* ist, d. h. mit einer Wertphilos.* (z. B. dem Hedonismus oder dem Eudämonismus). Eine deontologische E. muß dagegen auch eine Pflichtenlehre enthalten. Die verbreitetste Form teleologischer E. ist der Utilitarismus* (Bentham, J. S. Mill). Oft unterscheidet man die Teleologen danach, welche Art von Folgen sie beurteilen wollen: die der einzelnen Handlung oder die allgemeiner Handlungsregeln. Wenn man z. B. in einer gegebenen Situation überlegt, ob eine Lüge angemessen ist, kann man entweder auf die Folgen dieses konkreten Falls von Lüge achten oder auf die Folgen des Verstoßes gegen die allgemeine Regel, daß Lügen verwerflich ist. Wer allein die Folgen der einzelnen Handlung gelten lassen will, steht der Handlungsteleologie (oder Aktteleologie) nahe; wer die Folgen der Regelverletzung zum Maßstab nimmt, wird Regelteleologe genannt. Eine entsprechende Unterscheidung betrifft auch die Deontologen: Der Behauptung, die Pflichten ließen sich in allgemeine Regeln fassen (Kant), steht die Behauptung entgegen, die Pflicht zeige sich erst in der einzelnen Handlungssituation (A. Smith).

Im Blick auf die vielen konkurrierenden Versuche, eine allgemeingültige Moraltheorie zu entwickeln, befaßt sich die Philos. seit gut hundert Jahren systematisch mit dem Problem, was es eigentlich heißt, ein moralisches Urteil zu begründen. Die fundamentalste Frage dieser sog. Metae. lautet, ob ein moralisches Urteil überhaupt objektive Gültigkeit besitzen sollte. Daß dies der Fall ist, behaupten die Kognitivisten, das Gegenteil die Nonkognitivisten. Für den Kognitivismus gleichen moralische Urteile gewöhnlichen Urteilen (wie ‹Die Erde ist rund›), die wahr oder falsch sein und also Erkenntnis ausdrücken können. Dann stellt sich allerdings die Frage, woher die moralischen Urteile ihre Qualität, wahr oder falsch zu sein, haben. Einige Philos. antworten, daß wahre moralische Urteile besondere moralische Tatsachen wiedergeben, die

	Handlungsethik Die einzelne Handlung ist immer die Grundlage des Urteilens.	**Regelethik** Einige (oder alle) Handlungen müssen in bezug auf den Wert der Regel beurteilt werden, die sie ausdrücken.
Teleologische Ethik Handlungen müssen ausschließlich danach beurteilt werden, wie gut oder empfehlenswert ihre Folgen sind.	Handlungsutilitarismus Bentham	Regelutilitarismus Mill Moore
Deontologische Ethik Handlungen dürfen *nicht* ausschließlich nach ihren Folgen beurteilt werden. Entscheidend ist die Handlungsbestimmung, der gute oder schlechte Wille.	A. Smith	Kant

Übersicht über die wichtigsten Positionen in der sog. normativen Ethik

	Kognitivismus Moralische Urteile können wahr oder falsch sein. Moralische Urteile können Erkenntnis ausdrücken.	**Nonkognitivismus** Moralische Urteile können weder wahr noch falsch sein. Moralische Urteile drücken nie Erkenntnis aus.
Naturalismus Einige moralische Urteile können abgeleitet werden aus (oder eine hinreichende logische Begründung finden mit Hilfe von) Aussagen, die keine moralischen Urteile enthalten.	Searle Foot Toulmin Warnock	
Nonnaturalismus Moralische Urteile können nie abgeleitet werden aus (oder eine hinreichende logische Begründung finden mit Hilfe von) Aussagen, die keine moralischen Urteile enthalten.	Moore Ross	Ayer Stevenson Hare

Übersicht über die wichtigsten Positionen in der sog. Metaethik

sich von allen anderen Formen von Tatsachen unterscheiden (Moore, Ross). Nach diesen häufig Nonnaturalisten (Nichtnaturalisten) oder Intuitionisten* genannten Theoretikern ist es nicht möglich, moralische Urteile aus Aussagen abzuleiten, die ihrerseits kein moralisches Urteil enthalten. Für andere Philos. (Searle, Foot, Toulmin), die Naturalisten, ist es aber sehr wohl möglich, mit Hilfe von

Aussagen ohne moralische Wertung eine hinreichende Begründung moralischer Urteile zu geben. Den Nonkognitivisten zufolge wollen dagegen moralische Urteile nicht behaupten, daß etwas der Fall ist; sie dienen ausschließlich dazu, Empfehlungen, Haltungen, Gefühle usw. auszudrücken (vgl. Emotivismus). Einige Nonkognitivisten (Ayer, Stevenson) halten daher moralische Diskussion für den bloßen Ausdruck gegenseitiger Gefühlseinwirkung. Andere jedoch (z. B. Hare) sind der Ansicht, daß die Sprache der Moral von einer Reihe logischer Regeln bestimmt wird, die eine rationale Diskussion moralischer Fragen in gewissem Umfang ermöglichen.

Die bereits in den 60er Jahren einsetzende (in Deutschland durch J. Ritter und seine Schüler) und sich in den 80er Jahren noch verstärkende Rückbesinnung auf die ethischen Fragestellungen der Antike, insbesondere auf die aristotelische E. hat – in Frontstellung gegen die neuzeitliche E. – vor allem zwei Motive der antiken E. wieder aufleben lassen: die Frage nach dem guten Leben und die Gemeinschaftsbezogenheit der Moral.

1. Die moderne, wesentlich durch Kant bestimmte E. ist eine Sollens-E., die danach fragt, was ich – zum Besten aller von meinen Handlungen Betroffenen – tun soll, unabhängig davon, ob ich dies auch tun will. In der antiken E. stand aber gerade dieses Wollen im Zentrum, genauer die Frage nach dem, was jeweils für den einzelnen selbst gut ist, was sein Wohl ausmacht, was sein Wollen wahrhaft erfüllen kann (Eudämonie*). Ein moralisches Sollen kam dann erst aus diesem Blickwinkel der Grundfrage nach dem glücklichen Leben in Sicht; denn, so lautet die für die gesamte Antike verbindliche These: Das für uns wahrhaft Gute erreichen wir nur, wenn wir uns moralisch (tugendhaft) verhalten.

Die Frage nach der Richtigkeit dieser These, ob es sich – im Sinne eines aufgeklärten Selbstinteresses des einzelnen – überhaupt lohnt, moralisch zu sein, ist dann in der angelsächsischen Tradition zu Beginn des 20. Jh. wieder aufgenommen worden und hat zu einer intensiven Kontroverse geführt. Die Tatsache, daß es zwar vielleicht nicht generell, aber zumindest in gewissen Situationen durchaus von Vorteil sein kann, sich nicht moralisch zu verhalten, läßt erheblichen Zweifel offen, ob das Wohl des einzelnen tatsächlich identisch sein kann mit dem, was die Moral von ihm verlangt.

Eine endgültige Antwort, das zeigte diese Diskussion, erfordert jedoch in jedem Fall eine Klärung dessen, wie das Glück oder das Wohl des einzelnen zu bestimmen ist. Die neuzeitliche E. hat mit Kant diese Frage als objektiv nicht beantwortbar zurückgewiesen und jedem einzelnen zur Entscheidung überlassen; in den späten 80er und 90er Jahren jedoch ist die Frage des Glücks* – teilweise auch unter anderen Begriffen wie *Lebensqualität, Gesundheit, Selbstverwirklichung, Lebensform* usw. – neu thematisiert worden.

2. Die Wiederaufnahme der Frage nach dem guten Leben geht häufig Hand in Hand mit der Reprise eines zweiten Motivs der aristotelischen Philosophie: die These, daß jede Bestimmung des moralisch Richtigen an eine bestimmte Vorstellung des für uns Guten geknüpft ist und daß dieses für uns Gute seinerseits wiederum nicht bestimmt werden kann ohne Rückbindung an das jeweils in einer bestimmten Gesellschaft schon gelebte Ethos. Die bisher unangefochtene Tradition des Liberalismus*, der vehement für den Vorrang von Rechten, Freiheiten, Prinzipien und Verfahren vor allen individuellen Konzepten des guten Lebens plädiert und der in John Rawls, Ronald Dworkin und Robert Nozick seine jüngsten Wortführer gefunden hat, sieht sich ab Mitte der 80er Jahre mit einer starken Opposition konfrontiert in Gestalt des sog. Kommunitarismus*, der zur Rückbesinnung aufruft auf die Notwendigkeit gemeinschaftlich geteilter Werte in einer als Einheit sich verstehenden und durch die Tugenden der einzelnen getragenen Gemeinschaft.

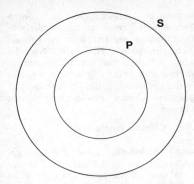

Lit.: W. K. Frankena: Analytische E. Eine Einführung, 1972. Funkkolleg Praktische Philos./E. Reader: 1 und 2. Hg. v. K. O. Apel u. a. 1983. Funkkolleg Praktische Philos./E. Dialoge, 2 Bde. Hg. v. K. O. Apel u. a. 1984. I. Görland: Ethikkonzeptionen der Moderne, 1991. G. Grewendorf/G. Meggle: Seminar. Sprache und E. Zur Entwicklung der Metae. 1974. H. Hastedt/E. Martens: Ethik. Ein Grundkurs, 1994. N. Hoerster: Utilitaristische E. und Verallgemeinerung, ²1971. E. Howald/A. Dempf/T. Litt: Geschichte der E. vom Altertum bis zum Beginn des 20. Jh., 1931 (ND 1978). F. Kambartel, (Hg.): Praktische Philos. und Konstruktive Wissenschaftstheorie. 1974. H. Krämer: Integrative Ethik, 1994. J. L. Mackie: E. Auf der Suche nach dem Richtigen und Falschen, 1981. A. Pieper (Hg.): Geschichte der neueren Ethik, 2 Bde., 1992. A. Pieper: Einführung in die Ethik, ³1994. U. Steinvorth: Klassische und moderne E., 1990. E. Tugendhat: Probleme der Ethik, 1984. E. Tugendhat: Vorlesungen über Ethik, 1993. B. A. O. Williams: Der Begriff der Moral. Eine Einführung in die E., 1978.

Eucken, Rudolf (1846–1926), dt. Philos. 1871 Prof. in Basel, 1874 in Jena. 1908 Nobelpreis für Literatur. Einer der bekanntesten Vertreter der sog. Lebensphilos.* E. lehnt jede Form des Intellektualismus* in der Philos. ab und befürwortet statt dessen einen «neuen Idealismus», einen «schöpferischen Aktivismus». Durch ihn soll nicht das einzelne Individuum, sondern die gemeinsame schöpferische Lebenskraft aktiviert werden. Es ist Aufgabe der Philos., die Menschen zu diesem gemeinsamen schöpferischen und geistigen Leben anzuhalten.

Ausg.: Die Einheit des Geisteslebens in Bewußtsein und Tat der Menschheit, 1888. Der Kampf um einen geistigen Lebensinhalt, 1896. Sinn und Wert des Lebens, 1908.

Eudämonie (griech. *eudaimonia*), Glück oder Glückseligkeit, Grundbegriff der aristotelischen Ethik. – Vgl. auch Ataraxie, *euthymia*.

Lit.: Aristoteles: Nikomachische Ethik, Buch I und X.

Eudämonismus (von griech. *eudaimonia*), Glückseligkeitslehre. Tritt in verschiedenen Formen auf: 1. E. kann die teleologische Lehre beinhalten, daß das ethisch Gute auf denjenigen Handlungen beruht, welche die Glückseligkeit* fördern. 2. E. kann aber auch in der Lehre bestehen, daß das höchste Gut die Glückseligkeit sei; diese Lehre läßt sich mit einer teleologischen wie auch mit einer deontologischen* Ethik* verbinden. – Viele Eudämonisten vertreten beide Formen des E. zugleich.
Auch die Auffassungen über die Glückseligkeit selbst weichen voneinander ab. Vornehmlich wird das Glück begriffen (a) als Leben gemäß der Tugend (griech. *arete**, z. B. bei Sokrates, Aristoteles und in der Stoa*), (b) als größtmögliche Lust (z. B. bei den Kyrenaikern* vgl. Hedonismus), (c) als Abwesenheit von Schmerz (z. B. im sog. negativen Utilitarismus*) oder (d) als Erfüllung des eigenen Wollens (z. B. bei Thomas von Aquin).

Eudoros von Alexandria (um 35 v. Chr.), Philos., Vertreter des mittleren Platonismus*. Suchte auf eklektische* Art die plantonische Ideenlehre* mit pythagoreischer* Zahlenmystik zu vereinen. Verfaßte einen Aristoteles-Kommentar.

Euler Diagramm, Abbildung logischer Klassen und ihrer Relationen durch Teile der Ebene, die durch Kreise o. ä. abgegrenzt ist; nach dem schweizer. Mathematiker Leonhard Euler (1707–83) benannt. Mit Hilfe des E. D. kann man den logischen Inhalt in den verschiedenen Aussagentypen wiedergeben. Das Diagramm der vorigen Seite zeigt, wie man z. B. die Aussage ‹Alle Pferde (P) sind Säugetiere (S)› abbilden kann. Die Klasse der Pferde kann von dem mit P bezeichneten Teil der Ebene abgebildet werden. Der Teil der Ebene, der mit S bezeichnet ist, bildet die Klasse der Säugetiere ab.

E-Urteil (‹E› von lat. *negare*, verneinen). Scholastische* Bezeichnung für das allgemein verneinende Urteil ‹Kein S ist P› in der Lehre der Syllogismen*. – Vgl. Logik, klassische.

euthymia (griech.), Freude, Frohsinn. Nach Demokrit die wahre Glückseligkeit.

Evans, Gareth (1946–80), engl. Philos., geb. in London, 1964–68 Studium an der Oxford Univ. und 1968–69 an der Harvard Univ., Gastprof. in Minnesota, Mexiko und am Massachusetts Institute of Technology. Von 1979 bis zu seinem Tod Wilde Reader in Bewußtseinsphilos. an der Oxford Univ. – In seinem posthum herausgegebenen Hauptwerk *The Varieties of Reference* (1982) untersucht E. aufgrund zweier Hauptprinzipien, wie wir referierende* Ausdrücke, z. B. Namen, gebrauchen und verstehen: (1) Einen Satz verstehen, in dem ein referierender Ausdruck vorkommt, heißt, den bereits strukturierten Gedanken verstehen, den der Satz ausdrückt; und (2) einen Satz verstehen heißt wissen, über welches Unikat er einen Gedanken ausdrückt (Russells Prinzip). Die Fähigkeit, dasjenige, woran gedacht wird, von allen anderen Gegenständen zu trennen, hat verschiedene Formen: Durch demonstrative Identifikation kann der Gegenstand direkt wahrgenommen werden, in anderen Fällen können wir den Gegenstand wiedererkennen, wenn wir ihm begegnen, und mitunter haben wir über ihn eine Information, die nur von eben diesem Gegenstand herrühren kann. E.

untersucht ferner die besonderen Probleme in Verbindung mit der Selbstidentifikation und krititisiert die kausale Referenztheorie (vgl. Kripke). Nach E. können Namen nur zum Referieren innerhalb einer Praxis verwendet werden, in der die Benutzer der Sprache die Gegenstände unter bestimmten Namen kennen.

Ausg.: Collected Papers, 1985.

ewige Wiederkunft, Lehre, daß alles zurückkehrt. Sie findet sich u. a. in der Stoa* und bei Nietzsche. Die e. W. kann auf dreifache Weise ausgelegt werden: 1. als Lehre, daß alles wiederkommt, und zwar mit sich selbst numerisch identisch*; 2. als Lehre, daß alles wiederkehrt, aber nur qualitativ identisch ist; 3. als Mythos, der Bedeutung (1) oder (2) benutzt, um einige die Welt beherrschenden ewigen Gesetze oder Strukturen zu veranschaulichen.

Lit.: K. Löwith: Nietzsches Philos. der ewigen Wiederkunft des Gleichen, 1956. W. Kaufmann: Nietzsche, 1982, S. 370–389.

existential/existentiell (von lat. *ex-*, aus-, heraus-, und *sistere*, bestehen, feststehen). 1. Daß etwas existiert oder ein Sachverhalt* vorliegt (vgl. Sein*). 2. Bei Heidegger findet man die Unterscheidung zwischen Existentialien, die die notwendige Grundstruktur in jedem Dasein* ausmachen, und dem Existentiellen, das die konkrete Art und Weise bezeichnet, in der ein menschliches Seiendes lebt, die notwendige Grundstruktur realisiert. Das Gegenstück zu den Existentialien sind für Heidegger die Kategorien*, die die notwendige Grundstruktur alles übrigen Seienden ausmachen. Gemäß dieser Terminologie kann nur menschliches Seiendes existieren; alles andere Seiende ist bloß «vorhanden» oder «zuhanden». Die methodische Untersuchung der Existentialien wird Existenzanalyse genannt. – Bei Binswanger ist diese zu einer besonderen psychiatrischen Theorie entwickelt worden. 3. Unter dem Einfluß der Terminologie Kierkegaards und Heideggers hat die Bezeichnung ‹existentiell› den Sinn einer ‹besonders bedeutungsvollen Lebenssituation› bekommen. Diese Bedeutung ist nach dem 2. Weltkrieg in die Alltagssprache übergegangen – namentlich unter dem Eindruck von Sartres Existentialismus.

Lit.: M. Heidegger: Sein und Zeit, 1927, bes. S. 12f.

Existentialismus. Synonym zu Existenzphilos.* Die Bezeichnung E. hat in noch höherem Maß als der Terminus Existenzphilos. den Eindruck erweckt, es handele sich hier um eine einheitliche philos. Richtung. Das Wort E. kam unmittelbar nach dem 2. Weltkrieg in Mode und orientierte sich dem Sinn nach an Sartres Philos. Daher erscheint es zweckmäßig, E. in engerer Bedeutung zu fassen: als eine bestimmte Ausformung von Existenzphilos., nämlich derjenigen Sartres. – Geistesgeschichtlich meint E. eine breite Kulturströmung, die von existenzphilos. Themen geprägt ist.

Existenz/existieren (engl. *existence*; franz. *existence*; lat. *existentia*). 1. Das lat. Wort ‹existentia› kann bereits Mitte des 4. Jh. n. Chr. als Übersetzung von griech. *hyparxis* nachgewiesen werden. Eine feste theoretische Grundlage erhält es jedoch erst in der scholastischen* Philos. nach Thomas von Aquin. E. bedeutet fortan, ‹daß› etwas tatsächlich vorkommt – im Gegensatz zum ‹Was›, seinem Wesen* (lat. *essentia*). Allerdings wurde die Problematik von ‹Was› und ‹Daß› bereits früher diskutiert, etwa im Zusammenhang mit dem sog. ontologischen Gottesbeweis*. Denn was es heißt, daß etwas tatsächlich vorkommt, ist umstritten: (a) U. a. nach Kant, Kierkegaard, Frege oder gemäß dem Gebrauch des Existenzquantors (vgl. Quantor) in der modernen Logik* muß zwischen dem, daß etwas da ist (existiert), und dem, was es ist, deutlich unterschieden werden. (b) Dagegen lassen sich etwa nach Anselm sehr wohl Grade des Seins* unterscheiden, weil das Wesen (die Idee*, der Grund* des Daseins, das Absolute*) in einem gegebenen Phänomen* in größerem oder geringerem Grad enthalten ist. Deshalb kann man von dem, was Gott ist, darauf schließen, daß Gott notwendig existiert. Für Hegel etwa bedeutet Gott die höchste Wirklichkeit*, insofern Wirklichkeit bestimmt ist als «die unmittelbar gewordene Einheit des Wesens und der Existenz oder des Inneren und des Äußeren». Alle anderen Formen von E. sind dagegen in höherem oder geringerem Grad wesentlich (bzw. zufällig) analog dem Maß, in dem das Existierende an der Wirklichkeit teilhat. 2. In der modernen Existenzphilos.* und in der sog. Seinsphilos. Heideggers wird der Begriff E. ausschließlich auf die E. des Menschen (des Subjekts* oder des Daseins*) bezogen. Heidegger unterscheidet zwischen der E. des Daseins und dem «Vorhandensein» der Dinge. – S. auch Sein.

Lit.: G. Frege: Über Begriff und Gegenstand. In: Kleine Schriften. Hg. von I. Angelelli, 1967. K. Held/J. Hennigfeld (Hg.): Kategorien der E. Fs. für W. Janke, 1995.

Existenzphilosophie, eine Philos., die die menschliche Existenz zum Thema hat. Die Bezeichnung E. läßt leicht übersehen, daß sie sich auf verschiedene, oft sich voneinander distanzierende Positionen bezieht. Sie darf deshalb nur in einem weiten, recht unbestimmten Sinn verstanden werden: Gemeinsam ist den unterschiedlichen E. zunächst die Frage nach dem Charakteristischen und Eigentümlichen der Seinsweise des Menschen. Zur Charakterisierung dieser Eigentümlichkeit soll ein emphatischer Begriff von Existenz dienen: Existenz als spezifisch menschliche Existenz ist von allen anderen Formen des Seins völlig verschieden. Dabei wird menschliche Existenz im Sinn von faktischer, konkreter oder gelebter Existenz genommen. Dieses Verständnis hängt mit der allen E.

gemeinsamen Antwort zusammen, daß menschliche Existenz Freiheit* in einer Situation* ist. Gleichermaßen betont wird die Freiheit des Menschen und das Geworfensein in eine Situation. ‹Frei› heißt die menschliche Existenz, insofern sie nicht einfach vorliegt oder gegeben ist. Als Existierender verhält sich der Mensch zu sich selbst, zu seinen Möglichkeiten, zur Welt. Damit wird – hier liegt das Emphatische des Existenzbegriffs ebenfalls – Existenz zu etwas, das erst verwirklicht werden soll. Auch zu einer unwahren, uneigentlichen Existenz ist der Mensch imstande. Aus dieser Grundauffassung ergibt sich in den E. eine Gemeinsamkeit der Themen, die als besonders bedeutsam für Existenz angesehen werden (Entscheidung, Angst*, Verhältnis zum Tod). Die Wege trennen sich jedoch, wenn es um eine genauere Bestimmung der Existenz als Freiheit geht.

Die klassische Form der E. bietet Kierkegaards Existenzdialektik. Sie untersucht auf literarisch-philos. Art verschiedene menschliche Lebensweisen auf ihre Voraussetzungen und Konsequenzen hin. E. Züge finden sich allerdings schon bei früheren Denkern, vor allem bei Schelling, aber auch bei Pascal und Augustin. Überdies hat Kierkegaards Existenzdenken Hegel Entscheidendes zu verdanken, obwohl es sich radikal von ihm absetzt.

Die E. Jaspers' liegt auf der kierkegaardschen Linie. Beide betrachten es als grundlegend, daß Existenz immer im Verhältnis zu etwas steht, welches das endliche*, faktische Leben übersteigt, zur Transzendenz*. Durch dieses Verhältnis zum Transzendenten (dem Lebenssinn, Gott) verhält der Mensch sich auch zu sich selbst. Sowohl Kierkegaards Existenzdialektik als auch Jaspers' «Existenzerhellung» sind existentielles* Denken, das die existentiellen Möglichkeiten des einzelnen aufklären will. Dagegen tritt bei Heidegger die Frage nach der menschlichen Existenz zurück hinter die Frage nach dem Sinn von Sein. E. als selbständige Analyse menschlicher Existenz gibt es bei Heidegger nicht. Vielmehr dient die «existenziale*» Analyse des Menschen (Analytik des Daseins) bei ihm zur Grundlegung von Ontologie* (vgl. Fundamentalontologie).

Für Sartres Existenzialismus ist der Mensch radikal frei als einer, der sich durch seine Wahl selbst schafft. Hier wird die E. zum ausgeprägten Subjektivismus*. M. Merleau-Ponty wiederum kritisiert dieses Losreißen und Sich-selber-Schaffen des Subjekts sowie die Unterscheidung zweier Seinsformen, in der es sich gründet, die Unterscheidung von Ansichsein und Fürsichsein. Statt dessen bestimmt er Existenz als leibliches Sein in der Welt.

G. Marcel entwickelt eine E., die zwar Ähnlichkeiten mit derjenigen von Jaspers und Heidegger aufweist, aber nicht aus der kierkegaardschen Tradition hervorgegangen ist. Die spezifisch franz. E., die Marcel begründete, betrachtet Existenz statt dessen als leibliche Existenz, als Existenz in Beziehung zur Existenz Anderer (vgl. der Andere) und als engagierte Existenz (vgl. Engagement).

Die verschiedenen Formen der Dialogphilos.* (z. B. bei Ebner, Buber, Rosenzweig, Grisebach) sind ebenfalls Formen der E. Sie heben hervor, daß die Wirklichkeit des Menschen Wirklichkeit im Verhältnis zum Anderen als einem «Du*» ist. Ähnlich läßt sich der Personalismus* (z. B. Mounier) als E. begreifen. Für ihn liegt die eigentliche menschliche Existenz in der Existenz als Person. – Für die moderne protestantische Theologie spielt die E. eine zentrale Rolle (vgl. Existenztheologie).

Lit.: H. Arendt: Was ist E.?, 1990. H. Barth: Erkenntnis der Existenz, 1965. O. F. Bollnow: E., 1942. L. Gabriel: E. Von Kierkegaard zu Sartre, 1951. H.-R. Müller-Schwefe: E., 1961. F. Zimmermann: Einführung in die E., 1988.

Existenztheologie, eine Theologie, die sich auf das Existenzdenken Kierkegaards stützt, in geringerem Maß auch auf die moderne Existenzphilos.* Oft wird Kierkegaards Denken selbst als E. betrachtet. Als E. wurden nach der Spaltung der dialektischen* Theologie die Lehren von Gogarten und Bultmann bezeichnet, im Unterschied zur Theologie Barths. – Die E. betont die Geschichtlichkeit* von Existenz: Christliche Verkündigung spricht zum Menschen immer in einer geschichtlichen Situation. Von daher erneuert die E. von theologischer Seite aus das Interesse an Problemen der Hermeneutik* (vgl. Entmythologisierung). Modifiziert und kritisiert wurde die E. u. a. von G. Ebeling, W. Pannenberg und K. E. Løgstrup.

Existenzurteil, Bezeichnung für Urteile, die die Existenz eines näher bestimmten Gegenstands oder von Gegenständen einer näher bestimmten Art behaupten, z. B. ‹Fritz Meyer existiert›, ‹Gott existiert›, ‹Der Mann mit der eisernen Maske existiert› und ‹In Bayern gibt es Pumas›. Die Deutung von E. ist vielschichtig. Während in der traditionellen Philos. – u. a. im Zusammenhang mit den ontologischen Gottesbeweisen* – angenommen wurde, Existenz sei eine Eigenschaft, habe also eine Subjekt*-Prädikat-Form, ist dies von Kant und der modernen Philos. bestritten worden. In der modernen Logik* (nach Frege) werden E. mit Hilfe des sog. Existenzquantors (vgl. Quantor) wiedergegeben. Russells Theorie der bestimmten Beschreibungen* macht von dieser Analyse Gebrauch: Die grammatische Form eines E. wie ‹Gott existiert› ist in bezug auf die logische Form irreführend. Das grammatische Subjekt (‹Gott›) ist das logische Prädikat, und das grammatische Prädikat (‹existiert›) dient der Angabe, ob es ein logisches Subjekt gibt oder nicht. ‹Gott existiert› muß folgendermaßen analysiert werden: ‹Es gibt ein x, von welchem gilt, daß x Gott ist, d. h. das einzige allwissende, absolut gute Seiende*›.

Lit.: G. Frege: Über Begriff und Gegenstand. In: Kleine Schriften, 1967, S. 167–178.

experimentum crucis (lat., eigentlich ‹Überkreuz-Versuch›), entscheidender Versuch. Wissenschaftlicher Versuch, der für die Bestätigung oder Widerlegung einer Theorie oder für die Wahl zwischen zwei konkurrierenden Theorien als ausschlaggebend angesehen wird. Der Ausdruck kann auf F. Bacons *Novum Organum* (1620) zurückgeführt werden, wo es heißt, daß ein e. c. in Analogie zu einem Kreuzweg zu betrachten sei, wo von zwei gangbaren Wegen einer zu wählen ist, so wie ein e. c. von zwei konkurrierenden Theorien eine als die richtige bestimmt.

Explikation (lat. *explicatio*, von *explicare*, entfalten, entwickeln, erklären), Erklärung*, Klärung. Laut Carnap eine Form der Analyse, in der ein unpräziser Begriff (das Explikandum, das, was erklärt werden soll) einer (stipulativen) Definition* unterworfen wird, die ihm einen präzisen Inhalt (das Explikans, das was erklärt), evtl. verschiedene Inhalte gibt. So kann der umgangssprachliche Begriff der Ursache mit den Ausdrücken ‹hinreichende Ursache›, ‹notwendige Ursache›, ‹vollständige Ursache›, ‹mitwirkende Ursache›, ‹Grund› usw. expliziert werden. Eine E. wird beurteilt aufgrund ihrer Zweckmäßigkeit für den gegebenen Zusammenhang und ihrer Fähigkeit, einen im großen und ganzen unveränderten Gebrauch des explizierten Begriffs in den Zusammenhängen zu erlauben, wo er früher mit einem unpräzisen Inhalt verwendet worden ist.

Extension/Intension (von lat. *extendere*, ausstrecken), E. = Begriffsumfang, im Gegensatz zu I. = Begriffsinhalt. In der modernen Logik und philos. Semantik ist die Unterscheidung zwischen E. und I. nicht auf generelle Ausdrücke begrenzt, sondern wird auch auf singuläre Aussagen und Sätze angewendet. I. wird generell als Sinn*, E. als Bedeutung (Referenz*) verstanden. Die I. eines (vorgebrachten) Satzes ist das Urteil*, das er ausdrückt; die E. des Satzes ist der Wahrheitswert* (Wahrheit, Falschheit) des Urteils. Die I. eines generellen Ausdrucks ist der allgemeine Begriff, den er ausdrückt; seine E. ist die Menge der Gegenstände, auf die der Ausdruck zutrifft. Die I. eines singulären Ausdrucks ist der Begriff, den er ausdrückt; seine E. ist der Gegenstand, auf den er sich bezieht. In diesem Sinn ist die Unterscheidung zwischen I. und E. eine Annäherung an Freges Unterscheidung zwischen Sinn und Bedeutung. – S. auch extensional, Denotation.

extensional. 1. In der modernen Logik und philos. Semantik spricht man davon, ein singulärer oder genereller Ausdruck habe in einem Satz genau dann ein e. Vorkommen, wenn das Auswechseln (Substitution) eines Ausdrucks mit einem anderen von gleicher Extension* den Wahrheitswert* des Satzes unverändert läßt. Die beiden Eigennamen ‹Dr. Jekyll› und ‹Mr. Hyde› bezeichnen dieselbe Person, haben also gleiche Extension. In dem Satz ‹Mr. Hyde verließ um t_1 das Haus› können die beiden Eigennamen miteinander vertauscht werden, ohne daß sich der Wahrheitswert des Satzes ändert; sie haben in diesem Satz daher e. Vorkommen. In dem Satz dagegen ‹Der Zeuge glaubt, Mr. Hyde habe um t_1 das Haus verlassen›, haben die beiden Namen kein e. Vorkommen; denn wenn der Zeuge nicht weiß, daß ‹Dr. Jekyll› und ‹Mr. Hyde› dieselbe Person bezeichnen, ist der Satz im einen Fall wahr, im anderen falsch. 2. Wenn ein Ausdruck mit e. Vorkommen in einem Satz aus diesem entfernt wird, sagt man, der verbleibende Ausdruckszusammenhang stelle einen e. Kontext dar. Ein Kontext, der nicht e. ist, heißt intensional. 3. Das Extensionalitätsprinzip besagt, daß jeder Kontext e. ist, d. h. daß die Extension eines zusammengesetzten Ausdrucks allein von den Extensionen jener Ausdrücke abhängt, die in ihm vorkommen. Das Prinzip bezeichnet die Voraussetzung für die logische Analyse mit Hilfe der Standardlogik (Prädikatenlogik*, e. Logik). Seine Begrenzung wird heute meist darin gesehen, daß es sich als unmöglich herausstellt hat, die Existenz von intensionalen Kontexten zu leugnen. Das Extensionalitätsprinzip gilt grundsätzlich nicht für Ausdruckszusammenhänge mit ‹weil› oder anderen Wörtern für Kausalzusammenhänge, es gilt nicht für Sätze, die etwas über Möglichkeit oder Notwendigkeit aussagen, und nicht für Sätze, die Personen Urteilshaltungen oder Handlungen zuschreiben (s. Modallogik). 4. Ein Operator* ist genau dann e., wenn seine Anwendung auf einen rein e. Kontext die Extensionalität des Kontextes nicht verändert. So ist ‹nicht› ein e. Operator, wogegen ‹Es ist notwendigerweise der Fall, daß...› ein intensionaler Operator (Modaloperator) ist.

Extensionalitätsthese, Die bekannteste Form der E. ist die Behauptung, daß jeder Satz, der in nicht-extensionaler (intensionaler) Sprache ausgedrückt ist, auch in extensionaler Sprache so ausgedrückt werden kann, daß er mit dem ursprünglichen Satz logisch äquivalent* ist. Die E. ist ein wichtiges Glied in Wittgensteins Abbildtheorie im *Tractatus logico-philosophicus*. – S. auch extensional.

Lit.: P. Weingartner: Die Fraglichkeit der E. und die Probleme einer intensionalen Logik. In: R. Haller (Hg.): Jenseits von Sein und Nichtsein, 1972, S. 127–178.

extensive/intensive Größe, Unterscheidung Kants v. a. in der *Kritik der reinen Vernunft* (B 202 ff.). Eine e. G. ist die, «in welcher die Vorstellung der Teile die Vorstellung des Ganzen möglich macht», d. h. die Größe des Ganzen gleich der Summe der Größe der Teile ist. Dasselbe gilt bei i. G. nicht, weil das Ganze hier als Einheit ohne Teile aufgefaßt werden muß. Im Zusammenhang mit i. G., z. B. Appetit, läßt sich zwar von Gradunterschieden – größer oder kleiner – sprechen. Angeben zu wollen, um wieviel genau eine gegebene i. G. größer oder kleiner als eine andere ist, ergibt aber keinen Sinn. – S. Messung.

F

Faktizität (von lat. *factum*, getan, gemacht). 1. Bezeichnung dafür, daß etwas, das logisch nicht notwendig ist, faktisch vorliegt; Existenz; Tatsache (vgl. Sein). 2. Von Heidegger und Sartre in dem Sinn verstanden, daß der Mensch zwar als verstehendes und handelndes Individuum faktisch existiert, aber nicht Herr dieser Existenz, sondern in sie ‹geworfen› ist. Zur F. gehört auch die Begrenztheit (Endlichkeit*) von Verstehen und Freiheit. Weil die F. alles Verstehen prägt, kann der Mensch nie hinter sie zurückgehen oder sie als Gegenstand* untersuchen. Die F. des Menschen unterscheidet sich deshalb radikal von der Weise, wie ein Gegenstand faktisch vorliegt.

Lit.: M. Heidegger: Sein und Zeit, 1927. J.-P. Sartre: Das Sein und das Nichts, 1943 (dt. 1952). H. Barth: Erkenntnis der Existenz, 1965.

Fallibilismus (engl. *fallible*, fehlbar, lat. *fallere*, zu Fall bringen). Auf C. S. Peirce zurückgehende wissenschaftstheoretische Position, wonach die Erkenntnis* jeder sicheren Grundlage entbehrt, also nicht auf selbstevidente Wahrheiten (Rationalismus*), unfehlbare Beobachtungen (Empirismus*), apriorische* Prinzipien (Kantianismus*) o. ä. zurückgeführt werden kann. Unser Wissen ist immer vorläufig. Selbst die sichersten, sogar die logischen und mathematischen Grundsätze müssen durch neue Erfahrungen revidierbar sein. Der F. kennzeichnet besonders den Pragmatismus* und wird in neuerer Zeit u. a. von Popper verfochten (s. auch falsifizieren).

Lit.: H. Albert: Traktat über kritische Vernunft, 1975. C. S. Peirce: Schriften I, 1967. K. R. Popper: Conjectures and Refutations. The Growth of Scientific Knowledge, 1963, ^{3}1969.

falsifizieren (von lat. *falsus*, falsch, *facere*, tun, machen), die Widerlegung einer Aussage oder Theorie von der Form einer Allaussage durch ein Gegenbeispiel oder eine Gegentheorie. Eine Theorie oder eine Aussage heißt falsifizierbar, wenn es möglich ist, Bedingungen anzugeben, unter denen die Theorie oder Aussage widerlegt werden kann. Man spricht ferner von Falsifikationismus als Bezeichnung für eine wissenschaftstheoretische* Position, die die methodologische Forderung erhebt, daß alle empirischen Theorien falsifizierbar sein müssen. Dieser Anspruch kann wiederum stärker oder schwächer formuliert werden (vgl. Popper und Lakatos). 2. Der Falsifikationismus in einem weiteren Sinn trifft sich mit dem Fallibilismus*.

Familienähnlichkeit (engl. *family resemblance*), ein vom späteren Wittgenstein (*Philosophische Untersuchungen*, §§ 66 ff.) eingeführter Begriff für eine Beziehung zwischen verschiedenen Dingen, die unter einer gemeinsamen Bezeichnung zusammengefaßt werden. So haben die Aktivitäten, die ‹Spiel› genannt werden, kein bestimmtes gemeinsames Merkmal, sondern sind eher durch verwandte Eigenschaften verbunden, die auf verschiedene Weise wiederkehren. Wittgenstein denkt hier an die Ähnlichkeit, die man in einer Familie vorfindet: Ein Kind hat vielleicht die Nase des Vaters, das andere die Mimik der Mutter, ohne daß diese Merkmale allen Kindern der Familie zukommen müssen.

Fatalismus (von lat. *fatalis*, ‹vom Schicksal bestimmt›), Schicksalsglaube. Weltanschauung, nach der alle Geschehnisse in der Welt – natürliche Ereignisse wie auch menschliche Handlungen – vorherbestimmt sind und ihrem Geschick mit blinder Notwendigkeit unterliegen (vgl. Determinismus, fatum, Freiheit und Prädestination). – Ein *Fatalist* ist ein Anhänger des Fatalismus bzw. eine Person, die sich in ihr Schicksal ergibt und nicht den Versuch unternimmt, dagegen anzukämpfen und die eigenen Lebensbedingungen zu ändern.

fatum (lat., von *fari*, sprechen), ursprünglich Götterspruch; Weissagung, die den Willen der Götter oder die Bestimmung des Schicksals verkündet. Bei Kant bezeichnet f. die blinde Naturnotwendigkeit. *Amor fati* (Liebe zum Schicksal) heißt bei Nietzsche der höchste erreichbare Zustand des Menschen, in dem er sein Leben voll und ganz bejaht.

Feministische Philosophie. Vom 14. Jh. an sind Schriften von Frauen überliefert, in denen philos. Problemstellungen und die Geschlechterfrage eine thematische Verknüpfung erfahren – beispielsweise bei Christine de Pisan (14./15. Jh.), Mary Astell (17./18. Jh.) oder Mary Wollstonecraft (18. Jh.). In ihrer heutigen Form gilt die f. Ph. aber als ein Kind der zweiten Frauenbewegung, die ihren Anfang in den späten 60er Jahren des 20. Jh. hat. Während die erste Frauenbewegung, welche nach der Einführung des Wahlrechts für Frauen eine gewisse Stagnation erfuhr und mit Beginn des 2. Weltkriegs ein vorläufiges Ende fand, die soziale und rechtliche Diskriminierung der Frauen zum Gegenstand ihres Kampfes erhoben hat und auf einer mehr pragmatisch-politischen Ebene operierte, zeichnet sich die zweite Frauenbewegung durch eine zunehmende Theoretisierung und Verwissenschaftlichung ihrer Kritik an den patriarchalen Verhältnissen aus. Simone de Beauvoirs 1949 erschienenes Werk *Le deuxième Sexe* (Das andere Geschlecht, 1951) – eine breit angelegte, existenzialistisch fundierte Analyse über die Situation der Frau im Patriarchat – ist ein erstes, frühes Beispiel für die seit den 70er Jahren vermehrt einsetzenden Bemühungen, in einem umfassenderen Sinn nach der Bedeutung zu fragen, welche der Faktor ‹Geschlecht› für die Strukturierung und Konstituierung der gesellschaftlichen Wirklichkeit einerseits, der wissenschaftlichen, künstlerischen und religiösen Diskurse andererseits innehat.

Als eine Perspektive innerhalb der zeitgenössischen Philos. steht die f. Ph. wie diese im Dialog und in kritischer Auseinandersetzung mit der gesamten philos. Überlieferung, insbesondere mit der marxistischen und liberalen Tradition (u. a. Kant und Rawls), der Kritischen Theorie und der Diskursethik (v. a. Habermas), den ‹postmodernen› Denkern wie Derrida, Foucault, Lyotard, Rorty u. a., der Psychoanalyse und dem Kommunitarismus (Walzer u. a.). Im Gegensatz zum seltener verwendeten Terminus ‹philos. Frauenforschung› markiert der Begriff f. Ph. zudem, daß Subjekt und vor allem Objekt feministischen Philosophierens nicht allein ‹die Frauen› sind. Über die Offenlegung misogyner und diskriminierender Darstellungen von Frauen im philos. Kanon hinaus fragt die f. Ph. vielmehr danach, ob die ‹männliche› Bestimmtheit der Philosophie nicht auch in den tieferliegenden Strukturen philos. Wissens zum Ausdruck kommt, d. h. in der Auswahl der für philos. relevant erklärten Fragestellungen wie auch in den Normen und Prinzipien, durch die es seine Begründung erfährt und die vom Selbstverständnis der Philos. her als objektiv, universal oder zumindest als geschlechtsneutral gelten. Das Geschlecht wird damit zu einer neuen Analysekategorie erklärt, dessen Bedeutung und Funktion in sämtlichen philosophischen Bereichen in Frage steht. Eine Erweiterung dieses Fokus zeigt sich heute darin, daß der Faktor Geschlecht verstärkt im Kontext anderer Parameter wie Ethnie, Schichtzugehörigkeit, sexueller Orientierung oder Alter untersucht und bedeutsam gemacht wird.

Für die Vielfältigkeit und Heterogenität der f. Ph. beispielhaft ist die von J. Butler und S. Benhabib geführte Diskussion um Nutzen und Nachteil sog. postmoderner

Theorien für die feministische Theoriebildung. Bei aller Diversität der Methoden und Ansätze läßt sich die Gemeinsamkeit der f. Ph. jedoch in der Zielsetzung sehen, anhand der kritischen Analyse der philos. Tradition einerseits, der Entwicklung neuer Rationalitäts- und Handlungsmodelle andererseits die Demokratisierung in der Etablierung von Politik-, Moral- und Erkenntnisnormen voranzutreiben. Der Prüfstein dafür ist die Integration differenter, insbesondere weiblicher Erfahrungen, Perspektiven und Lebensumstände.

Eine der zentralen Fragen, die sich diesbezüglich für die *feministische Politiktheorie* (Pateman, Okin, Butler, Fraser, Young, MacKinnon u. a.) stellt, ist die Frage, welche Zusammenhänge zwischen den jeweiligen Konzeptionen der Geschlechterdifferenz und der Strukturierung des gesellschaftlichen Raums, insbesondere dessen Aufgliederung in eine private (häusliche/familiäre) und eine öffentliche Sphäre (Wirtschaft/Politik) bestehen. Vor allem steht zur Diskussion, welcher Begriff von Öffentlichkeit Politikkonzeptionen zugrunde liegt, die Frauen und/oder all dasjenige auszuschließen suchen, was je nach historischem, kulturellem und theoretischem Kontext mit ‹Weiblichkeit› assoziiert oder als das ‹Weibliche› bestimmt wird. – Moralphilos. gefaßt äußert sich dieser Problemzusammenhang darin, daß in modernen Gerechtigkeitstheorien Gerechtigkeit vornehmlich in bezug auf den öffentlichen Bereich gedacht und die häuslich-intime, den Frauen zugeordnete Sphäre außerhalb des Bereiches der Gerechtigkeit angesiedelt wird. Die *feministische Ethik* (Benhabib, McNay, Jaggar, Hoagland, Held u. a.) fragt somit u. a. nach der Gültigkeit einer Moraltheorie, welche Fragen zu Liebe, Verwandtschaft, Freundschaft und Sexualität wie auch Handlungen und Urteile, die auf den konkreten Anderen bezogen und von Fürsorge, Anteilnahme und Verantwortung geleitet sind, aus moraltheoretischen Reflexionen ausklammert und als persönlich bewertet. – Vor diesem Hintergrund sehen sich beide Disziplinen mit dem grundsätzlichen Problem konfrontiert, inwieweit auf die Öffentlichkeit bezogene Begriffe und Normen wie Gleichheit, Freiheit, Vertrag, Autonomie, Individuum, Universalität, Unparteilichkeit in ihrem emanzipatorischen Anspruch von der feministischen Theorie übernommen werden können und inwieweit sie, ausgehend von weiblichen Erfahrungen und Lebensumständen, zu korrigieren sind. In diesem Zusammenhang stellt sich vor allem für die feministische Politiktheorie die Frage, ob die politische Unterordnung der Frauen in neuzeitlichen, Gleichheit und Freiheit postulierenden Staatstheorien allein als ein akzidentielles, auf kulturellen und gesellschaftlichen Vorurteilen beruhendes Phänomen zu bewerten ist oder ob sie auch als strukturell bedingter, die politische Öffentlichkeit konstituierender Ausschluß verstanden werden muß. – Diese Problemstellungen wiederum verlangen die Klärung des Zusammenhangs zwischen Herrschaft und Differenz: So steht zur Debatte, ob Geschlechter- und andere Differenzen Voraussetzung und Ergebnis von Herrschaft sind, so daß ihre gesellschaftliche Anerkennung bestehende Ungleichheiten nur entschuldigen und zementieren würde, oder ob die soziale und politische Ungerechtigkeit gerade umgekehrt Ergebnis des Verleugnens und der Nivellierung von Differenz ist. – Um wirksame Strategien zur Eliminierung gesellschaftlicher Ungleichheiten entwickeln zu können, bemüht sich die f. Ph. zudem um die Analyse und Definition zentraler Begriffe wie Macht, Herrschaft und Unterdrückung. U. a. stehen Gemeinsamkeiten und Unterschiede zwischen Geschlechterungleichheit und anderen Diskriminierungsformen wie Rassismus, Klassenunterdrückung oder Homophobie zur Diskussion.

Die *feministische Wissenschafts- und Erkenntnistheorie* (Harding, Code, Nelson, Duran, Longino, Trettin, Haraway u. a.) thematisiert in erster Linie die Frage nach dem Subjekt des Wissens sowie nach der Möglichkeit von Objektivität und Wahrheit. Ausgehend von einer Kritik an der traditionellen Vorstellung eines solipsistischen und universalistischen Erkenntnissubjekts werden alternative Konzeptionen des epistemischen Subjekts erprobt: Soll das Subjekt als sozial und kulturell situierte Person, als soziale Wissensgemeinschaft oder, im Anschluß an die poststrukturalistische Fragmentierung des Subjekts, gar als inexistent verstanden werden? – Bezüglich der verschiedenen Faktoren, die die Situiertheit des Erkenntnissubjekts ausmachen, interessiert insbesondere die Frage nach dessen geschlechtlicher Markierung: So wird zur Diskussion gestellt, ob das Geschlecht als sozial gebundene Kategorie über die empirische Ebene hinaus auch auf der begrifflichen Ebene bedeutsam ist, d. h. nicht nur wissenssoziologisch, sondern auch logisch und epistemologisch relevant gemacht werden kann. Gegen diese Frage selbst wiederum wird eingewendet, daß sie auf der traditionellen Unterscheidung zwischen erfahrungsabhängigen und erfahrungsunabhängigen Diskursen beruhe, die es, soll die für die feministische Forschung zentrale Frage nach den Verbindungslinien zwischen Macht, Politik und Wissen erhellt werden, gerade zu problematisieren gilt. – Wenn von der Involviertheit des Erkenntnissubjekts in die Wissensproduktion und somit von der sozialen und kulturellen Konstruktion von Wissen ausgegangen wird, steht überdies die Möglichkeit und Begründbarkeit von wahren Erkenntnissen und Theorien in Frage. Dies ist für die feministische Theorie von besonderer Bedeutung: Wird sie nämlich als emanzipatorisches Projekt verstanden, das bestehende Ausschließungs- und Unterdrückungsmechanismen zu kritisieren und destruieren sucht, dann muß sie zeigen können, daß ihre Analysen der sozialen Ungerechtigkeit und ihre Veränderungsvorschläge gerechtfertigt und begründbar sind. So zeigt sich in feministischen Arbeiten zu Objektivitäts- und Begründungsfragen, daß sie einen epistemologischen und moralischen Relativismus zu vermeiden suchen, ohne ein vom historischen und kulturellen Kontext unabhängiges, wert- und interessefreies Wissen in Rechnung zu stellen. – Mit der Verabschiedung eines einheitlichen und universalen Wissens- und Moralsubjekts sieht sich die feministische Philos. zudem mit der Frage konfrontiert, wie Differenzen individueller, sozialer und kultureller Art konzeptionalisiert und in wissenschaftliche, moralische und politische Entscheidungs- und Normfindungsprozesse einbezogen werden können. Eine der zentralen Problemstellungen diesbezüglich ist, auf welche Weise für die feministische Forschung bedeutsame Analysebegriffe wie der Begriff der Geschlechterdifferenz oder der Frau so bestimmt werden können, daß sie hinsichtlich feministischer Zielsetzungen operabel sind, ohne essentialistisch und ahistorisch fundiert zu werden und als totalisierende Konzepte wiederum Differenz, beispielsweise die unterschiedlichen Schicht- oder Kulturzugehörigkeiten von Frauen, zu negieren.

Lit.: L. Alcoff/E. Potter (Hg.): Feminist Epistemologies, 1993. M. L. Antony/Ch. Witt (Hg.): A Mind of One's Own. Feminist Essays on Reason and Objectivity, 1993. S. Benhabib: Selbst im Kontext. Kommunikative Ethik im Spannungsfeld von Feminismus, Kommunitarismus und Postmoderne, 1995. S. Benhabib/ J. Butler/ D. Cornell/ N. Fraser: Der Streit um Differenz. Feminismus und Postmoderne in der Gegenwart, 1993. J. Butler: Körper von Gewicht, 1995. L. Code: What Can She Know? Feminist Theory and the Construction of Knowledge, 1991. J. Duran: Toward a Feminist Epistemology, 1990. N. Fraser: Widerspenstige Praktiken. Macht, Diskurs, Geschlecht, 1994. S. Harding: Das Geschlecht des Wissens. Frauen denken die Wissenschaft neu, 1994. Institut für Sozialforschung Frankfurt (Hg.): Geschlechterverhältnisse und Politik, 1994. E. F. Kittay/D. T. Meyers (Hg.): Women and Moral Theory, 1987. K. Lennon/ M. Whitford (Hg.): Knowing the Difference. Feminist Perspectives in Epistemology, 1994. C. MacKinnon: Toward a Feminist Theory of the State, 1989. H. Nagl-Docekal/H. Pauer-Studer

Ludwig Feuerbach

(Hg.): Politische Theorie. Differenz und Lebensqualität, 1996. H. Nagl-Docekal/ H. Pauer-Studer (Hg.): Jenseits der Geschlechtermoral. Beiträge zur feministischen Ethik, 1993. L. H. Nelson: Who Knows: From Quine to a Feminist Empiricism, 1990. L. J. Nicholson (Hg.): Feminism/Postmodernism, 1990. C. Pateman: The Sexual Contract, 1991. M. L. Shanley/ C. Pateman (Hg.): Feminist Interpretations and Political Theory, 1991. K. Trettin: Zwei Fragen zur feministischen Erkenntnistheorie, in: Feministische Studien, H. 1, 1995. Th. Wobbe/G. Lindemann (Hg.): Denkachsen. Zur theoretischen und institutionellen Rede vom Geschlecht, 1994. – *Zeitschriften:* Hypatia. Journal of Feminist Philosophy. Die Philosophin. Forum für feministische Theorie und Politik. Feministische Studien. Signs. Journal of Women in Culture and Society.

Ferguson, Adam (1723–1816), schott. Philos. und Geschichtswissenschaftler, Prof. in Edinburgh. Verbindungen zur Reidschen Schule und der schott. *common* sense*-Philos. In seiner Moralphilos., wie F. sie u. a. in seinem Hauptwerk *Institutes of Moral Philosophy* (1769, dt. 1772) entwickelt, verteidigt er stoische* Ideale und erklärt die Persönlichkeitsentwicklung des einzelnen als höchstes Gut. Die wichtigsten Tugenden sind Besonnenheit, Gerechtigkeit, Mäßigkeit und Tapferkeit. Die Vernunft ist die wichtigste Quelle moralischer Einsicht. Hier kritisiert F. sowohl Hutchesons Theorie des moralischen* Sinns als auch Humes Theorie von der Verankerung der Moral im Gefühl.

Ausg.: Principal Works. Hg. von F. O. Wolf, 5 Bde., 1979 ff. – *Lit.:* Z. Batscha/M. Medick: Einleitung zu A. F.: Versuch über die Geschichte der bürgerlichen Gesellschaft, 1986. H. H. Jogland: Ursprünge und Grundlagen der Soziologie bei A. F., 1959.

Feuerbach, Ludwig (Andreas) (1804–72), dt. Philos. Studierte zunächst Theologie bei Daub in Heidelberg, dann Philos. bei Hegel in Berlin. In Absetzung von der christlichen Orthodoxie, mit der F. aufgewachsen war, begeisterte er sich in den ersten Studienjahren noch für die Hegelsche Versöhnung von Glauben und Wissen, entwickelte dann aber eine zunehmend kritische Haltung. Diese Entwicklung läßt sich in drei Phasen gliedern. In der 1. Phase (1830–38) denkt F. pantheistisch*. Alles Persönliche und Individuelle gilt als unvollkommen; es soll im Allgemeinen, in der objektiven Idee* aufgehoben werden, der einzigen wahren Wirklichkeit. In den *Gedanken über Tod und Unsterblichkeit* (1830) wendet sich F. folglich gegen den Glauben an ein individuelles Weiterleben nach dem Tod. Der Tod beweist im Gegenteil die Nichtigkeit des Individuellen. Im Tod zeigt sich die Übermacht der allgemeinen Wirklichkeit. Mit diesen Gedankengängen steht F. noch in starker Abhängigkeit von Hegels Logik; doch lehnt er dessen Religionsphilos. ab: Religion ist nicht unvollkommene Theorie, sondern Ergebnis von Glückseligkeitstrieb und Selbstliebe und für die rein theoretische Wahrheitserkenntnis gerade ein Hindernis. – Aus F. 2. Phase muß sein philos. Hauptwerk *Das Wesen des Christentums* (1841) hervorgehoben werden, eine anthropologische* Theorie der Religion. Während das Tier den Instinkten, die zu seiner jeweiligen Art gehören, blind und unmittelbar folgt, zeichnet es den Menschen aus, daß er sich der eigenen gattungsspezifischen «Wesenheit*» bewußt wird. Wenn er sich nun eine Gottesvorstellung bildet, so entwirft er in Wirklichkeit von diesem Wesen eine Vorstellung der menschlichen Gattung. Er spricht der Gottheit jene Eigenschaften zu (wie Güte und Liebe), die das wahre Wesen des Menschen ausmachen. F. verwirft daher die eigenen früheren Auffassungen, sowohl den orthodoxen Theismus* seiner Jugend (nach dem Gott als selbständiges Seiendes* unabhängig von Mensch und Welt existiert) wie auch den Pantheismus der 1. Phase (nach dem Gott kein besonderes Seiendes ist, sondern das objektive Vernunftprinzip im Kosmos). Wenn der Mensch Gott anbetet, verehrt er in Wirklichkeit das Allgemein-Menschliche in fremder Gestalt. Also muß sich die menschliche Liebe zu Gott in eine Liebe zum Mitmenschen verwandeln, indem die Gottesvorstellung als entfremdete* Liebe zum Allgemein-Menschlichen durchschaut wird. In der 2. Phase verabschiedet F. den Gedanken eines überindividuellen kosmischen Vernunftprinzips, ersetzt ihn indes durch den eines überindividuellen menschlichen Vernunftprinzips, ausgedrückt in der Rede vom allgemeinen Wesen der menschlichen Gattung. – In der 3. Phase gibt F. auch diesen Gedanken preis: Das einzige Wirkliche ist das Individuelle, wie es sich in der Wahrnehmung zeigt (*Grundsätze der Philosophie der Zukunft*, 1843, *Vorlesungen über das Wesen der Religion*, 1851, und *Theogonie*, 1857). F. denkt jetzt immer mehr in einer materialistisch*-sensualistischen* Richtung und betrachtet die menschliche Vernunft als Produkt materieller Umstände, so daß er in seiner letzten Schrift zugespitzt formulieren kann: «Der Mensch ist, was er ißt» (*Gottheit, Freiheit und Unsterblichkeit vom Standpunkte der Anthropologie*, 1866). Während er in der 2. Phase das Gottesverhältnis des Menschen als Verhältnis zu seinem allgemeinen Wesen begriff, sieht er es nun als Verhältnis zur eigenen Selbstliebe. Und während an die Stelle der Religion seiner früheren Meinung nach eine Ethik treten sollte, die in einem allgemein-menschlichen Vernunftprinzip gründet, soll Ethik jetzt auf den menschlichen Egoismus zurückgeführt werden.

Ausg.: Sämtliche Werke, neu hg. von W. Bolin und F. Jodl, 2. Aufl., 1960 ff. Gesammelte Werke. Hg. v. W. Schuffenhauer, 1967 ff. – *Lit.:* H. Lübbe/H. M. Saß (Hg.): Atheismus in der Diskussion. Kontroversen um L. F., 1975. U. Reitemeyer: Philos. der Leiblichkeit: L. F. Entwurf einer Philos. der Zukunft, 1988. H.-M. Sass: L. F. in Selbstzeugnissen und Bilddokumenten, 1988. E. Thies (Hg.): L. F., 1976.

Feyerabend, Paul K. (1924–94), österr.-amerik. Wissenschaftsphilos. Gehört zusammen mit T. S. Kuhn zu den bekanntesten Vertretern einer neuen Generation von Wissenschaftsphilos., die sich seit etwa 1960 in Opposition sowohl zum Positivismus* als auch zu Poppers Kritischem* Rationalismus befinden. F. hat sich entschieden gegen alle Versuche gewehrt, eine klare Trennung von Wissenschaft und Nicht-Wissenschaft vorzunehmen (vgl. Demarkationskriterium). Nach seiner auf wissenschaftsgeschichtliche Studien gestützten Auffassung hat die Wissenschaft keinerlei allgemeingültige Normen und Spielregeln entwickelt; die Methoden, die von den Forschern tatsächlich angewendet werden, sind vielmehr grundverschieden. Forschungsstrategisch empfiehlt F. daher einen methodologischen Pluralismus, wonach Forscher stets darauf bedacht sein sollten, die geltenden Normen zu brechen, um zu neuen, kreativen Lösungsvorschlägen zu kommen. Die einzige gültige Regel ist die ‹anarchistische› Anti-Regel ‹*Anything goes*›. – F. bisher bekanntestes Werk ist *Against Method* (1970; dt. Wider den Methodenzwang, 1976). 1979 erschien *Erkenntnis für freie Menschen*; 1984 *Wissenschaft als Kunst*.

Lit.: G. Andersson: Kritik und Wissenschaftsgeschichte, 1988. H. P. Duerr (Hg.): Versuchungen. Beiträge zur Philos. P. F., 2 Bde., 1980/81. J. Marschner: P. K. F. Kritik an der empiristischen Wissenschaftstheorie, 1984.

Fichte, Immanuel Hermann (der ‹jüngere Fichte›; 1796–1879), dt. Philos. Sohn von J.G. Fichte, Studium der Philosophie, Philologie und Theologie in Berlin 1813–18. Wegen politischer Verdächtigungen mußte F. 1822–36 seine akademische Karriere unterbrechen; 1836 wurde er a. o. und 1840 o. Prof. in Bonn, 1843–63 in Tübingen. Mit C. H. Weiße u. a. gründete F. 1836 die Zeitschrift für *Philosophie und spekulative Theologie*, die Dogmatik und praktische Theologie auf philos. Grundlage zu behandeln suchte und auch Naturphilos. und Anthropologie* einbezog.
F. ist Gegner der hegelianischen* Philos. und ihres vermeintlich radikalen Pantheismus*, der dem Individuellen nur in bezug auf das Ganze Bedeutung zuspricht. Dieser Position hält F. den Glauben an einen persönlichen Gott und den Wert des einzelnen Menschen als Persönlichkeit entgegen. Allerdings bleibt F. in der Begründung seiner Position Hegel verpflichtet. Er benutzt dessen dialektischen* Begriffsapparat und sucht ihn gegen Hegel auszuspielen. In F. philos. Hauptwerk *Grundzüge zum System der Philosophie* 1–3 entspricht der 1. Teil (Das Erkennen als Selbsterkennen, 1833) Hegels *Phänomenologie des Geistes*, während der 2. Teil (Die Ontologie, 1836) der Hegelschen *Logik* folgt; der Unterschied liegt in F. Betonung des Individualitätsprinzips. In weniger deutlicher Parallelisierung steht der 3. Teil des Systems (Die spekulative Theologie oder allgemeine Religionslehre, 1846). – Mit seiner Forderung, man müsse zu Kant zurückkehren, gehört F. zu den Wegbereitern des Neukantianismus*.

Lit.: H. Ehret, I. F. Ein Denker gegen seine Zeit, 1986. S. Koslowski: Idealismus als Fundamentaltheismus, 1994.

Fichte, Johann Gottlieb (1762–1814), dt. Philos. In ärmlichen Verhältnissen aufgewachsen (der Vater war Weber), mußte F. als Kind zum Lebensunterhalt beitragen. Durch einen Zufall wurden seine Fähigkeiten von einem adligen Gutsherrn entdeckt, der daraufhin für F. Ausbildung sorgte. Als der Wohltäter einige Jahre später starb, geriet F. wieder in materielle Not. Sein Studium der Theologie in Jena und Leipzig mußte er aufgeben und als Hauslehrer arbeiten. 1790 kehrte er nach Leipzig zurück. Die Lektüre Kants, die er hier begann, wurde für ihn zum entscheidenden Erlebnis; auf einer Reise nach Osten besuchte er Kant in Königsberg. F. erste große Schrift, der *Versuch einer Kritik aller Offenbarung* (1792), wurde auf Kants Empfehlung hin veröffentlicht. Da das Buch ohne Angabe des Verfassers erschien, hielt man es zunächst für Kants lange erwartete Religionsphilos. Als dieser schließlich den Namen des wahren Autors bekanntgab, wurde F. schlagartig berühmt.
1794 trat er die Nachfolge Reinholds als Prof. für Philos. in Jena an und arbeitete mit rastloser Energie an der «Wissenschaftslehre». Seine Vorlesungen hatten Erfolg. Wegen politischer und religiöser Anschauungen geriet er jedoch bald in Schwierigkeiten. 1799 entzündete sich an seiner Person der sog. Atheismusstreit: Eine anonyme Schmähschrift hatte ihm Atheismus vorgeworfen, und mit seiner öffentlichen Verteidigung gelang es F. nicht, die Vorwürfe auszuräumen. Nachdem er beiläufig gedroht hatte, sich zurückzuziehen, nahm man ihn beim Wort und betrachtete die Drohung als Kündigung. F. zog daraufhin nach Berlin und hielt Privatvorlesungen. Als die Stadt von den Truppen Napoleons besetzt wurde, flüchtete er nach Königsberg, kehrte aber bald zurück. 1807/08 verfaßte er die *Reden an die deutsche Nation*. Sie erzielten große politische Wirkung, indem sie dem erwachenden Nationalgefühl markanten Ausdruck verliehen. 1809, kurz nach der Gründung der Universität Berlin, wurde F. Dekan der philos. Fakultät und war für kurze Zeit ihr erster gewählter Rektor. 1814 starb er an einer Typhusinfektion.
F. übernimmt bewußt das Erbe Kants, dessen Werk zu vollenden sein Anliegen

Johann Gottlieb Fichte

ist. Dazu geht er jedoch über Kant hinaus. F. Denken liegt das Bestreben zugrunde, die Philos. zu einem System* auszubauen. Diese Aufgabe wurde bereits von Reinhold gestellt, ist aber nach Meinung F. nicht gelöst worden. Es gilt also, für die gesamte Philos. ein einheitliches Grundprinzip zu suchen; F. findet es im praktischen Charakter der Vernunft*. Damit verbindet er zwei Kantische Einsichten: Einerseits muß das System ein System der Vernunft sein, denn diese ist für Kant Streben nach Einheit und Zusammenhang. Andererseits, und noch entscheidender, setzt F. an beim Kantischen Begriff der Freiheit als radikaler Selbstbestimmung (Autonomie*); die Selbstbestimmung ist eben die der praktischen Vernunft.

Daß F. die praktische Vernunft ins Zentrum rückt, geschieht auch aus im traditionellen Sinn theoretischen Gründen. F. stellt sich hier dem durchgängigen Problem der neuzeitlichen Philos. seit Descartes, der Frage nach der Grundlage von Erkenntnis. Aber er gibt diesem Problem eine entscheidende Wende: Das erste Prinzip der Erkenntnis kann nie – wie bei Reinhold – in etwas Gegebenem bestehen, einer Tatsache*. Denn über das, was als Tatsache vorliegt, kann man hinaus- oder dahinter zurückgehen. Es liegt jedoch gerade für ein Bewußtsein* vor. Und dem Bewußtsein ist es dadurch gegeben, daß dieses Bewußtsein es als Gegebenes erst «setzt». Hinter dem Gegebenen oder Vorliegenden steht also eine Tätigkeit, Handlung. Das Grundlegende ist diese Tätigkeit selbst, durch die das gegebene Objekt als solches gesetzt wird, die «Tathandlung». Insofern ist die Vernunft auch als erkennende, theoretische Vernunft immer praktisch oder handelnd.

F. Philos. ist ein transzendentaler* Idealismus. Sie fragt nach der Grundlage von Erkenntnis und findet die Antwort in der schöpferischen Tätigkeit des ‹Ich›. Aber das Ich meint hier kein individuelles, sondern ein absolutes*. Dahinter steht der Gedanke, daß die einzelnen menschlichen Handlungen eine grundlegende Form der Welt voraussetzen. Das Individuum handelt in einer bereits geformten Welt, und zwar in einer Welt, die gewissermaßen auf menschliches Handeln hin geformt ist, d. h. in der menschliche Handlungen möglich sind.

Deshalb läßt sich F. Philos. zugleich als ethischer Idealismus bezeichnen. Die absolute schöpferische Tätigkeit ist «praktisch». Sie besteht in der Formung einer «sittlichen» Welt für das Handeln der Menschen untereinander. Folglich setzt sich die «Wissenschaftslehre», die Lehre von den Grundlagen des Wissens, bei F. fort in einer Ethik, einer Rechts- und Staatsphilos., Religionsphilos. sowie einer Geschichtsphilos. Allem liegt dasselbe Prinzip zugrunde, nämlich das Ich oder die praktische Vernunft. Sie wird als die Kraft begriffen, die durch Formung des Nicht-Ich eine Welt schafft. Das Nicht-Ich ist gegenüber dem Ich ‹das Andere›, d. h. die Natur.

So macht nicht – wie bei Spinoza – eine Substanz oder ein Ding das Absolute* aus, sondern das Ich, die grundlegende formende Tätigkeit. Und die Welt, die dadurch hervorgebracht wird, ist primär nicht eine Welt der Dinge, sondern eine Handlungswelt.

Der Mensch zeichnet sich nach F. zuallererst durch sein Handeln aus. Er ist als ‹Ich› kein Ding, sondern ein tätiges, formendes Wesen. Seine Bestimmung, so fügt F. hinzu, besteht in der Freiheit. Diese meint keinen vorliegenden Zustand, sondern ist eine Aufgabe, ein «Sollen». Die Handlung – nicht jede beliebige, aber die selbstbestimmte – besitzt in sich selbst Wert, weil sie Verwirklichung von Freiheit ist. Die Aufgabe bleibt demnach unendlich, wird ein unabschließbares Streben. Im Streben als solchem liegt schon das Ziel, eben weil sich in ihm Freiheit verwirklicht.

Unmittelbar, als ein Wesen, das zu sich selbst ‹Ich› sagen kann, ist der Mensch in grundlegendem Sinn selbstbewußt. Daher bemüht sich F. um eine Analyse von Selbstbewußtsein und stößt auf eine Reihe von Schwierigkeiten: Das Ich ist frei, selbstbestimmend, indem es sich zu sich verhält. Aber gleichzeitig verhält es sich zu sich nur von etwas Anderem her. Dieses Andere ist Grundlage dafür, daß es sich bestimmen, also frei sein kann. In seiner radikalen Freiheit ist der Mensch daher von etwas Anderem abhängig. Ebenso wie Schelling formuliert F. dieses Problem religionsphilos.: Das Andere, von dem her sich der Mensch zu sich verhält, ist Gott. Dieses religionsphilos. Motiv verbindet F., hier Kant folgend, zunächst noch mit dem ethischen. Allmählich jedoch verschiebt er das Ethische auf das Religiöse hin und läßt es darin aufgehen. Das Gottesverhältnis des Menschen entfaltet sich in der sittlichen menschlichen Gemeinschaft, in der Liebe. Und das Absolute wird jetzt nicht mehr als Ich bestimmt, sondern als Gott, verstanden als umfassende Identität (Einheit) und als Vernunft *(logos*)*.

Ausg.: Sämmtliche Werke. Hg. von I. H. Fichte. 8 Bde. 1845f., (unveränd. Nachdr. 1965). Werke. Auswahl in 6 Bdn. Hg. und eingel. von F. Medicus, 1910ff. (Nachdr. 1962). Gesamtausgabe der Bayerischen Akademie der Wissenschaften. Hg. von R. Lauth, H. Jacob (u. a.), 1962ff. – *Lit.:* P. Baumanns: J. G. F., 1990. H. M. Baumgartner u. W. G. Jacobs: J. G. F.-Bibliographie, 1968. W. G. Jacobs: J. G. F. in Selbstzeugnissen und Bilddokumenten, 1984. D. Henrich: F. ursprüngliche Einsicht, 1967. W. Janke: F. Sein und Reflexion – Grundlagen der kritischen Vernunft, 1970. M. Oesch (Hg.): Aus der Frühzeit des deutschen Idealismus. Texte zur Wissenschaftslehre F. 1794–1804, 1987. P. Rohs: J. G. F. 1991. I. Schüssler: Die Auseinandersetzung von Idealismus und Realismus in F. Wissenschaftslehre, 1969. W. Weischedel: Der frühe F., ^{2}1973. J. Widmann: Die Grundstruktur des transzendentalen Wissens, ^{2}1977.

Ficino, Marsilio (1433–99), ital. Philos., Arzt und Humanist. Lehrer an der 1459 gegründeten Akademie in Florenz, Priesterweihe 1473. – Besondere Wirkung erreichte F. durch seine Übersetzungen Platons und Plotins. In den eigenen Werken bemüht er sich um eine Versöhnung heidnischer Philos. wie Platon, Aristoteles, Iamblichus und Proklos mit christlichen Denkern wie Paulus und Augustinus. Laut F. meinen z. B. Platon und Paulus, wenn sie über Liebe sprechen, dasselbe: nämlich die Liebe zu Gott als dem absolut Schönen und Guten. Daher läßt sich der Platonismus* als Mittel verwenden, um Heiden und Skeptiker zum Christentum zu bekehren.

Lit.: P. O. Kristeller: Die Philos. des M. F., 1972.

«Fido»-Fido-Theorie. G. Ryles Bezeichnung für die Namenstheorie der Bedeutung*, der zufolge sich die Bedeutung eines jeden Worts zu dem Wort auf gleiche Weise verhält, wie sich der Hund Fido zum Namen «Fido» verhält.

Fiktion (von lat. *fingere*, bilden, vorstellen, ersinnen). 1. Etwas Erfundenes, dem in der Wirklichkeit nichts Faktisches entspricht. In diesem Sinn ist auch Dichtung F. 2. Eine wissenschaftliche Vorstellung, die zwar als falsch betrachtet, aber aus methodischen Gründen beibehalten wird, da sich mit ihr praktisch sehr wohl arbeiten läßt (z. B. die Vorstellung vom leeren Raum). 3. Grundbegriff im sog. Fiktionalismus H. Vaihingers.

Lit.: D. Henrich u. W. Iser (Hg.): Funktion des Fiktiven, 1981. H. Vaihinger: Philos. des Als ob, 1911.

finit/Finitismus (von lat. *finis*, Ziel, Grenze, Ausgang, Schluß). 1. Von D. Hilbert eingeführte metamathematische Bezeichnung für etwas, das endlich oder begrenzt ist. F. bezeichnet eine Forderung, derzufolge in einer mathematischen Beweisführung nur f. (d. h. endliche) Methoden benutzt werden sollen, da der Mathematiker in seinen Beweisen nur eine endliche Anzahl Zeichenfiguren anwenden darf. Finitistische Methoden spielen eine wichtige Rolle im mathematischen Intuitionismus*.
2. Dem streng finitistischen oder ultraintuitionistischen Programm der mathematischen Philos. zufolge dürfen in dieser Wissenschaft nur Verfahren erlaubt sein, die tatsächlich (nicht nur ‹im Prinzip›) befolgt werden können. Die Menge natürlicher Zahlen, d. h. 1, 2, 3 usw., hat daher zwar kein letztes Element, ist aber nach oben hin begrenzt: Bestimmte ‹Zahlbezeichnungen›, z. B. $67^{257^{792}}$, werden nicht als Zahl betrachtet, weil sie sich in der Praxis nicht berechnen lassen. Das Programm, das bereits in Wittgensteins *Bemerkungen über die Grundlagen der Mathematik* (Ausg. 1956) angedeutet ist, wird auf verschiedene Weise von A. S. Esenin Volpin, R. Parikh und R. Gandy zu realisieren versucht.
3. Allgemein bezeichnet F. die Lehre von der Endlichkeit* der Welt oder bestimmter ihrer Gegenstandsgebiete, d. h. die Leugnung alles Unendlichen.

Lit.: K. Gödel: Über formal unentscheidbare Sätze der Principia Mathematica und verwandter Systeme I. In: Monatshefte für Mathematik und Physik 38, 1931. D. Hilbert/P. Bernays: Grundlagen der Mathematik, I–II, ^{2}1968/70. P. Lorenzen: Metamathematik, 1962.

Fink, Eugen (1905–75), dt. Philos. und Pädagoge. Studium in Münster, bei N. Hartmann in Berlin und bei E. Husserl in Freiburg. 1928–36 Assistent Husserls. 1946 Dozent an der Universität Freiburg, ab 1948 als o. Prof. für Philos. und Pädagogik. In den 30er Jahren gehörte F. zu Husserls getreuesten Schülern, wandte sich aber nach dem Krieg kritisch gegen dessen transzendentale Phänomenologie*. Zum Teil unter dem Einfluß des späten Heidegger, Heraklits und Nietzsches bemühte er sich statt dessen um ein spekulatives Verständnis von Welt*: Die Welt ist kein Gegenstand oder Seiendes, sondern «die Gegend aller Gegenden», innerhalb deren Gegenstände oder Seiende überhaupt erscheinen können.

Ausg.: Das Problem der Phänomenologie E. Husserls, 1939. Oase des Glücks, 1957. Sein, Wahrheit, Welt, 1958. Spiel als Weltsymbol, 1960. Nietzsches Philos., 1960. Metaphysik und Tod, 1969. Heraklit (gem. mit M. Heidegger), 1970. Erziehungswissenschaft und Lebenslehre, 1970. – *Lit.:* H. Meyer-Wolters: Koexistenz und Freiheit. E. F. Anthropologie und Bildungstheorie, 1992.

Folgerung, Folge (engl. *entailment*; *implication*; *conclusion*). Folgerung heißt sowohl die Aussage, die aus anderen Aussagen gefolgert ist, als auch die Beziehung, die zwischen diesen Aussagen besteht; F. heißt aber auch die Regel, die es erlaubt, von einer Aussage zu einer anderen überzugehen, sowie die aktuelle Anwendung dieser Regel. Der F.-Begriff wird mitunter in einem sehr weiten Sinn gebraucht, z. B. wenn man von der Krankheit einer Person sagt, sie sei eine Folge des Alkoholismus. Im engeren logischen Sinn sagt man, eine Behauptung p folgt aus anderen, sofern es ein gültiges Argument* gibt, das diese anderen Behauptungen als Prämissen und p als Konklusion enthält. Die Gültigkeit des Arguments besteht darin, daß immer dann, wenn sämtliche Prämissen wahr sind, auch die Konklusion wahr sein muß. In noch eingeschränkterem Sinn sagt man, daß p nur dann aus anderen Behauptungen folgt, wenn der Schluß von diesen Behauptungen auf p formal gültig ist, d. h. gültig kraft der Regeln der formalen Logik*, die für die Sprache gilt, in der die Behauptungen formuliert sind.

Dieser Begriff einer logischen F. kann in zwei Richtungen präzisiert werden: 1. In der *Beweistheorie* oder Metamathematik*, die das exakte Studium der syntaktischen* Eigenschaften formeller Systeme ist, wird der syntaktische Begriff der F. auf folgende Weise definiert: Eine Formel p folgt aus anderen Formeln in einem System S, sofern p mit Hilfe endlich vieler Anwendungen der Schlußfolgerungsregeln* aus S von diesen anderen Formeln hergeleitet oder deduziert werden kann. Wenn sämtliche dieser Formeln in S beweisbar sind, ist diese Deduktion ein Beweis für p in S. 2. In der *Modelltheorie* oder formalen Semantik*, die eine exakte Analyse der semantischen Eigenschaften formaler Sprachen vornimmt, wird der semantische Begriff der F. wie folgt definiert: Eine Formel p folgt in der Sprache S aus anderen Formeln, sofern jede Zuschreibung von Wahrheitswerten* für die Formeln von S, die diese anderen Formeln wahr macht, auch p wahr macht. Wenn p syntaktisch bzw. semantisch aus einer Menge von Formeln folgt, sagt man, daß diese p syntaktisch bzw. semantisch implizieren. – In der gewöhnlichen Prädikatenlogik* 1. Stufe, einschließlich der Aussagenlogik, harmonieren die Begriffe der syntaktischen und semantischen F.: Folgt p syntaktisch aus einer Menge von Formeln, folgt p auch semantisch aus ihr und umgekehrt.

Lit.: W. Stegmüller: Das Wahrheitsproblem und die Idee der Semantik, 1957. A. Tarski: Einführung in die mathematische Logik, ²1966.

Form/Inhalt (engl. *form/content*; franz. *forme/contenu*), Gegensatz, der seit dem 18. Jh. in der Ästhetik* sowie in Kunst- und Literaturauslegung eine große Rolle spielt. Später wurde er auf andere Bereiche übertragen. Oft entspricht die Unterscheidung F./I. der zwischen Form und Materie (vgl. Form/Materie). In diesem Fall ist der I. ein Stoff (aus Tönen, Farben, Holz, Stein oder Ereignissen, Handlungen, Tatsachen*), der eine bestimmte (künstlerische oder sonstige) F. besitzt bzw. besitzen sollte (Gestalt, Aussehen, Erscheinungs- oder Aussageweise). Dagegen identifiziert u. a. Hegel den I. mit der geformten («formierten») Materie selbst (*Logik*, 2. Buch, 1. Abschn., 3. Kap., A. c.). In diesem I., dem geformten Stoff, ist dann F. nur ein Moment*.

Bei beiden Deutungen bleibt umstritten, ob F. und I. wirklich voneinander getrennt werden können oder ob es sich um zwei Seiten derselben Sache handelt. Daher herrscht auch keine Einigkeit, ob eine reine Formbetrachtung sinnvoll ist oder ob sich ein Kunstwerk, eine wissenschaftliche bzw. philos. Theorie usw. ausschließlich in der konkreten Einheit von F. und I. verstehen läßt. Gibt es z. B. bei einem Gedicht eine F., die unabhängig von dem existiert, worüber es spricht? Kann sich die Philos. mit einer Untersuchung der F. *(a* priori)* der Wirklichkeit bzw. Erkenntnis begnügen, oder benötigt sie auch einen (empirischen*) I.?

Form/Materie (engl. *form/matter*; franz. *forme/matière*; griech. *eidos*, Aussehen, *morphe*, Gestalt, *hyle*, Bauholz, Material, ungeformter Stoff; lat. *forma/materia*). In der griech. wie in der modernen Umgangssprache bezeichnet F. zunächst die räumliche Gestalt (griech. *morphe*) eines Gegenstands mit bestimmten Umrissen und Flächen, also das Aussehen (griech. *eidos*). Diesen F.-Begriff erweitert Platon und gibt ihm zugleich eine spezifisch fachphilos. Bedeutung. F. (griech. *eidos*) meint in der platonischen Ideenlehre* die eigentliche Struktur der Dinge. Sie kann nur durch die Vernunft* erkannt werden. Die wahrnehmbare F. oder Gestalt ist jeweils nur ein Abglanz dieser eigentlichen F., die eine selbständige Größe bildet und unabhängig von den Einzeldingen (Erscheinungen*) existiert. Der Begriff M. (griech. *hyle*) fin-

Form/Materie

det sich in philosophischer Bedeutung nicht bei Platon. Er entsteht erst bei Aristoteles, der der Unterscheidung zwischen F. und M. auch ihren klassischen philos. Sinn gibt. Daß die F. unabhängig von den Dingen existiert, für die sie F. ist, streitet Aristoteles im Gegensatz zu Platon ab. Die F. ist – außer im Fall Gottes – immer an eine bestimmte M. gebunden (s. Hylemorphismus). Damit wird das griech. (und lat.) Wort für M., das ursprünglich Bauholz bedeutete, ausgeweitet und bezeichnet nun in seiner philos. Verwendung Materie im allgemeinen. Alle Dinge (Gegenstände* oder Seiendes*) sind aus F. und M. zusammengesetzt, aus Struktur und Stoff. Ein Zinnbecher z. B. besitzt die F. ‹geeignet, um daraus zu trinken›, während der Zinn seinen Stoff ausmacht. Des weiteren ergeben F. und M. zusammen die beiden aristotelischen Individuationsprinzipien*, durch die ein Ding erst zu etwas Spezifischem und Individuellem wird (der spätere Aristotelismus*, z. B. Thomas von Aquin, betrachtet dagegen nur die M. als Individuationsprinzip). Allerdings ist die Trennung zwischen F. und M. nicht absolut, weil jeder Stoff seinerseits eine F. besitzt. So liegt die F. des Zinns in seiner ‹Zinnhaftigkeit›, durch die er sich von anderen Metallarten unterscheidet. Was also im einen Zusammenhang M. ist, ist im anderen geformte M. – und umgekehrt. Bei konsequenter Anwendung des F./M.-Schemas gelangt man nach Aristoteles zu den vier einfachen Elementen*, zu Wasser, Erde, Luft und Feuer. Deren M., die erste Materie (lat. *prima materia*), kommt jedoch nie rein vor, sondern eben nur in der Form von Wasser, Erde, Luft, Feuer oder etwas daraus Zusammengesetztem.

M. ist bestimmt als etwas, das die Möglichkeit (griech. *dynamis**) besitzt, verwirklicht zu werden (griech. *energeia*). Der Zinn z. B. enthält die Möglichkeit, ein Zinnbecher mit ‹Trinkeignungsform› zu werden. F. und M. bilden also zwei der vier aristotelischen Ursachen (lat. *causae** im Sinn von *formalis* und *materialis*); die beiden anderen liegen in der Wirkursache (lat. *efficiens*), z. B. das Hämmern des Schmieds auf dem Zinn, und der Zweckursache (lat. *finalis*), hier: ein Gegenstand zu sein, aus dem sich trinken läßt. Im Beispiel des Zinnbechers fallen F.- und Zweckursache zusammen. Dasselbe gilt überall, wo im Kosmos* Ordnung und nicht Zufall herrscht. Gott als reine F. ist die Verwirklichung aller seiner Möglichkeiten und als solcher der oberste Garant dafür, daß die von Natur und Mensch geschaffenen Dinge in einen zweckbestimmten Kosmos eingehen (vgl. Teleologie).

Es kennzeichnet die aristotelische Lehre, daß F./M. zuallererst verstanden werden als Prinzipien für die selbständigen, individuellen physischen Einzeldinge (die sog. primären Substanzen*), nicht aber für den Kosmos als Ganzes. Eine andere Auffassung vertreten die Stoiker*. Für sie bilden die Einzeldinge nur Teile (Momente*) der Welttotalität, des Kosmos; und er allein existiert selbständig. F. und M. werden also zu kosmologischen Prinzipien, die für die Welt als Ganzheit gelten. Und während Aristoteles M. als etwas Unkörperliches betrachtet, das für die körperlichen Dinge Prinzip ist, fassen die Stoiker M. als (allerdings qualitätlosen) Körper.

Ebenfalls eine kosmologische Bedeutung erhalten F. und M. bei Plotin. M. gilt hier als die letzte und schwächste Emanation* (Ausströmung) aus dem Einen* (s. Platonismus). Jedoch ist M. nach Plotin unkörperlich, weil sie nicht einmal die Struktur der wahrnehmbaren körperlichen Dinge besitzt. Weil völlig ohne Bestimmung, ist sie die Abwesenheit des Guten, also das reine Böse und Häßliche. Außer dieser letzten (sinnlichen) M., die ‹unterhalb› der wahrnehmbaren Dinge steht, kennt Plotin auch eine intelligible Materie. Sie befindet sich ‹oberhalb› der wahrnehmbaren Dinge. Denn die Ideen, die von dem Einen ausgehen, bestehen je aus allgemeiner F. und besonderer, intelligibler M. Auf allen Stufen des Daseins ist M. das Spaltende, Trennende, wäh-

rend F. den Zusammenhang herstellt und insofern dem Einen näherstehl.
Die aristotelischen und neuplatonischen Begriffe von F. und M. werden im Mittelalter weiterentwickelt. Mit dem Aufkommen der neueren Physik im 16. und 17. Jh. verschwindet die F./M.-Unterscheidung jedoch. An ihre Stelle tritt die engere physikalische Trennung zwischen den ewigen Naturgesetzen und der physischen M. (dem körperlichen Stoff), die in Raum* und Zeit* ausgedehnt ist (vgl. Materialismus).
Bei Kant findet sich das F./M.Schema wieder, gilt aber nicht als Prinzip der Dinge an* sich, sondern als Bestimmung der erfahrenen Gegenstände in ihrem Verhältnis zum menschlichen Erkenntnisvermögen. Deshalb ist hier von «Reflexionsbegriffen*» die Rede. Genauer bilden die unstrukturierten Sinneseindrücke (Empfindungen*) für Kant die durch Erfahrung gegebene (aposteriorische) M. (oder den Stoff) der Erkenntnis, während die strukturierende F. *a priori* gegeben ist in den Anschauungsformen* (Raum und Zeit) sowie den Verstandesformen oder Kategorien* (Substanz, Ursache-Wirkung usw.).
Bei Hegel gewinnt die F./M.-Unterscheidung nochmals einen ontologischen und kosmologischen Sinn. Hatte die Tradition (einschließlich Kant) M. als unstrukturierte Mannigfaltigkeit und F. als das Einheitsstiftende aufgefaßt, so gilt für Hegel die M. als ursprünglich undifferenzierte Einheit und F. als das aufspaltende Moment: Die Wirklichkeit erhält Struktur, indem neue Unterschiede entstehen; der vom Absoluten ausgehende und in ihm endende, voranschreitende Prozeß geht nicht auf eine immer unterschiedslosere Einheit zu (wie bei Plotin und Schelling), sondern auf einen hochdifferenzierten Zustand des Gleichgewichts.
Im 20.Jh. findet sich die F./M.-Unterscheidung bei den Neukantianern*, einigen Phänomenologen* (z.B. Husserl) und im dialektischen Materialismus*. Darüber hinaus wird sie nur noch selten benutzt.

Lit.: C. Baeumker: Das Problem der M. in der griech. Philos., ND 1963. E. Cassirer: Philos. der symbolischen Formen, I–III, ND 1977. Ders.: Substanzbegriff und Funktionsbegriff, ND 1969. N. Hartmann: Zur Lehre vom Eidos bei Platon und Aristoteles, 1941. J. Klinger: Das Prinzip der Individuation bei Thomas von Aquin, 1964. K.H. Winner: Die dualistische Interpretation der Seienden, 1967.

formale Logik/formallogisch. Das Studium der Gültigkeit/Ungültigkeit von Argumenten*, welche allein auf der Form der Argumente beruht. Die f.L. zeichnet sich seit ihrer Grundlegung bei Aristoteles durch die Anwendung besonderer Symbole für die logischen Formen der Argumente aus. In diesem Jh. ist die Symbolanwendung so verbreitet, daß logische Theorien beinahe ausschließlich mittels formalisierter Sprachen und formaler Systeme artikuliert werden.

formale/materiale Sprechweise (engl. *formal/material mode of speech*), eine Unterscheidung, die Carnap in seiner *Logischen Syntax der Sprache* (1934) eingeführt hat. Durch die Anwendung der f.S. macht man deutlich, daß man mit Hilfe bestimmter Ausdrücke und Zeichen ausschließlich über Begriffe oder sprachliche Ausdrücke redet, z.B. ‹Im Gottesbegriff ist ein Begriff der Allmacht enthalten›, ‹‚Zürich' ist ein Stadtname› und ‹Der Begriff ‚schwarzer Hund' ist nicht leer›. Durch die Anwendung der m.S. hingegen spricht man von nicht-sprachlichen Größen, z.B. ‹Gott ist notwendigerweise allmächtig›. ‹Zürich ist eine Stadt› und ‹Es gibt schwarze Hunde›. Carnap benutzt diese Unterscheidung, um die Sinnhaftigkeit der Sätze zu klären, mit deren Hilfe traditionelle philos. Probleme formuliert werden. Solche Sätze – z.B. ‹Ein äußeres Ding ist ein Komplex von Sinneseindrücken› – werden in der m.S. ausgedrückt, müßten aber, sofern sie sinnvoll sein sollen, in Sätze der f.S. übersetzt werden können.

Lit.: W. Stegmüller: Das Wahrheitsproblem und die Idee der Semantik, 1957.

formales System, in der Logik* und Mathematik Bezeichnung für eine Menge von Axiomen* und/oder Schlußfolgerungsregeln*, die in einer formalisierten* Sprache zum Ausdruck gebracht werden.

formalisieren, formal machen, in einem Formalismus* ausdrücken. Unter einer Formalisierung versteht man ein Verfahren, das in einem Formalismus resultiert, sowie das Resultat eines solchen Verfahrens. Die Formalisierung einer Theorie vollzieht sich in zwei Schritten: Man gibt eine semantisch und syntaktisch charakterisierte symbolische Kunstsprache an, in die sich die Aussagen der Theorie übersetzen lassen, und formuliert dann die Axiome der Theorie in dieser Kunstsprache so, daß alle Lehrsätze der Theorie aus diesen Axiomen logisch abgeleitet werden können.

Lit.: A. Tarski: Einführung in die mathematische Logik, 1966.

Formalismus (von lat. *formalis*, förmlich). 1. Ein formallogisches* System wird oft ein F. genannt. 2. Der F. repräsentiert eine Hauptrichtung in der mathematischen Philos., welche von D. Hilbert Anfang dieses Jh. begründet wurde und in ihrer radikalsten Form bei H. B. Curry zu finden ist. Dem F. zufolge besteht die Mathematik in einem Spiel mit Formeln in Übereinstimmung mit festgelegten Regeln. Diese Formeln werden als physische Gegenstände, nämlich als Inskriptionen von Zeichen, z. B. auf Papier, aufgefaßt; sie haben keine anderen Eigenschaften als die rein syntaktischen*. Mathematische Ausdrücke bezeichnen daher überhaupt nichts; ‹2› repräsentiert keine abstrakte Zahl. In diesem Sinn hat die Mathematik nichts mit der Wirklichkeit zu tun. Seit Hilbert hat man in F. nicht-finite Methoden als suspekt angesehen: Unproblematisch sind mathematische Verfahren nur dann, wenn sie in einer endlichen Anzahl von Schritten ausgeführt werden können. Hilberts Absicht war es, mit finiten* Methoden zu zeigen, daß die bekannte Erweiterung der Mathematik mit infiniten Verfahren (z. B. in der mathematischen Analyse) das System der mathematischen Erkenntnis nicht inkonsistent* macht. Hilberts Programm mußte aber aufgegeben werden, als Gödel 1931 die Unmöglichkeit nachwies, einen solchen Konsistenzbeweis mit finiten Mitteln herbeizuführen.
3. F. ist auf verschiedenen Gebieten die Bezeichnung für jene Haltung, welche die Form und formale Untersuchung auf Kosten des Stoffs oder Inhalts überbetont. Die Bedeutung von ‹Form*› und ‹Inhalt› ist dabei von Gebiet zu Gebiet unterschiedlich.

Lit.: P. Benacerraf/H. Putnam (Hg.): Philos. of Mathematics. ²1964. P. Lorenzen: Metamathematik, 1962. M. Scheler: Der F. in der Ethik und die materiale Wertethik, ⁴1954. K. Schütte: Beweistheorie, 1960.

Formel (lat. *formula*), eine wohlgeformte F. ist ein Ausdruck, der in einer formalisierten Sprache erlaubt ist, d. h. in Übereinstimmung mit den syntaktischen* Regeln für die Bildung von Ausdrücken innerhalb des Systems (mitunter die Formregeln des Systems genannt) gebildet worden ist. Die Definition der wohlgeformten F. eines Systems wird oft in rekursiver* Form erbracht: Zunächst wird die Wohlgeformtheit der einfachen Satzausdrücke des Systems, die atomischen F., bestimmt; danach wird dargelegt, wie zusammengesetzte F. aus einfacheren F. gebildet werden dürfen. Wenn z. B. ‹p und q› und die Negation von ‹p und q› (−p, −q) wohlgeformt sind, dann ist auch ‹p oder q› wohlgeformt; denn ‹p oder q› läßt sich mit Hilfe von Konjunktionen und Negationen ausdrücken: ‹p oder q› ist gleichbedeutend mit − (−p und −q).

Foucault, Michel (1926–84), franz. Philos. und Historiker. Prof. f. Philos. in Clermont-Ferrand 1964, danach in Paris, zunächst an der Université de Paris VIII – Vincennes und seit 1970 (mit einem

Lehrstuhl für Geschichte der Denksysteme) am Collège de France. – Obgleich als Philos. ausgebildet, hat F. sein ganzes Werk der Geschichtsschreibung gewidmet. Die Foucaultsche Form von Geschichte ist allerdings weder Material- noch Geistesgeschichte im traditionellen Sinn. Sie ist vielmehr als eine Weiterentwicklung der Auffassung von Wissenschaftsgeschichte zu verstehen, die in Frankreich seit A. Koyré und A. Bachelard betrieben wird. Neben den genannten zählt Nietzsche zu F. philos. Hauptreferenzen.

Gegenstand der Geschichtsschreibung F. ist nicht Wissenschaft, sondern Wissen im allgemeineren Sinn eines Dispositionsrechts über die Wahrheit, welches erlaubt, Wissen materiell durchzusetzen. Wissen ist für F. Macht in diesem unmittelbaren Sinn. Aus dieser Perspektive analysiert F. verschiedene «Diskurse» des Wissens: Psychologie, Medizin, Humanwissenschaften, Kriminologie, Gefängniswesen, Sexualität. Die Diskursanalysen F. sind so zugleich Machtanalysen.

In der *Histoire de la folie* (1961; dt. Wahnsinn und Gesellschaft, 1969) analysiert F. das Entstehen des Begriffs der Geisteskrankheit, indem er zeigt, wie die Geisteskranken von anderen Randgruppen, die anfangs einer gemeinsamen Behandlung durch die Gesellschaft ausgesetzt waren, ausgegrenzt werden. In *Surveiller et punir* (1975; dt. Überwachen und Strafen, 1977) werden Ursprung und Institution des Gefängnisses auf dem Hintergrund des Diskurse über Verbrechen und Strafe betrachtet. In der *Histoire de la sexualité* (1976; dt. Sexualität und Wahrheit, 3 Bde., 1977/86) wird die Entstehung des neuen Gegenstands, der Sexualität, als Beispiel für den Wahrheitsdiskurs in verschiedener, etwa psychiatrischer, rechtlicher, moralischer Sicht analysiert.

F. sucht in solchen Diskursanalysen stets nach «Formationsregeln» von Diskursen selbst, d. h. der Wahrheit und der Macht. Er formuliert keine allgemeine ‹Geschichtsphilos.› und entwirft auch nicht eigentlich eine Theorie der Macht, sondern untersucht in subtilen Einzelanalysen der Macht die diskursiven Regel- und Gesetzmäßigkeiten bestimmter gesellschaftlicher Bereiche. Als einzige allgemeine Aussage über ‹die› Geschichte bleibt letzlich nur, daß nicht jeder beliebige zu jedem beliebigen Zeitpunkt über jeden beliebigen Gegenstand reden kann. Die Frage nach der Geschichte als solcher wird für F. zu einer Frage nach dem Gebrauch von Regeln und nach dem allmählichen Bedeutungswandel, durch den neue Regelsysteme, neue Zeitalter entstehen.

Ausg.: Archäologie des Wissens, 1973. Die Geburt der Klinik, 1973. Die Ordnung der Dinge, 1974. Von der Subversion des Wissens, 1974. Schriften zur Literatur, 1979. – *Lit.:* E. Dauk: Denken als Ethos und Methode, 1989. G. Deleuze: F., 1992. H. L. Dreyfus/ P. Rabinow: M. F. Jenseits von Strukturalismus und Hermeneutik, 1987, ²1994. H. Fink-Eitel: F. zur Einführung, 1989, ²1992. H. H. Kögler: M. F., 1994. U. Marti: M. F., 1988. W. Schmid: Die Geburt der Philos. im Garten der Lüste, 1987. W. Schmid: Auf der Suche nach einer neuen Lebenskunst, 1994.

Fourier, Charles (1772–1837), franz. Philos., von Beruf Kaufmann; utopischer Sozialist. F. übt massive Kritik an der bürgerlichen Gesellschaft («Zivilisation»), die mit dem Überfluß auch die Armut schafft. Die Einrichtungen dieser Gesellschaft verhindern, daß der Mensch seine natürlichen positiven Möglichkeiten zu entfalten vermag. Als Gegenbild entwickelt F. die Utopie* einer harmonischen Gesellschaft. Sie besteht aus Großkollektiven, in denen der einzelne seine Möglichkeiten und Leidenschaften voll und ganz zur Geltung bringen kann.

Ausg.: Œuvres complètes, 12 Bde., 1966ff. Theorie der vier Bewegungen und der allgemeinen Bestimmungen. Hg. von T. W. Adorno, 1966. – *Lit.:* R. Barthes: Sade, Loyola, 1974. M. Blang (Hg.): Dissents, 1992. A. Bebel: C. F.: Sein Leben und seine Theorien, ND 1978.

Frankfurter Schule, Bezeichnung für eine Gruppe von Philos. und Sozialwissenschaftlern, deren Zentrum das von M. Horkheimer ab 1930 geleitete Institut für Sozialforschung in Frankfurt/M. war. Während des Dritten Reichs wurde das Institut nach New York verlegt, wo es mit der Columbia University zu einer ähnlich fruchtbaren Zusammenarbeit kam wie zuvor in Deutschland mit der Universität Frankfurt. Mitglieder des Instituts waren neben M. Horkheimer u. a. T. W. Adorno, H. Marcuse, L. Löwenthal, E. Fromm, F. Pollock und W. Benjamin; viele seiner Arbeitsergebnisse wurden in der *Zeitschrift für Sozialforschung* (1932–39), den *Studies in Philosophy and Social Science* (1940–41) und den *Frankfurter Beiträgen zur Soziologie* (1955–71) veröffentlicht. Charakteristisch für die F. S. ist die von Horkheimer programmatisch begründete «Kritische Theorie der Gesellschaft». Diese wurde von Horkheimer zusammen mit Adorno weiterentwickelt und dabei stark von Benjamin beeinflußt. Gegenwärtig ist J. Habermas der wichtigste Repräsentant der F. S. Neben ihm sind Philos. wie O. Negt, A. Schmidt, A. Wellmer und A. Honneth dem Programm einer «Kritischen Theorie» verpflichtet.

Der Name der F. S. steht für ein zwar durch K. Marx geprägtes, aber nicht dogmatisch marxistisches Denken; mit ihm verbindet sich das Konzept einer Philos., welche die gesellschaftlichen Verhältnisse der jeweiligen Gegenwart und ihrer Vorgeschichte zum Thema macht und dabei auch ihre eigene gesellschaftliche Bedingtheit berücksichtigt. Philos. und Sozialwissenschaft ergänzen sich derart zu einem einheitlichen Ansatz und einem einheitlichen Forschungsprogramm. Die Analyse der gesellschaftlichen Verhältnisse soll Formen des Denkens überwinden, in denen die Gesellschaft so, wie sie ist, stabilisiert wird; sie soll als Kritik an Macht und Herrschaft ein möglicher Weg zur Emanzipation vom Bestehenden und darin praktisch sein. Während Horkheimer in seinen Aufsätzen aus den 30er Jahren eine solche Emanzipation noch für politisch vollziehbar gehalten hatte, treten in seinen späteren Arbeiten pessimistische Züge und theologische Motive immer deutlicher hervor. Vor allem durch die gemeinsam mit Adorno verfaßte und 1944 abgeschlossene *Dialektik der Aufklärung* ist dokumentiert, wie die Kritik an der bestehenden Gesellschaft durch eine Kritik an der naturbeherrschenden Vernunft generell ersetzt wird. Als Alternative zu dieser ist nur noch eine messianische Erlösung denkbar, deren Vorschein, wie Adorno in seiner *Ästhetische Theorie* (1970) zeigen wollte, in der Kunst erfahren wird. – Demgegenüber hat Habermas wieder enger an die frühe Konzeption Horkheimers angeknüpft und die Kritik bestehender gesellschaftlicher Verhältnisse am Maßstab eines herrschaftsfreien Dialogs orientiert. Dieser Versuch ist am ausführlichsten in seiner *Theorie des kommunikativen Handelns* (1981) ausgearbeitet.

Lit.: R. Wiggershaus: Die F. S. Geschichte, theoretische Entwicklung, politische Bedeutung, 1986, ²1989. U. Gmünder: Kritische Theorie: Horkheimer, Adorno, Marcuse, Habermas, 1995. A. Hügli/P. Lübcke (Hg.): Philosophie im 20. Jahrhundert, Bd. 1: Phänomenologie, Hermeneutik, Existenzphilosophie und Kritische Theorie, 1992. M. Jay: Dialektische Phantasie. Die Geschichte der F. S. und des Instituts für Sozialforschung, 1923–50, 1976. – Zeitschrift für Kritische Theorie. Hg. v. G. Schweppenhäuser, 1995 ff.

Frege, Gottlob Friedrich Ludwig (1848 bis 1925), dt. Mathematiker, Logiker und Philos., geb. in Wismar. F. studierte Mathematik, Physik und Philos. in Jena und Göttingen. 1873 Diss. mit einer geometrischen Abhandlung. 1874 Habil. 1879–1918 Prof. für Mathematik an der Universität von Jena. – F. hat zur Philos. drei zusammengehörige Beiträge geleistet, die die Entwicklung der modernen, analytischen* Philos. angeregt und maßgeblich mitbestimmt haben. 1. Er ist der eigentliche Begründer der modernen (mathematischen) Logik*. 2. Seine Philos. der Mathematik (der sog. Logizismus*), die sich mit den Grundlagen der Mathematik beschäftigt, ist der erste Beitrag zur modernen philos. Diskussion der Mathematik. 3. Schließlich ist er der Begründer der philos. Logik und der philos. semantischen* Analyse der Sprache.

Die Hauptgedanken von Freges Grundlegung der modernen Logik sind bereits in seiner ersten Veröffentlichung, der *Begriffsschrift* aus dem Jahr 1879, enthalten. Hier wird zum erstenmal ein modernes logisches System mit formalisierter Sprache, Axiomen* und Schlußfolgerungsregeln dargestellt. Das System behandelt die sog. Prädikatenlogik* 2. Stufe mit Quantifikationen* über Gegenstände und Eigenschaften. Seine Fragmente über die Satz- und Prädikatenlogik 1. Stufe bilden – was F. nicht selbst beweisen konnte – eine vollständige Formalisierung der reduktiven logischen Theorien. F. Einführung von Quantoren* in der *Begriffsschrift* ermöglicht die Lösung von Problemen, die bisher in Verbindung mit der logischen Analyse genereller Sätze (mit den Sammelausdrücken ‹alle›, ‹keine› und ‹einige›) aufgetreten waren. Diese Probleme hatten die Logik daran gehindert, eigentliche Fortschritte über Aristoteles hinaus zu machen. F. logisch-mathematisches Hauptwerk *Die Grundgesetze der Arithmetik* (Band I, 1893, Bd. II, 1903) führt das logische System der *Begriffsschrift* weiter. Es handelt von reinen logischen Analysen (Reduktionen) der Grundsätze und Grundbegriffe der Arithmetik und der Theorie der reellen Zahlen. Es zeigte sich jedoch, daß das erweiterte System einen unauflöslichen Selbstwiderspruch beinhaltet (Russells Antinomie*).

In seinen *Grundlagen der Arithmetik* aus dem Jahr 1884 liefert F. zunächst eine vernichtende Kritik der üblichen Antworten auf die Fragen ‹Was sind Zahlen?› und ‹Welchen erkenntnismäßigen Status hat mathematische Wahrheit?›. Seine Antwort beruht auf der Grundthese des Logizismus, daß die Mathematik eine Weiterentwicklung der Logik sei. Mit Hilfe der Alltagssprache beschreibt er die Prinzipien, die es erlauben, mathematische auf logische Begriffe zurückzuführen, wie sie in den *Grundgesetzen der Arithmetik* formalisiert* werden. Die philos. Argumentation F. führt jedoch weit über die Philos. der Mathematik hinaus und fand nicht zuletzt bei Wittgenstein später in anderen Zusammenhängen wieder Aufnahme, so das kontextuelle Prinzip, demzufolge der Sinn eines Wortes immer aus dem Satzzusammenhang (Kontext*) erklärt werden soll und nie isoliert betrachtet werden darf.

Neben den *Grundlagen* und den informellen Einleitungen zu den zwei Bänden der *Grundgesetze* hat F. in einer Reihe von Artikeln seine Sprachphilos. dargestellt. Hier nimmt *Über Sinn und Bedeutung* aus dem Jahr 1892 einen hervorragenden Platz ein. F. verwendet die Unterscheidung zwischen Sinn und Bedeutung in Verbindung mit sämtlichen Ausdruckskategorien – singuläre Ausdrücke*, generelle Ausdrücke, Funktionsausdrücke* und ganze Sätze – und formuliert damit die generelle philos. Theorie über die Wirkungsarten der Sprache, die seinem logischen System und seinen philos. Analysen zugrunde liegen: Der Hauptgedanke ist der, daß Sinn mit Hilfe des Begriffs Wahrheit* erklärt werden soll. Der Sinn eines Satzes ist seine Wahrheitsbedingung*: Einen Satz verstehen heißt wissen, was der Fall ist, wenn er wahr (falsch) ist. Der Sinn eines Wortes ist sein Beitrag zur Festlegung der Wahrheitsbedingungen jener Sätze, in denen er vorkommt. Der Wahrheitsbegriff selbst kann nicht mit Hilfe von anderen Begriffen erklärt werden. Er muß als nicht definierbarer Begriff anerkannt werden. F. unterzieht denn auch die herrschenden Wahrheitstheorien einer scharfen Kritik, so in dem Aufsatz *Der Gedanke* aus dem Jahr 1918. In diesem Artikel greift er auch den Idealismus* an und konfrontiert ihn mit den realistischen Grundanschauungen, die sich wie ein roter Faden durch seine ganzen Werke ziehen.

Ausg.: Logische Untersuchungen, 1966. Funktion, Begriff, Bedeutung. Fünf logische Studien, ²1975. Nachgelassene Schriften, Wissenschaftlicher Briefwechsel, 2 Bde., 1976. – *Lit.:* W. Carl: Sinn und Bedeutung: Studien zu F. und Wilhelm Stein, 1982. M. Dummett: The Interpretation of F. Philos., 1981. M. Dummett: F. Philos. of Langnage, 1973, ²1981. M. Dummett: F. Philos. of Mathematics, 1991. F. v. Kutschera: G. F. Eine Einführung in sein Werk, 1989. G. Patzig: Sprache und Logik, ²1981. M. Schirn (Hg.): Studien zu F. I–III, 1976. W. Schüler: Grundlegung der Mathematik in transzendentaler Kritik: F. und Hilbert, 1983.

freie Variable, in der formalen Logik* eine Variable*, die in einer Formel* an keine Quantoren* gebunden ist, z. B. die Variable ‹x› in ‹x ist eine Giraffe› und in ‹Es gilt für alle y, daß x schneller ist als y›. Eine nicht f. V. heißt eine gebundene Variable. Eine Formel, in der f. V. vorkommen, ist kein vollständiger Satz. Sie wird Satz- oder Aussagenfunktion, mitunter auch offener Satz genannt.

Freiheit (engl. *freedom, liberty*; franz. *liberté*; lat. *libertas*). Die Annahme einer ursachenbestimmten Natur (durch göttliche Prädestination, Schicksal oder Naturgesetze) und die alltägliche Erfahrung menschlicher Willens- und Wahlfreiheit scheinen sich auszuschließen. Aus diesen scheinbar gegenläufigen Deutungen der Wirklichkeit ergeben sich das metaphysische Problem der F. des Willens* und seine traditionellen Lösungsversuche.
1. Für den *Fatalismus** (von lat. *fatalis*, ‹vom Schicksal bestimmt›) ist das Erleben der Wahlfreiheit bloße Illusion. Ungeachtet dessen, was man tut, wird sich die Zukunft so gestalten, wie das Schicksal es bestimmt hat. Sogar die eigenen Handlungen, Motive und Erwägungen sind schicksalsbestimmt. Mit dem Fatalismus verwandt ist der sog. logische Determinismus*: Weil alle Aussagen über die Zukunft schon heute wahr oder falsch sind, muß aus rein logischen Gründen auch schon heute feststehen, wie die Zukunft aussehen wird.
2. Nach anderen Formen des *Determinismus* (von lat. *determinare*, abgrenzen, bestimmen) haben die eigenen Entscheidungen sehr wohl Einfluß auf zukünftige Ereignisse, sofern sie diese mitverursachen. Gleichzeitig wird aber betont, daß die eigenen Entscheidungen ihrerseits durch vorausgegangene Ursachen (physiologischer, mentaler* oder soziologischer Art) bestimmt sind. Im Gegensatz zum Fatalismus akzeptiert der Determinismus, daß die Vergangenheit anders hätte verlaufen können und daß Gegenwart und Zukunft anders aussähen, wenn die Vergangenheit anders verlaufen wäre. Aber durch die aus der Vergangenheit gegebenen faktischen Umstände sind Gegenwart und Zukunft eindeutig festgelegt. Daraus schließt der sog. harte Determinismus, daß die menschlichen Handlungen zwar nicht schicksalsbestimmt seien, aber die Rede von der freien Wahl dennoch eine Illusion sei. Denn angesichts der gegebenen Umstände ergibt es keinen Sinn zu sagen ‹Ich hätte anders handeln können›. Deshalb trägt der Mensch für seine Handlungen keine Verantwortung, und alles moralische Beurteilen, Loben, Beschuldigen usw. ist fehl am Platz. – Eine andere Position vertritt der sog. weiche Determinismus (auch Kompatibilismus, ‹Vereinbarkeitsstandpunkt›, von engl. *compatibel*, vereinbar, widerspruchsfrei). Für ihn ist es möglich, die Erfahrung freien Handelns mit dem Determinismus zu vereinbaren. Ob F. vorliegt, ist eine Frage der Abwesenheit von äußeren oder inneren Zwängen. Ein Mensch ist frei, wenn er tut, was er will, d. h. wenn er nach seinen eigenen Wünschen, Haltungen, Meinungen, Charaktereigenschaften usw. handelt. Eine Handlung ist dann frei, wenn der Handelnde anders hätte handeln können, sofern er gewollt hätte. Es gibt also keinen Gegensatz zwischen freier und ursachenbestimmter Handlung. Eine Handlung ist frei, deren Ursachen im Menschen selber liegen, seinen Wünschen, Haltungen, Meinungen, Charaktereigenschaften usw., welche durchaus auch deterministisch gedacht werden

können. Weil F. und Ursachenbestimmtheit vereinbar sind, besteht auch keinerlei theoretisches Problem hinsichtlich der Anwendbarkeit der moralischen Begriffe. Die F. des Menschen ist keine Sache des Alles oder Nichts; vielmehr gibt es Gradunterschiede. Je nach den Umständen verhält sich der Mensch mehr oder weniger frei; deshalb muß die F. immer nach der konkreten Situation beurteilt werden. – Zu den Befürwortern dieses weichen Determinismus zählen u. a. Hobbes, Locke, Hume, J. S. Mill, Ayer und generell die Philos. der empiristischen* und liberalistischen* Tradition. In der analytischen Philos. des 20. Jh. wird versucht, durch Analysen des Handlungs*-Begriffs den weichen Determinismus zu untermauern. U. a. wird diskutiert, ob Handlungen vollumfänglich aus Ursachen erklärbar sind.

3. Die Vertreter des *Indeterminismus* lehnen den Fatalismus und alle Formen des Determinismus ab. Daß Handlungen unter bestimmten Umständen physiologischer, mentaler und soziologischer Art stattfinden (‹Vererbung und Milieu›), erkennen sie an. Aber sie bestreiten, daß Handlungen selber oder ihre Folgen die notwendige Wirkung vorausgegangener Ursachen sein müssen. Kraft des freien Willens kann der Mensch vielmehr Entscheidungen treffen, die nicht schon vorweg bestimmt sind. – Für den Indeterminismus stellen sich aber zwei Grundprobleme: (a) Er muß erklären, welches Verhältnis besteht zwischen dem Menschen als Teil der ursachenbestimmten Natur und dem Menschen als freiem, indeterminiertem Wesen. Die monistische Lösung geht davon aus, der freie Mensch sei zwar Teil der Natur, aber in der Lage, die Ursachenkette abzubrechen, in sie einzugreifen. Nach der dualistischen* Lösung ist der Mensch Bürger zweier Welten, des Reichs der F. und des Reichs der Notwendigkeit, die beide selbständige Sphären sind. Ein solcher Dualismus ist u. a. Kant zugesprochen worden; in jüngerer Zeit macht D. Davidson ähnliche Gesichtspunkte geltend. (b) Unabhängig von diesem Problem und seinen Lösungen besteht aber das weitere Problem, die freie indeterminierte Wahl von der bloßen Abwesenheit von Ursachen und Gesetzmäßigkeiten, also dem Zufall, abgrenzen zu müssen. Worin besteht z. B. der Unterschied zwischen indeterminierten Handlungen und indeterminierten atomaren Ereignissen*, wie sie Epikur oder die modernen Quantenphysiker kennen?

4. Für Jaspers gehen sowohl Fatalisten wie Deterministen und traditionelle Indeterministen fehl. Sie betrachten den Menschen fälschlich als einen Gegenstand (ein Objekt) unter anderen und fragen, ob dieser Gegenstand ursachenbestimmt ist oder nicht. Aber der Mensch zeichnet sich nach Jaspers gerade dadurch aus, daß er kein Objekt ist, sondern ein existierendes freies Subjekt*, das alle Gegenständlichkeit überschreitet (transzendiert). Verwandte Auffassungen finden sich bei Kierkegaard, Heidegger und Sartre.

Das Problem der Willensfreiheit und die vier Lösungsversuche befassen sich mit einem rein metaphysischen Begriff von F. Neben dem metaphysischen F.-Begriff gibt es jedoch auch einen normativen* Begriff von F.: Der Mensch ist frei, wenn er sich verwirklicht. Die Diskussion dieses normativen F.-Begriffs steht dem metaphysischen Begriff der Willensfreiheit oft entgegen. Zu den Hauptproblemen des normativen F.-Begriffs gehören: Ist es der äußerste, letzte Zweck des Menschen, ein Teil des Ganzen zu werden, oder geht es um eine rein individuelle Entwicklung auf dieses oder jenes Ideal* hin? – Darf der einzelne Mensch selbst über die letzten Zwecke bestimmen, oder sind sie in irgendeiner Weise schon objektiv gegeben? Welche Rolle spielt das menschliche Bewußtsein* und das Selbstbewußtsein in der freien Selbstrealisation?

Für den *Fatalisten* besteht Selbstverwirklichung im Sich-Abfinden bzw. Sich-Aussöhnen mit dem Schicksal der eigenen Person oder der Gattung. Auf einen

Kampf gegen das Unvermeidliche muß verzichtet werden. Der Zweck des Lebens (der Gattung oder Welt) ist für den Fatalisten vom Schicksal objektiv vorgegeben. (Allerdings läßt sich Nietzsches Lehre von der «ewigen*» Wiederkunft als Beispiel eines fatalistischen Denkens interpretieren, für das die Zwecke keine objektive Gültigkeit besitzen.) Als zentral für ein freies Leben gilt die Einsicht in die unerbittliche Notwendigkeit des Daseins.

Im allgemeinen neigen harte *Deterministen* dazu, das Individuum als bloßes Moment eines Weltganzen aufzufassen. Es wird nur frei, indem es sich den Forderungen des Ganzen unterordnet. Umgekehrt besteht bei weichen Deterministen die Tendenz, das Individuum selbst als letzten Zweck zu betrachten. Am deutlichsten zeigt sich diese Tendenz in der liberalistischen Tradition (z. B. bei Lokke), in der F. als Abwesenheit äußeren (und inneren) Zwangs definiert und postuliert wird. Die Deterministen sind sich uneins, ob der Zweck des Lebens objektive Gültigkeit beansprucht oder nicht. Z. B. würde ein Utilitarist* wie J. S. Mill hier eine bejahende, Ayer dagegen eine verneinende Antwort geben. Einigkeit besteht aber darin, daß für das Erreichen einer richtig verstandenen F. das Wissen um die eigene Situation notwendige* Bedingung ist.

Die *Indeterministen* sehen normalerweise den höchsten Zweck von F. in der eigenspezifischen Entwicklung des Invididuums (Kant und Existenzphilos. wie Jaspers oder Sartre). Keine Übereinstimmung besteht, ob der äußerste Zweck des Lebens objektiv vorliegt oder nicht. Den objektiven Status der Zwecke bestreiten etwa Jaspers und Sartre. Anderseits behauptet Kierkegaard in Teilen seines Werks ebenso wie Scheler, daß jeder Mensch eine individuelle Aufgabe besitzt (eine Idee der Persönlichkeit). Diese muß der Mensch, um volle F. zu erlangen, in freier, indeterminierter Wahl verwirklichen. Laut Sartre ist die grundlegende Wahl der Lebenszwecke sowohl indeterminiert wie ohne jeden objektiven Maßstab. Die gegenteilige Position vertreten wiederum Kierkegaard (in einigen Passagen) und Scheler: Wohl ist der Mensch indeterminiert bei der Wahl, ob er die wahren Zwecke des Lebens verwirklichen will; was er aber im Leben tun soll, kann er seinerseits nicht selbst bestimmen. Ähnliches macht Kant geltend: Wohl ist es dem Menschen möglich, seine Wahlfreiheit auf willkürliche* Art zu nutzen, doch liegt darin keine wahre F. Diese verlange vielmehr, daß sich der Mensch den unveränderlichen moralischen Gesetzen unterwirft, die er in seiner Vernunft* vorfindet. Übereinstimmung besteht auch hier, daß F. ein Bewußtsein der eigenen Situation voraussetzt. Ohne dieses Bewußtsein wäre es nicht möglich, sich frei für einen Zweck zu entscheiden (vgl. Handlung).

Lit.: A. Antweiler: Das Problem der Willensfreiheit, 1955. A. Baruzzi: Die Zukunft der F., 1993. H. M. Baumgartner (Hg.): Prinzip F. Eine Auseinandersetzung um Chancen und Grenzen tranzendentalphilos. Denkens, 1979. H. Böckerstette: Aporien der F. und ihre Auflösung durch Kant, 1982. F. Borden u. a. (Hg.): Das Problem der F., 1961. N. Chomsky: Über Erkenntnis und F., 1973. I. Fetscher: Die F. im Lichte des Marxismus-Leninismus, 1960. H. Freyer u. a.: Das Problem der F. im europ. Denken von der Antike bis zur Gegenwart, 1958. A. Gehlen: Theorie der Willensfreiheit, 1956. R. Guardini: Geschichte der F., 1952. R. M. Hare: F. und Vernunft, 1983. M. Horkheimer: Um die F., 1962. H. Jonas: Organismus und F., 1973. W. Keller: Das Problem der Willensfreiheit, 1965. R. May: F. und Schicksal. Anatomie eines Widerspruchs, 1983. A. Mercier: F. Begriff und Bedeutung in Geschichte und Gegenwart, 1973. M. Pohlenz: Griechische F., Wesen und Werden eines Lebensideals, 1955. U. Pothast: Die Unzulänglichkeit der Freiheitsbeweise, 1980. A. J. Sandkühler: F. und Wirklichkeit, 1968. J. Simon (Hg.): F. Theoretische und praktische Aspekte des Problems, 1977. U. Steinvorth: Freiheitstheorien in der Philos. der Neuzeit, 1987, [2]1994. J. Splett: Freiheitserfahrung, 1986. J. W. Watkins: F. und Entscheidung, 1978. B. Willms: Die totale F., 1967. W. Windelband: Über Willens-F., 1905. J.-C. Wolf: F. – Analyse und Bewertung, 1995.

Fremdpsychische, das; die Bewußtseinszustände* (mentalen* Akte), die – im Gegensatz zu meinen eigenen Bewußtseinszuständen – anderen Personen und Tieren zukommen. Das erkenntnistheoretische Problem des F. (engl. *the problem of other minds*) ist, wie ich etwas über die Bewußtseinszustände anderer wissen kann. Das Problem entsteht, wenn man eine (cartesische*) Unterscheidung behauptet zwischen dem eigenen Bewußtsein* als demjenigen, zu dem ich einen direkten Zugang habe, und allem anderen in der Welt. Traditionell wird das Problem dadurch zu lösen versucht, daß man das fremde Bewußtseinsleben in Analogie zu dem eigenen versteht und von seinen eigenen Bewußtseinszuständen auf die anderer schließt (vgl. Einfühlung, Ayer, Dilthey und Husserl). In der modernen Philos. geht die Haupttendenz jedoch dahin, das Problem des F. als ein Scheinproblem zu entlarven, das nur auf der Grundlage einer fragwürdigen cartesischen Metaphysik formuliert werden kann (vgl. die Behavioristen, Wittgenstein, Ryle und Strawson). Heidegger und Gadamer versuchen, das Problem mit dem Hinweis zu lösen, daß wir uns immer schon in einer gemeinsamen menschlichen Welt befinden. – Vgl. Dialog, Dialogphilos., der Andere.

Freud, Sigmund (1856–1939), österr. Arzt und Psychologe jüdischer Herkunft. Begründer der *Psychoanalyse*, unter der F. eine analytische und therapeutische Methode wie auch eine theoretische Disziplin versteht («Metapsychologie»). – Für die moderne franz. und dt. Philos. ist F. Psychoanalyse von zentraler Bedeutung. Aus ihr ergibt sich ein Verständnis des Subjekts*, das die philos. Tradition herausfordert. Sie problematisiert jede Philos., die das Bewußtsein* zum Ausgangspunkt oder zur Grundlage nimmt, indem sie in einem neu interpretierten *Unbewußten* den zentralen Bestimmungsgrund auch des Bewußtseins erblickt. Es ist die Idee der *Verdrängung* oder des Widerstands gegen das Bewußtsein, durch die sich der psychoanalytische vom traditionellen philos. Begriff des Unbewußten radikal unterscheidet. Das Unbewußte gilt nicht mehr als Noch-nicht-Bewußtes, das F. statt dessen das *Vorbewußte* nennt; das eigentlich Unbewußte ist vielmehr vom Bewußtsein (oder vom Vorbewußten) durch eine Zensurinstanz abgetrennt.

F. entwickelt zwei sog. topische Modelle des Subjekts, d. h. Modelle der Komponenten des psychischen Apparats. In der abschließenden vereinfachten Fassung enthält das erste Modell drei Größen: das Unbewußte, das Vorbewußte und das Bewußte. Hierbei bleibt aber unberücksichtigt, daß nicht nur das Verdrängte, sondern auch das Verdrängende als unbewußt aufzufassen ist. Um dem Rechnung zu tragen, erarbeitet F. allmählich ein zweites topisches Modell mit den drei Instanzen *Es*, *Ich* und *Über-Ich*. An die Stelle des Unbewußten tritt hier das Es, während die verdrängenden Vorstellungen dem Über-Ich zugeschrieben werden. – F. unterscheidet jetzt drei Begriffe des Unbewußten: (1) das «topische» Unbewußte des 1. Modells; (2) das «dynamische» Unbewußte, das sowohl das Verdrängte wie das Verdrängende umfaßt; (3) das «deskriptive» Unbewußte, d. h. alle nicht-bewußten Vorstellungen. Im Unbewußten findet eine Kodierungsarbeit statt, durch die etwas im Subjekt vor dem Subjekt versteckt wird. Um diesem Prozeß entgegenzuwirken, entwickelt F. eine eigene Interpretationsmethode für Symbolzusammenhänge (insbesondere in der *Traumdeutung*). Der Analytiker steht vor einem fehlerhaften, entstellten Text, in dem die Entstellung selbst Bedeutung hat. – Neuere Diskussionen heben den Charakter der Psychoanalyse als «Tiefenhermeneutik» hervor, die hinter die bewußten Intentionen des Subjekts zurückgeht (Habermas), oder als Hermeneutik* der Kultur (Ricœur). Lacan bestimmt das Unbewußte als sprachlich strukturiert.

Sigmund Freud

Ausg.: Gesammelte Werke, chronologisch geordnet, 18 Bde., 1948–66. Studienausgabe. Hg. v. A. Mitscherlich u. a., ND 1989. – *Lit.:* L. Althusser: Freud und Lacan, 1976. C. T. Eschenröder: Hier irrte F., 1986. R. Fetscher: Grundlinien der Tiefenpsychologie von S. F. und C. G. Jung in vergleichender Darstellung, 1978. E. Fromm: S. F. Psychoanalyse. Größe und Grenzen, 1979. P. Gay: F. Eine Biographie für unsere Zeit, 1989. A. Grünbaum: Psychoanalyse in wissenschaftstheoretischer Sicht, 1987. E. Jones: Das Leben und Werk von S. F., 1960–62. T. Köhler: F. Psychoanalyse. Eine Einführung, 1995. H. M. Lohmann: F. zur Einführung, 1986. O. Mannoni: S. F. in Selbstzeugnissen und Bilddokumenten, 1991. L. Marcuse: S. F. Sein Bild vom Menschen, 1972, 1993. O. Marquard: Transzendentaler Idealismus. Romantische Naturphilos. Psychoanalyse, 1987.

Fries, Jakob Friedrich (1773–1843), dt. Philos. Prof. in Heidelberg (1816–17) und Jena (1824–43), schrieb u. a. über Erkenntnistheorie, Metaphysik, Geschichte der Philos. und Mathematik. Kritisiert Kant wegen seines Versuchs, die objektive* Gültigkeit der Erkenntnis beweisen zu wollen (vgl. Kant, transzendentale Deduktion). Der Beweis ist ein Zirkelschluß, der einem rationalistischen* Vorurteil entspringt, demzufolge alles bewiesen werden muß und alle Wahrheiten auf ein einziges Prinzip reduziert werden können. Wir können nicht die Erkenntnis mit der Wirklichkeit vergleichen, sondern nur die mittelbare Erkenntnis (wie sie z. B. in Urteilen* ausgedrückt wird) mit der unmittelbaren Erkenntnis. Die von Kant gesuchten metaphysischen Prinzipien können durch Selbstbeobachtung, d. h. unmittelbare Erkenntnis, gewonnen werden. Was die unmittelbare Erkenntnis betrifft, beruht diese auf dem Prinzip des Selbstvertrauens der Vernunft (vgl. Kantianismus).

Ausg.: Gesammelte Werke, 16 Bde., 1969–1975. – *Lit.:* T. Elsenhans: F. und Kant, 2 Bde., 1906. M. Hasselblatt: J. F. F. Seine Philos. und seine Persönlichkeit, 1922. H. Kraft: J. F. F. (1773–1843) im Urteil der Philos.geschichtsschreibung, 1980.

Fries' Trilemma. J. Fries' Argument gegen die Vollständigkeit jeder Begründung. Soll eine Begründung vollständig sein, müßten die begründenden Behauptungen auch begründet werden können. Dies ergibt drei gleichfalls inakzeptable Möglichkeiten: 1. Wir enden in einem unendlichen Regreß*, d. h. die Begründung wird nie fertig. 2. Wir bekommen einen Zirkelbeweis, demzufolge wir annehmen, was erst bewiesen werden soll (vgl. *circulus vitiosus*). 3. Wir enden mit der dogmatischen Annahme der Wahrheit einer Behauptung, ohne diese zu begründen. F. T. ist auch unter der Bezeichnung ‹Münchhausen Trilemma› bekannt. – Vgl. Agrippa; Skeptizismus.

Fromm, Erich (1900–80), dt.-amerik. Psychoanalytiker. Studium der Soziologie, Psychologie und Philos. 1930–38 Mitarbeiter des von M. Horkheimer geleiteten Instituts für Sozialforschung. Geprägt von verschiedensten Seiten, dem jüdischen Messianismus, dem Buddhismus, von Marx und Freud, unternahm F. es in seinen jüngeren Jahren, die Psychoanalyse Freuds um den Aspekt des Sozialpsychologischen zu erweitern. Für die sozialpsychologische Analyse des menschlichen Daseins reicht es nach F. nicht aus, allein auf die Kategorie des Unbewußten und den Freudschen Triebbegriff zurückzugreifen. Ebenso gilt es – in der historisch-materialistischen Manier des Marxismus –, die gesellschaftliche und ökonomische Bedingtheit des Menschen herauszustellen, um rückwärtig wiederum die Ausformung der Libidostruktur des Menschen auf gesellschaftlichem Hintergrund zu begreifen und dadurch letztlich ein integrales Verständnis des Menschen zu erhalten.

F. berühmt gewordene, späte Arbeit zur *Anatomie der menschlichen Destruktivität* (1973) versucht, in der Analyse der gesellschaftlichen wie auch psychoanalytischen Ursprünge der menschlichen Aggression gerade dieses integrale Menschenbild gegen die von K. Lorenz vertretene biologistische These einer Naturgesetzlichkeit der menschlichen Aggressivität stark zu machen.

F. zentrale Arbeiten zum Begriff des Charakters, mit welchem er die Einstellungen und meist nicht bewußten Wertungen einzelner als auch ganzer Gruppen umfaßt, kreisen um die anthropologische Fragestellung, wie es dem von der Natur entfremdeten Menschen gelingen kann, eine Einheit des Lebens zu erreichen. Sein System von idealtypisch herausgearbeiteten und hinsichtlich der für die Selbstentwicklung des Menschen als förderlich bzw. hinderlich beurteilten Charaktertypen erlaubt es F., damit zugleich auch das kritische Fundament einer zeitgemäßen Gesellschaftsanalyse zu gewinnen.

Ausg.: Gesamtausgabe. Hg. von R. Funk. 10 Bde., 1980–81. – *Lit.:* B. Bierhoff: E. F. Analytische Sozialpsychologie und visionäre Gesellschaftskritik, 1993. R. Funk: E. F., 1983. M. Kessler/R. Funk (Hg.): E. F. und die Frankfurter Schule, 1992. A. Reif: E. F. Materialien zu seinem Werk, 1978.

Fundamentalontologie, Begriff M. Heideggers für jenen Teil der Ontologie*, der die Grundlage für alle weitere Ontologie bildet. Allerdings bestimmt Heidegger die F. nicht eindeutig. So identifiziert er sie in gewissen Zusammenhängen mit einer Analyse der menschlichen Seinsweise, der sog. Analytik des Daseins, während F. in anderen Zusammenhängen die Ausarbeitung der Seinsfrage bedeutet, d. h. der Frage, welcher Sinn überhaupt in der Rede liegt, daß etwas ‹ist›.

Lit.: O. Pöggeler: Der Denkweg Martin Heideggers, 1963. J. Stallmach: Ansichsein und Seinsverstehen: neue Wege der Ontologie bei Nicolai Hartmann und Martin Heidegger, 1987.

fundamentum divisionis (lat., Scheidegrund), in der Klassifikationslehre* Bezeichnung für ein Kennzeichen, mit dessen Hilfe ein Gattungsbegriff *(genus)* in untergeordnete Begriffe *(species)* gegliedert wird.

Funktion (von lat. *fungi*, ausführen, vollbringen), in der Mathematik ein Grundbegriff für bestimmte Abhängigkeitsbeziehungen. Zusammenhänge zwischen Elementen zweier Mengen, so daß jedem Element oder einer geordneten Auswahl von Elementen der einen Menge – dem Definitionsbereich der F. – genau ein Element der anderen Menge – dem Wertebereich der F. – entspricht. Die F. wird normalerweise mit ‹f› abgekürzt, das Element (die Elemente) des Definitionsbereichs mit ‹x› (‹x›, ‹z›, ‹u›...) und das Element des Wertebereichs mit ‹f(x)›, ‹f(x,z)›, ‹f(x,z,u)› usw. In dem Ausdruck ‹y = f(x)› ist x die unabhängige Variable, y die abhängige Variable. f(x) wird der dem Argument x entsprechende F.wert genannt. Zwei F. f und f_1 sind genau dann identisch, wenn sie für die gleichen Argumente gleiche F.werte haben. In der modernen Logik* werden seit Frege gewisse Ausdruckskategorien als F.ausdrücke aufgefaßt. Der Ausdruck ‹die Hauptstadt von› wird hier analog z. B. zu ‹$(x)^2$› aufgefaßt, weil er eine F. bezeichnet, welche mit einem Land als Argument eine Stadt als Wert bestimmt. Entsprechend werden Prädikate wie ‹ist kahlköpfig› als Bezeichnung für F. begriffen, welche mit Gegenständen als Argumenten einen Wahrheitswert (Wahrheit, Falschheit) als Wert bestimmen. Daher werden Prädikate auch Satzf. (engl. *sentential function*) und die Prädikatenlogik auch F.logik genannt.

Lit.: G. Frege: Funktion, Begriff, Bedeutung. Fünf logische Studien, ^{2}1975.

Funktionalismus (von lat. *fungi*, ausführen, vollbringen). 1. Eine von H. Putnam u. a. vorgelegte Theorie, wonach Bewußtseinszustände* als Funktionen des Nervensystems (besonders der Gehirnprozesse) zu verstehen sind. Diese können ähnlich den Computerprogrammen begriffen werden. Ein Bewußtseinszustand ist daher nicht mit einem Gehirnzustand identisch, sondern mit einem Teil des ‹Programms›, dessen Ausführung die Gehirnaktivität ermöglicht (vgl. H. Putnam, *Philosophical Papers*, Bd. 2, 1975). 2. In der Soziologie ist der F. jene Auffassung, die kollektive Handlungsmuster und Institutionen mit Hinweis auf ihre Funktion oder Rolle innerhalb eines größeren sozialen Zusammenhangs, z. B. der Überlebensfähigkeit der betreffenden Gruppe, erklärt. Bei R. Merton ist die Hauptaufgabe der Soziologie das Auffinden der ‹latenten› Funktionen von Handlungsmustern und Institutionen, d. h. jenen Funktionen, die für die Individuen, deren Verhalten man erklären soll, nicht offensichtlich sind.

Lit.: R. Dahrendorf: Struktur und Funktion. In: Ders.: Pfade aus Utopia, 1967. P. Marwedel: F. und Herrschaft. Die Entwicklung eines Theorie-Konzepts von Malinowski zu Luhmann, 1976. H. J. Stöhr: Funktion, F. (Kongreßbericht) 1980.

Funktionsausdruck/Funktor (von lat. *fungi*, ausführen, vollbringen). In Freges logischem System ist das Wort ‹F.› eine Bezeichnung für unvollständige Ausdrücke*, die vollständige Ausdrücke (d. h. Namen oder Sätze) bilden, wenn bestimmte Arten von anderen Ausdrücken als Argumente eingesetzt werden. F. 1. Stufe sind z. B. ‹die Hauptstadt von...› und ‹...schläft›, die durch Einsetzung von ‹Dänemark› bzw. ‹Liese› die vollständigen Ausdrücke ‹die Hauptstadt von Dänemark› (Name) und ‹Liese schläft› (Satz) bilden. F. 2. Stufe sind primär die Quantoren*, und diese bilden vollständige Ausdrücke (Sätze) durch das Einsetzen von F. 1. Stufe.

G

Gadamer, Hans-Georg (geb. 1900), dt. Philos. und Philos.historiker. G. studierte von 1918–29 Philos. und Germanistik, Geschichte, klassische Philologie und Kunstgeschichte in Marburg, Freiburg und München. 1922 Dissertation bei N. Hartmann und P. Natorp in Marburg über *Das Wesen der Lust nach den platonischen Dialogen* (1922). Habilitation 1929 bei M. Heidegger mit einer Arbeit über *Platos dialektische Ethik – phänomenologische Interpretationen zum Philebos*. Privatdozent in Marburg (1929–34 und 1935–36) und in Kiel (1934–35). 1937/38 Professor in Marburg, 1939–47 in Leipzig, 1946/47 Rektor der Leipziger Universität. 1947–49 lehrt G. in Frankfurt a. M., von 1949 bis zu seiner Emeritierung im Jahr 1968 als Nachfolger von Karl Jaspers in Heidelberg.

G. sieht seine eigene Philos. als Verlängerung der philos. Hermeneutik des jungen Heidegger, die er in seinem Hauptwerk *Wahrheit und Methode* (1960) zu verbinden versucht mit Hegels dialektischer Philos. und der von Schleiermacher und Dilthey herkommenden hermeneutischen Tradition. Nach G. können wir uns selbst, die Welt um uns herum und die überlieferten Texte immer nur von unserem eigenen Deutungshorizont her verstehen. Dieser Deutungshorizont legt fest, welche Fragen wir überhaupt stellen, welche Grundbegriffe wir verwenden und von welchen Voraussetzungen wir ausgehen können. Im Verstehen eines fremden Textes erfolgt eine «Horizontverschmelzung»: Durch die Begegnung mit dem Bedeutungshorizont des Textes verschiebt sich auch unser eigener

Hans-Georg Gadamer

Horizont. Jedes Verstehen ist abhängig von dieser Horizontverschmelzung und dem mit ihr verknüpften historischen Bewußtsein.

G. Philos. ist entstanden aus seiner langjährigen interpretativen Auseinandersetzung mit literarischen (Goethe, Hölderlin, Rilke u.a.) und philos. Texten. Sie führt ihn zur Einsicht in die Bedeutung der Sprache als dem letzten Horizont einer hermeneutischen Ontologie und – vor allem in seinen späteren Aufsätzen (*Die Aktualität des Schönen*, 1977) – zur Entwicklung einer hermeneutischen Ästhetik, in der er die Erfahrung des Schönen und die Werke der Kunst als eine «alle Klassen und alle Bildungsvoraussetzungen überspielende Möglichkeit der Aussage und der Kommunikationsstiftung» deutet.

Ausg.: Gesammelte Werke, 10 Bde., 1985ff. Philos. Lehrjahre, 1977. Das Erbe Europas, 1989. – *Lit.:* T. Bettendorf: Hermeneutik und Dialog: eine Auseinandersetzung mit dem Denken H.-G.G., 1984. R. von Bubner u.a. (Hg.): Hermeneutik und Dialektik. Festschrift für H.-G.G., 1970. J. Grondin: Hermeneutische Wahrheit? Zum Wahrheitsbegriff H.-G.G., 1982. P.C. Lang: Hermeneutik – Ideologiekritik – Aesthetik, 1981. G. Warnke: G., 1987.

Galilei, Galileo (1564–1642), ital. Mathematiker, Physiker, Astronom und Philos., Prof. in Pisa (ab 1589) und Padua (ab 1592), danach in Florenz, gehört zu den Begründern der klassischen Physik. G. physikalische und astronomische Untersuchungen brachten ihn schnell in Konflikt mit der vorherrschenden aristotelischen* Lehre und später mit der Kirche. 1609 hatte G. das erste astronomische Fernrohr konstruiert, und 1610 konnte er in *Sidereus Nuncius* (Sternenbotschaft) seine Entdeckung der Jupitermonde vorstellen, ohne sich jedoch ausdrücklich zur kopernikanischen Lehre zu bekennen. Erst in *Istoria e dimostrazioni intorno alle macchie solari* (Bericht über und Beweis der Sonnenflecken, 1613) schließt G. sich aufgrund seiner Entdeckung der Venusphasen dem Heliozentrismus an. Zum Konflikt mit der Kirche kommt es aber nicht vor 1615, als G. sich in einem Brief an den Großherzog von Florenz auf theologisches Gebiet wagt und den Gebrauch von Schriftstellen in wissenschaftlichen Zusammenhängen diskutiert. 1616 muß er geloben, den Heliozentrismus nur als mathematische Hypothese zu behandeln. 1632 veröffentlicht G. seinen polemischen *Dialogo sopra i due massimi sistemi del mondo; tolemaico, e copernicano* (Dialog über die beiden hauptsächlichen Weltsysteme, das ptolemäische und das kopernikanische), in dem er sich gegenüber der Frage nach der physikalischen Struktur des Universums nur scheinbar neutral verhält. Daraufhin greift die Inquisition ein, zwingt G. dazu, der kopernikanischen Lehre abzuschwören, verbietet ihm weitere Publikationen und setzt das Werk auf den Index, wo es bis 1822 bleibt. Trotz des Verbots gelingt eine Herausgabe von G. physikalischem Hauptwerk *Discorsi e di-*

mostrazioni matematiche intorno a due nuove scienze (Unterredungen über und mathematischer Beweis für zwei neue Wissenschaften, 1638). Dort legt er seine langjährigen Überlegungen vor über den Widerstand fester Körper gegen ihre Brechung, über die Gesetze für gleichförmige und beschleunigte Bewegung und über die Bahn des Projektils. In diesem Zusammenhang formuliert er das Gesetz vom freien Fall.

Nach G. verbindet die wahre naturwissenschaftliche Methode mathematische Theorie mit empirischer Beobachtung. In dem wissenschaftsphilos. Werk *Il Saggiatore* (1623) verwirft er die qualitativen Verfahren der scholastischen Denker – «das Buch der Natur ist in der Sprache der Mathematik geschrieben» – und beschreibt eine Forschungsmethode, die sich auf meßbare Daten, auf mathematisch formulierte Hypothesen* über gesetzmäßige Beziehungen zwischen Phänomenen und auf experimentelle Überprüfung dieser Hypothesen stützt. Zur Methode gehört auch die Anwendung von Gedankenexperimenten, ein Kunstgriff, den G. in seinen physikalischen Untersuchungen mit großem Erfolg angewendet hat. Im gleichen Werk formuliert G. ferner die Lehre von den primären und den sekundären Qualitäten*. Die sekundären, nicht meßbaren und subjektiven Qualitäten (die sog. Sinnesqualitäten) wie Farbe, Laut, Duft, Geschmack und Wärme gehören nicht der Materie an und können von der Naturbeschreibung der Physik ausgeschlossen werden. Diese soll die Welt beschreiben, wie sie wirklich (d. h. objektiv) ist im Gegensatz zur Welt, wie sie in unserem subjektiven Erleben erscheint. – G. Dialoge und Abhandlungen wie auch seine Prosa bestechen durch ihren klaren und schlichten Stil. Daß er in ital. Sprache schrieb und nicht, wie üblich, in lateinischer, war der Hauptgrund für die scharfe Reaktion der Kirche gegen ihn.

Ausg.: Le opere, I–XX. Hg. von A. Favaro, 1890–1909 (ND 1968). Dialog über die beiden hauptsächlichsten Weltsysteme, 1982. Siderius Nuncius. Dialog über die Weltsysteme (Auszug). Vermessung der Hölle Dantes. Marginalien zu Tasso, 1980. – *Lit.:* A. C. Crombie: Von Augustinus bis G., 1977. A. Fölsing: G. G. – Prozeß ohne Ende. Eine Biographie, 1983. – J. Hemleben: G. G. in Selbstzeugnissen und Bilddokumenten, 1991. A. Koyré: G. Die Anfänge der neuzeitlichen Wissenschaft, 1988. P. Redondi: G, der Ketzer, 1989.

Garaudy, Roger (geb. 1913), franz. Philos. und Politiker. Geb. in Marseille, Studium der Philos. in Paris, 1965–73 Prof. in Poitiers. Mehrere Jahre lang führender Theoretiker der kommunistischen Partei Frankreichs, Mitglied ihres Politbüros 1956–70. In den Nachkriegsjahren verteidigte G. die stalinistische Doktrin der Partei mit scharfen Angriffen auf den Existentialismus*. Ende der 50er Jahre wurde seine Haltung offener, und er machte sich zum Befürworter eines ‹humanistischen› Marxismus* und behauptete im Gegensatz zu Althusser, daß es zwischen der frühen, humanistischen Phase und den späteren Werken von Marx keinen Bruch gebe. Seine Kritik am Stalinismus spitzte sich unter dem Eindruck des ‹Prager Frühlings› und der Maiunruhen in Frankreich 1968 noch zu. G. gilt als Vordenker der sog. Eurokommunismus. 1970 wurde G. aus der kommunistischen Partei ausgeschlossen, die wenige Jahre später selber das Programm des Eurokommunismus übernahm.

Ausg.: Marxismus im 20. Jh., 1971. Die materialistische Erkenntnistheorie, 1960. Die große Wende des Sozialismus, 1970. Der Fall Israel, 1984. Gott ist tot, ²1984. Der letzte Ausweg, ²1984. Verheißung Islam, 1989.

Gassendi, Pierre (1592–1655), franz. Philos. und Naturforscher. 1617–23 Prof. für Philos. in Aix, 1634 Dompropst in Digne und 1645–48 Prof. für Mathematik in Paris. – 1630 beobachtete G. die Bewegung des Merkurs vor die Sonnenscheibe, wie sie von Kepler vorausgesagt war; dies galt den Zeitgenossen als endgültige Bestätigung für die Wahrheit des Heliozentrismus. G. zweite bedeutende naturwissenschaftliche Leistung war, daß er als erster das Gesetz über die Trägheit (das 1. Newtonsche Gesetz) veröffentlichte. Bereits 1624 hatte G. in seinen *Exercitationes paradoxicae adversus aristoteleos* (Übungen in Form von Paradoxien gegen die Aristoteliker) den Aristotelismus kritisiert. Daraufhin vertieft er sich gründlich in die Philos. Epikurs und den klassischen Atomismus*; er verfaßt umfangreiche Kommentare zu Diogenes Laertius' Darstellung der Lehre Epikurs und schließt sich unter gewissen Vorbehalten der materialistischen* und atomistischen Naturauffassung an. Dies mündet, verbunden mit empiristischen und skeptischen Aspekten, in einem Probabilismus*, der zum Rationalismus* Descartes' in scharfem Gegensatz steht. Über den Systemaufbau in Descartes' *Meditationes* formuliert G. 1642 einen Einwand, der mit einer ablehnenden Gegenkritik beantwortet wird. Deshalb veröffentlicht er 1644 seine *Disquisitio metaphysica* (Metaphysische Erörterung), die ausführlichste und umfassendste Kritik der cartesianischen Philos., die je geschrieben wurde. Von seinem materialistischen Atomismus aus verwirft G. Descartes' Substanztheorie* und von empiristischen Gesichtspunkten her dessen Lehre von den eingeborenen* Ideen. – G. Einfluß um die Mitte des 17. Jh. war ungemein groß. Seine Erkenntnistheorie gab dem engl. Empirismus entscheidende Impulse (John Locke), und die Naturforschungen machten ihn zu einem der führenden Köpfe im wissenschaftlichen Leben des Jahrhunderts; sowohl Robert Boyle wie Isaac Newton studierten seine Werke. In der Schrift *Exercitatio epistolica adversus Fluddum* (Einwände in Form von Briefen gegen Fludd, 1630), gewendet gegen den engl. Neuplatoniker* Robert Fludd, einen Modephilos. der Zeit, kritisierte G. die magische Naturauffassung der Renaissance und war damit maßgeblich beteiligt an der steigenden Akzeptanz des mechanistischen* Naturbegriffs.

Ausg.: Opera Omnia, 1658 (ND 1964). – *Lit.:* O. R. Bloch: La philosophie de G., 1971. M. J. Oster: Divine Will and the Mechanical Philosophy, 1994. R. Tack: Untersuchungen zum Philosophie- und Wissenschaftsbegriff bei P. G. (1592–1655), 1974.

Gattung, s. genus.

Gefühl (engl. *feeling, emotion*; franz. *émotion, sentiment*). 1. Bewußtseinszustand* (oder Bewußtseinsakt), der im Unterschied zum Denken (Vorstellen, Beobachten) und Wollen weder rein kognitiv noch rein volitional ist, sondern rezeptiv aufgenommene, besonders ästhetische und moralische Gehalte zum Ausdruck bringt, ohne sich über deren Ursprünge Rechenschaft zu geben. 2. Die unmittelbare Wertung eigener Erlebnisse als lust- und unlustbetont. 3. Disposition zu bestimmten Verhaltensweisen gegenüber Personen oder Sachen (vgl. Behaviorismus). 4. Unklare Erkenntnis (z. B. bei Spinoza). 5. Unmittelbare Erkenntnis (vgl. Intuition).

Lit.: H. Fink-Eitel/G. Lohmann (Hg.): Zur Philos. der G., 1993. G. Ryle: Der Begriff des Geistes, 1969. F. B. Simon: Der Prozeß der Individuation: über den Zusammenhang von Vernunft und G., 1984.

Gegebene, das (engl. *the given*; franz. *le donné*). 1. In der Logik ist das G. eine Bezeichnung für das Vorausgesetzte, den Ausgangspunkt einer Schlußfolgerung, Theoriebildung oder Erklärung*. Das G. bezieht sich hier auf eine Reihe von Tatsachen*, Grundsätzen (Axiomen*), Annahmen oder Postulaten. 2. Innerhalb der Erkenntnistheorie des (klassischen) Empirismus* bezeichnet das G. unsere Sinneseindrücke *(sense data)*, d. h. das, was unabhängig von vorgefaßten Meinungen, Interpretationen, Theorien, Begriffen usw. hier und jetzt direkt oder unmittelbar wahrnehmbar ist. Wenn ich z. B. eine Tomate sehe, kann das direkt G. nach dem engl. Philos. H. H. Price (*Perception*, 1932) auf folgende Weise beschrieben werden: ‹Hier ist ein roter Farbfleck von runder, etwas ausgebeulter

Form auf dem Hintergrund anderer Farbflecken und mit einer gewissen visuellen Tiefe.› Nach Price kann ich nicht daran zweifeln, daß hier etwas Rotes ist bzw. ich davon ein Bewußtsein habe. Die Rede vom G. hat zwei Aufgaben: Zum einen soll das G. als das Unbezweifelbare den unendlichen Regreß* des Skeptikers* zum Stillstand bringen (vgl. Erkenntnistheorie). Zum anderen soll das G. die Grundlage unseres gesamten Wissens über die Wirklichkeit bilden (vgl. Phänomenalismus). Bei Descartes und den Rationalisten* ist das G. das in der Intuition* «klar* und deutlich» G., das Unbezweifelbare. 3. Bei Kant ist das G. «die rohe Empfindung», die als sinnliches Material in die Anschauung* eingeht und in begrifflicher Synthese als Gegenstand konstituiert wird. 4. In Husserls Phänomenologie* ist das direkt G. dasjenige, das sich in der Anschauung zeigt, wenn wir einen direkten Zugang zur Sache* selbst haben. Je nach der Art der Sache ist auch das G. verschieden (vgl. Konstitution).

Lit.: N. Hartmann: Zum Problem der Realitätsgegebenheit, 1931.

Gehlen, Arnold (1904–1976), dt. Philos. und Soziologe. 1930 Habilitation, 1933 Mitglied der NSDAP, 1934 o. Prof. in Leipzig, 1938 in Königsberg, 1940 in Wien, 1947 in Speyer und 1962 in Aachen. G. philos. Anthropologie geht davon aus, daß der Mensch nicht nur als Individuum, sondern als Gattung biologisch gesehen ein «Mängelwesen» ist: Im Gegensatz zum Tier verfügt der Mensch nur über wenige und schwache Instinkte, besitzt einen Körper ohne besondere Fähigkeiten und benötigt eine lange Kindheit. Um überleben zu können, mußte die Gattung Mensch deshalb Kultur (wie Sprache, Kunst und Technik) bzw. Institutionen (wie Moral- und Rechtsnormen) entwickeln. Der Wert einer Kultur bzw. Institution hängt folglich davon ab, in welchem Maß sie dem Menschen einerseits eine «Entlastung» von seinen biologischen Mängeln bietet und andererseits ein «Führungssystem», d. h. «Zuchtbilder» in Gestalt von Weltanschauung, Ethik und religiöser Zuflucht. Damit die Kultur und die Institutionen diese Funktionen erfüllen können, dürfen sie nicht der Kritik unterliegen; G. wendet sich deshalb scharf gegen die modernen «cartesianischen*» und «liberalistischen» Versuche, gesellschaftliche Strukturen zu legitimieren durch rationale Erwägungen oder einen Konsens* zwischen freien, autonomen* Individuen.

Ausg.: Gesamtausgabe 1–10, 1978ff. – *Lit.:* P. Fonk: Transformation der Dialektik. Grundzüge der Philos. A. G., 1983. P. Jansen: A. G. Die anthropologische Kategorienlehre, 1975. F. Jonas: Die Institutionenlehre A. G., 1966. L. Samson: Naturteleologie und Freiheit bei A. G., 1976.

Geiger, Moritz (1880–1937), dt. Philos., Studium der Philos. und Psychologie u. a. bei W. Wundt und T. Lipps. 1907 Habilitation, 1915–23 a. o. Prof. in München, 1923–33 o. Prof. in Göttingen, dann wegen seiner jüdischen Herkunft von der Lehrtätigkeit ausgeschlossen. Ab 1933 Prof. in New York. – Ursprünglich verstand sich G. als Phänomenologe*; 1913–30 war er Mitherausgeber des *Jahrbuchs für Philosophie und phänomenologische Forschung*. Seine Interessen entfernten sich jedoch immer mehr von Husserl. Bekannt wurde G. besonders durch seine phänomenologischen Untersuchungen des ästhetischen* Genusses und durch seine wissenschaftstheoretischen Arbeiten.

Ausg.: Beiträge zur Phänomenologie des ästhetischen Genusses, in: Jb. Philos. und phänomen. Forsch. 1, 1913. Fragment über den Begriff des Unbewußten und die psychische Realität. Ein Beitrag zur Grundlegung des immanenten psychischen Realismus. In: Jb. für Philos. und pänomen. Forsch. 4, 1921. Zugänge zur Ästhetik, 1928. Die Wirklichkeit der Wissenschaft und die Metaphysik, 1930. Die Bedeutung der Kunst. Zugänge zu einer materialen Wertästhetik. Gesammelte, aus dem Nachlaß ergänzte Schriften zur Ästhetik, 1976.

Geist (engl. *spirit, mind*; franz. *esprit*; griech. *pneuma*; lat. *spiritus, mens*). Der Begriff G. ist als zentraler philos. Terminus von derart reicher Bedeutung und mit so vielen anderen philos. Grundbegriffen verknüpft, daß er sich nur schwer bestimmen läßt. Als Bestimmung des Menschen kann G. bedeuten: 1. das Verbindende der den Menschen charakterisierenden Einheit von Leib und Seele*; 2. der höhere Teil der menschlichen Seele, nämlich das Denken oder die Vernunft* – diese Bedeutung kann mit (1) verbunden werden: Dieses Höhere ist das, was dem Menschen Einheit gibt; 3. G. als Bestimmung einer Ordnung, die außerhalb des Menschen liegt: G. als Prinzip des Kosmos* (der Welt); 4. der überschreitende (transzendente*) Grund*, insbesondere die schöpferische Macht Gottes.

Die Zweideutigkeit – G. als anthropologische wie als metaphysische (kosmologische, theologische) Bestimmung – kann Ausdruck eines tieferliegenden Gedankens sein: G. ist das universale Prinzip, das den Zusammenhang zwischen Mensch, Gott und Welt stiftet. Als G. geht der Mensch über sein bloß menschliches, natürliches Sein hinaus (vgl. immanent/transzendent): Er wird dadurch zum Doppelwesen. G. kann dabei noch einmal in doppeltem Sinn verstanden werden: G. ist das, was vermittelt oder vereint, das Einheit Schaffende (Leib – Seele, Mensch – Welt bzw. Gott), und zugleich ein normatives* Prinzip (G. als der höhere Teil des Menschen, nämlich das, was den Menschen auf die nicht-menschliche kosmische oder göttliche Ordnung verweist, in der er lebt oder zu der er gehört).

Von hier aus kann G. als philos. Ausdruck durch folgende Bestimmungen näher eingegrenzt werden: 1. G. bezeichnet das Leben schaffende Prinzip, den organischen Zusammenhang, innerhalb dessen der Mensch als organische Ganzheit als ein Teil steht. Diese Bedeutung von G. deckt sich mit dem stoischen Begriff *(pneuma, spiritus)*, der dann in die christliche Tradition eingegangen ist. 2. G. bezieht sich auf das Verhältnis des Menschen zum Unendlichen oder Absoluten*. Als G. kann sich der Mensch zum Grund seiner Existenz verhalten, und dieser Grund wird selbst als G. verstanden. 3. G. bedeutet das Verhältnis des Menschen und Gottes zu sich selbst, ist wesentlich Selbst-Verhältnis. Das Selbst-Verhältnis gehört mit zum Verhältnis des Menschen zum Unendlichen und trägt selbst den Charakter des Unendlichen: Der Mensch geht in diesem Verhältnis über sich selbst hinaus. Erst dadurch und im Wieder-zu-sich-selbst-Kommen wird er im eigentlichen Sinn zu einem Selbst. 4. G. ist eine schöpferische, vereinende Aktivität, die den Menschen mit dem Absoluten, das Unendliche mit dem Endlichen* verbindet. 5. G. bedeutet Freiheit. In seinem Selbst-Verhältnis geht der Mensch über sich als einem bloßen Naturwesen hinaus. G. heißt Freiheit im Gegensatz zur Natur. Hier zeigt sich ein Wechsel im Verständnis von G. als einem organischen Naturzusammenhang (s. o.) zu einem Verständnis von G. als einem Überschreiten des Naturzusammenhangs.

Diese Bestimmungen werden in der philos. gesehen wichtigsten Gestaltung des G.begriffs bei Hegel zusammengefaßt. G. wird bei ihm ins Zentrum, das andere Grundbegriffe verknüpft, so daß Hegels Philos. insgesamt als eine Philos. des G. verstanden werden kann. Hegel faßt die verschiedenen Aspekte des G.-Begriffs zusammen, freilich in einer doppelten Perspektive: Erstens bestimmt er das *Absolute* als G.. Das bedeutet zum einen: Was die Wirklichkeit ist, wird durch den Begriff des G. verstanden; zum anderen: Das Absolute wird als eine umfassende Einheit verstanden. Das Absolute kann jedoch nicht lediglich das Unendliche gegenüber dem Endlichen sein. Als solches wäre es bloß die eine Seite in einem Gegensatz und damit selbst endlich, d. h. bestimmt durch seinen Gegensatz. Das Absolute als G. ist aber etwas, das sich im Endlichen verkörpert und es umfaßt. Näher bestimmt manifestiert sich das Absolute als G. in der *Geschichte*. G. ist für Hegel etwas, das sich offenbart oder entfaltet. Aber etwas offenbart oder entfaltet sich nur im Verhältnis zu etwas anderem und indem es in diesem Verhältnis aus sich selbst heraustritt. Dies führt zu dem zweiten Aspekt: Die Vereinigung des G. erfolgt nach Hegel nur aufgrund einer vorhergehenden Spaltung oder Trennung. Die wirkliche Vereinigung ist die, die die Spaltung überwindet. Erst jetzt kann von einem entfalteten Selbst die Rede sein. G. ist für Hegel dieser Prozeß selbst: sich von sich selbst im Verhältnis zu einem anderen trennen und in diesem Verhältnis zu sich zurückkehren oder zu sich selbst kommen. Diese Struktur ist nach Hegel die Vernunftstruktur der Wirklichkeit. Der Geist ist der Prozeß, aber auch das Ergebnis dieser Struktur: eine neue, differenzierte Einheit, reicher als die unmittelbare Einheit, und als solche das entfaltete Selbst. Diese differenzierte Einheit hat sich selbst hervorgebracht, ist ihr eigenes Ergebnis. Erst in diesem verwirklichten, entfalteten Selbst-Verhältnis ist die Freiheit wirklich. G. bedeutet also Verwirklichung von Freiheit.

Von hier aus unterscheidet Hegel terminologisch zwischen verschiedenen Typen von G.: der *subjektive* G. ist G., insofern er mit dem einzelnen verbunden ist. Hegel unterscheidet zwischen drei Stufen: Auf der ersten ist das Individuum als Seele unmittelbar durch die Natur bestimmt. Auf der zweiten Stufe trennt sich das Individuum von der Natur, indem es Bewußtsein* erhält. Die Natur ist damit zu einem Gegenstand außerhalb des Individuums selbst geworden. Auf der dritten Stufe zeigt sich G. im Individuum durch dessen Willen*, sich selbst Ziele im Leben zu setzen. – Der Wille ist auf dieser Stufe bloß etwas Individuelles und Inneres. Es gehört jedoch zum Willen, daß er seine Ziele in der äußeren Welt zu verwirklichen sucht. Durch seine Handlungen prägt das Individuum seine Umgebungen, und G. wird deshalb aus einem inneren, subjektiven G. zu einem äußeren, *objektiven* G. Während der subjektive G. individuell ist, ist der objektive G. ein soziales Phänomen, da mehrere Individuen aufeinander und die gemeinsame äußere Welt einwirken. Der objektive G. zeigt sich in der Entwicklung gesellschaftlicher Institutionen und im Entstehen des Staates. Das historische Verhältnis zwischen den einzelnen Staaten bezeichnet Hegel als Zusammenhang, der durch den überstaatlichen *Weltgeist* zustande gekommen ist. Während also der subjektive G. seinen höchsten Ausdruck im bewußten Willen des Individuums zu diesem oder jenem erhält, erhält der objektive G. seinen höchsten Ausdruck in dem überstaatlichen Weltgeist, der sich in dem objektiven weltgeschichtlichen Prozeß manifestiert. – Die höchste Form des Geistes wird jedoch erst mit dem *absoluten* G. erlangt, d. h. mit dem Bewußtsein von sich selbst, welches der G. durch Kunst, Religion und Philos. erlangt, indem der G. versteht, daß es ein und derselbe G. ist, der sich als subjektiver und objektiver Geist zeigt. Der G. ist damit in dem Bewußtsein der Individuen mit sich selbst eins geworden, indem die einzelnen sich als Teile eines größeren, zusammenhängenden und sinnvollen Ganzen erkennen, das aus der Trennung und dem Kampf der Weltgeschichte hervorgegangen ist und in dem die Freiheit sich realisiert.

In der analytischen Philos. des Geistes, die sich mittels der neuen Methoden der Sprachanalyse, Linguistik, aber auch jener der empirischen Psychologie, Neurobiologie, der Informatik und kybernetischen Forschung mit G., Seele, Bewußtsein und den damit verbundenen Phänomenen und Begriffen befaßt, interessieren Fragen bezüglich einer Unterscheidung, des Verhältnisses und der möglichen Wechselwirkung geistiger und physischer Zustände. Das diesen Fragen zugrunde liegende Problem kann mit D. Davidson im klassischen Sinn so verstanden werden, daß Prinzipien, die zwar alle für sich als richtig anerkannt werden, sich gegenseitig ausschließen: So behauptet das 1. Prinzip, daß eine kausale Interaktion einiger geistiger Ereignisse mit physikalischen Ereignissen bestehe; das 2. Prinzip, daß Ereignisse, die sich aufeinander als Ursache und Wirkung beziehen, unter streng deterministische Gesetze fallen; das 3. Prinzip, daß geistige Ereignisse nicht unter streng deterministischen Gesetzen stehen können. Diese drei Prinzipien sind inkompatibel, obschon jedes einzelne für sich richtig zu sein scheint. Die verschiedenen Lösungsansätze dieses Problems führen hin zu Überlegungen, was denn Bewußtsein sei, ob psychische Zustände identisch mit physischen sind («Identitätstheorie»), ob wir uns nur zweier Beschreibungen (Verschiedenheit der Diskurse) ein und desselben Phänomens bedienen (referentielle Identität) («Supervenienz»-Hypothese), ob psychischen Zuständen ein materielles, neurophysiologisches Substrat eignet, ob auch Maschinen «psychische» Zustände zugeschrieben werden kann, so daß psychische Zustände gewissermaßen als Funktionsprogramme (soft ware) einer Maschine mit physikalisch-elektronischem Aufbau (hard ware) begriffen werden müssen («Funktionalismus»).

Entsprechend dem funktionalistischen Ansatz zur Aufklärung des Geistes wird im Rahmen der künstlichen Intelligenzforschung versucht, Intelligenz funktional über ein bestimmtes Problemlösungsverhalten zu beschreiben, welches maschinell simuliert werden kann: Ausgehend von Black-Box-Modellen wird gezeigt, daß die auf gelieferte Inputs jeweils folgenden Outputs der (nach dem engl. Mathematiker A. Turing benannten) sog. Turing-Maschine nicht mehr von den Resultaten von menschlicher Arbeit unterschieden werden können.

Lit.: B. Beakley/P. Ludlow (Hg.): Philosophy of Mind. Classical Problems, 1992. P. Bieri (Hg.): Analytische Philos. des G., 1981, ²1993. V. C. Borst (Hg.): The Mind/Brain Identity Theory, 1970. J. Copeland: Artificial Intelligence, 1993. W. Cramer: Grundlegung einer Theorie des G., 1957. D. Davidson: Geistige Ereignisse (1970), in: Handlung und Ereignis, 1990, S. 291–320. E. Fink: Philos. des G., 1994. H. Gardner: Dem Denken auf der Spur, 1989. N. Hartmann: Das Problem des geistigen Seins, ²1949. J. Haugeland: Künstliche Intelligenz, 1987. G. W. F. Hegel: Phänomenologie des G. Ders.: Enzyklopädie der philos. Wissenschaften. D. R. Hofstadter/D. C. Dennett (Hg.): Einsichten ins Ich, 1992. A. Kenny: Metaphysics of Mind, 1989. Th. Litt: Individuum und Gemeinschaft. Grundfragen der sozialen Theorie und Ethik, 1919. J. Miller (Hg.): States of Mind, 1983. M. Minsky: Mentopolis, 1990. H. Putnam: Vernunft, Wahrheit und Geschichte, 1990, S. 107–141. D. Rosenthal (Hg.): Materialism and the Mind-Body Problem, 1971. G. Ryle: Der Begriff des G., 1969. H. Schnädelbach: Hegels Theorie der subjektiven Freiheit, 1966. M. Theunissen: Hegels Lehre vom absoluten G. als theologisch-politischer Traktat, 1970. W. Ch. Zimmerli/S. Wolf (Hg.): Künstliche Intelligenz, 1994.

Geisteswissenschaften. Sammelbezeichnung für nicht-mathematische und nicht-naturwissenschaftliche Wissenschaften, in erster Linie die Humanwissenschaften (engl. *the humanities*) wie Philologie, Geschichte, Linguistik und Psychologie. Zu den G. werden traditionell auch die Rechtswissenschaft, die Gesellschaftswissenschaften und die Theologie gezählt, der Sprachgebrauch variiert aber. Das Wort G. entstand in Deutschland Mitte des 19. Jh. als (teilweise mißverständliche) Übersetzung des englischen *moral science*.

Lit.: W. Dilthey: Einleitung in die G., 1883. Ders.: Der Aufbau der geschichtlichen Welt in den G., 1910. H. Flashar u. a. (Hg.): Philologie und Hermeneutik. Zur Geschichte der G., 1979. H.-G. Gadamer: Wahrheit und Methode, 1960. E. Grassi u. T. v. Uexküll: Vom Ursprung und Grenzen der G. und Naturwissenschaften, 1950. M. Riedel: Verstehen oder Erklären? Zur Theorie und Geschichte der hermeneutischen Wissenschaften, 1978. J. Ritter: Die Aufgabe der G. in der modernen Gesellschaft, 1961. E. Rothacker: Logik und Systematik der G., 1926.

Generalisierung (von lat. *generalis*, die Gattung betreffend, allgemein). Verallgemeinerung. 1. Die Bewegung vom Einzelnen zum Allgemeinen. 2. Induktive

G. (s. Induktion). 3. Das Resultat einer G., d. h. Gattungsbegriffe (Universalien*), Urteile* oder Gesetze.

genetischer Fehlschluß (von griech. *genesis*, Entstehung). Bezeichnung für den Versuch, mit Hinweis auf bestimmte Entstehungsbedingungen auf die Wahrheit oder Falschheit von Behauptungen zu schließen. Von F. wird dabei gesprochen, weil die Entstehungs- oder Ursprungserklärung hinsichtlich Wahrheits- und Geltungsfragen oft als irrelevant abgetan wird. Das *argumentum* ad hominem* (das nicht der Sache, sondern dem Menschen gilt, der eine Sache vertritt) ist ein Spezialfall des g. F.

Genie (von franz. *génie*, aus lat. *genius*, [Schutz-]Geist, und *ingenium*, natürliche, angeborene Anlagen des Menschen, Talent). 1. Fähigkeit, etwas Originäres und Vorbildliches zu schaffen. 2. Person mit dieser Fähigkeit.

Seine moderne Ausprägung erhält der G.-Begriff im Frankreich (z. B. bei Diderot) und England des 17. und 18. Jh. (z. B. bei Shaftesbury), und zwar in Anknüpfung an die antike Rhetorik*, die zwischen *ingenium* und dem regelgeleiteten *studium* unterscheidet. Die Diskussion setzt sich in Deutschland fort und führt Ende des 18. und Anfang des 19. Jh. zu einer philos. Begründung des G.-Begriffs. Diese Entwicklung hängt zusammen mit der Herausbildung der Ästhetik* seit Baumgarten (*Aesthetica*, 1750/58) und Sulzer (*Entwicklung des Begriffes vom Genie*, 1757). Hamann, Mendelssohn, Lessing, Herder, der junge Goethe (im G.-Kult des «Sturm und Drang») betrachten den Künstler als G. (*genius*, Schöpfer). Im Zentrum der künstlerischen Produktion steht die schöpferische Subjektivität. Und diese Subjektivität ist G., weil sie sich als originelle Schaffenskraft nicht an vorgegebene Regeln hält. Der G.-Begriff wird zu einer ästhetischen Grundkategorie (Genieästhetik), während sich sein Anwendungsbereich allmählich auf die Kunst einschränkt.

Eine philos. Begründung enthält der G.-Begriff vor allem durch Kant und Schelling. Im § 46 der *Kritik der Urteilskraft* definiert Kant das G. als Talent, als «angeborne Gemüthsanlage (ingenium), durch welche die Natur der Kunst die Regel gibt». Das bedeutet zum einen, daß das G. jene Fähigkeit ist, die etwas zu schaffen vermag, für das sich im voraus «keine bestimmte Regel geben läßt». Dies bezeichnet seine Haupteigenschaft, die Originalität. Die Produkte des G. gelten als ‹exemplarisch› und vorbildlich. Dies heißt aber nicht, daß sie ohne Regeln sind. Soll sich das Produkt des G. als Kunst auszeichnen, so muß der Stoff, den das geniale Talent aus sich schöpft, geformt sein; und die Form verlangt ein «durch die Schule gebildetes Talent», also *studium* (§47). Das Exemplarische des G.produkts für andere liegt darin, daß sie aus dem Werk eine neue Regel oder Form erkennen und dann selbst nachahmen können (§49). – Diese Besonderheit hebt Schelling noch schärfer hervor: G. besteht weder im unbewußten Moment der Kunst, das sich durch Übung oder Studium nicht erwerben läßt, noch im Erlern- und Wiederholbaren. Vielmehr ist G. dasjenige, was beide Moment vereinigt. Nur zusammen sind Naturtalent und bewußte Arbeit von künstlerischem Wert. Kant wie auch Schelling schreiben der Kunst als Produkt des G. die Aufgabe zu, die ‹unübersehbare Kluft› zwischen Natur und Freiheit zu überbrücken. Diese beiden Begriffe hatte Kant in seinen *Kritiken* zunächst nicht scharf getrennt (vgl. *Kritik der Urteilskraft*, Einleitung). Der Gedanke einer ästhetischen Versöhnung steht dann bei Schiller im Mittelpunkt.

Hegel wiederum kritisiert die Idee der Versöhnung durch Kunst (vgl. intellektuelle Anschauung*) und wandelt im Zusammenhang damit den G.begriff ab. Seine Polemik gegen die Verehrung einer im abstrakten Sinn genialen Subjektivität macht geltend, daß es wesentlich auf die Verwirklichung des G. im Kunstwerk ankomme; dazu aber sei Arbeit* erforderlich. Diese Um- und Abwertung der Rolle des G. führt Hegel noch einen Schritt weiter: Die Eingrenzung auf das Künstlerische, wie sie in der Diskussion vor ihm üblich war, nimmt er zurück. So kann nach Hegel der Begriff des G. ebensogut auf Feldherren, Politiker und Wissenschaftler angewendet werden. – Heute ist G. ein umgangssprachlicher Wertbegriff ohne philos. Fundament. Er bezeichnet das ungewöhnliche Talent im Gegensatz zum erlernten Können (Arbeit, Studium).

Lit.: G. W. F. Hegel: Vorlesungen über die Ästhetik, 3 Bde., 1970. Jean Paul: Über das G. In: Ders.: Vorschule der Ästhetik, 1963. I. Kant: Anthropologie in pragmatischer Hinsicht. Ders.: Kritik der Urteilskraft. F. W. J. Schelling: Philos. der Kunst. J. Schmidt: Die Geschichte des G.-Gedankens in der dt. Literatur, Philos. und Politik, 2 Bde., 1985.

Gentile, Giovanni (1875–1944), ital. Philos. und Politiker. Prof. in Palermo 1906–13, Pisa 1914–16 und Rom ab 1917. Zusammen mit B. Croce Hauptvertreter des von Hegel beeinflußten sog. aktualistischen Idealismus*. Nach G. bringt der Geist* sich selber hervor, insofern er vollkommen frei* und also seine eigene Ursache* *(causa* sui)* ist. Weil er reine Freiheit ist, kann der Geist – im Gegensatz zu den bloß passiven Objekten – auch als reine Aktualität beschrieben werden. In seinem freien Streben nach Selbstverwirklichung benutzt der Geist (das Subjekt*) die objektive Welt als Mittel. Er kann aber nie selbst zum Objekt werden. Die Philos. ist identisch mit ihrer Selbstentfaltung in der Philos.geschichte, die wiederum identisch ist mit dem Streben des Geistes nach Verwirklichung seiner Freiheit. Diese Betonung des Geistes als freier und reiner Aktualität brachte G. in die Nähe des faschistisch orientierten ital. Expressionismus. 1922–24 führte er als Unterrichtsminister unter Mussolini elitäre Bildungsreformen durch. Wegen G. Zugehörigkeit zum Faschismus kündigte ihm Croce 1925 die Freundschaft auf. 1944 wurde G. in Florenz von antifaschistischen Widerstandskämpfern getötet.

Ausg.: Opera complete I–LIX, 1928ff. Philos. der Kunst, 1934. – *Lit.:* K. G. Fischer (Hg.): G. G. Philos. und Pädagogik, 1970.

genus/species (lat., Gattung, Art, Geschlecht; engl. *genus, [inclusive] kind/species, [included] kind*; franz. *genre/espèce*; griech. *genos/eidos*). In aristotelischer Tradition wird in der scholastischen* Philos. die Unterscheidung zwischen g. und s. gemacht, um zwischen allgemeinen und bestimmten Klassen zu differenzieren. Mit Hilfe dieser beiden Begriffe wird traditionell die Definition bestimmt als *definitio per g. proximum et differentiam specificam*, d. h. als ‹Definition* durch Angabe des nächsten Oberbegriffs (Gattungsbegriff, g.) und der besonderen artspezifischen Merkmale *(differentia specifica)*›. So kann die Spezies Mensch nach Aristoteles auf folgende Weise definiert werden: ‹Der Mensch ist ein vernünftiges *(differentia specifica)* Tier *(g. proximum)*›. Obwohl Aristoteles zwischen dem Wesen * (griech. *to ti en einai*) und dem Gattungsbegriff (Universalien*, griech. *katholou*) unterscheidet, hält er und mit ihm die scholastische Philos. an der engen Beziehung zwischen Art und Wesensbestimmung fest. Diese Verbindung wird jedoch bereits im Mittelalter von den Nominalisten* kritisiert, die Gattungs- und Artsbezeichnungen nicht als Wesensbestimmungen, sondern als Sammelbezeichnungen auffassen. In der modernen Philos. wird die Frage diskutiert, ob die Klassifikation* in bestimmte Gattungen und Arten auf bloß willkürlich gewählten Klassifikationsprinzipien beruht, so daß g. und s. jeweils nur relativ zu einem bestimmten Gesichtspunkt, nach dem klassifiziert wird, festzusetzen sind, oder ob es nicht vielmehr natürliche Klassen gibt. – S. u. a. Kripke.

genus proximum (lat.), die nächsthöhere Gattung. – S. Definition.

geozentrisches Weltbild (von griech. *ge*, Erde, und *kentron*, Mittelpunkt), die antike und mittelalterliche Auffassung, daß die Erde das Zentrum des Universums bilde. – Vgl. Ptolemaios.

Lit.: E. J. Dijksterhuis: Die Mechanisierung des Weltbildes, 1956. J. Mittelstrass: Die Rettung der Phänomene. Ursprung und Geschichte eines antiken Forschungsprinzips, 1962.

Gerechtigkeit. Als Minimalforderung an eine gerechte Handlung oder einen gerechten Entschluß gilt, daß gleiche Fälle gleich und ungleiche Fälle ungleich behandelt werden sollen. Dieser G.grundsatz ist formal, da er lediglich besagt, daß das, was einer bestimmten Klasse zugehört, gleich zu behandeln ist, aber nichts darüber aussagt, wie diese Klasse definiert wird, was zu der Klasse gehören und wie die Behandlung inhaltlich bestimmt werden soll. Er ist Ausdruck einer Forderung nach Unparteilichkeit und Rationalität*: Die Art und Weise, in der ein Individuum behandelt wird, soll durch objektive Regeln bestimmt werden. Dieses formale Prinzip gilt dabei für beide Hauptformen der G.: die austeilende oder distributive G., bei der es um die Verteilung von Rechten und Pflichten, Gütern und Lasten geht, und die ausgleichende oder kommutative G., die den Tausch verschiedenartiger Dinge betrifft, die Wiedergutmachung von Schaden und die Strafe bei Rechtsverletzungen.

Handelt es sich um die Anwendung von Gesetzen des positiven Rechts in konkreten Einzelfällen, so geben diese Gesetze Auskunft darüber, wie der vorliegende Fall zu beurteilen ist. Stehen aber diese Gesetze selbst zur Diskussion und wird gefragt, ob sie in sich gerecht oder ungerecht sind, muß das formale G.prinzip inhaltlich bestimmt werden, d. h. es müssen Kriterien festgesetzt werden, die im Einzelfall sagen, welche Personen gleich und welche ungleich zu behandeln sind. In traditionellen G.theorien wird u. a. die Ansicht vertreten, daß die Verteilung der Güter und Aufgaben nach moralischem Verdienst, nach Leistung, Bedürfnissen, Stellung, Geschlecht oder Rasse verteilt werden soll. Für Rechtspositivisten* sind solche inhaltlichen (materiellen) Diskussionen über G. irrelevant und bloßer Ausdruck von unverbindlichen Gefühlen. Sie haben keinerlei kognitive* Bedeutung. Gemäß der Naturrechts*-Position dagegen gibt es objektive* Grundsätze der G., die über die jeweilige positive (vorgegebene) Rechtsordnung hinausgehen. Im Utilitarismus* wird ein Rechtssystem nach dem Nutzen beurteilt, der sich bei der Befolgung der Rechtsregeln für den einzelnen oder die Gemeinschaft ergibt. Schwierigkeiten ergeben sich bei der Frage, wie die gerechte Verteilung des Nutzens nach utilitaristischen Prinzipien zu begründen ist.

Ein moderner Versuch einer philos. Grundlegung der G. wurde von J. Rawls in seiner *Theorie der Gerechtigkeit* (1975) formuliert. Rawls versteht G. im Sinn von Fairness und fragt, welche Grundprinzipien zur Einrichtung der Gesellschaft von einer Gruppe rational denkender Personen gewählt würde, die in angemessener Weise auch an das eigene Wohl denken. Damit die Unparteilichkeit der Wahl garantiert ist, wird angenommen, diese Personen müßten ihre Wahl in einer Situation treffen, in der sie von ihrer eigenen Persönlichkeit durch einen Schleier der Unwissenheit getrennt sind: Sie wissen nicht, welche Person sie selbst sein, welche Stellung sie einnehmen und was sie im Leben für sinnvoll erachten werden. Nach Rawls würden sich diese Menschen auf die zwei folgenden G.prinzipien einigen: (1) Jeder hat das gleiche Recht auf die Grundfreiheiten, die mit einem entsprechenden System von Freiheiten für alle vereinbar sind. (2) Soziale und wirtschaftliche Ungleichheiten sind nur gerechtfertigt, wenn die Ungleichheiten den am wenigsten Begünstigten den größtmöglichen Vorteil bringen. Das erste Prinzip steht über dem zweiten, d. h. man darf das zweite nicht auf Kosten des ersten befolgen.

Rawls' Theorie der G. als einer Theorie, die eine bestimmte Verteilung der Güter festsetzt, ist u. a. von R. Nozick kritisiert worden. Jede Theorie der G., die verlangt, daß die Güter nach einem bestimmten Schema zu verteilen sind, verletzt nach Nozick das fundamentale Recht der Personen, über ihre eigenen Güter zu bestimmen. Als Folge des freien Austauschs zwischen Personen wird das vorbestimmte Verteilungsschema immer wieder durchbrochen und läßt sich nur durch Zwang wiederaufrichten. Seine eigene Theorie der G. nennt Nozick eine historische im Gegensatz zu der strukturellen Theorie von Rawls. Ob die Verteilung der Güter gerecht ist oder nicht, hängt allein von ihrem Erwerb ab. Wenn die Güter einer Person von anderen mit deren Zustimmung erworben worden sind, dann kann dies als gerecht bestimmt werden (gerechte Übertragung). Wenn jemand etwas erwirbt, was bisher niemand besessen oder erworben hat, dann ist auch dies gerecht (gerechter Erwerb). Wenn aber etwas in irgendeiner anderen Weise erworben wird, z. B. durch Diebstahl, dann ist dies ungerecht. Nur diese Anspruchstheorie der G. *(the entitlement theory of justice)* kann nach Nozick dauernde Zwangseingriffe von staatlicher Seite vermeiden.

Lit.: Aristoteles: Nikomachische Ethik, 5. Buch. D. Christoff/H. Saner (Hg.): G. in der komplexen Gesellschaft, 1979. H. L. A. Hart: Der Begriff des Rechts, 1973, Kap. VIII. T. Hobbes: Leviathan, bes. Kap. 13–15. O. Höffe: Politische G., 1987, ²1994. O. Höffe (Hg.): Über John Rawls' Theorie der G., 1977. M. Kriele: Kriterien der G., 1963. J. S. Mill: Utilitarismus. P. Miller/M. Walzer (Hg.): Pluralism, Justice, and Equality, 1995. R. Nozick: Anarchie, Staat, Utopia, o. J. (1974). G. Perelman: Über die G., 1967. J. Pieper: Über die Gerechtigkeit, ⁴1965. Platon: Der Staat («Politeia»). J. Rawls: Eine Theorie der G., 1975. Ders.: G. als Fairness, 1977. H. Welzel: Naturrecht und materiale G., ⁴1962.

Geschichte/Geschichtsphilosophie. Das Wort G. (oder Historie) bezeichnet den geschichtlichen Verlauf selbst wie auch dessen Erforschung und Darstellung. Entsprechend bedeutet G.-Philos. eine Philos. des geschichtlichen Verlaufs (der Ursprünge, Entwicklungsprinzipien und Ziele der G.) wie auch eine wissenschaftstheoretische* Erörterung dessen, was G.-Wissenschaft ist und sein kann (auch Historik genannt). – In der G.-Philos. als Theorie des G.-Verlaufs lassen sich drei Hauptformen unterscheiden:
1. G. besteht aus einer komplexen Serie von Ereignissen, die verschiedene Arten von Ursachen* haben, ohne daß sich eine von ihnen besonders auszeichnen läßt. Daher gibt es in der G. auch keine übergeordneten Muster oder Strukturen. Diese G.-Auffassung wird vor allem in der empiristischen* Tradition und in der analytischen* Philos. vertreten.
2. Der Verlauf der G. wird von bestimmten Arten von Ursachen bedingt. Als extreme Formen solcher G.-Philos. stehen sich traditionell Materialismus* und Idealismus* gegenüber. Für den Materialismus wird die G. von natürlichen und/oder ökonomischen Kräften gesteuert, für den Idealismus dagegen von kulturellen und/oder geistigen Kräften.
3. Die G. wird nicht nur durch bestimmte Arten von Ursachen gelenkt, sie hat auch einen bestimmten Zweck. Dieser Zweck wird verschieden bestimmt: (a) G. tendiert zu einem Ende hin, bei dem alles zugrunde geht, um dann neu zu entstehen (vgl. Stoa). (b) G. tendiert zu einer endgültigen (göttlichen) Erlösung (vgl. die christliche Eschatologie). (c) G. ist ständiger Fortschritt ohne definierbaren Endpunkt. (d) Geschichte ist dauernder Rückschritt, endloser Zerfallsprozeß. – 4. Schließlich dient G. als Bezeichnung für die Geschichtlichkeit* des menschlichen Verstehens*. Geschichtlichkeit ist u. a. nach Heidegger, Jaspers, Gadamer und Ricœur eine notwendige* Bedingung dafür, daß es G. (in Bedeutung 1,2,3) allererst geben kann.

Jeder G.-Philos. sind Aussagen über Sinn und Zweck des menschlichen Lebens sowie über die beste Einrichtung der Gesellschaft immanent. Neben der christlichen Eschatologie (vgl. z. B. Augustin: *Der Gottesstaat*) kommt die G.-

Philos. im deutschen* Idealismus (Hegel: *Vorlesungen über die Philosophie der Geschichte*) und im Marxismus zu ihrer vollen Entfaltung.

Lit.: E. Angehrn: G. philos., 1991. H. M. Baumgartner/J. Rüsen (Hg.): Seminar: G. und Theorie, 1976. A. C. Danto: Analytische Philos. der G., 1974. F. Fukuyama: Das Ende der G., 1992. K. Jaspers: Vom Ursprung und Ziel der G., 1949. R. Koselleck: Kritik und Krise, ²1969. K. Löwith: Weltgeschichte und Heilsgeschehen, 1953. O. Marquard: Schwierigkeiten mit der G.philos., ³1992. R. Schaeffler: Einführung in die Geschichtsphilos., 1973, ⁴1991. Wiederkehr der Geschichte, Neue Hefte für Philos. 34 (1993).

Geschichtlichkeit, philos. Terminus, der den Grundcharakter der menschlichen Existenz* bezeichnet. Als philos. Begriff läßt sich G. erstmalig im Briefwechsel zwischen Dilthey und Yorck von Wartenburg (1877–97; hg. 1923) belegen; er steht bei Dilthey im Zusammenhang mit dem Problem des historischen Relativismus*. Seine entscheidende philos. Prägung als (fundamental-)ontologische* Bestimmung erfährt der G.-Begriff aber erst in Heideggers *Sein und Zeit* (1927). Fortan gilt er in der modernen Existenzphilos.*, Phänomenologie* und Hermeneutik* (insbesondere bei Gadamer) als Schlüsselbegriff. Als existentialontologischer Begriff besagt G. mehr als bloß dies, daß der Mensch zufälligerweise eine Geschichte hat, sondern kennzeichnet dessen Seinsweise. Erst durch diese Bestimmung der menschlichen Existenz als geschichtliche kommt der Begriff der G. voll zur Geltung. G. meint damit primär den überschreitenden Charakter menschlicher Existenz. Existenz als solche ist eine überschreitende Bewegung (vgl. Immanenz/Transzendenz). Der Mensch ist oder existiert insofern geschichtlich, als er seinen historischen Bedingungen nicht einfach ausgesetzt ist, sondern sich zu ihnen verhält. Er verhält sich zu seinen eigenen Möglichkeiten. Dieses Sich-Verhalten zur historisch bestimmten Welt als einem Raum von Möglichkeiten geschieht im Verstehen*. Das Verstehen als ein Sich-Verhalten zu Möglichkeiten ist jedoch immer an eine bestimmte Situation* gebunden und deshalb selbst auch geschichtlich. G. bezeichnet gerade die Einheit der Gebundenheit an eine historisch gegebene Situation und des transzendierenden Charakters menschlicher Existenz. Dieses Transzendieren der eigenen Situation ermöglicht denn auch das Verstehen einer anderen historischen Situation. Im Verhältnis zu anderen Situationen wird zugleich ein Selbstverständnis möglich, d. h. ein Verständnis der eigenen Bedingungen. Der Begriff G. will diese Doppelung ausdrücken: Der Mensch ist in eine bestimmte Situation gestellt oder geworfen, die er übernehmen soll. Erst im Streben nach solcher Übernahme und (Um)Formung des eigenen Lebens erfahren wir, daß G. formend und formbar ist. Die im Begriff G. angezeigte Geschichte ist somit nicht als abgeschlossene Vergangenheit zu verstehen, sondern als eine unabgeschlossene Bewegung, in der wir selbst stehen.

Auf erkenntnistheoretische Fragen bezogen, kann G. nicht einfach als eine Relativierung der Erkenntnis verstanden werden. Vielmehr ließe sich der Begriff G. verwenden, um den historischen Relativismus (Historismus*) zu überwinden.

Lit.: G. Bauer: G. Wege und Irrwege eines Begriffs, 1963. H.-G. Gadamer: Wahrheit und Methode. Grundzüge einer philos. Hermeneutik, ⁵1986. C. F. Gethmann: Verstehen und Auslegung. Das Methodenproblem in der Philos. Martin Heideggers, 1974. M. Heidegger: Sein und Zeit, 1927.

Gesellschaftsvertrag (engl. *social contract*; franz. *contract social*), tritt traditionell in zwei Haupttypen auf: 1. als eigentlicher gesellschaftsstiftender Vertrag, den freie Individuen miteinander in dem ursprünglichen gesellschaftslosen Zustand, oft Naturzustand genannt, eingehen (lat. *pactum unionis*); 2. als zweiseitige Absprache, durch die ein ganzes Volk, das schon vereint ist, sich einem Fürsten (bzw. einer anderen souveränen* Person) oder einer Versammlung gegen das Versprechen von Sicherheit und Schutzgesetzen unterwirft (lat. *pactum subjectionis*). Beide Vertragsbedeutungen lassen sich verstehen als wirklich, geschichtlich zustande kommende Verträge, die man unter Umständen erneuern kann, oder als gesellschaftsphilos. Fiktionen, die den konventionellen Charakter der sozialen Ordnung zum Ausdruck bringen. Bei T. Hobbes findet sich der Vertrag in einer Version, die die beiden traditionellen Typen des G. vereint. Zwischen den Theorien über den G. und den Ideen von der Volkssouveränität* und dem Naturrecht besteht ein enger Zusammenhang, der allerdings unterschiedlich interpretiert wird.

Die Lehre vom G. läßt sich bis in die Antike zurückverfolgen. Im Mittelalter hatte sie bereits ein derartiges politisches Gewicht, daß beispielsweise die Institution der Handverschreibung durch sie begründet wurde. Ihre klassische Gestalt fand die Idee des G. bei Pufendorf, ihre bekannteste Ausformung u.a. bei Hobbes, Locke und Rousseau. In neuester Zeit ist sie in veränderter Form u.a. von J. Rawls aufgenommen worden.

Lit.: J. M. Buchanan: Die Grenzen der Freiheit, 1984. T. Hobbes: Leviathan. W. Kersting: Die polit. Philos. des G., 1994. J. S. Kraus: The Limits of Hobbes Contractarianism, 1993. J. Locke: Zwei Abhandlungen über die Regierung. I. Kant: Zum ewigen Frieden. J.-J. Rousseau: Der Gesellschaftsvertrag, I, 5–8. H. Medick: Naturzustand und Naturgeschichte der bürgerlichen Gesellschaft. Die Ursprünge der bürgerlichen Sozialtheorie als Geschichtsphilos. und Sozialwissenschaft bei Samuel Pufendorf, John Locke und Adam Smith, 1973.

Gesetz (engl. *law*; franz. *loi*; griech. *nomos*; lat. *lex*). 1. Normative* (vorschreibende) G. sind mehr oder weniger allgemeine – geschriebene oder ungeschriebene – Handlungsvorschriften (Normen), die in bestimmten sozialen Zusammenhängen Geltung haben, z. B. Rechts- oder Moralg. Ein normatives G. beruht auf Autorität, Gewohnheit oder Konsens* und kann befolgt oder gebrochen werden. Die Wahrheit oder Falschheit solcher G. ist umstritten (vgl. Kognitivismus/Nonkognitivismus).

2. Deskriptive (beschreibende) G. sind Urteile*, die Regelmäßigkeiten oder kausale Zusammenhänge zwischen Phänomenen einer bestimmten Art, z. B. Naturphänomenen oder sozialen Phänomenen, ausdrücken. Ein solches G. ist wahr oder falsch. Es hat erklärende* und prognostische Funktion und bildet die Grundlage praktischer Eingriffe in den von ihnen bestimmten Phänomenbereich. Ein wissenschaftliches G. ist ein G., das innerhalb einer bestimmten Wissenschaft als gültig und in hohem Maß bestätigt angesehen werden kann. Besonders umfassende und bestätigte Gesetze innerhalb der Naturwissenschaften werden Naturg. genannt. Viele wissenschaftliche G. lassen sich als allgemeine Urteile von der folgenden logischen* Form formulieren: ‹Es gilt für alle x, wenn x die Eigenschaften $F_1, F_2, F_3 \ldots F_n$ hat, dann hat x auch die Eigenschaft G›. Solche G. wie ‹Jedes Metall, das erhitzt wird, dehnt sich aus› werden im Unterschied zu statistischen G., die sich über Wahrscheinlichkeiten aussprechen und nur für einen Teil der berührten Phänomene gelten (z. B. ‹Die Wahrscheinlichkeit dafür, daß ein neugeborenes Kind ein Mädchen ist, ist 0,5›), universelle G. genannt. Wissenschaftliche G. können ferner eingeteilt werden in empirische G., die beobachtbare Verhältnisse ausdrücken (z. B. ‹Jedes Metall, das erhitzt wird, dehnt sich aus›) und mit Hilfe von Beobachtungsausdrücken* formuliert werden können, und in theoretische G., die nicht-beobachtbare Verhältnisse ausdrücken (z. B. Teile der Mendelschen Erbg., die durch theoretische Ausdrücke wie ‹Gen›, ‹dominant› formuliert sind). Theoretische G. dienen der Erklärung und Systematisierung bekannter empirischer sowie der Herleitung neuer empirischer G.

Ein vieldiskutiertes Problem in der modernen Wissenschaftstheorie ist die Präzisierung des Unterschieds zwischen G.

in der Form von universellen Urteilen und sog. zufälligen Generalisierungen, d. h. universellen Urteilen, die keine G. darstellen. Goodman hat in *Fact, Fiction and Forecast* (1954) darauf aufmerksam gemacht, daß nomologische Urteile im Gegensatz zu zufälligen Generalisierungen kontrafaktische* Urteile implizieren. Wenn z. B. a ein Stück vernichtetes Metall darstellt, das nie erhitzt worden ist, gilt für a: ‹Wenn es erhitzt worden wäre, würde es sich ausgedehnt haben›. Die zufällige Generalisierung: ‹Alle Kinder des dänischen Königshauses sind Jungen› impliziert dagegen nicht: ‹Wenn Anna ein Kind des dänischen Königshauses gewesen wäre, wäre Anna ein Junge gewesen›.

3. Logische G. sind jene logischen Formeln, die stets zu wahren Sätzen werden, wenn man für ihre Variablen nicht-logische Konstanten einsetzt. In der modernen Logik haben logische G. den Status von beschreibenden G., während sie in der traditionellen und psychologisierenden Logik häufig als normativ ausgelegt werden (s. Denkgesetze).

4. Metaphysische G. (auch ontologische G. oder Wesensg. genannt) sind Urteile, die Regelmäßigkeiten von Phänomenen zu beschreiben versuchen, die aus deren Wesen* folgen. Die Existenz solcher G. ist umstritten.

5. Transzendentale* G. formulieren Regelmäßigkeiten, die Bedingungen der Möglichkeit von Erkenntnis überhaupt und mithin auch von Wirklichkeit sind. Die Existenz dieser G. ist ebenfalls umstritten.

Lit.: N. Goodman: Tatsache, Fiktion, Voraussage, 1975. C. G. Hempel: Aspekte wissenschaftlicher Erklärung, 1977. W. Stegmüller: Probleme und Resultate der Wissenschaftstheorie und Analytischen Philos. I. Wissenschaftliche Erklärung und Begründung, ²1974. G. H. v. Wright: Erklären und Verstehen, 1974.

Gestalt. 1. Generell: Ganzheit, die mehr ist als die Summe ihrer Teile und deren Eigenschaften* nicht auf die Eigenschaften der einzelnen Teile reduziert werden können (vgl. Holismus). 2. In der Ästhetik* oft Synonym mit Form* verwendet im Gegensatz zum Inhalt (Gehalt). 3. In der Psychologie geht der Begriff G. auf C. v. Ehrenfels zurück (1859–1932). Nach Ehrenfels sind die menschlichen Perzeptionen* durch sog. G.qualitäten geprägt, d. h. Eigenschaften, die strukturell der wahrgenommenen Ganzheit zugehören wie die einzelnen Töne einer Melodie. Diese G.qualitäten können bei einer Veränderung der Teile erhalten bleiben, was beispielsweise der Fall ist, wenn die Melodie in verschiedenen Tonarten gespielt wird. Ebenso sind die G.qualitäten nur in und mit der Ganzheit gegeben, nicht in den einzelnen Teilen allein, z. B. einem einzelnen Ton. Ehrenfels' Abhandlung *Über Gestaltqualitäten* (1890) gilt als Klassiker der sog. G.psychologie (G.theorie), zu deren Vertretern Kurt Koffka (1886–1941), Wolfgang Köhler (1887–1967), Kurt Lewin (1890–1947) und Max Wertheimer (1880 bis 1943) zählen.

Lit.: W. Köhler: G.probleme und Anfänge einer G.theorie, 1922. K. Lewin: Die Entwicklung der experimentellen Willenspsychologie und Psychotherapie, 1929. B. Smith (Hg.): Foundation of Gestalt Theory, 1988. M. Wertheimer: Drei Abhandlungen zur G.theorie, 1925.

Geulincx, Arnold (1624–69), fläm. Philos., Anhänger des Cartesianismus und Vertreter des sog. Okkasionalismus*. Die auf dem Hintergrund der dualistischen Ontologie Descartes sich stellende Frage, wie die Wechselwirkung der beiden Substanzen, der *res extensa* und der *res* *cogitans*, zu denken sei, beantwortet G. okkasionalistisch: Gott richtet es bei Gelegenheit eines leiblich-physischen Ereignisses (z. B. einer Verletzung) so ein, daß jeweils auch das entsprechende psychische Ereignis eintritt (ein Schmerz) und umgekehrt (z. B. läßt einen die Freude das Herz höher schlagen). Denkbar ist nach G. auch eine andauernde, durch Gott stabilisierte Übereinstimmung der ontologisch jeweils verschiedenen Vorgänge. Der Mensch selbst verhält sich in einer solchen Welt als bloßer Beobachter der vorherbestimmten Harmonie. Zu begegnen ist dem Schicksal – dem Determinismus G. entsprechend – mit der höchsten Tugend, der Demut.

Ausg.: Sämtliche Schriften, I–V, hg. von H. J. de Vleeschauwer, 1964–68. Ethik. Oder über die Kardinaltugenden (Fleiß, Gehorsam, Gerechtigkeit und Demut), hg. von G. Schmitz, 1948.

Gewohnheit (engl. *custom* oder *habit*; franz. *coutume* oder *habitude*). Eine erworbene psychische oder physiologische Disposition*, in bestimmten Situationen auf bestimmte Weise zu handeln oder zu reagieren. Nach Hume beruht unser Glaube an eine notwendige Verbindung zwischen Ursache* und Wirkung ausschließlich darauf, daß wir es gewohnt sind, eine Verbindung zwischen Ereignissen bestimmter Art anzunehmen. – Vgl. Regularitätstheorie.

Lit.: G. Funke: G., 1958.

Geworfenheit, s. Heidegger; Faktizität.

Ghazali, Abu Hamid Mohammed (auch Algazel, al-Ghassali oder al-Ghasali; um 1058–1111), persischer Denker, der in seinem Werk *Tahfut-al-falasifa* (Die Selbstdestruktion der Philosophen, lat. *Destructio Philosophorum*) islamisch orthodoxe Philos. ähnlich wie Avicenna kritisiert: Sie behandle unter dem Einfluß der griech. Antike Gott mit zu großer Gleichgültigkeit. Während diese Philos. die Handlungen Gottes auf seine Wesensbestimmung zurückführen und notwendige Kausalverbindungen zwischen den von Gott geschaffenen Dingen annehmen, bestimmt G. Gott als Willen, der sich nicht nach Gesetzen richten muß. Daraus folgt die Kontingenz der erschaffenen Welt: Nichts ist notwendig, alles ist vollständig von Gottes freiem, schöpferischem Willen abhängig. G. kritisiert im weiteren die traditionellen Argumente für die Ewigkeit der Welt und die Notwendigkeit der Naturgesetze und bezweifelt die Möglichkeit, ohne Hilfe der Offenbarung die eigenen Verpflichtungen zu erkennen. G., der in Europa unter dem Namel Algazel bekannt wurde, war für die europäische Scholastik* und auch für die spätere islamische Philos., wie sie sich etwa bei Averroes zeigt, von Bedeutung. Averroes verfaßte eine Gegenschrift zu G. Philos.kritik.

Ausg.: Neubelebung der Religionswissenschaften, I–IV, 1916–1940. Die kostbare Perle im Wissen des Jenseits, 1924. Der Zusammenbruch der Philos., (engl.) 1958. Das Elixier der Glückseligkeit, 1959. Die Nische der Lichter, 1987. Der Erretter aus dem Irrtum, 1988. – *Lit.:* M. Abu Ridah: Al-Ghazali und seine Widerlegung der griech. Philos., 1954. J. Obermann: Der philos. und religiöse Subjektivismus Ghazalis, 1921. E. L. Ormsby – Theodicy and Islamic Thought, 1984.

Gilson, Étienne Henri (1884–1978), franz. Philos., u. a. Prof. an der Sorbonne und am Collège de France in Paris. Arbeitete vor allem als Philos.historiker. Vertreter des Neuthomismus (s. Thomismus). 1929 gründete G. das Institute of Mediaeval Studies im kanadischen Toronto, eines der bedeutendsten Zentren des Neuthomismus.

Ausg.: L'être et l'essence, 1948. Dante und die Philos., 1953. La philosophie au moyen âge, ^{2}1962. D'Aristote à Darwin et retour, 1971. Constantes philosophiques de l'être, 1983. – *Lit.:* L. K. Shook (Hg.): E. G., 1984.

Glossematik (von griech. *glossa*, Sprache). Bezeichnung für die Sprachtheorie, die von L. Hjelmslev in der sog. Kopenhagener Schule begründet wurde. Die G. entwickelt die strukturelle Linguistik von F. de Saussure weiter; sie beruht auf der immanenten Beschreibung der Sprache als Form, als System von inneren Unterschieden und Abhängigkeitsverhältnissen (vgl. Strukturalismus). Die kleinsten, invarianten Einheiten in der Sprache, die Glosseme, sind nur, was sie sind, aufgrund ihrer gegenseitigen Unterschiede, also nicht in sich selbst.

Lit.: L. Hjelmslev: Die Sprache. Eine Einführung, 1968.

Glück/Glückseligkeit Was im dt. Wort G. ununterschieden zusammenfällt, wird in anderen europ. Sprachen klar unterschieden: G. im Sinne eines gelingenden Lebens, einer guten Verfassung der Seele (engl. *beatitude, felicity, happyness;* franz. *béatitude, bonheur, félicité;* griech. *eudaimonia, makariotes;* lat. *beatitudo, felicitas*) und G. in der Bedeutung von glücklichem Zufall oder günstigen Umständen (engl. *luck,* franz. *fortune,* griech. *tyché,* lat. *fortuna*). G. in der ersten Bedeutung, als glückliches Leben, gilt seit dem Altertum als einer der höchsten Werte. Die Frage etwa, welche Lebensform als die beste anzustreben sei – ob beispielsweise die hedonistische, die nach Lust, die aktive *(vita activa),* die nach Ehre, oder die betrachtende *(vita contemplativa),* die nach Erkenntnis strebt –, ist identisch mit der Frage, welche Lebensform die glücklichste sei. Worin G. eigentlich besteht, ist umstritten. Zumeist wird es entweder den äußeren Gütern (z. B. Macht, Reichtum, Gesundheit und Ehre), den inneren Gütern (z. B. Erkenntnis, Gemütsruhe), der ewigen Seligkeit (besonders im christlichen Sinn) oder dem Genuß (Hedonismus*) zugeordnet. Uneinigkeit besteht auch in der Frage, ob es verschiedene Klassen des G. gibt. Laut Bentham z. B. gibt es nur eine Art, nämlich den Genuß, während J. S. Mill zwischen höherem und niedrigerem G. unterscheidet. Für ihn ist eine (qualitativ) höhere Form des G. auch dann vorzuziehen, wenn man von einem niedrigeren G. (quantitativ) mehr erlangen könnte. Schließlich wird diskutiert, ob sich zwischen ‹wahrem› und ‹falschem› G. unterscheiden läßt, und zwar unabhängig davon, was das Individuum selber unter G. versteht. – Verschiedene Theorien teleologischer Ethik* betrachten G. als Wert, der zur Beurteilung des ethischen Werts von Handlungen als Maßstab dient: Eine Handlung A ist dann und nur dann besser als eine Handlung B, wenn A das G. stärker vermehrt als B.

Als mögliche Grundlage einer solchen teleologischen Bestimmung der Ethik werden gegenwärtig – zumeist allerdings unter anderen Begriffen wie *Lebensqualität (quality of life), welfare, well-being* usw. vor allem folgende drei Theorien des G. diskutiert:

1. die hedonistische Theorie, für die das einzige Kriterium für gutes Leben darin besteht, wie dieses Leben subjektiv erfahren wird, ob die mentalen Zustände, in denen man sich befindet, als lustvoll oder leidvoll, als beglückend oder unerträglich etc. empfunden werden; 2. die Wunscherfüllungs- oder Präferenzentheorie, die nicht von den mentalen Zuständen der betreffenden Person ausgeht, sondern ob und inwieweit ihre Wünsche tatsächlich realisiert sind; 3. die Theorie des «objektiv Guten», die nicht (ausschließlich) auf mentale Zustände oder Präferenzen rekurriert, sondern das gute Leben daran mißt, ob es Dinge enthält, die in sich selbst gut sind oder zumindest gut als Mittel für Dinge, die in sich selber gut sind. Zu solchen objektiv guten Dingen zählt man etwa gewisse Grundgüter oder gewisse Fähigkeiten oder Freiheiten, von denen angenommen wird, daß alle Personen, wenn sie hinreichend informiert und hinreichend rational wären, sie für sich erstreben würden. Im Zuge der in den 80er Jahren einsetzenden Aristotelesrezeption in der Ethik* gewinnen Theorien des «objektiv Guten» zunehmend an Bedeutung. Prominente Vertreter dieser Position sind neben anderen die Philosophin Martha C. Nussbaum und der Ökonom Amartya Sen.

Lit.: G. Bien (Hg.): Die Frage nach dem G., 1978. M. Forschner: Über das G. des Menschen, ²1994. K. M. Meyer-Abich/D. Birnbacher (Hg.): Was braucht der Mensch, um glücklich zu sein?, 1979. M. C. Nussbaum, A. Sen (Hg.): The Quality of Life, 1993. M. Seel: Versuch über die Form der G., 1995. R. Spaemann: G. und Wohlwollen, 1989.

Glucksmann, André (geb. 1937), franz. Philos. und Schriftsteller. Bekanntester Exponent der sog. Neuen Philos. Untersuchte die totalitären Tendenzen in der klassischen politischen Philos. und wurde, anfänglich vom Marxismus geprägt, zum Kritiker desselben. Aus diesen Überlegungen ging sein umstrittenstes Werk hervor, *Die Philosophie der Abschreckung* (franz. 1983), in dem er neben «Hiroshima» ein zweites, gegen den Ostblock und die linken Theoretiker gerichtetes Memento einführt: den «Gulag». Gegen alle theoretischen Relativierungen setzt er sich für die vom bürgerlichen Rechtsstaat garantierten menschlichen Grundrechte ein.

Ausg.: Die Meisterdenker, 1978. Die Philos. der Abschreckung, 1984. Die Macht der Dummheit, 1986. Vom Eros des Westens, 1988. Die cartesianische Revolution, 1989. Am Ende des Tunnels, 1991.

Gnoseologie (von griech. *gnosis*, Erkenntnis, Wissen, und *logos*, Lehre). 1. Im weiteren Sinn identisch mit Erkenntnistheorie*. 2. Im engeren Sinn Lehre von denjenigen Voraussetzungen der Erkenntnis, die an das Bewußtsein* gebunden sind im Gegensatz zu den Voraussetzungen, die von Verhältnissen ‹außerhalb› des Bewußtseins herrühren. 3. Der Begriff findet in neuerer Zeit u. a. bei N. Hartmann Verwendung: G. ist für ihn die erkenntnistheoretische Darstellung der Beziehung zwischen Bewußtsein als Subjekt* und Seiendem* als Objekt. Von ihr ist die Ontologie* zu unterscheiden. Diese hat die Seinsweise des Seienden selber zum Thema, unabhängig davon, ob das Seiende Gegenstand eines erkennenden Subjekts ist oder nicht.

gnosis (griech., Erkenntnis, Wissen). Bei Platon besitzt g. zwei Hauptbedeutungen, nämlich die wissenschaftliche Einsicht als Voraussetzung für richtiges Handeln und die rationale philos. Erkenntnis des in Wahrheit Seienden, insbesondere die Erkenntnis der Idee* des Guten. In hellenistischer* Zeit wird g. allmählich eingeschränkt auf religiöse Erkenntnis. Auch das *Neue Testament* versteht g. ausschließlich im religiösen Sinn. Sie bedeutet dort die Einheit von Offenbarung und Gehorsam gegenüber Gott. Allein durch g. als Offenbarung kann der Mensch Gott erkennen, eine Erkenntnis, die sich mit Leben und Lehre Jesu zur Vollkommenheit erhebt.

Eine neue Bedeutung erhält der religiöse Begriff der g. mit dem *Gnostizismus* (oder Gnostik, Gnosis). Unklar ist, ob es sich bei dieser nachchristlichen Strömung um eine Bewegung handelt, die ihre Wurzeln schon in vorchristlicher Zeit hat, oder ob sie erst mit der Ausbreitung des Christentums im 2. Jh. entstand. Ebensowenig ist geklärt, ob der Gnostizismus insgesamt ein Abkömmling des Platonismus* ist oder ob nur einige der gnostischen Schulen platonische Elemente in ihre Lehre aufgenommen haben. Die heutige Kenntnis über den Gnostizismus ist lückenhaft, auch deshalb, weil die gnostischen Schulen ihre Mitglieder oft zu strengem Schweigen verpflichteten. Die Grundauffassungen des christlichen Gnostikers Valentinus, die durch seinen Kritiker Irenaeus überliefert sind, gelten aber vermutlich für die meisten Gnostiker: Gott ist nach dieser Auffassung der ‹Vater›, die ursprüngliche Einheit und der erste Äon (von griech. *aion*, Ewigkeit), d. h. ein ewiges Wesen oder Prinzip. Von der göttlichen, harmonischen ‹Lichtwelt› des Vaters strömen alle anderen Äonen aus (emanieren*), und zwar durch Liebe. (Valentinus kennt insgesamt 30 Äonen, die paarweise geordnet sind.) Der letzte Äon heißt Sophia, Weisheit. Sie befindet sich vom Gott-Vater in größter Entfernung, möchte aber mit ihm in Gemeinschaft leben. So entsteht in der göttlichen Lichtwelt Unruhe, weil die Sophia das Unerkennbare (Gott) erkennen will. Um die göttliche Harmonie wiederherzustellen, wird aus der Sophia die Sehnsucht ausgesondert. Dazu lassen die Äonen ein neues Äon sich bilden, den Christus als ‹Heiland›, so daß die formlose Sehnsucht Form gewinnt. In dieser

Formung erfährt die Sehnsucht, daß sie in die göttliche Sphäre hineingehört, zugleich aber, daß sie dorthin nicht zurückkehren kann. So fürchtet sie, das Leben zu verlieren, wie sie das Licht verloren hat. Aus Verwirrung und dem Drang zurückzukehren, entstehen Materie (griech. *hyle*) und Seele (griech. *psyche*). Nun erscheint der Heiland (Christus) von neuem und läßt die Sehnsucht das Licht schauen. In dieser Erkenntnis gebiert sie das Pneumatische (griech. *pneuma*, Hauch, Geist). Erst nach der Entstehung des Hylischen (Materiellen), Psychischen (Seelischen) und Pneumatischen (Geistigen) wird der Demiurg* erzeugt (der mit dem jüdischen Schöpfergott identisch sein soll); er schafft nun die Welt mit ihren Pflanzen, Tieren und Menschen. So gibt es drei Arten von Menschen: Die Hyliker sind der Materie verhaftet, dem Prinzip des Bösen, und gehen deshalb zugrunde; die Psychiker sind an das Seelische gebunden und werden teilweise gerettet; die Pneumatiker kehren zur ursprünglichen Einheit zurück, indem sie die rechte g. (Einsicht) gewinnen und eine mystische Schau der göttlichen Lichtwelt erleben.

Zusammenfassend zeigt sich, daß die Gnostiker zwar von einem ursprünglichen Widerstreit zwischen Gott als dem Guten und der Materie als dem Bösen ausgehen, aber zwischen diesen beiden Prinzipien viele vermittelnde ‹Äonen› annehmen. Der Mensch ist göttlichen Ursprungs wie auch entfremdet; in der g. als schauender Gotteserkenntnis jedoch liegt die Möglichkeit einer Rückkehr, die im Einswerden mit Gott sich vollendet. Das von Platon geprägte Weltbild erhält hier eine entschieden mythologische und bildliche Fassung. Im 2. und 3. Jh. n. Chr. treten dann Gnostiker mit dem Absolutheitsanspruch auf, die wahren Christen zu sein; in ihrem Streben nach g. erkennen sie zwar die Schrift als heilig an, wollen sie aber pneumatisch auslegen; dazu verbinden sie die jüdisch-christlichen Symbole mit einer Mythologie nach Art der eben skizzierten. – Von christlicher (z. B. Irenäus und Tertullian) wie von heidnisch-neuplatonischer Seite aus (Plotin) wurde der Gnostizismus verurteilt.

Bis ins 19. Jh. blieb der Begriff der g. ausschließlich für den historischen Gnostizismus besetzt. Dann erhielt er wieder eine systematische Bedeutung als Bezeichnung für die Auffassungen, die religiöse Wahrheit als interpretationsbedürftig verstehen, im Gegensatz zur Ansicht, sie sei als gegeben hinzunehmen. Im 20. Jh. findet sich der Begriff g. u. a. bei E. Topitsch. Hier dient er zur ‹ideologiekritischen› Bezeichnung von Weltanschauungen (wie Faschismus und Marxismus), die für sich ein Heilswissen in Anspruch nehmen und so das gegenwärtige Leiden als bloßen Durchgang zur künftigen Erlösung auffassen.

Lit.: R. Berlinger/W. Schrader: G. und Philos., 1993. M. Brumlik: Die Gnostiker, 1992. W. Foerster (Hg.): Die G., I–III, 1969 bis 79. R. Haardt: Die G. Wesen und Zeugnisse, 1967. H. Jonas: Der Begriff der G., 1930. Ders.: G. und spätantiker Geist, I, 1934, I–II/1, ^{3}1964. P. Koslowski: G. und Mystik in der Geschichte der Philos., 1988. P. Koslowski: G. und Theodizee, 1993.

goldene Regel, die, ethisches Prinzip, welches in den meisten Religionen und in vielen ethischen Systemen zu finden ist. Die biblische Formulierung lautet: «Alles nun, was ihr wollt, daß es euch die Menschen tun, das sollt auch ihr ihnen tun!» (Matth. 7,12). Die erste bekannte Formulierung der Regel finden wir bei Konfuzius um 500 v. Chr. Die Deutung der g. R. war jedoch nicht unumstritten. Wörtlich sagt sie, daß die Wünsche, die man selbst hat, der Maßstab dafür sind, wie andere Menschen behandelt werden sollen. Inhaltlich wird also keine Rücksicht darauf genommen, daß andere Menschen nicht die gleichen Wünsche haben wie wir selbst. Die ethisch allein vertretbare Interpretation ist jedoch die, daß die Wünsche anderer im gleichen Maße berücksichtigt werden sollen, wie man die eigenen Wünsche berücksichtigt

Nelson Goodman

haben möchte. – Vgl. Hares Universalisierbarkeitsthese.

Lit.: A. Diehle: Die g. R., 1962. R. M. Hare: Freiheit und Vernunft, 1973.

Goodman, Nelson (geb. 1906), amerik. Philos., Prof. an den Universitäten von Pennsylvania (1951), Brandeis (1964) und Harvard (1967). Hat grundlegende Beiträge zur induktiven* Logik und zur wissenschaftlichen Erklärung* veröffentlicht. G. vertritt eine empiristische und nominalistische* Position; er steht unter Einfluß von Carnaps frühem Phänomenalismus*. Durchgängiges Thema seiner nominalistischen Analysen ist der Begriff ‹Ähnlichkeit› (*similarity*). G. argumentiert gegen die Existenz von objektiven, sprachunabhängigen Ähnlichkeiten als vorgegebenen Charakteristika der Wirklichkeit. Unser Glaube an die Existenz von Eigenschaften und individuellen Gegenständen in Raum und Zeit beruht allein darauf, daß wir objektivieren*, d. h. durch die Sprache dazu verleitet werden, bestimmte Ähnlichkeiten als objektive Charakteristika der Wirklichkeit auszulegen. In der Bestätigungstheorie hat G. mit seiner Formulierung des sog. G.-Paradoxons eine Diskussion eröffnet, die u. a. zu Revisionen in der Erklärung der hypothetisch*-deduktiven Methode geführt hat. – S. Gesetz.

Ausg.: The Structure of Appearance, 1951. Fact, Fiction and Forecast, 1955 (dt.: Tatsache, Fiktion, Voraussage, 1975). Languages of Art. An Approach to a Theory of Symbols, 1968 (dt. Sprachen der Kunst, 1973). Problems and Projects, 1972. Ways of Worldmaking, 1978 (dt. Weisen der Welterzeugung, 1984). Of Mind and other Matters, 1984 (dt. Vom Denken und anderen Dingen, 1987). – *Lit.:* S. Hottinger: N. G. Nominalismus und Methodologie, 1988. F. v. Kutschera: N. G. – Das neue Rätsel der Induktion. In: Grundprobleme des großen Philos. Hg. von J. Speck, 1975.

Gorgias (von Leontinoi, ca. 480–ca. 380 v. Chr.), griech. Philos. und Rhetor. In diplomatischer Mission für seine Heimatstadt Leontinoi (Sizilien) kam G. 427 nach Athen. Bereiste danach die griech. Städte und erteilte Unterricht in Rhetorik. G. gilt als Sophist*. Er war Schüler des Empedokles, wandte sich aber später gegen dessen Kosmologie. Sein Werk umfaßte Reden, eine Abhandlung über Rhetorik und die philos. Schrift *Über das Nichtseiende oder die Natur*, die jedoch nur aus Referaten bekannt ist. In dieser Schrift verteidigt G. drei Behauptungen: 1. Es gibt nichts. 2. Wenn es etwas gäbe, gäbe es davon keine Erkenntnis. 3. Wenn es eine Erkenntnis von etwas gäbe, das es gibt, so könnte diese Erkenntnis nicht an andere weitergegeben werden. – Wie G. seine Behauptungen begründete und ob er sie überhaupt ernst meinte, läßt sich nicht mit Sicherheit feststellen, da ein Großteil seiner Werke verlorengegangen ist.

Ausg.: Diels/Kranz: Fragmente der Vorsokratiker, Bd. 2, ^{6}1951. Reden, Fragmente und Testimonien. Hg. u. übers. von Th. Buchheim, 1989. – *Lit.:* O. A. Baumhauer: Die sophistische Rhetorik. Eine Theorie sprachlicher Kommunikation, 1986. C. J. Classen (Hg.): Sophistik, 1976.

Gott (engl. *god*; franz. *dieu*; griech. *theos*; hebräisch *elohim*; lat. *deus*). 1. Höchstes Seiendes*; Seiendes, das unendlich, ewig, unbegrenzt an* sich ist. 2. Letzter Grund* oder letztes Erklärungsprinzip, erste Ursache*; das, was selbst unbedingt (absolut*), aber Bedingung für alles andere ist; das, was reiner Akt* oder reine Wirklichkeit an sich und so für alles andere Prinzip ist, was mit Notwendigkeit existiert, in welchem Existenz* und Wesen* zusammenfallen (philos., metaphysischer G.begriff). 3. Die Substanz*; das, was an sich besteht, aus sich heraus verstanden werden kann und von dem alles andere Manifestation ist (Spinoza). 4. Übermenschliche Macht, die in einer Gemeinschaft Gegenstand der Verehrung ist (vgl. Religion). 5. Schöpfer und Erhalter der Welt, zu dem der Mensch in einem persönlichen Verhältnis steht und der sich in der Geschichte offenbart (jüdisch-christlicher G.begriff); genauer: der in Zeit oder Geschichte Mensch geworden ist (Christentum). In der metaphysischen Tradition bedeutet G. das höchste Seiende (vgl. Metaphysik; Ontotheologie). Die antike Tradition wirkte mit ihrer G.vorstellung auf die christliche Theologie ein und wurde ihrerseits durch die christliche Theologie umgeformt (insbesondere in der Scholastik*). Als höchstes Seiendes ist G. das vollkommenste Seiende, nämlich allwissend, allgütig und allmächtig. Dieser G.begriff ist der Philos. und Theologie gemeinsam und bildet das Zentrum der Auseinandersetzung beider Disziplinen. Die gegebene Welt weist durch ihren relativen, veränderlichen und unabgeschlossenen Charakter auf etwas anderes hin, etwas Absolutes. In ihm hat sie ihren Grund und kann folglich von ihm her erst verstanden werden (vgl. das Absolute).

Im Zusammenhang mit dem G.begriff lassen sich philos. gesehen drei Problemkreise unterscheiden.

Erstens: Wird G. selbst als der letzte Grund (das Erklärungsprinzip, die Ursache) der Wirklichkeit verstanden, dann stellt sich die Frage nach seiner eigenen Wirklichkeit und deren Grund. So wird der Beweis der Existenz G. zum philos. Problem. In diesem Bereich ergeben sich einige grundlegende Fragen: Selbst wenn die Wirklichkeit G. akzeptiert wird, bleibt offen, ob die menschliche Sprache seinem Wesen angemessen ist, ob sich also positiv etwas über ihn aussagen läßt oder nur indirekt (vor allem in Mythen*) bzw. nur negativ (vgl. negative Theologie; Mystik). Weiter läßt sich fragen, ob G. (seine Existenz, Wirklichkeit) erkennbar ist (vgl. Agnostizismus), ob seine Wirklichkeit überhaupt Gegenstand des Wissens (der Vernunft*) sein kann und nicht vielmehr dem Glauben zugehört, so daß G. und der G.erfahrung wie im Atheismus* jegliche Wirklichkeit abgesprochen wird. Die Idee G. wird als bloße Illusion (Schein*) entlarvt, die sich auf eine menschliche Projektion zurückführen läßt (vgl. Anthropomorphismus; Feuerbach). Oder sie läßt sich als bloßer Unterdrückungsmechanismus kritisieren, der den Menschen von seiner Vernünftigkeit entmündigt, indem er ihn einer übernatürlichen Autorität unterwirft (vgl. Autonomie; Säkularisierung). Schließlich kann die G.vorstellung als sinnlos oder selbstwidersprüchlich aufgefaßt werden.

Zweitens stellt sich das Problem, wie das Verhältnis von Mensch als endlichem Wesen zu Gott als Unendlichem (Transzendenz*) zu denken ist. Hier muß die Voraussetzung gemacht werden, daß der Mensch sich selbst zu überschreiten vermag. So zieht die Lehre von G. (Theologie*) auch eine Lehre vom Menschen (Anthropologie*) nach sich, in welcher das Verhältnis zwischen Mensch und G. als transzendenter Macht erklärt wird (vgl. Zeit/Ewigkeit; endlich/unendlich; Paradox).

Drittens stellt sich das Problem in verschärfter Form beim christlichen Schöpferg., zu dem der Mensch in einer persönlichen Beziehung steht. Die Schwierigkeiten ergeben sich hier beim Versuch, den Begriff von G. als allmächtigem und allwissendem Schöpfer mit dem Begriff vom Menschen als Person*, also mit der menschlichen Freiheit (Autonomie), zu vereinbaren. Eine besondere Prägung erhält dieses Problem unter dem Aspekt der Geschichte*: Als Christus hat sich G. verendlicht und in der Geschichte gezeigt, die allerdings als in seiner Vorsehung* vorgezeichnet verstanden werden muß (vgl. Prädestination). Hieraus ergibt sich das Problem, wo die Geschichte des Menschen, die durch freie Handlungen geformt ist, ihren systematischen Ort findet. Im weiteren stellt sich die Frage, wie sich G. Allmacht und Liebe mit der Wirklichkeit des Bösen* vereinbaren läßt (vgl. Theodizee).

Diese drei Problemkreise verbinden sich in der Frage nach dem Verhältnis zwischen G. und Welt. G. wird zum einen als Grund oder Prinzip jenseits der Welt (als Transzendenz) verstanden. Zum anderen wird er als Grund oder Prinzip der Welt wiederum in Beziehung zu ihr gedacht. Die Antworten auf diese Fragen nach dem Verhältnis zwischen G. und Welt lassen sich traditionell wie folgt unterscheiden: (1) G. ist die Zweckursache (*causa finalis*) der Welt (Aristoteles). (2) Die Welt ist eine Manifestation (Emanation*) von G. (Neuplatonismus*). (3) G. schuf die Welt als geordnete, indem er wie ein Baumeister (Demiurg*) im Blick auf die Ideen* Ordnung in die vorgegebene Materie brachte (Platon). (4) G. schuf die Welt aus dem Nichts (jüdisch-christliche Tradition). Mit dem G.begriff wird die menschliche Erfahrung der Kontingenz und Unverfügbarkeit des Gegebenen als eines vom menschlichen Willen Unabhängigen interpretiert; selbst das eigene Gesetztsein des Menschen findet im Begriff des Schöpferg. seine Erklärung. So wird im christlichen Verständnis das Gegebene als ein von G. Geschaffenes verstanden, dem sich der Mensch im Sündenfall entgegengestellt und damit die göttliche Ordnung zerstört hat. Die Erlösung des Menschen aus dem selbstverschuldeten Unheil wird als Erlösung durch den liebenden G. aufgefaßt.

Nicht-religiöse Auffassungen der Weltordnung legen das Gegebene als natürlich oder historisch Gewachsenes aus. Sie versuchen, die Welt aus sich selbst heraus zu verstehen, ohne auf einen transzendenten Schöpfer zu rekurrieren. Als persönliche oder unpersönliche Macht wird G. im Theismus* bzw. Pantheismus* begriffen, als in der Welt wirksam oder von ihr entfernt im Theismus bzw. Deismus*; die Annahme eines einzigen G. wird im Monotheismus, die Annahme mehrerer G. im Polytheismus vertreten.

Lit.: H.-M. Barth: Theorie des Redens von G. Voraussetzungen und Bedingungen theologischer Artikulation, 1972. J. M. Bochenski: Die Logik der Religion, 1968. G. Ebeling: G. und Wort, 1966. E. Gilson: God and Philosophy, 1941. A. Grabner-Haider: Semiotik und Theologie. Religiöse Rede zwischen analytischer und hermeneutischer Philos., 1973. K. Krüger: Der G.-Begriff der spekulativen Theologie, 1970. K. Löwith: G., Mensch und Welt in der Metaphysik von Descartes bis Nietzsche, 1967. W. Pannenberg: Metaphysik und G.gedanke, 1988. W. Schulz: Der G. der neuzeitlichen Metaphysik, [7]1982. W. Weischedel: Der G. der Philos. Grundlegung einer philos. Theologie im Zeitalter des Nihilismus, I–II, 1971–72.

Gottesbeweis, Argument, welches ohne die Voraussetzung geoffenbarter Weisheiten oder theologischer Dogmen zu beweisen sucht, daß Gott* existiert. G. sind seit der antiken Philos. bekannt und haben im Lauf der Zeit verschiedene Formen (bzw. Formvarianten) angenommen.

Als *kosmologischen* G. (von griech. *kosmos*, Welttall, und *logos*, Lehre) bezeichnet Kant einen G., welcher von der Existenz der Welt auf die Existenz Gottes schließt, der die Welt geschaffen hat. Es gibt vier Varianten des kosmologischen G.: (1) Die Erfahrung zeigt, daß es Bewegung gibt und alles Bewegte einen Beweger hat. Deshalb muß es einen ersten Beweger geben, der nicht durch etwas anderes, sondern durch sich selbst bewegt wird. Dieser erste Beweger heißt Gott. (Das Argument trägt bereits Aristoteles vor; Thomas von Aquin übernimmt es als seinen 1. G.) (2) Der Erfahrung nach hat alles seine Ursache*. Jedes

Existierende ist also die Wirkung einer Ursache, die wiederum die Wirkung einer anderen Ursache ist usw. Soll sich diese Ursachenkette nicht bis ins Unendliche fortsetzen, muß es eine erste wirkende Ursache geben, die für sich selbst Ursache ist und die man Gott nennen kann. (Das Argument erscheint ebenfalls – andeutungsweise – bei Aristoteles, später u. a. bei Avicenna, bei Albertus Magnus und bei Thomas von Aquin als 2. G. sowie bei Duns Scotus.) (3) Die Erfahrung zeigt, daß Seiendes entsteht und vergeht und deshalb sowohl sein wie nicht sein kann. Es muß aber etwas geben, das mit Notwendigkeit existiert, andernfalls läge kein Grund vor, warum alles bloß Mögliche tatsächlich existiert. Gäbe es keinen Gott, der mit Notwendigkeit kraft seiner selbst existiert, gäbe es für die Existenz der Welt keinen Grund. Weil aber die Welt existiert, muß auch Gott existieren. (Das Argument findet sich u. a. bei Avicenna, Maimonides und Thomas von Aquin als 3. G., in weiterentwickelter Form bei Leibniz und C. Wolff.) Zuweilen wird dieses Argument auch Kontingenzbeweis genannt, weil es behauptet, das Kontingente, d. h. das Nicht-Notwendige, setze die Existenz eines Notwendigen voraus. (4) Der entropologische G. knüpft an den Satz von der Entropie* an, nach dem alle Bewegungsenergie im Lauf der Zeit in Zustandsenergie umgesetzt wird. Wenn die Welt bereits unendlich lange existierte, würde es also längst keine Bewegung mehr geben. Da es immer noch Bewegung gibt, muß die Welt folglich einen Anfang haben. Dann aber muß ein Gott existieren, der sie geschaffen hat; denn sonst gäbe es keinen Grund, warum die Welt anfangen sollte zu existieren. (Das Argument wurde im 19. und Anfang des 20. Jh. entwickelt.) – Gemeinsam ist den ersten drei Varianten des kosmologischen G., daß sie die Möglichkeit einer unendlichen Reihe (von Bewegern bzw. Ursachen oder möglichem Seienden) bestreiten. Das Gemeinsame aller vier Varianten liegt in der Voraussetzung, alle Existenz müsse einen Grund haben: Von nichts kommt nichts. Schließlich sind alle vier Varianten von der Kantischen Kritik des kosmologischen G. betroffen: Sie wenden die Begriffe ‹Bewegung›, ‹Ursache›, ‹Möglichkeit› und ‹Grund› außerhalb des Bereichs möglicher Erfahrung an, in dem allein diese Begriffe einen wohldefinierten Sinn haben können.

Der sog. *ontologische* G. (von griech. *to on*, das Seiende, und *logos*, Lehre) geht nicht von der Erfahrung aus. Vielmehr wird hier die Existenz Gottes aus dem Begriff Gottes bewiesen. Gott ist dem Begriff nach das höchste Wesen; etwas Vollkommeneres als Gott läßt sich nicht denken. Folglich muß Gott existieren; denn gäbe es ihn nicht, würde ihm die Existenz fehlen, d. h., es wäre an ihm etwas Unvollkommenes. Wenn Gott nicht existierte, könnte ein noch vollkommeneres Wesen gedacht werden, das Gott gleich wäre, aber außerdem noch existierte. Eben dies widerspricht dem Gottesbegriff, da er beinhaltet, daß sich etwas Vollkommeneres gerade nicht denken läßt. Also muß Gott existieren. – (Auch dieses Argument gibt es in mehreren Varianten. Zuerst wird es von Anselm von Canterbury formuliert; von Bonaventura und von Duns Scotus wird es übernommen, während Thomas von Aquin und Wilhelm von Ockham es verwerfen. Descartes und Spinoza tragen erneut einen ontologischen G. vor; Leibniz hält ihn in seiner cartesianischen Form für unvollständig und sucht ihn zu verbessern.) Eine berühmte Kritik des Arguments stammt von Kant: Er bestreitet, daß Existenz eine Eigenschaft (ein Prädikat*) wie andere Eigenschaften ist. Wenn man sich 100 Reichstaler denkt, kann man eine vollständige Beschreibung aller Eigenschaften dieser Taler geben, ohne darauf Rücksicht zu nehmen, ob sie existieren oder nicht. Der Begriff (d. h. die Prädikate) der 100 Reichstaler hat mit ihrer Existenz oder Nichtexistenz nichts zu tun: 100 gedachte Reichstaler haben denselben Wert wie 100 wirkliche. Ebenso in bezug auf Gott: Der Begriff ‹Gott› steht mit der Existenz oder Nichtexistenz des von ihm Bezeichneten in keinem Zusammenhang. Frege entwickelt diese Kantische Kritik weiter: Er unterscheidet zwischen Funktionsausdrücken* erster Stufe, z. B. dem Prädikat ‹rund› in der Aussage ‹Der Silbertaler ist rund› oder dem Prädikat ‹allmächtig› in der Aussage ‹Gott ist allmächtig›, und Funktionsausdrücken zweiter Stufe, z. B. ‹alle›, ‹kein›, ‹es gibt› usw. Der ontologische G. begeht nun den Fehler, mit ‹Existenz› einen Funktionsausdruck zweiter Ordnung so zu behandeln, als sei er ein Funktionsausdruck erster Ordnung wie ‹allmächtig›, ‹allwissend›, ‹allgegenwärtig› usw. Von Hegel wird Kants (und damit Freges) Kritik zurückgewiesen. Zwischen dem, was wirklich ist (existiert), und dem, was unwirklich ist (nicht existiert), setzt Hegel verschiedene Grade von Wirklichkeit an. Gott, bei Hegel ‹das Absolute*› genannt, bedeutet seinem Begriff nach den höchsten Wesenszusammenhang in der Welt und insofern die höchste Wirklichkeit, die alle andere Wirklichkeit bedingt. Die Existenz Gottes zu bestreiten ist daher sinnlos. Denn über die zufällige Existenz läßt sich gar nicht sinnvoll sprechen, wenn die Existenz des höchsten Wesenszusammenhangs nicht schon vorausgesetzt wird, also die Existenz Gottes.

Als *teleologischen* oder *physikotheologischen* G. (von griech. *telos*, Zweck, *physis*, Natur, *theos*, Gott, und *logos*, Lehre) bezeichnet Kant einen G., welcher von der anscheinend planmäßig eingerichteten und zweckgerichteten Ordnung der Natur auf einen Gott schließt, der die Ordnung der Natur geschaffen hat. Wie ein Schiff von einem Kapitän gesteuert wird, muß die Natur in ihrem zweckmäßigen Verlauf durch einen übermenschlichen Geist* gesteuert sein. (Das Argument kommt schon bei Anaximander und Diogenes von Appollonia vor. Benutzt wird es u. a. von Sokrates, Platon, Aristoteles, Thomas von Aquin als 5. G., von Duns Scotus und Franziscus Suárez; bei Wilhelm von Ockham findet es sich nicht. Kant kritisiert an diesem Argument, daß hier der Begriff des Zwecks außerhalb seines Anwendungsbereichs – dem des menschlichen Handelns – gebraucht wird.)

Der Stufenbeweis für die Existenz Gottes, zuweilen *voluntaristischer* G. genannt, geht von verschiedenen Graden von Vollkommenheit aus, die die Dinge besitzen. Daraus schließt er, es müsse etwas in höchstem Grad Wahres, Gutes und Vollkommenes geben, nämlich Gott. (Das Argument wird von Anselm von Canterbury entwickelt und dient bei Thomas von Aquin als 4. G.)

Beim *axiologischen* G. (von griech. *axia*, Wert, und *logos*, Lehre) handelt es sich um einen neuscholastischen G. aus dem 19. und 20. Jh. Der Mensch strebt nach der Verwirklichung von Werten*; doch sind alle irdischen Werte bedingt und endlich. Deshalb muß es einen höchsten Wert geben, Gott, der es überhaupt möglich macht, daß die irdischen Werte erstrebenswert sind.

Dieses Argument läßt sich zum sog. *eudämonologischen* G. (von griech. *eudaimon*, glückselig) umformen. Dieser geht vom menschlichen Glücksstreben aus und behauptet, daß Gott existieren muß, wenn dieses Glücksstreben mehr als eine bloß vorübergehende Befriedigung soll erreichen können.

Der *moralische* G., auch als ethikotheologischer oder, in der angelsächsischen Philos., als deontologischer G. bezeichnet, wurde von Kant formuliert. Dieser G. setzt bei der menschlichen Verpflichtung an, nach Verwirklichung des höchsten Guten zu streben. Weil der Mensch aber nur in beschränktem Maß Herr über das eigene Leben und die Folgen seiner Handlungen ist, muß aus praktischen Gründen die Existenz Gottes angenommen werden. Gott richtet die Natur so ein, daß der seine Pflicht erfüllende Mensch als Lohn für sein moralisches Handeln Unsterblichkeit und Glückseligkeit erlangt. Für Kant handelt es sich beim moralischen G. ausdrücklich nicht um ein theoretisch zwingendes

Argument; er stellt vielmehr ein praktisches Postulat* dar.

Einen *pragmatischen* G. (von griech. *pragma*, Handlung, Tat) formuliert W. James: Das Leugnen der Existenz Gottes führt zu Hoffnungslosigkeit und Pessimismus, der Glaube an die Existenz Gottes aber gibt Hoffnung und Vertrauen in die Zukunft. Also ist der Gottesglaube nützlicher als die Gottesverneinung und in diesem Sinn ‹pragmatisch wahr›. – Vgl. Pragmatismus und Wahrheit.

Der *historische* G., auch ethnologischer G. genannt, baut auf dem Umstand auf, daß bei nahezu allen Völkern die Existenz eines Gottes angenommen wird. Nur wenn Gott wirklich existiert, ist verständlich, daß die Gottesvorstellung in den verschiedensten, auch voneinander völlig unabhängigen Kulturen vorkommt.

In eine ähnliche Richtung geht der *psychologische* G.: Ursprung der menschlichen Vorstellungen von Gott kann nur Gott selber sein.

Lit.: Anselm von Canterbury: Proslogion. Thomas v. Aquin: Die G., hg. von H. Seidl, ²1986. B. de Spinoza: Ethik. I. Kant: Kritik der reinen Vernunft, A 567–704. W. Cramer: Die G. und ihre Kritik, 1967. D. Henrich: Der ontologische G., ²1960. Q. Huonder: Die G. Geschichte und Schicksal, 1968. R. Löw: Die neuen G., 1994. F. Ricken (Hg.): Klassische G. in der Sicht der gegenwärtigen Logik und Wissenschaftstheorie, 1991. K. H. Weger (Hg.): Argumente für Gott. Gott-Denker von der Antike bis zur Gegenwart, 1987.

grammatische und logische Form. B. Russell betrachtet es als notwendig, zwischen grammatischer und logischer Form zu unterscheiden, weil die grammatische Form nicht immer der logischen Form entspricht. In seiner Theorie der bestimmten Beschreibung* liefert er den Beweis, daß die grammatische Subjekt nicht notwendigerweise das logische Subjekt, d. h. das, worüber etwas ausgesagt wird, bezeichnet. Der Satz ‹Der goldene Berg existiert nicht› ist nicht ein Satz in der Subjekt-Prädikat-Form, deren Subjekt ‹der goldene Berg› ist, sondern ein Satz der Form: ‹Es gibt kein x, von dem gilt, daß x ein goldener Berg ist›.

Gramsci, Antonio (1891–1937), ital. Philos. und Politiker. 1921 Mitbegründer der kommunistischen Partei Italiens, 1928 von den Faschisten zu 20 Jahren Haft verurteilt. – Für G. ist der Marxismus eine Philos. der Praxis, der zufolge die Kraft der geschichtlichen Entwicklung in der menschlichen Freiheit liegt. Er tritt damit der Auffassung der dialektischen Materialisten* – z. B. K. Kautskys – entgegen, daß die Geschichte ehernen Naturgesetzen gehorche und zwangsläufig auf den Zusammenbruch des kapitalistischen Systems hinsteure. Der Kapitalismus wird nicht zu einem bestimmten Zeitpunkt einstürzen; vielmehr muß der Sozialismus begriffen werden als kontinuierliche Entwicklung einer Gesellschaft, in der die Freiheit des Proletariats organisiert, kontrolliert und in zunehmendem Maß realisiert wird. Besonders bekannt wurde G. durch seine Staatsauffassung: Er sieht im Staat nicht den bloßen Zwangsapparat oder die Diktatur einer Klasse, sondern zuallererst die Aufrechterhaltung von Macht durch Kirche, Erziehungswesen, Medien usw. Bestimmend für das politische Handeln ist daher nach G. nicht die ökonomische Basis, sondern deren Interpretation. Daraus erklärt sich auch die besondere Rolle, die G. den Intellektuellen bei der Entwicklung des Sozialismus zuschreibt.

Ausg.: Opera I–XII, 1947–71. Philos. der Praxis. Eine Auswahl, 1967. Marxismus und Kultur, 1983. Die Gefängnishefte, 1–10, 1991–1994. – *Lit.:* L. Gruppi: G. – Philos. der Praxis und die Hegemonie des Proletariats, 1977. H. H. Holz/W. Prestipino (Hg.): A. G. heute. Aktuelle Perspektiven seiner Philos., 1992. C. Riechers: A. G. Marxismus in Italien, 1970.

Grenzbegriff. 1. Bei Kant dient ein G. zur Abgrenzung des Bereichs der wahrnehmbaren Gegenstände* von allem, was außerhalb dieses Bereichs der (Sinnes-)Erfahrung liegt und wovon keine objektive Erkenntnis möglich ist. Beispiele für G. sind etwa *noumenon** und Ding an* sich. 2. Die Neukantianer (z. B. Cohen) fassen G. als regulative Ideen* auf. Sie sind Richtlinien, welche die wissenschaftliche Forschung bestimmen, ohne daß die Zielsetzung, die der G. vorgibt, je vollständig erreicht werden könnte. So ist der Begriff der Natur als Netz von Ursachen* und Wirkungen ein G. Dieser Begriff reguliert die wissenschaftliche Arbeit durch den Anspruch auf eine Ursachenerklärung. Gleichzeitig steht aber fest, daß eine endgültige Ursachenerklärung nie erreichbar ist. Nach H. Vaihinger gehören die G. deshalb zu den notwendigen Fiktionen*. 3. Neben der erkenntnistheoretischen und methodologischen Bedeutung hat das Wort G. auch einen metaphysischen Sinn (u. a. gelegentlich bei Kant). Es bezeichnet dann etwas, das zwar in der Wirklichkeit nicht existiert, aber die äußerste Konsequenz eines Wesenszugs oder einer Tendenz der Wirklichkeit ist, z. B. die Materie ohne Form*.

Lit.: H. Cohen: Kants Theorie der Erfahrung, 1871.

Grenze. 1. Bei den altgriech. Naturphilos.* dient – Aristoteles zufolge – die Unterscheidung zwischen dem Unbegrenzten (griech. *apeiron*) und dem Begrenzten (griech. *pepepasmenon*, von *peras*, Grenze) als Bezeichnung zweier Grundprinzipien des Kosmos*. – 2. Platon betrachtet die G. als dasjenige, wodurch das Unbegrenzte Ordnung und Struktur erhält. Die ungeformten Grundbestandteile werden also durch Begrenzung geformt. 3. Hegel nimmt in seiner *Logik* (1. Buch, 1. Abschn., 2. Kap.) den Begriff der G. zum Ausgangspunkt bei der Einführung des Endlichkeitsbegriffs. Das Seiende ist dadurch ein Etwas, daß ihm Bestimmungen zukommen. Bestimmungen besitzt ein Seiendes aber nur, indem es sich auf bestimmte Weise von seinem Anderen abgrenzt. Zwar trennt die G. ein bestimmtes Seiendes von etwas anderem Bestimmtes, aber sie verbindet es auch mit allen bestimmten Seienden, insofern sie ihrerseits zur Bestimmung dieses Seienden beitragen. Daß ein begrenztes Seiendes eine G. (ein ‹Ende›) hat, heißt also auch, daß es Teil der Endlichkeit ist, die eine Mannigfaltigkeit von sich gegenseitig begrenzenden Seienden enthält. Ein Mensch z. B. grenzt sich von anderen Menschen ab, ein Staat von anderen Staaten usw.

Grenzsituation (engl. *boundary situation*; franz. *situation-limite*), existenzphilos. Begriff, zuerst 1919 von K. Jaspers in seiner *Psychologie der Weltanschauungen* verwendet. Im Gegensatz zu Gegenständen (Objekten) von Untersuchungen und Veränderungen läßt sich die jeweilige Situation*, in welcher der Mensch existiert, nicht als Gegenstand unter anderen Gegenständen auffassen. Jeder Versuch des Menschen, die Situation zum Gegenstand zu erheben, stößt unweigerlich auf eine Grenze, die eigene Endlichkeit. G. sind undurchschaubar, unausweichlich und unaufhebbar. Zu ihnen gehören u. a. das In-Situation-Sein selber, die Abhängigkeit von Zufall, Kampf, Leiden, Schuld und Tod. Man kann sich den G. entziehen durch Verschleierung und Rationalisierung, durch Flucht in ein «rationales Gehäuse»; G. können aber auch dazu dienen, daß das Dasein sich seiner Einsamkeit und Fragwürdigkeit bewußt wird und in Freiheit den Sprung wagt von möglicher zu wirklicher Existenz.

Grotius, Hugo (Huig de Groot, 1583 bis 1645), holl. Jurist und Staatsmann. Studium in Leiden 1594–97, danach juristischer Doktorgrad in Orléans. Ab 1599 als Advokat in Den Haag tätig. In den folgenden Jahren gab G. die Werke des röm. Historikers Tacitus heraus und befaßte sich mit der stoischen* Moralphilos., und zwar vermittelt durch Bücher des fläm. Humanisten Justus Lipsius über die Stoa, was auf G. späteres rechtsphilos. Denken beträchtlichen Einfluß ausüben sollte. 1609 wurde G. zum Historiographen des holl. Staates bestellt und veröffentlichte im selben Jahr das Werk *Mare liberum* (Die Freiheit der Meere), ein Plädoyer für den freien Zugang der Nationen zu den Ozeanen. Ab 1613 Bürgermeister von Rotterdam, wurde G. nach dem Sturz von Oldenbamevelt 1618 zu lebenslanger Haft verurteilt. 1621 gelang ihm die Flucht nach Paris, wo er sich niederließ und 1634 zum schwed. Gesandten ernannt wurde. Nach einem Besuch in Schweden starb er 1645 an Bord eines Schiffes in der Nähe von Rostock.

G. äußerst umfangreiches Werk enthält neben Dichtungen und Dramen eine Vielzahl historischer, philologischer, theologischer und juristischer Abhandlungen. Sein 1625 erschienenes Hauptwerk *De iure belli ac pacis libri tres* (Drei Bücher vom Recht des Krieges und des Friedens) hat die Entwicklung der Rechts- und Staatsphilos. maßgeblich beeinflußt. Den Ausgangspunkt bildet die Vorstellung, daß der Mensch seinem Wesen gemäß das eigene Dasein zu erhalten sucht, aber auch den Trieb besitzt, in friedlicher Gemeinschaft mit anderen zu leben *(appetitus socialis)* nach den Geboten der Vernunft. Für G. beruht das Recht daher auf naturrechtlichen* und völkerrechtlichen Prinzipien, die in der menschlichen Vernunft wurzeln. Das wichtigste Prinzip besagt, daß Versprechen und Verträge einzuhalten sind. Der Staat entsteht durch einen Gesellschaftsvertrag*, den G. nicht als bloße Konstruktion betrachtet, sondern als historisches Faktum. Er verpflichtet die Bürger für immer, ihrem gesetzlichen Herrscher zu gehorchen. Kriege sind nur dann gerecht, wenn sie geführt werden, um einer Verletzung des Völker- und Naturrechts entgegenzuwirken. Die menschliche Handlungsfreiheit sieht G. in enger Verbindung zu Besitz und Eigentum, und er vertrat die später von Rousseau heftig kritisierte Auffassung, daß ein ganzes Volk sich freiwillig in ‹Sklaverei› begeben, d. h. die Regierungsrechte völlig einer oder mehreren Personen übertragen kann. Die Gültigkeit des Naturrechts hängt für G. nur indirekt von Gott ab, denn dieser hat die Menschheit mit eben der Natur geschaffen, die sie nun einmal besitzt. Deshalb kann G. das Naturrecht für gültig erklären ungeachtet der Annahme, daß Gott existiert (oder nicht), und ungeachtet der Annahme, daß Gott in die konkreten menschlichen Verhältnisse eingreift (oder nicht). Sowenig Gott die Lehrsätze der Mathematik ändern kann, sowenig kann er an den Prinzipien des Naturrechts rütteln. Das Naturrecht besitzt also denselben Status wie Mathematik und Geometrie und kann unabhängig von religiösen Dogmen und unabhängig von menschlicher Erfahrung definiert werden. Daher spricht man bei G. von einem ‹geometrischen› Naturrecht. Dessen Quelle ist die Natur oder das Wesen* des Menschen, und der moralische Wert einer Handlung hängt einzig von ihrer Übereinstimmung mit dem sozialen menschlichen Trieb ab.

Ausg.: De jure belli ac pacis/Drei Bücher vom Recht des Krieges und des Friedens, 1950. Von der Freiheit des Meeres (*Mare liberum*, 1609), 1919. Opera omnia theologica, 1972. Schriften zum Natur- und Völkerrecht. Hg. von F. T. Harichs, 1976. – *Lit.:* C. Link: H. G. als Staatsdenker, 1983. P. Ottenwälder: Zur Naturrechtslehre des H. G., 1950. W. Röd: Geometrischer Geist und Naturrecht, 1970. H. Welzel: Naturrecht und materiale Gerechtigkeit, 1962. E. Wolf: H. G. In: Ders.: Große Rechtsdenker der dt. Geistesgeschichte, [4]1963, S. 253–310.

Grund (engl. *reason*; franz. *raison*; griech. *logos*; lat. *ratio, causa*), Urteile (Tatsachenbehauptungen) und praktische Orientierungen (Zwecksetzungen und Handlungsregeln), deren Gültigkeit in einer Erklärung* oder Rechtfertigung die Gültigkeit anderer Urteile erweisen soll.

1. In der modernen Logik* wird der Begriff verwendet im Sinn von logischem G. als Bezeichnung für eine oder mehrere

Aussagen (Urteile*), deren Wahrheit die Wahrheit anderer Aussagen (Urteile) impliziert (vgl. Argument und Folge).

2. Ein Erkenntnisg. liegt vor, wenn eine Aussage nicht mit dem Hinweis auf andere Aussagen begründet werden soll, sondern durch Hinweis auf bestimmte Erfahrungen* (etwa aus Experimenten gewonnene) oder Evidenzen.

3. Bis ins 17. Jh. wurde nicht unterschieden zwischen G. in der Bedeutung (1) und (2) und G. in der Bedeutung von Realg. (Ursache*: engl. *cause*; franz. *cause*; griech. *logos*; lat. *ratio, causa* efficiens*). Dies wird besonders deutlich bei Spinoza. Leibniz differenziert zwar zwischen G. *(raison)* und Ursache *(cause)*, in seiner Annahme eines Parallelismus zwischen Begründungsketten und Ursachenketten bleibt jedoch die ältere Auffassung weiterhin bestehen. Erst bei Hume und Kant (später auch bei Schopenhauer) wird die Unterscheidung konsequent durchgeführt.

4. Umstritten ist, ob Dispositionen*, Absichten* und Motive* eine besondere Art von G. darstellen oder ob sie lediglich als besondere Art von Ursachen (Realg.) zu beschreiben sind (vgl. Handlung).

5. Da Begründungen zumeist in Begründungszusammenhängen erfolgen, kann zwischen mehr oder weniger fundamentalen G. unterschieden werden, was zur Frage nach einem letzten G. oder einer Letztbegründung führt. Die Forderung nach Letztbegründung wird von Leibniz in der Lehre vom *Prinzip des zureichenden Grundes* (lat. *principium rationis sufficientis*) formuliert, welche besagt, daß nichts ohne G. ist, wobei G. sowohl ein Kausal- als auch ein Finalprinzip sein kann. Hegels Lehre vom Absoluten* ist eine der Formen, die der Versuch einer Letztbegründung annehmen kann. Der Skeptizismus* bestreitet im allgemeinen die Möglichkeit einer Letztbegründung (vgl. Fries' Trilemma). Die Philos. des 20. Jh. verhält sich kritisch gegenüber der Möglichkeit einer Letztbegründung; Popper und Albert z. B. lehnen jeden Versuch der Letztbegründung ab, Husserl, Apel und die Mitglieder der Erlanger* Schule dagegen vertreten eine modifizierte Form der Letztbegründung.

6. Ein Wesensg. erklärt das Was eines Gegenstands aus seinem Wesen*. – Vgl. causa formalis und finalis.

7. Ein transzendentaler G. unterscheidet sich von G. in der Bedeutung (3), (4) und (6) darin, daß die Existenz eines Gegenstands nicht durch Hinweis auf seine Realursachen erklärt wird, sondern dadurch, daß die Bedingungen* der Möglichkeit der Erfahrung* des betreffenden Gegenstands angegeben werden (vgl. Kant, Subjekt/Objekt, transzendental).

8. Heidegger sucht einen Begriff des Seinsg. einzuführen, welcher das Sein* als G. dafür versteht, daß die G. in der Bedeutung (1), (2), (3), (4), (6) und (7) erst möglich werden. Nach Adorno u. a. ist dieser Seinsg. der abstrakteste Versuch einer Letztbegründung in der Geschichte der Philos., was Heidegger allerdings bestritten hätte.

Lit.: J. Geyser: Das Prinzip vom zureichenden Grunde. Eine logisch-ontologische Untersuchung, 1929. M. Heidegger: Der Satz vom Grunde, 1957. A. Schopenhauer: Über die vierfache Wurzel des Satzes vom zureichenden Grunde (1813, 1948). W. Stegmüller: Probleme und Resultate der Wissenschaftstheorie und Analytischen Philos. Bd. 1: Wissenschaftliche Erklärung und Begründung, 1969.

Gründer, Karlfried (geb. 1928), studierte in Münster und Freiburg/Br., promovierte 1954 in Münster mit einer Arbeit über Hamann. 1966 Habilitation, 1970 Prof. für Philos. in Bochum, seit 1979 an der FU Berlin. – Nach J. Ritters Tod Hauptherausgeber des «Historischen Wörterbuchs der Philosophie». – Mit seinen fächerübergreifenden Forschungen bemüht sich G. um den Aufweis von wissenschaftlichen Funktionszusammenhängen in und zwischen den Einzelwissenschaften. Sein Hauptinteresse liegt auf der Erforschung der in der Neuzeit fortdauernden, auch verborgenen Bezüge zwischen Philos. und Theologie. So zeigte er etwa im Fall der historischen Aufklärung, daß auch Aufklärungskritik, Hinwendung zur Religion und neuem Mythos Kinder dieser Aufklärung selbst sind. Diese Tendenzen dürfen nicht bloß als Surrogate für Verlorenes verstanden werden, sondern sind wesentlich als zwar vergessene, aber dennoch bewahrte Bestände im Sinn einer ‹rettenden Kritik› fruchtbar zu machen. Diese ‹rettende Kritik› ist Sache eines ‹geschichtlichen Philosophierens›.

Ausg.: Figur und Geschichte. J. G. Hamanns «Biblische Betrachtungen» als Ansatz einer Geschichtsphilos., 1958. Reflexion der Kontinuitäten, 1982. Zur Philos. des Grafen Paul Yorck von Wartenburg, 1970. Philos. in der Geschichte ihres Begriffs, 1990. – *Lit.:* Disiecta membra. Studien. K. Gründer zum 60. Geburtstag (1989).

Guardini, Romano (1885–1968), ital.-dt. Philos. und Theologe, Prof. in Breslau, Berlin, Tübingen und München. Katholische Kulturphilos. In seinem Hauptwerk *Der Gegensatz* (1925) nimmt G. die Titelkategorie «Gegensatz» als Bezeichnung für einen Grundbestandteil des menschlichen Lebens. Gegensatz heißt, daß zwei Momente* unterschieden sind, zugleich aber unauflöslich zusammengehören, z. B. das Verhältnis von Einzelnem und Gesellschaft.

Ausg.: Der Gegensatz, 1925. Unterscheidung des Christlichen, 1935. Der Mensch und der Glaube, 1933. Christliches Bewußtsein, 1934. Der Tod des Sokrates, 1945. Das Ende der Neuzeit, 1950. Sorge um den Menschen, 2 Bde, 1962/66. – *Lit.:* H.-B. Gerl: R. G. – Leben und Werk, 1985. B. Gerner: G. Bildungslehre, 1985. H. R. Schlette: R. G. Werk und Wirkung, 1985.

gültig (engl. *valid*; franz. *valide*), was gilt und als richtig anerkannt werden muß. 1. Ein Begriff ist in einem bestimmten Zusammenhang g., wenn er auf einen gegebenen Gegenstand anwendbar ist. 2. Ein Urteil*, eine Aussage*, ein Satz* oder eine Theorie* heißen g., wenn sie wahr* sind. 3. Ein Argument* oder ein Schluß* ist g., wenn die Konklusion* aus den Prämissen* des Arguments (oder Satzes) folgt*. Sind die Prämissen darüber hinaus wahr, sagt man, das Argument oder der Schluß sei haltbar. In der modernen Logik wird g. mit Hilfe der Begriffe ‹logische* Form› und ‹Wahrheit/Falschheit› definiert. Ein Argument ist genau dann g., wenn kein Argument mit gleicher logischer Form zwar wahre Prämissen, aber eine falsche Konklusion hat. 4. Eine Erkenntnis heißt g., wenn sie entweder wahr ist oder sich in Übereinstimmung mit einem Paradigma (s. T. S. Kuhn) oder einem System* befindet. 5. Den sog. Kognitivisten* zufolge ist ein Werturteil g., wenn es wahr ist. Die sog. Nonkognitivisten bestreiten hingegen, daß Werturteile wahr oder falsch sein können. Ihre extremsten Vertreter (die Emotivisten*) bestreiten darüber hinaus, daß es überhaupt (kognitiven*) Sinn hat, im Zusammenhang mit Werturteilen von Gültigkeit zu sprechen. Andere (z. B. Hare) sind der Auffassung, daß ein Werturteil g. sein kann, wenn es von rationalen Gründen gestützt wird. Wiederum andere anerkennen ein Werturteil für g., wenn sich möglichst viele oder bestimmte Personen (etwa ein Fachgremium) der Wertung faktisch anschließen, d. h. einen Konsens erzielen.

Lit.: B. Bauch: Wahrheit, Wert und Wirklichkeit, 1923. C.-F. Gethmann: Genesis und Geltung von Normen. In: W. Oelmüller (Hg.): Normen und Geschichte, 1979. L. Herrschaft: Geltung und philos. Argumentation, 1991. R. Zocher: Die objektive Geltungslogik und der Immanenzgedanke. Eine erkenntnistheoretische Studie zum Problem des Sinnes, 1925.

gut, der allgemeinste Wertbegriff; kann auf Dinge, Handlungen, Personen und Eigenschaften angewendet werden und drückt aus, daß das als g. Bezeichnete in irgendeinem Sinn empfehlenswert ist. Traditionell unterscheidet man zwischen g. in (an) sich selbst (oder instrinsisch g.) und g. in Beziehung auf etwas anderes (oder relational g.). Etwas ist g. an sich, wenn es unabhängig vom Kontext, in welchem es steht, g. ist. Etwas ist g. in

Beziehung auf etwas anderes, wenn es hinsichtlich seiner Funktion für etwas anderes g. ist. Diese Verbindung besteht entweder darin, daß es Mittel zu etwas an sich Gutem ist, oder darin, daß es Teil eines Ganzen ist, das an sich g. ist. Faßt man z. B. Gesundheit als etwas intrinsisch Gutes auf, so ist eine g. Medizin g. als Mittel für Gesundheit, ein g. Kreislauf g. als Teil von Gesundheit. – Eine weitere Unterscheidung wird zwischen dem Guten in moralischem und dem Guten in außermoralischem Sinn getroffen: etwa in der Rede von einem g. Auto im Unterschied zu einer g. Tat. Wie der Unterschied zwischen intrinsischem und relationalem Guten bzw. zwischen moralischem und außermoralischem Guten genauer bestimmt wird, hängt ab von der jeweils zugrundeliegenden Wertphilos.* und Ethik*.

Lit.: H.-G. Gadamer: Die Idee des Guten zwischen Plato und Aristoteles, 1978. H. Kuhn: Das Sein und das Gute, 1962. M. Riedinger: Das Wort ‹gut› in der angelsächsischen Metaethik, 1984.

Habermas, Jürgen, geb. 1929, dt. Philos. und Soziologe. Studium der Philos., Geschichte, Psychologie, der dt. Literatur und der Ökonomie in Göttingen, Zürich und Bonn. Promotion (1954) in Bonn bei E. Rothacker mit einer Arbeit über F. W. J. Schelling. Anschließend in Frankfurt/M. Assistent T. W. Adornos und Mitglied des Instituts für Sozialforschung. Habilitation (1961) bei W. Abendroth in Marburg mit *Strukturwandel der Öffentlichkeit*. 1961–64 a. o. Professor in Heidelberg, 1964–71 als Nachfolger M. Horkheimers Ordinarius in Frankfurt/M. 1971–80 neben C. F. v. Weizsäcker Direktor am Max-Planck-Institut in Starnberg zur Erforschung der Lebensbedingungen der technisch-wissenschaftlichen Welt; 1980–82 Direktor am Max-Planck-Institut für Sozialwissenschaften in München. Von 1982 bis zur Emeritierung 1994 wieder Ordinarius in Frankfurt/M.

H. ist der gegenwärtig wichtigste Vertreter der «Frankfurter Schule». Seine Arbeiten hat er nie nur als Beitrag zur Philos. im engeren Sinn verstanden, sondern als Beitrag zu einem Diskurs der Wissenschaften, der seinerseits für ihn eine Erscheinung gesellschaftlicher Öffentlichkeit ist. H. hat sich bereits in seiner Habilitationsschrift für die Frage nach einer kritischen, gesellschaftlich wirksamen Form von Wissenschaft interessiert und diese zum erstenmal ausführlich in *Erkenntnis und Interesse* (1968) ausgearbeitet. Mit dieser Frage knüpft Habermas an die Aufsätze M. Horkheimers aus den 30er Jahren und damit an das frühe Programm der «Kritischen Theorie» an. Anders als Horkheimer will H. jedoch zeigen, daß in der bürgerlichen Gesellschaft die Möglichkeit zu ihrer Kritik angelegt ist: Die bürgerliche Gesellschaft ist für ihn wenigstens auch als eine Öffentlichkeit zu verstehen, die am Maßstab des vernünftigen Gesprächs zwischen grundsätzlich allen Bürgern orientiert ist und politische Entscheidungen nur dann als gerechtfertigt ansieht, wenn sie in einem Konsens begründet werden können. H. geht es in seinen Arbeiten nach der Habilitationsschrift sowohl um die Bedingungen und die Form dieses vernünftigen Gesprächs als auch um die Bedingungen und Formen seiner Störung und Verhinderung. Was das letztere angeht, versteht H. seine Sozialphilos. als Ideologiekritik; was das erstere angeht, hat er zunächst versucht, die Struktur einer interessengeleiteten Erkenntnis freizulegen, und sich dann einer «Theorie der kommunikativen Kompetenz» zugewendet, die ihren Niederschlag fand in seiner *Theorie des kommunikativen Handelns* (1981). In der Auseinandersetzung mit klassischen Positionen der Soziologie entwickelt H. ein zweistufiges Konzept der Gesellschaft, in dem Modernisierungsprozesse als «Entkoppelung» von gesellschaftlichen Systemen einerseits und einer kommunikativ strukturierten Lebenswelt andererseits aufgefaßt werden. Zugleich ist die Theorie ein Versuch, gegenüber den Aporien der älteren Kritischen Theorie ihre eigenen kritischen Grundlagen auszuweisen.

Als Vertreter einer Konsenstheorie der Wahrheit hat H. in den 80er Jahren eine Diskurstheorie der Moral entworfen, die sich, wenngleich in kantischer Tradition, gegenüber transzendentalen Ansprüchen, wie sie etwa K.-O. Apel vertritt, bescheidener als «rationale Rekonstruktion» versteht. In *Faktizität und Geltung* (1992) untersucht H. den inneren Zusammenhang von Recht und Moral und erweitert die Diskurstheorie zu einer prozeduralen Theorie des demokratischen Rechtsstaats. Das frühe Motiv Öffentlichkeit rückt hierbei wieder in den Vordergrund; zugleich wird einer sich immer noch als kritisch verstehenden Theorie der Gedanke legitimer Herrschaft zugemutet.

In seinen Arbeiten hat H. Anregungen der sprachanalytischen Philos. (v. a. Sprechakttheorie), der philos. Hermeneutik H.-G. Gadamers und der Psychoanalyse aufgenommen und sich ausführlich mit den soziologischen Theorien von E. Durkheim, G. H. Mead, M. Weber, T. Parsons und N. Luhmann auseinandergesetzt. H. verbindet seine sozialphilos. Ansätze mit dem Versuch einer Fortsetzung des «philos. Diskurses der Moderne» als «eines unvollendeten Projekts», indem er seine eigene Position als die eines «nachmetaphysischen Denkens» plausibel machen will. Als politischer Publizist hat er sich u. a. im sog. Historikerstreit profiliert.

Ausg.: Strukturwandel der Öffentlichkeit, 1962. Theorie und Praxis, 1963. Technik und Wissenschaft als Ideologie, 1968. Erkenntnis und Interesse, 1968. Theorie des kommunikativen Handelns, 1981. Der philos. Diskurs der Moderne, 1985. Die neue Unübersichtlichkeit, 1985. Eine Art Schadensabwicklung, 1987. Nachmetaphysisches Denken, 1988. – *Lit.:* H. Gripp: J. H., 1984. R. Görtzen: J. H.: Eine Bibliographie seiner Schriften und der Sekundärliteratur 1952–1981, 1982. A. Honneth/H. Joas (Hg.): Kommunikatives Handeln: Beiträge zu J. H. «Theorie des kommunikativen Handelns», 1986. A. Honneth/T. McCarthy/C. Offe/A. Wellmer (Hg.): Zwischenbetrachtungen: Im Prozeß der Aufklärung. J. H. zum 60. Geburtstag, 1989. D. Horster: H. zur Einführung, ²1990. J. Keulartz: Die verkehrte Welt des J. H., 1995. T. McCarthy: Kritik der Verständigungsverhältnisse, 1980. Moralbewußtsein und kommunikatives Handeln, 1983. Vorstudien und Ergänzungen zur Theorie des kommunikativen Handelns, 1984. Erläuterungen zur Diskursethik, 1991. Faktizität und Geltung: Beiträge zur Diskurstheorie des Rechts und des demokratischen Rechtsstaats, 1992. W. Reese-Schäfer: J. H., 1991. J. B. Thompson/D. Held (Hg.): H.: Critical Debates, 1982. S. K. White (Hg.): The Cambridge Companion to H., 1995.

haecceitas (lat. *haec.* dieses [Ding]), Dieses-Sein, Diesheit. Spätscholastische Bezeichnung für ein Individuationsprinzip* mit gleicher Funktion im Verhältnis zu einem Individuum wie das Verhältnis der *differentia* specifica* zur Gattung. Besonders von den Anhängern Duns Scotus' verwendet.

Haeckel, Ernst (1834–1919), dt. Zoologe und Philos., o. Prof. in Jena 1865–1909. Mit zahlreichen naturphilos. Schriften entschiedener Verfechter des Darwinismus. Bekannt vor allem durch seine Formulierung des sog. biogenetischen Grundgesetzes (oder Rekapitulationsgesetzes): Die Ontogenese, d. h. die Entwicklung des Individuums, rekapituliert die Phylogenese, die geschichtliche Entwicklung der Gattung.

Ausg.: Generelle Morphologie der Organismen, I–II, 1866. Systematische Phylogenie, I–III, 1894–96. Die Welträtsel, 1899. Die Lebenswunder, 1904. – *Lit.:* K. Keitel-Holz: E. H. Forscher, Künstler, Mensch, 1983. E. Krausse: E. H., 1987. J. Sandmann: Der Bruch der humanitären Tradition, 1990.

Hamann, Johann Georg (1730–88), dt. Schriftsteller und Philos. Geb. in Königsberg, dort Studium u. a. der Theologie (ohne Abschluß). 1757–58 (erfolglose) Reise nach London im Auftrag einer Handelsfirma. Durch seine Auseinandersetzung mit der *Bibel* hatte H. hier ein Erweckungserlebnis und kämpfte von nun an leidenschaftlich gegen die zeitgenössische Aufklärungsphilos.* – Die Menschwerdung Gottes steht im Zentrum von H. Denken. Er betont die paradoxe Vereinigung von Gegensätzen: Sinnlichkeit und Geist*, Geschichte und Vernunft*. Kritisch wendet sich H. gegen den Glauben an eine ‹reine›, von allem Körperlichen, Geschichtlichen und insbesondere der Sprache losgelöste Vernunft. In der Tradition der johanneischen Logostheologie deutet H. die Wirklichkeit als durch das Wort Gottes geschaffen. Die menschliche Wirklichkeit ist Wirklichkeit durch Sprache; erst in der Sprache wird der Mensch zum Menschen. – H. wirkte u. a. auf Herder, den jungen Goethe, Jacobi, die Romantik*, Hegel und Kierkegaard.

Ausg.: Sämtliche Werke, histor.-kritische Ausgabe, I–VI, 1949–57. – *Lit.:* B. Gajek (Hg.): J. G. H. Acta des Internat. H.-Colloquiums in Lüneburg 1976, 1979. H. Herde: J. G. H. Zur Theologie der Sprache, 1971. V. Hoffmann: J. G. H. Philologie, 1972. S.-A. Jørgensen: J. G. H., 1976. J. C. O'Flaherty: J. G.H., 1989. R. Wild (Hg.): J. G. H., 1978.

Hamilton, William (1788–1856), schott. Philos., studierte in Glasgow, Edinburgh und Oxford, ab 1821 Prof. in Edinburgh. H. stand unter dem Einfluß von Reid und Kant. Denken ist Bedingen, d. h. es werden Relationen zwischen Gedachtem gesetzt. H. vertrat eine relativistische Position in der Erkenntnistheorie. Ein Ding denken heißt eine bestimmte Art von Dingen denken, diese ordnen und klassifizieren. H. formulierte ein sog. Prinzip des Bedingten. Auf diesem Prinzip gründet auch H. These der Unerkennbarkeit des Absoluten*. – H. gilt als einer der Wegbereiter der Algebra der Logik durch seine Idee einer Quantifizierung des Prädikats in kategorischen Urteilen.

Ausg.: Lectures on Metaphysics and Logic. 4 Bde., 1859 ff. – *Lit.:* G. Geduldig: Die Philos. des Bedingten. Transzendental-philos. Überlegungen zur Philos. Sir W. H., 1976. K.-D. Ulke: Agnostisches Denken bei W. H. In: Ders.: Agnostisches Denken im Viktorianischen England, 1980.

Handlung, Tat (engl. *action, act*; franz. *action, act*; griech. *praxis, poiesis*; lat. *actio, facinus*). Der Begriff H. wird hauptsächlich in Verbindung mit Beschreibungen des Verhaltens von Personen verwendet und dient der Unterscheidung zwischen dem, was eine Person tut, und dem, was mit einer Person bloß geschieht. So zeigt Aristoteles (in der *Poetik*), daß eine H. im Unterschied zu einem bloßen Ereignis oder einer Bewegung Ausdruck eines Dahinterliegenden ist, das die Form einer mehr oder weniger bewußten Absicht oder Meinung der Person hat. Z. B. besteht ein Unterschied zwischen einer Person, die absichtlich jemandem zuzwinkert (eine H.), und einer Person, die bloß blinzelt,

weil das Licht im Zimmer zu stark ist (eine Reflexbewegung des Auges). Die Analyse des Handlungsbegriffs hat u. a. zu folgenden Diskussionen Anlaß gegeben: 1. Ist es möglich, eine allgemeine, systematische Unterscheidung zwischen bewußten* H. (Willensh., vorsätzliche H., H. die mit einer bestimmten Intention* ausgeführt werden) und unbewußten H. vorzunehmen? So scheint es zwischen dem bewußten (willentlichen*) Ausfüllen eines Schecks und dem absichtslosen Hinsetzen seines Namens einen klaren Unterschied zu geben. Läßt sich dieser Unterschied mit Hilfe des in H.theorie gängigen Kriteriums umschreiben: Falls man eine bestimmte H. mit dem Satz p beschreiben kann, heißt diese H. bewußt, wenn der Handelnde weiß, daß die Beschreibung p mit Recht auf die betreffende H. angewendet werden kann? 2. Worin besteht der Unterschied zwischen einer freien (frei gewählten) H. und einer H., die nicht Ausdruck der freien Wahl oder H.freiheit des Handelnden ist? So gibt es einen Unterschied zwischen dem Bankkassierer, der mit der Kasse durchbrennt, und dem Bankkassierer, der, am Leben bedroht, das Geld bei einem Überfall aushändigt. In beiden Fällen handelt der Kassierer willentlich*; aber im letzten Fall würden wir wohl sagen, daß er nicht aus freiem Willen gehandelt hat. 3. Wann hat eine Person eine moralische Verantwortung für ihre H.?
Ein zentrales Thema in der neueren philos. Diskussion des H.-Begriffs ist die Frage, ob eine H. wie ein Ereignis kausal erklärt werden kann oder nicht (vgl. Erklärung, Ursache). Verhält sich das Motiv oder der Grund des Handelnden zur H. auf gleiche Weise, wie sich z. B. das Erhitzen eines Metallstücks (Ursache) zu der nachfolgenden Ausdehnung verhält (Wirkung)? Während eine kausale Erklärung nicht zuletzt von Philos. der empiristischen* Tradition vertreten worden ist, ist sie von Philos. der phänomenologischen* Tradition, z. B. von Sartre, sowie von gewissen analytischen* Philos. unter dem Einfluß des späteren Wittgenstein bestritten worden (s. auch Davidson, Dray, Hart, Melden, Winch und von Wright). Philos. dieser Richtung sehen in der Relation zwischen Handlung und Intuition eine rein logisch-begriffliche Verbindung, die in Form eines praktischen Schlusses oder einer rationalen Erklärung* ausgedrückt werden kann.

Lit.: H. Lenk (Hg.): H.theorien interdisziplinär, 4 Bde., 1977ff. G. Meggle/A. Beckermann (Hg.): Analytische H.theorien, 2 Bde., 1985.

Hare, Richard Mervyn (geb. 1919), engl. Moralphilos., Prof. in Oxford seit 1966. In *The Language of Morals* (1952) und *Freedom and Reason* (1963) kritisiert Hare sowohl den ethischen Naturalismus* als auch den Emotivismus* und formuliert eine eigene Theorie über moralische Urteile, den sog. Präskriptivismus*. Im Unterschied zum Emotivismus geht H. bei seiner Analyse moralischer Ausdrücke nicht von dem aus, was ein Sprecher mit der Verwendung dieser Ausdrücke bewirkt, sondern von dem, was er damit tut: Wer beispielsweise ein Sollensurteil fällt – und nicht bloß zitiert –, verpflichtet sich damit, direkt oder indirekt, nicht nur selbst auf die entsprechende Vorschrift oder Präskription, sondern er sagt damit zugleich, sofern er konsistent sein will, daß er dieselbe Vorschrift auch gegenüber jedem anderen in einer identischen Situation äußern würde. Durch diese Grundeigenschaft moralischer Ausdrücke – sowohl präskriptiv wie universalisierbar* zu sein – werden die Spielregeln moralischer Argumentation festgelegt, die im wesentlichen auf eine Anwendung der «Goldenen Regel» hinauslaufen: Eine Handlung kann im logischen Sinn nur dann als gesollt erklärt werden, wenn der Urteilende bereit ist, sie für sich selbst auch in jeder anderen hypothetischen Situation (z.B. wenn er selber Opfer der Handlung und nicht Handelnder wäre) zu akzeptieren.
Gegenüber dem Naturalismus hält H. an dem nonkognitivistischen Standpunkt fest: Moralische Urteile können weder

wahr noch falsch sein, und sie können auch nicht aus deskriptiven, Tatsachen beschreibenden Urteilen abgeleitet werden. H. zeigt aber zugleich, inwiefern sich der extreme Nonkognitivismus, der Emotivismus, irrt, wenn er ethische Argumentationen als von rein rhetorischer Bedeutung bezeichnet. H. Position, die v. a. auf den Sprachtheorien Wittgensteins und Austins beruht, nimmt eine besondere Stellung in der nach-emotivistischen englischsprachigen Moralphilos. ein. In Verbindung mit der Ausarbeitung seiner Position hat H. wichtige Beiträge zum Studium der Logik der Imperative* geleistet und die praktische Tragweite seiner ethischen Theorie bei der Diskussion zahlreicher moralischer Probleme unter Beweis gestellt.

Ausg.: Practical Inferences, 1971. Essays on Philosphical Method, 1971. Essays on the Moral Concepts, 1972. Applications of Moral Philosophy, 1972. Moral Thinking. Its Levels, Methods and Point, 1981 (dt. Moralisches Denken, 1992). Essays in Ethical Theory, 1989. Essays on Political Morality, 1989, The Language of Morals, 1952 (dt. Die Sprache der Moral, 1972). Freedom and Reason, 1962 (dt. Freiheit und Vernunft, 1973). Essays on Religion and Education, 1992. Essays on Bioethics, 1993. – *Lit.:* H. Biesenbach: Zur Logik der moralischen Argumentation. Die Theorie R. M. H. und die Entwicklung der analytischen Ethik, 1982. Ch. Fehige/G. Meggle (Hg.): Zum moralischen Denken, 2 Bde., 1993. J.-C. Wolf: Sprachanalyse und Ethik, 1983.

Hart, Herbert Lionel Adolphus (1907 –93), engl. Jurist, Prof. in Oxford. H. sieht die Aufgabe der Rechtswissenschaft in der Analyse der juristischen Grundbegriffe und des juristischen Sprachgebrauchs. Hierzu bedient er sich im Gefolge von Moore, Wittgenstein und Austin der Methoden der analytischen Sprachphilos. In philos. Zusammenhang hat – neben seiner grundlegenden Analyse dessen, was ein Rechtssystem ausmacht – besonders seine Theorie der ‹anfechtbaren› *(defeasible)* Begriffe Bedeutung gehabt. In dem Aufsatz *The Ascription of Responsibility and Rights* (1949) behauptet H., daß es für bestimmte Begriffe – etwa verschiedene Handlungsbegriffe – nicht möglich ist, deren Inhalt durch Bestimmung der notwendigen* und hinreichenden Bedingungen korrekter Begriffsanwendung völlig zu erfassen oder zu definieren. Wenn ein solcher undefinierbarer Begriff in einer Behauptung – z. B. ‹A ermordete B› – zur Anwendung kommt, kann für die Korrektheit der Behauptung kein Beweis, d. h. keine positive Beweisführung dafür geliefert werden, daß die Anwendungsbedingungen erfüllt sind. Der Beweis muß negativ geführt werden, nämlich durch die Widerlegung gegenteiliger Behauptungen. H. verwendet dieses Beweismuster in seiner Handlungstheorie, der sog. performativen (oder askriptivistischen) Handlungstheorie. Dieser Theorie zufolge wird unterschieden zwischen Behauptungen der Art ‹A warf die Vase um› und ‹A warf die Vase absichtlich um›. Im Unterschied zur ersten Aussage wird bei der zweiten nicht eine zusätzliche Beschreibung gemacht, sondern verdeutlicht – mit dem Ausdruck ‹absichtlich› –, daß mit diesem Satz ein Sprachakt* ausgeführt wird, mit dem der Sprechende A die Verantwortung für dessen Handlung zuschreibt. Eine solche Zuschreibung der Verantwortung ist *defeasible*. H. hat seine Theorie später aufgrund heftiger Kritik immer wieder modifiziert.

Ausg.: Recht und Moral. Drei Aufsätze, 1971. Der Begriff des Rechts, 1973. Punishment and Responsibility. Essays in the Philosophy of Law, 1968. – *Lit.:* N. MacCormick: H.L.A.H., 1981. M. Pawlik: Die reine Rechtslehre und die Rechtstheorie, H.L.A.H., 1993.

Hartmann, Eduard von (1842–1906), dt. Philos. Im Zentrum seiner Philos. steht der Begriff des Unbewußten. Mit seiner *Philosophie des Unbewußten* wurde er auch bekannt. Das Werk erlebte zahlreiche Neuauflagen. Nach eigener Aussage verbindet er Motive aus den Philos. Schellings, Hegels und Schopenhauers. Das Unbewußte macht als Einheit von unendlichem Willen und unendlicher In-

Nicolai Hartmann

telligenz das Wesen der Wirklichkeit aus. H. veröffentlichte zahlreiche Schriften zu verschiedenen Themen: Ethik und Ästhetik, Christentum und Judentum, Darwinismus u. a.

Ausg.: Philos. des Unbewußten, 1869. Die Selbstzersetzung des Christentums und die Religion der Zukunft, 1874. Wahrheit und Irrtum im Darwinismus, 1875. Phänomenologie des sittlichen Bewußtseins, 1879. Über die dialektische Methode, 1868, ND 1963. – *Lit.:* M. Huber: E. v. H. Metaphysik und Religionsphilos., 1954.

Hartmann, Nicolai (1882–1950), dt. Philos., geb. in Riga, Studium der Medizin, klassischen Philologie und Philos. in Dorpat, Petersburg und Marburg. Dort 1907 Promotion bei Cohen und Natorp. 1909 Habilitation in Philos. 1914–18 Soldat, 1920 a. o. Prof. und 1922 o. Prof. als Nachfolger Natorps in Marburg. Prof. in Köln 1925, Berlin 1931 und Göttingen 1945.

Zunächst gehörte H. zur neukantianischen Marburger* Schule, wandte sich später vom Neukantianismus* ab und arbeitete an ontologischen Problemstellungen. Insbesondere kritisiert er Cohens Theorie, Erkenntnis sei ‹Erzeugung› ihres eigenen Gegenstands. Statt dessen bedeutet Erkenntnis für H., daß ein Erkennendes das Erkannte ‹erfaßt›. Erkenntnis muß also als besondere Relation* verstanden werden zwischen einem erkennenden Seienden* (Subjekt) und einem Seienden, das erkannt wird (Objekt). Allerdings bilden Subjekt und Objekt nur einen kleinen Teil alles Seienden. Außerhalb der Subjekt-Objekt-Relation mit ihrem ‹Hof› (Bereich) von Objekten liegt das ‹transobjektive› Seiende, d. h. das Seiende, das an* sich existiert und nicht Gegenstand eines erkennenden Subjekts ist. So lassen sich erkenntnistheoretisch drei Grenzen unterscheiden: die der Objektion, der Erkennbarkeit und der Ebendenkbarkeit. Jenseits der Grenze dessen, was gerade noch gedacht werden kann, befindet sich das rein Irrationale. H. hält es für möglich, auf apriorischem Weg eine Reihe ontologischer* Wesensgesetze* zu finden, die mit universaler Notwendigkeit gelten. Darin liegt u. a., daß es ein apriorisches Wissen vom Wesen eines Seienden geben kann, über das kein empirisches* Wissen vorhanden ist. In seiner späteren Philos. arbeitet H. seine komplexe Kategorienlehre* für alles Seiende weiter aus. Sie weist dem Subjekt und der Erkenntnis eine besondere Stellung im Kosmos* zu, so daß Erkenntnistheorie (Gnoseologie*) als spezieller Teil der Lehre vom Seienden (Ontologie) gilt. – H. Ethik schließt an die materiale Wertethik Max Schelers an, indem sie u. a. den Begriff des freien Willens* ausführlich erörtert (vgl. Wertphilos.).

Ausg.: Grundzüge einer Metaphysik der Erkenntnis, 1921. Ethik, 1926. Zur Grundlegung der Ontologie, 1935. Der Aufbau der realen Welt, 1940. – *Lit.:* Symposion zum Gedenken an N. H., 1982. S. Becker: Geschichtlicher Geist und politisches Individuum, 1990.

A. J. Buch: Wert, Wertbewußtsein, Wertgeltung, 1982. Ders. (Hg.): N. H. 1882–1982, 1982. Ch. Morgenstern: N. H., 1992. J. Stallmach: Ansichsein und Seinsverstehen, 1987.

Hayek, Friedrich August von (1899–1992), österr.-brit. Ökonome und polit. Philos. Nobelpreis für Ökonomie 1974. Inspiriert u. a. durch die Evolutionstheorie und als dem klassischen Liberalismus verbundener Denker, vertrat H. eine subjektivistische und methodisch individualistische Position. Seine Lehre von den «spontanen Ordnungen» und dem (durch deren Marktbindung zustande kommenden) Informationswert von Preisen motivierte H. zu einer durchgängig pessimistischen Einschätzung der Möglichkeiten rationaler Planung. Unter dem Titel «Rationalismus» und «Konstruktivismus» kritisierte H. so Theorien und polit. Programme, die von vernunftgeleiteter Veränderbarkeit institutioneller Regelungen ausgehen, insbes. den Sozialismus, aber auch Vertreter der sozialen Marktwirtschaft.

Ausg.: Der Weg zur Knechtschaft, 1994. Law, Legislation and Liberty, 3. Bde., 1973/76/79. – *Lit.:* Ch. Zeitler: Spontane Ordnung, Freiheit und Recht, 1995.

Hedonismus (von griech. *hedone*, Freude, Lustgefühl, Genuß). 1. Psychologische Theorie, nach der die menschlichen Handlungen im Grunde durch Streben nach Lust und Vermeidung von Schmerz und Unlust motiviert sind. 2. Form der Glücksethik. Ethische Auffassung, nach der menschliches Vergnügen oder Lustgefühl das einzige an sich selbst Gute* ist und Unlust oder Schmerz das einzige an sich selbst Böse. Alles übrige Gute oder Böse besitzt nur bedingt Wert* oder Unwert, nämlich in dem Maß, wie es Lust oder Unlust hervorruft. Zu den bekanntesten Vertretern dieser Theorie gehören Epikur und Bentham. Auch J. S. Mills Utilitarismus* ist hedonistisch geprägt; Mill unterscheidet verschiedene Typen von Lust, die hinsichtlich ihrer Intensität, Dauer usw. nicht unmittelbar zu vergleichen sind. Geistige Freuden wie Verstehen, Einsicht und Liebe stellen z. B. eine höhere Form von Lust dar als körperliche; deshalb ist sogar eine geistige Lust von geringer Intensität einer niederen Lust mit höherer Intensität vorzuziehen. – G. E. Moore u. a. weisen darauf hin, daß die psychologische und die ethische Theorie des H. sich strenggenommen nicht vereinbaren lassen. Die Lust als erstrebenswert zu empfehlen, ergäbe keinen rechten Sinn, wenn der Mensch bereits faktisch aufgrund seiner Natur Lust und nichts als Lust erstrebt. Diese Kritik richtet sich vor allem gegen Mill, der zur Begründung seines spezifischen ethischen H. den psychologischen H. heranzieht.

Lit.: Aristoteles: Nikomachische Ethik, Kap. III, 13–15; VII, 12–14; X, 1–5. Epikur: Philos. der Freude, ^{5}1973. H. Marcuse: Zur Kritik des H. In: Kultur und Gesellschaft, 1976. J. S. Mill: Der Utilitarismus, 1965. G. E. Moore: Principia Ethica, 1970, Kap. III.

Hegel, Georg Wilhelm Friedrich (1770–1831), dt. Philos., in Stuttgart als Sohn eines Beamten geb. Ab 1788 Studium der Philos. und Theologie am Tübinger Stift; H. wohnte dort mit Schelling und Hölderlin zusammen. Nach dem Examen 1793 Hauslehrer in Bern und 1797 in Frankfurt, wo Hölderlin und sein Kreis auf H. entscheidenden Einfluß ausübten. Durch Schellings Vermittlung 1801 Habilitation und Privatdozent in Jena. Im selben Jahr erschien die *Differenz des Fichteschen und Schellingschen Systems der Philosophie*, oft «Differenzschrift» genannt. Mit Schelling gab er 1802–03 ein *Kritisches Journal der Philosophie* heraus, in dem er verschiedene eigene Arbeiten publizierte. 1805 a. o. Prof. in Jena. 1807 erschien H. erstes Hauptwerk, die *Phänomenologie des Geistes*, die in sehr kurzer Zeit verfaßt wurde; die letzten Seiten hatte H. 1806 in den Tagen der Schlacht von Jena und der Besetzung der Stadt durch Truppen Napoleons redigiert. Aus ökonomischen Gründen mußte er seine Stelle an der Universität auf-

Georg Wilhelm Friedrich Hegel

geben und wurde 1807 Redakteur der *Bamberger Zeitung*, im Jahr darauf Rektor des Gymnasiums in Nürnberg. Hier schrieb er sein zweites Hauptwerk, die *Wissenschaft der Logik*, die in drei Bänden 1812–16 veröffentlicht wurde. 1816 Prof. in Heidelberg. Im folgenden Jahr erschien die *Encyclopädie der philosophischen Wissenschaften im Grundrisse*, die komprimierte, thesenartige Darstellung seines gesamten philos. Systems*. 1818 wurde er nach Berlin auf jenen Lehrstuhl berufen, der seit Fichtes Tod 1814 unbesetzt war. H. konzentrierte sich jetzt ganz auf seine Vorlesungen. Sie erzielten allmählich eine so außerordentliche Wirkung, daß H. in den 20er Jahren zur führenden Persönlichkeit der dt. Philos. avancierte. 1829 wurde er zum Rektor der Berliner Universität gewählt. 1821 erschienen die *Grundlinien der Philosophie des Rechts*, die ebenso wie die *Encyclopädie* zur Vertiefung der Vorlesungen gedacht waren. 1827 und 1830 gab H. die *Encyclopädie* in jeweils stark geänderter Fassung neu heraus; auch das erste Buch der *Wissenschaft der Logik* arbeitete er um. – H. starb 1831, wahrscheinlich an einem chronischen Magenleiden und nicht an Cholera, wie die offizielle Diagnose lautete. Nach seinem Tod wurden die verschiedenen Vorlesungsentwürfe über Geschichtsphilos., Ästhetik, Religionsphilos. und Philos.geschichte zusammen mit den Mitschriften verschiedener Hörer bearbeitet und publiziert.

Der Nachwelt galt und gilt H. als Prototyp des abstrakten ‹spekulativen*› Denkers. Das traditionelle philos. Streben nach dem Begreifen der Wirklichkeit spitzte er bis auf den Punkt zu, an dem die Wirklichkeit restlos in abstrakten Begriffen aufzugehen scheint. Gleichzeitig bewahrte sich H. einen reflektierten Sinn für das Konkrete*. In selten hohem Maß vermochte er, komplexe – existentielle*, soziale und politische – Erfahrungen auf den Begriff zu bringen. Die regelmäßige Lektüre der Morgenzeitung bezeichnete er als «realistischen Morgensegen». Daß das Leben des Individuums mit dem kollektiven Schicksal verflochten ist, war ihm so bewußt wie wenigen anderen. Um seine Einsichten zu formulieren, benutzte er die Sprache der christlichen Tradition, obwohl er sie auf eigenwillige Weise umformte. Zugleich wollte er die Philos. zur Wissenschaft erheben, wußte aber sehr genau, daß die Wissenschaftlichkeit der Philos. eine andere ist als die der Einzelwissenschaften.

Abstraktes und Konkretes bilden bei H. nicht zwei getrennte ‹Seiten›. Vielmehr sucht er mit seinem ‹abstrakten› System den Zusammenhang des Konkreten zu begreifen. Dieser Zusammenhang macht, so behauptet er, die Wirklichkeit aus. Erst indem das Konkrete im Zusammenhang begriffen wird, zeigt es seinen vollen Sinn. H. geht so weit, den traditionellen Sprachgebrauch umzukehren: Nicht die einzelnen Dinge oder Erfahrungen sind das Konkrete oder Wirkliche, sondern es ist der Zusammenhang, in dem sie begriffen werden. Daher steht im Zentrum seiner Philos. das traditionelle Problem, was Wirklichkeit* im Grunde ist; dabei radikalisiert er die Frage ebenso wie die Antwort.

Gelegentlich wird H. der philos. Romantik* zugeordnet. Tatsächlich jedoch gewinnt er seine philos. Positionen gerade in Auseinandersetzung mit der (frühen) Romantik. Mit ihr teilt er durchaus einige grundlegende Anschauungen, vor allem die, daß die Wirklichkeit ein zusammenhängendes Ganzes bilde. Deshalb liegt die Aufgabe der Philos. in einem Ganzheitsverständnis von Realität. Doch ist die faktisch erfahrene Wirklichkeit im Gegenteil von Entzweiung bestimmt; die 90er Jahre des 18. Jh. stehen im Zeichen der Franz. Revolution. 1799 charakterisiert H. seine Gegenwart als einen «immer sich vergrößernden Widerspruch zwischen dem Unbekannten, das die Menschen bewußtlos suchen, und dem Leben, das ihnen angeboten und erlaubt wird». Die Zeitgenossen befinden sich in Institutionen, welche ihr eigenes Leben verloren haben, die ohne Geist oder verbindende Kraft sind. Die Menschen stehen ihrer eigenen Gesellschaft, in der sie sich selbst wiederfinden sollten, fremd gegenüber. Diese *Entfremdung** verlangt nach Versöhnung oder Wiedergewinnung des Zusammenhangs.

H. Begriff eines Ganzheitsdenkens steht jedoch dem der romantischen Philos. entgegen. Diese möchte die ursprüngliche Einheit durch eine unmittelbare Einsicht erlangen, die hinter die Entzweiung zurückgeht. Nach H. läßt sich die Entzweiung aber nicht einfach außer Kraft setzen oder überspringen. Im Gegenteil kann durch Entzweiung ein reicherer und differenzierterer Zusammenhang hervorgebracht werden. Dieser Zusammenhang, der das Verschiedene verbindet, ist für H. vernünftig. Schon deshalb kann H. nicht der romantischen Philos. zugerechnet werden, sondern dem größeren Rahmen des dt. Idealismus*. Konsequent sucht H. jene Aufgabe zu lösen, die sich schon Fichte und Schelling gestellt hatten: nach Kant eine neue Metaphysik auszuarbeiten, in deren Mittelpunkt das Absolute* steht. Dem Idealismus ist er durch ein doppeltes Streben verpflichtet: Auf der einen Seite will er die Möglichkeit der Metaphysik neu begründen. Insofern nimmt er das Anliegen der klassischen Metaphysik (Platon, Aristoteles) auf, den Zusammenhang der Formen und Strukturen zu beschreiben, der die Wirklichkeit kennzeichnet. Damit knüpft er auch an die Vorstellung wieder an, daß Vernunft* Einsicht in die Wirklichkeit selbst sei. Auf der anderen Seite hält H. fest an dem Grundprinzip der neueren Philos. von Descartes bis Kant (und Fichte): Es gilt, einen Schritt zurückzugehen und die Aufmerksamkeit dem menschlichen Subjekt* zuzuwenden, das die Wirklichkeit erfährt. So will H. die Lehre von der Wirklichkeit als Ganzheit verbinden mit einer Lehre vom Subjekt als Selbstbewußtsein oder Denken (vgl. Bewußtsein).

H. akzeptiert Kants Kritik am naiven Vernunftgebrauch der dogmatischen Metaphysik, wendet diese Kritik aber gegen Kant selber. Dieser weist mit Recht die

Annahme zurück, daß Begriffe wie ‹Seele›, ‹Gott› oder ‹Welt› Gegenständen (Dingen* oder Substanzen*) entsprechen. Aber zu Unrecht schließt Kant daraus, daß diese Begriffe nichts über die Wirklichkeit an sich aussagen. Hier zeigt sich, daß Kant letztlich doch mit der Tradition übereinstimmt und die Wirklichkeit als eine Art Gegenstand (Ding oder Substanz) hinter der Erfahrung* auffaßt. Dagegen muß nach H. der Begriff der Wirklichkeit selber verändert werden: Wirklichkeit ist kein Gegenstand hinter der Erfahrung, sondern der umfassende Zusammenhang, der sich in der Erfahrung zeigt. Insofern will H. in seinem gesamten Werk diesen übergeordneten Zusammenhang oder diese Einheit aufzeigen. Besonders in den frühen Schriften nähert er sich diesem Zusammenhang mit dem dialektischen Begriff des Lebens, das sich entzweit und wieder zusammenkommt, und dem der Liebe als Vereinigung (mit Bezug auf Hölderlin).

H. nennt den übergeordneten Zusammenhang «Geist». Die *Phänomenologie des Geistes* will zeigen, wie der Gegensatz zwischen Bewußtsein* und Gegenstand sich aufhebt. Eine entscheidende Rolle spielt die Erfahrung. Der Mensch muß nicht über die Erfahrung hinausgehen, um zur Wirklichkeit als einer dahinterliegenden – und insofern unerreichbaren – Instanz – zu gelangen. Sondern in der Erfahrung selbst geschieht die Überschreitung, genauer: Die Erfahrung ist eine Selbstüberschreitung. In seiner besonderen Perspektive* auf die Welt ist der Mensch nicht eingeschlossen, sondern immer schon zur Wirklichkeit ins Verhältnis gesetzt. Um an der Wirklichkeit der eigenen Erkenntnis zu zweifeln, muß er die Wirklichkeit bereits als Maßstab besitzen. Erst von ihr aus vermag er zu zweifeln, muß sie also erkannt haben. Die Kantische Entgegensetzung von Erkenntnis auf der einen und Wirklichkeit an sich auf der anderen Seite schneidet das Band zur Realität ab, das in der Erfahrung selber besteht. Vielmehr ist das Absolute, wie H. formuliert, schon «bei uns».

Damit hat H. seine Grundgedanken umrissen. Traditionell wurde das Absolute bestimmt als das Unendliche gegenüber dem Endlichen*. Wäre aber das Unendliche nur absolut, also die eine Seite in der Entgegensetzung von Endlichem und Unendlichem, so wäre es selber eine endliche, begrenzte Größe. Das heißt zum einen: Das Absolute muß sich in der Endlichkeit zeigen, nämlich als dasjenige, was ihr Zusammenhang oder Einheit verleiht. Und zum anderen: Das Absolute ist kein Gegenstand (Ding oder Substanz), sondern die Wirklichkeit als verbindender Zusammenhang.

Dieses Argument geht in einen größeren Diskussionszusammenhang ein. H. setzt nicht bei der Frage an, was das Absolute bedeutet. Statt dessen will er zeigen, wie der Mensch zu einem Begriff des Absoluten gelangt, und dadurch seine eigene Bestimmung des Absoluten letztlich begründen. H. Gesamtwerk läßt sich als systematische Entwicklung dieser neuen Diskussion betrachten; es ist so angelegt, daß es einen stufenweisen Erkenntnisfortschritt ergibt. Der erste Schritt dazu ist die *Phänomenologie des Geistes*. Sie hat zum Ziel, das unmittelbare naive Bewußtsein auf einen philos. Standpunkt, zum «absoluten Wissen» zu bringen. Insofern stellt die *Phänomenologie* die Einleitung zum philos. System* dar. Doch handelt es sich um eine Einleitung besonderer Art. Das philos. Bewußtsein soll nicht von außen in ein naives Alltagsbewußtsein eingeführt, sondern dieses soll von innen über sich hinausgeführt werden. Die Einleitung steht nicht außerhalb des Systems, sondern entwickelt ihre Philos. des Geistes aus besonderem Blickwinkel.

Die *Phänomenologie* geht durch verschiedene idealtypische* Formen von Bewußtsein hindurch. Jede einzelne Bewußtseinsform beinhaltet eine bestimmte Auffassung des Gegenstands, vor dem sie steht. Allerdings ist sie, wie sich zeigt, mehr, als sie behauptet. Was sie direkt behauptet oder sagt, steht im Widerspruch zu dem indirekt Gemeinten, d. h. zu den Voraussetzungen, auf denen sie indirekt beruht. Von besonderer Bedeutung ist der Selbstwiderspruch, mit dessen Nachweis die *Phänomenologie* beginnt. Als radikalste Form unmittelbaren Bewußtseins bezeichnet H. die «sinnliche Gewißheit». Sie behauptet, daß das Wirkliche mit dem unmittelbar Wahrgenommenen identisch ist. Sie meint z. B., wirklich sei dieses Stück Papier, auf das ich dieses hier schreibe. Für ihre Behauptung benutzt die sinnliche Gewißheit die Sprache. Sprache aber besteht nun gerade in Vermittlung und Verbindung von Besonderem und Allgemeinem (die Mittel der Sprache). Darum ist das vom Bewußtsein Gesagte etwas anderes als das von ihm Gemeinte. Es kann dieses Besondere nur durch ein Allgemeines benennen und festhalten: durch das allgemeine ‹dieses Stück Papier›.

Die einzelne Bewußtseinsform führt durch den Selbstwiderspruch über sich hinaus, und zwar zu einer anderen Auffassung oder Bewußtseinsform, die das zum Vorschein bringt, was in der ersten nur unthematisch lag. So ergibt sich ein zusammenhängender Verlauf von Bewußtseinsformen, in dem sich auch der Gegenstand ändert, nämlich von einem bloß fremden Gegenstand zu etwas, in dem sich das Bewußtsein selber wiederfindet. Besondere Bedeutung gewinnt hier das Verhältnis des Bewußtseins zu einem anderen Bewußtsein als seinem Gegenstand. Die Pointe ist: Das Bewußtsein kommt erst als Selbstbewußtsein, durch das Verhältnis zu einem anderen Selbstbewußtsein, in dem es sich selbst findet, zu sich selbst. Dieses Verhältnis gelingt, wie H. zeigt, nur wechselseitig, in gegenseitiger Anerkennung.

Diese Pointe, der Zusammenhang zwischen Selbstverhältnis und Verhältnis zum Anderen* (zum anderen Selbst), wird ausgeführt in H. Schlüsselbegriff *Geist*. Der Geist läßt sich vorläufig durch drei Momente abstrakt bestimmen: 1. Er ist eine unmittelbare, unentfaltete Identität. 2. Er tritt aus sich heraus, entfremdet sich von sich selbst im Verhältnis zum Anderen, dem er gegenübersteht, und wird damit selbst ein Anderer. 3. Er kommt zu sich zurück, sieht sich selbst in dem Anderen. Erst durch das Aus-sich-Heraustreten, das Sich-im-Anderen-Verlieren, so der Grundgedanke, kann das, was man selber ist, entfaltet werden. Erst dadurch kann man sich selbst wahrhaft finden und werden, was man ist (vgl. Identität). Dieser Zusammenhang zwischen Selbstverhältnis und Verhältnis zum Anderen bildet den Kernpunkt in H. Begriff von *Dialektik**.

Der Begriff ‹Geist› gehört bei H. mit den Begriffen ‹Geschichte› und ‹Freiheit› strukturell zusammen. Der Geist ist als solcher geschichtlich, insofern er in der Grundbewegung des Sich-von-sich-Trennens und Zu-sich-Zurückkommens besteht. Umgekehrt aber ergibt diese Grundbewegung die vernünftige Struktur, welche die Geschichte auszeichnet. Ebenso ist diese Grundbewegung Modell für Selbstverwirklichung. Deshalb kann H. behaupten, die höchste Bestimmung des Geistes liege in der Freiheit. Diese Freiheit besteht genau darin, daß das Subjekt in dem Anderen, dem es gegenübersteht, nichts Fremdes, sondern sich selber findet und entfaltet. Das ‹Andere› bedeutet zuallererst die Gesellschaft, in der und der gegenüber das Individuum lebt.

Die *Phänomenologie des Geistes* schließt mit dem «absoluten» philos. Wissen, in dem der Gegensatz zwischen Bewußtsein und Gegenstand aufgehoben ist. Das absolute Wissen wird jetzt im «System» entfaltet, dessen erster Teil die *Logik* ist. H. Logik ist keine Logik im Sinn einer formalen Disziplin. Sie besitzt einen ‹Inhalt› und handelt die Grundbegriffe (Kategorien*) von Wirklichkeit ab. H. vertritt keineswegs die Kantische Meinung, die Grundbegriffe hätten nur für die Erfahrungswelt, nicht aber für das Ding oder die Wirklichkeit an sich Geltung. Denn was vernünftig nicht anders gedacht werden kann, kann nach H. auch in der Wirklichkeit (im eigentlichen Sinn) nicht anders sein. Deshalb müssen die Grundbegriffe für die Wirklichkeit selber gelten. Insofern ist H. Logik eine *Ontologie**, d. h. eine Lehre von dem, was die Wirklichkeit als solche kennzeichnet. Die Logik geht verschiedene Bestimmungen des Wirklichen durch, um zu einer Bestimmung dessen zu gelangen, was letztlich wirklich ist. Dieses im eigentlichen Sinn Wirkliche ist das Absolute.

Insoweit läßt sich H. Logik auch *Metaphysik* nennen, eine Metaphysik allerdings, welche die traditionelle Metaphysik kritisch umformt. Denn H. setzt sich in doppelter Weise mit der Tradition auseinander. Zum einen will er im Gegensatz zu Kant die Voraussetzung der klassischen Metaphysik erneuern, nach der die Denkbestimmungen Grundbestimmungen der Dinge selbst sind. Zum anderen kritisiert H. jedoch die klassische Metaphysik, und zwar ihre Denkweise: Sie behandelt die verschiedenen Grundbestimmungen als feste, selbständige Größen und betrachtet das Absolute als eine Art Ding, das durch das Zuschreiben von Prädikaten bestimmt werden kann (z. B. ‹Gott ist unendlich›). Im Gegensatz dazu behauptet H., durch die Bestimmungen des Wirklichen bestimme sich das Absolute selber. Es geht also entscheidend um den Zusammenhang der verschiedenen Bestimmungen des Wirklichen. Aufgabe der Logik ist es folglich, die verschiedenen Bestimmungen so durchzugehen, daß ihr innerer Zusammenhang hervortritt.

Dieser innere Zusammenhang läßt sich schon dadurch aufweisen, daß jede einzelne Bestimmung notwendig, aber auch unzureichend und einseitig ist. Indem man sie zunächst so zu deuten versucht, als ob es sich um eine feste Größe handelt, zeigt sie ihre Einseitigkeit und geht in ihre ‹andere›, entgegengesetzte Bestimmung über (z. B. geht ‹Endlichkeit› über in ‹Unendlichkeit›). Sie erweist sich als unzureichende oder einseitige Bestimmung des Wirklichen, an ihren eigenen Kriterien für Wirklichkeit gemessen, steht mit sich selbst im Widerspruch.

Überwunden wird der Widerspruch in einer umfassenderen Bestimmung des Wirklichen. Sie hebt die vorherigen Bestimmungen auf, indem sie diese als Momente* bewahrt (vgl. aufheben/das Aufgehobene, Dialektik, Spekulation). Die verschiedenen Bestimmungen hängen daher in einer stets umfassenderen Vernunftstruktur zusammen, die umgekehrt durch die Bestimmungen entfaltet wird. Diese Vernunftstruktur charakterisiert die Wirklichkeit als solche, nämlich als zusammenhängende Ganzheit.

Eine kritische Umformung der klassischen Metaphysik leisten insbesondere die beiden ersten «Bücher» der Logik, die Lehre vom Sein und die Lehre vom Wesen. In ihnen geht H. Grundbestimmungen durch wie Sein*, Nichts*, Werden*, Dasein, Endlichkeit, Grenze*, Unendlichkeit, Fürsichsein, Eines, Vieles, Quantität, Maß, Wesen*, Schein*, Reflexion*, Identität*, Unterschied, Grund*, Erscheinung, Existenz, Ding*, Materie*, Kraft, Äußeres, Inneres und Wirklichkeit. Die Lehre vom Wesen mündet in einer Bestimmung der Wirklichkeit als Einheit des Äußeren und des Inneren, von Existenz und Wesen. Wirklichkeit in diesem eigentlichen Sinn ist die (äußere) Existenz oder Realität, in der das (innere) Wesen zur Erscheinung kommt oder realisiert wird.

Das dritte «Buch», die Lehre vom *Begriff**, schließt sich aus folgendem Grund an: Wirklichkeit heißt, daß etwas verwirklicht wird. Es wird das, was es selbst – seinem Wesen nach – ist. Verwirklichung ist damit immer *Selbst*verwirklichung. Aber Selbstverwirklichung im vollen Sinn heißt, daß etwas sich selbst verwirklicht. So ergibt sich der Begriff eines Selbst oder Subjekts*. Wenn aber Wirklichkeit im Grunde heißt, daß sich etwas selbst verwirklicht, dann bedeutet dies nach H. letztlich, daß es sich zu sich selbst verhält, sich selbst begreift. Nun ist ein genaueres Verständnis der Vernunftstruktur von Wirklichkeit erreicht: Vernunft im vollen Sinn besteht im Selbstbewußtsein. Das Denken befindet sich nicht auf der einen Seite und die

Wirklichkeit auf der anderen. Im Gegenteil gehört das Denken zur Verwirklichung selber, zur Verwirklichung der Vernunft. Dadurch begründet H. den Doppelcharakter des Begriffs: Er ist subjektiv, sofern er von einem Subjekt gedacht wird. Aber zugleich ist er Begriff der Sache, der Wirklichkeit selber. Deshalb wird die Logik als Lehre vom Denken in die Logik als Lehre von der Struktur der Wirklichkeit eingefügt.

Mit der Lehre vom Begriff gibt H. dem Hauptanliegen seiner Logik direkt Ausdruck: Begriff heißt *Vernunft als Subjekt*, nämlich als etwas, das sich selber zu verwirklichen vermag, indem es die faktische Existenz, die Realität formt. Gerade als das die Welt letztlich Formende ist der Begriff das eigentliche ‹Subjekt›. Dies wird in der abschließenden Bestimmung der Logik, in der *Idee*, zusammengefaßt. Idee bedeutet hier die Vereinigung von Begriff und Realität. Sie ist demnach der Begriff, der sich verwirklicht und so die Realität formt. Damit hat H. seine Neubestimmung des Absoluten vollendet: Das Absolute oder eigentlich Wirkliche bildet keine Instanz* jenseits oder hinter der endlichen Welt. Als Vernunft verwirklicht es sich in der Welt, indem es sie als zusammenhängende – vernünftige – Einheit formt. Es bringt sich in der Welt hervor oder ist die Welt als hervorgebrachte – verwirklichte – Vernunft. Das Absolute steht daher keineswegs außerhalb der Bewegung, in der die Welt als Vernunftstruktur hervorgebracht wird. Sondern es ist zum einen dasjenige, was sich in diesem Prozeß verwirklicht, also die Vernunft als formende Kraft; und es ist zum anderen der Prozeß selber, sofern er als Ganzes die Selbstverwirklichung der Vernunft ausmacht.

Die Logik bildet für das übrige System die Grundlage, und zwar für die Naturphilos. als zweiten und die Philos. des Geistes als dritten Teil. In abstrakter Form hat die Logik die «Idee» zum Vorschein gebracht, d.h. die Vernunft als weltformende Kraft; und diese Struktur oder Idee muß das weitere System nun in den verschiedenen Dimensionen der Welt konkret nachweisen, in Natur, Gesellschaft, Geschichte, Kunst, Religion usw. Dadurch soll umgekehrt sichtbar werden, wie diese Bereiche als je eigene Weisen der Entfaltung von Idee oder Vernunft zu verstehen sind. So will H. jene Forderung einlösen, die im ‹System›anspruch liegt, nämlich den Zusammenhang der verschiedenen Bereiche von Wirklichkeit aufzuzeigen. Es handelt sich genauer um einen Zusammenhang, in dem die Vernunft sich auf verschiedenen Ebenen verwirklicht; hier macht H. Ernst mit seiner Rede von der einen Wirklichkeit als Zusammenhang von Unterschieden.

Die erste Ebene ist Gegenstand der *Naturphilos*. Die Natur besteht aus einem System von Stufen. Sie wird insofern von der Vernunft bestimmt oder hat die Vernunft in sich. Aber die Vernunft ist hier «sich selbst äußerlich». Denn zu ihr gehört entscheidend, daß sie sich selbst denken oder begreifen kann; und eben dies fehlt ihr als Natur. Sie existiert in der Natur daher anders, als sie ist (als Anderes), d.h. in fremder Gestalt.

Erst indem sie zu sich zurückkehrt und sich begreift, verwirklicht sich die Vernunft. Dies leistet sie als *Geist*. Geist bezeichnet nach Hegel, wie erwähnt, die Bewegung, durch das Verhältnis zum Anderen zu sich selbst zu kommen. Mit der Bestimmung der Vernunft als Geist muß nun ergänzt werden: Die Vernunft verwirklicht sich in einer *Welt* bewußter Individuen. Als Geist bedeutet sie eine Kraft, die verschiedene Individuen verbindet und dadurch eine gemeinsame menschliche Welt hervorbringt. Die Welt in diesem Sinn zeigt die Vernunft sozusagen von innen, in ihrer Struktur. Der Mensch steht als Vernunftwesen einer ihrerseits schon vernünftigen Welt gegenüber, in der er zu Hause ist. Also steht die Vernunft hier sich selbst gegenüber. Durch die menschlichen Individuen denkt sie sich selbst. Zur Veranschaulichung dieses Gedankens mag das komplexe Phänomen der Kultur dienen: Eine

Kultur denkt sich in und durch ihre Mythen, Religion, Institutionen, Literatur usw. Alle diese Ausdrucksformen beziehen sich auf eine Wirklichkeit, die nicht ein bloß ‹Anderes›, sondern bereits durch die Kultur geprägt oder vermittelt bzw. die die Kultur selber ist. Erzeugt werden die Äußerungen zwar durch verschiedene Individuen, aber zusammengehalten durch ein gemeinsames Verständnis. Dieses Verständnis definiert gewissermaßen die Kultur, ist aber gleichzeitig ein Verstehen der Kultur selbst oder der Wirklichkeit, welche die Kultur ist.

In wiederholten Kreisbewegungen beschreibt H. nun, wie die Vernunft zu sich selbst kommt. Den ersten Kreis bildet der *subjektive Geist*, der Mensch als denkendes Subjekt. H. unterscheidet drei Stufen. Auf der ersten ist der Mensch als Seele unmittelbar von der Natur bestimmt; unter diesem Aspekt wird er in der Anthropologie betrachtet. Auf der zweiten Stufe sondert er sich als Bewußtsein von seiner naturgebundenen unmittelbaren Existenz ab. Ihr steht der Mensch gegenüber, er hat einen Gegenstand außerhalb seiner selbst. Dieser Stufe entspricht die Phänomenologie*, im engen Sinn als Teil des Systems verstanden. Auf der dritten Stufe denkt der Mensch sich selbst, z. B. indem er sich als Wille* ein Ziel setzt. Nicht länger hat er es mit einem fremden Gegenstand zu tun, sondern als selbstbestimmender ist er «bei sich selbst», d. h. frei. Diese Stufe wird nach H. in der Psychologie behandelt.

Aber die Freiheit des Menschen ist hier abstrakt*. Sie besteht nur in seiner inneren Bestimmung, als Ziel, muß also noch äußere Realität werden. Freiheit verwirklicht sich erst, wenn die Realität, der der Mensch gegenübersteht, selbst eine menschliche Welt ist. Das menschliche Handeln formt diese Welt, und zwar als allen gemeinsame gesellschaftliche Welt. D. h. sie wird eigentlich hervorgebracht durch die Vernunft als Geist, durch eine Macht, welche die Individuen verbindet und trägt. Das bedeutet umgekehrt, daß sich der Geist in der Welt äußerlich oder objektiv wird. Er verkörpert sich in den Institutionen der Gesellschaft. Folglich nennt H. den zweiten Kreis den *objektiven Geist* und thematisiert ihn in seiner *Rechtsphilosophie*. Unter der Bezeichnung ‹Rechtsphilos.› verbindet H. die verschiedenen Teile der praktischen Philos. auf systematische Weise, vor allem Ethik (Moralphilos.) und politische Philos. (Staatsphilos.). Zusammengehalten werden die verschiedenen Teile durch die gemeinsame Frage nach der Verwirklichung von Freiheit. Allein im sozialen Zusammenhang vermag die Freiheit konkret zu werden, sich zu entfalten. Die höchste Form sozialer Organisation bildet der Staat. Es bleibt dann die Frage nach dem Verhältnis zwischen den einzelnen Staaten. Dieses Verhältnis vollzieht sich als Weltgeschichte. H. will zeigen, daß und wie auch hier die Vernunft herrscht. Der Geist verwirklicht sich in einer geschichtlich geformten Welt und wird vom *Weltgeist*. Weltgeist heißt der übergeordnete Zusammenhang zwischen den verschiedenen scheinbar entzweiten Völkern (Staaten), der sich in der Geschichte manifestiert.

Im objektiven Geist stand die Vernunft sich selbst gegenüber, aber nur bedingt. Die Realität, vor der sie stand, hatte sie selbst geformt. Sie wurde selbst diese Realität. Aber der Geist muß auch ausdrücklich sich selbst gegenüberstehen. Dies geschieht im dritten Kreis, dem *absoluten Geist*. Hier hat der Geist mit sich selbst als dem Absoluten zu tun. Wieder setzt H. drei Stufen an. In der Kunst wird das Absolute angeschaut. In der Religion wird es vorgestellt, indem es sich offenbart. Und in der Philos. wird das Absolute gedacht, nämlich als Begriff. Erst hier kommt der Geist ganz zu sich selbst.

Die Ebene des Konkreten ist also für H. die Welt des Geistes. Genau hier kann die Vernunft sich entfalten und verwirklichen, indem sie zu sich selbst kommt. Genau auf dieser Ebene des Konkreten ergibt und entscheidet sich jene Problematik, die von Beginn an bei H. im Zentrum stand, die Frage von Entzweiung und Versöhnung: Weil sich hier zeigt, daß die Vernunft einer Wirklichkeit gegenübersteht, die selber schon Vernunft ist, wird die Versöhnung mit der Wirklichkeit möglich. Der Mensch steht einer menschlichen Welt gegenüber, in die er im Grunde hineingehört.

H. Antwort auf die Frage nach Entzweiung und Versöhnung heißt also, daß es in der Wirklichkeit schon Vernunft gibt. Seine polemisch formulierte Vorrede zur *Rechtsphilosophie* enthält den berühmtberüchtigten Satz: «Was vernünftig ist, das ist wirklich, und was wirklich ist, das ist vernünftig.» Wie gezeigt wurde, ist die Verknüpfung von Vernunft und Wirklichkeit für H. gesamte Philos. charakteristisch und konstitutiv. Aber insbesondere im Rahmen der Rechtsphilos. stellt sich das Problem, ob in ihr nicht eine Rechtfertigung der Wirklichkeit und eine Anpassung an diese liegt, insbesondere an den Staat. H. selber hat zu diesem Einwand Stellung genommen. Er weist auf die Logik hin und ihre Bestimmung von Wirklichkeit: Von der bloßen faktischen Existenz wird hier die Wirklichkeit im eigentlichen Sinn gerade unterschieden und definiert als Realisierung des Wesens oder Begriffs. H. Rechtsphilos. beschreibt nicht einfach eine gegebene Wirklichkeit, speziell den preußischen Staat; sie gibt eine normative* Bestimmung dessen, was der Staat seinem Begriff nach ist. Und es bleibt immer die Frage, ob der je gegebene Staat seinen Begriff realisiert, d. h. ob er ein wirklicher Staat ist. Er kann von seinem eigenen Begriff aus kritisiert werden. Allerdings erklärt diese Antwort nach H. selbst nur die zweite Hälfte des zitierten Leitsatzes. Worauf die erste Hälfte verweist, ist H. grundlegende Behauptung, daß die Vernunft das Vermögen zur Selbstverwirklichung sehr wohl besitzt. Sie ist nicht so kraftlos, daß sie – wie bei Kant – nur als Ideal oder Forderung auftritt, als ‹Sollen›. Sie ist eine reale Macht in der Wirklichkeit.

Ausg.: Sämtliche Werke, Jubiläumsausgabe, 20 Bde., 1927–40. Werke in 20 Bden., 1969–79. – *Lit.:* E. Angehrn: Freiheit und System bei H., 1977. I. Fetscher (Hg.): H. in der Sicht der neueren Forschung, 1973. H. F. Fulda: H., in: O. Höffe (Hg.): Klassiker der Philos., Bd. 2, 1981, S. 62–92, 462–64. K. Harlander: Absolute Subjektivität und kategoriale Anschauung, 1969. K. Hartmann: Die ontologische Option, 1976. N. Hartmann: H., 1929. N. Hartmann: H. und Aristoteles, in: Kleine Schriften 1957, Bd. 2, S. 214–252. N. Hartmann: H. und das Problem der Realdialektik, in: Kleine Schriften, Bd. 2, 1957, S. 323–346. D. Henrich: H. im Kontext, 1971. D. Henrich: H. Grundoperation, in: Der Idealismus und seine Gegenwart. Hg. von U. Guzzoni, B. Rang, L. Siep, 1976. V. Hösle: H. System, 2 Bde., 1987. R.-P. Horstmann: Wahrheit aus dem Begriff. Eine Einführung in H., 1990. O. Pöggeler (Hg.): H., 1977. U. Richli: Das Problem der Selbstkonstitution in Hegels Wissenschaft der Logik, in: Philos. Jahrbuch 81 (1974), S. 284–297. U. Richli: Form und Inhalt in G. W. F. H. «Wissenschaft der Logik», 1982. J. Ritter: H. und die französische Revolution, 1957, ²1965. K. Rosenkranz: G. W. F. H. Leben, 1844 (ND 1971). R. Stern (Hg.): G. W. F. H. Critical Assessment, 4 Bde., 1993. C. Taylor: H., 1978. H. Ulrici: Über Prinzip und Methode der Hegelschen Philos., 1841 (ND 1977).

Hegelianismus, Bezeichnung für die verschiedenen philos. Strömungen, die durch Hegel entscheidend geprägt sind, oder (im weiteren Sinn) für Hegels Wirkungsgeschichte. Es lassen sich mehrere Formen bzw. Phasen unterscheiden:
1. Gewöhnlich bezieht sich der Begriff H. auf die unmittelbare Nachwirkung der Hegelschen Philos., die «Hegelsche Schule». Eine Schule bildete sich bereits in den 1820er Jahren heraus. Nach Hegels Tod spaltete sie sich allmählich auf, grob gesprochen in eine mehr orthodoxbewahrende Richtung (Althegelianer) und eine mehr kritisch-erneuernde Richtung (Junghegelianer). D. F. Strauß brachte schon 1837 diese Spaltung auf eine Formel, indem er zwischen *Rechtsh.* und *Linksh.* unterschied. Seine Einteilung des frühen H. in einen rechten Flügel (u. a. Daub, Gabler, Göschel, von Henning, Hinrichs, Marheineke) und einen linken Flügel (B. Bauer,

Feuerbach, Marx, Ruge, Stirner, Strauß) hat sich schließlich durchgesetzt. Zur Spaltung der Schule führte vorab die Frage, wie die christliche Religion zu deuten sei. Hegel hatte sie in der Philos. «aufgehoben»; Streitpunkt war nun, was «Aufhebung*» hier bedeuten solle und wieweit die Übersetzung der Religion (des Christentums) in die Philos. gehen dürfe und solle: Der Rechtsh. hält den biblischen Bericht mit der philos. Erkenntnis für vereinbar, der Linksh. für unvereinbar; bei Feuerbach mündet der Linksh. sogar in eine fundamentale Religionskritik, die Religion als – entstelltes – Menschliches enthüllen will (*Das Wesen des Christenthums*, 1841). Die Spaltung erhielt bald auch eine politische Komponente. Der Linksh. kritisierte die bestehenden Verhältnisse als entfremdend. Hegels Dialektik* verstand er als Instrument einer Religions- und Gesellschaftskritik, aufgrund der Forderung nämlich, daß das Wirkliche vernünftig sein müsse. Dagegen unterstrich der Rechtsh., daß die Vernunft* bereits im Wirklichen anwesend ist. Allerdings vereinfacht eine solche schematische Unterscheidung die tatsächlichen Positionen: Einerseits gab es innerhalb des Linksh. schwerwiegende Differenzen; so grenzt Marx sein Projekt ausdrücklich von B. Bauers und Feuerbachs nur ‹abstrakt› kritischer Philos. ab. Andererseits waren einige der Althegelianer durchaus liberal eingestellt.

In den 1840er Jahren löste sich die Hegelsche Schule auf. Übrig blieb eine kleine Gruppe, die sich um eine kritische Weiterführung der Philos. bemühte; dies gilt besonders für K. Rosenkranz. Ihr bedeutendster Beitrag liegt in Arbeiten, die in der Tradition Hegels die Philos.geschichte auf philos.-systematische Weise darstellen (J. Erdmann, K. Fischer, K. L. Michelet, E. Zeller). In den 1930er und 40er Jahren hatte Hegels Philos. auch in anderen Ländern Einfluß gewonnen, z. B. in Frankreich (Cousin), Dänemark (J. L. Heiberg, H. L. Martensen, H. Bröchner) und vor allem in Osteuropa (z. B. Cieszkowski, Bakunin).

2. Als *Neuh.* werden verschiedene Strömungen bezeichnet, die Ende des 19. und Anfang des 20. Jh. Hegel wieder zu aktualisieren suchten. Zu nennen sind insbesondere der engl. und amer. Neuh. (Bradley, Bosanquet, McTaggart, Royce u. a.) sowie der ital. Neuh. (Croce, Gentile). In beiden Fällen handelt es sich primär um eigenständige Philos., die in hohem Maß von Hegel inspiriert sind. Bradley u. a. fechten daher die Schulbezeichnung ‹Neuh.› an. Eine Hegel-Renaissance fand auch in Deutschland statt, wurde jedoch nicht bestimmend und trug keinen so systematischen Charakter wie in anderen Ländern. Zu den Repräsentanten gehören neben Dilthey besonders Windelband und seine Schüler, E. Lask und R. Kroner.

3. Seit den 1920er Jahren gibt es erneut eine kritische, überaus wirkungsreiche Diskussion um Hegel. Sie führte nicht zu Schulbildungen, ist jedoch für verschiedene Strömungen ausschlaggebend. So spielt Hegel in der Aktualisierung der Marxschen Philos. eine zentrale Rolle (besonders bei Bloch, Lukács und in der Frankfurter* Schule; vgl. Marxismus). Die doppelte Aktualisierung von Hegel und Marx zeigt sich vor allem darin, daß Arbeit* und Entfremdung* zu Schlüsselthemen werden. – Im Zeichen einer Wiederentdeckung Hegels steht die franz. Philos. in den 30er Jahren bis 1960. Den Anstoß gaben Kojèves Hegel-Vorlesungen in den Jahren 1933–39. Die franz. Existenzphilos. und Phänomenologie (mit Sartre und Merleau-Ponty als ihren Hauptvertretern) zeigen deutliche Einflüsse Hegels. – Mit dem Namen Hegels ist auch die Weiterentwicklung der philos. Hermeneutik* (vor allem durch Gadamer und Ricœur) verbunden.

1955 wurde die «Deutsche Hegel-Gesellschaft» (1958: «Internationale Hegel-Gesellschaft») und 1958 das Hegel-Archiv gegründet. Diese institutionellen Einrichtungen tragen mit zu einer bis in die heutigen Tage anhaltenden Hegel-Rezeption und -Diskussion bei.

4. Zum H. im weiten Sinn der Hegelschen Wirkungsgeschichte gehören nicht zu-

letzt jene Philos., die sich bewußt von ihm absetzen. Das gilt insbesondere für Kierkegaard und Marx, die entscheidend von Hegels Dialektik geprägt sind.

Lit.: W. Essbach: Die Junghegelianer, 1988. R. Heede/J. Ritter (Hg.): Hegel-Bilanz. Zur Aktualität und Inaktualität der Philos. Hegels, 1973. K. Löwith (Hg.): Die Hegelsche Linke, 1962. H. Lübbe (Hg.): Die Hegelsche Rechte, 1962. O. Negt (Hg.): Aktualität und Folgen der Philos. Hegels, 1970. H. Ottmann: Individuum und Gesellschaft I, 1977.

Heidegger, Martin (1889–1976), dt. Philos. Nach kurzem Studium der Theologie begann H. an der Freiburger Universität (u. a. bei Rickert) Philos. zu studieren. 1914 Diss. über den Psychologismus*, 1916 Habil. über Duns Scotus. 1916–17 Privatdozent an der Freiburger Universität. 1917–23 Husserls Assistent, zwischenzeitlich Soldat. 1923–28 Prof. für Philos. in Marburg. Zu seinen Kollegen aus jener Zeit zählen u. a. Bultmann, Friedländer, Hartmann und Natorp, zu seinen Schülern Gadamer und Löwith. 1928, nach der Herausgabe des Hauptwerks *Sein und Zeit* (1927; 1923 begonnen, am 8.4.1926 abgeschlossen) wurde er Prof. für Philos. an der Freiburger Universität. 1933 vorübergehend Rektor der Universität, Mitglied der NSDAP. 1945–51 gemäß Befehl der alliierten Besatzungsmächte Unterrichtsverbot. 1951–58 regelmäßiger Unterricht, später nur in privater Regie zu speziellen Gelegenheiten. – Sieht man von H. Dissertation und Habilitation ab, fällt seine philos. Entwicklung in drei Phasen: (1) 1923–29/30 mit den Publikationen der Jugendschriften sowie *Sein und Zeit*, 1927; *Kant und das Problem der Metaphysik*, 1929; die Antrittsvorlesung *Was ist Metaphysik?* sowie *Vom Wesen des Grundes*, 1929. (2) Von 1930 bis Mitte der 50er Jahre H. Philos. «nach der Kehre», d. h. die Werke ab einschließlich *Vom Wesen des Grundes*. (3) Ab Mitte der 50er Jahre bis zu seinem Tod im Jahr 1976 die späte Phase, wo er die Philos. von innen her aufzulösen sucht. – Von allen Perioden gibt es Vorlesungsmanuskripte, die seit 1975 im Rahmen der *Gesamtausgabe* herausgegeben werden.

Seit Beginn der 20er Jahre hat H. versucht, sein eigenes Denken in Beziehung zur europäischen Metaphysik* von Platon bis Husserl zu bringen. Die letzten 2400 Jahre metaphysischen Denkens sind laut H. eine besondere Art *Ontologie*. Und da er alle (echte) Philos. mit Ontologie identifiziert, fühlt er sich dieser Tradition verpflichtet. Die Ontologie ist die Lehre (griech. *logos*) vom Seienden, sofern es ist (griech. *on*) oder kurz: die Lehre vom Sein* des Seienden. H. kritisiert jedoch die metaphysische Tradition, weil sie die ontologische Frage nicht radikal genug stellt. Anstatt die fundamentale Seinsfrage nach dem *Sein* des Seienden zu stellen, hat man nach dem Sein des *Seienden* gefragt. Hierzu kommt eine Tendenz, diese Frage mit der Frage nach dem höchsten Seienden zu verbinden (z. B. mit «der Idee* des Guten», «Gott*», «Geist*», «Wille zur Macht» usw.). Auf diesem Hintergrund begreift H. seine Aufgabe als Rückkehr zur Grundlage der Metaphysik und als erneutes Stellen der «vergessenen» Seinsfrage.

Als Vorbereitung zur Seinsfrage nimmt H. in *Sein und Zeit* seinen Ausgangspunkt in einer Analyse jenes Seins, das uns selbst als fragende und verstehende Seiende charakterisiert. Namentlich kritisiert er hier die Interpretation Descartes' und der modernen Metaphysik des Menschen oder «Ich» als selbstbewußte Substanz* bzw. «denkendes Ding» (lat. *res cogitans*). Diese Interpretation leidet an zwei Fehlern: (1) Man geht davon aus, daß ich zu mir und meinem eigenen Bewußtseinsleben einen direkten Zugang habe, während die physische Umwelt und meine Mitmenschen nur etwas sind, wovon ich ein indirektes Wissen habe. Das heißt, man setzt die Existenz eines Bewußtseins* voraus, das «sich seiner selbst sicher» ist, und auf dieser Grundlage versucht man dann, zu einer Erkenntnis der «fremden», physischen Umwelt

Martin Heidegger

und des «fremden» Bewußtseins zu gelangen. (2) Trotz dieses Unterschieds zwischen mir selbst und der physischen Welt werde ich dennoch als eine Art «Ding» (eine sog. Seelensubstanz) interpretiert. Nach H. hat man mich damit irrtümlich von der Welt, in der ich lebe, und dem Seienden, das mich umgibt, getrennt sowie irrtümlich zu einem Pseudo-Ding unter anderen Dingen gemacht.

Um sich bereits auf terminologischer Ebene von der modernen Metaphysik zu distanzieren, schlägt H. vor, daß wir von nun an aufhören, Wörter wie ‹Ich›, ‹(Selbst-)Bewußtsein› oder ‹Person› zu gebrauchen, wenn wir von uns selber reden. Statt dessen führt er die Redeweise ein, daß ich ein *Dasein* bin, weil ich auf diese oder jene Weise da bin. Es gilt einzusehen, daß das Dasein nur deswegen in einer Beziehung zu sich selbst (und seinen eigenen Bewußtseinszuständen) sein kann, weil das Dasein «immer schon» «draußen» beim es umgebenden Seienden ist. Das Dasein steht nicht in einer direkten Beziehung zu sich selbst und in einem abgeleiteten (indirekten) Verhältnis zu allem anderen. Gebe ich meine philos. Vorurteile auf, wird mir deutlich, daß mein «unmittelbares» Verhältnis zu mir selbst immer schon durch mein *Sein-bei* einem Seienden, das sich von mir unterscheidet, mit dem ich verkehre und das ich bearbeite, vermittelt ist, weil ich es mir begegnen lasse und mich zu ihm verhalte. Das heißt, das Dasein hat Merkmale wie: *Sein-bei*, *Besorgen*, *Begegnenlassen* und *Sich-verhalten-zu*. Diese Weise, da zu sein (zu existieren), kann durch eine Reihe von Grundmerkmalen des Seins des Daseins (der Existenz) charakterisiert werden. H. nennt diese Grundmerkmale *Existenzialien*, und er meint damit eine Reihe von notwendigen Eigenschaften, die das Dasein nicht entbehren kann, ohne aufzuhören, als Dasein da zu sein.

Mein Dasein ist durch eine Anzahl Existenzialen charakterisiert, die mich von den vorhandenen Dingen, die mich umgeben, unterscheiden und auf die ich gerichtet bin (vgl. Intentionalität), weil ich mich «draußen» bei ihnen befinde (vgl. Schema S. 244). Ich bin daher nicht nur ein vorhandenes Ding unter anderen; weil ich mich in einer Situation befinde, in die ich hineingeworfen bin, verstehe ich mich auf sie, indem ich eine Auslegung der Situation entwerfe. Das heißt, das Dasein hat auf der einen Seite die Existenzialien *Befindlichkeit* (vgl. den Ausdruck ‹sich gut oder schlecht befinden›) und *Geworfenheit*; auf der anderen Seite die Existenzialien *Verstehen* und *Entwurf*. Anders gesagt: Das Dasein ist ein Seiendes, das nicht nur vorkommt, sondern ein Seiendes, dem es «in seinem Sein um dieses Sein selbst geht». Indem das Dasein *an-ihm-selbst* ist, ist das Dasein *für-es-selbst*. Inmitten meiner Faktizität, d. h. inmitten einer Reihe von Umständen, in denen ich lebe und die den notwendigen Rahmen meiner Existenz abgeben, erweist sich meine Existenz als frei, da ich mich zu den Auslegungsmöglichkeiten (hierunter Handlungsmöglichkeiten) verhalte, die die Situation an den Tag legt. Freiheit und Möglichkeit sind

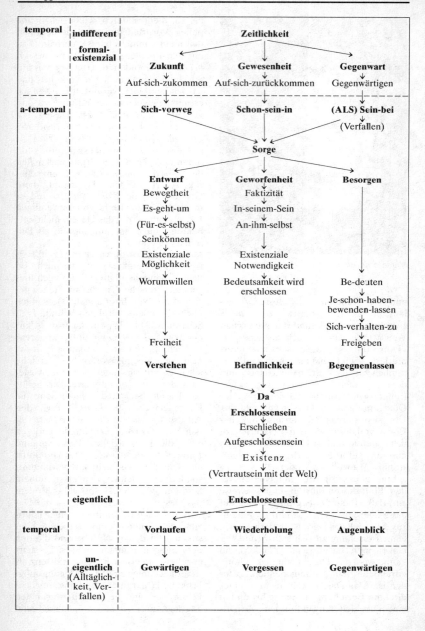

daher im gleichen Maße Existenzialien wie Faktizität und Notwendigkeit.

Aber was «verstehe» ich eigentlich, wenn ich mich frei zu der Situation verhalte, in der ich mich befinde? Ich verstehe, daß es einen grundlegenden Unterschied gibt zwischen meiner eigenen Seinsweise und der Seinsweise der Dinge und daß ich zugleich immer schon notwendigerweise auf einen Verkehr mit dem Seienden, das von mir verschieden ist, angewiesen bin. Ich verstehe, daß meine Seinsweise von der Seinsweise der Dinge verschieden ist; aber gleichzeitig verstehe ich, daß es zu meinem eigenen Sein gehört, daß ich mich auf das Sein der Dinge verstehe. Denn ich bin von einer *Erschlossenheit* gegenüber der Welt geprägt, aus der heraus ich dem Seienden begegne und dieses auslege. Das Dasein ist notwendigerweise ein *In-der-Welt-sein*, das heißt: Das Dasein ist dadurch gekennzeichnet, daß es sich in Situationen befindet, wo es sich selbst und sein eigenes Sein von dem Sein des übrigen Seienden her versteht.

H. versucht, diese Reihe von Existenzialien mit dem Begriff der *Sorge* zusammenzufassen: Das Dasein ist ein *Sich-vorwegschon-sein-in-(der-Welt**) als *Sein-bei* (innerweltlich begegnendem Seienden). Diese Sorge kann jedoch in zwei verschiedenen Richtungen modifiziert werden, weil das Dasein eigentlich wie auch uneigentlich existieren kann. In der Uneigentlichkeit verstehen wir uns selbst als ein vorkommendes Seiendes wie andere vorkommende Seiende, was zur Folge hat, daß die strukturierte, bedeutungsvolle Welt verfällt und zu einer bloßen Dingwelt degeneriert. Dies ist, etwas vereinfacht, in der Geschichte der Metaphysik geschehen: Das Sein ist auf ein dingliches Sein reduziert worden.

Durch die *Angst** drängt sich uns jedoch die Seinsfrage auf, gerade wenn wir es am wenigsten erwarten. Damit wird ein eigentliches Verständnis möglich. In der Geschichte der Metaphysik hat dieser Durchbruch verschiedentlich stattgefunden – zum Beispiel bei Augustin und Kierkegaard –, aber immer nur teilweise und trotz der metaphysischen Haupttendenz, alles auf Dinge (oder Substanzen) zu reduzieren. Das in der Metaphysik vorausgesetzte Seinsverständnis hat das Sein mit der Anwesenheit eines Gegenstands in einer Gegenwart identifiziert. Das Sein ist stillschweigend mit dem «Anwesend-sein als Gegenstand einer möglichen Erfahrung» gleichgesetzt worden. Entsprechend ist das Seiende, das «gewesen ist» oder «sein wird», mit Gegenständen eines Bewußtseins identifiziert worden, das erinnert, vergißt oder gewärtigt. Die Folge ist die Auffassung des Daseins selbst als ein Ding, das durch das Selbstbewußtsein in einer direkten Anwesenheit auf dem Hintergrund einer Erinnerung und einer Erwartung gegeben ist.

Mit dem neuen Seinsverständnis meint H. jedoch zeigen zu können, daß die Zeitlichkeit des Daseins von anderer Art ist. Wenn wir uns selbst als Gegenstand begreifen, kommt ein uneigentliches Verständnis zu Wort. Die eigentliche Erfahrung unserer selbst tritt dagegen in dem Augenblick zutage, wo wir in *Entschlossenheit* unsere ganze Vergangenheit wiederholen, die die Situation, in der wir uns befinden, beeinflußt, und zugleich durch einen Entwurf ein neues Verständnis anstreben. Nach H. fordert diese neue Auslegung der Seinsweise des Daseins in der Zeit, daß wir das Verhältnis zwischen «Sein und Zeit» auf eine neue Weise interpretieren.

In seinem Spätwerk unternimmt H. mehrere Versuche einer solchen Neuinterpretation, gelangt jedoch nie zu einem eindeutigen Ergebnis. Äußerlich zeigt sich dies daran, daß *Sein und Zeit* noch wie eine klassische, systematische Abhandlung aufgebaut ist, seine späteren Werke jedoch oft eine fast essayistische Gestalt haben. Seine Artikelsammlungen tragen Titel wie *Holzwege* (1950), *Unterwegs zur Sprache* (1959) und *Wegmarken* (1967). Immer stärker wird betont, daß es sich nur um Vorstufen zu einer «Philosophie der Zukunft» handle, und in den

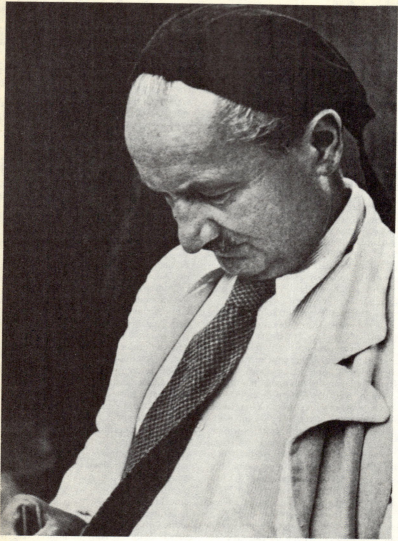

Martin Heidegger

letzten Jahren beginnt H. zudem, seine Tätigkeit vornehmlich als «Denken» und nicht als «Philosophie» zu kennzeichnen. Schon im Äußeren kündet sich daher bei H. seit etwa 1930 die «Kehre» an. Inhaltlich zeigt sich dies darin, daß H. in einer Reihe von Selbstinterpretationen die zentralen Begriffe von *Sein und Zeit* durch eine Betonung des Begriffs des Seins gegenüber dem Begriff «Dasein» umzudeuten versucht. So heißt es im *Brief über den Humanismus* (1947): «Sein lichtet sich dem Menschen im ekstatischen Entwurf. Doch dieser Entwurf schafft nicht das Sein... Das Werfende im Entwerfen ist nicht der Mensch, sondern das Sein selbst, das den Menschen in die Ek-sistenz des Da-seins als sein Wesen schickt. Dieses Geschick ereignet sich als die Lichtung des Seins, als welche es ist» (*Wegmarken*, S. 168). H. versucht hier, mit Hilfe einer Bildersprache das Verhältnis des Menschen zum Sein darzustellen: Das Seiende in der Gestalt von anorganischer und organischer Natur sowie von kulturellen Errungenschaften läßt sich mit der Vegetation in einem dunklen Wald vergleichen. Steine, Pflanzen, Tiere, Häuser, Maschinen usw. sind vorhanden oder zuhanden, aber sie verstehen nicht, daß und was sie sind. Der Mensch verhält sich dagegen auf der Grundlage eines Seinsverständnisses zu sich selbst und zu all dem nichtmenschlichen Seienden, das ihn umgibt. Dieses Seinsverständnis entspricht einer Lichtung im Wald, wo es plötzlich möglich ist, die Vegetation zu sehen. Vom Menschen kann deshalb gesagt werden, daß er Da-sein besitzt, insofern er der *Ort* (das «Da») *ist*, an dem Sein verstanden wird. An diesem Ort «lichtet sich» das Sein, d. h. das Sein wird verstanden. H. nennt diese Auffassung einen «ekstatischen Entwurf». Die Formulierung ist ein Pleonasmus, da die Worte «Ekstase» und «Entwurf» beide meinen, daß der Mensch sich von allem anderen Seienden absondert, indem er aus seinem Sein heraustritt und sich auf das Sein des Seienden versteht. Es macht deshalb Sinn, von der «Eksistenz» des Menschen zu sprechen, da «Existenz» auf das lateinische *ex* (von, weg) und *sistere* (heraustreten, vor etwas anderem hervortreten) zurückgeht. Entsprechend ist Welt in der Bestimmung des Menschen als *In-der-Welt-sein* als die «Offenheit» oder «Lichtung des Seins» zu verstehen, «in die der Mensch aus seinem geworfenen Wesen her heraussteht». H. wiederholt hier jedoch lediglich mit etwas anderen Worten, was er schon in *Sein und Zeit* gesagt hat. Neu ist aber, daß er so stark betont, daß das «Werfende im Entwerfen nicht der Mensch, sondern das Sein selbst» sei. Jeder Gedanke daran, daß der Mensch Herr über den Inhalt und die Richtung des Seinsverständnisses wäre, wird abgewiesen. Alle Auslegungen und Diskussionen, die der Mensch unternimmt, vollziehen sich auf der Grundlage einer Reihe von fundamentalen Begriffen, Fragestellungen und Annahmen über die Welt, die H. unter Begriffen wie «Seinsverständnis», «Lichtung des Seins», «Geschick des Seins», «es gibt Sein» usw. zusammenfaßt. Während der Mensch imstande ist, eine Auslegung durch eine andere Auslegung zu ersetzen oder eine Auslegung mit dem Hinweis darauf zu kritisieren, daß sie sich im Widerspruch zu diesem oder jenem Kriterium befinde, so ist dies nicht möglich, wenn es um unsere fundamentalen Begriffe, Fragestellungen und Annahmen geht. Diese können wir selbst nicht hinterfragen. Sollen sie sich ändern, so dadurch, daß wir neue Begriffe, Fragestellungen und Grundannahmen bekommen. In diesem Sinn ist es nicht der Mensch, der bestimmt bzw. entwirft, welche Begriffe, Fragestellungen und Grundannahmen in das Seinsverständnis einzugehen haben, sondern das Sein, das sich in der Gestalt eines neuen Seinsverständnisses «schickt» oder «gibt». Deshalb ist das Sein und nicht der Mensch das «Werfende im Entwerfen». Den Vorgang, wie sich das Sein in verschiedener Weise im Lauf der Zeit gegeben hat, nennt H. «Seinsgeschichte». Wie schon anfangs erwähnt, hat diese

Seinsgeschichte in der Zeit von Platon bis Nietzsche (oder Husserl) die Gestalt von «Metaphysik», in der das Sein vergessen oder gar als ein besonders privilegiertes Seiendes mißverstanden worden ist. Diese «Seinsvergessenheit» zeigt sich u. a. in der wachsenden Bedeutung der *Technik** im europäischen Denken. H. sieht nämlich in seiner Philos. der Technik deren Wesen darin, daß alles im Licht einer technischen Berechenbarkeit gesehen wird. Das zeigt sich nicht allein darin, daß z. B. eine Landschaft nicht mehr als Heimat betrachtet wird, sondern lediglich als Gegenstand kontrollierter industrieller Ausbeutung. Es zeigt sich viel grundlegender darin, daß sich der Mensch immer mehr zum Herrn seiner eigenen Voraussetzungen zu machen sucht: Die Religion wird entmythologisiert, die Grundbegriffe werden einem bestimmten logischen Schema angepaßt, und die Wirklichkeit wird mit dem identifiziert, was einem bestimmten Ideal von Rationalität entspricht. Der Mensch hat dadurch vergessen, daß er niemals zum Herrn über die letzten Grundannahmen werden kann. Das Sein hat sich hier in einer besonders verborgenen Form gegeben, indem der Mensch das Sein als etwas verstanden hat, das durch Berechnung erfaßbar ist. Er hat das Sein damit auf ein besonderes Seiendes reduziert. Nach H. gibt es jedoch in den letzten 100 Jahren – vor allem bei ihm selbst – Ansätze zu einem neuen Seinsverständnis, das mit der Metaphysik und dem technischen Reduktionismus bricht. Statt das Sein durch ein berechnendes Philosophieren einfangen zu wollen, kann der Mensch in einem Hören auf «die Stimme des Seins» zu einem «Hirten des Seins» werden.

Ausg.: Gesamtausgabe, Bd. 1ff., 1975ff. Sein und Zeit, 1927. Holzwege (1935–46), 1950. Wegmarken (1929–62), 1967. – *Lit.:* J. Altwegg (Hg.): Die H.-Kontroverse, 1988. W. Biemel: M. H., 1973. P. Cardorff: M. H., 1991. H. Ebeling: M. H. Philos. und Ideologie, 1991. V. Farias: H. und der Nationalsozialismus, 1989. G. Figal: M. H. – Phänomenologie der Freiheit, 1988. G. Figal: H. zur Einführung, 1992. W. Franzen: M. H., 1976. M. F. Fresco (Hg.): H. These vom Ende der Philos.: Verhandlungen des Leidener H.-Symposiums April 1984, 1989. H.-G. Gadamer: H. Wege. Studien zum Spätwerk, 1983. A. Gethmann-Siefert (Hg.): H. und die praktische Philos., 1988. G. Neske (Hg.): Antwort: M. H. im Gespräch, 1988. H. Ott: M. H.: unterwegs zu seiner Biographie, 1988. O. Pöggeler: Der Denkweg M. H., ²1983. A. Schwan: Politische Philos. im Denken H., ²1989. D. Thomä: Die Zeit des Selbst und die Zeit danach, 1990. R. Wisser (Hg.): M. H. – unterwegs im Denken: Symposium im 10. Todesjahr, 1987.

Heilsgeschichte, Bezeichnung für die christliche eschatologische Deutung der Geschichte. Geschichte wird hier im Licht des Sündenfalls betrachtet. Dieser ist durch Jesu Tod und Auferstehung gesühnt, so daß Geschichte von da an für die Christen im Warten auf das Jüngste Gericht und das ewige Leben besteht. Durch Jesu Opfertat wird die gesamte menschliche Geschichte zur Heilsgeschichte, die im Reich Gottes zu ihrem Ende kommt. In neuerer Zeit ist der Begriff philos. von K. Löwith rezipiert worden. Löwith sieht in den geschichtsphilos. Theorien der Neuzeit (z. B. bei Hegel und Marx) säkularisierte* Formen von H. – Vgl. Eschatologie.

Lit.: K. Löwith, Weltgeschichte und Heilsgeschehen, 1953. K. G. Steck: Die Idee der Heilsgeschichte, 1959.

Hellenismus, Bezeichnung für die griech. und griech.-röm. Kultur nach dem Tod Alexanders des Großen (323 v. Chr.) bis 30 v. Chr., als mit Ägypten das letzte Königreich, das von Alexanders Generälen errichtet worden war, von den Römern erobert wurde. Mit H. wird auch die nachklassische Verbreitung der griech. Kultur im Mittelmeerraum bezeichnet. So gesehen endet der H. erst mit dem Ausgang der Antike. – Ein zentrales Thema der drei philos. Schulen im H., der epikureischen*, der stoischen* und der skeptischen*, ist die Frage nach dem persönlichen Glück. Aus der Philos. grenzen sich eine Reihe von Einzelwissenschaften aus, und diese selber teilt sich in verschiedene Disziplinen – Logik, Ethik und Naturphilos. Die Philos. betreiben ihre Tätigkeit als Erwerb, also gegen Bezahlung.

Lit.: J. G. Droysen: Geschichte des H., 2 Bde., 1836–43, ND 1952. H. J. Krämer: Platonismus und hellenistische Philos., 1971.

Helmholtz, Hermann von (1821–94), dt. Physiker, Physiologe, Mitbegründer der experimentellen Psychologie und Philos. 1843 Militärarzt, ab 1849 Prof. für Physiologie in Königsberg, Bonn und Heidelberg, ab 1871 Prof. für Physik in Berlin. – H. ist Gründer der physiologischen neukantianischen* Schule, die Kants Philos. als Vorwegnahme wissenschaftlicher Physiologie deutet. Unsere Vorstellungen von den Dingen sind Produkte der Einwirkung der Dinge auf unsere Sinnesorgane wie auch unserer eigenen geistigen Tätigkeit. Die Vorstellungen bilden also die Dinge nicht direkt ab, sondern sind Zeichen oder Symbole für sie. Daraus können wir sowohl die Existenz der Dinge als auch die Tatsache erschließen, daß deren wirkliche Gesetzmäßigkeiten sich in denen unserer Vorstellungen widerspiegeln.

Ausg.: Über die Erhaltung der Kraft, 1889. Die Thatsachen in der Wahrnehmung, 1879 (ND 1959). Schriften zur Erkenntnistheorie, 1921. – *Lit.:* D. Goetz: H. v. H. über sich selbst, 1966. J. Hamm: Das philos. Weltbild von H., 1937. H. Rechenberg: H. v. H., 1994.

Helvétius, Claude Adrien (1715–1771), franz. Aufklärungsphilos., Enzyklopädist*. Vertritt in seinem Hauptwerk *De l'esprit* (Vom Geist, 1758) eine materialistische* Menschenauffassung, die den Zeitgenossen skandalös erschien. Von Lockes Sensualismus* ausgehend, nach dem Erkenntnis und Gefühl allein der Wahrnehmung entspringen, bestreitet H. jede Form angeborener Fähigkeit oder Anlage; allen Menschen gemeinsam sind die Empfänglichkeit für Milieueinwirkung und ein natürlicher Drang, sich Lust zu verschaffen und Schmerz und Unlust zu meiden (Selbstliebe). Das Individuum ist am Beginn seines Lebens eine *tabula* rasa* (‹unbeschriebene Tafel›). Deshalb ist der Mensch das, wozu er gemacht wird. Alle Unterschiede zwischen den Individuen lassen sich ausschließlich durch Erziehung, Milieueinwirkung usw. erklären. Die ethischen und sozialen Konsequenzen dieser Theorie untersucht H. u. a. in *De l'homme, de ses facultés intellectuelles et de son éducation* (Vom Menschen, von dessen Geisteskräften und von der Erziehung desselben, 1772). Unter dem Motto *l'éducation peut tout* («die Erziehungvermag alles») wird einer großangelegten Reform von Mensch und Gesellschaft das Wort geredet. Ihr Ziel muß sein, durch eine wissenschaftlich begründete und demokratisch gelenkte Verhaltenstechnologie (Manipulation von Milieufaktoren) Verbesserungen herbeizuführen. Als übergeordnetes ethisches Prinzip gilt das Streben nach gesellschaftlichem Nutzen: Die Erziehungsprogramme im Dienst der Gesellschaftsreform sollen die menschliche Selbstliebe so kanalisieren, daß die Individuen bei der Verfolgung ihrer eigennützigen Interessen zum Gemeinwohl beitragen. Großen Einfluß übte H. auf andere Enzyklopädisten aus, auf Bentham sowie auf spätere demokratische und sozialistische Theorien.

Ausg.: Œuvres complètes, 1795 (ND 1967 bis 69). Vom Menschen, von seinen geistigen Fähigkeiten und von seiner Erziehung 1773 (dt. 1774). – *Lit.:* W. Krauss: H. In: Essays zur franz. Literatur, 1968. G. Momdshian: H., ein streitbarer Atheist des 18. Jh., 1959.

Hempel, Carl Gustav (geb. 1905), dt. Philos., der 1937 in die USA emigrierte. Prof. an den Univ. Yale und Princeton. Nach naturwissenschaftlicher Ausbildung wurde H. Mitglied der sog. Berliner Gruppe, die in enger Verbindung mit dem Wiener* Kreis stand. Er stand unter starkem Einfluß von Reichenbach und Carnap, erkannte aber frühzeitig die Unhaltbarkeit der ursprünglichen Version des logischen* Positivismus. Er kritisierte vor allem das Verifikationsprinzip* und die positivistische These, daß theoretische Ausdrücke für unbeobachtbare Größen (z. B. ‹Elektron›) restlos in Beobachtungsausdrücke* für beobachtbare Größen übersetzt werden können. In *Fundamentals of Concept Formation in Empirical Science* (1952) argumentiert H., daß theoretische Ausdrücke ihren erfahrungsmäßigen Inhalt von besonderen Regeln, den sog. Korrespondenzregeln oder Brückenprinzipien, erhalten, die sie mit den Beobachtungsausdrücken verbinden (z. B. ‹Licht ist elektromagnetische Strahlung›). Zusammen mit P. Oppenheim entwickelte H. das sog. Subsumptionsmodell *(covering-law-model)* für wissenschaftliche Erklärungen*; seine Anwendung dieses Modells auf geschichtliche Erklärungen hat eine heftige Diskussion ausgelöst. H. hat ferner zur Bestätigungstheorie* beigetragen, in der dem sog. H.-Paradox für die Frage, wie empirische Zeugnisse generelle Hypothesen bestätigen bzw. widerlegen, eine zentrale Stellung zukommt. *Aspects of Scientific Explanation* (1965) enthält H. wichtigste Artikel. Seine empiristische* Analyse der Naturwissenschaften bekommt eine klare, leicht verständliche Darstellung in *Philosophy of Natural Science* (1965).

Ausg.: Philos. der Naturwissenschaften, ²1977. Aspekte wissenschaftlicher Erklärung, 1977.

Henrich, Dieter (geb. 1927), dt. Philos., Habilitation 1956 in Heidelberg, 1960 Prof. an der Freien Universität in Berlin, 1965 wieder in Heidelberg, seit 1968 ständiger Gastprof. an der Columbia University, dann ab 1973 an der Harvard University. 1970–86 war H. Präsident der Internationalen Hegel-Vereinigung. Seit 1981 lehrte er Philos. in München, wo er 1994 emeritiert wurde. – In zahlreichen Aufsätzen zu Kant und der nachkantischen Philosophie legt H. die fundamentalen Strukturen neuzeitlicher Philosophie frei, indem er den zentralen Begriff der Selbsterhaltung in seiner Beziehung zum Prinzip des Selbstbewußtseins* verständlich werden läßt. Aus der Konzentration auf den philosophischen Gehalt des Ich* und der Subjektivität*, in welcher H. insbesondere in einer Rekonstruktion der Philos. Fichtes die Schwierigkeiten reflexiver Selbstbewußtseinstheorien aufzeigt, entwickelt er in der Folge eine allgemeine, modern-metaphysische Konzeption einer Philosophie des «bewußten Lebens». Ein wesentlicher Teil von H. Werk ist geprägt von der Bemühung um die argumentative Rekonstruktion der Philos. Hegels sowie der Aufklärung der Entstehungsbedingungen des dt. Idealismus*. Aus diesem Bemühen sind auch seine jüngsten Arbeiten zu Hölderlin entstanden. Hand in Hand mit der Selbstverortung der klassischen dt. Philos. im gegenwärtigen Denken ist es H. ein Anliegen, die neuere Forschung der angelsächsischen analytischen Philos. in die kontinentaleuropäische Philosophiediskussion einzubringen. Überdies hat sich H. auf dem Hintergrund einer «Metaphysik der Moderne» in grundsätzlicher Weise immer wieder zu aktuellen gesellschaftlichen und politischen Problemen der Gegenwart geäußert.

Ausg.: Die Einheit der Wissenschaftslehre Max Webers, 1952 (Diss. 1950). Fichtes ursprüngliche Einsicht, 1967. Hegel im Kontext, 1971. Identität und Objektivität. Eine Untersuchung über Kants transzendentale Deduktion, 1976. Fluchtlinien, 1982. Selbstverhältnisse, 1982. Der Gang des Andenkens, 1986. Konzepte. Essays zur Philosophie der Zeit, 1987. Eine Republik Deutschland, 1990. Konstellationen. Probleme und Debatten am Ursprung der idealistischen Philosophie (1789–95), 1991. Der Grund des Bewußtseins. Untersuchungen zu Hölderlins Denken (1794/95), 1992. Nach dem Ende der Teilung. Über Identitäten und Intellektualität in Deutschland, 1993.

Heraklit (ca. 500 v. Chr.), griech. Philos. aus Ephesos an der Küste Kleinasiens, vielleicht von aristokratischer Herkunft. Ihm wird eine Reihe – oft dunkler – Fragmente zugeschrieben. H. wirkte auf Platon und die Stoiker*; zu seinen neuzeitlichen Interpreten gehören Hegel, Nietzsche und Heidegger. – H. Philos. handelt vom Leben und Schicksal des Menschen im Angesicht des (biologischen) Todes. Die menschlichen Grundbedingungen lassen sich für H. nur im Zusammenhang mit der Struktur der Welt verstehen, der Einheit, in der gegensätzliche Prinzipien wie Leben und Tod sich im Zustand der Harmonie befinden.

H. Denken bildet einen Zusammenhang mit drei Hauptelementen: 1. Alles in der Welt ist in Veränderung, der Kosmos* ist das Feld eines unbegrenzten Kampfes gegensätzlicher Prinzipien. 2. Trotz scheinbarer Stabilität setzt sich jedes Ding aus gegensätzlichen Eigenschaften zusammen, die einander im Gleichgewicht halten (Harmonie oder Einheit der Gegensätze). 3. Veränderung und Verschiedenheit werden durch einen Stoff bewirkt, das Feuer, und lassen sich aus einem universalen Prinzip heraus verstehen, dem *logos**; alles ist eins (Monismus*).

Man kann nicht zweimal in denselben Fluß steigen, denn man selbst und der Fluß haben sich verändert. Alles fließt. Ob H. damit behaupten will, daß sich alles immer und in jeder Hinsicht wandelt, ist ungewiß.

Einheit der Gegensätze kann bedeuten, daß alle Dinge miteinander verbunden sind und jedes Ding konträre* Eigenschaften besitzt – z. B. ist Meerwasser nach H. sowohl gesund wie ungesund – bzw. daß einige oder gar alle Eigenschaften mit ihren Gegensätzen identisch sind. So hält H. lebendig und tot im Prinzip für dasselbe.

Jede Veränderung geschieht zwischen konträren oder polaren Größen, ist Übergang vom einen zum anderen. Obwohl H. den vorherrschenden Ansichten und der traditionellen Religion skeptisch gegenübersteht, ist er kein Skeptiker* im engeren Sinn. Er sucht nach der verborgenen Natur der Dinge (griech. *physis*). Veränderung und Einheit der Gegensätze sind Wesenszüge der Welt, und sie gehen beide in die Erklärung (den *logos*) ein, die H. von der Welt gibt: In der Veränderung ist das Bleibende.

Ausg.: H. Diels/W. Kranz (Hg.): Die Fragmente der Vorsokratiker, ⁶1951. H. Fragmente, gr./dt. Hg. von B. Snell, 1926. – *Lit.:* Th. Buchheim: Die Vorsokratiker, 1994. Th. Hammer: Einheit und Vielheit bei H. von Ephesus, 1991. M. Heidegger: H., Gesamtausgabe Bd. 55, 1979. K. Held: H., Parmenides und der Anfang von Philos. und Wissenschaft, 1980. G. Neesse: H. heute, 1982.

Herbart, Johann Friedrich (1776–1841), dt. Philos., Psychologe und Pädagoge, Prof. in Königsberg (als Nachfolger Kants) 1809–33 und in Göttingen 1833–41. Entwickelte seine philos. und psychologischen Grundanschauungen in Auseinandersetzung mit der idealistischen Ich-Philos. Fichtes, bei dem H. in Jena studiert hatte. – Für H. zeichnet sich die Philos. nicht durch einen bestimmten Gegenstandsbereich aus, sondern allein durch ihre Methode: die «Bearbeitung» der Begriffe. Diese umfaßt verschiedene Schritte. Im ersten Hauptteil der Philos., der *Logik*, müssen die Begriffe geklärt und geordnet werden. Der zweite Hauptteil, die *Metaphysik*, wendet sich den aus der Erfahrung abgeleiteten Begriffen wie ‹Eigenschaft›, ‹Veränderung›, ‹Bewegung›, ‹Ich› zu. Sie erweisen sich bei näherer Betrachtung als unvollständig und widersprüchlich, als «Schein». Für solche Begriffe ist daher eine «Ergänzung» notwendig: Sie hebt die Widersprüche auf und dringt zum «Sein» vor, jener Wirklichkeit, die dem «Schein» der Erfahrungsbegriffe zugrunde liegt. Voraussetzung hierfür ist H. Annahme der Existenz vieler einfacher realer Wesen, die als sich selbst erhaltend gedacht sind. Bewegung, Veränderung usw. ergeben sich als scheinhafte Momente der Selbsterhaltungs-Tätigkeit der einfachen Wesen. Ebenso wie die Metaphysik soll der letzte Hauptteil, die *Ästhetik* einschließlich der *Ethik*, Begriffsergänzungen vornehmen; außerdem soll sie intui-

tiv* bestimmte Werturteile über die Seinsformen fällen, in denen die Begriffe gründen.
In seiner Psychologie lehnt H. Theorien über angeborene geistige Vermögen («Fakultäten»), eingeborene* Ideen und Begriffe *a* priori* ab. Alle Bewußtseinsinhalte entstammen den erfahrungsgegebenen Vorstellungen und entstehen als Reaktion des Bewußtseins auf die Einwirkung durch seine Umgebung, der es ausgesetzt ist. Die Psychologie soll nach den Gesetzen für das Zusammenspiel der Vorstellungen suchen und sie mit Hilfe mathematischer Formeln ausdrücken – ähnlich den Grundgesetzen der Physik.
H. sieht das Ziel von Erziehung und Ausbildung in der Formung moralischer Gesinnung und Charakterstärke, d. h. eines freien Willens, dessen Willensakte dem moralischen Gesetz jederzeit entsprechen. Nicht das Wissen macht den Wert des Menschen aus, sondern das Wollen; und daher muß das pädagogische Wirken beim Kind die rechten Vorstellungen erzeugen und bestärken. Als geeignetes Mittel empfiehlt H. eine breite humanistische und naturwissenschaftliche Schulung. – H. Ideen haben das pädagogische Denken des 19. Jh. wesentlich beeinflußt.

Ausg.: Sämtliche Werke, 19 Bde., 1887–1912 (ND 1964). Allgemeine Pädagogik aus dem Zwecke der Erziehung abgeleitet, 1806. Hauptpunkte der Metaphysik, 1808. Allgemeine Metaphysik, 1828/29. – *Lit.:* W. Asmus: J. F. H., 2 Bde., 1968/70. D. Benner: Die Pädagogik J. F. H., 1986. F. Träger: H. realistisches Denken, 1982.

Herbert of Cherbury, Edward, Lord
(1583–1648), engl. Philos., 1619–24 Botschafter in Paris. Dort schrieb er sein Hauptwerk *De veritate* (Über die Wahrheit), in dem er den Skeptizismus* zu widerlegen sucht; dieser habe ohne jede Definition des Wahrheitsbegriffs die Möglichkeit wahrer Erkenntnis geleugnet.
H. bestimmt Wahrheit als analysierbare Relation von Subjekt und Objekt und unterscheidet zwischen verschiedenen Arten Wahrheit, indem er versucht, die Bedingungen für das Vorliegen wahrer Erkenntnis anzugeben. Bedeutend sind vor allem *veritas conceptus* (Begriffswahrheit) und *veritas intellectus* (Vernunftwahrheit). Eine Begriffswahrheit ist gegeben, wenn eine einzelne Perzeption* unter einem passenden Begriff subsumiert ist, die Vernunftwahrheiten sind die Regeln für eine solche Subsumption. Diese Regeln nennt H. mit einem stoischen* Ausdruck *notiones communes* (Allgemeinbegriffe). Weil sich die Voraussetzungen für den rechten Gebrauch des Erkenntnisvermögens in jedem Menschen finden, sind die Allgemeinbegriffe weder durch Beobachtung noch durch Denken erworben und sind in diesem Sinn eingeboren*. In *De veritate* führt H. fünf solcher Allgemeinbegriffe auf; die beiden ersten besagen, daß es einen Gott gibt und daß Gott angebetet werden soll. In *De religione gentium* (Über die Religion der Heiden, 1663) zeigt H., wie diese Allgemeinbegriffe in allen Religionen jederzeit anerkannt worden sind. Deshalb erschienen ihm die religiösen Streitigkeiten, die dem engl. Bürgerkrieg vorangingen, als gänzlich sinnlos, und um Leben und Eigentum zu schützen, wechselte er während des Krieges (1642–49) oft von einer Seite zur anderen. – Durch seine religionsphilos. Erwägungen gilt H. als Begründer des engl. Deismus.

Ausg.: Hauptwerke 1–3, 1966–71. – *Lit.:* R. D. Bedford: The Defence of Truth. H. of. C. and the Seventeenth Century, 1979.

Herder, Johann Gottfried
(1744–1803), dt. Philos. und Theologe; Studium in Königsberg; anfänglich von Kant und vor allem von J. G. Hamann beeinflußt. 1764–69 Lehrer an der Domschule in Riga und Pfarrer. Nach längerer Reise 1770 Aufenthalt in Straßburg; dort Begegnung mit Goethe, auf den H. Auffassung von Dichtung und Sprache prägend wirkte. Ab 1776 Generalsuperintendent in Weimar. Wie Hamann kämpft H. gegen die Philos. der Aufklärung*. Er wendet sich ener-

gisch gegen die Tendenz (z. B. bei Wolff und später bei Kant), den Menschen in verschiedene Vermögen (Fähigkeiten) aufzuspalten. Diese sind vielmehr Ausdrucksformen des Menschen selbst. Es geht um Selbstentfaltung, und insofern gehören die menschlichen Tätigkeiten als Einheit zusammen. Grundlegender Ausdruck des Menschen ist die Sprache und deren reinster Ausdruck wiederum die Literatur. Erst durch Sprache wird für H. – ebenso wie für Hamann – der Mensch zum Menschen. Die Instanz der Sprache macht H. gegen die Kantische Transzendentalphilos.* geltend: Ohne Sprache gibt es keine Vernunft*. Stärker als Hamann hebt er den historischen Charakter der Sprache hervor. Der Mensch selbst ist seinem Wesen nach geschichtlich. Daher nimmt in H. Werk die Geschichtsphilos. einen zentralen Platz ein. Er legt besonderes Gewicht auf die Verschiedenheiten zwischen den einzelnen Kulturen und Epochen. Jedes Volk besitzt seinen besonderen Geist*, den Volksgeist. Und jedes Zeitalter hat in sich selbst seine Berechtigung. Gleichzeitig bestimmt H. die Geschichte jedoch als zweckgerichtete (teleologische*) Bewegung, nämlich als Entwicklung zur Humanität* hin. So herrscht in seiner Geschichtsphilos. eine gewisse Spannung; gegen die Besonderheit der einzelnen Epochen steht deren Einordnung in eine einheitliche Entwicklungsgeschichte mit einem Ziel: Geschichte ist ein natürlicher, organischer Prozeß. – Herder wurde v. a. vom «Sturm und Drang», von den Romantikern* und vom Historismus* rezipiert.

Ausg.: Sämtliche Werke. Hg. von B. Suphan, 1877 ff. (ND 1968). – *Lit.:* A. Gulyga: J. G. H. Eine Einführung in seine Philos., 1978. R. Häfner: J. G. H. Kulturentwicklungslehre, 1995. E. Heintel: H. und die Sprache. In: J. G. H. Sprachphilos. Schriften. Hg. von E. Heintel, 1960. M. Heinz: Sensualistischer Idealismus, 1994. F. W. Kantzenbach: J. G. H. in Selbstzeugnissen und Bilddokumenten, 1970. W. Koepke (Hg.): J. G. H., 1987. W. Pross: H. u. die Anthropologie der Aufklärung. In: J. G. H., Werke. Hg. von W. Pross, Bd. 2, 1987.

Hermeneutik (von griech. *hermeneuein*, auslegen, interpretieren), Auslegungskunst, Verstehenslehre. 1. Aufgrund der Überzeugung, daß die *Bibel* und die klassischen antiken Texte einen besonderen Wahrheitsgehalt haben, zu dem es vorzudringen gilt, stellt sich die H. um das Jahr 1500 zur Aufgabe, Methodenregeln für die korrekte Auslegung theologischer und klassisch-humanistischer Texte anzugeben. 2. Bei Schleiermacher wird das Gebiet der H. erweitert und umfaßt nun alle Texte und Geistesprodukte und nicht nur besonders ausgewählte, ‹klassische›, ‹autoritative› oder ‹heilige› Schriften. Mit dieser Erweiterung verliert die H. ihre traditionelle Beziehung zu Texten als Wahrheitsvermittler. Statt dessen werden diese als der Ausdruck der Psyche, des Lebens und der geschichtlichen Epoche des Verfassers aufgefaßt, und das Verstehen* wird gleichgesetzt mit einem Wiedererleben und Einleben in das Bewußtsein*, das Leben und die geschichtliche Epoche, der die Texte entstammen. Die H. wird zu einer allgemeinen Kunstlehre, Mißverständnisse zu vermeiden beim Versuch, sich in das Leben einzufühlen, das hinter einem gegebenen Geistesprodukt steht. Bei Schleiermacher ist diese Theorie des «Einlebens» mit einer allgemeinen metaphysischen Theorie verbunden, nach der Verfasser und Leser beide Ausdruck ein und desselben überindividuellen Lebens (des Geistes*) sind, welches sich durch die Weltgeschichte entwickelt. Dieses Leben garantiert letzten Endes die Möglichkeit und Sinnfülle des Verstehens. 3. In der letzten Hälfte des 19. Jh. wird diese metaphysische Theorie des überindividuellen Lebens wieder aufgegeben, und die H. wird im Historismus* schlechthin als eine Kunstlehre aufgefaßt, die die richtige Rekonstruktion der psychologischen Zustände anderer in objektiv vorliegenden Texten (Quellen) sichern soll. 4. Zentral wird der Begriff der H. bei W. Dilthey, der zwischen ‹erklären› und ‹verstehen› unterscheidet. Während die Naturwissenschaften bestrebt sind, die ‹positiv› er-

kennbaren Gegebenheiten der Welt von außen zu erklären, ist es Aufgabe der Geisteswissenschaften, die «Erscheinungen» der Welt von innen zu verstehen. Diltheys Bestreben, eine universelle Methodik der auf «geschichtlichen Seelenvorgängen» beruhenden Geisteswissenschaften zu entwickeln und diese abzugrenzen von den Gegenständen und Arbeitsweisen der Naturwissenschaften, hat einen nachhaltigen Einfluß ausgeübt, besonders auf die Literaturwissenschaft, die sich u. a. mit der Auslegung von Texten beschäftigt (s. Historismus).
5. Bei Heidegger und später bei Gadamer erhält der Begriff H. eine noch unfassendere Bedeutung, indem sie behaupten, daß nicht nur unser Wissen über Texte und geistige Produkte, sondern alles Wissen auf einem Verstehen beruht, das in einer Auslegung* unseres Wissens erläutert (oder artikuliert) wird. Die Philos. muß bei diesem Verstehen ihren Ausgangspunkt nehmen und wird damit zu einer H. Mit dieser Erweiterung des H.-Begriffs entsteht erneut eine Beziehung zum Wahrheitsbegriff. Die auslegende Verstehensaneignung wird zu einer Aneignung der Wahrheit dessen, auf das wir uns verstehen, und nur weil wir auf diese Weise ‹bereits in Wahrheit sind›, können wir überhaupt irren. Die hermeneutische Philos. wird zu einer Lehre von der Historizität des Menschen, d. h. zu der Lehre, daß sich der Mensch als ein In-der-Welt-Sein ‹immer schon› in Verstehenssituationen befindet, die er in einem geschichtlichen Verstehensprozeß auslegen und korrigieren muß. 6. P. Ricœur führt die hermeneutische Philos. mit ihrer Betonung des sprachlichen und geschichtlichen Charakters des menschlichen In-der-Welt-Seins weiter. Aber er geht dabei wesentlich über Gadamer hinaus. Um sich selbst und seine eigenen Erzeugnisse zu verstehen, muß der Mensch sich von sich selbst distanzieren; er muß sich ‹objektivieren› mit Hilfe kultureller Symbole und sozialer Institutionen. Ein solches vermitteltes Verständnis nennt Ricœur Auslegung. In diesem Zusammenhang betont er – im Unterschied zu Heidegger und Gadamer – die Beziehung zwischen der hermeneutischen Philos. und dem linguistischen Strukturalismus sowie der Psychoanalyse. – S. auch Verstehen und hermeneutischer Zirkel.

Lit.: K.-O. Apel: Die Erklären-Verstehen-Kontroverse in transzendental-pragmatischer Sicht, 1979. E. Betti: Die H. als allgemeine Methodik der Geisteswissenschaften, ^{2}1972. R. Bubner/K. Cramer/R. Wiehl (Hg.): H. und Dialektik, I–II, 1970. W. Dilthey: Gesammelte Schriften, I–XII, 1914–36, fortgeführt 1962 ff. (bisher 18 Bde.). J. G. Droysen: Historik, I–III, 1937. M. Fuhrmann/H. R. Jauss/W. Pannenberg (Hg.): Text und Applikation, 1971. H.-G. Gadamer: Wahrheit und Methode, 1960. Ders./G. Boehm: Seminar: Philos. H., ^{2}1979. J. Greisch: H. und Metaphysik, 1993. J. Grondin: Einführung in die philos. Hermeneutik, 1991. H. Ineichen: Philos. H., 1991. H. Seiffert: Einführung in die Hermeneutik, 1992.

hermeneutischer Zirkel (von griech. *hermeneuein*, deuten, interpretieren, und *kirkos*, Kreis). 1. In der klassischen Hermeneutik* von ca. 1500–1800 entspricht der h. Z. dem Verhältnis zwischen der Bedeutungsganzheit eines Textes und einem Bedeutungsteil. Um den Sinn eines Textes als ganzen zu verstehen, muß man den Sinn seiner Teile verstehen – und umgekehrt. Ganzheit und Teil stehen damit zueinander in einem Zirkelverhältnis: Sie bedingen sich gegenseitig. 2. Bei Schleiermacher (sowie später bei den Historisten* und bei Dilthey) erhält der h. Z. einen neuen Inhalt. Er bezieht sich auf das Verhältnis zwischen einem Teil des Bewußtseins- und Handlungslebens einer Person und der Ganzheit ihres Lebens, des sozialen Milieus oder der historischen Epoche. 3. Bei Heidegger und Gadamer besteht der h. Z. in dem Verhältnis zwischen der konkreten Teilauslegung von etwas und der Verstehensganzheit (dem Sinnhorizont), in dem sich die Auslegung immer schon befindet. Um ein bestimmtes Etwas zu verstehen, muß ich schon ein Vorverständnis des Zusammenhangs, in dem sich dieses

Etwas befindet, mitbringen. Um von dem Zusammenhang ein Vorverständnis zu haben, muß ich einzelne seiner Teile (Momente) schon verstanden haben.

Lit.: H.-G. Gadamer: Wahrheit und Methode, 1960, S. 250 ff., 275 ff.

heterologisch (von griech. *heteros*, anders, verschieden, und *logos*, Wort, Ausdruck), Eigenschaft eines Ausdrucks, über sich selbst nicht wahr ausgesagt werden zu können – im Gegensatz zu homo- oder autologischen Ausdrücken (griech. *homos*, dasselbe, gemeinsam, und *autos*, selbst). Weil das Wort ‹deutsch› dem Deutschen zugehört, ist ‹deutsch› homologisch, das engl. ‹german› z. B. aber h. – Vgl. Paradox.

Heteronomie (von griech. *heteros*, anders, und *nomos*, Gesetz), das Befolgen (oder die Abhängigkeit) von Gesetzen, die andere gegeben haben; Fremdgesetzlichkeit. Für Kant heißt der Wille* *heteronom*, wenn er von außen und nicht durch seine eigenen vernünftigen und moralischen Gesetze bestimmt wird. – Gegensatz Autonomie*.

Heterozetesis (von griech. *heteros*, der andere, und *zetesis*, Äußerung). 1. Fehlerhafte Argumentation, bei der auf ein für den Gegenstand nicht relevantes Gebiet Bezug genommen wird. 2. Fragen, die auf mehrere Weisen beantwortet werden können.

heuristisch (von griech. *heuriskein*, finden), das Finden und Entdecken betreffend. 1. Richtlinien für mögliche Forschung (Kant). 2. In der modernen Wissenschaftstheorie gibt es zwei Arten methodologischer Regeln: Die positiven h. Regeln geben einem Forschungsprogramm die Richtung vor, der es folgen soll; die negativen h. Regeln zeigen auf, was zu vermeiden ist (Lakatos).

hexis (griech.), Haben, (erworbene) Beschaffenheit, Zustand. Laut Aristoteles gehört h. zu den zehn Kategorien*. Außerdem benutzt er das Wort h. im Sinn von Disposition* und kann infolgedessen die Seele* als h. des Leibes bezeichnen.

Hilbert, David (1862–1943), dt. Mathematiker und Logiker, 1895–1930 Prof. in Göttingen. H. versuchte, die Geometrie und Arithmetik mittels einer veränderten Axiomatik auf eine neue Grundlage zu stellen. Als erster zeigte er die Möglichkeit nicht-euklidischer Geometrien auf und trug damit Wesentliches für die mathematische Darstellung der Ideen Einsteins über den gekrümmten Raum bei. H. ist einer der Begründer des Formalismus in der Philos. der Mathematik. Philos. Bedeutung erhielt H. vor allem mit seiner Grundlegung der Metamathematik (Beweistheorie), d. h. dem mathematischen Studium der syntaktischen* Eigenschaften formaler Systeme. Die Beweistheorie hat zur Aufgabe, die Widerspruchsfreiheit der Mathematik aufzuzeigen. In dieser werden die sog. finiten* Methoden (die im großen und ganzen mit den Methoden der einfachen Arithmetik für natürliche Zahlen identisch sind) als unproblematisch angesehen. Das Programm besteht darin, die Konsistenz* (Widerspruchsfreiheit) der Mathematik mit Hilfe finiter Methoden zu beweisen. Für H. besteht die Existenz mathematischer Objekte allein in der Konsistenz der Theorien, in denen die Objekte beschrieben werden. Könnte H. Programm durchgeführt werden, wäre die Richtigkeit sämtlicher Existenzannahmen der klassischen Mathematik bewiesen. Das Programm wird aber seit Gödels Unvollständigkeitstheorem als undurchführbar angesehen (Gödelscher Satz).

Ausg.: Grundlagen der Geometrie, 1899. Methoden der mathematischen Physik, 2 Bde., 1824/37. Gesammelte Abhandlungen, 3 Bde., 1932–35. – *Lit.:* F. Kambartel: Erfahrung und Struktur, 1968, S. 154 ff. W. Schüler: Grundlegungen der Mathematik in transzendentaler Kritik. Frege und H., 1983.

Hintikka, Jaakko (geb. 1929), finnischer Logiker und Philos., Prof. in Helsinki (1959), an der Stanford University (1965), der Finnischen Akademie (1970) und der Florida State University (1978). Lieferte wichtige Beiträge zur modernen Modallogik*, insbesondere zur semantischen* Interpretation modallogischer Systeme mit Quantifikation*.

Ausg.: The Intentions of Intentionality and Other New Models for Modalities, 1975. Knowledge and the Known, ²1991.

Historische Schule. 1. Bezeichnung für eine rechtswissenschaftliche Schule mit F. C. von Savigny (1779–1861) als führender Persönlichkeit. Die historische Rechtsschule wendet sich kritisch gegen die Lehre vom Naturrecht*. Es gibt nichts, worin abstrakt gesehen das Recht besteht. Zum einen ist das Recht Ergebnis einer historischen Entwicklung, die als natürlicher, organischer Prozeß verstanden wird. Zum anderen geschieht die Herausbildung des Rechts nicht durch eine willkürliche gesetzgebende Instanz, sondern durch den «Volksgeist». Das Recht ist ‹Gewohnheitsrecht›, sofern in ihm der Geist eines Volkes, d. h. das allgemeine Bewußtsein, zum Ausdruck kommt. Savignys organische Geschichtsauffassung und der Begriff des Volksgeistes stehen in der Nachfolge Herders. – 2. Die historische Rechtsschule beeinflußte analoge Schulbildungen in anderen Wissenschaften (besonders Nationalökonomie und Geschichte) und wurde von diesen zum Teil selbst geprägt. H. S. dient deshalb auch als Sammelbezeichnung für diese verschiedenen Schulbildungen, einschließlich der historischen Rechtsschule. – Vgl. Historismus.

Historismus, Bezeichnung für ein v. a. Mitte des 19. Jh. einsetzendes Verständnis von Geschichte und Geschichtswissenschaft, für deren Ziele und Methoden. Entstanden ist der Begriff im Zusammenhang mit dem Versuch, die traditionelle Geschichtsschreibung in den Rang einer Wissenschaft zu heben und sie gleichzeitig mit den neueren geschichtsphilos. Erkenntnissen in Einklang zu bringen. Demgemäß wurde auch unterschieden zwischen einem ideologischen und methodologischen H..

1. Der ideologische H. hat seine Wurzeln in der Reaktion auf die Geschichtsphilos. der Aufklärung. Die Aufklärung fragt nicht mehr nach den vielen Geschichten und dem geschichtlich partikularen Gemeinsinn *(sensus communis)*, der Empfänglichkeit des handelnden Menschen, sondern nach dem Sinn der Geschichte. Intendiert ist ein Universalsinn, der den einzelnen Geschehnissen und Geschichten *(res gestae)* einen Zusammenhang und eine Einheit gibt. In Auseinandersetzung mit der Geschichtsphilos. Hegels legt der H. sein Hauptinteresse auf das Leben, die Praxis, welche selbst geschichtlich, d. h. immer anders, unvergleichbar, individuell ist. Die daraus entstehende Konsequenz einer Unvorhersehbarkeit und Freiheit des Handelns wird in der historischen Schule um L. v. Ranke und J. G. Droysen apologetisch vertreten. Der Sinn der Geschichte wird gegen die sich gleichbleibende Allgemeinheit des Hegelschen ‹Begriffs› als relativ zu dem unvorhersehbaren, unvergleichbaren und individuellen Geschehen verstanden.

2. Der methodologische H. orientiert sich in der Absicht einer Verwissenschaftlichung der Geschichtsschreibung am Methodenideal der Naturwissenschaften. Darin erweist er sich als eine Spielart des Positivismus, der sich ausschließlich auf ‹Tatsachen› richtet und Normen- und Wertsetzungen der Gegenwart als unwissenschaftliche Begrenzungen auszublenden versucht. In seiner gesteigerten Form führt der methodologische H. in der 2. Hälfte des 19. Jh. zu einem Relativismus kritisch-polemischer Art. Demgegenüber versuchen etwa Dilthey und Troeltsch, welche im H. das Begründungsproblem der Geisteswissenschaften erkennen, für ein Verfahren einzutreten, welches sich weder auf ein rein empirisches Vorgehen noch auf die tradi-

tionelle Geschichtsschreibung beschränken läßt. Hieraus entwickelt sich das spezifische Verfahren der historisch-hermeneutischen Disziplinen, welches im Gegensatz zu naturwissenschaftlichen Generalisierungen mit methodisch geübter Individualisierung der Einzigartigkeit geschichtlichen Geschehens zu entsprechen versucht. Ende des 19. Jahrhunderts und v. a. dann bei Husserl kommt neben dem Ausdruck «H.» der Begriff des Historizismus in Gebrauch. Mit ihm bezeichnet Husserl in kritischer Absicht die Position des historischen Relativismus, insbes. jenen Diltheys. Der Historizismus verstehe alles «als Geist, als historische Gebilde» (Logos 1, 1911, S. 289–340). Während der Naturalismus zwar wissenschaftlich sei, aber die Kultur gefährde, sei der Historizismus dagegen unwissenschaftlich und stehe der Weltanschauungsphilos. nahe.

K. R. Popper nimmt den Begriff «Historizismus» später wieder auf, um ihn kritisch v. a. gegen marxistische Gesellschaftstheorien zu richten, die aufgrund geschichtsphilos. Spekulationen bestimmte «Trends» und «Gesetze» der gesellschaftlichen Entwicklung zu prophezeien versuchen. Von unwissenschaftlichen Prophezeiungen unterscheidet Popper Prognosen, welche es kraft hypothetisch-nomologischer Methodologie erlauben, angemessene Maßnahmen zur Erreichung gesteckter Ziele zu ergreifen.

Lit.: R. Koselleck: Historia Magistra Vitae. Über die Aufklärung des Topos im Horizont neuzeitlich bewegter Geschichte. In: H. Braun/M. Riedel (Hg.): Natur und Geschichte, 1967. H. Lübbe: Geschichtsbegriff und Geschichtsinteresse, 1977. F. Meinecke: Die Entstehung des H., ²1965. W. J. Mommsen: Die Geschichtswissenschaft jenseits des H., 1971. K. R. Popper: Das Elend des Historizismus, 1965. H. Schnädelbach: Geschichtsphilos. nach Hegel. Die Probleme des H., 1974. V. Steenblock: Transformationen des H., 1991. E. Troeltsch: Der H. und seine Probleme, 1922 (ND 1961).

Hobbes, Thomas (1588–1679), engl. Philos., geb. in Westport bei Malmesbury, studierte am Magdalen College, Oxford. H. hatte in England Verbindung mit Francis Bacon und Herbert of Cherbury; auf seinen Reisen auf dem europäischen Kontinent lernte er Galilei und den Kreis um Mersenne kennen. Hobbes' Interesse für politische Philos., das zum Teil auf die chaotischen politischen Verhältnisse im damaligen England zurückzuführen ist, veranlaßte ihn zur Übersetzung von Thukydides, um seine Landsleute vor den Gefahren der Demokratie zu warnen. Seine philos. Tätigkeit begann relativ spät. Nachdem er sich mit der euklidischen Geometrie beschäftigt hatte, wurde er von dem Gedanken fasziniert, die strenge Methode dieser Wissenschaft auf andere Gebiete, namentlich die politische Philos., zu übertragen. In seinen letzten Jahren übersetzte er Homer und verfaßte eine Selbstbiographie in lat. Versen. Er starb im Alter von 91 Jahren in Hardwick. H. philos. System umfaßt beinahe alle philos. Disziplinen und einen guten Teil jener Gebiete, die wir heute den Fachwissenschaften zurechnen würden, insbesondere Optik, Psychologie, Politologie und geschichtliche Bibelkritik. Er ist einer der Hauptfiguren in der damaligen Auseinandersetzung mit der aristotelischen* Scholastik*, die trotz Bacon und der dramatischen Entwicklung in den Naturwissenschaften immer noch an den Universitäten dominierte. Wie Galilei und Descartes betrachtet H. die geometrische* Methode als die einzige, die uns sichere Erkenntnis geben kann. Die Wissenschaft beweist ihre Sätze durch Deduktion* aus unbezweifelbaren Axiomen* und präzisen Definitionen*.

Die Grundbegriffe von H. Metaphysik stammen aus Galileis neuer Kinematik und Mechanik. H. überträgt diese Begriffe auch auf die Gebiete, denen sein Hauptinteresse gilt, die Humanwissenschaften und die politische Philos. Was diese Übertragung möglich macht, ist sein konsequenter *Materialismus**. Das Universum mit allem, was es beinhaltet, ist Stoff und Materie, ist in ständiger Bewegung. Dies gilt auch für mentale Phä-

Thomas Hobbes

nomene* und für die Gesellschaft als ganze, die, buchstäblich gesprochen, ein ‹Gesellschaftskörper› ist. Zum Materialismus kommt H. Mechanismus: Es gibt nur eine Art Ursachen*, nämlich wirkende *(causa* efficiens)*. H. teilt mit Descartes die Ansicht, daß ein Körper nur dann einen anderen beeinflussen kann, wenn er durch Berührung auf diesen eine Bewegung überträgt. Diese mechanistische Auffassung hängt eng mit H. Erkenntnistheorie und Psychologie zusammen. Jede Eigenschaft eines Körpers – und etwas anderes gibt es nicht – ist in Wirklichkeit Bewegung. Die Welt, die wir sinnlich wahrnehmen, ist die Wirkung der bewegenden Materie auf unsere Sinnesorgane. Die Sinnesqualitäten (Farbe, Geschmack, Geruch usw.) sind also subjektiv*. Auch andere Züge von H. Erkenntnistheorie gehören in die empiristische* Tradition, z. B. das Gewicht, das er auf die Ideenassoziation legt, sowie seine Behauptung des empiristischen Grundsatzes, wonach keine Idee* in der menschlichen Seele sein kann, ohne daß diese Idee selbst oder ihre ‹Teile› durch die Sinne verursacht worden sind. Empiristisch ist auch die Auffassung, daß jede Idee, gleichgültig ob es sich um eine Perzeption* (Wahrnehmung), eine Erinnerung, eine bloße Vorstellung oder einen Begriff handelt, Bildcharakter habe, d. h. die Wirklichkeit repräsentiert, indem sie sie abbildet. Eigentümlich für H. ist jedoch der Gedanke, alles Denken sei Kalkulation, Berechnung, wie wir sie von der Mathematik her kennen.

H. ist *Determinist**. Alles was geschieht, hat eine Ursache, die das, was geschieht, notwendig macht. Dies gilt auch für menschliche Willensakte. H. leugnet nicht, daß wir einen ‹freien Willen› haben. Es ist aber, strenggenommen, nicht der Wille, der frei ist; frei sind Handlungen und Menschen. Freiheit besteht in der Abwesenheit von äußeren Hindernissen. Ein freier Mensch ist daher eine Person, die nicht durch äußere Verhältnisse daran gehindert wird zu tun, was sie will. Freiheit ist Handlungsfreiheit, und diese kann mehr oder weniger groß sein. Determinismus und Freiheit sind daher vereinbar: Wir sind frei, wenn wir tun können, was wir wollen, obwohl der Willensakt von einer Kette von Ursachen bestimmt ist, die letztlich auf den ersten Beweger, nämlich Gott*, zurückgeführt werden kann.

H. politische Philos. wird u. a. in seinem berühmtesten Werk *Leviathan* (1651) dargelegt. Der Titel erinnert an das Ungeheuer im *Buch Hiob*, 3,40–41, das hier als Bild für die Gesellschaft steht. H. argumentiert – mittels eines Gedankenexperiments, das die Funktion, d. h. den vernünftigen Zweck der politischen Macht aufzeigen soll – für die Notwendigkeit einer absoluten, unteilbaren Regierungsmacht («Souverän»). Er fordert den Leser auf, sich vorzustellen, was geschehe, wenn die zentrale politische Macht aufgelöst würde. Der eben überwundene Bürgerkrieg in England hatte diese Situation veranschaulicht. Aus psychologischen Gründen ergibt sich, daß diese Situation immer wieder eintreten muß: Gäbe es keinen Souverän, würden die Menschen in einem gesellschaftslosen Zustand leben, in dem sich alle gegenseitig bekriegen. Denn die Menschen sind egoistisch und werden vor allem von dem Selbsterhaltungstrieb bewegt. Es ist daher möglich, eine Reihe von Gesetzen zu formulieren, von denen die Menschen sich leiten lassen, wenn sie im Naturzustand vernünftig, d. h. in Übereinstimmung mit ihrem wohlverstandenen Eigennutzen handeln. Diese Gesetze sind das Naturrecht*. Ihm zufolge gibt es nur einen Grund, daß wir einander nicht aus Unsicherheit bekriegen: die Existenz einer Zentralmacht, die die Menschen vor gegenseitigen Übergriffen schützt. Befindet sich eine Gruppe von Menschen im Naturzustand, dann wäre es vernünftig, zu diesem Zweck einen Souverän einzusetzen und einen Vertrag *(covenant)* zu schließen, der eine Gemeinschaft bzw. Gesellschaft stiftet. H. vereint hier zwei Hauptrichtungen in der Entwicklung des Gesellschaftsvertrags*: Die freien Individuen im Naturzustand vereinen sich zu einer Gesellschaft durch einen Vertrag und unterwerfen sich einer Macht, die sie alle fürchten müssen und die sie voreinander schützt. Die Pflichten der Untertanen und die Rechte des Souveräns können aus dem Gesellschaftsvertrag abgeleitet werden. Der Souverän hat Recht zu allem, was die Wahrnehmung seiner Funktion erfordert: Er kann Gesetze erlassen, richten, strafen, Steuern eintreiben, ein Heer ausrüsten, die öffentlichen Äußerungen zensurieren und sogar nicht-gesetzliche Handlungen vornehmen. Den Untertanen obliegen die entsprechenden Pflichten, solange der Souverän ausreichend Macht hat, sie zu beschützen. – H. ist Anhänger der absoluten Monarchie, d. h. eines Alleinkönigtums; er behauptet jedoch nicht, daß der Charakter und Zweck des Gesellschaftsvertrags an sich eine solche Regierungsform notwendig macht.

Umstritten ist, welche Rolle Gott in diesem System zukommt. Einige sind der Auffassung, daß Gottes Sanktionsmacht durch Zuteilen von Strafe und Belohnung im Leben nach dem Tode notwendig ist, um den Gehorsam gegenüber dem Souverän für aufgeklärte Individuen vernünftig erscheinen zu lassen. Andere meinen, H. System könne dieses theologischen Überbaus entbehren. H. eigene Äußerungen über theologische Fragen sind sparsam. Philos. können wir die Existenz Gottes beweisen; aber wir können weder seine Natur erkennen noch uns sinnvoll über sie äußern. Denn alle seine Eigenschaften sind unendlich, und wir können uns vom Unendlichen keinen Begriff machen. Wörter wie ‹Allwissenheit› und ‹Allmacht› beschreiben nicht göttliche Eigenschaften, sondern sind lediglich Ausdrücke unserer grenzenlosen Frommheit und Gottesfurcht.

Im weiteren kann H. zu den Vorläufern sprachphilos.* Denkens gerechnet werden. Wir finden bei ihm Elemente einer Sprach- und Bedeutungstheorie. So haben die Wörter eine doppelte Funktion: Ihre primäre Funktion ist es, Dinge im Gedächtnis zu behalten. Ihre zweite, daß sie uns erlauben, miteinander über das, was die Wörter bezeichnen, zu kommunizieren. Alle Ausdrücke sind Namen oder aus solchen zusammengesetzt (z. B. Sätze). H. kombiniert diese Namentheorie der Sprache mit einem radikalen Nominalismus*: Alle Namen bezeichnen individuelle oder singuläre Gegenstände, Einzeldinge. Dies gilt sowohl für Eigennamen als auch für Gattungsnamen oder Universalien*. Letztere bezeichnen im Gegensatz zu den ersteren nicht einen, sondern mehrere Gegenstände, die – mit einem modernen Ausdruck – Elemente der Extension* des Wortes darstellen.

Die Wörter können im übrigen Dinge, Qualitäten der Dinge oder Eigenschaften an uns selbst oder andere Wörter bezeichnen. Alle weiteren Wörter sind nichtssagend *(insignificant)*. – Charakteristisch für seine Bedeutungstheorie ist die These, daß Wertbezeichnungen wie ‹gut›, ‹schlecht›, ‹böse› usw. Ausdrücke subjektiver und wandelbarer Präferenzen darstellen. H. befindet sich hier in der Nähe des heutigen Emotivismus*.

Ausg.: Leviathan, 1965. Vom Menschen – Vom Bürger, 1957. Vom Körper, 1965. – *Lit.:* O. Höffe (Hg.): T. H. Anthropologie und Staatsphilos., 1981. R. Hönigswald: H. und die Staatsphilos., 1924. W. Kersting: T. H. zur Einführung, 1992. P. King (Hg.): T. H. Critical Assessments, 4 Bde., 1994. R. Koselleck/ R. Schnur (Hg.): H.-Forschungen, 1969. H. Münkler: T. H., 1993. C. Schmitt: Der Leviathan in der Staatslehre des T. H., 1938. U. Weiss: Das philos. System von T. H., 1980. B. Willms: Der Weg des Leviathan. Die H.-Forschung von 1968–78, 1979.

d'Holbach, Paul Henri H. Thiry (Paul Heinrich Dietrich Baron von H. 1723–89), franz. Aufklärungsphilos. dt. Herkunft, Enzyklopädist*. Unter dem Pseudonym «Mirabaud» ließ H. 1770 sein aufsehenerregendes Werk *Le Système de la nature* (System der Natur, 1783) erscheinen, in dem er einen uneingeschränkten Materialismus* und Atheismus* verficht. Die einzig akzeptablen Erklärungen sind die der Physik über die ausgedehnte Materie und deren mechanische Bewegungen. Alle anderen Wissenschaften, auch Psychologie und Ethik, sollen sich um physikalische Erklärungen bemühen und der Physik unterordnen. Der Glaube an Gott ist nicht nur ein Irrtum, sondern ein Hindernis für die Entwicklung des Menschen zum besseren Leben. Die Priester, die «Fabrikanten des Göttlichen», verbreiten Schrecken und Entsetzen mit ihren Phantasien, die der primitiven Vorstellungswelt früherer Zeiten entstammen. Letztlich sind die Geistlichen nur auf Festigung ihrer Macht aus. Das geeignete

Friedrich Hölderlin

Mittel dagegen besteht in einem aufgeklärten Atheismus sowie einer konsequent materialistischen Philos.

Ausg.: Le système de la nature, 2 Bde., 1770. La politique naturelle, 1773. Système social, 1773. La morale universelle, 3 Bde., 1776. Ausgewählte Texte, 1959. Religionskritische Schriften, 1970. – *Lit.:* R. Besthorn: Textkritische Studien zum Werk H., 1969. F. A. Lange: Geschichte des Materialismus, ND 1974, Bd. 1, S. 379 ff. G. V. Plechanow: Beiträge zur Geschichte des Materialismus, [4]1975.

Hölderlin, Friedrich (1770–1843), dt. Dichter. Studierte zusammen mit Schelling und Hegel in Tübingen, später bei Fichte in Jena. Entwirft als erster eine Grundsatzkritik an Fichte, indem er das absolute Ich als Prinzip der Philos. ablehnt. Statt dessen stellt H. die Liebe ins Zentrum: Liebe ist die Macht, die Gegensätze vereint. Diese Lehre von einer grundlegenden, freien Vereinigung gewann für Hegel entscheidende Bedeutung.

Ausg.: Sämtliche Werke. Hg. von F. Beissner, 1943–85. Sämtliche Werke. Hg. von D. E. Sattler, 1975 ff. – *Lit.:* U. Beyer: Mythologie und Vernunft, 1993. H. Bothe: H. zur Einführung, 1994. D. Constantine: F. H., 1992. U. Gaier: H. Eine Einführung, 1993. D. Henrich: Der Grund im Bewußtsein, 1992.

Holismus (von griech. *holos*, ganz, ungeteilt). 1. Die Lehre, nach der Ganzheiten mehr sind als die Summe der einzelnen Teile. Z. B. können im Organismus* bestimmte Systeme, die keine Organismen sind, nichtsdestoweniger als solche aufgefaßt werden, da die Teile der Systeme nur aus ihrem Platz und ihren Funktionen in der Ganzheit heraus erklärt werden können. 2. Metaphysische oder wissenschaftliche Theorie, nach der die Wirklichkeit aus Ganzheiten besteht, die eine Tendenz haben, sich zu ständig komplizierteren Formen hin zu entwickeln. 3. Geschichts- und gesellschaftswissenschaftliche Theorie, die soziale Ganzheiten als selbständig oder autonom* begreift. In dieser Bedeutung unterscheidet man zwischen einem ontologischen und methodologischen H. Dem ontologischen H. zufolge gibt es irreduzible, soziale Ganzheiten mit besonderen Eigenschaften (Durkheim). Nach dem methodologischen H. sollen Ganzheiten als soziale Ganzheiten untersucht und nicht auf individuelle Besonderheiten, z. B. auf Handlungen von Einzelpersonen, reduziert werden (Nagel, Mandelbaum, Goldstein). Im Gegensatz zum Holismus steht der Individualismus (von lat. *individuus*, unzertrennlich, unteilbar). Dem ontologischen Individualismus zufolge gibt es in der sozialen Welt überhaupt nur Individuen. Der methodologische Individualismus ist dagegen die Lehre, daß alle gesellschaftlichen Erklärungen bei den Dispositionen* und Handlungen* der Individuen einsetzen müssen (Hayek, Popper, Watkins). Er stellt sich damit in Gegensatz zum H., der behauptet, daß in der Gesellschaft neue soziale Ganzheiten entstehen (Emergenz-Doktrin), die emergente* Makro-Eigenschaften haben, welche von den Eigenschaften der

Individuen unterschieden sind und als selbständige die Individuen und ihre Handlungen beeinflussen. Die Handlungen der Individuen könnten daher in vielen Fällen nicht verstanden werden ohne Hinweis auf soziale Phänomene, die nicht auf die Handlungen von Einzelpersonen zu reduzieren sind. Personen begreifen einen Teil ihrer Handlungen im Licht ihrer Vorstellungen über gesellschaftliche Ganzheiten (Mandelbaum). Demgegenüber behaupten die methodologischen Individualisten, daß die sozialen Ganzheiten nie direkt beobachtbar sind, sondern lediglich die Ideen (Meinungen) der Individuen über die Gesellschaft wiedergeben. Die gesellschaftlichen Größen, deren Erklärung die Sozialwissenschaften zur Aufgabe haben, sind nach dem methodologischen Individualismus unbeabsichtigte Folgen der Handlungen einzelner. Unsere Aufgabe sei es, von den Ideen auszugehen, die die Personen in ihren Handlungen leiten, und nicht von den Theorien der Personen über eigene Handlungen (Hayek). Ferner betont der methodologische Individualismus, daß Behauptungen über soziale Phänomene nur durch Spezifikation von Aussagen über Individuen empirisch* überprüft werden können. Darauf antworten die Holisten, daß Behauptungen nicht mit den Umständen, unter denen sie überprüft werden, identifiziert werden dürfen (vgl. Verifikation). Die These der Individualisten, daß einige der holistischen Ganzheiten, z. B. Institutionen oder Gesellschaften, eigene, selbständige und überindividuelle Ziele haben und daß sie daher moralisch verdächtig sind (totalitärer Kollektivismus), wird von vielen Holisten zurückgewiesen. Sie erklären, daß soziale Ganzheiten zwar existieren, aber kein Ziel haben.
4. Das Wort H. bezeichnet in der Erkenntnis- und Wissenschaftstheorie die Auffassung, daß die Erkenntnis nicht eine Summe voneinander getrennter Mengen von Annahmen ist, sondern ein zusammenhängendes System, das als ganzes der Erfahrung angepaßt ist. Die Theorie, die u. a. von O. Neurath und W. V. O. Quine vertreten wurde, verwirft die Unterscheidungen analytisch/synthetisch und *a priori/a posteriori* sowie die Annahme eines sicheren Fundaments der Erkenntnis. 5. Der sprachphilos. H. beruht auf der Annahme, daß die grundlegende, sinngebende Einheit eine vollständige Sprache ist (vgl. Quine und den späten Wittgenstein).

Lit.: J. Fodor/E. Lepore (Hg.): Holism. A Consumer Update, 1993. F. v. Kutschera: Grundfragen der Erkenntnistheorie, 1982, S. 493–512. A. Meyer-Abich: Naturphilos. auf neuen Wegen, 1948. K. R. Popper: Das Elend des Historizismus, 1965, S. 61–74. W. Stegmüller: Probleme und Resultate der Wissenschaftstheorie und Analytischen Philos., Bd. II/2, 1973, S. 266–278.

Homologie (von griech. *homo*, zusammen, und *logos*, Rede), Übereinstimmung. In der Stoa* Bezeichnung für die Übereinstimmung zwischen Leben, Vernunft und Natur. In der Mathematik und modernen Biologie, Soziologie usw. Bezeichnung für eine Strukturgleichheit oder strukturelle Übereinstimmung zwischen Komponenten von Systemen. Z. B. sind die Vogelflügel mit den vorderen Gliedmaßen der Säugetiere und den Brustflossen der Fische homolog.

homo-mensura-Satz, These des Sophisten* Protagoras von Abdera, derzufolge der Mensch (lat. *homo*) das Maß (lat. *mensura*) aller Dinge ist (der Seienden, daß sie sind, der nicht Seienden, daß sie nicht sind). Die Erlebnisse des Individuums bilden das Kriterium, an dem Wirklichkeit gemessen und bewertet wird. Außer den Erlebnissen des einzelnen (und den Normen der jeweiligen Gruppe) gibt es keine Wahrheit, und deshalb ist die Wahrheit immer relativ.

Ausg.: Protagoras. In: Diels/Kranz: Fragmente der Vorsokratiker, 1903, II, 80, 1. – *Lit.:* Aristoteles: Metaphysik, 1062b ff. T. Hobbes: Leviathan, I, 2. Platon: Theaitetos, 179d ff.

Hönigswald, Richard (1875–1947), dt. Philos. Studium in Graz (bei Meinong) und Halle (bei Riehl), 1919–30 o. Prof. in Breslau und 1930–33 in München. 1938 der jüd. Herkunft wegen im Konzentrationslager Dachau, 1939 Emigration in die USA. – Hauptthema der Philos. H. sind – im Anschluß an den Neukantianismus* – die transzendentalen* Bedingungen* der Möglichkeit von Erkenntnis. Sie bestehen nach H. jedoch nicht nur in überzeitlichen, reinen Geltungsprinzipien, sondern auch in den faktischen Bedingungen, denen das konkrete Subjekt* (die sog. Monade*) unterworfen ist.

Ausg.: Zum Streit über die Grundlagen der Mathematik, 1912. Studien zur Theorie pädagogischer Grundbegriffe, 1913. Hobbes und die Staatsphilos., 1924. Geschichte der Erkenntnistheorie, 1933. Philos. und Sprache, 1937. – *Lit.:* R. Breil: H. und Kant, 1991. G. Wolandt: Philos. als Theorie der Bestimmtheit. In: J. Speck (Hg.): Grundprobleme der großen Philos., Philos. der Gegenwart II, 1973.

Horizont (von griech. *horizein*, begrenzen). 1. Ursprünglich Bezeichnung für die physische Begrenzung des Gesichtskreises; in der Philos. oft in übertragener Bedeutung verwendet. 2. Das Mittelalter vergleicht den Menschen mit dem H., weil er zwischen dem Vergänglichen (Zeitlichen) und dem Unvergänglichen (Ewigen) steht wie der H. zwischen Erde und Himmel. Dieser metaphysische Gebrauch des Bildes vom H. verschwindet in der Neuzeit. 3. Dagegen erhält das Bild bei Leibniz und Kant einen erkenntnistheoretischen Sinn. Der Mensch hat einen H. von Erkenntnismöglichkeiten. Der H. bestimmt die Grenze* des überhaupt Erkennbaren. 4. Bei Husserl bezeichnet H. zum einen diejenigen Gegenstände, auf die ich nicht gerichtet bin, denen ich mich aber zuwenden und die ich erkennen kann, zum anderen die Wesenstruktur eines solchen H. 5. In der modernen Hermeneutik* (bei Heidegger, Gadamer u. a.) heißt H. die Menge der implizit vorausgesetzten Begriffe und Theorien, die meine Auslegung des Seienden* und der Welt*, in der ich mich befinde, mitprägen. Mein H. ist demnach Teil meines Vorverständnisses (vgl. Hermeneutik). – In den Bedeutungen (2) und (3) bezieht sich H. also auf etwas Feststehendes, in den Bedeutungen (4) und (5) dagegen auf etwas relativ Begrenztes, das überschritten werden kann. – S. auch Geschichtlichkeit, Welt.

Lit.: H.-G. Gadamer: Wahrheit und Methode, 1960. M. Heidegger: Sein und Zeit, 1927. E. Husserl: Ideen zu einer reinen Phänomenologie und phänomenologischen Philos. I, 1913.

Horkheimer, Max (1895–1973), dt. Philos. Studium der Psychologie, Philos. und Nationalökonomie. Promotion (1922) und Habilitation (1925) über Kant bei H. Cornelius in Frankfurt/M. Dort von 1930 bis 1933 Prof. für Sozialphilos. Seit 1930 Direktor des Instituts für Sozialforschung. 1933 Emigration, zuerst in die Schweiz, dann in die USA. 1949 Rückkehr nach Deutschland, lehrte bis zur Emeritierung 1960 als Prof. an der Frankfurter Universität. Programmatischer Begründer der «Kritischen Theorie der Gesellschaft». Seine neben den Aufsätzen aus den 30er Jahren wichtigste Arbeit ist die gemeinsam mit T. W. Adorno verfaßte *Dialektik der Aufklärung* (1947).

Ausg.: Gesammelte Schriften. Hg. von A. Schmidt und G. Schmid-Noerr, 1985 ff. – *Lit.:* H. Gumnior/R. Ringguth: M. H. in Selbstzeugnissen und Bilddokumenten, 1973. F. Hartmann: M. H.s materialistischer Skeptizismus: Frühe Motive der Kritischen Theorie, 1990. W. v. Reijen: H. zur Einführung, ³1992. W. v. Reijen/G. Schmid Noerr (Hg.): Vierzig Jahre Flaschenpost: «Dialektik der Aufklärung» 1947–1987, 1987. Z. Rosen: M. H., 1995. A. Schmidt/ N. Altwicker (Hg.): M. H. heute: Werk und Wirkung, 1986. R. Wiggershaus: Die Frankfurter Schule. Geschichte, theoretische Entwicklung, politische Bedeutung, 1986.

Hugo von St. Victor (1096–1141), franz. Mönch dt. Abstammung, Mystiker* und scholastischer* Philos. Vorsteher der Abtei St. Victor in Paris, wo er die sog.

Schule der Viktoriner begründete. H. ist besonders wegen seiner Lehre der «drei Augen» des Fleisches, des Verstands und der Selbstvertiefung bekannt. Die Sinne des Körpers erschließen die empirische Welt und ein Wissen, das allein praktischen Zwecken dient. Mit dem Auge des Verstands erleben wir das Innere der Seele und spekulieren über unser Dasein. Erst die Selbstvertiefung (Kontemplation) gibt uns aber Einblick in das Eigentliche, den Willen Gottes und das jenseitige Leben.

Ausg.: Gesamtausgabe. In: J. P. Migne (Éd.): Patrologiae Cursus Completus, Series II, Ecclesia Latina, 1841–64, Bde. 175–177. P. Wolff (Hg.): Die Viktoriner. Mystische Schriften, 1934. – *Lit.:* H. R. Schlette: Der philos. Horizont des Hugo von St. Victor, 1961.

Humanismus (von lat. *humanus*, menschlich). 1. Zunächst bezeichnet H. eine Lehre, die die menschliche Bildung zum Inhalt hat. Der Mensch muß gebildet werden bzw. sich bilden, um voll und ganz Mensch zu sein. Der Forderung nach Bildung liegt dabei eine Bestimmung des idealen Menschseins zugrunde. Das Ideal wird vorwiegend dem antiken Menschenbild entnommen. In diesem Sinn wird der H. in drei (historische) Formen eingeteilt: Die gesamteuropäische Strömung der *Renaissance** (u. a. Petrarca, L. Valla, Pico della Mirandola, Erasmus, Thomas Morus) rückte von der Scholastik* ab und befreite sich von der Übermacht der Theologie (vgl. Säkularisierung). Bereiche (oder Tätigkeiten) wie Kunst, Literatur, Politik usw. tragen als menschliche Phänomene ihren Zweck in sich selbst und müssen aus sich selbst heraus verstanden werden. Der Mensch gilt als schöpferisches Zentrum. Ziel ist die Entfaltung der Möglichkeiten, die den Menschen als human charakterisieren, und zwar gemäß dem Ideal eines ‹universalen Menschen›. Dieses Ideal wird besonders in der ital. Renaissance formuliert, ausgehend von der antiken Rhetorik* (Cicero). H. als historischer Begriff bezieht sich primär auf den Renaissance-H. Der *Neuh.* der dt. Klassik (Goethe, Schiller, W. v. Humboldt) verlegt das Ziel in die Bildung der Individualität als solcher, entsprechend dem Ideal der Humanität. Vor allem bei Humboldt wird der H. als Theorie der Bildungsphilos. erarbeitet und begründet. Entscheidende Anstöße gibt die Philos. von Leibniz, Kant, Herder und Fichte. Bildung ist die Entfaltung der verschiedenen Möglichkeiten des Individuums zu einer Ganzheit, zum ganzen Menschen. Als Vorbild dient das antike Griechenland (Winckelmann). Entscheidendes Mittel zur Bildung ist die Sprache.

Der klassisch-idealistische Neuh. wird im 20. Jh. kritisch um- und neugestaltet, besonders in der pädagogischen Philos. (H. Nohl, T. Litt, E. Spranger). Dieser moderne H. betont den konkreten, historisch bedingten Lebenszusammenhang, in dem der Mensch steht. Schließlich gibt es den sog. Dritten H. mit W. Jaeger als Hauptvertreter, der ohne stärkere Umformung den klassischen Bildungsgedanken wiederbeleben will.

2. Weiterhin bezeichnet H. eine Lehre von der Verwirklichung des Menschseins durch Befreiung. Dieser H. setzt an beim Entfremdungsbegriff und hat eine kritische Tendenz: Die bestehenden Verhältnisse sollen als unmenschlich entlarvt werden. Der kritische H. versteht den Menschen als historisches Wesen. Was der Mensch ist, wird er erst durch das, was er schafft, vor allem durch Arbeit*. Arbeit ist – idealiter – Entfaltung des Menschen und Formung seiner Möglichkeiten. Entwickelt wird dieser H. vom jungen Marx, der seine eigene Position durch eine Kritik am klassisch-idealistischen H. profiliert.

Seit den 30er Jahren ist der H. im Umkreis des Marxismus ein zentrales Diskussionsthema. – Eine charakteristische Wendung gibt ihm die modernere franz. Philos. (Kojève, Sartre, Merleau-Ponty). Von Hegel beeinflußt, begreift sie den H. als Lehre von der Verwirklichung des Menschen durch Bildung einer sozialen und kulturellen Welt. Gleichzeitig rückt unter dem Titel ‹H. und Terror› die Frage in den Vordergrund, welche Mittel für dieses humane Ziel eingesetzt werden dürfen. Camus wendet den H. kritisch gegen diesen selbst: Der Glaube an eine endgültige Befreiung des Menschen legitimiert neue Unmenschlichkeiten. Dagegen besteht der eigentliche H. im Kampf für die menschliche Würde. Einen besonders prononcierten H. vertritt Sartre: Freiheit des Menschen kann es nur geben, wenn es keinen Gott gibt.

3. Im allgemeinen ist der H. eine Lehre oder Haltung, die dem Menschen einen Wert in sich selbst zumißt, ihn als sich selbst genügendes Wesen versteht. Der Mensch oder das Menschliche gilt als Ausgangspunkt oder Ziel. Aber Menschlichkeit kann auch anders verstanden werden. Für den religiösen H. etwa wird der einzelne erst im Verhältnis zu einer Instanz, die ihn transzendiert, zum wirklichen Menschen.

Wilhelm von Humboldt

Lit.: A. Abusch: Tradition und Gegenwart des sozialistischen H., 1971. S. Dresden: H. und Renaissance, 1968. H. Flashar (Hg.): Die hellenistische Philos., 2 Bde., 1994. A. Graeser: Sophistik und Sokratik, Plato und Aristoteles, ³1993. E. Grassi: Einführung in philos. Probleme des H., 1986. F. Hoffmann: Pädagogischer H., 1955. W. Jaeger: Paideia, 3 Bde., 1954/55. P. O. Kristeller: H. und Renaissance, 2 Bde., 1974/76. B. Lüking: Der amerikanische ‹New Humanism›, 1975. M. Merleau-Ponty: H. und Terror, 1966. J.-P. Sartre: Ist der Existentialismus ein H.? 1965.

Humboldt, Wilhelm von (1767–1835), dt. Philos., Sprachforscher und Politiker. Reformierte als verantwortlicher Kultusbeamter 1809–10 das Bildungswesen in Preußen und war bei der Gründung der Universität Berlin 1810 die treibende Kraft. Wegen seiner Bedenken gegen die restaurative preußische Politik wurde er 1819 aus dem Staatsdienst entlassen.

H. ist der eigentliche philos. Begründer des klassisch-idealistischen Humanismus* (Neuhumanismus). Mit seinem Wissenschafts- und Bildungskonzept nimmt er Ideen aus den Programmschriften Fichtes, Schellings und Schleiermachers auf, integriert sie zur Idee einer humanistischen Allgemeinbildung und setzt sie praktisch um in einer Reform des preußischen Schulwesens. Im Umgang mit klassischen Bildungsinhalten, insbes. klassischen Sprachen, soll eine Herausbildung der Individualität und die Verwirklichung eines geistigen und sittlichen Selbst angestrebt werden.

Mit seinem Bildungsideal hebt H. vor allem zwei Aspekte hervor: Einerseits liegt das Ziel des Menschen in seiner Bildung als Individuum; andererseits geht es in der Bildung um etwas Allgemeines, nämlich um die Humanität als Ideal. Diesen doppelseitigen Humanismus sucht H. geschichtsphilos. zu begründen. So erfolgt die Bildung des Individuums durch die historische Erfahrung. Ferner ist die Verwirklichung der Idee* der Humanität Ziel der Geschichte selbst, und zwar über die individuellen Unterschiede hinaus. Um in den individuellen Verschiedenheiten die einheitliche Ganzheit der Idee zu sehen, bedarf es allerdings einer intuitiven, synthetisierenden Vorstellungskraft ähnlich der des Künstlers.

Die Verbindung des individuell Verschiedenen findet im Verstehen und dieses wiederum durch Sprache statt. Daher nimmt die Sprachtheorie einen zentralen Stellenwert ein. Sprache ist kein vorliegendes Produkt, sondern ein Prozeß, besitzt also historischen Charakter. Geprägt wird sie durch das Individuum, das ‹Ich›, das sie spricht. Umgekehrt ist aber auch das Individuum in seinem Verstehen durch die Sprache bedingt. Die geistige Bindung an die Sprache geschieht durch die Sprachgemeinschaft. Damit eröffnet sich dem einzelnen ein Selbstverständnis, das das Ich nicht als isolierte Individualität, sondern als ein ‹Ich› in (Sprach-)Gemeinschaft mit einem ‹Du› versteht. Diese Gedanken zeigen H. als Vorläufer der modernen Dialogphilos.*
Die Sprache ist es, die den Menschen zum Menschen bildet. Erst durch sie kann er sich zur Welt verhalten und damit Welt ‹haben› – ein Gedankenansatz, der später von der philos. Hermeneutik* aufgenommen werden sollte (Gadamer). Das Verhältnis von Sprache und Welt wird von H. dahingehend interpretiert, daß jede Sprache eine eigenständige innere Form besitzt, die eine bestimmte Weltanschauung enthält. Indem der Mensch in eine Sprachgemeinschaft hineinwächst, wird er schon in ein bestimmtes Verhältnis zur Welt eingeführt.

Ausg.: Gesammelte Schriften I–XVII, 1903–1936, ND 1968. Schriften zur Sprache, 1973. – *Lit.:* T. Borsche: Sprachansichten. Der Begriff der menschlichen Rede in der Sprachphilos. W. v. H., 1981. T. Borsche: W. v. H., 1990. K. Hammacher (Hg.): Universalismus und Wissenschaft im Werk und Wirken der Brüder H., 1976. A. Reckermann: Sprache und Metaphysik. Zur Kritik der sprachlichen Vernunft bei Herder und H., 1979. Ch. M. Sauter: W. v. H. und die deutsche Aufklärung, 1989. J. Trabant: Apeliotes oder Der Sinn der Sprache. W. v. H. Sprach-Bild, 1986.

Hume, David (1711–76), schottischer Philos. und Geschichtswissenschaftler, Hauptvertreter des klassischen (britischen) Empirismus*. Geb. in Edinburgh, aus niederem Adel. 1723–26 studierte er an der dortigen Universität, später bis 1734 autodidaktisches Studium in der kleinen Stadt La Flèche im franz. Département Anjou. Die folgenden drei Jahre arbeitete er an seinem ersten und größten philos. Werk, *A Treatise of Human Nature*, das 1739–40 anonym in London erschien. Das Buch fand kaum Beachtung, und als sich H. nach seiner Heimkehr 1739 um eine Professur für Philos. in Edinburgh (1745) bewarb, wurde er fraglos übergangen. Lange Zeit arbeitete er als Hauslehrer. 1746 war er der Sekretär von General St. Clair, den er bei einem fehlgeschlagenen Angriff an der franz. Küste und in den folgenden drei Jahren auf militärischen Gesandtschaftsreisen zu den Höfen in Wien und Turin begleitete. Nach einer weiteren vergeblichen Bewerbung für eine Professur (Glasgow, 1751) wurde er von 1752–57 Bibliothekar des Standes der Rechtsanwälte in Edinburgh. In diesen Jahren nahm er seine geschichtswissenschaftlichen Studien auf. Während er an der schottischen Botschaft in Paris beschäftigt war (1763–66), mußte er jedoch diese Arbeiten liegenlassen. 1767–69 erhielt er ein wichtiges Amt in der Zentraladministration in London. Danach zog er sich wieder nach Edinburgh zurück. Hier widmete er sich bis zu seinem Tod mit großem Fleiß den eigenen Arbeiten, für welche er allmählich großes Ansehen gewann.
Die Anerkennung seiner Zeitgenossen galt zunächst den kulturkritischen und geschichtswissenschaftlichen Schriften, nicht den philos. Das Jugendwerk *Treatise* kam, nach H. eigenen Worten, schon tot aus dem Druck. Er schrieb drei andere größere philos. Werke: zwei veränderte Darstellungen der Grundgedanken des *Treatise* und die religionsphilos. Schrift *Dialogues concerning Natural Religion* (posthum hg. 1777). Die beiden Umarbeitungen sind betitelt mit *An Inquiry concerning Human Understanding* (1748) und *An Inquiry concerning the Principles of Morals* (1751). Obwohl Hume in dem erstgenannten Werk vom *Treatise* Abstand nimmt und seine Leser

David Hume

darum bittet, seine Philos. allein aus dem *Inquiry* zu beurteilen, ist man ihm hierin nicht gefolgt. Im Gegenteil wurde der schwer lesbare und provokative *Treatise* und nicht der elegante und geglättete *Inquiry* als Quelle für die Philos. H. betrachtet.

Bereits der Untertitel des Traktats – «Ein Versuch, in die experimentelle Methode im Studium des Menschlichen einzuführen» – verdeutlicht das Hauptanliegen H. Er wollte eine Wissenschaft des Menschen auf reiner Erfahrungsgrundlage schaffen. Vorbild dazu war die neuentstehende Naturwissenschaft des 17. Jh., vor allem Newtons Mechanik, die H. grenzenlos bewunderte. Die große Erklärungskraft und Sicherheit der Mechanik sah er in der induktiven* Methode, der Generalisierung von Einzelbeobachtungen, garantiert. Diese Methode sollte jetzt auf die Philos. übertragen werden und die spekulative* Denkweise der früheren Philos. – der Scholastik* und des Rationalismus* – ersetzen. Das Ziel war eine ganz neue – naturalistische* – Auffassung des Daseins, die frei von metaphysischen Hirngespinsten, Religion oder verdunkelndem Aberglauben sein sollte.

Die Inspiration durch Newton beschränkte sich aber nicht nur auf die Methode. Auch Newtons (auf Galileo Galilei zurückgehende) Unterscheidung zwischen primären und sekundären Qualitäten* erwies sich für H. als richtungweisend. Newton behauptete, daß physische Gegenstände in Wirklichkeit weder Geschmack, Geruch noch Farbe aufweisen. Sie haben einen bestimmten physischen Aufbau, und kraft dessen können sie auf unsere Sinnesorgane einwirken und bei uns z. B. Farbeindrücke hervorrufen. Farben sind demnach nicht objektive Größen, sondern Erlebnisse unseres Bewußtseins, die wir sozusagen in die äußeren Gegenstände hineinlesen. Dieses Erklärungsmodell finden wir in vielen von H. wesentlichsten Untersuchungen wieder, z. B. in der Untersuchung der Grundlage der Moral und des Ursachenbegriffs*. In der ersten *Inquiry* heißt es: «Euklid hat die Eigenschaften des Kreises vollständig erklärt. Jedoch hat er in keinem seiner Lehrsätze etwas über die Schönheit des Kreises verlauten lassen. Der Grund ist einleuchtend. Die Schönheit ist keine Eigenschaft am Kreise.» Was nennen wir denn die Schönheit des Kreises? Diese ist etwas in unserem Erlebnis des Kreises, sowohl abhängig von den Eigenschaften des Kreises als auch von unserer Art und Weise, Erlebnisse zu haben. Entsprechend verhält es sich mit den Tugenden und Lastern von Personen, dem moralischen Charakter von Handlungen, den notwendigen Verbindungen von Ereignissen usw. Daher ist das Studium der menschlichen Natur – seiner Anlagen, instinktiven Neigungen, Erlebnisformen und Erkenntnisfähigkeiten – von größter Wichtigkeit: Die menschliche Subjektivität* ist Zentrum des philos. Interesses.

Für H. besitzen die moralischen Eigenschaften eine gewisse Realität. Daß es z. B. moralisch verwerflich ist, ein Versprechen zu brechen, ist objektiv festgelegt und keine Sache subjektiven Empfindens. Die Objektivität normativer Sätze hat allerdings kein ontologisches Fundament. Zwischen Tatsachen – das, was ist – und Werten – das, was sein soll – besteht eine Kluft. Wir können nie eine moralische Wertung, eine Sollensaussage aus deskriptiven Beschreibungen, Seinsaussagen herleiten. Das verbietet die Logik (s. den naturalistischen Fehlschluß). Dagegen weist H. auf die Gefühle hin, die als Quelle des Moralischen fungieren. Jede Moral beruht auf der Gemeinsamkeit einer naturgegebenen Sympathie für unseren Mitmenschen, «einem warmen Gefühl für das Glück der Menschheit und einem Widerwillen gegen ihr Unglück». Handlungen, Charakterzüge usw., die bei uns moralisches Gefallen und Billigung hervorrufen, sind auch für die Gesellschaft von Nutzen.

Die Vernunft kommt erst dort zum Tragen, wo es gilt, die Folgen einer Handlung zu erkennen und ihre zu erwartenden Nutzeffekte zu bewerten. Letztlich jedoch sind die Gefühle für moralische Urteile ausschlaggebend.

Moralische Aussagen sind daher in dem Sinn subjektiv, daß sie im Grund von uns selbst und nicht aus etwas in der äußeren Welt der Objekte herrühren. Dasselbe gilt für Aussagen über Kausalverbindungen. In seiner Kritik des Begriffs der Ursache fragt H. nach der Grundlage von Urteilen der Art ‹A-Ergebnisse verursachen B-Ergebnisse›, z. B. ‹Der Zusammenstoß zwischen einer rollenden und einer ruhenden Kugel bewirkt, daß die letztere zu rollen beginnt›. Ist dieses Ursache-Wirkungsverhältnis tatsächlich eine Bestimmung der Vernunft? Können wir, allein indem wir über die verwendeten Begriffe reflektieren, überhaupt sagen, daß hier eine Verbindung besteht? H. verneint dies, indem er zu zeigen versucht, daß sich keinerlei logischer Widerspruch ergibt, wenn man etwa eine ganz andere oder gar keine Folge aus dem ersten Ereignis (A-Ereignis) annimmt. Können wir vielleicht diese Verbindung sehen, indem wir konkrete Einzelfälle betrachten? Auch dies wird von H. bestritten. Denn das einzige, was wir sehen können, sind verschiedene Ereignisse im Raum und in ihrer zeitlichen Aufeinanderfolge. Wenn wir aber sagen ‹A verursacht B›, meinen wir etwas anderes und mehr, nämlich daß, wenn A gegeben ist, B mit Notwendigkeit eintreffen muß. Eine solche notwendige Verbindung können wir im konkreten Fall jedoch nicht aufzeigen.

So meint H., daß wir unsere Behauptung ‹A-Ereignisse verursachen B-Ereignisse› nur auf dem Hintergrund zu formulieren vermögen, daß wir zwischen den gegebenen Ereignissen eine konstante Verbindung beobachtet haben: In allen konkreten Fällen folgte B auf A. Es bleibt jedoch die Frage, mit welchem Recht wir von einer empirischen, zwar konstanten, aber dennoch kontingenten Verbindung auf eine kausale, notwendige Verbindung schließen. Um diese Frage zu beantworten, weist H. darauf hin, daß eine Aussage über eine kausale Verbindung logisch eine Aussage über eine konstante Verbindung schlechthin mit sich führt, d. h.: ‹Alle A-Ereignisse ziehen B-Ereignisse nach sich›. Darum ist der Schluß von beobachteter konstanter Verbindung auf kausale Verbindung nur in dem Fall vertretbar, wo wir von beobachteter konstanter Verbindung auf konstante Verbindung schlechthin schließen können. Ist dieser Schluß zu verantworten? Können wir aufgrund dessen, daß sich die Dinge nach unserer bisherigen Erfahrung immer auf eine bestimmte Weise verhalten haben, behaupten, sie würden sich auch in Zukunft so verhalten (s. Induktion)? – Ein solcher Schluß ist erstens logisch ungültig; denn es ergibt sich kein logischer Selbstwiderspruch bei der Annahme, daß möglicherweise in Zukunft auf A-Ereignisse keine B-Ereignisse folgen. Zweitens kann er auch aus der Erfahrung nicht verteidigt werden. Denn Erfahrung wäre hier die Erfahrung, bestimmte Schlüsse zu ziehen, so daß wir aus empiristischer Sicht eine unhaltbare Inkonsequenz begehen würden, wenn wir behaupteten, daß unsere in der Vergangenheit gemachten Erfahrungen sich notwendig auch in Zukunft bestätigten.

H. schließt daraus, daß die Grundlage unserer Aussagen über kausale Verbindungen weder aus einer objektiven Wirklichkeit noch aus gültigen Vernunftsprinzipien herzuleiten ist. Es gibt überhaupt keine Grundlage, da die betreffenden Schlüsse nicht gerechtfertigt werden können. Trotzdem neigen wir zur Annahme kausaler Beziehungen, und der Grund hierfür ist die Gewohnheit. Die Erfahrung von sich ausnahmslos in derselben Abfolge wiederholenden Ereignissen führt uns aufgrund eines Mechanismus unseres Bewußtseins dazu, von Ursachenverbindungen zu sprechen. Aber das ist auch alles. Die Behauptung der Notwendigkeit im Begriff der Ursache entspricht keinem objektiven Verhältnis in der Natur, sondern ist einzig und allein Ausdruck eines kollektiven menschlichen Bewußtseinsmechanismus (s. Regularitätstheorie).

Unser Wissen fällt, laut H., somit in zwei Abteilungen: zum einen in ein Wissen über die ‹Beziehung von Begriffen›, zum andern in ein Wissen über ‹Tatsachen›. Die erste Art von Wissen – Logik, Mathematik – ist absolut sicher, aber sagt nichts über die Natur aus (s. analytisch). Die zweite Art handelt von der Natur und beruht auf Wahrnehmung, Erinnerung und Erfahrungsschlüssen; letztere erlauben uns, über das unmittelbar in der Wahrnehmung und Erinnerung Gegebene hinauszugehen. Das Problem ist aber, daß alle Erfahrungsschlüsse letzten Endes Ursachenschlüsse sind, so daß wir strenggenommen unser Erfahrungswissen nicht begründen können. Darüber

hinaus kann aber auch der Glaube, daß uns unser Bewußtseinsinhalt – Wahrnehmungen und Erinnerungen – die Natur und die Vergangenheit erschließt, nicht begründet werden. Denn auch dieser Glaube beruht auf kausalen Schlüssen. Dasselbe gilt für den Glauben an ein Bewußtsein anderer Menschen und an eine Ich-Substanz als Träger unseres Bewußtseins. H. spitzt seine Behauptung sogar zu, indem er diesen Überzeugungen nicht nur jede vernünftige Begründung abspricht, sondern die verwendeten Begriffe selbst als völlig sinnlos ansieht.
Sein radikaler Skeptizismus* und Solipsismus* markiert den Zusammenbruch des Bewußtseinsbegriffs der klassischen Philos. H. übernahm von Descartes und Locke die scharfe Trennung zwischen Seele und Leib sowie den sensualistischen* Erfahrungsbegriff*, wonach die Erfahrung als die Summe der im Bewußtsein direkt gegebenen Erlebnisse aufgefaßt werden muß. Seine radikalen Schlußfolgerungen versuchen, deutlich zu machen, daß sich objektive Erkenntnis mit dem Begriff der menschlichen Subjektivität nicht erklären läßt. Diese empiristische Kritik am Rationalismus war von epochemachender Bedeutung für die spätere Philos.

Ausg.: Ein Traktat über die menschliche Natur, I–III, 1904–1906 (ND 1973). Untersuchungen über die Prinzipien der Moral, 1962. Eine Untersuchung über den menschlichen Verstand, 1964. Dialoge über natürliche Religion, [4]1968. – *Lit.:* E. J. Craig: D. H. Eine Einführung in seine Philos., 1979. H.-H. Hoppe: Handeln und Erkennen. Zur Kritik des Empirismus am Beispiel der Philos. D. H., 1976. N. Hoerster: H. In: Ders. (Hg.): Klassiker des philos. Denkens, I u. II, 1982, II, 7–46. P. Kopf: D. H. Philos. und Wissenschaftstheoretiker, 1987. J. Kulenkampff: H. In: O. Höffe (Hg.): Klassiker der Philos., 2 Bde., 1981, I., S. 434–456, 511–513, 529. J. Kulenkampff: D. H., 1989. H. Lauener: H. und Kant. Systematische Gegenüberstellung einiger Hauptpunkte ihrer Lehren, 1969. R. Lüthe: D. H. Historiker und Philos., 1991. W. Stegmüller: Das Problem der Induktion. H. Herausforderung und moderne Antworten. Der sogenannte Zirkel des Verstehens, 1975. G. Streminger: H., 1986. G. Streminger: D. H. mit Selbstzeugnissen und Bilddokumenten, 1992. S. Tweyman (Hg.): D. H. Critical Assessments, 1995.

Humor (von lat. *umor*, Feuchtigkeit, Flüssigkeit). Das Wort H. entstammt der spätmittelalterlichen Temperamentenlehre, die zum Teil auf Galen (ca. 131–ca. 201) zurückgeht. Ihr zufolge sind die verschiedenen menschlichen Charaktere davon abhängig, welcher der verschiedenen Körpersäfte (spätlat. *humores*) vorherrscht. Philos. Bedeutung erhält das Wort H. in der Ästhetik* um 1800 (u. a. bei Jean Paul, Schelling, F. Schlegel und Solger). Es dient dort als Bezeichnung für die romantische* Erfahrungs- und Mitteilungsweise. Diese ist durch das Bewußtsein gekennzeichnet, daß die faktische endliche Welt dem unendlichen Ideal der guten Welt nicht entspricht und nie zu entsprechen vermag. Daher kann Kierkegaard den Begriff des H. auf eine besondere menschliche Grundstimmung (Lebenseinstellung) beziehen: Sie wird von der Einsicht geprägt, daß ein ethisches Leben in dieser endlichen Welt nicht zu verwirklichen ist; dem H. fehlt aber noch der Entschluß, sich der Unendlichkeit der Religiosität hinzugeben. – S. auch Ironie.

Husserl, Edmund (1859–1938), dt. Philos. Studierte Mathematik in Leipzig, Berlin und Wien. Philos. Studien bei Brentano in Wien 1883–86. 1887 Habilitation bei C. Stumpf in Halle. 1887–1901 Privatdozent in Halle, 1901 a. o. Prof. und 1906 o. Prof. für Philos. in Göttingen, 1916–28 in Freiburg i. B. Zu den Assistenten Husserls gehörten Edith Stein (1916–18), Heidegger (1917–23), Landgrebe (1923–30) und Fink (1928–36).
H. sucht die Grundlage jeder alltäglichen, wissenschaftlichen und philos. Erkenntnis im konsequenten Absehen von jeder vorgefaßten Meinung. Die einzigen Voraussetzungen, die für H. gültig bleiben, sind: daß Erkenntnis sich in Bewußtseinsakten vollzieht und daß es möglich ist, eine reine (d. h. theoriefreie) Beschreibung des sich in solchen Er-

Edmund Husserl

kenntnisakten Zeigenden zu geben. H. nimmt anfangs keine Stellung dazu, ob das erkennende Bewußtsein* an ein Ich*, an einen Körper oder eine physische Umwelt geknüpft ist; er spricht sich auch nicht über die Gesetze aus, die für die Erkenntnis und für das Erkannte gelten. Statt dessen konzentriert er sich auf eine genaue Beschreibung der Erfahrung* und des Erfahrenen, das sich in den theoretisch gereinigten Erkenntnisakten zeigt. Das, was sich direkt in solchen Erkenntnisakten zeigt, nennt H. die Phänomene und deren Beschreibung *Phänomenologie*.

H. zentrales Beispiel ist das Wahrnehmungs- (oder Perzeptions-)Phänomen, die Erfahrung eines Dings in einem Wahrnehmungsakt. Aber H. beschreibt auch andere Akttypen, z. B. Erinnerungs- und Erwartungsakte, Vorstellungsakte und Akte der Phantasie. Hinzu kommen Akte, in denen das Bewußtsein auf einen Wert*, einen Zweck oder nicht wahrnehmbare (ideelle) Gegenstände wie Zahlen, geometrische Figuren oder Mengen und Ganzheiten gerichtet ist. Durch diese Beschreibungen kommt H. zu dem Schluß, daß es einen allen Bewußtseinsakten gemeinsamen Grundzug gibt, nämlich die sog. Intentionalität* (Gerichtetheit). Mit ihrer Hilfe kann in jedem Fall zwischen dem Bewußtseinsakt und dem, worauf der Akt gerichtet ist, unterschieden werden. H. gelangt zu diesem Ergebnis durch die sog. Wesensschau*, die es ermöglicht, über die faktisch vorliegenden Akte hinauszugelangen und diese mit Hilfe der Phantasie zu variieren bis zu dem Punkt, wo keine weitere Variation mehr möglich ist. Wenn dieser Punkt, als Resultat der phantasierenden Variation, erreicht ist, liegt nach H. eine Einsicht in eine Wesensnotwendigkeit vor. So ist es zwar möglich, sich Bewußtseinsakte mit verschiedenem Inhalt und von verschiedener Art vorzustellen, aber es ist nicht möglich, sich einen Bewußtseinsakt ohne jeden Bezug auf einen Gegenstand (z. B. ein Ding, einen Wert, einen Sachverhalt, eine abstrakte Größe) vorzustellen. Ob der Gegenstand tatsächlich existiert oder nicht, ist hier gleichgültig; ebenso ist es gleichgültig, ob sich das Bewußtsein in seiner Beschreibung des Erlebten irrt oder nicht. Das Entscheidende ist in allen Fällen die Intentionalität des Bewußtseins (seine Gerichtetheit).

H. ist nun auch imstande – neben dem generellen Wesenszug jedes Bewußtseins –, die speziellen Wesenszüge bestimmter Akttypen zu bestimmen. So versucht H. z. B., eine Reihe von Wesensunterschieden zwischen Wahrnehmungs- und Erinnerungsakten zu bestimmen, und er gibt eine Erklärung des Zusammenhangs zwischen bestimmten Akttypen und bestimmten Gegenstandstypen. Ein gegenständliches Ding muß z. B. auf andere Weise erfahren werden als eine Zahl oder eine geometrische Figur. Aufgabe der Phänomenologie ist es, den Blick für die verschiedenen Gegebenheitsweisen zu schärfen sowie das direkt Gegebene (die Phänomene) zu beschreiben.

Bei dieser Beschreibung zeigt es sich, daß einige Akttypen andere voraussetzen. So kann ich den Sachverhalt ‹Die Katze ist schwarz› nur dann erfahren, wenn ich die Katze als Wahrnehmungsding erfahre; die Erfahrung von Sachverhalten setzt demnach die Wahrnehmungserfahrung voraus. H. drückt dies so aus, daß die fundamentaleren Erfahrungsarten (Akttypen) für andere Erfahrungsarten konstituierend sind. Die Lehre von der Konstitution* finden wir bereits in H. Frühschriften (um das Jahr 1900). Später benutzt er sie als Grundlage für seine sog. *transzendentale Phänomenologie*. Begnügte er sich um 1900 noch mit Beschreibungen der Phänomene (der intentionalen Akte), sieht er es von etwa 1913 an als seine Aufgabe an zu zeigen, daß alle Phänomene von dem sog. transzendentalen Ich konstituiert sind. ‹Transzendental› heißt etwas, ‹das der Erfahrung vorausgeht und ihren Charakter bedingt›. Bestimmte Erfahrungsarten verweisen auf fundamentalere Erfahrungsarten und diese auf das Ich, das als Erfahrungsgrundlage allen Akten vorausgeht. Das Ich in dieser Bedeutung ist von dem empirischen Ich verschieden, welches an Raum und Zeit und eine bestimmte Person gebunden ist. Das transzendentale Ich ist die Bedingung der Möglichkeit von Erfahrung überhaupt, auch der Erfahrung des empirischen Ich. Das methodisch gesteuerte, stufenweise Zurückführen aller Meinungen und alles Wissens auf Erfahrungen, die mit dem transzendentalen Ich verbunden sind, nennt H. die phänomenologische Reduktion.
In seinen letzten Jahren entwickelte H. seine Konstitutionslehre zu einer Theorie, für die das transzendentale Ich mit der sog. Lebenswelt, d. h. einer je wahrnehmbaren, konkreten, geschichtlichen Welt, verbunden ist. Die Erfahrung meiner selbst in dieser Welt ist nach H. Voraussetzung aller anderen Erfahrungen, auch der wissenschaftlich ‹abstrahierenden›.

Ausg.: Husserliana, 1950ff. – *Lit.:* R. Bernet/ I. Kern/E. Marbach: E. H., 1989. E. Fink: Die phänomenologische Philos. E. H. in der gegenwärtigen Kritik. In: Studien zur Phänomenologie, 1966. K. Held: Lebendige Gegenwart, 1966. Ders.: H. In: O. Höffe (Hg.): Klassiker der Philos. II, 1981. P. Janssen: E. H. Einführung in seine Phänomenologie, 1976. L. Landgrebe: Der Weg der Phänomenologie, 1963. W. Marx: Die Phänomenologie E. H., 1987. H. Noack (Hg.): H., 1973. H. R. Sepp (Hg.): E. H. und die phänomenologische Bewegung, 1988. E. Ströker: H. transzendentale Phänomenologie, 1987. Dies./P. Janssen: Phänomenologische Philos., 1989. E. Tugendhat: Der Wahrheitsbegriff bei H. und Heidegger, 1970.

Hutcheson, Francis (1694–1747), geb. in Irland, Philos.-Prof. in Glasgow. Unsere Fähigkeit, die moralischen Eigenschaften an Handlungen zu erkennen, beruht nach H. auf dem moralischen* Sinn *(moral sense)*. Dieser läßt uns bei wohltätigen Handlungen ein Behagen spüren, erweckt in uns ein Sympathiegefühl gegenüber dem Nächsten und eine allgemeine Neigung, das größtmögliche Glück der größtmöglichen Zahl von Menschen zu erstreben. H. übte namentlich durch seine Kritik an der Begründung moralischer Erkenntnis aus der Vernunft (Clarke) und durch seine Lehre von der Verankerung der Moral im Gefühlsleben einen spürbaren Einfluß auf Hume und Bentham aus. H. umfassendstes Werk, *A System of Moral Philosophy*, erschien posthum im Jahr 1755.

Ausg.: Collected Works of F. H., I–VII, 1969–71. Eine Untersuchung über den Ursprung unserer Ideen von Schönheit und Tugend: über moralisch Gutes und Schlechtes, 1986 – *Lit.:* W. Leithold: Ethik und Politik bei F. H., 1985. W. H. Schrader: Ethik und Anthropologie in der engl. Aufklärung, 1984.

Huxley, Thomas Henry (1825–95), engl. Naturforscher und Humanist. Prof. für Physiologie in London. Verteidigte Darwins Entwicklungslehre gegen theologische Angriffe, denen eine wörtliche Auslegung des biblischen Schöpfungsberichts zugrunde lag. H. prägte den Ausdruck ‹Agnostizismus*› als Bezeichnung für seine Anschauung, daß kein sicheres

Wissen von religiösen und philos.-spekulativen Gegenständen möglich ist und Schweigen zu solchen Fragen geboten sei. In seiner Behandlung des Leib-Seele-Problems verfocht H. einen Epiphänomenalismus*: Seelische Phänomene haben keine selbständige Existenz, sie sind Begleiterscheinungen des Organismus, speziell des Gehirns.

Ausg.: Zeugnisse für die Stellung des Menschen, 1863. – *Lit.:* A. Desmond: H. The Devil's Disciple, 1994.

Hylemorphismus oder Hylomorphismus (von griech. *hyle*, Materie, Stoff, und *morphe*, Form, Gestalt), neuscholastische Bezeichnung für die auf Aristoteles zurückgehende Lehre, daß alles Seiende* (außer Gott) aus Materie und Form* besteht.

Hylozoismus (von griech. *hyle*, Bauholz, Materie, Stoff, und *zoe*, Leben), auch Hylepsychismus; Lehre, daß der Stoff, die Materie oder die Welt überhaupt lebendig, beseelt ist. Von H. kann schon im Blick auf die ionische Naturphilos. gesprochen werden. Eine spätere Ausprägung findet sich z. B. bei G. Bruno. Der Begriff H. wird seit dem 19. Jh. von naturwissenschaftlicher Seite in verächtlichem Sinn für die nicht-mechanistische philos. Naturbetrachtung verwendet.

Hypatia (gest. 415 n. Chr.), griech. Mathematikerin und Philos., Vorsteherin der neuplatonischen* Schule in Alexandria. Von fanatischen Christen getötet.

hypokeimenon (griech., ‹das Zugrundeliegende›; lat. *subjectum, suppositum*). Aristoteles diskutiert in der *Metaphysik* (1029 a1 ff.), was ‹das Zugrundeliegende›, das Substrat ist, «von dem das übrige ausgesagt wird». Als mögliche Kandidaten gelten der Stoff (griech. *hyle*; lat. *materia*), die Form* (griech. *eidos*; lat. *forma*) und das aus beiden Verbundene (griech. *synolon*; lat. *totum*). Aristoteles tendiert dazu, ‹das Zugrundeliegende› mit der Vereinigung von Stoff und Form gleichzusetzen, d. h. mit dem konkreten Einzelding (griech. *prote ousia*; lat. *prima substantia*), z. B. einer konkreten Bronzestatue (vgl. auch Substanz).

Hypostase (griech. *hypostasis*, Grundlage). Der Begriff H. wird philos. erstmals bei Poseidonios verwendet und bezeichnet dort das ursprüngliche Sein* *(ouisa)*, insofern es sich verwirklicht und sich in den Einzeldingen ausdrückt. In der Emanationslehre* des Neuplatonikers* Plotin gelten das Eine*, die Vernunft* (griech. *nous*) und die (Welt-)Seele* als H. Die Materie* (der Stoff) gehört nicht dazu, weil ihr keine eigene, sondern nur eine von den drei genannten H. entliehene Wirklichkeit zukommt. – S. auch Hypostasierung.

Hypostasierung (von griech. *hypostasis*, Grundlage, von Kant eingeführter kritischer Begriff. ‹Hypostasieren› heißt nach Kant, etwas Gedanklichem fälschlicherweise selbständige Existenz zuzusprechen, es zu verdinglichen, also «Gedanken zu Sachen machen». Das so Hypostasierte ist reines «Blendwerk». In der Bedeutung des Vergegenständlichens oder Vergegenständlichtseins von etwas, das kein (selbständig existierender) Gegenstand ist, hat sich der Begriff H. seither eingebürgert. Meint man z. B. (wie Locke), daß Farbe, Geruch und Geschmack nur sekundäre Qualitäten* sind, kann man die Verselbständigung dieser Eigenschaften H. nennen. In derselben Weise wird die platonische Auffassung der Begriffe als Ideen* von den heutigen Nominalisten* (z. B. Quine) als H. der Begriffe abgelehnt.

Lit.: I. Kant: Kritik der reinen Vernunft, 1781, A 384, 395.

Hypothese (von griech. *hypothesis*, Annahme), vorläufige Annahme, Vermutung. 1. In der griech. Mathematik und Philos. bedeutet H. unbewußte Behauptung oder Voraussetzung, die einem Hinweis oder einer Erklärung zugrunde liegt. 2. In der modernen Wissenschaftstheorie ist eine H. eine These, die, ohne verifiziert* zu sein, als gültig, richtig angenommen wird. Die These hört auf, eine H. zu sein, wenn sie entweder durch die Erfahrung verifiziert, d. h. bestätigt, oder falsifiziert*, d. h. widerlegt wird. Für verschiedene Philos., z. B. für Popper, sind alle wissenschaftlichen Gesetze und Theorien, die die Wirklichkeit zu ihrem Gegenstand haben, H. und können nichts anderes sein.

Lit.: H. Dingler: Physik und H., 1921. K. R. Popper: Logik der Forschung, 1935 (^{7}1982). H. Schneider: H., Experiment, Theorie, 1978.

hypothetisch-deduktive Methode. Methode der wissenschaftlichen Theoriebildung, wonach (1) versuchsweise eine Hypothese* als mögliche Erklärung* eines gegebenen Problems aufgestellt wird; (2) aus Hypothesen logisch Voraussagen gefolgert (deduziert*) werden (durch Beschreibungen von Anfangsbedingungen* und Theoreme* ergänzt, die in dem vorgegebenen Zusammenhang als wohlbestätigt gelten); (3) Untersuchungen in Form von Beobachtungen oder Experimenten, die mit Hinblick auf eine Verifikation*/Falsifikation* der Voraussagen vorgenommen werden, um dadurch die Hypothese zu prüfen. Wenn die Voraussagen zutreffen, ist die Hypothese zu einem gewissen Grad bestätigt (verifiziert) und kann dann weiteren Prüfungen unterworfen werden. Treffen die Voraussagen hingegen nicht ein, sagt man, die Hypothese sei widerlegt (falsifiziert), und es muß eine neue Hypothese aufgestellt werden. Diese Methode, insbesondere jene der Verifikation, wurde von Popper u. a. kritisiert. Man hat zu zeigen versucht, daß es zwischen wissenschaftlichen Theorien und Beobachtungsaussagen keine streng logischen Beziehungen gibt.

Lit.: K. R. Popper: Logik der Forschung, 1935 (^{7}1982).

hypothetischer Syllogismus. In der klassischen Logik* die Bezeichnung für Schlüsse mit zwei Prämissen*: einem kategorischen und einem hypothetischen Urteil*. Es gibt zwei gültige Schlußformen, *modus* ponendo ponens* (lat., ‹ein Schluß, in dem durch die Behauptung etwas behauptet wird›): Wenn P dann Q; P: ergo Q; und *modus* tollendo tollens* (lat., ‹ein Schluß, in dem durch die Verneinung etwas verneint wird›): Wenn P, dann Q. Nicht Q: ergo nicht P.

Hyppolite, Jean (1907–68), franz. Philos., 1949 Prof. an der Sorbonne, 1955 Direktor der École Normale Supérieure, ab 1963 Prof. am Collège de France. – Mit seinen Interpretationen vornehmlich zu Hegel repräsentiert H. jene Verknüpfung von Existenzphilos.*, Phänomenologie* und Dialektik*, wie sie dann u. a. durch Merleau-Ponty die franz. Philos. Ende der 40er und in den 50er Jahren prägte. H. übte besonders als Lehrer auf die jüngere Generation der franz. Philos. einen großen Einfluß aus, etwa auf Foucault und Derrida.

Ausg.: Genèse et structure de la Phénoménologie de l'Esprit de Hegel, 1947. Logique et existence, 1952.

Ich/Selbst (engl. *I/self*; franz. *je* oder *moi/soi*; lat. *ego*). Als philos. Begriffe besitzen I. und S. keinen festen Bedeutungskern; sie werden auch synonym verwendet zu Bewußtsein*, Person*, Subjekt* oder Geist*. Philos.historisch betrachtet geben sie ein Thema an, das vor allem in der neuzeitlichen Philos. seit dem 17. Jh. diskutiert wird. 1. Descartes bestimmt das I. ontologisch* als «denkendes Ding» (lat. *res cogitans*), als seelische Substanz*, die allen Bewußtseinszuständen zugrunde liegt. Erkenntnistheoretisch nimmt das I. eine Sonderstellung ein; denn ich habe durch mein Selbstbewußtsein zu meinem eigenen I. einen direkten Zugang, während ich zur physischen Außenwelt* und zu den anderen nur indirekten Zugang besitze. Dieser Begriff des I. als selbstbewußte Seelensubstanz spielt auch bei Leibniz, Locke und Berkeley eine zentrale Rolle. – 2. Hume bestreitet, daß ein solcher Begriff des I. einen Sinn ergibt. Es sei unmöglich, eine Seelensubstanz zu erfahren; und deshalb, so schließt Hume aus seiner radikal empiristischen Grundhaltung heraus, gebe es kein I. – oder das I. müsse als Summe von Bewußtseinszuständen interpretiert werden. Diese Auffassung läßt sich bei modernen Empiristen wiederfinden, z. B. bei Ayer. Als ihr Hauptproblem bleibt zu erklären, was es dann heißen soll, daß ein I. über längeren Zeitraum hinweg mit sich numerisch identisch* ist.
3. Nicht zuletzt um diese Frage zu beantworten, trifft Kant die Unterscheidung zwischen empirischem Ich und transzendentalem* Ich (auch *transzendentales Subjekt* genannt). Das empirische I. kann zum Gegenstand (Objekt) der Erfahrung und Selbstbeobachtung (Introspektion) werden. (Und hier erfahre ich, darin gibt Kant Hume recht, keinerlei Seelensubstanz.) Das transzendentale I. dagegen kann nicht zum Gegenstand der Erfahrung werden, sondern geht aller Erfahrung voraus; es ist die Einheit des Bewußtseins und damit eine Bedingung der Möglichkeit*, daß es die Erfahrung irgendeines Gegenstands überhaupt geben kann. Zugleich strukturiert das transzendentale I. die Erfahrung. Das Sinnesmaterial erhält eine bestimmte Struktur oder Form*; jeder sinnlich wahrgenommene Gegenstand wird in eine raumzeitliche Form eingeordnet und den zwölf Verstandesformen unterworfen, den sog. Kategorien*, z. B. der Kategorie der Substanz* oder Ursache*-Wirkungsrelation. Außer von empirischem und transzendentalem I. spricht Kant vom praktisch handelnden und wollenden Ich. Weil auch dieses I. kein empirischer* Gegenstand ist, unterliegt auch es nicht der für empirische Gegenstände geltenden Ursache-Wirkungsrelation. Das I. ist frei; es hat die Möglichkeit der Selbstbestimmung, der Bestimmung der eigenen Handlungen*. Keine Einigkeit besteht unter den Kant-Interpreten in der Frage, wie das Verhältnis zwischen den verschiedenen I. verstanden werden soll, vor allem das Verhältnis zwischen transzendentalem und handelndem I. Darin bestand eines der Probleme, die den dt. Idealismus* zu einer Weiterentwicklung des Kantischen Ansatzes bewegten (s. besonders Fichte und Hegel).
4. Bei Kierkegaard ist das I. oder S. nicht primär auf Bewußtsein oder Selbstbewußtsein bezogen. Ich bin auch nicht wie ein Ding oder Tier bloß vorhanden, sondern verhalte mich zu mir selbst und meiner Situation in freier, eigenverantworteter Wahl. Das I. oder S. steht in einer Relation bzw. ist eine Synthese* von Leiblichem und Bewußtseinsmäßigem (bzw. Seelischem), Zeitlichem und Ewigem, Endlichem und Unendlichem, Not-

wendigkeit und Möglichkeit. Charakteristisch ist, daß sich das I. zu den Relationen oder Synthesen verhält, die seine Situation kennzeichnen – indem es selbst entscheidet, welches Leben (welche Existenz) es führen will. Kierkegaard verwendet die Worte I. oder S. nahezu synonym zu Person (in Bedeutung 1). – Eine verwandte Auffassung des I. findet sich bei Jaspers (*Philosophie*, Bd. II) sowie bei Sartre *(Die Transzendenz des Ego)*.

5. In die moderne Phänomenologie* führt Husserl den Begriff des transzendentalphänomenologischen I. ein (kurz *transzendentales I.*; vgl. *Ideen zu einer reinen Phänomenologie und phänomenologischen Philos.*). Dieses I. ist der ‹Pol›, an dem sich alle Bewußtseinszustände orientieren, insofern als das I. den Zusammenhang im Bewußtseinsstrom stiftet. Es ist eine Möglichkeitsbedingung* für die Erfahrbarkeit von Phänomenen (weshalb es nicht nur transzendental, sondern auch phänomenologisch genannt wird). Das Gegenstück zum I. ist die Lebenswelt. Gleichzeitig hält Husserl trotz aller Modifikation an der cartesianischen* Interpretation fest: Das I. hat einen privilegierten Zugang zu sich selbst, während es das fremde I. nur durch Analogieschlüsse und durch Einfühlung* verstehen kann.

6. Die Auffassung des I. als eines isolierten Bewußtseins oder als einer Substanz, die nur indirekt in vermittelter Weise Zugang zur Objekt- oder Lebenswelt hat, wurde von vielen Philos. des 20. Jh. grundsätzlich in Frage gestellt. Heidegger *(Sein und Zeit)* und Merleau-Ponty *(Phänomenologie der Wahrnehmung)* heben hervor, das I. befinde sich ‹immer schon› in einer Welt* mit einem ebenso ursprünglichen Verhältnis zu seiner Umgebung und anderen I. wie zu sich selbst. Bei Ricoeur wird das Verhältnis zu sich selbst gerade als indirektes betont. Einen Schritt weiter geht die sog. Dialogphilos.*; sie betrachtet die Dialogbeziehung zwischen einem I. und einem Du als notwendige* Bedingung, damit etwas I. oder S. wird (vgl. Buber, Theunissen, Marcel, Mounier, Landsberg). In der analytischen* Philos. macht Wittgenstein auf dem Hintergrund seines Privatsprachenarguments geltend, daß es ein privilegiertes Wissen des I. von seinen eigenen Bewußtseinszuständen nicht geben kann (vgl. *Philos. Untersuchungen*).

Lit.: H.-N. Castañeda: Über die Phänomen-Logik des I. In: Ders.: Sprache und Erfahrung, 1982, S. 57–71. R. M. Chisholm: Die erste Person, 1992. K. Cramer u. a. (Hg.): Theorie der Subjektivität, 1987. W. Cramer: Grundlegung einer Theorie des Geistes, 1957. R. Döbert/ J. Habermas/G. Nunner-Winkler (Hg.): Entwicklung des I., ²1980. E. Düsing: Die Problematik des I.begriffs in der Grundlegung der Bildungstheorie. Aspekte der Konstitution von personaler Identität bei Dilthey, Nietzsche und Hegel, 1977. M. Frank: Die Unhintergehbarkeit von Individualität, 1986. D. Henrich: Fichtes ursprüngliche Einsicht, 1967. G. H. Mead: Geist, Identität und Gesellschaft, 1968. G. Ryle: Der Begriff des Geistes, 1969. G. Schmidt: Subjektivität und Sein. Zur Ontologizität des I., 1980. P. F. Strawson: Einzelding und logisches Subjekt, 1972, bes. S. 111–149.

Ideal (von gr. *idea*, Aussehen, Beschaffenheit, Art). Im Gegensatz zu dem verwandten Wort ‹Idee*› handelt es sich bei I. um eine relativ neue Wortschöpfung, vermutlich aus der Mitte des 17. Jh. Philos. Bedeutung erhielt der Begriff I. vor allem durch Kant, Schiller und Hegel. Ein I. ist eine in einem Individuum verkörperte reine Idee, das in der Realität nie erreichbare, höchstens in der Kunst darstellbare Urbild einer Art oder Gattung. Als Urbild der Vollkommenheit (wie z. B. das I. des Weisen) hat das I. nach Kant praktische Kraft, indem es – als regulatives Prinzip – unser Handeln bestimmt. Als transzendentales I. bezeichnet Kant die Idee eines notwendigerweise existierenden ersten, höchsten, allerrealsten Wesens, d. h. die Idee Gottes*. Auch dieses I. aber ist bloß ein regulatives Prinzip; es entspringt dem Bedürfnis der Vernunft* nach einer letzten Einheit. Aber die Vernunft täuscht sich, wenn sie wähnt, einen Beweis für die Existenz dieses Wesens führen zu können (s. Gottesbeweis). – Weitere Definitionen sind: etwas (noch) nicht Verwirklichtes; etwas, das es nur im

Bewußtsein* (in der Vorstellung, im Gedanken) oder in der Theorie gibt; etwas, das der realen (physischen und wahrnehmbaren) Wirklichkeit nicht angehört. *Idealisierung* nennt man einen Prozeß, in dem von gewissen Eigenschaften eines Seienden* abstrahiert wird (z. B. geometrische I.) oder in dem einem Seienden wertvolle Eigenschaften zugeschrieben werden, die es gar nicht besitzt. Auch das Ergebnis eines solchen Prozesses kann ‹Idealisierung› heißen.

Idealismus (von griech. *idea*, Aussehen, Beschaffenheit, Art), Sammelbezeichnung für erkenntnistheoretische und metaphysische Auffassungen, die alle hervorheben, daß die Wirklichkeit* in radikaler Weise durch Erkenntnis und Denken bestimmt ist, so daß es keine Wirklichkeit geben kann, die vom menschlichen Bewußtsein*, Denken oder von objektiven Prinzipien unabhängig ist. Traditionelle Gegensätze zum I. sind Realismus* (es gibt eine bewußtseinsunabhängige Welt) und Materialismus* (alles Wirkliche ist physischer Natur).

1. Nach Platon ist das Wirkliche das, was unvergänglich und unveränderlich ist. Diese ewigen und unveränderlichen Größen nennt Platon Ideen*. Ideen kann der Mensch allein kraft seines Denkens begreifen. Die Phänomene*, die es in der Welt der Sinne gibt, sind nur in dem Umfang wirklich, als sie an den Ideen teilhaben, und wir können sie nur kraft der Ideen erkennen, indem wir z. B. Begriffe gebrauchen. So wie Einzeldinge an den Ideen teilhaben können, kann eine Idee an einer anderen teilhaben. Nach Platon bildet die Welt der Ideen eine Hierarchie, in der die Idee der Einheit als die allgemeinste und inhaltsreichste die höchste Stufe darstellt. Die Ideen Platons sind selbständige Allgemeinbegriffe und in sich vollkommene Größen, die unabhängig von den Einzeldingen und dem menschlichen Bewußtsein existieren. Der I. Platons wird deshalb oft als ein objektiver I. bezeichnet.

2. Für Berkeley dagegen gilt, daß die Ideen nur existieren, insofern sie von einem (menschlichen oder göttlichen) Bewußtsein erfahren werden. Nach Berkeleys Immaterialismus oder subjektivem* I. existiert nichts anderes als aktives Bewußtsein und dessen Ideen. Seine Kritik richtet sich insbesondere gegen den Gedanken einer bewußtsunabhängigen, materiellen Substanz*. Wir können materielle Dinge nicht direkt wahrnehmen, sondern nur unsere Ideen. Und da wir die Dinge nicht mit unseren Ideen vergleichen können, können wir niemals wissen, ob unseren Ideen materielle Dinge entsprechen. Weiter behauptet er, daß die primären Qualitäten* (Eigenschaften) wie Form und Größe (vgl. Locke) genauso bewußtseinsabhängig und relativ sind wie die sekundären Qualitäten (z. B. Farbe oder Schmerz). Es ist nach Berkeley undenkbar, daß etwas unabhängig vom Bewußtsein existieren kann; denn indem wir uns eine solche Größe vorstellen, bringen wir sie gerade kraft dieser Vorstellung in Beziehung zu unserem Bewußtsein. Die Welt mit ihren Bäumen, Steinen usw. ist eine Konstruktion unserer Ideen oder Sinneseindrücke. Das einzige, was eine Phantasie- oder Traumwelt von der wirklichen Welt unterscheidet, ist dies, daß die wirkliche Welt im Gegensatz zur Traumwelt durch Zusammenhang und Regelhaftigkeit geprägt ist.

3. Nach Kant müssen sich die Gegenstände nach unserer Erkenntnis richten, wenn wir die Tatsache erklären wollen, daß wir eine allgemeingültige und notwendige Erkenntnis, z. B. in der Mathematik und Physik, besitzen. Er nennt seine Form des I. kritischen oder transzendentalen I., da er die transzendentalen* Bedingungen der Möglichkeit von Erkenntnis betont. Wir können nur darum wahre und allgemeingültige Erkenntnis von der Erscheinungswelt haben, weil sie durch unsere Anschauungsformen Raum und Zeit sowie die Kategorien wie ‹Ding› und ‹Ursache-Wirkung› bestimmt oder konstituiert ist. Von den Dingen an* sich,

wie sie unabhängig von unseren Erkenntnisprinzipien bestehen, können wir nichts wissen. Um allerdings den subjektiven I. Berkeleys abzuwenden, wonach die Welt nur in unserer Vorstellung von ihr bestehen soll, fügt Kant in die zweite Auflage seiner *Kritik der reinen Vernunft* eine «Widerlegung des Idealismus» (B 274) ein. In diesem Zusatz, welcher zu mancherlei Erörterungen und Interpretationen geführt hat, will Kant im Blick auf die Problematik der Selbsterkenntnis zeigen, daß die Erkenntnis des eigenen, individuellen Ich als Seele und Substanz nur empirisch möglich und überdies auf das Dasein von materiellen Gegenständen außer uns angewiesen ist. Ohne ein «Beharrliches in der Wahrnehmung», welches nicht wiederum eine Vorstellung in mir sein kann, sondern «ein Ding außer mir» sein muß, könnte ich kein empirisches Bewußtsein meiner selbst haben (B 275f).

4. Im deutschen* I. spricht man vom sogenannten absoluten I. Hiermit ist Schellings Lehre vom Absoluten* als dem gemeinsamen Grund* von Natur und Freiheit gemeint; diese Lehre ist in seiner Identitätsphilos.* oder seinem Identitätssystem entfaltet. Dazu zählt ferner Hegels These von der absoluten Idee*. – S. auch Geist.

Lit.: W. Beierwaltes: Platonismus und I., 1972. E. Cassirer: Berkeleys System. Ein Beitrag zur Geschichte und Systematik des I., 1914. K. H. Haag: Philos. I., 1967. N. Hartmann: Die Philos. des deutschen I., 2 Bde., 1923/29. P. Natorp: Platons Ideenlehre. Eine Einführung in den I., ²1922. W. Schulz: Die Vollendung des Deutschen I. in der Spätphilos. Schellings, ²1975. O. Willmann: Geschichte des I., 3 Bde., 1894–97.

Idealismus, deutscher, Bezeichnung für die vorherrschende Strömung in der dt. Philos. nach Kant zwischen ca. 1790 und 1830. Die herausragenden Persönlichkeiten des dt. I. sind Fichte, Schelling und Hegel. Der dt. I. ist zwar keine Schulbildung, geht aber aus einem inneren Diskussionszusammenhang hervor, der entscheidend durch das Verhältnis zu Kant geprägt ist; von daher muß das gemeinsame Grundanliegen des dt. I. verstanden werden. Kant hatte zwar eine Kritik der Metaphysik* geleistet, aber eine in ihren Resultaten zweideutige. Auf der einen Seite behauptet Kant, die Bestimmung der Wirklichkeit als ganzer sei unmöglich; denn eine solche Totalität entziehe sich der Erfahrung. Insofern Metaphysik gerade nach einer absoluten Bestimmung sucht, ist sie ohne Grundlage. Auf der anderen Seite sieht Kant die Wurzeln der Metaphysik in der menschlichen Vernunft selbst. Er bestimmt diese als ‹systematisches› Vermögen, als Streben nach Einheit und Zusammenhang, das uneingeschränkt analysierbar ist. Nach Kant ist also eine Metaphysik der Erfahrung immer noch möglich.

Der dt. I. geht von dieser systematischen Schwierigkeit aus und will nun seinerseits eine Philos. des Absoluten* entwickeln, die der Kantischen Kritik Rechnung trägt. Mit dem Versuch einer Neubegründung der Metaphysik rücken die Begriffe des Systems und des Absoluten ins Zentrum der philos. Arbeit.

Im Systemgedanken des dt. I. liegt die Bestimmung der Wirklichkeit als zusammenhängender Ganzheit. Die Wirklichkeit muß sich aus einem Prinzip herleiten lassen. Das ‹Absolute› bezeichnet sowohl die Wirklichkeit als ganze wie auch den ihren Zusammenhang herstellenden Grund*.

In der Nachfolge Kants wird das Ich* oder Subjekt* als wesentlich schöpferisch bzw. produktiv verstanden. Die Weiterentwicklung des Kantischen Freiheitsbegriffs (Autonomie*) bildet einen weiteren Schwerpunkt der dt. I. Dieser sucht die Freiheit in der Realität zu verankern, indem er sie als das versteht, was Wirklichkeit formt. Damit stellt sich das Problem, das Verhältnis zwischen dem freien Subjekt und dem Anderen (z. B. der Natur) erklären zu müssen. Betont wird also auf der einen Seite das System (die Wirklichkeit als Totalität), auf der anderen Seite die Freiheit des einzelnen.

Als ‹Idealismus› wird dieses Bestreben, beides miteinander zu vermitteln, bezeichnet, weil die Wirklichkeit als vernunft- und zweckbestimmt (auf Freiheit hin) verstanden wird (im Gegensatz zum Materialismus* und Realismus*).

Lit.: W. Beierwaltes: Platonismus und I., 1972. R. Bubner (Hg.): D. I., 1983. E. Cassirer: Das Erkenntnisproblem in der Philos. und Wissenschaft der neueren Zeit, Bd. 3: Die nachkantischen Systeme, ND 1974. D. I. Philos. und Wirkungsgeschichte, bisher 17 Bde., 1981 ff. K. Gloy/ P. Burger (Hg.): Die Naturphilos. im d. I., 1993. K. H. Haag: Philos. I., 1967. N. Hartmann: Die Philos. des dt. I., 2 Bde., 1923/ 29. D. Henrich: Konstellationen, 1991. R. P. Horstmann: Die Grenzen der Vernunft, 1991. J. Kopper: Das transzendentale Denken des d. I., 1989. W. Röd: Dialektische Philos. der Neuzeit I. Von Kant bis Hegel, 1974. W. Schulz: Die Vollendung des Deutschen Idealismus in der Spätphilos. Schellings, ²1975.

Idealtypus. Analytische Konstruktion oder Denkmodell mit dem Zweck, bedeutsame Eigenschaften sozialer Zusammenhänge theoretisch zu isolieren und zu klären, z. B. Eigenschaften von Handlungsweisen, Institutionen, ökonomischen Systemen und Gesellschaftsformen. Der I. findet zwar keine Entsprechung in der Wirklichkeit, bildet aber ein Verstehens- und Erklärungsmodell für die Wirklichkeit. Der Begriff entstammt der Soziologie M. Webers (gesammelte Aufsätze zur Wissenschaftslehre, 1992).

Idee (griech. *eidos* oder *idea*, Aussehen, Beschaffenheit, Art), zentraler philos. Begriff seit der Antike. – Platon bezeichnet mit I. das Wesen* und die Ursache* der Dinge. Alles in Raum und Zeit Vorkommende beruht auf I. oder Urbildern, denen es ähnlich sieht oder an denen es teilhat. Die I. sind ewig, unveränderlich und hierarchisch geordnet; unten befinden sich die den Einzeldingen nächstliegenden I., während eine zusammenfassende I. die Spitze bildet. Platons Auffassung, was eine I. sei, ist nicht eindeutig. An einigen Stellen scheint er sie als Allgemeinbegriff zu verstehen, an anderen als vollkommenes Wesen, das unabhängig von den Einzeldingen existiert. Sein Schüler Aristoteles kritisiert diese I.-lehre; ihr setzt er seine Theorie über Form* (griech. *eidos* oder *morphe*) und Materie entgegen. In der spätantiken und mittelalterlichen Philos. wird Platons I.lehre weiterentwickelt. Die I. gilt jetzt als Gedanke Gottes (Plotin, Augustinus). Betont wird erneut – in Anlehnung an Platons I.begriff im Dialog *Timaios* – die Bedeutung im Sinn eines Vorgriffs auf etwas, das erzeugt werden soll. Der Handwerker z. B. hat vor der eigentlichen Herstellung eine I. dessen, was er herstellen will. Die Hochscholastik diskutiert dann u. a., inwiefern die mannigfaltigen I. Gott vorausliegen (was seine Einheit aufheben würde) oder aus ihm abgeleitet sind (Bonaventura, Thomas von Aquin, Duns Scotus, Wilhelm von Ockham).

Descartes bezeichnet alles, was Gegenstand des Bewußtseins sein kann, als I. Zu den I. gehört also Abstraktes ebenso wie in der Erfahrung Gegebenes. Diese philos. gesehen neue Begriffsverwendung beruht auf der allgemeinen Wortbedeutung, die der Begriff im 16. Jh. im Englischen und Französischen erhalten hatte. Unter den I. befinden sich laut Descartes solche, die objektive Realität besitzen: die angeborenen I., die klar und deutlich aufgefaßt werden. Dieser Wortgebrauch von Descartes hält sich in der späteren rationalistischen* und empiristischen* Philos. weitgehend durch. Doch entwickeln die beiden Richtungen gegensätzliche Theorien über das erkenntnistheoretische und ontologische Verhältnis zwischen den verschiedenen Arten von I. Für Leibniz lassen sich alle I. auf angeborene I. zurückführen; Locke dagegen behauptet, alle I. seien aus einfachen I. *(simple ideas)* aufgebaut, die der Wahrnehmung entstammen. Lockes Vorschlag, jede Erkenntnis als Konstruktion aus einfachen Sinneseindrücken aufzufassen, wird bei Berkeley und Hume konsequent weitergeführt. Hume verengt zugleich die Bedeutung des I.begriffs: Die direkt gegebenen Sinneseindrücke nennt er Eindrücke *(impressions)*, während er I. *(idea)* nur für die erinnerten Eindrücke verwendet.

Bei Kant dient I. zur Bezeichnung jener Prinzipien, welche das menschliche Erkennen und Handeln leiten, ohne daß ihnen objektive Realität zugeschrieben werden kann; solche Prinzipien heißen auch transzendentale I., Vernunfti. oder regulative I. So behauptet Kant etwa, daß der Mensch eine I. vom Weltganzen besitzt, die seine wissenschaftliche Erkenntnis leitet, und eine I. von Freiheit, auf die sich das moralische Handeln gründet. Diese I. haben keine sinnlich wahrnehmbaren Entsprechungen in der Wirklichkeit, so daß sie nicht als bewußtseinsunabhängige Realitäten verstanden werden dürfen. Dennoch sind sie notwendige (transzendentale) Voraussetzungen für wissenschaftliche Erkenntnis bzw. moralisches Handeln.

Der dt. Idealismus verwendet den Begriff I. wie Platon zur Benennung der höchsten Wirklichkeit. Sie muß sich allerdings notwendig in raumzeitlichen Erscheinungen ausdrücken. Die I. oder (oft so genannte) absolute I. existiert nur darin und dadurch, daß sie in Raum und Zeit erscheint, z. B. in Form von Naturphänomenen, historischen Ereignissen, Institutionen und Kunstwerken. Zugleich existieren die raumzeitlichen Erscheinungen allein kraft dessen, daß sie in eine rationale I.struktur eingehen.

Der Pragmatismus* übernimmt den Wortgebrauch der Empiristen, betont überdies jedoch den Zusammenhang von I. (Sinneseindrücken) und Handlungen. Dieser Zusammenhang wird besonders bei Dewey deutlich, wenn er die I. als Handlungsregel auffaßt, die sich aus Reaktionen auf Wahrnehmungserlebnisse bildet.

In der Phänomenologie* (namentlich bei Husserl) gelten I. und Wesen* als Synonyme. Die I. oder das Wesen besteht in den notwendigen Eigenschaften eines Phänomens, die nicht weggedacht werden können, ohne daß das Phänomen seine Identität verliert. I. oder Wesen werden in der sog. Wesensschau* erfahren.

Lit.: F. Kambartel: Erfahrung und Struktur. Bausteine zu einer Kritik des Empirismus und Formalismus, 1968. W. Wieland: Platon und die Formen des Wissens, 1982.

Idee, angeborene. Begriff oder Wissen, das im Bewußtsein vor und unabhängig von der Erfahrung enthalten ist. Die Theorie von den a. I., der sog. *Innatismus*, ist u. a. von Platon, Descartes und von der Cambridge-Schule im 17. Jh. vertreten worden. Platon deutet die Kenntnis von Allgemeinbegriffen als ein in Erinnerung gerufenes Wissen, das aus dem Sein der Seele vor dem Erdenleben stammt. Nach Descartes ist alles Wissen durch klare und distinkte Begriffe (z. B. den Gottesbegriff) und durch evidente Wahrheiten (z. B. das Kausalitätsprinzip) bedingt, die angeboren sind und durch reine Vernunftanwendung und unabhängig von empirischer Erfahrung erfaßt werden können. Die Annahme von a. I. ist von der empiristischen* Philos. kritisiert worden, vor allem von Lokke (*Über den menschlichen Verstand*, Buch I). In der modernen Sprachphilos. hat sich Chomsky auf a. I. gestützt.

Lit.: H. Brands: Untersuchungen zur Lehre von den a. I., 1977. N. Chomsky: Cartesianische Linguistik, 1971.

Identifikation (von lat. *idem*, dasselbe, und *facere*, tun). 1. Etwas mit einem anderen gleichsetzen, zwei Dinge miteinander gleichsetzen. 2. Den Referenten* eines Ausdrucks mit dem Referenten eines anderen Ausdrucks gleichsetzen. 3. Die Feststellung, wer eine Person und was ein Ding ist. Mit Strawsons und Searles Erklärung der I. als Sprechhandlung (identifizierende Referenz*) wurde dieser Begriff in der neuesten Philos. zu einem zentralen Thema.

Lit.: P. F. Strawson: Einzelding und logisches Subjekt, 1972.

Identität (von lat. *idem*, dasselbe). 1. Unter numerischer oder logischer I. versteht man die Beziehung, die jeder Gegenstand zu sich selbst und zu keinem anderen Gegenstand sonst hat. Die I.beziehung ist die logische Relation*, deren formalen Eigenschaften durch folgende Prinzipien definiert werden: (1) (x)(x=x) (Reflexivität); (2) (x)(y) ((x=y) → (y=x)) (Symmetrie); (3) (x)(y)(z) (((x=y) & (y=z)) → (x=z)) (Transitivität*); (4) (x)(y) (((x=y) → (Fx ↔ Fy) (Substitutionsprinzip*, Leibniz' Gesetz). Eine I.-Aussage der Form ‹a=b›, z. B. ‹Der Morgenstern ist dasselbe wie der Abendstern›, ist genau dann wahr, wenn sich die beiden singulären Ausdrücke ‹a› und ‹b› auf den gleichen Gegenstand beziehen. In der I.-Aussage ist ein Hinweis auf einen Sortal-Begriff mit bestimmten I.-Kriterien vorausgesetzt, z. B. ‹Der Morgenstern ist derselbe Planet wie der Abendstern›. Die I.-Kriterien legen fest, was es heißt und wie entschieden werden kann, daß singuläre Ausdrücke sich auf denselben Gegenstand beziehen und deswegen als identisch gelten dürfen.
2. Qualitative I. (Gleichheit in relevanten Beziehungen) ist die Beziehung zwischen verschiedenen Gegenständen gleicher Art, z. B. zwei Exemplare des gleichen Buchs, zwei Autos der gleichen Marke und des gleichen Jahrgangs oder zwei Tiere der gleichen Art*. Die Aussage ‹Dieses Buch ist das gleiche wie jenes Buch› kann als eine qualitative I. ausgedrückt werden: ‹Dieses Buch ist von gleicher Art wie jenes Buch (fällt qualitativ mit jenem Buch zusammen)›. Sie kann aber auch eine numerische I. ausdrükken, nämlich: ‹Dieses Buch ist dasselbe physische Ding wie jenes Buch›. Das Wort ‹Buch› ist zweideutig, denn es kann zwei Bedeutungen mit je unterschiedlichem I.-Kriterium haben, nämlich einerseits ‹Buch› in der Bedeutung ‹Exemplar› (eines bestimmten Werks), andererseits ‹Buch› in der Bedeutung ‹physisches Einzelding›.
3. In der dt. und franz. Philos. findet man verschiedene Begriffe von dialektischer I. oder I./Differenz, die alle auf Hegel zurückgehen. Hegel anerkennt in seiner *Logik* (1812–16) zwar das Identitätsprinzip* (A = A) und auch den Satz vom Widerspruch (A kann nicht zugleich A und Nicht-A sein) sowie den Satz vom ausgeschlossenen Dritten (Etwas ist entweder A oder Nicht-A; es gibt kein Drittes), behauptet aber, dies seien «Trivialitäten, die zu nichts führen». Der Fehler bestehe darin, daß man es in allen drei Fällen mit einer rein abstrakten Identität zu tun habe, bei der davon abgesehen (abstrahiert) werde, daß A nur identisch mit sich selbst sein kann, indem A eine Identität in einer Verschiedenheit hat. Sokrates ist z. B. nur Sokrates identisch, weil er sich einmal von Platon, Protagoras und all dem, was nicht Sokrates ist, unterscheidet, zum andern, weil er eine Identität in einer Mannigfaltigkeit von verschiedenen Bestimmungen wie ‹Philos.›, ‹Grieche›, ‹Weißer›, ‹Mensch› usw. darstellt. Hegel glaubt mit seinem Begriff der I. weitergegangen zu sein als die übliche Analyse der numerischen I. und das sich auf sie beziehende Gesetz von Leibniz ((a=b) → (Fa ↔ Fb)), wobei F eine beliebige Eigenschaft oder Relation ist. Denn das Gesetz von Leibniz besagt nur: *Wenn* a die Eigenschaft F besitzt, *dann* muß auch b diese Eigenschaft besitzen, um mit a identisch sein zu können. Hegel dagegen sagt: a und b können nur identisch sein, wenn es eine Mannigfaltigkeit von verschiedenen Eigenschaften und Relationen gibt, die sowohl a als auch b zukommen, d. h. formallogisch ausgedrückt ((a=b) → (∃F)(Fa ↔ Fb)). Es geht Hegel des weiteren auch darum, daß verschiedene Typen von Seiendem (z. B. Steine, Pflanzen, Tiere, Menschen, Staaten usw.) verschiedene Typen von Differenzen erfordern, um mit sich selbst identisch sein zu können. So ist ein Baum nur ein und derselbe Baum, wenn er verschiedene Entwicklungsstufen durchläuft, in denen er z. B. Blätter erhält und sie wieder verliert. Oder in einem nichthegelschen Sprachgebrauch ausge-

drückt: In einer Identitätsaussage (a = b) ist ein Sortalprädikat vorausgesetzt, das nicht nur bestimmte Individuationsprinzipien für a und b angibt, sondern auch Grenzen festlegt für Arten von Prädikaten, die a und b möglicherweise, notwendigerweise und notwendigerweise nicht zukommen. Z. B. kann Georg Wilhelm Friedrich nur mit Hegel identisch sein, weil er ein Mensch ist, der die Möglichkeit zum Handeln besitzt, notwendigerweise eine Tendenz zum Denken hat und unmöglich imstande ist, aus eigener Kraft zu fliegen. Von diesem I.-Begriff her versucht Hegel in seinem philos. System* zu zeigen, daß natürliche Entitäten (wie Steine, Pflanzen, Tiere) nur mit sich selbst identisch sein können, indem sie sich von nicht-natürlichen Entitäten (wie Menschen, Institutionen, Staaten usw.) unterscheiden und zu ihnen in Beziehung stehen, und daß sich diese Entitäten wiederum von der ewigen Gottheit bzw. dem Absoluten* unterscheiden und zu ihm in Beziehung stehen müssen. Umgekehrt gilt, daß das Absolute nur mit sich selbst identisch sein kann, indem es sich in einer geschichtlich veränderbaren Welt und einer mannigfaltigen Natur entfaltet. Die ganze Wirklichkeit kann also als der absolute Geist* aufgefaßt werden, der durch eine Unendlichkeit von Differenzen dialektische Selbstidentität erlangt.

4. In den Sozialwissenschaften ist der psychologische Begriff der Ich-I. vor allem durch E. H. Erikson bekanntgeworden. Die Ich-I. einer Person wird nach Erikson erst durch Überwindung einer Abfolge phasenspezifischer psychosozialer Krisen herausgebildet. Sie besteht darin, daß man sich einem Kollektiv zugehörig fühlt wie auch als einmaliges Individuum weiß. Wie G. H. Mead aufzeigte, kommt die Herausbildung der persönlichen I. (von ihm ‹self› genannt) durch soziales Handeln zustande: Das Individuum übernimmt die Erwartungen seiner Interaktionspartner und lernt, sich selbst aus deren Perspektive wahrzunehmen. Die Summe dieser verinnerlichten und generalisierten Erwartungen anderer bildet das, was Mead das ‹me› nennt (das weitgehend Freuds Über-Ich entspricht); ihm tritt das ‹I› als die persönliche Instanz der Spontaneität und Kreativität gegenüber.

Im Anschluß an E. Goffmanns Analyse der Situation ‹stigmatisierter›, zu Außenseitern gestempelter Menschen entwickelt J. Habermas das rollentheoretische Konzept der Ich-I. Ich-I. stellt sich ‹vertikal› her in der Kontinuität eines lebensgeschichtlichen Zusammenhangs und garantiert ‹horizontal› die Erfüllbarkeit der differierenden Ansprüche und Erwartungen, die andere an den einzelnen als Träger verschiedener Rollen (Vater, Berufstätiger, Bürger usw.) richten. Die Ich.-I. erfordert vom einzelnen die Fähigkeit, die Balance herzustellen zwischen den internalisierten Erwartungen der andern (der sozialen I.) und den eigenen Ansprüchen und Bedürfnissen (der persönlichen I.).

Lit.: W. Becker: Hegels Begriff der Dialektik und das Prinzip des Idealismus, 1969. W. Beierwaltes: I. und Differenz, 1980. E. Bloch: Subjekt – Objekt. Erläuterungen zu Hegel, 1962. E. Coreth: Das dialektische Sein in Hegels Logik, 1952. E. Erikson: I. und Lebenszyklus, 1970. G. Frege: Über Sinn und Bedeutung, in: Funktion, Begriff, Bedeutung. Hg. v. G. Patzig, 1962, ²1966, S. 40–65. L. Göldel: Die Lehre von der I. in der Logikwissenschaft seit Lotze, 1935. U. Guzzoni: I. oder nicht, 1981. L. Krappmann: Soziologische Dimensionen der I., 1971. P. J. de Levita: Der Begriff der I., 1971. O. Marquard/ K. H. Stierle (Hg.): I. (Poetik und Hermeneutik VIII), 1979. G. H. Mead: Geist, I. und Gesellschaft, 1968. U. Pardey: I., Existenz und Reflexivität, 1994. Ch. Taylor: Quellen des Selbst, 1994. C. J. F. Williams: Being, Identity, and Truth, 1992.

Identitätsphilosophie 1. Bezeichnung für Schellings Philos. in der Periode von 1801 bis 1806. In seiner *Darstellung meines Systems der Philosphie* (1801), in der Schellings Bruch mit Fichte zum erstenmal offen zutage tritt, nennt er die eigene Philos. «absolutes Identitätssystem». Darin versteht er das Absolute als die Indifferenz des Subjektiven und Objektiven, d. h. als Einheit von Denken und Sein, von Geist und Natur. 2. Philos.geschichtlich zeitigte Schellings Versuch zwar wenig Wirkung; der Ausdruck I. dient aber seither zur Bezeichnung von Lehren, die den Gegensatz zwischen Geist* und Natur, Seele* und Leib usw. auf ein und dieselbe Wirklichkeit zurückführen wollen (z. B. Spinoza). 3. Im weiteren wird der Ausdruck I. für Philos. gebraucht, die nach einem umfassenden, verbindenden Zusammenhang, nach einer Identität in der Wirklichkeit suchen (vgl. Identität/Differenz). Das wichtigste Beispiel solchen Identitätsdenkens bietet Hegels spekulative* Dialektik*. Oft wird der Ausdruck I. in kritischer Absicht verwendet: Indem sie alles auf ein einziges Prinzip zurückführt, so wird behauptet, reduziert oder unterdrückt sie die Wirklichkeit. Deshalb gilt I. für Adorno und die franz. Philos. der Gegenwart (Foucault, Deleuze, Derrida, Glucksmann) als ‹Herrschaftsdenken›.

Identitätsprinzip. Das I. besagt in der klassischen Formulierung, daß *A gleich A ist, egal was A ist.* Dies wird oft als syntaktisches* Prinzip ausgelegt, wonach ‹x = x› *für alle x logisch beweisbar** ist, evtl. dahingehend erweitert, daß ‹*p ist materiell äquivalent* mit p*›, *unangesehen p, für alle p beweisbar ist.* Das I. wird weiter als ein semantisches* Prinzip verstanden: Wenn ein Ausdruck in einem gegebenen sprachlichen Zusammenhang mehrmals auftritt, dann muß dieser jedesmal die gleiche Referenz* (d. h. den gleichen Bezug) haben. Traditionell wurde das I. als ein ontologisches* Prinzip aufgefaßt, wonach jedes ‹Ding› mit sich selbst identisch ist. Diese verschiedenen Bedeutungen des I. werden nicht immer scharf auseinandergehalten.

Identitätstheorie (von lat. *idem*, dasselbe), moderne materialistische Theorie des Verhältnisses zwischen Bewußtsein* (mentalen* Prozessen) und Leib, die von Armstrong, Smart u. a. entwickelt wurde und die die faktische Identität von psychischen und physischen Zuständen bei unterschiedlichen Erscheinungsformen behauptet. Sie verfolgt zwei Argumentationslinien. Zum einen werden *kausale* Verhältnisse zwischen Bewußtseinszuständen* und äußerem Verhalten angenommen und untersucht. Bewußtseinszustände (mentale Zustände) gelten als innere Ursachen des Verhaltens von Personen. Dies wird in der I. aufgrund der Art und Weise des Gebrauchs der Bezeichnungen für das Mentale als analytisch* wahr angesehen. Das Bewußtsein ist die postulierte innere Ursache bestimmter Verhaltensformen (Armstrong). Was diese Ursache oder dieser Ursachenkomplex in Wirklichkeit ist, davon wissen wir erst wenig. An diesem Punkt setzt die zweite Argumentationslinie ein. Es wird eine Identität zwischen mentalen Zuständen und solchen des Zentralnervensystems angenommen, wonach die Bewußtseinszustände rein physische Zustände des Zentralnervensystems sind – das Gehirn *ist* das Bewußtsein. Mentale Erlebnisse, z. B. Schmerzen, werden auf folgende Weise analysiert: Die Eigenschaften innerer Erlebnisse sind schematisch oder abstrakt. Mittels Introspektion kennen wir wohl die Gleichheiten und Unterschiede der inneren Zustände, so daß eine Unterscheidung der Erlebnisse möglich ist. Aber wir kennen nicht ihre eigentliche Natur, die neurologischer Art sein kann. Mein Schmerzerlebnis wird wie folgt analysiert: «... es geschieht etwas in mir, das dem gleicht, was in mir geschieht, wenn ich mich z. B. in den Finger schneide.» Diese Analyse ist aber durchaus vereinbar mit der Annahme, daß der Schmerz im Grunde eine Stimulation bestimmter Nervenenden ist.

Die größte Schwierigkeit für die I. resultiert aus ihrer Verwendung des Identitätsbegriffs. Für die I. sind Behauptungen über Sinneserlebnisse mit Behauptungen über das Zentralnervensystem nicht synonym (oder bedeutungsgleich). Aber die beiden Behauptungen beziehen sich auf dasselbe, weil die Sinneserlebnisse aufgrund von wissenschaftlichen Entdeckungen wie bestimmte Prozesse im Nervensystem aufgefaßt werden können. S. Kripke hat ein Argument formuliert, das die Unmöglichkeit dieser Form von kontingenter Identität zu beweisen versucht (vgl. auch Leibnizsches Gesetz). Danach ist eine wahre Identitätsbehauptung der betreffenden Art notwendigerweise wahr. Wenn also die Identifikation von Schmerz und Nervenprozeß wahr wäre, müßte sie mit Notwendigkeit wahr sein. Aber alle, auch die Anhänger der I., sind sich darin einig, daß eine solche Identifikation nicht notwendigerweise wahr ist. Insofern ist die betreffende Identifikation laut Kripke nicht wahr. Die I. ist daher entweder falsch oder handelt von etwas anderem als von Identität.

Lit.: D. M. Armstrong: A materialist theory of the mind, 1976. P. Bieri (Hg.): Analytische Philos. des Geistes, 1981. V. C. Borst (Hg.): The Mind-Brain-Identity, 1970. H. Feigl: The Mental and the Physical, 1968. H. Hastedt: Das Leib-Seele-Problem, 1989. J. Seifert: Das Leib-Seele-Problem in der gegenwärtigen philos. Diskussion, 1979. J. J. C. Smart: Sensations and Brain Processes. In: Philos. Review 68 (1959).

Ideologie (von griech. *eidos* oder *idea*, Idee*, und *logos*, Lehre). 1. Vorstufen zur neueren I.-Diskussion finden sich bei F. Bacon in der Lehre von den Idolen* (ca. 1600) und bei den franz. Ideologen (u. a. Destutt de Tracy) um 1800; sie versuchen, ausgehend von Psychologie und Anthropologie*, die Entstehung und Entwicklung von Ideen zu erklären. 2. Bei Marx gibt es mehrere Begriffe von I.: Im weiten Sinn gilt jede Theorie oder Weltanschauung* als I., die als Teil des kulturellen «Überbaus» von einer ökonomischen, sozialen, materialen Grundlage bestimmt wird. Im engeren Sinn ist eine Lehre Ausdruck von I. oder «falschem Bewußtsein», wenn sie die Wirklichkeit verfälscht und dadurch eine gesellschaftliche Funktion erfüllt: Ihre Falschheit besteht darin, daß Partikularinteressen als Interessen der Allgemeinheit ausgegeben werden; die I. dient so der Unterdrückung. Zugleich hält es Marx für möglich, die Unterdrückungsfunktion der I. durch eine I.kritik aufzudecken; so weist die I. auch über sich hinaus. 3. Die moderne I.-Debatte übernimmt den Marxschen Wortgebrauch im Prinzip und bezeichnet als I. eine falsche Theorie über die Wirklichkeit. Es gibt zwei Haupttendenzen: die Auffassung, I. könne durch wissenschaftliche Theorie oder wissenschaftlich begründetes Handeln überwunden und ersetzt werden (so in Poppers kritischem* Rationalismus, zum Teil auch bei Althusser und bei Habermas); die (dialektische) Auffassung, die I. sei unvermeidliches Moment jedes Denkens (z. B. bei Adorno). – 4. In philos. neutralem Sinn gilt das Wort I. zuweilen als bloßes Synonym für Lehre, politische oder religiöse Weltanschauung.

Lit.: T. W. Adorno: Jargon der Eigentlichkeit. Zur deutschen I., 1964. H. Barth: Wahrheit und I., 1945. K. Lenk: I., ^{9}1984. H. J. Lieber: I., 1985. P. Ludz: Der I.begriff des jungen Marx, 1956. K. Salamun: Ideologien und I.kritik, 1992.

Idol (griech. *eidolon*; lat. *idolum*, Bild, Abbild, Trugbild) 1. Demokrits materialistische* Erkenntnistheorie deutet die Wahrnehmung als einen Prozeß, bei dem kleinste materielle Bilder (griech. *eidola*) des wahrgenommenen Gegenstands in die Sinnesorgane eindringen. 2. In der Patristik* werden die heidnischen Götzen als I. bezeichnet. 3. F. Bacon benutzt den Begriff I. für diejenigen Arten menschlicher Vorurteile (Trugbilder), die den Erwerb empirischen Wissens erschweren. – *Idolatrie:* Verehrung von Götzen(bildern), Aberglaube, Abgötterei.

Lit.: F. Bacon: Novum Organum, 1620 (dt.: Neues Organ der Wissenschaften, 1830, ND 1971).

ignoratio elenchi (von griech. *elenchos*, Beweis, Widerlegung). Beweisfehler; es wird etwas anderes bewiesen als das, was bewiesen werden soll, oder es wird der Behauptung des Gegners mit einer bezüglich deren Inhalts irrelevanten Argumentation begegnet.

illokutionäre Handlung (engl. *illocutionary act*), die mit einer sprachlichen Äußerung vollzogene Handlung. Ein von Austin eingeführter Ausdruck für Handlungen, die ein Sprecher mit einer unter bestimmten Bedingungen gemachten Äußerung ausführt. Beispiele sind: versprechen, warnen, fragen, behaupten, befehlen, empfehlen, wetten oder taufen. So führe ich etwa mit jeder Äußerung einer Proposition p die i. H. einer Behauptung, Feststellung oder Bestätigung aus. In der sprachphilos. Literatur heißen i. H. häufig auch Sprechhandlungen oder Sprechakte* (engl. *speech acts*).

Lit.: J. L. Austin: Zur Theorie der Sprechakte, 1972. J. R. Searle: Sprechakte, 1971.

Illuminationstheorie (von lat. *illuminatio*, Erleuchtung). Die I. nimmt an, daß der Mensch Vernunftwahrheiten (z. B. mathematische oder moralische) erkennen kann, weil sein Bewußtsein* von den Ideen* oder dem Licht Gottes erleuchtet ist. Die I. geht auf die Gleichnisse in Platons *Politeia* zurück. Ihr liegt eine bestimmte Auffassung der Erkenntnis als einem einfachen Verhältnis zwischen der Sehkraft (Vernunft*) und dem Gesehenen (Vernunftwahrheit) zugrunde. Alle Erkenntnisarten haben demnach die gleiche Grundstruktur wie die Sinneserkenntnis (vgl. Russells konträre Bestimmungen von «Erkenntnis durch Bekanntschaft» und «Erkenntnis durch Beschreibung»). Augustin hat die I. am detailliertesten ausgearbeitet. Wie die Sinneserfahrung von dem physischen Licht abhängig ist, so ist die Vernunfterkenntnis vom geistigen Licht Gottes abhängig. – Vgl. Lichtmetaphysik.

Lit.: Augustinus: Selbstgespräche über Gott und die Unsterblichkeit der Seele, 1954, I. 13 ff. Platon: Politeia, 508a–509b, 514a–519b. B. Russell: Die Philos. des logischen Atomismus, 1976, S. 66–82.

immanent/transzendent (von lat. *in-*, in, und *manere*, bleiben, sowie *transcendere*, überschreiten, übersteigen), darinbleibend/überschreitend. – In der zweiten Hälfte des 13. Jh. wird das Begriffspaar i./t. zum festen Bestandteil scholastischer* Terminologie, und zwar in vier Hauptbedeutungen: 1. Gott befindet sich als Vater, Sohn und Heiliger Geist zu sich selbst in einem i. Verhältnis. Als Schöpfer der endlichen* nicht-göttlichen Welt* tritt er aus seinem Selbstverhältnis heraus und vollzieht eine transzendierende (überschreitende) Handlung. 2. Aus der Sicht des Menschen dagegen bedeutet die endliche Welt die Immanenz. Als geschaffene jedoch deutet sie hin auf den Schöpfergott als ihre Transzendenz. Im Gegensatz zu dieser Auffassung von Gott* als Transzendenz steht der pantheistische* Gottesbegriff. Eine Zwischenposition nimmt der sog. Panentheismus* ein. 3. Wird die Möglichkeit einer rationalen* Gotteserkenntnis bestritten, so kann Gott außer im metaphysischen auch im erkenntnistheoretischen Sinn als t. bezeichnet werden. In dieser Bedeutung gilt etwas als t., wenn es außerhalb des vernunftmäßig erkennbaren Bereichs liegt. 4. Schließlich ist bezüglich der Transzendentalien* insofern die Rede von t., als sie die Kategorien* überschreiten.

Kant definiert i. als das, was «sich ganz und gar in den Schranken möglicher Erfahrung* hält», t. dagegen als das die Grenzen möglicher Erfahrung Überschreitende (*Kritik der reinen Vernunft*, A 295f.). Nur was zum Gegenstand der Erfahrung gemacht werden kann, ist erkennbar; das Ding an* sich liegt nicht im Bereich des Erfahrbaren und ist also t. Zwar läßt sich ein transzenden*tales* Wissen von den Bedingungen der Möglichkeit* für alle Erfahrung sehr wohl erlangen; aber dieses transzendentale Wissen muß scharf unterschieden werden von dem – prinzipiell unerreichbaren – Wissen über etwas, das in bezug auf die Möglichkeiten der Erfahrung t. ist. Anders als für die Rationalisten* (wie Descartes, Spinoza, Leibniz und Wolff) besitzt die Vernunft* für Kant nicht die Fähigkeit theoretischer Erkenntnis der

Wirklichkeit an sich. Sie vermag allein als praktische die Forderungen aufzustellen, denen der Wille* sich stellen soll. Im Bereich des Praktischen, d. h. hinsichtlich der menschlichen Freiheit*, ist Gott Garant für die Möglichkeit der Übereinstimmung zwischen Moralität (dem Handeln nach dem moralischen Gesetz) und der ihr entsprechenden Glückseligkeit. In dieser Sichtweise wird Gott allerdings auf ein «Postulat» reduziert. Es gibt von ihm keine Erkenntnis in einem rationalistischen Sinn, denn in bezug auf die Erfahrung ist er t.

Hegel dagegen betont erneut die Einheit von theoretischer und praktischer Vernunft und hält Gott für rational erkennbar, d. h. gerade nicht als t. Wesen. Denn Hegel identifiziert auch die Wirklichkeit Gottes mit der der Vernunft Zugänglichen (vgl. Panlogismus). Von daher ist Kierkegaards Bezeichnung der Philos. Hegels als «Immanenztheorie» durchaus gerechtfertigt. Er lehnt sie ab und fordert statt dessen die Rückwendung zum Glauben an einen erkenntnistheoretisch und metaphysisch t. Gott.

Im 20. Jh. wird das Begriffspaar i./t. vor allem in der dt. und franz. Phänomenologie* verwendet: Husserl unterscheidet zwischen dem, was dem Bewußtsein i. ist – die *intentio* als reeller Teil des Bewußtseinsstroms –, und dem, was in bezug auf den Bewußtseinsstrom t. ist (d. h. das *intentum*; vgl. *Ideen zu einer reinen Phänomenologie und phänomenologischen Philosophie* I). N. Hartmann interpretiert dieselbe Unterscheidung metaphysisch; das Verhältnis zwischen den i. Bewußtseinsakten und den t. Gegenständen wird bei ihm zum Verhältnis zwischen selbständig existierendem Subjekt* und selbständig existierendem Objekt (vgl. *Grundzüge einer Metaphysik der Erkenntnis*). Zusätzlich gibt es für Hartmann einen Seinsbereich, der die Sphäre der Gegenstände (Objekte) und sogar die Sphäre des erkennbaren Seienden* transzendiert. Bei Heidegger ist der Mensch (oder, genauer, das Dasein*) selber ein transzendierendes Seiendes, indem er die Gegenstandserfahrung überschreitet und sich auf das Sein hin und von seinem Sein her versteht, das die eigentliche Transzendenz ist (vgl. *Sein und Zeit*). Für Sartre besitzt der Mensch in dem Sinn einen transzendierenden Charakter, daß er durch die Freiheit das Gegebene (Faktische, Bestehende) überschreitet und sich zu dem verhält, was möglich ist (vgl. *Das Sein und das Nichts*).

Schließlich kann etwas in bezug auf etwas anderes t. heißen, wenn die beiden Größen verschiedenen Kategorien* oder Seinsregionen angehören.

Immanenzphilosophie (von lat. *in-*, in, *manere*, bleiben, und griech. *philosophia*, ‹Liebe zur Weisheit›). 1. Ontologische* Auffassung, der zufolge die Wirklichkeit durch ein immanentes* Prinzip bestimmt ist, auch *Immanentismus* genannt (vgl. Panentheismus und Pantheismus). 2. Dt. philos. Richtung aus den 1890er Jahren. Sie vertritt ein positivistisch-antimetaphysisches, der Phänomenologie* nahestehendes Programm: Alles Gegebene ist dem Bewußtsein immanent. Wirklichsein heißt Bewußt-sein. Zu den Anhängern der I. gehörte u. a. W. Schuppe (1836–1913).

Lit.: M. Kauffmann: Immanente Philos., 1893. M. Schlick: Allgemeine Erkenntnislehre, 1925 (ND 1979), S. 224–264.

immateriell (von lat. *in-*, und *materia*, Holz, Stoff), stofflos, unkörperlich, geistig. Berkeley bezeichnet 1783 seine Theorie, nach der es keine bewußtseinsunabhängige Materie gibt, als Immaterialismus. Im Gegensatz zu ihm verwendet Diderot denselben Ausdruck in einer schwächeren Bedeutung, nämlich für die Auffassung, daß außer materiellen Körpern auch Immaterielles (Geistiges) existiert.

Imperativ (von lat. *imperare*, befehlen, gebieten), eigentlich grammatische Bezeichnung für den Modus des Verbs, der zum Formulieren von Befehlen, Aufforderungen usw. dient (Befehlsform), z. B. ‹sprich!›, ‹sprecht!›. Wird philos. seit Kant als Bezeichnung für Aussagen verwendet, die Gebote oder Empfehlungen ausdrücken. Kant unterscheidet zwischen den hypothetischen I. und dem kategorischen I. Ein hypothetischer I. gebietet eine Handlung nur «bedingt», d. h. unter der Voraussetzung (Bedingung), daß eine bestimmte Absicht erreicht werden soll, z. B. ‹Wenn du abnehmen willst, mußt du weniger essen›. Der kategorische I. gebietet dagegen eine Handlungsweise ohne jede Bedingung, d. h. unabhängig von den jeweiligen Absichten. Es gibt nur einen einzigen kategorischen I.; er lautet: «Handle so, daß die Maxime deines Willens jederzeit zugleich als Prinzip einer allgemeinen Gesetzgebung gelten könne.» (KpV, AA 5, S. 55). – In der neueren Philos. wird diskutiert, welche logischen Beziehungen zwischen moralischen Wertungen und I. bestehen. Für einige Philos. (z. B. Hare) enthält jede moralische Wertung (ebenso wie für Kant) einen I.; es ist daher selbstwidersprüchlich, sich einer moralischen Wertung anzuschließen, ohne gleichzeitig danach handeln zu wollen. Für andere Philos. dagegen (z. B. P. Foot) drücken moralische Wertungen Tatsachen aus: Die Anerkennung bestimmter moralischer Wertungen impliziert gemäß dieser Auffassung nicht schon eine entsprechende Handlungsweise.

Lit.: I. Kant: Grundlegung zur Metaphysik der Sitten. Kritik der praktischen Vernunft. R. Wimmer: Universalisierung in der Ethik, 1980.

impetus (lat. Schwung, Vorwärtsstreben). 1. Antrieb, Beweggrund. 2. Die Kraft, die ein sich bewegender Körper von seinem Beweger erhalten hat und weiterträgt, ohne vom Beweger erneut angestoßen zu werden. Die Theorie des i. ersetzt im Spätmittelalter (seit Buridan) Aristoteles' Auffassung, daß zwischen Beweger und Bewegtem ein ständiger Kontakt erforderlich sei, um die Bewegung aufrechtzuerhalten. Die i-Theorie wird erst mit der Einführung des Trägheitsbegriffs aufgegeben.

Implikation (lat. *implicatio*, Verflechtung). 1. Bezeichnung für Sätze von der Form ‹Wenn p, dann q›, auch konditionale oder hypothetische Aussage genannt. Man unterscheidet verschiedene Arten der I.: 1. die materiale I.: Die Funktion ‹wenn p, dann q› ist nur falsch, wenn der Vordersatz p wahr und der Hintersatz q falsch ist, und in allen übrigen Fällen wahr. 2. Die logische I. liegt genau dann vor, wenn q eine Folgerung aus p ist, d. h. aufgrund logischer Regeln von p abgeleitet werden kann. 3. Die formale I. besteht aus der Generalisierung der materialen Implikation zweier Aussageformen: Wenn etwas die Eigenschaft F hat, hat es auch die Eigenschaft G. 4. Die strikte I. gilt dann, wenn es unmöglich ist, daß p wahr und q falsch sein kann. 5. Die kausale I. ist ein Ausdruck von der Form ‹wenn p, dann q›, wobei p eine Ursache und q eine Wirkung ausdrückt, z. B. ‹wenn Eis warm wird, so schmilzt es›. 6. Die kontextuale I. bezieht sich auf den (pragmatischen) Kontext der Rede: Die Äußerung eines Versprechens impliziert kontextual, daß der Versprechende gewillt ist, das Versprechen zu halten.

implizit (von lat. *in*, in, ein, und *plicare*, wickeln), vorausgesetzt oder mitenthalten, ohne ausdrücklich erwähnt zu sein; indirekt gesagt. So spricht man von einem ‹i. Urteil›, einem ‹i. Satz› oder einem ‹i. Sinn›. Man unterscheidet folgende Gebrauchsweisen: 1. Ein Urteil ist logisch i., wenn man es mit Hilfe rein syntaktischer* und formallogischer* Mittel aus dem Gesagten herleiten kann; steht z. B. fest, ‹daß entweder Hans oder Grete den Apfel genommen hat›, und Grete leugnet, den Apfel genommen zu haben, dann liegt i. in Gretes Behauptung, ‹daß Hans den Apfel genommen haben muß›. 2. Ein Urteil ist semantisch i., wenn man es mit Hilfe seiner Wortbedeutungen aus dem Gesagten herleiten kann. So ist in der Aussage ‹Chinesische Vasen sind leicht zerbrechliche Gegenstände› semantisch impliziert, ‹daß chinesische Vasen, wie alle anderen Gegenstände, eine raumzeitliche Ausdehnung haben› und schon deshalb deren physikalischen Gesetzen unterliegen. 3. Schließlich kann etwas sachlich i. sein, wenn es in der Pragmatik* einer gegebenen Sprache liegt, daß bestimmte Bedeutungen durch das Gesagte assoziiert werden. Wenn etwa ein Politiker einer konservativen Partei jemanden als ‹Kommunist› bezeichnet, könnte impliziert sein, daß dieser ‹gefährlich› oder ‹unzuverlässig› ist, obgleich dies weder semantisch noch syntaktisch dem Wort ‹Kommunist› zukommt.

indirekter Beweis. Ein i. oder apagogischer B. einer Behauptung p ist der Nachweis der Unrichtigkeit des kontradiktorischen Gegenteils ‹nicht-p›, wobei die Unrichtigkeit durch den Nachweis eines Selbstwiderspruchs des Gegenteils gezeigt wird. Da Selbstwidersprüche notwendigerweise falsch sind, muß die Negation von p auch falsch sein, so daß die Negation der Negation, d.h. ‹nicht-nicht-p›, wahr sein muß. In der traditionellen Logik wird hieraus gefolgert, daß p wahr ist. Dieser Schluß, doppelte Negationselimination genannt, gilt nicht in der intuitionistischen* Logik, die deshalb gewöhnlich den i.B. nicht anerkennt.

Individualbegriff, Begriff*, der nur von einem Individuum ausgesagt werden kann. I. spielen eine wesentliche Rolle in der Metaphysik von Duns Scotus, nach der Einzeldinge nicht nur ein Wesen*, sondern auch eine haecceitas*, eine Diesheit haben. I. fungieren als Denotationen* für Individuum-Begriffe in intensionalen Kontexten in der Modallogik* und den semantischen Konzeptionen, etwa der Grammatik R. Montagues.

Individualität von (lat. *individuus*, ungeteilt oder unteilbar). 1. Ein Individuum* sein. 2. Das individuelle, besondere Gepräge oder der Inbegriff* von Eigenschaften, wodurch ein Seiendes als ein bestimmtes, einzigartiges Individuum hervortritt. 3. Persönlichkeit*, die persönliche Eigenart und Einzigartigkeit eines einzelnen Menschen.

Lit.: M. Frank: Die Unhintergehbarkeit von I., 1986. J. J. E. Garcia: Individuality, 1988. T. S. Hoffmann/ S. Majetschak (Hg.): Denken der I., Fs. f. Joseph Simon zum 65. Geb., 1995.

Individuation/Individuationsprinzip (von lat. *individuus*, ungeteilt oder unteilbar; *principium individuationis*), Existenzgrund eines Individuums im Gegensatz zu einer Gattung (lat. *species*; s. *genus/species*). – Aristoteles kennt zwei Ip.: die Materie und die Form*. So besteht beispielsweise eine Kupferstatue in materieller Hinsicht aus Kupfer und ist wie eine Statue geformt. Das Kupfer individuiert die allgemeine Formbestimmung ‹Statuenheit› in dieser bestimmten Plastik, während die Form die Materie Kupfer als Statue (und nicht etwa als Schwert) individuiert. Im Mittelalter tritt sowohl die Quantität als auch (bei Thomas von Aquin) die Materie als Ip. auf. Letztere Auffassung führt zur Konsequenz, daß immaterielle Wesen (z.B. Engel) nur als Gattungen gedacht werden können. Einige spätantike und mittelalterliche Philos. vertreten die Ansicht, daß es eine individuelle Form oder *haecceitas** gibt. Diese Individualform ermöglicht die Unterscheidung zwischen dem, was z.B. Sokrates zu einem Menschen macht (seine *humanitas*), und dem, was ihn eben zu Sokrates macht (*Socrateitas*). Konsequenz dieser Auffassung ist die Anerkennung der I. immaterieller Wesen.

In neuerer Zeit ist die Lehre der *haecceitas* u.a. von Peirce und Scheler wiederaufgenommen worden. Bei den Nominalisten* (z.B. Wilhelm v. Ockham) entfällt das Problem, da sie *per definitionem* Existenz und damit auch die I. von Allgemeinbegriffen ausschließen. Nach Leibniz ist ein Seiendes* seinem Wesen nach

individuiertes Sein. Bei Locke, Schopenhauer und E. v. Hartmann sind Raum und Zeit Ip. Hegel bestimmt als notwendige* und hinreichende Bedingung des Individuums, in sich selbst reflektiert zu sein. In diesem Sinn ist strenggenommen nur das Absolute* ein Individuum.
In der analytischen* Philos. wird Aristoteles' Auffassung der Form als Ip. wiederaufgenommen. Das Problem der I. entsteht vor allem im Zusammenhang mit substantiellen Dingen, die unter bestimmte Prädikate*, sog. *sortals* (oder Gattungsbegriffe), fallen, z. B. ‹Mensch›, ‹Pferd› und ‹Stuhl›, nicht aber unter Prädikate der Art ‹ein Meter lang›, ‹rot› oder ‹Gold›. Der Unterschied kommt u. a. darin zum Ausdruck, daß wir zwar sinnvoll von einem Menschen sprechen können, aber nicht von einem Gold (wir können zwar von ‹einem Goldklumpen› reden, aber das zeigt nur, daß ‹Goldklumpen› ein ‹sortal›-Prädikat ist). Ferner können nur Menschen, nicht aber Gold gezählt werden. Um den Gebrauch von ‹sortal›-Prädikaten zu kennen, müssen wir deshalb ein Ip. für jene Dinge haben, die unter das Prädikat fallen, während Entsprechendes für andere Prädikate nicht gilt.
Seit Frege hat man sich besonders für I. abstrakter Objekte interessiert. Seine Definitionen der Richtungen geometrischer Linien und der Kardinalzahlen (auf welche Zahlbezeichnungen Bezug nehmen) gaben das Modell dafür ab. Nach Frege kann die Parallelität einer Linie mit einer gegebenen geraden Linie als Ip. für Richtungen benutzt werden. Demnach kann eine Richtung als Menge von Linien bestimmt werden, die parallel mit einer gegebenen geraden Linie verlaufen. Entsprechend gilt als Ip. für Zahlen die Möglichkeit einer eindeutigen Zuordnung von bestimmten Elementen zu den Elementen einer gegebenen Menge. Die Zahl der Planeten ist mit neun identisch, weil die Planeten einzeln den ersten neun natürlichen Zahlen zugeordnet werden können. Eine Kardinalzahl kann mit der Menge von Mengen identifiziert werden, die die gleiche Mächtigkeit hat wie eine gegebene Menge. Diese Methode der Definition durch Abstraktion kann überall da angewendet werden, wo eine geeignete Äquivalenzbeziehung* (Parallelität, Mächtigkeitsidentität) zur Festlegung eines Ip. benutzt werden kann.
Nach Strawson hat das I.-Problem mit der Art einer möglichen Identifikation bzw. Referenzbestimmung verschiedenartiger Dinge zu tun. Er betrachtet die Anwesenheit raum-zeitlich geordneter Einzeldinge *(basic particulars)* in der Umgebung des Sprachbenutzers als Bedingung der Möglichkeit von Referenzakten. Ein Referieren auf andere Gegenstandsarten, z. B. auf ein Fußballspiel, kann nur aufgrund der Möglichkeit einer Bezugnahme auf den Fußball, den Schiedsrichter, die Spielregeln und die Spieler zustande kommen.

Lit.: J. Assenmacher: Die Geschichte des Ip. in der Scholastik, 1926. R. Böhle: Der Begriff des Ip. bei Leibniz, 1978. I. Klinger: Das Prinzip der I. bei Thomas von Aquin, 1964. P. F. Strawson: Einzelding und logisches Subjekt, 1972.

Individuum (engl. *individual, paticular*; griech. *atomos*; lat. *individuum*, ungeteilt oder unteilbar), Einzelperson, Einzelgegenstand. Ein I. ist traditionell dadurch bestimmt, daß es (a) ‹nach innen› ein unteilbares Ganzes darstellt im Gegensatz zum zusammengesetzten, teilbaren Konglomerat, (b) ‹nach außen› eine Einheit darstellt im Gegensatz zu einer Mannigfaltigkeit von Einheiten und (c) ‹nach oben› etwas Partikulares* darstellt im Gegensatz zum Universalen*. 1. Nach Demokrit besteht alles in der Welt aus nicht wahrnehmbaren, unendlich kleinen materiellen Einheiten, den sog. Atomen, die die grundlegenden Einheiten der Wirklichkeit darstellen. 2. Bei Aristoteles ist die grundlegende Einheit der Wirklichkeit nicht eine nicht wahrnehmbare materielle Größe, sondern ein konkreter Gegenstand wie dieser Baum, diese Vase, dieser Mann usw., eine soge-

nannte primäre Substanz* oder ein ‹dies da› (griech. *tode ti*): «Substanz (griech. *ousia*) im eigentlichen, ursprünglichen und vorzüglichsten Sinn ist das, was weder von einem Subjekt ausgesagt wird noch in einem Subjekt ist, wie z. B. ein bestimmter Mensch oder ein bestimmtes Pferd» (*Kategorien* 2a). Im Gegensatz zum Atom Demokrits ist eine aristotelische primäre Substanz zwar nicht physisch unteilbar (ein Baum kann zerschnitten werden, eine Vase kann zerbrechen usw.), als Ganzes betrachtet aber ist sie unteilbar. Z. B. ist Sokrates eine primäre Substanz, insofern er eine Einheit aus Körper, Seele und sozialem Leben darstellt. Der Körper des Sokrates, seine Seele und seine sozialen Beziehungen können zwar eine Reihe von Veränderungen durchlaufen – aber nur bis zu einer gewissen Grenze. Wird diese Grenze überschritten, hört Sokrates auf zu existieren, und wir haben nur einen toten Körper vor uns. 3. Aristoteles versteht die I. in der Form primärer Substanzen als das ontologisch* Fundamentale, während Universalien, z. B. Mensch, Tier und Leben, nur als Eigenschaften an diesen I. existieren. Platon und später Plotin dagegen halten individuelle Phänomene für weniger wirklich als die allgemeinen Ideen*. 4. In dem sog. Universalienstreit* des Mittelalters begegnen wir dieser Divergenz in dem Gegensatz zwischen platonischem und aristotelischem Begriffsrealismus*, die sich wiederum von den beiden anderen Hauptrichtungen des Streits unterscheiden: dem Konzeptualismus* und dem Nominalismus*. Die Nominalisten behaupten, daß es nur individuelle Entitäten gebe, die recht besehen nichts anderes gemein haben, als daß wir Menschen dieselben allgemeinen Ausdrücke für sie verwenden.
5. Bei Leibniz wird die aristotelische Trennung zwischen I. und Universalem aufgegeben. Leibniz geht davon aus, daß Allgemeinbegriffe sich bis ins Unendliche spezifizieren lassen (z. B. Leben, Tier› Mensch, Mensch männlichen Geschlechts, philos. Mensch männlichen Geschlechts, philos. Mensch männlichen Geschlechts, der sich mit der ironischen Frage nach dem Guten beschäftigt usw.), so daß wir schließlich zum I. gelangen (z. B. Sokrates), der sogenannten Monade*. Es gibt somit Individualbegriffe*, die freilich nur Gott kennt. 6. Kant kritisiert Leibniz, indem er betont, daß eine vollständige Bestimmung eines I. voraussetze, daß wir den «Inbegriff aller Prädikate der Dinge überhaupt», d. h. sämtliche Eigenschaften kennen, die einem möglichen Gegenstand in jeder möglichen Welt in allen möglichen Relationen zu anderen Gegenständen zukommen. Dies kann jedoch nur ein transzendentales* regulatives Ideal* sein, nicht aber etwas, was wir zur Grundlage unserer Erkenntnis machen können. 7. Bei Hegel erhält das Individuelle erneut einen ontologisch abgeleiteten Status in bezug auf das Allgemeine: «Das Partikuläre ist meistens zu gering gegen das Allgemeine; die I. werden geopfert und preisgegeben.» 8. Im Gegensatz hierzu betont Kierkegaard vom Christentum her, daß der einzelne Mensch die ewige Aufgabe habe, ein I. vor Gott zu werden, weshalb es niemals erlaubt ist, dieses für das Allgemeine aufzugeben.
9. In der Philos. des 20. Jh. spielt der Begriff I. vor allem in der deskriptiven Metaphysik Strawsons eine Rolle. Hier bedeutet er dasselbe wie logisches* Subjekt, d. h. dasjenige, worauf sich der Subjektausdruck bezieht. Im Satz ‹a ist F› ist ‹a› der Subjektausdruck, der sich auf ein logisches Subjekt bezieht, und ‹F› ist ein Prädikatausdruck, der sich auf eine Eigenschaft* des Subjekts bezieht. Um zu definieren, was I. sind, untersucht Strawson die Bedingungen, welche eine Identifikation im Sinn einer Referenzbestimmung ermöglichen. Bezugspunkte für eine Identifikation sind nach Strawson basale Einzeldinge, d. h. materielle Körper bzw. Personen. Elementare Beispiele logischer Subjekte sind demnach kontinuierlich ausgedehnte, in Raum und Zeit begrenzte Einzeldinge. Die basalen Einzeldinge sind für Strawson eine notwen-

dige Bedingung objektiver Erkenntnis. 10. In der Logik wird das I. den Prädikaten oder Funktionen* gegenübergestellt und bezeichnet jeden Gegenstand, der in einem Urteil des Prädikatenkalküls 1. Stufe, wo nur über I. quantifiziert* werden kann, als Subjekt auftreten kann.

Lit.: J. Assenmacher: Die Geschichte des Individuationsprinzips in der Scholastik, 1926. G. Boehm/ E. Rudolph (Hg.): H. Drexler: Die Entdeckung des I., 1966. H. Heimsoeth: Atom, Seele, Monade, 1960. I. Probleme der Individualität in Kunst, Philos. und Wissenschaft, 1994. P. B. Medawar: Die Einmaligkeit des I., 1969. Ch. Riedel: Subjekt und I., 1989. H. Schmitz: Hegel als Denker der Individualität, 1957. P. F. Strawson: Einzelding und logisches Subjekt, 1972.

Induktion (von lat. *in*, in, ein, und *ducere*, führen, leiten). 1. In der Logik und Methodenlehre bezeichnet I. (auch induktiver Schluß oder Erfahrungsschluß genannt) jene Form von Schlüssen*, in der die Prämissen* die Konklusion* stützen, ohne sie jedoch logisch zu implizieren. Bei solchen Schlüssen ist es immer möglich, ohne Selbstwiderspruch die Prämissen zu behaupten und die Konklusion zu leugnen. Die grundlegende Form der I. ist I. durch einfache Aufzählung (lat. *inductio per enumerationem simplicem*). Hier wird von der Prämisse, daß sämtliche untersuchten Phänomene einer gegebenen Art A die Eigenschaft B haben, geschlossen, daß überhaupt alle A-Phänomene B haben. Man schließt von einer endlichen Reihe singulärer Aussagen ‹A_1 hat B›, ‹A_2 hat B›, ‹A_n hat B› auf die entsprechende (unbegrenzte) universelle Aussage ‹Alle A haben B› (Gegensatz Deduktion*). Andere Formen der I. sind Analogieschlüsse* (s. auch Induktionsproblem, Bestätigung, Bestätigungstheorie). 2. In der Mathematik, besonders in der Arithmetik, ist die I. eine wichtige Beweismethode. Das Prinzip der mathematischen I. kann wie folgt formuliert werden: *Wenn* die natürliche Zahl n die Eigenschaft P hat, und wenn ferner gilt, daß jedesmal, wenn n P hat, n + 1 auch P hat, *dann* haben sämtliche natürliche Zahlen P. Dieser Schluß, auch als ‹Peanos fünftes Axiom› bekannt, beruht auf dem Umstand, daß die natürlichen Zahlen gerade die Menge derjenigen Zahlen sind, die aus o durch sukzessive Addition von 1 entsteht.

Lit.: W. K. Essler: Wissenschaftstheorie III, Wahrscheinlichkeit und I., 1973. F. v. Kutschera: Nelson Goodman – Das neue Rätsel der I. In: Grundprobleme der großen Philos. Hg. v. I. Speck, 1975. W. Stegmüller: Das Problem der I. In: H. Lenk (Hg.): Neue Aspekte der Wissenschaftstheorie, 1971.

Induktionsproblem, erkenntnistheoretisches Problem der Rechtfertigung induktiver* Schlüsse, zuerst von Hume als Problem zugespitzt. Wie können universale Aussagen wie ‹Alle Raben sind schwarz› aus einer endlichen Menge singulärer Aussagen wie ‹Dieser Rabe ist schwarz› usw., die die relevanten empirischen* Daten beschreiben, hergeleitet werden? Das sog. Induktionsprinzip lautet: ‹Wenn eine Menge A (A_1, A_2, ... A_n) unter veränderten Bedingungen untersucht worden ist und alle Elemente der Menge A ohne Ausnahme die Eigenschaft B haben, können wir hieraus schließen, daß jedes Element der Menge A die Eigenschaft B hat.› Dieses Prinzip führt nicht zu logisch gültigen Schlüssen, in denen die Behauptung der Prämissen* und die Leugnung der Konklusion* selbstwidersprüchlich ist. Ein Beispiel ist die Entdeckung schwarzer Schwäne in Australien zu einer Zeit, als man sicher zu sein glaubte, daß es nur weiße Schwäne gibt. Das Prinzip kann auch nicht durch seine erfolgreiche Anwendung begründet werden: Der Schluß, ‹das Induktionsprinzip wurde mit Erfolg in Situation$_1$, Situation$_2$... Situation$_n$ angewendet, ergo kann es immer mit Erfolg angewendet werden›, ist selbst ein induktiver Schluß; dieser Beweis wäre zirkular.

Den Hintergrund für die moderne Behandlung des Problems bildet die Erkenntnis, daß es prinzipiell unmöglich ist, eine universelle Aussage endgültig auf der Grundlage noch so vieler singulärer Aussagen zu begründen. Dies gab zu verschiedensten Interpretationen Anlaß. Die Induktivisten, z. B. Carnap und Hempel, halten daran fest, daß sich die Wissenschaften induktiver Schlüsse bedienen. Sie versuchen, eine induktive Logik mit wohldefinierten Schlußfolgerungsregeln zu entwickeln. Solche induktiven Schlüsse können nach ihrer Ansicht zu Konklusionen führen, die zu einem gewissen Grad bestätigt sind. Die Falsifikationisten*, v. a. durch Popper vertreten, verwerfen das I. als irrelevant mit der Begründung, daß wissenschaftliche Verfahren nicht induktiv, sondern hypothetisch-deduktiv* erfolgen. Analytische Sprachphilos. wie z. B. Strawson meinen, das Problem sei überhaupt verkehrt gestellt, weil die Rationalität der Induktion nicht von den logischen Maßstäben anderer Schlußverfahren her beurteilt werden könne. Die Induktion sei an sich selbst schon ein Maßstab vernünftigen Denkens. Schließlich machen die Vertreter des wissenschaftsphilos. Realismus* wie R. Harré darauf aufmerksam, daß das I. auf einer vereinfachten Auslegung wissenschaftlicher Beweisführung beruht.

induktiv. 1. I. Schluß, Erfahrungsschluß (s. Induktion). 2. In der Pädagogik ist der i. Unterricht (entdeckender, heuristischer oder problemorientierter Unterricht) eine Form, in der die Schüler durch aktives Denken und Handeln Einsicht erwerben. Sie werden durch eine Aufgabe herausgefordert, die sie aufgrund ihrer materialen Vorkenntnisse nicht lösen können: Sie analysieren die Problemstellung, entwerfen Hypothesen* für eine Problemlösung und testen die Hypothesen, indem sie deren Konsequenzen darlegen. Der i. Unterricht, der auf das pädagogische Denken John Deweys zurückgeht (*How we think*, 1936), muß im Kontrast zum deduktiven* – präsentierenden, lehrergesteuerten – Unterricht gesehen werden.

Ingarden, Roman (1893–1970), poln. Philos. Studium der Philos. in L'vov (Lemberg) bei Twardowski, dann in Göttingen bei Husserl; dort auch Studium der Mathematik bei Hilbert und der Psychologie bei G. E. Müller. Diss. 1918 bei Husserl in Freiburg, 1921 Habilitation. Prof. für Philos. in L'vov 1933–39 und Krakau 1945–63. Anfang der 50er Jahre Lehrverbot wegen angeblicher Sympathie für den Idealismus*. Allerdings versteht I. selbst seine Philos. als Realismus* auf phänomenologischer* Grundlage. Er wandte sich gegen die idealistischen Tendenzen beim späten Husserl.

Ausg.: Essentiale Fragen. Ein Beitrag zum Problem des Wesens. In: Jahrbuch für Philos. und phänomenologische Forschung 7, 1925. Das literarische Kunstwerk, 1931. Der Streit um die Existenz der Welt I–III, 1964–74. Über die Verantwortung, 1970. – *Lit.:* G. Häfliger: Über Existenz. Die Ontologie R. I., 1994. Ingardeniana, 1976ff. G. Küng: Zum Lebenswerk von R. I. In: H. Kuhn u. a. (Hg.): Phänomenologica 65, 1975. W. Schopper: Das Seiende und der Gegenstand, 1974. R. M. Treber: Zur Frage der Fundierung ästhetischer Objektivität und subjektiver Relevanznahme nach R. I. Wert- und Kunstlehre, 1986.

Inhärenz (lat. *inhaerentia*, von *inhaerere*, in oder an etwas festhängen, haften), scholastische* Bezeichnung für das Verhältnis der nicht-wesentlichen Eigenschaften (Akzidentien*) zu dem, wovon sie Eigenschaften sind, d. h. zur Substanz*. Dem Substantiv I. entspricht das Adjektiv inhärent (innewohnend, anhaftend) und das Verb inhärieren, (innewohnen, anhaften, hängen an, festhalten an).

Inkonsistenz (lat. *in-*, un-, und *consistere*, zusammentreten, verharren, sich behaupten), Mangel an innerem Zusammenhang: Widerspruch. Eine Satzmenge S_1-S_n, z. B. eine Theorie, ist i., wenn sie logisch eine Kontradiktion* (Selbstwiderspruch) impliziert*. Die Teile einer solchen Satzmenge können daher nicht alle zugleich wahr sein.

Innerlichkeit 1. Im allgemeinen Sinn Bezeichnung für alle dem Subjekt* innewohnenden Veranlagungen, Gedanken, psychischen Strukturen usw., im Gegensatz zu allem dem Subjekt Äußerlichen. Oft steht I. für die Vorrangstellung der obengenannten subjektiven Elemente gegenüber allem Äußerlichen. 2. Die in sich selbst reflektierte Subjektivität. Nach Hegel zeigt diese sich in zwei Gestalten: Zum einen kann die Subjektivität als Prinzip über das bloß Äußere gesetzt werden, besonders über äußere Autoritäten, weil sie Denken und Freiheit ist. Der Mensch hat seinen Ausgangspunkt in sich selbst und darf beanspruchen, für sich selber zu denken und zu entscheiden (Gewissen). Allerdings ist die in sich reflektierte Subjektivität nicht das Allgemeine. Die zweite Gestalt ergibt sich, wenn die I. sich zum Prinzip für das Äußere selber erklärt, wenn sie sich für das Allgemeine hält. Die Freiheit der Subjektivität ist dann eine willkürliche. Gemäß Hegel muß es darum gehen, Inneres und Äußeres zu vermitteln*. 3. Die ethisch-religiös verstandene Subjektivität als das leidenschaftliche Verhältnis zur Wahrheit und als Ort, an dem die Wahrheit entschieden wird (Kierkegaard). Mit dieser Bestimmung wendet Kierkegaard den von Hegel geprägten I.-Begriff gegen Hegel selbst, indem er auf einer I. beharrt, die für das Äußere ‹inkommensurabel› ist.

Instanz (lat. *instantia*, unmittelbare Nähe, Gegenwart). 1. Ein Seiendes* (z. B. ein Gegenstand) heißt I. eines Allgemeinbegriffs (einer Universalie*), wenn es in dessen Begriffsumfang (Extension*) enthalten ist. So ist dieses Buch eine I. des Allgemeinbegriffs ‹Buch›. In diesem Sinn exemplifiziert die I. den Allgemeinbegriff. 2. Spezialfall, typisches Beispiel. 3. Stufe innerhalb der Hierarchie von Autoritäten oder Behörden (besonders in der Rechtsprechung; z. B. ist das Landgericht eine höhere I. als das Amtsgericht).

Institution (lat. *institutio*, von *instituere*, einrichten, errichten). Sozialphilos.-soziologisch meint I. ein überindividuelles Verhaltensmuster, durch das eine Gesellschaft (oder ein Teil der Gesellschaft, z. B. Kirche und Ehe) organisiert oder strukturiert wird (und zwar auch dann, wenn die betroffenen Individuen ihm nicht immer entsprechen). Dieses Muster kann entweder (wie z. B. bei A. Gehlen, N. Luhmann, B. Malinowski und H. Spencer) als System von Regeln* und Normen* oder (wie in der phänomenologischen* Soziologie) als System von Leitvorstellungen bzw. Ideen interpretiert werden. Auch ihrer Wirkung nach läßt sich die I. verschieden auslegen: 1. als Ermöglichung von sozialer Interaktion (zwischenmenschlichem Handeln) überhaupt; 2. als soziale Ordnung, die eine Gesellschaft sich gibt und mittels derer sie sich aufrechterhält; 3. als erstarrtes soziales Gebilde, das den verschiedenen Individuen von außen eine gemeinsame Lebensform aufzwingt.

Instrumentalismus (lat. *instrumentum*, Hilfsmittel, Werkzeug). Als I. werden diejenigen erkenntnistheoretischen und wissenschaftsphilos. Auffassungen bezeichnet, die in den Wissenschaften nur ein intellektuelles Werkzeug sehen, um unsere Erfahrungen im Hinblick auf eine Verbesserung unserer Handlungsmöglichkeiten systematisieren zu können. Wissenschaftliche Theorien sind nicht Beschreibungen einer tiefer liegenden Wirklichkeit, sondern eine Form von Schlußfolgerungs- und Rechenregeln, die den Übergang gegebener Basissätze* (Daten) auf neue Beobachtungsaussagen (Voraussagungen) erlauben. Die in solchen Theorien scheinbar als Aussagen auftretenden Sätze sind daher weder wahr noch falsch. Sie sind überhaupt keine Aussagen, sondern Regeln oder Definitionen. Ebenso sind für den I. die theoretischen Größen, z. B. Elektronen oder Gene, mit denen sich wissenschaftliche Theorien beschäftigen, nicht Teile der Wirklichkeit, sondern bloß nützliche Fiktionen* oder heuristische* Konstruktionen*, die eingeführt werden, um die Erfahrungen auf eine zweckmäßige Weise zu ordnen. Diese Ansicht, die bereits bei Berkeley zu finden ist, erfreut sich in diesem Jahrhundert großer Verbreitung, besonders innerhalb des Empirismus* und Pragmatismus*. Wir finden sie z. B. bei Mach, Carnap, Quine, Toulmin, Kuhn und Feyerabend. Sie ist mit dem Konventionalismus* und Operationalismus* verwandt und steht wie diese Richtungen in Gegensatz zum wissenschaftsphilos. Realismus*. Die Reduktion des Denkens auf ein bloßes Instrument zur wissenschaftlich-technischen Bewältigung unseres Lebens wurde insbesondere von der Frankfurter* Schule kritisiert.

Lit.: Th. W. Adorno u. a.: Der Positivismusstreit in der deutschen Soziologie, ²1972. P. K. Feyerabend: Realismus und I. In: Ders.: Der wissenschaftstheoretische Realismus und die Autorität der Wissenschaften, 1978. M. Horkheimer: Zur Kritik der instrumentellen Vernunft, 1967.

Intellekt (von lat. *intelligere*, erkennen, verstehen), die Fähigkeit des Denkens, Verstehens, Abstrahierens; Verstand, Vernunft*. 1. Von Aristoteles ausgehend, entwickelten Scholastiker* (u. a. Thomas von Aquin) eine Theorie, die zwischen einem aktiven und einem passiven I. als zweier verschiedener Bewußtseinsfunktionen unterschied. Der aktive I. findet die universalen Elemente auf, die in den von den Sinnen stammenden menschlichen Vorstellungsbildern enthalten sind. Der aktive I. bildet so mittels Abstraktion Allgemeinbegriffe, die an den passiven I. weitergegeben werden. Der passive I. enthält keine eingeborenen* Ideen, er ist nur mögliches Bewußtsein. Indem der aktive dem passiven I. Allgemeinbegriffe präsentiert, werden sie erst bewußt. 2. Descartes spricht vom reinen I. - in strikter Unterscheidung zu Wahrnehmung, Vorstellungskraft und Erinnerung. Der reine I. ist das Vermögen zur sicheren Erkenntnis von Vernunftwahrheiten. 3. Für einige modernere Philos. gilt der I. als überschätzte Größe, da er in Wirklichkeit der Gewalt anderer Mächte unterworfen ist. Schopenhauer sieht den I. vom Willen* gesteuert. Die Dinge als in einer Kette von Ursachen und Wirkungen stehend aufzufassen, heißt im Grunde, sie als Mittel zur Erfüllung des Willens zu betrachten. Für Nietzsche ist der I. ein Werkzeug des Willens zur Macht.

Intellektualismus, im weiten Sinn für Theorien und Auffassungen, die die Rationalität betonen. Zumeist wird der Ausdruck in einem polemischen, herabsetzenden Sinn für die Überbewertung des Intellekts verwendet. Als Gegensätze zum I. treten der Voluntarismus* (F. Paulsen) oder die Lebensphilos.* (Bergson) auf.

intelligibel (von lat. *intelligere*, ‹dazwischen lesen›, erkennen), von Verstand* oder Vernunft* erfaßbar. Als Terminus innerhalb der Philos. u. a. von Kant verwendet. Als i. werden Gegenstände bezeichnet, die allein mittels Verstand oder Vernunft vorgestellt werden können, ohne daß je eine sinnliche Anschauung hinzukommen kann. Diese Gegenstände würden einer i. Welt (lat. *mundus intelligibilis*) zugehören und nicht den Gesetzen von Raum und Zeit unterliegen; ihre Erkenntnis würde allerdings eine intellektuelle Anschauung* voraussetzen. Eine solche steht dem Menschen aber nicht zur Verfügung, Erkenntnis von Gegenständen ist allein dort möglich, wo sinnliche Anschauung vorhanden ist. Während Kant für die theoretische Vernunft die Möglichkeit der Einsicht in eine i. Welt negiert, hält er für die praktische Vernunft die Annahme einer i., moralischen Welt für unverzichtbar. Denn die für die Willensbildung in sittlichem Handeln maßgeblichen Gesetze sind selbst keine Erscheinungen, noch können sie es sein, wenn die Willensbestimmung auf Freiheit beruhen soll. Der Mensch gehört aufgrund seiner Freiheit und der aus ihr fließenden Gesetzmäßigkeiten sittlichen Handelns der i. Welt an.

Lit.: J. Ritter: Mundus intelligibilis, 1987.

intendieren (lat. *intendere*, richten auf). 1. Die Aufmerksamkeit auf etwas richten. 2. Mit Handlungen* eine bestimmte Absicht (Intention*) oder einen bestimmten Zweck verfolgen. Zu unterscheiden sind die intendierten Folgen (z. B. ein Brot schneiden) und die nichtintendierten Folgen der Handlung (z. B. sich in den Finger schneiden), also die beabsichtigten und die unbeabsichtigten Konsequenzen.

intensionaler Kontext. Ein Kontext* wie ein Satz oder eine Satzverbindung heißt i. (oder nicht-extensional bzw. opak), wenn im allgemeinen gilt, daß in diesem Kontext auftretende singuläre Ausdrücke, generelle Ausdrücke oder Sätze nicht mit anderen Ausdrücken gleicher Referenz* (singuläre Ausdrücke), gleicher Extension* (generelle Ausdrücke) oder gleichem Wahrheitswert* (Sätze) ausgetauscht werden können, ohne den Wahrheitswert des Ganzen zu verändern. So enthält der Satz ‹Martin glaubt, daß der Mond ein Himmelskörper ist, der von einem Menschen betreten worden ist› einen i. K. im Verhältnis zu dem singulären Ausdruck ‹der Mond›, dem generellen Ausdruck ‹ein Himmelskörper, der von einem Menschen betreten worden ist› und dem Satz ‹Der Mond ist ein Himmelskörper, der von einem Menschen betreten worden ist›. Ein im einzelnen richtig durchgeführter Austausch ergäbe z. B. den neuen Satz ‹Martin glaubt, daß der einzige natürliche Trabant der Erde ein Himmelskörper ist, der einen Einfluß auf die Gezeiten hat›, der als Ganzheit falsch ist, weil Martin nicht dies, sondern nur das mit dem ersten Satz Gemeinte glaubt.

intentio (lat., Spannung, Anstrengung, Vorhaben, Absicht, Aufmerksamkeit). Das Wort wird von alters her in zwei Bedeutungen gebraucht, die aber oft nicht unterschieden werden. 1. Es dient zur Kennzeichnung einer Absicht des Bewußtseins, der Bewußtseinstätigkeit ‹beabsichtigen›. 2. Es bezeichnet die Ausrichtung jeder Absicht auf einen Gegenstand, die Gerichtetheit des Bewußtseinsaktes.
In der spätantiken und scholastischen* Philos. wird i. in der ersten Bedeutung in Zusammenhang mit dem religiösen Zweck des Lebens gebracht. Die Absichten des Willens müssen mit der Ausrichtung der Seele auf ein positives Verhältnis zu Gott in Einklang stehen. Die zweite Bedeutung wird mitunter im Sinn von ‹aufmerksam machen› auf einen bestimmten Inhalt mittels Büchern, Briefen und Reden gebraucht. Bei Husserl bezeichnet i. das Gerichtetsein des Bewußtseins auf ein *intentum*, d. h. auf einen Gegenstand mit einer bestimmten Bedeutung; i. ist daher ein Zug der Intentionalität*. Es wird von einem intentionalen Erlebnis oder Bewußtseinsakt gesprochen.

Intention (von lat. *intentio**, Absicht, Spannung). 1. Die einer Handlung zugrundeliegende Absicht, Zweck und Ziel von bewußten Handlungen. 2. Die von Brentano und Husserl hervorgehobene Gerichtetheit aller Bewußtseinsakte auf einen Inhalt (vgl. Intentionalität). 3. Während es sich bei (1) und (2) um zwei eng miteinander verbundene Bedeutungen handelt, darf dieser bewußtseinsphilos. Fachausdruck ‹I.› nicht mit dem logisch-semantischen Fachausdruck ‹I.› verwechselt werden. Letzterer dient als Bezeichnung für die Bedeutung eines Ausdrucks oder den Inhalt eines Begriffs.

Intentionalität (von lat. *intendere*, sich wenden gegen, zielen; vgl. auch das lat. *intentio*, Spannung, Absicht, Aufmerksamkeit). I. wird besonders in Verbindung mit Bewußtsein* oder Bewußtseinszuständen verwendet und bezeichnet ein Strukturmerkmal des Psychischen schlechthin. I. meint (1) die Gerichtetheit des Bewußtseins auf einen Sachverhalt, (2) das Überschreiten (Transzendieren, vgl. immanent/transzendent) des Bewußtseins auf ein außerhalb seiner selbst Liegendes hin und (3) die Beziehung, die zwischen dem gerichteten Bewußtsein und seinem Objekt besteht.

Schon bei Aristoteles und in der scholastischen* Philos. finden sich Theorien über I. Aber im Gegensatz zu modernen Theorien unterscheidet man nicht scharf zwischen I. als erkenntnistheoretischem Begriff eines Bewußtseins, das auf etwas anderes gerichtet ist, und I. als psychologisch-physiologischem Begriff von kausalen Beziehungen, die zwischen dem Objekt des Bewußtseins und dem Bewußtsein selbst bestehen.

Die neuzeitliche Diskussion um die I. setzt mit Brentano ein. Der Ausdruck I. dient ihm zur Unterscheidung zwischen dem Psychischen und dem Physischen. Das Psychische (Mentale) ist durch sein «Verhältnis zu einem Inhalt» charakterisiert, es ist «auf ein Objekt gerichtet». Ob dieses Objekt existiert, ist nicht entscheidend. Wichtig ist, daß das Bewußtsein, im Gegensatz zum bloß Physischen, auf ein Anderes verweist. – Unter Berufung auf Brentano hat Husserl den I.-Begriff in seiner Phänomenologie aufgenommen und weiterentwickelt. I. hat bei Husserl folgende Merkmale: (1) Das Gerichtetsein auf ein Ding, einen Sachverhalt*, einen Zweck, eine mathematische Entität*, eine Idee* usw. (2) Die I. kann aufgeteilt werden in das, worauf sich das Bewußtsein richtet (*intentum, noema* oder *cogitatum* genannt), und das intendierende Bewußtsein selbst (*intentio**, *noesis, cogitatio*). (3) Auf der intentio-Seite kann wiederum zwischen zwei Erlebnisarten unterschieden werden: die eigentlich intentionalen Bewußtseinszustände (die Akte*) und die bloßen Empfindungsdaten, die nicht selbst intentional sind, sondern als «Träger» der Bewußtseinszustände fungieren. (4) Diese Akte finden wir im Bewußtseinsstrom, der (5) auf ein Ich*, als dem Identitätspol des Bewußtseins, verweist. (6) Auf der intentum-Seite gibt es einen Gegenstand, z.B. ein Ding, einen Sachverhalt oder eine Idee, wobei dieser Gegenstand (7) durch einen Sinn und eine Bedeutung intendiert wird. (8) Der Gegenstand kann mehr oder weniger gegeben sein. Der direktesten Gegebenheit entspricht auf der intentio-Seite die sog. Anschauung* der ‹Sache* selbst› oder des Phänomens*. (9) Jedes intentum wird vor dem Hintergrund einer Reihe nicht thematisierter, möglicher intenta gegeben, die den Horizont des thematisierten intentums ausmachen. Die Synthese sämtlicher möglicher intenta ist die Welt*, wenn man mit dem Wort ‹Welt› nicht eher die Idee einer Synthese aller möglichen Horizonte bezeichnen will.

Die späteren Phänomenologen haben den Husserlschen I.-Begriff übernommen, aber auf verschiedene Weise modifiziert. So haben die meisten (darunter auch der ältere Husserl) die Lehre der Sinnes- oder Empfindungsdaten wieder aufgegeben. Heidegger und Sartre haben die Lehre vom Ich als Identitätspol des Bewußtseinsstroms verlassen und die Existenzweisen eines intentional Seienden untersucht. Merleau-Ponty kritisiert den gängigen phänomenologischen I.-Begriff, wo dieser als eine bewußte Gerichtetheit auf einen Gegenstand begriffen wird. Den bewußten Denkakten geht eine ursprüngliche I. voraus, die in einem (impliziten*) körperlichen Sichverhalten zu den Phänomenen besteht.

Lit.: F. Brentano: Psychologie vom empirischen Standpunkt, 3 Bde., 1924/25/28. R. Chisholm: Die erste Person. Referenz und I., 1992. E. Husserl: Logische Untersuchungen I–II, 1900–1901. I. und Verstehen. Hg. v. Forum für Philos. Bad Homburg, 1990. J.R. Searle: Intentionality: An essay in the philosophy of mind, 1983 (dt. I., 1991).

Interaktion (von lat. *inter*, zwischen, und *actus*, Handlung), Wechselwirkung zwischen physischen Körpern oder Wechselbeziehungen zwischen Menschen. – Der sog. *Interaktionismus*, zu dessen ersten Vertretern etwa J.M. Baldwin und G.H. Mead gehören, wendet sich gegen jede Theorie der einseitigen Determination, die entweder, wie der Soziologismus, einseitig die Abhängigkeit des Individuums von der Gesellschaft betont oder, wie der Psychologismus, einseitig die Abhängigkeit der Gesellschaft von den einzelnen Individuen. Bedeutsam wurde der Interaktionismus vor allem durch seine eingehenden Untersuchungen kommunikativer Vorgänge zwischen Tieren und zwischen Menschen. Der jüngste Versuch einer Integration dieser Untersuchungen ist die von Habermas im Anschluß an die Sprechakttheorie entwickelte Theorie des kommunikativen Handelns. Im Unterschied zum strategischen, erfolgsorientierten Handeln, das auf einseitige Beeinflussung des anderen abzielt, ist das kommunikative Handeln nach Habermas grundsätzlich verständnisorientiert; es macht von Sprechakten Gebrauch, die den Anspruch erheben, von den anderen Gesprächsteilnehmern als normativ richtig, sachlich wahr und wahrhaftig akzeptiert zu werden.

Lit.: J. Habermas: Theorie des kommunikativen Handelns, 2 Bde., 1981. G. H. Mead: Geist, Identität und Gesellschaft, 1968.

Interesse (von lat. *inter*, zwischen, und *esse*, sein). Ursprünglich kommt das Wort I. aus der Handels- und Rechtssprache und erhält erst in der Staatsphilos. des 17. und 18. Jh. philos. Bedeutung: I. bezeichnet (a) Gewinn, Nutzen, Bedürfnisse, die man zu erringen resp. zu haben glaubt, wie auch die damit verbundene Aufmerksamkeit resp. das Gefallen daran und das Streben nach Befriedigung von Bedürfnissen resp. nach Erringung eines Nutzens. (b) Als I. werden auch die Bedürfnisse bezeichnet, die man tatsächlich besitzt – unabhängig davon, ob man sich ihrer bewußt ist oder nicht. In beiden Bedeutungen kann man sagen, daß Individuen, Gruppen, Institutionen und Staaten ihre I. haben. Strittig innerhalb der Staatsphilos. ist das Verhältnis zwischen den I. des Individuums, der Gruppe, der Institutionen und des Staats. Nach Hobbes stellen die Eigeni. der Individuen für das Allgemeine des Staats eine Bedrohung dar. A. Smith seinerseits ist der Meinung, daß im freien Zusammenspiel der privaten I. diese sich auf längere Sicht mit dem staatlichen Allgemeini. in Übereinstimmung befinden. Moral und Tugend bilden das Korrektiv des Gesamti., wenn dieser gesellschaftliche Automatismus nicht effektiv genug funktioniert. Rousseau wiederum trennt die Privati. vom Allgemeini. und bestreitet, daß die Vereinigung von Privati. das Allgemeini. oder den Gemeinwillen *(volonté générale)* hinreichend ausdrückt. Hegel betrachtet die bürgerliche Gesellschaft als Ort der verschiedenen, sich widerstreitenden Privati. Diese unterscheiden sich insofern von bloß tierischen Begierden und natürlichen Bedürfnissen, als sie in einen vorgegebenen gesellschaftlichen Arbeits- und Rechtszusammenhang eingebettet sind. Dieser Zusammenhang ermöglicht die gegenseitige Anerkennung der Privati. anderer und das Abschließen von Verträgen, so daß bereits vor der Ausformung der bürgerlichen Gesellschaft ein gewisses Allgemeini. existiert. Die Geschichte entwickelt sich nach Hegel auf die Verwirklichung eines freien Staates hin, in welchem dieses Allgemeini. dann voll zur Geltung kommt. Hegels Begriff des I. wird von Marx übernommen. Doch ihm gemäß verwirklicht der bürgerliche Staat keineswegs das Allgemeini. Denn er berücksichtigt nur die I. der besitzenden Klasse, nicht aber die des Proletariats. Innerhalb des Marxismus* wird zwischen den objektiven I. und den subjektiven I. des Individuums unterschieden. Als objektive I. gelten jene Bedürfnisse, die das Individuum mit seiner Klasse und dem Streben nach ihrer Erfüllung teilt; als subjektive I. gelten diejenigen Bedürfnisse, die das Individuum zu haben glaubt und deshalb zu erfüllen sucht. Politisch gesehen sind die subjektiven I. den objektiven I. der historisch führenden Klassen unterzuordnen, und ein Individuum wird bei Erkenntnis seiner wahren Bedürfnisse deren Identität mit den objektiven I. feststellen.

Kierkegaard stellt in Abrede, daß der bis

anhin diskutierte politisch-ökonomische Begriff des I. der grundlegende sei. Denn auf der politisch-ökonomischen Ebene bleibt ein I. etwas Äußerliches, das ein Individuum, eine Gruppe, eine Institution oder ein Staat hat oder nicht hat – im selben Sinn, wie man ein I. gewinnt oder verliert. I. in der existenzphilos. Bedeutung Kierkegaards kann weder gewonnen noch verloren werden; das Individuum als solches ist interessiert; der Mensch (oder das Selbst) ist nur Mensch, indem er interessiert ist. Er existiert als *inter-esse*, als Zwischensein zwischen den endlichen Verhältnissen und der unendlichen Forderung, zwischen der zeitlichen Gebundenheit an den Augenblick und dem ewigen Horizont* aller Handlungen. Beim Menschen kann dieses oder jenes Bedürfnis vorliegen, hinzu- oder abhanden kommen; aber das grundlegende I. an der Frage, was es heißt, als Mensch zu existieren, kann er nicht verlieren, ohne aufzuhören, ein Mensch zu sein.

Habermas lehnt die klassische Auffassung von Erkenntnis, Theorie und Wissenschaft als interesseloses Betrachten ab. Statt dessen hebt er hervor, daß Erkenntnis, Theorie und Wissenschaft von verschiedenen Erkenntnisi., d. h. nichttheoretischen Zwecken, denen die Erkenntnis dienen soll, geleitet werden. Die Naturwissenschaften folgen einem technischen Erkenntnisi.; sie streben nach Erkenntnis der Möglichkeiten zur Beherrschung und Veränderung der Natur mit Hilfe technologischer Eingriffe. Die Geistes- bzw. Sozialwissenschaften dagegen sind von einem praktischen bzw. emanzipatorischen Erkenntnisi. geleitet; ihnen geht es um das Verstehen* der zwischenmenschlichen Verhältnisse, die eine freie intersubjektive* Praxis fördern oder hemmen.

Lit.: J. Habermas: Erkenntnis und I., 1968. J. Mittelstraß: Über I. In: Ders. (Hg.): Methodologische Probleme einer normativ-kritischen Gesellschaftstheorie, 1975. H. Neuendorff: Der Begriff des I. Eine Studie der Gesellschaftstheorien von Hobbes, Smith und Marx, 1973.

intersubjektiv (von lat. *inter*, zwischen, und *subjectum*, unten liegend), ‹zwischen den Subjekten› (vgl. Subjekt/Objekt), dasjenige, was (prinzipiell) für mehrere oder alle Subjekte (Bewußtsein*) zugänglich, erkennbar oder begreifbar ist, im Gegensatz zum Subjektiven oder Privaten. 1. Ein Seiendes*, z. B. ein Objekt, ist i. zugänglich, wenn es prinzipiell mehreren Subjekten mehr oder weniger direkt vorliegen kann. Bloße Sinnesdaten* sind Beispiele privater Entitäten*, denn sie sind nur dem Subjekt zugänglich, das sie hat. Physische Gegenstände in unserer unmittelbaren Umgebung werden normalerweise als i. zugänglich angesehen. Theoretische Entitäten in den Wissenschaften, z. B. Atome oder Gene, können nicht direkt beobachtet werden; aber sie gelten dennoch als i., weil die Aussagen, mit denen sie beschrieben werden, zum Gegegenstand i. gültiger Tests gemacht werden können. 2. Eine Aussage drückt eine i. gültige Erkenntnis aus, wenn sie sich mittels Verfahren, die prinzipiell von jedem kontrolliert werden können, als wahr, wahrscheinlich oder akzeptabel erwiesen hat. 3. Ein sprachlicher Ausdruck hat einen i. Sinn*, wenn im Prinzip jeder imstande ist, dessen korrekten Gebrauch zu lernen. So behauptet der späte Wittgenstein die Unmöglichkeit privater* Sprachen: Der Sinn eines Ausdrucks ist bestimmt durch die Art und Weise, wie man ihn gebraucht. Namentlich Quine und Dummett haben seither Gewicht darauf gelegt, daß die Sprache dem Öffentlichkeitsprinzip verpflichtet ist. Eine der Versionen dieses Prinzips lautet, daß der Sinn eines sprachlichen Ausdrucks dann erschöpfend charakterisiert ist, wenn festgelegt ist, unter welchen i. zugänglichen Umständen ein kompetenter Sprachbenutzer auf für andere nachvollziehbare Weise zu erkennen geben kann, daß der Ausdruck Anwendung findet. 4. Der Konsens*, d. h. die Einigkeit zwischen mehreren oder allen Subjekten, wird mitunter als i. Konsens bezeichnet. Der Ausdruck ist jedoch ein Pleonasmus.

Intuition (von lat. *intuitio* oder *intuitus*, Anblick, Anschauung; engl. *intuition*; franz. *intuition*;), unmittelbare Erfassung von Gegebenheiten und Sachverhalten. Innerhalb der Geschichte der Philos. dient I. zur Bezeichnung recht unterschiedlicher Erkenntnisformen, denen aber die drei folgenden Elemente gemeinsam sind: (a) Die intuitive Erkenntnis steht im Gegensatz zur sog. diskursiven* Erkenntnis, d. h. einer Erkenntnis, die durch Zwischenglieder, Schlußfolgerungen erreicht wird, während die intuitive Erkenntnis unmittelbar und direkt (z. B. in einer besonderen Anschauung) erfolgt. (b) Die intuitive Erkenntnis wird durch eine eigentümliche Anwesenheit des Erkannten charakterisiert; der Abstand zwischen Erkenntnis und Erkanntem ist in der I. überwunden. Einige Philos. verstehen die Rede von solcher ‹Anwesenheit› (oder ‹Abwesenheit›) in einem übertragenen, andere sogar in einem buchstäblichen Sinn (vgl. Anschauung). (c) Der intuitiven Erkenntnis wird zumeist ein besonderes Maß an Sicherheit zugesprochen. Abgesehen von diesen gemeinsamen Merkmalen werden der I. innerhalb der einzelnen philos. Theorien sehr unterschiedliche Erklärungsleistungen aufgebürdet, so daß auch deren Stellung innerhalb der Theorien alles andere als einheitlich ist. Folgende Bedeutungen lassen sich unterscheiden:
1. I. als sog. geistige Einsicht in das Wesen* oder die Idee* der Welt. Sie ist im Gegensatz zu Wahrnehmung* und Verstand* nicht an die sinnlich erfahrbaren Phänomene gebunden, die als mehr oder weniger zufällige Erscheinungsformen des Wesens (der Idee) gelten. Dieses Verständnis von I. findet sich vor allem im Platonismus*. Es ist dort Teil der Lehre von den verschiedenen Erkenntnisstufen, die verschiedenen ontologischen* Stufen entsprechen. Als höchste Erkenntnisform entspricht die I. ontologisch der Idee des Guten, dem Sein* oder dem Einen*. Der Neuplatoniker Plotin verdeutlicht die I. durch eine Analogie* mit dem Sehen (sinnlichen Schauen): Wie beim Sehen ist in der I. das Erkannte anwesend. Allerdings handelt es sich nur um eine Analogie; denn während im Sehen der Unterschied zwischen der Erkenntnis und ihrem Gegenstand (Objekt) bestehen bleibt, wird in der I. dieser Unterschied gerade aufgehoben. Von der platonischen Tradition ist auch Spinozas Unterscheidung zwischen unbestimmter (vager), adäquater* und intuitiver Erkenntnis beeinflußt. Dasselbe gilt für Schellings Begriff der intellektuellen Anschauung*.
2. I. als Einsicht in das Nichtzusammengesetzte und Einfache. Diese Bedeutung von I. verwendet Descartes in seiner erkenntnistheoretischen Methodik: Aufgabe der Wissenschaft ist das Analysieren eines Problems, so daß es in immer einfachere Teile zerlegt wird. Am Ende der Analyse stehen simple, selbsteinleuchtende Wahrheiten, die durch I. erkannt werden. Die menschliche Erkenntnis ist deswegen in solcher I. fundiert. Auch für Leibniz leistet die I. die Erkenntnis der ursprünglichen einfachen Begriffe oder einfachen Urteile* (bzw. Wahrheiten), die für alle komplexen Begriffe und Urteile die Grundlage bilden. Locke zufolge beruht jede Erkenntnis auf einer Verknüpfung der sog. Ideen (engl. *ideas*). Durch I. lassen sich nun die einfachsten Beziehungen zwischen diesen Ideen erkennen wie die von Identität und Verschiedenheit (z. B. zwischen Schwarz und Weiß, Dreieck und Viereck). Die Erkenntnis komplexer Ideen und der Verbindung zwischen ihnen erfordert dagegen diskursive Beweise. Entsprechend versteht Hume unter I. die unmittelbare Einsicht in einfache, rein logische und mathematische Axiome* wie die Einsicht in die Gültigkeit des Kontradiktionsprinzips*.
3. I. als Erfahrung des hier und jetzt Wahrgenommenen im Gegensatz zur Vernunft, die Abstraktionen* benutzt. Diese Bedeutung der I. verwendet u. a. Schopenhauer in seiner Kritik am begrifflichen Denken. Gleichzeitig ist für

ihn die direkte Einsicht, daß das Wesen des eigenen Ich und der Welt reiner Wille* ist, I.

4. I. als das in der Anschauung oder Erfahrung des direkt Gegebenen* Anwesende. In diesem Sinn verwenden Husserl und andere Phänomenologen* I. als erweiterten phänomenologischen Begriff; er ermöglicht es, von einer intuitiven Erkenntnis des Wesens* oder von Wesensschau* zu sprechen.

5. I. als Erfahrung (Einsicht in oder Erfassen) des Gegenstands (Objekts) in seiner Ganzheit – im Gegensatz zu den bloß auf diesen oder jenen Teil bezogenen Einzelerfahrungen und ihrer nachträglichen Zusammenfügung. – I. als methodische Erfahrung des direkt oder unmittelbar Gegebenen in seiner Ganzheit – im Gegensatz zum abstrakten, diskursiven* Denken (z. B. bei Bergson). – I. als mehr oder weniger unbegründete Einfälle, die der Aufstellung wissenschaftlicher Hypothesen* zugrunde liegen. Der I. in dieser Bedeutung, wie moderne Wissenschaftstheoretiker* den Begriff verstehen, wird keine besondere Sicherheit zugeschrieben.

Lit.: J. König: Der Begriff der I., 1926.

Intuitionismus, ethischer (von lat. *intueri*, anschauen, betrachten). 1. Ethische Theorie, der zufolge es eigenständige moralische Tatsachen gibt und diese durch unmittelbare Einsicht (Intuition*) erkannt werden können. Im Gegensatz zum ethischen Naturalismus* und anderen Theorien behauptet der e. I., daß sich moralische Phänomene nicht auf Außermoralisches zurückführen lassen. Die Aussage ‹Es ist gut, Freunden in der Not zu helfen› ist für den e. I. von allen anderen Aussagen über dasselbe Thema qualitativ verschieden (z. B. von den Aussagen ‹Solche Hilfeleistung liegt letztlich im eigenen Interesse› oder ‹Sie ist von Gott geboten›). Wenn zwei Personen in einer moralischen Frage nicht übereinstimmen, obwohl sie sich in allen außermoralischen Aspekten der Frage einig sind, besteht keine (diskursive*) Einigungsmöglichkeit mehr; es bleibt nur die gegenseitige Empfehlung, sich nochmals zu besinnen. Der e. I. stützt sich darauf, daß sich die grundlegenden moralischen Urteile in unmittelbarer Erkenntnis als evident erweisen. Obwohl der e. I. also von moralischer Erkenntnis spricht, macht er keinerlei Angaben, wie eine Begründung oder Überprüfung der moralischen Erkenntnis möglich ist. Schon aus diesem Grund findet der e. I. heute kaum noch Anhänger. Herausragende Vertreter des e. I. waren Price, Butler, Reid, Sidgwick, Scheler, N. Hartmann und Moore. – 2. Ethische Theorie, für die es unbedingt zu befolgende moralische Prinzipien gibt – ohne jede Rücksicht auf die jeweiligen Folgen. In dieser Bedeutung steht der I. im Gegensatz zum Utilitarismus* und anderen Formen teleologischer Ethik (Prichard, W. D. Ross). Allerdings ist diese Bedeutung des Wortes I. heute nicht mehr üblich. Statt dessen spricht man von ‹deontologischer* Ethik›.

Lit.: F. Brentano: Vom Ursprung sittlicher Erkenntnis, 1889, ^{4}1955. N. Hartmann: Ethik, ^{4}1962. G. E. Moore: Principia Ethica, 1970. W. D. Ross: Foundations of Ethics, 1939, ^{5}1963. M. Scheler: Der Formalismus in der Ethik und die materiale Wertethik, ^{2}1921.

Intuitionismus, mathematischer (von lat. *intueri*, betrachten), mathematische Schule, die von L. E. J. Brouwer Anfang des 20. Jh. begründet wurde. Ihr Ausgangspunkt ist das Problem der Vermeidung von Antinomien der Mengenlehre, für dessen Lösung sie die mathematischen Ideen von L. Kronecker (1823–91) und J. H. Poincaré sowie die philos. Theorie Kants fruchtbar zu machen versuchte. Der I. hat für die Grundlagendiskussion der Mathematik eine bedeutende Rolle gespielt und Einfluß auf die spätere Sprachphilos. (Dummett) ausgeübt.

Für den I. ist die Mathematik eine Konstruktion des menschlichen Bewußtseins. Wenn ein Satz eine mathematische Wahrheit ausdrückt, bedeutet das, daß er auf dem Weg über einige einfache und einleuchtende Konstruktionsschritte gewonnen worden ist. Diese Konstruktionsschritte beruhen auf einer ‹Intuition› synthetisch apriorischer* Prinzipien. Die Forderung, daß sich alle mathematischen Wahrheiten im Prinzip konstruieren lassen müssen, hat zur Folge, daß man eine Reihe von logischen Prinzipien aufgeben muß, die für die ‹klassische› Mathematik grundlegend sind. Das wichtigste dieser aufzugebenden Prinzipien ist das Prinzip des ausgeschlossenen Dritten: Für jeden Satz p gilt, daß p oder nicht-p. Der m. I. sieht die Falschheit eines Satzes ausgewiesen im Beweis, daß seine Wahrheit einen Selbstwiderspruch impliziert. In jenen Fällen, wo ein Satz weder bewiesen noch widerlegt werden kann, haben wir keinerlei Recht zu behaupten, daß der betreffende Satz entweder wahr oder falsch sei. Das trifft z. B. auf den Satz zu: ‹Jede gerade Zahl, die größer ist als 2, kann als Summe zweier Primzahlen ausgedrückt werden.›

Lit.: L. E. J. Brouwer: I., 1992.

Ironie (gr. *eironeia*, das Verhalten eines *eiron*, d. h. einer Person, die sich verstellt). In allg. Sinn eine Redeweise oder eine rhetorische Figur, bei der das Gesagte und das Gemeinte beabsichtigterweise nicht übereinstimmen, so aber, daß dies als Schein für den Zuhörer resp. Leser durchschaubar ist. 1. Der Kernpunkt der sokratischen I. ist das Vortäuschen von Unwissenheit in einer (philos.) Diskussion. Dadurch will der Ironiker sich selbst und die Gesprächspartner dazu zwingen, die Grundlagen dessen zu untersuchen, was gemeint, aber nicht sicher gewußt wird. 2. Die romantische I., u. a. bei F. Schlegel, sieht I. nicht nur im Menschen (als Unterschied zwischen Sagen und Meinen, als Verstellung); die Wirklichkeit selbst, über die gesprochen wird, ist ironisch: Sie stimmt nicht mit dem in der Poesie als einem Ideal Dargestellten überein. Die Philos. wird ironisch, indem sie einerseits auf Ideale sich richtet, andererseits deren Existenz und deren tradierten Inhalt anzweifelt – ohne daß sie neue Ideale an die Stelle der alten zu setzen vermag. 3. Kierkegaard definiert im Anschluß an Hegels Romantikkritik I. als «die unendliche *absolute* Negativität. Sie ist *Negativität*, denn sie tut nichts als verneinen; sie ist *unendlich*, denn sie verneint nicht diese oder jene Erscheinung; sie ist *absolut*, denn dasjenige, kraft dessen sie verneint, ist ein Höheres, das jedoch nicht ist» (*Über den Begriff der Ironie*, 1841; Gesammelte Werke, 31. Abt., S. 266). Im Spätwerk Kierkegaards steht das Wort I. für eine Existenzweise zwischen dem ästhetischen und dem ethischen Stadium.

Isomorphie (von griech. *isos*, gleich, unparteiisch, und *morphe*, Gestalt), Beziehungs- oder Strukturgleichheit. Eine I. liegt z. B. zwischen dem Abstand zweier Orte einer Gegend und dem Abstand der zwei entsprechenden Punkte auf einer Karte dieser Gegend vor. In der Philos. ist der Begriff u. a. von Wittgenstein (*Tractatus logico-philosophicus*, 1922) verwendet worden, um das Verhältnis zwischen Sprache (Denken) und Wirklichkeit zu erklären. Sprache und Wirklichkeit sind i., so daß gesagt werden kann, daß die einfache Sachverhalte* ausdrückenden Sätze die Wirklichkeit abbilden. Mehrere Psychologen, u. a. Gestaltpsychologen, nehmen eine I. zwischen physiologischen Gehirnprozessen und entsprechenden Wahrnehmungen im Bewußtsein an.

I-Urteil (‹I› von lat. *affirmare*, bekräftigen). Scholastische* Bezeichnung für das partikular bejahende Urteil ‹Einige S sind P› in der Lehre der Syllogismen*. – Vgl. Logik, klassische.

Jacobi, Friedrich Heinrich (1743–1819), dt. Philos. Zunächst Kaufmann, später Beamter. 1807–12 Präsident der Bayerischen Akademie der Wissenschaften in München. – J. hat zeitlebens großen Wert auf die kritische Diskussion mit zeitgenössischen Denkern gelegt, besonders mit Mendelssohn, Kant, Fichte und Schelling. Er selbst ist vor allem von seinem Freund Hamann beeinflußt. Einige seiner Arbeiten nahmen großen Einfluß auf die Entwicklung der Philos. nach Kant. Daß z. B. Spinozas Philos. zu einem wichtigen Thema innerhalb des dt. Idealismus* wurde, verdankt sich besonders J. Auseinandersetzung mit Mendelssohn. Er wertet die spinozistische Philos. als konsequenten Rationalismus*, für den alles einer notwendigen Bestimmung unterliegt. Jede Verstandesphilos. führe zum Pantheismus*, der im Grunde Atheismus bedeute* (vgl. Pantheismusstreit). Bei Kant unterzog er u. a. dessen Affektionslehre einer Kritik, weil diese ein Kausalverhältnis zwischen Ding an* sich und den Sinnen voraussetze, was aber nach Kant nicht der Fall sein dürfe. Und wie bei Spinoza kritisiert er Kants Primat des Verstands. Er selbst dagegen entwickelt eine Philos. der unmittelbaren Gewißheit. Die Wirklichkeit an sich ist dem Menschen unmittelbar gegeben, nämlich im Glauben oder Gefühl. Damit gewinnt der Glaubensbegriff, den Kant auf das Ethisch-Religiöse beschränkt hatte, eine erweiterte und erkenntnistheoretisch grundlegende Bedeutung. Hier schließt J. an Hume an: ‹Glaube› heißt, etwas unmittelbar als wirklich anzuerkennen, d. h. unmittelba-

Friedrich Heinrich Jacobi

re Gewißheit oder unmittelbares Wissen. Insofern ist der Glaube eine Bedingung diskursiver* Erkenntnis, weil diese immer etwas als gegeben voraussetzen muß. Diese allgemeine Bedeutung des Glaubens verbindet J. mit der religiösen Bedeutung des Glaubens an Gott: Auch der religiöse Glaube ist eine unmittelbare Gewißheit, die sich dem Denken entzieht. Seine Kritik am Rationalismus und sein Festhalten an der Bedeutung des Lebensvollzugs machten ihn zum Wegbereiter der Romantik.

Ausg.: Werke I–VI, ND 1968. Briefwechsel, 1981 ff. – *Lit.:* G. Baum: Vernunft und Erkenntnis. Die Philos. F. H. J., 1969. O. F. Bollnow: Die Lebensphilos. F. H. J., ²1966. K. Hammacher: Die Philos. F. H. J., 1969.

Jakobson, Roman (1896–1982), russ.-amerik. Sprach- und Literaturwissenschaftler. Von 1915–20 führende Gestalt des Moskauer Linguistenkreises, der u. a. von de Saussure und von Husserls Phänomenologie* beeinflußt war. 1920 emigrierte J. in die Tschechoslowakei und gehörte 1926 zu den Gründern der sog. Prager Schule. 1939 flüchtete er (als

Jude) über Dänemark und Norwegen nach Schweden, 1941 in die USA; ab 1949 war er Prof. in Harvard. – Sprachwissenschaftlich setzt J. weitgehend die Arbeit de Saussures fort, revidiert aber dessen Programm einer strukturellen Linguistik (vgl. Strukturalismus) in entscheidenden Punkten: Er will Sprachsystem *(langue)* und Sprachverwendung *(parole)* im Zusammenhang untersuchen.

Ausg.: Selected writings, 8 Bde., 1962–88. Hölderlin, Klee, Brecht. Zur Wortkunst dreier Gedichte, 1976. Poetik. Ausgewählte Aufsätze, 1979. Poesie und Grammatik. Dialoge, 1982. Die Lautgestalt der Sprache, 1986.

Jamblichos (geb. spätestens 280 n. Chr.), griech. Philos. Schüler des Porphyrios*, Begründer des syrischen Neuplatonismus*, Verfasser von Platon- und Aristoteles-Kommentaren. J. wendete sich gegen Plotin und versuchte, dessen Prinzip des ‹Einen› mit einem völlig eigenschaftslosen Absoluten zu überwinden. Sein Werk ist von synkretistischen Tendenzen geprägt.

Ausg.: De vita Pythagorica liber – Pythagoras. Legende, Lehre, Lebensgestaltung, griech.-dt., 1963. Adhortatio ad philosophiam (Protreptikos), 1888 (ND 1967). – *Lit.:* J. Bidez: Der Philos. I. und seine Schüler. In: C. Zintzen (Hg.): Philos. des Neuplatonismus, 1977.

James, William (1842–1910), amerik. Psychologe und Philos., von 1880–1907 Prof. an der Harvard Univ. Mit den psychologischen Theorien, die er in *The Principles of Psychology* (1890) entwickelt hat, nahm er Grundideen der Gestaltpsychologie* und des Behaviorismus* vorweg. James' philos. Hauptarbeit besteht in der Weiterentwicklung und Popularisierung von Peirces Pragmatismus*. Erkenntnistheoretisch ist seine Position, wie sie u. a. in den Werken *The Will to Believe* (1897) und *Pragmatism* (1907) dargestellt wird, radikal empiristisch*: Die Grundlage der Erkenntnis liegt in den Sinneseindrücken und deren Beziehungen zueinander. In der Behand-

William James

lung der traditionellen metaphysischen Streitfragen – z. B. das Verhältnis von Materialismus* und Spiritualismus* – stützt sich J. auf das pragmatische Prinzip, das die Inhaltsbestimmung eines Begriffs oder einer Theorie auf die Klärung der praktischen Folgen, die sich aus der Anwendung des Begriffs oder der Theorie ergeben, zurückführt. Nach J. zeigt sich, daß es überhaupt keinen praktischen Unterschied zwischen der Annahme widerstreitender metaphysischer Theorien gibt, wenn metaphysische Theorien der gleichen Überprüfung unterworfen werden wie wissenschaftliche. Trotzdem betrachtet J. metaphysische Theorien nicht als wertlos: Sie spielen eine wichtige Rolle als Inspirationsquelle weiteren Denkens. Wissenschaftliche Theorien müssen nach J. instrumentalistisch* ausgelegt werden, nämlich als intellektuelle Werkzeuge zur Steuerung künftigen Handelns, nicht als ewig gültige Wahrheiten über die Beschaffenheit der Natur. Den Wahrheitsbegriff erklärt J. auf konsequent pragmatistische Weise:

Eine wahre Vorstellung oder Annahme ist diejenige, die die fruchtbarste Handlungsgrundlage abgibt. Das Wahre ist daher dem Guten untergeordnet. J. übte nicht nur großen Einfluß auf andere Philos. wie J. Dewey aus. Das ganze zeitgenössische Kulturleben zeigte Interesse für seine Theorien, u. a. für seine Behandlung der Eigenart und des erkenntnismäßigen Status religiöser Phänomene, wie sie im Werk *The Varieties of Religious Experience* (1902) zum Ausdruck kommt.

Ausg.: The Works of W. J., 1975 ff. Der Wille zum Glauben und andere popular-philos. Essays, 1899. Psychologie und Erziehung, 1900. Der Pragmatismus. Ein neuer Name für alte Denkmethoden, 1908. Das pluralistische Universum, 1914. Die Vielfalt religiöser Erfahrung, 1979. – *Lit.:* G. Cotkin: W. J. Public Philosopher, 1994. T. Flournoy: Die Philos. von W. J., 1930. E. Herms: Radical Empiricism. Studien zur Psychologie, Metaphysik und Religionstheorie W. J., 1977.

Jansenismus, katholische Erneuerungsbewegung, begründet durch den flämischen Theologen Cornelius Jansen (1585–1638) und weitergeführt durch A. Arnauld; unterstützt u. a. auch durch Pascal. Das geistige Zentrum des J. lag Mitte des 17. Jh. im Kloster Port* Royal bei Paris. – Der J. wendet sich gegen die jesuistische Theologie (vgl. Loyola), indem er auf Augustinus zurückgreift. Betont wird der menschliche Sündenzustand und die erlösende Gnade Gottes. Zwischen dem Glauben, der im persönlichen, innerlichen Verhältnis zu Gott besteht, und dem Wissen gibt es keine Verbindung.

Jaspers, Karl (1883–1969), dt. Psychiater und Philos. In Heidelberg 1916–21 a. o. Prof. für Psychiatrie und 1921–37 Prof. für Philos., 1948–61 Prof. für Philos. in Basel. Der bedeutendste Vertreter der Existenzphilos.* in Deutschland.
J. bestimmt die Philos. in Abgrenzung zu Wissenschaft, Kunst und Religion. Die Wissenschaft erhebt etwas zum Gegenstand (Objekt) ihrer Untersuchung, indem sie nach dessen allgemeinen Merkmalen fragt. Dagegen interessiert sich die Philos. für die Grenzsituationen* (wie Kampf, Schuld und Tod), durch die sich der einzelne Mensch als einmaliges, selbständiges Individuum erfährt. In der Kunst ist dem einzelnen zwar ein unmittelbares Erlebnis von Schönheit möglich, aber ohne jene echte Entscheidung, nach der die Philos. strebt. Die Religion schließlich erhebt den Anspruch, mittels theologischer Dogmatik* und den Formen des Kultus das einzig wirkliche Verhältnis zum Absoluten* herzustellen; damit unterscheidet sie sich grundsätzlich von der Philos., die viele Zugänge zum Absoluten für möglich hält. Das Ziel der Philos. ist es – im Gegensatz zu Kunst und Religion –, durch *Existenzerhellung* den Menschen aufzurufen, sich auf seine besondere geschichtliche Existenz (s. Sein) mit ihren je spezifischen Möglichkeiten der Entscheidung zu besinnen. Eine allgemeine Definition des Worts ‹Existenz› gibt es laut J. nicht, und ebensowenig darf sich die philos. Existenzerhellung wissenschaftlich allgemeingültiger Aussagen bedienen. Die Philos. arbeitet vielmehr mit paradoxen* Formulierungen und existentiellen Zeichen (‹Existenz›, ‹Freiheit› usw.) und betont die Grenzen wissenschaftlicher Vergegenständlichung (Objektivation). Laut J. soll jeder Mensch seine eigene Existenz in existentieller Kommunikation* mit anderen Menschen entwickeln. Diese Entwicklung ist nie abgeschlossen, sondern jeden Augenblick zu wiederholen – sie ist Ausdruck der Geschichtlichkeit* der Existenz. Zugleich tritt der Mensch im Überschreiten (Transzendieren) des Praktikularen (des Gegenständlichen) in ein Verhältnis zum Absoluten – oder zum Umgreifenden, wie J. es in den späteren Werken nennt. Das Umgreifende zeigt sich auf vielerlei Weise, z. B. darin, daß alle Gegenstände der Erkenntnis auf dem Hintergrund einer umgreifenden (umfassenden) Welt vorkommen, die nicht selbst zu einem Gegenstand gemacht werden kann.

Ausg.: Allg. Psychopathologie, 1913. Psychologie der Weltanschauungen, 1919. Die geistige Situation der Zeit, 1931. Philos., 3 Bde., 1932. Von der Wahrheit, 1947. Der philos. Glaube, 1948. Einführung in die Philos., 1950. Die großen Philos. 1957. Der philos. Glaube angesichts der Offenbarung, 1962. Kleine Schule des philos. Denkens, 1965. Chiffren der Transzendenz. Hg. v. H. Saner, 1970. Briefwechsel 1926–69. Hannah Arendt, K.J., Hg. von L. Köhler/H. Saner, 1985, ³1993. – *Lit.:* J. Hersch: K.J., 1990. Y. Ornek: K.J. Philos. der Freiheit, 1986. K. Salamun: K.J., 1985. H. Saner: K.J. in Selbstzeugnissen und Bilddokumenten, 1970.

Jesuiten (lat. *Societas Jesu*). römisch-katholischer Mönchsorden, 1534 durch den Spanier Ignatius von Loyola* gegründet. Die J. konzentrierten sich von Beginn an auf die Mission und den Kampf gegen die Reformation. Kennzeichen des Ordens sind langandauernde Ausbildung, streng zentralistische Führung in Rom und die Forderung nach (nahezu) absolutem Gehorsam gegenüber den Vorgesetzten. Die J. gewannen rasch großen Einfluß innerhalb der Kirche und der Politik, wurden jedoch gleichzeitig wegen ihrer Aktivitäten im Finanzwesen und ihrer kasuistischen* Ethik heftig befehdet (u. a. von Pascal). 1773 verweigerte der Papst den J. seine Unterstützung, und der Orden wurde aufgehoben. Wiedererrichtet 1814.

Johannes Scotus Eri(u)gena (um 810 bis 877), irischer scholastischer Philos. Übte mit seinem pantheistischen* Werk *De divisione naturae* und seinen Übersetzungen antiker Schriften mit neuplatonischem* und christlich-mystischem Inhalt Einfluß auf den Mystizismus* des Mittelalters aus.

Johannes von Salisbury (um 1120–80), engl. scholastischer* Theologe und Philos. J. studierte bei Abélard in Paris, arbeitete als Sekretär für Thomas Becket und wurde 1176 zum Bischof von Chartres ernannt. J. schrieb über Politik und Logik. Im Universalienstreit näherte er sich den Auffassungen von Aristoteles.

Universalien (Gattungsbegriffe) haben keine selbständige Existenz, sondern sind mentale Vorstellungen von wirklichen Gattungen. J. entwickelte jedoch keine zusammenhängende Philos., sondern begnügte sich mit einem gemäßigten, akademischen Skeptizismus*.

Ausg.: Policraticus. Ed. C.C. Webb, 2 Bde., 1909. Metalogicon. Ed. C.C. Webb, 1929. – *Lit.:* M. Kerner: J. v. S. und die logische Struktur seines Policraticus, 1978. J. Spörl: Grundformen hochmittelalterlicher Geschichtsanschauung, 1937.

Jonas, Hans (1903–93), dt.-am. Philos., geb. in Mönchengladbach. Studierte seit Sommer 1921 bei E. Husserl und M. Heidegger Philos. Letzterem folgte er 1921 nach Marburg, wo er auch das Seminar des Theologen R. Bultmann besuchte. Mit der Dissertation über *Gnosis und spätantiker Geist* promovierte er bei Heidegger und Bultmann, bei Heidegger verfaßte er eine Seminararbeit über *Augustin und das paulinische Freiheitsproblem*, die 1930 erschien. 1933 emigrierte J. nach London, von wo er ein Jahr später nach Palästina ging. 1938 folgte er einem Ruf an die Hebräische Universität Jerusalem. 1940–45 wirkte er als Propagandist für den Militärdienst bei den Alliierten in der englischen Armee. 1948–49 war er Artillerieoffizier bei der Haganah, der Untergrundorganisation der Israelis. Die zweite Hälfte seines Lebens verbrachte J. in Nordamerika. Zunächst folgte er 1949 mit seiner Frau einem Ruf seines Freundes Leo Strauss an die McGill-Universität in Montréal in Ottawa, lehrte zwischen 1950 und 1954 an der Carleton University in Ottawa und schließlich zwischen 1955 und 1976 an der New School for Social Research in New York.

Im Zuge einer qualitativen und teleologischen Naturdeutung am Leitfaden des menschlichen Leibes gelangt J. zu einer metaphysischen Begründung der Ethik. Im Zentrum dieser Konzeption steht der Versuch einer Überwindung der Kluft zwischen Sein und Sollen. Mit Sprachgewalt und prophetischer Hellsichtigkeit hat Jonas bereits in den 60er Jahren medizinethische Themen aufgegriffen und insbesondere die Gefährdung der ‹Idee des Menschen› durch Humanexperiment und Gentechnologie thematisiert. Wie kein anderer Philosoph hat er es verstanden, ‹alteuropäische Hemmungen› vor der totalen Umgestaltung und Instrumentalisierung der menschlichen und außermenschlichen Natur zu aktualisieren.

Ausg.: Organismus und Freiheit. Ansätze zu einer philos. Biologie, 1973. Neuauflage: Das Prinzip Leben, 1994. Das Prinzip Verantwortung. Versuch einer Ethik für die technische Zivilisation, 1979. Macht oder Ohnmacht der Subjektivität?, 1981. Technik, Medizin und Ethik. Zur Praxis des Prinzips Verantwortung, 1985. – *Lit.:* D. Böhler (Hg.): Ethik für die Zukunft. Im Diskurs mit H. J., 1994. F. J. Wetz: H. J. zur Einführung, 1994.

Jung, Carl Gustav (1875–1961), schweiz. Psychiater. Ursprünglich Schüler Freuds, von dem er sich aber um 1912 trennte. Dem Sexualtrieb mißt J. nicht dieselbe zentrale Bedeutung bei wie Freud. Und neben dem Unbewußten als individuelle Größe gibt es für J. auch das kollektive Unbewußte. Es besteht aus sog. Archetypen*, in denen sich allgemeinmenschliche Grunderfahrungen niedergeschlagen haben. J. betont dabei den religiösen Trieb des Menschen.

Ausg.: Gesammelte Werke. Hg. von M. Niehus-Jung u. a., 1958ff. – *Lit.:* M. Brumlik: C. G. J. zur Einführung, 1993. R. Fetscher: Grundlinien der Tiefenpsychologie von Sigmund Freud und C. G. J. in vergleichender Darstellung, 1978. I. Jacobi: Die Psychologie von C. G. J., 1940. R. K. Papadopoulos (Hg.): C. G. J. Critical Assessments, 1992. G. Wehr: C. G. J. in Selbstzeugnissen und Bilddokumenten, 1991.

Kabbala (hebr., Tradition), vornehmlich Bezeichnung für eine esoterische* Strömung der jüd. Mystik*, die im 13. und 14. Jh. in Westeuropa entstand – vielleicht als Reaktion auf den ‹Rationalismus› des Maimonides. Zum einen entwickelt die K. eine spekulative Lehre der Weltschöpfung durch Emanation* aus Gott; zum anderen vertritt sie ein eigenes Frömmigkeitsideal. Von der K. führt eine direkte Verbindung zum späteren Chassidismus. Auch auf die christliche Mystik wirkte sie ein; so werden Pico della Mirandola und J. Reuchlin als Vertreter einer christlichen K. bezeichnet. Weitere Parallelen zwischen K. und christlicher Mystik finden sich vor allem bei J. Böhme. – In unbestimmterem Sinn kann K. auch für die jüd. Mystik im allgemeinen stehen.

Lit.: G. Scholem: Zur Kabbala und ihrer Symbolik, 1973. G. Scholem: Von der mystischen Gestalt der Gottheit. Studien zu Grundbegriffen der K., ³1991.

Kalkül (von lat. *calculus*, Rechenstein). 1. Rechnungsart, z. B. Differentialk. 2. In der modernen Logik ein formalisiertes deduktives* Zeichensystem, z. B. Urteilsk. oder Prädikatenk. Ein logischer K. muß wie folgt spezifiziert werden: (a) die angewandten Zeichen, (b) die erlaubten Zeichenkombinationen (Formeln), (c) die Ausgangsformeln (Axiome*) und (d) die Schlußfolgerungsregeln, die aus einer oder mehreren Formeln eine neue Formel (ein Theorem) herleiten. Ein Kalkül kann auf verschiedene Weise interpretiert werden, indem den Zeichen verschiedene Bedeutungen verliehen werden.

Immanuel Kant (3. von links) am Mittagstisch mit Freunden

Kant, Immanuel (1724–1804), dt. Philos. Stammte aus einer pietistischen Handwerkerfamilie in Königsberg. Dort 1740–46 Studium der Philos., Mathematik und Naturwissenschaften, Beschäftigung u.a. mit Wolff und Newton. 1755–69 Privatdozent (die sog. vorkritische Periode der K. Philos.). In dieser Zeit erhält K. wichtige Impulse aus dem Studium von Humes empiristischer* Kritik des traditionellen Ursachenbegriffs (lat. *causa**) und Leibniz' eigenen Schriften (im Gegensatz zu deren Deutung durch Wolff und Baumgarten). Prof. für Philos. in Königsberg 1770.

Nach kleineren Abhandlungen über physikalische, metaphysische und politische Themen veröffentlicht K. 1781 sein erstes Hauptwerk, die *Kritik der reinen Vernunft*. Zwei Jahre darauf folgt die populäre Schrift *Prolegomena zu einer jeden künftigen Metaphysik, die als Wissenschaft wird auftreten können*. Wie aus den Titeln der beiden Bücher indirekt hervorgeht, lehnt Kant (im Gegensatz zu den meisten Neukantianern*) keineswegs jede Form von Metaphysik ab; er betont vielmehr, daß diese selbstkritisch verfahren soll. Vor aller Spekulation über die Einrichtung der Welt muß untersucht werden, wo die Grenzen der Erkenntnis für ein endliches* Wesen wie dem Menschen liegen. K. wendet sich einerseits gegen den Rationalismus* und dessen dogmatischen* Glauben an die Vernunft*, aber auch gegen den radikalen empiristischen Skeptizismus*, der die Möglichkeit gesicherter Erkenntnis bestreitet. Denn daß dem Mensch wissenschaftliche Erkenntnis (wie die Euklidische Geometrie und die Newtonsche Physik) möglich ist, steht für K. außer Frage. Wissenschaft ist ein Faktum. Sein Kritizismus* läßt sich daher als Versuch auffassen, zwischen Rationalismus und Empirismus, den beiden Hauptströmungen der neueren europäischen Philos., zu vermitteln.

K. unterscheidet zwei Arten von Erkenntnis, die empirische* (aposteriorische) und die apriorische. Empirische Erkenntnis beruht auf dem Wahrnehmungsvermögen, der Sinnlichkeit; im Gegensatz dazu wird Erkenntnis *a** *priori* unabhängig von aller Sinnlichkeit gewonnen. Beispiele empirischer Fragen wären etwa ‹Wie groß ist die Entfernung zwischen Washington und Moskau?›, ‹Wie viele Rückenwirbel hat eine Katze?›, ‹Bei welcher Temperatur siedet Alkohol?› Diese Fragen können nur mittels uns durch Wahrnehmungen gegebene Sinnesdaten beantwortet werden. Dagegen bedarf es keinerlei empirischer Untersuchung, um über die Wahrheit von Sätzen wie ‹Entweder es regnet, oder es regnet nicht› oder ‹Alle physische Körper sind ausgedehnt› zu entscheiden. Die Richtigkeit dieser beiden Urteile läßt sich auf apriorischem Weg einsehen, von jeder Sinneserfahrung losgelöst. Solche Urteile sind notwendig wahr, denn sie zu bestreiten, ergäbe einen Selbstwiderspruch (Kontradiktion*). Solche Urteile, die zu leugnen selbstwidersprüchlich ist, nennt K. *analytische** Urteile; ihre Wahrheit kann durch eine logische Analyse des Urteils nachgewiesen werden. Über empirische Erkenntnis hinaus besitzt der Mensch also ein apriorisches Wissen in der Form bestimmter analytischer Urteile.

Alle nicht analytischen Urteile bezeichnet K. als *synthetische* Urteile. Die Unterscheidung läßt sich unmittelbar nachvollziehen: Der Wahrheitswert* analytischer Urteile ist, wie erwähnt, entscheidbar durch eine logische Analyse, d. h. eine ‹Zergliederung› der Begriffe, die das Urteil enthält. Nach Kant zeigt z. B. die Analyse des Begriffs ‹Körper›, daß Körper notwendig ausgedehnt sind, so daß es selbstwidersprüchlich wäre, von nicht-ausgedehnten Körpern zu sprechen. Also ist das Urteil ‹Alle Körper sind ausgedehnt› ein notwendig wahres, ein analytisches Urteil a priori. – Synthetische Urteile hingegen sind immer zusammengesetzt. Sie synthetisieren (vereinigen) verschiedene Begriffe, die zu unterscheiden nicht selbstwidersprüchlich wäre. Z. B. ist analytisch nicht auszumachen, ob dem Urteil ‹Alle Katzen haben neun Rückenwirbel› Wahrheit oder Falschheit zukommt. Dazu muß der durch dieses Urteil ausgedrückte Sachverhalt empirisch untersucht werden. Auch das Urteil ‹Alkohol siedet bei 78,5 °C› ist ein wahres synthetisches Urteil; eine Behauptung wie ‹Akohol siedet bei 52 °C› wäre wohl empirisch falsch, aber nicht selbstwidersprüchlich. Aufgrund dieser Beispiele läßt sich schließen: Der Mensch verfügt sowohl über analytische apriorische als auch über synthetische empirische Erkenntnis. Und alle analytischen Urteile sind prinzipiell apriorisch. Aber gilt auch umgekehrt, daß alle synthetischen Urteile empirisch sind? Oder gibt es synthetische Erkenntnis a priori? Gibt es also Urteile, die zu bestreiten zwar nicht selbstwidersprüchlich ist, deren Wahrheit oder Falschheit aber dennoch a priori entschieden werden kann?

Die Möglichkeit von synthetischer Erkenntnis a priori bildet die Leitfrage seiner «Kritik». K. unterscheidet bei den Erkenntnissen der Erfahrung* zwischen ihrer Form* und ihrer Materie (Stoff). Die *Materie* meiner Erfahrung besteht aus meinen Sinneseindrücken, den Empfindungen. All mein synthetisches empirisches Wissen beruht darauf, daß ich zu einem Sinnesmaterial Zugang habe. Wie sollte ich z. B. wissen, daß die Birne in meiner Hand reif ist, wenn ich nicht einen sinnlichen Zugang zu ihr hätte – indem ich sie sehe, fühle, schmecke und rieche? Zwischen der Birne und ihrer Reife besteht eine synthetische Beziehung; zu sagen, die Birne sei unreif, wäre nicht selbstwidersprüchlich. Daher kann mir nur ausschließlich das Sinnesmaterial die Gewißheit geben, daß Birnesein und Reifsein in dieser reifen Birne tatsächlich vereinigt sind. Aber in dieser Gewißheit steckt mehr als bloße Wahrnehmung. Jede Erkenntnis nimmt logische Formen in Anspruch, die für sich selbst genommen analytisches apriorisches Wissen bedeuten. So weiß ich, daß eine Birne gleichzeitig nicht sowohl reif wie unreif sein kann (vgl. den Satz vom Widerspruch ‹X kann nicht sowohl P wie nicht-P sein›). Dieses Wissen setze ich stillschweigend voraus, wenn ich nach Reife oder Unreife der Birne frage und sie befühle, um die Frage auf empirischem Weg zu beantworten. – Die Erfahrung enthält weiter auch andere *Formen* als die rein logischen. Die Birne erscheint mir als ausgedehnter physischer Körper in Raum und Zeit; sie erscheint als ein Ding unter anderen Dingen; und wenn ich ein Messer in sie hineinstecke, erscheint mir das Messer als die Ursache* dafür, daß die Birne durchschnitten wird. Raum, Zeit, Ding (Substanz*) und Ursache-Wirkung sind besondere Formen, von denen ich Gebrauch mache, wenn ich die Birne wahrnehme und durchschneide.

Wie kann ich jedoch wissen, ob diese Formen für meine Erfahrung gültig sind und nicht bloße Einbildung? Woher weiß ich, daß alle Erfahrungen sich auf ursachenbestimmte Dinge in Raum und Zeit beziehen? Woher weiß ich z. B., ob es sich tatsächlich so verhält, daß die Birne ein raumzeitliches Ding ist, das durch ein Messer entzweigeschnitten wird? Hier hilft weder ein Hinweis auf das reine Sinnesmaterial noch eine logische Analyse. Denn die Behauptung, daß alle Gegenstände der Erfahrungen in Raum und Zeit liegen und durch sie geformt sind und daß diese Gegenstände in Beziehungen von Ursachen und Wirkungen zueinander stehen, läßt sich weder synthetisch empirisch noch analytisch a priori überprüfen. Mit ihr fälle ich vielmehr ein synthetisches Urteil über meine Erfahrungswelt, dessen Wahrheit ich auf apriorischem Weg erkennen muß – soll es überhaupt Hoffnung auf Erkenntnis geben.

Wie kann ich aber wissen, daß alle Erfahrungen die Formen Raum, Zeit, Ding und Ursache-Wirkung besitzen, wenn zwischen dem Sinnesmaterial und den Formen, die meine Sinneseindrücke strukturieren, gerade ein synthetisches Verhältnis besteht? K. gibt auf diese Frage eine für die Philos.geschichte epochemachende Antwort, epochemachend schon wegen der in ihr enthaltenen Problematik. Er verlangt von der Philos. eine kopernikanische Wende: Sie muß ihre Aufmerksamkeit von den erfahrenen Gegenständen (denen die Formen Raum, Zeit, Ding, Ursache-Wirkung zukommen sollen) ab- und der Erfahrung selber zuwenden – ebenso wie Kopernikus die Aufmerksamkeit von der Erde als Weltzentrum ab- und der Sonne zuwandte. K. behauptet, daß die Formen Raum, Zeit, Ding und Ursache-Wirkung in jeder Erfahrung enthalten sein müssen, weil die Formen etwas sind, was das erfahrende Subjekt* (Ich*) selber an das Sinnesmaterial heranträgt. Hätten sie ihren Ursprung außerhalb des Ich (z. B. im Sinnesmaterial), könnte es geschehen, daß sich diese Formen änderten und ich mit Phänomenen (Erscheinungen) konfrontiert würde, die z. B. nicht in Raum und Zeit stehen oder sich nicht in einen Ursache-Wirkung-Zusammenhang einordnen ließen. Wenn die Formen dagegen aus mir selber stammen, wenn ich selber sie mitbringe, werde ich in jeder Erfahrung das Sinnesmaterial und die Formen synthetisieren. Daß es etwas ohne die Strukturen Raum, Zeit, Ding und Ursache-Wirkung erfahre, ist infolgedessen unmöglich. Insofern diese Formen also meine eigenen sind, muß ich K. zufolge von ihnen auch ein nicht-empirisches, d. h. apriorisches Wissen besitzen können. Nicht um ein logisches Wissen a priori würde es sich dabei handeln, das auf dem logischen Zusammenhang von Begriffen beruht. Sondern es handelt sich um ein *synthetisches Wissen a priori*, bei dem das Ich selber der synthetisierende Faktor und Garant des Zusammenhangs ist. Daß es sich hierbei um synthetische Urteile a priori handelt, zeigt sich daran, daß das Ich die beiden grundlegend verschiedenen Gruppen der Formen zusammenfaßt.

Die Formen von Raum und Zeit sind die sog. *Formen der Anschauung*, die Grundstrukturen jeglicher Anschauungen*. Sie stellen die Verbindung zu den Sinnesdaten her, d. h. lassen diese räumlich und zeitlich strukturiert erscheinen. Aber die Formen der Anschauung sind auch dadurch gekennzeichnet, daß sie ohne Begriffe unbestimmt bleiben. Substanz (Ding) und Ursache-Wirkung (Kausalität) gehören ihrerseits zur zweiten Gruppe, den Formen des Denkens (Verstandesformen), den reinen Verstandesbegriffen oder *Kategorien**. Kant meint, daß es insgesamt zwölf und nur zwölf solche Kategorien gibt: Einheit, Vielheit, Allheit, Realität, Negation, Limitation (Einschränkung), Inhärenz (Substanz, Ding), Kausalität, (Ursache-Wirkung), Gemeinschaft, Möglichkeit, Dasein und Notwendigkeit. Merkmal dieser Verstandesformen ist aber, daß sie für sich genommen keine Erkenntnis bilden, daß sie auf die Anschauung (Sinnlichkeit) angewiesen bleiben, wenn sie zu Recht in unseren Erfahrungssätzen verwendet werden sollen. Die ursprüngliche synthetisierende Leistung des Ich besteht darin, daß es die Formen der Anschauung und die reinen Verstandesbegriffe in einer eigentümlichen Weise zusammenbringt («schematisiert*»). Erst die schematisierten Kategorien finden Anwendung auf das Sinnesmaterial. Diese Formen und ihre Synthesis hält Kant für apriorische Bedingungen der Möglichkeit von Erfahrung überhaupt. Er nennt sie *transzendentale** Formen (von lat. *transcendere*, überschreiten, übersteigen), weil sie in jeder Erfahrung vorausgesetzt sind und in diesem Sinn das rein empirische Sinnesmaterial überschreiten. Sowohl die Formen von Raum und Zeit wie die Kategorien Substanz und Kausalität gewannen für die weitere Diskussion der K. Transzendentalphilos. größte Bedeutung.

Wodurch aber ist ausgeschlossen, daß diese Formen anderes und mehr sind als eine private Eigenheit meines Bewußtseinslebens? Welche Gründe können für die Gültigkeit der transzendentalen, genauer: der synthetischen Urteile a priori angeführt werden? In den *Prolegomena* argumentiert K. vom Faktum der Wissenschaften aus, von Mathematik, Arithmetik, Geometrie und Physik. Er versucht zu zeigen, daß mathematische und geometrische Behauptungen nicht zu den analytischen, sondern zu den synthetischen Urteilen gehören; und weil sie nicht empirisch sind, müssen sie synthetisch a priori sein. Das ist aber nur möglich, wenn die Mathematik auf die Zeitfolge und die Geometrie mit ihren Konstruktionen geometrischer Figuren auf den Raum, also auf die beiden apriorischen Anschauungsformen, zurückgeführt werden können. Entsprechend sucht er zu zeigen, daß die naturwissenschaftlichen Behauptungen die Verstandesformen (vor allem Substanz und Ursache-Wirkung) voraussetzen. Gibt es also Wissenschaften wie Mathematik, Geometrie und Physik tatsächlich, dann müssen die Anschauungs- und Verstandesformen anderes und mehr sein als private fixe Ideen, nämlich Ausdruck von synthetischem Wissen a priori.

Allerdings werden diese Argumente denjenigen konsequenten Skeptiker nicht überzeugen, der die Existenz von Wissenschaften wie Mathematik, Geometrie und Physik gerade bezweifelt. Er würde vielmehr den Nachweis verlangen, daß hier überhaupt von ‹Wissenschaft› die Rede sein kann. Um einen solchen Nachweis, in Kants Begriffen: um den Nachweis von synthetischen Urteilen apriori, bemüht sich K. in der *Kritik der reinen Vernunft*, indem er eine sog. *transzendentale** Deduktion der Verstandesformen (Kategorien) durchführt. Sein transzendentales Hauptargument lautet: Ich bin mir einer Reihe von Vorstellungen bewußt, die zeitlich angeordnet sind. Um mir ihrer bewußt zu sein, muß ich sie aber mir selbst zuschreiben können. Und das ist nur möglich, wenn ich zu unterscheiden vermag zwischen mir selbst und meinen psychischen Zuständen und dem, was nicht ich selbst bin. Ich muß die sukzessive Folge der Vorstellungen als insgesamt meine verstehen. Dazu aber benötigt der Verstand solche Begriffe, die ein gegebenes Mannigfaltiges allererst zu einem Objekt vereinen, somit die Reihe der Vorstellungen erst strukturieren. Objekt bei Kant besagt, daß ein uns durch die Sinne gegebenes Material, das selbst unabhängig davon ist, ob ich es wahrnehme oder nicht, mittels Anschauungs- und Verstandesformen so strukturiert wird, daß es zu einer intersubjektiv überprüfbaren Erkenntnis kommt. Im Abschnitt «Widerlegung des Idealismus» behauptet K., daß das Bewußtsein des eigenen Daseins bereits das Dasein der Gegenstände im Raum außer mir beweisen würde. Bloß deren Ordnung, d. h. unser Wissen von ihnen, ist nicht unabhängig von jenen elementaren Verstandesbegriffen. Die Formen sind trotzdem keineswegs bloß privater Natur, denn wären sie es, könnte ich zwischen Privatem und Objektivem gar nicht unterscheiden. Die Kategorien sind gültig für alle Gegenstände möglicher Erfahrung, sie garantieren erst Objektivität der Erkenntnis. Parallel dazu entwickelt K. ein weiteres Argument: Damit Erkenntnis zustande kommen kann, muß eine Mannigfaltigkeit von Sinneseindrücken (Vorstellungen) in der Synthesis des Bewußtseins* vereinigt werden; die Sinneseindrücke müssen aufgefaßt, reproduziert und wiederholt werden (Apprehension, Reproduktion und Rekognition). Diese Synthesis ist Ausdruck der Einheit des Bewußtseins, die K. als transzendentale Apperzeption* oder transzendentales Ich* bezeichnet. Sie ist für Erfahrung und damit Erfahrung von Objekten eine notwendige* Bedingung. Alle meine Gedanken oder Vorstellungen müssen von einem «Ich denke» begleitet werden können. Das Denken von Objekten erfolgt mittels der ihren Ursprung im Subjekt besitzenden Verstandesformen, die deshalb notwendige Bedingungen der menschlichen Erkenntnis bilden.

Daß demnach gemäß Kant objektive Erkenntnis (Wissenschaft) möglich ist, hat seinen Grund darin, daß dasjenige, was erst Objektivität (Intersubjektivität) stiftet, vom menschlichen Erkenntnisapparat selbst stammt. Dabei bleibt aber der Verstand auf Sinnesdaten angewiesen, auf Material, das ihm mittels der Sinne erst gegeben wird. Die Objektivität basiert auf den Regeln des Verstands, der Daten erst zu Ereignissen (Objekten) so ordnet, daß sie einer intersubjektiven Überprüfung standhalten. Alles was geschieht (geschah oder geschehen wird), folgt tatsächlich Regeln, weil der Verstand die Sinnesdaten immer gemäß diesen Regeln strukturiert. Bedeutsam ist dabei, daß K. transzendentale Untersuchung nur Gesetzmäßigkeiten für mögliche Objekte aufweist; Aussagen über wirkliche Objekte bedürfen des konkreten Sinnesmaterials. K. glaubte damit, eine Vermittlung zwischen dem skeptischen Empirismus Humes und dem dogmatischen Rationalismus geleistet zu haben. Gegen die Rationalisten zeigte er die Richtigkeit der von den Empiristen betonten Abhängigkeit von Sinnesdaten, wenn tatsächlich etwas über die Welt ausgesagt werden soll. Gegen die Empiristen hielt er an der Möglichkeit gesicherter, durch den Verstand gestifteter Erkenntnis fest, ohne aber wie die Rationalisten auf dogmatische Erkenntnisgarantien (z. B. das Göttliche bei Descartes) zurückgreifen zu müssen.

K. Theorie hat für die Möglichkeit unseres Wissens von der Welt weitreichende Folgen: Wenn die Formen aus mir selbst stammen, darf ich nach den angeführten Argumenten zwar sicher sein, daß sie auch für die Dinge gelten – aber nur soweit ich sie als Objekte erfahren kann. Wie die Dinge unabhängig von ihrer Beziehung zum erfahrenden Subjekt sind, darüber gibt es für mich keinerlei Wissen. K. kritisiert an der traditionellen Metaphysik, sie übertrage die Eigenschaften der erfahrenen (erfahrbaren) Dinge dogmatisch auf das *Ding an* sich. Diesen Begriff des Dings an sich bestimmt er allerdings nicht eindeutig. Gelegentlich heißt es, das Ding an sich «affiziere» (d. h. wirke ein auf) meine Vorstellungen; hier scheint es im wörtlichen Sinn als Ding verstanden zu werden. Im allgemeinen bleibt K. aber vorsichtiger und spricht vom Ding an sich als einem Grenzbegriff*; er bezeichne ein «Etwas = x, wovon wir gar nichts wissen, noch überhaupt... wissen können» (KrV A 250). Diese Bestimmung des Dings an sich ergibt sich aus der Natur unseres Erkenntnisvermögens. Das menschliche Nichtwissen beruht auf «der jetzigen Einrichtung unseres Verstandes». Wäre also das menschliche Erkenntnisvermögen anders beschaffen, ließe sich das Ding an sich sehr wohl erkennen. Aber, so hebt K. in seiner Lehre von den Anschauungen hervor, meine Erkenntnis ist endlich*: Die Erfahrung bleibt immer an das Empfangen von Sinneseindrücken (Empfindungen) gebunden, weshalb die Erkenntnis immer von den Formen der Sinnlichkeit geprägt ist. Ein unendlicher Intellekt wäre dagegen nicht passiv auf das Empfangen von Sinneseindrücken angewiesen, sondern würde in seiner Erkenntnis der Dinge diese zugleich aktiv erschaffen. Solche unendliche schöpferische Vernunft* besäße vom Ding an sich eine nicht-sinnliche sog. *intellektuelle Anschauung**. Diese steht jedoch gemäß K. dem Menschen nicht zur Verfügung, und deshalb eben besteht zwischen dem Ding an sich und dem Ding als Erscheinung eine strikte Trennung.

Der folgende Teil der *Kritik der reinen Vernunft*, die transzendentale Dialektik*, baut die Kritik am Rationalismus aus. Darin diskutiert K. die unvermeidlichen Folgen, wenn versucht wird, im Ausgang von der reinen (d. h. vom Sinnlichen unabhängigen) Vernunft doch eine metaphysische Lehre über das Ding an sich aufzustellen. Wohl hält er es für erwiesen, daß es ein *transzendentales* synthetisches Wissen a priori von den Voraussetzungen der Erfahrung gibt. Aber er hält das rationalistische Bestreben für verfehlt, über jede mögliche Erfahrung hinauszugehen (lat. *transcendere*) und mit Hilfe der reinen Vernunft synthetische Behauptungen vom (erfahrungs-) *transzendenten* Ding an sich aufzustellen. Namentlich lehnt er die drei sog. Vernunftideen ab, wie sie traditionell im Rahmen der sog. speziellen Metaphysik (lat. *metaphysica specialis*) diskutiert wurden: 1. die Idee der Seele* als einer unteilbaren, unvergänglichen Substanz, die hinter allen Bewußtseinszuständen steht und sie trägt; 2. die Idee der Welt* als einem abgeschlossenen systematischen Ganzen und 3. die Idee von Gott* als dem unendlichen Intellekt und Ursprung der Welt. Wer annimmt, diese Ideen entsprächen wirklichen Dingen an sich, wird entweder Scheinschlüsse formulieren oder in Selbstwidersprüche (Antinomien*) verwickelt, d. h. er kommt zu entgegengesetzten, sich ausschließenden Behauptungen. So läßt sich dann z. B. sowohl beweisen, daß die Welt in Raum und Zeit einen Anfang hat, als auch, daß sie unendlich ist. Solche Selbstwidersprüche (Antinomien) entstehen, weil der Metaphysiker die Grenzen der Erfahrung überschreitet (transzendiert) und dabei erfahrungsabhängige Begriffe benutzt (bzw. benutzen muß). Veranlaßt wird die Überschreitung durch den natürlichen Hang des Menschen, die Wirklichkeit vollständig zu deuten. Solange man daran festhält, daß es sich bei den Vernunftideen um menschliche Konstruktionen und Verallgemeinerungen handelt, sind sie von Nutzen. Sie können dann als Richtschnur (sog. regulative Ideen*) der Erkenntnis dienen. Denn sie zeigen, daß man nicht bei einzelnen Teilerfahrungen stehenbleiben und in ihnen schon die Gesamtwirklichkeit erblicken darf, sondern daß man weitergehen und sie in einen größeren Zusammenhang stellen muß. Der Fehler entsteht erst, wenn man die Vernunftideen wie in der traditionellen Metaphysik nicht regulativ, sondern konstitutiv gebraucht, also glaubt, sie bezeichneten ein Ding an sich jenseits aller möglichen Erfahrung. Solche Hypostasierung* der Ideen endet, wie gezeigt, in unlösbaren Paradoxien.

Während K. demnach einen falschen Vernunftgebrauch auf dem Gebiet der theoretischen Erkenntnis kritisiert, soll auf dem Gebiet der Ethik* der Gebrauch der Vernunft uneingeschränkt maßgebend sein. Nach K. entspringen die moralischen Prinzipien, die den Menschen in seinen Handlungen leiten, allein dem reinen Denken. Daraus folgt keineswegs, moralische Einsicht sei der Philos. vorbehalten; jeder normale Mensch, so behauptet K., wisse sehr wohl, was richtig und was falsch ist. Eine Moralphilos., die erbauliche, belehrende Zwecke verfolgt, ist schlechte Philos. Vielmehr be-

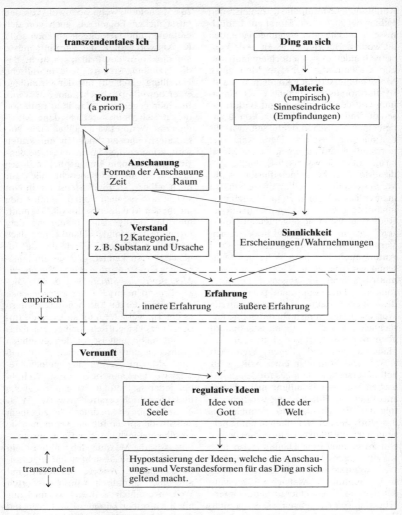

Vereinfachtes Schema für die verschiedenen Aspekte der Erkenntnis nach Kant

steht deren Aufgabe ausschließlich in der theoretischen Erklärung des tatsächlichen moralischen Denkens und Handelns. Mit der *Grundlegung zur Metaphysik der Sitten* (1785) und der *Kritik der praktischen Vernunft* (1788) sucht K. diese Aufgabe zu lösen, während er in der *Metaphysik der Sitten* (1797) konkrete moralische sowie rechts- und staatsphilos. Fragen behandelt. Laut K. hat die traditionelle Moralphilos. zumeist den Fehler begangen, die Moral auf Bedürfnisse, Wünsche oder Neigungen gründen zu wollen. Bei Bedürfnissen und Wünschen handelt es sich jedoch um individuelle Größen, die sich von Mensch zu Mensch unterscheiden können. Wenn also die moralische Qualität einer Handlung von den Wünschen und Bedürfnissen des Individuums abhinge, könnte für den einen Menschen richtig sein, was für den anderen falsch ist. Dann wäre eine notwendige und allgemeingültige Moral ausgeschlossen, was nach K. hieße, daß die Moral selber eine Illusion wäre. Wenn sie mehr sein will, muß sie von den menschlichen Wünschen und Neigungen unabhängig sein. Von Moral kann nur die Rede sein, wenn sie allgemeinen Gesetzen folgt, die ihren Grund in der reinen Vernunft haben. Moralität entspringt der Autonomie*, der freie Wille des Menschen wird durch die Gesetze der Vernunft bestimmt (im Gegensatz zu Heteronomie). Diese autonome Bestimmung des Willens bedeutet, daß der moralische Wert einer Handlung nicht durch ihre tatsächlichen Folgen bestimmt ist, sondern allein durch die Art der Motive, die der Handlung zugrunde liegen. Wenn ich z. B. einem Freund in einer Notlage zu helfen versuche, kommt es für den moralischen Wert der Handlung nicht darauf an, ob meine Hilfeleistung wirklich Erfolg hat. Entscheidend ist vielmehr, ob das Motiv meiner Handlung in dem uneigennützigen Willen besteht, Menschen in Not zu helfen. Eine Handlung, so faßt K. zusammen, besitzt nur moralischen Wert, wenn sie aus *Pflicht* geschieht. Diese Behauptung ist vielfach mißverstanden worden. Es geht hier nicht um Unterdrückung von Neigungen wie Mitgefühl, Zuneigung oder Liebe zugunsten eines gefühlskalten Pflichtbewußtseins, sondern darum, auch dann zur Durchführung moralischer Handlungen motiviert zu sein, wenn es keine entsprechenden Neigungen gibt.

Wie aber vermag die Vernunft über die moralische Richtigkeit von Handlungen zu entscheiden, wenn sie sowohl von den tatsächlichen Folgen als auch von den Gefühlen und Neigungen absehen soll? K. Antwort lautet, die Vernunft müsse auf die Form des Prinzips achten, das die Handlung steuert. Jede moralische Handlung geschieht auf der Grundlage einer bewußten Absicht, einer *Maxime*. In einer gegebenen Handlungssituation bieten sich immer verschiedene Maximen an. Wenn etwa anläßlich einer Naturkatastrophe zu Spenden aufgerufen wird, könnten die Maximen u. a. heißen: ‹Ich möchte mein Image pflegen›, ‹Ich brauche mein Geld ausschließlich für mich selber›, ‹Ich will Menschen in Not soweit wie möglich helfen›. Unter den möglichen Maximen wählt die Vernunft nun die richtige aus, indem sie dem Grundprinzip folgt: «Handle nach derjenigen Maxime, durch die du zugleich wollen kannst, daß sie ein allgemeines Gesetz werde» (*Grundlegung zur Metaphysik der Sitten*, 1962, S. 42). Dieses Prinzip nennt K. den *kategorischen Imperativ* oder das Sittengesetz. Insofern es ein Tun gebietet, enthält es einen Imperativ*; «kategorisch» heißt es, weil das Gebot unabhängig ist von den jeweiligen Wünschen und Bedürfnissen. Und daß eine «Maxime... ein allgemeines Gesetz» werden kann, besagt: Eine Welt, in der jeder sie befolgt, ist eine mögliche und moralisch erstrebenswerte Welt. Nach K. gibt es Maximen, die zu einem Selbstwiderspruch führen, wenn man sie als allgemeines Gesetz auffaßt; dazu gehört z. B. die Maxime ‹Ich will mir Geld leihen, ohne die Absicht zu haben, es zurückzuzahlen›. Andere Maximen sind mit einer moralisch wünschenswerten Welt unvereinbar: z. B. ‹Ich will mich nur um mich selber kümmern und nicht um die Probleme anderer›. Wie entscheidet nun die Vernunft, was eine moralisch erstrebenswerte Welt ist? Sie muß von dem moralischen Ideal ausgehen, das mit dem kategorischen Imperativ einhergeht. In einer weiteren Formulierung des kategorischen Imperativs hebt K. dieses Ideal eigens hervor: «Handle so, daß du die

Menschheit... jederzeit zugleich als Zweck, niemals bloß als Mittel brauchst» (*Grundl. Met. Sitten*, S. 52). Das moralische Ideal besteht also im Respekt vor dem Menschen. Um es weiter zu verdeutlichen, spricht K. von der regulativen Idee des *Reichs der Zwecke*. Dieser Begriff bezeichnet eine gedachte menschliche Gesellschaft, in der die Freiheit aller Menschen in gleichem Maß berücksichtigt wird. Jeder Bürger im Reich der Zwecke ist Untertan und souveräner Gesetzgeber ineins. So gelangt K. zu einer dritten Formulierung des kategorischen Imperativs, nach der man so handeln soll, «daß der Wille durch seine Maxime sich selbst zugleich als allgemein gesetzgebend betrachten könne» (*Grundl. Met. Sitten*, S. 57).

Wie oben gezeigt, unterscheidet K. in seiner theoretischen Philos. zwischen dem Ding als Gegenstand (Objekt) der möglichen Erfahrung und dem Ding an sich. Als Objekt ist das Ding notwendig der Ursache-Wirkung-Kategorie unterworfen; wie es jedoch an sich ist, bleibt eine theoretisch nicht beantwortbare Frage. Von dieser Unterscheidung macht K. Gebrauch, wenn er das Problem der *Freiheit** diskutiert. Für den Menschen als Erscheinung, d. h. als Objekt möglicher Erfahrung, gilt die Form (Kategorie) der Ursache ebenso wie für alle anderen empirischen Objekte. Gleich ihnen steht er in einer Kette von Ursachen und Wirkungen; genau darin wurzelt der Determinismus*. Was aber ist der Mensch an sich – unabhängig von seinem Status als Objekt? Theoretisch finde ich hier keine Antwort, da sie die Grenzen jeder möglichen Erfahrung überschreiten müßte. Praktisch jedoch, d. h. als moralisch handelnde Person*, gehe ich davon aus, daß ich über einen freien Willen verfüge und durch ihn über die Determiniertheit der Naturerscheinungen erhoben bin. Was theoretisch eine unentscheidbare Möglichkeit ist, wird in der Ethik zum praktischen* Postulat. Denn zum Handeln nach den unveränderlichen moralischen Gesetzen, die in ihm selber gründen, ist der Mensch nur in der Lage, wenn er sich als indeterminierte freie Person versteht. Als handelndes Wesen befindet er sich also über der Erscheinungswelt und gehört statt dessen zur *intelligiblen** oder noumenalen* Welt, die jenseits von Raum und Zeit liegt. Doch gleichzeitig bleibt der Mensch ein Wesen von Fleisch und Blut, das seine Handlungen in der Erscheinungswelt ausführt. Deshalb muß erklärt werden, wie diese beiden ‹Welten›, der Mensch als Freiheit und der Mensch als Natur, zusammenhängen. Bezüglich letzterer räumt K. ein, daß alle psychischen Triebfedern für Handlungen der ursachenbestimmten Erscheinungswelt entstammen. Aber er postuliert die Existenz eines eigenständigen Gefühls, der Achtung für das Gesetz; und dieses soll im Gegensatz zu den sonstigen menschlichen Neigungen nicht den natürlichen Ursachen unterworfen sein, sondern spontan der Vernunft entspringen. Aufgrund dieser Achtung vermag der Mensch, als freies Wesen seine Handlungen in der Erscheinungswelt zu verwirklichen. Überdies behauptet K., daß der Mensch kraft der Idee des Reichs der Zwecke und kraft der Idee von Gott – als Garant der Vernunft in der anscheinend vernunftlosen Natur – so leben könne, als ob zwischen Freiheit und Natur eine Harmonie bestünde.

In seiner dritten ‹Kritik›, der *Kritik der Urtheilskraft* (1790), untersucht K. im 1. Teil die Grundlage ästhetischer* Urteile. Das *Schöne* erweckt nach ihm ein Gefühl des «interesselosen Wohlgefallens». Es gründet darin, daß die Betrachtung des Schönen eine Harmonie zwischen Vorstellungsvermögen und Verstand erzeugt. Der Einklang von Vorstellung und Intellekt wiederum kommt zustande, weil das Betrachtete als zweckmäßig erlebt wird, ohne daß es einem praktischen Zweck dient. Den höchsten Grad ästhetischer Vollkommenheit besitzt das Naturschöne. Aber in freier Produktivität vermag das Genie* Kunstwerke zu schaffen, die sich der ungekünstelten Schönheit der Natur annähern. – In Fortsetzung seiner ästhetischen Theorie diskutiert K. im zweiten Teil die Bedeutung der Zweckmäßigkeit (dem Teleologischen*) für die Erkenntnis der Natur. Wenn man z. B. die verschiedenen Organe eines Lebewesens untersucht, erklärt man ihr Vorhandensein mit Hilfe der Zwecke, die sie für das Ganze, dessen Teil sie sind, erfüllen. Diese Betrachtungsweise glaubt K. auf die Natur insgesamt ausdehnen zu können, wobei die Urteilskraft immer so urteilt, 'als ob' die Natur ein System von Zwecken sei. Der Zweck kommt aber nur über die Handlung der Urteilskraft zur Natur. Dank ihr läßt sich die Natur tatsächlich als System begreifen, in dem alles seinen Zweck hat und zugleich im Verhältnis zu etwas anderem selber Zweck ist. Diese Auffassung der Natur als System von Zwecken soll den Gegensatz zwischen Natur und Freiheit vermitteln.

Der Versuch der Vermittlung zwischen Natur und Freiheit durch Kunst (Genie) und die vorausgesetzte Einheit der Wirklichkeit (Zwecke) hatte beträchtlichen Einfluß auf die Entwicklung der dt. Idealismus*. Dieser jedoch folgte in diesem Punkt wie auch bezüglich der Möglichkeit weiterer Bestimmung des transzendentalen Ich nicht Kants Restriktion, wonach die Vermittlung nur als regulatives, nicht als konstitutives Prinzip gelten könne. Wiewohl Fichte, Schelling und Hegel wesentlich von Kant beeinflußt waren, glaubten sie doch ein Begründungsdefizit bei Kant nachweisen zu können und versuchten, über ihn hinauszugehen und eine höherstufige Einheit zu begründen.

Ausg.: Kants gesammelte Schriften. Hg. von der Königlich-Preussischen Akademie der Wissenschaften, Berlin 1902ff. (sog. Akademie-Ausgabe), bisher 29 Bde. (von 33). Einzelausgaben innerhalb der «Philosoph. Bibliothek». – *Lit.:* W. Bartuschat: Zum systematischen Ort von K. Kritik der Urteilskraft, 1972. H. M. Baumgartner: K. «Kritik der reinen Vernunft». Anleitung zur Lektüre, 1985, ³1991. L. W. Beck: K. «Kritik der praktischen Vernunft», 1974. R. Eisler, K.-Lexikon, 1930. V. Gerhardt/F. Kaulbach: K., ²1989. K. Gloy: Die Kantische Theorie der Naturwissenschaft, 1976. J. Groudin: K. zur Einführung, 1994. M. Heidegger: Kant und das Problem der Metaphysik, 1929. P. Heintel/L. Nagel (Hg.): Zur K.forschung der Gegenwart, 1981. H. D. Henrich: Identität und Objektivität, 1976. O. Höffe: I. K., 1992. K. transzendentale Deduktion und die Möglichkeit von Transzendentalphilos.. Hg. vom Forum für Philos., 1988. F. Kaulbauch: Ästhetische Welterkenntnis bei K., 1984. R. Löw: Philos. des Lebendigen. Der Begriff des Organischen bei K., 1980. G. Martin: I. K. Ontologie und Wissenschaftstheorie, 1958. W. Ritzel: I. K. Eine Biographie, 1984. G. Schulte: I. K., 1991. P. F. Strawson: Die Grenzen des Sinns: ein Kommentar zu K. «Kritik der reinen Vernunft», 1981. K. Vorländer: I. K. Der Mann und das Werk, ³1992.

Kant-Gesellschaft, von H. Vaihinger 1904 gegründete philos. Vereinigung, übernahm die seit 1897 existierende Zeitschrift *Kant-Studien*. 1938 wurde sie aufgelöst, 1947 wiedergegründet.

Kantianismus, Sammelbezeichnung für (z. T. sehr unterschiedliche) Philos. und philos. Richtungen, die ganz oder teilweise auf dem Kantischen Werk aufbauen wollen. Zu den wichtigsten Vertretern des K. gehören: 1. die unmittelbaren Nachfolger Kants, z. B. K. L. Reinhold und F. Schiller; 2. die zweite Generation von Kantianern, die alle die ‹Weiterentwicklung› Kants durch den dt. Idealismus* (Fichte, Schelling und Hegel) ablehnen: J. F. Fries, J. F. Herbart, F. E. Beneke – und A. Schopenhauer; 3. die sog. Neukantianer*, deren Philos. von ca. 1870 bis ca. 1930 an den dt. Universitäten vorherrschte. Eine neukantianische Bewegung bestand vom Ende des 19. Jh. bis in die 30er Jahre auch in Frankreich, wo sie sich mit der cartesianischen* Tradition verband.

Karneades (214/13 – 129/28 v. Chr.), griech. Philos., Gründer und (ca. 164/60 bis 137/36) Leiter der «neueren (dritten) Akademie*» (vgl. Platonismus), die er durch seinen Skeptizismus* entscheidend prägte. Ein Kriterium* für Wahrheit gibt es nicht. Alle menschlichen Begriffe stammen von den Sinnen ab, doch ist kein Sinneserlebnis unfehlbar. Als Alternative zur Suche nach Wahrheit entwickelt K. eine Theorie über die verschiedenen Grade von Wahrscheinlichkeit, die Behauptungen haben können. Als er 156/55 mit dem Stoiker* Diogenes zu einem Philos.-Kongreß nach Rom reiste, erregten seine Vorlesungen großes Aufsehen. Nach einer ersten Vorlesung hielt er eine zweite, in der er zu den genau entgegengesetzten Konklusionen* gelangte. Den Gottesbegriff und die Gottesbeweise der Stoiker lehnt K. ab, wie er überhaupt ein entschiedener Gegner der Stoiker war.

Kasuistik (von lat. *casus*, Fall, Zufall, Vorfall), Lehre über das Auffinden und die Anwendung von bestimmten, für konkrete Fälle (Situationen) gültigen Handlungsvorschriften. Eine ausgefeilte K. wurde vor allem von den Stoikern*, den jüdischen Talmudisten, den Scholastikern* und den Jesuiten* entwickelt. ‹Kasuistisch› heißt gelegentlich auch spitzfindig.

Kategorie (griech. *kategoria*, ursprünglich ‹Anklage›, später ‹Prädikat› und ‹Eigenschaft*›). 1. Im logischen Sinn: Grundbegriff. 2. Im ontologischen* Sinn: bestimmtes Grundmerkmal des Seienden* überhaupt; höchstes *genus* (grundlegende Gattung). Die K.lehre des Aristoteles unterscheidet zehn K. Sie werden logisch und sprachphilos. aufgefaßt, insofern sie die grundlegenden Prädikatstypen angeben, wie auch ontologisch, indem sie die fundamentalen Allgemeinbegriffe (*genera*) bilden, unter die alles Seiende fällt. Im Gegensatz zu Platon hält Aristoteles den Begriff des Seins* nicht für ein *genus*. ‹Sein› überschreitet ebenso wie ‹das Gute› und ‹das Eine› alle K. – eine Auffassung, die in der Scholastik zur Lehre von den Transzendentalien* ausgebaut wurde. – Kant unterscheidet zwölf K.; die wichtigsten sind Ding (Substanz*) und Ursache*-Wirkung. Aber die K. besitzen nach Kant nur für die Welt der Erfahrung* Gültigkeit. Sie sind Verstandesbegriffe, d. h. Grundbegriffe oder Prinzipien, von denen der Verstand* in seiner Erkenntnis der Welt immer Gebrauch macht, die aber ontologisch über das Ding an* sich nichts aussagen müssen. – Seit Kant wird diskutiert, ob es überhaupt möglich sei, K.reihen (K.tafeln) aufzustellen, und ob die K. nur erkenntnistheoretische oder auch ontologische Bedeutung haben. Eine ontologisch verstandene K.lehre versuchte im 20. Jh. u. a. N. Hartmann zu erarbeiten. G. Ryle entwickelt eine Theorie der sog. K.fehler (engl. *category-mistakes*), die entstehen, wenn Ausdrücke verschiedener logischer K. vermengt werden. Zwei Ausdrücke (z. B. ‹Peter› und ‹Sonntag›) gehören nach Ryle verschiedenen logischen K. zu, sofern in bestimmte Satztypen (z. B. ‹...liegt im Bett›) zwar der eine, aber nicht der andere Ausdruck hineinpaßt. So liegt bei der Aussage, ‹Sonntag liegt im Bett› ein K.fehler vor. Laut Ryle muß auch der cartesianische* Dualismus* von Leib und Seele* als Folge eines K.fehlers aufgefaßt werden.

kategorisch (von griech. *kategorein*, aussagen, behaupten), absolut*, unbedingt, entschieden. 1. In der klassischen Logik sind k. Urteile* (oder k. Aussagen) nicht-zusammengesetzte Aussagen, die durch das Wort ‹sein› zwei Begriffe verbinden (z. B. ‹Alle Raben sind schwarz›). Ihnen stehen die zusammengesetzten Aussagen (z. B. hypothetische Aussagen des Typs ‹Wenn..., dann...›) gegenüber. Als Gegensatz zu den k. Aussagen können auch die modalen Urteile oder Aussagen betrachtet werden, d. h. Urteile, die Bezeichnungen für Modalitäten* wie etwa ‹Möglichkeit› oder ‹Notwendigkeit› enthalten. 2. Ein k. Schluß (oder k. Syllogismus*) ist ein Schluß*, in dem sowohl die Prämissen* als auch die Konklusion* zu den k. Urteilen gehören. 3. Zum k. Imperativ s. Imperativ und Kant.

katharsis (griech.), Reinigung, Läuterung. In seiner *Poetik* behauptet Aristoteles, daß die Zuschauer bei einer ‹Tragödie› eine ‹Reinigung› erleben, und zwar dadurch, daß in ihnen «Jammer und Schaudern» (gr. *eleos* und *phobos*; früher übliche Übersetzung: Mitleid und Furcht) erregt wird. Was darunter näher zu verstehen sei, war besonders in der Ästhetik* des 18. Jh. umstritten. Im Gegensatz zu damaligen Deutungen (z. B. bei Lessing) schließen neuere Interpreten aus, daß es sich bei der k. um eine moralische oder sittliche Läuterung handle. Statt dessen geht es um das eigentümliche Lustgefühl, das mit den Erregungszuständen verknüpft ist, in die man als Zuschauer einer Tragödie versetzt und von denen man wieder befreit wird. So wird in der neueren Diskussion die aristotelische k. eher als Affektabfuhr denn als moralische Läuterung verstanden.

Lit.: Aristoteles: Poetik 6 und 14. G. E. Lessing: Hamburgische Dramaturgie, 74. bis 78. Stück. M. Fuhrmann: Einführung in die antike Dichtungstheorie, 1973, S. 94 ff.

kausal (von lat. *causa**, Ursache), ursächlich, eine Ursache haben, die Ursache betreffend. 1. Den Komplex von Ursachen und Wirkungen, der ein Ereignis ausmacht, nennt man einen Kausalzusammenhang. 2. Den Zusammenhang zwischen Ursache und Wirkung nennt man einen Kausalnexus* (von lat. *nexus*, Verbindung, Verschlingung) oder eine k. Beziehung.

Kausalnexus (lat.) Verbindung zwischen Ursache* und Wirkung. Nach der sog. Regularitätstheorie besteht ein K. ausschließlich darin, daß bestimmte Arten von Wirkungen immer von bestimmten Arten von Ursachen begleitet werden. In der Konsequenz dieser Bestimmung wird die Existenz eines K. häufig geleugnet. Die entgegengesetzte Ansicht wird oft so ausgedrückt, daß die Ursache auf der Grundlage eines K. mit natürlicher Notwendigkeit die Wirkung hervorbringt.

Kepler, Johannes (1571–1631), dt. Astronom, 1593 Prof. für Mathematik in Graz, 1601 Assistent bei Tycho Brahe und, nach dessen Tod, Nachfolger als kaiserlicher Mathematiker in Prag. – K. erstes Werk *Mysterium cosmographicum* (Das Weltgeheimnis, 1596) versucht, von einem pythagoräisch*-platonischen Standpunkt aus das kopernikanische Weltbild zu begründen. Zwar gibt K. den Gedanken einer solchen Begründung a priori* später auf und stützt sich, um die Struktur des Universums zu erklären, statt dessen auf Tycho Brahes Beobachtungsmaterial; an dem ursprünglichen Gedanken, daß die Natur des Universums eine mathematische sei, hält er jedoch stets fest. Nachdem K. lange Zeit die platonische Lehre von der Kreisförmigkeit der Planetenbahnen hatte aufrechterhalten wollen, gelangt er in *Astronomie nova* (Neue Astronomie, 1609) zur Formulierung der ersten beiden Keplerschen Gesetze über die Bewegungen der Planeten: 1. Die Planeten bewegen sich auf ellipsenförmigen Bahnen mit der Sonne als Zentrum. 2. Die von der Sonne zum Planeten gezogene Verbindungslinie *(radius vector)* überstreicht in gleich großen Zeiträumen gleich große Flächen. In *Harmonice mundi* (Weltharmonik, 1619) tritt das 3. Gesetz hinzu: Die Quadrate der Umlaufzeiten verhalten sich wie die Kuben der großen Halbachsen.
Auch in anderer Hinsicht bricht K. mit klassischen Vorstellungen. Nach der aristotelisch-platonischen Kosmologie war die Lehre von den Bewegungen der Himmelskörper reine (geometrische) Kinematik. K. wirft nun die Frage auf, welche (physische) Kraft die Planetenbewegungen überhaupt verursacht. Zwar gelingt es ihm nie, die Dynamik der Himmelskörper, also die Ursachen für ihre Bewegungen, physikalisch hinreichend zu erklären; dennoch ist er in seiner mathematischen Beschreibung des Universums von der Vorstellung geleitet, daß eine solche mathematische Darstellung der Struktur des Universums einen physikalischen Inhalt haben muß. – Bei seinem Tod hinterließ K. ein Manuskript mit dem Titel *Somnium* (Traum, 1634), in

dem er eine Reise zum Mond schildert. Dieses Buch gilt als eigentlicher Beginn der Science-fiction-Literatur.

Ausg.: Opera omnia 1–8, 1858–1871 (1971). – *Lit.:* M. Caspar: J. K., 1948. A. Koestler: Die Nachtwandler, 1959. G. Simon: K., astronome – astrologue, 1979.

Kierkegaard, Søren Aabye (1813–55), dän. Philos., Schriftsteller und Theologe. Studium der Theologie ab 1830. K. vernachlässigte jedoch das Studium zugunsten eines recht freizügigen Lebens, von Phasen der religiösen Anfechtungen und des Sündenbewußtseins unterbrochen. In dieser Zeit lernte er das Kopenhagener Geistesleben kennen; u. a. kam er in Kontakt mit J. L. Heiberg, P. M. Møller (ab ca. 1835), H. L. Martensen, J. P. Mynster, F. C. Sibbern und H. Brøchner (ab ca. 1837). Um 1838 ereignete sich das von K. so genannte «Erdbeben» – die Entdeckung, daß auf der Familie ein Fluch liege. Worin dieser Fluch für K. genau bestand, ist ungewiß. Einige Interpreten gehen davon aus, K. habe die Ursache dieses Fluchs darin gesehen, daß der Vater als Hirtenjunge in Sædding (Jütland) Gott verflucht habe. Oder es wird der Umstand namhaft gemacht, daß der Vater sich mit seinem Dienstmädchen verband, noch bevor das Trauerjahr für seine erste Frau um war; fünf Monate vor Geburt des ersten Kindes mußte er erneut heiraten. Neuere Interpreten vermuten schließlich, der Fluch habe in K. Augen damit zu tun, daß sich beim dänischen Staatsbankrott 1813 der Vater auf Kosten anderer erheblich bereichert habe. Welche dieser Erklärungen zutrifft, läßt sich kaum mit Sicherheit entscheiden; außerhalb jeder Diskussion steht aber die enorme Bedeutung, die das «Erdbeben» für K. weiteres Leben gehabt hat. Das nächste wichtige Ereignis war der Tod des Vaters im selben Jahr. Er gab K. den Anstoß, sein Studium energisch voranzutreiben. Im Juli 1840 legte er das theologische Staatsexamen ab. Im September verlobte er sich mit Regine Olsen (1822-1904), einer Kopenhagener Bürgertochter. Wenige Tage darauf glaubte er jedoch, die Aussichtslosigkeit dieser Beziehung erkannt zu haben und brach sie nach zwei aufreibenden Monaten ab. K. Auflösung der Verlobung stand im Zusammenhang mit dem ihn peinigenden «Pfahl im Fleisch», über dessen Inhalt wiederum Unklarheit besteht. Zwar gibt es in der biographischen K.-Forschung eine Vielzahl von Vermutungen: Es handle sich um den bereits erwähnten Familienfluch; K. habe in seiner Jugend ein Bordell besucht oder sei von der Onanie nicht losgekommen; er sei sexuell impotent oder intellektuell überpotent, schwermütig veranlagt gewesen usw. Außer Zweifel steht allein die Tatsache, daß K. unmittelbar nach dem Scheitern der Verlobung sein eigentliches schriftstellerisches Werk begann, welches vom faktischen Verlauf des Privatlebens stark geprägt wurde. Doch gleichzeitig werden die privaten Verhältnisse in allgemeine menschliche Möglichkeiten umgesetzt und als solche reflektiert. Philos. gesehen kann nur dieser allgemeine Aspekt Interesse beanspruchen; allerdings ist die K.-Forschung sich in der Frage uneins, ob man vom Biographischen überhaupt absehen und das Werk wesentlich als Analyse allgemein-menschlicher Bedingungen und Möglichkeiten deuten kann.

K. Werke lassen sich fünf Perioden zuordnen. 1838–41: *Aus eines noch Lebenden Papieren* (1838) und die Magisterarbeit *Über den Begriff der Ironie* (1841). 1842–46: Einerseits die «erbaulichen Reden», die K. unter eigenem Namen veröffentlichte, andererseits die «pseudonym herausgegebenen Schriften», zu denen er sich erst 1846 bekannte: *Entweder/Oder* (1843), *Furcht und Zittern* (1843), *Die Wiederholung* (1843), *Philosophische Brocken* (1844), *Der Begriff Angst* (1844), *Stadien auf des Lebens Weg* (1845) und *Abschließende unwissenschaftliche Nachschrift* (1846). Dezember 1845–46: Der «Corsarenstreit», in dem K. in Zeitungsartikeln mit P. L. Møller und M. Goldschmidt eine heftige Fehde

austrug. 1847–50: u. a. *Der Liebe Tun* (1847), *Christliche Reden* (1848), *Die Krankheit zum Tode* (1849) und *Einübung im Christentum* (1850). 1851–55: Eine Zeit des Schweigens bis zum «Kirchenkampf» im letzten Jahr; dort griff K. mit der Zeitschrift *Der Augenblick* (1–10) und in Zeitungsartikeln «das Bestehende» an, namentlich die etablierte Kirche.

Nur ein Teil der Schriften aus den fünf Perioden erschien also unter K. Namen; zudem änderte er häufig seine Ansichten. Dennoch geht K. in allen Werken von der philos.-metaphysischen Voraussetzung aus, daß der (erwachsene) Mensch sich sowohl von der Natur unterscheidet wie von Gott, der – falls er existiert – Natur und Mensch geschaffen hat. Anorganische wie organische Natur sind dadurch charakterisiert, daß sie in Raum und Zeit bloß vorkommen; demgegenüber kann der Mensch nur existieren, indem er sich zu seiner eigenen Situation verhält. Die Lilien auf dem Felde und die Vögel des Himmels sind bloße Natur; sie entstehen zu einem bestimmten Zeitpunkt, entwickeln sich in Wechselwirkung mit der Umgebung und gehen dann zugrunde. Dieser Prozeß ist natürlich, ursächlich bestimmt. Aber das menschliche Leben geht in einem solchen Prozeß nicht auf. Das Sich-Verhalten zur eigenen Situation gibt dem Menschen die Möglichkeit, in diese Situation einzugreifen und sie zu ändern. Während das Tier der Naturnotwendigkeit ganz und gar unterworfen ist, ist der Mensch eine Einheit (eine Synthese*) von Möglichkeit und Notwendigkeit. Biologisches Erbe, psychologische Umstände und frühere Handlungen gehören zu jenen Faktoren, welche die notwendigen Gegebenheiten der menschlichen Situation ausmachen. Aber durch das Sich-zu-sich-Verhalten bricht der Mensch mit dieser Naturnotwendigkeit und steht in einer freien Beziehung zu den Möglichkeiten seiner Situation. Während das Tier verschiedene Lebensphasen durchläuft, die in der Zeit nacheinander folgen, steht der Mensch zum Leben in der Zeit in einer freien Beziehung. Dadurch wird der einzelne Zeitpunkt zum Augenblick der Wahl. Was dem Wahlaugenblick vorausging, wird zur Vergangenheit, was ihm folgt, wird zur Zukunft, angefüllt mit Möglichkeit. Während das Tier an bestimmten Punkten der Zeit* nur vorkommt, lebt der Mensch in der Zeitlichkeit, sofern er als Einheit von Vergangenheit, Augenblick und Zukunft sich zum In-der-Zeit-Existieren als Einheit von Möglichkeit und Notwendigkeit verhält (vgl. *Gesammelte Werke.* Hg. von E. Hirsch, 11./12. Abt., S. 86ff.).

Nicht nur vom Tier, sondern auch von Gott unterscheidet sich der Mensch. Falls Gott existiert, wird er als unendliche Freiheit über die Begrenzungen von Zeit und Raum erhaben sein. Sofern er der Aufsplitterung der Zeit und der aus ihr folgenden Beschränkung nicht unterworfen ist, kann Gott auch ewig genannt werden. Dagegen ist die menschliche Freiheit immer endlich. Durch das Existieren in der Zeit ist der Mensch abhängig von den Gegebenheiten, von allem Notwendigen. Kurz gesagt: Er ist ein endliches Geschöpf. Aber durch sein freies Verhältnis zu den Möglichkeiten seiner Situation überschreitet er die Grenzen von Endlichkeit und Notwendigkeit und lebt, als ob der Augenblick ewig wäre und nicht an die Zeit gebunden. Metaphysisch zwischen der Natur und Gott plaziert, kann der Mensch deshalb als ein Verhältnis (eine Synthese) zwischen «Unendlichkeit und Endlichkeit», «dem Zeitlichen und dem Ewigen», «Möglichkeit und Notwendigkeit» definiert werden, sofern «das Verhältnis sich zu sich selbst verhält» (*Ges. W.*, 24./25. Abt., S. 8).

Es ist eine metaphysische Notwendigkeit, daß der Mensch sich frei zu seiner Situation verhält. Er kann nicht selbst wählen, ob er frei sein will. Dagegen steht es ihm frei, wie er seine Freiheit verwalten will. Darin besteht die eigentliche existentielle* Frage, d. h. die Frage, was man mit seinem Leben, seiner Existenz anfängt. Laut K. kann die Philos. den metaphysischen Rahmen abstecken, innerhalb dessen diese Frage zu beantworten ist; aber die Philos. vermag nie eine eindeutige Antwort darauf zu geben, wie der einzelne Mensch sein Leben führen soll.

Statt dessen sucht K. in seiner Philos. eine Reihe prinzipiell verschiedener Existenzmöglichkeiten voneinander abzugrenzen (sog. Stadien). Diese sind hierarchisch geordnet, und zwar so, daß die späteren auch Merkmale der früheren enthalten. Doch muß der Mensch die unteren Stadien nicht notwendig durchlaufen, um die höheren zu erreichen. Er kann auch mehrere oder ein Stadium überspringen bzw. zu einem früheren zurückkehren. Aber die späteren Stadien enthalten die vorausliegenden in dem Sinn, daß sie komplexer sind und sich auf zusätzliche Lebensprobleme beziehen (die sog. existentiellen Probleme). In ihrer einfachen Form umfaßt die Stadienlehre drei Existenzmöglichkeiten: die ästhetische*, die ethische und die religiöse (vgl. z. B. *Entweder/Oder*). In der entwickelteren Fassung der *Abschließenden unwissenschaftlichen Nachschrift* werden unterschieden: ästhetisches Stadium, Ironie*, ethisches Stadium, Humor*, allgemeine Religiosität («Religiosität A») und spezifisch christliche Religiosität («Religiosität B»).

«Das Aesthetische in einem Menschen ist das, dadurch er unmittelbar das ist, was er ist» (*Ges. W.*, 2./3. Abt., S. 190). Der Mensch wird in das ästhetische Stadium hineingeboren. Er trägt ein bestimmtes biologisches Erbe und wächst in einem bestimmten Milieu auf. Wie das Tier hat er Wahrnehmungen, reagiert auf seine Umgebung und folgt seinen Trieben. Wie beim Tier besteht das Leben aus einer Folge von Ereignissen, die nur ablaufen, ohne daß das Kind zu ihnen Stellung bezieht oder für sie die Verantwortung übernimmt. Dieses Geschehenlassen des Lebens ohne eigene Stellungnahme bzw. Verantwortung macht das unmittelbare oder ästhetische Dasein aus. Dem Kind gehört es notwendig zu. Es ist noch keine vollentwickelte Person; «das Selbst» oder «der Geist» – «das Verhältnis, das sich zu sich selbst verhält» – hat sich noch nicht entfaltet. Auf der anderen Seite steht das Kind nicht auf der Stufe des Tiers: Es ist auf die Entwicklung zur Person angelegt. «Der Geist ist mithin gegenwärtig, aber als unmittelbar, als träumend» (*Ges. W.*, 11./12. Abt., S. 42). Diese Anwesenheit des Geistes zeigt sich in der Angst* des Kindes. Im Gegensatz zur Furcht, die auch das Tier kennt, richtet sich die Angst nicht auf diesen oder jenen Gegenstand. Sie besteht denn auch nicht in einer Furcht vor diesem oder jenem Ereignis, das eintreten und das Leben des Kindes verändern könnte. Sondern die Angst besteht in der Erfahrung des Kindes, auf das Erwachsensein hin angelegt zu sein, auf ein freies Verhältnis zum eigenen Leben und zur eigenen Situation. Die Angst ist somit eine Angst vor der kommenden Freiheit, die den Menschen vor die Möglichkeit stellt, für das eigene Leben ein Ziel zu bestimmen, die Lebensform oder den Lebensstil selbst zu wählen.

Der eigentliche Übergang vom Kind zum Erwachsenen vollzieht sich, wenn die Angst zu voller Reife gelangt ist. In dem Augenblick, in dem der Mensch sich zu Vergangenheit und Zukunft verhält, entsteht die Freiheit. Sie bedeutet nicht bloß eine mehr oder weniger weit gespannte Freiheit der Wahl zwischen diesem oder jenem, sondern die absolute Freiheit der Wahl, die Entscheidung darüber, was der Mensch unter den gegebenen Umständen mit seinem Leben will. Er kann dabei auch das ästhetische Leben wählen; er wählt dann, so zu leben, als ob die Freiheit nur in der Wahl zwischen diesem und jenem bestünde. Dieses Leben kann das eines «Spießbürgers» oder «Philisters» sein. Es kann aber auch in der romantischen Suche nach dem Grenzüberschreitenden bestehen – der Blauen Blume, dem Traum von der verlorenen Kindheit usw. In beiden Fällen verweigert der Mensch die Verantwortung und läßt die

Dinge geschehen – in der Hoffnung, daß ihm das Glück winkt. Mehrere Grade von Bewußtsein über dieses Leben sind möglich, angefangen vom trägen Kleinbürger bis hin zum verfeinerten Ästheten und intellektuellen Verführer, der für neuen Genuß jede Chance zu nutzen sucht, wohl wissend, daß überall die Langeweile droht.

Der Ethiker faßt im Gegensatz zum Ästhetiker sein Leben nicht als bloße Ereignisfolge auf, sondern sieht es als eine Aufgabe, für die er die Verantwortung trägt. Mit der Übernahme der Verantwortung unterwirft er sich der Forderung, in Übereinstimmung mit den Kategorien von Gut und Böse zu existieren. Der Ästhetiker erkennt Regeln und Werte im Dasein nicht an: Gut ist das, von dem er zu einem gegebenen Zeitpunkt (einem gegebenen «Augenblick») meint, es sei gut für ihn. Deshalb kann er auch von Jahr zu Jahr, von Tag zu Tag, von Minute zu Minute den Lebensstil wechseln. Sein Leben ist «im Augenblick» (*Ges. W.*, 2./3. Abt., S. 191, [207], 245). Es kennt darum auch keinen Zusammenhang («Kontinuierlichkeit») – «Ewigkeit»). Der Ethiker dagegen will durch das Leben nach einer Regel die einzelnen Daseinsaugenblicke in einen Zusammenhang bringen: Er mißt sie nach ein und demselben Maßstab, der «Idee der Persönlichkeit», dem «absoluten Selbst», dem «Allgemeinen» usw. Wenn er in seinem Leben auf etwas stößt – ob in Vergangenheit oder Gegenwart –, das mit der Regel nicht übereinstimmt, dann sucht er sich damit zu versöhnen, indem er seine Handlungsweise bereut. Schuld ist für den Ethiker ein Mangel an Zusammenhang, und Reue der Versuch, diesen verlorenen Zusammenhang wiederherzustellen.

Der Ironiker befindet sich zwischen dem ästhetischen und dem ethischen Stadium. Zwar glaubt er, die Hohlheit des ästhetischen Stadiums eingesehen zu haben; aber er besitzt nicht das Vertrauen, daß der ethische Ernst das Problem lösen kann. Mit beißendem Spott und intellektueller Schärfe kann er daher alles und jedes kritisieren (ironisieren) – einschließlich sich selbst. Er besitzt Witz, aber keinen Humor*. Der Humor ist im Gegensatz zur Ironie der Versuch, sich selbst und andere mit dem Dasein zu versöhnen – obwohl er sich schmerzlich bewußt ist, daß dieser Versuch scheitern muß. Auf der Stufe des Humors hat der Mensch das Ästhetische und auch das Ethische hinter sich gelassen. Die Kritik des Ethikers am Ästhetiker erkennt er an; aber er erkennt nicht die Möglichkeit an, durch Reue das Leben mit dem Idealen zu versöhnen. Die menschliche Begrenztheit spricht für ihn dagegen: Aus sich selbst heraus vermag der Mensch eigene Schuld nicht zu beheben. Soll sie behoben werden, so nur auf übermenschliche Weise – durch das Eingreifen einer Gottheit. Der Humorist hat also das existentielle Bedürfnis nach einer solchen göttlichen Überschreitung (Transzendenz*) erkannt; aber er wagt an ihre Möglichkeit nicht zu glauben. Deshalb sucht er mit dem Humor die Versöhnung und Harmonie zu schaffen, welche die Reue verfehlte. Weil er aber weiß, daß auch er erfolglos bleibt, ist er eine tragische Gestalt (vgl. *Ges. W.*, 15. Abt., S. 423 ff.; 16. Abt., Bd. I, S. 265–288).

Der religiöse Mensch macht den Schritt nach vorn und bestimmt die Schuld, welche die Reue nicht auflösen kann, als Sünde. Sünde läßt sich nur beheben, indem Gottes Vergebung den Zusammenhang im menschlichen Leben wiederherstellt. Der Glaube an Gott wird so zu einem existentiellen Bedürfnis – und zu einem Gebot. Schon der Ethiker warf dem Ästhetiker vor, sein Leben sei Verzweiflung, weil er nicht die Verantwortung übernehme und er selbst werde; denn ‹Verzweiflung› heißt, daß im Leben des Menschen, der frei in seinem Verhältnis zu sich selbst und seiner Situation steht, das Gleichgewicht fehlt (ein «Mißverhältnis» vorliegt, *Ges. W.*, 24./25. Abt., S. 11). Allerdings setzt der Ethiker darauf, daß er durch ein Sich-Vertiefen in die Verzweiflung – die er als schuldhafte Ausgangsposition sehr wohl anerkennt – sich aus der Verzweiflung retten kann. An eine solche Möglichkeit glaubt der Religiöse aber nicht mehr. Und wenn die Schuld sich aus eigener Kraft nicht aufheben läßt, dann muß jeder Versuch dazu als Sünde gelten; «Sünde ist: vor Gott, oder mit dem Gedanken an Gott verzweifelt nicht man selbst sein wollen, oder verzweifelt man selbst sein wollen» (*Ges. W.*, 24./25. Abt., S. 75). So werden aus religiöser Sicht alle früheren Stadien zu Verzweiflung und Sünde. Die allgemeinreligiöse Form innerhalb des religiösen Stadiums («Religiosität A») läßt sich charakterisieren als Religiosität der Innerlichkeit. Ihr Gottesverhältnis wird bestimmt durch den Glauben an Gottes Vergebung, obwohl dies aller menschlichen Wahrscheinlichkeit widerspricht. Gott selber ist dagegen unproblematisch. Nicht so in der spezifisch christlichen Religiosität: Für sie ist der Gott, zu dem der Mensch sich verhält, ein Paradox*, sofern in Christus der ewige (überirdische) Gott in die Zeit und die Geschichte eintrat (vgl. *Ges.W.*, 16. Abt., Bd. II, S. 266).

Jedes Stadium enthält eine Anschauung darüber, worin für den Menschen die Wahrheit besteht bzw. ob es überhaupt eine Wahrheit gibt. Zu entscheiden, welches Stadium das beste sei, ist weder philos. noch wissenschaftlich möglich. In existentieller wie logischer Hinsicht geschieht der Übergang von einem Stadium zum anderen vielmehr durch einen «Sprung». Deshalb benötigt der Mensch eine besondere indirekte Form der Mitteilung. – In den späteren Jahren (von ca. 1848 an) befaßte sich K. mehr und mehr mit der spezifisch zeitgenössischen Form der existentiellen Problematik. Als maßgebende Faktoren betrachtete er den politischen Systemwechsel in Dänemark 1848 (von der absoluten zur konstitutionellen Monarchie) und die damit verbundene neue Lage der (evangelisch-lutherischen) Kirche. Seine Zeitkritik gipfelte 1855 in dem Frontalangriff auf die etablierte Kirche. Umstritten ist, ob dieser ‹Kirchenkampf› aus der Gedankenstruktur des Werks konsequent folgt oder ob K. hier einen Bruch mit seinen früheren Anschauungen vollzogen hat.

Ausg.: Gesammelte Werke (Übers. E. Hirsch), 36 Abteilungen, 1951–65. – *Lit.:* T. W. Adorno: K. Konstruktion des Ästhetischen, (1933) 1962. H. Gerdes: S. K., 1993. A. Hügli: Die Erkenntnis der Subjektivität und die Objektivität des Erkennens bei S. K., 1973. F. W. Korff: Der komische K., 1982. K. P. Liessmann: K. zur Einführung, 1993. J. Ringleben: Aneignung. Die spekulative Theologie S. K., 1983. H.-H. Schrey (Hg.): S. K., 1971. M. Theunissen/W. Greve (Hg.): Materialien zur Philos. S. K., 1979.

Kirchenväter, Bezeichnung für altchristliche Lehrer von der Mitte des 1. bis ins 7. Jh., die auf die Entwicklung der Kirche entscheidenden Einfluß hatten und durch ihre Philos. und Theologie (die Patristik*) zur Herausbildung der christlichen Dogmen* beitrugen. Zu den K. gehören u. a. Justinus, Tertullian, Clemens von Alexandria, Ambrosius (ca. 333–397), Hieronymus (ca. 345–419/20), Augustinus, Boethius, Gregor der Große (ca. 540–604) und Johannes von Damaskus.

Ausg.: A. Heilmann (Hg.): Texte der Kirchenväter, 5 Bde., 1963–66. – *Lit.:* B. Altaner/A. Stuiber: Patrologie, [8]1978. M. Greschat (Hg.): Gestalten der Kirchengeschichte, Bde. 1 u. 2, Alte Kirche, 1984.

klar und deutlich (lat. *clare et distincte*). Bei Descartes wird eine Erkenntnis k. genannt, «die dem aufmerkenden Geiste gegenwärtig und offenkundig ist»; d. nennt er eine Erkenntnis, die «von allen übrigen Erkenntnissen so getrennt und unterschieden ist, daß sie gar nichts anderes, als was klar ist, in sich enthält».

Lit.: R. Descartes: Prinzipien der Philos. I, § 45.

Klassifikation (von lat. *classis*, Abteilung, Klasse, Flotte, und *facere*, tun). 1. Einteilung einer Menge von Gegenständen aufgrund bestimmter Kriterien. 2. Ergebnis dieser Einteilung. Eine K. heißt natürlich, wenn die Gegenstände nach Wesensmerkmalen in Klassen gegliedert werden, andernfalls künstlich (vgl. natürliche* Klasse).

koextensional (von lat. *con*, mit, und *extendere*, ausdehnen). Zwei Ausdrücke heißen genau dann k., wenn sie dieselbe Extension* haben. Z. B. sind die Ausdrücke ‹Tier mit Herz› und ‹Tier mit Nieren› k. Zwei Prädikate* sind genau dann k., wenn sie korrekt auf dieselben Gegenstände angewendet werden können. Zwei Namen* sind dann k., wenn sie sich auf denselben Gegenstand beziehen (referieren*). Zwei Sätze schließlich heißen k., wenn sie denselben Wahrheitswert* haben, d. h. wenn sie beide entweder zugleich wahr oder falsch sind. – Nach der Extensionalitätsthese* können sich k. Ausdrücke in allen sprachlichen Kontexten* jederzeit ersetzen (substituieren*). Kontexte, für die diese These nicht gilt, nennt man intensional.

kognitiv (engl. *cognitive*, von lat. *cognitus*, bekannt, erkannt), die Erkenntnis betreffend. 1. Merkmal von Bewußtseinsakten oder Bewußtseinsprozessen, die im Gegensatz zu Willensakten in ihrer theoretischen Einstellung, hinsichtlich ihrer Erkenntnismäßigkeit gekennzeichnet werden. 2. Sätze, die wahr oder falsch sein können, haben einen k. Sinn im Gegensatz zu Sätzen mit non-k. Sinn (z. B. in Ausrufen oder Befehlen) oder in sinnlosen Äußerungen. Umstritten ist, welchen Äußerungen ein k. Sinn zugeschrieben werden kann, ob auch metaphysischen Sätzen und moralischen, rechtlichen oder ästhetischen Werturteilen. Für die sog. ethischen Kognitivisten sind Sätze wie ‹Es ist verwerflich zu lügen› objektiv wahr oder falsch, d. h. der Satz kann zur Beschreibung einer moralischen Wirklichkeit verwendet werden. Umgekehrt vergleichen die Non-Kognitivisten moralische Aussagen mit Ausrufen und anderen Gefühlsausdrücken. Solche Aussagen haben zwar einen Sinn, aber keinen k. Sinn, d. h. können nicht als Behauptungen gelten (s. Ethik und emotive Bedeutung).

Lit.: H. G. Furth: Intelligenz und Erkennen. Die Grundlagen der genetischen Erkenntnistheorie Piagets, 1972. R. Wimmer: Universalisierung in der Ethik. Analyse, Kritik und Rekonstruktion ethischer Rationalitätsansprüche, 1980.

Kohärenz (von lat. *co*, zusammen, und *haerere*, hängen, haften). 1. Widerspruchsfreiheit (Konsistenz), Vereinbarkeit. 2. Zusammenhang physischer Mannigfaltigkeiten (Kontinuität). 3. Logischer bzw. sprachlich vernünftiger Zusammenhang von Gedankengängen oder Argumentationen. – Vgl. Kohärenztheorie der Wahrheit*.

Kojève, Alexandre (1902–68), russ.-franz. Philos. Berühmt durch seine Vorlesungen über Hegel an der École Pratique des Hautes Études in Paris 1933–39, mit welchen er einen großen Einfluß auf die moderne franz. Philos. hatte. K. verbindet in seiner Hegelinterpretation existenzphilos.*, phänomenologische* und dialektische* Elemente. Er interpretiert Hegel im Sinn eines Humanismus*, der in der modernen franz. Philos. zum Schlüsselthema wird: einer Lehre von der Selbstverwirklichung des Menschen durch die Formung einer menschlichen Welt, d. h. durch Arbeit und durch Kampf um Anerkennung.

Ausg.: Hegel. Eine Vergegenwärtigung seines Denkens. Hg. von I. Fetscher, 1975. – *Lit.:* V. Descombes: Das Selbe und das Andere. 45 Jahre Philos. in Frankreich 1933–78, 1981. S. B. Drury: A. K. The Roots of Postmodern Politics, 1994.

Kolakowski, Leszek (geb. 1927), poln. Philos., Prof. für Philos. in Warschau 1959–68, dann aus politischen Gründen aus Polen ausgewiesen. Lehrtätigkeit an verschiedenen westlichen Universitäten, seit 1970 in Oxford. In seiner Essaysammlung *Der Mensch ohne Alternative* (1960) vertritt K. einen skeptischen Standpunkt gegenüber jeder Form des

Absoluten*. Diese skeptische Grundhaltung ist für ihn Ergebnis einer Wahl, nicht einer Argumentation. K. verfaßte im weiteren ein dreibändiges Werk über *Die Hauptströmungen des Marxismus* (1978) sowie Schriften zur Religion und zu Husserl. Seine späteren Arbeiten zeigen eine zunehmende Distanz zum Marxismus*.

Lit.: A L. K. Reader, 1971. Ch. Heidrich: L. K. zwischen Skepsis und Mystik, 1995.

Kommunikation (von lat. *communicare*, gemeinsam machen, teilnehmen lassen, sich besprechen), Übertragung von Mitteilungen. Die verbale K. geschieht mit Hilfe sprachlicher Ausdrucksmittel (wie dem gesprochenen Wort und der Schrift), die nonverbale K. mit Hilfe nichtsprachlicher Ausdrucksmittel wie Signalsystemen beim Menschen und instinktgebundenen Verhaltensmustern mit kommunikativer Funktion bei Tieren.

Jaspers unterscheidet zwischen objektiver K. (oder Daseins-K.) und existentieller K. Die objektive K. liegt in dem, was den Menschen gemeinsam ist, in etwas Allgemeinem (Interessen, Verstandesfähigkeiten oder kultureller Zugehörigkeit). Die existentielle K. aber vollzieht sich, wenn zwei (als solche einmalige) Selbste (vgl. Ich/Selbst) sich einander in ihrer jeweiligen Individualität offenbaren (vgl. Dialogphilos.). Jaspers' Lehre von der existentiellen K. hat Kierkegaards Theorie der indirekten (Existenz-) Mitteilung zum Vorbild.

Habermas entwickelt eine Theorie der *kommunikativen Kompetenz*, d. h. der Bedingungen, die erfüllt sein müssen, damit zwei Sprecher sich mitteilen können. Für Habermas ist die K. wegen der bestehenden Machtverhältnisse in der Gesellschaft, in der sie stattfindet, zwar für gewöhnlich ideologisch belastet. Aber auch diese K. setzt stillschweigend das Ideal einer herrschaftsfreien K. voraus. In ihr würde kein K.-Teilnehmer aufgrund der Machtverhältnisse in seinen Äußerungen behindert, d. h. auch nicht aufgrund ‹innerer› psychischer Verdrängungen, die durch ‹äußere› Zwänge hervorgerufen sind (vgl. auch Diskurs). – Eine Theorie der transzendentalen Kommunikationsgemeinschaft findet sich auch bei Apel. Darunter wird das (regulative) Ideal* einer (nie zu verwirklichenden) Gemeinschaft von kommunizierenden freien Individuen verstanden. Dieses Ideal ist (als transzendentale* Bedingung) in jeder wirklichen K. vorausgesetzt, insofern diese an jenem gemessen werden muß. Es fungiert also als höchstes Wahrheitskriterium.

Lit.: K. .O. Apel: Transformation der Philos., 2 Bde., 1973. J. Habermas: Theorie des kommunikativen Handelns, 2 Bde., 1981. K. Jaspers: Philos., Bd. 2, ^{4}1973. Ders.: Von der Wahrheit, 1947.

Kommunitarismus (engl. *communitarianism*), Sammelbezeichnung für eine Reihe politischer Theorien, die hervorheben, daß Mensch und politisches System von der jeweiligen Gemeinschaft (engl. *community*) mit ihren konkreten kulturellen und sozialen Bindungen abhängig sind. Zu den wichtigsten Vertretern des K. in den 80er und 90er Jahren zählen u. a. die Philos. Alasdair MacIntyre, Frank Michelman, Charles Taylor und Michael Walzer, der Politologe Michael Sandel, die Soziologen Amatai Etzioni und Robert Nisbet sowie der Wirtschaftler Herman Daly im angelsächsischen Sprachraum, in Deutschland z. B. Robert Spaemann.

Indem der K. auf die Gemeinschaft und die in ihr herrschenden traditionsbedingten Vorstellungen vom guten Leben als Grundlage der Gesellschaft verweist, wendet er sich zuallererst gegen den Liberalismus*, der umgekehrt vom Individuum und dessen Möglichkeiten ausgeht, frei zu wählen, wie es sein Leben gestalten will. Für den K. bleibt das Individuum immer traditionsverhaftet, wenn es eine Wahl vornimmt, und es ist eine Abstraktion zu glauben, man könne von solcher Kontextgebundenheit absehen. Diesen Grundgedanken wollen einige Kommunitaristen als Beschreibung ver-

standen wissen: Es ist unmöglich, unabhängig von traditionellen, gemeinsamen Werten zu wählen, und die Gesellschaft funktioniert nur in dem Ausmaß, in dem eine Traditionsgemeinschaft existiert. Anderen Kommunitaristen geht es um eine Wertung: Die Menschen sollen die traditionellen Wertgemeinsamkeiten bewahren; denn es dient einem besseren Leben, solche Übereinstimmungen zu erhalten und nicht dem Individualismus das Feld zu überlassen. Die meisten Kommunitaristen allerdings zielen ebenso auf Beschreibung wie Wertung ab: Die Gesellschaft würde zerfallen, wenn es nicht irgendeine Form von Traditionsgemeinschaft gäbe, und für die Menschen ist es besser, wenn sie die Tradition bewahren und nicht als Individualisten leben.
In ihrer Ablehnung des Individualismus stimmen die Kommunitaristen mit den Sozialisten überein. Sie unterscheiden sich vom Sozialismus aber dadurch, daß sie die Tradition als Autorität in normativen Fragen betrachten. Hier macht der Sozialismus mit dem Liberalismus gemeinsame Sache, insofern beide Anschauungen auf dem Boden der modernen Aufklärungsphilos.* stehen. Der K. dagegen ist eine neokonservative Bewegung – ähnlich jener Kritik an der Aufklärungsphilos., wie sie Ende des 18. Jh. aufkam, u. a. bei Edmund Burke (1729–97).

Lit.: M. Brumlik/H. Brunkhorst (Hg.): Gemeinschaft und Gerechtigkeit, 1993. A. Honneth (Hg.): K. Eine Debatte über die moralischen Grundlagen moderner Gesellschaften, 1994. W. Kymlicka: Contemporary Political Philosophy: An Introduction, Kap. 6, 1990. A. MacIntyre: After Virtue: A Study in Moral Theory, 1981 (dt. Der Verlust der Tugend, 1987). W. Reese-Schäfer: Was ist K.?, 1994. M. Sandel: Liberalism and the Limits of Justice, 1982. M. Walzer: Interpretation and Social Criticism, 1987 (dt. Kritik und Gemeinsinn, 1990).

kommutative Gesetze (von lat. *con-,* zusammen mit, und *mutare,* [ver]ändern, umtauschen). Eine Operation* bestimmter Objekte, z. B. Zahlen, Urteile oder Mengen, heißt k., wenn (x o y) = (y o x) und ‹o› für die Operation, ‹x› und ‹y› für irgendwelche Objekte stehen. Ein k. G. besagt, daß eine bestimmte Operation k. ist, z. B. ‹(x + y) = (y + x)›. In der Aussagenlogik gelten k. G. für Konjunktionen* (‹und›), Disjunktionen (‹oder›) und Äquivalenzen* (‹genau dann, wenn›).

komplementär (von lat. *complere,* ausfüllen, vollzählig machen), ergänzend, vollendend. Philos. Bezeichnung für Gegensätze, die einander nicht ausschließen, sondern sich gegenseitig ergänzen, d. h. jeweils zwei wesentliche Aspekte eines Gegenstands ausdrücken. Z. B. behauptet die sog. Doppelaspekttheorie, daß das Seelische und Körperliche zwei entgegengesetzte und unvereinbare, aber eben k. Seiten verschiedener Betrachtungsweisen des Menschen sind. Bei N. Bohr (1885–1962) fungiert der Komplementaritätsbegriff als philos. Grundbegriff (vgl. z. B. *Atomphysik und menschliche Erkenntnis,* 1–2, 1957/64).

Kompositionsregel (engl. *law of composition*), Bezeichnung für die aussagenlogische Regel (Tautologie*): ((p → q) & (p → r)) → (p → (q & r)).

Konditionalismus (von lat. *conditio,* Bedingung). Bezeichnung für die Erkenntnistheorie des dt. Physiologen und Philos. M. Verworn (1863–1921), in der der unwissenschaftliche Ursachenbegriff durch den Begriff der Bedingungstotalität eines Phänomens ersetzt wird.

Lit.: M. Verworn: Kausale und konditionale Weltanschauung, 1921.

Konjunktion (von lat. *con-,* zusammen mit, und *jungere,* verbinden), ‹und›-Verbindung zweier oder mehrerer Sätze. Das satzlogische Konnektiv* ‹sowohl als auch›. Wird geschrieben: &; · ; ∧.

Konklusion (von lat. *con-,* mit, und *claudere,* schließen, abschließen), ein Satz, der mit einem Argument* oder Beweis* begründet wird. Auch Folgerung bzw. Schlußsatz im Syllogismus*.

konkret (von lat. *concrescere*, zusammenwachsen). 1. Nicht abstrakt*. 2. In der gängigen Bedeutung: individuell, vollständig bestimmt, als etwas Wahrnehmbares in Raum und Zeit gegeben. 3. Für Hegel liegt die Unterscheidung k./abstrakt zur Unterscheidung individuell/ allgemein quer. Hegel spricht auch vom K.-Allgemeinen, d. h. vom Individuellen, insoweit es in einen wesentlichen Zusammenhang eingeht und somit ein Allgemeines ausdrückt. Etwas ist also k., wenn in ihm Wesen* und Erscheinung, Inneres und Äußeres, zusammenwachsen. Im Gegensatz zum bloßen Vorkommen isolierter ‹Individuen› bezeichnet Hegel das K. als die Wirklichkeit*.

Konnektiv (von lat. *connectere*, verbinden), logisches K. oder Aussagenk. Wörter wie ‹und› oder ‹wenn, dann›, die verwendet werden, um auf der Grundlage einer oder mehrerer Aussagen neue Aussagen (Urteile, Aussagenverbindungen) zu bilden.

Konsequenz (von lat. *consequentia*, Folge). 1. Eine Behauptung, die aus anderen Behauptungen hergeleitet werden kann, aus anderen Behauptungen folgt*. 2. Die Folgerichtigkeit, die im Ziehen gültiger* Schlüsse besteht. 3. In Sätzen der Form ‹Wenn p, dann q› ist q eine K., während p Antezendenz* genannt wird.

Konsistenz/Inkonsistenz (von lat. *consistere*, beruhen auf, bestehen in, zur Ruhe kommen). Eine Reihe von Sätzen (evtl. ein System von Axiomen*) ist syntaktisch* i., wenn sie logisch einen kontradiktorischen* Satz, d. h. einen Satz der Form ‹p und nicht-p› impliziert; sonst ist sie k. Im semantischen* Sinn ist eine Satzmenge genau dann k., wenn sie ein Modell* hat, d. h. wenn alle Sätze in ihr zugleich wahr sein können.

Konstante (von lat. *con-*, zusammen mit, und *stare*, stehen, bestehen). 1. Unveränderliche Größe. 2. In der Logik Bezeichnung für Zeichen mit bestimmter Bedeutung, die, im Gegensatz zu den Variablen*, in allen Operationen festgehalten wird. Logische K. sind jene Wörter, die in einem Satze übrigbleiben, wenn alle Gegenstands-, Eigenschafts- und Relationsbezeichnungen (die nicht-logischen K.) entfernt worden sind. Beispiele logischer K. sind vor allem Ausdrücke wie ‹nicht›, ‹und›, ‹oder›, ‹wenn, dann›, ‹jeder› und ‹es gibt›.

Konstitution (engl. *constitution*; franz. *constitution*; griech. *systasis*; lat. *constitutio*), Begründung, Grund*, Grundlage, Fundierung; notwendige* Bedingung(en) eines anderen. 1. Ontologische K., d. h. eine Reihe von notwendigen Bedingungen, die erfüllt sein müssen, damit ein Seiendes* existieren kann. In der scholastischen* Philos. bezeichnet K. die Einheit von Form* und Materie; bei Locke die Realessenz. 2. Logische K.: Nach Carnap konstituiert sich der Begriff ‹A› aus den Begriffen ‹B› und ‹C› genau dann, wenn es eine K.regel gibt, die zeigt, wie jede Aussage, die ‹A› enthält, in eine Aussage mit gleicher Extension* (gleichem Wahrheitswert*) verwandelt werden kann, in der ‹B› und ‹C› auftreten, nicht aber ‹A›. 3. Phänomenologische oder transzendentale K.: Bei Husserl ist ein Bewußtseinsakt A für einen anderen Bewußtseinsakt B konstituierend, wenn A eine notwendige Bedingung für B darstellt. Ein Bewußtseinsakt A ist für einen Gegenstand G konstituierend, wenn A für den Bewußtseinsakt B konstituierend ist, in dem G auf direkte Weise gegeben ist. 4. Bei Kant heißen die Kategorien* (die Grundbegriffe) konstitutive (bestimmende), apriorische* (erfahrungsunabhängige) Prinzipien unserer Erfahrungswelt, weil sie notwendige Bedingungen jeder Gegenstandserfahrung darstellen. Die Vernunftideen andererseits stellen nur regulative Prinzipien dar, weil sie für unsere Gegenstanserfahrung nicht konstitutiv sind. 5. Eine Regel ist konstitutiv für eine bestimmte Handlungsweise, wenn sie sie nicht nur reguliert, sondern diese Handlungsweise geradezu definiert oder ermöglicht. Ein Beispiel dafür sind die Schachregeln, ohne welche es unmöglich wäre, Schach zu spielen. Im Gegensatz hierzu dient eine regulative Regel allein der Bestimmung einer – unabhängig von ihr schon bestehenden – Handlungsweise (z. B. Höflichkeitsformen). Die Unterscheidung ist besonders in der Wissenschaftstheorie* der Geistes- und Gesellschaftswissenschaften und in der Theorie der Sprechhandlungen* (u. a. bei Searle) geltend gemacht worden. 6. In der politischen Philos. und Rechtsphilos.* nennt man die Verfassung eines Landes seine K. und die gesetzgebende Versammlung eine konstituierende.

Konstruktion (von lat. *construere*, zusammenfügen, bauen), Bau, Gebäude. 1. Gedankengebäude, oft in der Bedeutung: spekulative oder schwach untermauerte Theorie. 2. Kant versteht die Mathematik als Erkenntnis mittels apriorischer* Begriffsk., weil sich die mathematischen Gegenstände (z. B. geometrische Figuren) in einer nicht-empirischen (reinen) Raum- und Zeitanschauung darstellen oder k. lassen. Die K. der einzelnen Objekte erfolgt nach allgemeinen Regeln, die für jedes Objekt der gleichen Art Geltung haben. (Ein Zirkel z. B. ist eine Figur, die durch die Kreisbewegung eines Punktes in konstantem Abstand um einen anderen Punkt zustande kommt.) Die Ansicht Kants wird vom modernen Konstruktivismus* in der Philos. der Mathematik weitergeführt. Es gehört ferner zur Transzendentalphilos. Kants, daß sich auch die grundlegenden Begriffe objektiver Erkenntnis *a priori* konstruieren lassen. 3. Logische K. (engl. *logical construction*): ein u. a. bei Russell und Wisdom zu findender Ausdruck für problematische Größen, die sich auf andere, unproblematischere Größen zurückführen lassen. So ist beispielsweise der Durchschnittseuropäer – mit seinen 1 ½ Kindern – in diesem Sinne eine logische K., eine für gewisse, etwa volkswirtschaftliche Zwecke nützliche Fiktion*. Für die K. eines solchen Durchschnittseuropäers gilt wie für logische K. im allgemeinen, daß Aussagen, die aufgrund der K. gemacht werden, sich immer in eine oder mehrere Aussagen übersetzen lassen, die ausschließlich auf unproblematischen Größen basieren – im Beispiel also auf wirklichen Europäern. So hat man versucht, Nationen etwa, gesellschaftliche Institutionen oder Massen als logische K. zu begreifen. Bei Russell finden wir ferner eine Version des Phänomenalismus*, der physische Gegenstände als logische K. von Sinnesdaten interpretiert. Für Ausdrücke, die auf logische K. referieren, hat Russell die Bezeichnung «unvollständige Symbole» (engl. *incomplete symbols*) eingeführt.

Konstruktivismus, Richtung in der Philos. der Mathematik, die auf Kant zurückgeht. Danach ist die mathematische Erkenntnis synthetisch *a* priori und beruht auf der Konstruktion mathematischer Objekte in reiner Raum- und Zeitanschauung*. Seine klassische Ausformung bekam der K. Anfang des 20. Jh. bei den holländischen Intuitionisten* L. E. Brouwer und A. Heyting. Gemäß ihrer Auffassung existieren mathematische Objekte nur insofern, als wir sie konstruieren. Wir können daher nur dann die Existenz eines mathematischen Objekts behaupten, wenn wir ein Konstruktionsprinzip und eine -methode besitzen. Umgekehrt können wir nur dann seine Existenz bestreiten, wenn der Nachweis möglich ist, daß die Annahme seiner Existenz zu einer Inkonsistenz* führt. Da der Beweis mathematischer Existenzbehauptungen bzw. ihre Widerlegung nicht immer möglich ist, ist auch die allgemeine Gültigkeit des Prinzips* des ausgeschlossenen Dritten nicht garantiert. In der Mathematik gilt daher nicht die klassische, sondern die sog. intuitionistische Logik. – Einen späteren K. finden wir

u. a. bei E. Bishop und in der Erlanger* Schule. Der K. bildet das Modell des von M. Dummett entwickelten semantischen* Antirealismus. Umgekehrt hat der K. durch diesen eine neue sprachphilos. Begründung erhalten. Wesentliche Beiträge zur Weiterentwicklung des K. finden wir u. a. bei G. Kreisel, S. C. Kleene, S. Kripke und A. S. Troelstra.

Lit.: H. Foerster: Einführung in den K., 1992. J. Friedmann: Kritik konstruktivistischer Vernunft. Zum Anfangs- und Begründungsproblem bei der Erlanger Schule, 1981. F. Kambartel: Erfahrung und Struktur. Bausteine zu einer Kritik des Empirismus und Formalismus, 1968. P. Lorenzen: Konstruktive Wissenschaftstheorie, 1974. Ders./O. Schwemmer: Konstruktive Logik, Ethik und Wissenschaftstheorie, 1973.

Kontext (lat. *contextus*, Zusammenhang, Verbindung). 1. Der Zusammenhang zwischen Teilen (z. B. Sätzen) eines Textes. Man unterscheidet zwischen extensionalen* und intensionalen (opaken) K. 2. In der Pragmatik* bekommt der K.-Begriff eine breitere Bedeutung. Der K. umfaßt hier alle relevanten Aspekte der Situation* des Sprechers oder Schreibers, d. h. alle Aspekte, die zur kontextuellen Situierung des semantischen Inhalts einer Äußerung beitragen.

kontingent (von lat. *contingere*, berühren, widerfahren), zufällig im Gegensatz zu notwendig. Eine k. Wahrheit (Falschheit) ist ein wahres (falsches) Urteil*, dessen Leugnung keinen logischen Selbstwiderspruch impliziert. K. wird jenes Urteil genannt, dessen Wahrheit oder Falschheit allein durch das Verständnis noch nicht gegeben ist. In der modernen Logik sind Wahrheitsfunktionen*, die weder Tautologien* noch Kontradiktionen* sind, k. In der traditionellen Philos. heißen diejenigen Eigenschaften der Dinge, die nicht seinem Wesen* angehören, k.

Kontinuität (von lat. *continuare*, verbinden, fortsetzen). 1. In der modernen Mathematik die Bezeichnung für die Beziehung zweier Elemente in einem Kontinuum, d. h. einer Menge mit gleicher Mächtigkeit (ebenso vielen Elementen) wie die Menge der reellen Zahlen. 2. In einem weniger präzisen Sinn bedeutet das Wort K. dasselbe wie ‹ununterbrochener Zusammenhang›. Nach dem K.prinzip, das u. a. von Leibniz vertreten wurde, ist die Natur überall durch K. charakterisiert, so daß keine Veränderung und kein Übergang sprungweise geschieht – «die Natur macht keine Sprünge» (lat. *natura non fecit saltus*). Dieses K.prinzip wird u. a. bei H. Höffding (1843–1931) als ein regulatives Ideal* aufgefaßt.

Kontradiktionsprinzip / Satz vom Widerspruch (von lat. *contradictio*, Widerspruch). Ein logisches Prinzip, das untersagt, von demselben Gegenstand etwas Bestimmtes behaupten und zugleich bestreiten zu wollen, oder allgemeiner: Kein eindeutiges Urteil* kann zugleich wahr und falsch sein. Das Prinzip kann auch als ontologisches* verstanden werden, wonach eine Entität* unter den gleichen Umständen und zur gleichen Zeit nicht zugleich dieselbe Eigenschaft besitzen und auch nicht besitzen kann. Oder allgemeiner: Eine Tatsache* (ein Faktum, ein Sachverhalt) kann nicht zugleich bestehen und nicht bestehen.

kontrafaktischer Konditionalsatz (von lat. *contra*, gegen, wider, im Gegenteil, und *faktum*, Handlung, Tatsache), ein Satz der Form: ‹Wenn p der Fall gewesen wäre, dann wäre q der Fall gewesen.› Ein k. K. wird nach einer verbreiteten semantischen* Analyse als eine Konstruktion aufgefaßt, die sich aus den Sätzen p und q sowie einem intensionalen Operator* zusammensetzt. Ein k. K. ist in der aktuellen Welt genau dann wahr, wenn seine Konsequenz* q in der nächst möglichen Welt wahr ist, wo die Antezedenz* p wahr ist. Die nächst mögliche Welt ist jene Welt, die der aktuellen Welt am meisten ähnelt. Der Konditionaloperator ist nach dieser Auffassung eine Art modallogischer Operator.

Kontraposition (von lat. *contra*, wider, gegen, und *ponere*, setzen, stellen), Umtauschen. In der klassischen Logik* eine Bezeichnung für einen unmittelbaren kategorischen* Schluß, der aus einem Urteil* der Form ‹Alle S sind P› auf ein anderes Urteil der Form ‹Kein nicht-P ist S› gezogen werden kann. Z. B. kann das Urteil ‹Alle Deutschen sind sterblich› zu dem Urteil ‹Kein Unsterblicher ist Deutscher› kontraponiert werden. In der Aussagenlogik nennt man den Schluß von ‹wenn p, dann q› zu ‹wenn nicht-q, dann nicht-p› eine K.

konträr (von lat. *contrarius*, entgegengesetzt). Zwei Behauptungen sind zueinander k., wenn sie aus logischen* Gründen nicht beide zugleich wahr sein können. Hingegen können beide Aussagen falsch sein, z. B. ‹Alle Schwäne sind weiß› und ‹Kein Schwan ist weiß›.

Konventionalismus. 1. Wissenschaftstheoretische Auffassung, wonach wissenschaftliche Gesetze und Theorien nicht wahre oder falsche Beschreibungen der Welt sind, sondern Konventionen*, die auf der Wahl eines von mehreren möglichen Beschreibungssystemen beruhen. Die Auswahl einer bestimmten Theorie ist letzten Endes von der Zielsetzung bestimmt, die einfachste und zweckmäßigste Interpretation gegebener Naturphänomene ausfindig zu machen. Der K., der mit dem Instrumentalismus* nah verwandt ist, wurde zuerst von Poincaré, später von Mach und Duhem vertreten. 2. Sprachphilos. Auffassung, wonach die Bedeutung sprachlicher Ausdrücke durch Konventionen festgelegt ist. Daraus folgt, daß die Wahrheit analytischer* Urteile auf sprachlichen Konventionen (willkürlich angenommenen Definitionen) beruht und z. B. nicht auf sprachunabhängigen Beziehungen zwischen Begriffen. Diese Konsequenz des sprachphilos. K. wird in den modernen Versionen des Empirismus* und Nominalismus* diskutiert. Carnap, Wittgenstein und Quine haben konventionalistische Positionen in Verbindung mit Fragen des erkenntnismäßigen Status mathematischer Wahrheiten vertreten.

Lit.: R. Carnap: Logische Syntax der Sprache, 1934. D. Lewis: Konventionen, 1975. H. Poincaré: Wissenschaft und Hypothese, 1904. W. V. O. Quine: Wort und Gegenstand, 1980.

Konversion (von lat. *con-*, mit, zusammen mit, und *vertere*, wenden, drehen), Umkehrung, Umtauschen. In der traditionellen Logik* die Bezeichnung für einen unmittelbaren, kategorischen Schluß aus einem gegebenen kategorischen Urteil, wobei Subjekt* und Prädikat* des ersten Urteils zu Prädikat bzw. Subjekt des zweiten Urteils werden. I-Urteile (‹Einige Deutsche sind Logiker›) und E-Urteile (‹Kein Deutscher ist Logiker›) können ohne weiteres konvertiert werden (die sog. einfache K.). O-Urteile (‹Einige Deutsche sind keine Logiker›) können nicht konvertiert werden, und A-Urteile (‹Alle Deutschen sind Logiker›) können nur unter der Voraussetzung konvertiert werden, daß der Subjektausdruck keine leere Menge bezeichnet. Die K. eines A-Urteils, die sog. K. *per accidens*, führt jedoch nicht zu einem neuen A-Urteil, sondern nur zu einem I-Urteil. – S. Logik, klassische.

Konzeptualismus (von lat. *concipere*, zusammenfassen, begreifen, sich vorstellen), eine Theorie über Universalien*, wonach diese bewußtseinsmäßige Größen sind – Begriffe oder Vorstellungsbilder –, die durch das Abstrahieren* von Gleichheiten zwischen Einzeldingen zustande gekommen sind (s. Universalienstreit). In der neueren Diskussion spielt der K. vor allem in der Mengenlehre eine Rolle.

Kopernikus (Cop[p]ernicus), Nikolaus (eig. Koppernigk, Nikolaus, 1472–1543), poln. Astronom. Studierte in Italien kanonisches Recht, Astronomie, Medizin und Naturwissenschaft. Verfaßte, nachdem er 1505 heimgekehrt war, den *Commentariolus* (Kleiner Kommentar), in dem K. behauptet, daß die Sonne und nicht die Erde das Zentrum des Universums bildet. Dieses kleine Werk kursierte nur in Abschriften. Erst 1543 erschien – nach vielen Jahren des Zögerns – das Hauptwerk *De revolutionibus orbium coelestium* (Über die Umschwünge der himmlischen Kugelschalen), eine Gesamtdarstellung von K. heliozentrischem System. K. selber war an der Veröffentlichung nicht beteiligt, und so wurde das Buch mit einem Vorwort des protestantischen Pfarrers Andreas Osiander versehen, der das System im Widerspruch zu K. eigener Auffassung als bloße mathematische Hypothese vorstellte; sie könne zwar praktischen Zwecken dienen – wie es später tatsächlich geschah, z. B. im Zusammenhang mit der gregorianischen Kalenderreform 1582 –, aber nicht den Anspruch erheben, die physikalische Wahrheit über das Universum zu enthalten. K. Argumente für den Heliozentrismus sind teils metaphysischer Art – die Sonne ist der vollkommenste Körper im Universum –, teils mathematischer; er meint, daß seine Annahme die einfachste mathematische Beschreibung der Struktur des Universums liefert. – Erst 1616 verurteilte die katholische Kirche den Heliozentrismus, weil er gegen Geist und Buchstaben der Heiligen Schrift verstoße. Hintergrund dieser Verurteilung, die vor allem Galilei betraf, war u. a. der Prozeß gegen Giordano Bruno.

Ausg.: Über die Kreisbewegungen der Weltkörper, 1879/1939. Erster Entwurf seines Weltsystems. Hg. von F. Rossmann, 1948/1966. – *Lit.:* A. Koestler: Die Nachtwandler, 1959. T. S. Kuhn: Die kopernikanische Revolution, 1981.

Kopula (lat. *copula*, Band, Verbindung), in der klassischen Logik* die Bezeichnung für die Ausdrücke ‹ist› und ‹ist nicht› in ihrer Funktion als Bindeglieder zwischen dem logischen Subjekt* und dem logischen Prädikat* eines Urteils*. In der modernen Logik seit Frege hat man die Lehre von der K. unter Hinweis auf die Mehrdeutigkeit von ‹ist› abgelehnt. Beispiele sind: ‹Sokrates ist ein Mensch› (Klassenzugehörigkeit); ‹Der Wal ist ein Säugetier› (eine Klasse ist in einer anderen Klasse enthalten); und ‹Louis ist der Mann mit der Eisenmaske› (Identität*).

Korollarium (von lat. *corollarium*, Kränzlein, Geschenk). Unmittelbarer Folgesatz. Eine Behauptung, die direkt aus einer bereits bewiesenen Behauptung (Theorem*) hergeleitet werden kann. – Vgl. Folge, Implikation.

Kosmologie (von griech. *kosmos*, Weltall, und *logos*, Lehre, Erklärung), philos. oder fachwissenschaftliche Theorie über die Struktur des Universums. 1. Als K. lassen sich die metaphysischen Positionen von Monismus* und Dualismus* auffassen, die die Fragen zu beantworten suchen, aus welchem Stoff das Universum in Wirklichkeit besteht und durch welche Prinzipien sich die Einrichtung des Universums erklären läßt. Einige Materialisten* behaupten, das Universum bestehe letztlich aus materiellen Partikeln und könne nur durch die Gesetze der Physik und Chemie zufriedenstellend erklärt werden. Die einzige Welt ist die der Naturwissenschaften. 2. Eine erkenntnistheoretische Kritik übt Kant an der von ihm sog. rationalen K., d. h. an Erwägungen zum Universum als Ganzem, die über jede mögliche Erfahrung hinausgehen. Ein Nachdenken über diese Frage führt zwangsläufig in Widersprüche oder Antinomien*: Es muß einerseits akzeptiert werden, daß die Welt oder das Universum in der Zeit einen Anfang hat. Hätte die Welt nicht in der Zeit begonnen, wäre bis jetzt eine unendliche Anzahl von Jahren vergangen. Das aber ist unmöglich, weshalb es also einen Anfang geben muß. Andererseits kann ein Anfang der Welt in der Zeit gar nicht stattgefunden haben. Denn sonst wäre die Zeit vor dem Beginn des Universums leer – und nicht leer, da sie zum Anfang doch in einer bestimmten Zeitrelation (der des ‹Früher›) steht. Sie müßte demnach zugleich leer und nicht-leer sein. Das aber ist unmöglich; insofern kann es keinen Anfang geben. Die beiden Behauptungen – daß es einen Anfang der Welt in der Zeit gibt und daß es ihn nicht gibt – sind offensichtlich kontradiktorische* Gegensätze, und daher kann nur eine von ihnen wahr sein. Und doch wirken die Argumente für beide Behauptungen gleichermaßen überzeugend. Kant löst das Problem, indem er schon die Problemstellung zurückweist: Hier werde die Idee der Zeit mißbraucht (und ebenso die des Raums), indem sie auf einen Bereich übertragen wird – z. B. die Welt als ganze –, der jenseits aller möglichen Erfahrung liegt. 3. Die moderne K. als Teil der Astronomie beschäftigt sich mit Ursprung, Entwicklung und Struktur des Universums. Als das grundlegende sog. Kosmologische Prinzip gilt weithin, daß der Raum homogen* und isotrop ist (vgl. Anisotropie/Isotropie), d. h. gleichmäßig und in allen Richtungen mit denselben Eigenschaften ausgestattet. Diesem Prinzip zufolge besitzt das Universum kein natürliches oder bevorzugtes Zentrum und keine bevorzugten Richtungen.

Lit.: W. L. Craig/Q. Smith: Theism, Atheism, and Big Bang Cosmology, 1993. E. Harrison: Masks of the Universe, 1985. S. W. Hawking: Eine kurze Geschichte der Zeit, 1988. B. Kanitscheider: K. Geschichte und Systematik in philos. Perspektive, 1984. A. Koyré: Von der geschlossenen Welt zum unendlichen Universum, 1969. J. Leslie: Universes, 1989. B. Lovell: Das unendliche Weltall. Geschichte der K. von der Antike bis zur Gegenwart, 1983. J. J. C. Smart: Our Place in the Universe, 1989.

Kosmos (griech. *kosmos*, ursprünglich Anordnung einer durch ihren Rang ausgezeichneten Person, dann: sinnvolle oder schöne Ordnung, moralische und soziale Ordnung, Welt), die Welt als geordnetes Ganzes, Weltall, Universum. – Den Gegensatz zum K. sieht die griech. Philos. im Chaos (griech. *chaos*, Abgrund, leerer Raum), d. h. im Zustand der Undifferenziertheit, der völligen Form- und Ordnungslosigkeit. Bei den Pythagoreern* bezeichnet K. die Weltordnung, bei Empedokles die Kombination der vier Elemente*, die durch Liebe geordnet und durch Haß differenziert sind, bei Demokrit die physische Struktur der Welt. Für Platon ist der K. das Weltall, das der Demiurg* aus dem Chaos heraus nach mathematisch-harmonischen Prinzipien geordnet hat. Die Epikureer* und Stoiker* meinen mit K. das geordnete Universum (lat. *mundus, universum*).

Lit.: W. Burkert: Weisheit und Wissenschaft. Studien zu Pythagoras, Philolaos und Platon, 1962. E. Cassirer: Logos, Dike, K. in der Entwicklung der griech. Philos., 1941. F. Laemmli: Vom Chaos zum K., 2 Bde., 1962.

Koyré, Alexandre (1882–1964), russ.-franz. Philos. und Wissenschaftshistoriker. Prof. an der École Pratique des Hautes Études und an der Johns Hopkins University 1945–64. Studium bei E. Husserl in Göttingen von 1908–11, bei E. Meyerson und H. Bergson von 1911–14. Teilnahme an beiden Weltkriegen als franz. Freiwilliger. – K. Werk umfaßt zwei Hauptbereiche, einmal die Wissenschaftsgeschichte (vor allem die Periode von Kopernikus bis Newton), zum anderen die Religionsphilos. (vor allem die Periode von Anselm bis Descartes). In beiden Bereichen untersucht K. die Bedeutung der hierarchischen Weltordnung, aufgrund derer die Metaphysik wie die Naturwissenschaft bis in die neuere Zeit hinein die Welt für endlich halten mußten. K. vertritt die vor allem in seinem Werk *From the Closed World to the Infinite Universe* entwickelte These, daß der Beginn der modernen Wissenschaft auch der Beginn einer neuen Metaphysik sei, in der Anschaulichkeit durch Mathematisierbarkeit ersetzt wird. Wo die Funktion an die Stelle des Angeschauten oder Wahrgenommenen tritt, hat man nicht nur die äußere Natur, sondern letztlich auch den Gedanken an eine Natur der Dinge aufgegeben. In diesem Sinn kann K. die Geschichte der *D*enaturierung der Natur schreiben. Thematisch liegt das Werk K. auf der Linie von Husserl, vor allem was den Zusammenhang zwischen der ‹Krisis› der Wissenschaft und des menschlichen Lebens betrifft. Methodisch bereitet das Werk K. mit seiner Auffassung von den ontologischen Dimensionen der Wissenschaftsgeschichte die von G. Bachelard begründete franz. Epistemologie vor.

Ausg.: L'idee de Dieu dans la philosophie d'Anselm, 1923. Die Gotteslehre Jacob Boehmes, 1929. From the Closed World to the Infinite Universe, 1957 (dt. Von der geschlossenen Welt zum unendlichen Universum, 1969). Études d'histoire de la pensée philosophique, 1961. Études d'histoire de la pensée scientifique, 1973.

Kraft, Fähigkeit, etwas zu bewirken, zu verändern; Fähigkeit, Widerstand zu leisten oder zu überwinden. Zentraler Begriff der Physik; spielt aber auch bei einigen Philos. eine Rolle, u. a. bei Leibniz: Er betrachtet die Elemente der Wirklichkeit als K.punkte, als Monaden*, wie er sie nennt. In seiner Monadenlehre vertritt Leibniz die These von der Erhaltung der ‹lebendigen Kräfte› im Universum *(conservatio virium vivarum)*, eine Vorform des physikalischen Prinzips von der Erhaltung der Energie. – In der aristotelischen Tradition bedeutet K. (griech. *dynamis**) die Potentialität im Gegensatz zur Aktualität.

Kraft, Viktor (1880–1975), österr. Philos., Prof. in Wien ab 1925. Mit dem Wiener* Kreis verbunden, von dessen Theorien K. jedoch bisweilen abweicht. U. a. kritisiert er den dort vorherrschenden Wertrelativismus und vertritt statt dessen eine Form des ethischen Kognitivismus*.

Ausg.: Weltbegriff und Erkenntnisbegriff, 1912. Die Grundlagen der wissenschaftlichen Wertlehre, 1937. Der Wiener Kreis, 1950. Erkenntnislehre, 1960.

Krantor (ca. 340/35–275 v. Chr.), griech. Philos.; Platoniker* der älteren Akademie*. Verfaßte den ersten Kommentar zu Platons *Timaios*, in dem er behauptet, daß die Weltschöpfung nicht als zeitliches Ereignis verstanden werden darf, sondern etwas Ewiges ist.

Kratylos, griech. Philos., einer der jüngeren Zeitgenossen von Sokrates. Nach Aristoteles der erste philos. Lehrer Platons. Den Gedanken Heraklits, daß sich alles verändert, spitzt K. noch zu: Alles verändert sich jederzeit und radikal. Ist das aber der Fall, läßt sich nichts Wahres mehr sagen. Deshalb, so berichtet Aristoteles, sei K. dazu übergegangen, nur noch den Finger zu erheben (*Metaphysik* 1010^{a12}). – Titelgestalt eines Platonischen Dialogs, in dem ein sprachphilos. Realismus diskutiert wird.

Krings, Hermann (geb. 1913), von 1960–68 Prof. für Philos. in Saarbrücken, dann Ordinarius an der Universität München bis zu seiner Emeritierung 1978. Seit 1973 ist K. Mitglied der Bayrischen Akademie der Wissenschaften und Vorsitzender der Schelling-Kommission zur Herausgabe der Histor.-krit. Ausgabe der Werke Schellings. – In seiner originären Studie zur *Transzendentalen Logik* (1964) versucht K., über die Kantische Transzendentalphilosophie hinaus in struktureller Entfaltung des «transzendentalen Aktus» eine genetische Rekonstruktion der Selbsterfahrung menschlichen Wissens zu geben. Das «Ich denke» soll nicht nur als höchster Punkt der Philos., sondern ebenso in seiner Genesis als Selbstwerden des Ich* zum Gegenstand einer transzendental-genetischen Darstellung erhoben werden. Verschiedene Arbeiten zur Freiheitsthematik (ab Mitte der 60er Jahre) und zum Naturbegriff (hier insbes. in Auseinandersetzung mit der Philos. Schellings) prägen sein Werk.

Ausg.: Ordo. Philos.-historische Grundlegung einer abendländischen Idee, 1941. Fragen und Aufgaben der Ontologie, 1954. Transzendentale Logik, 1964.

Kripke, Saul Aaron (geb. 1940), amerik. Logiker und Prof. für Philos. an der Universität von Princeton, der entscheidend zur technischen Klärung der modallogischen* Semantik* beitrug, die im Zuge des Gebrauchs modelltheoretischer Begriffe und Methoden (der sog. Semantik möglicher Welten) nach 1957 entwickelt wurde. K. hat sich später eingehend mit sprachphilos., erkenntnistheoretischen und metaphysischen Problemen im Zusammenhang mit Modalbegriffen und dem Begriff der Intensionalität beschäftigt (s. Extension/Intension). In der Vorlesungsreihe *Naming and Necessity* (1970) richtet K. eine scharfe Kritik gegen die Referenztheorien*, die in verschiedenen Formen von Frege, Russell, Wittgenstein und Searle vertreten wurden. Ein Grundtheorem all dieser Theorien ist, daß die Benennung (der Gebrauch von Namen) immer von der Beschreibung (dem Gebrauch von Prädikaten) abhängig ist. Der Umstand, daß ein Name wie ‹Moses› ein bestimmtes Objekt, die Person Moses, repräsentiert, kann jedoch nach K. nicht mit dem Hinweis erklärt werden, daß die Sprecher den Namen mit einer eindeutig identifizierenden Beschreibung des Trägers des Namens verbinden (z. B. ‹Moses ist die Person, die die Juden aus Ägypten führte›). Was dem Namen ‹Moses› einen bestimmten Platz in der Sprache und damit Sinn verleiht, ist die Fixierung der Referenz des Namens – seine Verbindung mit dem Träger –, nicht hingegen mögliche identifizierende Beschreibungen (Freges ‹Sinn›). Nach K. sog. kausaler Referenztheorie impliziert der referierende Gebrauch eines Namens die Existenz eines bestimmten kausalen Zusammenhangs, der denjenigen, der den Namen gebraucht (in einer konkreten Sprechsituation), mit dem Träger des Namens verbindet. Unser aktueller Gebrauch des Namens ‹Moses› bezieht sich auf Moses aufgrund der wiederholten Anwendung dieses Namens, der erstmals bei der Namengebung ‹Moses› verwendet wurde.

In der gleichen Abhandlung kritisiert K. ferner die übliche Identifikation von notwendiger Wahrheit/kontingenter* Wahrheit und apriorischem*/aposteriorischem Wissen sowie die Auffassung, daß alle notwendigen Urteile *a priori* sowie alle kontingenten Urteile *a posteriori* erkannt würden. Er argumentiert, daß die Unterscheidung zwischen notwendiger/kontingenter Wahrheit und apriorischem/aposteriorischem Wissen sowohl inhaltlich als auch umfangsmäßig ungerechtfertigt sei. Denn es gibt notwendige Wahrheiten, die *a posteriori* erkannt werden (z. B. ‹Blitze sind elektrische Entladungen›), und kontingente Wahrheiten, die *a priori* erkannt werden (z. B. ‹Der Standardmeter in Paris ist ein Meter lang›). Auf dem Hintergrund dieser Einsicht kritisiert K. u. a. die materialistische Identitätstheorie* im Zusammenhang der Leib-Seele-Problematik und gibt der traditionellen Redeweise von wesentlichen* Eigenschaften der Gegenstände und natürlichen* Klassen einen neuen Inhalt.

In dem Artikel «Outline of a Theory of Truth» (*Journal of Philosophy* 72 [1975], 690–716) skizziert K. eine semantische* Wahrheitstheorie, die in wesentlicher Hinsicht eine Verbesserung der bahnbrechenden Arbeit Tarskis über dasselbe Thema darstellt. K. vermag zwar nicht zu zeigen, daß Sprachen, die ausdruckskräftig genug sind, semantisch geschlossen sein können, d. h. ihre eigene Semantik beinhalten. Er muß daher eine Hierarchie von Objektsprachen* und Metasprachen aufrechterhalten. K. zeigt jedoch einen Weg, wie in einer Sprache selbst ihr Wahrheitsprädikat definiert werden kann. Er schlägt vor, einen Teil der klassischen Logik*, insbesondere das Prinzip* des ausgeschlossenen Dritten, aufzugeben. Dadurch gelingt es ihm, eine Theorie zu entwickeln, die systematisch alle jene Sätze eliminiert, die etwa wegen Selbstreferenz – z. B. beim Lügnerparadox, welches darin besteht, daß ein Lügner den Satz ‹Dieser Satz ist falsch› äußert – o. ä. Phänomenen zu unlösbaren Schwierigkeiten führen. Diese Sätze haben keinen Wahrheitswert und befinden sich daher jenseits der Schluß-

Gruppenbild von Philosophen an der Princeton University um 1980: obere Reihe (von links nach rechts) – G. Harman, J. W. Smith, M. Frede, G. Pircher, R. C. Jearey und R. Rorty; mittlere Reihe – M. Wilson, W. Kaufmann, S. Lewis, D. Lewis und J. Burgess; untere Reihe – R. Geuss, Saul Aaron Kripke, P. Benacerraf und N. Salmon.

folgerungsregeln. Unproblematische selbstreferentielle Sätze (z. B. ‹Dieser Satz ist wahr›) haben dagegen einen Wahrheitswert.

In der Arbeit *Wittgenstein on Rules and Privat Language* (1982) untersucht K. Wittgensteins sprachphilos. Argumentation in dessen *Philosophischen Untersuchungen*. K. behauptet, daß Wittgensteins Hauptanliegen darin besteht zu klären, was es heißt, einer Regel zu folgen. Laut K. kommt Wittgenstein zum Schluß, daß es nur dann einen Sinn hat, von einer Person zu sagen, daß sie einer Regel folgt, wenn die Person als Mitglied einer größeren Gemeinschaft betrachtet wird. Eine Regel kann nicht privat befolgt werden, und die Aussage, daß eine Person einer bestimmten Regel folgt, kann nicht isoliert unter Hinweis auf Tatsachen über die Person betrachtet werden (z. B. Tatsachen über die Dispositionen, Absichten, inneren Erlebnisse o. ä. der betreffenden Person). Die Argumentation Wittgensteins gegen Privatsprachen* ist nicht – wie von den meisten früheren Interpreten angenommen – eine relativ selbständige Begründung, sondern eher eine besondere Anwendung der generellen Konklusion, daß die Regelbefolgung nur auf dem Hintergrund einer zwischenmenschlichen (intersubjektiven*) Gemeinschaft sinnvoll ist.

Ausg.: Identität und Notwendigkeit. In: M. Sukale: Moderne Sprachphilos., 1976, S. 190–215. Name und Notwendigkeit, 1981. Wittgenstein über Regeln und Privatsprache, 1987. – *Lit.:* W. Stegmüller: Hauptströmungen der Gegenwartsphilos., Bd. 4, 1989, S. 1–160. U. Wolf (Hg.): Eigennamen. Dokumentation einer Kontroverse, 1985.

Kriterium (griech. *kriterion*, von *krinein*, trennen, wählen, [ver]urteilen), entscheidendes Merkmal; dasjenige, womit entschieden werden kann, ob eine näher bestimmte Bedingung erfüllt ist. Ein Wahrheitsk. ist in der Philos. das Kennzeichen für die Wahrheit eines Urteils*. Entsprechend ist ein Identitätsk. das Kennzeichen für die Identität* zwischen dem Gegenstand a und dem Gegenstand b. Es ist wichtig, zwischen dem Inhalt eines Begriffs und dem dazugehörigen K. zu unterscheiden, z. B. zwischen der Angabe der Wahrheit eines mathematischen Satzes (der Übereinstimmung mit den mathematischen Objekten) und der Angabe des Wahrheitsk. des Satzes (dem Beweis der Wahrheit). Im Zusammenhang mit der Interpretation der Spätphilos. Wittgensteins ist der K.-Begriff erneut diskutiert worden.

Lit.: D. Birnbacher: Die Logik der K., 1974.

Kritischer Rationalismus, eine Bezeichnung für Poppers Wissenschaftsphilos. (besonders dessen Ausführungen über wissenschaftliche Rationalität* und die geordnete Entwicklung der Wissenschaft). Popper leugnet die Existenz einer wissenschaftlichen Methode, die es ermöglicht, auf der Grundlage empirischer* Zeugnisse Theorien aufzustellen und zu beweisen. Die schöpferische Phase des Forschungsverfahrens – die Entdeckung möglicher Problemerklärungen (Popper: «*context of discovery*») – kann nicht methodisch festgelegt werden. Es ist zudem hinsichtlich der Beweisführung («*context of justification*») aus logischen Gründen ausgeschlossen, von Beschreibungen einzelner Fälle zu gültigen Verallgemeinerungen zu kommen (s. Induktionsproblem). Die wissenschaftliche Rationalität besteht in der Wahl einer Reihe von methodologischen Regeln, die die Auswahl der besten Theorien sichern können. Die unter konkurrierenden Theorien beste ist diejenige, die am meisten erklärt und der Wahrheit am nächsten kommt. Die von Popper vorgeschlagene Theorie ist rational, weil sie präzisen logischen Regeln folgt (der «Logik der Falsifikation» [vgl. besonders *modus* tollens und *modus* ponens]), und kritisch wegen ihrer Forderung, daß wir mit allen Mitteln versuchen sollen, unsere eigenen Hypothesen* zu widerlegen (falsifizieren*). Die Methodologie gibt dem Forschungsverfahren den Charakter eines progressiven Problemwechsels, wo kühne Vermutungen möglicher Problemlösungen (unwahrscheinliche Hypothesen) und kompromißlose Widerlegungen (Falsifikationen, Fehlereliminierung) in einem dynamischen Verlauf zusammenspielen. Ist ‹P›=Problem, ‹H›=Hypothese und ‹F›=Fehlereliminierung, dann bekommen wir das Schema: $P_1 \rightarrow H_1 \rightarrow F \rightarrow P_2 \rightarrow \ldots$ Hier befindet sich das neue Problem P_2, das durch das Verfahren aus dem alten Problem P_1 resultiert, auf einem neuen und höheren Niveau und ist so der Ausdruck einer neuen Einsicht. Popper ist der Auffassung, daß das Schema auf sämtliche Wissenschaften sowie auf Philos. und auf Politik Anwendung finden kann und soll (ein Beispiel einer solchen Anwendung ist die versuchsweise Änderung gesellschaftlicher Institution). – Neben Popper sind u. a. Albert, Lakatos und Agassi markante Vertreter des K. R.

Lit.: T. W. Adorno (Hg.): Der Positivismusstreit in der deutschen Soziologie, 1969. H. Albert: Plädoyer für k. R., 1971. G. Andersson: Kritik und Wissenschaftsgeschichte. Kuhn's, Lakatos' und Feyerabends Kritik des K. R., 1988. E. Apsalons: Das Problem der Letztbegründung und die Rationalität der Philos. K. R. versus Transzendentalpragmatik, 1995. D. Miller: Critical Rationalism. A Restatement and Defence, 1994. K. Popper: Logik der Forschung, 1935.

Kritischer Realismus, eine erkenntnistheoretische Richtung in England und in den USA zwischen 1900 und 1930. Zu ihren Anhängern zählen G. Dawes Hichs, G. Santayana und R. W. Sellars. Der Hintergrund war die Suche nach einer Alternative zum Idealismus*, die weder in naivem Realismus* noch in der traditionellen repräsentativen Perzeptionstheorie* begründet sein sollte. Der erkenntnistheoretische Schlüssel des K. R. liegt in der genauen Analyse der Wahrnehmung, die einen Wahrnehmungsakt, ein Gegebenes* (auch ein Eigenschaftskomplex genannt), und den wahrgenommenen Gegenstand enthält. Im Gegensatz zu jenen Realisten, die das Gegebene mit Gegenständen identifizierten, war der K. R. der Auffassung, daß das Gegebene nur ein Zeichen eines vorliegenden Gegenstands sei. Um dem Einwand zuvorzukommen, wie wir denn wissen können, daß das Gegebene nur Zeichen eines anderen Gegebenen sei, behauptet der K. R., daß das Gegebene (logisch oder psychologisch) von Anfang an einen aktiven Hinweis auf ein Äußeres enthält. Man war jedoch verschiedener Ansicht, was der Eigenschaftskomplex eigentlich ist und wie er über sich hinausweist.

Kritische Theorie, Bezeichnung für die Philos. der Frankfurter* Schule.

Kritizismus, Bezeichnung Kants und der Neukantianer* für ihre eigene Philos. Der K. versteht sich als Gegensatz zur traditionellen ‹dogmatischen*› Metaphysik. An den Anfang der Philos. stellt er eine Untersuchung oder Kritik (von griech. *kritike [techne]*, Kunst der Beurteilung) der menschlichen Erkenntnis nach Ursprung, Arbeitsweise, Grenzen und Möglichkeiten. Diese bildet für alles weitere philos. Forschen die notwendige Voraussetzung.

Kropotkin, Peter A. (1842–1921) russ. Geograph und Philos., von adliger Herkunft. Zuerst fachwissenschaftliche Forschung (vor allem über Sibirien), um 1870 Anschluß an den russ. Nihilismus*. 1876 Flucht nach Westeuropa, erst 1917 Rückkehr nach Rußland. K. vertritt eine kommunistische Form des Anarchismus*, den er durch Hinweis auf die Natur begründet: Schon auf deren niedrigerer Entwicklungsstufe gibt es zahlreiche Beispiele für gegenseitige Hilfe, nämlich bei Tieren. Deshalb verwirft K. den Sozialdarwinismus und dessen Behauptung, der ‹Kampf aller gegen alle› sei gesellschaftlich notwendig.

Ausg.: Moderne Wissenschaft und Anarchismus, 1904. Gegenseitige Hilfe in der Tier- und Menschenwelt, 1908. Die Eroberung des Brotes und andere Schriften. Hg. von H. G. Helms, 1973. Aufsatzsammlung. Freie Gesellschaft I–III, 1978–80.

Kuhn, Thomas S. (geb. 1922), amerik. Wissenschaftshistoriker und Philos., Prof. in Chicago. In seinem Hauptwerk *The Structure of Scientific Revolutions* (1962) richtet K. eine scharfe Kritik sowohl gegen den Positivismus* wie gegen Poppers Wissenschaftsphilos. K. wurde schnell eine der führenden Gestalten der nach-popperschen Generation von Wissenschaftsphilos. wie Toulmin, Hanson, Lakatos und Feyerabend. Er teilt die Kritik Poppers am Induktivismus des Positivismus, insbesondere an der methodologischen Auffassung, daß Theorien aus theorieunabhängigen Beobachtungsdaten hervorgehen, sowie an der Charakterisierung der Wissenschaftsentwicklung als einem zusammenhängenden, kumulativen Prozeß. Ferner teilt er die Ansicht Poppers, daß die Triebkraft der Theorienentwicklung nicht im Sammeln von

Beobachtungsdaten liegt, sondern vielmehr im Auftauchen wissenschaftlicher Probleme (Anomalien*), und daß das entscheidende Moment der Theoriewahl in der Konfrontation einer Theorie mit konkurrierenden Theorien besteht.

K. Differenz zu Popper gründet primär in wissenschaftsgeschichtlichen Studien. K. ist überzeugt, daß Poppers Theorie der rational geordneten Entwicklung der Wissenschaften nicht mit ihrem tatsächlichen Entwicklungsverlauf übereinstimmt; ferner, daß die zentralen Begriffe der Falsifikation* und des Entdeckungs- vs. Begründungszusammenhangs* (*context of discovery* vs. *context of justification*) nicht unmittelbar auf konkrete Fälle angewendet werden können. K. prinzipielle Kritik an Popper erfolgt u. a. aufgrund der sog. Quine-Duhem-These über Theorien als Netzwerke.

In seiner eigenen Theorie über die wissenschaftliche Entwicklung unterscheidet K. zwischen zwei grundlegend verschiedenen Wissenschaftsformen: der Normalwissenschaft und der revolutionären Wissenschaft. Wissenschaftliche Disziplinen entwickeln sich nach dem Schema: vorwissenschaftliche Periode – normalwissenschaftliche Periode – Krise – wissenschaftliche Revolution – neue normalwissenschaftliche Periode – neue Krise usw. Beide Wissenschaftsformen müssen mit Hilfe des *Paradigma*-Begriffs erklärt werden. Unter Paradigma versteht K. die gemeinsamen, im großen und ganzen ungeschriebenen Spielregeln, die die wissenschaftliche Praxis eines Forscherkollektivs bestimmen. Ein solcher Kanon allgemein akzeptierter Ansichten, Haltungen, Arbeitsweisen und Kriterien besteht aus hauptsächlich vier Bestandteilen: 1. symbolischen Generalisationen. Dies sind formale Aussagen über die Natur, die Naturgesetzen ähneln, in Wirklichkeit aber als grundlegende Definitionen fungieren und daher keiner experimentellen Überprüfung unterworfen werden (z. B. Newtons zweites Gesetz: Kraft = Masse × Beschleunigung); 2. metaphysischen Vorstellungen: höchst generelle und experimentell unentscheidbare Annahmen über die Beschaffenheit der Wirklichkeit, z. B. ‹Das Leben kann letzten Endes aus der physisch-chemischen Wirkungsart lebender Organismen erklärt werden›; 3. Werten, d. h. Kriterien für hochwertige wissenschaftliche Untersuchungen, gute Theorien usw.; 4. Exemplaren, d. h. mustergültigen und markanten Beispielen einer gelungenen Anwendung des Paradigmas für Problemlösungen.

In einer normalwissenschaftlichen Periode verhalten sich die Forscher dem Paradigma gegenüber unkritisch und streben nach einer Präzisierung und Verfeinerung der betreffenden Art von Erkenntnis. K. spricht in Verbindung mit dieser Forschung von einem Rätsellösen *(puzzle solving)*, weil von vornherein gegeben ist, wie ein akzeptables Resultat generell beschaffen sein muß. Mangelnde Problemlösungen werden der fehlenden Tüchtigkeit der Forscher und nicht dem Paradigma angelastet. Während man mit Anomalien normalerweise leben kann, machen Krisen, d. h. große Anhäufungen von Anomalien oder besonders umfassende Anomalien, die Forscher gegenüber dem Paradigma unsicher. Krisen enden in einer Revolution und haben einen Paradigmenwechsel zur Folge. Dieser ist das Ergebnis eines Machtkampfs zwischen den Anhängern des alten und neuen Paradigmas. Da die konkurrierenden Paradigmen jeweils ihre eigenen Gültigkeits- und Beweisführungskriterien haben, ist die Möglichkeit eines rationalen Meinungsaustauschs auf neutraler Grundlage ausgeschlossen. Es entsteht ein Kommunikationsbruch. Die Anerkennung des Paradigmas seitens der einzelnen Forscher vergleicht K. mit einer religiösen Bekehrung. Sozialpsychologische Faktoren wie Opportunismus und Gruppenpression sind daher von entscheidender Bedeutung für einen Paradigmenwechsel.

Beide Wissenschaftsformen sind für die Entwicklung wissenschaftlicher Erkenntnis vonnöten. Die unkritische Haltung der Normalwissenschaften ist eine Voraussetzung für den Gewinn detaillierter Ergebnisse. Ebenso stellen Verwirrungen der revolutionären Phasen, philos. Diskussionen und Personenwechsel die Voraussetzung radikaler Erneuerungen dar. Nach K. sind die rivalisierenden Paradigmen inkommensurabel (nicht vergleichbar). Aus diesem Grund muß für größere Zusammenhänge als die einzelnen normalwissenschaftlichen Perioden die übliche Vorstellung des wissenschaftlichen Fortschritts als einer ständigen Annäherung an die Wahrheit aufgegeben werden. Fortschritt besteht nach K. nur in einem pragmatisch-instrumentellen Sinn: Spätere Theorien sind in diesem Zusammenhang bessere Instrumente der praktischen Problemlösung als frühere Theorien.

Ausg.: Die Struktur wissenschaftlicher Revolutionen, 1967. Die Entstehung des Neuen. Studien zur Struktur der Wissenschaftsgeschichte, 1977. Die Kopernikanische Revolution, 1981. – *Lit.:* G. Andersson: Kritik und Wissenschaftsgeschichte: K., Lakatos' und Feyerabends Kritik des kritischen Rationalismus, 1988. B. Barnes: T. S. K. and Social Science, 1982. K. Bayertz: Wissenschaftstheorie und Paradigmabegriff, 1981. A. Diemer (Hg.): Die Struktur wissenschaftlicher Revolutionen und die Geschichte der Wissenschaften, 1977. P. Horwich: World Changes T. S. K. and the Nature of Science, 1993. P. Hoyningen-Huene: Die Wissenschaftsphilos. T. S. K.: Rekonstruktion und Grundlagenprobleme, 1989. I. Lakatos/A. Musgrave (Hg.): Kritik und Erkenntnisfortschritt, 1974.

Kybernetik (von griech. *kybernetike*, Kunst des Steuerns), Steuerungs- oder Regelungstheorie, Theorien informationsverarbeitender Systeme, Informatik. Eine 1942 von Norbert Wiener (1894–1964) begründete Wissenschaft, für die er im Jahre 1947 die Bezeichnung K. einführte. Die K. erforscht mit Hilfe mathematischer Methoden kommunikationstechnische Probleme in Verbindung mit der Regelung von und dem internen Kommunikationsaustausch in komplizierten, vorzüglich selbstgesteuerten Systemen, z. B. bei elektronischen Maschinen. Die Begriffe und Theorien der K. finden zunehmend Anwendung in anderen Wissenschaften wie Neurophysiologie, Psychologie, Psychiatrie, Soziologie, technische und Wirtschaftswissenschaften.

Lit.: W. R. Ashby: Einführung in die K., 1974. H. v. Foerster: Wissen und Gewissen, 1994. H. Stachowiak: Denken und Erkennen im kybernetischen Modell, 1965. M. Waffender (Hg.): Cyberspace. Ausflüge in virtuelle Wirklichkeiten, 1991.

Kyniker (von griech. *kyon*, Hund), Anhänger der kynischen Bewegung in der hellenistischen* Philos. – Als K. oder ‹Hundephilos.› wurden sie bezeichnet, weil sie demonstrativ die gesellschaftlichen Konventionen mißachteten. Eine eigentliche Schule gab es nicht. Aber mit dem Sokrates-Schüler Antisthenes (ca. 455–360 v. Chr.) und Diogenes von Sinope (um 412–323 v. Chr.) als Vorbilder entwickelten die K. eine besondere Lebensform, deren Ziel in der Ruhe des Gemüts besteht. Der Mensch ist Sklave seiner Lüste, Bedürfnisse und Meinungen. Um von ihnen befreit zu werden, muß er sich – z. B. durch Askese – zur Unabhängigkeit von Mitmenschen und äußeren Dingen erziehen (griech. *autarkeia*, Selbstgenügsamkeit). Erziehungsmittel ist der moralische Kampf, bei dem man sich bewußt Versuchungen aussetzt (Heraklesideal). – Mit einer eigenen Uniform bekleidet – Umhang, Ranzen und Stab –, machten die K. ihre Sache durch provozierendes, schockierendes Auftreten bekannt. Dagegen betrachteten sie das Argumentieren als Zeitvergeudung und unnützes Geschwätz.

Lit.: M. Billerbeck (Hg.): Die K. in der modernen Forschung, 1991. H. Niehues-Pröbsting: Der Kynismus des Diogenes und der Begriff des Zynismus, 1979. M. Onfray: Der Philos. als Hund. Vom Ursprung des subversiven Denkens bei den K., 1991. P. Sloterdijk: Kritik der zynischen Vernunft, 2 Bde., 1983.

Kyrenaiker, Anhänger einer moralphilos. Schule im Hellenismus*. Begründet wurde die Schule von Aristipp(os) von Kyrene, einem Schüler des Sokrates. Ziel des Lebens ist es, Lustgefühle physischer Art zu erleben (vgl. Hedonismus). Als Weiser ist zu bezeichnen, wer durch Selbstbeherrschung und rationale Kontrolle der äußeren Bedingungen sein Leben am besten mit angenehmen Erlebnissen zu erfüllen vermag.

Lacan, Jacques (1901–81), franz. Psychoanalytiker. Übte auf die franz. Philos. der 60er und 70er Jahre eine starke Wirkung aus. Einflußreich waren seine von 1953–80 gehaltenen «Seminare», die 1964 von ihm gegründete École Freudienne de Paris (Pariser Freud-Schule), die er 1980 allerdings für geschlossen erklärte, und die *Écrits* (Schriften), eine umfangreiche Aufsatzsammlung. – L. knüpft an Freud an, um diesen auf neue Weise zu interpretieren. In seiner Freud-Interpretation betont L. den sprachlichen Charakter der psychoanalytischen Praxis: das genaue Hinhören des Therapeuten auf die Formulierungen des Patienten. Von hier aus will L. den Schlüsselbegriff des Unbewußten* präzisieren. Das Unbewußte ist kein Konglomerat blinder amorpher Triebe, sondern muß als bereits sprachlich strukturierte Größe verstanden werden. Dies ermöglicht denn auch eine Übertragung der strukturalen Betrachtungsweise der Linguistik (Saussure, Jakobson) auf die Psychoanalyse. Dieser Verbindung von Psychoanalyse und Semiotik* wegen wird L. dem Strukturalismus* zugerechnet; andererseits steht er in der phänomenologisch-dialektischen Tradition Kojèves: Das Subjekt konstituiert sich in der symbolischen Ordnung, im Verhältnis zum Anderen*.

Ausg.: Schriften, 3 Bde., 1986 – Das Seminar, bisher 4 Bde., 1978ff. – *Lit.:* H. J. Heinrichs: Sprachkörper. Zu Claude Lévi-Strauss und J. L., 1983. Ph. Julien: Pour lire J. L., 1995. H. Lang: Die Sprache und das Unbewußte, 1986. M. Sarup: J. L., 1992. B. H. F. Taureck: Psychoanalyse und Philos., 1992. S. Weber:

Jacques Lacan

Rückkehr zu Freud. J.L. Ent-stellung der Psychoanalyse, 1990.

Lakatos, Imre (1922–74), ung.-engl. Wissenschaftshistoriker und Philos., Prof. in London. Hat Poppers wissenschaftstheoretischen Falsifikationismus* auf der Grundlage wissenschaftshistorischer Studien und Kuhns Paradigma-Theorie weiterentwickelt. L. verwirft Poppers «naiven Falsifikationismus», d. h. jene Auffassung, nach der Theorien aufgegeben werden müssen, wenn sie falsifiziert, d. h. von experimentellen oder empirischen Resultaten widerlegt werden. Eine Theorie kann nach L. nur dann als falsifiziert betrachtet werden, wenn eine bessere, alternative Theorie vorhanden ist. L. «hochentwickelter Falsifikationismus» besagt ferner, daß Theorien nie isoliert, sondern nur als Teile größerer Theoriensysteme und Methodenregeln, der sog. Forschungsprogramme, beurteilt werden dürfen. L. Begriff des Forschungsprogramms ist mit dem Paradigma-Begriff bei Kuhn eng verwandt. Im Gegensatz zu Kuhn ist L. jedoch der Auffassung, daß die verschiedenen Forschungsprogramme rational verglichen und diskutiert werden können. Die Wissenschaft kann Fortschritte machen und sich vernünftig entwickeln. Der Fortschritt der Wissenschaft ist aber keine kontinuierliche Annäherung an die Wahrheit, sondern besteht in einer Reihe von Problemverschiebungen, die uns auf eine ständig höhere Stufe bringen. L. vertritt einen theoretischen Pluralismus, indem er den Forschern empfiehlt, unterschiedliche Programme zu entwickeln und zu kritisieren. In dem Artikel *Proofs and Refutations* (1963, erw. 1976; dt. Beweise und Widerlegungen, 1979) versucht er zu zeigen, daß seine Methodologie mit den Verfahren der Mathematik gut übereinstimmt.

Ausg.: Kritik und Erkenntnisfortschritt, 1974. Mathematik, empirische Wissenschaft und Erkenntnistheorie, 1982. Die Methodologie wissenschaftlicher Forschungsprogramme, 1982. – *Lit.:* D. D. Spalt: Vom Mythos der mathematischen Vernunft, 1981.

Lambert, Johann Heinrich (1728–77), dt. Astronom, Physiker, Mathematiker und Philos. L. stand in einem Briefwechsel mit Kant und kann in bezug auf die Erkenntniskritik und Kosmologie* als dessen bedeutendster Vorläufer betrachtet werden. In seinem philos. Werk unterscheidet L. zwischen vier philos. Disziplinen: *Dianoilogik* (Lehre von den logischen Formen); *Alethiologie* (Lehre von der Wahrheit, d. h. von den unmittelbaren Grundbegriffen und ihren inneren Zusammenhängen, die in bezug auf die Erfahrungswissenschaften einen apriorischen* Status haben); *Semiotik* (Lehre von den Ausdrücken und ihrer Relation zum Gedachten); *Phänomenologie* (Lehre von den Erscheinungen), deren Aufgabe es ist, zwischen dem Wahren und dem bloßen Schein zu unterscheiden.

Ausg.: Philos. Schriften, 10 Bde. Hg. von H. W. Arndt, 1965ff. – *Lit.:* H. W. Arndt: Methodo scientifica pertractatum, 1971. O. Baensch: J. H. L. Philos. und seine Stellung zu Kant, 1902. U. Neemann: Syntheseversuche, 1994. G. Wolters: Basis und Deduktion, 1980.

La Mettrie, Julien Offray de (1709–1751), franz. Arzt und Philos. Vertritt den radikalsten Materialismus* und Atheismus* der Aufklärung*. Als organisches System existiert der Mensch wie eine Maschine (*L'homme machine*, 1748; dt. Der Mensch als Maschine). Die Bewußtseinsvorgänge sind physiologisch zu erklären, nämlich als Funktionen körperlicher Zustände. Auf dem Gebiet der Ethik nimmt L. eine hedonistische* Position ein.

Ausg.: Der Mensch als Maschine, 1985. Über das Glück oder Das höchste Gut, 1985. Die Kunst, Wollust zu empfinden, 1987. Philos. und Politik, 1987. – *Lit.:* F. A. Lange: Geschichte des Materialismus und Kritik seiner Bedeutung in der Gegenwart, Bd. 1, 1866, ND 1974. L. Mendel: L., 1965. L. Rössner: Maschinenmensch und Erziehung zur Philos. und Pädagogik L. M., 1990. H. Wellman: L. M. Medicine, Philosophy, and Enlightenment, 1992.

Lange, Friedrich Albert (1828–75), dt. Philos.; 1870 Prof. in Zürich, 1872 in Marburg. Neukantianer*. Die metaphysischen Ideen drücken nach L. keine Erkenntnis aus, geben aber als die «Begriffsdichtung» ein Bild der ganzen Wahrheit im Gegensatz zu den Einzelwahrheiten der Wissenschaften. In seinem Hauptwerk *Geschichte des Materialismus und Kritik seiner Bedeutung in der Gegenwart* (2 Bde., 1866) gesteht L. dem Materialismus* eine gewisse Nützlichkeit als regulative Idee in den Naturwissenschaften zu. Er läßt sich aber nicht sinnvoll zu einer eigenen Weltanschauung ausbauen. Auf dem Gebiet der politischen Philos. denkt L. sozialistisch.

Ausg.: Logische Studien. Ein Beitrag zur Neubegründung der formalen Logik und Erkenntnistheorie, 1877. – *Lit.:* J. H. Knoll/J. H. Schoeps (Hg.): F. A. L. Leben und Werk, 1975. H. Vaihinger: E. v. Hartmann, Dühring u. L., 1876.

Langer, Susanne K. (1895–1985), als Tochter deutscher Eltern in New York geboren, 1916 Eintritt ins Radclif College (Harvard University), promovierte 1926 bei A. N. Whitehead, 1927–47 Tutor am Radclif College. 1934 Assistant Prof. an der Universität von Delaware, 1945–50 Visiting Prof. an der Columbia University, 1941–45 Bekanntschaft mit Ernst Cassirer, 1954–59 Professur am Connecticut College (New London). – L. kritisiert an der analytischen Philosophie die einseitige Ausrichtung auf die Logik der Sprache. Träume, Mythen, Riten und die Kunst sind nicht Bereiche jenseits jeglicher Bedeutung. Sie präsentieren uns die Dinge bloß in einer anderen Logik als der der Sprache. Daher unterscheidet L. zwischen diskursiven und präsentativen Symbolen. Diskursive Symbolismen besitzen bedeutungsstabile Elemente, die sukzessiv-linear aneinandergereiht werden. So resultiert etwa das Verstehen eines Satzes aus dem sukzessiven Verstehen seiner Wörter. Präsentative Symbole hingegen werden nicht sukzessiv-linear, sondern im Gesamt der Artikula-tion, Anordnung und Interaktion ihrer Elemente simultan und integral aufgefaßt. Die einzelnen Farbflächen eines Bildes beispielsweise sind nicht bedeutungsstabile Einzelelemente, sondern sind vieldeutig, sie verweisen gleichzeitig auf eine Vielzahl weiterer bedeutungsinstabiler Elemente. Daher kann hier kein linear-sukzessives, sondern nur ein synoptisches Erfassen der Bedeutung stattfinden. Die spezifische Funktionsweise der präsentativen Symbolisierung ermöglicht es, Phänomene zu symbolisieren, die sich in der diskursiven Symbolisierung kaum ausdrücken lassen: die Strukturen, Verläufe und die Dynamik unseres Innenlebens und unserer Gefühle. L. wendet ihre Theorie präsentativer Symbole auf die verschiedenen Kunstrichtungen an. In *Mind* unternimmt sie den Versuch einer Philosophie des Geistes mit der Hauptthese: Der menschliche Geist ist das Ergebnis einer Evolution und Ausdifferenzierung des Empfindungsvermögens (*feeling*).

Ausg.: Philosophie auf neuem Wege. Das Symbol im Denken, im Ritus und in der Kunst, 1965. Feeling and Form, 1953. Mind. An Essay on Human Feeling, Bd. I–III (1967–83). – *Lit.:* R. K. Gosh, Aesthetic Theory and Art. A Study in S. K. L., 1979. J. M. P. Jeunhomme: The Symbolic Philosophy of S. K. L. In: Neue Zeitschrift für Systematische Theologie und Religionsphilosophie 27 (1985), S. 159–176. R. Lachmann: Der philosophische Weg S. K. L. In: Concordia 24 (1993), S. 65–114. Ders.: S. K. L. Konzeption der Begründung von Psychologie und Kulturwissenschaften. In: D. Ginev (Hg.): Die Verschmelzung der Untersuchungsbereiche, 1993.

langue (franz. Sprache), bezeichnet bei Saussure die Sprache als ein System, im Gegensatz zu *parole**.

Laplace, Pierre Simon de (1749–1827), franz. Astronom und Mathematiker, Prof. in Paris. L. kam durch seine Beschäftigung mit Newtons Mechanik zu der Auffassung, daß alles in der Welt sich nach Gesetzen verändert (vgl. Determinismus). Wenn es möglich wäre, zu einem gegebenen Zeitpunkt festzustellen, wo sich sämtliche Partikel in der Welt befinden, könnte man eine Weltformel aufstellen, die uns Auskunft darüber gäbe, wie die Welt zu irgendeinem Zeitpunkt in der Vergangenheit oder Zukunft aussah oder aussehen wird. Da dem Menschen jedoch Überblick und Wissen fehlen, kann er die Ereignisse nur mit einer gewissen Wahrscheinlichkeit, nicht aber mit notwendiger Sicherheit voraussagen.

Ausg.: Œuvres complètes, I–XIV, 1878–1912. Darstellung des Weltsystems, 1797. Philos. Versuch über die Wahrscheinlichkeit, 1886. – *Lit.:* H. Schmidt: Die Kant-L.sche Theorie, 1925. C. F. v. Weizsäcker: Die Geschichte der Natur. Zwölf Vorlesungen, 1948.

Laplacescher Geist (oder Dämon). Eine Fiktion des franz. Mathematikers und Astronoms Laplace, der damit die Folgen seiner extrem mechanistischen Naturauffassung veranschaulichen will. Nach L. könnte ein Geist (Weltgeist) mit Kenntnis sämtlicher physischer Gesetze und Kräfte alles über die Vergangenheit und Zukunft wissen, wenn er über eine vollständige Beschreibung sämtlicher Zustandsweisen materieller Partikel zu einem bestimmten Zeitpunkt verfügen würde. Die Fiktion ist Ausdruck von L. Überzeugung, daß der Mechanismus der Welt, ähnlich wie in Newtons Formulierung der Mechanik, auf mathematische Funktionen reduziert werden kann. Die Welt wird verstanden als ein großes kausaldeterministisches System.

La Rochefoucauld, François de (1613–80), franz. philos. Schriftsteller, Moralist (vgl. Moralisten). L. analysiert in epigrammatischer Form und auf dem Hintergrund eines psycholog. Pessimismus allgemeinmenschliche Phänomene und stellt die Eigenliebe (amour-propre) als Grundmotiv jeder menschlichen Handlung dar (so in seiner Schrift *Réflexions ou sentences et maximes morales*, 1665).

Ausg.: Œuvres complètes, I–II, 1957. Reflexionen oder Sentenzen und moralische Maximen, 1976. – *Lit.:* H. C. Clark: L. R. and the Language of Unmasking in seventeenth-century-France, 1994.

Lassalle, Ferdinand (1825–64), dt. Politiker und Gesellschaftstheoretiker; 1843 bis 46 Studium der Philos. und Geschichte, danach juristische, publizistische und politische Tätigkeit. 1863 Gründung des Allgemeinen Deutschen Arbeitervereins, des ersten Vorläufers der dt. Sozialdemokratie. L. starb an den Folgen eines Duells. – L. ist in seinem Denken wesentlich von Hegel (und Fichte) beeinflußt. Den Zweck des Staats sieht er in der Erziehung des Menschen zur Freiheit. Unter bürgerlich-kapitalistischen Verhältnissen läßt sich diese Freiheit für das Proletariat aber nie erreichen. Es muß seine Freiheit (auf friedlichem Weg) erkämpfen, und zwar unter Ausnutzung der bestehenden Ordnung: Indem es sich politisch organisiert, kann das Proletariat vom Staat die erforderliche Unterstützung erzwingen, um eigene Produktionsgenossenschaften aufzubauen. In ihnen ist der Arbeiter zugleich Unternehmer und damit von jenem (zuerst durch D. Ricardo formulierten) «ehernen Lohngesetz» befreit, dem zufolge der Arbeitslohn immer nur für das Existenzminimum ausreicht. – Wegen der oft zwiespältigen, auch zum Konservativen neigenden Haltung war L. in der sozialistischen Bewegung von Anfang an umstritten.

Ausg.: Gesammelte Reden und Schriften. Hg. von E. Bernstein, 1919/20. – *Lit.:* A. Muhlstein: Chevalier de L., 1992. H. Oncken: L., 1904. T. Ramm: F. L. als Rechts- und Sozialphilos., 1953.

Lavater, Johann Caspar (1741–1801), schweiz. Theologe und Philos.; Kritiker der Aufklärungsphilos.*. Vertreter des Geniekults* im sog. Sturm und Drang. Nach L. ist das Genie ein Mensch gewordener Gott. Übte durch seine Schrift *Physiognomische Fragmente, zur Beförderung der Menschenkenntniss und Menschenliebe* (1775–78) auf die Entwicklung von Physiognomik und Graphologie einen Einfluß aus, dessen Ausmaß allerdings häufig überschätzt wurde.

Ausg.: Sämmtliche Werke, 6 Bde., 1834–38. – *Lit.:* E. v. Bracken: Die Selbstbeobachtung bei L., 1932. J. Graham: L. Essays on Physiognomy. A Study in the History of Ideas, 1979. K. Pestalozzi/H. Weigelt (Hg.): Das Antlitz Gottes im Antlitz des Menschen: Zugänge zu J. K. L., 1994. R. Züst: Die Grundlage der Physiognomik J. K. L., 1948.

Leben/Tod (engl. *life/death*; franz. *vie/mort*; griech. *bios, zoe/thanatos*; lat. *vita/mors*). 1. Für die materialistischen* Monisten (vgl. Dualismus/Monismus/Pluralismus) gibt es zwischen L. und T. keinen prinzipiellen Unterschied. L. besteht nur aus einer komplexen, geordneten Verbindung gleichartiger Komponenten (z. B. den Atomisten* zufolge aus Atomen). Wird diese Verbindung unterbrochen, tritt der T. ein, und die Komponenten setzen sich neu zusammen. Die Vorstellung einer individuellen Unsterblichkeit des Menschen, d. h. einer Fortsetzung individueller Existenz nach dem Augenblick des T., wird nach dieser Auffassung hinfällig. 2. Die übrigen philos. Auffassungen setzen zumeist zwischen L. und T. eine prinzipielle Differenz. So stellt Aristoteles das L. der leblosen Materie (griech. *hyle*; vgl. Form/Materie) gegenüber und bestimmt es als Entelechie*, als etwas, das seinen Zweck in sich selbst trägt. Alles Lebendige – Pflanzen, Tiere und Menschen – ist beseelt, besitzt eine Seele*. Sie macht die Form (griech. *eidos*) des Körpers aus, so daß der Körper stirbt, wenn die Seele (Form) ihn im T.-Moment verläßt. Umgekehrt besteht die Seele nur darin, Form des Körpers zu sein. Von einer individuellen, den Körper überdauernden Seele zu sprechen, ergibt daher auch nach Aristoteles keinerlei Sinn. 3. Andere Philos. stimmen Aristoteles zu, daß L. eine Vereinigung von Leib (mit der Seele verbundener Körper) und Seele voraussetzt, nehmen aber gleichwohl die Möglichkeit individueller Unsterblichkeit an. Sie läßt sich entweder als Seelenwanderung deuten, bei der sich die Seele bei Eintritt des T. mit einem anderen Körper verbindet, oder als Neuschöpfung der ursprünglichen Leib-Seele-Einheit (z. B. in der christlichen Formel von der «Auferstehung des Fleisches»). Doch wird in beiden Fällen der Begriff der Seele anders verstanden als bei Aristoteles. 4. Streng dualistische* Philos. behaupten dagegen, Seele, womit in erster Linie Bewußtsein* oder das Bewußtseinsprinzip gemeint ist, und Körper, d. h. hier (meist) ausgedehnte Natur, könnten unabhängig voneinander existieren. Diese Meinung findet sich unter dem Einfluß der Gnosis* u. a. in der christlichen Philos.; aus ihr stammt die im Christentum gängige (aber kaum biblische) Rede vom Weiterleben der Seele nach dem T.
Eine ausgesprochen dualistische Position vertritt Descartes. Er verwirft den Begriff des L. als unwissenschaftlichen Mischbegriff und will die sog. organische Natur als einen besonders komplexen

Mechanismus verstehen. Für das menschliche Subjekt* (die menschliche Seele, d. h. die bewußte Substanz*) ist diese nach mechanischen Gesetzen funktionierende Natur reines Objekt. 5. Der cartesianische* Dualismus von Subjekt und Objekt wird im dt. Idealismus wiederum kritisiert, und zwar aufgrund des L.-Begriffs, auf dem er fußt. Für Hegel gibt es Bewußtsein nur in einem Kommunikationsverhältnis mit dem anderen Bewußtsein, mit dem es zusammenlebt. L. umfaßt also Bewußtsein. Das Gemeinsame allen L. besteht darin, daß die Teile nur existieren, wenn das Ganze existiert – und umgekehrt. So muß der lebendige Organismus* vom bloßen Aggregat unterschieden werden, bei dem die einzelnen Teile unabhängig vom Ganzen existieren können. Die höchste Form eines solchen lebendigen Organismus ist das kollektive welthistorische Selbstbewußtsein (vgl. Bewußtsein). Das Selbstbewußtsein entsteht also für Hegel aus dem L. (während Kant im Gegensatz dazu behauptet hatte, Selbstbewußtsein sei für L. konstitutiv*). Nur dieses überindividuelle L. erreicht nach Hegel die Unsterblichkeit; das einzelne Individuum aber hört im Augenblick des T. endgültig zu leben auf. – In Schleiermachers Dialektik findet sich die Idee einer kommunikativen L.gemeinschaft wieder. Von ihr ist auch Dilthey beeinflußt, wenn er die Geisteswissenschaften* erkenntnistheoretisch zu fundieren sucht; sein lebensphilos.* Ansatz steht im Widerstreit zu cartesianischen Denkmustern. 6. Die Existenzphilos.* und Heideggers Lehre vom Dasein* verwenden das Wort L. oft gleichbedeutend mit ‹Existenz› (vgl. Sein). Ein zentrales Thema bei Heidegger ist der T.: Erst durch die Erfahrung des Sterbenkönnens entsteht die Erfahrung der eigenen Endlichkeit* – und damit die der prinzipiellen Endlichkeit des eigenen Verstehens*. Mit dem Verhältnis zwischen organischem und menschlichem L. beschäftigt sich Heidegger allerdings kaum und hält in der Frage nach der Möglichkeit individuellen Weiterlebens nach dem T. nur eine agnostische* Haltung für philos. angemessen.

Lit.: H. Ebeling: Selbsterhaltung und Selbstbewußtsein. Zur Analytik von Freiheit und Tod, 1979. H. Ebeling (Hg.): Der T. in der Moderne, 1992. F. Jacob: Die Logik des Lebenden von der Urzeugung zum genetischen Code, 1972. H. Jonas: Organismus und Freiheit. Aufsätze zu einer philos. Biologie, 1979. A. Leist: Um Leben und Tod. Moralische Probleme bei Abtreibung, künstlicher Befruchtung, Euthanasie und Selbstmord, 1990. R. Löw: Philos. des Lebendigen, 1980. J. v. Uexküll: Das allmächtige Leben, 1950.

Lebensgeister. Die Theorie der L. geht auf Aristoteles und die Stoiker* zurück und findet sich noch bei Bacon, Hobbes und Descartes. Für Descartes bildet die Annahme von L. einen wichtigen Bestandteil seiner Wechselwirkungshypothese zum Leib-Seele-Verhältnis. Mit L. werden feine (luft- oder flüssigkeitsartige) Partikel in den Nervenbahnen bezeichnet, die Gehirn und Körper miteinander verbinden. Wenn ein Sinnesorgan Eindrücke empfängt, werden die L. in Gang gesetzt und tragen die Sinneseindrücke ins Gehirn. Entsprechend verbinden sie das Gehirn mit dem Muskelapparat und veranlassen dadurch körperliche Bewegungen.

Lebensphilosophie. 1. In der dt. Aufklärungsphilos.* Bezeichnung für einen Zweig der Philos., dessen Zweck in praktischen Anweisungen für das gute Leben* besteht (im Gegensatz zum theoretisch-wissenschaftlichen Denken). 2. Seit Beginn des 19. Jh. Bezeichnung für die Sammlung von Lebensregeln, z. B. in Form von Aphorismen. 3. Bei den dt. Romantikern (z. B. F. Schlegel) Bezeichnung für eine antirationalistische Philos., die auf der ursprünglichen Einheit von Leben und Denken aufbauen will – im Gegensatz zu als unfruchtbar kritisierten Unterscheidung von Verstand und Vernunft*. 4. Bezeichnung für philos. Positionen im Umkreis des Vitalismus*. 5. Bezeichnung für philos. Positionen (z. B. Bergson und Dilthey). Sie stellt durch das Verständnis des Lebens als zentrale, im Erleben unmittelbar gegebene Wirklichkeit die traditionelle Unterscheidung zwischen Subjekt* und Objekt in Frage.

Lit.: K. Albert: L., 1995. O. F. Bollnow: Die L., 1958. H. Rickert: Die Philos. des Lebens. Darstellung und Kritik der philos. Modeströmungen unserer Zeit, 1920.

Lefebvre, Henri (1905–91), franz. Philos. Suchte – unter verschiedenem Blickwinkel – den Marxismus* als einen Humanismus* darzustellen: In den 30er Jahren nahm L. die Marxschen Frühschriften zum Ausgangspunkt und betonte deren Verhältnis zu Hegel. Damit trug er in der franz. Philos. zur Wiederentdeckung von Marx – insbesondere des jungen Marx – bei. Ende der 40er Jahre argumentierte L. von einem orthodoxen Standpunkt aus, geprägt durch die Auseinandersetzung mit Sartres Existentialismus*. Schließlich näherte er sich selber dem existentialistischen Marxismus Sartres, nachdem er 1958 aus der kommunistischen Partei ausgeschlossen worden war. – Seit ca. 1960 beschäftigt sich L. mit der Entwicklung einer Theorie der ‹Modernität› als neuer Realität.

Ausg.: Beiträge zur Ästhetik, 1956. Probleme des Marxismus heute, 1965. Der dialektische Materialismus, 1966. Die Revolution der Städte, 1972. Die Zukunft des Kapitalismus, 1974. Einführung in die Modernität, 1978. – *Lit.:* I. Fetscher: Der Marxismus im Spiegel der französischen Philos. In: Marxismus-Studien, 1954. R. Hess: H. L. et l'aventure du siècle, 1988. T. Kleinspehn: Der verdrängte Alltag, 1975. P. Latour: Conversations avec H. L., 1991. K. Mayer: H. L., 1973. B. Schoch: Marxismus in Frankreich seit 1945, 1980.

Legalität (lat. *legalis*, gesetzlich, gesetzmäßig), die Übereinstimmung einer Handlung mit geltenden Gesetzen; Rechtmäßigkeit. Bei Kant Bezeichnung für die äußere Übereinstimmung einer Handlung mit einer moralischen Forderung – unabhängig vom jeweiligen Handlungsmotiv bzw. der Gesinnung. Im Unterschied zur L. genügt es für die Moralität einer Handlung nicht, daß sie der moralischen Forderung entspricht, sondern sie muß zusätzlich dem Motiv des Handelnden entspringen, diese moralische Forderung erfüllen zu wollen.

Lit.: I. Kant: Kritik der praktischen Vernunft (1787), S. 127.

Leibniz, Gottfried Wilhelm (1646–1716), dt. Philos., Mathematiker, Naturwissenschaftler, Rechtsgelehrter, Diplomat und Historiker. Geb. in Leipzig als Sohn eines Prof. für Moralphilos. Befaßte sich schon im Kindesalter mit Logik, Philos. und Theologie und studierte später Philos. und Rechtswissenschaft in Leipzig und Jena. Als Zwanzigjähriger trat er in den Dienst des Kurfürsten von Mainz, der ihn 1672 in diplomatischer Mission nach Paris und an den Versailler Hof sandte. Zwar blieb sie erfolglos, aber L. nutzte die Jahre seines Frankreichaufenthalts zur wissenschaftlichen Weiterbildung. In Paris und auf kürzeren Reisen, u. a. nach London, schloß er Bekanntschaft mit den führenden Philos., Mathematikern und Naturwissenschaftlern der Zeit – u. a. Arnauld, Malebranche, Spinoza, Newton und Huygens. Zugleich betrieb er intensive Forschungen, verfaßte eine Reihe von Abhandlungen, konstruierte eine neue Art von Rechenmaschine und bereitete seine wichtigste mathematische Erfindung vor, die Differential- und Integralrechnung. 1676 ließ sich L. in Hannover nieder und wirkte als Minister ohne Portefeuille beim welfischen Kurfürsten. Er befaßte sich mit kulturellen, juristischen und wissenschaftlichen Aufgaben, war eine Zeitlang für Münzwesen, Bergbau und Hofbibliothek verantwortlich und schrieb in späteren Jahren an einer Geschichte des Welfenhauses. Daneben verfolgte L. mit rastloser Energie seine zahlreichen philos. und wissenschaftlichen Vorhaben und stand mit Gelehrten aus ganz Europa in brieflichem Kontakt. Sein Einsatz verschaffte ihm zeitweilig große Anerkennung. U. a. wurde L. Präsident auf Lebenszeit bei der «Societät der Wissenschaften» in Berlin, zu deren Gründung 1700 er maßgeblich beigetragen hatte. Die letzten Jahre seines Lebens jedoch brachten L. viele Anfeindungen. Am Hof wurde er das Opfer von Intrigen, in der Öffentlichkeit wurde er als Gottesleugner angeprangert, und in der akademischen Welt schließlich sah er seine Arbeiten herabgewürdigt oder gar verkannt; so beschuldigte man ihn u. a. – zu Unrecht –, die Idee der Differentialrechnung bei Newton gestohlen zu haben.

L. gab selber nur ein philos. Werk heraus, die *Essais de théodicée*... (Abhandlungen zur Rechtfertigung Gottes..., 1710). Zwar verfaßte er eine weitere philos. Schrift, die *Nouveaux essais sur l'entendement humain* (Neue Abhandlungen über den menschlichen Verstand), eine breit angelegte kritische Auseinandersetzung mit J. Lockes *An Essay Concerning Human Understanding* (Versuch über den menschlichen Verstand). Aber nach Lockes Tod (1704) zog L. sein Werk aus dem Druck zurück. L. philos. System ist deshalb in einer Vielzahl kleinerer Untersuchungen aus den Jahren 1686–1716 enthalten, u. a. in *Discours de métaphysique* (Metaphysische Abhandlung, 1686) und *Monadologie* (Lehrsätze über die Monadologie, 1714) sowie in vielen Briefen, Entwürfen und Notizen. Von L. enormer Schaffenskraft zeugt der Umfang seiner sämtlichen Schriften, die von der Dt. Akademie der Wissenschaften in 40 Bänden herausgegeben werden. Allein die Korrespondenz umfaßt ca. 15000 Briefe an über 1000 verschiedene Adressaten.

Das Zentrum von L. System bildet die *Monadenlehre*, eine Theorie über die Substanz* des Seienden, die die Existenz und Erkennbarkeit alles übrigen bedingt. Descartes' und Spinozas Versuche, dieses grundlegende Element der Wirklichkeit zu erklären, lehnt L. ab. Für L. bestehen Substanzen aus absolut einfachen Größen, die er Monaden nennt (griech. *monas*, Einheit, Eins). Sie sind notwendig ohne Teile zu denken, einerseits weil die Existenz zusammengesetzter Dinge die Existenz unzusammengesetzter (einfacher) Dinge voraussetzt, andererseits und vor allem, weil die Monaden mit der Fähigkeit zu wirken (mit Kraft*, Energie) ausgestattet sein müssen. Aber nur eine Einheit mit fortdauernder Individualität besitzt eine solche Fähigkeit, also das Unausgedehnte, das keinerlei räumliche Teile hat.

Eine Monade kann auf natürliche Weise weder entstehen noch vergehen. Denn dazu wäre Zusammensetzung bzw. Zerlegung von Teilen erforderlich. Anfangen kann sie nur durch Schöpfung (aus dem Nichts), aufhören nur durch Vernichtung. Weil die Monade keine Teile besitzt und damit weder eine Figur noch Ausdehnung hat, existiert sie nicht in Raum und Zeit. Sie ist nicht Materie, sondern etwas Seelisches (Geistiges). Des weiteren vermag die Monade nicht auf eine andere einzuwirken: «Monaden haben keine Fenster.» Andernfalls müßte es nämlich Verbindungen zwischen den Monaden geben und damit in der Monade Teile, die sich aufgrund der äußeren Einwirkungen umstellen, entfernen oder durch andere ersetzen lassen. Schließlich weist jede einzelne Monade charakteristische Qualitäten auf, die sie von allen anderen unterscheidet. Besäßen zwei Monaden genau dieselben Eigenschaften, wären sie ununterscheidbar, d. h. identisch. Als nicht-räumliche Größen können sich die Monaden ja nicht – wie zwei Exemplare desselben Buchs – nur dadurch unterscheiden, daß sie im Raum verschiedene Orte einnehmen.

Weil die Monaden nicht zu gegenseitiger Einwirkung imstande sind, muß die Entwicklung der einzelnen Monade allein aus ihr selbst heraus geschehen. So enthält sie alles, was ihr je geschieht, auf einmal, insofern «das Gegenwärtige mit dem Zukünftigen schwanger geht». Ihre Entwicklung vollzieht sich als Selbstentfaltung, nach eigenen Gesetzen und aus eigener Kraft. Obwohl jede Monade eine Welt für sich bildet, bestehen zwischen

Gottfried Wilhelm Leibniz

den Monaden doch Parallelen. Denn jedem augenblicklichen Zustand einer Monade entspricht der augenblickliche Zustand jeder anderen aus der unendlichen Menge der Monaden. Der Zustand einer Monade gleicht also dem Zustand jeder anderen (oder hat dieselbe Struktur), so daß er als ein «Spiegel der Welt» bezeichnet werden kann. Die Tätigkeit der Monade besteht genau in diesem Abspiegeln oder Vorstellen der Welt – L. spricht hier von Perzeption* –, aufgrund dessen die

Monade ihrer Einfachheit zum Trotz unendlich mannigfaltig sein kann.

Diese Übereinstimmung aller Zustände der Monaden nennt L. *prästabilierte* (vorherbestimmte) *Harmonie*. Er nimmt an, Gott habe dafür gesorgt, daß die Monaden ihrem individuellen, aufeinander abgestimmten Entwicklungsgang ihr immer folgen – wie synchronisierte Uhren, die ohne Verbindung zueinander dennoch zu allen Zeitpunkten dieselbe Zeit angeben. Zugleich will L. mit der prästabilierten Harmonie das Verhältnis erklären zwischen der Welt der Monaden, der eigentlichen Wirklichkeit, und der Welt der Phänomene, d. h. der vom Menschen erfahrenen Welt. Raum, Zeit, kausale Zusammenhänge, die Verschiedenartigkeit des Seienden, die Unterscheidung von Materie und Leben sind Grundzüge der menschlichen Erfahrungswelt, nicht aber der Welt der Monaden. Doch handelt es sich bei diesen menschlichen Vorstellungen keineswegs um bloßen Schein, bloße Täuschung, sondern eben um Erscheinungsformen, Phänomene*. Denn sie sind als Phänomene wohlbegründet (*phenomena bene fundata*), und zwar in der Monadenordnung selber.

Der Raum ist die Erscheinungsform (der an sich unräumlichen Ordnung) all jener möglichen Dinge, die gleichzeitig existieren können; die Zeit aber ist die Erscheinungsform der möglichen Dinge, die nicht gleichzeitig existieren können. Deren Kontinuität ist eine Erscheinungsform jener Kontinuität, welche die Monadenordnung und die in ihr enthaltenen sukzessiven Zustandsveränderungen kennzeichnet. In den kausalen Zusammenhängen innerhalb der Erfahrungswelt kommen besonders klare Abspiegelungsverhältnisse zwischen den Monaden zur Erscheinung. Und daß die Dinge der Erfahrungswelt sich in verschiedene Arten aufteilen, liegt wiederum an der monadischen Ordnung selber: Zwar besitzen alle Monaden dasselbe Wesen, nämlich die Tätigkeit; aber sie spiegeln das Universum auf verschiedene Weise ab.

So ist der Unterschied zwischen lebendigen (bewußten) und leblosen (materiellen) Dingen Erscheinungsform eines Unterschieds in der Abspiegelungstätigkeit der Monaden. Letztere vermögen die Schöpfung nur einfach abzuspiegeln, während die ersteren, die Seelenmonaden, über zusätzliche Abspiegelungsformen verfügen, und zwar Erinnerung, Gefühl und Denken (Apperzeption*). Obwohl also alle Monaden tätig (aktiv) sind, erscheinen uns die Materiemonaden im Gegensatz zu den Seelenmonaden als leblos und passiv.

Die Monaden sind zu Aggregaten oder Kolonien zusammengeschlossen. Einige Aggregate enthalten eine große Anzahl von Materiemonaden sowie eine Seelenmonade; diese Aggregate bilden die Grundlage für die Phänomene, die sich ‹Lebewesen› nennen. Im Gegensatz zum Menschen jedoch ist die leitende Seelenmonade der Tiere nur mit begrenztem Bewußtsein ausgestattet. Seele* und Leib machen also nicht, wie Descartes vermutete, zwei getrennte Substanzen aus. Vielmehr ist letztlich alles nicht-materieller, seelischer Natur, und die Körper der Erfahrungswelt dienen dem Seelischen nur als Erscheinungsform.

In seinem *Discours de métaphysique* versucht L., die These von den absolut einfachen Substanzen auch formallogisch zu begründen. Er geht davon aus, daß sich in jedem Urteil durch genauere Analyse ein Subjekt und ein Prädikat* finden läßt und daß bei jedem wahren Urteil das Subjekt das Prädikat in sich enthält (das sog. *in esse*-Prinzip). Alle wahren Urteile lassen sich damit in der Formel ausdrücken «ABC ist A (oder AB oder AC oder C oder B oder BC)». Das Urteil ‹Cäsar war Feldherr› besagt also, daß in dem Individualbegriff* ‹Cäsar› der Begriff ‹Feldherr› enthalten ist. Für die Wahrheit eines Urteils besteht immer ein zureichender Grund (Prinzip des zureichenden Grundes), und dieser Grund kann nur darin liegen, daß das Prädikat im Subjekt enthalten ist. Demnach muß es für jede Substanz einen vollständigen Individualbegriff geben, in dem schon alles liegt, was die Substanz je sein kann. Zur Erkenntnis dieses Begriffs gelangt der Mensch nie, aber es gibt ihn, und Gott kennt ihn. Wenn sich nun alle Zustände einer Substanz als Prädikate aus ihrem Individualbegriff ableiten lassen, dann muß jede einzelne Substanz völlig unabhängig von allen anderen existieren, also «ohne Fenster»; sie muß ihre Zustandsveränderungen selber bewirken und darf keine Teile haben.

Doch dienen L. logische Überlegungen nicht nur zur Bestätigung der Monadenlehre. Er benutzt sie auch erkenntnistheoretisch, um zwischen notwendigen und zufälligen Wahrheiten (‹Vernunftwahrheiten› und ‹Tatsachenwahrheiten›) zu unterscheiden. Ebenso nimmt er sie beim Problem der Willensfreiheit in Anspruch. Aber erst im 20. Jh. wurden L. logische Untersuchungen näher gewürdigt. Russell u. a. weisen darauf hin, daß ihr Gedankenreichtum und ihre Spannweite den Rahmen traditioneller philos. Fragestellung sprengen. Damit hat L. der modernen Logik und der philos. Semantik vorgearbeitet. Eine unmittelbare Wirkung erzielten dagegen L. metaphysische Lehren. Sie beeinflußten die dt. Philos. des 18. Jh. nachhaltig, nicht zuletzt Kant.

Ausg.: Die philos. Schriften. Hg. von C. J. Gerhardt, 7 Bde., 1875–1890 (ND 1960f.). – *Lit.:* E. Cassirer: L. System in seinen wissenschaftlichen Grundlagen, 1902 (ND 1962). G. Deleuze: Die Falte: L. und der Barock, 1995. E. G. Guhraner: G. W. Freiherr von L., 2 Bde., 1846 (ND 1966). H. H. Holz: G. W. L. (Einführung), 1992. K. Moll: Der junge L., 3 Bde. 1978–94. K. Müller/G. Krönert: Leben und Werk von G. W. L., 1969. O. Ruf: Die Eins und die Einheit bei L., 1973. C. F. v. Weizsäcker, E. Rudolph: Zeit und Logik bei L.: Studien zu Problemen der Naturphilos., Mathematik, Logik und Metaphysik, 1989.

Leibnizsches Gesetz, logisches Prinzip, nach dem alles, was für ein Ding a wahr ist, auch für ein Ding b wahr ist, wenn a und b identisch sind. Die Formel lautet $((a=b) \rightarrow (Fa \leftrightarrow Fb))$, wobei F für eine beliebige Eigenschaft steht. In seinem Aufsatz über *Sinn und Bedeutung* (1892) verweist Frege allerdings auf die Problematik dieses Prinzips bei sog. intensionalen* Kontexten, z. B. dort, wo einer Person eine bestimmte Meinung zugeschrieben wird. Zwar ist der Morgenstern dasselbe wie der Abendstern; aber wenn Peter glaubt, der Morgenstern sei ein Planet, so folgt daraus nicht, daß er auch den Abendstern für einen Planeten hält. Sofern Peter die Identität zwischen Morgen- und Abendstern nicht bekannt ist, kann er nämlich die Aussage ‹Der Morgenstern ist ein Planet› bejahen, die Aussage ‹Der Abendstern ist ein Planet› aber sehr wohl verneinen. Das umgekehrte Prinzip, nach dem zwei Dinge immer dann identisch sind, wenn sie dieselben Eigenschaften besitzen $((Fa \leftrightarrow Fb) \rightarrow (a=b))$, heißt bei Leibniz Grundsatz von der Identität des Nicht-Unterscheidbaren (lat. *principium identitatis indiscernibilium*). Seine Gültigkeit wird von der modernen Logik in Frage gestellt.

lemma (griech., Prämisse, Annahme). 1. Logische Annahme; Prämisse eines Syllogismus*. 2. Hilfssatz (Hilfstheorem) in einem mehrgliedrigen Beweis. Der Hilfssatz dient zur Herleitung anderer Theoreme* und wird im Hinblick auf seine spätere Verwendung im Schlußbeweis des in Frage stehenden Satzes bewiesen.

Lenin, Wladimir I. (1870–1924; eigtl. Name Uljanow), russ. politischer Schriftsteller, Revolutionär, Führer der Oktoberrevolution 1917. L., der 1895 einen «Kampfbund zur Befreiung der Arbeiterklasse» gründete, beruft sich in seiner Theorie und Praxis auf Marx und Engels. Er unternimmt es, deren politische Philos. und Revolutionstheorie weiterzuentwickeln und den veränderten Umständen anzupassen. In *Was tun?* (1902) legt L. seine Konzeption einer revolutionären Kaderpartei vor. 1903, auf dem 2. Parteitag der 1898 gegründeten «Sozialdemokratischen Arbeiterpartei Rußlands», kommt es zu einer Spaltung in Bolschewiki (Mehrheitsflügel), die von Lenin an-

Wladimir I. Lenin

geführt werden, und Menschewiki (Minderheitsflügel). 1909 veröffentlicht L. *Materialismus und Empiriokritizismus*. In dem Buch, das als sein philos. Hauptwerk angesehen wird, setzt L. sich mit philos. Strömungen der Zeit auseinander und stellt ihnen seine eigene dialektischmaterialistische Philos. gegenüber. In den Jahren 1907–14 ist L. aktiv in der II. Internationalen engagiert. 1915 nimmt er an der Konferenz oppositioneller Kräfte innerhalb der europäischen Arbeiterbewegung gegen den Krieg und für eine Völkerverbrüderung im schweizerischen Zimmerwald teil. 1914–15 entstehen die *Philosophischen Hefte*, in denen L. versucht, die Erkenntnisse der modernen Naturwissenschaften und die jüngsten geschichtlichen Erfahrungen für eine Weiterentwicklung des Marxismus* zu verwerten. 1917, noch vor der Oktoberrevolution, erscheint *Staat und Revolution*. L. bezieht sich darin auf die Schrift von Marx über die Pariser Kommune 1871 (*Der Bürgerkrieg in Frankreich*) und entwirft eine Theorie der proletarischen Revolution im Geist und mit dem Ziel einer sozialistischen Rätedemokratie. Ebenfalls 1917 erscheint *Der Imperialismus als höchstes Stadium des Kapitalismus*. Darin revidiert er die Revolutionstheorie von Marx: Die proletarische Revolution könne infolge der imperialistischen Ausbreitung des Kapitalismus auch in noch nicht voll entwickelten kapitalistischen Industrienationen durchgeführt werden.

Im selben Jahr 1917 kehrt L. aus dem Schweizer Exil, in einem plombierten Wagen durch Deutschland fahrend, nach Rußland zurück. In seinen *Aprilthesen* proklamiert er, entsprechend seiner Imperialismustheorie und in der Hoffnung auf eine Weltrevolution, eine proletarische Revolution für das feudalistische Agrarland Rußland. In der Oktoberrevolution 1917 setzt L. erfolgreich seine Theorie in die Praxis um. Er bedient sich beim Aufbau des neuen Staates und seiner Gesellschaft zunächst der Arbeiter-

und Soldatenräte *(sovjets)*, um dann aber – nicht zuletzt unter dem Druck von Bürgerkrieg und ausländischer militärischer Intervention – im Namen einer Diktatur des Proletariats eine Parteidiktatur der Bolschewiki – nun «Kommunistische Partei Rußlands» – über das Proletariat und im Namen eines «demokratischen Zentralismus» eine Kaderdiktatur über die Partei aufzubauen. L. sprengt das demokratisch gewählte Parlament, in dem die Bolschewiki eine Minderheit sind, und schlägt 1921 in einem Blutbad den gegen seine Diktatur gerichteten Aufstand der sich zu einer Rätedemokratie bekennenden Matrosen von Kronstadt nieder. Kurz vor seinem Tod warnt er noch vor der parasitären Rolle einer neuen Bürokratie und vor einer Übergabe der Macht an Stalin.

Was die revolutionäre Theorie und Praxis anbelangt, ist L. welthistorische Bedeutung darin zu sehen, daß er im Gegensatz zu Marx die proletarische Revolution bereits in einem industriell noch weitgehend unentwickelten Agrarland mit einer feudalistischen Gesellschaftsstruktur zu verwirklichen versuchte. Die fehlenden politischen und ökonomischen Voraussetzungen für eine demokratische Entwicklung der Revolution zwangen ihn zur Errichtung einer Diktatur, die dem jakobinischen Berufsrevolutionär ohnehin näher lag als die Demokratie.

L. Philos. ist durch den Versuch charakterisiert, die von den damaligen Naturwissenschaften behauptete strenge Gesetzlichkeit und Kausalität der Natur auf die menschliche Geschichte zu übertragen und gleichzeitig dialektisch zu interpretieren. Diese Dialektik faßt L. – weit mehr im Sinn von Engels' *Anti-Dühring* als des differenzierteren Marx – sehr mechanistisch auf. Materie ist für ihn «das objektive, reale Sein». Unter Materialismus versteht er eine Unabhängigkeit des gesellschaftlichen Seins vom Bewußtsein und umgekehrt die Abhängigkeit des Bewußtseins vom gesellschaftlichen Sein: «Das gesellschaftliche Bewußtsein spiegelt das gesellschaftliche Sein wider.» Für diese Widerspiegelungstheorie, für die auch die Empfindungen Abbilder der Außenwelt sind, haben ausnahmslos alle Ideen ihre Wurzeln im jeweiligen Stand der Produktivkräfte. Lenin nennt das eine objektive dialektische Gesetzmäßigkeit in der Entwicklung der gesellschaftlichen Verhältnisse. Unter Dialektik versteht er die Lehre von der Einheit und vom Kampf der Gegensätze, die einen objektiven, gesetzmäßigen, unendlichen Weltprozeß erfaßt und auf den Begriff bringt. Das menschliche Denken ist so fähig, die absolute Wahrheit zu erkennen. Dabei muß die Praxis in den Erkenntnisprozeß einbezogen werden. Der Erfolg der Praxis ist ein Kriterium der objektiven Wahrheit. Sittlichkeit und Moral werden durch den Klassenkampf bestimmt. Religion ist Opium für das Volk. Lenin kämpft gegen die «religiöse Verdummung» und propagiert den Atheismus als Bestandteil des Klassenkampfs. In der erstrebten kommunistischen Gesellschaft ohne Klassen und Staat werden die Menschen die traditionellen Regeln des Zusammenlebens verinnerlicht haben und ohne Zwang einhalten.

Ausg.: Werke. 40 Bde., 1955–71. – *Lit.:* L. Althusser: L. und die Philos., 1974. L. Fischer: Das Leben L., 1965. G. Lukács: L., 1924. L. Trotzki: Über L., 1924. H. Weber: L. in Selbstzeugnissen und Bilddokumenten, 1970.

Lessing, Gotthold Ephraim (1729–81), dt. Dichter, Kritiker und Philos. Bedeutender Vertreter der dt. Aufklärung*. – Bildende Kunst und Dichtung sind in L. Ästhetik* wesensverschieden: Gegenstand der bildenden Kunst ist das Nebeneinander, der Körper im Raum. Gegenstand der Dichtung ist das Nacheinander, eine Reihe von Handlungen in zeitlicher Folge. In der Geschichts- und Religionsphilos. betont L. den Unterschied zwischen «zufälligen Geschichtswahrheiten» und «notwendigen Vernunftwahrheiten». Auch die religiöse Offenbarung, die der moralischen Erziehung des Menschen dient, gehört zu den Vernunftwahrheiten; denn ihre Wahrheiten können und sollen im Lauf der menschlichen Entwicklung durch die Vernunft erkannt werden. Das Telos der *Erziehung des Menschengeschlechts* (1780) besteht im Tun des Guten um seiner selbst willen. L. setzte sich besonders für die Toleranzidee ein.

Ausg.: Werke, 8 Bde. Hg. von H. G. Göpfert, 1971–79. – *Lit.:* J. Améry: Lessingscher Geist und die Welt von heute, 1978. E. Bahr/E. P. Harris/L. G. Lyon (Hg.): Humanität und Dialog: L. und Mendelssohn in neuer Sicht, 1982. M. Bollacher: L., 1978. W. Drews: L. in Selbstzeugnissen und Bilddokumenten, 1965. W. Jens: In Sachen L., 1983.

Leukippos (geb. ca. 480/70 v. Chr.), griech. Philos., erster Atomist* und Lehrer Demokrits.

Lit.: Th. Buchheim: Die Vorsokratiker, 1994.

Leviathan. Ein Ungeheuer im *Buch Hiob* (40) und im *Psalter* (74,14). Erscheint auf dem Titelbild des gleichnamigen Buchs (London 1651) von Thomas Hobbes und stellt den allmächtigen Staat dar (den «sterblichen Gott»), der alle Bürger verschlingt.

Lévinas, Emmanuel (1905–95), franz. Philos. Geb. in Kaunas (Litauen), Studium in Straßburg, Freiburg (bei Husserl) und Paris. 1946–63 Leiter der École Normale Israélite Orientale, 1964 Prof. in Poitiers, 1967 in Paris, erst in Nanterre und 1973–76 an der Sorbonne. – L. trug maßgeblich dazu bei, die dt. Phänomenologie* (Husserl, Heidegger) in Frankreich bekanntzumachen. Zwar ging er später eigene Wege, gab den Kontakt zur Phänomenologie aber nicht auf. Er kritisiert v. a. das traditionelle Bemühen, die Wirklichkeit als systematischen Zusammenhang (als Totalität) zu begreifen, ein Unterfangen, wie es in reinster Form bei Hegel zur Geltung kommt. Im Unterschied zum Hegelkritiker Kierkegaard ist es für L. aber nicht das Subjekt*, das dem System* entgegensteht, sondern das «Andere», Andersartige *(autrui).* Das Andere wird im Anderen*, dem gegenüber das Ich sich befindet, der anderen Person deutlich.

Das Verhältnis des Ich zum Anderen bildet für L. Grundlage der Ethik. – Seine Philos. bezeichnet L. als Metaphysik.

Ausg.: Die Spur des Anderen – Untersuchungen zur Phänomenologie und Sozialphilos., (Auswahl) 1987. Totalität und Unendlichkeit, 1987. Wenn Gott ins Denken einfällt. Diskurse über die Betroffenheit von Transzendenz, 1988. Jenseits von Sein oder was als Sein geschieht, 1992. Schwierige Freiheit. Versuch über das Judentum, 1992. Ethik und Unendliches, 1992. – *Lit.:* C. Chalier: Figures du féminin. Lecture d' E. L., 1982. S. Critchley: The Ethics of Deconstruction, 1992. K. Hinzing: Das Sein und das Andere. L. Auseinandersetzung mit Heidegger, 1988. W. N. Krewani: E. L. Denker des Anderen, 1992. M. Mayer/M. Hentschel (Hg.): L. Zur Möglichkeit einer prophetischen Philos., 1990. B. Taureck: L. zur Einführung, 1991. T. Wiemer: Die Passion des Sagens. Zur Deutung der Sprache bei E. L. und ihrer Realisierung im philos. Diskurs, 1988.

Lévi-Strauss, Claude (geb. 1908), franz. Ethnologe. Geb. in Brüssel, Studium in Paris. 1935–38 Universitätslehrer in São Paulo (Brasilien) und Leiter mehrerer ethnologischer Expeditionen in Brasilien. 1942–45 Prof. in New York, ab 1950 Studienleiter an der École Pratique des Hautes Études in Paris. 1959 Prof. für Anthropologie am Collège de France. – Wird der Strukturalismus* als diejenige Tendenz verstanden, die das Modell der linguistischen Strukturanalyse auf Human- und Sozialwissenschaften überträgt, so kann L. als sein Begründer gelten. Die strukturale Methode der Sprachwissenschaft (Saussure, Jakobson) überträgt er systematisch auf die Ethnologie. Aus dieser Betrachtungsweise zieht er philos. Folgerungen: Der Strukturalismus stellt für ihn die Philos. der Geschichte und des Subjekts radikal in Frage. Für L. setzt die tradierte Philos. immer auf der Ebene des Bewußtseins an, nämlich bei der Erfahrung oder beim Erlebnis des Subjekts selbst. Aber dieses Subjekt ist selbst nur «Träger» unbewußt wirkender Strukturen; diese machen das eigentlich Wirkliche und Fundamentale aus.

Ausg.: Mythologica, 4 Bde., 1971–75. Das wilde Denken, 1968. Strukturale Anthropologie,

1967. Mythos und Bedeutung. Gespräche mit C. L., 1980. Die elementaren Strukturen der Verwandtschaft, 1981. – *Lit.:* E. Delruelle: C. L. et la Philosophie, 1989. E. Leach: L. zur Einführung, 1991. W. Lepenies/H. Ritter (Hg.): Orte des wilden Denkens. Zur Anthropologie von C. L., 1970. M. Oppitz: Notwendige Beziehungen, 1975. G. Schiwy: Der franz. Strukturalismus, 1984. A. Schmidt: Der strukturalistische Angriff auf die Geschichte, 1968.

Liberalismus (von lat. *liber*, frei), politische Lehre, die den Wert der Freiheit des einzelnen Menschen hervorhebt und es als die grundlegende Aufgabe des Staates betrachtet, dessen Freiheit gegen Übergriffe zu schützen. – Der L. geht von dem Grundgedanken aus, daß jede Person ihre eigene moralische Sphäre und ein grundlegendes Recht zu tun, was ihr beliebt, unter der Bedingung allerdings, daß sie nicht entsprechende Rechte anderer Personen verletzt. Im Gegensatz etwa zu den Anarchisten betrachten die Liberalisten den Staat als eine Notwendigkeit, weil die Menschen ein gewisses Machtmonopol zur Sicherung der Rechte des einzelnen benötigen.

Der L. hat insofern zwei Grundprobleme zu lösen: die Bestimmung von Freiheit und Recht des Individuums sowie die Frage der Aufgaben des Staates, insbesondere der Grenzen für die Ausübung legitimen staatlichen Zwangs. Die liberale Tradition kann als ein Korpus verschiedener Lösungsversuche dieser beiden zentralen Probleme aufgefaßt werden.

Der erste Problemkreis dreht sich um Analyse, Inhalt, Umfang und Begründung der Rechte des einzelnen. Locke und Nozick z. B. verstehen diese Rechte als Freiheit von Zwang, Betrug und körperlicher Gewalt sowie als Recht auf Kompensation für erlittenen Zwang, Betrug und körperliche Gewalt. Freiheit ist eine negative Freiheit, z. B. von Gewalt, und eben keine positive, z. B. die Freiheit, etwas Bestimmtes zu erreichen (Hayek, Berlin). Einige Liberale glauben, eine vollständige Liste der Rechte aufstellen zu können, die hierarchisch geordnet ist und es erlaubt, Konflikte zu vermeiden (Rawls). Andere lehnen eine solche Auffassung ab und begnügen sich mit abstrakten Modellen. Auch in der Begründung des grundlegenden Freiheitsrechts von Personen gehen die Vertreter des L. verschiedene Wege. Man benutzt hier Kriterien wie: die Natur, Gott, die praktische Vernunft (Kant), der Nutzen, der Sinn des Lebens, die Unkenntnis und Fehlerhaftigkeit des Menschen (Mill, Hayek, Oakshott).

Die zweite Problemstellung betrifft die Frage, warum wir überhaupt einen Staat nötig haben und welche Aufgaben der Staat legitimerweise übernehmen darf. Wir brauchen einen Staat, um sicherzustellen, daß sich der einzelne nicht an den jeweiligen Rechten der anderen vergreift – durch Gewaltanwendung z. B. Daran ist problematisch, daß der Staat seine Aufgabe nur dann effektiv ausführen kann, wenn er das sog. Gewaltmonopol innehat. Hierauf antworten die Liberalen, daß dies ein durchaus kleineres Übel sei und daß die Anwendung von Gewalt seitens des Staates durch allgemeine Gesetze reguliert werden könne und müsse; die Handlungen des Staates wären danach voraussehbar und zu kontrollieren. Vertreter wie Locke, Spencer und Nozick sind der Auffassung, daß die einzige Aufgabe des Staates die Sicherung der grundlegenden Rechte der Nichtverletzung sei. Hayek u. a. behaupten, daß der Staat darüber hinaus eine Reihe von Dienstfunktionen ausführen kann, falls er dazu besser geeignet ist als die freie Marktwirtschaft. Andere wiederum, z. B. Rawls, sind der Ansicht, daß der liberale Staat eine aktive Verteilungspolitik betreiben solle, was jedoch von jenen in Frage gestellt wird, die den Einfluß des Staates zugunsten eines ‹freien Spiels der Kräfte› zurückdrängen wollen. Von politikwissenschaftlicher Seite wird dazu bisweilen kritisch angemerkt, daß die Anhänger dieser These aber immer dann den Staat zu Hilfe rufen, wenn sie ihre individuellen Interessen, etwa in der (internationalen) Wirtschaftskonkurrenz, bedroht sehen.

Lit.: L. Gall (Hg.): L., 1976, ²1980. G. de Ruggiero: Geschichte des L. in Europa, 1930 (ND 1964).

libertas indifferentiae (lat.; franz. *liberté d'indifférence*), Wahlfreiheit, dasselbe wie *liberum* arbitrium*, jedoch mit Betonung der Unbestimmtheit der Wahl: 1. Sie ist *kontingent**, d. h. der Wille ist nicht durch Notwendigkeit (kausal) bestimmt. 2. Sie bleibt unentschieden, es besteht ein Mangel an Entscheidungskriterien und Entscheidungsfähigkeit, also ein negativer Zustand. Mitunter auch: die positive Fähigkeit, sich für eine von zwei Möglichkeiten zu entscheiden.

liberum arbitrium (lat.; franz. *libre arbitre*), freie Entscheidung, freier Wille, Wahlfreiheit. Der Ausdruck l. a. bezeichnet traditionell einen freien Willen, d. h. eine Fähigkeit, zwischen alternativen Möglichkeiten zu wählen. Der Wille ist indeterminiert, d. h. nicht kausal bestimmt, sondern hat die Freiheit zu wählen (vgl. Freiheit, Wille, Willkür); ferner unbestimmt, denn es gibt keinerlei Motiv*, Pflicht* oder Prinzip, das in der Wahl eine Bevorzugung der einen Möglichkeit vor der anderen zu rechtfertigen erlauben würde.

Lichtmetaphysik, jene Form der Metaphysik* – zumeist dualistisch konzipiert –, die behauptet: Es gibt eine ‹eigentliche›, ‹höhere› oder ‹wahrere› Form des Seins*, und dieses Sein muß als Lichtquelle (oder als das Licht selbst) verstanden werden, die die ‹uneigentlichen›, ‹niedrigeren› oder ‹unwahren› Formen des Seins ‹beleuchtet›. Ein Beispiel für L. ist die Ideenlehre* Platons. – Vgl. Illuminationstheorie.

Lit.: W. Beierwaltes: Lux intelligibilis. Untersuchungen zur L. der Griechen, 1957. Ders.: Proklos. Grundzüge seiner Metaphysik, 1965, ²1979, S. 287ff., 333ff.

Locke, John (1632–1704), engl. empiristischer* Philos., Pädagoge und Arzt. Geb. in Wrington bei Bristol. 1652 begann L. sein Studium am Christ Church College (Oxford Univ.), an dem er seit 1660 als Lehrer für klassische Sprachen und Moralphilos. wirkte. Ferner übernahm L. infolge seiner freundschaftlichen und beruflichen Verbindungen zu Lord Ashley, dem späteren Grafen von Shaftesbury (er war dessen Hausarzt), eine Reihe von politischen und administrativen Aufgaben. Zweimal wurde sein Gönner, der Lordkanzler Ashley, gestürzt, und beide Male mußte L. ins Exil gehen, zuerst 1675–79 nach Südfrankreich, dann 1683–89 nach Holland, wo er seine wichtigsten Werke vollendete, u. a. seinen *Essay Concerning Human Understanding* (1689) und *Two Treatises of Government* (1690). L. folgte 1689 Wilhelm von Oranien nach England und lebte ab 1691 in Essex. Bis 1700 übernahm er wiederum zahlreiche administrative Aufgaben, bis ihn schließlich seine schwache Gesundheit zwang, sich vom öffentlichen Leben zurückzuziehen.

Mit seinem *Essay Concerning Human Understanding* (Versuch über den menschlichen Verstand) nimmt L. eine zentrale Stelle in der empiristischen Tradition der engl. Erkenntnistheorie ein. Das Grundthema des Werks handelt von der Möglichkeit sicherer Erkenntnis in moral- und religionsphilos. Fragen. Der Essay soll die menschliche Erkenntnisfähigkeiten prüfen: ihren Ursprung sowie Sicherheit und Umfang unseres Wissens. Auch werden mögliche Gründe und Grade der Überzeugungen untersucht, die zwar nicht ganz sicher sind, aber dennoch als ein Wissen bezeichnet werden, das in praktischer Hinsicht nützlich sein kann.

Zentral in L. Erkenntnistheorie ist der Begriff der Idee* oder Vorstellung *(idea)*. L. vertritt eine Repräsentationstheorie des Wissens: Das einzige, was direkt Gegenstand unserer Erkenntnis sein kann, sind die Ideen. Diese sind das Material der Erkenntnis und repräsentieren das, wovon sie Ideen oder Vorstellungen sind. Sie können als Zeichen *(signa)* verstanden werden, die die Wirklichkeit repräsentieren. Die Ideen werden in dieser Weise als

Verbindungsglieder zwischen dem erkennenden Bewußtsein und der erkannten Wirklichkeit gedacht.

L. Frage nach dem Ursprung unserer Ideen zielt letztlich auf die Bestimmung dessen, was mögliches Wissen für uns werden kann. Für ihn besteht ein enger Zusammenhang zwischen Gültigkeit* und Genese der Erkenntnis. Nach Locke nehmen die Rationalisten*, z. B. Descartes, zu Unrecht an, daß bestimmte Ideen und Prinzipien, wie logische Prinzipien und allgemeingültige moralische Normen, angeboren sind. Wir werden nicht mit Ideen geboren, sondern mit einer Fähigkeit (unserem Erkenntnisvermögen), solche Ideen zu bilden. Das Bewußtsein gleicht einer leeren Tafel, einer *tabula rasa*. L. schließt sich insofern dem empiristischen Grundprinzip an, nach dem alle Ideen ihren Ursprung in der Erfahrung *(experience)* haben. Unsere Ideen entspringen zwei Quellen: zum einen der Wahrnehmung *(sensation)*, zum andern der Reflexion *(reflection)*. Beide Quellen liefern einfache Ideen, die vom Verstand zu zusammengesetzten *(complex)* Ideen verbunden werden können. Erstere entsprechen den Sinnesempfindungen*. Sie sind von gleichförmiger und homogener Erscheinung und lassen sich nicht auf einfachere Ideen zurückführen. Beispiele sind Ideen von Farben, Gerüchen und anderen Sinnesqualitäten. Einfache Reflexionsideen sind die Erfahrungen des Denkens (im allgemeinsten Sinn) und des Willens.

L. Annahme von einfachen und komplexen Ideen verbindet sich mit einer kausalen Perzeptions*- (Wahrnehmungs-)theorie: Die einfachen Wahrnehmungsideen werden als Wirkung des Einflusses äußerer, physischer Gegenstände auf unsere Sinnesorgane verstanden. Die Reflexionsideen entstehen in der Rückwendung des Bewußtseins auf seine eigene Aktivität. L. betrachtet die Reflexion als eine Art der Wahrnehmung, genauer als innere Wahrnehmung des Bewußtseins, das seine eigene Aktivität wahrnimmt. Die verschiedenen Arten von Ideen sind von unterschiedlichem Erkenntniswert.

L. Unterscheidungen fanden bereits zu seiner Zeit eine weite Verbreitung. So werden die Wahrnehmungsideen ausschließlich empiristisch erklärt als verursacht durch die Einwirkung äußerer, physischer Körper auf unsere Sinnesorgane. Diese Einwirkung beruht darauf, daß die Gegenstände Eigenschaften haben, von denen sich unsere Sinnesorgane beeinflussen lassen. Einige von ihnen, die sog. primären Eigenschaften oder Qualitäten, bewirken Ideen, die den Eigenschaften der Gegenstände gleichen. Das trifft z. B. auf Eigenschaften zu wie Undurchdringlichkeit, Form, Ausdehnung und Beweglichkeit. Die sog. sekundären Eigenschaften oder Qualitäten wie Farbe, Geruch und Geschmack sind in Wirklichkeit Kräfte oder Fähigkeiten *(powers)* der physischen Körper, die entsprechende Vorstellungen (Ideen) im wahrnehmenden Bewußtsein hervorzurufen. Diese Ideen gleichen nicht den Eigenschaften, die sie repräsentieren. Physische Gegenstände haben an sich keine Farbe, keinen Geruch oder Geschmack. Aufgrund ihrer Struktur, Form und Bewegungen jedoch sind sie Ursache bestimmter Ideen im wahrnehmenden Bewußtsein. L. orientiert sich in seinen Überlegungen an Erkenntnissen der neusten Naturwissenschaft – eine entsprechende Unterscheidung findet sich bereits bei Galilei.

L. setzt voraus, daß die äußeren Gegenstände unabhängig von unserer Erkenntnis existieren und Träger der die Ideen verursachenden Eigenschaften sind. Es wird also die Existenz materieller Substanzen* hypostasiert. Komplementär dazu bezweifelt er auch nicht, daß sich hinter der beobachtbaren geistigen Aktivität eine Seele oder geistige Substanz verbirgt. Bereits sein Zeitgenosse Bischof Stillingfleet und später vor allem Berkeley wenden jedoch ein, daß L. Empirismus mit der Annahme solcher Substanzen unvereinbar ist. Eine ähnliche Kritik macht darauf aufmerksam, daß die Unterscheidung zwischen primären und sekundären Eigenschaften die Fähigkeit des Bewußtseins voraussetzt, seine Ideen

mit dem, was diese repräsentieren, vergleichen zu können. Dies allerdings widerspricht der Repräsentationstheorie des Wissens.

L. frühestes Werk zur politischen Philos. ist sein *Essay on the Law of Nature* (verfaßt 1660–64, erstmals hg. 1954). Hier legt L. eine Naturrechtslehre* dar, die sowohl in politisch-philos. als auch erkenntnistheoretischer Hinsicht seinem späteren Werk widerspricht. Sein politisch-philos. Hauptwerk sind die *Two Treatises of Government* (Zwei Abhandlungen über die Regierung). Die erste Abhandlung, die um 1683 verfaßt worden ist, enthält einen Angriff auf Robert Filmers Theorie einer auf Gottes Gnade beruhenden Alleinherrschaft. Die zweite Abhandlung ist ein klassischer Text liberalistischen politischen Denkens. Die Schrift wurde auch als Rechtfertigung der englischen Revolution von 1688 gelesen. L. bedient sich weitgehend traditioneller Ideen von Volksherrschaft, Naturrecht und Naturzustand*, um für eine demokratisch kontrollierte, konstitutionelle Monarchie zu argumentieren. Ursprünglich – es ist nicht ganz klar, ob L. hier Geschichtsschreibung oder eine philos. Fiktion im Auge hat – befanden sich die Menschen in einem Naturzustand. Sie waren freie und gleiche Wesen, nur dem Naturgesetz unterworfen, das ihnen gottgegebene Moralregeln auferlegte. Diese natürlichen Rechtsinhalte können von jedem Vernunftwesen eingesehen werden. Zu diesen Rechten gehört das Recht auf die eigene Person, und das heißt auch das Recht auf die Erzeugnisse der eigenen Arbeit. Das Eigentumsrecht ist also letztlich im Naturrecht begründet. L. Auffassung des Naturzustands ist daher von jener Thomas Hobbes' klar zu unterscheiden: Bei Hobbes ist der Naturzustand ein rechtloser Zustand, ein Krieg aller gegen alle. Bei L. sichert bereits das Naturrecht das Recht auf Leben, Freiheit und Eigentum.

John Locke

Um sich gegen Verbrecher, die einen Kriegszustand hervorrufen, zu schützen, schließen sich die freien Individuen mit Hilfe eines Gesellschaftsvertrags* *(compact)* zusammen und setzen als souveränes Volk eine Regierung ein. Jede gesetzliche Regierung beruht auf der Einwilligung *(consent)* des Volkes. Auf dieser beruht auch die Teilnahme später geborener Bürger an dem Gesellschaftsvertrag. Diese Einwilligung ist im Grunde bereits dort gegeben, wo wir uns freiwillig auf einem bestimmten staatlichen Territorium aufhalten. Das Volk verliert jedoch nicht zwangsläufig seine Souveränität, indem es eine Regierung einsetzt oder billigt. In Ausnahmefällen besteht ein Recht zum Aufstand: wenn die Regierung ihre Aufgaben vernachlässigt und nicht mehr den Willen des Volkes ausführt. L. empfiehlt eine *Gewaltenteilung*: Der Monarch nimmt die ausführende und urteilende Gewalt wahr, das Parlament die Gesetzgebung. Die Macht des Königs ist daher durch die Verfassung, die diese Gewaltenteilung vorschreibt, sowie durch die Gesetze, die das Parlament beschließt, begrenzt. Das Überschreiten seiner Befugnisse legitimiert das Volk zum Aufstand.

L. hat auch Arbeiten zur pädagogischen Philos. verfaßt. Die moralische Erziehung des Kindes soll sich auf das gute Beispiel der Mäßigung der Eltern und nicht so sehr auf Regeln und Vorschriften stützen. Von Bedeutung sind in L. Pädagogik die Entwicklung freundschaftlicher Beziehungen zwischen Eltern und Kind und die Förderung der natürlichen Anlagen des Kindes. In religiösen Fragen zeigt sich L. als sehr tolerant, was sich einerseits aus dem allgemeinen Recht des einzelnen auf Freiheit ergibt, andererseits aus L. Überzeugung, daß sich bezüglich religiöser Themen wenig Sicheres behaupten läßt.

Ausg.: The Works I–III, 1704. I–X, 1812. Ein Brief über Toleranz, 1957. Versuch über den menschlichen Verstand, [4]1981. Über den richtigen Gebrauch des Verstandes, 1978. Zwei Abhandlungen über die Regierung, 1977. Gedanken über die Erziehung, 1970. – *Lit.:* W. Baumgartner: Naturrecht und Toleranz. Untersuchungen zur Erkenntnistheorie und politischen Philos. bei J. L., 1979. W. Euchner: Naturrecht und Politik bei J. L., 1969. W. Euchner: J. L. zur Einführung, 1996. L. Krüger: Der Begriff des Empirismus. Erkenntnistheoretische Studien am Beispiel J. L., 1973. U. Thiel: J. L., 1990. R. S. Woolhouse: L. Philosophy of Science and Knowledge, 1994.

Logik, s. insbesondere logisch; ferner: deontische L., dialektische L., intensionale L., klassische L., moderne L.; Logistik, Logismus, *logos*.

Logik, deontische (von griech. *[to] deon*, das, was man tun soll, Pflicht, und *logos**, Lehre). Theorie über die logischen Strukturen von Sätzen, die Verpflichtungen, Gebote, Verbote, Erlaubnisse u. ä. ausdrücken. Das erste System einer d. L. geht auf von Wright (*Mind*, 1951) zurück.

Lit.: G. H. von Wright: Normen, Werte und Handlungen, 1994.

Logik, dialektische (von griech. *logike*, zum *logos** gehörend, und *dialektike techne*, Redekunst), Hegels Bezeichnung für eine philos., apriorische* Wissenschaft, deren Aufgabe es ist, die notwendigen Grundbegriffe (Kategorien* und Transzendentalien*) der Vernunft* und deren Zusammenhang zu finden. – Vgl. Dialektik, Hegel und Spekulation.

Logik, intensionale (von lat. *intendere*, anspannen, sich wenden, und griech. *logike*, zum *logos** gehörend), eine Logik, in der die Beziehungen zwischen den einzelnen Urteilen* von deren Sinn* und nicht ausschließlich deren Wahrheitswert* abhängen. Die i. L. gilt dort, wo in den Sprachen intensionale Operatoren verwendet werden, d. h. Ausdrücke, für die das Extensionalitätsprinzip (s. extensional) nur dann Gültigkeit hat, wenn die Ausdrücke innerhalb der Reichweite (engl. *scope*) der Operatoren als Bezeichnung (Denotation*) für abstrakte Größen wie Begriffe* und Urteile (Propositionen) aufgefaßt werden können. Die wichtigsten Beispiele einer i. L. sind Modallogik*, deontische* Logik, die Logik für Zeitausdrücke, die Logik für kontrafaktische* Konditionalsätze und andere ‹starke› Implikationen* sowie die Logik für *propositional attitudes**, z. B. Ausdrücke wie ‹Christine glaubt, daß...›, ‹Hans hofft, daß...› und ‹Jürgen weiß, daß...›. Das Studium intensionaler Ausdrücke wurde von G. Frege begründet und von A. R. Anderson, R. Carnap, A. Church, J. Hintikka, C. I. Lewis, D. Lewis, S. Kripke, R. Montague und G. H. v. Wright weiterentwickelt. Nach Quine sind intensionale Ausdrücke strenggenommen sinnlos, und sie haben daher keine Logik. – Mitunter wird die i. L. auch *Modallogik* genannt. Das Wort ‹Modallogik› hat dann aber eine umfassendere Bedeutung als üblich.

Lit.: J. van Benthem: A Manual of Intensional Logic, ²1988.

Logik, klassische (griech. *logike*, zum *logos** gehörend), die seit Aristoteles bis Ende des 19. Jh. dominierende L., auch traditionelle L. genannt. Im Mittelpunkt der k. L. steht die Syllogistik. In ihr untersucht man die Gültigkeit von Argumenten wie:

Alle Menschen sind sterblich
<u>Alle Philos. sind Menschen</u>
Alle Philos. sind sterblich

Die zentrale Frage ist, ob die Aussagen über dem Strich, die Prämissen, die Aussage unter dem Strich, die Schlußfolgerung, begründen. Wenn die Annahme der Prämissen die Annahme der Schlußfolgerung erzwingt, heißt das Argument gültig. Ein gültiges Argument stellt somit sicher: Wenn die Prämissen wahr sind, dann ist auch die Schlußfolgerung wahr. Ein gültiges Argument kann aber auch falsche Prämissen und daher womöglich eine falsche Schlußfolgerung haben. Ein gültiges Argument mit wahren Prämissen nennt man ein haltbares Argument. Die Haltbarkeit eines Arguments kann normalerweise nicht durch Logik, sondern muß aufgrund einer Einsicht in den Gegenstand der Prämissen entschieden werden. Das obenerwähnte Argument ist gültig. Seine Gültigkeit besteht unabhängig von einem Zusammenhang zwischen Sterblichkeit, Menschsein und Philosophsein. Gleichgültig, mit welchen drei Begriffen wir die Ausdrücke ‹Mensch›, ‹sterblich› und ‹Philos.› ersetzen, bekommen wir ein gültiges Argument. Die Gültigkeit des Arguments hängt allein von seiner logischen Form, d.h. der logischen Verbindung, ab, die es zwischen den verwendeten Begriffen herstellt.

Der grundlegende Teil der Syllogistik beschäftigt sich mit den kategorischen Urteilen und dem kategorischen Syllogismus. Ein *kategorisches Urteil* ist ein Urteil, das nicht aus anderen Urteilen zusammengesetzt ist. Es verbindet zwei Begriffe, den Subjektbegriff (S) und den Prädikatbegriff (P), mit Hilfe einer sog. Kopula (‹ist› oder ‹sind›). Ein kategorisches Urteil kann entweder eine allgemeine Form haben, d.h. es kann alle S betreffen, oder eine besondere Form, d.h. es kann sich auf ein oder mehrere S beziehen. Es kann entweder bejahend sein, d.h. S die Eigenschaft P zuerkennen, oder verneinend, d.h. S die Eigenschaft P aberkennen. Demnach können wir vier verschiedene Formen von kategorischen Urteilen unterscheiden, die man traditionell mit den Buchstaben A, E, I und O bezeichnet:

A: ‹Alle S sind P› (allgemeine bejahende Urteilsform)
E: ‹Kein S ist P› (allgemeine verneinende Urteilsform)
I: ‹Einige S sind P› (besondere bejahende Urteilsform)
O: ‹Einige S sind nicht P› (besondere verneinende Urteilsform)

Die k. L. geht davon aus, daß alle unzusammengesetzten Behauptungen in einer dieser vier Formen wiedergegeben werden können. Zwischen diesen vier Formen kategorischer Urteile bestehen eine Reihe von logischen Beziehungen, die teilweise in dem sog. logischen Quadrat zusammengefaßt werden können.

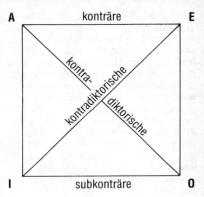

Zwei Urteile bilden einen kontradiktorischen Gegensatz, wenn beide weder zusammen wahr noch zusammen falsch sein können. A- und O-Urteile sowie E- und I-Urteile bilden jeweils kontradiktorische Gegensätze. Das bedeutet z. B., daß wir vom Urteil ‹Einige Philos. sind nicht besonders intelligent› auf das Urteil ‹Es ist nicht wahr, daß alle Philos. besonders intelligent sind› schließen können. Zwei Urteile bilden einen konträren Gegensatz, wenn sie zwar beide nicht wahr, wohl aber beide falsch sein können. A- und E-Urteile sind unter der Voraussetzung, daß S tatsächlich mindestens ein Individuum bezeichnet, konträre Gegensätze. Zwei Urteile heißen subkonträre Gegensätze, wenn sie zwar beide nicht falsch, wohl aber beide wahr sein können. Unter der gleichen Voraussetzung wie vorher bilden I- und O-Urteile einen subkonträren Gegensatz.

Ein *kategorischer Syllogismus* ist ein Argument, das aus zwei Prämissen und einer Konklusion besteht, die alle eine kategorische Urteilsform haben. Die eine Prämisse (Untersatz genannt) muß den Subjektbegriff (den Unterbegriff) der Schlußfolgerung enthalten. Die andere Prämisse (Obersatz genannt) muß den Prädikatbegriff (den Oberbegriff) der Schlußfolgerung enthalten. Ferner haben die beiden Prämissen einen gemeinsamen Begriff, den sog. Mittelbegriff (M). In einem Syllogismus steht der Obersatz oben und die Schlußfolgerung unten. Vor diesem Hintergrund kann die logische Form eines Syllogismus durch das Aufzählen der verwendeten Urteile der Reihenfolge nach (von oben nach unten) charakterisiert werden. Der eingangs genannte Syllogismus hat daher die Form AAA. Diese Aufzählung reicht jedoch für eine vollständige Bestimmung der logischen Form nicht aus. Dies kann leicht eingesehen werden, wenn man folgende zwei Syllogismen der Form AII betrachtet, von denen der eine gültig ist, der andere aber ungültig:

Alle Steuerbetrüger sind Verbrecher
Einige Rechtsradikale sind Steuerbetrüger

Einige Rechtsradikale sind Verbrecher

Alle Verbrecher sind Steuerbetrüger
Einige Steuerbetrüger sind rechtsradikal

Einige Rechtsradikale sind Verbrecher

Der Unterschied zwischen diesen beiden Syllogismen ist der, daß der Zwischenbegriff im Verhältnis zum Ober- und Unterbegriff verschieden eingeordnet ist. Man spricht davon, daß die Begriffe in verschiedene Figuren eingehen. Die Begriffe können zueinander auf vier verschiedene Weisen eingeordnet werden: 1., 2., 3. oder 4. Figur:

```
M P     P M     M P     P M
S M     S M     M S     M S
 1.      2.      3.      4.
```

Ergänzt man die Aufzählung der Urteile durch die Angabe der syllogistischen Figur (z. B. AII-1), hat man eine vollständige Charakteristik der logischen Form des betreffenden Syllogismus.
Es gibt insgesamt 256 (4^4) verschiedene Syllogismen. Von diesen anerkennt man heute nur 19 als gültig. In der Praxis ist es am einfachsten, die Gültigkeit eines Syllogismus mit Hilfe von Mengendiagrammen zu untersuchen. Hier bieten sich die Euler*-Diagramme und die Venn-Diagramme (benannt nach dem engl. Logiker John Venn, 1834–1923), eine Weiterentwicklung der Euler-Diagramme, an. Hier werden die verwendeten Begriffe mit Hilfe von Teilflächen (oft durch Kreise) veranschaulicht. Im Venn-Diagramm werden drei Begriffe mit Hilfe von drei Kreisen abgebildet, die einander auf folgende Weise überschneiden:

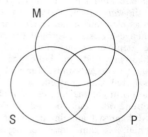

Der Inhalt der Urteile kann im Diagramm durch Schraffierungen von leeren Mengen oder durch das Anbringen eines Kreuzes in Bereichen, wo es mindestens ein Individuum gibt, angezeigt werden. Das E-Urteil ‹Kein S ist P› sagt z. B., daß die gemeinsame Menge der Individuen, die zu S gehören, und jener, die zu P gehören, leer ist. Dies kann veranschaulicht werden, indem der für beide Kreise gemeinsame Bereich schraffiert wird:

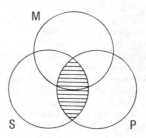

Wenn man den Inhalt der Prämissen auf diese Weise in das Diagramm eingetragen hat, kann man sich vergewissern, ob es auch dem entspricht, was die Schlußfolgerung aussagt. Ist das der Fall, ist der Syllogismus gültig; wenn nicht, ist er ungültig. Nehmen wir z. B. den letztgenannten Syllogismus der Form AII-4, kann man die Prämissen auf folgende Weise wiedergeben:

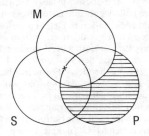

Die Schlußfolgerung muß dagegen wie folgt dargestellt werden:

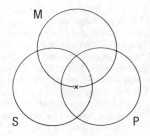

Man sieht, daß das, was in den Prämissen ausgesagt wird, nicht mit dem, was in der Schlußfolgerung ausgesagt wird, übereinstimmt. Deshalb muß der Syllogismus ungültig sein. – S. ferner disjunktiver und hypothetischer Syllogismus.

Lit.: J. M. Bocheński: Formale Logik, 2. u. 3. Teil, 1956. B. Baron von Freytag-Löringhoff: Logik, ihr System und ihr Verhältnis zur Logistik, ³1961. U. Friedrichsdorf: Einführung in die klassische und intensionale L., 1992. G. Patzig: Die aristotelische Syllogistik, ²1963. E. Tugendhat/U. Wolf: Logisch-semantische Propädeutik, 1983. M. Urchs: K. L.: Eine Einführung, 1993.

Logik, moderne. Die m. L. versucht wie die klassische Logik*, die Bedingungen der Gültigkeit von Argumenten durch das Studium der Formen von Argumenten zu bestimmen. Sie ist daher eine *formale* Logik, aber auch – und hierin besteht der Unterschied zur traditionellen Logik – eine *symbolische* Logik, weil sie sich beim Studium der Formen besonderer Symbolismen oder Formelsprachen (formalisierten Sprachen) bedient. Neben größerer Überschaubarkeit und Exaktheit bietet die m. L. eine im Vergleich zur traditionellen Logik viel größere theoretische Leistungsfähigkeit.

In der m. L. werden Argumente untersucht, deren Gültigkeit auf den sog. logischen Wörtern oder logischen Konstanten wie ‹nicht›, ‹und›, ‹oder›, ‹wenn›, ‹genau dann, wenn›, ‹alle›, ‹einige›, ‹kein›, ‹ist Element von›, ‹ist identisch mit› beruht. Die Form eines Arguments ist durch die in das Argument eingehenden logischen Wörter bestimmt. Zwei Argumente haben genau dann die gleiche logische Form, wenn das eine Argument aus dem anderen gebildet werden kann, indem seine nicht-logischen Wörter durch andere nicht-logische Wörter der gleichen Art ersetzt werden. Z. B.:

1) Alle Menschen sind Vernunftwesen
<u>Alle Philos. sind Menschen</u>
Alle Philos. sind Vernunftwesen

1') Alle Europäer sind sterblich
<u>Alle Deutschen sind Europäer</u>
Alle Deutschen sind sterblich

Ein Argument heißt dann (logisch) gültig, wenn kein Argument mit gleicher Form wahre Prämissen, aber eine falsche Schlußfolgerung hat. Diese inhaltliche Bestimmung des Begriffs ‹Gültigkeit› ermöglicht es ohne weiteres, die Ungültigkeit von bestimmten Argumenten nachzuweisen. Man braucht nur ein einziges Gegenbeispiel mit gleicher Form, wahren Prämissen und falscher Schlußfolgerung zu liefern. Dagegen kann der Nachweis der Gültigkeit nicht auf gleiche Weise geschehen, denn das würde eine Ana-

Logik, moderne

lyse unendlich vieler Argumente erfordern. Die Lösung einer solchen Aufgabe – die Umfangsbestimmung des Begriffs ‹Gültigkeit› – erfordert allgemeine, systematische Methoden.

Hierzu gebraucht die m. L. formalisierte Sprachen und deduktive* Systeme. Urteile* werden mit Hilfe von Formeln ausgedrückt, in denen die logischen Wörter durch bestimmte Zeichen, die Konstanten, und die nicht-logischen Wörter durch Variablen symbolisiert werden. Auf diese Weise können Argumente in ihren Strukturen erfaßt und mit bestimmten Formeln wiedergegeben werden. Um nun die Gültigkeit von Argumenten zu entscheiden, werden Schlußfolgerungsregeln (oder Deduktionsregeln) eingeführt, die den Übergang von einer oder mehreren Formeln, den Prämissen, auf eine neue Formel, die Folgerung des Schlusses, erlauben. Mit Hilfe von Schlußfolgerungsregeln werden Beweise, d. h. Formelfolgen, entwickelt, in denen die letzte Formel die bewiesene Schlußfolgerung darstellt und die vorausgehenden Formeln entweder Prämissen sind oder aus früheren Formeln hergeleitet worden sind. In bestimmten deduktiven Systemen – sog. axiomatischen Systemen – werden die Schlußfolgerungsregeln ferner mit einer Anzahl von logischen* Wahrheiten oder Gesetzen (Axiomen) ergänzt, die ohne weiteres als (logische) Prämissen in Beweisführungen verwendet werden können.

Der Zweck der Konstruktion eines logischen Systems (formalisierter Sprachen und deduktiver Systeme) ist der Zusammenfall der Beweise für das System mit den gültigen Argumenten der betreffenden Art. Der Teil der m. L., der die klassische Logik weiterführt, spricht von sog. wohlbegründeten (konsistenten*; engl. *sound*) Systemen, wenn ihren sämtlichen Beweisen gültige Argumente entsprechen. In einem wohlbegründeten System haben wir Sicherheit dafür, daß, wenn eine Formel aus gegebenen Formeln (Prämissen) heraus bewiesen werden kann, das von der Formel ausgedrückte Urteil eine logische Folge* der Urteile ist, die durch die gegebenen Formeln ausgedrückt werden. Damit ein System als logisches System angesehen werden kann, ist daher die Wohlbegründetheit eine unabdingbare Forderung. Ein System heißt vollständig (engl. *complete*), wenn sämtliche gültigen Argumente der betreffenden Art den Beweisen im System entsprechen. In einem vollständigen System haben wir also Gewißheit dafür, daß, wenn ein Urteil logisch aus bestimmten anderen Urteilen gefolgert werden kann, es dann im System einen Beweis für die dem Urteil entsprechende Formel aus den den anderen Urteilen entsprechenden Formeln heraus gibt. Ein System, das sowohl wohlbegründet als auch vollständig ist, kann also genau alle jene Argumente einfangen, die innerhalb des betreffenden logischen Bereichs Gültigkeit haben. Das System liefert eine formale Umfangsbestimmung des betreffenden Gültigkeitsbegriffs.

Bei einem vollständigen System weiß man: Wenn ein vorgetragenes Argument gültig ist, enthält das System einen entsprechenden Beweis. Aber wir können nicht mit Sicherheit behaupten, daß wir den Beweis auch finden und damit die Gültigkeit des Arguments beweisen können. Ein System ist effektiv entscheidbar, wenn es ein Verfahren enthält, das mit Sicherheit eine – bejahende oder verneinende – Antwort auf die Frage gibt, ob ein gegebenes Argument gültig ist. Ein solches System ist ein vollständiges System mit einer effektiven Methode, um nach einer Anzahl von endlichen Schritten Beweise zu finden oder ihre Abwesenheit festzustellen. Ein effektiv entscheidbares System ist daher das Ideal logischer Systemkonstruktion. Es liefert nicht nur eine inhaltliche Bestimmung des Gültigkeitsbegriffs, sondern auch effektive Kriterien zur Entscheidung der Gültigkeit gegebener Argumente.

Die Systeme der m. L. teilen sich in vier Hauptgebiete: das Fundament bildet die *Aussagenlogik*. Hier werden Argumente

Logische Zeichen	Bezeichnung	lies	Wahrheitstafel		
¬ ~	Negation	Nicht	p		¬p
			w		f
			f		w
& ∧ ·	Konjunktion	und	p	q	p & q
			w	w	w
			w	f	f
			f	w	f
			f	f	f
∨	(nicht ausschließende) Disjunktion oder Alternative	oder	p	q	p ∨ q
			w	w	w
			w	f	w
			f	w	w
			f	f	f
→ ⊃	materiale Implikation	wenn... dann	p	q	p → q
			w	w	w
			w	f	f
			f	w	w
			f	f	w
⟷ ≡	materiale Äquivalenz	genau dann, wenn	p	q	p ⟷ q
			w	w	w
			w	f	f
			f	w	f
			f	f	w
|	der Scheffersche Strich oder die Exklusion	nicht sowohl ... als auch	p	q	p | q
			w	w	f
			w	f	w
			f	w	w
			f	f	f

Wahrheitsfunktionelle Konnektive* – p und q bezeichnen Sätze und w und f wahr bzw. falsch

untersucht, deren Gültigkeit auf logischen Wörtern wie ‹nicht›, ‹und›, ‹oder›, ‹wenn›, ‹genau dann, wenn› (Aussagenverbindungen oder Konnektive*) beruhen. Die formalisierten Sprachen enthalten entsprechende symbolische Konstanten, z. B. ‹¬›, ‹&›, ‹∨›, ‹→›, ‹⟷›, sowie Variabeln, z. B. ‹p›, ‹q›, ‹r›, ‹s›, die für bestimmte Aussagen stehen.

In Systemen mit Axiomen und Schlußfolgerungsregeln werden häufig 4–6 Axiome und 2 Schlußfolgerungsregeln verwendet. Systeme, die ausschließlich Schlußfolgerungsregeln enthalten (sog. natürlich-deduktive Systeme), umfassen 8–12 Regeln. Beispiele solcher Schlußfolgerungsregeln sind *modus* ponendo ponens*: ‹Von Formeln der Form p → q und p, kann die Formel der Form q gefolgert werden›, und *reductio* ad absurdum*: ‹Wenn eine gegebene Formel p einen Widerspruch (Kontradiktion*) impliziert, dann kann ohne weiteres –p gefolgert werden›. Beispiele von Axiomen sind: ‹(p → q) → (–q → –p)› und ‹p → (q → (p & q))›. Die als Axiome ausgewählten Formeln drücken stets wahre Urteile aus, egal welche Urteile den Platz der Variablen einnehmen. Es gibt unendlich viele logische* Wahrheiten sowie eine große Anzahl von alternativen Systemen, die aber umfangsmäßig mit den

Logisches Zeichen	Bezeichnung	lies
(x) (∀x)	Alloperator	für jedes x ...
(∃x)	Existentialoperator	es gibt mindestens ein x ...
(E!x)		es gibt genau ein x ...
(ηx)	Operator für die Bildung bestimmter Beschreibungen (umgekehrtes Jota)	das einzige x, welches ....

Die Prädikatenlogik 1. Stufe
x ist eine Variable für Individuen. Alle vier Symbole gebraucht man zur Bildung von Ausdrücken durch Voranstellen vor offenen Formeln, d. h. Formeln, die aus mindestens einer Variablen und einem Prädikat bestehen. Das umgekehrte Jota bildet z. B. den Ausdruck ‹(ηx) F (x)›, lies: Das einzige x, welches F ist.

Systemen der klassischen Aussagenlogik zusammenfallen. Die gemeinsame Grundannahme dieser Systeme ist die, daß jedes (eindeutige) Urteil nur einen von zwei möglichen Wahrheitswerten* haben kann: Wahrheit oder Falschheit. Die Standardsysteme der Aussagenlogik sind wohlbegründet, vollständig und effektiv entscheidbar. Sie erfüllen daher das Ideal der Systemkonstruktion, sind aber für praktische Zwecke ziemlich trivial.

Die zentrale Theorie der modernen Logik ist die *Prädikatenlogik* (P. 1. Stufe, Quantifikationstheorie). Sie verfügt über Mittel, um alle Urteile und Argumente innerhalb der Mathematik und der exakten Wissenschaften (Physik, Chemie, usw.) und um viele Argumente, derer wir uns im Alltag bedienen, zu formulieren und zu analysieren. Ihr Gebiet umfaßt Argumente, deren Gültigkeit auf Aussagenverbindungen und den logischen Wörtern ‹alle›, ‹einige› und ‹kein› beruhen.

Das Entscheidende bei der Symbolik ist die Bezeichnung der Quantoren: der Alloperator ‹(x)› oder ‹(∀x)› bedeutet ‹für jedes x...›, der Existenzoperator ‹(∃x)› bedeutet ‹es gibt mindestens ein x...›. Ihre Funktion ist die Wiedergabe allgemeiner Urteile in Verbindung mit den Aussagenverbindungen und den Variablen F, G, H, ..., die die Prädikate vertreten. Die vier Formen kategorischer Urteile in der Syllogistik können daher auf folgende Weise wiedergegeben werden:

A Alle Deutschen sind Logiker
   (x) (Fx → Gx)
B Kein Deutscher ist Logiker
   (x) (Fx → − Gx)
I Einige Deutsche sind Logiker
   (∃x) (Fx & Gx)
O Einige Deutsche sind nicht Logiker
   (∃x) (Fx & − Gx).

(‹Fx› steht für ‹x ist Deutscher›, ‹Gx› für ‹x ist Logiker›.)

Im Gegensatz zur Syllogistik, die sich auf diese vier Formen allgemeiner Urteile beschränkt, umfaßt die Prädikatenlogik dank der Quantoren alle unendlich vielen, verschiedenen allgemeinen Urteile. Ein gültiges Argument wie

Alle Pferde sind Tiere

Alle Pferdeköpfe sind Tierköpfe

kann innerhalb der klassischen Logik nicht abgehandelt werden, weil sie diese Prädikate nicht als Beziehungen begreifen konnte. Das Prädikat ‹x ist ein Pferdekopf› ist nämlich ein Beziehungsprädikat der Form ‹(∃y) (y ist ein Pferd & x ist ein Kopf von y)›. Die Syllogistik würde in der genannten Schlußfolgerung keine andere Struktur entdecken als ‹Alle S sind P›. Die Prädikatenlogik findet dagegen die Struktur ‹(x) ((∃y) (Py & Kxy) → (∃z) (Tz & Kxz))›, ‹Py› bedeutet ‹y ist ein

Pferd›, ‹Kxy› bedeutet ‹x ist ein Kopf von y› und ‹Tz› bedeutet ‹z ist ein Tier›. Mit Hilfe von geeigneten Schlußfolgerungsregeln kann man ohne weiteres die Schlußfolgerung aus den Prämissen herleiten.

Die prädikatenlogischen Systeme sind Erweiterungen der aussagenlogischen Systeme durch die Zufuhr einer Anzahl von Schlußfolgerungsregeln und evtl. Axiomen zur Handhabung der Quantoren. Die Systeme sind wohlbegründet und vollständig; sie können aber prinzipiell nicht effektiv entscheidbar sein (*Church's Theorem*, 1936). Ein gültiges prädikatenlogisches Argument hat einen entsprechenden Beweis; aber wir haben keine Sicherheit dafür, daß wir den Beweis finden können – selbst ein Computer kann diese Aufgabe nicht für uns lösen. Interessanterweise ist jedoch der Teil der Prädikatenlogik, der der Syllogistik entspricht, effektiv entscheidbar. Schon Aristoteles entwickelte ein effektives Entscheidungsverfahren für diese Argumente.

Die Prädikatenlogik mit Identität *(Identitätstheorie)* entsteht aus der Prädikatenlogik unter Hinzufügung der Konstante ‹=› sowie geeigneter Schlußfolgerungsregeln / Axiome. Auch diese ist wohlbegründet und vollständig, besitzt aber keine effektive Entscheidbarkeit.

Die *Mengenlehre* – deren logischer, nicht jedoch mathematischer Status umstritten ist – entsteht aus der Prädikatenlogik mit Identität unter Hinzufügung des Elementzeichens ‹ε› (‹ist Element von›) sowie bestimmten Axiomen. Im Symbolismus werden nur logische Konstanten und Variablen angewendet. Trotzdem können sämtliche mathematischen Sätze in die Sprache der Mengentheorie übersetzt werden, und sämtliche mathematischen Wahrheiten und Beweise können als mengentheoretische Wahrheiten und Beweise wiedergegeben werden. Mit dem Gödelschen Unvollständigkeitstheorem (1931) ist nachgewiesen worden, daß die Mengenlehre nicht in einem vollständigen System zusammengefaßt werden kann. Gleich welche Axiome oder Schlußfolgerungsregeln gewählt werden, es wird immer wahre mengentheoretische Sätze geben, die innerhalb des betreffenden Systems nicht bewiesen werden können.

Die m. L. wurde von Frege begründet. Seine *Begriffsschrift* (1879) enthält das erste wohlbegründete und vollständige System der Prädikatenlogik. Boole, Bolzano, de Morgan, Peano, Peirce, Russell, Schröder und Whitehead trugen zum Durchbruch Ende des 19. Jh. bei. Später haben u. a. Tarski, Carnap, Wittgenstein, Hilbert, Gödel, Church, Gentzen, Quine, Ajdukiewics und Łukasiewicz maßgeblich zu ihrer Weiterentwicklung beigetragen. – S. auch den mathematischen Intuitionismus (über intuitionistische Logik) und Modallogik.

Lit.: J. M. Bocheński / A. Menne: Grundriß der formalen Logik, ⁵1983. A. Bühler: Einführung in die L., 1992. Th. Bucher: Einführung in die angewandte L., 1987. W. K. Essler: Einführung in die Logik, ²1969. G. Hasenjäger: Einführung in die Grundbegriffe und Probleme der m. L., 1962. F. von Kutschera / A. Breitkopf: Einführung in die m. L., 1971, ⁵1985. P. Lorenzen / W. Kamlah: Logische Propädeutik, 1967, ²1985. P. Lorenzen: Formale Logik, ⁴1970. A. Menne: Einführung in die Logik, ⁴1986. A. Oberschelp: L. für Philos., 1992. W. V. O. Quine: Grundzüge der Logik, 1969, ⁸1993. T. Varga: Mathematische Logik für Anfänger, 2 Bde., 1972.

logisch (von griech. *logike*, zum *logos** gehörend). 1. Die Logik* betreffend. 2. Folgerichtig; in Übereinstimmung mit den Gesetzen der Logik.

Logische Algebra (engl. *algebra of logic*), Bezeichnung für die Darstellung der Aussagenlogik und Mengenlehre des engl. Logikers G. Boole (1815–64) in seinem Werk *Laws of Thought* (1854). Analog der mathematischen Algebra, in der Buchstaben Zahlen vertreten, verwendet die l. A. Buchstaben – die sog. Variablen – anstelle von Aussagen oder Mengen und Operationszeichen anstelle von Operationen mit Aussagen oder Mengen. Die Gleichungen des Systems können als Sätze über Aussagen oder Mengen interpretiert werden. Der deutsche Mathematiker und Logiker Ernst Schrö-

logisch

Symbol	Bezeichnung	lies	Definition
ε	Elementbeziehung	x ε A kurz für: x ist Element von A	ε ist ein primitives (undefiniertes) Symbol
⊆	Enthaltenseinsbeziehung	A ⊆ kurz für: A ist eine Teilmenge von B	für jedes x, wenn x ε A, dann x ε B
⊂	echte Enthaltenseinsbeziehung	A ⊂ B kurz für: A ist eine echte Teilmenge von B	für alle x, wenn x ε A, dann x ε B, und es gibt ein x, für welches gilt: x ε B und nicht (x ε A)
=	Identität	A = B kurz für: A ist identisch mit B	für jedes x, x ε A dann und nur dann, wenn x ε B
∩	Durchschnitt	A ∩ B kurz für: die Durchschnittsmenge von A und B	für jedes x, x ε A ∩ B, dann und nur dann, wenn x ε A und x ε B
∪	Vereinigung	A ∪ B kurz für: die Vereinigungsmenge von A und B	für jedes x, x ε A ∪ B, dann und nur dann, wenn x ε A oder x ε B
{,}	Mengenklammern	{a, b, c, d} kurz für: die Menge besteht aus a, b, c und d	
∅ Λ	leere Menge		z. B. x ε ∅, dann und nur dann, wenn x ≠ x (d. h. wenn x sich von sich selbst unterscheidet)
{x|F(x)} (λx)F(x)	Mengenabstraktion	{x | F(x)} kurz für: Menge von x, so daß x F ist	für jedes x, x ε { y | F (y)} dann und nur dann, wenn (x)
<>	geordnete Menge	< x,y > kurz für: die geordnete Menge von x und y	z. B.: < x,y > = {{x}, {x,y}}
×	Kreuzprodukt; Cartesianisches Produkt	A × B kurz für: das Produkt von A und B	$A_1 \times A_2 \ldots \times A_n$ = { < $x_1, x_2 \ldots, x_n$ > | x_1 ε A_1 und x_2 ε A_2 und ... und x_n ε A_n}
P(A)	Potenzmenge	P(A) kurz für: die Potenzmenge von A	P(A) ist die Menge von Teilmengen in A, d. h. X ε P(A) dann und nur dann, wenn X ⊆ A

Mengentheoretische Symbole – A, B und X bezeichnen zufällige Mengen

der (1841–1902) hat diese Darstellungsform in seinen *Vorlesungen über die Algebra der Logik* (Bd. 1–3, 1890–1905) weiterentwickelt.
Logische Analyse. 1. Analyse von Urteilen* und Argumenten* mit Hilfe der formalen Logik*. 2. Begriffsanalyse (s. Analyse).
Logischer Atomismus (engl. *logical atomism*), von Russell und Wittgenstein zu Beginn des 20. Jh. entwickelte philos. Richtung. Seine wichtigste Grundlage ist die Logistik* von Frege und Russell. Der l. A. übte einen starken Einfluß auf den logischen Positivismus* aus. – Der l. A. ist sowohl eine Ontologie* als auch eine Sprachphilos.* Er behauptet, daß die Welt aus einfachen, atomaren Tatsachen besteht, die in einfachen, atomaren Sätzen (vgl. Basissätze) abgebildet werden,

Symbol	Bezeichnung	lies
$\underset{\underset{\Leftrightarrow}{df}}{=}$	Definition	ist definitionsgleich
M ⊢ p	syntaktische Folgerung	p ist aus M ableitbar; vorausgesetzt daß M, kann p bewiesen werden
⊢ p	Beweisbarkeit	p kann bewiesen werden, p ist ein Theorem
M ⊨ p	semantische Folgerung	p ist eine semantische Folgerung aus M; wenn alle Sätze in M wahr sind, ist auch p wahr; M impliziert p
⊨ p	semantische Gültigkeit	p ist gültig; p ist ein logisch wahrer Satz
A ⇒ B $\frac{A}{B}$	Regelpfeil	es ist erlaubt, von A auf B zu schließen

Metasprachliche Symbole
p bezeichnet einen Satz in der Objektsprache, M eine Menge objektsprachlicher Sätze, und A und B bezeichnen entweder objektsprachliche oder metasprachliche Sätze. Letzteres ist z.B. der Fall, wenn der Regelpfeil zur Formulierung sogenannter Beweisregeln benutzt wird, d.h. Regeln der Form ⊢ U ⇒ ⊢ V, wo U und V metasprachliche Variablen für objektsprachliche Sätze darstellen.

und daß die Tatsachen in Strukturen eingehen, die der logischen Struktur der Sprachen entsprechen. Tatsachen sind voneinander logisch unabhängig, so daß jeder atomare Satz mit allen Sätzen, die nicht seine eigene Verneinung enthalten, vereinbar ist. Atomare Tatsachen und atomare Sätze sind zwar in sich strukturiert, aber die in ihnen enthaltenen Elemente können als solche nur in Tatsachen bzw. Sätzen bestehen. Die Logik der Sprache ist wahrheitsfunktionell*, d.h. der Wahrheitswert eines komplexen Satzes ist abhängig von den Wahrheitswerten der atomaren Sätze, die dieser enthält. Die Sätze der Logik sagen nichts über die Welt aus, sie sind Tautologien*. Lediglich Sätze, die mögliche Tatsachen abbilden, haben einen kognitiven* Sinn. Das hat zur Folge, daß die Sätze der Philos. keinen kognitiven Sinn haben. Diese Konsequenz wurde von Wittgenstein, nicht aber von Russell gezogen. Russells Version des l. A. geht davon aus, daß jeder, der einen Satz versteht, von den involvierten atomaren Tatsachen eine direkte Kenntnis haben muß.
Logischer Empirismus: s. logischer Positivismus.
Logische Fiktion (engl. *logical fiction*), ein von Russell verwendetes Synonym für ‹logische Konstruktion*›.
Logische Folge(beziehung): s. Folgerung/Folge
Logische Form: Zwei Ausdrücke, z.B. Urteile* oder Argumente*, haben genau dann die gleiche l. F., wenn der eine aus dem anderen durch Austausch (Substitution) seiner nicht-logischen Wörter (Konstanten*) durch andere nicht-logische Wörter zustande kommt. Der Austausch eines nicht-logischen Wortes muß universell, d.h. durchgehend immer möglich sein und mit Hilfe von Wörtern der gleichen logischen Kategorie geschehen, d.h. singulare Ausdrücke müssen durch andere singulare Ausdrücke ersetzt werden. So haben folgende Sätze die gleiche l. F.: ‹Wenn alle Deutschen glücklich sind, dann sind einige Deutsche glücklich› und ‹Wenn alle Hunde treu sind, dann sind einige Hunde treu› (s. Logik, moderne).
Logisches Gesetz. 1. In der klassischen Logik* kennt man drei l. G.: das Identitätsprinzip*, den Satz vom Widerspruch (Kontradiktionsprinzip*) und den Satz* vom ausgeschlossenen Dritten. 2. In der sog. intuitionistischen Logik (s. mathem. Intuitionismus) wird der Satz vom ausgeschlossenen Dritten aufgegeben.

Logische Identität: s. Identität.
Logische Implikation: s. Folge und Implikation.
Logische Konstanten (Konstante*, von lat. *co*, zusammen, gemeinsam, und *stare*, stehen, bestehen), Wörter eines Satzes*, die übrigbleiben, wenn alle Gegenstands- und Relationsbezeichnungen sowie Funktionsausdrücke (die nicht-logischen Wörter) entfernt worden sind.
Logische Konstruktion, s. Konstruktion.
Logische Notwendigkeit. 1. In der modernen Logik* hat eine wahre Aussage genau dann l. N., wenn ihre Negation* entweder direkt oder in der Form einer logischen Folgerung* einen formalen Widerspruch (vgl. Kontradiktion), d. h. eine Aussage der Form ‹sowohl P als auch nicht-P›, impliziert. Eine solche Aussage gilt auch in allen möglichen Welten als wahr und bezeichnet einen Sachverhalt*, der logisch gesehen nicht hätte anders sein können. Folgende Aussagen besitzen l. N. in diesem Sinn: ‹Wenn jeder Deutsche glücklich ist und Paul ein Deutscher ist, dann ist Paul glücklich› und ‹Entweder regnet es oder es regnet nicht›. Der Empirismus* akzeptiert nur Aussagen mit l. N. Diese Auffassung ist u. a. von Kripke kritisiert worden. Quine hat den Versuch der Empiristen, den Begriff der l. N. mit Hilfe der Begriffe ‹analytisches* Urteil› und ‹Sinn*› zu erklären, in Zweifel gezogen. – S. auch analytisch/synthetisch, natürliche* Notwendigkeit, Modallogik, Tautologie.
2. In Hegels sog. dialektischer oder spekulativer Logik ist etwas eine l. N., wenn es nicht anders gedacht werden kann.
Logischer Positivismus, auch logischer Empirismus oder Neopositivismus genannt. Richtung in der Philos. des 20. Jh., die in Österreich und Deutschland nach dem 1. Weltkrieg entstand. Der l. P. entstammt dem Wiener* Kreis, der seit Ende der 20er Jahre auf Philos. in Deutschland, Polen, Großbritannien, den USA und Skandinavien großen Einfluß ausübte. Mit der nationalsozialistischen Machtergreifung in Deutschland (1933) und Österreich (1938) mußte sich der l. P. aus dem dt. Sprachraum zurückziehen. Die Immigration dt. und öster. Philos. in die USA lenkte den l. P. hauptsächlich in die Richtung der angelsächsischen analytischen* Philos. Der l. P. stand dort unter dem Einfluß des engl. Empirismus, von Machs Empiriokritizismus* sowie Russells und Wittgensteins logischem* Atomismus. Aber auch die Entwicklungen innerhalb der Mathematik, Logik (Peano, Hilbert, Frege, Russell/Whitehead) und Physik (Einstein) sowie der Wissenschaftstheorie (Helmholtz, Duhem, Poincaré) beeinflußten den l. P. nachhaltig. Neben den Mitgliedern des Wiener Kreises und der Berliner Gruppe haben insbesondere folgende Philos. eine enge Beziehung zum l. P.: Ayer, Goodman, Jörgensen, Kaila, Morris, Nagel, Naess, Oppenheim, Petzäll, Quine, Ramsey, Stebbing, Stevenson und Tarski. Doch seit etwa 1950 ist der l. P. keine selbständige philos. Richtung mehr.

Ausgangspunkt des l. P. ist eine Kritik an der Auffassung, daß die Philos. allein mit Hilfe der Reflexion zu einer Erkenntnis der Welt gelangen kann. Philos. Aussagen, die beanspruchen, eine Erkenntnis über die Welt zu enthalten, bezeichnet der l. P. als reine Metaphysik. Solche Behauptungen sind nicht falsch, aber kognitiv* sinnlos. In Wirklichkeit sind sie bloße Wortgefüge, die die Funktion haben, z. B. eine feierliche Stimmung bei denjenigen zu erwecken, die gern Texte lesen oder hören. Die traditionellen philos. Probleme betrachtet der l. P. als Pseudoprobleme, die ebenso sinnlos sind wie die Behauptungen, die sie veranlassen. Im Unterschied zu dieser Frontstellung zur traditionellen Philos. tritt der l. P. mit seiner positiven Erkenntnis- und Sprachtheorie alles andere als einheitlich auf. Die folgende Übersicht versucht, die gemeinsame Grundidee des l. P. zu explizieren. Sätze mit kognitivem Sinn können in zwei Gruppen aufgeteilt werden: Die erste Gruppe besteht aus Sätzen, die innerhalb der verschiedenen Formen von Logik und Mathematik formuliert werden können. Diese Sätze sagen nichts über die Welt aus, sondern nur etwas über das Verhältnis zwischen Symbolen; es sind analytische* Sätze. Die grundlegenden Axiome* und Schlußfolgerungsregeln* in der Mathematik und Logik sind Konventionen und keine Seinswahrheiten. Es ist daher *a priori* nicht möglich zu entscheiden, welche Mathematik bei der Beschreibung verschiedener Aspekte der Welt verwendet werden kann. Die zweite Gruppe besteht aus Sätzen, die etwas über die Welt aussagen. Diese Sätze sind entweder einfache Sätze, Basissätze*, die, wenn sie wahr sind, Sinneswahrnehmungen wiedergeben – oder sie sind logische* Funktionen von Basissätzen. Hieraus folgt, daß es mit Hilfe der Sinneswahrnehmung möglich ist, den Wahrheitswert jedes Satzes, der etwas über die Welt aussagt, festzulegen. Dieser Grundgedanke des l. P. wird oft Verifikationsprinzip* genannt. Die philos. Sätze des l. P. fallen nicht in diese beiden Gruppen und sind daher bloß als Empfehlungen und nicht als eigentliche Behauptungen aufzufassen.

Gemäß dem l. P. streben alle Wissenschaften nach Entdeckung von Gesetzmäßigkeiten zwischen wahrnehmbaren Phänomenen. Es gibt daher keinen entscheidenden logischen oder methodologischen Unterschied zwischen den Wissenschaften. Wir können insofern die verschiedenen Wissenschaften innerhalb einer Einheitswissenschaft zusammenbringen. – Die Sätze der Ethik* haben für den l. P. keinen kognitiven Sinn. Ihre Funktion besteht allein darin, Haltungen und Gefühle auszudrücken (vgl. emotive Bedeutung).

Logisches Quadrat: s. Logik, klassische.
Logischer Selbstwiderspruch: s. Kontradiktion.
Logisches Subjekt. 1. In der klassischen Logik* Bezeichnung für den Gegenstand eines kategorischen* Urteils*. 2. In der modernen Logik* hat dieser Begriff keine präzise Verwendung. Häufig spricht man von einem l. S., um darauf aufmerksam zu machen, daß die grammatische* Form eines Satzes in vielen Fällen mit dessen logischer* Form verwechselt wird.
Logische Symbole. Ausdruckselemente formaler Sprachen, z. B. Namen, Variablen für Individuen und Urteile, logische* Konstanten. Aus diesen einfachen Bausteinen werden die wohlgeformten Formeln* einer Sprache konstruiert.
Logische Syntax. In der analytischen* Philos. unterscheidet man zwischen der Oberflächensyntax (oder Oberflächengrammatik) von Ausdrücken, d. h. dem scheinbaren Aufbau von Ausdrücken aus einfacheren Ausdrücken, und der l. S. von Ausdrücken, die die logische* Form der Ausdrücke wiedergibt und daher ihre philos. Semantik* widerspiegelt (s. Syntax und Carnap).
Logische Wahrheit. Ein Satz* (Urteil*) hat genau dann l. W., wenn jeder Satz mit gleicher logischer* Form wahr ist. Z. B. ‹Entweder regnet es, oder es regnet nicht›.
Logischer Zirkelschluß: s. *circulus vitiosus*.

Logistik (lat. *logistica*), bei Leibniz dasselbe wie *calculus ratiocinator*, d. h. eine formalisierte Symbolsprache, in der jedes Räsonnement die Form einer Berechnung wie bei einfachen arithmetischen Operationen annimmt. In unserem Jh. wird die L. oft mit der ‹symbolischen› oder ‹formalen Logik*› gleichgesetzt. Man spricht daher mitunter von einem logistischen statt von einem formallogischen System. Die logistische Methode ist die Anwendung der Methoden der formalen Logik in der logischen Analyse von Sprachen. Schließlich verwendet man den Begriff L. besonders in der deutschen Literatur in Verbindung mit jener philos. Richtung, die sich dieser Methode bedient, so in der Tradition der analytischen* Philos.

Logizismus (von griech. *logos**), ein Programm in der Philos. der Mathematik, wonach die Arithmetik auf die formale Logik* reduziert* werden kann und daher aus lauter analytischen* Aussagen besteht. Der Begründer des L. ist G. Frege. Der L. bildet den Höepunkt von Bestrebungen im 19. Jh., die Stringenz und Sicherheit der mathematischen Erkenntnis zu vergrößern. Dies konnte scheinbar besser als früher mit Freges Entwicklung der modernen formalen Logik erreicht werden.

Bei Frege hat das Programm des L. folgende Form: (1) Jede arithmetische Behauptung muß allein mit Hilfe von logischen Gesetzen und Definitionen der Begriffe der Arithmetik bewiesen* werden können. (2) Diese wiederum müssen allein mit Hilfe von logischen Begriffen definiert werden können; hierzu gehören auch die Begriffe der Mengenlehre. – Frege mußte das Programm aber wieder aufgeben, als ihn die Unmöglichkeit einer Lösung der Russellsch en Antinomie (vgl. Paradox/Antinomie) davon überzeugte, daß sich die Mengenlehre in Widersprüche verwickelt.

Freges Arbeit wurde von A. N. Whitehead und B. Russell in dem Werk *Principia Mathematica* weitergeführt. Hier formuliert Russell eine Mengenlehre, die sog. Typentheorie*, die die mengentheoretischen Paradoxa zu vermeiden versucht. Beide waren jedoch nicht der Auffassung, damit das logizistische Programm vollendet zu haben. Der Grund hierfür ist das sog. Unendlichkeitsaxiom, das die Existenz unendlich vieler Gegenstände behauptet, eine Annahme, die aber nicht mehr als rein logisch gelten kann.

Später hat vor allem W. V. O. Quine zum Programm des L. beigetragen. Obwohl man es heute aufgegeben hat, haben die Methoden und Ergebnisse des L. doch einen bleibenden mathematischen Wert (z. B. Freges Definition der natürlichen Zahlen als Klassen von mächtigkeitsäquivalenten Mengen). Der Zusammenbruch des L. hat auch eine eigentliche philos. Relevanz: Die Arithmetik kann im besten Fall auf eine mit einer sehr starken Mengenlehre ergänzte formale Logik zurückgeführt werden.

logos (griech., von *legein*, sprechen, reden; Begriff, Behauptung, Bericht, Beweis, Erklärung, Gedanke, Rede, Verhältnis, Vernunft, Wort, universale Weltordnung). 1. Bei Heraklit ist der l. die ewige Struktur der Welt, wie sie in der Erklärung des Philos. zum Vorschein tritt. Er findet sich in allem und steuert alles. 2. Platon benutzt das Wort l. in den Bedeutungen ‹Darstellung›, ‹Erklärung›, ‹Aussage›, Aristoteles im Sinn von ‹Definition›. 3. Die Stoa* sieht im l. das Vernunftprinzip des Weltalls und das, woraus alle Tätigkeit entsteht. Der l. ist die kosmische Kraft, die das Universum lenkt und durchdringt. Durch ihn werden Behauptungen zu logischen Folgerungen* und Ereignisse zu Ursachenketten* verknüpft sowie zwischen den menschlichen Handlungen moralische Zusammenhänge gestiftet. 4. Im *Johannesevangelium* bedeutet l. ‹Wort Gottes›.

Lit.: A. Aall: Der L. Geschichte seiner Entwicklung in der griech. Philos. und in der christlichen Literatur, 2 Bde., 1896/99 (ND 1968). E. Cassirer: L., Dike, Kosmos in der Entwicklung der griech. Philos., 1941. W. Kelber: Die Logos-Lehre. Von Heraklit bis Origines, 1958.

lokutionärer Akt (engl. *locutionary act*), ein Ausdruck in der von Austin begründeten Theorie der Sprechakte*. Er bezeichnet den Akt des Aussprechens eines sinnvollen Satzes.

Lorenzen, Paul (geb. 1915), dt. Mathematiker und Philos., geb. in Kiel, studierte Mathematik, Physik, Chemie und Philos. in Kiel, Berlin und Göttingen, 1938 Promotion in Mathematik, 1946 Habilitation in Mathematik in Kiel, 1956 Prof. für Philos. in Kiel und 1962–80 in Erlangen.

L. ist Mitbegründer der Erlanger* Schule, deren wichtigste Inspiration L. frühe Arbeiten über die Grundlagen der Mathematik und formalen Logik* aus den 50er Jahren darstellen, insbesondere seine *Einführung in die operative Logik und Mathematik* (1955). L. versteht die formale Logik und Mathematik (Arithmetik, mathematische Analyse, Mengenlehre, Algebra und Topologie) in einem engeren Sinn als Wissenschaften von Operationen mit konkreten Zahlenzeichen und Formeln sowie von auf solcher Grundlage basierenden Abstraktionen*. Aus L. Verständnis resultiert eine konstruktivistische* Auffassung dieser Wissenschaften: Ihr Gegenstandsfeld wird konstruiert, eine präzise Terminologie wird eingeführt. In der Folge wird die Mathematik als synthetisch apriorische* Erkenntnis charakterisiert. Das protophysische* Programm der Erlanger Schule hat ihren Ursprung in L. Auffassung der Geometrie als einer Theorie über das Messen von Längen, die die synthetisch apriorischen Bedingungen der empirischen* Physik formuliert. Nach L. beruht die Geometrie auf einem vorwissenschaftlichen, handwerklichen Umgang mit der physischen Umwelt. Er vermutet, daß dies die Gültigkeit der euklidischen Geometrie für physische Maße zur Folge hat.

In Zusammenarbeit mit Kuno Lorenz hat L. die sog. dialogische Begründung der Logik entwickelt. Die Logik wird hier als eine allgemeine Theorie für rationale Dialoge zwischen zwei Partnern aufgefaßt. Die Autoren versuchen zu zeigen, wie verschiedene logische Systeme durch nur geringe Variationen in allgemeine Dialogregeln umformuliert werden können. L. zeigt u. a. die dialogische Grundlage der klassischen Logik* und der konstruktivistischen Logik (hier identisch mit der intuitionistischen* Logik) auf. Im weiteren hat L. gezeigt, daß es möglich ist, die Bedingungen der Gültigkeit sog. streng-konstruktivistischer Logik zu formulieren, wenn weit genug von den klassischen Voraussetzungen abstrahiert wird.

Das spätere Programm und Wirken der Erlanger Schule kann insofern als ein Ausbau der Ansätze von L. betrachtet werden, als nun auch andere Wissenschaften analogen Betrachtungsweisen unterworfen werden.

Ausg.: Formale Logik, 1958. P. L./W. Kamlah: Logische Propädeutik oder Vorschule des vernünftigen Redens, 1967. Methodisches Denken, 1968. P. L./K. Lorenz: Dialogische Logik, 1978.

Lovejoy, Arthur Oncken (1873–1962), amerik. Philos. Kritiker des Pragmatismus*, bes. der Mehrdeutigkeiten bei W. James; Vertreter eines erkenntnistheoretischen Dualismus*. Er ist der Begründer des *Journal of the History of Ideas*, publizierte Arbeiten über verschiedene ideengeschichtliche Themen, u. a. über die Stufung der Wesen im Kosmos. Nach L. ist die Anzahl wirklich verschiedener philos. Ideen* begrenzt. («So gibt es auch nur wenige, wirklich verschiedene Witze.») Es ist die Aufgabe der Ideengeschichte zu erklären, wie diese grundlegenden Ideen (engl. *unit-ideas*) in verschiedene Zusammenhänge eingegangen sind und sich geschichtlich entwickelt haben.

Ausg.: The Revolt Against Dualism, 1930. Essays on the History of Ideas, 1948. Die große Kette der Wesen, 1985.

Löwith, Karl (1897–1973), dt. Philos. Studium in München, in Freiburg bei E. Husserl und in Marburg bei M. Heidegger. Promotion (1923) über Nietzsche bei M. Geiger, Habilitation (1928) bei M. Heidegger mit einer Schrift über *Das Individuum in der Rolle des Mitmenschen*. 1934–52 Exil in Italien, Japan und den USA. Ab 1952 Professor an der Universität Heidelberg. – L. ist vor allem als Historiker und Analytiker der Geschichte des europäischen Nihilismus im 19. Jh. sowie als Kritiker der Geschichtsphilos. hervorgetreten. Sein Denken steht in der Tradition philos. Skepsis und will gegenüber einer Orientierung an «Weltgeschichte und Heilsgeschehen» (1953) auf die unüberwindbare Gebundenheit menschlichen Lebens an die Natur aufmerksam machen.

Ausg.: Sämtliche Schriften in 9 Bdn., 1981ff. Von Hegel bis Nietzsche, 1941. Heidegger: Denker in dürftiger Zeit, 1953. Wissen, Glaube und Skepsis, 1956. *Lit.:* H. Braun, M. Riedel (Hg.): Natur und Geschichte, 1967 (mit Bibliographie). W. Ries: K. L., 1991.

Loyola, Ignatius von (Don Inigo Lopez de Recalde, 1491–1556), span. Adliger und seit 1537 Priester. Er gründete im Jahre 1534 den Jesuitenorden*, die «Gesellschaft Jesu», die 1540 vom Papst anerkannt wurde. Nicht zuletzt durch seine Schulen wurde der Jesuitenorden zu einem wichtigen Glied der katholischen Gegenreformation.

Ausg.: Monumenta Historica Societatis Jesu, Monumenta ignatiana, 4 Serien, 1903–65. Die Exerzitien, 1946. – *Lit.:* W. W. Meissner: I. o. L. The Psychology of a Saint, 1992. K. Rahner: I. v. L. als Mensch und Theologe, 1964.

Lucretius Carus (Lukrez, ca. 97–55 v. Chr.), röm. Dichter und Philos.; Verfasser der Schrift *De rerum natura* («Über die Natur der Dinge»), einem sechsteiligen philos. Lehrgedicht. Von einer epikureischen* Position aus werden hier die Atome* und ihre Bewegung, werden Seele*, Wahrnehmung und Denken sowie die Einrichtung der Welt (Kosmologie*) und die Meteorologie erörtert.

Ausg.: Hg. von C. Lachmann, ^{4}1871. Hg. von H. Diels, lat.-dt., 1923/24. – *Lit.:* P. Boyancé: L. et l'epicurisme, 1963. K. Büchner: Studien zur römischen Literatur I, L. und die Vorklassik, 1964. D. Clay: Lucretius and Epicurus, 1983. J. Schmidt: L. und die Stoiker, 1975.

Lübbe, Hermann (geb. 1926), studierte in Göttingen, Münster und Freiburg/Br., promovierte dort 1951 über Kant. Habilitation 1956 in Erlangen. Dozent in Erlangen, Hamburg, Münster und Köln; 1963–69 Prof. für Philos. in Bochum, 1969–73 in Bielefeld; von 1971–95 Prof. für Philos. und politische Theorie in Zürich. 1967–70 war er Staatssekretär für das Hochschulwesen in Nordrhein-Westfalen.

L. frühe Arbeiten galten v. a. Problemen der Phänomenologie und des Positivismus, wobei er die aller wissenschaftlichen Ratio zugrundeliegenden Strukturen des lebensweltlichen und geschichtlichen Subjekts herausarbeitete. Kennzeichnend für sein Interesse an der praktischen und v. a. der politischen Philos. ist der Versuch, die Geltung wissenschaftlicher Theoreme als in eminenter Weise vom spezifisch historisch-sozialen und politischen Kontext abhängig zu denken. Die orientierungspraktischen Konsequenzen des sozialen Wandels stehen dabei im Vordergrund. L. bemüht sich um eine Rehabilitierung der praktischen Philos. und kritisiert vehement Totalitarismus und politischen Moralismus. Er plädiert statt dessen für eine Restitution des *common sense*.

In seinen geschichtsphilos. Arbeiten betont L. die kulturelle Funktion der Geschichte. Geschichte wird als «Gemengelage» von sich «überkreuzenden Handlungen verschiedener Subjekte», von verschiedenen Geschichten interpretiert, die keine Kausalgesetze erkennen lassen, so daß auch keine prognostisch festsetzbaren Geschichtsziele angebbar sind. Geschichte behält ein kontingentes Moment, dessen wir nicht mächtig sind, das uns vielmehr widerfährt. Die Antwort auf die Kontingenz der Geschichte ist nach L. die Religion: Sie ist «Kontingenzbewältigungspraxis» und in dieser Funktion auch heute noch gegen Säkularisierungsversuche immun. Das wachsende Interesse an der Geschichte wird nicht als Versuch gewertet, Handlungsmaximen zu gewinnen, sondern vielmehr (wie bei J. Ritter) als Kompensation gedeutet, die die «Gegenwartsschrumpfung», d. h. die wachsende Dynamik unserer modernen Lebensverhältnisse, die Enthistorisierung ausgleichen soll. Aufgabe der Philos. ist es, als Kunst der Reflexion Orientierungskrisen lösen zu helfen.

Ausg.: Politische Philos. in Deutschland, 1963. Säkularisierung, 1965. Theorie und Entscheidung, 1971. Hochschulreform und Gegenaufklärung, 1972. Bewußtsein in Geschichten, 1972. Fortschritt als Orientierungsproblem, 1975. Geschichtsbegriff und Geschichtsinteresse, 1977. Philos. nach der Aufklärung, 1980. Religion nach der Aufklärung, 1986. Politischer Moralismus, 1987. Die Aufdringlichkeit der Geschichte, 1989. Im Zuge der Zeit, 1992. – *Lit.:* G. Kohler/H. Kleger (Hg.): Politische Vernunft in der wiss. technischen Zivilisation. H. L. in der Diskussion, 1990. K. Röttgers (Hg.): Politik und Kultur nach der Aufklärung. Fs. f. K. L. zum 65. Geb., 1992.

Luhmann, Niklas (geb. 1927), dt. Soziologe und Systemtheoretiker*. Studium der Rechtswissenschaft, bis 1962 Tätigkeit in der öffentlichen Verwaltung. 1960/61 Studienjahr an der Harvard University, wo L. sich mit der Systemtheorie Talcott Parsons' (1902–79) befaßte. 1968 bis 1993 o. Prof. für Soziologie an der Universität Bielefeld. – In seinem umfangreichen Werk bezieht L. alle Themen der Soziologie in eine allgemeine Theorie der Gesellschaft ein. Seine funktionalistische* Systemtheorie ist beeinflußt von Parsons, der Mathematik und der Kybernetik sowie von der Theorie sog. autopoietischer – selbstschaffender – Systeme nach dem chilenischen Biologen Humberto Maturana.

L. ist Differenz-Theoretiker. Die Theoriebildung beginnt nicht mit Sein oder Substanz*, sondern mit einer Distinktion, einer Unterscheidung; diese kann nicht weiter begründet werden, sondern ist darauf zu überprüfen, ob sie sich als Rahmen für die Theoriebildung eignet. Zum Ausgangspunkt wählt L. die Differenz zwischen ‹System› und ‹Umwelt›, ein Unterschied, der vom System geschaffen und erhalten wird. Handhaben von Unterschieden nennt L. Beobachten. Systeme, die sich von der Umwelt abgrenzen, müssen diese Umwelt beobachten können (Fremdreferenz) wie auch sich selbst (Selbsreferenz). L. trennt zwischen biologischen, psychischen und sozialen Systemen; sie sind je für sich geschlossen und bilden insofern füreinander eine Umwelt.

Psychischen und sozialen Systemen ist gemeinsam, daß sie mit ‹Sinn› operieren; Sinn definiert L. als Unterschied zwischen Aktualität und Potentialität*, so daß das Aktuelle immer umgeben ist von Verweisen auf andere Möglichkeiten des Erlebens und Handelns. Zum grundlegenden Problem wird die ‹Reduktion der Komplexität›, weil kein System mit dem Überfluß seiner eigenen Möglichkeiten oder dem Überfluß seiner Umwelt umzugehen vermag. Systeme sind Inseln selbstgeschaffener Ordnung in einer risikoreichen und chaotischen Welt. Jede Stabilität ist vorläufig und kontingent* in dem Sinn, daß es immer auch anders sein kann. Weder läßt sich ein Zentrum voraussetzen – ein privilegierter Beobachter – noch eine gemeinsame Wertorientierung, wie Talcott Parsons meinte.

L. Hauptinteresse gilt den sozialen Systemen. Er betrachtet sie als Systeme von Kommunikation, also von flüchtigen Ereignissen, die fortlaufend produziert und verknüpft werden müssen. Dadurch verlieren die Begriffe des Individuums und der Handlung an Bedeutung; sie gelten als bloße Werkzeuge, um die Kommunikation zu vereinfachen und zu lokalisieren, so daß es leichter wird, den gesellschaftlichen *flow* an Kommunikation zu erhalten. Ein soziales System besteht nicht aus Individuen. In seinem Hauptwerk *Soziale Systeme* (1984) beschreibt L. die moderne Gesellschaft als ausdifferenziert in parallele Funktionssysteme. Jedes Funktionssystem orientiert sich an einem symbolisch-generalisierten Medium, das vereinfacht, motiviert und Erfolg bzw. Scheitern mißt. Beispiele sind Wirtschaft (besitzen/ nicht besitzen), Wissenschaft (wahr/ falsch), Politik (Regierung/ Opposition), Recht (gesetzmäßig/ ungesetzlich) und Kunst (geglückt/ mißlungen). Im Gegensatz zu Parsons, der nur vier Funktionssysteme anerkannte, betrachtet es L. als empirische Frage, wie viele Funktionssysteme sich stabilisieren können. Der Kerngedanke in L. Funktionalismus heißt: Was möglich ist, hängt davon ab, was so strukturiert ist, daß soziale Systeme überleben können – wenn sie in der Lage sind, unter dauernder Veränderung (Variation) zu vereinfachen (selektieren)

und zeitweilig Stabilitäten aufrechtzuhalten. Kraft der Differenzierung wird die moderne Gesellschaft zentrumslos und offen für viele Auffassungen, die keineswegs auf Konsens hinstreben. Einigkeit herzustellen gilt nicht, wie bei Habermas, als Ziel von Kommunikation. Entwicklung ist eine Frage des Überlebens, nicht der Vernunft.
Die Einheit der modernen Gesellschaft besteht darin, daß ihre Funktionssysteme gemeinsame strukturelle Züge tragen, auch wenn sie sich der Sache nach unterscheiden. In zahlreichen Werken hat L. die verschiedenen Funktionssysteme beschrieben, um diese Grundzüge der modernen Gesellschaft aufzudecken. Jedes Funktionssystem ist geschlossen, kann aber mit anderen Systemen «interpenetrieren», d. h., sie in vereinfachter Form für die eigene Autopoiesis verwenden.

Ausg.: Soziologische Aufklärung I–V, 1970–90. Gesellschaftsstruktur und Semantik. Studien zur Wissenssoziologie der modernen Gesellschaft I–III, 1980–89. Soziale Systeme. Grundriß einer allgemeinen Theorie, 1984. Ökologische Kommunikation, 1986. Die Wirtschaft der Gesellschaft, 1988. Die Wissenschaft der Gesellschaft, 1990. Beobachtungen der Moderne, 1992. Das Recht der Gesellschaft, 1993. Die Kunst der Gesellschaft, 1995. – *Lit.:* G. Kiss: Grundzüge und Entwicklung der Luhmannschen Systemtheorie, ²1990. G. Kneer/ A. Nassehi: Niklas Luhmanns Theorie sozialer Systeme, ²1994. W. Reese-Schäfer: Luhmann zur Einführung, 1996. G. Schulte: Der blinde Fleck in Luhmanns Systemtheorie, 1993.

Lukács, Georg (von) (1885–1971), ung. Philos. und Literaturwissenschaftler, aus jüd.-bürgerlichem Haus. Studium in Budapest, Berlin (bei Simmel) und Heidelberg (bei Rickert, Lask und M. Weber), 1919 Mitglied der ung. Revolutionsregierung bis zu deren Sturz und Flucht nach Wien, später Aufenthalt in Moskau. 1944 Rückkehr nach Ungarn; Prof. für Ästhetik und Kulturphilos. 1956 Teilnahme am ungarischen Aufstand. – In seinen ästhetischen Schriften stellt L. u. a. die literarischen Gattungen in einen sozialen Zusammenhang und verteidigt die (bürgerlich-)realistische Erzählweise gegen neuere Formen. *Geschichte und Klassenbewußtsein* (1923), sein einflußreichstes Werk, legt den Marxismus* als eine Methode dar, die von der Idee der konkreten Totalität ausgeht (vgl. Hegel). Nicht isoliert, sondern nur im Zusammenhang läßt sich etwas verstehen, so daß allein das Ganze die eigentliche Wirklichkeit ist. In diesen (hegelianischen) Gedanken wird die Marxsche Idee des Proletariats eingefügt: Das Proletariat vermag, sofern es Selbstbewußtsein, d. h. Klassenbewußtsein, erlangt, die Gesellschaft vom Standpunkt der Totalität oder des wahren Allgemeinen aus zu begreifen und umzugestalten. Dazu ist es in der Lage, weil es nicht von Sonderinteressen beherrscht wird.

Ausg.: Werke, 17 Bde., 1962–81. – *Lit.:* E. Bahr: G. L., 1970. F. Benseler (Hg.): Revolutionäres Denken. G. L., eine Einführung in sein Werk, 1984. I. Hermann: Die Gedankenwelt von G. L., 1978. Th. Pinkus (Hg.): Gespräche mit G. L., 1967. F. J. Raddatz: G. L. in Selbstzeugnissen und Bilddokumenten, 1972.

Łukasiewicz, Jan (1878–1956), poln. Philos. und Logiker, 1915 Prof. in Warschau, 1946 Prof. in Dublin. Verfasser mehrerer bahnbrechender Arbeiten über polyvalente Logik und die Logik der Zeit. Ł. Schriften zur Geschichte der Logik, u. a. *Zur Geschichte der Aussagenlogik* (1935) und *Aristotle's Syllogistic* (²1957), enthalten neben geschichtlichen Informationen auch Rekonstruktionen traditioneller Systeme mit den Mitteln der modernen Logik. Ł. ist der Erfinder der sog. polnischen Notation, die keinerlei Klammersetzung bedarf.

Lull, Ramón (Raimundus Lullus, um 1232–1315/16), katalanischer Dichter, Theologe und Philos. L. bekämpfte Boethius* de Dacias Trennung von Glauben und Wissenschaft und versuchte, beiden gemeinsame Methodik des Wissens zu erarbeiten. Diese enthält eine eigenartige Reihe von Grundbegriffen, darunter die göttlichen Prädikate ‹Güte›,

‹Weisheit› u. a. L. benutzt mathematische Techniken, z. B. mnemotechnische Hilfsmittel in Verbindung mit Begriffskombinationen, was möglicherweise Leibniz' Gedanken einer algebraischen Begriffsnotation *(characteristica* universalis)* beeinflußt hat.

Ausg.: Opera Omnia, 8 Bde., 1721–42. – *Lit.:* M. Batllori (ed.): Introducción a R. L., 1960. E. A. Peers: R. L. A Biography, 1969. E. W. Platzeck: R. L., 2 Bd., 1962/63.

lumen naturale (lat. das natürliche Licht), die dem Menschen angeborene Fähigkeit zur Erkenntnis; Vernunft*. Für Descartes bedeutet l. n. das Erkenntnisvermögen bzw. das Kriterium, mit dessen Hilfe der Mensch evidente fundamentale Wahrheiten einsehen kann (vgl. Intuition).

Luther, Martin (1483–1546), dt. Theologe und Reformator. Entwickelt in seiner Theologie einen radikalen Begriff des Menschen: Durch sein eigenes Tun kann der Mensch nicht gerechtfertigt oder erlöst werden, sondern allein durch seinen Glauben an Gott. Diesen Grundgedanken verdeutlicht L. in Auseinandersetzung mit dem Humanismus* des Erasmus von Rotterdam: Im Gegensatz zu Erasmus behauptet L., daß der menschliche Wille unfrei ist. Allerdings will er mit dieser These nicht einem philos. Determinismus* das Wort reden; vielmehr bestreitet L. die Freiheit des Menschen gegenüber Gott. Der Mensch steht vor Gott, ist also Gott gegenüber gebunden. Könnte der Mensch durch eigenes Tun an seiner Erlösung mitwirken, würde er sich selbst ermächtigen; aber gerade in dieser Selbstbehauptung gegenüber Gott liegt die menschliche Sünde. Dagegen erreicht der Mensch erst dann wahre Freiheit, wenn er durch den Glauben davon befreit ist, sich selber behaupten zu müssen.

Ausg.: Werke: Kritische Gesamtausgabe, 1883ff. – *Lit.:* G. Ebeling: L., ⁵1990. J. Hirsch: L.-Studien, 5 Bde., 1954ff. E. Lohse: Evangelium in der Geschichte, 1988. R. Malter: Das reformatorische Denken und die Philos., 1980. G. Ritter: L., Gestalt und Tat, 1925.

Lykeion, Name des öffentlichen Parks in Athen, in dem Aristoteles unterrichtete. Von daher Bezeichnung für seine Schule (auch peripatetische* Schule genannt).

Lyotard, Jean-François (geb. 1924), franz. Phil., Prof. an der Université de Paris VIII – Vincennes/Saint-Denis bis 1989. – L. gilt seit den 50er Jahren als einer der kompetentesten philos. Lehrer Frankreichs, aber erst seit etwa 1970 tritt er mit einer eigenen philos. Position im Gegensatz zu den führenden philos. Strömungen hervor. In *Discours, figure* (1971) kritisiert L. die Ästhetik einschließlich der Freudschen Kunstauffassung und bestimmt die Moderne als die Zeit der Auflösung des Subjekts. In *Économie libidinale* (1974, dt. Die Ökonomie des Wunsches, 1984) ergänzt er seine Kritik an Freud durch eine Kritik an Marx. Zugleich entwickelt er den entscheidenden Begriff der «großen Erzählungen» oder «Megageschichten», d. h. der modernen Ideologien, die Gesamtdeutungen des Daseins (von Instanzen wie Befreiung, Wissenschaft, Aufklärung, Religion her) anbieten. Im Gegensatz zu diesen «großen Erzählungen» stehen die «kleinen Erzählungen» der Arbeiteraufstände.
In der späteren Phase seines Werks, die an Wirkung die frühere bei weitem übertrifft, entwickelt L. den Begriff der «kleinen Erzählungen» weiter zu einer Beschreibung des postmodernen Zustands. Dieser ist nach L. als eine Mannigfaltigkeit miteinander unvereinbar «kleiner Erzählungen» zu begreifen, deren Stellenwert nunmehr unbestimmbar ist und deren Anzahl im Prinzip ins Unendliche tendiert. In seinem zusammenfassenden Werk *Le différend* (1983) erarbeitet L. besonders unter dem Einfluß Kants und Wittgensteins eine «Pragmatik der Erzählungen». Die Aufgabe des Philos. wird nun darin gesehen, die Inkommensurabilität der Sprachspiele bzw. Erzählungen aufzuzeigen.

Ausg.: Grabmal des Intellektuellen, 1985. Das postmoderne Wissen, 1986. Der Widerstreit, 1987. Der Enthusiasmus. Kants Kritik der Geschichte, 1988. Streifzüge: Gesetz, Form, Ereignis, 1988. Das Inhumane. Plaudereien über die Zeit, 1989. Die Phänomenologie, 1993. Die Analytik des Erhabenen, 1994. – *Lit.:* C. Pries/ W.Welsch (Hg.): Ästhetik im Widerstreit. Interventionen zum Werk von J.-F.L., 1991. W. Reese-Schäfer/B. H. F. Taureck (Hg.): J. F. L., 1989. W. Reese-Schäfer: L. zur Einführung, 1988. W. Welsch: Unsere postmoderne Moderne, 1987, ⁴1993.

Mach, Ernst (1838–1916), österr. Physiker, Wissenschaftshistoriker und Philos., studierte in Wien. 1864 Prof. für Mathematik in Graz, 1867 Prof. für Physik in Prag, 1895–1901 Prof. für Philos. und Geschichte der induktiven* Wissenschaften in Wien. 1901 Mitglied des österr. Parlaments, starb 1916 in Haar bei München.

M. sensualistischer* Monismus (auch neutraler* Monismus genannt) ist eine mit dem Empiriokritizismus* von Avenarius verwandte Weiterentwicklung des Empirismus*. Die erkennbare Welt, und zwar die physische wie die psychische, besteht nach M. aus Phänomenen*, und zwar entweder aus einfachen oder aus zusammengesetzten Empfindungen*. Alle Wissenschaften sind grundlegend von gleicher Art: Ihr Ziel ist die präzise Beschreibung* von Phänomenen, evtl. in Form von Gesetzmäßigkeiten, die konstante Zusammenhänge zwischen Phänomenen ausdrücken. Wissenschaftliche Theorien beschreiben nicht, was hinter den Phänomenen liegt und diese erklärt; sie sind Analogien*, die uns die Voraussage der Phänomene ermöglichen. Mach zählt wegen seiner antimetaphysischen Haltung und seiner Idee einer Einheitswissenschaft zu den Wegbereitern des logischen* Positivismus.

Ausg.: Die Analyse der Empfindungen und das Verhältnis des Physischen zum Psychischen, 1886. Populärwissenschaftliche Vorlesungen, 1896. Erkenntnis und Irrtum, 1905. – *Lit.:* V. Kraft: Der Wiener Kreis. Der Ursprung des Neopositivismus, 1950 (ND 1969).

Machiavelli / Machiavellismus, Inbegriff einer rücksichtslosen Machtpolitik, die den Gebrauch eines jeden Mittels erlaubt, um ein gegebenes Ziel zu realisieren, ohne Ansehen von Recht und Moral. Dieser um 1600 geprägte Begriff wird bald zum Schlag- und Schimpfwort im Streit der Parteien. Als Urheber der Lehre des Machiavellismus gilt Niccolò Machiavelli (1469–1527), ital. Diplomat aus Florenz, Historiker und Philos. In seinen Werken *Il principe* (1532: dt. Der Fürst) und *Discorsi sopra la prima deca di Tito Livio* (1531) entwickelt M. eine Staatsphilos., die den einzigen Zweck der Politik im Machterwerb und in der Machterhaltung sieht. Politik hat nach M. nichts mit Moral zu tun; wer politisch handelt, muß auch Böses tun. Allein auf den Erfolg kommt es an, und über den Erfolg entscheiden wesentlich zwei Faktoren: *fortuna*, die das allgemeine Schicksal lenkende Kraft, und *virtù* (Tugend), die sich in der Energie, Entschlossenheit und Durchsetzungsfähigkeit des tatkräftigen Mannes *(principe)* zeigt. Die Rechtfertigung für diese von der Moral völlig losgelöste Machtpolitik sieht M. in der Natur der Menschen, die allesamt bloß nach persönlichem Gewinn suchen und nur durch Furcht und Haß in Schranken gehalten werden können. M. ist darum auch jedem Utopismus abhold. So sagt er von sich im *Principe*, daß er Brauchbares habe schreiben wollen und es daher für zweckmäßig gehalten habe, «dem wirklichen Wesen der Dinge» nachzugehen, statt deren «Phantasiebild».

M. politischer Realismus gründet sich auf eine implizite Geschichtsphilos. Der Lauf der Geschichte wird nicht wie bei Augustinus und später in der Aufklärung als linear gedacht und als ausgerichtet auf eine höhere Vollkommenheit, sondern als kreisförmig (in Übereinstimmung mit dem griech. Historiker Polybios). Jeder Staat ist einer steten Entwicklung hin zum eigenen Verfall unterworfen. Auf seinen Ruinen entstehen neue Staaten. Der Verfall kann nicht abgewendet werden, aber er kann gebremst werden; und dazu bedarf es einer starken Staatsmacht. Doch M. Bevorzugung einer starken Staatsmacht bedeutet nicht eindeutig eine Verteidigung der Tyrannei. Zwar vermag nur ein starker und rücksichtsloser Machthaber einen Staat zu errichten, z. B. ein vereintes Italien; aber die weitere Existenz des Staatsgebildes wird am besten im Rahmen einer republikanischen Staatsform gesichert.

Es ist umstritten, ob M. politische Philos. überhaupt als allgemeine Theorie aufgefaßt werden darf oder ob sie letztlich nur M. Sorge um das Schicksal Italiens und seiner Heimatstadt Florenz ausdrückt. Die soziale, politische und ökonomische Entwicklung in der Renaissance zeigte, daß Staaten entstehen und vergehen, daß die Gesellschaft nicht statisch bleibt, sondern sich in dauernder Bewegung befindet. So scheinen M. politisch-philos. Werke eine Antwort auf die Frage zu bedeuten, wie in einer solchen Situation die politische Macht eingerichtet werden soll.

Die Bewertung des M. als Doktrin (und M. als Person) ist in der Philos.geschichte keineswegs bloß negativ geblieben. Bacon und Montaigne etwa haben M. zu rehabilitieren gesucht: Herder verteidigt Person und Werk M. gegen die von Friedrich II. in seinem *Antimachiavell* vorgebrachte Polemik. Hegel rechtfertigt die «rücksichtsloseste Gewalttätigkeit» bei der Staatenbildung, Fichte befürwortet (angesichts der Expansionspolitik Napoleons) eine Politik der Stärke und Sicherheit in dem durch kein internationales Recht geschützten Bereich der Außenpolitik, und Nietzsche schließlich preist den M. als den «Typus der Vollkommenheit in der Politik», der in seiner «reinen Form von Menschen nie erreicht, höchstens gestreift» wird. Die zeitgeschichtlichen Ereignisse des 20. Jh. haben Anlaß zu einer vorsichtigeren Einschätzung von M. politischem Denken gegeben.

Ausg.: Gesammelte Schriften, 5 Bde., 1925. Der Fürst, 1924. Discorsi: Gedanken über Politik und Staatsführung, 1966. – *Lit.:* E. Barincou: N. M in Selbstzeugnissen und Bilddokumenten, 1958. A. Buck: M., 1985. H. Freyer: M., 1938. K. Kluxen: Politik und menschliche Existenz bei M., 1967. R. König: N. M. Zur Krisenanalyse einer Zeitenwende, 1941. J. G. A. Pocock: The Machiavellian Moment. Florentine Political Thought and the Atlantic Republican Tradition, 1975. Q. Skinner: The Foundations of Modern Political Thought 1: The Renaissance. 1978. D. Sternberger: M. Principe und der Begriff des Politischen, 1974.

MacIntyre, Alasdair Chalmers (geb. 1929); 1966 Prof. für Soziologie an der Universität Essex, 1970 Prof. für Ideengeschichte an der Brandeis University (USA), 1972 Prof. für Philos. und Politikwissenschaft in Boston, 1982 Prof. für Philos. an der Vanderbilt University, seit 1988 an der Universität von Notre Dame, Indiana.
Nach u. a. *The Unconscious* (1958), *Geschichte der Ethik im Überblick* (dt. 1984), *The Religious Significance of Atheism* (zusammen mit P. Ricœur, 1966) und *Against the Self-Images of the Age* (1971) vertritt M. in seinem Hauptwerk *Der Verlust der Tugend* (dt. ²1995) sowie in *Three Rival Versions of Moral Enquiry* (1990) die Ansicht, daß nur eine radikale Absage an das Projekt der Aufklärung*, des Liberalismus* und der Moderne wieder zu einem moralisch vertretbaren Standpunkt führen könne.
Nach M. ist mit dem ethischen Kognitivismus (sowohl in Kantischer als auch in utilitaristischer* Form; vgl. kognitiv) auch das liberale Projekt zum Scheitern verurteilt, der Entwurf gegenüber substanzieller Sittlichkeit und individuellen Interessen neutraler, allgemeinverbindlicher Normen und Institutionen. Es gibt keinen ‹Vorrang des Gerechten vor dem Guten›; zwei verschiedene Moralverständnisse tragen dem nach M. Rechnung: die aristotelisch-thomistische und die nietzscheanische oder emotivistische Orientierung, also die Orientierung an Gemeinschaft, Tugend, Tradition und Teleologie auf der einen Seite, der Individualismus auf der anderen Seite. In der Gegenwart dominiert nach M. der Individualismus. Manager, Therapeuten, Ästheten – für M. die drei typischen Lebensentwürfe der Moderne – erschöpfen in ihrem Individualismus, in der ‹Privatisierung des Guten› die moralischen Ressourcen gesellschaftlicher Integration. Der moderne Individualismus werde von der moraltheoretischen ‹Genealogie›, der M. seinen ‹thomistischen Aristotelismus› entgegensetzt, bis zum Zynismus überhöht.
M. optiert demgegenüber für Gemeinschaft, Tradition und Tugenden, als deren eine u. a. der Patriotismus erscheint. Aufgrund dieser allgemeinen Stoßrichtung werden die moralphilos. Untersuchungen M. – trotz wechselseitiger Distanzierungen – zumeist dem sog. Kommunitarismus* zugerechnet. Von den meisten Kommunitaristen (vgl. Walzer, Taylor) unterscheidet M. aber die Entschlossenheit, mit der M. Traditionalismus hinter die liberalen Traditionen zurückgreift in der Hoffnung auf eine ‹Remoralisierung› im Stile Benedikt von Nursias. Die Frage nach den moralischen Standards der Koexistenz verschiedener Moral- und Sittlichkeitsvorstellungen (im Sinne etwa des liberalen Werts der Religionsfreiheit oder gar des ‹Multikulturalismus›) muß im Rahmen dieser Theorie besonders schwierig werden. In *Whose Justice? Which Rationality?* (1988) sowie in *Three Rival Versions of Moral Enquiry* (1990) betont M. die radikale Kontextgebundenheit aller moralischen Beurteilungsstandards. Man könne zwischen konkurrierenden Vorstellungen von Sittlichkeit nicht von einem neutralen, ‹rationalen› Standpunkt aus entscheiden, sondern nur aus Traditionszusammenhängen heraus, denen die Idee ‹absoluter Wahrheit› inhärent sei.

Ausg.: Ist Patriotismus eine Tugend? In: A. Honneth (Hg.): Kommunitarismus, 1993, S. 84–102. Die Privatisierung des Guten. In: A. Honneth (Hg.): Pathologien des Sozialen, 1994, S. 163–183. – *Lit.:* R. Forst: Kontexte der Gerechtigkeit, 1994. J. Horton/S. Mendus

(Hg.): After M. Critical Perspectives on the Work of A. M., 1994. P. McMylor: A. M. Critic of Modernity, London 1994.

Mackie, John L. (1917–81), austral. Philos., geb. in Sydney, studierte an den Univ. in Sydney und Oxford. Nach dem Kriegsdienst lehrte er Moral- und politische Philos. an der Univ. in Sydney, 1955–59 Prof. an der Otago Univ., Neuseeland, 1959–63 Prof. in Sydney, 1963–67 an der Univ. of York, England, und von 1967 bis zu seinem Tod am University College, Oxford. – M. vielseitige philos. Untersuchungen zählen zur austral. Tradition analytischer* Philos., die sich durch einen starken Empirismus* und große methodische Flexibilität auszeichnet. Sein Buch *Truth, Probability, and Paradox* (1973) untersucht eine Reihe wichtiger Begriffe und Probleme analytischer Philos. wie Analyse*, Dispositionen* und kontrafaktische* Konditionalsätze. In *The Cement of the Universe* (1974) liefert M. eine Bestimmung des Begriffs der Kausalität*. Nach M. kann «Ursache» oft verstanden werden als sog. INUS-Bedingung, d. h. als nicht hinreichender, aber notwendiger Teil einer Bedingung, die selbst nicht notwendig, aber hinreichend ist für das Resultat. In seiner Einführung in die Ethik (*Ethics*, 1977, dt. Ethik, 1981) bezweifelt er die Haltbarkeit eines moralphilos. Realismus, behauptet aber, daß sich ethische Fragen trotzdem rational diskutieren lassen. In *The Miracle of Theism* (1982, dt. Das Wunder des Theismus, 1985) gelangt er zu dem Ergebnis, daß uns keiner der traditionellen Gottesbeweise gute Gründe dafür liefert, an die Existenz Gottes zu glauben. M. ist ferner der Verfasser der Bücher *Problems from Locke* (1976) und *Hume's Moral Theory* (1980).

Ausg.: Selected Papers, 2 Bde., 1985. – *Lit.:* T. Honderich (Hg.): Morality and Objectivity. A Tribute to J. L. M., 1985.

Maieutik (oder Mäeutik; griech. *maieutike (techne)*, Hebammenkunst), die sokratische Methode, nicht durch Dozieren, sondern durch gezieltes Nachfragen «dialogisch» anderen zu eigener Einsicht zu verhelfen.

Maimonides (Moses ben Maimon, 1135–1204), jüd. Philos., praktizierender Arzt und Theologe aus Spanien, nach 1165 wohnhaft in Kairo. M. schrieb arab. und war von der islamischen philos. Tradition beeinflußt, die sich hauptsächlich mit dem Verhältnis zwischen der aristotelischen Philos. und der Offenbarung (dem Koran; für die Juden: der Thora) beschäftigte. M. war offenbar der Auffassung, daß die gleiche Einsicht, die auf philos. Weg zu erlangen ist, schon allegorisch in der Heiligen Schrift vorgegeben wird. Unklar ist jedoch bis heute, ob M. die Heilige Schrift nicht einfach als eine popularisierte Philos. betrachtete. M. übte großen Einfluß auf die jüdische Schriftinterpretation und allgemein auf die Hochscholastik aus. Sowohl Thomas von Aquin als auch Spinoza rezipierten ihn.

Ausg.: Führer der Unschlüssigen, I–III, 1923/24. Regimen sanitatis oder Diätetik für die Seele und den Körper, 1966. Eine Abhandlung zur jüdischen Ethik und Gotteserkenntnis, 1981. – *Lit.:* W. Bacher/M. Braun/D. Simonsen (Hg.): M. b. M. Sein Leben, seine Werke und sein Einfluß, 1908/44 (ND 1971). M. Fox: Interpreting M., 1990. M.-R. Hayoun: Maïmonide ou l'autre Moïse, 1994. A. J. Heschel: M. Eine Biographie, 1992. O. Leaman: M. M., London 1990. L. Strauss: Philos. und Gesetz. Beiträge zum Verständnis M. und seiner Vorläufer, 1935.

Maine de Biran, François Pierre (Marie François Pierre Gonthier de Biran, 1766–1824), franz. Philos. und Politiker. Zunächst Anhänger des Sensualismus* Condillacs und der sog. Ideologen*. Gegen die sensualistische Auffassung macht M. dann aber die innere Erfahrung geltend: Das ursprünglich oder unmittelbar Gegebene *(le fait primitif)* besteht in der Erfahrung, die der Mensch mit sich selber macht, wenn er durch Willensanstrengung *(effort voulu)* den Körper bewegt. Erst durch das willensmäßige Verhältnis zum Körper (Leib) wird der Mensch sich seiner selbst bewußt. Die von Descartes behauptete Selbstreflexion unabhängig vom Äußeren gibt es für M. nicht. In seiner späteren Philos. betrachtet er allerdings das zwischenmenschliche Verhältnis als das unmittelbar Gegebene; und dieses läßt sich nicht mehr auf die individuelle willensmäßige Erfahrung zurückführen. – Die Tradition des franz. Spiritualismus* geht vor allem auf M. zurück.

Ausg.: Œuvres complètes, I–XIV, 1982. – *Lit.:* J. Buol: Die Anthropologie M. de B., 1961. G. Funke: M. de B. Philos. und politisches Denken zwischen Ancien régime und Bürgerkönigtum in Frankreich, 1947.

Makrokosmos/Mikrokosmos (von griech. *makros/mikros*, groß/klein, und *kosmos*, Welt). 1. Die Welt als Universum im Unterschied zu ihren Teilen, insbesondere zum Menschen. Zwischen Welt und Mensch wurde vielfach eine Strukturähnlichkeit angenommen im Sinn einer Spiegelung des Makrok. im Mikrok. 2. Allgemeiner: das Ganze im Unterschied zu seinen Teilen.

Malebranche, Nicolas (1638–1715), franz. Philos., Angehöriger der Kongregation der Oratorianer, einer Reformbewegung in der katholischen Priesterschaft. Seine Philos. ist geprägt von Descartes, dessen Lehre er unter dem Einfluß von Augustinus weiterentwickelt hat. – Als Ausgangspunkt dient M. das Problem der Wahrnehmung der äußeren Welt. Die Erfahrung der äußeren Dinge, so behauptet er cartesianisch, erfolgt nicht direkt. Unmittelbar oder direkt erfaßt werden vielmehr die «Ideen» der Dinge. Seine Auffassung von der Eigenart und Entstehung dieser Ideen* unterscheidet sich allerdings von jener Descartes'. Er versteht sie platonisch* als Archetypen, d. h. als Urbilder oder Modelle der Dinge, und nimmt an, sie existierten in Gott. Daraus schließt er, daß der Mensch alles «in Gott» sieht.

Wenn Leib und Seele* wesensverschieden sind, kann es zwischen ihnen keinerlei Ursachenverhältnis geben. Eine Wechselwirkung von Leib und Seele, wie Descartes sie behauptete, ist nach M. also unmöglich. Aber auch unter den äußeren Dingen besteht im eigentlichen Sinn keine ursächliche Beziehung. Denn die Erfahrung zeigt keine notwendige Verbindung zwischen den äußeren Dingen, diese stammt aus der inneren Kraft der Dinge. Eine wirkliche Ursache* muß als schöpferische gedacht werden, so daß nur Gott die eigentlich wirkende Ursache sein kann. Alles ist abhängig von ihm: Gott ist nicht nur Schöpfer der Dinge, sondern auch Garant für ihre Erhaltung von Augenblick zu Augenblick. Die körperlichen Gegebenheiten sind demnach nicht Ursache unserer Erlebnisse, sondern geben bloß Anlaß dazu (lat. *occasio*; daher Okkasionalismus*), daß Gott beständig eingreift: Das Vorkommen von Körperlichem (z. B. einer Verletzung am Arm) veranlaßt Gott, einen angemessenen Bewußtseinseindruck hervorzubringen (z. B. Schmerz). Entsprechend kann auch ein Bewußtsein* in der physischen Welt nichts verursachen, sondern nur Anlaß sein für Gott, auf sie einzuwirken. Daß es nur eine wirkliche Ursache geben kann, zeigt die Philos. – so wie die Religion lehrt, daß es nur einen wahren Gott gibt. Vernunft und Glaube stimmen in dieser Hinsicht überein.

M. Wirkung auf die zeitgenössische Philos. war gewaltig. Mehr als jeder andere galt er um 1700 als der große Philos. der Zeit. Seine metaphysischen Analysen beeinflußten G.W. Leibniz, und seine detaillierten und tiefgehenden erkenntnistheoretischen Diskussionen bestimmten die Entwicklung des engl. Empirismus* in beträchtlichem Umfang, von John Locke bis zu David Hume und Thomas Reid. Besonders George Berkeley stand unter M. Einfluß. Dessen Okkasionalismus* zeigte ihm, daß die Existenz einer materiellen Substanz* nicht notwendig war, um Existenz und Charakter der Bewußtseinsphänomene zu erklären. Damit war für Berkeleys Immaterialismus und Phänomenalismus* der Weg geebnet.

Ausg.: Œuvres I–XXI, 1958–78. Erforschung der Wahrheit I, Buch 1–3, 1920. Christlich-metaphysische Beobachtungen von N. M, 1842. Abhandlung von der Natur und der Gnade, 1993. – *Lit.:* M. Eckholt: Vernunft in Leiblichkeit bei N. M., 1994. M. Eickhoff: Ontologismus und Realismus. N. M. – Thomas von Aquin. Ein kritischer Vergleich, 1969. Ch. J. McCracken: M. and British Philosophy, 1983. S. Nadler: M. and Ideas, 1992. J. Reiter: System und Praxis. Zur kritischen Analyse der Denkformen neuzeitlicher Metaphysik im Werk von M., 1972.

Man, das, Begriff Heideggers, eingeführt in *Sein und Zeit*, §§ 25–27. «Zunächst ‹bin› nicht ‹ich› im Sinne des eigenen Selbst ... zunächst ist das Dasein Man und zumeist bleibt es so.» Die alltägliche «Weise zu sein» ist uneigentlich, durchschnittlich; sie gestaltet sich so, wie «man» es tut. Dieses M. darf aber nicht verwechselt werden (1) mit der Summe aller anderen Existierenden, (2) mit einem überindividuellen, allgemeinen Ich (als transzendentales* Subjekt oder als Weltgeist* verstanden) oder (3) mit dem soziologischen Durchschnitt der vorhandenen Existierenden (z. B. der Eigenschaft, daß der dänische Durchschnittsbürger 1,3 Kinder hat). Mein «Leben im M.» bedeutet vielmehr: Ich habe (oft unausgesprochene) Auffassungen davon, wie Menschen leben, die wissen, ‹was sich gehört›, und orientiere mich dadurch in meinem Selbstverständnis am M. statt am «eigenen Selbst», dem «Eigentlichen». Entscheidend über «Verfallen an das M.» oder «Eigentlichkeit» des Daseins ist also nicht so sehr, ob ich mich wie andere verhalte oder nicht, sondern ob ich mich in meiner Existenz* dadurch verfehle, daß ich mich am Maßstab orientiere, den das M. vorgibt, oder dadurch «ich selbst» bin, daß ich mich «eigentlich» zu mir selbst verhalte – d. h. mich an meinen in der Angst* angezeigten eigenen Möglichkeiten orientiere, deren «eigenste» nach Heidegger mein Tod* ist.

Mandeville, Bernard de (ca. 1670–1733), engl. Arzt und Schriftsteller holl. Abstammung. Anhänger der Aufklärungsphilos.*, berühmt geworden durch seine Satire *The Fable of the Bees, Or: Private Vices, Public Benefits* (Die Bienenfabel oder Private Laster, öffentliche Vorteile). Dort zeichnet M. das Bild einer Gesellschaft, die gerade durch das selbstsüchtige Verhalten ihrer Mitglieder blüht und gedeiht, nicht (wie nach der traditionellen Ethik) aufgrund der Tugend.

Ausg.: Die Bienenfabel, dt. hg. von W. Eucher, 1968.

Manichäismus (vom persischen Namen Mani). 1. Bezeichnung für die ursprüngliche Lehre des Persers Mani (um 216 – um 276), mit der er das Christentum und den Parsismus* zu verbinden suchte. Nach Mani wird die Welt von zwei Grundprinzipien beherrscht: dem Guten und dem Bösen. Entsprechend hat der Mensch zwei Seelen*, die Körperseele und die Leibseele, die einander bekämpfen. Um sich von der Körperseele (dem Prinzip des Bösen) zu befreien, muß sich der Mensch einer asketischen Lebensführung unterwerfen. 2. Im Verlauf des 4. Jh. n. Chr. entwickelte sich der M. zu einer bedeutenden Alternative zum Katholizismus. Von 370 bis Anfang der 80er Jahre war Augustinus ein Anhänger des M. Er fand dessen dualistische* Lehre von den zwei gleichgestellten, ewigen Prinzipien, dem Guten und dem Bösen, einsichtiger als die christliche Lehre eines absolut guten Schöpfers, die das Problem der Existenz des Bösen unbeantwortet ließ. Erst nachdem Augustin Plotins Auffassung des Bösen als Privation*, d. h. als eines Mangels an Gutem, kennengelernt hatte, näherte er sich der christlichen Lehre des einen Gottes (als einem einzigen Prinzip) und konnte den M. als Ketzerei verwerfen. Diese Verurteilung hat seither die offizielle Haltung des Christentums zum M. geprägt. Wir finden sie auch in Leibniz' Kritik an Bayle, der trotz seines Bekenntnisses zum Christentum die Annahme der

Gabriel Marcel

zwei Prinzipien für vernünftiger hält als den orthodoxen christlichen Monismus*.

Lit.: G. Widengren: Mani und der M., 1961.

Marburger Schule, s. Neukantianismus.

Marcel, Gabriel (1889–1973), franz. Philos. und Schriftsteller. Geb. in Paris; Studium an der Sorbonne, zugleich Teilnahme an Bergsons Vorlesungen am Collège de France. Zeitweilig Gymnasiallehrer u. a. in Paris, Sens und Montpellier. 1929 Übertritt zum Katholizismus. Arbeit im Verlagswesen, Verfasser von Dramen, Theaterkritiker, besonders nach dem 2. Weltkrieg. Zahlreiche Gastvorlesungen, z. B. 1949 in Aberdeen (Gifford Lectures) und 1961 in Oxford (William James Lectures).
M. gehört zu den frühen franz. Existenzphilos.* Zunächst stand er unter dem Einfluß des Idealismus* (besonders des engl. Neuhegelianismus), von dem er sich jedoch mehr und mehr distanzierte – und zwar ohne Bezugnahme auf die parallele Entwicklung in Deutschland (Jaspers, Heidegger). Seinen Gegenentwurf zum Idealismus bezeichnet M. als «konkrete» Philos. In deren Zentrum stehen drei thematische Bereiche, von denen aus M. die Darstellung menschlicher Existenz unternimmt: die Leiblichkeit, die Beziehung zur anderen Person (dem ‹Du›; vgl. Dialogphilos.) und das Engagement*. M. unterscheidet zwischen ‹Problem› und ‹Mysterium›: Einem Problem stehe ich gegenüber; es ist ein äußeres Hindernis, das mir den Weg versperrt. Von einem Mysterium dagegen bin ich betroffen, ich bin an ihm interessiert. Es besteht in einer Frage, die den Fragenden selber berührt oder einschließt (z. B. der Frage nach der Liebe oder nach dem Bösen). Problem und Mysterium entsprechen zwei Grundhaltungen, dem Haben und dem Sein. Über das, was ich ‹habe›, kann ich verfügen oder herrschen; es ist ein Objekt, das ich außerhalb meiner ‹habe›. Durch mein persönliches Schaffen jedoch lassen sich die Dinge, mit denen ich mich umgebe, von mir prägen oder ‹einbeziehen› (z. B. im Verhältnis des Musikers zu seinem Instrument). Sie gehören dann zu dem, was ich ‹bin›. Damit ist ein Übergang vom ‹Haben› zum ‹Sein› möglich.

Ausg.: Sein und Haben, 1954. Metaphysisches Tagebuch, 1955. Gegenwart und Unsterblichkeit, 1961. Schöpferische Treue, 1963. Werkauswahl, 3 Bde, 1992. – *Lit.:* D. Appelbaum: Contact and Attention. The Anatomy of G. M. Metaphysical Method, 1986. V. Berning: Das Wagnis der Treue, 1973. M.-M. Davy: G. M. Ein wandernder Philos., 1964. S. Foelz: Gewißheit im Suchen, 1980. J. Konickal: Being and My Being. G. M. Metaphysics of Incarnation, 1992.

Marcus Aurelius Antoninus (121–180), röm. Kaiser (ab 161) und Stoiker*, von Epiktet beeinflußt. Verfaßte während eines Feldzugs auf griechisch seine Sammlung philos. Aphorismen (die sog. *Selbstbetrachtungen*).
Im Gegensatz zu den meisten älteren Stoikern ist bei M. A. eine persönliche

Herbert Marcuse

Religiosität zu verspüren. M. A. interessiert sich weder für Logik noch für Physik, sondern allein für die Ethik. Einer seiner Hauptgedanken lautet, daß wir die Wirklichkeit als an sich gut anerkennen müssen; denn das Gefühl, ungerecht behandelt worden zu sein, wurzelt nur in einer falschen Erwartungshaltung. Das einzige Böse für den Menschen sind seine eigenen unmoralischen Handlungen.

Lit.: A. Birley: M. A., 1968. W. Görlitz: M. A., 1954. M. Pohlenz: Die Stoa, Bd. 1, ⁵1978.

Marcuse, Herbert (1898–1979), dt.-amerik. Philos. Studium der Literaturgeschichte, Philos. und Nationalökonomie; 1922 Promotion in Literaturgeschichte. 1928–32 Schüler E. Husserls und M. Heideggers. 1933–42 Mitglied des von M. Horkheimer geleiteten Instituts für Sozialforschung. 1942–50 im amerik. Staatsdienst als Sektionschef im State Department. Danach Lehrtätigkeit an verschiedenen Hochschulen, zuletzt Prof. an der University of California, San Diego. M. hat sich durchgängig als Philos. der Revolution verstanden. Nachdem er zunächst versuchte, eine Theorie der Revolution im Anschluß an die Daseinsanalyse M. Heideggers auszuarbeiten, wandte er sich der Psychoanalyse S. Freuds zu, um die Revolution als Befreiung der menschlichen Triebnatur einsichtig zu machen. Mit seinen späteren Arbeiten will M. u. a. auf die revolutionäre Rolle von Randgruppen und Minderheiten in der Ausbildung einer «neuen Sensibilität» und der «großen Weigerung» gegenüber der Gesellschaft hinweisen. Hier artikuliert sich freilich auch zunehmende Skepsis in bezug auf die Möglichkeit einer radikalen Veränderung der kapitalistischen Gesellschaft.

Ausg.: Schriften, 1978 ff. – *Lit.:* J. Bokina/T. J. Lukes (Hg.): M. From the New Left to the Next Left, 1994. H. Brunkhorst/G. Koch: H. M. zur Einführung, 1987. U. Gmünder: Kritische Theorie. Horkheimer, Adorno, M., 1985. G. Raulet: H. M., philosophie de l'émancipation, 1992.

Maritain, Jacques (1882–1973), franz. Philos. Studium am Collège de France in Paris (u. a. bei Bergson). 1906 Übertritt zum Katholizismus. 1914 Prof. für Moderne Philos. am Institut Catholique in Paris, 1939–45 Aufenthalt in den USA und Lehrtätigkeit in Princeton und an der Columbia University. Franz. Botschafter beim Vatikan 1945–48, Prof. in Princeton 1948–56. – M. ist der führende Vertreter des Neuthomismus*. Während andere Neuthomisten (z. B. Gilson und Grabmann) vor allem als Philos.historiker hervortraten, erstreckt sich M. Arbeit auf Metaphysik, Erkenntnistheorie, Moralphilos., Sozialphilos. und Ästhetik. In seiner Erkenntnistheorie analysiert er verschiedene Formen begrifflicher oder diskursiver* Erkenntnis, betont aber zugleich, daß die logische Vernunft der Intuition* untergeordnet ist. Unmittelbar und nicht-begrifflich sind die Erkenntnis ethischer Werte* und die poetische Erkenntnis. M. Sozialphilos. ist personalistisch* gefärbt; sie unterscheidet zwischen Individuum und Person. Als Individuum sondert sich der einzelne Mensch von anderen ab, als Person dagegen – als geistiges* Wesen – lebt er in ‹Kommunikation› mit anderen.

Ausg.: Œuvres complètes, 1982ff. Antimodern, 1930. Von der christlichen Philos., 1935. Die Menschenrechte und das natürliche Gesetz, 1951. Die Stufen des Wissens, 1954. Wahrheit und Toleranz, 1960. – *Lit.:* H. L. Bauer: Schöpferische Erkenntnis, 1968. J. Reiter: Intuition und Transzendenz, 1967.

Marquard, Odo (geb. 1928), studierte in Münster und Freiburg/Br., promovierte 1954, danach Assistent bei J. Ritter. 1963 Habilitation in Münster. Seit 1965 Prof. für Philos. in Gießen. – Manche von den Themen, um die M. Arbeiten kreisen, sind bereits in seiner Dissertation angelegt. Dort deutet M. die von Kant und seinen Nachfolgern kritisierte Metaphysik als Surrogat für die nicht eingelöste Geschichtsphilos.: Wo diese die Hoffnung auf eine zukünftige bessere Welt enttäuschte, entpuppt sich die Metaphysik als möglicher Fluchtort. Bei Kant wird nach M. der Mangel der Vernunft, die vormals durch die Metaphysik thematisierte Totalität des Seienden zu denken, durch die Ästhetik kompensiert.
Wesentlich für M. Denken ist sein Interesse an der Geschichtsphilos. mit der leitenden Fragestellung, auf welche Problemlagen und Fragen entstehende neue Begriffe und Disziplinen Antworten sind und in welcher Weise sie diese tatsächlich zu geben vermögen. In einer Reihe von Aufsätzen zeigt M., wie die Resignation der geschichtlichen Vernunft bezüglich eines in naher Zukunft stehenden und erreichbaren Ziels in kompensierender Bewegung zu einem Rekurs auf Ästhetik und Medizin, zu einer Wende zur Natur in Gestalt der Anthropologie oder zur Flucht in Weltanschauungstypologien führt. In kritischer Haltung gegenüber solchen Surrogatsformen plädiert M. für eine «Mäßigung der Geschichtsphilos.», weil diese den Menschen in seiner Verantwortung überfordere. (M. hat diese Überforderung bereits im Fall der Theodizee*-Problematik gezeigt, bei welcher der Mensch die Verantwortung für die Übel in der Welt übernimmt.) M. plädiert für die Ausbildung des «historischen Sinns», d. h. für die Hinwendung zu den vielen einzelnen Geschichten, durch Abwendung von universalgeschichtlichen Einstellungen. Sie geht einher mit dem «Abschied vom Prinzipiellen» und dem hypertrophen Anspruch auf absolute Wahrheit und der Hinwendung zu den «zweitbesten Möglichkeiten» aus Skepsis vor umfassenden Antworten und Problemlösungen.

Ausg.: Skeptische Methode im Blick auf Kant, Diss. 1958. Schwierigkeiten mit der Geschichtsphilos., 1973. Abschied vom Prinzipiellen, 1981. Apologie des Zufälligen, 1986. Transzendentaler Idealismus. Romantische Naturphilos. Psychoanalyse, 1987. Aesthetica und Anaesthetica, 1989. Skepsis und Zustimmung, 1994. Glück im Unglück, 1995.

Marsilius von Padua (um 1275–1342/43), ital. Arzt, Philos. und Theologe, 1312/13 Rektor der Pariser Universität. Im Streit zwischen dem Papst und dem Kaiser Ludwig von Bayern verteidigte M. im Jahr 1324 den Kaiser mit der Schrift *Defensor pacis* (Verteidiger des Friedens). M. vertritt dort die Auffassung, daß die politische Macht allein in der gesellschaftlichen Natur des Menschen begründet ist und nicht aus jener Quelle stammt, die den christlichen Priestern ihre geistliche Macht verleiht. Deshalb kann die Stellung des Papstes als Oberhaupt der christlichen Priesterschaft nicht die Forderung nach weltlicher Macht begründen. Ähnliche Gedanken finden wir zur selben Zeit bei Wilhelm von Ockham.

Ausg.: Der Verteidiger des Friedens (lat./dt.), I-II, 1958. – *Lit.:* D. Sternberger: Die Stadt und das Reich in der Verfassungslehre des M. v. P., 1981.

Karl Marx als Student (Bonn 1836)

Marx, Karl (1818–83), dt. Philos., Politiker und Gesellschaftstheoretiker. Studierte Rechtswissenschaft in Bonn, später Philos. in Berlin. Hier schloß er sich dem Kreis der Hegelschen Linken (s. Hegelianismus) um Bruno Bauer an. 1841 Promotion in Philos. mit einer Arbeit über das Verhältnis zwischen Demokrit und Epikur. Danach arbeitete er als Journalist und Redakteur. Seit 1843 wohnte er in Paris und nach seiner Ausweisung 1845 in Brüssel. Zu seinen Jugendschriften zählen *Zur Judenfrage* (1843), *Zur Kritik der Hegelschen Rechtsphilosophie. Einleitung* (1844), *Ökonomisch-philosophische Manuskripte* (1844; hg. 1932), *Die heilige Familie* (gemeinsam mit Engels, 1845), *Thesen über Feuerbach* (1845; hg. von Engels 1888; veränderte Ausg. 1932), *Die deutsche Ideologie* (gemeinsam mit Engels, 1845/46; hg. 1932), *Das Elend der Philosophie* (1847) und *Manifest der Kommunistischen Partei* (gemeinsam mit Engels, 1848). Nach seiner Teilnahme an der mißlungenen Revolution in Deutschland 1848–49 emigrierte M. nach England, wo er sich ökonomischen Studien widmete, von seinem Freund und Mitverfasser F. Engels finanziell unterstützt. Hier schrieb M. u. a. *Zur Kritik der politischen Ökonomie* (1859; die «Einleitung» wurde 1857 verfaßt, aber erst 1903 hg.), *Grundrisse der Kritik der politischen Ökonomie* (1857/58; hg. 1939/41) und *Das Kapital 1–3* (hg. 1867, 1885 bzw. 1894).

M. philos. Bedeutung liegt in seiner radikalen Kritik der klassischen Philos., insbesondere deren Kulmination im Hegelschen System. Die Philos. muß in ihrer jetzigen geschichtlichen Situation – nach Hegels ‹totaler› Philos. – etwas anderes sein, als sie traditionell gewesen ist. Dies kommt in Form eines Schlagworts in der sog. 11. Feuerbachthese (1845) zum Ausdruck: «Die Philosophen haben die Welt nur verschieden *interpretiert*; es kommt aber darauf an, sie zu *verändern*.» Als Linkshegelianer (vgl. Hegelianismus) spricht M. davon, die Philos. zu «verwirklichen». Damit denkt er an eine Kritik und Veränderung der Wirklichkeit*, die nicht mit den Forderungen der philos. Vernunft übereinstimmt. Die Idee von der Freiheit als Selbstbestimmung (Autonomie*), Kernpunkt des dt. Idealismus*, wird jetzt kritisch gegen die gegebene gesellschaftliche Wirklichkeit gerichtet. Sie wird zu einem Ideal* menschlicher Emanzipation. Zugleich kritisiert M. jedoch, diesmal mit Hegel und gegen die Hegelsche Linke, das Aufstellen eines abstrakten*, subjektiven* Ideals, das uns bloß im Elend gefangenhält. Die Philos. ist nur möglich als kritische Analyse, die eine verändernde Praxis anstrebt. Anderseits soll die Philos. aber auch Philos., d. h. Analyse des Menschen und seiner Wirklichkeit, bleiben. M. antwortet – wie Feuerbach – mit einem *Materialismus*, aber – im Gegensatz zu Feuerbach – einem Materialismus, der den Menschen als ein aktives, schöpferisches Wesen begreift. Der Mensch ist zwar ein Naturwesen, das sich jedoch über die Natur erheben und diese beherrschen kann, um seine Zwecke zu verwirklichen und dadurch frei (autonom) zu werden. Diese doppelte Natur – der Mensch als ein Naturwesen, das sich über die Natur erhebt – zeigt sich in der Arbeit*. Der Mensch ist ein Wesen, das sein Leben durch Arbeit gestaltet und dadurch seine Möglichkeiten (seine Natur) entwickelt und verwirklicht. Durch Arbeit schafft der Mensch Geschichte. Dieser Zusammenhang zwischen dem Wesen des Menschen und der Arbeit kann aber zerstört werden. Anstatt sich durch Arbeit zu entfalten, kann der Mensch durch Arbeit entfremdet werden (vgl. Entfremdung).

M. Auseinandersetzung mit dem Idealismus offenbart eine tiefe Abhängigkeit von Hegel, besonders in bezug auf die Begriffe ‹Arbeit› und ‹Entfremdung›. Der Einfluß der Terminologie Hegels zeigt sich vor allem in den Jugendschriften von M. (insbesondere in den *Ökonomisch-philosophischen Manuskripten*). Das Verhältnis zwischen dem jungen und dem älteren M., der das Hauptwerk *Das Kapital* verfaßte, ist viel diskutiert worden. Eine verbreitete Interpretation läuft darauf hinaus, *Das Kapital* als eine Folge des radikalen philos. Programms des jungen M. zu verstehen. Im *Kapital* sind die philos. Überlegungen in umfassende ökonomische und soziologische Analysen eingebettet. M. geht es im *Kapital* um eine Wissenschaft, die die Gesetzmäßigkeiten der kapitalistischen Gesellschaft formuliert. Die Diskussion unter Marxisten* hat sich in hohem Maß um das Verhältnis zwischen diesem wissenschaftlichen Anliegen und dem emanzipatorischen Aspekt (Humanismus*), wie er in den Jugendschriften zum Ausdruck kommt, gedreht. Die Frage ist häufig so formuliert worden: Welches ist das Verhältnis zwischen der menschlichen Praxis (dem menschlichen Willen) und der geschichtlichen Notwendigkeit, die sich hinter dem Rücken der Menschen durchzusetzen scheint?

Ausg.: K. M./F. Engels: Werke, 39 Bde., 2 Erg.-Bde., 1956–68. – *Lit.:* L. Althusser u. a.: Das Kapital lesen, 2 Bde., 1972. E. Bloch: Über K. M., 1968. W. Euchner: K. M., 1982. I. Fetscher: K. M. und der Marxismus, 1969. K. Hartmann: Die Marxsche Theorie, 1970. A. Maihofer: Das Recht bei M. Zur dialektischen Struktur von Gerechtigkeit, Menschenrechten und Recht, 1992. F. J. Raddatz: K. M. Eine politische Biographie, 1975.

Marxismus. Unter M. versteht man eine politische Theorie und/oder Praxis, die sich auf das Denken von Karl Marx (und meist auch seines mit ihm weitgehend identifizierten Freunds F. Engels) berufen. Im Selbstverständnis von Marx ist der ‹M.› – ein Begriff, den er selbst nicht verwendete – eine wissenschaftliche Grundlegung des Wegs zum Sozialismus und Kommunismus, die den Namen «historischer Materialismus» erhielt. Je nach Kultur und Entwicklungsstand eines Lands und bedingt auch durch aktuelle Zeitereignisse kam und kommt es immer wieder zu verschiedenen Interpretationen und ‹Revisionen› der Theorie und Philos. von Marx. So sehen etwa die einen Marxisten darin ein streng wissenschaftliches Lehrgebäude, während sie für andere eine quasireligiöse, verweltlichte Heilslehre darstellt. Abgesehen von Widersprüchen und Leerstellen bei Marx selbst, ist der M. keine einheitliche Theorie, sondern ein Sammelbegriff für verschiedene, sich oft widersprechende Schulen. (Erwähnung verdienen etwa die positivistisch vereinfachende Interpretation Lenins, die deterministische K. Kautskys, die reformistische des Austro-M., die heilsgeschichtliche E. Blochs, die messianische W. Benjamins und letztlich auch der Kritischen Theorie von M. Horkheimer und Th. W. Adorno, die strukturalistische von L. Althusser, die humanistische von E. Fromm, die basisdemokratische der jugoslaw. «Praxis»-Gruppe, die aktionistische eines Teils der Studentenbewegung von 1968 usw.) ‹Den› M. gibt es nicht, es gibt nur ‹Marxismen›, die sich mit mehr oder weniger Recht auf Marx berufen.

Das diesen Marxismen Gemeinsame reduziert sich auf einige Grundthesen und -theoreme der politischen und ökonomischen Theorie von Marx. Am meisten Übereinstimmung besteht in der radikalen Kritik des kapitalistischen Systems, das die Menschen ihrem Wesen entfremde, sie unterdrücke und ausbeute. Die Geschichte wird interpretiert als eine Geschichte von Klassenkämpfen auf der sozioökonomischen Grundlage sich wandelnder Produktionsverhältnisse, die sich in einem dialektischen Widerstreit mit den Produktivkräften befinden.

Der «historische Materialismus», zu dem sich die Marxisten in der Regel bekennen, versteht die Geschichte als eine Entwicklung dialektischer Widersprüche auf eine klassenlose, repressionsfreie, Kommunismus genannte Gesellschaft hin. In dieser müssen die Menschen nicht mehr ihre Arbeitskraft wie eine Ware an diejenigen verkaufen, die über die Produktionsmittel verfügen. Das Privateigentum an den Produktionsmitteln ist aufgehoben, und diese sind – wie auch immer – vergesellschaftet. Auf allen Gebieten der heutigen Gesellschaften spielt eine Dialektik von sozioökonomischer Basis und ideologischem Überbau (Staat, Recht, Politik, Religion usw.) eine entscheidende Rolle.

Ist das Ziel aller Marxisten eine Gesellschaft optimaler Freiheit, d. h. Selbstbestimmung, so bleibt der Weg zu dieser Freiheit umstritten. Marx selbst glaubte an die Notwendigkeit einer proletarischen Revolution und der Errichtung einer Diktatur des Proletariats als Übergangsphase zum klassenlosen Reich der Freiheit. Da die Entwicklung in Europa einen wesentlich anderen Verlauf nahm, als Marx vorausgesagt hatte, schworen die meisten Marxisten in der zweiten Hälfte des 20. Jh. der gewaltsamen Revolution und der Diktatur des Proletariats ab und bekannten sich zu einem demokratisch-parlamentarischen Weg zum Kommunismus. Insbesondere das deterministische Element in der Marxschen Theorie – daß die Geschichte sich mit quasi naturgesetzlicher Notwendigkeit auf den Kommunismus hinbewege – verlor dabei immer mehr an Überzeugungskraft.

Lit.: M. Barrett: The Politics of Truth. From Marx to Foucault, 1991. D. Bensaïd: Marx l'intempestif. Grandeurs et misères d'une aventure critique (XIXe–XX siècles), 1995. G. Bolte: Von Marx bis Horkheimer. Aspekte kritischer Theorie im 19. und 20. Jahrhundert, 1995. J. Clarke: M. and Morality, 1994. I. Fetscher: Karl Marx und der M., 1969. Ders.: Der M. Seine Geschichte in Dokumenten. 3 Bde., 1976/77. H. Fleischer (Hg.): Der M. in seinem Zeitalter, 1994. R. Garaudy: M. im 20. Jh., 1969. J. Habermas: Zur Rekonstruktion des historischen Materialismus, 1976. L. Kolakowski: Die Hauptströmungen des M., 3 Bde., 1977–79. G. Lukács: Geschichte und Klassenbewußtsein, 1923 (ND 1970). E. Mandel: Einführung in den M., 1994. T. G. Masaryk: Die philos. und soziologische Grundlage des M., 1899. A. Neusüß: M. Ein Grundriß der großen Methode, 1981. W. Oelmüller (Hg.): Weiterentwicklung des M., 1977. W. Theimer: Der M., [8]1985. P. Vranicki: Geschichte des M., 1972.

materiale Ethik, Bezeichnung für denjenigen Teil der Ethik, der, ausgehend von einer Wertlehre*, inhaltliche Handlungsnormen aufstellt (vgl. Scheler) im Gegensatz zur formalen Ethik.

Materialisation (von lat. *materia*, Bauholz, Material, Stoff), Verkörperlichung. 1. Im Spiritualismus* die Verstofflichung des Geistes*. 2. In Okkultismus und Spiritismus das Erzeugen von körperlichen Erscheinungen mit Hilfe eines Mediums.

Materialismus (von lat. *materia*, Baumaterial, Stoff). 1. Eine besondere Form des metaphysischen Realismus*, die behauptet, daß alles Existierende in Wirklichkeit Dinge oder Prozesse sind, die nur physische Eigenschaften haben. Die Wirklichkeit kann daher allein von der Physik her erklärt werden; Bewußtseinsphänomene können auf physische Prozesse im Zentralnervensystem oder im äußeren Verhalten zurückgeführt werden. – Der M. hat eine lange Tradition in der europäischen Philos. Schon

Materialismus

Demokrit und Epikur gaben materialistische Erklärungen der Welt*. Später entwarf Hobbes eine umfassende materialistische Philos.; für ihn sind alle Daseinsformen Körper in Bewegung. Im 18. Jh. wurde der M. von einigen franz. Philos. aufgegriffen; zu ihnen zählen La Mettrie, Diderot und Holbach. Im 19. Jh. entwickelte eine Gruppe dt. Physiologen (Vogt und Moleschott) den M. weiter. Im 20. Jh. ist diese Form des M. besonders vom sog. Behaviorismus* und der Identitätstheorie* von Bewußtsein und Leib vertreten worden.

2. Engels bezeichnet all diese Entwürfe als mechanischen oder vulgären M. im Gegensatz zum *dialektischen* M. Dieser kritisiert die Auffassung der mechanischen Materialisten, die Wirklichkeit bestehe nur aus physischen Körpern in Bewegung und deren Bewegungsgesetzen. Die Wirklichkeit hat mehrere Ebenen, z. B. die physische, die organische, die bewußtseinsmäßige, die soziale und ökonomische, die kulturgeschichtliche usw. Die höheren Ebenen setzen zwar die niedrigeren als ihre notwendigen* Bedingungen voraus und stehen in einem Wechselverhältnis zu ihnen; das bedeutet aber nicht, daß die höheren Ebenen auf die niedrigeren reduziert werden können. Der dialektische M. kann insofern als eine nuancierte Form des metaphysischen Realismus* angesehen werden. Er unterscheidet sich von anderen Formen des Realismus vor allem durch die Annahme der Existenz besonderer Entwicklungsgesetze.

3. Der *historische* M. als Teil des dialektischen M. beschäftigt sich mit der geschichtlichen Entwicklung der Menschengattung, der Gesellschaften und der gesellschaftlichen Klassen. Der historische M. fordert, daß das Studium der Geschichte von der materiellen Entwicklung der Gesellschaften mit ihren wechselnden Produktionsweisen ausgeht. Einige Philos. unterscheiden zwischen dem dialektischen M. als allgemeiner philos. Theorie und dem historischen M. als besonderer Methode, der man sich anschließen könne, ohne den dialektischen M. als ganzen anzuerkennen.

4. In der Frankfurter* Schule wurde versucht, eine materialistische Philos. zu entwickeln, die sich vom mechanischen wie vom dialektischen M. unterscheidet. Hier wird jede Form von metaphysischem Realismus, die die Wirklichkeit mit einer Reihe von an* sich (objektiv) existierenden Dingen oder Tatsachen identifiziert, kritisiert. Es ist sinnlos, über Dinge oder Tatsachen unabhängig von den Begriffen zu reden, mit denen wir diese Dinge oder Tatsachen beschreiben. Der metaphysische Realismus übersieht in naiver Weise das Verhältnis der Wirklichkeit zum Begriffsapparat, der diese ausdrücken soll, wenn er von der Annahme ausgeht, daß es eine Wirklichkeit unabhängig von einem die Sprache gebrauchenden Menschen (Subjekt*) gebe. Es ist nach Th. W. Adorno die Stärke des Idealismus*, daß dieser die Wirklichkeit als eine immer schon auf den Begriff gebrachte versteht. Der Fehler des Idealismus sei aber dessen Grundthese, daß die Wirklichkeit im Begriff ‹aufgeht›. Die Begriffe versuchten, die Phänomene* (Dinge, Tatsachen*) zusammenzufassen und ein identitätsbildendes Prinzip zu finden, das die verschiedenen Phänomene umfaßt und begründet. Die Wirklichkeit sei aber immer mehr als der Zusammenhang, der durch den identitätsbildenden Gebrauch von Begriffen über die Wirklichkeit begriffen wird. Die Wirklichkeit sei nie mit dem Begriff dieser Wirklichkeit identisch. Adornos M. besteht darin, daß er an diesem Unterschied (dieser Nicht-Identität) zwischen Begriff und Wirklichkeit festhält, zugleich aber betont, daß der Unterschied nur durch unseren Gebrauch der Begriffe zustande kommt. Sein philos. M. sucht nach Bereichen, in denen der Unterschied zwischen Begriff (begreifender Vernunft) und Wirklichkeit (erkanntem Gegenstand) besonders deutlich wird, z. B. in der Erfahrung von physischen Schmerzen oder den Grenzbereichen der Philos., in denen diese über sich selbst

hinauszuweist. – Bei W. Benjamin und E. Bloch, die sich ebenfalls als Materialisten bezeichnen, wird vor allem die sinnliche, nicht-begriffliche Seite der Wirklichkeit hervorgehoben. Hier wird möglicherweise noch deutlicher, daß sich die Unterscheidung zwischen M. und Nicht-M. nicht mit der traditionellen Unterscheidung zwischen M. als einer Form des Realismus und Idealismus als einer Form des Anti-Realismus deckt.

Lit.: E. Bloch: Das M.problem, 1972. A. Deborin/N. Bucharin: Kontroversen über dialektischen und mechanistischen M., 1969. W. Eichhorn: Dialektischer und historischer M., 1976. O. Finger: Der M. der «kritischen Theorie», 1976. L. Goldmann: Dialektische Untersuchungen, 1966. G. M. Hartmann: Der M. in der Philos. der griech.-röm. Antike, 1959. A. Kimmerle (Hg.): Modelle der m. Dialektik, 1978. F. A. Lange: Geschichte des M., 2 Bde., 1866 (ND. 1974). H. Ley: Studien zur Geschichte des M. im Mittelalter, 1957. M. L. Rybarczyk: Die m. Entwicklungstheorien im 19. und 20. Jh., 1979. A. Schmidt: Drei Studien über M., 1977.

Materie, s. Form/Inhalt.

Mathematik, Philos. der, philos. Disziplin, die die grundlegenden Begriffe und Annahmen der Mathematik analysiert. Während die mathematische Erkenntnis seit der Antike Gegenstand philos. Spekulation gewesen ist, hat sich die Ph. d. M. erst mit dem Entstehen der formalen Logik* und der mathematischen Grundlagenforschung Ende des letzten Jh. als ein eigenes Forschungsgebiet mit deutlich abgegrenzten Hauptrichtungen, Programmen usw. entwickelt. Zwei Fragen sind von besonderer Wichtigkeit für die Ph. d. M.: (a) Die Frage nach dem Gegenstand mathematischer Aussagen. Beschreiben diese Aussagen einen Teil der Wirklichkeit, und handelt es sich dann um die empirische Welt oder eher um eine selbständig existierende mathematische Wirklichkeit (das ontologische Problem)? (b) Die Frage nach dem erkenntnistheoretischen Status mathematischer Aussagen. Wie erlangen wir Wissen über mathematische Wahrheiten, und in welcher Beziehung steht dieses zu unserem übrigen Wissen (das erkenntnistheoretische Problem)? Die drei Hauptrichtungen innerhalb der Ph. d. M. – der Logizismus*, der Formalismus* und der Konstruktivismus/Intuitionismus* – differieren stark in ihren Antworten auf diese Fragen.

Lit.: O. Becker: Grundlagen der Mathematik, 1964. S. Körner: Ph. d. M. Eine Einführung, 1968. H. Meschowski: Problemgeschichte der Mathematik, I–II, 1979/81. Chr. Thiel: Philos. d. M., 1995

mathematische Logik. 1. Bezeichnung für ein Teilgebiet der modernen Logik, in dem die spezifisch mathematischen Beweisverfahren, Begriffsbildungen usw. untersucht werden. 2. Bisweilen Bezeichnung für die moderne Logik* als solche (symbolische Logik).

mathesis universalis (griech. *mathesis*, Wissenschaft, und lat. *universalis*, allumfassend). Descartes' und Leibniz' Bezeichnung für das Ideal einer Einheitswissenschaft nach dem Vorbild der Mathematik. Die m. u. soll es ermöglichen, von bestimmten grundlegenden Vernunftwahrheiten aus auf allen Gebieten der Erkenntnis folgerichtige Schlüsse zu ziehen.

Maxime (lat. *propositio maxima*, ‹höchster Grundsatz›). 1. In Boethius' lat. Ausgabe der Aristotelischen *Logik* ein oberster Grundsatz (Axiom*). 2. Später als Aphorismus oder Sentenz formulierte Lebensweisheit. 3. Praktischer Grundsatz. Für Kant eine subjektive* Regel, die das tatsächliche Handeln leitet. Anders als ein ethisches Gesetz besitzt die M. keine objektive Gültigkeit, sondern entspringt empirisch bedingten Interessen und Neigungen.

maya (sanskrit.), Begriff der indischen Philos., der im Vedanta-System zwei Bedeutungen besitzt: Einerseits bezeichnet m. eine schöpferische Kraft (besonders der Götter), andererseits eine Kraft (besonders bei Dämonen*), die betrügt und ein verfälschtes Bild der Wirklichkeit gibt. In diesem zweiten Sinn ist die m. ein Blendwerk. Wie ein ‹Schleier› hindert sie den Menschen, die wahre Wirklichkeit hinter der Mannigfaltigkeit der Phänomene* zu erkennen. – Schopenhauer übernimmt den negativen Begriff von m. und setzt ihn mit dem Individuationsprinzip* gleich: dem Prinzip, aufgrund dessen die Dinge und Menschen in der Welt als konkrete Individuen erscheinen.

McTaggart, John Ellis (1866–1925), engl. Philos. Studium in Cambridge, dort Lehrer für Philos. Wirkte auf Russell und Moore. – Die grundlegende Wirklichkeit ist für M. geistiger* Natur und besteht ausschließlich aus verschiedenem individuellem Bewußtsein*. Die Zeit*, in deren Analyse M. wichtigster Beitrag zur Philos. liegt, gilt ihm als unwirklich, als bloßer Schein*.

Ausg.: The Nature of Existence, 2 Bde., 1921/27. Philosophical Studies, 1934.

Mead, George Herbert (1863–1931), amerik. Philos.; Vertreter des Pragmatismus*, stark beeinflußt insbes. von James und Dewey. M. Versuche zur Bestimmung des Psychischen verstehen das Phänomen ‹Denken› (vor dem Hintergrund der pragmatistischen Annahme, daß Bewußtsein aus dem praktischen Verhalten in der Umwelt aufzuklären ist) als Instanz, welche beim zielgehemmten Fungieren die Handlungsfähigkeit über Neuinterpretation der Handlungssituation wiederherstellen soll. Seine Überlegungen zur Genese von ‹Bedeutung› führen M. zur folgenreichen Entdeckung sozialer Voraussetzungen von ‹Bewußtsein› im Rahmen des sog. symbolischen Interaktionismus: Die Bedeutungen von Gebärden und Handlungen werden durch die daran anschließenden Reaktionen anderer bestimmt. Die Identität der Bedeutung von Symbolen ergibt sich daraus, daß die Interaktionspartner wechselseitig die Perspektive der jeweils anderen einnehmen. Die dabei vom Individuum ‹I› dem anderen unterstellte Erwartung schlägt sich im ‹Selbstbild aus der Perspektive des anderen›, dem ‹me›, nieder. Die Vielzahl von Interaktionspartnern bedingt dann, daß die heterogenen Verhaltenserwartungen zu einem einheitlichen, kontrafaktisch stabilisierten Selbstbild (‹self›) synthetisiert werden, wobei das ‹I› Instanz spontaner, kreativer Eigenaktivität bleibt. Moraltheoretisch ist auf dieser Stufe der Identitätsbildung die Orientierung an universalistischen Normen ermöglicht.

M. Theorie der praktischen und sozialen Voraussetzungen von Bewußtsein wurde zunächst insbes. für die philos.* Anthropologie von Gehlen und Plessner bedeutsam; durch Habermas' Rezeption des M. Denkens wurde M. einer weiteren Öffentlichkeit bekannt.

Ausg.: Geist, Identität und Gesellschaft, 1968. Sozialpsychologie, 1969. Gesammelte Aufsätze, 2 Bde., 1980/83. – *Lit.:* J. Habermas: Theorie des kommunikativen Handelns, Bd. 2, 1981. Ders.: Individuierung durch Vergesellschaftung. In: Nachmetaphysisches Denken, 1989, 187–241. F. Heuberger: Problemlösendes Handeln, 1991. H. Jonas: Praktische Intersubjektivität, 1980. K. Raiser: Identität und Sozialität, 1971.

Mechanismus. Eine Auffassung, die der Mechanik die Rolle zuschreibt, alles in der Natur vorkommende vollständig beschreiben und erklären zu können. Die Bezeichnung wird häufig in Verbindung mit Descartes' Naturphilos., Hobbes' Metaphysik und der Systematisierung der klassischen Mechanik bei Newton gebraucht. Die wirkliche Welt besteht ausschließlich aus ausgedehnten Dingen in Bewegung oder Ruhe, die den Gesetzen der Mechanik folgen, so daß – aufgrund ihrer jetzigen Positionen – ihre zukünftigen Positionen vorausgesagt werden können (vgl. Determinismus).

Meditation (lat. *meditatio*, von *meditari*, überlegen, sich üben), ein Nachsinnen oder Betrachten, das sich durch innere

Vertiefung oder Konzentration auszeichnet. 1. Philos.: methodisches Durchdenken eines Problems, insbesondere durch Absehen von dem scheinbar Selbstverständlichen und dem von Autoritäten abhängigen Wissen und durch Konzentration auf sich selbst und auf Vernunftgründe allein. Verschiedene philos. Werke sind als Meditationen verfaßt (Augustin, Anselm, Descartes, Husserl). 2. Theologie: Sichversenken als Mittel religiöser Praxis (religiöse Übung).

Megarische Schule, philos. Schule in Megara Ende des 5. bis Anfang des 3. Jh. v. Chr. Die M. S. knüpfte an die Eleaten* und an Sokrates an; sie wandte sich gegen Platon und Aristoteles und gab später der Stoa* entscheidende Anstöße. Gegründet wurde sie durch Eukleides (ca. 450–380 v. Chr.); bekannt sind auch dessen Nachfolger Eubulides wegen seiner Lügner-Paradoxie (vgl. Paradox) und Diodoros Kronos (um 300 v. Chr.) aufgrund des sog. Meisterarguments, das die ‹Möglichkeit› leugnet. – Die M. S. diskutierte bereits über Implikationssätze und griff der modernen Definition der materialen Implikation* vor (vgl. Eristik).

Ausg.: K. Döring: Die Megariker, 1971.

Mehrdeutigkeit / Eindeutigkeit. M. oder Ambiguität (von lat. *ambiguus*, zweideutig) ist eine Eigenschaft von Ausdrücken, Wörtern, Sätzen und Texten, entweder für sich genommen oder bezüglich ihrer Verwendung in bestimmten Sprechsituationen. Sie besteht darin, daß die entsprechende Spracheinheit mehrere Bedeutungen hat oder in mehreren Bedeutungen verwendet werden kann. Ein Sonderfall von M. ist Zweideutigkeit oder Äquivokation (von lat. *aequus*, gleich, *voco*, rufen, benennen): Ein Wort hat genau zwei Bedeutungen. Ein Ausdruck wie ‹Wahrnehmung› ist zweideutig, da er sowohl den Wahrnehmungsprozeß als auch sein Resultat bezeichnen kann. E. ist das Gegenteil von M. Eindeutige oder univoke (von lat. *unus*, ein, und *voco*) Ausdrücke haben genau eine Bedeutung.

Zusammengesetzte Ausdrücke haben syntaktische* M. oder Amphibolie (von griech. *amphibolos*, was nach beiden Seiten geworfen wird); diese kann auf ihren syntaktischen Aufbau zurückgeführt werden. Z. B. ‹alle lieben einen› kann sowohl bedeuten, daß es jemanden gibt, den alle lieben, wie auch, daß von allen gilt, daß sie irgend jemanden lieben.

Mehrdeutige Referenz* haben Ausdrücke wie ‹es regnet›, ‹ich laufe› usw. Mitunter wird diese M. systematische M. oder auch Indexikalität genannt. Die Bedeutung dieser Wörter hängt von der Sprechsituation, von Zeitpunkt, Ort und Sprecher ab. Indexikalien wie ‹der›, ‹die›, ‹das›, ‹ich›, ‹du› usw. werden auch egozentrische Wörter genannt (von lat. *ego*, Ich, *centrum*). Solche Ausdrücke werden in der Pragmatik* untersucht.

Eine besondere Form der M. tritt dort auf, wo ein Wort *focal meaning* (engl.) hat. Die Bedeutungen dieses Wortes gruppieren sich hier um eine zentrale Bedeutung, zu der alle übrigen analogisch* oder metaphorisch* in Beziehung stehen. Der Begriff wurde von G. E. L. Owen eingeführt zur Bezeichnung dessen, was Aristoteles die *pros hen*-Struktur von Wörtern nennt, ihre ‹auf Eines hinweisende› Bedeutung. Ein Beispiel ist ‹gesund›, welches in dem Ausdruck ‹gesunder Körper› angibt, daß der Körper als Körper gesund ist, während ‹gesundes Klima› ausdrückt, daß das Klima für die körperliche Gesundheit förderlich ist. Die *focal meaning* des Wortes wird auch seine Primärinstanz genannt.

Meinong, Alexius, Ritter von Handschuchsheim (1853–1920), österr. Philos., Schüler F. Brentanos. 1877 Habilitation mit der Schrift *Hume-Studien*, ab 1882 Prof. in Graz. – M. philos. Interesse gilt v. a. der Entwicklung einer allgemeinen Gegenstandstheorie: Gegenstand ist alles, auf das sich ein Bewußtsein* richten (intendieren*) kann. Damit bearbeitet die Gegenstandstheorie ein erheblich weiteres Feld als die Metaphysik, die sich mit der existierenden Wirklichkeit als solcher befaßt. Denn Gegenstand des Bewußtseins kann auch werden, was nicht existiert. Für M. gibt es ebenso viele Gegenstandsklassen wie Klassen von Bewußtseinsakten. Den vier Hauptklassen der Bewußtseinsakte oder Erlebnisse – Vorstellen, Denken, Fühlen und Begehren – entsprechen vier Hauptklassen von Gegenständen: Objekte (z.B. ein blühender Baum), Objektive (Sachverhalte*, z.B. daß der Baum im Garten steht), Dignitative (z.B. das Wahre, Gute und Schöne) und Desiderative (z.B. Zwecke*). – M. wirkte u.a. auf Husserl und die frühen Phänomenologen*.

Ausg.: Gesamtausgabe, 7 Bde., 1968–78. – *Lit.:* R. Haller (Hg.): Jenseits von Sein und Nichtsein, 1972.

Melanchthon, Philipp (eigtl. Philipp Schwarzerd, 1497–1560), dt. Theol.; ab 1518 Prof. in Wittenberg. Trug entscheidend bei zur Herausbildung der protestantischen Dogmatik* (vgl. u.a. die *Confessio Augustana*, das «Augsburger Bekenntnis» von 1530). Die reformatorische Lehre sucht M. jedoch mit der Scholastik * und dem Humanismus zu verbinden. So behauptet er wie Erasmus (und im Gegensatz zu Luther) die Freiheit* des Willens.

Ausg.: Werke in Auswahl. Eine Studienausgabe, 1955–75. – *Lit.:* W. Ellinger (Hg.): P. M., 1961. F. W. Kantzenbach: P. M., 1980. R. Stupperich: Der unbekannte M., 1961.

Melissos von Samos (5. Jh. v. Chr.), griech. Philos. und Feldherr; der Jüngste aus der Schule der Eleaten*. M. lehrte die Einheit des Seins, die Ewigkeit und Unveränderlichkeit des Seienden. Das Sein hat nach M. weder Anfang noch Ende und muß folglich in der Ausdehnung unendlich sein.

Ausg.: H. Diels, W. Kranz (Hg.): Fragmente der Vorsokratiker, [6]1951 (ND 1985).

Mendelssohn, Moses (1729–86), dt. Aufklärungsphilos.* jüd. Herkunft. Verfaßte populäre Darstellungen etwa der Wolffschen Philos. M. zufolge gibt es im Judentum nur Dogmen*, die sich auf dem Wege der Vernunft beweisen lassen. In seinen Abhandlungen über die natürliche Religion (den Deismus*) trug er solche Beweise vor, u.a. für die Existenz Gottes und die Unsterblichkeit der Seele, vertrat aber eine Haltung religiöser Toleranz. Als erster unterscheidet M. drei Seelenvermögen: Erkenntnis, Wille und Billigung (d.h. ästhetische Urteilskraft*). U.a. mit Kant und Lessing befreundet, für dessen «Nathan»-Figur er als Vorbild diente.

Ausg.: Gesammelte Schriften, I–XX, 1929–32, VII, XIV, 1938. – *Lit.:* M. Albrecht: M. M. 1729–86. Das Lebenswerk eines jüd. Denkers der dt. Aufklärung, 1982. Ders. et al. (Hg.): M. M. und die Kreise seiner Wirksamkeit, 1994. A. Altmann: Die trostvolle Aufklärung. Studien zur Metaphysik und politischen Theorie M. M., 1982. J. H. Schoeps: M. M., 1979.

Merleau-Ponty, Maurice (1908–61), franz. Philos., geb. in Rochefort-sur-Mer, studierte 1926–30 an der École Normale Supérieure in Paris, u.a. mit Sartre und J. Hyppolite. In den 30er Jahren unterrichtete M.-P. an verschiedenen Gymnasien und an der École Normale Supérieure. Zur gleichen Zeit hörte er Kojèves Vorlesungen über Hegel. 1945 gründete er u.a. zusammen mit Sartre die Zeitschrift *Les temps modernes*, deren politischer Redakteur er wurde. Im gleichen Jahr bekam er eine Anstellung an der Universität Lyon. 1950–52 Prof. für Psychologie und Pädagogik an der Sorbonne, danach Prof. für Philos. am Collège de France.
Die für die franz. Philos. der 40er und 50er Jahre charakteristische Verbindung von Phänomenologie*, Existenzphilos.* und Dialektik* kommt gerade bei M.-P. zum Ausdruck. Dies zeigt sich in den folgenden Bestrebungen: (1) im Aufsuchen des unmittelbar oder vorweg Gegebe-

Moses Mendelssohn (links) mit Lavater und Lessing (stehend)

nen, d. h. desjenigen, was unmittelbar oder bereits vor unserem bewußten, reflektierenden Verhalten zur Welt in der Wahrnehmung gegeben ist. Die Wahrnehmung (oder Perzeption) ist unser grundlegender Zugang zur Welt, in der wir uns bereits mit unserer ganzen Leiblichkeit befinden. (2) Im Versuch, den gesellschaftlichen, geschichtlichen und sprachlichen Zusammenhang, in dem wir leben, auf den Begriff zu bringen. M.-P. Phänomenologie ist von dieser Spannung zwischen der Betonung der Unmittelbarkeit (Perzeption, Leiblichkeit) und der Betonung des Vermittlungszusammenhangs (die Sprache, die Geschichte) beherrscht. In beiden Fällen wird eine Antwort auf die Frage gegeben, was das Konkrete oder Wirkliche sei.

M.-P. Philos. beschreibt die vorgängige Vertrautheit mit der Welt, in welcher wir mit unserer Leiblichkeit leben und die wir mit unserer Existenz voraussetzen. Aber es ist auch eine Philos., die – wie die Philos. Hegels – sich mit dem Vermittlungszusammenhang beschäftigt, der unsere Perspektive überschreitet und uns fremde und ferne Welt bildet. M.-P. Gesellschafts- und Geschichtsphilos. hat einen wesentlich klärenden Einfluß auf die franz. Marxismusdiskussion um 1950. Der Doppelcharakter von M.-P. Philos. zeigt sich auch im Verhältnis zu den Fachwissenschaften. M.-P. versucht, hinter den verschiedenen Fachwissenschaften zu ihrer Verankerung in der unmittelbar erlebten Welt vorzudringen. Zugleich hat er früh und exemplarisch Erneuerungen in den Fachwissenschaften der philos. Reflexion unterworfen und für die Philos. fruchtbar gemacht. Das gilt besonders für die Gestaltpsychologie* und die strukturelle Linguistik (Saussure). – M.-P. ist eine der wichtigen Gestalten der franz. Philos. in den 60er und 70er Jahren.

Maurice Merleau-Ponty

Ausg.: Phänomenologie der Wahrnehmung, 1966. Die Abenteuer der Dialektik, 1968. Vorlesungen I, 1973. Die Struktur des Verhaltens, 1976. Die Prosa der Welt, 1984. Das Auge und der Geist, 1967. Das Sichtbare und das Unsichtbare, 1986. – *Lit.:* R. Barbaras: De l'être du phénomène, 1991. M.M. Langer: M.-P. Phenomenology of Perception, 1989. A. Métraux/B. Waldenfels (Hg.): Leibhaftige Vernunft, 1986. B. Waldenfels: Phänomenologie in Frankreich, 1987.

Merton-Schule oder Oxforder Kalkulatoren, Bezeichnung einer Gruppe engl. Denker aus dem 14. Jh., von denen mehrere in Verbindung zum Merton College in Oxford standen (z. B. William Heytesbury und Thomas Bradwardine). Diese Philos. bemühten sich um die Entwicklung einer neuen Begrifflichkeit zur Beschreibung von Bewegung und qualitativer Veränderung. Sie bedienten sich dazu oft der Annahme von Extremsituationen, z. B. daß ein Körper bei Beibehaltung seiner Identität allmählich auf einen quantitätslosen Zustand reduziert werde. Die M. gilt als Vorgängerin der neueren Naturwissenschaft (Galilei u. a.).

Lit.: A. Maier: An der Grenze von Scholastik und Naturwissenschaft, 1943. Ders.: Die Vorläufer Galileis im 14. Jh., 1949.

mesotes (griech., Mitte, Mittelpunkt), zentraler Begriff der Aristotelischen Ethik. Die verschiedenen Tugenden bilden jeweils die Mitte zwischen einem Zuviel und einem Zuwenig. Tugend oder moralische Tüchtigkeit besteht im rechten Maß. So ist Tapferkeit die Mitte zwischen Draufgängertum und Feigheit, Großzügigkeit die Mitte zwischen Verschwendung und Knauserei usw.

Messung, ein Verfahren, das eine eindeutige Zuordnung einer Zahlenmenge zu einer Menge von Gegenständen ermöglicht. Man unterscheidet zwischen topologischer M. und metrischer M. 1. Eine topologische M. ordnet die Gegenstände nach einer bestimmten Größe auf eine solche Weise, daß man sagen kann, ob a vor, nach oder neben b einzuordnen sei, z. B.: a ist länger/schwerer/härter/schöner als b, oder a ist genauso lang/schwer/hart/schön wie b. Größen, mit deren Hilfe man topologische M. vornimmt, nennt man intensive Größen (vgl. intensiv/extensiv). 2. Eine metrische M. ordnet die Gegenstände nach der Größe in solcher Weise, daß gesagt werden kann, wieviel größer/kleiner ein Gegenstand im Vergleich zu einem anderen Gegenstand ist. Der einzelne Gegenstand bekommt einen numerischen Wert zugeschrieben, der zum Ausdruck bringt, wie oft ein Gegenstand einen bestimmten Wert, die Maßeinheit, enthält. Voraussetzung metrischer M. ist, daß man sich auf Größen bezieht, die das sog. Additionstheorem erfüllen, demzufolge Größen dieser Art addiert oder zu Ganzheiten zusammengefaßt werden können, die ihrerseits wiederum mit der Summe ihrer Teile identisch sind. Solche Größen, z. B. Längen oder Masse, nennt man additive oder extensive Größen.

metabasis eis allo genos (griech., Übergang zu einer anderen Gattung), von Aristoteles in der *Topik* kritisierter Beweisfehler, plötzlicher Sprung in einer Beweisführung oder Argumentation, in der man über etwas anderes spricht als über dasjenige, wovon die Sache handelt. Es handelt sich um ein beliebtes rhetorisches Mittel, etwa in politischen Diskussionen, um eine Aussage mit Hilfe einer gleichlautenden Aussage über einen anderen Gegenstandsbereich beweisen zu wollen.

Metaethik, s. Ethik.

Metakritik (von griech. *meta*, nach, und *krinein*, trennen, wählen, urteilen), ein von Hamann (1784) und Herder (1799) eingeführter Neologismus für ihre Einwände gegen Kants *Kritik der reinen Vernunft* mit der Bedeutung: Kritik der Kritik. M. wird als Antwort und kritische Stellungnahme zu einer bereits dargelegten Kritik verstanden.

Metalogik (von griech. *meta*, nach), die Untersuchung der Eigenschaften logischer Systeme, besonders der Widerspruchsfreiheit, Vollständigkeit und Entscheidbarkeit dieser Systeme mit formalen Methoden (s. Logik, moderne).

Lit.: H. Lenk: M. und Sprachanalyse, 1973.

Metamathematik (von griech. *meta*, nach), auch Beweistheorie genannt. Die von D. Hilbert begründete exakte Wissenschaft formaler, insbesondere mathematischer Systeme und deren Eigenschaften. Im Gegensatz zur Modelltheorie, die die semantischen* Eigenschaften solcher Systeme untersucht, beschäftigt sich die M. ausschließlich mit den syntaktischen* Eigenschaften, d. h. vor allem mit der Beweisbarkeit u. ä. Die Gödelschen Theoreme über Unvollständigkeit sind bekannte Beispiele m. Ergebnisse. Hilbert und spätere Theoretiker der M. heben hervor, daß die M. nur ‹finitische› (von lat. *finis*, Grenze, Schluß) Methoden erlauben kann, d. h. Verfahren, die sich nur mit einer endlichen Anzahl Schritten durchführen lassen.

metanoia (griech., Umdenken, Reue), tiefgreifende Änderung des Selbst- und/oder Weltverständnisses, grundsätzliche Neuorientierung, Umkehr.

Metapher (griech. *metaphora*, von «meta» und «pherein», hinübertragen), Figur uneigentlicher Rede (Trope), übertragener, bildlicher Ausdruck. Durch die M. wird ein Wort von dem einen Gegenstandsbereich in einen ihm fremden anderen Gegenstandsbereich ‹hinübergetragen›. Beispiel: das Alter – der Abend des Lebens; Achill – ein Löwe (vgl. Aristoteles, *Rhetorik*, 1406b/1407a, *Poetik*, 1457b). Kern einer M. ist eine Analogie, eine Entsprechung zweier Verhältnisse (Alter: Leben = Abend: Tag). Die M. wird daher oft als elliptisches Gleichnis, als ein Vergleich ohne ‹wie› bezeichnet. Die Analogie kann in der Regel auch ohne Hilfe der M. gezeigt und formuliert werden; in gewissen Fällen wird sie aber erst durch die M. ‹geschaffen› oder ‹gestiftet›. In diesem zweiten Fall ist die bildliche Rede nicht durch wörtliche Rede zu ersetzen. Die M. sagt etwas, was man in wörtlicher Bedeutung nicht sagen kann; sie macht – auch am Vergleichsgegenstand – Dinge sichtbar, die man ohne sie nicht sehen könnte (M. Blacks «Interaktionstheorie» der M.).

Bei einer M. kann man unterscheiden zwischen dem primären Gegenstand, dem neue Bedeutung verliehen wird (Achill), und dem sekundären Gegenstand, von dem die neue Bedeutung geholt wird (Löwe). Mit dem sekundären Gegenstand, der in der Regel aus einem vertrauten Lebensbereich stammt, verbindet der Leser oder Hörer ein (kontextabhängiges) System von miteinander assoziierten Gemeinplätzen (z. B. darüber, was einen Löwen ausmacht). Gewisse dieser Gemeinplätze werden nun organisiert und als Filter benutzt, durch den hindurch der erste Gegenstand gesehen wird. Die in diesem System von Gemeinplätzen steckenden Implikationen für den primären Gegenstand sind in ihrer Gesamtheit und in ihrem Zusammenhang ein Modell*

für die dem primären Gegenstand unterstellten Zuschreibungen.
Das Phänomen der M. hat in den 70er und vor allem in den 80er Jahren in Sprachphilos., Wissenschaftstheorie und Wissenschaftsgeschichte wachsende Aufmerksamkeit gefunden. Im Ausgang von der schon bei Nietzsche zu findenden These, daß letztlich alles Sprechen metaphorisch sei, wird der heuristische und erkenntnisfördernde Wert von M. in der Begriffs-, Theorie- und Modellbildung der verschiedenen Wissenschaften und die Rolle sog. ‹absoluter Metaphern›, die nicht einholbar sind und die dem «nie erfahrbaren, nie überschaubaren Ganzen der Realität» erst ihre Struktur geben (H. Blumenberg), zu einem eigenen Gegenstand ideen- und wissenschaftsgeschichtlicher Forschung.

Lit.: M. Black: Models and Metaphors, 1962. H. Blumenberg: Paradigmen zu einer Metaphorologie, 1960. D. Davidson: Was M. bedeuten. In: Wahrheit und Interpretation, 1986. R. Eucken: Über Bilder und Gleichnisse in der Philos., 1880. A. Haverkamp (Hg.): Theorie der M., 1983. M. Hesse: Models and Analogies in Science, 1966. R. Kennedy: The Creative Power of Metaphor: A Rhetorical Homiletics, 1992. G. Lakoff/M. Johnson: Metaphors We Live By, 1980. W. H. Leatherdale: The Role of Analogy, Model and Metaphor in Science, 1974. J. Nieraad: «Bildgesegnet und bildverflucht». Forsch. zur sprachl. Metaphorik, 1977. A. Ortony: Metaphor and thought, 1979. I. A. Richards: The Philosophy of Rhetoric, 1936. P. Ricœur: Die lebendige M., 1986.

Metaphysik/Ontologie (engl. *metaphysics/ontology*; franz. *métaphysique/ontologie*; griech. *ta meta ta physica*; lat. *metaphysica/ontologia*). Das Wort M. ist erstmals in der zweiten Hälfte des 1. Jh. v. Chr. belegt; der genaue Ursprung bleibt aber umstritten. Nach verbreiteter Ansicht stammt das Wort von den Herausgebern der Aristotelischen Werke und diente als Bezeichnung für die Bücher, die nach (griech. *meta*) den Büchern über die Natur (griech. *physis*) angeordnet wurden und die Aristoteles selber Erste Philos. (griech. *prote philosophia*; lat. *prima philosophia*) genannt hatte. Erst später sei das Wort M. auf das Gebiet übertragen worden, das Aristoteles in den Schriften zur Ersten Philos. behandelte. Doch diese Worterklärung ist wahrscheinlich falsch. Fest steht dagegen, daß die sog. M. des Aristoteles für den europäischen Begriff der M. entscheidende Bedeutung hatte. So zeigen sich schon in seiner Ersten Philos. zwei unterschiedliche, auch die spätere M. kennzeichnende Tendenzen: Auf der einen Seite wird M. bestimmt als Lehre vom Seienden* als Seiendem, speziell als Lehre von dessen notwendigen und wesentlichen* Merkmalen. In diesem Sinn sind alle Wesenszüge des Seienden als Thema der M. prinzipiell gleichrangig, unabhängig davon, ob sie Steine, Wasser, Pflanzen, Tiere, Menschen, Götter oder Planeten betreffen. Auf der anderen Seite wird M. bestimmt als Lehre vom höchsten Seienden, das den unbedingten Grund* bildet für alles übrige. Daher war M. immer auch die Lehre vom Absoluten*, vom Einen*, von Gott* usw. Wegen dieser beiden Tendenzen in der traditionellen M. wird die M. – u. a. wieder von Heidegger – auch Onto-Theologie genannt, d. h. sowohl Lehre (griech. *logos*) vom Sein* des Seienden (griech. *on*) als auch Lehre von Gott (griech. *theos*). Die onto-theologische Fassung der M. beherrscht die europäische M. von Platon bis Hegel. Sie ist in unzähligen Weisen variiert worden, aber die folgende Grundstruktur findet sich immer wieder: Es gibt ein *erstes Prinzip* (z. B. die Idee* des Guten bei Platon, die Vernunft bei Aristoteles, das Eine bei Plotin, der christliche Schöpfergott bei den Scholastikern*, die Substanz* bei Spinoza, die höchste Monade* bei Leibniz, das transzendentale* Ich bei Fichte und das Absolute* bei Schelling und Hegel), das sicherstellt:
1. daß es Gesetzmäßigkeit und Struktur in den Phänomenen gibt;
2. daß ethische und ästhetische Normen* nicht willkürlich sind oder ein bloßes Produkt von Konventionen, d. h. daß der *metaethische* Kognitivismus** gilt;

3. daß der Inhalt der höchsten Normen bestimmt werden kann (z. B. die mystische Einheit mit den Ideen bei Platon und Plotin, *phronesis* und das philos. Leben bei Aristoteles, die Seligkeit bei den Christen usw.)
4. daß die höchsten Normen verwirklicht werden können (entweder in diesem Leben oder jedenfalls nach dem Tod);
5. daß der Mensch die Möglichkeit hat, das erste Prinzip zu erkennen (entweder auf natürliche Weise mit Hilfe der Sinne, der Vernunft, oder in einer mystischen Intuition* bzw. kraft einer Offenbarung wie im Christentum).

Eine Reihe von Philos., z. B. Wilhelm von Ockham im Mittelalter sowie Kant und Kierkegaard in neuerer Zeit, haben der in Punkt 5 erwähnten Erkenntnis enge Grenzen gesetzt; zugleich aber haben sie die M. und damit Punkt 1 bis 4 wieder neu etabliert kraft eines mehr oder weniger irrationalen Glaubens. Die radikaleren Kritiker der M. wie die Sophisten*, die griech. Skeptiker*, der Empirist* Hume und die franz. Materialisten* des 18. Jh. waren dagegen in der Minderheit. Erst seit Ende des 19. Jh. und im 20. Jh. wird es unter Philos. üblich, M. als Onto-Theologie abzulehnen. Die Ursprünge dieser Kritik reichen jedoch bis in das 17. Jh. zurück.

Im 17. und 18. Jh. wird eine Unterscheidung eingeführt zwischen (1) der allgemeinen M. (lat. *metaphysica generalis*), d. h. der O. (lat. *ontologia*), und (2) der speziellen M. (lat. *metaphysica specialis*) als Sammelbezeichnung für rationale Theologie, rationale Kosmologie und rationale Psychologie. Obwohl diese Unterscheidung terminologisch aus der Neuzeit stammt, geht sie der Sache nach auf die antike und scholastische* Philos. zurück. Die *allgemeine* M. entspricht der ersten Haupttendenz in der Tradition, M. zu bestimmen als Lehre von den Grundstrukturen (d. h. den notwendigen Wesensmerkmalen) dessen, was ist oder dasein kann. Sie handelt vom Verhältnis zwischen Substanz* (Ding*) oder Essenz* (Wesen*) und Akzidens*, zwischen dem Notwendigen und dem Zufälligen (vgl. Modalität), Einheit und Vielheit usw. Aufgabe der *speziellen* M. ist dagegen eine Erklärung der besonderen Formen, in der etwas dasein kann; sie besteht in der Lehre von der Natur*, von der Seele* und von Gott. Die Lehre von Gott, die rationale* Theologie als Unterabteilung der speziellen M., entspricht dabei der zweiten Haupttendenz der Tradition, M. als Lehre vom höchsten Seienden (Gott) zu verstehen. Die Trennung zwischen allgemeiner und spezieller M. lebt im 19. und 20. Jh. weiter, u. a. in Husserls Unterscheidung zwischen der formalen O. und den materialen (d. h. inhaltsbestimmten) oder regionalen O. mit ihren je eigenen Kategorien*.

Aufgrund einer wachsenden Skepsis gegenüber den Möglichkeiten der M. wird in der neueren Philos. auf die genannte terminologische Unterscheidung immer weniger Wert gelegt. Statt dessen verwendet man (v. a. in der angelsächsischen Literatur) die Wörter M. und O. synonym als Bezeichnung für die Problemstellungen, mit denen sich die klassische M. auseinandersetzte – und die durch die empirischen* Methoden der Einzelwissenschaften nicht zu lösen sind. Gleichwohl wirkt die Unterscheidung von allgemeiner und spezieller M. noch fort, und zwar in der Logik; dort wird zuweilen unterschieden zwischen formaler Logik* und inhaltsbezogenen begriffslogischen Bestimmungen (vgl. u. a. Russells Typentheorie* oder Ryles Lehre von den Kategorienfehlern*).

Kontroverse Auffassungen bestehen über das Verhältnis der M. zu den erkenntnistheoretischen* Fragen, was Wissen heißt und welches Wissen der Mensch erlangen kann. Daß die metaphysischen Behauptungen die Grenzen der alltäglichen und fachwissenschaftlichen Erkenntnis überschreiten, ist unbestritten; aber es herrscht keine Einigkeit darüber, wie solche Behauptungen genauer eingeschätzt werden sollen. Grob gesprochen gibt es vier verschiedene Positionen: (a) Nach Hume und dem logischen* Positivismus handelt es sich bei metaphysischen Behauptungen um reine Gefühlsäußerungen, die strenggenommen (kognitiv*) sinnlos sind. (b) Für viele (u. a. neukantianische*) Wissenschaftstheoretiker des 19. und 20. Jh. drücken metaphysische Behauptungen keine Erkenntnis aus, dienen jedoch methodologisch in Alltag und Wissenschaft als regulative Ideale*. Sie liefern Anhaltspunkte und Richtlinien, an denen man sich in der alltäglichen Praxis und in der wissenschaftlichen Arbeit orientieren kann. (c) Nach Jaspers bieten metaphysische Behauptungen zwar keine Erkenntnis über diesen oder jenen Gegenstand, aber eine historisch bedingte Deutung der Welt* als Ganzeit, eine Weltanschauung*. Ohne solche Weltanschauung könnte der Mensch nicht als Mensch existieren. (d) Metaphysische Behauptungen drücken eine besondere Form von Erkenntnis aus, sofern ihre Wahrheit oder Falschheit sich rein *a* priori entscheiden läßt. Diese Auffassung vom erkenntnistheoretischen Status der M. war in der europäischen Philos. vorherrschend; Meinungsunterschiede gab es allerdings über die genaueren Inhalte, Grenzen und Möglichkeiten der M. sowie über die Frage, ob die Erkenntnis *a priori* als Intuition* (intellektuelle Anschauung*), diskursive* Argumentation und/oder als spekulative* Philos. zu gelten hat.

Die klassische Bestimmung der M. findet sich bei Kant: M. besteht in einer Reihe notwendig wahrer (oder falscher) synthetischer Urteile *a priori* (vgl. analytisch/synthetisch) über Verhältnisse, die über jede mögliche Erfahrung* hinausgehen. Daß metaphysische Erkenntnis in diesem Sinn möglich sei, bestreiten mit Kant die meisten modernen Philos. Zugleich hat Kants Definition und Kritik der M. dazu beigetragen, daß die metaphysischen Probleme in der modernen Philos. entweder verabschiedet oder aber in logischem, sprachphilos.* und/oder transzendentalphilos.* Rahmen weiterdiskutiert worden sind. Man spricht daher heute auch von einem «nachmetaphysischen Denken», das die als überzogen bezeichneten Geltungsansprüche des metaphysischen «Identitätsdenkens» hinter sich läßt, weil es sich dessen bewußt ist, daß auch die Philos. die konkrete Lebenswelt nicht auf ein Überzeitliches, Notwendiges und Allgemeines hin übersteigen kann. «Nachmetaphysisches Denken» kann darum, wie etwa Habermas betont, nur rekonstruktiv – und nicht mehr letztbegründend – die vernünftigen Strukturen, d. h. die Verschränkung von propositionaler Wahrheit, normativer Richtigkeit und subjektiver Wahrhaftigkeit aus der kommunikativen Alltagspraxis und Lebenswelt erschließen. – S. Ontologie

Lit.: G. Abel/J. Salaquarda (Hg.): Krisis der M., 1989. J. A. Benardele: Metaphysics, 1990. W. L. Craig/Q. Smith: Theism, Atheism, and Big Bang Cosmology, 1993. K. H. Haag: Der Fortschritt in der Philos., 1983. J. Habermas: Nachmetaphysisches Denken, 1988. M. Heidegger: Was ist M., 1929. D. Henrich/R. P. Horstmann: M. nach Kant?, 1988. F. Kaulbach: Einführung in die M., 1972, ⁵1991. K. Kremer: M. und Theologie, 1980. L. Kolakowski: Horror metaphysicus, 1989. J. Leslie: Universes, 1989. K. Löwith: Gott, Mensch und Welt in der M. von Descartes bis Nietzsche, 1967. G. Martin: Einleitung in die allgemeine M., 1957. M. Munitz: The Question of Reality, 1990. W. Oelmüller/R. Dölle-Oelmüller/C. F. Geyer (Hg.): Diskurs M., 1983, ²1995. J. F. Post: The Faces of Existence, 1987. Q. Smith/L. M. Oaklander: Time, Change and Freedom. Introduction to Metaphysics, 1995. U. Steinvorth: Warum überhaupt etwas ist. Eine kleine demiurgische M., 1994

Metasprache, s. Objektsprache/Metasprache.

methexis (griech.), Teilhabe. Bei Platon Bezeichnung für die ‹Teilhabe› der wahrnehmbaren Erscheinungen (vgl. Phänomen) an den Ideen* (s. Parusie).

Methode (griech. *methodos*), Erkenntnisweg, planmäßiges Vorgehen zur Erlangung oder Begründung von Wissen. Die deduktive M. ist für die formalen Wissenschaften Mathematik und Logik* kennzeichnend (s. Beweis und deduzieren).

Seit Ende des 19. Jh. sind die Methoden, denen sich die Erfahrungswissenschaften (Natur-, Gesellschafts- und Geisteswissenschaften) bedienen, immer wieder Thema kontroverser Diskussionen. Zur sog. induktiven M. s. Induktion, zur hypothetisch-deduktiven M. s. Popper und Kritischer Rationalismus, zur hermeneutischen M. s. Hermeneutik. Vgl. ferner Frankfurter Schule, Naturwissenschaft, Strukturalismus und Geisteswissenschaft.

Methodenlehre, Methodik, Methodologie, Methodentheorie. Die Lehre von den Verfahren, die zur Forschung und Beweisführung in den verschiedenen Wissenschaften angewendet werden. Der Zweck der M. liegt dabei nicht nur in der Klärung und Beschreibung, sondern auch in der Begründung der Verfahren.

Meyerson, Émile (1859–1933), franz. Chemiker und Philos. In seinem Hauptwerk *Identité et réalité* (1908) vertritt er eine Gegenposition zum Positivismus*. In erster Linie kritisiert er die Auffassung, daß sich die Wissenschaften auf die Feststellung gesetzmäßiger Verbindungen zwischen wahrnehmbaren Phänomenen* begrenzen sollen. Für ihn liegt die entscheidende Forderung an eine wissenschaftliche Erklärung darin, daß sie die zugrundeliegenden Kausalverhältnisse in ihrer Gesetzmäßigkeit klärt. So genügt es z. B. nicht festzustellen, daß Wasser zu Eis wird, wenn seine Temperatur einen bestimmten Punkt erreicht. Das Hauptinteresse liegt vielmehr darin zu wissen, warum dem immer so ist. Die Antwort hierauf muß sich auf die Bewegungen von Molekülen o. ä. beziehen, d. h. auf Teile der Wirklichkeit, die sich unserer unmittelbar gegebenen (positiven) Sinneswahrnehmung entziehen.

Ausg.: Identität und Wirklichkeit, 1930.

Mikrokosmos, vgl. Makrokosmos/Mikrokosmos.

Mill, John Stuart (1806–73), engl. Philos. und Ökonom, geb. in London. M. erhielt den größten Teil seiner Ausbildung von seinem Vater, James Mill (1773–1836). 1823 trat M. in die British East India Company ein; er verließ diese Stellung erst mit der Auflösung der Firma im Jahre 1858. Daneben betätigte er sich als Schriftsteller. 1865–68 war er ein unabhängiges Mitglied des britischen Unterhauses. In seinen jungen Jahren war M. ein ergebener Anhänger der Benthamschen Philos. Nach einer persönlichen Krise, die im Jahre 1826 einsetzte, änderte er jedoch seine Auffassung in verschiedenen Punkten. – M. Gedanken hatten großen Einfluß auf die engl. Universitätsphilos. Er selbst lehrte allerdings nie an einer Hochschule.

M. Schriften umfassen ein weites Feld philos. Probleme. Sein logisches und erkenntnistheoretisches Hauptwerk, *A System of Logic* (1843), handelt von der Frage nach der Begründung wissenschaftlicher Erkenntnis. M. versucht die klassische Logik*, die Syllogistik*, durch eine Theorie der Induktion* zu ergänzen, d. h. durch eine Theorie darüber, wie von Einzelerfahrungen auf die Existenz allgemeiner Gesetzmäßigkeiten geschlossen werden kann. Seine Untersuchungen fanden in den sog. Millschen Methoden ihren Niederschlag. Das Werk behandelt ferner die Grundlagen der Geschichts- und Gesellschaftswissenschaften. Diese sind auf dieselben Methoden wie die Naturwissenschaften angewiesen, können aber wegen ihres besonderen Gegenstands nicht dieselbe Gewißheit und Präzision erreichen. M. Theorien scheinen oft eine realistische* Auffassung der Wissenschaften vorauszusetzen; in anderen Zusammenhängen vertritt er indes einen radikalen Empirismus*, der die physische Wirklichkeit als eine permanente Möglichkeit von Sinneswahrnehmungen versteht.

M. ethisches Hauptwerk *Utilitarianism* (1863) ist eine Weiterentwicklung des Benthamschen Utilitarismus*. Im Gegensatz zu diesem ist M. der Auffassung,

John Stuart Mill

daß die qualitativ verschiedenen Aspekte menschlichen Glücks nicht mit rein quantitativen Mitteln gegeneinander abgewogen werden können. In seinen politischen Schriften (u. a. in seinem «Essay of Liberty», 1859) verteidigt er die repräsentative Demokratie und das Recht des einzelnen auf freie Selbstentfaltung. Er tritt deshalb u. a. für die Gleichstellung von Mann und Frau ein.

Ausg.: Gesammelte Werke, I–XII, 1869–81 (ND 1968) – *Lit.:* V. Bartsch: Liberalismus und arbeitende Klassen. Zur Gesellschaftstheorie J. S. M., 1982. J. Gaulke: J. S. M., 1996. H. Jakobs: Rechtsphilos. und politische Philos. bei J. S. M., 1965. M. Ludwig: Die Sozialethik des J. S. M.: Utilitarismus, 1963. R. Schuhmacher: J. S. M., 1994. J.C. Wolf: J. S. M. «Utilitarismus», 1992.

Mimesis (griech. *mimesis*, Darstellung, Nachahmung). 1. Ursprünglich szenisch-dramatische Darstellung (Vorführung) mit der Nebenbedeutung Nachahmung – der Handlungen, Zustände, Erfahrungen von Personen. Diese Nebenbedeutung dominiert zunehmend. Bei Aristoteles ist M. als Nachahmung das Prinzip der Kunst. M. wird hier jedoch nicht als Kopieren oder Abbilden verstanden, sondern im Gegenteil als Schöpfung *(poiesis)*, die als solche einen Abstand und eine gewisse Eigenständigkeit gegenüber der gegebenen Wirklichkeit (Natur) mit sich führt. 2. Im *Staat* wertet Platon die Kunst ab als bloße Nachahmung der Nachahmung; das Gemälde eines Tisches z. B. ist Nachahmung des Tisches, der seinerseits schon Abbild der Idee* des Tisches ist. 3. In der neuzeitlichen Ästhetik* gilt M. meist nur als Nachbildung (lat. *imitatio*) der Natur oder Gesellschaft.

Lit.: E. Auerbach: Dargestellte Wirklichkeit in der abendländischen Literatur, 1946. G. Gebauer/C. Wulf: Mimesis, 1991. H. R. Jauss (Hg.): Nachahmung und Illusion, 1964.

Modalität (lat. *modus*, Art und Weise). 1. In Kants Kategorientafel* die Bezeichnung für die Begriffe ‹Möglichkeit›, ‹Existenz›, ‹Notwendigkeit› und die entsprechenden Gegensätze ‹Unmöglichkeit›, ‹Nicht-Existenz›, ‹Zufälligkeit›. Nach Kant können die Urteile* kraft ihrer M. in drei Urteilsklassen eingeteilt werden: Problematische Urteile (griech. *problema*, Aufgabe) sagen, ob etwas möglicherweise der Fall ist; assertorische Urteile (lat. *asserere*, zusprechen) sagen, ob etwas tatsächlich der Fall ist; apodiktische Urteile (griech. *apodeixis*, Beweis) sagen, ob etwas notwendigerweise der Fall ist. – 2. In der Logik heißt ein Urteil modal oder besitzt M., wenn es etwas über die Wahrheit eines bestimmten anderen Urteils p aussagt. Man unterscheidet zwischen verschiedenen Formen logischer Modalität: (a) alethische M. (griech. *aletheia*, Wahrheit): ‹Es ist (logisch) notwendig, daß p›, ‹Es ist kontingent (zufällig, möglich), daß p› und ‹Es ist (logisch) unmöglich, daß p›; (b) temporale M. (lat. *tempus*, Zeit): ‹Es ist jetzt der Fall, daß p›, ‹Es war früher der Fall, daß p› und ‹Es wird der Fall sein, daß p›, (c) epistemische M. (griech. *episteme*, Wissen): ‹Wir wissen, daß p›, ‹Wir wissen nicht, daß p› und ‹Wir wissen, daß nicht p›; (d) deontische M. (griech. *deon*, Pflicht): ‹Es ist erlaubt, daß p›, ‹Es ist geboten, daß p› und ‹Es ist moralisch gleichgültig (indifferent, neutral), daß p›. – 3. Man unterscheidet des weiteren zwischen *de dicto*-M. (lat., über die Aussage) und *de re*-M. (lat., über die Sache). *De dicto*-M. bezeichnet die Weise, in der Urteile wie die oben erwähnten wahr (oder falsch) sind. Beispiel: ‹Es ist möglich, daß jeder Mensch glücklich wird›; hier wird die Möglichkeit, daß jeder Mensch glücklich wird, dem Urteil zugeschrieben. Insgesamt gibt es folgende Arten von *de dicto*-M. (wobei ‹□› den modalen Notwendigkeits-Operator und ‹◇› den modalen Möglichkeits-Operator symbolisiert):

$$\Box\,(\exists x)\,(\ldots x\ldots)$$
$$\Diamond\,(\exists x)\,(\ldots x\ldots)$$
$$\Box\,(\forall x)\,(\ldots x\ldots)$$
$$\Diamond\,(\forall x)\,(\ldots x\ldots)$$

De re-M. betrifft dagegen die Weise, in der etwas Nicht-Sprachliches eine Eigenschaft besitzt (oder nicht besitzt). Beispiel: ‹Jeder Mensch hat die Möglichkeit, glücklich zu werden›; hier wird die Möglichkeit, glücklich zu werden, jedem einzelnen *(res)* zugeschrieben. Insgesamt gibt es folgende Arten von *de re*-M.:

(∃x) □ (...x...)
(∃x) ◇ (...x...)
(∀x) □ (...x...)
(∀x) ◇ (...x...)

Wie nicht zuletzt Kripke zeigte, ergeben sich bei der Interpretation dieser Unterscheidung von *de dicto*-M. und *de re*-M. neue logische und metaphysische Probleme.

Modallogik (von lat. *modus*, Art und Weise, und *logiké*, den *logos* betreffend), logische Disziplin, die mit Hilfe formaler Methoden jene Argumente* untersucht, deren Gültigkeit* wesentlich auf den Modalitäten* logischer* Notwendigkeit und logischer Möglichkeit beruht. Aristoteles und die Logiker der Scholastik* haben zur M. beigetragen. Eigentliche systematische Darstellungen finden wir aber erst in diesem Jh. Die ersten axiomatischen* Systeme einer modallogischen Aussagenlogik verdanken wir C. I. Lewis; die Ausdehnung auf prädikatenlogische Systeme geht auf den Versuch R. Barcan Marcus' (geb. 1921) aus dem Jahre 1946 zurück. Modallogische Systeme sind Erweiterungen entsprechender Standardsysteme, deren logische Konstanten*, Axiome* und Schlußfolgerungsregeln* bewahrt, aber durch neue Konstanten, Axiome und Schlußfolgerungsregeln ergänzt werden.

In aussagenlogischen Systemen wird gewöhnlich die neue einfache Konstante ‹L› eingeführt (symbolisiert durch ‹□›). ‹Lp› heißt hier ‹p ist notwendigerweise wahr›. Hieraus kann ‹Mp› (oder ‹p›; ‹p ist möglicherweise wahr›) als ‹−L−p› (‹es ist falsch, daß p notwendigerweise falsch ist›) definiert werden sowie die sog. strenge Implikation (engl. *strict implication*) ‹p < q› ; ‹p < q› = df. ‹L(p→q)›. Die letzte Konstante soll einen Implikationsbegriff formalisieren, der die paradoxalen Folgen der sog. materialen Implikation* von Frege und Russell, d. h. die Theoreme ‹p→ (q → p)›, ‹−p→ (p → q)› und ‹(p → q) v (q → p)› vermeidet. Nach Lewis zeigen diese Paradoxe, daß die materiale Implikation unseren gewöhnlichen Implikationsbegriff nicht vollständig ausdrückt. Dieser fordert nicht nur, daß ‹p› nicht wahr ist, wenn ‹q› falsch ist, sondern auch, daß ‹p› nicht wahr sein kann, wenn ‹q› falsch ist. Diese strengere Bedingung wird anscheinend von ‹p < q› eingefangen («p → q› ist notwendigerweise wahr›). Z. B. ist die Aussage ‹Wenn Hegel im Jahre 1831 starb, dann ist Kiel eine Hafenstadt› zwar wahr im Sinn einer materialen Implikation ‹→›, aber kaum wahr im Sinn einer strengen Implikation <.

Unter den vielen Systemen der modallogischen Aussagenlogik ist eines der schwächsten Systeme das sog. ‹System 5› (S5). Dieses System ergänzt die aussagenlogischen Standardsysteme durch die Axiome ‹Lp → p› und ‹L(p → q) → (Lp → Lq)› sowie die Schlußfolgerungsregel: Wenn ‹F› ein Theorem des Standardsystems ist, dann ist ‹L(F)› ein Theorem in dem neuen System. Leistungsfähigere Systeme erreicht man durch die Hinzufügung weiterer Axiome, z. B. ‹Lp → LLp› und ‹Mp → LMp›. Die Beziehungen zwischen den verschiedenen Systemen sind gründlich erforscht; es besteht jedoch keine Einigkeit darüber, ob ein bestimmtes System das korrekte System der M. darstellt und welches System dies gegebenenfalls sein mag. Nicht zuletzt Quine hat die modallogischen Systeme wegen ihres zweifelhaften Inhalts wiederholt scharf kritisiert. Seine Einwände laufen u. a. darauf hinaus, daß die Kombination von Quantifikation und Modalitätsausdrücken innerhalb der prädikatenlogischen Systeme eine akzeptable semantische Interpretation der Formeln verhindert (s. extensional*).

Nach 1957 können wir jedoch einen

Logisches Zeichen	Bezeichnung	lies
□ L, N	(alethischer*) Notwendigkeits-operator	notwendigerweise; es ist notwendig, daß ...
◇ M	(alethischer) Möglichkeits-operator	möglicherweise; es ist möglich, daß ...
□→ >	kontrafaktischer Konditionaloperator	wenn es der Fall gewesen wäre, daß ... dann wäre es der Fall gewesen, daß ...

Modallogik – Modallogische Operatoren bilden Formeln aus einer oder mehreren Formeln. Der kontrafaktische Konditionaloperator bildet z. B. den kontrafaktischen Konditionalsatz ‹p □→ q› aus den zwei Formeln p und q. Es gibt eine Anzahl andere Modaloperatoren, z. B. deontische Operatoren (‹es ist geboten ...›, ‹es ist erlaubt ...›) und epistemische Operatoren (‹A glaubt, daß ...›, ‹A weiß, daß ...›); aber die Symbole hierfür variieren je nach Verfasser.

Durchbruch in der semantischen Klärung der M. verzeichnen. S. Kanger, Hintikka, Kripke u. a. haben theoretische Wege aufgezeigt, auf denen die technischen Interpretationsprobleme überwunden werden können. Man hat u. a. bewiesen, daß die wichtigsten Systeme sowohl vollständig* als auch widerspruchsfrei sind. Insbesondere hat die sog. Semantik möglicher Welten großen Einfluß ausgeübt. Hier bedeutet ‹Lp› (in Übereinstimmung mit Leibniz) ‹p ist wahr in allen möglichen Welten›, und ‹Mp› bedeutet ‹p ist wahr in wenigstens einer möglichen Welt›. – Damit ist aber die philos. Diskussion der M. noch lange nicht abgeschlossen. Die neuen Ergebnisse haben die traditionellen erkenntnistheoretischen bzw. metaphysischen Probleme in ein neues Licht und eine Reihe von Unterscheidungen in Frage gestellt, u. a. die Unterscheidung zwischen notwendiger/kontingenter Wahrheit, *a* priori/a posteriori* und *de re/de dicto*-Modalität* sowie die Erklärung der Wirkungsweise von Namen*. Auch die Bedeutung des Ausdrucks ‹mögliche Welten› ist weiterhin ungeklärt (vgl. Kripke).

Lit.: B. F. Chellas: Modal Logic. An Introd., 1980. G. E. Hughes/M. J. Cresswell: Einführung in die M., 1978. S. A. Kripke: Semantische Untersuchungen zur M. In: F. Kanngiesser/G. Lingrün (Hg.): Studien zur Semantik, 1974. W. V. O. Quine: Von einem logischen Standpunkt, 1979, S. 133–152. W. Rautenberg: Klassische und nichtklassische Aussagenlogik, 1979. K. Schütte: Vollständige Systeme modaler und intuitionistischer Logik, 1968. G. Seel: Die Aristotelische Modaltheorie, 1982.

Modell. 1. In der Logik* ist ein M. einer Satzmenge oder einer Menge wohlgeformter Formeln* eine Zuordnung von Denotationen* oder semantischen* Werten zu den in den Formeln enthaltenen einfachen Ausdrücken, so daß alle Formeln den Wahrheitswert ‹wahr› erhalten. Eine solche Zuordnung wird oft Interpretation genannt. Ein M. ist daher eine Interpretation, die alle Formeln wahr macht. Eine Satzmenge ist genau dann konsistent*, wenn sie ein M. hat, sonst ist sie inkonsistent. Ein Satz, der für alle erlaubten M. (für alle Interpretationen) wahr ist, ist logisch wahr oder ‹gültig›. In der Aussagenlogik heißen gültige Formeln Tautologien. Ein Beispiel: In der Aussagenlogik besteht eine Interpretation in der Zuordnung von Wahrheitswerten zu den elementaren Formeln, die als Komponenten der Formelmengen auftreten. Ein M. kann hier als eine Funktion* (wahr/falsch) zwischen den elementaren Formeln und der Formelmenge aufgefaßt werden, indem sämtliche Formeln der Menge den Wert wahr annehmen. So hat (p oder q, nicht-q, p) ein M., weil alle drei Formeln wahr werden, wenn p der Wert wahr und q der Wert falsch zugeschrieben wird. Demgegenüber hat (nicht-p, nicht-q, p oder q)

kein M., weil die ersten beiden Formeln nur wahr sind, wenn sowohl p als auch q falsch sind, und in diesem Fall ist die Disjunktion* (p oder q) falsch.
2. In der Wissenschaftstheorie* hat der M.-Begriff unterschiedliche Bedeutungen. In bestimmten Zusammenhängen bezeichnet ein M. eine idealisierte Darstellung, z. B. in der Form einer mathematischen Beschreibung oder graphischen Repräsentation bestimmter Phänomene. M. können auch konkrete Darstellungen sein, z. B. das M. eines Moleküls in der Chemie. Ein M. eines Gegenstands oder Verfahrens bekommt M.charakter gewöhlich aufgrund einer Analogie*-Beziehung zwischen der Struktur des M. und der Struktur, die das M. repräsentiert.

Lit.: M. Black: Models and Metaphors, 1962. J. Bridge: Beginning Model Theory, 1977. M. Hesse: Models and Analogies in Science, 1966. W. H. Leatherdale: The Role of Analogy, Model and Metaphor in Science, 1974.

Modus (lat. *modus*, Art und Weise, Maß; Plural *modi*; engl. *mode*; franz. *mode*; griech. *tropos*). 1. (Allgemein) die Weise, in der etwas ist, oder der Zustand, in dem sich etwas befindet; Bestimmung oder Eigenschaft* von etwas. In diesem Sinn spricht man von Verfahrensweise, Handlungsweise, Denkweise usw. 2. Unselbständige Seinsweise, nämlich als zufällige Eigenschaft oder zufälliger Umstand (Akzidens*) an etwas anderem (einer körperlichen oder seelischen* Substanz*); vgl. den Ausdruck Modifikation, Abwandlung, Veränderung. In dieser Bedeutung verwendet u. a. Descartes das Wort M. Spinoza versteht darunter die Zustände «der Substanz oder das, was in einem anderen ist, durch das es auch begriffen wird» (*Ethica*, 1. Teil, 5. Definition). Mit Substanz als der höchsten ontologischen Ebene meint Spinoza hier die Welt als notwendig existierende Totalität. Die zweite Ebene besteht in den Attributen*, d. h. den notwendigen Wesensmerkmalen* der Welt, und zwar Ausdehnung und Denken; die *modi* als unterste Ebene dagegen sind die Weisen, in der sich die Welt äußert, z. B. die sich verändernden Einzeldinge. 3. Modalität*. 4. In der Logik synonym zu Schlußregel*.

modus ponendo ponens (lat. *modus*, Art und Weise, *pono*, setzen, legen). ein gültiges Argument* von der Form: Wenn p, dann q; p; also q. Z. B.: Wenn der Revolver geladen ist, dann ist der Revolver gefährlich; der Revolver ist geladen; also ist der Revolver gefährlich. Diese Schlußregel wird oft kurz *modus ponens* genannt.

modus ponendo tollens (lat. *modus*, Art und Weise, *pono*, setzen, legen, *tollo*, aufheben), ein Argument* von der Form: Entweder p oder q; p; also nicht q. Das Argument ist ungültig, wenn ‹entweder... oder...› im üblichen Sinn, d. h. als nicht-exklusive Disjunktion*, aufgefaßt wird. Es ist gültig, wenn die Disjunktion exklusiv ist.

modus ponens, s. *modus ponendo ponens*.

modus tollendo ponens (lat. *modus*, Art und Weise, *pono*, setzen, legen, *tollo*, aufheben), ein gültiges Argument* von der Form: Entweder p oder q; nicht p; also q.

modus tollendo tollens (lat. *modus*, Art und Weise, *tollo*, aufheben), ein gültiges Argument* von der Form: Wenn p, dann q; nicht q; also nicht p. Diese Schlußfolgerungsregel wird häufig zu *modus tollens* verkürzt.

modus tollens, s. *modus tollendo tollens*

Möglichkeit (von mhd. *muegen*, können, vermögen), s. Bedingung der Möglichkeit und *dynamis / energeia*.

Molyneuxsches Problem. In einem Brief an J. Locke vom 2.3.1693 stellte der Ire William Molyneux die Frage: Wenn eine Person, die schon blind zur Welt kam und mit Hilfe des Tastsinns zwischen einem Würfel und einer Kugel zu unterscheiden gelernt hat, nach einer Operation sehen könnte, würde sie dann mit dem bloßen Auge zwischen einem Würfel und einer Kugel unterscheiden können? Locke diskutiert dieses Problem in seinem *Versuch über den menschlichen Verstand*, Buch II, Kap. 9, § 8.

Moment (lat. *momentum*, Bewegungskraft, Zeitabschnitt). 1. Entscheidende (wesentliche*) Phase eines Vorgangs oder einer Entwicklungsreihe. Hegel faßt das M. als wesentlichen Bestandteil dialektischer* Entwicklung auf; es ist zugleich der Anstoß für die dialektische Entwicklung und von dieser unabtrennbar. Je nach Art der dialektischen Entwicklung kann das M. ein Nichtzeitliches sein (als Teil nichtzeitlicher Begriffsentwicklung) oder ein Zeitliches (als Teil eines historischen Prozesses). 2. Bei Husserl ist das M. (unselbständiger) Teil eines Ganzen. 3. Zeitpunkt, Augenblick.

Monade (von griech. *monas*, ein, allein). Leibniz' Bezeichnung für die Elemente der Wirklichkeit oder die Substanzen*. Eine M. ist absolut einfach, d. h. ohne Teile, und nicht-materiell. Sie kann weder andere M. beeinflussen noch von ihnen beeinflußt werden und entfaltet sich selbständig. Sie hat die Fähigkeit, ‹Vorstellungen› von unterschiedlicher Klarheit zu entwickeln, in denen sich die Zustände aller anderen Monaden spiegeln. Die Ordnung der M. bildet die Grundlage für die Phänomene*, welche die Erfahrungswelt auszeichnen – wie Raum*, Zeit*, Materie usw. (s. Leibniz). Husserl verwendet den Begriff der M. für das transzendentale Ego in seiner vollen Konkretion.

Lit.: G. W. Leibniz: Monadologie, 1720. W. Cramer: Die M., 1954. H. Schepers: Leibniz. Die Monadologie, 1971. P. F. Strawson: Einzelding und logisches Subjekt, 1972, S. 150–172.

Monismus, vgl. Dualismus/Monismus/Pluralismus.

Monotheismus (griech. *monos*, ein, und *theos*, Gott), Lehre, daß es nur einen Gott gibt; Verehrung eines einzigen Gottes. Gegensatz Polytheismus und Henotheismus (Monolatrie).

Montague, Richard (1930–71), amerik. Philos. und Logiker, Prof. an der University of California in Los Angeles. M. Werke stellen einen anspruchsvollen Versuch dar, zwischen dem Studium formalisierter künstlicher Sprachen innerhalb der Logik und der Untersuchung natürlicher Sprachen in der Sprachwissenschaft zu vermitteln. Aus theoretischer Sicht bestehen zwischen den künstlichen Sprachen der Logik und den natürlichen Sprachen keine wesentlichen Unterschiede. M. versucht daher nachzuweisen, wie man im Rahmen ein und derselben logisch-mathematischen Theorie eine für formalisierte wie auch natürliche Sprachen geltende Syntax* und Semantik*, eine sog. allgemeine Grammatik (engl. *universal grammar*), entwickeln kann. M. wendet gegen die Chomsky-Schule ein, daß die syntaktischen Regeln nicht unabhängig von der Festlegung semantischer Regeln bestimmt werden können.

M. Verständnis der Semantik geht auf grundlegende Ideen von Carnap, Frege und Tarski zurück. Er versucht, ähnlich wie Davidson, eine Beziehung zwischen Tarski und Frege herzustellen, indem er behauptet, daß die semantische Theorie für eine Sprache eine Wahrheitsdefinition dieser Sprache erfordert (s. Wahrheit). Hinzu kommt die Forderung, daß die Theorie auch die logische Folgereaktion für diese Sprache definieren müsse. M. erweitert die Fregesche Unterscheidung zwischen Sinn und Bedeutung (Extension*) im Hinblick auf alle Ausdruckskategorien und übernimmt das Prinzip, daß die Intension bzw. Extension eines zusammengesetzten Ausdrucks eine Funktion der Intensionen bzw. Extensionen der in ihm enthaltenen Ausdrücke ist. Schließlich entwickelt er Carnaps Vorschlag weiter, die Intension eines Ausdrucks als eine Funktion* zu interpretieren, die dem Ausdruck eine bestimmte Extension in jeder möglichen Welt zuordnet (s. auch Kripke). M. Untersuchungen haben sich besonders mit jenen Ausdrücken in natürlichen Sprachen beschäftigt, die die gleiche Wirkungsweise haben wie die Quantoren* formalisierter Sprachen. Er argumentiert u. a., daß die Verwendung dieser Ausdrücke zu einer logischen Theorie verpflichte, die als ein modallogisches System zweiter Ordnung formuliert werden muß, in dem bestimmte Quantoren als Werte* für Variablen nicht Individuen, sondern Eigenschaften von Individuen haben. M. gilt als Begründer der sog. kalifornischen Semantik. – Ein weiterer bedeutender Vertreter dieser Richtung ist der amerik. Logiker D. Lewis.

Ausg.: Formal Philosophy. Selected Papers, 1974. R. M./H. Schnelle: Universale Grammatik, 1972. – *Lit.:* M. V. Aldridge: The Elements of Mathematical Semantics, 1992. H. Gebauer: M.-Grammatik, 1978. G. Link: M.-Grammatik, 1979. S. Löbner: Einführung in die M.-Grammatik, 1976. R. Muskens: Meaning and Partiality, 1995.

Montaigne, Michel Eyquem de (1533–92), franz. Schriftsteller und Philos. Nach gründlicher geisteswissenschaftlicher Ausbildung und einem Studium der Rechtswissenschaften wurde er 1557 Parlamentsrat, später Bürgermeister von Bordeaux. 1570 gab er jedoch dieses Amt auf und zog sich auf seinen Herrensitz zurück. Dort schrieb er seine *Essais* (Versuche), eine neue literarische Gattung, die Räsonnement, Analyse, Kritik und Moralisieren miteinander verbindet, bestimmt von den Sympathien und Antipathien des Autors. Trotz seiner subjektiven Perspektive formuliert M. jedoch erkenntnistheoretische und moralphilos. Betrachtungsweisen und Problemstellungen, die auf die Philos. des 17. Jh. vorausweisen. Sein Thema, schreibt M., ist er selber, d. h. der Mensch; wie Sokrates wendet er den Blick von der Welt der Natur ab und hin zu der des Menschen. Die Anlehnung an Sokrates zeigt sich auch im Leitthema der *Essais*. Es ist die sokratische Frage «Was weiß ich?» In seiner *Apologie für Raimond Sebond* versucht er unter Berufung auf Sextus Empiricus, einen milden, konservativen Skeptizismus* zu entwickeln. Gemäß diesem können weder die Sinne noch die Vernunft des Menschen wahre Erkenntnis geben. Jeder Versuch, zwischen dem erkennenden Subjekt und dem äußeren Objekt eine Brücke zu schlagen, gerät entweder in einen unendlichen Regreß* oder einen logischen Zirkelschluß* (*circulus* vitiosus*; vgl. Erkenntnistheorie). Wissen ist nur in jenen Fällen möglich, in denen Subjekt und Objekt zusammenfallen, wenn also das Subjekt sein eigenes Objekt ist; allerdings muß dabei stets berücksichtigt werden, daß die innere Welt ebenso wie die äußere dauernder Veränderung unterworfen bleibt.

M. sanfter Skeptizismus entsteht in einem Zeitalter blindwütiger religiöser Auseinandersetzungen. Seine Haltung gegenüber diesen Auseinandersetzungen ist die, daß eine Sicherheit im erkenntnistheoretischen Sinn bei religiösen Fragen nie zu erreichen ist. Die religiösen Anschauungen des Menschen sind Produkt seines Milieus und seiner Natur. Es gibt keine rationalen Gründe, sich eher der einen Glaubensrichtung anzuschließen als einer anderen. Entscheidend ist nur die Gewohnheit.

Ausg.: Gesammelte Schriften, Historisch-kritische Ausg., I–VIII, 1908–11. – *Lit.:* P. Burke: M. zur Einführung, 1985. H. Friedrich: M., 1949. H. Günther: M., 1992. F. Hugo: M., 1993. M. Koelsch: Recht und Macht bei M., 1974. J. Starobinski: M., Denken und Existenz, 1986.

Montesquieu, Charles de Secondat, Baron de la Brède et de (1689–1755), franz. Jurist und Philos. In seiner Rechtsphilos. entwickelt M. die Idee einer Vereinbarkeit der verschiedenen nationalen Gesetze mit der Idee eines gemeinsamen, universalen Rechts (s. Naturrecht). M. betrachtet die gesellschaftlichen Verhältnisse als objektivierbare und wissenschaftlich analysierbare Tatsachen. Zugleich betont er, daß die Gesellschaft ein in sich zusammenhängendes Ganzes darstellt. Dabei sind die sozialen Einrichtungen eines Landes (Verfassung, Religion usw.) von ihren natürlichen – insbesondere klimatischen – Bedingungen abhängig. Allerdings gibt es innere, notwendige Beziehungen zwischen den verschiedenen Gesetzen einer Gesellschaft, welche auf allgemeinen Rechtsverhältnissen beruhen, die den positiven Gesetzen vorausliegen. Freilich müssen diese allgemeinen Rechtsverhältnisse in einem bestimmten gesellschaftlichen Zusammenhang untersucht werden; denn die Freiheit ist in einem bestimmten natürlichen und geschichtlichen Milieu verwurzelt. Ähnlich wie Locke argumentiert M., daß die Freiheit des Individuums am besten durch eine Teilung der Staatsmacht zu sichern sei, d. h. eine Teilung der Gewalten in eine gesetzgebende, eine ausübende und eine urteilende. M. Lehre von der *Gewaltenteilung* ist von entscheidender Bedeutung für das spätere politische Denken (z. B. im Liberalismus*), insbesondere für die Entstehung der amerikanischen Verfassung.

Ausg.: Œuvres complètes, I–VII, 1875–79 (ND 1972). Vom Geist der Gesetze, I–III, 1804. Betrachtungen über die Universalmonarchie in Europa, 1920. Persische Briefe, 1980. – *Lit.:* P. Burke: M. zur Einführung, ²1993. M. Hereth: M. zur Einführung, 1995. V. Klemperer: M., I–II, 1914/15. H. Maier/H. Rausch/H. Denzer (Hg.): Klassiker des politischen Denkens II, 1968, S. 53–74.

Moore, George Edward (1873–1958), engl. Philos., 1892–96 Studium der klassischen Philologie und Philos. in Cambridge. Aufgrund seiner Abhandlung über die Ethik Kants erhielt Moore 1898 eine sechsjährige Anstellung in Cambridge. Nach einer Unterbrechung, während der er als Privatgelehrter tätig war, kam er 1911 wieder nach Cambridge. Zuerst als Dozent, später als Prof. (1925–39). M. hat durch seine Lehrtätigkeit wie durch seine (relativ wenigen) Schriften die englische Philos. seiner Zeit stark beeinflußt. Er war der führende Vertreter der analytischen* Philos. in Cambridge; er gilt neben Russell, mit dem er befreundet war, als Vater der analytischen Philos. In seinen frühen Arbeiten ist M. vor allem durch die damalige idealistische* Philos. (Bradley) und durch Kant beeinflußt. Nach der Jahrhundertwende vertritt er einen radikalen Neuplatonismus*, nach dem die Wirklichkeit allein aus Begriffen oder Ideen besteht. In seinen späteren Arbeiten ist er jedoch im Formulieren metaphysischer Thesen zurückhaltender geworden und konzentriert sich auf die Analyse abgegrenzter philos. Probleme. –
In *The Refutation of Idealism* (1903) kritisiert M. den Idealismus* der damaligen engl. Universitätsphilos. Er geht nicht näher auf die Philos. der Idealisten ein, sondern untersucht die seiner Meinung nach entscheidende idealistische Annahme, daß das, was nicht von einem Bewußtsein aufgefaßt werden kann, auch nicht existiert. M. behauptet nicht, daß diese Annahme falsch sei, sondern lediglich, daß sie sich nicht von selbst verstehe, wie die Idealisten offenbar meinten. Für die Idealisten ist die Antwort auf die Frage, ob X existiere, gleichbedeutend mit der Antwort auf die Frage, ob X von einem Bewußtsein aufgefaßt werde. Das ist jedoch nicht der Fall; bei näherer Betrachtung erweist sich die Frage nach der Existenz eines Gegenstands unabhängig von einem Bewußtsein als eine offene Frage, und damit bricht die Grundlage der idealistischen Philos. zusammen. Eine solche Analyse der logischen Beziehungen zwischen verschiedenen Begriffsformen und Annahmen führt M. zur Erkenntnis, daß eine Reihe von Annahmen des *common sense*, z. B. daß unsere physische Umwelt unabhängig davon existiert, ob wir sie sinnlich wahrnehmen, für unsere Erkenntnis von fundamenta-

ler Bedeutung sind. Zugleich aber ist er unsicher, wie diese Annahmen analysiert werden sollen. Er neigt zu der Auffassung, daß die Erkenntnis raumzeitlicher Phänomene durch sog. Sinnesdaten (Empfindungen) vermittelt werden. In seinem ethischen Hauptwerk, *Principia Ethica* (1903), behauptet M., daß der Gegenstand der Ethik ein einfacher, nicht analysierbarer Begriff ist, der mit dem Wort ‹gut› bezeichnet wird. Wer meint, das Wort ‹gut› definieren zu können, begeht einen Fehler, der dem der Idealisten ähnlich ist. Diesen Fehler nennt M. den naturalistischen* Fehlschluß. M. vertritt eine utilitaristische* Ethik, nach der wir diejenigen Handlungen ausführen sollen, die die größte Anzahl ‹guter› Dinge hervorbringen.

Ausg.: Eine Verteidigung des Common Sense. Fünf Aufsätze aus den Jahren 1903–41, 1969. Principia Ethica, 1954. Grundprobleme der Ethik, 1975. – *Lit.:* Th. Baldwin: G.E.M., 1992. W.H.Shaw: M. on Right and Wrong, 1995. R.A. Sorensen: Blindspots, 1988. N.K. Sosoe: Naturalismuskritik und Autonomie der Ethik, 1988.

Moral, s. Ethik.

moralischer Sinn (von engl. *moral sense*), bezeichnet in der britischen Moralphilos. des 18. Jh. (Shaftesbury, Hutcheson, Hume) einen besonderen menschlichen Sinn oder ein Gefühl, das die Grundlage dafür ist, daß wir Dinge und Handlungen als gut oder schlecht bezeichnen. Der m. S. ist den anderen Sinnen darin ähnlich, daß er verschiedenen Menschen gleiche Erfahrungen vermittelt. Zugleich ist er darin einem Gefühl ähnlich, daß er uns ein Erlebnis von etwas Angenehmem oder Unangenehmem gibt, das uns zu bestimmten Handlungen motiviert. Die Theorie des m.S. vermag zu erklären, warum Menschen dieselben moralischen Urteile fällen, ohne auf die Annahme zurückzugreifen, daß es besondere moralische Tatsachen gebe.

Moralisten. In der franz. Philos. und Literatur des 17. und 18.Jh. spricht man von einer Tradition von M. (z. B. Montaigne, La Rochefoucauld, La Bruyère). Die M. postulieren – unsystematisch und oft in der Form von Aphorismen – im Hinblick auf die grundlegenden Lebensbedingungen der Menschen *(condition humaine)* eine Reihe von Regeln dafür, wie man handeln bzw. sich unter bestimmten Bedingungen verhalten soll.

Ausg.: F. Schalk (Hg.): Die franz. M., 2 Bde., 1940 (ND 1973). – *Lit.:* J. von Stackelberg: Franz. M. im europäischen Kontext, 1982.

More (lat. Morus), Thomas (1478–1535), engl. Jurist und Staatsmann. M. wurde hingerichtet, weil er sich weigerte, den engl. König als Oberhaupt der anglikanischen Kirche anzuerkennen. Später wurde M. heiliggesprochen. Er stand unter dem Einfluß von Erasmus von Rotterdam und trug zur Verbreitung des Humanismus* bei. Am bekanntesten ist sein Werk *Utopia* (1516), in dem er dem damaligen Europa eine Idealgesellschaft, die den Namen Utopia (von griech. *ou-topos*, nirgendwo) erhielt, gegenübergestellt. Die Einwohner von Utopia besitzen nur Gemeineigentum und kennen weder den Neid noch die Eitelkeit, die Europa in der Diagnose M. moralisch zersetzen. Der Grundgedanke von *Utopia* ist, daß alle Menschen einen gleichen Anteil an den Lebensgenüssen haben sollen. Dies erfordert aber ein Leben in strenger Monogamie (vgl. Utopie).

Ausg.: The Complete Works of S.Th.M., I–XIV, 1963ff. Utopia, 1922 (ND 1979). – *Lit.:* U. Baumann/H. P. Heinrich: Th. M. Humanistische Schriften, 1986. Ders.: Th. M., 1991. H. Luthe/B. Petermann/H. Schulte-Herbrüggen: Symbolfigur politischer Moral? Zum 450. Todestag von Th.M., 1986. R. Marius: Th. M. Eine Biographie, 1987.

more geometrico (lat. nach der geometrischen Methode). Eine Darstellung wird als m. g. bezeichnet, wenn sie wie die euklidische Geometrie geordnet ist, d. h. als deduktives* System mit Grundsätzen,

Thomas More

Axiomen* und abgeleiteten Sätzen, Theoremen* (vgl. Spinoza).

Morelly, Abbé (1716–81), franz. Sozialphilos. In dem Werk *Code de la Nature* (1–2, 1755–60) schildert er – mit Hinweis auf Platon – die Utopie* einer humanitären, kommunistischen Gesellschaft.

Ausg.: Gesetzbuch der natürlichen Gesellschaft, oder: Der wahre Geist ihrer Gesetze zu jeder Zeit übersehen oder verkannt, 1964.

Morgan, Conwy Lloyd (1852–1936), engl. Biologe und Psychologe. Prof. in Bristol. Entwickelte zusammen mit dem engl. Philos. Samuel Alexander die sog. Emergenz*-Theorie. Nach dieser Theorie handelt es sich beim Bewußtsein um ein Phänomen, das plötzlich in der Entwicklung der Arten auftaucht und sich aus unserer Kenntnis vom Aufbau der organischen Materie nicht im voraus berechnen läßt. Zu den wichtigsten Werken M. gehören *Emergent Evolution* (1923) und *A Philosophy of Evolution* (1924).

Ausg.: Instinkt und Erfahrung, 1913.

Morris, Charles (1901–79), amerik. Philos. und Mitbegründer der modernen Semiotik, Prof. in Chicago und Florida. Die Werke *Foundations of the Theory of Signs* (1938) und *Signs, Language and Behaviour* (1946) verbinden einen behavioristischen* Pragmatismus* mit dem logischen* Positivismus. M. hat wesentlich zur Weiterentwicklung von Peirces Zeichentheorie beigetragen und ist durch seine Aufteilung der allgemeinen Zeichentheorie (Semiotik) in drei Disziplinen bekannt geworden: (1) die Syntax*, die Untersuchung der inneren, formalen Beziehungen zwischen den Zeichen eines Zeichensystems; (2) die Semantik*, die Untersuchung der Beziehungen zwischen Zeichen und jenen Gegenständen, für die sie Zeichen sind; (3) die Pragmatik*, die Untersuchung von Beziehungen zwischen Zeichen und den Reaktionen auf diese Zeichen seitens der Personen, die sie verstehen und verwenden.

Ausg.: Zeichen, Wert, Ästhetik (Auswahl), 1975. Grundlagen der Zeichentheorie, 1972. Symbolik und Realität, 1981. Zeichen, Sprache und Verhalten, 1973. – *Lit.:* K.-O. Apel: Transformation der Philos., Bd. 1, 1973, S. 138–166. U. Eco: Einführung in die Semiotik, 1972. R. A. Fiordo: C. M. and the Criticism of Discourse, 1977.

Motiv (von lat. *movere*, bewegen, in Bewegung setzen). 1. Eine psychische Triebkraft, ein Anlaß oder Antrieb, dieses oder jenes zu tun, d. h. ein Bewußtseinszustand* (z. B. das Erlebnis von Begierde, Armut oder Hunger), der die Voraussetzungen oder den Anlaß einer Handlung* darstellt, der eine Handlung auslöst. 2. Bewußte oder unbewußte Beweggründe; Zweck, Grund* oder Intention*. Die Rolle des M. in M.erklärungen (vgl. Erklärung) ist umstritten. Es gibt Philos., die M. als Ursachen* von Handlungen auffassen; andere wiederum betonen demgegenüber die Lehre von der Willensfreiheit (s. Wille und Freiheit) und interpretieren Motive eher als Handlungsgründe. Zu den kritischen

Positionen neueren Datums zählen Sartre und Meldon. 3. Unter M.verschiebung versteht man den Umstand, daß eine Person (oder Gruppe von Personen) innerhalb eines kürzeren oder längeren Handlungsverlaufs das Ausgangsmotiv verändert. 4. In der Ästhetik* bezeichnet das Wort M. den Gegenstand oder das Thema des Kunstwerks.

Mounier, Emmanuel (1905–50), franz. Philos., führende Gestalt der personalistischen* Bewegung im Frankreich der 30er und 40er Jahre. Diese Bewegung sammelte sich um die Zeitschrift *Esprit*, die M. 1932 begründet hatte und (außer zur Zeit ihres Verbots 1941–44) bis 1950 herausgab. Auch nach M. Tod spielte *Esprit* eine wichtige Rolle im kulturellen Leben Frankreichs. – Der franz. Personalismus vertritt einen christlichen Sozialismus und geht vom Grundgedanken aus, daß der Mensch nur in Gemeinschaft mit anderen das werden kann, was er ist, nämlich eine Person*. Die Existenz der Person wird dabei als ‹inkarnierte› (körperliche) und engagierte Existenz (vgl. Engagement) verstanden. Diesen Grundgedanken des Personwerdens gilt es in der modernen Welt zu verteidigen, da sie immer stärker durch ‹Entpersonalisierung› gekennzeichnet ist. Aus diesem Personalismus erwächst die Kritik am Individualismus und am Kollektivismus. Seine Kritik am Individualismus entwickelte M. besonders nach dem 2. Weltkrieg, und zwar in Auseinandersetzung mit dem Existentialismus* Sartres. Seine Vorbehalte gegenüber dem Kollektivismus formulierte er schon Mitte der 30er Jahre als Kritik des Marxismus. Dessen Grundproblem liegt nach M. im Fehlen eines ausgearbeiteten Begriffs der Person (einer Anthropologie*) und im Fehlen einer Wertphilos.* (Ethik). Deshalb bleibe die humanistische Perspektive im Marxismus ohne wirkliches Fundament.

Ausg.: Œuvres complètes, 4 Bde., 1962–63. Einführung in den Existentialismus, 1949. –
Lit.: J.-M. Domenach: E. M., 1972.

multiple Definition (engl. *multiple definition*, Mehrfachdefinition), ein von Richards (*Mencius on the Mind*, 1932) vorgeschlagenes Verfahren, das in den Interpretationen und Übersetzungen von Texten mit mehrdeutigen Schlüsselwörtern zur Anwendung kommt. Für jedes Schlüsselwort wird eine Liste möglicher alternativer Definitionen ausgearbeitet, z. B. für das Schlüsselwort ‹Erfahrung›: 1. Wahrnehmung, 2. innere Wahrnehmung, 3. praktische Erfahrung, 4. Lebenserfahrung. Die Liste dient nun als Bezugsrahmen für die Interpretationsversuche.

Mystik / mystisch / mystische Erfahrung (engl. mysticism / mystical / mystical experience, frz. mysticisme / mystique / expérience mystique; vom griech. Verbstamm *myo*, schließen, verschweigen), Erfahrung der Alleinheit und Ich-Entgrenzung, der Transkategorialität (Negation von Zahl, Vielheit, Gegenständlichkeit, Raum*, Zeit* und Kausalität), der gesteigerten Emotionalität (Liebe, Ekstase), der Metanoia (Authentizität, Harmonie, Seligkeit), der Gelassenheit (Leidenschaftslosigkeit), zugleich aber auch der Todesnähe und der Einsamkeit. – Begriffsgeschichtlicher Ausgangspunkt ist das griech. Adjektiv *mystikos* (geheimnisvoll), das den frühchristlichen und mittelalterlichen Umgang mit der Schrift bezeichnet, wonach die Vermittlung des Glaubensgeheimnisses nur in der persönlichen Begegnung des Christen mit Gott stattfindet. Diese Begegnung ereignet sich z. B. im sakramentalen Ritus der Eucharistie, aber auch in Visionen, Elevationen, Stigmatisationen und Ekstasen der mittelalterlichen, christlichen Mystiker. Die Substantivierung im 17. Jh. zu M. leitet eine Ausweitung des Bedeutungshorizonts ein. Garantiert die mittelalterliche Ineinssetzung der Hermeneutik* der Schrift mit dem religiösen Erlebnis noch ein einheitliches Verständnis des Adjektivs m., so verselbständigt sich dessen Bedeutung durch die Trennung von objektiver Glaubenswahrheit und subjektiver Religiosität (Stimmung, Gefühl). Im Zusammenhang mit der im 19. Jh. stattfindenden Rezeption indischer und fernöstlicher Schriften findet, speziell in der Romantik (etwa bei Schopenhauer, aber auch in den neu aufkommenden synkretistischen Weltanschauungslehren wie der Theosophie und der Anthroposophie), eine Übertragung des Begriffs auf ekstatische Erlebnisse in außereuropäischen Religionen statt. So spricht man etwa von indischer, taoistischer und buddhistischer M. Diese Begriffsausdehnung wird später in den Disziplinen der vergleichenden Religionswissenschaften und der Ethnologie teilweise weitergeführt. Zuweilen kommt es auch zur Gleichsetzung von M. mit Alchemie (etwa bei C. G. Jung) und parapsychologischen Phänomenen (z. B. bei G. Walther).

Die Psychologie bewertet die M. unterschiedlich. Während Freud m. E. einem ozeanischen Gefühl gleichsetzt und als Regression in das postnatale, narzistisch geprägte Mutter-Kind-Verhältnis deutet, sieht Jung in m. Traditionen gar einen Vorläufer seiner eigenen Form der Psychoanalyse und insofern eine progressive, für die Reifung der Persönlichkeit förderliche Größe. Positiv bewertet wird die M. auch von der Humanistischen Psychologie, die m. Phänomene u. a. mit psychedelischen Erfahrungen gleichsetzt (z. B. S. Grof). Damit stellt sich die grundsätzliche Frage, ob m. E. allein dem Gebiet des Religiösen zugehören. Der m. E. ähnliche Erlebnisse lassen sich nicht nur auf chemischem Wege mittels Halluzinogenen bewirken, sondern als spontan auftretende Phänomene in allen Lebensbereichen nachweisen.

Der zu Beginn des 20. Jh. u. a. von Bohr, Heisenberg und Schrödinger eingeleitete Paradigmenwechsel in der Physik führt zu grundlagentheoretischen Reflexionen, welche eine gewisse Affinität zur m. E. aufweisen. Scheinbare Berührungspunkte zwischen physikalischer und m. Weltauffassung sind etwa: die Entgegenständlichung konkreter Wirklichkeitsvorstellungen, die Relativität und Kontingenz allen Erkennens, die Ganzheit aller Wissens- und Wirklichkeitsbezüge sowie die Subjekt-Objekt-Entgrenzung im Wissenschaftsprozeß. Die Frage, ob es sich dabei um rein semantische oder auch sachlich begründete Strukturparallelitäten handelt, ist bis heute kontrovers.

Die Philos. in ihren Hauptströmungen steht dem Phänomen der M. in den vergangenen zwei Jh. zwiespältig gegenüber. Entweder wird M. als das andere der Vernunft, das Irrationale, nicht Diskursfähige, radikal ausgegrenzt (so etwa bei Kant, im Positivismus und im Materialismus) oder schlichtweg als das mit der Vernunft Identische vereinnahmt (in der Romantik z. B. bei Hegel, später etwa in der Lebensphilos. Bergsons). Bis heute dominiert allgemein der Gestus der Ausgrenzung. Die Frage nach der Einheit m. E. ist umstritten. Interkulturell vergleichende Untersuchungen zeigen, daß m. E. in erster Linie kulturell spezifizierte Erfahrungen sind. Analysen der m. Sprache machen deutlich, daß es sich bei den Spracheigenheiten der M. (paradoxale Formulierungen, *via negationis*, Schweigen etc.) nicht primär um illokutionäre, sondern um perlokutionäre Sprechakte handelt, d. h., es wird nicht ein Zustand oder ein Objekt beschrieben, sondern es soll im Zuhörer eine gewisse Einstellung, ein gewisser Effekt hervorgerufen werden (z. B. mittels Koan und Mondo im Zen). Umstritten ist, ob M. versucht, den Symbolisierungsprozeß schlechthin aufzuheben, ihn rückgängig zu machen (so argumentieren etwa Margreiter und Staal), oder ob sie sich noch im Raum symbolisch vermittelter Erfahrung bewegt (vgl. Symbol). Unklar ist zudem der kognitive Wert m. E. Sofern m. E. kognitive Erfahrungen sind, sind sie dann am Ideal empirisch-sinnlicher Erkenntnis zu messen, oder handelt es sich bei m. E. um eine eigenständige Erkenntnisform? Wie steht es um den Anspruch nach intersubjektiver Vermittelbarkeit m. Wissens, wenn es sich dabei doch um introspektive und daher nicht objektivierbare Vorgänge handelt? A.C. Danto und W. Wainwright etwa werfen die Frage nach dem Verhältnis von M. und Moralität auf. Können m. E. moralisches Verhalten fördern oder gar begründen? Alle diese Fragen münden schließlich in die entscheidende Frage nach der heutigen Bedeutung der M. im Kulturprozeß: Handelt es sich dabei um einen überkommenen Anachronismus oder um ein legitimes, ja vielleicht sogar bedenkenswertes Mittel zur Lösung aktueller, existentieller Probleme?

Lit.: K. Albert: Philosophische Studien, I–IV, 1988–92. E. Arbman: Exstasy or Religious Trance in the Experience of the Ecstatics and from the Psychological Point of View, I–III, 1963–1970. M. de Certeau: La fable m. XVIe–XVIIe siècle, 1982. A.C. Danto: M. and Morality, 1973. S. Grof: Topographie des Unbewußten, 1978. F.v. Hügel: The M. Element of Religion, ³1961. W. James: Die religiöse Erfahrung in ihrer Mannigfaltigkeit, 1907. S.T. Katz (ed.): M. and Philosophical Analysis, 1978. H. Leuner u. a. (Hg.): Welten des Bewußtseins, I–IV, 1993–94. N. Luhmann: Funktion der Religion, 1979. R. Margreiter: Erfahrung und M., 1996. B. McGinn: Die moderne M.forschung. In: Die M. im Abendland, I, 1994, S. 381–482. B. Scharfstein: M. E., 1973. M. A. Sells: M. Languages of Unsaying, 1994. F. Staal, Exploring M., 1975. W.T. Stace: M. and Philosophy, 1960. E. Underhill: M. Eine Studie über die Natur und Entwicklung des religiösen Bewußtseins im Menschen, 1928. W. Wainwright: M. A Study of its Nature, Cognitive Value and Moral Implications, 1981. K. Wilber: Sex, Ecology, Spirituality, 1995. R.T. Woods (ed.): Understanding M., 1980. L. R. Worden: Exploration of the Possibility of a Unified M. and Scientific Knowing Process, Diss. 1991. R.C. Zaehner: M. Religiös und profan, 1961.

Mystizismus, Verehrung des Mystischen im Sinn des Rätselhaften, Dunklen; Hang zum Verschwommenen, Unklaren, Wunderglaube (abwertende Bedeutung von Mystik*).

Mythologie (von griech. *mythos*, Wort, – erdichtete – Erzählung, und *logos*, Lehre). 1. Die Gesamtheit der vorhandenen Mythen* einer bestimmten Kultur (z. B. griech. M.). 2. Lehre (Wissenschaft) von den Mythen. 3. Benutzung von Mythen in der negativen Bedeutung (als falsche Vorstellungen).

Mythos (od. Mythus; griech. *mythos*, Wort, – erdichtete – Erzählung; lat. *mythus*). M. im weitesten Sinn bedeutet Erzählung vom göttlichen Geschehen. Nestle stellt dem M. den Logos gegenüber und betrachtet damit den M. als unlogischen, widervernünftigen Vorgänger des philos. Logos. Für Hegel hingegen ist der Logos nicht als dem M. Äußerliches, Hinzukommendes zu begreifen, sondern als ‹im Schlaf der Begriffe› untrennbar mit ihm verbunden. Der Logos ist selbst nur, insofern er zum M. und dem Mythischen als seinem Ursprung gehört. Nach Schelling ist der M. nicht allegorisch, sondern tautegorisch zu verstehen, d.h., Sinn und Wahrheit mythischer Göttergeschichten liegen nicht im Verweis auf Naturphänomene oder das Seelenleben, sondern sind primär als eigenständige, in sich abgeschlossene Bewußtseinsformen zu verstehen. Die allegorische Mythendeutung übersieht, daß mythologische Bilder nicht in einem fremden, sondern in dem ihnen eigenen Bewußtsein das sagen, was ist. Im Anschluß an Schelling faßt E. Cassirer den M. als eigenständige Symbolform und versucht zu zeigen, wie die Symbolformen der Religion, der Kunst und der Wissenschaft aus dem Mythos hervorgegangen sind. Symbolische Formen bezeichnen ein bestimmtes Verhältnis des Menschen zur Wirklichkeit. Während der M. durch eine unmittelbare Einheit zwischen Symbol und Symbolisiertem, Teil und Ganzem, Traum und Wachen etc. gekennzeichnet ist, bestimmt sich die Religion dadurch, daß das Symbol auf eine transzendente, nicht sinnlich gegebene Wirklichkeit verweist. Während das Symbol in der Kunst Wirklichkeit im sinnlich gegebenen Kunstwerk abstrahierend und somit verdichtend wiedergibt, beziehen sich die Symbole der abstrakten Wissenschaftssprachen nicht mehr auf sinnlich Gegebenes, sondern ausschließlich auf sich selbst, d. h. auf abstrakte Zeichen (z. B. in der Mathematik). Die Entstehung der Wissenschaften wird erkauft um den Preis sinnlicher Fülle. Cassirer fordert jedoch nicht die Rückkehr zum M., sondern erkennt die Gefahr, die in einer vermeintlichen Remythisierung liegt. Der Versuch der Restituierung des M. mündet im Totalitarismus (etwa des Nationalsozialismus). Wie im M. bleibt der Mensch im totalitären System vom Bann der Anschauung gefangen.

Lit.: A. Blumenberg: Arbeit am M., 1979. E. Cassirer: Philos. der symbolischen Formen, II.: Das mythische Denken, ²1953. Ders.: Der Mythus des Staates, 1949. M. Eliade: Mythen, Träume, Mysterien, 1961. M. Frank: Der kommende Gott. Vorlesungen über die Neue Mythologie I, 1982. Ders.: Gott im Exil, 1988. C. Jamme: Gott an hat ein Gewand. Grenzen und Perspektiven philos. M.-Theorien der Gegenwart, 1991. K. Kerényi (Hg.): Die Eröffnung des Zugangs zum M., 1967. S. Langer: Philosophie auf neuem Wege, 1942. C. Lévi-Strauss: Mythologica, 1971–75. W. Nestle: Vom M. zum Logos, ²1942. W. F. Otto: Die Gestalt und das Sein, ²1959. A. Rosenberg: Der M. des 20. Jh., 1930. F. W. J. Schelling: Philos. der Mythologie.

N

Naess, Arne (geb. 1912), norweg. Philos. 1939–71 Prof. in Oslo. N. Frühschriften stehen unter dem Einfluß des logischen* Positivismus des Wiener* Kreises und beschäftigen sich mit erkenntnistheoretischen, logischen und semantischen* Problemen. Besonders seine sog. empirische Semantik hat national und international großen Einfluß ausgeübt. In seinem Buch *Interpretation and Preciseness* (1953) wird ein System semantischer Grundbegriffe entwickelt – ‹Synonym›, ‹Interpretation›, ‹Intentionstiefe› u. a. –, das in Verbindung mit systematischen empirischen Untersuchungen des Sprachgebrauchs von Personen oder Gruppen angewendet werden kann. Die Anwendung der Theorie wird u. a. in den Schriften *Truth as conceived by those who are not professional philosophers* (1938) und *Democracy, Ideology and Objectivity* (1956) veranschaulicht. Später hat N. Werke über den Skeptizismus*, die Ethik Spinozas, Gandhis Philos. der Gewaltlosigkeit und die Geschichte der Philos. geschrieben. Das Werk *Økologi, Samfunn og Livsstil* (⁴1974) (dt. Ökologie, Gesellschaft und Lebensstil) beweist ein von nun an immer größeres Interesse an moral- und gesellschaftsphilos. Fragen. In diesem Werk versucht N., Ethik und Ökologie in einer Praxisphilos. mit politischen Implikationen zu verbinden, der sog. Ökosophie. N. selbst hat sich aktiv in der Friedensbewegung und in der ökologischen Bewegung engagiert.

Lit.: I. Gullvag/J. Wetlesen (Hg.): In Sceptical Wonder. Inquiries into the Philosophy of A. N. on the Occasion of his 70th Birthday, 1982.

Nagel, Ernest (geb. 1901), amerik. Philos., Prof. für Philos. an der Columbia University. Verfasser von *The Structure of Science* (1961), in dem er auf empiristischer* Grundlage eine Reihe von wissenschaftsphilos. Problemen in systematischer Weise abhandelt. Bekannt ist seine These, daß logische Prinzipien analytische* Prinzipien sind und daß die Logik weder ontologische Voraussetzungen noch ontologische Konsequenzen hat.

Ausg.: Der Gödelsche Beweis, 1964.

Nagel, Thomas (geb. 1937), amerik. Philos., 1972 Prof. für Philos. in Princeton, seit 1980 an der New York University. Als Zentralthema des Werks N. kann das Bemühen um eine nicht-reduktionistische Subjektivitätstheorie bezeichnet werden, in welchem N. die Arbeitsfelder der ‹philosophy of mind› und der Ethik verklammert. Hauptgegner sind dabei gleichermaßen der physikalische Reduktionismus solcher Ethiken, welche Praxis auf empirische Bedürfnis- und Gefühlslagen zurückführen. Die Kontinuität personaler Identität ermöglicht das Transzendieren der eigenen gegenwärtigen Interessenlage in Klugheitskalkülen, wie das Bewußtsein, Person unter Personen zu sein, das generelle Transzendieren der eigenen Interessenlage qua Moralität erlaubt. Ein unverkürzter personaler Selbstbegriff zeigt die Unabweisbarkeit der Forderungen von Klugheit und Moralität auf und darin die Eigenart ‹praktischer Vernunft› (*The Possibility of Altruism*, 1970). Bei aller Selbsttranszendierung in der Orientierung an objektiven Handlungsgründen bleibt der subjektive Standpunkt als der eines Subjekts in der Welt in spannungsvollem Gegensatz zum objektiven Standpunkt. Eine rein objektivistische Beschreibung der Welt scheitert am Verfehlen der Subjektivität ebensosehr, wie umgekehrt eine rein subjektivistische Weltbeschreibung das ‹Objektive des Subjektiven›, dessen Standortgebundenheit aus dem Blick verliert (*Die Grenzen der Objektivität*, dt. 1991).

Das Recht des Primatsanspruchs beider Standpunkte läßt N. in diesem Antagonismus eine ‹Kollision zweier natürlicher und notwendigen Denkweisen› sehen, deren Polarität oder dualistische Spannung es hinzunehmen gelte. In *Der Blick von nirgendwo* (dt. 1992) zeigt N., daß die meisten philosophischen Probleme dieser Polarität entspringen.

Ausg.: Was bedeutet das alles?, 1993. Mortal Questions, 1993. Eine Abhandlung über Gleichheit und Parteilichkeit, dt. 1994. Other Minds, 1995. – *Lit.:* S. L. Darwall: Impartial Reason, 1983. D. Henrich: Dimensionen und Defizite einer Theorie der Subjektivität, in Philos. Rundschau 36 (1989), S. 1–24.

Namen (oder Eigennamen) stellen eine besondere Form von Ausdrücken mit Bezugsfunktion dar (vgl. Referenz). Ein Name wie ‹Moses›, ‹München› oder ‹Martin› repräsentiert (bezieht sich auf) einen bestimmten Gegenstand (den Träger des N., den Referenten). Sätze mit Namen sind wahr oder falsch, je nachdem, ob ihre Prädikate* auf den Gegenstand zutreffen oder nicht. In bezug auf ihre Funktion können Namen daher mit den sog. bestimmten Beschreibungen* oder Kennzeichnungen gleichgestellt werden, d. h. mit Ausdrücken wie ‹Die Person, die die Israeliten aus Ägypten führte› oder ‹Bayerns größte Stadt›. Es ist aber umstritten, wie eigentlich der Bezug von Namen auf die von ihnen bezeichneten Gegenstände festgelegt wird. Für bestimmte Beschreibungen ist dies unproblematisch, weil ein solcher Ausdruck kraft seiner Bedeutung eine eindeutige identifizierende Bedingung formuliert, die der Bezugsgegenstand (Referent*) erfüllt. Namen haben jedoch keine solche Bedeutung. Sie können weder übersetzt werden, noch können ihre Bedeutungen (im Unterschied zu ihren geschichtlichen Grundbedeutungen) auf gewöhnliche Weise erklärt werden. Dies hat u. a. J. S. Mill zu der Auffassung geführt, daß Namen überhaupt keinen Sinn haben. Die sinnvolle Verwendung von Namen in der Sprache beruht allein auf ihrem Bezug, und dieser entspringt dem Umstand, daß die Benutzer der Sprache gelernt haben, den Namen mit ihrem Referenten zu verbinden (oder zu assoziieren). In diesem Sinn sind Namen einfache Etiketten (engl. *labels*) für Gegenstände, die wir aus der Erfahrung kennen.

Diese Auffassung wird von Frege durch die Unterscheidung zwischen Sinn und Bedeutung widerlegt und durch den Nachweis, daß bei sämtlichen Ausdruckskategorien die Bedeutung vom Sinn her festgelegt wird. Einen Namen verstehen (seinen Sinn kennen) bedeutet, daß wir über ein Kriterium verfügen, um zu entscheiden, ob ein Gegenstand Träger des Namens ist oder nicht. Ohne ein solches Kriterium ist es sinnlos zu sagen, daß sich der Name auf einen bestimmten Gegenstand bezieht. Das Wissen, das wir mit dem Verstehen eines Namens besitzen, hat nach Frege die Form ‹Der Träger von N ist jener Gegenstand, der als einziger diese bestimmten Bedingungen erfüllt›. Nach Frege besteht eine enge Beziehung zwischen Namen und bestimmten Beschreibungen, weil die Spezifizierung des Sinns eines Namens mit Hilfe einer eindeutig identifizierenden Beschreibung geschehen kann.

Bei Russell wird die Fregesche Theorie weiterentwickelt. Ein Name, wie wir ihn aus unserer Alltagssprache* kennen, wird nicht nur in seiner Bedeutung durch bestimmte Beschreibungen festgelegt, sondern ist selbst schon eine verkleidete bestimmte Beschreibung (engl. *disguised description*), d. h. ein verkürzter Code für solche Ausdrücke. Dies gilt aber nicht für echte Namen, d. h. Namen im logischen Sinn. Für diese behalte Mills Theorie volle Geltung.

Auch der spätere Wittgenstein entwickelt Freges Auffassung weiter, daß Namen Sinn haben. Im Gegensatz zu Russell identifiziert er jedoch nicht den Sinn eines Namens mit einer einzelnen bestimmten Beschreibung, sondern geht davon aus, daß der Sinn eines Namens von einer Gruppe (engl. *cluster*) bestimmter Beschreibungen erschlossen wird, die alle oder wenigstens größtenteils eindeutig denselben Gegenstand identifizieren.

In der neuesten Diskussion hat nicht zuletzt Kripke das Interesse für die Funktionsweise von Namen wiederbelebt. Gegen die Theorie von Frege, Russell und Wittgenstein, daß Namen in irgendeiner Weise eng mit bestimmten Beschreibungen verbunden sind, hat er eine Reihe von gewichtigen Gegenbeispielen geltend gemacht – Beispiele, die hauptsächlich Modalausdrücke wie ‹notwendigerweise› verwenden. Dies hat ihn zu der These geführt, daß Namen überhaupt keinen Sinn haben, der ihren Bezug bestimmt. Nach der von Kripke versuchsweise vorgelegten kausalen Referenztheorie wird der Bezug eines Namens zu einem Zeitpunkt durch Hinweis (‹Dies ist Moses›) oder Beschreibungen festgelegt. Danach setzt sich der Bezug kausal* in dem Sinn fort, daß die späteren Anwendungen des Namens in konkreten Situationen des Sprachgebrauchs durch frühere Anwendungen verursacht sind. Der Bezug eines Namens wird daher nicht dadurch bestimmt, wie die Benutzer der Sprache ihn erklären – z. B. ‹Moses› ist der Name jener Person, der die Israeliten aus Ägypten herausführte› –, sondern durch die Existenz einer Ursachenkette, die den gegenwärtigen Gebrauch des Namens mit seiner ursprünglichen Einführung verbindet. Kripke charakterisiert ferner Namen als rigide (d. h. ‹starre›) Bezeichnungen (engl. *rigid designators*), weil diese wegen ihrer besonderen Wirkungsweise den gleichen Gegenstand in jeder möglichen Welt bezeichnen.

Die bestimmte Beschreibung ‹Deutschlands Bundeskanzler zur Jahreswende 1990/91› bezeichnet Helmut Kohl in der tatsächlichen Welt, aber würde dies nicht in der Welt tun, die die tatsächliche wäre, wenn die Sozialdemokraten bei der letzten Wahl die Mehrheit erhalten hätten. Der Name ‹Helmut Kohl› würde aber unverändert dieselbe Person bezeichnen und nicht z. B. ‹Helmut Schmidt›, auch wenn sich die Ereignisse in der genannten Weise anders entwickelt hätten.

Lit.: G. Frege: Über Sinn und Bedeutung. In: Funktion, Begriff, Bedeutung. Hg. von G. Patzig, 1962. P. Hartmann: Das Wort als Name, 1958. S. Kripke: Name und Notwendigkeit, 1981. L. Wittgenstein: Philos. Untersuchungen, 1971.

Namenbezug. Bezeichnung für die Beziehung zwischen einem Namen, z. B. ‹Fido›, und dem Gegenstand, der den Namen trägt, dem Hund Fido. Auch Referenz* genannt.

Nativismus (von lat. *nativus*, angeboren). 1. (allgemein) Lehre, daß bestimmte Ideen oder Begriffe angeboren sind, d. h. schon vor aller Erfahrung im Bewußtsein vorliegen, auch Innatismus genannt (vgl. *a priori/a posteriori*). 2. (speziell) Lehre, daß die psychologisch-physiologischen Voraussetzungen der Wahrnehmung (insbesondere der Raumwahrnehmung) angeboren sind (Helmholtz); in diesem Sinn ist der N. (im Gegensatz zur ersten Bedeutung) selbst eine empiristische* Theorie.

Natorp, Paul (1854–1924), dt. Philos., ab 1885 Prof. in Marburg. Neukantianer*, Schüler H. Cohens. Verfaßte historische und systematische Abhandlungen u. a. zu Erkenntnistheorie, Ethik, Pädagogik und Religion. Wissenschaft, Moral und Kunst werden als Tatsachen verstanden; Aufgabe der Philos. ist es, für diese Tatsachen die transzendentalen* Bedingungen (vgl. Kant) zu erhellen. Erkenntnistheoretisch kann diese Auffassung als kritischer Idealismus bezeichnet werden. Die Logik untersucht die Prinzipien des Denkens. Um ein Grundprinzip des Denkens handelt es sich, wenn nachweisbar ist, daß dieses Prinzip eine notwendige Voraussetzung für die Einheit oder den systematischen Zusammenhang der Erfahrung darstellt. Jede wissenschaftliche Begriffsbildung (als Bildung von Prinzipien) besteht im Zusammenfassen einer Mannigfaltigkeit unter einem bestimmten Gesichtspunkt; wissenschaftliche Erkenntnis bleibt eine unendliche Aufgabe. Das Verhältnis zwischen Wille und Zweck ist Thema der Ethik; der Wille zeichnet sich aus durch das Setzen von Zwecken. In der Einheit der Zwecke findet N. das oberste Moralprinzip. Die Idee* einer absoluten, unbedingten Gesetzmäßigkeit (vgl. Kants kategorischen Imperativ*) vereinigt wiederum Logik und Ethik zu einem Ganzen, weil Denken und Wollen gleichermaßen nach Gesetzmäßigkeit und Einheit streben.

Ausg.: Platos Ideenlehre. Eine Einführung in den Idealismus, 1903. Die logischen Grundlagen der exakten Wissenschaften, 1910. Philos. Ihr Problem und ihre Probleme. Einführung in den kritischen Idealismus, 1911. Philos. Systematik, 1958. Sozialpädagogik. Theorie der Wissenserziehung auf der Grundlage der Gemeinschaft, 1989. – *Lit.:* H. Holzhey: Cohen und Natorp, 1986. N. Jegelka: P. N. Philos., Pädagogik, Politik, 1992. H.-L. Ollig: Der Neukantianismus, 1979. J. Stolzenberg: Ursprung und System. Probleme der Begründung systemat. Philos. im Werk Hermann Cohens, P. N. und beim frühen Martin Heidegger, 1995.

Natur (engl. *nature*; griech. *physis*; lat. *natura*). 1. In der antiken Philos. ist N. ein inneres Prinzip* (oder Wesen*), das die Grundbeschaffenheit und Entwicklung eines Dings bestimmt. Bei den Vorsokratikern*, Platon, den Stoikern* und den Neuplatonikern (vgl. Plotin) ist N. die Grundeigenschaft der Welt* (griech. *kosmos*) als geordneter Ganzheit. Bei Aristoteles ist N. eher eine Bestimmung des einzelnen Seienden als eine Bestimmung der Welt als ganzer, obwohl auch er einen Begriff der Welt als einer geordneten Ganzheit hat. Die N. eines Seienden (oder einer Substanz*) ist das innere Prinzip der Bewegung und Ruhe (vgl. Physik, 200 b12), d. h. dasjenige, was den inneren Zweck des Seienden bestimmt. Z. B. ist es die N. des Samens, sich zu einer Pflanze zu entwickeln (vgl. *dynamis/energeia*). Entsprechend hat jedes Ding seinen natürlichen Platz in der

Welt, in der ‹die leichten Dinge› nach oben steigen, während ‹die schweren Dinge› sich zur Erde hin bewegen. Man kann daher zwischen einer natürlichen Bewegung, nach der sich die Dinge zu ihrem natürlichen Ort bewegen, und einer erzwungenen Bewegung, nach der ein Ding von uns in eine bestimmte Richtung gezwungen wird, unterscheiden. Diese Beobachtung kann zu einer Unterscheidung zwischen N. und Kultur weiterentwickelt werden. N. ist hier dasjenige an den Dingen, das nicht von Menschen erzeugt wurde, während Kultur das vom Menschen Hervorgebrachte darstellt.

2. In der scholastischen* Philos. unterscheidet man zwischen der ewigen, kreativen N. (Gott) als schöpferischem Prinzip und Ursache *(natura naturans)* auf der einen und der in Raum und Zeit erschaffenen N. *(natura naturata)* auf der anderen Seite. Sowohl die schöpferische als auch die erschaffene N. sind ‹strukturierende Prinzipien›, und in diesem Sinn wird der antike N.begriff weitergeführt. Aber während die Antike von der ewigen N. spricht (die natürlichen Prinzipien sind ewig, der Kosmos ist ewig), ist im Mittelalter nur Gott ewig, und die N. ist an einem bestimmten Zeitpunkt durch einen freien Schöpfungsakt Gottes erschaffen worden. Durch diesen Akt erhält die N. sowohl Existenz als auch ein Ziel – Gott hätte sich aber auch entschließen können, entweder die N. überhaupt nicht oder ohne Ziel zu erschaffen.

3. Mit dem naturwissenschaftlichen Durchbruch und der Entstehung eines neuen Weltbildes wird N. als eine zwecklose raum-zeitliche Welt ausgedehnter, materieller Körper betrachtet, die universalgültigen Gesetzmäßigkeiten* gehorchen. Diese N.gesetze werden zwar anfangs als innere Prinzipien (Wesen) der N. aufgefaßt. Dieser Rest des griech. N.begriffs wird aber schließlich aufgegeben (vgl. Empirismus, Hume). Der alte griech. N.begriff steckt jedoch immer noch in der Idee einer menschlichen N. (= menschliches Wesen), obgleich auch diese Auffassung in der modernen Philos. kritisiert worden ist. Die neue N.auffassung versteht N. als bloßes ‹Material›, das manipuliert werden kann. Die Naturwissenschaften sind daher ein bloßes Werkzeug zum Zweck der N.beherrschung. Diese Auffassung führt zu der Frage, wie wir das Verhältnis zwischen der zwecklosen N. und dem zwecksetzenden, ‹freien› (göttlichen oder menschlichen) Bewußtsein* bestimmen sollen. Descartes' Dualismus* (seine Unterscheidung zwischen ausgedehnter N. und nicht-ausgedehntem Bewußtsein), der Monismus von Hobbes und der franz. Materialisten* (ihre Bestimmung des Bewußtseins als eine Art materielle N.) sowie Berkeleys Idealismus* (der jede selbständige N. leugnet) sind drei klassische Antworten auf diese Frage.

4. Kant akzeptiert Descartes' Unterscheidung zwischen einer ausgedehnten N. und einem nicht-ausgedehnten Bewußtsein, verwirft aber den Gedanken als dogmatisch, daß dieser N. eine selbständige Existenz zukommt. Statt dessen solle man den N.begriff als «Inbegriff aller Gegenstände der Erfahrung» auffassen. (*Prolegomena* [1783], § 16). Diese N.auffassung wird im Neukantianismus* weiterentwickelt. Cohen z. B. konzipiert einen rein methodologischen N.begriff. N. ist hier dasjenige, was Gegenstand naturwissenschaftlicher Untersuchungen ist, d. h. mit Hilfe naturwissenschaftlicher Methoden untersucht werden kann. Die Aufgabe der Philos. ist es, diese Methoden einer erkenntnistheoretischen, kritischen Untersuchung zu unterziehen.

5. Der N.begriff des 20. Jh. beruht im wesentlichen auf dem des 17. Jh. Mit der Relativitätstheorie ist zwar eine neue Auffassung von Raum und Zeit eingeführt worden. Die Quantenmechanik hat zu einer Diskussion über die Grenzen des Determinismus* geführt. Aber diese Diskussion hat uns kein neues N.verständnis gegeben. Zudem kann das Problem der Interpretation der Ergebnisse der Physik als eine Diskussion zwischen Anhängern einer realistischen, metaphysischen Interpretation (z. B. Harré und

Popper) und Vertretern einer methodologischen, idealistischen Deutung (z. B. Bohr) des N.begriffs aufgefaßt werden. Eine besonders radikale Version finden wir bei Kuhn, für den der N.begriff nur innerhalb eines sog. Paradigmas sinnvoll ist. In der Praxis bewegen sich aber alle von Kuhn erwähnten Paradigmen im Rahmen des modernen N.begriffs.

Lit.: H. Blumenberg: Die Lesbarkeit der Welt, 1981. H. Diller: Der griech. N.begriff. In: Ders.: Kleine Schriften zur antiken Literatur, 1971. K. Gloy: Das Verständnis der Natur, 2 Bde., 1995/96. F. Heinimann: Nomos und Physis, 1945 (ND 1980). J. Mittelstraß: Metaphysik der N. in der Methodologie der Naturwissenschaften. In: K. Hübner/A. Menne: N. und Geschichte, 1973. F. Rapp (Hg.): N.verständnis und N.beherrschung, 1981. L. Schäfer/E. Ströker (Hg.): N.auffassungen in Philos., Wissenschaft, Technik. Bd. 1: Antike und Mittelalter, 1993. C. F. v. Weizsäcker: Die Einheit der N., 1971. W. Wieland: Die Aristotelische Physik, 1962.

Natur, zweite. 1. Gewohnheit (erworbene Eigenschaften, die genauso stabil werden wie angeborene Eigenschaften). 2. Die soziale, kulturelle, geschichtliche Welt. 3. Die sittliche Welt, die Gesellschaft (Schelling, Hegel, Marx). 4. In ihren Motiven undurchschaute (und daher unfreie) Handlungen (Freud, Habermas).

Naturalismus (von lat. *naturalis*, natürlich). 1. Ontologischer N., häufig auch Materialismus* genannt. Die Auffassung, daß alles Seiende auf eine kausalbestimmte Natur* zurückgeführt werden kann, d. h. auf Kräfte und Entitäten*, mit denen sich die Naturwissenschaften beschäftigen. Im Verlauf der naturwissenschaftlichen Entwicklung hat diese Auffassung verschiedene Formen angenommen. Der N. leugnet sowohl die Existenz eines transzendenten Gottes (vgl. Supranaturalismus) als auch die eines freien* Willens, der den Menschen von der übrigen Natur abhebt (Demokrit, Hobbes, Holbach, Feuerbach, Armstrong, Smart). Ende des 19. Jh. erlebte dieser N. eine Blütezeit. Der N. einzelner Bereiche wie der Erkenntnis, Logik oder Geschichte kann je nach zugrundegelegter Naturwissenschaft verschiedene Gestalt annehmen (vgl. Biologismus und Physikalismus). Einige Philos. (z. B. Husserl) verwenden den Begriff N. in einem weiteren Sinn und sprechen auch von einer psychischen Natur, die nicht auf ausgedehnte Natur zurückgeführt werden kann.

2. Erkenntnistheoretischer N. Die Auffassung, daß alles Seiende mit Hilfe von naturwissenschaftlichen Methoden beschrieben und erklärt werden kann und daß der Philos. demnach keine besondere Erkenntnismethode eigen ist. Der erkenntnistheoretische N. ist häufig auch ein ontologischer. Er fand wichtige Vorläufer im Pragmatismus* und im logischen* Positivismus und spielte in den 30er und 40er Jahren in der amerik. Philos. eine wesentliche Rolle. Evolutionstheoretische Erkenntnistheorien sind die gegenwärtig wohl wichtigste Spielart des erkenntnistheoretischen N.

3. Ethischer N. Die Auffassung, daß sich moralische Urteile in ihrem Gegenstandsbereich nicht von theoretischen Urteilen unterscheiden. Der Begriff wird zumeist in einer der folgenden speziellen Bedeutungen verwendet: (a) Moralische Urteile sind mit Beschreibungen identisch und können mit Hilfe wissenschaftlicher Untersuchungen nachgeprüft werden. (b) Es ist möglich, von einer Beschreibung auf ein (moralisches) Urteil zu schließen. (c) Grundlegende, wertende Begriffe wie ‹gut*› können auf einfachere Begriffe zurückgeführt werden. Moore hat in diesem Zusammenhang den Naturalisten einen logischen Fehler, den sog. naturalistischen* Fehlschluß, vorgeworfen.

Lit.: C. F. v. Weizsäcker: Die Einheit der Natur, 1971. G. Harman: Das Wesen der Moral. Eine Einführung in die Ethik, 1981. F. v. Kutschera: Grundlagen der Ethik, 1982. G. E. Moore: Principia Ethica, 1970. R. Stuhlmann-Laeisz: Das Sein-Sollen-Problem. Eine modallogische Studie, 1983.

naturalistischer Fehlschluß. Innerhalb der modernen Moralphilos. (s. Ethik) Bezeichnung für den Fehler oder Fehlschluß, der dem ethischen Naturalismus* vorgehalten wird. Der Ausdruck stammt von Moore, der sich auf das Humesche Gesetz beruft, wonach aus dem Sein kein Sollen abgeleitet werden kann. Moore behauptet, daß alle Philos., die versuchen, die grundlegende Wertqualität ‹gut*› zu definieren, den n. F. begehen. Es ist jedoch unklar, worin Moore den Fehler sieht, ob in der Auffassung, daß ‹gut› eine definierbare Eigenschaft ist, oder vielmehr darin, daß ‹gut› als Eigenschaft verstanden wird, die sich von sinnlich wahrnehmbaren Qualitäten nicht unterscheidet. Besonders letztere Auffassung hat bis heute überlebt. Für Hare besteht der n. F. in der Verwechslung von Beschreibungen und Wertungen. Ein Werturteil ist immer ein präskriptives Urteil und enthält im Gegensatz zu Beschreibungen eine Handlungsvorschrift.

natürliche Deduktion (engl. *natural deduction*). Natürlich-deduktive Formalisierungen* sind logische Systeme, die ausschließlich Schlußfolgerungsregeln*, aber keine Axiome* enthalten. Der bekannteste Typ ist Gentzens Sequenzen-Kalkül. Die n. D. gleicht eher alltäglichen Argumentationsformen als Beweisen* in axiomatischen Systemen.

Lit.: G. Gentzen: Untersuchungen über das logische Schließen, ND 1969.

natürliche Eigenschaft (engl. *natural property*). In Moores Moralphilos. Bezeichnung für Eigenschaften, die mit Hilfe unserer Sinne oder empirisch-naturwissenschaftlicher Methoden erkannt werden können. Im Gegensatz dazu stehen nach Moore nicht-n. E. – ästhetische und moralische Qualitäten und Werte –, die nicht auf diese Weise erkannt werden können.

natürliche Klasse (engl. *natural kind*). In der scholastischen* Philos. und in der modernen Wissenschaftstheorie ist eine n. K. eine Klasse von Gegenständen, die die gleiche grundlegende natürliche Beschaffenheit oder das gleiche Wesen* haben. Bestimmte Formen des wissenschaftsphilos. Realismus* betrachten es als ihre wichtigste Aufgabe, die n. K. und deren Eigenschaften zu entdecken und zu studieren. Der Begriff hat schließlich auch Eingang in die neueste philos. Semantik*, nicht zuletzt bei Kripke, gefunden.

natürliche Notwendigkeit (auch physische Notwendigkeit genannt), eine Form von notwendiger Wahrheit, die als Gegensatz zur logischen* Notwendigkeit gesehen wird. Ein wahres Urteil* ist eine n. N., wenn seine Negation* mit den Naturgesetzen unvereinbar ist oder wenn das Urteil in sämtlichen physisch (im weiten Sinn) möglichen Welten wahr ist. Zwei Beispiele: ‹Wenn der Kopf eines Menschen vom Rumpf getrennt wird, stirbt dieser› und ‹Zwei materielle Körper ziehen einander an mit einer Kraft, die sich proportional zu ihren Massen verhält›. Die Unterscheidung zwischen n. und logischer N. ist umstritten; dies gilt auch für die Frage, ob es überhaupt überzeugende Beispiele einer n. N. gibt.

natürliche Theologie, philos. Untersuchungen über Gott, ohne andere Grundsätze zur Hilfe zu nehmen als diejenigen, zu denen der Mensch durch seine Vernunft gelangt. Im Gegensatz zu einer christlichen Theologie, die sich auch auf geoffenbarte Wahrheiten stützt. – Vgl. Gottesbeweis, Theologie.

Naturphilosophen, ionische. Gemeinsame Bezeichnung für die Vorsokratiker* aus Ionien, die sich hauptsächlich mit naturphilos.* Fragen beschäftigten. – Vgl. Thales, Anaximander, Anaximenes und Heraklit.

Naturphilosophie 1. Diejenige philos. Disziplin, die die Natur* zu ihrem Gegenstand hat. Die Bestimmung der Prinzipien, mit denen Natur erkannt und als

Gegenstand bestimmt werden kann, mündet entweder – mit methodologischer oder empirischer Orientierung – in Naturforschung und Naturwissenschaft oder – mit spekulativer Orientierung – in eine apriorische* Bestimmung der Natur als Metaphysik* der Natur. Historisch gesehen beginnen die verschiedenen Stränge bei den ionischen Naturphilos.*, bei den Atomisten und bei der Aristotelischen Physik. 2. Einen Höhepunkt hat die spekulative N. in Schellings Identitätsphilos. (romantische N.) gefunden. 3. Der Versuch, unabhängig von der Erfahrung (a priori) wesensnotwendige oder begriffliche Grenzen der Naturwissenschaften festzulegen (z. B. Husserl und N. Hartmann; s. auch Ontologie). 4. Eine Theorie, die Ergebnisse der Naturwissenschaften systematisiert und perspektiviert (z. B. im logischen* Positivismus und im dialektischen Materialismus*).

Lit.: G. Böhme (Hg.): Klassiker der N., 1989. G. Böhme: Natürlich Natur. Über Natur im Zeitalter ihrer technischen Reproduzierbarkeit, 1992. E. Brock: N., 1985. A. C. Crombie: Von Augustinus bis Galilei, 1964. H. Dingler: Geschichte der N., 1932 (ND 1967). M. Drieschner: Einführung in die N., 1981, ²1991. K. Gloy/P. Burger (Hg.): N. im dt. Idealismus, 1993. N. Hartmann: Philos. der Natur, 1950. G. Hennemann: Grundzüge einer Geschichte der N. und ihrer Hauptprobleme, 1975. K. Hübner/A. Menne (Hg.): Natur und Geschichte, 1973. B. Kanitscheider (Hg.): Moderne N., 1984. B. Kanitscheider: Im Innern der Natur. Philos. und moderne Physik, 1996. R. Koltermann: Grundzüge der modernen Naturphilos., 1994. J. Mittelstraß: Neuzeit und Aufklärung, 1970. O. Schwemmer: Über Natur, 1987.

Naturrecht. Einzelnes Recht oder Rechtssystem, das nicht durch menschliche Setzung oder Vereinbarung gültig und autorisiert ist. Das N. dient als Fundament und Legitimationsinstanz allen gesetzten (positiven) Rechts. Aus der Idee des N. folgt die Auffassung, daß die politisch-rechtliche Ordnung eines Landes anhand von objektiven und natürlichen Grundsätzen zu beurteilen ist.

Die philos. Probleme der N.-Diskussion betreffen vor allem die Rechtsbegründung. Die Gesetze eines Landes sollen nur dann befolgt werden, wenn sie mit dem N. übereinstimmen. Soll das N. objektiv gültig sein, so muß es für alle Vernunftwesen verpflichtend sein und sich auf eine natürliche Ordnung gründen. In der Stoa*, die zuerst das von Natur aus Gerechte diskutiert, ist das Universum eine vernünftige Ganzheit, die sich von den Gesetzen der Vernunft – sowohl Naturgesetzen als auch verpflichtenden Handlungsvorschriften – leiten läßt. Deshalb erscheint es für den Stoiker durchaus sinnvoll, der Natur zu folgen. Bei Cicero ist das Gesetz Ausdruck der höchsten Vernunft, die vorschreibt, was zu tun und was zu unterlassen sei. Kritiker der stoischen Philos. weisen allerdings darauf hin, daß sich durch Berufung auf die Natur viele Fragen nicht entscheiden lassen. Die Natur kennt z. B. die Form des ‹demokratischen› Biberstaats wie auch die des ‹totalitären› Bienenstocks. Durch Hinweis auf die Natur läßt sich daher nicht entscheiden, welche dieser Formen vorzuziehen sei.

Im Mittelalter unterscheidet man zwischen göttlichem Recht und jenem, das unserer Natur entspringt. Letzteres ist unabhängig von örtlichen und zeitlichen Verhältnissen gültig und kann von dem für den einzelnen und für die Gattung Guten hergeleitet werden (z. B. Selbsterhaltung, Reproduktion). Das positive Recht dagegen wird durch menschliche Satzung bestimmt und ist von örtlichen und zeitlichen Verhältnissen abhängig. Einige betrachten es als eine allgemeine menschliche Fähigkeit, die dem N. entspringenden elementaren Handlungsprinzipien zu erkennen. Die Diskussionen im Mittelalter drehten sich insbesondere um die Abgrenzung und die Möglichkeit von Konflikten zwischen diesen drei Rechtsbestimmungen.

Für spätere N.-Theoretiker (u. a. Grotius) tritt Gott als Schöpfer und Ordner der Natur zurück; statt dessen wird die Vernunft als Quelle der natürlichen Ordnung hervorgehoben. Was aber vom Standpunkt der Vernunft aus akzeptabel ist, bleibt strittig. So haben z. B. Grotius und Pufendorf grundverschiedene Ansichten über die Frage, ob etwa die Todesstrafe berechtigt sei. Hobbes und Locke haben neben anderen Philos. in ihren Interpretationen des N. nach den notwendigen Bedingungen menschlichen Lebens und Überlebens gesucht. Um als Gattung zu überleben, müssen wir in Gemeinschaft leben. Das soziale Leben muß sich aber von bestimmten Regeln über Recht und Billigkeit leiten lassen. Bei Hobbes entspringen diese notwendigen Überlebensregeln der menschlichen Vernunft. Hume und Smith dagegen sehen diese Regeln als Ergebnis eines Entwicklungsprozesses. Für Kant ist das «a priori durch jedes Menschen Vernunft erkennbare Recht» (Akad. Ausg. Bd. 6, S. 296) der Inbegriff aller Rechte und Pflichten, die sich aus dem Begriff eines freien Vernunftwesens ergeben, das zu anderen freien Vernunftwesen in Beziehung tritt. Da jeder durch den Gebrauch seiner Freiheit die anderen in ihrer Freiheit einschränken kann, fordert das allgemeine Rechtsgesetz die Zusammenstimmung meiner Handlungen mit der Freiheit eines jeden nach einem allgemeinen Gesetz. Da Menschen aber nicht von selbst diesem Gesetz gehorchen, verlangt das Vernunftrecht zu seiner Verwirklichung die Etablierung des Staates als rechtssichernder Institution, welche befugt ist, die Willkür des einen zur Verträglichkeit mit der Willkür des anderen zu zwingen. Das positive Gesetz dient dann der Sicherung und Durchsetzung des natürlichen Rechts; der «Probierstein der Rechtmäßigkeit eines jeden öffentlichen Gesetzes» ist die mögliche Zustimmung aller Betroffenen, insofern sie vernünftig sind. Im 20. Jh. haben u. a. Bloch und Rawls naturrechtliche Positionen erneuert, während der Rechtspositivismus* das N.-Denken kritisiert. Trotz aller Skepsis gegenüber einer rationalen Begründung des N. aus der Natur der Welt, des Bewußtseins oder des Menschen, die sich nur schwer dem Einwand des naturalistischen Fehlschlusses entziehen kann, bleibt auch heute noch die Idee des N. – u. a. in Gestalt des Kantschen Vernunftrechts – wegweisend zumindest als regulatives Prinzip, das es auf diskursivem Weg einzulösen gilt: Indem die privaten Rechtssubjekte, wenn sie in den Genuß gleicher subjektiver Freiheiten kommen wollen, sich selbst, «in gemeinsamer Ausübung ihrer politischen Autonomie, über berechtigte Interessen und Maßstäbe klar werden und auf die relevanten Hinsichten einigen, unter denen Gleiches gleich und Ungleiches ungleich behandelt werden soll» (J. Habermas). – Vgl. Gerechtigkeit und Rechtsphilos.

Lit.: E. Bloch: N. und menschliche Würde, 1961. F. Böckle/E. W. Böckenförde (Hg.): N. in der Kritik, 1973. J. G. Fichte: System des N. J. Habermas: Faktizität und Geltung. Beiträge zur Diskurstheorie des Rechts und des demokratischen Rechtsstaats, 1992. H. L. A. Hart: Der Begriff des Rechts, 1973. G. W. F. Hegel: Rechtsphilos. F. Heinimann: Nomos und Physis, ^{2}1972. O. Höffe: Politische Gerechtigkeit. Grundlegung einer kritischen Philos. von Recht und Staat, 1987. I. Kant: Metaphysik der Sitten, 1. Teil: Metaphys. Anfangsgründe der Rechtslehre. W. Maihofer (Hg.): N. oder Rechtspositivismus? ^{2}1966. J. Ritter: N. bei Aristoteles. In: Metaphysik und Politik, 1969. L. Strauss: N. und Geschichte, 1956. H. Welzel: N. und materiale Gerechtigkeit, ^{4}1962. E. Wolff: Das Problem der N.lehre, ^{4}1964.

Naturwissenschaften. Bezeichnung für die empirischen* Wissenschaften, die die Natur und deren Bewegungsgesetze erforschen. Zu den N. zählen u. a. Astronomie, Physik, Chemie, Biologie, Biochemie, Genetik, Zoologie, Botanik, Geologie, Anatomie, Physiologie und Mineralogie. Die sog. exakten N. bedienen sich mathematischer Methoden und eines mathematischen Begriffsapparats in der Entwicklung und Formulierung von Theorien und Gesetzmäßigkeiten. Die N. unterscheiden sich von der Mathematik und anderen formalen Wissenschaften einerseits und den Geistes- und

Gesellschaftswissenschaften andererseits. Wie sich diese Wissenschaften näher zueinander verhalten, ist bisher umstritten. Der Positivismus* behauptet, daß alle anderen Wissenschaften in bezug auf Methode und Gegenstand den N. untergeordnet oder sogar auf sie reduziert werden können. Die hermeneutische* Tradition betont dagegen einen grundlegenden Unterschied zwischen naturwissenschaftlichen und geisteswissenschaftlichen Formen des Erkennens.

Lit.: H. B. Hiller: Die modernen N., 1974. E. Hunger: Die naturwissenschaftliche Erkenntnis, 3 Bde., 1963–65. B. Kanitscheider: Wissenschaftstheorie der N., 1981. P. Lorenzen: Die Entstehung der exakten Wissenschaften, 1960.

Naturzustand. Bei Thomas von Aquin, Hobbes, Locke, Rousseau und anderen Naturrechtstheoretikern ein Zustand, in dem in einem Gedankenexperiment das Leben des Menschen ohne jegliche vom Menschen erzeugten Gesetze und Regeln vorgestellt wird. Bei Thomas und Locke würde der Mensch in einem solchen vorgestellten N. bereits Pflichten haben. Hobbes dagegen ist der Auffassung, daß der Mensch dann allein den Naturgesetzen, d. h. den physischen Gesetzen und dem Selbsterhaltungstrieb, unterworfen ist.

Lit.: L. Strauss: Naturrecht und Geschichte, 1977.

Negation (von lat. *negare*, verneinen, bestreiten). 1. Bestreitung, Verwerfung eines Urteils als falsch oder unhaltbar. 2. Verneinendes Urteil. In den Standardsystemen der Logik wird angenommen, daß jedem (eindeutigen) Urteil eine eindeutig bestimmte N. entspricht, d. h. die Behauptung seiner N. ist dasselbe wie die Bestreitung des betreffenden Urteils. Ein Urteil und seine N. sind daher kontradiktorisch*. 3. Die aussagenlogische Konstante ‹¬›, lies: ‹Es ist nicht der Fall, daß›. Als wahrheitsfunktionales Konnektiv* hat die N. folgende Form: Wenn ‹p› wahr ist, ist ‹¬p› falsch, und wenn ‹p›

falsch ist, ist ‹¬p› wahr. In bestimmten logischen Systemen unterscheidet man zwischen einer schwachen (wahrheitsfunktionalen) und einer starken N. Die schwache N. von ‹a hat die Eigenschaft F› lautet: ‹Es ist nicht der Fall, daß a die Eigenschaft F hat›, dagegen lautet die starke N.: ‹a hat die Eigenschaft nicht-F›. Der Satz* vom ausgeschlossenen Dritten gilt nicht für starke N.; z. B. gilt weder, daß das Bremer Rathaus glaubend, noch daß es nicht-glaubend ist.

Lit.: W. Flach: N. und Andersheit. Ein Beitrag zur Problematik der Letztimplikation, 1959. G. Frege: Die Verneinung. Eine logische Untersuchung. In: Ders., Logische Untersuchungen, 1966, S. 54–71. H. Weinrich (Hg.): Positionen der Negativität, 1975.

negative Dialektik, vgl. Adorno.

Negativismus, Begriff, der von M. Theunissen zur Bezeichnung seines eigenen philos. Programms aufgenommen wird. In Theunissens Zeitdiagnose steht die moderne Philos. vor der Situation, daß «wir heutzutage... kaum noch wissen, was Menschsein heißt». Das Mensch- oder Selbstsein kann deshalb nur noch verstanden werden aus der Negation* der uns allein bekannten negativen (verzweifelten) Lebensformen.

Lit.: E. Angehrn (Hg.): Dialektischer N. Michael Theunissen zum 60. Geb., 1992.

Neopositivismus, s. logischer Positivismus.

Neue Philosophen, Bezeichnung für franz. Philos., die zuerst 1976/77 durch ihre Kritik am Marxismus* öffentlich bekannt wurden: Der Marxismus gilt ihnen als totalitäres Denken. Hinter der gemeinsamen Ablehnung stehen jedoch unterschiedliche politische Positionen, so daß die N. P. keine einheitliche Gruppe oder gar Schule bilden. Der bekannteste unter ihnen ist A. Glucksmann.

Neuhegelianismus, s. Hegelianismus.

Neukantianismus, Bezeichnung für eine philos. Strömung in Deutschland in der Zeit von 1870 bis 1920, die eine Philos. allein auf der Grundlage der kantischen Methodik für möglich hält. Die entscheidende philos. Disziplin ist daher die Erkenntnistheorie, für die meisten Anhänger des N. mit Wissenschaftstheorie* identisch. Der N. teilte sich in zwei ‹Schulen› auf: die Badische oder Südwestdeutsche Schule (mit Windelband und Rickert als führenden Vertretern) und die Marburger* Schule (mit Cohen, Natorp und Cassirer). Gelegentlich wird dem N. auch die physiologische und die soziologische Richtung zugezählt, die Kants transzendentale* Erkenntnisformen als physiologische Dispositionen (Helmholtz, Lange) auslegen oder als psychische Strukturen in ihrem Bezug auf ein gegebenes Milieu (Simmel, Mannheim). (S. Schema S. 412) – In Frankreich existierte vom Ende des 19. bis in die 30er Jahre des 20. Jh. eine parallele Strömung, wobei sich dort der N. mit der cartesianischen* Tradition verbunden hat (vgl. u. a. L. Brunschwicg).

Lit: W. Flach/H. Holzhey (Hg.): Erkenntnistheorie und Logik im N., 1979. H. Holzhey: Ethischer Sozialismus. Zur polit. Philos. des N., 1994. K. Herrmann: Einführung in die neukantianische Philos., 1927. K. Ch. Köhnke: Entstehung und Aufstieg des N., 1993.

Neuplatonismus, Bezeichnung für die systematische Philos. der Spätantike (ab ca. 200 n. Chr.), die sich auf platonische Grundlagen beruft. Zu den bedeutendsten Vertretern zählen Ammonios Sakkas, Plotin, Porphyr(ios), Iamblichos und Sallust. – S. besonders Platonismus und Plotin.

Neurath, Otto (1882–1945), österr. Soziologe und Philos., studierte in Wien und Berlin. 1906 Dissertation in Berlin, 1917 Habilitation in Heidelberg. Von 1907 bis zu seiner Einziehung in die Armee war N. Lehrer an einer Handelsschule in Wien. Nach dem Krieg arbeitete er in Bayern als Beamter der Räterepublik und übernahm die Aufgabe, die Sozialisierung der Ökonomie in die Wege zu leiten. Als die Räterepublik 1919 zerschlagen wurde, wurde N. nach Österreich ausgewiesen. Er spielte sowohl für die theoretische Grundlegung als auch für die Verbreitung in Wissenschaftskreisen eine zentrale Rolle in der Entwicklung des logischen* Positivismus – zunächst als Mitglied des Wiener* Kreises, später aus seinem Exil in Holland (1934–40) und England (1940–45).
In seinen philos. Schriften vertritt N. eine physikalistische* Auffassung, die sämtliche Wissenschaften als solche von raum-zeitlichen Phänomenen und ihren Beziehungen bestimmt. Sein Ziel ist es, eine Einheitswissenschaft zu schaffen. Da kein prinzipiell kein Teil unserer Erkenntnis möglichem Zweifel entzieht, vergleicht N. die Wissenschaften mit einem Boot, das ständig umgebaut wird, während es sich auf hoher See befindet. N. versuchte als erster, die Grundlage der Soziologie aus der Perspektive des logischen Positivismus zu analysieren.

Ausg.: Gesammelte philos. und methodologische Schriften I–II, 1981. – *Lit.:* K. Fleck: O. N. Eine biographische und systematische Untersuchung, 1979. F. Mohn: Der logische Positivismus. Theorien und politische Praxis seiner Vertreter, 1977. F. Nemeth: O. N. und der Wiener Kreis. Revolutionäre Wissenschaftlichkeit als Anspruch, 1981.

Neuthomismus, Thomistische* Bestrebungen der Erneuerung einer systematischen Philos., die auf einer realistischen* Ontologie und empiristischen* Erkenntnistheorie aufbaut. Seit 1879 wird der N. von der katholischen Kirche gefördert. Zu den Repräsentanten des N. gehören u. a. E. Gilson und J. Maritain.

neutraler Monismus (von lat. *neuter*, keiner von beiden, und griech. *monos*, allein, einzig). 1. Die ontologische Auffassung, daß das Materielle und das Bewußtseinsmäßige (das Körperliche und das Psychische) auf ein Drittes, unmittelbar in der Wahrnehmung Gegebenes zu-

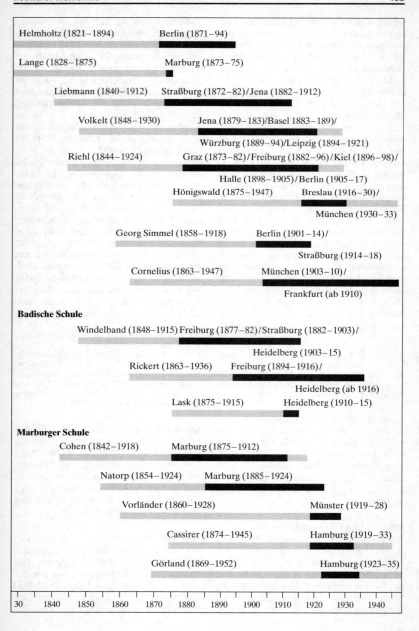

rückgeführt werden können. Der Unterschied zwischen dem Materiellen und dem Bewußtseinsmäßigen beruht darauf, daß das in der Wahrnehmung Gegebene auf zwei verschiedene Weisen geordnet ist. Der n. M. spielte in der Philos. Ende des 19. und Anfang des 20. Jh. (Mach, James, Russell) eine entscheidende Rolle und ist mit bestimmten Formen des Phänomenalismus* verwandt. 2. Zum n. M. können auch in einem weiteren Sinn alle jene Theorien gerechnet werden, die das Materielle und das Bewußtseinsmäßige als Aspekte eines Dritten auffassen, das weder materiell noch bewußtseinsmäßig ist (Spinoza). – Vgl. Bewußtsein.

Newton, Isaac (1642–1727), engl. Physiker, Astronom und Mathematiker, Prof. in Cambridge 1669–1703, seit 1703 Präsident der Royal Society. N. formulierte in seinem Hauptwerk *Philosophiae Naturalis Principia Mathematica* (Mathematische Grundlagen der Naturphilos., 1687) die Grundprinzipien der theoretischen Mechanik. Hier finden sich systematische Erklärungen der Bewegung von Körpern nicht nur auf und in der Nähe der Erde, sondern im ganzen Universum: N. erklärt mit seiner Lehre von der allgemeinen Massenanziehungskraft, die er eine mathematische Kraft nennt, die Bewegung des Mondes um die Erde und die Bewegung der Erde und der übrigen Planeten um die Sonne. Das Werk bildete die Grundlage der Physik und Astronomie bis zu Einsteins Relativitätstheorie. N. lieferte ferner bahnbrechende Arbeiten zur Optik (*Opticks*, 1704) und entwickelte – unabhängig von Leibniz – die Grundideen der Differentialrechnung. Über die Methode seiner Physik sagte N., sie sei empirisch* und induktiv*. Er warf Descartes vor, die Naturwissenschaften auf Irrwege geführt zu haben, weil er die Anwendung vorgefaßter Vernunftprinzipien vorgeschlagen hatte, die sich nicht nach Beobachtungen und Experimenten richten sollen. Sein berühmter Satz *hypotheses non fingo* (lat., ich erfinde keine Hypothesen, aus dem 3. Buch der *Principia*) bringt zum Ausdruck, daß er in den *Principia* keine Vermutungen anstellen wollte über die physische Ursache der Anziehungskraft. Der Satz besagt jedoch nicht, daß N. insgesamt auf Vermutungen über die innerste Natur der physischen Welt und auf eine physikalische Deutung seiner Begriffe und Theorien zu verzichten gedenkt. Z. B. überlegt er in dem Werk *Opticks* (Optik), wie die Anziehungskraft physikalisch verstanden werden soll, und seine späteren Erwägungen zur Chemie beruhen auf einer atomistischen* Auffassung. In *Opticks* stellt N. auch Spekulationen über den Raum als einem *sensorium dei* (lat., Gottes Sinnesorgan) an, um damit seine Annahme eines absoluten Raums und einer absoluten Zeit zu untermauern. Diese Annahme war übrigens Anlaß für eine längere Kontroverse zwischen N. – der von seinem Schüler Samuel Clarke verteidigt wurde – und Leibniz. Der britische Empirismus* wurde von N. stark geprägt: John Locke betrachtete es als seine Aufgabe, für die neue Naturwissenschaft die erkenntnistheoretische Grundlage zu liefern, George Berkeley interpretierte die Newtonsche Physik positivistisch, d. h. ohne Einbezug solcher Begriffe wie Kraft, absoluter Raum und absolute Zeit, und David Hume suchte eine Theorie über das menschliche Bewußtsein aufzustellen, die auf ebenso klaren und ebenso wenigen Grundprinzipien beruhte wie N. Physik. – Auch Kant maß der Newtonschen Mechanik eine entscheidende Rolle für seine kritische Philos. bei.

In jüngeren Jahren führte N. zahlreiche alchimistische Experimente durch, um der Natur ihre Geheimnisse abzuringen; und vielfach hat man zwischen N. Begriff der Anziehungskraft und den okkulten Kräften der Magie und Alchimie eine Parallele gesehen. Später beschäftigte sich N. mit chronologischen Fragen, und zwar auf Grundlage der biblischen Prophetien im Buch Daniel und in der Offenbarung des Johannes, sowie mit religionsphilos. Studien. Hier vertrat er einen arianischen Standpunkt und lehnte die Lehren von der Dreifaltigkeit und von der göttlichen Natur Jesu ab.

Ausg.: Opera Omnia, 5 Bde., 1964. Mathematische Prinzipien der Naturlehre, 1872 (ND 1963). Optik, 1983. Über die Gravitation, 1988. – *Lit.:* F. Dessauer: Weltfahrt der Erkenntnis. Leben und Werk I. N., 1965. G. Freudenthal: Atom und Individuum im Zeitalter N. Zur Genese der mechanistischen Natur- und Sozialphilos., 1982. A. R. Hall: Die Geburt der naturwissenschaftlichen Methode, 1965. A. Koyré: Von der geschlossenen Welt zum unendlichen Universum, 1957. J. Mittelstraß: Neuzeit und Aufklärung, 1970. R. D. Westfall: Never a Rest. A Biography of I. N., 1980.

nicht/das Nichts (engl. *nothing*; franz. *le néant*; lat. *nihil*). Spekulationen über das Verhältnis zwischen Sein und N. spielen bei mehreren Vorsokratikern* eine große Rolle. Parmenides z. B. vertritt die radikale These, daß nur das Seiende ist: «Nichts ist nicht», und er lehnt deshalb die Auffassung ab, daß das Seiende eine Mannigfaltigkeit darstelle oder sich verändern oder entstehen und vergehen könne, da all dies in irgendeiner Weise voraussetzt, daß etwas nicht ist. Demokrit dagegen nimmt die Existenz eines N. an, nämlich das Leere, in dem das Seiende, d. h. die Atome*, sich bewegen. Platon, Aristoteles und spätere Philos. kritisieren die Vorsokratiker und betonen, daß man vom N. in vieler Weise reden kann, von denen die folgenden die wichtigsten sind: nicht etwas*; das logisch Unmögliche; das nicht Seiende* oder nicht Existierende; das Potentielle (vgl. *dynamis/energeia*); das Falsche; Schein* im Gegensatz zur Wirklichkeit*; das Unbestimmte.

Nach Kierkegaard, Jaspers und Sartre steht der Mensch in einem Verhältnis zum N., insofern er durch seine Freiheit* in einem Verhältnis zu den Möglichkeiten steht, in dieser oder jener Weise zu existieren. Bei Heidegger wird zwischen dem «Nicht», d. h. der Abwesenheit dieser oder jener Bestimmung des Seienden (z. B. ‹Er ist nicht braungebrannt›), und dem «N.» unterschieden, d. h. dem Sein* des Seienden, insofern es als dieses Sein im Gegensatz steht zum Seienden (z. B. handelte es sich um eine Erfahrung des N., als die Physiker entdeckten, daß die Begriffe der klassischen Physik die Phänomene nicht erfassen konnten. Diese Erfahrung ist nach Heidegger eine Voraussetzung dafür, ein neues Seinsverständnis zu entwerfen). – U. a. hat Carnap Heidegger (und damit der gesamten metaphysischen Tradition) vorgeworfen, daß er die Sprache in einer sinnlosen Weise verwende, wenn er die Negation «…nicht…» substantiviere. Sowenig wie das Licht irgendwo «ist», wenn es «ausgegangen ist», gibt es etwas so Mystisches wie das «N.». Von heideggerscher Seite hat man dem entgegnet, daß Carnap gegen eine Position polemisiere, die niemand vertreten habe: Das N. sei gerade nicht ein neues Seiendes neben allem anderen, das auch ist, sondern vielmehr eine Bezeichnung für den Umstand, daß wir außerstande wären, einem Gegenstand Prädikate zuzuschreiben oder abzuerkennen, wenn wir nicht über ein Seinsverständnis und damit eine Begrifflichkeit und eine Reihe von Entdeckungsverfahren verfügten, die es uns ermöglichen, den betreffenden Gegenstand zu identifizieren – eine Auffassung, die dem Verifikationsprinzip* Carnaps selbst vielleicht gar nicht so fern steht.

Lit.: E. Fink: Alles und N., 1959. M. Heidegger: Was ist Metaphysik?, 1929. M. Geier: Das Sprachspiel der Philos., 1989, 1. Kapitel. G. Kahl-Furtmann: Das Problem des N., 1934. E. Mayz Vallenilla: Die Frage nach dem N. bei Kant, 1974. J.-P. Sartre: Das Sein und das N., 1952. E. Tugendhat: Das Sein und das N. In: Durchblicke. Festschrift für M. Heidegger zum 80. Geburtstag, 1970, S. 132–160.

Nicolaus von Autrecourt (um 1300–50), franz. Philos., u. a. wegen seiner Kritik des Substanzbegriffs* und der traditionellen Kausalitätslehre der ‹Hume des Mittelalters› genannt. Wurde von der Kurie angeklagt und mußte zahlreiche

Thesen widerrufen. N. war der Auffassung, daß man sich nur weniger Dinge sicher sein könne: der eigenen Gedanken und Sinneseindrücke. Wahrscheinlichkeitsüberlegungen spielen jedoch eine wichtige Rolle. So sei eine atomistische Auffassung von Raum und Zeit wahrscheinlicher als die aristotelische These von Raum und Zeit als unendlich teilbarer Kontinua.

Ausg.: The Universal Treatise of N. of A. Hg. und übers. von A. Kennedy u. a., 1971. – *Lit.:* J. Lappe: N. v. A. Sein Leben, seine Philos., seine Schriften, 1908.

Nietzsche, Friedrich (1844–1900), dt. Philos., Klassischer Philologe und Literat, Studium der Theologie (ein Semester) und der Philologie in Bonn und Leipzig. 1870–79 Prof. für Klassische Philologie in Basel. Seit Januar 1889 gilt N. als geisteskrank.

N. Werk bildet kein philos. System* im traditionellen Sinn. Das Unsystematische betrachtet N. selbst als Vorzug: «Der Wille zum System ist ein Mangel an Rechtschaffenheit» (Sämtliche Werke 6, S. 63). Es lassen sich in seinem Werk jedoch Leitmotive finden, an erster Stelle die These vom Willen*: Der Wille ist der Grund für Denken, Leben und Wirklichkeit überhaupt. Diesen Grundsatz vertritt N. bereits in seinem ersten Buch, *Die Geburt der Tragödie* (1872). N. orientiert sich hier an Schopenhauers Unterscheidung zwischen der Welt, die unendlicher Wille ist, und der Welt, wie der Mensch sie sich vorstellt. Die Welt an sich, den Weltwillen, sieht N. in Dionysos repräsentiert, dem griech. Gott des Weins, der Vegetation überhaupt. Ihm steht Apollon gegenüber, der Gott der Rationalität, des Intellekts. Auf diesem Hintergrund rekonstruiert N. die geschichtliche Entwicklung: Ursprünglich stand das apollinische Prinzip im Dienst des Dionysos; als sich jedoch die apollinische Weltsicht auf Kosten des dionysischen Willens verselbständigte, ergab sich zwischen den beiden Prinzipien eine Spannung. So entstand die Trennung von Wille und Vernunft*, die bis in die Gegenwart überdauert und alle bisherige Philos. bestimmt hat. Im Unterschied zu Schopenhauer glaubt N. allerdings nicht, daß sich die Trennung durch asketischen Verzicht, durch die Aufgabe des Willens überwinden läßt. Im Gegenteil, das dionysische Willensprinzip kann und soll nicht überwunden werden. Die Welt bleibt letztlich immer vom Willen beherrscht. Deshalb ist der Versuch der Philos. – von Sokrates bis Hegel –, das apollinische Rationalitätsprinzip zu betonen, für N. Ausdruck von Degeneration. Die Philos. hebt die Trennung nicht auf, sondern verdeckt sie nur durch Illusion und Umdeutung. Soll die Gegenwart von den Griechen lernen, muß sie den Dionysos-Kult achten. Eine Wiedergeburt der dionysischen Weltsicht läßt sich weder durch Askese (Schopenhauer) noch durch lebensverneinende Liebe (Christentum) oder durch Moral (Humanismus) erreichen. Vielmehr ist eine neue ästhetische Kultur anzustreben, wie sie sich in der titanischen Musik R. Wagners bereits angekündigt hat.

Die Auffassung, daß die Kunst der angemessenste Ausdruck des Willens sei, gibt N. in den 70er Jahren preis, ohne jedoch an der Priorität des Willens zu zweifeln. Als Wagner sich einer freilich indifferenten Religiosität zuzuwenden beginnt, entsteht zwischen ihm und N. eine wachsende Distanz. 1878 kommt es zum offenen Bruch, nachdem Wagner im *Parsifal* die christlichen Keuschheitsideale verherrlicht hat. Während N. in Wagners spätromantischer Musik zunächst eine Möglichkeit der Erlösung gesehen hatte, betrachtet er sie nun als verlogen und täuschend. Die griech. Kunst vermochte in der Tragödie das Leiden und die Gespaltenheit des Lebens auszuhalten und es dennoch zu bejahen. Die spätromantische Kunst dagegen drückt nur Schwäche aus: Weil das Leben nicht ertragen werden kann, muß es umgedeutet und durch Illusion verbrämt werden. Damit übernimmt diese Kunst nach N. dieselbe Funktion, wie sie früher die Religion hatte. Für das geeignete Werkzeug der Kritik

Friedrich Nietzsche

hält N. – in den Schriften seit Ende der 70er Jahre – statt dessen die Wissenschaft. Sie soll den Menschen lehren, Scheinwelt und eigene Illusionen zu durchschauen. Doch diese Hoffnung gibt N. bald auf und wendet sich in den 80er Jahren gegen diejenigen Zeitgenossen, die die Wissenschaft zur neuen Religion erhoben hatten.

Bei Moral, Religion, Philos. und Wissenschaft handle es sich letztlich nur um verschiedene Deutungsperspektiven, die der Mensch an die Welt legt. Doch trägt die Welt unendlich viele Deutungsmöglichkeiten in sich; deshalb ist gegenüber jedem Bestreben Vorsicht geboten, eine der Sichtweisen für die allumfassende und alleingültige zu erkären. Allerdings zeugt nach N. die Geschichte Europas gerade für den Versuch, mit der Bestimmung des Guten (Moral und Religion), Schönen (Kunst) und Wahren (Philos. und Wissenschaft) die Welt allein zu erklären. Der gemeinsame Nenner für das Gute, Schöne und Wahre heißt Gott; vor allem im Christentum ist der Gedanke eines einzigen Gottes zentral. Gott ist der Garant dafür, daß den menschlichen Orienterungsversuchen Gültigkeit zukommt und daß es eine letzte Wertgrundlage gibt, auf der der Mensch seine Suche nach Wahrheit aufbauen kann. Hier werde ein Ideal* aufgestellt, das sich vom tatsächlichen Wissen abhebt und zum Maßstab von Auslegungen dienen soll. Dadurch wird der Mensch freilich in einen Gegensatz zum Ideal gebracht, und so entstehen Schuldängste und Schuldbewußtsein. Gott diene als Garant für die Existenz einer ewigen, allen anderen unbedingt überlegenen Weltperspektive; er sei zugleich für den Menschen Veranlassung, seinen Abstand von dieser idealen Perspektive zu entdecken.

Nach N. ist Gott jedoch eine Illusion. Die Welt läßt sich auf vielerlei Weisen deuten, die sich allerdings nicht zufällig ergeben; vielmehr besitzen sie ihren historischen, psychologischen und physiologischen Hintergrund im Leben des Auslegenden. Dieses Leben ist seinerseits Teil der Wirklichkeit und somit Ausdruck des Willens, der sich in allem Existierenden kundtut. In der Deutung manifestiert sich der Wille als Wille, der Welt einen Sinn zu geben. Je mehr Perspektiven der Interpret in seine Deutung aufzunehmen vermag, desto stärker wächst seine Fähigkeit, diesen Willen zum Sinn auch durchzusetzen. Jeder Wille ist Wille zur Macht, jede Deutung daher der Wille, an der Welt durch eine Deutung der Welt Anteil zu nehmen. Charakteristisch für die schwachen Menschen ist es, daß er die Aufgabe, der Welt einen Sinn zu geben, selber nicht bewältigen kann. Deshalb haben sich die Schwachen zusammengeschlossen und gemeinsam den Mythos von Gott geschaffen als Garant dafür, daß hinter der scheinbaren Sinnlosigkeit trotz allem ein Sinn steht. Dies führte auf dem Gebiet der Ethik zum «Sklavenaufstand in der Moral»: Die alten heroischen Ideale wurden durch die asketischen Ideale des Christentums ersetzt, die sexuelle wie intellektuelle Enthaltsamkeit fordern. Gott ist demnach eine Illusion der Schwachen, die ihre eigene Perspektivlosigkeit in die Existenz einer einzig gültigen Weltperspektive übertragen. Dann freilich muß der Einwand gegen die Illusion den Verzicht auf die Gottesidee einschließen, so erklärt sich N. bekannter Satz «Gott ist tot». Wenn Gott ein Symbol für die eingeschränkten und perspektivlosen Werte ist, dann muß mit N. eine «Umwertung aller Werte» gefordert werden.

Die Umwertung aller Werte vollzieht N. auf zwei verschiedenen Ebenen: Auf der metaphysischen und metaethischen Ebene verneint N. die Existenz absoluter Werte oder Kriterien, an denen sich die menschlichen Deutungen objektiv messen lassen. Er ist Wertnihilist* und bestreitet die Gültigkeit* von Werturteilen (ohne Bezug auf den Willen). Dieser Perspektivismus scheint sogar für alle Auffassungen der Welt gelten zu sollen; danach würde eine wissenschaftliche oder philos. Wahrheit in letzter Instanz* auf dem Willen beruhen, sie als wahr zu behaupten. Auf der normativen Ebene betont N., der Mensch solle andere Werte wählen als die bisherigen (z. B. Kraft und Selbstbehauptung anstelle von Demut oder das Körperliche anstelle des Geistigen). Doch obwohl er sich als Metaphysiker zum Wertnihilismus (Nonkongitivismus) bekennt, lehnt er auf der Ebene des Normativen einen radikalen Nihilismus* ab: daß nach der Erkenntnis «Gott ist tot» alles erlaubt sei. Vielmehr betrachtet N. diesen «passiven Nihilismus» als letzte Konsequenz des Sklavenaufstands in der Moral. Dieser erwuchs aus einem schwachen Deutungsvermögen und mußte deshalb einen Gott postulieren, der den eigenen Perspektivierungen ihre Gültigkeit garantierte. Nun ist es aber in ebensolchem Maß ein Zeichen von Schwäche, wenn nach der Einsicht in Gottes Tod kein Wille vorhanden ist, der Welt einen neuen Sinn (neue Werte) zu verleihen. Der europäische Nihilismus, der nach dem Durchschauen der platonisch-christlichen Illusionen alle Bindungen abstreift, entstammt also genau demselben Mangel an Deutungswillen wie die platonisch-christliche Lehre von Gott und den ewigen Werten. Statt dessen proklamiert N. einen Nihilismus als «Symptom wachsender *Stärke*»: die Heraufkunft des Übermenschen. Der Übermensch verzweifelt nicht an dem fehlenden Glauben an Gott, sondern setzt seinen eigenen Willen ein, um selber die Welt mit Sinn zu füllen. In Aussehen und Verhalten braucht er sich keineswegs vom gegenwärtigen Menschen zu unterscheiden – er ist weder ein blonder Arier im nazistischen Sinn noch ein ‹superman› (wie er in angelsächsischen Darstellungen manchmal verstanden wird). Vielmehr kommt es beim Übermenschen auf das Selbstverständnis an und das Verhältnis zu seinen Handlungen.

Hat er die Illusion von Gott ebenso überwunden wie die Illusion, es sei Ausdruck von Stärke, alles für erlaubt zu halten, steht der Übermensch vor einer letzten Illusion: dem Glauben, sich selbst schon jenseits aller Illusion zu befinden. Denn der Glaube, er könne sämtliche Illusionen ein für allemal hinter sich lassen, ist eine bloße Variante des alten Mythos vom Paradies. Dieser Mythos besagt, am Ende der Geschichte würden alle Wunden geheilt und der Mensch komme in den Besitz der wahren Weltperspektive. Aber es gibt kein Paradies am Ende der Geschichte – weil die Geschichte kein Ende hat. Anders gewendet: Die Geschichte wiederholt sich, sie ist «die ewige Wiederkunft des Gleichen». Die Lehre von der ewigen Wiederkunft bedeutet für den Übermenschen eine äußerste Herausforderung: Daß das Streben des Willens nie an ein Endziel gelangt, sondern nur in andauernder Selbstüberwindung bestehen kann, sogar diesen Gedanken muß der Übermensch in seine Wirklichkeitsdeutung aufnehmen, ihn bejahen und mit Sinn besetzen können *(amor* fati)*. Es ist die Aufgabe einer «Philosophie der Zukunft», zu einer solchen Deutung der Welt vorzustoßen. N. vermochte sie nach eigener Auskunft selbst nicht zu geben. – Die Bedeutung der Lehre von der ewigen Wiederkunft ist in der N.-Forschung umstritten.

Ausg.: Sämtliche Werke. Kritische Studienausgabe in 15 Bänden. Hg. von G. Colli u. M. Montinari, 1980. – *Lit.:* G. Colli: Nach N., 1980. G. Deleuze: N. und die Philos., 1985. M. Foucault: N., die Genealogie, die Historie. In: Von der Subversion des Wissens, 1987, S. 69–90. V. Gerhardt: F. N., 1992. J. Habermas: Der Diskurs d. Moderne, 1988, S. 65–129. W. Hamacher (Hg.): N. aus Frankreich, 1986. M. Heidegger: N., 2 Bde., 1961. C. P. Janz: F. N., 3 Bde., 1978/79. K. Jaspers: N.-Einführung in das Verständnis seines Philosophierens, 1936. W. Kaufmann: N., 1982. M. Montinari: N. lesen, 1982. S. Kofman: Explosions, 2 Bde., 1992/93. K. Löwith: N. Philos. der ewigen Wiederkehr des Gleichen. In: Sämtl. Schriften, Bd. 6, 1987. W. Müller-Lauter: N., 1971. A. Nehamas: N. Leben als Literatur, 1991. N.-Studien, bisher 18 Bde., 1972 ff. A. Pieper: «Ein Seil geknüpft zwischen Tier und Übermensch, Philos. Erläuterungen zu N. erstem «Zarathustra», 1990. B. v. Reibnitz: Ein Kommentar zu F. N. «Die Geburt der Tragödie aus dem Geiste der Musik» (Kap. 1–12), 1992. R. Rorty: Kontingenz, Ironie und Solidarität, 1992. K. Schlechta: Der Fall N. 1958.

nihil ex nihilio (fit), (lat.) aus nichts kommt nichts. Kurzform des Prinzips, daß alles eine Ursache* bzw. einen hinreichenden Grund* hat.

Nihilismus (von lat. *nihil*, nichts), Verneinung der Existenz einer objektiven Grundlage für Erkenntnis und Moral. Im Zusammenhang mit metaphysischen und moralischen Fragen kann das Wort N. eine oder beide der folgenden Auffassungen bezeichnen: 1. Werte oder moralische Normen besitzen keine objektive Gültigkeit. Es gibt keine Tatsachen religiöser oder metaphysischer Art, die moralische Wertungen rechtfertigen können. Diese Auffassung wird häufig auch

Nonkognitivismus genannt (vgl. Ethik). Sie findet sich z. B. im Existentialismus* (Sartre). 2. Man soll nur nach eigener Lust und Neigung handeln, gemäß der Maxime ‹Alles ist erlaubt›. Eine erste wesentliche Bedeutung gewinnt der N.-Begriff in der Kritik u. a. F. H. Jacobis am dt. Idealismus* und Jean Pauls in ästhetischer Hinsicht an der Romantik*, deren Grundhaltung zur Verneinung jeder Objektivität führe. In der Folgezeit dient N. zur polemischen Bezeichnung verschiedenster Positionen, besonders für materialistische* und gesellschaftskritische (z. B. für D. F. Strauß und P. J. Proudhon). Positiv findet sich diese Bedeutung in I. S. Turgenjews (1818–83) Roman *Väter und Söhne* (1862), durch den der Begriff eine größere Verbreitung fand; der dort auftretende Nihilist versteht sich als Anarchist*. Die Romane F. Dostojewskijs (1821–81) behandeln das Problem des N. ausführlich, und zwar im heute gebräuchlichen Sinn. In den *Dämonen* (1871) äußert eine der Hauptpersonen, wenn Gott nicht existiere, sei alles erlaubt. – Daß ein geschwächter Gottesglaube zur Auflösung von Moral führen kann, mag eine psychologische Tatsache sein. Doch ist es logisch sehr wohl möglich, einerseits der Moral jede objektive Grundlage abzusprechen und andererseits starke moralische Überzeugungen zu haben. In diesem Sinn gilt F. Nietzsche als ‹Philos. des N.›; es darf allerdings nicht übersehen werden, daß er zugleich den ‹passiven› N. seiner Zeit scharf kritisierte (s. Nietzsche).

Lit.: D. Arendt (Hg.): N. Die Anfänge von Jacobi bis Nietzsche, 1970. E. Severino: Vom Wesen des N., 1983.

Nikolaus von Oresme (um 1320–1382), franz. Philos., vor allem wegen seiner naturphilos. Arbeiten über Bewegung und impetustheoretische Probleme bekannt. N. bekämpfte die Astrologie u. a. mit dem Argument, daß die Bewegungen der Himmelskörper inkommensurabel sind und sich deshalb eine gegebene Planetenkonjunktion niemals wiederholen wird. N. wurde oft, wenn höchstwahrscheinlich auch fälschlicherweise, als ein Vorläufer von Kopernikus und Galilei betrachtet.

Ausg.: De proportionibus proportionum, and Ad pauca respicientes (lat./engl.), 1966. Nicole O. and the Kinematics of Circular Motion. Tractatus de commensurabilitate vel incommensurabilitate motuum celi (lat./engl.), 1971. Traktat über Geldabwertungen, 1937. – *Lit.:* E. Borchert: Die Lehre von der Bewegung bei N. O., 1934.

noesis/noema (griech., das Denken, Erkenntnis- oder Denkakt/das Gedachte, Denkinhalt). Husserl sieht das Merkmal der menschlichen Erlebnisse oder Bewußtseinsakte* darin, daß sie auf Gegenstände ‹gerichtet› sind (diese intendieren*) und diesen Sinn geben. Einen solchen ‹sinnbildenden› Bewußtseinsakt bezeichnet er als *noesis*, während der Sinngehalt des Gegenstands *noema* heißt. Eine *noesis* ist reeller (nicht: realer*) Bestandteil des Bewußtseinsstroms, ein *noema* dagegen etwas Ideelles* und daher von dem (möglicherweise) real existierenden Gegenstand verschieden. – Vgl. Intentionalität.

Lit.: E. Husserl: Ideen zu einer reinen Phänomenologie und phänomenologischen Philos. I, 1976, bes. § 87–96.

Nohl, Hermann (1879–1960), dt. Philos. und Pädagoge. Diss. 1904 in Berlin (bei Dilthey), 1908 Habilitation in Jena, dort 1919 a. o. Prof., 1920 Prof. in Göttingen. Überträgt die Philos. Diltheys auf die Ästhetik und später auf die Pädagogik.

Ausg.: Pädagogische und polit. Aufsätze, 1929. Die aesthetische Wirklichkeit, 1935. – *Lit.:* S. Pfeiffer: Pädagogik als Politikersatz, 1993.

Nominalismus (von lat. *nomen*, Name, Bezeichnung), ursprünglich eine scholastische* Bezeichnung für die Auffassung, daß es keine selbständigen Universalien* wie etwa den Allgemeinbegriff ‹Mensch› gibt. In seiner ausgeprägtesten Form behauptet der N., daß ausschließlich von den individuellen Dingen gesagt werden kann, sie existierten. Die Wörter sind bloße Namen, die den Dingen rein äußerlich anhaften. Verbreiteter (sowohl im Mittelalter als auch später) ist die Annahme, daß jedem Ausdruck ein Gattungsbegriff entspricht, der ein allgemeinmenschliches, psychologisches Phänomen darstellt, ein ‹natürliches Zeichen› jener Dinge, auf die das konventionelle Zeichen, der Ausdruck, angewendet werden kann (Wilhelm von Ockham). Von den Nominalisten wird oft behauptet, daß bestimmte Dinge einander gleichen; obwohl es jenseits der Sprache und Gedanken keinen wirklich existierenden Allgemeinbegriff ‹Mensch› gebe, sei es dennoch keine willkürliche Sache, welche Dinge ‹Mensch› genannt werden und welche nicht. Russell u. a. haben darauf eingewendet, daß dies einer eigentlichen Preisgabe des N. gleichkomme, weil Gleichheit oder Ähnlichkeit ein von den Einzeldingen zu unterscheidender Gattungsbegriff sei. In der neuesten Philos. haben vor allem Goodman und Quine nominalistische Ansichten vertreten.

Lit.: G. Küng: Ontologie und logische Analyse der Sprache. Eine Untersuchung zur zeitgenössischen Universaliendiskussion, 1963. R. Paqué: Das Pariser Nominalistenstatut, 1970. W. V. O. Quine: Wort und Gegenstand, 1980. W. Stegmüller (Hg.): Das Universalien-Problem, ²1978. L. Wittgenstein: Philos. Untersuchungen, 1971.

nomologisch (von griech. *nomos*, Gesetz, Brauch, Konvention). H. Reichenbachs Bezeichnung für ein Urteil oder eine Formel, die ein logisches Gesetz oder ein Naturgesetz ausdrückt. Nomologie: Lehre von den Denkgesetzen.

nomothetisch/idiographisch (von griech. *nomos*, Gesetz, *tithestai*, Thesis, Setzung, *idios*, eigentümlich, besonders und *graphein*, schreiben, zeichnen), gesetzgebend/das Besondere, Eigentümliche beschreibend. Windelband behauptet, daß die Naturwissenschaften n. verfahren, weil sie nach allgemeinen Gesetzen suchen, während die Geisteswissenschaften i. verfahren, weil sie die individuelle Eigenart geschichtlicher Ereignisse beschreiben. Diese Aufteilung ist später von Popper kritisiert worden.

Lit.: W. Windelband: Präludien II, ⁶1919, S. 136–160.

noologisch (von griech. *nous*, Geist und *logos*, Lehre), ein von R. Eucken eingeführter Neologismus zur Bezeichnung alles dessen, was sich auf den Geist* in seinem selbständigen Eigenleben bezieht. R. Eucken stellt die n. Methode, die das als zeitlos bestimmte Eigenleben des Geistes untersucht, der psychologischen Methode gegenüber, die die geistig-seelischen Bewußtseinsprozesse des Menschen untersucht.

Nonkognitivismus, vgl. kognitiv.

non sequitur (lat., ‹es folgt nicht›). Bezeichnung für einen formlosen Trugschluß, in dem die mögliche Wahrheit der Schlußfolgerung überhaupt nichts mit der Wahrheit der Prämissen zu tun hat. Z. B.:
1. Prämisse: Großbritannien ist eine Insel.
2. Prämisse: Die Einwohner Großbritanniens sind Europäer.
Schlußfolgerung: Großbritannien ist eine Monarchie.

Norm (von lat. *norma*, eigentlich Winkelmaß; Richtschnur, Maßstab, Regel), gemeinsame Bezeichnung für verschiedene Typen von Handlungsregeln und Bewertungsgrundlagen. Das allen N. Gemeinsame ist ihr handlungsleitender, präskriptiver Charakter. Man unterscheidet vor allem zwischen folgenden N.: 1. Klassifikationsn.: Einteilungsregeln, z. B. wie Fachbücher in einer öffentlichen Bibliothek zu ordnen sind, oder N. dafür, wann ein Produzent berechtigt ist, seinen Produkten eine bestimmte Qualitätsbezeich-

nung wie ‹Hi-Fi›, erste Wahl o. ä. zu geben. Klassifikationsn. spielen auch in den Wissenschaften, z. B. in der Biologie, eine wichtige Rolle. So spricht man etwa von N. bei der Klassifizierung der Gattungen und Arten. Solche N. dienen praktischen Zwecken. Sie sind konventionell und können daher weder als wahr oder falsch, sondern höchstens als unzweckmäßig bezeichnet werden. Wahr oder falsch kann allerdings die Zuordnung eines Individuums zu einer bestimmten N. sein (vgl. Definition).
2. Logische und methodologische N.: erkenntnisleitende Prinzipien. Eine allgemeine logische N. ist z. B., daß man nicht von der Eigenschaft einer Klasse von Individuen auf das Vorhandensein dieser Eigenschaft bei jedem Individuum der Klasse schließen darf. Ein Beispiel einer methodologischen N. ist das Prinzip, daß eine wissenschaftliche Hypothese* an jenen Fällen geprüft werden soll, bei denen die größtmögliche Wahrscheinlichkeit besteht, daß sie der Hypothese widersprechen könnten. Unter diesen N. unterscheidet man traditionell zwischen konstitutiven und regulativen Prinzipien. Konstitutive Prinzipien sind N., die Erkenntnis ermöglichen. Regulative Prinzipien dagegen sind bloß Hilfsmittel, praktische Regeln, die den Erkenntnisprozeß leiten. Der Status dieser N. ist innerhalb der modernen Philos. umstritten. Für manche sind es bloße Konventionen*, d. h. arbiträr, andere wiederum sind der Auffassung, daß sie natürlich motiviert sind, d. h. ein Fundament in der Wirklichkeit haben (vgl. Logik, Erkenntnistheorie und Wissenschaftstheorie).
3. Verhaltensn.: Regeln des sittlichen oder konventionellen Verhaltens (‹Man soll den Hut abnehmen, wenn man in die Kirche geht›) oder Beschreibung dessen, was die meisten in einer bestimmten Gruppe tun, was ‹man› tut (‹Zu Ostern malt man Ostereier›).
4. Rechten.: Regeln legalen Verhaltens (cf. Rechtsphilos.). Mit den Verhaltensn. und den moralischen N. werden die Rechtsn. oft als «soziale N.» bezeichnet.
5. Moralische N.: Allgemeine Handlungsvorschriften, z. B. ‹Behandle deinen Nächsten, wie du selber behandelt werden willst›. Die Objektivität moralischer N. ist seit jeher umstritten (vgl. Ethik).
6. Ästhetische N.: Regeln für die Schönheit oder das Gelungensein von Kunstwerken oder anderen Artefakten (vgl. Ästhetik).

normal (lat. *norma*, Winkelmaß, Richtschnur). 1. Mit dem Durchschnitt einer im voraus festgesetzten Menge übereinstimmend. 2. Mit der Norm* oder der Natur* übereinstimmend.

Normalform. Standardform. In der Untersuchung der (beweistheoretischen) Eigenschaften bestimmter formallogischer Systems bedient man sich des Umstands, daß für jede Formel des Systems (für jeden Satz) eine äquivalente* Formel in der N. konstruiert werden kann. Jeder aussagenlogischen Formel entspricht eine äquivalente Formel, die entweder eine Disjunktion* von Konjunktionen* ist, welche aus Variablen* und Negationen* von Variablen besteht (disjunktive N.), oder eine Konjunktion von Disjunktionen, die ebenfalls aus Variablen und Negationen von Variablen besteht (konjunktive N.). Prädikatenlogische Formeln können in einer pränexen N. ausgedrückt werden. Eine solche Formel hat die Form $K_1...K_nP$. P ist hier ein Prädikat ohne Quantoren*, und K_i ist ein All- oder Existenzquantor, dessen Variable in P vorkommt und von den Variablen der übrigen Quantoren verschieden ist.

notwendige und hinreichende Bedingung. Eine Eigenschaft oder ein Ereignis A ist eine n. B. einer anderen Eigenschaft oder eines anderen Ereignisses B, wenn B nur dann auftritt, wenn A auftritt. A ist eine h. B. für B, wenn B jedesmal auftritt, wenn A auftritt. A ist eine n.

und h. B. für B, wenn A und B immer zusammen auftreten. Z. B. ist Sonnenlicht eine n. B. für den Prozeß der Photosynthese. Die Einnahme von 5 Gramm Arsen ist (normalerweise) eine h. B. für den Tod eines Menschen. Eine n. und h. B. für Inflation ist, daß die Preise steigen, weil aufgrund einer konventionellen Definition festgelegt ist, daß ‹Inflation› ein ökonomischer Zustand genannt wird, bei dem die Preise steigen.

Wenn ‹Ax› die Aussage ‹x hat die Eigenschaft A› bezeichnet, kann folgende Wahrheitstafel* aufgestellt werden.:

Ax	Bx	Ax ist eine n. und h. B. für Bx
W	W	W
W	F	F
F	W	F
F	F	W

Wenn A eine n. und h. B. für B ist, dann ist B auch eine n. und h. B. für A. Daher gilt: Wenn eine Eigenschaft A eine n. und h. B. für die Eigenschaft B ist, dann kann dies logisch so ausgedrückt werden, daß A für alle x mit B äquivalent* ist: (x) (Ax ↔ Bx). – Vgl. Folge.

notwendige Wahrheit. Ein wahres Urteil ist eine n. W. oder logisch n. W., wenn seine Verneinung zu einem (logischen) Widerspruch führt. Ein solches Urteil kann nur verstehen, wer seine Wahrheit kennt, im Gegensatz zur kontingenten* Wahrheit (vgl. Kripke), bei der man das Urteil verstehen kann, auch wenn man nicht weiß, ob es wahr ist.

Notwendigkeit, s. Modalität.

noumenon (Plural *noumena,* von griech. *noein,* erkennen, denken). In seiner Metaphysik und Erkenntnistheorie versteht Platon unter n. die Ideen*. Diese machen die eigentliche Wirklichkeit aus und lassen sich allein durch die Vernunft* erkennen. Vom n. ist das *phainomenon* (Phänomen*, Erscheinung) zu unterscheiden. Es wird mit Hilfe der Sinne erfahren und bildet einen bloßen Abglanz des n. Für Kant jedoch kann in der Endlichkeit* nur eine Anschauung der Phänomene stattfinden, die als Gegenstände der Sinneserfahrung vorkommen. Deshalb besitzt der Mensch keine Kenntnis vom n. oder Ding an* sich, sondern ausschließlich von seiner Erscheinung. Erst ein unendliches Wesen wäre zu einer vernunftmäßigen (‹intellektuellen›) Anschauung der eigentlichen vernünftigen Wirklichkeit (d. h. auch Gott, Freiheit und Unsterblichkeit) in der Lage. So vermag der Mensch das n. nicht zu erkennen; aber er kann sich als praktisch Handelnder vom n. leiten lassen, indem er das moralische Gesetz befolgt.

Lit.: I. Kant: Kritik der reinen Vernunft, B 294 ff.

Novalis (eigentlich Friedrich von Hardenberg, 1772–1801), dt. Dichter. Repräsentant der dt. (Früh-)Romantik*. N. Werk ist geprägt von der Suche nach Synthese und als Sehnsucht nach einer verlorengegangenen ursprünglichen Einheit und einem neuen Goldenen Zeitalter. Als positives Gegenmodell zur ‹entzweiten› Moderne gilt ihm die christliche Einheitskultur des Mittelalters. In (freiem) Anschluß an J. G. Fichte setzt N. den Akzent auf das schöpferische Ich*. Gleichzeitig folgt er jedoch Schellings Auffassung von der Natur als Ausdruck unbewußter Subjektivität*. Die Kunst erhält bei N. einen herausragenden, religiösen Status: Nur durch künstlerisches Schaffen, durch Poesie, kann die ursprüngliche Einheit wiedererlangt werden («Universalpoesie»).

Ausg.: Schriften I–IV, ein Zusatzband. Hg. von P. Kluckhohn/R. Samuel, 1965 ff. – *Lit.:* H. Kurzke: N., 1988. G. Schulz: N. in Selbstzeugnissen und Bilddokumenten, 1969. G. Schulz (Hg.): N., 1986. H. Uerlings: Friedrich von Hardenberg, genannt N. Werk und Forschung, 1991. B. Wanning: N. zur Einführung, 1996.

Nowell-Smith, P. H. (geb. 1914), engl. Philos., Prof. in Leicester. Wichtiger

Novalis

Vertreter der postemotivistischen Strömung (vgl. Emotivismus*) innerhalb der analytischen Moralphilos. N. steht unter dem Einfluß der sprachanalytischen Philos. Austins und des späten Wittgenstein. Er entwickelt seine metaethische* Theorie, auch Informalismus oder Multifunktionalismus genannt, in seinem Hauptwerk *Ethics* (1954). Hier finden wir ausführliche Analysen der Anwendung ethischer Ausdrücke wie ‹gut›, ‹richtig›, ‹Pflicht›, ‹Wahl› usw. in verschiedenen Sprach- und Handlungskontexten, z.B. Ratschläge geben, eine Wahl begründen, etwas empfehlen usw. N. kritisiert jeden Versuch, den moralischen Sprachgebrauch auf einen anderen (z.B. einen emotiven* oder präskriptiven* Gebrauch) zu reduzieren. Ethischen Ausdrücken sind wesentlich mehrere verschiedene Funktionen eigen, oft sogar in ein und demselben Zusammenhang. Zur Charakterisierung dieser Eigenschaft führt er den Begriff Janus-Wörter ein. Dies sind Wörter, die wie ‹unehrlich› und ‹Nigger› sowohl dazu verwendet werden können, einen Gegenstand zu beschreiben, als auch dazu, die Einstellung des Redenden zu dem Gegenstand auszudrücken. N. Unterscheidung des moralischen Sprachgebrauchs von einem rein deskriptiven Sprachgebrauch ermöglicht eine Abgrenzung des moralischen Bereichs und zielt auf eine Kritik an naturalistischen* Moralbegründungen. Im Zusammenhang mit seiner Diskussion des naturalistischen* Fehlschlusses konstruiert N. den Begriff einer kontextuellen Implikation. Obwohl es zwischen deskriptiven und moralischen Aussagen keine logische Folgebeziehung* gibt, enthalten moralische Aussagen dennoch Aussagen über Tatsachenverhältnisse; denn moralische Aussagen können nur dann korrekt sein, wenn bestimmte deskriptiv beschreibbare Bedingungen (kontextuelle Bedingungen) erfüllt sind. – Neben den metaethischen Untersuchungen enthält das Buch *Ethics* außerdem handlungsphilos. Analysen. N. behauptet u.a., daß Handlungsfreiheit und Kausalität vereinbar seien.

Nozick, Robert (geb. 1938), amerik. Philos. Studierte an der Princeton Univ., 1963 Ph.D., seit 1969 Prof. an der Harvard University. In seinem Buch *Anarchy, State, and Utopia* (1974), das N. weit über philos. Kreise hinaus bekannt machte, wird das Recht des einzelnen gegenüber dem Staat diskutiert. N. vertritt hier einen radikalen Liberalismus*: Der Staat hat nur dann ein Recht, in die Handlungen des einzelnen einzugreifen, wenn diese Aktivitäten die Rechte anderer verletzen oder wenn der einzelne freiwillig einen Teil seiner Rechte an den Staat übertragen hat. Dies hat u.a. zur Folge, daß der Staat nicht ohne weiteres ein Recht dazu hat, von den Menschen, die zufälligerweise innerhalb des staatlichen Territoriums leben, zu verlangen, daß sie Steuern zahlen, Militärdienst leisten oder mit Sicherheitsgurten fahren müssen. Andererseits sind die Bürger auch nicht von vornherein dazu berechtigt, die in einem modernen Wohlfahrtsstaat nahezu als Menschenrecht betrachteten sozialen Leistungen zu beanspruchen. Damit wendet sich N. gegen sozia-

Robert Nozick

listische wie konservative Staatstheorien, aber auch gegen die Auffassung der Anarchisten*, daß der Staat notwendigerweise das Recht des einzelnen auf freie Entfaltung verletzt.
N. stützt seine politische Philos. durch eine Reihe von Analogien und Beispielen und eine ausführliche Kritik anderer Auffassungen, insbesondere des Marxismus* und der Theorie von John Rawls, weil dieser die Güter der Gesellschaft als ein Geschenk des Himmels betrachte, die bloß gerecht zu verteilen seien. Nach N. Auffassung sind die gesellschaftlichen Güter aber von Menschen geschaffen, die jeweils ein Recht auf den Ertrag ihrer Arbeit haben.
In seinen *Philosophical Explanations* (1981) diskutiert N. verschiedene philos. Grundprobleme: die Ich*-Identität; die Leibnizsche Frage, warum überhaupt etwas existiert und nicht vielmehr nichts; Erkenntnis und Skeptizismus*; den freien* Willen; die Grundlage der Ethik; die Philos. und den Sinn des Lebens.

Ausg.: Anarchie, Staat, Utopia, o. J. (1974). The Nature of Rationality, 1993. Vom richtigen, guten und glücklichen Leben, 1993. – *Lit.:* J. A. Corlett: Equality and Liberty. Analyzing Rawls and N., 1991. P. Koller: Neue Theorien des Sozialkontrakts, 1987. J. Paul: Reading N., 1982. J. Wolff: R. N., 1991.

Nutzenkalkül, Berechnungsmethode in der utilitaristischen Ethik*, um die verschiedenen Präferenzen der betroffenen Personen in bezug auf alternative Entscheidungsmöglichkeiten gegeneinander abzuwägen. Dieses Programm geht zurück auf Benthams hedonistisches Kalkül, seiner Meßkunst zur Errechnung der Lust-Unlust-Bilanzen.

O

Objektivation (Objektivierung; engl. *objectivisation*; franz. *objectivation*), Vergegenständlichung. 1. Vorgang, durch den das Bewußtsein etwas zu einem Gegenstand (Objekt) macht; Ergebnis dieses Vorgangs. 2. Die These, daß die Eigenschaften des menschlichen Bewußtseins, der Sprache und des Begriffssystems Eigenschaften der objektiven Wirklichkeit seien (vgl. Hypostasierung). 3. Die gleichsam ein Eigenleben entwickelnden Produkte menschlicher oder metaphysischer Willenstätigkeit. So sind nach Schopenhauer alle Erscheinungen, von den «allgemeinsten Kräften der Natur» bis hin zur «Individualität des Menschen» O. des Willens zum Leben in der «realen Körperwelt». Im Anschluß an Hegels* Begriff des objektiven Geistes* bezeichnet W. Dilthey alle von Menschen erzeugten, nicht natürlichen Gegenstände wie Bilder, Bauwerke, Gesetze, Institutionen als O. des menschlichen (überindividuellen) Geistes. Im Unterschied zu Hegel betont Dilthey allerdings, daß diese O. nicht nur Ausdruck einer «allgemeinen Vernunft» sind, sondern des – ebensosehr auch irrationalen und subjektiven – Lebens schlechthin. Die «O. des Lebens» eröffnen uns den Zugang zur geschichtlichen Welt und bilden den eigentlichen Gegenstandsbereich der sog. Geisteswissenschaften.

Lit.: W. Dilthey: Der Aufbau der geschichtlichen Welt in den Geisteswissenschaften. Gesammelte Schriften Bd. 7, 1910. H. Freyer: Theorie des objektiven Geistes, ²1928. H. Johach: Handelnder Mensch und objektiver Geist. Zur Theorie der Geistes- und Sozialwissenschaften bei W. Dilthey, 1974.

Objektsprache/Metasprache. Eine Unterscheidung, die A. Tarski einführte, um zwischen der Sprache, die Gegenstand syntaktischer* und semantischer* Beschreibung ist und die nicht wiederum selbst sprachliche Sachverhalte zu ihrem Gegenstand hat, und der Sprache, in der diese Beschreibung erfolgt, zu differenzieren. Tarski bewies in *Der Wahrheitsbegriff in den formalisierten Sprachen* (1935), daß hinreichend ausdrucksstarke Sprachen semantisch* nicht geschlossen sind, d. h. nicht ihre eigene Semantik enthalten können, da sonst semantische Paradoxe* auftreten würden, z. B. das Lügner-Paradox*. Objektsprachen können insbesondere keine sog. T-Sätze der folgenden Form enthalten: ‹Der Satz ‹p› ist in der Objektsprache nur dann wahr, wenn p der Fall ist›, wobei ‹p› einen Satz bezeichnet, der die Tatsache p repräsentiert. Dieses Ergebnis wird relevant, wenn eine Sprache stark genug ist, d. h. wenn sie die Ausdrucksmittel zur Formalisierung* der einfachen Arithmetik für natürliche Zahlen besitzt. Kripke hat in dem Artikel *Outline of a Theory of Truth* (1975) gezeigt, wie es formal möglich ist, die Wahrheitsdefinition einer Sprache in der Sprache selbst zu formulieren, ohne daß dies zu Paradoxen führt. Die Sprache kann aber nicht semantisch geschlossen sein, weil nicht alle semantischen Begriffe gleichzeitig in derselben Sprache definiert werden können.

Obversion (von lat. *obvertere*, umwenden). In der klassischen Logik* ist O. ein unmittelbarer kategorischer* Schluß, der von einem Urteil mit dem Subjekt* S und dem Prädikat P zu einem anderen Urteil mit dem gleichen Subjekt S und dem Prädikat nicht-P führt. Durch O. ändert sich das Urteil von einem bejahenden zu einem verneinenden Urteil oder umgekehrt. Alle vier Urteilsarten können obvertiert werden; z. B. wird das A-Urteil ‹Alle Deutschen sind sterblich› zum E-Urteil ‹Kein Deutscher ist unsterblich›.

Ockham, s. Wilhelm von Ockham.

Ockhams Rasiermesser, denkökonomisches Prinzip, daß man nur das absolut Notwendige annehmen soll. Traditionell wird dieses Prinzip Wilhelm von Ockham zugeschrieben, obwohl es bei ihm nicht in der häufig zitierten Formulierung *entia non sunt multiplicanda sine necessitate* (die Seienden sollen nicht ohne Notwendigkeit vervielfacht werden) auftritt. Das Ökonomieprinzip ergibt sich als methodischer Aspekt aus der Ockhamschen Überzeugung, daß die Annahme eines Reichs selbsterzeugter Ideen die Allmacht und Freiheit Gottes schmälern würde und deshalb abzulehnen ist. Methodologisch gesprochen besagt das Ockhamsche Prinzip, daß die einfachste Hypothese komplexeren vorgezogen werden soll. Es darf auch nichts zur Erklärung eines Faktums als notwendig hypostasiert werden, das nicht auf eindeutigen Erfahrungen oder klaren Schlußfolgerungen beruht bzw. aus Glaubensartikeln gefolgert werden kann.

Ogdensches Dreieck, ein von dem amerik. Sprachforscher Charles Kay Ogden (1889–1957) eingeführtes Diagramm zur Veranschaulichung der Dreiteilung Ausdruck/Sinn/Bedeutung.

Okkasionalismus (von lat. *occasio*, Gelegenheit, Anlaß), Lehre, die in der Tradition der Descartesschen Philos. (vgl. Cartesianismus) das aufgrund des Dualismus zwischen ausgedehnter und denkender Substanz entstandene Leib-Seele-Problem zu lösen versucht. Wichtigste Vertreter sind A. Geulincx und N. Malebranche. Der O. behauptet, daß es zwischen äußeren, materiellen Dingen kein wirkliches Ursachenverhältnis gibt. Wenn z. B. eine Billardkugel an eine andere stößt, so ist dies nur die Gelegenheitsursache *(causa occasionalis)* für das Eingreifen Gottes, der dann die entsprechende Wirkung hervorbringt. Um im eigentlichen Sinn von einer Ursache* sprechen zu können, müßte zwischen Ursache und Wirkung eine notwendige Verbindung bestehen. Da die Wirkung ein hervorgebrachtes Neues ist, muß die wirkliche Ursache als eine schöpferische gedacht werden; sie kann daher nur in Gott liegen. Die äußeren, materiellen Dinge sind durch ihr Ausgedehntsein definiert, besitzen aber als bloß ausgedehnte keine innere Kraft zur Erzeugung von Wirkungen. Weiter behauptet der O., daß zwischen Seele* und Leib (vgl. Bewußtsein) kein eigentliches Ursachenverhältnis existiert. Da sich Seele und Leib (Körper) voneinander substantiell unterscheiden, können sie nicht aufeinander einwirken. Wenn z. B. jemand den Arm heben will, so ist dies nur der Anlaß dafür, daß Gott die entsprechenden Muskelbewegungen hervorbringt. Ebenso dienen die Vorgänge im Gehirn als Gelegenheit für Gott, ihnen gemäße Wirkungen zu erzeugen. Das Physische und das Psychische entsprechen sich aufgrund der fortdauernden Erhaltung der Schöpfung durch Gott.

Lit.: T. M. Lennon: O. and the Cartesian Metaphysics of Motion. In: T. Penelhum/R. A. Shiner (eds.): New Essays in the History of Philos., 1975, S. 29–40. W. Röd: Die Okkasionalisten. In: Geschichte der Philos., Bd. 7, S. 112–147. R. Specht: Commercium mentis et corporis, 1966.

Ontologie (von griech. *(to) on*, (das) Seiende* oder Sein*, und *logos*, Lehre), die Lehre vom Seienden, insofern es ist; Seinswissenschaft. Generell wird eine Eigenschaft oder ein Prinzip ontologisch genannt, wenn es einen Teil des Wesens* des Seienden ausmacht, d. h. die Eigenschaften, die das Seiende nicht verlieren kann, ohne dadurch aufzuhören zu existieren. Das Wort O. tritt zuerst Anfang des 17. Jh. auf, die Sache dagegen geht auf die frühe griech. Philos. zurück. So spricht Aristoteles davon, daß «es eine Wissenschaft gibt, die das Seiende, insofern es seiend ist, betrachtet und das, was diesem an sich zukommt» (*Metaphysik* 1003a21). Diese Wissenschaft wird von Aristoteles selbst die erste* Philos. und von seinen Nachfolgern Metaphysik* genannt. Aristoteles verbindet jedoch diese allgemeine Seinswissenschaft mit einer Wissenschaft von den «ersten Gründen des Seienden als Seiendem» (1003a 30–31), d. h. der Theologie oder Wissenschaft von Gott, insofern dieser das höchste Sein ist. Diese von Aristoteles behauptete Einheit der Lehre vom Sein des Seienden mit der Lehre von Gott wird in Frage gestellt, als sich die allgemeine Wissenschaft vom Sein unter der Bezeichnung O. in bezug auf die Theologie verselbständigt. So schreibt Micraelius (1597–1658) in seinem *Lexicon philosophicum* (1653): «Der Gegenstand der Metaphysik ist das Seiende, insofern es seiend ist. Daher wird sie auch von einigen O. genannt... Die Metaphysik wird unterteilt in die allgemeine, in der das Seiende in seinem abstraktesten Sinne und in völliger Indifferenz betrachtet wird ...und in eine besondere Metaphysik, in der das Seiende in jenen Arten von Substanzen betrachtet wird, die von jeglicher Materie abgetrennt sind, wie es Gott, die Engel und die abgetrennte Seele sind.» Es kann zwar keine Rede davon sein, daß z. B. die Gottesbeweise* oder die offenbarte christliche Theologie abgelehnt werden, aber es wird die Möglichkeit einer O. unabhängig von der Lehre von Gott eröffnet. Diese Arbeitsteilung erhält ihre klassische Gestalt bei Wolff, der klar unterscheidet zwischen O., die er in dem Werk *Philosophia prima sive ontologia* (1730) entfaltet, und natürlicher* Theologie, die in dem Werk *Theologia naturalis* (1736/37) diskutiert wird.

In seiner Auseinandersetzung mit der philos. Tradition lehnt Kant sowohl die O. als auch die natürliche Theologie ab und führt statt dessen die Unterscheidung ein zwischen der Transzendentalphilos.* als der Wissenschaft von den allgemeinen Grundzügen unserer Erkenntnis und dem Glauben an Gott als einem rein praktischen Postulat. In der Reaktion auf Kant sucht man dagegen im dt. Idealismus* (Fichte, Schelling, Hegel u. a.) die O. zu rehabilitieren – wenn auch auf neuer Grundlage. Die Transzendentalphilos.* Kants wird bei Hegel durch die Wissenschaft der Logik ersetzt. In beiden Fällen handelt es sich um eine Untersuchung der grundlegenden Begriffe und Voraussetzungen, auf denen unsere Erfahrung und unser Denken aufbauen. Aber während die Transzendentalphilos. Kants keine Aussagen darüber macht, wie die Dinge oder das Seiende an sich unabhängig von unserer Erkenntnis beschaffen sind, hält es Hegel für berechtigt, von den notwendigen Prinzipien unserer Erkenntnis auf die notwendigen Prinzipien des Seienden zu schließen. Damit wird die Logik Hegels zu einer generellen Lehre von dem Seienden, insofern es seiend ist, d. h. zur O. Da Hegel überdies meint, daß die O. in eine Lehre von dem höchsten Sein, Gott oder dem Absoluten einmündet, kann seine Philos. als eine Rückkehr zu der klassischen aristotelischen Kombination von O. und Theologie angesehen werden. Daß Hegel durch die O. die philos. Lehre von Gott vorbereiten läßt, liegt hingegen in der Tradition Wolffs.

In der zweiten Hälfte des 19. Jh. wird Hegels Rehabilitierung der Einheit von O. und natürlicher Theologie von mehreren Seiten scharf kritisiert, und in der Philos. des 20. Jh. ist der Versuch, eine Metaphysik im klassischen Sinn zu verteidigen, im großen und ganzen aufgegeben worden. Die Neukantianer* und die logischen* Positivisten gehen sogar so weit, daß sie die Möglichkeit einer O. schlechthin bestreiten. Andere Philos. dagegen halten eine selbständige ontologische Wissenschaft für möglich; man kann deshalb sagen, daß sie die im 17. Jh. angebahnte Trennung zwischen O. und natürlicher Theologie vollenden. So nimmt z. B. Husserl an, daß es möglich ist, eine O. auf phänomenologischer* Grundlage kraft der sogenannten Wesensschau zu erarbeiten. Er unterscheidet zwischen einer formalen O., die die Aufgabe hat, die allgemeinen Züge an jedem möglichen Seienden anzugeben, und einer materialen O. (oder regionalen O.), die die Aufgabe hat, die verschiedenen Arten von Seiendem zu beschreiben. Die verschiedenen materialen O. geben Auskunft über das jeweilige ontologische Niveau, da das Seiende nach Husserls Auffassung unterschiedlichen ontologischen Status bzw. Stellenwert besitzt, je nach dem Niveau, dem es angehört. Diese Terminologie ist auch über die Phänomenologie hinaus üblich geworden.

Nach Heidegger ist es die wichtigste Aufgabe der O., die sogenannte ontologische Differenz, d. h. den Unterschied (das ‹Verhältnis›) zwischen dem Seienden und dem Sein des Seienden, aufzuzeigen, da es das Sein in einer ganz anderen Weise ‹gibt› als das Seiende. Heidegger wirft der gesamten europäischen Philos. von Platon bis zu Hegel und Nietzsche (selbst noch Husserl) vor, das Sein als ein Seiendes betrachtet zu haben.

Nicolai Hartmann versteht O. als eine Lehre von den Kategorien, d. h. den allgemeinen Prinzipien des Seienden. Er wirft jedoch der Tradition vor, diese Seinsprinzipien mit den idealen Wesenheiten identifiziert zu haben. Zwar handelt es sich in beiden Fällen um etwas Allgemeines und Ewiges im Gegensatz zu dem individuellen Seienden; aber während die idealen Wesenheiten Ausdruck einer Abstraktion von allen Substratmomenten des Seienden (z. B. dem Materiellen in der physischen Natur) sind, beziehen die Kategorien alle prinzipiellen Züge des Seienden mit ein. Hartmann nennt 24 Urkategorien, die nach seiner Ansicht auf allen Ebenen des Seienden gelten. In einem zweiten Schritt versucht er, die Kategorien darzustellen, die innerhalb der verschiedenen regionalen O. gelten. Ähnlich wie Hegel meint Hartmann, daß jede Urkategorie die anderen impliziert; aber im Gegensatz zu Hegel glaubt Hartmann nicht, daß sie uns dazu zwingen, die Existenz Gottes anzunehmen. Er bestreitet deshalb auch, daß sich die 24 Urkategorien (ganz zu schweigen von den spezielleren regionalontologischen Kategorien) auf ein einziges Prinzip reduzieren lassen.

Innerhalb der verschiedenen Richtungen der angelsächsischen Philos. seit dem 2. Weltkrieg besteht eine allgemeine Skepsis in bezug auf die Möglichkeit einer O. im Sinn einer Wissenschaft von den notwendigen Eigenschaften des Seienden als Seienden. Das Wort O. wird deshalb entweder in einem negativen Sinn (synonym mit ‹Hirngespinst›) oder in einem nivellierenden Sinn (synonym mit dem ‹faktisch Seienden›) benutzt. Die Typentheorie* Russells und die Lehre Ryles von den Kategoriefehlern können jedoch als sprachphilos. Entsprechungen zur Lehre von der Hierarchie materialer O. verstanden werden. Strawsons Idee einer deskriptiven Metaphysik, die die Aufgabe hat, «die vorgegebene Struktur zu beschreiben, die unser Denken der Welt gibt», weist in dieselbe Richtung, wie auch wenn er gleichzeitig die Möglichkeit von *revisionary metaphysics* erwägt, «eine bessere Struktur zu schaffen». Eine Reihe von Werken aus den 80er Jahren, z. B. Parfits *Reasons and Persons* (1984), stellen sich der Aufgabe, eine revisionistische Metaphysik oder, kurz gesagt, eine O. zu entwickeln. Überhaupt ist in den letzten Jahren eine veränderte Einstellung in bezug auf die O. zu verzeichnen. Von besonderem Interesse ist hier Kripkes Kritik der klassischen Verknüpfung von Notwendigkeit und Apriorität*, die eine grundlegende Annahme sowohl der meisten Ontologen als auch ihrer Kritiker darstellt. Statt dessen eröffnet Kripke die Möglichkeit einer sog. empirischen Notwendigkeit, d. h. einer natürlichen Notwendigkeit, die nur auf empirischem Weg erkannt werden kann (vgl. *a priori/a posteriori* und Kripke). In diesem Sinn lassen sich die Naturwissenschaften als ontologische Wissenschaften verstehen. – S. im übrigen Metaphysik/Ontologie.

Lit.: D. Armstrong: Universals, 1989. R. Barcan Marcus: Modalities, 1993. A. Brunner: Der Stufenbau der Welt. Ontologische Untersuchungen über Person, Leben, Stoff, 1950. M. Bunge: Ontology, 2 Bde., 1977/1979. K. Campbell: Abstract Particulars, 1990. H.-N. Castañeda: Sprache und Erfahrung. Texte zu einer neuen O., 1982. N. Hartmann: Zur Grundlegung der O., 1935. M. Heidegger: Sein und Zeit, 1927. H. Krings: Fragen und Aufgaben der O., 1954. W. Künne: Abstrakte Gegenstände, 1983. D. Lewis: On the Plurality of Worlds, 1986. M. Müller: Sein und Geist. Systematische Untersuchungen über Grundproblem und Aufbau der mittelalterlichen O., 1940. W. V. O. Quine: Wort und Gegenstand, 1980. Ders.: Ontologische Relativität und andere Schriften, 1975. P. F. Strawson: Einzelding und logisches Subjekt, 1972. R. W. Trapp: Analytische O., 1976. B. Weißmahr: O., 1985.

Ontotheologie (von griech. *(to) on*, (das) Seiende oder Sein*, *theos*, Gott, und *logos*, Lehre). Der Begriff O. wird von Kant bei der Unterscheidung der auf Vernunft basierenden rationalen Theologie und der auf Offenbarung beruhenden Theologie (*theologia revelata*) eingeführt. Die O. repräsentiert innerhalb der *theologia rationalis* den einen Zweig der transzendentalen Theologie, der Gott mittels transzendentaler Begriffe, ohne Rückgriff auf Erfahrung, denkt. Der O. steht die auf Erfahrung zurückgreifende Kosmotheologie gegenüber. – Heidegger gebrauchte den Begriff zur Charakterisierung der abendländischen Metaphysik*, insbesondere hinsichtlich ihrer Frage nach dem Seienden als solchem und im Ganzen: 1. Was bedeutet es überhaupt zu sein? Was kennzeichnet das Seiende als solches? 2. Was ist das höchste Seiende? – Vgl. das Absolute und Metaphysik/Ontologie.

opak (lat. *opacus*, schattig, dunkel; engl. *opaque*), s. transparent.

open texture (engl., offene Struktur), F. Waismanns Bezeichnung für die unvermeidliche Unbestimmtheit*, die seiner Ansicht nach alle empirischen* Begriffe kennzeichnet: Es ist unmöglich, ihre Verwendung in der Weise festzulegen, daß in bestimmten Fällen keine Zweifel an ihrer legitimen Verwendung aufkommen können. Nach Waismann bedeutet die o. t. empirischer Begriffe, daß erfahrungsgeleitete Sätze niemals abschließend verifiziert* werden können.

Operation (lat. *opus*, Arbeit). 1. In der Mathematik Bezeichnung für bestimmte Funktionen*, z. B. Addition und Multiplikation. 2. In der Logik Bezeichnung für verschiedene Weisen, auf der Grundlage eines oder mehrerer Ausdrücke einen anderen Ausdruck zu bilden. Ein Beispiel ist die Anwendung eines Quantors* auf einen Prädikatausdruck mit freien Variablen*. Die Symbole einer O., z. B. die beiden Quantoren, nennt man Operatoren.

Operationalismus, wissenschaftsphilos. Richtung, nach der wissenschaftliche Ausdrücke für Größen u. a. durch Operationen und experimentelle Verfahren definiert werden, in denen die Anwendung der Ausdrücke festgelegt wird. Das operationalistische Programm wurde von Bridgman in *The Logic of Modern Physics* (1927) dargelegt. U. a. entwickelt Bridgman in seinem Buch ein Verfahren für die operationale Definition* physischer Grundbegriffe. Das Entscheidende für Bridgman sind nicht so sehr die Einwände gegen die Auffassung, daß die Bestimmung theoretischer Größen unabhängig von den Anwendungsverfahren erfolgen könne, als vielmehr sein Nachweis, daß der O. unter Forschern in der wissenschaftlichen Praxis bereits weit verbreitet ist. Bridgmans O. ist Ausdruck eines extremen Empirismus*, dem Verifizierbarkeitskriterium* des logischen Positivismus nah verwandt. Eine Verbindung von O. und logischem Positivismus finden wir u. a. in den Spätschriften Carnaps. Ein Beispiel des O. in der Psychologie ist der Behaviorismus*.

Lit.: P. W. Bridgman: Die Logik der modernen Physik, 1932.

Operator (von lat. *opus*, Werk, Arbeit), in der modernen Logik die Bezeichnung für logische* Konstanten mit der Funktion, bestimmte Ausdrücke in andere Ausdrücke zu verwandeln. Die All- und Existenzquantoren* der Prädikatenlogik sind O. in diesem Sinn. Auch die wahrheitsfunktionalen Konnektive* sind O. oder Satz-O., weil durch ihre Anwendung auf bestimmte Sätze neue Sätze gebildet werden können. Schließlich werden auch die Konstanten der Modallogik* – ‹L› (notwendigerweise) und ‹M› (möglicherweise) – Modal-O. genannt.

Opposition (von lat. *ob*, gegen, und *ponere*, setzen), Entgegensetzung, Gegenüberstellung; Bezeichnet in der klassischen Logik* einen logischen Widerspruch.

ordinary language philosophy (Philos. der normalen Sprache), auch Oxford-Philos. oder Oxford-Schule genannt. Richtung in der neueren angelsächsischen Philos. mit Zentrum in Oxford. Ryle, Austin und Strawson gelten als die Hauptrepräsentanten. Die o. l. p. entstand etwa 1945–50 unter dem Einfluß von Wittgensteins Spätphilos. und entwickelte sich weiter bis etwa 1970. Sie ist nicht gekennzeichnet durch einheitliche philos. Anschauungen, sondern eher durch eine bestimmte Auffassung über die Beschaffenheit philos. Probleme und über die anzuwendende philos. Methode. Sie ist daher weniger eine philos. Lehre als eine bestimmte Weise des Philosophierens; ihre Vertreter haben denn auch beharrlich darauf aufmerksam gemacht, daß sie keine Schule im gewöhnlichen Sinn bilden. Für die o. l. p. sind die meisten philos. Probleme Ausdruck grundlegender Mißverständnisse bezüglich gewisser Begriffe, die wir im alltäglichen Sprachgebrauch unreflektiert verwenden und die zumeist Grund dafür sind, daß sich philos. Scheinprobleme ergeben. Die Aufgabe der Philos. ist daher eine therapeutische, nämlich die Auflösung von Problemen durch eine Behandlung, die die betreffenden Mißverständnisse der Logik der Sprache im weiten Sinn offenlegt und korrigiert. Die Methode hierzu ist die sog. Analyse des Sprachgebrauchs. Sie geht auf Wittgensteins These zurück, daß die Bedeutungen von Wörtern – Begriffen – durch eine Beschreibung ihres tatsächlichen Gebrauchs in alltäglichen Situationen geklärt werden müssen. Austins Theorie der Sprechakte* verschaffte dieser Methode eine gewisse Systematik, ohne daß diese jedoch dominierte.

Das Arbeitsfeld der o. l. p. liegt hauptsächlich innerhalb der Sprach- und Bewußtseinsphilos. Ryles *The Concept of Mind* (1949) und Strawsons *Individuals* (1959) sowie eine Vielzahl anderer Werke analysieren Begriffe wie Beobachtung, Gefühl, Denken, Absicht, Wille, Handlung, Person, Erlebnis usw. Im Bestreben, durch Analyse der Grundbegriffe unseres Denkens, Wahrnehmens und Handelns einen Beitrag zu unserem Selbstverständnis zu leisten, unterscheidet sich die o. l. p. deutlich vom naturwissenschaftlich orientierten logischen Positivismus. So verwirft die o. l. p. die systematische Anwendung formallogischer Methoden zur Analyse oder Rekonstruktion der ‹informellen Logik› der Alltagssprache. Damit setzte sich die o. l. p. in Opposition zu den neueren Strömungen in der engl. und amerik. Philos., die, angeführt von Quine, Dummett und Davidson, in der Zeit nach etwa 1970 entscheidenden Einfluß auf die analytische Sprachphilos. ausübten.

Lit.: K. Lorenz: Elemente der Sprachkritik, 1971, S. 37–145. G. Ryle: Der Begriff des Geistes, 1969. E. v. Savigny (Hg.): Philos. und normale Sprache, 1969. P. F. Strawson: Einzelding und logisches Subjekt, 1972.

Organismus (von griech. *organon*, Werkzeug, Organ). 1. Lebewesen (vgl. Leben). 2. Ein Ganzes, das im Gegensatz zum Aggregat nicht bloß die Summe selbständig existierenden Teile ist, sondern in dem Sinn ein Ganzes darstellt, daß seine Teile durch ihren Ort im Ganzen und ihre Funktion für das Ganze bestimmt sind; das Ganze und die Teile sind füreinander Zweck und Mittel. So läßt sich der O. auch als holistische Ganzheit betrachten (vgl. Holismus). Zuweilen wird jedoch zwischen organischen und rationalen Ganzheiten unterschieden: Der O. trägt im Gegensatz zu einer rationalen Ganzheit seinen Zweck (griech. *telos**), den er – sich selbst steuernd – anstrebt, in sich. Nicht allein Lebewesen, sondern auch Institutionen, Staaten oder historische Entwicklungen werden als O. aufgefaßt. – Mit dem Wort organisch werden Aufbau oder Struktur eines O. bezeichnet. Der sog. Organizismus ist eine dem Mechanismus* und Vitalismus* entgegengesetzte Theorie, die den Begriff des O. in den Mittelpunkt stellt.

Lit.: H. Driesch: Philos. des Organischen, 1909. H. Jonas: O. und Freiheit. Ansätze zu einer philos. Biologie, 1973. R. Löw: Philos. des Lebendigen, 1980.

organon (griech., Werkzeug), Sammelbezeichnung für Aristoteles' Schriften zur Logik.

Origenes (ca. 185 – ca. 254 n. Chr.), griech. Kirchenvater*, Schüler des Clemens von Alexandria und (angeblich) des Ammonios Sakkas. 202–31 Leiter der christlichen Schule in Alexandria, danach in Caesarea, nachdem er Ägypten wegen eines Konflikts mit der Kirchenleitung hatte verlassen müssen. Entwickelte das erste christliche System, in dem er Christentum und neuplatonische* Emanationslehre* zu vereinbaren suchte.

Ausg.: Werke, I–XII, 1899–1955. Vier Bücher von den Prinzipien, 1976. – *Lit.:* R. Gögler: Zur Theologie des biblischen Wortes bei O., 1963. G. Gruber: ZΩH. Wesen, Stufen und Mitteilung des wahren Lebens bei O., 1962.

Orphik (von griech. *Orpheus*), griech. Mysterienreligion, der Sage nach von Orpheus gegründet. Der O. zufolge besitzt der Mensch eine unsterbliche Seele*, die durch Askese vom Körper erlöst werden kann. Einflüsse auf Pythagoras und Platon.

Ortega y Gasset, José (1883–1955), span. Essayist und Philos. Studium in Madrid, dort 1904 Promotion. Studienaufenthalte an den Universitäten Berlin, Leipzig und Marburg, ab 1910 Prof. für Metaphysik in Madrid. Politisches Engagement zunächst auf seiten der Republikaner. Ging bei Ausbruch des span. Bürgerkriegs ins Exil; erst 1948 Rückkehr nach Madrid. In seiner Philos. von Nietzsche, Dilthey und Heidegger beeinflußt. – O. ist Verfechter eines elitären Existentialismus. Es liegt an jedem einzelnen Menschen, sich seine Moral und sein Weltverständnis selber zu schaffen. Wissenschaft, Logik und Philos. sind nur ersonnen, um dem Leben einen Sinn zu geben. O. kritisiert die moderne Massenkultur und meint, daß eine intellektuelle Elite die geistlosen Massen führen müsse.

Ausg.: Gesammelte Werke, I–IV, 1954–56 (erw. ND 1978). Die Aufgabe unserer Zeit, 1928. Der Aufstand der Massen, 1936. Der Mensch und die Leute, 1958. – *Lit.:* B. v. Galen: Die Kultur- und Gesellschaftsethik. J. O. y G., 1959. J. Marías: J. O. y G. und die Idee der lebendigen Vernunft, 1952. F. Niedermayer: J. O. y G., 1959.

Otto, Rudolf (1869–1937), dt. Theologe und Religionsphilos.; 1904 Prof. für Theologie in Göttingen, 1914 in Breslau und ab 1917 in Marburg. – Erhebt das Heilige wieder zu einer selbständigen

Kategorie, während es in der liberalen* Theologie ethisch-rational als das absolut Gute verstanden wurde. Dieses Heilige nennt O. das Numinose. Es wirkt auf den Menschen zwiespältig: Auf der einen Seite ruft das Numinose als das «ganz Andere» Furcht und Schaudern hervor *(mysterium tremendum)*, auf der anderen Seite zieht es den Menschen in seinen Bann *(mysterium fascinosum)*. – Beeinflußt ist O. von Husserl. Seine Untersuchung über das Heilige wurde von M. Scheler und G. van der Leeuw der Religionsphänomenologie* zugerechnet.

Ausg.: Das Heilige, 1917. Sensus numinis, ³1929. West-Östliche Mystik, 1926. Sünde und Urschuld, 1932. Freiheit und Notwendigkeit, 1940. – *Lit.:* C. Colpe (Hg.): Die Diskussion um das ‹Heilige›, 1977. H. W. Schütte: Religion und Christentum in der Theologie R. O., 1969.

O-Urteil (‹O› von lat. *nego*, ich leugne, ich verneine). Scholastische Bezeichnung für das partikular verneinende Urteil ‹Einige S sind nicht P› in der Syllogistik*. – Vgl. Logik, klassische.

ousia (griech., Dasein, Wesenheit, Stoff, Eigentum, Besitz), s. Substanz und Aristoteles.

Oxford Philosophy, s. *ordinary language philosophy*.

paideia (griech., Erziehung, Bildung), Bezeichnung für die Erziehungs- und Bildungsideale, die im altgriech. Staat (griech. *polis*) vorherrschten. W. Jaeger verwendet p. als ideengeschichtlichen Begriff.

Lit.: W. Jaeger: P., die Formung des griech. Menschen, 3 Bde., 1 (1933), 2 (1944), 3 (1947). T. Ballauf: Die Idee der P., 1952.

Palingenese (oder Palingenesie; griech. *palingenesia*, von *palin*, wieder, und *genesis*, Geburt, Entstehung), Wiedergeburt, Wiederentstehung. 1. Die Erneuerung der Welt beim Weltbrand (Heraklit); die ewige Wiederkehr des Gleichen (Nietzsche). 2. Seelenwanderung (u. a. bei Platon). 3. Im Christentum die Wiedergeburt des inneren Menschen durch die Taufe. 4. In der Biologie (u. a. bei Darwin) die Wiederholung evolutionsgeschichtlich früherer Stadien in der Entwicklung des Individuums.

Panaitios von Rhodos (ca. 185–109 v. Chr.), griech Philos., Begründer der röm. Stoa*. Unter Einfluß u. a. von Karneades kritisiert P. die damalige stoische Physik in entscheidenden Punkten. So bezweifelt er etwa die Idee vom periodischen Untergang des Universums in einem Weltbrand mit anschließender Neuschöpfung. Für P. ist die Welt ewig. Hinsichtlich ethischer Grundsätze betont er Tugenden wie Großmut und Wohltätigkeit.

Ausg.: Panaitii et Hecatonis librorum fragmentum, 1885. – *Lit.:* A. Puhle: Persona. Zur Ethik des P., 1987. M. van Straaten: P. Sa vie, ses écrits et sa doctrine avec une édition des fragments, 1946.

Panentheismus (von griech. *pan*, alles, *en*, in, und *theos*, Gott), Lehre, nach der alles, was ist, in Gott ist. Die Bezeichnung stammt von K. C. F. Krause (1781–1832), der seinen Versuch, Pantheismus* und Theismus* zu vereinigen, P. nannte. Später wurde der Begriff philos.geschichtlich gebraucht als Bezeichnung für eine Anschauung, die im Gegensatz zum eigentlichen Pantheismus behauptet, daß das Weltganze in Gott enthalten und eine Erscheinungsweise Gottes sei. Diese Lehre wurde seit Plotin u. a. von Augustinus, Johannes Eurigena und in der Neuzeit von Schleiermacher vertreten.

Lit.: K. C. F. Krause: Geist der Geschichte der Menschheit, 1843.

Panlogismus (von griech. *pan*, alles, und *logos*, Vernunft), Lehre, nach der alles, was wirklich ist, vernünftig ist. Die Wirklichkeit* als solche ist vernunftbestimmt, so daß die Vernunft* das eigentlich Wirkliche ausmacht. Vor allem benutzt als Bezeichnung für die Philos. Hegels.

Pannenberg, Wolfhart (geb. 1928), dt. Theologe, Prof. für systematische Theologie in München. Von seinem von Hegel inspirierten geschichtstheologischen Ansatz her kritisiert P. die Existenztheologie* (besonders Bultmann): Sie reduziere Geschichte auf existentielle Geschichtlichkeit*. Eine solche Auflösung der Geschichte in den geschichtlichen Charakter der individuellen Existenz bringt nach P. die universelle, umfassende Geschichtsperspektive zum Verschwinden. Dagegen muß sich die christliche Theologie gerade im Horizont* von Geschichte bewegen.

Ausg.: Grundzüge der Christologie, 1964. Wissenschaftstheorie und Theologie, 1973. Anthropologie in theologischer Perspektive, 1983. Systematische Theologie, 1988. Metaphysik und Gottesgedanke, 1988. – *Lit.:* P. Henke: Gewißheit vor dem Nichts, 1978. J. Rohls/ G. Wenz: Vernunft des Glaubens, Festschrift zum 60. Geburtstag, 1988.

Panpsychismus (von griech. *pan*, alles, und *psyche*, Seele*), Lehre, nach der alles beseelt ist; genauer die Lehre, daß im Universum alles eine psychische Natur besitzt, die jener des Menschen analog ist.

Lit.: A. Jeandidier: Le panpsychisme vital, 1954. B. Rensch: Gesetzlichkeit, psychologischer Zusammenhang, Willensfreiheit und Ethik, 1979.

Pantheismus (von griech. *pan*, alles, und *theos*, Gott), Lehre, nach der das Seiende und Gott eine Einheit bilden, die Welt (das All) und Gott nicht voneinander getrennt werden können (Gegensatz Theismus*). – Mit P. werden verschiedene, oft widersprüchliche Positionen bezeichnet. Der P. kann grob in zwei Richtungen eingeteilt werden: 1. Lehre, daß Gott das Wirkliche selbst ist; die Welt besteht nur aus Manifestationen (Attributen* oder Emanationen*) Gottes als der einzigen Substanz*. Diese Form des P. nähert sich dem Akosmismus* (wie er sich am deutlichsten in Spinozas P. zeigt), der in der Einheit von Gott und Welt das Göttliche stärker gewichtet; es geht um «die Immanenz der Dinge» in Gott (Schelling, *Sämtliche Werke*, Abt. I/7, S. 338ff). Der Pan*en*theismus* denkt Gott, auf den die Welt zurückgeführt wird, in theistischer Form, nämlich als das, was die Welt umfaßt und als solches von ihr gesondert ist. Der Einheitsgedanke des P. wird damit aufgehoben. 2. Lehre, nach der die Welt (die Natur) das Wirkliche ist; Gott ist nichts anderes als die Ganzheit (die Summe) des Seienden. Der P. läßt sich in dieser Prägung als naturalistisch* bezeichnen (weil für ihn alles, was ist, Natur ist, d. h. die Natur die umfassende Wirklichkeit ist) oder als materialistisch* (insofern dieses Wirkliche für ihn materieller Natur ist; Beispiele sind Holbach und Diderot). In dieser zweiten Form nähert sich der P. insofern dem Atheismus*, als Gottes Wirklichkeit auf die Welt zurückgeführt wird. 3. In einem gewöhnlichen, philos. aber unklaren Sinn heißt P., daß die Natur beseelt und Gott in allem ist. – Vgl. Panpsychismus, Animismus.

Lit.: W. Dilthey: Der P. nach seinem geschichtlichen Zusammenhang mit dem älteren pantheistischen System. In: Gesammelte Schriften II, [8]1921, S. 312–416. G. B. Jäsche: Der P. nach seinen verschiedenen Hauptformen, 3 Bde., 1826–32. M. P. Levine: Pantheism: a non-theistic Concept of Deity, 1994.

Pantheismusstreit, Auseinandersetzung zwischen Jacobi und Mendelssohn gegen Ende des 18. Jh., an dem auch Kant und Goethe teilnahmen. Der P. entzündete sich in der Diskussion um die Deutung von Spinozas Philos. als klassischem Pantheismus. Es ging u. a. um die Frage, ob seine als Pantheismus gedeutete Philos. fatalistisch und damit atheistisch sei.

Lit.: K. Christ: Jacobi und Mendelssohn. Eine Analyse des Spinozastreits, 1988.

Pantheismus (von griech. *pan*, alles, und *thelein*, wollen), Theorie, daß die Wirklichkeit im Prinzip Wille* ist. – Vgl. z. B. Schopenhauer.

Paracelsus (1493–1541, eigentlich Philippus Aureolus Theophrastus Bombastus von Hohenheim). Schweizer Arzt, Chemiker, Pharmakologe und Philos., Gründer einer medizinischen Behandlungspraxis, die mit der antiken Tradition von Hippokrates und Galen bricht. Nach medizinischen Studien durchwanderte P. große Teile Europas; dabei lernte er die verschiedensten Formen von Krankheiten kennen. Er verwarf die traditionelle Auffassung, daß Krankheiten auf einem Ungleichgewicht im Körper beruhen; vielmehr seien sie Ausdruck eines Mißverhältnisses, eines fehlenden Gleichgewichts zwischen dem Individuum und seiner natürlichen Umgebung. Der Mensch als Mikrokosmos muß als ein Element in einer umfassenden und komplexen Einheit, dem Makrokosmos*, gesehen werden. Das Verhältnis zwischen Mensch und Natur ist in erster Linie eines der Ernährung, und die Gesundheit des Menschen resultiert aus seiner Fähigkeit, Fleischliches, Pflanzliches und Mineralien zu verdauen, die er einnimmt. Die ärztliche Hilfe soll dort einsetzen, wo der Körper (die Lebenskraft) das lebensnotwendige Gleichgewicht und die lebensnotwendige Anpassung nicht zu leisten vermag.

Ausg.: Kritische Ausgabe, 14 Bde., 1922–33. Werke, 5 Bde., hg. von W.-E. Peuckert, 1965–68. – *Lit.:* U. Benzenhöfer (Hg.): P., 1993. S. Golowin: P. im Märchenland, 1980. E. Kaiser: P. in Selbstzeugnissen und Bilddokumenten, 1969, [10]1993. F. Weinhandl: P.-Studien, 1970. Salzburger Beiträge zur P.-Forschung, 1980.

Paradigma (griech. *paradeigma*), Vorbild, Muster, mustergültiges Beispiel. – S. P.-Argument, Kuhn.

Paradigma-Argument (engl. *paradigmcase argument*). Eine Form des Arguments in der analytischen* Philos. zur Widerlegung des philos. Skeptizismus*. In dem Argument wird von der Tatsache, daß die Anwendung eines bestimmten Ausdrucks anhand klarer Beispiele erlernt wird, darauf geschlossen, daß auch die Gegenstände existieren müssen, die der Ausdruck bezeichnet. Gegenüber der skeptizistischen Behauptung, daß wir niemals ein sicheres Wissen haben, lautet das Argument: Da wir Ausdrücke des Typs ‹Ich weiß ganz sicher, daß ein Kugelschreiber auf dem Tisch liegt› nur anhand von Situationen lernen können, in denen sie korrekt verwendet werden, folgt eben aus dem Verstehen solcher Ausdrücke, daß wir uns in Situationen befunden haben müssen, in denen wir uns mit Recht des betreffenden Ausdrucks (‹ganz sicher›) bedient haben. Dieses Argument ist in ähnlicher Weise u. a. von Moore* und verschiedenen Philos. der Alltagssprache *(ordinary language philosophy*)* zur Widerlegung von skeptischen Thesen verwendet worden, wie etwa der, daß es keinen freien Willen, keine äußeren Gegenstände, keine vergangenen Ereignisse geben könne. Das Argument ist umstritten, u. a. weil es eine unhaltbare Theorie ostentativer Definitionen* voraussetzt. Seine Kritiker haben geltend gemacht, daß man aus dem Satz ‹Dies ist eben, was wir x nennen›, nicht auf den Satz schließen könne ‹Also ist dies ein echtes Beispiel für x›, daß man also aus der Tatsache, daß wir in einer gegebenen Situation sprachlich zu einer bestimmten Behauptung berechtigt sind, nicht darauf schließen können, daß wir mit dieser Behauptung recht haben. Auch wenn wir anhand konkreter Beispiele korrekt gelernt haben, Personen als Hexen zu bezeichnen, folgt daraus nicht, daß es tatsächlich Hexen gibt.

Paradox/Antinomie (griech. *para-doxa*, Gegen-Meinung, *anti-nomos* Gegen-Gesetz). 1. Ein P. ist eine wohlbegründete, bisweilen korrekte Behauptung, die mit der gängigen Meinung nicht übereinstimmt. Oft wird eine wissenschaftliche Anomalie* als ein P. bezeichnet, z. B. (seinerzeit) Galileis Beweis, daß es nicht mehr natürliche Zahlen gibt als Quadratzahlen. 2. Auch ein unfaßbarer Gedanke wird als P. bezeichnet. So nennt Kierkegaard das wahre Christentum, das auf dem Glauben an das Unfaßbare beruht, daß der ewige Gott in der Zeit in Jesus Mensch wurde, p. Religiosität. 3. P. wird oft in demselben Sinn wie der Begriff A. verwendet, der von Kant als philos. relevanter Terminus geprägt worden ist. Im engeren Sinn besteht eine A. aus zwei sich widersprechenden Gesetzen, Regeln oder Maximen. Eine A. im weiteren Sinn ist jedes Paar wohlbegründeter Behauptungen, These* bzw. Antithese, die einander widersprechen. Die vier A. der Vernunft bei Kant sind A. in diesem Sinn; freilich sind sie Ausdruck des a. Charakters der Vernunft im engeren Sinn, nämlich der beiden Gesetze der Vernunft, die stets das Bedingte durch etwas Unbedingtes begründen will, zugleich aber stets nach weiteren Bedingungen sucht. 4. Für die moderne Logik* enthält eine Theorie eine A., wenn ein Selbstwiderspruch (Kontradiktion*), also eine Formel der Art ‹p und nicht-p›, in ihr nachgewiesen werden kann. Die Theorie ist dann logisch falsch, und jede Formel ist in ihr beweisbar.

Zenons P., die er gegen die Kritiker von Parmenides richtete, sind in der *Physik* des Aristoteles wiedergegeben (239 b 5 – 240 b 9). Zenon will mit seinen P. zeigen, daß es keine Bewegung gibt. Die beiden ersten P. sollen dies unter der Voraussetzung zeigen, daß Raum und Zeit als Kontinua aufgefaßt werden, die unendlich teilbar sind. Die beiden letzten P. sollen dasselbe zeigen, wenn die kinematographische Auffassung von Raum und Zeit zugrunde gelegt wird, d. h. wenn diese aus unteilbaren Mindestgrößen, Raumatomen bzw. Augenblicken, bestehen. (a) Nach dem Dichotomie- oder Halbierungsp. ist es unmöglich, sich von einem Punkt zu einem anderen zu bewegen; denn erst muß der halbe Weg zurückgelegt werden, aber bis dahin die Hälfte dieser Hälfte usw. bis ins Unendliche. Die Bewegung kommt also nie in Gang. (b) Im P. von Achilles und der Schildkröte hat letztere beim Start ihres Wettlaufs einen Vorsprung erhalten. Achilles kann die Schildkröte nie überholen; denn erst muß er die Stelle erreichen, von der aus diese startete. Diese hat sich aber in der Zwischenzeit wieder ein kleines Stück bewegt, und wenn Achilles dorthin gelangt, hat sich das wiederholt usw. bis ins Unendliche. (c) Im P. des fliegenden Pfeils zeigt Zenon, daß der Pfeil stillsteht. Denn zu jedem Zeitpunkt befindet er sich an einer bestimmten Stelle. Er bewegt sich nicht dort, wo er ist, und auch nicht, wo er nicht ist. Er bewegt sich deshalb gar nicht. (d) Im P. von den Reihen in Bewegung treten drei Körper auf, die aus vier unteilbaren Raumatomen bestehen, AAAA, BBBB und CCCC. Der erste ruht, während sich die beiden anderen gleich schnell in entgegengesetzte Richtungen bewegen. B braucht nun einen unteilbaren Augenblick, ein A zu passieren; aber da BBBB und CCCC AAAA gleichzeitig passieren, passieren sie auch einander, und während ein B zwei Augenblicke braucht, um zwei A zu passieren, passiert es auch die vier C.

AAAA
BBBB→»
«←CCCC

Wir müssen nun entweder sagen, daß ein B ein C im Laufe einer halben Zeiteinheit passiert oder daß B vier Zeiteinheiten braucht, um CCCC zu passieren. Das erste widerspricht der Unteilbarkeit der Zeiteinheiten, und im letzteren Fall müssen wir zwei Augenblicke vier Augenblicken gleichsetzen oder die ganze Zeit mit der halben. (a) und (b) werden auch Stadionparadoxien genannt.

Die *logischen, syntaktischen oder mengentheoretischen* A. sind für die Entwicklung der modernen Logik und Mengenlehre von großer Bedeutung gewesen. Folgende drei gehören zu den wichtigsten: (a) Cantors A. (1899) geht von dem Theorem aus, wonach jede Menge mehrere Teilmengen als Elemente hat. Wird dies auf die Menge aller Mengen angewendet, muß diese jedoch mehr Teilmengen haben, als es überhaupt Mengen gibt. (b) Russells A. (1901) geht in der mengentheoretischen Formulierung davon aus, daß eine Menge dadurch bestimmt ist, daß ihre Elemente eine bestimmte Bedingung erfüllen. Ist die Bedingung z. B. ‹x ist eine Giraffe›, dann ist die entsprechende Menge die der Giraffen. Gewisse Mengen scheinen zudem Elemente von sich selbst sein zu können, so die Menge der Mengen. Betrachtet man z. B. die Menge der Mengen, die nicht Element von sich selbst sind, und nennt sie S. S ist entweder Element von sich oder nicht. Im ersten Fall ist S Element der Menge der Mengen, die nicht Element ihrer selbst sind. S ist deshalb nicht Element von sich selbst. Wenn S jedoch nicht Element von sich selbst ist, ist S Element der Menge der Mengen, die nicht Element von sich selbst sind. S ist deshalb Element von sich selbst. Folglich: S ist Element von sich selbst, dann und nur dann, wenn S nicht Element von sich selbst ist. Diese A. besitzt eine logische Variante, in der die Eigenschaft ‹nicht Eigenschaft seiner selbst sein› oder die Eigenschaft, imprädikabel zu sein, betrachtet wird. Es läßt sich zeigen, daß ‹imprädikabel› imprädikabel ist, eben wenn ‹imprädikabel› nicht imprädikabel ist. Russell hat eine verständliche Parallele in der A. vom Barbier gegeben, der alle Bewohner in der Stadt x rasiert, die sich nicht selbst rasieren. Er rasiert sich selbst, eben wenn er es nicht tut. (c) Burali-Fortis A. (1897, von Cantor 1895 entdeckt) ist die zuerst entdeckte A. dieses Typs. Hier wird davon ausgegangen, daß jede wohlgeordnete Menge eine Ordnungszahl hat, nämlich die, zu der man kommt, wenn die Elemente der Menge gezählt werden. In der üblichen Mengenlehre kann nun bewiesen werden, daß die wohlgeordnete Menge aller Ordnungszahlen eine Ordnungszahl hat, die höher ist als jede Ordnungszahl in der Menge, also höher als jede Ordnungszahl.

Die erwähnte A. hat einen bedeutenden Einfluß auf die Entwicklung der verschiedenen Axiomatisierungen* der Mengenlehre ausgeübt. Die drei bekanntesten sind Russells typentheoretisches* System, das Zermelo-Fraenkel-System und das Gödel-Bernays-von-Neumann-System. Diese Systeme sind so konstruiert, daß die Existenz problematischer Mengen nicht bewiesen werden kann, weshalb die A. technisch gesehen verschwindet.

Die *semantischen** A. haben große Bedeutung für Logik und Sprachanalyse von den Stoikern* und Megarikern* der Antike über die Scholastiker* des Mittelalters bis zur Gegenwart gehabt. Diese A. werden semantische genannt, weil sie in jedem Fall einen oder mehrere semantische Begriffe, z. B. Wahrheit*, berühren. Die folgenden vier gehören zu den meistdiskutierten: (a) Die *Lügner-A.* wird seit der Antike diskutiert. Eine Variante läßt den Kreter Epimenides behaupten, daß alle Leute von Kreta lügen, wobei hinzuzufügen ist, daß die Kreter in der Antike als notorische Lügner galten.

Wenn die Behauptung wahr ist, lügt er, die Behauptung muß also falsch sein. Dagegen folgt die Wahrheit der Behauptung nicht aus der Annahme ihrer Falschheit, weshalb es sich in dieser Formulierung nicht um eine eigentliche A. handelt. Wie A. N. Prior gezeigt hat, ist die Behauptung jedoch falsch, ungeachtet dessen, ob man sie für wahr oder falsch hält, was ein P. ist. In anderen Versionen handelt es sich um eine echte A., z. B. in der Version, die Eubulides von Megara zugeschrieben wird. Hier lautet die a. Behauptung: ‹Ich lüge›. Diese ist eben dann wahr, wenn sie falsch ist. Noch eine Variante ist Anlaß für zwei echte A., nämlich wenn Platon sagt, Sokrates habe recht, und Sokrates sagt, Platon lüge. Eine neuere Form derselben A. ist von W. V. O. Quine formuliert worden. Hier wird definiert: «S = ‹S› ist falsch». Wenn ‹S› wahr ist, ist es wahr, daß ‹S› falsch ist, ‹S› ist also falsch. Aber wenn ‹S› falsch ist, dann ist ‹S› wahr. In der Formulierung Tarskis können wir S wie oben definieren. Eine Behauptung ist nun im allgemeinen wahr, wenn es sich so verhält, wie sie sagt, also: ‹S› ist wahr, dann und nur dann, wenn S. Wir benutzen nun die Definition von S und setzen ««S› ist falsch» für das letzte ‹S› ein. Wir erhalten nun: ‹S› ist wahr, dann und nur dann, wenn ‹S› falsch ist. (b) Auch *Richards A.* (1906) liegt in vielen Varianten vor. Sie entsteht durch eine Methode, die Cantor benutzte, um zu beweisen, daß die Menge realer Zahlen nicht zählbar ist, nämlich die Diagonalmethode. Alle in Dezimalform geschriebenen realen Zahlen zwischen 0 und 1 werden systematisch in einer Tabelle geordnet:

0, 0000...
0, 1000...
0, 1100...

Wir bilden nun die Zahl d, indem wir der Diagonalen von der oberen linken bis zur unteren rechten Ecke folgen. Das n.te Dezimal in d wird als das n.te Dezimal in der Zahl festgelegt, die in der n.ten Reihe der Tabelle steht, plus 1. Diese Zahl ist eindeutig festgelegt durch die Beschreibung der Art, wie sie konstruiert wird, und diese Beschreibung enthält endlich viele Worte. Also ist d eine reale Zahl zwischen 0 und 1, die mit endlich vielen Worten beschrieben werden kann. Aber sie tritt nicht in der Tabelle aller dieser Zahlen auf; denn sie unterscheidet sich, für jedes n, von allen Zahlen in der n.ten Reihe dadurch, daß sie ein anderes n.tes Dezimal hat. (c) *Berrys A.* ist die wesentlich einfachere Fassung der A. Richards. Sie wurde 1906 von B. Russell veröffentlicht. Man gehe davon aus, daß ‹die kleinste Zahl, die nicht mit weniger als vierundzwanzig Silben beschrieben werden kann›, eine Zahl bezeichnet. Aber obwohl diese Zahl nicht mit weniger als 24 Silben sollte beschrieben werden können, haben wir es eben mit nur 23 getan. (d) *K. Grellings* und *L. Nelsons A.*, die zuweilen fälschlich H. Weyl zugeschrieben wird, wurde 1908 veröffentlicht. Gewisse Ausdrücke haben selbst die Eigenschaft, die sie ausdrücken, und können deshalb wahr von sich selbst behauptet werden, z. B. ‹deutscher Ausdruck›, der ja ein deutscher Ausdruck ist. Diese Ausdrücke nennt man auto- oder homologisch. Andere Worte, z. B. ‹rot› und ‹Giraffe›, haben diese Eigenschaft nicht – keine Ausdrücke sind ja rot oder Giraffen –, und sie werden deshalb heterologisch genannt. Wir fragen nun, ob ‹heterologisch› heterologisch ist oder nicht. Wenn der Ausdruck heterologisch ist, kann er offenbar von sich selbst ausgesagt werden, weshalb er nicht heterologisch ist. Ist er aber nicht heterologisch, kann er nicht von sich selbst ausgesagt werden, weshalb er heterologisch sein muß.

Sowohl logische als auch semantische A. beruhen darauf, daß die antinomischen Sätze und Ausdrücke sich mehr oder weniger direkt auf sich selbst beziehen (referieren*). Die Lösungsvorschläge laufen in der Regel darauf hinaus, diesen Selbstbezug zu verbieten bzw. ihn in problematischen Fällen zu vermeiden. Bekannt ist die Methode Tarskis zur Umgehung der Lügner-A. Keine Sprache mit einer gewissen Ausdruckskraft, sagt Tarski, kann semantisch geschlossen sein: Sie kann nicht Ausdrucksmittel besitzen, die eigene Semantik der Sprache zu formulieren. Ihre Bedeutung kann nur in einer Metasprache formuliert werden, die die betreffende Sprache, in diesem Zusammenhang Objektsprache* genannt, beschreibt. Die Definition des Satzes S, die in der Formulierung der Lügner-A. enthalten ist, bedeutet eine Verwechslung der Sprachniveaus. Wenn diese Verwechslung entfällt, löst sich die A. auf.

Das *Analyse-P.* besagt, daß eine philos. Analyse* scheinbar nicht zugleich informativ und korrekt sein kann. Hat das *analysans* (lat., der analysierende Ausdruck) denselben Sinn* wie das *analysandum* (der Ausdruck, der analysiert werden soll), ist die Analyse korrekt; aber sie sagt in diesem Fall nur, was jeder Benutzer der Sprache schon im voraus weiß. Ist die Analyse informativ, kann das *analysans* nicht denselben Sinn haben wie das *analysandum*; in diesem Fall aber ist die Analyse inkorrekt. Die A. scheint zu zeigen, daß es notwendig ist, zwischen verschiedenen Bedeutungen von ‹Sinn› zu unterscheiden. Ein verwandtes P. ist das Deduktions-P., nach dem ein deduktiver Schluß* scheinbar nicht sowohl gültig als auch informativ sein kann.

Das *Sorites-P.* (lat. *sorites*, logischer Schluß) vom Getreidehaufen leitet mit Hilfe einer Kette von Schlußfolgerungen eine eindeutig falsche Behauptung aus einem scheinbar unangreifbaren Satz ab. Das P. zeigt scheinbar, daß alle unbestimmten* Prädikate* semantisch* einen Selbstwiderspruch darstellen (inkohärent sind), d. h.: Wir können uns Situationen denken, in denen wir verpflichtet sind, einen Satz zu verneinen, der das unbestimmte Prädikat enthält, obwohl wir ihn eigentlich bejahen müßten. Nach der Version, die seit der Antike (u. a. bei Aristoteles) bekannt ist, geht man davon aus, daß ein Haufen Steine noch immer ein Haufen ist, wenn wir einen Stein entfernen, und so fort. Also ist eine Sammlung von einem oder sogar von keinem Stein ein Haufen. Unbestimmte Ausdrücke führen zum Sorites-P., weil sie tolerant zu sein scheinen, d. h. mit jedem Wort ist eine Ununterscheidbarkeitsrelation solcher Art verbunden, daß, wenn ein Objekt a dem Prädikat genügt und b in der betreffenden Hinsicht von a ununterscheidbar ist, auch b dem Prädikat genügt. Ein Sorites-P. entsteht, weil die Ununterscheidbarkeitsrelation nicht transitiv* ist, d. h. aus der Ununterscheidbarkeit von a und b und der Ununterscheidbarkeit von b und c folgt nicht, daß a ununterscheidbar von c ist. Dieses P. ist philos. interessant, weil große Teile der Sprache, u. a. alle Beobachtungsausdrücke*, unbestimmt und weil unbestimmte Ausdrücke tolerant sind. Die traditionelle Reaktion gegenüber dem Sorites-P. ist seit G. Frege über B. Russell bis zu M. Dummett, dieses P. zeige die Inkohärenz der Alltagssprache.

Das *pragmatische* P.*, das u. a. von A. Pap diskutiert wird, beruht nicht, wie die semantischen P., auf einem Widerspruch in dem, was behauptet wird. Es liegt vielmehr darin, daß ein Widerspruch besteht zwischen dem, daß das Betreffende behauptet wird, und dem, was behauptet wird. Sagt man z. B. ‹Es regnet, aber ich glaube das nicht›, so gerät man unter normalen Umständen in Widerspruch zu der pragmatischen Voraussetzung für eine Behauptung, daß der Redende selbst an das glaubt, was er behauptet. Ein anderes Beispiel ist die Person, die behauptet, daß sie nicht existiert. Ihre Äußerung ist kein logischer Selbstwiderspruch, denn sie hätte sehr wohl nicht existieren können; aber Bedingung dafür, daß sie diese Behauptung machen kann, ist die, daß sie falsch ist (vgl. Descartes' *cogito ergo sum*). Diverse Annahmen skeptischer*, relativistischer*, historischer* und psychologistischer* Art führen zu P. dieser Art.

Es gibt eine Reihe von P., die zentrale philos. Begriffe betreffen wie Wahrscheinlichkeit*, Analyse*, Bestätigung* von Gesetzmäßigkeiten u. ä. Ein Beispiel, das den Begriff der ‹rationalen Überzeugung› betrifft, ist das Lotterie-P.: Da die Wahrscheinlichkeit dafür, daß eine bestimmte Anzahl Augen durch das Werfen eines Würfels nach oben kommt, 1:6 ist, ist es scheinbar rational zu glauben, daß diese Anzahl Augen nicht nach oben kommen wird; aber dies gilt für sämtliche möglichen Fälle, und es ist rational zu glauben, daß eine von ihnen nach oben kommen wird. Aus der Spiel* und Entscheidungstheorie* sind weitere P. bekannt, z. B. das Gefangenendilemma: Ein Gefängnisdirektor verspricht zwei Gefangenen, die man nur für ein geringfügiges Delikt bestrafen konnte, die aber ein nicht nachweisbares größeres Verbrechen begangen haben, daß derjenige Straferlaß erhält, der allein gesteht, während der andere um ein Mehrfaches sitzen muß. Gestehen sie beide, will der Direktor dagegen erwirken, daß ihre bisherige Strafe um das Doppelte verlängert wird. Einige halten es für p., daß es zu dem denkbar schlechtesten Ergebnis für beide Gefangenen führt, wenn sie jeder für sich das scheinbar Rationale tun, nämlich zu gestehen, statt zu schweigen. Aus einem verwandten Bereich kennt man das Abstimmungs-P., das in einfacheren Versionen weit in die Geschichte zurückverfolgt werden kann. Eine dieser Versionen lautet: Drei Personen, A, B und C, sollen aus ihrem Kreis einen Vorsitzenden wählen, indem sie erst zwischen A und B und dann zwischen dem Sieger und C wählen. A möchte gern gewinnen, aber für den Fall, daß er selbst nicht gewinnen kann, zieht er B C vor. Die beiden anderen haben folgende Rangfolgen: BCA und CAB. C wird diese Wahl gewinnen. Das P. besteht darin, daß der, der in der ersten Runde nicht kandidiert, immer gewinnen wird, ungeachtet, was die Teilnehmer wünschen. K. J. Arrow hat eine weitergehende Version formuliert, die zeigt, daß es keine demokratisch akzeptable Art und Weise gibt, in der man zwischen drei oder mehreren Alternativen wählen kann.

Lit.: T. S. Champlin: Reflexive Paradoxes, 1988. R. Ferber: Zenons Paradoxien der Bewegung und die Struktur von Raum und Zeit, 1979. M. Geier: Das Sprachspiel der Philos., 1989. R. Hagenbüchle/P. Geyer (Hg.): Das P. Eine Herausforderung des abendländischen Denkens, 1992. R. Heiss: Logik des Widerspruchs, 1932. R. M. Sainsbury: P., 1993. H. Wessel (Hg.): Quantoren, Modalitäten, Paradoxien, 1972.

Parallelismus (von griech. *parallelos*, nebeneinanderliegend), Lehre, nach der sich die Folge der Bewußtseinszustände und die der physischen Zustände einer Person entsprechen, ohne sich allerdings gegenseitig zu beeinflussen. Eine Form des P. vertritt u. a. Leibniz mit seinem Theorem der prästabilierten Harmonie*.

Lit.: G. Fabian: Beitrag zur Geschichte des Leib-Seele-Problems, 1925.

Paralogismus (von griech. *para*, daneben, und *logismos*, Schluß), Fehlschluß. Nach Kant beruhen zentrale metaphysische Sätze, z. B. Aussagen über die Existenz einer Seelensubstanz*, auf Fehlschlüssen, den Paralogismen der reinen Vernunft. Diese sog. transzendentalen* P. sind im Gegensatz zu logischen P. nicht Ausdruck formaler Fehler, sondern Kategorienfehler, die im Wesen der Vernunft selbst liegen. Die Vernunft kann solche Fehler zwar nicht vermeiden, sich jedoch genau darüber Rechenschaft geben, um Aufklärung über die Täuschung zu erlangen. – Vgl. I. Kant: *Kritik der reinen Vernunft*, 1781, ²1787, B 399–432.

Parameter (von griech. *para*, daneben, und *metron*, Maß). 1. Konstante Größe in einer mathematischen Funktion*. Z. B. gibt die Gleichung ‹x = ay – b› ein funktionales Verhältnis zwischen den Variablen x und y mit a und b als P. an. 2. Meßgrößen, deren Variationen zu entsprechenden Variationen im Ergebnis führen. Z. B. ist die Lage des Mondes in bezug auf die Erde ein P., wenn wir Experimente mit den Wasserständen bei Ebbe und Flut vornehmen. – Versteckte P. treten auf, wenn man, um ein bestimmtes Meßergebnis zu erklären, auf Veränderungen in einer versteckten Größe hinweist, die selbst nicht experimentell nachgewiesen werden können. Z. B. bedient man sich eines versteckten P., wenn man das plötzliche Eintreten einer Krankheit durch den Hinweis auf einen bösen, unsichtbaren Geist erklärt. Es ist ein allgemeines methodisches Prinzip, daß man versteckte P. in den Wissenschaften vermeiden soll. Nach Popper beruhen z. B. die psychologischen Theorien Freuds und Adlers auf der Annahme von versteckten P. Ähnlich hat man behauptet, daß die Mehrwerttheorie von Karl Marx sich versteckter P. bediene.

Parfit, Derek A. (geb. 1942), engl. Philos., seit 1964 Fellow am All Souls College, Oxford; Gastprof. u. a. in Harvard und Princeton. – In seinem Buch *Reasons and Persons* (1984) kritisiert P. die traditionelle Gegenüberstellung von Egoismus* und Altruismus*; denn sie gründe in einer unhaltbaren Auffassung der menschlichen Person* und ihrer Identität über die Zeit hinweg. P. versucht zu zeigen, daß es nicht immer eine eindeutige Antwort auf die Frage gibt, ob die Person X, die zu einem bestimmten Zeitpunkt A_1 existiert, identisch ist mit der Person Y zu einem späteren Zeitpunkt A_2. Nach der Begriff «personale Identität*» läßt sich auf verschiedene Variablen wie «Gedächtnis» und «körperliche Kontinuität*» reduzieren, bei denen die Veränderungen fließend sind und die sich auch unabhängig voneinander verändern können. Daher ist es durchaus möglich, daß eine Persönlichkeit sich spaltet oder eine neue personale Identität findet.

Parmenides von Elea, um 515 v. Chr. geb., griech. Philos. aus Elea in Süditalien, wo er philos. Schule gründete (vgl. Paradox, Eleaten, Zenon und Melissos). P. war zugleich Vorbild und Gegner für Demokrit und Platon, wie aus Platons Dialogen *Theaitetos, Parmenides* und *Sophistes* hervorgeht. Von seinem Werk *Peri Physeos* (Über die Natur), welches in Hexameterversen abgefaßt ist, sind verhältnismäßig lange zusammenhängende Passagen überliefert. P. philos. Lehrgedicht beginnt mit der Schilderung seiner Reise vom Dunkel zum Licht. Dort begegnet ihm eine Göttin, die von der Wahrheit erzählt. Die Wahrheit unterscheidet sich von der Meinung der Sterblichen, daß es zwei Größen gebe, Licht und Dunkel, auf welche alle Unterschiede und Veränderungen (alles Werden*) zurückgeführt werden können. Denn die Wahrheit ist: Es gibt in Wirklichkeit weder Unterschiede noch Veränderungen, denn alles ist Eins. Unterschiede und Veränderungen beinhalten, daß etwas Seiendes* ist, das nicht dieses oder jenes ist (z. B. ist ein Pferd nicht eine Kuh, ist der Samen noch nicht die Pflanze). Nach der Göttin der Wahrheit in P. Lehrgedicht ist es allerdings sinnlos, über etwas zu sprechen, das nicht ist. Nur das Seiende ist. Dieses Seiende besteht als mit sich identische unterschiedslose Einheit, die weder entstehen noch vergehen kann. Es ist ganz, unbeweglich, vollkommen und über alle Veränderung erhaben. Die in Platons *Theaitetos* (188c–189a) und *Sophistes* (237c–e) rekonstruierte Argumentation des P. läßt sich wie folgt zusammenfassen: Denken muß in Analogie zur optischen Wahrnehmung aufgefaßt werden. Wenn ich sehe, dann sehe ich etwas, z. B. einen Stuhl, eine Blume, eine Wiese oder eine Menschenmenge. Entsprechend muß gelten: Wenn ich denke, dann denke ich an etwas. – Wenn ich nun etwas sehe, dann sehe ich etwas, das da ist; kurz gesagt: Ich sehe etwas Seiendes. Entsprechend muß gelten: Wenn ich an etwas denke, dann denke ich an etwas, das da ist. Ich denke an etwas Seiendes. Das bedeutet umgekehrt: Wenn ich an ein Nicht-Seiendes denke, dann denke ich an etwas, das nicht da ist, ich denke an nichts und denke also gar nicht! Das Nicht-Seiende ist undenkbar, so daß nur das Seiende ist; Veränderung (Werden) kann es daher nicht geben, denn sie setzt voraus, daß etwas, das noch nicht ist, sein kann.

Ausg.: H. Diels/W. Kranz (Hg.): Die Fragmente der Vorsokratiker, I, 1951. – *Lit.:* K. Deichgräber: Das Ganze – Eine des P., 1983. H. Fränkel: P.-Studien, 1930. E. Heitsch: P. Die Fragmente, 1991. K. Held: Heraklit, Parmenides und der Anfang von Philos. und Wissenschaft, 1980. U. Hölscher: P. vom Wesen des Seienden, 1969.

parole (franz., Wort, Äußerung, Rede), Bezeichnung für die gesprochene Sprache, Rede (de Saussure), im Gegensatz zu *langue**.

Parsismus, Bezeichnung für die auf Zarathustra (Zoroaster) zurückgehende persische Religion. Für sie ist die Welt ein Kampf zwischen zwei Grundprinzipien, dem Guten und dem Bösen, dem Licht und dem Dunkel. Nach der islamischen Eroberung Persiens im 7. Jh. wurde diese Religion verdrängt und überlebte nur bei den Parsen in Indien, den Nachkommen der vertriebenen Perser. Der P. wird auch Mazdaismus genannt, nach dem guten Gott Ahura-Mazda.

Lit.: S. S. Hartman: Parsism. The Religion of Zoroaster, 1980.

Partikel (lat. *particula*), ein außerordentlich kleiner Teil, ein Atom*. Zu dem scholastischen* Ausdruck *particula*, Teilchen oder Einzelerscheinung, vgl. universal. – Partikular, besonders, gesondert, einen Teil des Ganzen betreffend, individuell. Ein partikularer Satz ist ein Satz der Form ‹Einige S sind (oder sind nicht) P›.

Partizipation (Teilhabe, von lat. *pars*, Teil, und *capere*, nehmen; griech. *methexis*), Bezeichnung für die Relation, die nach Platon und den Platonikern* zwischen der wirklichen und der sichtbaren Welt besteht. Die sichtbare Welt, die Welt der Phänomene* (Erscheinungswelt), ist veränderlich und vergänglich. Ihre relative Ordnung und Stabilität beruht darauf, daß sie an der Wirklichkeit partizipiert, d. h. an der Welt der Ideen*, die ewig und unvergänglich ist. P. bedeutet hier, daß die Phänomene den Ideen ähnlich sind oder daß sie an den Ideen teilhaben (vgl. Platon). Im Neuplatonismus wird der Begriff P. zum Teil von dem der Emanation* abgelöst.

Parusie (griech. *parousia*, Anwesenheit; lat. *adventus*). Bei Platon Bezeichnung für die ‹Anwesenheit› der Ideen* in den sinnlich erfahrbaren Phänomenen* (s. *methexis*). In der Theologie: Ankunft oder Anwesenheit Gottes.

Pascal, Blaise (1623–62), franz. Mathematiker, Physiker, Philos. und Theologe. Bereits in jungen Jahren verfaßte P. Schriften zu mathematischen Problemen, u. a. über die Kegelschnitte (z. B. Parabel und Ellipse) und zu physikalischen Themen, u. a. eine Abhandlung gegen die Behauptung der Existenz des leeren Raums. Ein religiöses, mystisches* Erlebnis im Jahre 1654 bewegt ihn dazu, sich dem Jansenismus* anzuschließen. Diese katholische Erneuerungsbewegung stellt die persönliche Frömmigkeit in den Mittelpunkt. Die 1656–57 pseudonym erschienenen *Lettres provinciales* (dt. Provinzialbriefe über die... Jesuiten, 1830) klagen die Kasuistik der Jesuiten an und verteidigen den Jansenismus. In den letzten Jahren arbeitete P. an einer unvollendet gebliebenen Apologie des Christentums, den *Pensées sur la religion* (Gedanken über die Religion), 1670 erschienen und später unter dem Kurztitel *Pensées* bekannt geworden.

Für P. bestünde die ideale mathematische Methode darin, alle Ausdrücke zu definieren und alle Behauptungen zu beweisen. Aber diese Absicht läßt sich nicht realisieren; deshalb ist hinzunehmen, daß die fundamentalen Ausdrücke undefiniert und die grundlegenden Behauptungen unbewiesen bleiben. Naturwissenschaftliche Theorien sind falsifizierbar*, sofern sie der möglichen Erfahrung widersprechen; sie lassen sich aber nicht positiv beweisen. P. gibt den Skeptikern* recht, daß die menschliche Vernunft zum Beweis oder zur Begründung fundamentaler Prinzipien und Wahrhei-

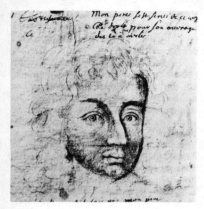

Blaise Pascal (Selbstporträt)

porte: Le cœur et la raison selon P., 1950. P. Lønning: Cet effrayant pari. Une ‹Pensée› pascalienne et ses critiques, 1980. E. Wasmuth: Der unbekannte P. Versuch einer Deutung seines Lebens und seiner Lehre, 1962.

Patristik (von lat. *patres*, Väter), die (oft unterschiedliche) Philos. und Theologie der Kirchenväter*. Als ihre Hauptaufgabe sahen diese eine Verteidigung des Glaubens an und benutzten zu deren Zweck auch philos. Argumente; eine systematische Philos. oder Theologie entwickelten sie jedoch nicht. Viele Kirchenväter, u. a. Origines, waren von Plotin und dem Neuplatonismus beeinflußt (vgl. Platonismus).

Lit.: B. Altaner/A. Stuiber: Patrologie, ^{8}1978. H. Drobner: Lehrbuch der Patrologie, 1994. M. Greschat (Hg.): Gestalten der Kirchengeschichte, Bde. 1 und 2, 1984.

ten nicht in der Lage ist. Die wissenschaftliche Beweisführung muß deshalb die Existenz eines intuitiven* Erkenntnisvermögens voraussetzen. P. nennt dieses Erkenntnisvermögen das «Herz» und führt aus: «Das Herz hat seine Gründe, die der Verstand nicht kennt»; daraus beziehen z. B. Geometrie und Mathematik ihre Sicherheit. Bewegung, Raum und Zahl z. B. sind Unendlichkeiten oder vielmehr doppelte Unendlichkeiten, insofern es weder etwas Größtes noch etwas Kleinstes gibt. Alles Existierende ist durch eine doppelte Unendlichkeit charakterisiert, auch der Mensch. Er ist «ein Nichts» im Verhältnis zu Gott, aber «ein All gegenüber dem Nichts», besitzt also eine gespaltene und widersprüchliche Natur, welche die Vernunft nicht zu erkennen vermag. Nur das Christentum, meint P., kann die Natur des Menschen erklären, d. h., nur durch den Glauben kann der Mensch sich selbst verstehen. Darin liegt der Grundgedanke von P. Apologie des Christentums.

Ausg.: Œuvres complètes, 18 Bde., hg. von J. Chevalier, 1987. – *Lit.:* A. Béguin: B. P., ^{12}1992. L. Goldmann: Der verborgene Gott, 1973. P. Humbert: Cet effrayant géne... L' Œuvre scientifique de B. P., 1947. I. Kummer: B. P. Das Heil im Widerspruch, 1978. J. La-

Peanos Axiome, benannt nach dem ital. Mathematiker und Pionier auf dem Gebiet der formalen Logik, G. Peano (1858–1932). Das erste vollständige* System von Axiomen für die Arithmetik der natürlichen Zahlen; schon von R. Dedekind vorweggenommen. Sie lauten: 1. 0 ist eine natürliche Zahl. 2. Für alle x gilt, daß, wenn x eine natürliche Zahl ist, auch die auf x folgende Zahl eine natürliche Zahl ist. 3. Wenn auf zwei Zahlen dieselbe Zahl folgt, sind sie identisch. 4. 0 kann nicht auf eine natürliche Zahl folgen. 5. (Das Induktionsaxiom:) Wenn 0 eine Eigenschaft hat, und wenn jede auf eine natürliche Zahl folgende Zahl die Eigenschaft besitzt, sofern die Zahl selbst die Eigenschaft hat, dann haben alle natürlichen Zahlen die betreffende Eigenschaft.

Lit.: R. Kaye: Models of Peano Arithmetic, 1991.

Peirce, Charles Sanders (1839–1914), amerik. Philos., Logiker und Physiker, Begründer des Pragmatismus*. Zentral für seine Philos. ist seine Auslegung von Begriffen als Handlungsregeln. Den Begriff ‹Härte› verstehen heißt z. B. wissen,

was man tun muß und welche wahrnehmbaren, praktischen Konsequenzen man erwarten darf, wenn man mit ‹harten› Dingen umgeht. Nach dieser sog. pragmatischen Maxime sind Begriffe von ihrer Zweckmäßigkeit her in bezug auf unsere praktischen Ziele zu beurteilen. Es geht darum, daß wir immer leistungsfähigere Zusammenhänge zwischen Handlungen und nützlichen Ergebnissen herstellen. Erkenntnis ist unser Mittel, in dem biologischen Kampf um das Überleben besser zu bestehen. In seiner Auffassung von dem Sinn von Sätzen entwirft P. eine Form der Verifikationstheorie*, nach welcher der Sinn eines Satzes dadurch bestimmt ist, daß seine Wahrheit oder Falschheit einen Unterschied in bezug auf unsere Wahrnehmungs- und Handlungsmöglichkeiten machen würde. Ein Satz, der sich nicht durch das Zeugnis der Erfahrung bestätigen oder entkräften läßt, hat keinen Sinn. In der Erkenntnistheorie kritisiert P. sowohl den Rationalismus* als auch den Empirismus* wegen ihrer gemeinsamen Annahme, daß die Erkenntnis eine absolut sichere Grundlage habe. Es gibt keine im voraus garantierten Methoden des Erkennens, z. B. Intuition*, wie es auch keine unmittelbar gegebenen und unfehlbar erkennbaren Daten gibt. Alle Erkenntnis beinhaltet den Gebrauch von Zeichen, Deutungen und Schlußfolgerungen. Es gibt stets mehrere Alternativen, zwischen denen man wählen kann, und Irrtum ist immer möglich. Unsere Erkenntnis muß deshalb tentativ und vorläufig sein. Es geht darum, aus Fehlern zu lernen, und nach P. ist die wissenschaftliche Methode die systematische Weiterentwicklung dieser Einsicht. Sie korrigiert sich selbst und wird, wenn sie hartnäckig und lange genug angewendet wird, Einsicht in die Struktur der Wirklichkeit vermitteln. P. bezeichnet die Wirklichkeit geradezu als das, worauf sich die Forscher schließlich einigen werden.
In seinen logischen Arbeiten gelangte P. zu Erkenntnissen, auf die schon Frege die moderne Logik gründete. Dazu gehören insbesondere die Relationslogik* und die Quantor*-Notation für Allgemeinbegriffe. P. entwickelte – ohne jedoch zu einer endgültigen Form zu gelangen – eine besondere Zeichentheorie (Semiotik), die spätere Forschungen stark angeregt hat. Von unmittelbarem Einfluß waren seine pragmatischen Grundideen, die von James und Dewey übernommen und umgestaltet wurden. Später haben u. a. Popper und Quine Ideen von P. weitergeführt.

Ausg.: Collected Papers, Vol. I–VI. Ed. by C. Hartshorne and P. Weiss, 1931–35; Vol. VII–VIII. Ed. by A. W. Burks, 1958. Die Festigung der Überzeugung, 1970. Schriften. Hg. von K.-O. Apel, übers. v. G. Wartenberg. 2 Bde., 1967/68. Über die Klarheit unserer Gedanken (How to Make Our Ideas Clear). Einleitung, Übersetzung, Kommentar von K. Oehler, 1968. Lectures on Pragmatism / Vorlesungen über Pragmatismus. Engl. und dt. von E. Walther, 1973. Phänomen und Logik der Zeichen. Hg. u. übers. von H. Pape, 1983. Semiotische Schriften. Hg. u. übers. von C. Kloesel u. H. Pape, Band I, 1986. Semiotische Schriften, 3 Bde., 1986ff. Vorlesungen über Pragmatismus, 1991. Naturordnung und Zeichenprozess, 1991. – *Lit.:* K.-O. Apel: Der Denkweg von C. S. P., 1975. C. Hookway: P., 1985. A. Karger: Untersuchungen zur Bewußtseinskonzeption bei C. S. P., 1982. J. v. Kempski: C. S. P. und der Pragmatismus, 1952. L. Nagl: C. S. P., 1992. K. Oehler: Ch. S. P., 1993. H. Pape (Hg.): Kreativität und Logik. Ch. S. P. und die Philos. des Neuen, 1994. B. M. Scherer: Prolegomena zu einer einheitlichen Zeichentheorie. C. S. P. Einbettung der Semiotik in die Pragmatik, 1984. M. Schoenenberg: Die Entwicklung der Fundamental-Kategorien von C. S. P., 1980. J. K. Sheriff: The Fate of Meaning, 1989. G. Wartenberg: Logischer Sozialismus. Die Transformation der Kantschen Transzendentalphilos. durch C. S. P., 1971.

Pelagianismus, Bezeichnung für eine Lehre, die auf den britischen Mönch Pelagius (gest. nach 418) zurückgeht. Der P. verneint die Erbsünde und besteht auf der Freiheit* des Menschen, zwischen Vollkommenheit und Sündigkeit zu wählen. 431 wurde der P. vom Konzil in Ephesus verdammt.

Lit.: R. F. Evans: Pelagius. Inquiries and Reappraisals, 1968. G. Greshake: Gnade als konkrete Freiheit. Eine Untersuchung zur Gnadenlehre des P., 1972. H. Jonas: Augustin und das paulinische Freiheitsproblem. Eine philos. Studie zum P.-Streit, ²1965.

Perfektibilität (von lat. *perfectio*, Vollendung, Vollkommenheit), das Vollkommensein oder Vollkommensein-Können. Perfektionismus (oder Perfektibilismus): Auffassung, daß der Mensch vollkommen werden kann und soll, oft im Zusammenhang mit einer Geschichtsphilos., welche die Vervollkommnung des Menschen als Endzweck der geschichtlichen Entwicklung auffaßt. Beispiele für den Perfektibilismus finden sich u. a. bei Leibniz, Shaftesbury, Wolff, Rousseau, Kant.

performativ (von engl. *performative*, abgeleitet von dem Verb *to perform*, ausführen, durchführen), von J. L. Austin eingeführter Ausdruck zur Bezeichnung von Äußerungen wie ‹Ich verspreche zu kommen›, die als Äußerungen selbst Handlungen darstellen, in diesem Fall das Abgeben eines Versprechens. Austin unterschied ursprünglich zwischen Performativa und Konstativa (Beschreibungen oder Behauptungen der Art wie ‹Ich schreibe Schreibmaschine›), gab diese Unterscheidung später aber mit der Einführung des Begriffs des illokutionären* Akts (Sprechakt) auf. – S. auch Konsistenz/Inkonsistenz.

Lit.: J. L. Austin: Zur Theorie der Sprechakte, 1972.

Peripatetiker (von griech. *peripatein*, spazierengehen), Aristoteliker (vgl. Aristotelismus). Die peripatetische Schule ist benannt nach den Wandelhallen (griech. *peripatei*) des Lykeion*, in denen Aristoteles unterrichtete.

Lit.: J. P. Lynch: Aristotle's School, 1972.

perlokutionärer Akt (engl. *perlocutionary act*), von J. L. Austin eingeführter Ausdruck zur Bezeichnung für diejenige Handlung, mit der ein Sprecher durch seine Äußerung eine Wirkung auf seinen Zuhörer erzielt. Wenn A durch seine Äußerung ‹Der Stier ist ausgebrochen› B erschreckt, handelt es sich also um einen p. A. – S. Sprechakt.

per se / per accidens (lat. Übersetzung von griech. *kath auto / kata symbebekos*, durch sich selbst, ohne fremde Hilfe, selbständig, an* und für sich selbst / durch etwas anderes, unselbständig). In der scholastischen* Philos. wird dasjenige *p. s.* genannt, was dem Wesen* an sich zukommt, während Eigenschaften, die nicht das Wesen betreffen, *p. a.* genannt werden. So steht die Substanz *p. s.* im Gegensatz zu den Akzidenzien. – Perseität: das Sein per se; wesensmäßige Selbständigkeit. – Vgl. Aseität.

Person (lat. *persona*, Maske, Charakter, Rolle). 1. Bezeichnung für das Ich*, Selbst oder Subjekt*, insofern es außer dem Bewußtsein* und dem Selbstbewußtsein* einen Körper besitzt, eine erkennende und handelnde Beziehung zu seiner Umwelt (d. h. auch zu anderen P. hat) und eine individuelle Geschichte, durch die das betreffende Individuum sich zu einer eigenen Persönlichkeit entwickelt mit bestimmten Anlagen, Haltungen, Charakterzügen und Meinungen über sich und die Welt. Häufig werden der P. auch Vernunft*, freier Wille* (vgl. Freiheit) und ein Verhältnis zu Gott oder dem Heiligen zugeschrieben (gleichgültig, ob die konkrete P. an Gott glaubt oder nicht). Normalerweise zugeschrieben werden der P. – im Gegensatz zum Ding* und zum Tier – ethische* Verantwortung für ihre Handlungen und persönliche Rechte (Menschenrechte). Kinder, schwachsinnige und senile Individuen stellen definitorische Problemfälle dar. Sie werden zuweilen nicht als P. aufgefaßt (z. B. inwiefern kann einem Kind Willensfreiheit zugeschrieben werden?), sondern als Quasi-P. (von lat. *quasi*, gleichsam), d. h. Individuen, die keine P. im vollgültigen Sinn sind, aber mit einer P. so vieles gemeinsam haben, daß ihnen z. B. gewisse Rechte und/oder Pflichten zukommen, die ansonsten den P. vorbehalten bleiben. Gelegentlich gelten auch (höherstehende) Tiere als Quasi-P. Wo die Grenze zwischen P., Quasi-P. und nicht-personalem Seiendem* gezogen werden muß, ist kontrovers (z. B. ob ein Fötus als Kind, Quasi-P. oder Lebewesen zu betrachten ist). Insbesondere ist strittig, ob die Grenzziehung von rein ontologischen* oder rein normativen Kriterien* abhängt oder evtl. von einer Verbindung von beiden. Die Befürworter vorwiegend normativer Kriterien verweisen darauf, daß der Begriff P. in der alltäglichen und juristischen Zuteilung von Rechten und Pflichten seinen Ursprung hat. Die Fürsprecher vorwiegend ontologischer Kriterien verweisen darauf, daß die normativen Abgrenzungen eine Reihe ontologischer Grundunterscheidungen voraussetzen müssen, wenn sie nicht willkürlich* verlaufen sollen.

2. Einige Philos. (z. B. Scheler) weiten den Begriff P. auf überindividuelle Größen wie Gesellschaft und Staat aus, sofern diese überindividuellen Entitäten* die Individuen benutzen, um zu einem Bewußtsein von sich selbst zu kommen und kollektive Handlungen auszuführen. Diesen Philos. zufolge ist es also möglich, daß ein Volk kollektive Schuld auf sich lädt, obwohl nicht alle Individuen an den schuldhaften Handlungen selber beteiligt waren. – In neutralem Sinn können Institutionen, Staaten u. a. juristische P. heißen, sofern sie Rechte und Pflichten haben.

3. In der modernen analytischen* Philos. bezeichnet P. oft einen weniger komplexen Begriff. Hier wird eine oder werden einige der obengenannten Eigenschaften als zureichend angesehen, um sinnvoll von einer P. sprechen zu können. In seiner Diskussion des Verhältnisses von Leib und Seele* und des Fremdpsychischen* Ende der 50er Jahre argumentierte Strawson folgendermaßen: Bei der Verwendung von Bezeichnungen für Bewußtseins- und Körperzustände (den sog. P- und M-Prädikaten) müssen wir die Existenz einer P. annehmen, die diese Zustände hat, ohne selber auf etwas Bewußtseinsmäßiges oder Körperliches reduziert werden zu können.

4. Mit dem Begriff einer P. verbunden ist das Problem der persönlichen Identität. Auch dieser Begriff aber ist mehrdeutig. Man kann erstens davon sprechen, daß eine P. ‹dieselbe› bleibt, d. h. daß sie einen bestimmten Charakter bewahrt und so durch die Zeit hindurch qualitativ identisch ist (s. Identität). Zweitens spricht man davon, daß eine P. mit sich numerisch identisch ist, insofern sie als ‹dieselbe› P. an ein und demselben Zeitpunkt verschiedene Eigenschaften besitzt (speziell Bewußtseinszustände*; vgl. Ich/Selbst, das Problem des transzendentalen ego). Drittens kann eine P. zu verschiedenen Zeitpunkten mit sich selbst numerisch identisch sein, viertens in verschiedenen möglichen Welten. – Wie das Verhältnis zwischen diesen vier Bedeutungen von persönlicher Identität aussieht, ist umstritten. Zur Debatte steht insbesondere, welche Kriterien für persönliche Identität durch die Zeit hindurch gelten. Zu den häufig angegebenen Kriterien gehören u. a.: (a) das Vermögen des Bewußtseins, sich an frühere Bewußtseinszustände zu erinnern (Lokke); (b) die Verknüpfung zeitlich getrennter Bewußtseinszustände mit ein und demselben Körper; (c) die Vereinigung von a und b; (d) die Existenz einer personalen Substanz* (etwa einer Seele*); (e) eine eigene dialektische Einheit im Leben der P..

Lit.: A. J. Ayer: The Concept of P., 1963. C. Gill (Hg.): The P. and the Human Mind. Issues in Ancient and Modern Philosophy, 1990. I. Glover: The Philosophy and Psychology of Personal Identity, 1988. K. Löwith: Das Individuum in der Rolle des Mitmenschen, 1968. A. O. Rorty (Hg.): The Identities of Persons, 1976. L. Siep (Hg.): Identität der P., 1983. P. F. Strawson: Einzelding und logisches Subjekt, 1972, S. 111–149. M. Theunissen: Der Andere, 1965.

Personalismus, philos. Lehre, die den Menschen nicht als denkendes Wesen, sondern primär als handelnde und wertende Person* auffaßt. Systematisch wird die Bezeichnung erst im 20. Jh. verwendet. Nach diesem modernen Sprachgebrauch lassen sich grob zwei Richtungen unterscheiden: 1. P. als Lehre, nach der die Person als Individuum anzusehen ist; im besonderen die Lehre, daß das Verständnis der Person als freier, individueller Wille*, als Bewußtseinszentrum, für ein Verständnis der Wirklichkeit ausschlaggebend ist. So etwa Ch. Renouvier (1815–1903), bei dem sich der P. mit einem radikalen Individualismus verbindet. Ein weiteres Beispiel ist Scheler, der den Begriff der Person jedoch auch auf überindividuelles Seiendes* ausdehnt, z. B. auf Staaten. Der P. in dieser ersten Bedeutung bildet in der amerik. Philos. eine eigene Schule (B. P. Bowne, 1847–1910, und E. S. Brightman, 1884–1953). 2. Lehre, die zwischen Individuum und Person unterscheidet. Markantestes Beispiel ist die franz. personalistische Bewegung um E. Mounier (1905–50), der den P. in Gegensatz zum Individualismus stellt. Der Mensch kommt erst aufgrund seines Eingegliedertseins in den kollektiven Zusammenhang der Gemeinschaft mit anderen Personen als Person zu sich selbst. Dieser P. steht in Beziehung zur modernen Dialogphilos.*, die insofern als P. bezeichnet werden kann, als sie die grundlegenden Verhältnisse als Verhältnisse zwischen Personen bestimmt; die Dialogphilos. hebt dabei im Gegensatz zum P. den unmittelbaren Charakter dieser Verhältnisse hervor. – Verbreitet ist die Verknüpfung von P. und Dialogphilos. in der modernen Theologie (z. B. Brunner und Gogarten). Hier bezeichnet P. die Lehre, daß Gott zum Menschen als Person spricht und somit der Mensch Gott als einem ‹Du› gegenübersteht.

Lit.: J. Böckenhoff: Die Begegnungsphilos., 1970. B. P. Bowne: Personalism, 1908. E. S. Brightman (Hg.): The Category of the Person, 1985. M. Buber: Werke Bd. 1, Schriften zur Philos., 1962. R. J. Haskamp: Spekulativer und phänomenologischer P., 1966. E. Mounier: Das personalistische Manifest, 1936.

M. Scheler: Der Formalismus in der Ethik und die materiale Wertethik, 1913/1916. M. Theunissen: Der Andere, 1965. A. Wucherer-Huldenfeld: Personales Sein und Wort, 1985.

Perspektive (von lat. *per*, durch, und *spectare*, betrachten). Als philos. Fachausdruck wird das Wort P. bedeutungsgleich verwendet mit Aspekt, Betrachtungsweise, Blickwinkel oder Gesichtspunkt. Für Leibniz stellt jede Monade* die Welt aus ihrer eigenen P. dar. Nach dem Perspektivismus u. a. bei Nietzsche und Ortega y Gasset sieht jeder Mensch die Welt unter seinem persönlichen Gesichtspunkt; daraus folgt, daß alle Erkenntnis relativ ist und die Wirklichkeit nur aus der Summe aller möglichen P. besteht. – Vgl. Relativismus.

Perzeption (lat. *percipere*, merken, auffassen), Sinneswahrnehmung, sinnlich vermittelte Erfahrung von Gegenständen. Erkenntnistheoretischer Grundbegriff, der in der Geschichte der Philos. sowohl hinsichtlich der Beschaffenheit der perzipierten Gegenstände als auch hinsichtlich der Funktion der P. als Quelle der Erkenntnis immer wieder thematisiert wurde. Nach der repräsentativen (kausalen) P.-Theorie (z. B. Descartes, Locke, Russell) haben wir es bei der P. unmittelbar mit inneren Erlebnissen (Sinneseindrücken; s. *sense data*) zu tun, die im Bewußtsein* als Ergebnis der Einwirkung der äußeren Gegenstände auf unsere Sinnesorgane entstehen. Nach der naiven (oder direkten) realistischen* P.-Theorie (z. B. Reid, Ryle) stehen wir jedoch in der P. (unter normalen Umständen) in direkter Beziehung zu den äußeren Gegenständen und ihren Eigenschaften (s. auch Berkeley und Phänomenalismus). Die Frage, was P. ist, wird hier als Problem der P. erörtert.

Lit.: H. Barth: Philos. der Erscheinung, 2 Bde., 1966. R. J. Hirst: The Problems of Perception, 1978. E. Husserl: Analysen zur passiven Synthesis. In: Vorlesungs- und Forschungsmanuskripte, 1918–26, 1966, Husserliana XI. U. Melle: Das Wahrnehmungsproblem und seine Verwandlung in phänomenologischer Einstellung, 1983. M. Merleau-Ponty: Phänomenologie der Wahrnehmung, 1966. H. R. Schweizer: Die Entdeckung der Phänomene, 1981. M. Sommer: Evidenz im Augenblick. Phänomenologie der reinen Empfindung, 1987. G. J. Warnock (Hg.): The Philosophy of Perception, 1967.

Pestalozzi, Johann Heinrich (1746–1827), schweiz. Pädagoge und Vorkämpfer für soziale Reformen, Vater der Volksschule genannt. Durch Rousseau angeregt, errichtete er eine Reihe von Schulen, die sich allmählich zu einflußreichen pädagogischen Ausbildungsstätten entwickelten. Bildung besteht nach P. in der Selbstentfaltung der grundlegenden Kräfte und Fertigkeiten des Kopfs (des Verstands), des Herzens (der Gefühle) und der Hände (der Schaffenskraft); deshalb muß jede Erziehung den natürlichen Reifungsprozessen des Kindes angemessen sein. Die pädagogische Methode hat vom Einfachen zum Komplexen zu gehen, von anschaulichen, konkreten Beobachtungen zu abstrakten Gedanken und Begriffen. Die Quellen allen Wissens sind Zahl, Form und Wort, weshalb in P. Pädagogik Arithmetik, Geometrie, Zeichnen und Sprache eine führende Rolle spielen.

Ausg.: P. sämtliche Werke, bisher 28 Bde. und 1 (prov.) Reg.-Bd., 1927ff. P. sämtliche Briefe, bisher 13 Bde, 1946ff. – *Lit.:* F.-P. Hager, D. Tröhler: Philos. und Pädagogik bei P., 1994. M. Liedke: J. H. P. in Selbstzeugnissen und Bilddokumenten, ¹²1992. M. Soëtard: J. H. P. Sozialreformer, Erzieher, Schöpfer der modernen Volksschule, 1987. P. Stadler: P. Geschichtliche Biographie, 1988.

petitio principii (lat., Beanspruchung des Beweisgrundes). 1. Beweisfehler, bei dem man auf irgendeine Weise das voraussetzt, was bewiesen werden soll. Zirkelbeweis *(circulus* vitiosus)*; *begging the question* (engl.). 2. Beweisfehler, bei dem man von einer zweifelhaften, selbst noch beweisbedürftigen Prämisse ausgeht.

Petrus Lombardus (ca. 1095–1160), franz. Theologe. Seine systematische Sammlung von Zitaten aus den Kirchenvätern, die *Sentenzen*, waren für Jahrhunderte Grundlage von theologischen Kursen, die in *Sentenzenkommentaren* ihren Ausdruck fanden.

Ausg.: Libri quattuor sententiarum, 1916. – *Lit.:* M. C. Colish: P. L., I–II, 1994.

Pflicht, rechtliches oder moralisches Gebundensein an ein Tun aufgrund eines bestimmten Berufs oder einer bestimmten Beziehung zu anderem Seienden (Gott, Mensch, Tier usw.). Z. B. hat ein Arzt die P., über die von Patienten erhaltenen Auskünfte Verschwiegenheit zu wahren; Eltern haben die P., für ihre minderjährigen Kinder zu sorgen. Der Begriff P. spielt schon in der stoischen* Ethik eine Rolle. Bei Kant erhält er seine moderne Bedeutung und wird zu einem ethischen Schlüsselbegriff. P. ist für Kant eine aus moralischer Überlegung erwachsene Handlungsvorschrift (Imperativ*), die gegenüber dem freien Willen ein unbedingtes Sollen ausdrückt. Sie steht im Gegensatz zu den Neigungen, d. h. den Handlungsmotiven, die den sinnlichen Trieben und Antrieben entspringen. Die P. gebietet eine bestimmte Handlungsweise ohne jede Rücksicht auf Wünsche und Neigungen. Moralisch richtige Handlung liegt nur vor, wenn sie in Übereinstimmung mit der P. geschieht und zugleich durch das P.gefühl motiviert ist. Wer seine P. aus einem anderen Antrieb heraus erfüllt, z. B. weil er von der Umgebung anerkannt werden möchte, verhält sich nach Kant nicht moralisch. Eine solche Ethik, die Handlungen danach beurteilt, ob sie aus P. geschehen, wird häufig P.ethik genannt. Diese ist ein Spezialfall der deontologischen* Ethik.

Lit.: M. T. Cicero: Vom pflichtgemäßen Handeln, 1971. H.-U. Hoche. Elemente einer Anatomie der Verpflichtung. Pragmatisch-willenslogische Grundlegung einer Theorie des moralischen Argumentierens, 1992. I. Kant: Kritik der praktischen Vernunft, 1788. M. Scheler: Der Formalismus in der Ethik und die materiale Wertethik, 1913/16.

Phänomen (engl. *phenomenon* oder *appearance*; franz. *phénomène*; griech. *phainomenon*, das Erscheinende), etwas, das sich zeigt; Erscheinung. 1. Platon unterscheidet zwischen P. (Erscheinung) und Idee*. Ein Pferd z. B. gehört zu den P., während die Idee des Pferdes in dem besteht, was alle konkreten (und möglichen) Pferde als Pferde auszeichnet, ihrem gemeinsamen Wesen*. Die Idee ist ewige Einheit, immer dieselbe und unveränderlich; die P. dagegen sind mannigfaltig, verstreut in Zeit und Raum, verschieden und dauernder Veränderung unterworfen. Nur dem Anschein nach liegt daher in den P. Wirklichkeit; die eigentliche Wirklichkeit ist die Idee. Sie läßt sich mit Hilfe der Vernunft schauen, während die P. an das unsichere Zeugnis der Sinne gebunden sind. Im Platonismus rückt das P. in eine Nähe zum bloß Scheinhaften; allerdings steht und fällt diese Deutung mit der Lehre von den dahinterstehenden ewigen Ideen als der eigentlichen Wirklichkeit. Wird sie aufgegeben, erhält das P. zwangsläufig einen anderen Status. 2. Für den naiven Realismus* gibt es zwischen den wahrnehmbaren P. und der Wirklichkeit, wie sie an* sich ist, keinen Unterschied. Beides ist unmittelbar identisch. 3. Der kritische* Realismus definiert dagegen die P. als Bewußtseinszustände*, die durch die Wahrnehmung und in ihr gegeben sind. Sie spiegeln die dahinterstehende Wirklichkeit nicht unmittelbar wider. Aber sie sind Zeichen dafür: Aus der Art, in der die P. auftreten, läßt sich die Wirklichkeit erschließen. 4. Eben dies bestreitet Kant. P. ist für ihn «Erscheinung», Gegenstand der Erfahrung, das Ding, wie es sich dem Wahrnehmenden zeigt. Wie es als «Ding an sich», d. h. unabhängig von aller Wahrnehmung, beschaffen ist und welches Verhältnis es zwischen dem Ding an sich und dem Ding als Erscheinung gibt, darüber kann nichts gewußt werden. 5. Noch einen Schritt weiter geht der Phänomenalismus*. Er verneint sogar die Existenz des Dings an sich. Die Wirklichkeit besteht in nichts anderem als den wahrgenommenen (oder wahrnehmbaren) P. selber. 6. Die Phänomenologie des 20. Jh. klammert die Frage, ob es über die P. hinaus etwas gibt, ein. Zugleich wird der Begriff P. ausgeweitet und umfaßt nun alles, was einem Bewußtsein direkt gegeben* sein kann. – Vgl. auch Intentionalität.

Lit.: H. Barth: Philos. der Erscheinung, 2 Bde., 1947/59. J. Mittelstraß: Die Rettung der P., 1963. H. R. Schweizer / A. Wildermuth: Die Entdeckung der P., 1981.

Phänomenalismus (von griech. *phainomenon*, Erscheinung, Erscheinendes). Gemeinsam ist phänomenalistischen Auffassungen die Voraussetzung, eine wenigstens begriffliche Unterscheidung zwischen Erscheinung und Ding an sich sei sinnvoll. Erscheinungen (Sinnesdaten, Sinneseindrücke) bilden dem P. zufolge den primären (oder sogar einzigen) Gegenstand der Wahrnehmung und das Fundament der Erfahrungserkenntnis. Die Frage, ob ein Ding an sich (etwa als materieller Gegenstand) wirklich existiert, kann dann noch in unterschiedlicher Weise beantwortet werden: (a) Es gibt neben den Erscheinungen auch Dinge an sich; allerdings können wir diese allenfalls mittelbar erkennen (indem wir von den Erscheinungen auf sie zurückschließen); (b) die Frage, ob es neben den Erscheinungen wirklich Dinge an sich gibt, ist unentscheidbar; (c) es gibt überhaupt nur Erscheinungen.

Ein P. wird durch eine gewisse Beschreibung von Sinnestäuschungen nahegelegt. Wir glauben oft etwas wahrzunehmen, was es jedoch so nicht oder überhaupt nicht gibt. Einen in Wasser getauchten geraden Stab sehen wir geknickt, obwohl es einen geknickten Stab in diesem Fall nicht gibt. Von dieser Beschreibung ist es nur noch ein kleiner Schritt zu der Auffassung, daß wir – wenn wir einen Stab sehen täuschen – nicht (materielle) Gegenstände sehen, sondern daß uns nur Sinnesdaten gegeben sind. Da zudem täuschende und zuverlässige Sinneserfahrungen für uns qualitativ ununterscheidbar zu sein scheinen, liegt es nahe, allgemein davon auszugehen, daß wir unmittelbar nur Sinnesdaten wahrnehmen, von denen wir allenfalls (problematische) Rückschlüsse auf die Existenz und die Eigenschaften materieller Gegenstände machen können. Es scheint sicherer und einfacher, nicht nur bei täuschenden, sondern bei allen Wahrnehmungen davon auszugehen, daß uns unmittelbar bloß Erscheinungen zugänglich sind. (Manche Phänomenalisten gingen weiter und erklärten die Annahme materieller Dinge für überflüssig.)

Auf den Gedanken, Erscheinungen oder Sinnesdaten bildeten das Fundament des empirischen Wissens, kann man durch die folgende Betrachtung kommen: Aussagen über Phänomenales haftet eine besondere Sicherheit an. Während Behauptungen über materielle Gegenstände niemals vollkommen sicher sein können, kann man mir doch nicht streitig machen, daß mir etwas so oder so erscheint. Vor dem Hintergrund dieser Überlegung liegt es nahe, das Gebäude des Erfahrungswissens auf der sicheren Grundlage solcher minimalen Gewißheiten zu errichten. Da sich der P. durch verhältnismäßig naheliegende Betrachtungen empfiehlt, verwundert es nicht, daß er sich in der Geschichte der Philos. weiter Verbreitung erfreut.

Im 19. und 20. Jh. wurde ein ‹konstruktionalistischer P.› entwickelt. B. Russell war bestrebt, die gesamte geistige und körperliche Wirklichkeit aus Sinnesdaten logisch zu konstruieren. Mit größerer Präzision konstruierten R. Carnap und N. Goodman phänomenalistische Systeme. Bei ihnen steht jedoch noch deutlicher als bei Russell das Konstruktionsinteresse im Vordergrund; die Wahl einer phänomenalistischen Basis ist demgegenüber zweitrangig und wird in ihrer Relativität kenntlich gemacht.

Die zahlreichen Spielarten des P. sind mit einer Reihe von Einwänden konfrontiert worden. Man hat in Zweifel gezogen, ob die vorausgesetzte Unterscheidung von Erscheinung und Ding an sich wirklich klar ist, und gefragt, ob der P. nicht Erscheinungen in unzulässiger Weise vergegenständlicht. Ferner ist bestritten worden, daß der P. eine zureichende Analyse der Wahrnehmung, insbesondere der Trugwahrnehmung liefert. Schließlich ist die Auffassung der Erscheinungen als privater Gegenstände im Geist fragwürdig, da unter dieser Annahme unerklärlich wird, wie man über Empfindungen sprechen kann.

Lit.: J. L. Austin: Sinn und Sinneserfahrung, 1975. A. J. Ayer: The Foundations of Empirical Knowledge, 1940. H. Barth: Philos. der Erscheinung, 2 Bde., 1947/59. R. Carnap: Der logische Aufbau der Welt, 1928. N. Goodman: The Structure of Appearance, 1951. H. Kleinpeter: Der P., 1913. H. Reichenbach: Erfahrung und Prognose. Eine Analyse der Grundlage und der Struktur der Erkenntnis, 1983. B. Russell: Unser Wissen von der Außenwelt, 1926 (Orig. 1914).

Phänomenologie (von griech. *phainomenon*, das Erscheinende, und *logos*, Lehre), Lehre von dem, was – einem Bewußtsein* – erscheint, sich zeigt. – 1. In Hegels *Phänomenologie des Geistes* (1807) wird dargestellt, wie der Geist* über verschiedene Bewußtseinsstufen zum Bewußtsein seiner selbst gelangt. Hegel setzt dabei voraus, daß er sich in der Endphase eines langen historischen Entwicklungsprozesses befindet, durch den sich der Weltgeist auf verschiedenen Ebenen manifestiert. Diese Manifestationen hat der Geist als idealtypische* Bewußtseinsformen in sich aufgenommen. Weil Hegels eigenes Bewußtsein seiner selbst und sein weltgeschichtlicher Ort Ergebnis des Prozesses des Geistes sind, ist er in der Lage, diese idealtypischen Bewußtseinsformen darzustellen als Stufen auf dem Weg zu einem immer höheren Selbstbewußtsein und als Voraussetzung für alle Philos. und Wissenschaft.

2. Unabhängig von Hegel und dem Hegelianismus* gibt im 20. Jh. Husserl dem Wort ‹Ph.› eine besondere Prägung. Entscheidend ist hier die Lehre, daß jedes

Bewußtsein durch Intentionalität* (Gerichtetheit auf einen Gegenstand) ausgezeichnet ist und daß die Aufgabe der Ph. in der Beschreibung besteht, wie Gegenstände verschiedener Art mit bestimmten Arten von Bewußtseinsakten verknüpft sind. Ein Gegenstand kann in einem Bewußtseinsakt direkt oder indirekt gegeben* sein. Wenn ein Gegenstand direkt in anschaulicher Anwesenheit gegeben ist (z. B. wenn ein Ding in seiner vollständigen sinnlichen Anwesenheit perzipiert* wird), dann liegt der Gegenstand laut Husserl als Phänomen vor, und dann ist von einem phänomenologischen Akt die Rede. – S. auch Anschauung, Husserl, Intentionalität.

3. Über den Status der Ph. herrscht zwischen Husserl und seinen Schülern keine Einigkeit. In seiner frühen Periode will Husserl an der rein beschreibenden Funktion der Ph. festhalten: die Frage nach der Existenz des Beschriebenen ist für ihn keine phänomenologische. Diesen Standpunkt vertieft Husserl noch durch die Lehre, daß alle Erfahrung von Gegenständen auf einer Selbsterfahrung des (transzendentalen) Ich* aufbaut, welches die Erfahrungen hat. Mit solcher Lehre erhält Husserls Ph. eine deutlich idealistische* Färbung. Andere Phänomenologen dagegen (z. B. Hartmann und Ingarden) suchen die Ph. mit einer realistischen* Metaphysik zu verbinden. Hinzu treten Phänomenologen wie Heidegger, die der Auffassung sind, daß Husserl in seiner Suche nach dem Fundament aller Erfahrung nicht radikal genug vorging. Ist Ph. die Lehre vom direkt Gegebenen, wie es sich direkt gibt, dann macht die intentionale Gegenstandserfahrung nicht die Grundlage der Phänomene aus. Grundlegend ist vielmehr, daß überhaupt ein erfahrendes und auslegendes Seiendes existiert, und zwar in interessiertem Umgang mit dem Seienden und mit anderen Seienden von derselben Art wie das erfahrende Selbst. Was sich in diesem interessierten Umgang zeigt, sind aber nicht primär vorhandenseiende Gegenstände, sondern Phänomene, welche in eine strukturierte Bedeutungsganzheit eingehen, die der Erfahrende versteht.

4. In der franz. Philos. gibt es seit und mit Kojève eine Verknüpfung von moderner dt. Ph. (Husserl, Heidegger) und Ph. im Sinne Hegels. Bei Sartre wird das Hauptgewicht auf die Intentionalität des Bewußtseins gelegt. Merleau-Ponty entwickelt eine Perzeptionsph., die Leiblichkeit, Sprache und Geschichte betont und in ihrer Konsequenz eine Ablehnung des Idealismus bedeutet. Bei Ricœur wird solche Kritik des Idealismus (insbes. Husserl) direkt vorgetragen. Später sucht Ricœur die Ph. mit einer Theorie des Verstehens (Hermeneutik*) zu verbinden.

5. Die angelsächsische ordinary* language philosophy der 50er und 60er Jahre (Austin) nennt ihre Methode zuweilen linguistische Ph.; sie versteht darunter die genaue Beschreibung sprachlicher Phänomene.

Lit.: H.-G. Gadamer: Die phänomenologische Bewegung. In: Ges. Werke III, 1987, S. 105–146. C. F. Gethmann (Hg.): Lebenswelt und Wissenschaft. Studien zum Verhältnis von Ph. und Wissenschaftstheorie, 1991. E. Husserl: Logische Untersuchungen II, 1901 (Husserliana XIX, 1 u. 2, 1984). Ders.: Ideen zu einer reinen Ph. und phänomenologischen Philos. I, 1913 (Husserliana III/1, 1976). Husserls Studies, 1984ff. Ch. Jamme/ O. Pöggeler (Hg.): Ph. im Widerstreit, 1989. K.-H. Lembeck: Einführung in die phänomenologische Philos., 1994. E. Lévinas: Die Spur des Anderen. Untersuchungen zur Phän. und Sozialphilos., 1992. J.-F. Lyotard: Die Ph., 1993. E. Ströker/ P. Janssen: Phänomenologische Philos., 1989. Studien zur neueren französischen Ph. Ricœur, Foucault, Derrida, 1986. B. Waldenfels: Einführung in die Ph., 1992.

Philon von Alexandria (ca. 15/10 v. Chr. – nach 40 n. Chr.), griech.-jüd. Philos., auch Philo Judaeus genannt. P. versuchte, Judentum und griech. Philos. (Platon, Stoa, Pythagoras) miteinander in Einklang zu bringen, indem er beide sinnbildlich deutete. Gott ist die Welt des Jenseits, steht aber durch den *logos** mit der diesseitigen Welt in Beziehung. Als göttliches Prinzip enthält der Logos die Ideenwelt, das Urbild des Seienden bei der Welterschaffung. Dem Menschen begegnet der Logos als Vernunft oder als gesprochenes Wort. Ihm soll der Mensch gehorchen und sich Gott angleichen.

Ausg.: Werke in dt. Übersetzung, 6 Bde., ²1962, Bd. 7, 1964. – *Lit.:* Y. Amir: Die hellenistische Gestalt des Judentums bei P. v. A., 1983. I. Christiansen: Die Technik der allegorischen Auslegungswissenschaft bei P. v. A., 1969. G. D. Farandos: Kosmos und Logos nach P. v. A., 1976. K.-W. Niebuhr: Gesetz und Paränese, 1987. S. Sandmel: Philo of Alexandria, 1979.

philosophia perennis (lat.), ewigseiende Philos. 1. In der katholischen Philos. seit Beginn der Neuscholastik Bezeichnung für die Grundlage aller Philos., Bestand der festen philos. Lehren. 2. Immergültige philos. Wahrheiten.

Lit.: P. Häberlin: P. p., 1952.

Philosophie (griech. *philosophia*, ‹Liebe zur Weisheit› oder ‹Freund der Einsicht›; von griech. *philia*, Liebe – oder *philos*, Freund –, und *sophia*, Tüchtigkeit, Einsicht, Weisheit). Eine allgemein anerkannte Definition des Wortes Philos. gibt es nicht. Folgende Bestimmungen können aber zur Orientierung dienen: 1. Philos. läßt sich einerseits als Lehre oder Theorie, andererseits als die besondere Lebensweise oder Tätigkeit des Philos. auffassen. Liegt der Hauptakzent auf der Tätigkeit, kann Philos. als Streben nach Wahrheit umschrieben werden. Die indische, chinesische und ein großer Teil der europäischen Philos. betrachten diesen Philos.-Begriff als den grundlegenden; dadurch verbindet sich Philos. mit ethischer Lebenshaltung und auch Religiosität. Umgekehrt kann man von der Kennzeichnung der Philos. als Lebensweise ganz absehen, d. h. zwischen Philos. als besonderer Lehre und dem Leben des Philos. streng unterscheiden. In diesem Sinn ist die Philos. als spezifische Theorie über einen eingegrenzten Gegenstandsbereich zu verstehen (also etwa Erkenntnistheorie, Ethik, Ontologie, Ästhetik etc.). 2. Im weitesten Sinn ist Philos. mit Weltanschauung* identisch. Die Philos. bewegt sich zwar innerhalb desselben Gegenstandsbereichs wie die Weltanschauung, unterscheidet sich jedoch in der Zugangsweise. Gegenstand ist in beiden Fällen die Wirklichkeit als ganze – ihre Grundlage, die Werte, die Stellung des Menschen, seine Erkenntnis – und Handlungsmöglichkeiten sowie seine Rechte und Pflichten. Während aber die Weltanschauung eine ganzheitliche Sicht nur darlegt, werden in der Philos. Theorien, d. h. entsprechende Argumentationsweisen entwickelt. Die Frage nach der Abgrenzung des Gegenstandsbereichs und nach der Gültigkeit von Argumenten und Theorien ist als solche schon ein philos. Problem – etwa innerhalb der Erkenntnistheorie*. Für den Skeptizismus* hat die Forderung nach philos. Argumenten zur Konsequenz, daß der Großteil der traditionellen Philos. aufgegeben werden muß, da sie ihre Geltung nicht mehr rechtfertigen kann. Im 20. Jh. haben etwa Wittgenstein und später Rorty eine ähnliche Position vertreten.

Die Forderung nach Argumentation erfolgt aus dem Anspruch der Philos. auf Wissenschaftlichkeit. So galt sie im Altertum als die Wissenschaft überhaupt oder als die besondere Wissenschaft vom Grund aller Dinge (vgl. Aristoteles' Lehre von der *prote philosophia*, der ‹Ersten Philos.›, Metaphysik). Hatte sich die Mathematik bereits in der Antike schon als selbständiges Fach etabliert, kamen die übrigen Einzelwissenschaften erst Ende des 18. und Anfang des 19. Jh. auf; damit wurde die Abgrenzung der Philos. von den Einzelwissenschaften zur vordringlichen Aufgabe. Die traditionelle Unterscheidung stellt Mathematik und empirische* Einzelwissenschaften auf die eine Seite und apriorische Philos. auf die andere. Die Frage danach, was Erkenntnis *a* priori überhaupt heißen soll und welchen Status sie innerhalb der Wissenschaft hat, wurde somit zu einem Hauptproblem, welches oft dahingehend zu lö-

sen versucht wurde, daß man die Philos. als Reflexion* auf die Einzelwissenschaften und das Dasein im allgemeinen bestimmte.
Die Philos. wird in unterschiedliche Disziplinen aufgeteilt. Epikur und die Stoiker* unterscheiden zwischen Logik (einschließlich Erkenntnistheorie), Physik (einschließlich Naturwissenschaft und Metaphysik), d. h. die später so genannte Naturphilos., und Ethik (einschließlich Bewußtseinsphilos. und Psychologie). Eine andere, gängige Gliederung teilt die Philos. auf in Logik*, Erkenntnistheorie*, Metaphysik (darunter Ontologie* und philos.* Anthropologie) sowie Ethik. Schließlich unterscheiden viele Philos. (u. a. Aristoteles und Kant) zwischen theoretischer Philos. (Logik, Semantik*, Wissenschaftstheorie* und Erkenntnistheorie) und praktischer Philos. (Werttheorie, Ethik, Ästhetik*, Rechtsphilos.* und Religionsphilos.*).

Lit.: K. Gründer (Hg.): Philos., 1990. M. Heidegger: Was ist das – die Philos., 1956. H. Lübbe (Hg.): Wozu Philos.?, 1978. E. Martens/H. Schnädelbach (Hg.): Philos. Ein Grundkurs, 1985. R. Wohlgenannt: Der Philos.begriff. Seine Entwicklungen von den Anfängen bis zur Gegenwart, 1977.

Philosophische Anthropologie, philos. Lehre vom Menschen (vgl. Anthropologie). Die philos. A. setzt sich die Bestimmung des Menschen, sein Wesen* oder seine Natur zur Aufgabe. Sie zielt auf eine ganzheitliche wesensmäßige Erfassung des Menschen. Es liegt deshalb u. a. in ihrer Intention, die einzelnen Wissenschaften vom Menschen zu verbinden.

Lit.: H.-G. Gadamer/P. Vogler (Hg.): Neue A. I–VIII, 1972ff. A. Gehlen: Anthropologische Forschung, 1965. W. Kamlah: Philos. A. Sprachliche Grundlegung und Ethik, 1972. M. Landmann: Philos. A., 1955. C. Lévi-Strauss: Strukturale A., 1969. H. Plessner: Die Stufen des Organischen und der Mensch, 1928.

phrastisch/neustisch (engl. *phrastic*, vom griech. Wort für ‹bezeichnen›; engl. *neustic*, vom griech. Wort für ‹nickend zustimmen›), eine Unterscheidung, die 1952 von Hare (in *The Language of Morals*) eingeführt wurde, um die logischen Beziehungen zwischen Imperativen zu untersuchen. Im Imperativ ‹Schließ die Tür!› besteht die p. Komponente (der Sachinhalt) in der Beschreibung der betreffenden Handlung. ‹Du schließt die Tür›. Die n. Komponente ist jener Aspekt, unter dem der Sachinhalt dargestellt wird, hier die Befehlsform. Im Hinblick auf eine logische Analyse kann der Imperativ daher wie folgt wiedergegeben werden: ‹Du schließt die Tür. Tu es!›. Entsprechend kann der indikativische Satz ‹Du schließt die Tür› mit den Worten ‹Du schließt die Tür. Ja› wiedergegeben werden usw. Im Zusammenhang mit der Unterscheidung zwischen p. und n. behauptet Hare, daß die logischen Beziehungen, die für die Gültigkeit der Schlüsse entscheidend sind, allein zwischen den p. Gliedern besteht und daher für alle Imperative, Indikative usw. gleich sind. Alternative Bezeichnungen für p. und n. sind Deskriptor und Diktor.

Lit.: R.M. Hare: Die Sprache der Moral, 1983.

phronesis (griech. Weisheit, Klugheit, Nachdenken, Einsicht), s. dianoetische/ethische Tugenden.

Physikalismus. 1. Auffassung, für die die Physik den Status einer Grundwissenschaft hat. 2. Eine philos. Theorie, wonach alle sinnvollen Urteile* sowohl in der Alltagssprache wie auch in den empirischen Wissenschaften in Urteile umformulierbar (oder übersetzbar) sein müssen, die sich ausschließlich auf beobachtbare, physische Gegenstände und Vorgänge beziehen. In der späteren Periode des logischen* Positivismus verdrängte der P. – besonders unter dem Einfluß von O. Neurath – die ursprünglich phänomenalistische* Orientierung dieser Richtung. Für Neurath und Carnap stand der Versuch im Vordergrund zu beweisen, daß die empirische* Wissenschaft eine Einheitswissenschaft ist. In seiner ursprünglichen Form begreift der P. Urteile über das Seelenleben von Personen auf behavioristische* Weise, d. h. als Urteile über Verhalten und Verhaltensdispositionen. Ferner gibt er eine instrumentalistische* Deutung wissenschaftlicher Urteile über nicht-beobachtbare Größen (theoretischen Entitäten*). In seiner aktuellen Gestalt ist der P. – wie er u. a. von J. J. C. Smart vertreten wird – mit der sog. materialistischen Identitätstheorie* über Bewußtseinsphänomene und mit dem wissenschaftsphilos. Realismus *(scientific realism)* verbunden.

Lit.: A. Beckermann, H. Flohr, J. Kim (Hg.): Emergence or Reduction?, 1992. R. Carnap: Der logische Aufbau der Welt, 1928. O. Neurath: Empirische Soziologie, 1931. J. Poland: P., 1994.

Platon (ca. 428/27 – 348/47 v. Chr.), griech. Philos., aus vornehmer Familie. P. entwickelte in seiner Jugend politischen Ehrgeiz und wurde vom Tyrannenregime 404/03 zum Mitwirken aufgefordert. Dessen Gewaltmethoden konnte er jedoch nicht akzeptieren, und die weitere politische Entwicklung in Athen bot ihm zur Teilnahme an praktischer Politik keine Möglichkeit. P. kannte Sokrates von früher Jugend auf und stand ihm in den letzten Jahren vor dessen Hinrichtung sehr nahe. Längere Reisen führten ihn u. a. nach Sizilien. 388–85, vielleicht auch später, gründete er in Athen seine eigene Schule, die Akademie. Sie ist Europas erste Universität genannt worden. Die Akademie, die ca. 900 Jahre überdauerte, bestand von Anfang an aus mehreren Lehrern und bildete junge Männer in den Wissenschaften der Zeit aus, vor allem in Mathematik und Astronomie. P. hielt in der Akademie philos. Vorlesungen; unbekannt ist, inwieweit er ansonsten zum Unterricht beigetragen hat. In fortgeschrittenem Alter reiste er noch zweimal nach Syrakus auf Sizilien (366 und 361), wo er den jungen Tyrannen Dionysios II unterrichtete. Vielleicht hoffte er, auf Sizilien seine Vorstellungen vom idealen Staat realisieren zu können, aber die Bemühungen blieben fruchtlos. Mit ca. 81 Jahren starb P. in Athen.

Sein schriftstellerisches Werk begann P. aller Wahrscheinlichkeit nach zwischen 390 und 380. Alle von P. veröffentlichten Schriften sind überliefert, zudem eine Reihe von Texten, die ihm fälschlicherweise zugeschrieben worden sind. Dagegen besitzen wir so gut wie keine Kenntnisse vom Inhalt seiner Vorlesungen. Möglicherweise hat er dort eine andere und systematischere Darstellung seiner Philos. geboten, als sie uns in den veröffentlichten Schriften begegnet. P. Schriften sind mit Ausnahme der *Apologie* (Die Verteidigung des Sokrates) und einer Anzahl Briefen als Dialoge abgefaßt, als Gespräche zwischen zwei oder mehreren Personen. Früher sah man in Werk ein einheitliches Ganzes; seit dem 19. Jh. ist aber eine Dreiteilung üblich geworden: in eine frühe, eine mittlere und eine späte Periode. Von den Jugenddialogen sind *Protagoras, Apologie, Euthyphron* und das 1. Buch der *Politeia* (Staat) die bedeutendsten. Zur zweiten Gruppe, den Dialogen der Reife, gehören *Gorgias, Kratylos, Menon, Phaidon, Symposion* (Gastmahl), *Politeia* (2.–10. Buch) und *Phaidros*. Die dritte Gruppe, die der Altersdialoge, umfaßt u. a. *Theaitetos, Parmenides, Sophistes, Timaios* und *Nomoi* (Gesetze). (Einige moderne Forscher bestreiten allerdings die Unterscheidung zwischen frühen und mittleren Werken.) P. Gedanken werden in den Dialogen indirekt dargestellt. Sie gehen aus den Gesprächen von Personen hervor, von denen keine P. selber ist. Es handelt sich aber fast ausnahmslos um historische Personen, Zeitgenossen des Sokrates. Eine Reihe der wichtigsten Passagen sind in den Dialogen in die Form von *Mythen* gekleidet, von Berichten also, die in poetischer Weise von göttlichen Wesen oder Sagenfiguren erzählen; sie können nur durch besondere Deutung zu den jeweils diskutierten Problemen in Beziehung gebracht werden. In allen Dialogen mit Ausnahme der *Nomoi* tritt Sokrates auf, zumeist als derjenige, der

Platon und Aristoteles (Ausschnitt aus Raffaels «Die Schule von Athen», Rom Vatikan). Platon zeigt auf den Ideenhimmel, während die ausgestreckte Hand des Aristoteles zu verstehen gibt, daß die Formen sich in den Dingen finden.

das Gespräch leitet und das letzte Wort behält. P. äußert in einem der Briefe: Weder «gibt es eine Schrift Platons... (noch) wird es eine geben; das jetzt Ausgesprochene sind Gedanken des schöner dargestellten und verjüngten Sokrates» (Ep. 2, 314c; alle Hinweise auf P. Schriften benutzen die Standard-Seitenzahlen, die auf die Stephanus-Gesamtausgabe aus dem 16. Jh. zurückgehen; zitiert wird nach der Schleiermacher-Übersetzung). Diese Selbstdarstellung P. ist allerdings kaum für bare Münze zu nehmen; wir können jedenfalls nicht mit Sicherheit entscheiden, was vom philos. Inhalt der Dialoge dem Sokrates zugeschrieben werden muß und was aus P. eigener Arbeit hervorging. Denn im wesentlichen kennen wir die Gedanken des Sokrates selbst nur aus P. Dialogen. Doch herrscht darüber breite Übereinstimmung, daß die Altersdialoge wenigstens teilweise P. eigenem Denken entstammen und die Jugenddialoge in wichtigen Punkten den historischen Sokrates wiedergeben.

Zwischen den frühen, den mittleren und den späten Schriften existieren sowohl dem Inhalt wie der Form nach erhebliche Differenzen. In den Jugenddialogen wird die *sokratische Methode* praktiziert; diese Werke enden zumeist ohne Ergebnis – in sogenannten Aporien. Die Dialoge der Reife besitzen oft eine mehr belehrende Form. Vorgetragen werden Theorien über die Ideen, den Menschen und den idealen Staat. Eine Reihe von Gedanken, die P. in den Werken der Reife vorgebracht hat, werden in den Altersdialogen vertiefend und zumeist kritisch weiterdiskutiert. Aus den Unterschieden könnte man folgern, P. habe im Verlauf des Werks zweimal seine Philos. entscheidend verändert. Es ist aber ebenso möglich, daß in den Schriften aller drei Perioden ein und dieselbe philos. Grundauffassung herrscht. Denn P. ist der Meinung, durch schriftliche Darstellung ließen sich philos. Wahrheiten direkt nicht weitergeben; demnach könnten die Unterschiede zwischen den Dialogen weitgehend Ausdruck sein für verschiedene Methoden, die Wahrheit mitzuteilen. Sie sollen sich ergänzen. Auf dieser Annahme beruht die folgende Darstellung. Maßgeblich beeinflußt ist P. von Parmenides, Heraklit, Pythagoras, Demokrit und Protagoras. Für Aristoteles war seine Philos. zugleich Grundlage und Gegenstand kritischer Auseinandersetzung. Sie lebte weiter bei den Neuplatonikern (vgl. Platonismus), von denen Plotin und Proklos besonders zu nennen sind, und in gewissem Umfang bei Augustinus.

P. Philos. liegt der Gedanke zugrunde, daß hinter aller Veränderlichkeit in Erkenntnis und Moral eine feste, unerschütterliche Ordnung steht. Im Gegensatz zu den frühen Philos. versteht P. unter Wahrheit nichts, was sich ein für allemal feststellen und belehrend weitergeben ließe. Sondern die Wahrheit muß von jedem einzelnen selbst erreicht werden, indem er sich über seine beschränkte und selbstische Betrachtung der Dinge hinwegsetzt. Bei der Darstellung seiner Wirklichkeitsauffassung geht P. deshalb von den Gedanken aus, die zu seiner Zeit vorherrschten. Und gerade zu seiner Zeit war die Ansicht in Mode gekommen, es existiere keinerlei höhere Wahrheit, auf die sich die widerstreitenden menschlichen Meinungen über die Beschaffenheit der Welt beziehen könnten (vgl. Sophisten). Die politische und moralische Ordnung befand sich in Auflösung, und im Zusammenhang mit diesem Prozeß war der Gedanke entstanden, weder für wahre Erkenntnis noch für richtiges Handeln gebe es einen objektiven Maßstab (vgl. Protagoras und Gorgias). Nun tritt P. diesem Gedanken dadurch entgegen, daß sein Sokrates das Gegenteil geltend machte; dessen Gesprächspartner, sowohl junge, unerfahrene Männer wie abgeklärte Philos., stellen vielmehr alle beliebigen Thesen auf, ohne auf Widerspruch zu stoßen. Denn Sokrates will gar nichts behaupten; er spiele nur die Rolle des Fragestellers. Sich selber vergleicht er mit einer Hebamme: Er kann keine Gedanken gebären, aber er beherrscht statt dessen die Kunst, anderen

bei der ‹Entbindung› von den Gedanken zu helfen, die sie in sich tragen.
Diese Kunst wird seither als *sokratische Methode, maieutische Methode* oder *Hebammenkunst* bezeichnet. Kurz gesagt zielt die sokratische Methode darauf ab, einen Gegner mit dessen eigenen Prämissen* zu widerlegen. Typisch ist folgendes Vorgehen: Sokrates bittet seinen Gegner darzulegen, was er unter einem Begriff wie Tugend, Gerechtigkeit oder Wissen verstehe. Zuerst versucht der Gegner häufig, den Begriff zu definieren, indem er verschiedene Beispiele für seine Anwendung aufzählt. Geht es z. B. um den Begriff der Tugend, zählt er die Tugend des Soldaten, der Frau, des Sklaven usw. auf. Dann macht Sokrates darauf aufmerksam, daß die verschiedenen Dinge, die unter den Begriff fallen, etwas gemeinsam haben müssen; nur dadurch können sie dieselbe Bezeichnung tragen. Nun möchte er von seinem Gegner wissen, worin dieses Gemeinsame bestehe. Wenn dem anderen eine allgemeine Definition des entsprechenden Begriffs geglückt ist, greift Sokrates wieder ein und konfrontiert ihn mit Gegenbeispielen. Dies zwingt den Gegner, einen neuen Definitionsversuch zu machen. In dieser Phase erschöpft sich die Funktion des Gegners meist darin, mit Ja oder Nein zu antworten. Sokrates verliert sich in scheinbar belanglosen Abschweifungen und stellt umständliche Analogien auf. Nicht selten bedient er sich logischer Kniffe, die einer genaueren Prüfung nicht standhalten. Plötzlich wird klar: Ohne es zu merken, hat sich der Gegner auf Behauptungen festgelegt, die mit seiner Definition unvereinbar sind. Der Dialogpartner hat gezeigt, daß seine Auffassung in sich nicht schlüssig ist; und Sokrates behauptet, das einzige, was er wisse, sei, daß er nichts wisse. (Daß Sokrates nichts weiß, bedeutet: Er hat alle die Meinungen durchschaut, die normalerweise als Wissen hingestellt werden. In diesem Sinn weiß er mehr als die meisten.) Die sokratische Methode dient dazu, fehlerhafte Ansichten zu widerlegen.

Sie widerlegt sie nicht auf allgemeingültigem Weg, sondern immer mit Hilfe von Prämissen, die vom Gesprächspartner mehr oder weniger unkritisch übernommen sind. Die sokratische Methode führt also nicht direkt zur Erkenntnis; aber es ist P. Auffassung, daß sie indirekt die Augen für die Wahrheit öffnet. Erst indem wir uns von der Unhaltbarkeit unserer gängigen Meinungen überzeugen, erhalten wir die Möglichkeit zu sehen, wie die Wirklichkeit eigentlich beschaffen ist. Vorausgesetzt wird hier, daß wir in gewissem Sinn die Wahrheit schon besitzen. Und das meint P. in der Tat. Seinen Gedanken läßt er Sokrates in einem mythischen Bild formulieren: Die Seele des Menschen ist unsterblich und hat vor der Geburt alles geschaut, was zu schauen ist. Wenn wir etwas erkennen, ruft unsere Seele sich zurück, was sie früher erblickt hat.

P. begnügt sich nicht damit, die Wahrheit nur mit Hilfe der sokratischen Methode mitzuteilen. Besonders in den Dialogen der Reife werden häufig Theorien aufgestellt, die unwiderlegt bleiben und als Ausgangspunkt für spätere Diskussionen dienen. Im Zentrum dieser Theorien steht die *Ideenlehre*, die im folgenden näher zu betrachten ist. Allerdings hat selbst dort, wo P. ausgesprochen belehrend verfährt, das Dargestellte einen gewissen hypothetischen* Charakter. Es soll abgewogen werden gegen das, was er andernorts über dasselbe Thema äußert. In der *Politeia* gibt er ein Bild, das sein Verständnis vom philos. Erkenntnisprozeß zutreffend beschreibt. Nachdem Sokrates die verschiedenen Auffassungen der Gerechtigkeit umrissen hat, sagt er: «...wenn wir so beides (die verschiedenen Auffassungen von Gerechtigkeit) gegeneinander betrachten und reiben, werden wir doch wie aus Feuersteinen die Gerechtigkeit herausblitzen machen und, wenn sie uns klar geworden ist, sie recht bei uns selbst befestigen» (*Politeia* 435a).
Durchgängiges Thema der Jugenddialoge ist die Tugend oder das Gute, *arete*.

(Das griech. Wort *arete* bedeutet nicht nur Tugend im moralischen Sinn, sondern auch Tüchtigkeit und die Funktionsfähigkeit von Gegenständen.) Die Gesprächspartner sollen dem Sokrates erzählen, worin in den vielfältigen Formen des Guten die Einheit zu sehen sei. Seinem Interesse liegt die Annahme zugrunde, daß alle Gegenstände, die wir gut nennen, etwas gemeinsam haben. Was die verschiedenen guten Dinge gemeinsam haben, nennt P. eine *Idee*. Im modernen Sprachgebrauch ist eine Idee etwas Subjektives, z. B. eine Vorstellung. Nicht so für P.; für ihn sind die Ideen das Wirklichste und Objektivste überhaupt. Zunächst gelten sie nur als das Allgemeine, das den vielfältigen Formen des Guten ihre Einheit gibt. Die Dialoge der Reife erläutern die Ideen näher; und dort sollen sie die Einheit nicht nur des Guten erklären, sondern die der gesamten Wirklichkeit, des Kosmos.

Das Unveränderliche und Unvergängliche ist nach P. das einzige, dem Wirklichkeit zukommt und das Gegenstand philos. Erkenntnis sein kann. Wie einige der früheren Philos. (Parmenides, Heraklit) identifiziert er das Veränderliche und Vergängliche mit dem, was in Raum und Zeit gegeben und uns durch unsere Sinne zugänglich ist. Die wahre Wirklichkeit muß also außerhalb von Raum und Zeit liegen und durch etwas anderes erkannt werden als durch sinnliche Wahrnehmung. Die wahre Wirklichkeit sind die Ideen, dem Raumzeitlichen, der sogenannten *Erscheinungswelt*, eignet keinerlei Wirklichkeit; es ist nur in dem Umfang wirklich, in dem es an den Ideen teilhat. Wenn man sich klar werden will, was eine Idee ist, muß man ebenfalls von der Erscheinungswelt ausgehen. Was in der Erscheinungswelt vorkommt, besitzt eine Reihe von Eigenschaften, die wir mit Worten wiedergeben können. Raumzeitliche Dinge können z. B. Farbe und Größe haben; sie können bestimmten Klassen von Gegenständen angehören (z. B. ein Pferd sein oder ein Tisch) oder einen bestimmten ästhetischen Wert besitzen. Jeder dieser Eigenschaften liegt eine Idee zugrunde. Nur durch diese Idee können wir die Eigenschaften benennen, und nur durch diese Idee besitzt der Gegenstand überhaupt die Eigenschaft. Die Ideen sind die Ursache* der Dinge. Damit ist nicht gemeint, die Ideen gingen den Gegenständen zeitlich voraus und wären für ihre Entstehung verantwortlich. Sondern sie sind das Ziel oder der Zweck, der hinter den Dingen liegt. P. vertritt also einen teleologischen* Ursachenbegriff. Über das Verhältnis von Erscheinungswelt und Ideen heißt es bei ihm, daß der einzelne Gegenstand «teilhat» an den Ideen oder sie «nachahmt»: Die Gegenstände partizipieren an den Ideen. Jedes Ding in der Erscheinungswelt hat auf unvollkommene Weise an einer Vielzahl von Ideen teil. Dagegen sind die Ideen vollkommen und eindeutig gegeneinander abgegrenzt.

P. gibt für die Ideenlehre keinerlei Argumente. Sie hat den Status einer grundlegenden *Hypothese*, mit deren Hilfe die Wirklichkeit erklärt werden soll und die deshalb selbst nicht zu beweisen ist. Die Erkenntnis der Ideen muß durch intuitive* Schau erfolgen, die sich jedem rationalen Zugriff entzieht. Die Ideenlehre ist P. Ontologie*; er benutzt sie für seine Theorien über Erkenntnis, Mensch und Staat.

Ein Bild in der *Politeia* (509d–511e) zeigt, wie P. im Licht der Ideenlehre die Erkenntnis auffaßt. Es handelt sich um das sogenannte Liniengleichnis. Angenommen wird, daß eine Linie nach einem bestimmten Verhältnis geteilt ist; und jeder der beiden Teile ist nach demselben Verhältnis nochmals geteilt. So ergeben sich vier Abschnitte, die zusammen den Kosmos abbilden sollen. Der erste Abschnitt der Linie bedeutet die unwirklichen Gegenstände, d. h. Schatten und Spiegelbilder. Der zweite Abschnitt bedeutet die sinnlich erfahrbaren Dinge. Beide Abschnitte zusammen machen die den Sinnen zugängliche Welt aus, die Erscheinungswelt. Der dritte Abschnitt bedeutet die Gegenstände der Wissen-

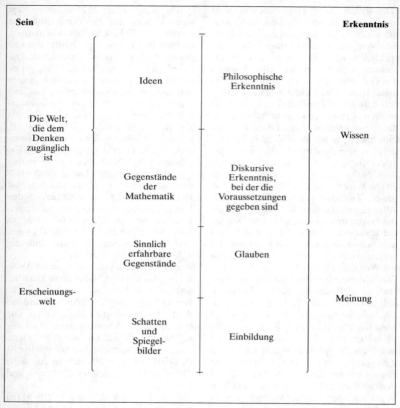

Das Verhältnis zwischen Erkenntnis und Sein nach dem Liniengleichnis in Platons *Politeia*

schaft, und d. h. für P. vor allem die Gegenstände der Mathematik. Der vierte Abschnitt bedeutet die Ideen. Zusammen machen diese beiden letzten Abschnitte die Welt aus, die dem Denken zugänglich ist. Die vier Abschnitte repräsentieren einen stetig höheren Grad an Wirklichkeit oder Wahrheit. Wie die Spiegelbilder Bilder der wirklichen Dinge sind, so sind die sinnlich erfahrbaren Dinge Bilder der wissenschaftlichen Gegenstände und diese wiederum Bilder der Ideen. Demgemäß ist die Erscheinungswelt als ganze ein Bild derjenigen Welt, die dem Denken zugänglich ist. Den vier Formen von Wirklichkeit entsprechen vier Formen von Erkenntnis. Den Schatten und Spiegelbildern entspricht die Einbildungskraft, den sinnlich wahrnehmbaren Gegenständen das Glauben oder Vermuten, und der Erscheinungswelt als solcher entspricht die Meinung (griech. *doxa*). Auf die wissenschaftlichen Gegenstände bezieht sich die diskursive Erkenntnis, bei der die Voraussetzungen gegeben sind, und auf die Ideen die philos. Erkenntnis, bei der die Voraussetzungen selber eingesehen werden. Schließlich wird die Erkenntnis, die die gesamte Welt betrifft, als Wissen bezeichnet (griech. *episteme*). So läßt sich obiges Schema aufstellen.

Um philos. Erkenntnis zu erreichen, muß der einzelne Mensch stufenweise durch die verschiedenen Formen von Erkenntnis aufsteigen. Alles was unterhalb der Ideen liegt, ist in letzter Instanz ihr Abbild; daraus ergibt sich, daß die Ideen das einzige sind, das im eigentlichen Sinn existiert, und daß die einzig wirkliche Erkenntnis die philos. ist. In dem Gleichnis nimmt die Mathematik einen zentralen Platz ein; und man hat behauptet, die Ideenlehre sei daraus erwachsen, daß P. die Mathematik als Vorbild für alle andere Wirklichkeit betrachtet habe.

Der Mensch ist für P. ein Wesen, das beiden Welten angehört, der Ideen- und der Erscheinungswelt. Er ist aus Leib und Seele zusammengesetzt; wie andere Dinge verändert sich der Leib und vergeht, während die Seele, das Lebensprinzip, mit den Ideen verwandt und deshalb unsterblich ist. Obwohl Leib und Seele sich ihrem Wesen nach unterscheiden, können sie sich nach P. Ansicht in gewissem Umfang beeinflussen. Wie gegenseitige Beeinflussung möglich sein soll, hat P. allerdings nirgends erläutert. Die Seele des Menschen ist kein einfaches Prinzip, sondern übt mehrere verschiedene Funktionen aus; diese Funktionen können sich widerstreiten, so daß in der Seele ein Zwiespalt existiert. Sie besteht aus der Vernunft, welche die Ideen schaut, sowie aus einem mutigen ‹Teil› und einem begehrenden ‹Teil›. Im *Phaidros* (246a, 253d ff.) wird die Seele mit einem Wagengespann verglichen: Das eine Pferd ist edel und folgsam, das andere häßlich und widerspenstig. Der Kutscher, d. h. die Vernunft, muß den Wagen zu lenken versuchen; aber mit dem häßlichen und widerspenstigen Pferd hat er Probleme und kann die Kontrolle nur bewahren, wenn er die Zügel sehr stramm hält. Das höchste moralische Ziel des Menschen, das gute Leben, wird erreicht, wenn unter der Leitung der Vernunft eine *Harmonie* zwischen den drei ‹Teilen› der Seele hergestellt ist. Jedem der Teile entspricht eine Tugend, und die höchste Tugend ist die, die der Vernunft zugehört, die Weisheit. Alles Böse gründet in Unwissenheit. Böses Handeln heißt sich selber schaden. Zum guten Leben gehört außer der inneren Harmonie auch die äußere, das Leben im Staat, der *polis*. Für P. ist der Mensch erst wirklich er selbst, sofern er in einer sozialen Ordnung steht. Im größten Werk, der *Politeia*, entwickelt er im Zusammenhang mit der Ideenlehre seine Theorie vom *idealen Staat*. Die Theorie will nicht zeigen, wie ein bestimmter bestehender Staat einzurichten sei; sie bietet vielmehr eine Utopie. Der Staat wird analog zum Menschen aufgefaßt: Er besteht aus drei gesonderten Ständen, die wie die drei ‹Teile› der Seele je verschiedene Funktionen erfüllen. Der unterste Stand, die Handwerker, Bauern und Kaufleute, produziert für die Bedürfnisse des Staates. Der zweite Stand, die Wächter, beschützt ihn gegen äußere und innere Feinde; und der höchste Stand, die Herrscher, leitet ihn. Außer den drei Ständen umfaßt der Staat die Sklaven. P. verteidigt also eine aristokratische Staatsform, aber wohlgemerkt eine Staatsform, in der die Regierenden nach allgemeinen Prinzipien verfahren und über eigennützige Rücksichten erhaben sind. Sowohl Wächter wie Herrscher sollen für ihre Aufgabe eigens erzogen und ausgebildet werden. Im Hinblick darauf entwickelt P. eine ausführliche Theorie der Erziehung. Die Leitenden sollen Philos. sein, die als Wächter des Staats alle Seiten des praktischen Lebens kennengelernt haben und erst im späten Alter die Macht erhalten. Die wahre Regierung folgt allein den Geboten der Vernunft. Gerechtigkeit, diejenige Tugend, die den Staat als ganzen auszeichnet, besteht in einer Harmonie zwischen den drei Ständen. Diese Harmonie wird u. a. dadurch erreicht, daß die Kunst staatlicher Aufsicht und Lenkung unterliegt.

In mehreren der Altersdialoge diskutiert P. die Ideenlehre von neuem. Diese Diskussion konzentriert sich auf folgende drei Fragen: (1) Welche Beziehung besteht zwischen den Ideen selber? P. antwortet, eine Idee könne an einer anderen ebenso teilhaben wie die Erscheinungen an den Ideen. Auf diesem Hintergrund dürfen die Ideen als Hierarchie aufgefaßt werden. Zuoberst steht die allgemeinste und inhaltsreichste Idee, die Idee der Einheit (‹das Eine›*), zuunterst stehen Ideen, die Klassen von Einzeldingen entsprechen. (2) Welche Beziehung besteht zwischen Erscheinung und Idee? Falls z. B. die Beziehung zwischen einem konkreten Menschen und der Idee des Menschen darin liegen soll, daß sie einander ähneln, so benötigen wir offenbar ein zusätzliches Prinzip, einen ‹dritten Menschen›; denn es muß erklärt werden, worin die Ähnlichkeit besteht. (3) Welchen Status besitzt die Erscheinungswelt? Nach der Ideenlehre ist sie nur in dem Maße wirklich, in dem sie an den Ideen teilhat; nun scheinen jedoch die Einzeldinge schon für sich selbst etwas zu sein, das nicht nichts ist. Im *Timaios* gibt P. einen ausführlichen Bericht über das Verhältnis der sichtbaren Welt zu den Ideen. Dieser Bericht spielt eine entscheidende Rolle für den späteren Platonismus*. P. hält letztlich fest, daß es über die Erscheinungswelt kein Wissen geben könne. Seine Erklärung der Welt geschieht in der Weise eines mythischen Schöpfungsberichts, der nicht Wahrheit, sondern nur Wahrscheinlichkeit für sich beansprucht. Dieser Schöpfungsbericht legt das Ewige auf symbolische Art in eine zeitliche Reihenfolge auseinander. Der Schöpfer, der *Demiurg*, formt die Welt, indem er die Idee des lebenden Wesens zum Vorbild nimmt. Die Welt erhält sowohl Leib wie Seele und entspricht so in ihrer Form dem einzelnen Menschen. Das Material für die Schöpfung ist der Raum und eine Anzahl flüchtiger Elemente; sie verhindern fortwährend, als blinde Notwendigkeit, daß die Ideen die Welt durchdringen. Diese Elemente sind verschiedenen mathematischen Strukturen zugeordnet, so daß sie die Bausteine einer veränderlichen und doch strukturierten Welt bilden können. Die *Weltseele* ist wie die Seele des Menschen das ordnende Prinzip für den sichtbaren Leib. Sie wird mit Hilfe einer Reihe von Beziehungen definiert, die das Ewige und Unveränderliche mit dem Zeitlichen und Veränderlichen verknüpfen. Ein Bild für diese Beziehungen geben die Bewegungen der Himmelskörper ab; sie bringen die Zeit in die Welt und sind zugleich Sinnbild des Ewigen. – Trotz dieser – oft kritischen – Diskussionen deutet alles darauf hin, daß P. die Ideenlehre letztlich als die unerschütterliche Grundlage der Philos. auffaßt.

Ausg.: Sämtliche Werke. In der Übers. von Friedrich Schleiermacher. Hg. von W. F. Otto, E. Grassi und G. Plamböck. 6 Bde., 1957–60. Sämtliche Dialoge. In der Übers. von O. Apelt. 7 Bde., 1988. – *Lit.:* K. Bormann: P., 1973. W. Bröcker: Platos Gespräche, 1964. R. Ferber: P. Idee des Guten, 1984. P. Friedländer: P. 3 Bde., ²1954–60. V. Goldschmidt: Les dialogues de P. Structure et methode dialectique, 1971. A. Graeser: P. Ideenlehre. Sprache, Logik und Metaphysik. Eine Einführung, 1975. R. M. Hare: P. Eine Einführung, 1990. E. Hoffmann: P. Eine Einführung in sein Philos., 1961. A. Koyré: Discovering P., 1949. G. Martin: P. In Selbstzeugnissen und Bilddokumenten, 1969. P. Natorp: P. Ideenlehre, ²1921. P. Stemmer: P. Dialektik, 1992. M. Suhr: P., 1992. Th. A. Szlezák: P. lesen, 1993. G. Vlastos (Hg.): Platonic Studies, 1973, ²1981. W. Wieland: P. und die Formen des Wissens, 1982.

Platonismus, Bezeichnung für die unterschiedlichen philos. Richtungen, die von platonischem Gedankengut ausgehend Platons Anliegen weitertragen und weiterentwickeln. Der P. hat seine Wurzeln in der von Platon gegründeten Akademie* in Athen, die als Institution von ca. 385 v. Chr. bis 529 n. Chr. Bestand hatte (vielleicht mit kürzeren Unterbrechungen). Was die Akademie betrifft, ist seit dem Altertum die Einteilung in eine ältere, eine mittlere und eine neuere Periode üblich. Der *älteren Akademie* (ca. 385–265/64 v. Chr.) stand Platon bis zu seinem Tod 347 v. Chr. selber vor. Die unmittelbaren Nachfolger Speusippos und Xenokrates setzten die mathematisch ausgerichteten logischen und metaphysischen Spekulationen des späten Platon fort, zum Teil in Verbindung mit der pythagoreischen* Tradition. Im Anschluß an Platons mathematische Kosmologie* (im *Timaios*) und seine mündlich überlieferte Lehre konzentrierte man sich u. a. auf die Festlegung formaler metaphysischer Grundprinzipien. Seit Ende des 4. Jh. verlagerte sich das Interesse von der abstrakten Metaphysik auf die Ethik, was u. a. für die ältere Stoa* Bedeutung hatte (vgl. Zenon von Kition). Die *mittlere Akademie* (265/64 – Anfang des 2. Jh. v. Chr.) entstand, als Arkesilaos die Leitung der Schule übernahm. Unter dem Einfluß der Skeptiker Pyrrhon und Timon führte er den Skeptizismus* in die Akademie ein unter Berufung auf die ironische*, diskutierende und problematisierende Methode des Sokrates der frühen platonischen Dialoge. Dieser Skeptizismus richtete sich vor allem gegen die stoische Erkenntnistheorie. Ihn übernahm auch die *neuere Akademie*, die zu Beginn des 2. Jh. v. Chr. von Karneades gegründet wurde. Unter Philon von Larissa (Leiter ca. 110/09–86 v. Chr.) kam es zum Bruch mit dem Skeptizismus, und mit der Übernahme der Leitung durch Antiochos von Askalon (ca. 88–68 v. Chr.) begann die eklektische* Phase der Akademie. Viele Lehrmeinungen Platons wurden wiederaufgenommen (u. a. die Behauptung, es gebe etwas Immaterielles*) und mit stoischen, aristotelischen* und pythagoreischen Gesichtspunkten vereinigt. Anhänger dieses Eklektizismus waren u. a. Cicero und Terentius Varro.

Mit dem Begriff «alter P.» wird die Entwicklung der Akademie von ca. 385–25 v. Chr. zusammengefaßt. Die Bezeichnung «mittlerer P.» steht dagegen für eine breite geistesgeschichtliche Strömung (ca. 25 v. Chr.–ca. 200 n. Chr.), die keine eigentliche Schule bildete (z. B. Eudoros, Plutarch und Celsus [Kelsos]).

Die Platon-Interpretationen dieser Bewegung, darunter kompendienartige Zusammenfassungen Platons (z. B. Albinos, 2. Jh. n. Chr.), tragen einen eklektischen Charakter, zeugen aber auch von Traditionsbewußtsein und dem Willen, den P. von anderen Systemen abzugrenzen. Doch erst mit dem *Neup.* wurde ab ca. 200 n. Chr. eine wirklich systematische Philos. auf platonistischer Grundlage geschaffen. Seine Quelle war neben dem mittleren P. der sog. Neupythagoreismus (z. B. Moderatos, 1. Jh. n. Chr., und Numenios, 2. Jh. n. Chr.), ein zum Mystisch-Religiösen hin orientierter P.

Folgende Merkmale zeichnen den Neup. aus: 1. Das Interesse konzentriert sich auf Platons Spätwerk, insbesondere den *Parmenides* und den *Timaios*; im großen und ganzen bleiben die sokratischen Frühdialoge ebenso unbeachtet wie die politische Seite Platons, z. B. im *Staat* oder in den *Nomoi*. 2. Die Spätschriften werden allegorisch ausgedeutet. 3. Platon wird systematisiert (obwohl er selbst nie ein philos. System ausgearbeitet hat). 4. Es gilt, daß ein Prinzip* immer ein Prinzip für etwas anderes ist; daraus folgt der Schluß, daß ein höheres Prinzip mit logischer und metaphysischer Notwendigkeit die Existenz von etwas Niedrigerem begründet, das sich von dem Prinzip unterscheidet und wofür das Prinzip Prinzip ist. 5. Auf diese Vorstellung gründet sich die Lehre von der Welt als einer Emanation* (‹Ausströmung›) des höchsten Prinzips (das ‹Eine› oder ‹Gott› genannt). 6. Das Eine ist die erste Hypostase* (von griech. *hypostasis*, Unterlage, Grundlage). Aus ihm strömt die Vernunft* aus, die zweite Hypostase, und die Weltseele*, die dritte Hypostase; Vernunft und Weltseele werden als metaphysisch-kosmologische Prinzipien aufgefaßt, aus denen der übrige Teil der Welt ausströmt. 7. Die platonischen Ideen* sind in der Vernunft beschlossen; sie gelten als ‹Gedanken Gottes›. 8. Die verschiedenen menschlichen Bewußtseinszustände werden bestimmten ontologischen Stufen zugeordnet (verschiedenen Hypostasen). Das höchste Ideal ist erreicht, wenn der Mensch mit Gott eins wird, und zwar durch Kontemplation (die mystische* ‹Versenkung› in Gott, von dem das Bewußtsein ganz ‹erfüllt› wird). 9. Außerdem ist (namentlich bei den späteren Neuplatonikern) die Rede von einer Reihe von Wesen (‹Dämonen›) zwischen Gott und Mensch (vgl. weiterhin Ammonios Sakkas, Plotin, Porphyr(ios), Jamblichos und Sallust). – In den letzten Phasen teilte sich der Neup. in verschiedene Schulen auf, u. a. die Pergamenische Schule (4. Jh. n. Chr.), die athenische Schule (die Akademie; wegen ihrer heidnischen Lehren 529 von Kaiser Justinian geschlossen) mit Proklos und Simplicius und schließlich die alexandrinische Schule, die im Lauf der Zeit eine christliche Version des Neup. schuf.

Von entscheidender Bedeutung für die Weiterentwicklung des P. in Spätantike und frühem Mittelalter war der Einfluß des Neup. auf die christliche Theologie und Philos. (vgl. z. B. Augustinus, 354 bis 430). Es ist bezeichnend, daß man sich das ganze Mittelalter hindurch auf die neuplatonisch-augustinische Tradition stützte, aber zu Platon keinen direkten Zugang besaß; er war fast nur durch Calcidius' lat. Übersetzung und Kommentierung des *Timaios* bekannt (aus dem 4. Jh. n. Chr.). Indirekte Wirkung entfaltete der Neup. auch mit Eriugenas Übersetzung des Pseudo-Dionysios. Dagegen kamen die Übertragungen von Platon und Proklos im 12. und 13. Jh. zu spät, um ein Gegengewicht zu den Aristoteles-Übersetzungen aus der zweiten Hälfte des 12. Jh. schaffen zu können. Vom 12. bis weit ins 15. Jh. hinein stand Platon in Aristoteles' Schatten. Danach aber wurde er für die Auseinandersetzung mit der aristotelisch geprägten Scholastik* wieder in Anspruch genommen (so bereits von Petrarca, 1304–74). Mit der Eröffnung der Akademie in Florenz (1459–1521) und Ficinos Übersetzungen von Platon und Plotin aus dem Griech. ins Lat. begann dann der P. der Renaissance (15.–16. Jh.). Der Akademie gehörten griech. Gelehrte an, die nach dem Fall Konstantinopels 1453 nach Italien geflüchtet waren. Die Bestrebungen zielten auf eine Erneuerung des P. (oder eher des Neup.) und seine Versöhnung mit dem Christentum; aufgenommen wurden insbesondere die religiösen Aspekte des Neup. sowie seine philos. Lehre über Schönheit und Harmonie. So entstand eine ausgeprägt humanistische* Fassung des P., die auf Humanisten wie John Colet (1466–1519), Erasmus von Rotterdam, John Fischer (1469–1535) und Thomas More denn auch große Anziehungskraft ausübte. More brachte den Renaissance-P. nach England; dort erlebte er mit der Cambridger Schule nochmals eine Blüte (ca. 1560–1700). Dieser Schule ging es um eine Begründung des Christentums aus der Vernunft, um religiöse Toleranz und um ein absolutes Kriterium zur Unterscheidung von Gut und Böse.

Neue Aktualität erhielt der P. in der Romantik des 19. Jh. Besonders in der romantischen Ästhetik fand die Ideenlehre weite Verbreitung; doch wurde sie nur vage gefaßt, nämlich als Lehre von den ‹geistigen›, ‹ewigen› Werten ‹hinter› den Erscheinungen. Ein durchgearbeiteter, an Plotin angelehnter metaphysischer P. findet sich bei Schelling, während Hegel weitaus stärker an Aristoteles orientiert war.

Nach dem Ende der romantischen Philos. Mitte des 19. Jh. wurde Platon für systematische Zwecke nicht mehr in Anspruch genommen. Statt dessen entwickelte sich eine intensive philos.geschichtliche Platonforschung mit philologischer Ausrichtung. Systematisch gesehen dient der Ausdruck P. heute zur Bezeichnung von Theorien, die Begriffen, abstrakten Größen und mathematischen Entitäten* einen selbständigen Status zuschreiben, d. h. sie als unabhängig von unserem Wissen von ihnen betrachten (vgl. Frege, Husserl, Dummett).

Lit.: W. Beierwaltes (Hg.): P. in der Philos. des Mittelalters, 1969. Ders.: P. und Idealismus, 1972. H. J. Krämer: P. und hellenistische Philos., 1971. P. Merlan: From Platonism to Neoplatonism, 1953, ³1968. H. v. Stein: Geschichte des P., ND 1965. W. Theiler: Forschungen zum Neup., 1966.

Plessner, Helmut (1892–1985), dt. Philos. und Anthropologe, Studium der Zoologie und Philos., lehrte von 1920–33 Philos. in Köln. Dann mußte P. Deutschland verlassen, zunächst in die Türkei, dann 1934 nach Holland, wo er nach einer Gastprofessur von 1946–51 ein Ordinariat für Philos. in Groningen (Niederlande) innehatte. Von 1952 an war P. nach seiner Rückkehr nach Deutschland Prof. für Soziologie in Göttingen. 1962 war er für ein Jahr als Gastprof. an der New School for Social Research in New York tätig. Danach ließ er sich in Zürich nieder. – Obschon sich sein Denken sowohl begründungstheoretisch als auch methodisch sehr unterscheidet von jenem M. Schelers und A. Gehlens, gilt P. zusammen mit letzteren als einer der Begründer der modernen philosophischen Anthropologie* des 20. Jh. Sein Werk umfaßt einen außerordentlich weiten Bereich an Themen, so etwa aus der Physiologie, der Ästhesiologie, der Phänomenologie und Philosophiegeschichte, der Wissens- und Erziehungssoziologie sowie der politischen Soziologie. Seine Hauptwerke sind geprägt von der Überzeugung, daß eine neue Philos. die Spaltung von Natur- und Geisteswissenschaften aufzuheben habe. Die philos. Anthropologie soll diese Spaltung überwinden, indem sie den Menschen als eine körperlich-geistige Einheit sowie seine kulturellen und geschichtlichen Hervorbringungen transzendentalphilos. auf der Grundlage organischen Lebens begreift.
In Abhebung von Schelers metaphysischem Dualismus von Geist und Leben beschreibt P. den Menschen als ein Wesen, das sowohl einem Leib einwohnt als auch einen objektivierbaren Körper hat. Zentral für P. eidetische Analyse des Lebendigen wird neben den Begriffen des «Innen» und «Außen» der Begriff der «Positionalität». Mit ihm bezeichnet P. das spezifische Verhältnis eines Organismus zu seiner «Umwelt». Während dem Tier in seiner Leiblichkeit und Umweltgebundenheit eine «zentrische Positionalität» zukommt, gehört es zur fundamentalen anthropologischen Struktur des Menschen, eine «exzentrische» Position gegenüber seiner Umwelt zu haben. Aus dieser Grundbestimmung leitet P. drei anthropologische Gesetze ab: das Gesetz der «natürlichen Künstlichkeit», welches den Menschen dazu verpflichtet, sich zu dem, was er schon ist, erst zu machen – nämlich sein Leben zu führen; das Gesetz der «vermittelten Unmittelbarkeit», welches Grundlage kulturellen Handelns und menschlicher Expressivität ist, sowie das Gesetz des «utopischen Standorts», welches den Menschen als metaphysisches Wesen beschreibt, das auf eine Beziehung zum Transzendenten angewiesen ist. Der Versuch, historisch-hermeneutische mit transzendentalphilos.-systematischen Fragestellungen zu verbinden, sowie die grenzüberschreitende Verknüpfung empirischer Gegebenheiten mit spekulativen Philosophemen idealistischer Tradition und deren Konkretisierung und Rückbindung an grundlegende menschliche Phänomene – so etwa die Interpretation der Ausdrucksgebärden des Lachens und Weinens als Krise und Desorganisation der sozial vermittelten Beziehung des Menschen zu seiner Welt – kann insgesamt als die ausgezeichnete Leistung von P. Denken gelten.

Ausg.: Gesammelte Schriften, 10 Bde., hg. v. G. Dux/ O. Marquard/ E. Ströker, 1980ff. Die Einheit der Sinne, 1923. Die Stufen des Organischen und der Mensch, 1928. Die verspätete Nation, 1959. Lachen und Weinen, 1941. Zwichen Philos. und Gesellschaft, 1953. – *Lit.:* R. Breun: H. P. Bestimmung der Idee der Philos. und deren Ausarbeitung als philos. Anthropologie, (Diss.) 1987. S. Pietrovicz: H. P. Genese und System seines philos.anthropolog. Denkens, 1992. H. Redeker: H. P. oder Die verkörperte Philos., 1993.

Plotin(os) (ca. 205–270), einflußreichster Vertreter des Neuplatonismus*. Geb. in Ägypten, wurde in Alexandria Schüler des Ammonios Sakkas und blieb dort bis 242. Nach seiner Teilnahme am Persienfeldzug Kaiser Gordians ließ er sich in Rom nieder, wo er Vorsteher einer eigenen philos. Schule wurde. Sein Einfluß wurde zeitweilig so groß, daß Kaiser Galienus erwog, ihm die Mittel zur Gründung einer Stadt zu verschaffen. Diese Stadt (Platonopolis) sollte nach der Staatstheorie von Platons *Politeia* gestaltet sein; das Projekt wurde dann später aufgegeben. Wie sein Lehrer Ammonios Sakkas beschränkte sich P. zunächst auf mündliche Unterweisung; erst auf Veranlassung seiner Schüler begann er im Alter von ca. 50 Jahren mit der Niederschrift seiner Philos. Porphyr(ios), der zehn Jahre später sein Schüler wurde, sammelte schließlich P. Schriften und brachte sie in eine systematische Ordnung. Er teilte sie in sechs Bücher mit je neun Kapiteln ein; diese Bücher wurden später bekannt unter der Bezeichnung *Enneaden* (von griech. *ennea*, neun). Ihr eigentümlicher Stil ist geprägt durch gedrängte, oft dunkle Formulierungen. P. versteht seine Philos. als systematische Wiedergabe der Lehre Platons. Die Gnosis* lehnt er ab.

In Übereinstimmung mit Platon ist P. der Meinung, daß die Wirklichkeit aus mehreren Stufen besteht. Die begrenzte endliche* Welt, die wir durch die Sinne erfahren, macht nicht die eigentliche Wirklichkeit aus. Vielmehr bestehen die individuellen, zufälligen Dinge, die wir alltäglich wahrnehmen, aufgrund ihrer Teilhabe an fundamentalen Prinzipien; diese Prinzipien bilden die notwendige Voraussetzung aller Dinge. Das höchste Prinzip oder den letzten Grund für alles andere nennt P. das Eine. Das Eine besteht nicht in der Summe aller individuellen Dinge, sondern ist die vollkommene unterschiedslose Einheit als Voraussetzung für die Vielfalt von Unterschieden überhaupt, die sich auf den niederen Stufen der Wirklichkeit finden. P. weist eine Auffassung wie die des Aristoteles zurück, daß das höchste Prinzip die sich selbst denkende Vernunft* sei. Denn alles Denken (selbst das göttliche) setzt eine Spaltung voraus in das, was denkt, und in das Gedachte. So enthält die Vernunft eine Zweiheit, die mit dem Gedanken der vollkommenen Einheit unvereinbar ist. Auch Leben, Tätigkeit oder Wille können dem Einen nicht zugeschrieben werden, weil alle diese Bestimmungen ein Verhältnis zu etwas anderem als sich selbst beinhalten; die unterschiedslose Einheit des Einen schließt aber jedes Verhältnis zwischen ‹etwas› und ‹etwas anderem› aus. Deshalb ist es auch sinnlos, beim Einen eine Form von Bewußtsein* anzunehmen. Ebensowenig Sinn ergibt die Unterscheidung zwischen Substanz* und Akzidens* innerhalb des Einen. Strenggenommen muß sogar jeder Versuch scheitern, das Eine als ‹dies› und ‹nicht das› zu bestimmen. Es darf nicht einmal gesagt werden, daß das Eine Sein* hat – nicht weil es kein Sein hätte, sondern weil es über den Unterschied von Sein und Nichtsein erhaben ist. Das Eine ist unteilbar, unveränderlich, ewig, ohne Vergangenheit und Zukunft, eine beständige Selbstidentität. Aber selbst diese Bestimmungen dürfen nur als Symbole für das Eine verstanden werden, weil sie es wiederum in ein Verhältnis zu etwas anderem setzen, das es nicht ist. Deshalb sagen die negativen Bestimmungen (nicht mannigfaltig, nicht teilbar, nicht veränderlich, nicht in Zeit und Raum, nicht bewußt, nicht handelnd usw.) eigentlich mehr über die zersplitterte mannigfaltige Welt aus, die nicht das Eine ist, als über das Eine an* sich; denn an sich selbst bleibt es vom Verhältnis zur zerteilten Welt der individuellen Dinge unberührt. – Diese negative Methode der Annäherung an das Eine hatte Auswirkungen auf die mittelalterliche Idee des negativen Wegs der Gotteserkenntnis (lat. *via negationis*).

Wenn aber die unterschiedslose Einheit die letzte Grundlage der Wirklichkeit bildet, so stellt sich die Frage, wie aus ihm die uns alltäglich begegnende Mannigfaltigkeit zustande kommt. P. beantwortet diese Frage mit Hilfe von Symbolen*: Kraft seiner unendlichen Fülle geschieht aus dem Einen notwendig eine Ausströmung oder Ausstrahlung, und durch sie entstehen die niedrigeren Formen der Wirklichkeit. Diese Ausstrahlung, die Emanation (von lat. *emanare*, ausfließen, ausströmen), darf nicht als zeitlicher Prozeß verstanden werden, der einen Anfang und ein Ende hätte. Die Emanation geschieht zu jeder Zeit und an jedem Ort; denn selbst die aufgespaltene Zeit und der aufgespaltene Raum sind Resultate der Ausströmung aus dem Einen, das selber über alle zeitlich-räumlichen Unterschiede erhaben ist. P. weist auch die Vorstellung zurück, daß die Emanation das Eine vermindere oder aufteile. Wäre dies der Fall, wäre das Eine nie das Eine gewesen; denn es gehört ebenfalls zur Einheit, über alle Veränderung, d. h. auch über Ende und Anfang erhaben zu sein, ob zeitlich oder nichtzeitlich gedacht. Gerade kraft seines unendlichen Überflusses und seiner Vollkommenheit muß das Eine notwendig ausströmen und eine Mannigfaltigkeit hervorbringen, ohne doch selbst wieder von ihr berührt zu sein. So dient das Eine als die erste Hypostase* (von griech. *hypostasis*, Unterlage, Grundlage), indem es der gesamten übrigen Wirklichkeit zugrunde liegt; diese Wirklichkeit ist als Emanation vom Einen abhängig.

Die erste Emanation (= die zweite Hypostase) besteht in der Vernunft (griech. *nous*). Sie liegt dem Einen zwar näher als alles Seiende sonst; aber insofern sie die Trennung zwischen dem Gedachten und dem Gedanken enthält, ist sie im Zwiespalt und daher unvollkommen. Die Vernunft hat zwei Gegenstände: das Eine und sich selbst. Alle platonischen Ideen* liegen in der Vernunft beschlossen, so daß sie diese Ideen denkt, indem sie sich auf sich selbst richtet. P. identifiziert die Vernunft mit dem Demiurg* aus Platons Altersdialog *Timaios*; weil sie aber zugleich mit den Ideen (‹Gedanken›) identisch sein soll, erinnert sie auch an Aristoteles' ‹Gedanken, der sich selbst denkt› *(noesis noeseos)*. So vermischen sich in P. Lehre von der Vernunft platonische und aristotelische Theoriestücke.

Aus der Vernunft ergibt sich als deren Ausströmung die Seele (= die dritte Hypostase); sie entspricht der Weltseele* im *Timaios*. Wie das Eine durch die Entstehung der Vernunft nicht verkleinert wird, so verringert sich die Vernunft bei der Entstehung der Seele nicht. Daß die Seele vom Einen weiter entfernt ist, zeigt sich in ihrem Charakter als Doppelwesen: Zum einen wendet sie sich den vernünftigen Ideen zu und der ursprünglichen Einheit, zum anderen der Materie, die sie nach dem Vorbild der Ideen formen will; dadurch entsteht die Sinnenwelt. So ist die Seele letzte Hypostase und die Grenze der intelligiblen* Welt; unter ihr liegen die Erscheinungen*, darunter liegt wiederum die Materie. Die Materie ist eine formlose unvollkommene ‹Dunkelheit›, ein Nicht-seiendes, das für sein Dasein die Formgebung durch die Seele benötigt.

Ihrem Wesen nach ist die Seele unkörperlich und unteilbar. Bevor es den Menschen gab, war seine Seele Teil der unteilbaren Seele und schaute die Ideen, die Vernunft und das Eine. Aber indem die Seele aufgrund ihrer Doppelnatur die Materie zu formen suchte, wurde sie mit der Materie verbunden und nahm eine leibliche Gestalt an. Doch konnte die materielle Leiblichkeit die Seele in ihrer ungeteilten Ganzheit nicht aufnehmen; deshalb wurde die Seele zersplittert und an die einzelnen menschlichen Körper geknüpft. In diesem Sinn ist der Mensch ein gefallenes Geschöpf. Seine Aufgabe besteht also darin, zur ursprünglichen Einheit zurückzukehren, indem er sich vom Sinnlichen abwendet. So unterscheidet P. verschiedene Stufen des Bewußtseins: die Wahrnehmung, die sich auf die materiebefallenen Erscheinungen richtet; das argumentative (diskursive*) Denken (in Philos. und Wissenschaft), das mit der Seelentätigkeit verbunden ist; die anschauende (intuitive*) Vernunft, die eine Vereinigung mit dem *nous* (der Vernunft) bedeutet, und schließlich die mystische, kontemplative Einsicht (im Zustand der Ekstase), durch die der Mensch die Vereinigung mit dem Einen erreicht. P. habe diesen Zustand – so berichtet Porphyr(ios) – im Lauf der sechs Jahre, die sie zusammen verbrachten, insgesamt viermal erlebt.

P. Philos. verknüpft zwei unterschiedliche platonistische Tendenzen. Die erste Tendenz besteht in der Betonung des Gegensatzes zwischen dem Einen und der Materie. Dies ist die dualistische* Seite seiner Philos.: Zwischen den unteren Emanationen und dem Einen besteht eine tiefe Kluft. Das Eine ist reine Transzendenz. Es ist das Vollkommene, das Gute, während die Materie das reine Böse ist. Dazwischen stehen an verschiedenen Stellen die Vernunft, die Weltseele und die Erscheinungen; sie sind ebenfalls voneinander getrennt. Die zweite Tendenz besteht in der Betonung eines universalen Zusammenhangs. Alles, auch die Materie, ist Emanation des Einen; letztlich beruht die gesamte Wirklichkeit auf ein und demselben Prinzip. In diesem Sinn ist P. Philos. ausgesprochen monistisch. Der monistische Zug macht sich u. a. bemerkbar, wenn das Böse als Abwesenheit des Guten (als Privation* des Guten) betrachtet wird, nicht als selbständige Wirklichkeit. – In der weiteren Entwicklung P. dominierte bald die dualistische, bald die monistische Tendenz.

Ausg.: P. Schriften, I–VI, 1956–71. – *Lit.:* W. Beierwaltes: Denken des Einen, 1985. E. Bréhier: La philosophie de P., 1928 (³1968). C. Elsas: Neuplatonische und gnostische Weltablehnung in der Schule P., 1975. G. M. Gurtler: Plotinus. The Experience of Unity, 1988. V. Schubert: P. Einführung in sein Philosophieren, 1973.

Plutarch von Chaironeia (ca. 45–ca. 120), griech. Philos. und Biograph. P. Philos. ist ausgesprochen eklektisch*; sie stützt sich auf Platon, bezieht aber aristotelisches, stoisches* und vor allem pythagoreisches Gedankengut ein (vgl. mittlerer Platonismus*). P. wollte einen möglichst reinen Gottesbegriff entwickeln. Gott ist ohne Eigenschaften, moralisch neutral, über alles Böse erhaben und insofern das eigentliche Gute. Das Böse entsteht durch die Weltseele*. Sie ist zwar durch die Teilhabe (Partizipation*) an der Vernunft geschaffen, die ihrerseits als Ausströmung (Emanation*) Gottes verstanden wird; dennoch schafft die Weltseele fortgesetzt das Böse. Auf dem Hintergrund seiner Philos. deutete P. alle bekannten Religionen allegorisch um: Letztendlich beten sie ein und denselben Gott an. Zugleich baute P. in seine Philos. eine Vielzahl von Göttern der Volksreligion ein – als Wesen ‹zwischen› Gott und Mensch. Innerhalb der Ethik versucht P. das aristotelische Erbe weiterzuführen; er lehrt eine Weltweisheit, die sich am goldenen Mittelweg orientiert.

Ausg.: Große Griechen und Römer, 6 Bde., 1954–56. Moralische Schriften, 1926/27. Über Gott und Vorsehung, Dämonen und Weissagung, 1952. – *Lit.:* D. Babut: Plutarque et le stoïcisme, 1969. R. H. Barrow: P. and His Times, 1967. R. Seide: Die mathematischen Stellen bei P., 1981. K. Ziegler: P. von Chaironeia, ²1964.

pneuma (griech., ‹Windhauch›, Luft, Atem, Lebensgeist*). 1. Die Luft- und Feuersubstanz, aus der die Welt geformt ist. 2. Luftige Substanz* im Körper, Grundlage für die organischen Prozesse. 3. Nach der christlichen Theologie der Heilige Geist. – Zu den Anhängern der Lehre vom p., den Pneumatikern, s. *gnosis*. – Pneumatisch: geistig; vgl. Geist. Pneumatismus: ältere Bezeichnung für Spiritismus. Pneumatologie: Lehre vom Geist oder von der Seele*. In der Tradition identisch mit der sog. rationalen (oder spekulativen) Psychologie, einem Teilgebiet der speziellen Metaphysik.

Lit.: G. Verbeke: L'évolution de la doctrine du p. du stoïcisme à S. Augustin, 1945.

Poincaré, Jules Henri (1854–1912), franz. Mathematiker und Philos. 1886 Prof. für Mathematik und Physik in Paris. Zusammen mit Duhem ist P. als Konventionalist* in der Wissenschaftsphilos. bekannt. P. liefert eine erkenntnistheoretische Kritik der traditionellen Auffassung des Verhältnisses zwischen Geometrie und Wirklichkeit. Die nicht-euklidischen Geometrien können aus formalen Gründen nicht verworfen werden, da sie genauso konsistent sind wie die euklidische Geometrie. Selbst wenn die verschiedenen Geometrien miteinander unvereinbar sind, sind sie alle gleich vereinbar mit den experimentellen Ergebnissen. Wir müssen deshalb die Geometrie, die wir zur Beschreibung der Welt gebrauchen, auf der Grundlage von Konventionen wählen. Aber da die euklidische Geometrie einfacher ist als ihre Konkurrentinnen, werden wir stets diese wählen, um mit ihr die physische Welt zu beschreiben. Geometrische Axiome* sind weder synthetische Wahrheiten *a priori** noch experimentelle Wahrheiten. Die Konventionen sind u. a. von der Forderung nach Widerspruchsfreiheit und Zweckmäßigkeit bestimmt, also nicht völlig willkürlich. In derselben Weise enthalten die Naturwissenschaften konventionelle Elemente, u. a. das Trägheitsprinzip in der Physik.

Ausg.: Œuvres, 1916–56. – *Lit.:* J. Folina: P. and the Philosophy of Mathematics, 1992. J. S. Hadamard. The Early Scientific Work of H. P. (1922) and The Later Scientific Work of H. P. (1933).

polare Begriffe (von griech. *polos*, Achse), Begriffe, die kraft ihrer Definition Paare bilden, die im Gegensatz oder Kontrast zueinander stehen. Nord/Süd, lebendig/tot, echt/unecht, Schein/Wirklichkeit sind Beispiele für p. B. Eine Reihe von Philos., u. a. Peirce und die Philos. der Alltagssprache*, haben versucht, gegen traditionelle philos. Auffassungen mit Hilfe der Theorie von den p. B. zu argumentieren. Danach hat ein p. B. nur Sinn*, wenn es möglich ist, auch seinen Gegenbegriff anzuwenden. Z. B. sei die Aussage ‹Alles ist Schein› sinnlos, weil der Begriff ‹Schein› nur in Zusammenhang mit seinem polaren Gegenbegriff ‹Wirklichkeit› angewendet werden darf. Diese Argumentation ist jedoch kritisiert worden: Wenn man einen p. B. anwendet, muß man zwar voraussetzen, daß es sinnvoll ist, den anderen Begriff des Begriffspaars anzuwenden; aber daraus kann man nicht immer schließen, daß der andere Begriff des Paars faktisch angewendet werden kann. Es gibt starke Polaritäten, bei welchen, ist ein Begriff gegeben, mit Notwendigkeit auch der Gegenbegriff gegeben sein muß (z. B. Nord/Süd), und schwache Polaritäten, bei welchen der Gegenbegriff nicht mit Notwendigkeit gegeben sein muß (z. B. echt/unecht). – Bisher ist keine Methode gefunden worden, sicher zwischen starken und schwachen p. B. zu unterscheiden.

politische Philosophie, traditionelle Bezeichnung für die philos. Beschäftigung mit normativen und deskriptiven Problemen um Staat und Gesellschaft. Zentral ist die Frage nach der legitimen Herrschaft. Gegenüber welchen Handlungen und Verhaltensweisen darf legitim Zwang (Gewalt) ausgeübt werden, und welchen Charakter sollen die Institutionen haben, die diesen Zwang ausüben? Wesentliches Merkmal des Staats als der dominanten politischen Einheit der Neuzeit ist das Monopol für die Ausübung physischer Gewalt. Die Existenzberechtigung des Staats wird nur von den Anarchisten* bestritten; alle anderen p. Philos. akzeptieren den Staat als legitime Zwangsorganisation – trotz großer Differenzen in den Ansichten über seinen Zweck und seine innere Organisation.
Wenn dem Staat das Recht auf Gewaltanwendung zukommt, wie umfassend ist dann dieses Recht, und wie läßt es sich begründen? Für den Liberalismus darf der Staat nur gegen Personen mit Zwang vorgehen, die die Rechte anderer Personen verletzt haben. Die entscheidende Funktion des Staats besteht in der Aufrechterhaltung von Recht und Ordnung,

d. h. der Sicherung der Rechte der Bürger. Die staatliche Autorität wird durch das Einverständnis der Regierten legitimiert. Andere Richtungen (z. B. die konservativen und sozialistischen) schreiben dem Staat weiterreichende Zwecke zu, traditionell die Verwirklichung bestimmter Ideen vom guten Leben. Diese Ideen soll der Staat durch verschiedene positive Eingriffe realisieren: z. B. mit Hilfe einer Gesetzgebung, die bestimmte Anschauungen oder bestimmte gesellschaftliche Gruppen fördert – etwa durch Umverteilung der ökonomischen Güter oder durch die staatliche Übernahme der Produktionsmittel. Für das Recht des Staats, seinen Bürgern das richtige Leben aufzuzwingen, finden sich vielerlei Begründungen. In Anspruch genommen worden sind u. a. die Natur, Gott, die Vernunft* (vgl. ethischer Intuitionismus), der allgemeine Nutzen, sofern der Staat das größte Glück der größten Zahl bewirken soll (vgl. Utilitarismus), oder der Gesamtwille, die Erkenntnis des gemeinsamen Besten durch das Volk (vgl. Rousseau). Die Ideen vom guten Leben dienen auch der Begründung der politischen Verpflichtung der Bürger, den Gesetzen und Geboten der legitimen staatlichen Autorität Folge zu leisten. – Weitere Probleme der p. Philos. sind die Gerechtigkeit*, die Souveränität, die Staatsformenlehre sowie Umfang und Art der Teilnahme der Bürger am politischen Entscheidungsprozeß.

Lit.: K. G. Ballestrem/H. Ottmann (Hg.): P. P. des 20. Jh., 1990. A. Baruzzi: Einführung in die p.P. der Neuzeit, 1983, ³1993. E. Braun/F. Heine/U. Opolka: P. Philos., 1984. C. Castoriadis: Gesellschaft als imaginäre Institution, 1984. V. Gerhardt: Der Begriff der Politik, 1990. O. Höffe: Polit. Gerechtigkeit, 1987, ²1994. W. Kymlicka: Contemporary Political Philosophy. An Introduction, 1990. H. Lübbe: P.P. in Deutschland, 1974. A. Maier u. a.: Klassiker des politischen Denker, 2 Bde., 1986/87. K. R. Popper: Die offene Gesellschaft und ihre Feinde, 2 Bde., 1957/58, ⁷1992. U. Steinvorth: Stationen der polit. Theorie, 1981. E. Vollrath: Grundlegung einer philos. Theorie des Politischen, 1987.

Polysyllogismus, eine Serie von Syllogismen*, die so verbunden sind, daß die Schlußfolgerung des einen die Prämisse des nächsten bildet.

polyvalente Logik (von griech. *polys*, viel; lat. *valeo*, Stärke oder Wert besitzen), Logik, die im Gegensatz zur allgemeinen klassischen Logik* mit mehr Wahrheitswerten* als den üblichen zwei (wahr und falsch) arbeitet.

Pomponazzi, Pietro (Pomponatius, Petrus; 1462–1525), ital. Philos., lehrte in Padua und später in Bologna. Legt man die aristotelische Definition der Seele* als ‹Form des Körpers› zugrunde, muß man nach P. die Möglichkeit einer individuellen Unsterblichkeit leugnen. Allerdings entstehen daraus keine Konsequenzen für die Ethik, weil der Mensch das Gute um seiner selbst willen tun soll und nicht im Hinblick auf eine Belohnung in einem Leben nach dem Tod.

Lit.: M. Pine: P. P. Radical Philosopher of the Renaissance, 1986.

Popper, Karl Raimund (1902–94), aus Wien stammender engl. Philos., Prof. an der London School of Economics (seit 1946), 1964 geadelt. Nahm an den Diskussionen des Wiener Kreises bis 1937 teil; vor den Nationalsozialisten floh er zunächst nach Neuseeland und zog 1945 nach Großbritannien. In seinem ersten Werk *Logik der Forschung* (1935) kritisierte P. die Versuche der logischen* Positivisten*, zwischen Wissenschaft und Pseudowissenschaft mit Hilfe der Trennung zwischen sinnlosen und – mit Hilfe der induktiven Methode verifizierbaren – sinnvollen Aussagen zu unterscheiden. Statt dessen führte er das sog. Falsifikationskriterium ein, nach dem empirischwissenschaftliche Theorien dadurch gekennzeichnet sind, daß sie falsifizierbar sind: Es ist grundsätzlich möglich, sie zu widerlegen (falsifizieren*), indem nachgewiesen wird, daß ein von der Theorie vorausgesagtes Ereignis sich nicht bestätigen läßt. Der Induktivismus* des positi-

Karl Raimund Popper

vistischen Wissenschaftsverständnisses ist nach P. unhaltbar. Er hält an der Einsicht Humes fest, daß eine universale Aussage (‹Alle Raben sind schwarz›) auch durch noch so viele singuläre Aussagen (‹Dieser Rabe ist schwarz'›) nicht endgültig bewiesen werden kann, und er bestreitet zudem die Existenz voraussetzungsloser Beobachtungen. Jede Wahrnehmung ist nach P. selektiv und wird von vornherein durch das Filter einer oder mehrerer Theorien im Hintergrund gesehen. P. eigene Darstellung der wissenschaftlichen Methode gilt als eine der ersten Klärungen der sog. hypothetisch-deduktiven Methode nach dem Schema:
– Wissenschaftliches Problem (Anomalie), d. h. überraschende Beobachtung in bezug auf anerkannte Theorien;
– Hypothesenbildung, d. h. Vorschläge zu einer möglichen Erklärung des Problems;
– logische Ableitung von Voraussagen aus der Hypothese;
– Nachprüfung (Test) der Hypothese durch Beobachtung bzw. Experiment.

Die Hypothesenbildung besteht aus Vermutungen, und man sucht nach derjenigen Hypothese, die den höchsten Grad an Falsifizierbarkeit aufweist und damit die größte Chance hat, falsifiziert zu werden. Eine solche Hypothese besitzt den größten empirischen* Inhalt. Die Überprüfung der Hypothese soll mit schonungsloser Hartnäckigkeit und allen denkbaren Mitteln geschehen. Ziel ist, die Hypothese zu widerlegen und damit einen neuen Ausgangspunkt für weitere Forschung zu schaffen. Eine Hypothese, die eine große Zahl von Falsifizierungsversuchen übersteht, wird als gefestigt *(corroborated)* bezeichnet und kann vorläufig als gültige Erklärung akzeptiert werden.

Diese Darstellung der Rationalität wissenschaftlicher Theoriebildung hat P. später – u. a. in *Conjectures and Refutations* (1963) – durch eine Theorie der Entwicklung wissenschaftlicher Erkenntnis erweitert. Nach P. geschehen die entscheidenden Fortschritte dort, wo besonders gefestigte Theorien falsifiziert wer-

den. Sein Schulbeispiel ist der Umsturz der Physik Newtons zugunsten der Physik Einsteins. Die Falsifizierung einer alten Theorie ist erhellend und zugleich Ausgangspunkt für neue Versuche in einer neuen Erkenntnislage.
In seiner allgemeinen Erkenntnistheorie wendet sich P. gegen den Rationalismus* und den Empirismus*. Beide sind Ausdruck eines vergeblichen Strebens nach einer sicheren Grundlage der Erkenntnis in Form von einleuchtenden Wahrheiten oder einer vorgegebenen Garantie für die Verläßlichkeit unserer Erkenntnismittel. P. eigene Theorie ist der Fallibilismus, wonach die Meinungen, die wir berechtigterweise Wissen nennen, nicht bewiesene Meinungen sind, sondern Meinungen, die wir einer kritischen Überprüfung unterzogen haben und denen von der Wirklichkeit noch nicht widersprochen worden ist. Wir müssen uns ständig kritisch-experimentierend zu unseren Überzeugungen verhalten und stets den Wert unserer Erkenntnismittel überprüfen. Die Ablehnung der beiden traditionellen Positionen bedeutet für P. zugleich die Ablehnung von Essentialismus* und Instrumentalismus* in bezug auf den ontologischen Inhalt wissenschaftlicher Theorien. Nach der realistischen Alternative P. ist die Existenz von nicht-wahrnehmbaren Größen wissenschaftlicher Theorien weder mehr noch weniger problematisch als die Existenz allgemeiner, wahrnehmbarer materieller Gegenstände. – In seinen politisch-philos. Werken hat P. den Historizismus* kritisiert und schrittweise vorgehende soziale Technologien *(piecemeal social engineering)* sowie die offene Gesellschaft verteidigt. – S. auch kritischer Rationalismus (gegen den u. a. eingewendet wird, P. Fallibilismus-Theorie müsse sich ja denn auch selbst falsifizieren lassen).

Ausg.: Logik der Forschung, 1935. Die offene Gesellschaft und ihre Feinde, 2 Bde., 1945. Das Elend des Historizismus, 1965. Aller Leben ist Problemlösen, 1994. – *Lit.:* Th. W. Adorno et al. (Hg.): Der Positivismusstreit in der dt. Soziologie, 1969. M. Bryan: K. P., 1986. E. Döring: K. R. P., Einführung in Leben und Werk, 1987, ²1992. R. Hahn: Die Theorie der Erfahrung bei P. und Kant, 1982. N. Leser: Die Gedankenwelt des Sir K. P.: Kritischer Rationalismus im Dialog, 1991. K. Pähler: Qualitätsmerkmale wissenschaftlicher Theorien, 1986. P. A. Schilpp (Hg.): The Philosophy of K. P., 1974. M. Seier: K. P., 1994. H. Weinheimer: Rationalität und Begründung, 1986.

Porphyr(ios) (234–301/05), geb. in Tyrus, gest. in Rom. Neuplatoniker*, Schüler Plotins und Herausgeber von dessen Schriften. Während für seinen Lehrer die Materie Träger des Bösen war, legte P. den Ursprung des Bösen in die Seele, die sich von der Vernunft* (griech. *nous*) abwendet. P. schrieb ein 15 Bücher umfassendes Werk gegen die Christen; es wurde nach der Verurteilung durch Theodosius II. 435 verbrannt und ist deshalb nicht mehr erhalten. Des weiteren schrieb P. eine Reihe von Kommentaren zu aristotelischen Werken und an diese sich anschließende kleinere Schriften, von denen die über die Prädikabilien* *(Isagoge)* berühmt wurde; in Spätantike und Mittelalter galt sie als Standardeinführung in die aristotelische Logik. P. betrachtete Aristoteles' und Platons Philos. als komplementäre*, nicht als konkurrierende Systeme.

Ausg.: An Markella, 1969. Die Sentenzen des Porphyrios, 1987. – *Lit.:* J. Bidex: Vie de Porphyre, le philosophe néo-platonicien, 1913. M. Diakon: Das Leben des heiligen P., 1927.

Port Royal, franz. Kloster, Zentrum der jansenistischen* Bewegung des 17. Jh. Unter der ‹Logik von Port Royal› versteht man das logische System, das Arnauld, der führende Kopf der Bewegung, gemeinsam mit Nicole in *L'art de penser* (Die Kunst des Denkens, 1662) vorlegte; an der Erarbeitung dieses Werks hatte auch Pascal mitgewirkt. Das System zeichnet sich durch die sorgfältige Behandlung von Definitionen aus und hatte großen Einfluß auf die Entwicklung der modernen Logik und Sprachwissenschaft.

Lit.: A. Chastagnol: Chroniques de P.-R., 1966.

Poseidonios von Apameia (in Syrien; ca. 135–ca. 51 v. Chr.), Schüler des Panaitios von Rhodos, dem Begründer der ‹mittleren› Stoa*. 97 v. Chr. gründete P. selbst eine Schule auf Rhodos; u. a. gehörte Cicero (78 v. Chr.) zu seinen Hörern. P. breitgefächertes Werk ging großenteils verloren. Er soll die Welt als hierarchisch geordnete Ganzheit aufgefaßt haben; sie bildet ein großes monistisches System, das von der anorganischen Stufe bis zur göttlichen Sphäre reicht. Inmitten dieser Hierarchie befindet sich der Mensch; er ist das höchste Wesen (vom Leiblichen aus gesehen) und zugleich das niedrigste (vom Geistigen aus betrachtet).

Ausg.: Die Fragmente, 2 Bde., 1982. – *Lit.:* M. Laffranque: P. d'Apamée, 1964. J. Malitz: Die Historien des P., 1983. M. Pohlenz: Die Logosphilos. als Einheit von Wissenschaft und Religion. P. In: Die Stoa, Bd. 1, 1948.

positiv (von lat. *ponere*, setzen, vorsetzen). Nach Comte besitzt das Wort p. folgende Hauptbedeutungen: 1. das Wirkliche; 2. das Nützliche; 3. das Sichere und Unbezweifelbare; 4. das genau Bestimmte; 5. das, was nicht negativ ist. Außerdem kann p. heißen: 6. das, was eine Tatsache* ist; das Faktische (z. B. ‹p. Religion›, oder ‹p. Recht›, d. h. eine tatsächlich vorhandene Religion oder Rechtsordnung); 7. (in älterer Bedeutung) festgesetzt, nicht naturgegeben. – Als p. Philos. gilt das Spätwerk Schellings (speziell aus seiner Zeit als Prof. in Berlin), aber auch Comtes Positivismus*.

Positivismus (von lat. *ponere*, setzen, vorsetzen), Bezeichnung für drei Richtungen in der Philos. des 19. und 20. Jh.: 1. Breite Strömung im 19. Jh., die in erkenntnistheoretischer als auch in geschichtsphilos. Hinsicht einen gemeinsamen Nenner hat. Die gemeinsame erkenntnistheoretische Überzeugung lautet, daß nur die Erfahrungswissenschaften Erkenntnisse gewinnen können. Diese Auffassung beruht auf den großen Erfolgen, die die wissenschaftlichen Bemühungen aller Art erzielen konnten und die die schwerfälligen Reflexionen der traditionellen Philos. in den Schatten zu stellen vermochten. Die Aufgabe der Philos. wird allein darin gesehen, die Ergebnisse der Wissenschaften zu ordnen und zu generalisieren. Bezüglich des Geschichtsverlaufs wird die These vertreten, daß es eine gesetzmäßige Entwicklung in der Geschichte gibt dergestalt, daß in überschaubarer Zukunft eine humane und aufgeklärte menschliche Gesellschaft möglich sein wird. Es waren vorab die Ergebnisse der Geschichts- und Gesellschaftswissenschaften sowie der Biologie (Evolutionstheorie), die eine solche Auffassung zu stützen schienen. – Der Ausdruck P. wird zuerst von Saint-Simon verwendet, seine wichtigste Prägung hat er von Comte erhalten. Vorläufer des P. sind F. Bacon, die engl. Empiristen* und die franz. Philos. der Aufklärung. Neben Comte sind Bentham, J. S. Mill, Spencer, Haeckel und Wundt herausragende Vertreter dieser Strömung. 2. Der Empirokritizismus*. 3. Der logische* Positivismus.
Der Ausdruck P. wird auch in einem breiteren und weniger präzisen Sinn gebraucht, um die Philos. und philos. Richtungen zu bezeichnen, die bestreiten, daß die Philos. selbständig zur Erkenntnis von Welt gelangen könne, und die statt dessen das Ideal der Erkenntnis in den Wissenschaften sehen, die sich der Wahrnehmung und kontrollierter Experimente bedient. Innerhalb der Frankfurter* Schule (u. a. Habermas) wird P. auch für die Bezeichnung von Theorien gebraucht, die die Methodologie der Gesellschaftswissenschaften und die der Naturwissenschaften als ähnlich begreifen und behaupten, daß die Gesellschaftswissenschaften politisch neutral sein können.

Lit.: R. Carnap: Scheinprobleme in der Philos., 1928. A. Comte: Rede über den Geist des P., ²1966. H. Gouhier: La jeunesse d'Auguste Comte et la formation du positivisme, I–III, 1933–1941. A. Kremer-Marietti: Le positivisme, 1993. H. Schnädelbach: Erfahrung,

Begründung und Reflexion, 1971. J. Schüssler: Philos. und Wissenschaftsp., 1979.

post hoc ergo propter hoc (lat.), nach diesem, also als Folge von diesem. Formel für einen Fehlschluß, bei dem man aus dem zeitlichen Nacheinanderfolgen zweier Phänomene schließt, daß das erste die Ursache für das zweite ist. Wenn z. B. nach Einführung eines härteren Strafmaßes die Kriminalitätsrate sinkt, so ist noch keineswegs erwiesen, daß die Straferhöhung auch die Ursache für das Sinken der Kriminalität ist.

Postmodernismus (vermutlich nach lat. *post*, nach, und amerik. *modernism*, Modernismus), Richtung innerhalb von Architektur, Design, Malerei, Literatur, später auch Philos. P. zeigt sich in verschiedenen Kunstarten als Mischung von Stilarten, deren Elemente verschiedenen Epochen der Vergangenheit entnommen werden. In der Philos. kann P. die Reflexion über den postmodernen Zustand oder eine philos. Richtung bezeichnen. – Unter *Postmoderne* versteht man den historischen Zustand, in dem die «großen Erzählungen» (d. h. Ideologien, Gesamtauffassungen, Systeme) ihre Legitimationskraft verloren haben und durch fragmentarische «kleine Erzählungen» ersetzt werden. Der P. stellt sich als Analyse des Verfalls der «großen Erzählungen» und der Funktion der «kleinen Erzählungen» dar.
Als philos. Richtung wendet sich der P. gegen den Fortschrittsoptimismus und die utopischen Züge der Ideologien. Ausgehend von dem Postulat vom Ende der Geschichte will der P. so die Möglichkeit eröffnen, Elemente vergangener Theoriebildungen frei zu kombinieren. Betont wird die Notwendigkeit bzw. Willkürlichkeit der Fragmentierung. Philos. gesehen kann der Glaube des P. an diese Verbindungsmöglichkeiten als Ersatz für den Glauben der Moderne an eine mögliche Ganzheit verstanden werden. – Vgl. Lyotard.

Lit.: S. Benhabib u. a.: Der Streit um Differenz. Feminismus und Postmoderne in der Gegenwart, 1993. J. McGowan: Postmodernism and Its Critics, 1991. W. Welsch: Unsere postmoderne Moderne, 1987, [4]1993. Ders. (Hg.): Wege aus der Moderne: Schlüsseltexte der Postmoderne-Diskussion, 1988.

Postulat (von lat. *postulare*, fordern, behaupten), ein Grundsatz, d. h. ein Satz, der ohne Beweis akzeptiert wird. In Logik und Mathematik wird oft nicht zwischen P. und Axiomen* unterschieden. Die Axiome eines axiomatischen Systems sind seine rein logischen Grundsätze, während seine P. die nicht-logischen Grundsätze sind, d. h. Grundsätze, die über logische Symbole hinaus auch einfache Ausdrücke enthalten, welche für den axiomatisierten Sachverhalt charakteristisch sind. P. sind also nicht-logische Axiome des Systems.

Postulate der praktischen Vernunft oder **praktische Postulate**, bei Kant Bezeichnung für Behauptungen, die zwar nicht bewiesen werden können, die aber Voraussetzungen für sittlich-moralisches Handeln sind; sie wirken praktisch-regulativ. Nach Kant gibt es drei p. P.: Freiheit des Willens*, Unsterblichkeit der Seele* und Existenz Gottes.

Potenz/Potentialität/potentiell (von lat. *posse*, können), innewohnende Möglichkeit, Fähigkeit, Vermögen oder Kraft, in einen anderen Zustand überzugehen und dadurch etwas zu verwirklichen. In diesem Sinn spricht Schelling davon, daß die Wirklichkeit aus verschiedenen P. aufgebaut ist; sie besteht aus verschiedenen Stufen; die jeweils die Kraft besitzen, über sich hinaus auf eine höhere Stufe zu weisen. – S. weiterhin *dynamis/energeia* und Akt.

Prädestination (von lat. *praedestinare*, vorherbestimmen), Vorherbestimmung, speziell die des menschlichen Lebenswegs durch Gott. Seit Augustinus Bezeichnung für Gottes Vorherbestimmung des einzelnen Menschen zu Seligkeit oder Verdammnis. Eine P.-Lehre vertraten Luther (1483–1546) und Calvin (1509–64); von Erasmus von Rotterdam (1466/69–1536) wurde sie verworfen. – Vgl. Determinismus und Freiheit.

Lit.: D. Perler: P., Zeit und Kontingenz, 1988.

Prädikabilien (von lat. *praedicare*, aussagen, erklären; das lat. Wort *praedicabilia* entspricht dem griech. *kategoroumena*). 1. Die grundlegenden Arten von Prädikaten*, die von einem Subjekt* in einer Aussage ausgesagt werden können. Bei Aristoteles wird zwischen fünf allgemeinen Arten von Prädikaten unterschieden: *horos* (lat. *definitio*, Definition* des Wesens*), in der das Prädikat *(definiens)* dasjenige vom Subjekt *(definiendum)* aussagt, was ihm wesentlich zukommt, so daß das Prädikat mit dem Subjekt äquivalent* ist, z. B.: ‹Der Mensch ist ein vernünftiges Tier›; *idion* (lat. *proprium*, das Besondere, das Charakteristische), Prädikate, die dem Subjekt nicht wesentlich sind, die faktisch aber stets von dem betreffenden Subjekt ausgesagt werden können, z. B. ‹Der Mensch ist imstande zu lachen›; *genos* (lat. *genus*, Geschlecht), ein wesentliches Prädikat, das dem Subjekt zukommt, weil dieses einem bestimmten Geschlecht angehört, z. B. ‹Der Mensch ist ein Tier›; *diaphora* (lat. *differentia*, Unterschied), ein wesentliches Prädikat, das dem Subjekt zukommt, da das Subjekt sich kraft dieses Prädikats von anderen Arten seiner Gattung unterscheidet, z. B. ‹Der Mensch ist vernünftig›; *symbebekos* (lat. *accidens*, das Kontingente*, Unwesentliche), die Prädikate, die nichts Wesentliches vom Subjekt aussagen und mit diesem nicht ausgetauscht werden können, z. B. ‹Der Mensch ist weiß›. – Bei Porphyrios und späteren Logikern wird zwischen *species* (Art), *proprium, genus, differentia* (Eigenschaft, kraft derer das Subjekt von anderen Individuen derselben Art unterschieden ist) und *accidens* unterschieden. – Bei Kant bezeichnet der Ausdruck P. die reinen Verstandesbegriffe, die aus den Kategorien* abgeleitet werden können, u. a. Kraft, Handlung, Leiden, Entstehen, Verschwinden, Veränderung usw.

Lit.: P. Geach: Reference and Generality, 1962. N.J. Green-Pedersen: The Tradition of the Topics in the Middle Ages, 1984.

Prädikat (lat. *praedicatum*), das, was von dem Subjekt* in einem Urteil* ausgesagt wird. 1. In der traditionellen Logik* Bezeichnung für einen Ausdruck oder Begriff, der den Platz des P. in einem Subjekt-P.-Urteil einnimmt und dem Subjekt entweder zu- oder abgesprochen wird. Derselbe Ausdruck kann P. in dem einen und Subjekt in einem anderen Urteil sein, z. B. ‹der Begriff Mensch› in den Aussagen: ‹Sokrates ist ein Mensch› und ‹Einige Menschen sind Philos.›. 2. In der modernen Logik* und philos. Semantik* Bezeichnung für einen unvollständigen Ausdruck, der durch die Entfernung eines oder mehrerer singulärer Ausdrücke aus einem Satz entsteht, der eine Behauptung darstellt. Man unterscheidet zwischen monadischen P. wie ‹... ist rothaarig› und polyadischen P. bzw. Relationsbezeichnungen wie: ‹... rasiert...› oder ‹... schuldet... für...›. In der Prädikatenlogik werden P. auch Satzfunktionen (engl. *sentential function*) genannt, da sie als Funktionen* (eindeutige Zuordnungen) singulärer Ausdrücke (oder geordneter Gegenstandsmengen) zu Sätzen (oder Urteilen) aufgefaßt werden können. P. werden durch große Buchstaben E, F, G, H symbolisiert, während die offenen Stellen mit Hilfe der Variablen x, y, z... angegeben werden. So wird z. B. der Satz ‹Ole rasiert Ole› durch ‹Fxx› symbolisiert, und der Satz ‹Ole schuldet Peter 5 DM für Fido› mit ‹Gxyzu›. P. werden in zwei Weisen zu Sätzen umgebildet, zum einen, indem man singuläre Ausdrücke in die offenen Stellen einsetzt, zum andern, indem man einen Quantor* hinzufügt, der die freien Variablen bindet. So kann das Prädikat ‹Ole rasiert x› zu folgenden Sätzen umgebildet werden: ‹Ole rasiert Peter› und ‹(∃x) Ole rasiert x› (‹Es gibt mindestens einen, den Ole rasiert›).

Prädikatenlogik (auch Quantifikationstheorie oder Funktionskalkül genannt), in der modernen Logik* Bezeichnung für die Theorie der Argumente* und Schlußfolgerungen, deren Gültigkeit auf generalisierenden Ausdrücken wie ‹alle›, ‹keiner› und ‹einige› beruht. Die P. ist durch die Verwendung von Quantoren* gekennzeichnet, wobei die Quantorvariablen in der P. erster Ordnung Individuen, in der P. zweiter oder noch höherer Ordnung verschiedene Typen von Eigenschaften als mögliche Werte haben.

Prädikation (von lat. *praedicatio*), Anwendung eines allgemeinen Ausdrucks als Prädikat* in einem Urteil*, Bestimmung des Subjekts* oder der Subjekte in einem Urteil. Z. B.: ‹Peter ist Bäcker› und ‹Peter ist größer als Ole›.

Präexistenz (von lat. *prae*, vor, vorher, und *existentia*, Existenz*), ein dem jetzigen (irdischen) Dasein vorangegangenes Leben. Speziell das Leben des Menschen vor der Geburt; es wird allerdings auch von der P. Christi gesprochen, dem Dasein Christi vor seiner Inkarnation (Fleischwerdung). Theorien einer P. des Menschen finden sich u. a. in der Lehre der Seelenwanderung, bei den Spiritisten* und (in mythischer Form) bei Platon.

Prämisse (von lat. *prae*, vorher, voraus, *mittere*, senden), ein Satz, der dazu benutzt wird, einen anderen Satz, die Schlußfolgerung, in einem Argument* zu begründen. P. wird in der Regel eine Aussage genannt, deren Wahrheit in der Argumentation vorausgesetzt (zugestanden) wird.

Präskriptivismus (von engl. *prescriptivism*), Theorie Hares, daß moralische Ausdrücke präskriptive, d. h. vorschreibende oder zu Handlungen anleitende Äußerungen sind.

Lit.: R. M. Hare: Die Sprache der Moral, 1983. Ders.: Freiheit und Vernunft, 1983.

prästabilierte Harmonie (lat. *harmonia praestabilita*; franz. *harmonie préétablie*), vorherbestimmte Harmonie: s. Leibniz.

Pragmatik (von griech. *pragma*, Handlung, Sache, Ding). 1. Nach der Sprachphilos.* von C. Morris besteht die allgemeine Zeichentheorie (Semiotik) aus Syntax*, Semantik* und P. P. untersucht die Relationen zwischen den sprachlichen Ausdrücken (Zeichen) auf der einen Seite und den Absichten, Meinungen, Handlungen usw. derer, die die Sprache gebrauchen, auf der anderen Seite. Der Terminus P. ist später von Carnap übernommen worden. In den 1960er und 70er Jahren ist die sprachphilos. ausgerichtete P. durch das Studium der Sprechakte* (Searle, K.-O. Apel und Habermas) und durch die formale P. geprägt gewesen, die die Methoden der formalen Semantik auf Sätze übertragen will, die sogenannte indexikalische Ausdrücke (s. mehrdeutig/eindeutig) enthalten (R. Montague, D. Lewis und R. Stalnaker). 2. In einem weiteren Sinn ist die Bezeichnung P. zuweilen von der Sprachwissenschaft im Zusammenhang mit dem wachsenden Interesse für das Studium der Beziehung der Sprache zu ihren Anwendungsmöglichkeiten gebraucht worden. Durch die P. sind die Verbindungen der Sprachwissenschaft zu anderen Wissenschaften wie Bildungssoziologie, Psychiatrie, Literaturwissenschaft und Massenkommunikationsforschung ausgebaut worden.

Lit.: H. Stachowiak (Hg.): P. Handbuch pragmatischen Denkens, 3 Bde., 1986–89.

pragmatisch (von griech. *pragma*, Sache, Handlung). 1. Was auf das aktive Leben hin orientiert ist, praxisorientiert. 2. S. Pragmatik. 3. Was gewonnene Erfahrungen im Hinblick auf die Nutzanwendung als Richtschnur für künftiges Handeln betrifft. P. Geschichtsschreibung legt

Gewicht auf die Erforschung der kausalen Zusammenhänge und will aus dieser praktischen Nutzen ziehen.

Pragmatismus (von griech. *pragma*, Sache, Handlung). Der Ausdruck P. ist ursprünglich von Peirce 1878 als Bezeichnung für seine Theorie des Sinns eingeführt worden. Nach dieser ist der Inhalt eines Urteils* mit dem praktischen Unterschied identisch, der sich daraus ergibt, ob das Urteil wahr oder falsch ist. Später wurde der Ausdruck von James, Dewey und F.C.S. Schiller übernommen. Er bezeichnet dort eine allgemeine Erkenntnistheorie mit dem Grundgedanken, daß Wahrheit als eine Form von Nutzen oder als gebrauchsmäßiger (instrumenteller) Wert zu verstehen sei. Nach James ist eine Überzeugung wahr, wenn sie für den nützlich oder befriedigend ist, der sie hat. Dewey legt entscheidendes Gewicht auf die instrumentelle Funktion der Erkenntnis für die Praxis und bestimmt Wahrheit als das, was als Handlungsgrundlage verwendet fruchtbare Konsequenzen in Form der Erfüllung von Voraussagen und in geglückten Problemlösungen zeitigt.

Der Ausdruck P. wird heute in einem weiteren Sinn für die Hauptströmung in der Philos. der USA in diesem Jh. gebraucht, die in verschiedener Weise den älteren P. mit Einsichten aus der empiristischen* Tradition verbindet. Charakteristisch für den P. ist, daß die Begriffe und Theorien, mit denen wir die Wirklichkeit beschreiben und erklären, als durch Konvention bedingte Mittel ausgelegt werden und nicht als gegebene Widerspiegelungen der unveränderlichen Beschaffenheit der Wirklichkeit. In diesem Zusammenhang weist der P. die dem Rationalismus* und Empirismus* gemeinsame Auffassung zurück, daß Erkenntnis eine sichere Grundlage habe, sei es in der Form gewisser vorgegebener Daten oder in einem absolut sicheren Erkenntnisvermögen. Statt dessen verficht der P. den von Peirce ausgehenden Fallibilismus*, nach dem alles Wissen vorläufig und im Prinzip fehlbar ist. In der Philos. der Wissenschaften ist der P. hauptsächlich als Instrumentalismus* im Gegensatz zum Realismus* aufgetreten. In der Frage nach der wissenschaftlichen Methode kritisiert er den Induktivismus und vertritt eine hypothetisch-deduktive* Denkauffassung. In der Bewußtseinsphilos. und in der Sprachphilos. ist der P. überwiegend behavioristisch geprägt; in der Form, die Quine dem P. gegeben hat, werden die zentralen Unterscheidungen der traditionellen Philos. zwischen analytisch* und synthetisch und zwischen *a priori** und *a posteriori* scharf kritisiert.

Lit.: K.-O. Apel: Der Denkweg C. S. Peirces. Eine Einführung in den amerik. P., 1975. W. Janus: Der P. Handbuch, 1977. E. Martens: P. Ausgewählte Texte von Ch. S. Peirce, W. James, F.C.S. Schiller, J. Dewey, ²1992. K. Oehler: Sachen und Zeichen. Zur Philos. des P., 1995. N. Rescher: Methodological Pragmatism, 1977. H. Stachowiak (Hg.): Pragmatik. Handbuch pragmatischen Denkens, 3 Bde., 1986–1989.

Pragmatizismus, Peirces Bezeichnung für seine eigene Form des Pragmatismus*.

praktischer Schluß, Schluß, bei dem die Schlußfolgerung und mindestens eine Prämisse ein moralisches Urteil enthält, z.B.: ‹Diebstahl ist moralisch verwerflich. Diese Handlung ist Diebstahl. Also ist diese Handlung moralisch verwerflich.› Die logische Gültigkeit p. S. wird von gewissen metaethischen Theorien, insbesondere vom Emotivismus*, bestritten mit dem Argument, daß keine logischen Folgerelationen* zwischen moralischen Urteilen bestehen können; da diese nicht den Status von Urteilen* mit Wahrheitswert* besitzen, sondern Ausdruck von Gefühlen sind.

prima-facie-Pflicht, eine Pflicht*, die erfüllt werden muß, wenn sie nicht zu einer anderen (entsprechenden) Pflicht im Gegensatz steht. In einer Handlungssituation können sich mehrere p.-f.-P. stellen, und zwar so, daß die Erfüllung der einen die Erfüllung der anderen ausschließt. Z. B. kann die Entscheidung notwendig sein, ob man sich jetzt um seine kranke Mutter oder um die eigenen Kinder kümmern soll. In diesen Fällen sind die verschiedenen p.-f.-P. abzuwägen, um herauszufinden, was im ganzen betrachtet die eigene Pflicht ist. Der Ausdruck p.-f.-P. stammt von dem engl. Moralphilos. von W. D. Ross. Nach Ross gibt es eine intuitive* Erkenntnis der p.-f.-P.; aber es gibt keine sichere Erkenntnis davon, was im ganzen betrachtet in den einzelnen Handlungssituationen Pflicht ist.

Lit.: W. D. Ross: Foundation of Ethics, 1939.

Principia Mathematica, A. N. Whiteheads und B. Russells monumentales Werk von 1910-13 (revidierte Ausg. 1925; dt. 1923), in dem sie in möglichst weitem Umfang das logizistische* Programm durchzuführen versuchen: die Arithmetik auf formale Logik* zu reduzieren.

principium contradictionis (lat., Widerspruchsprinzip), gehört wie das Identitätsprinzip* und der Satz* vom ausgeschlossenen Dritten zu den drei klassischen Gesetzen der Logik*. Das p. c. sagt aus, daß ein Satz und seine Negation* nicht beide wahr sein können.

Prinzip (lat. *principium*, Ursprung, erste Ursache). 1. Grundsatz. Übergeordneter oder grundlegender Satz für Denken oder Handeln. 2. Axiom*. 3. Maxime*, Norm*, Regel. 4. Urgrund, Seinsgrund, erste Ursache*.

Privation (von lat. *privare*, berauben; griech. *steresis*), Beraubung, Mangel, Unvollständigkeit. Nach Aristoteles ist P. die Abwesenheit einer Eigenschaft an einem Seienden, das durch einen zielgerichteten (teleologischen*) Prozeß diese Eigenschaft erlangen kann. Z. B. ist Ungebildetheit eine P. des Menschen, der durch einen Bildungsprozeß zu einem gebildeten Menschen wird. Bei mehreren Philos. (u. a. Augustin, Platon und Schelling) ist das Böse als ein Mangel oder eine Abwesenheit des Guten* (lat. *privatio boni*) gedeutet worden.

Probabilismus (von lat. *probare*, annehmen, prüfen). 1. Erkenntnistheoretische Auffassung in der Nähe des Skeptizismus, nach der sicheres Wissen nicht erreichbar ist und Meinungen und Handlungen deshalb nach Wahrscheinlichkeitserwägungen gewählt werden müssen. 2. Ethische Auffassung innerhalb der katholischen Kasuistik*, nach der die Wahl einer Handlung als moralisch richtig auch in solchen Fällen vertretbar ist, in denen die Handlungsvorschrift nur Wahrscheinlichkeit beanspruchen kann und einer alternativen Handlungsvorschrift entgegensteht, die ebenso große Wahrscheinlichkeit hat. In demselben Zusammenhang bezeichnet P. auch die Praxis, der moralischen Führung einer besonders respektierten Autorität in Fällen zu folgen, in denen über die richtige Handlung keine Klarheit besteht.

Lit.: L. J. Cohen: An Introduction to the Philosophy of Induction and Probability, 1989. L. Krüger/G. Gigevenzer/M. S. Morgan (Hg.): The Probabilistic Revolution, II (Ideas in the Sciences), 1987.

Projektion (von lat. *projicere*, hinwerfen, vorwerfen, hinauswerfen). 1. In der Wahrnehmungspsychologie das Beziehen von Sinneseindrücken *(sense* data)* auf Gegenstände der Außenwelt*. 2. Das Übertragen eigener Gefühle, Motive oder Gedanken auf andere Personen, physische Dinge, Phantasien oder logische Konstruktionen*.

Proklos (412-485), geb. in Konstantinopel, heidnischer neuplatonischer* Philos., Leiter der Akademie* in Athen. P. systematisierte und erweiterte die neuplatonische Emanationslehre* (vgl. Plotin), indem er sie – eklektisch* – mit nicht-platonischem Gedankengut aus der griech. Philos. und Mythologie zusammenbrachte. Dem höchsten Prinzip kann sich die Philos. nur *via negationis* annähern. Denn es kann durch keine der traditionellen Bestimmungen wie Einheit (vgl. das Eine bei Plotin), Ursache, das Gute, Sein usw. erfaßt werden. Von diesem höchsten Prinzip strömt die übrige Wirklichkeit aus (emaniert), und zwar auf drei Stufen in je eigener ‹Bewegung›: 1. Das Niedrigere ist mit dem Höheren eins, weil es aus dem Höheren strömt. 2. Das Niedrigere ist als das Niedrigere auf dem Weg ‹weg vom› Höheren. 3. Weil das Niedrigere vom Höheren abstammt, strebt es zurück nach dem Höheren.

Ausg.: De aeternitate mundi, 1955. Über die Existenz des Bösen, 1978. – *Lit.:* W. Beierwaltes: P. Grundsätze seiner Metaphysik, 1965. – G. Boss/G. Seel (Hg.): P. et son influence, 1987.

Prolegomena (von griech. *pro-legein*, vorweg-sagen), Vorwort, einleitende Bemerkungen, Vorbemerkungen, so etwa im Titel von Kants *Prolegomena zu einer jeden künftigen Metaphysik* (1783).

propositional attitude (engl.), Bezeichnung für die Weisen, in der sich eine Person zu einem Urteil (oder Proposition) verhalten kann, z. B. akzeptierend, bezweifelnd, unbewußt befürchtend, hoffend usw. Die semantische Deutung von Sätzen, die eine p. a. zum Ausdruck bringen wie ‹Peter glaubt, der Abendstern sei ein Planet›, ist stark diskutiert worden, seitdem Frege aufgezeigt hat, daß das Extensionalitätsprinzip für diese Sätze nicht gilt. – S. extensional und Modalität.

propter hoc (lat.), als Folge von diesem, dadurch, von diesem verursacht. – Vgl. Fehlschluß, *post* hoc ergo propter hoc.*

Protagoras (von Abdera) (ca. 485–415 v. Chr.), griech. Philos., geb. in Abdera in Thrakien, berühmtester Sophist*. P. reiste von einer griech. Stadt zur anderen und gab gegen Bezahlung Unterricht in Rhetorik und Politik. Er war mit Perikles befreundet, der ihn 444 eine Verfassung für die neue Kolonie Thurioi ausarbeiten ließ. Einer Überlieferung zufolge wurde P. gegen Ende seines Lebens in Athen der Blasphemie bzw. Asebie beschuldigt und mußte die Stadt verlassen; sein Buch «Über die Götter» wurde öffentlich verbrannt. P. zahlreiche Werke sind verschollen; die Kenntnis über ihn stammt aus einigen Fragmenten und aus den Kommentaren anderer Philos., vor allem Platons. – P. Kernsatz lautet: «Der Mensch ist das Maß aller Dinge» (sog. Homo-mensura-Satz). Nach Platon enthält dieser Satz eine relativistische* Auffassung. Wenn zwei Personen denselben Gegenstand auf verschiedene Weise wahrnehmen, haben beide recht. Dasselbe gilt für politische, moralische und ästhetische Fragen. So sind zwar alle Meinungen gleichermaßen wahr; aber es gibt nach P. einige, die ‹besser› sind als andere. Seine Aufgabe als Sophist sieht er darin, Hilfe zu leisten bei der Suche nach den besten Meinungen über politische und moralische Fragen.

Ausg.: W. Capelle: Die Vorsokratiker, [8]1973. H. Diels/W. Kranz: Die Fragmente der Vorsokratiker, Bd. 2, 1951. – *Lit.:* M. Emsbach: Sophistik als Aufklärung, 1980. P. Thrams: Die Morallehre Demokrits und die Ethik des P., 1986.

protasis (griech., an erster Stelle stehend), bei Aristoteles eine Prämisse* in einem Syllogismus*.

Protention/Retention (von lat. *pro/re*, vor/wieder, und *tendere*, strecken), Husserls Bezeichnung für das unmittelbare Bewußtsein von Zukunft bzw. Vergangenheit; zusammen mit dem unmittelbaren Bewußtsein vom Jetzt ergeben P./R. die unmittelbare Erfahrung von der Einheit des Bewußtseinsstroms.

Lit.: K. Held: Lebendige Gegenwart, 1966. E. Husserl: Zur Phänomenologie des inneren Zeitbewußtseins, 1928.

proton kinoun (griech., das erste Bewegende; lat. *primum movens*), die erste bewegende Ursache* in einer Ursachenreihe. Bei Aristoteles und im Aristotelismus mit Gott identisch. – Vgl. kosmologischer Gottesbeweis*.

proton pseudos (griech. die erste Falschheit), Beweisfehler, der daraus entsteht, daß die erste Voraussetzung (Prämisse*) eines Arguments falsch ist.

Protophysik (von griech. *protos*, erster), Bezeichnung der Erlanger* Schule für die Wissenschaftstheorie der Physik, die besonders die Theorien für die Messung der grundlegenden physikalischen Größen Länge, Zeit und Masse umfaßt. Diese werden als Geometrie, Chronometrie bzw. Hylometrie bezeichnet (griech. Erdmessung, Zeitmessung, Stoffmessung).

Lit.: G. Böhme (Hg.): P., 1976.

Proudhon, Pierre Joseph (1809–65), franz. Philos., Mitbegründer der anarchistischen* Bewegung. P. definiert das Recht auf Eigentum (franz. *la propriété*) als Recht zur uneingeschränkten Verwertung des Eigentums an Boden, Kapital usw.; der Gebrauch kann einschließen, daß andere vom Eigentümer in Abhängigkeit geraten. Solches Recht entstammt nach P. der geschichtlichen Entwicklung, besitzt aber keine göttliche oder naturrechtliche* Grundlage. Es ist nichts anderes als Diebstahl *(propriété est vol)* und ist deshalb abzuschaffen. An seine Stelle muß ein befristetes Besitzrecht (franz. *possession*) treten für Boden und Produktionsmittel; nur solange der Besitzer sie durch eigene Arbeit nutzt, soll das Recht jeweils gelten. In seiner Geschichtsphilos. lehrt P., daß die Geschichte sich notwendig auf ein Ziel hin entwickelt. Sie durchläuft dabei drei Phasen: die religiöse, die philos. und die wissenschaftliche. Die Gegenwart befindet sich im Übergang zur letzten Phase.

Ausg.: Ausgewählte Texte. Hg. von T. Ramm, 1963. – *Lit.:* K. Diehl: P. J. P., 3 Teile, 1888–96 (ND 1968). G. Gurvitch: P., sa vie, son œuvre, avec un exposé de sa philosophie, 1965. K. Marx: Das Elend der Philos., ^{3}1971.

Pseudo-Dionysios, Bezeichnung für den unbekannten Verfasser von vier Abhandlungen und zwölf Briefen, die gegen Ende des 5. Jh. auftauchten und zuerst Dionysios Areopagita (1. Jh.) zugeschrieben wurden. Von Paulus zum Christentum bekehrt und erster Bischof Athens, kommt er aber als Urheber dieser Werke nicht in Frage; deshalb wurden sie schon 532/33 zu Fälschungen erklärt, und ihr unbekannter Verfasser erhielt den Namen P.-D. Seine Schriften sind stark vom Neuplatonismus geprägt (s. Platonismus), vor allem von Proklos; sie deuten die Welt als Hierarchie, an deren Spitze Gott (das Eine*) steht, die Quelle aller Wirklichkeit. Die Schriften beeinflußten die Kirchenväter* und wirkten auf die scholastische* Philos. und die christliche Mystik*.

Ausg.: Über die himmlische Hierarchie, 1986. The complete works, 1987. Die Namen Gottes, 1988. – *Lit.:* A. Louth: Denys the Areopagite, 1989. W. Völker: Kontemplation und Ekstase bei P.-D., 1958.

Psychologismus (von griech. *psyche*, Bewußtsein, Seele, und *logos*, Lehre). 1. Eine Form des Naturalismus*, welche die Psychologie zur Grundlage aller Philos. erhebt. Erkenntnis – vor allem Logik – wird auf psychische Vorgänge reduziert, die Erkenntnistheorie damit auf einen Spezialfall der Psychologie. Besonders verbreitet war dieser P. gegen Ende des 19. Jh., z. B. bei Sigwardt, Wundt, T. Lipps und zum Teil bei Dilthey. Abgelehnt wurde er u. a. von Frege, Natorp und Husserl. 2. Eine radikalere Form des P. findet sich im engl. Empirismus* (Hume und J. S. Mill) und im Empiriokritizismus* (R. Avenarius und E. Mach). Hier wird neben der Erkenntnis auch das erkannte Objekt auf ein Bündel von Sinneswahrnehmungen (*sensations*, Empfindungen) oder Wahrnehmungsmöglichkeiten zurückgeführt (vgl. Phänomenalismus). 3. Bei Popper heißt eine Theorie P., wenn für sie die Gesellschaft nicht allein ein Produkt der Individuen ist, sondern auch eine Widerspiegelung ihrer psychischen Eigenschaften.

Ptolemaios (2. Jh. n. Chr.), Astronom, Geograph und Mathematiker, lebte in Ägypten. Faßte in dem Werk *Almagest* das astronomische Wissen seiner Zeit zusammen. Nach P. Theorie, häufig ptolemäisches System genannt, ist die Erde die unbewegliche Mitte des Universums; die übrigen Himmelskörper umlaufen die Erde in gleichmäßigen Bewegungen. P. geozentrische Theorie wurde in der Astronomie bis zum 16. Jh. als gültig erachtet.

Ausg.: Claudii Ptolemaei opera quae exstant omnia, 1898–1952. – *Lit.:* O. Pedersen: A Survey of the Amalgest, 1974. B. L. van der Waerden: Die Astronomie der Griechen, 1988.

Pufendorf, Samuel (1632–94), dt. Jurist und Historiker, 1661 Prof. für Naturrecht in Lund, Königlich-schwed. Historiograph 1677–88 und danach in Brandenburg. P. rechtsphilos. und rechtswissenschaftlichen Werke gehören zu den einflußreichsten im 17. und 18. Jh. Als Rechtsphilos. stützt er sich auf Grotius und besonders auf Hobbes, legt aber in seinen Büchern sehr viel mehr Wert auf praktische Anwendbarkeit.

P. Hauptwerk ist *De jure naturae et gentium* (Über Natur- und Völkerrecht, 1672). Dort geht er von der Auffassung aus, daß der Mensch nicht nur ein physisches, sondern auch ein moralisches Wesen ist. Seine freien Handlungen bringen eine moralische Wirklichkeit hervor, die der physischen gleichgestellt ist. P. Rechtslehre gehört deshalb zu den Humanwissenschaften. Sie wird zwar gemäß dem Wissenschaftsideal der Zeit *more geometrico* aufgebaut, bleibt aber gegenüber den Naturwissenschaften autonom.

Als Naturwesen ist der Mensch durch Selbstsucht, Hilflosigkeit in den Kinderjahren und durch einen Hang zum Bösen charakterisiert. Folglich kann er nur im Rahmen einer friedlichen Gemeinschaft überleben. Aus dieser Notwendigkeit erwächst das fundamentale natürliche Gesetz, das jedem einzelnen gebietet, eine soziale Stellung einzunehmen und auszufüllen; es spornt also zur Sozialität an und treibt den Menschen in die Gemeinschaft. Damit die Gemeinschaft sich auch verteidigen kann, bedarf es einer wirklichen Staatsmacht. Diese Staatsmacht wird in einem Gesellschaftsvertrag konstituiert, der aus drei Schichten besteht: einem Vereinigungsvertrag, in dem die Mitglieder der Gemeinschaft ihren Willen zum Zusammenleben bekunden; sodann dem Beschluß, daß eine etwaige Minderheit der Mehrheitsentscheidung über die Frage der zu wählenden Staatsform folgen wird; und schließlich einem Unterwerfungsvertrag, in dem sich die Bürger jener Obrigkeit unterordnen, der kraft der Mehrheitsentscheidung das Recht zur gemeinsamen Verteidigung (und was daraus folgt) übertragen wird. Auf dieser Grundlage baut P. seine Rechtslehre auf. Von Bodins Begriff der Souveränität her sucht er eine zentrale Staatsmacht zu rechtfertigen, weshalb ihn die Nachwelt als Ideologen des Absolutismus* einstufte. P. ist jedoch der Meinung, die Frage nach der besten und bestbegründeten Staatsform könne gar nicht ein für allemal entschieden werden; die jeweilige Antwort hängt z. B. von der Größe des Staates und seiner geographischen Lage ab.

Ausg.: De jure naturae et gentium. Lat.-engl. Ausgabe. The Classics of International Law, 1934. – *Lit.:* D. Döring: P.-Studien, 1992. L. Krieger: The Politics of Discretion. P. and the Acceptance of Natural Law, 1965. H. Medick: Naturzustand und Naturgeschichte der bürgerlichen Gesellschaft, ^{2}1981. H. Welzel: Die Naturrechtslehre S. P., 1958.

Putnam, Hilary (geb. 1926), amerik. Philos., Schüler von Hans Reichenbach; seit 1965. Prof. an der Harvard University, 1976 Pearson-Lehrstuhl für mathematische Logik, 1995 Cogan-Professur für moderne Mathematik. Hat in vielen Schriften die Grundideen und Programme des logischen* Positivismus, besonders innerhalb der Wissenschaftsphilos. (Reduktionismus, Induktionismus und Instrumentalismus*), der Sprachphilos. (Verifikationismus*) und der Bewußt-

Hilary Putnam

seinsphilos. (Behaviorismus*) kritisiert. Ebenso kritisch eingestellt ist er gegenüber philos. Theorien, die in der Auseinandersetzung mit dem Positivismus führend waren, u. a. jene Poppers, Kuhns, Feyerabends, Quines und Chomskys. P. modifiziert seine eigenen Theorien zwar immer wieder, hält aber dennoch an gewissen klaren Hauptlinien fest. In der Wissenschaftsphilos. vertritt P. eine realistische* Position und charakterisiert die Begriffe als Repräsentationen ‹natürlicher* Klassen›. In der Sprachphilos. hat er zur Entwicklung der kausalen Referenztheorie beigetragen (die ursprünglich von Kripke entwickelt wurde) und dabei den Charakter der Sprache als sozialer Institution hervorgehoben. In der Bewußtseinsphilos. hat P. den sogenannten Funktionalismus formuliert, nach dem das Verhältnis zwischen Seele und Leib als Verhältnis zwischen einer Funktion* und dem, was kraft seines Wirkens die Funktion trägt, ausgelegt wird; Bewußtseinszustände werden dabei in Analogie zu den abstrakten Zuständen von Computern verstanden. In späteren Veröffentlichungen hat P. gewisse traditionelle Gegensätze der Philos. wie Realismus/Idealismus, objektiv/subjektiv, Tatsache/Wert aufzuheben versucht, da sie in seinen Augen sowohl unhaltbar als auch für philos. Problemlösungen hinderlich seien. Heute sucht P. mit seiner Position des «internen Realismus» einen philosophischen Weg zwischen naturwissenschaftlichem Absolutismus und einem – insbesondere von R. Rorty propagierten – postmodernen Relativismus vorzuzeichnen.

Ausg.: Philosophical Papers, 2 Bde., 1975. Meaning and the Moral Sciences, 1978. Die Bedeutung von Bedeutung, 1979. Vernunft, Wahrheit und Geschichte, 1982. Renewing Philos., 1992. Von einem realistischen Standpunkt. Schriften zur Sprache und Wirklichkeit, 1993. – *Lit.:* G. Boolos (Hg.): Meaning and Method: Essays in Honour of H. P., 1990. A. Burri: H.P., 1994. P. Clark/B. Hale (Hg.): Reading P., 1994.

Pyrrhon von Elis (ca. 360–271 v. Chr.), griech. Philos., der erste eigentliche Skeptiker* (griech. *skeptikos*, Untersuchender). P. Skeptizismus äußerte sich eher in seiner Lebensform, denn als ausformulierte, systematische Theorie. Seine Lehre der Gemütsruhe (griech. *ataraxie*) als einem Lebensideal ergibt sich aus seiner Auffassung, daß man sich aufgrund der prinzipiellen Unmöglichkeit einer Erkenntnis des Wesens der Dinge jeglichen Urteils enthalten solle.

Ausg.: Quelle für seine Lehren: Sextus Empiricus, Grundriß der pyrrhonischen Skepsis, 1985. – *Lit.:* M. Conche: P. ou l'apparence, 1973. H. Krüger: Aus der Gedankenwelt der antiken Skepsis, 1923. L. Robin: P. et le scepticisme grec, 1944.

Pythagoras (6. Jh. v. Chr.), griech. Philos. P. wurde auf Samos geboren, emigrierte nach Kroton in Süditalien, dort gründete er eine philos.-religiöse Gemeinschaft, die zeitweilig bedeutenden politischen Einfluß besaß. Von ihm und seiner Schule (Pythagoreer) sind viele Legenden, aber wenige gesicherte Fakten überliefert. – Die stärkste philos. Wirkung übte er auf Platon aus.
Bei P. ist die Philos. Teil eines religiösen und moralischen Ganzen; sie dient dem menschlichen Heil. Die Welt (griech. *kosmos*) wird als lebendiges, göttliches und ewiges Wesen aufgefaßt. Auch der Mensch besitzt etwas Unsterbliches, nämlich die Seele*; sofern sie aber in den vergänglichen Leib eingesperrt ist, bleibt der Mensch gespalten. Um sich mit dem Kosmos zu vereinigen und sich im Kreislauf der Seelenwanderung nicht immer wieder mit neuen Körpern verbinden zu müssen, muß der Mensch seine Seele reinigen. Diese religiöse Seite seiner Philos. ist der Orphik* ähnlich; besonderen Wert legt P. auf rituelle Reinigung und Sühne.
Die Philos. befaßt sich mit dem Kosmos. Den Schlüssel dazu liefert ihr die Mathematik, die Untersuchung der Zahlen. Alles ist Zahl, und alles kann mit Hilfe der Zahl verstanden werden. So fanden die Pythagoreer heraus, daß Saitenlänge und Tonhöhe der Lyra sich proportional zueinander verhalten. Die siebensaitige Lyra ist so gestimmt, daß die beiden äußeren und die beiden mittleren Saiten zusammen die Intervalle Oktave, Quinte und Quarte ergeben. Diese Intervalle lassen sich in den Zahlenverhältnissen 1:2, 3:2, 4:3 ausdrücken. Zahlen, mathematische Verhältnisse sind die Natur der Dinge. In Schwierigkeiten geriet diese Tradition später durch die Entdeckung, daß sich die Quadratwurzel aus 2 nicht als Verhältnis zwischen natürlichen Zahlen ausdrücken läßt. Deshalb versuchte die Schule anfänglich, diese Entdeckung geheimzuhalten.
Die grundlegenden Prinzipien sind das Begrenzte und das Unbegrenzte (griech. *apeiron**); sie repräsentieren das Gute und das Böse. Danach kommen das Un-

gleiche und das Gleiche, und aus ihnen folgt die unteilbare Einheit, die Zahl 1, die außerhalb der Zahlenreihe steht. Der 1 entspringt die Vielfalt der Zahlen, und ihnen wiederum die Welt.

Ausg.: Die goldenen Verse des P., ²1987. Die Vorsokratiker. Hg. von J. Mansfeld, 1987. Diels/Kranz: Die Fragmente der Vorsokratiker, 1951. – *Lit.:* E. Baltzer: P., der Weise von Samos. Ein Lebensbild, 1868 (ND 1987). W. Burkert: Weisheit und Wissenschaft, 1962. I. Gobry: Pythagore, 1992. J.-F. Mattéi: Pythagore et les pythagoriciens, 1993. A. Städele: Die Briefe des P. und der Pythagoreer, 1980. B. L. van der Waerden: Die Pythagoreer, 1979.

qualitas occulta (lat., verborgene, unbekannte Eigenschaft), in der scholastischen* Philos. Bezeichnung für eine nicht wahrnehmbare Eigenschaft, die physisch unerklärbar ist.

Qualität (griech. *poiotes*, Eigenschaft; lat. *qualitas*). Galilei, Descartes, Newton, Locke u. a. unterscheiden zwischen *primären* und *sekundären* Q., d. h. zwischen zwei Arten von Eigenschaften. Primäre Q. sind Eigenschaften, die die Dinge an* sich und objektiv besitzen, d. h. unabhängig von unserer Wahrnehmung. Hierzu gehören Ausdehnung, Form, Bewegung, Anzahl und Größe. Unsere Erlebnisse der p.Q. sind echte Kopien dieser Eigenschaften der Dinge. Sekundäre Q. – Farben, Laute, Gerüche, Wärme, Geschmack, Härte usw. – sind Eigenschaften, die die Dinge nicht an sich besitzen, sondern nur insofern, als wir sie wahrnehmen. Es sind Bewußtseinsinhalte, die im Zusammenspiel zwischen unseren Sinnesorganen und den p. Q. der äußeren Dinge entstehen. Insofern sind die s. Q. subjektiv*, keineswegs Kopien der Eigenschaften der Dinge. Die Unterscheidung zwischen p. und s.Q. entspricht im wesentlichen der Unterscheidung zwischen denjenigen Eigenschaften, die die klassische Mechanik als grundlegend betrachtete, und den Eigenschaften, die die klassische Mechanik aus der primären Q. zu erklären versuchte. Berkeley kritisierte diese Unterscheidung, indem er argumentierte, daß auch p.Q. bewußtseinsabhängig sind. In der modernen Phänomenologie* (z. B. bei

Husserl) wurde die Unterscheidung unter Hinweis darauf kritisiert, daß unsere Lebenswelt sowohl durch Farben, Laute, Gerüche, Wärme, Geschmack, Härte usw. als auch durch anschauliche* räumliche Formen charakterisiert sei und daß diese Lebenswelt eine Voraussetzung dafür sei, daß es überhaupt einen Sinn habe, von einer abstrakten, unanschaulichen, physischen Welt mit ihren reinen, geometrischen Formen zu sprechen (s. Welt).

Mitunter nennt man die Werte* (gut, böse, schön, häßlich usw.) *tertiäre* Q.. Dieser Sprachgebrauch wird häufig mit einer subjektivistischen* Wertauffassung verbunden (vgl. Nonkognitivismus*). Während die p.Q. den Dingen unabhängig von unserer Wahrnehmung angehören und während die s.Q. den Dingen wegen der physiologischen Beschaffenheit unserer Sinnesorgane beigelegt werden, sind die t.Q. nach einer verbreiteten Theorie ausschließlich von unserer Willkür und/oder unserer geschichtlich-sozialen Position abhängig.

Quantifizierung. Die Anwendung von Quantoren* zur Darstellung der logischen Formen genereller Urteile. Die Quantorenlogik (engl. *quantification theory*) ist die Bezeichnung für die Prädikatenlogik 1. Stufe (s. moderne Logik).

Quantor (auch Quantifikator genannt, von lat. *quantus*, wie groß; engl. *quantifier*), Bezeichnung für diejenigen Konstanten der modernen Logik*, die die generellen Ausdrücke der Sprache, d. h. ‹alle›, ‹kein› und ‹einige›, symbolisch wiedergeben und die Quantität genereller Urteile* angeben. Der universelle Q. (All-Quantor) ‹(x)› (oder ‹(∀x)›): ‹Es gilt für jedes x...› dient der Darstellung universeller Urteile. Frege, der die Q.-Notation 1879 eingeführt hatte, betrachtete ein universelles Urteil wie ‹Alle Deutschen sind Logiker› als mit der Aussage identisch ‹Es gilt für jedes x: wenn x ein Deutscher ist, ist x ein Logiker›. Wenn ‹D› mit ‹ist Deutscher› und ‹L› mit ‹ist Logiker› verkürzt wird, kann diese Aussage wie folgt symbolisiert werden: ‹(x) (Dx → Lx)›. Das universell verneinende Urteil ‹Kein Deutscher ist Logiker› hat demnach die folgende Form: ‹(x) (Dx → −Lx)›. Der Existenzquantor, ‹(∃x)›: ‹Es gilt für mindestens ein x...› wird zur Wiedergabe partikularer Urteile verwendet wie ‹Einige Deutsche sind Logiker› und ‹Einige Deutsche sind nicht Logiker›. Diese zwei Urteile können symbolisch mit ‹(∃x) (Dx & Lx)› bzw. ‹(∃x) (Dx & − Lx)› wiedergegeben werden. Prinzipiell ist ein einziger Q. ausreichend; z. B. können die Aussagen ‹Alle Deutschen sind Logiker› bzw. ‹Kein Deutscher ist Logiker› allein mit dem Existenz-Q. wiedergegeben werden: ‹ − (∃x) (Dx & − Lx)› bzw. ‹ − (∃x) (Dx & Lx)›. Umgekehrt können die Aussagen ‹Einige Deutsche sind Logiker› bzw. ‹Einige Deutsche sind nicht Logiker› mit Hilfe des universellen Q. wiedergegeben werden: ‹ − (x) (Dx → − Lx)› bzw. ‹ − (x) (Dx → Lx)›. Man spricht davon, daß ein Q. mit einer Variablen*, ‹x› (oder den Variablen ‹y›, ‹z›, ‹u›...) die Variablen, die sich innerhalb der Reichweite (dem Gültigkeitsbereich) des Q. befinden, bindet. Dies wird mit Hilfe von Klammern angegeben, wobei ein Q. jenen Teil der betreffenden Formel umfaßt, der sich in der Klammer unmittelbar nach dem Q. befindet. In der Formel ‹(x) (Dx → (∃y) (Ly & Bxy))›: ‹Jeder Deutsche bewundert mindestens einen Logiker› gilt ‹(x)› für den ganzen Ausdruck, während ‹(∃y)› nur ‹(Ly & Bxy)› umfaßt. Um über die Wahrheit oder Falschheit eines mittels Q. ausgedrückten Urteils zu entscheiden, ist es notwendig, den Gegenstandsbereich (den Quantifikationsbereich, engl. *domain of quantification* oder *universe of discourse*) zu kennen, dessen Gegenstände das Urteil wahr machen würden. Z. B. ist die Aussage ‹Alle Mitglieder haben eine Mitgliedsnummer› dann und nur dann wahr, wenn der Gegenstandsbereich die Menge aller Mitglieder ist; sie ist jedoch falsch, wenn der Gegenstandsbereich auch andere Personen umfaßt. Die logischen und semantischen* Eigenschaften der Q. werden in der sog. Prädikatenlogik* (auch Funktionslogik genannt) untersucht.

Lit.: G. Frege: Begriffsschrift, 1879. G. Hasenjäger: Einführung in die Grundbegriffe und Probleme der modernen Logik, 1962. F. von Kutschera/A. Breitkopf: Einführung in die moderne Logik, 1971. W. v. O. Quine: Grundzüge der Logik, 1969.

quaternio terminorum (lat., Vervierfachung der Begriffe), Fehlschluß, der die Regel verletzt, daß in einem Syllogismus nur drei Begriffe (Terme) vorkommen dürfen. Der Fehler kommt zustande, wenn einer der Terme des Syllogismus in zwei verschiedenen Bedeutungen gebraucht wird. Beispiel: ‹Alle Füchse haben vier Beine. Gajus ist ein Fuchs. Ergo: Gajus hat vier Beine.›

quidditas (lat. ‹Washeit›, Übersetzung des aristotelischen *to ti en einai*, ‹jeweils zugehöriges Sein›). Die eigentliche Beschaffenheit eines Dings, seine Qualität* oder sein Wesen* (lat. *essentia*).

Quine, Willard Van Orman (geb. 1908), amerik. Logiker und Philos., seit 1948 Prof. an der Harvard Univ. Nach einer mathematischen Ausbildung studierte Q. Logik an der Harvard Univ., wo ihn u. a. A. N. Whitehead, C. I. Lewis und H. M. Shetter nachhaltig prägten. Weiter studierte er in Warschau und in Prag. In Warschau fand er Kontakte zum Wiener* Kreis, aus dem besonders Carnap dauerhaften Einfluß auf ihn ausübte. Auch von Russell und Dewey erhielt Q. starke Impulse, die sich insbes. im Versuch bemerkbar machen, in seinem philos. Denken den logischen* Positivismus und Pragmatismus zusammenzubringen. Seine zahlreichen Werke lassen sich in zwei Gruppen einteilen, wobei seine Logik und Mengenlehre zur ersten Gruppe gehören. Hierzu gehören *A System of Logistic* (1934), *Mathematical Logic* (1940), *Elementary Logic* (1941), *Methods of Logic* (1950), *Set Theory and its Logic* (1963) sowie die Aufsatzsammlung *Selected Logic Papers* (1966). Die zweite Gruppe behandelt sprachphilos.*, erkenntnistheoretische und ontologische Themen. Als Hauptwerk gilt *Word and Object* (1960); dazu kommen die Aufsatzsammlungen *From a Logical Point of View* (1953), *Ontological Relativity and Other Essays* (1969), *Philosophy of Logic* (1970), *The Ways of Paradox* (1966), *The Roots of Reference* (1973) und *Theories and Things* (1981), *quiddities* (1987), *Pursuit of Truth* (1990), *From Stimulus to Science* (1995).

Q. wurde vor allem durch seine scharfe Kritik an der Unterscheidung zwischen analytischen* und synthetischen Urteilen bekannt. In dem Aufsatz «Two dogmas of empiricism» (in *From a Logical Point of View*, 1953) untersucht er eine Reihe von Versuchen zur Erklärung oder Definition des Begriffs ‹analytisches Urteil› und kommt zu dem Schluß, daß sich der Begriff nicht ohne einen logischen Zirkelschluß erklären läßt. Die verschiedenen Erklärungsversuche gebrauchen Begriffe wie ‹Synonymie›, ‹Sinn›, ‹semantische Regel› und ‹logische Notwendigkeit›. Für alle diese Begriffe aber gilt nach Q., daß sie gemeinsam mit dem Begriff ‹Analytizität› ein zusammenhängendes Begriffssystem bilden, in welchem jeder einzelne Begriff die anderen voraussetzt. Q. sieht keine Möglichkeit, aus diesem Zirkel auszubrechen, und kommt daher zum Schluß, daß dieses gesamte Begriffssystem Ausdruck einer unhaltbaren Theorie über das Verhältnis von Sprache und Wirklichkeit sei. In bezug auf die Unterscheidung analytisch/synthetisch läuft diese Theorie darauf hinaus, daß in jedem wahren Urteil* ein bestimmtes Verhältnis zwischen zwei Bestandteilen, der Sinnkomponente und der faktischen Komponente, vorliegt. So beruht die Wahrheit des Satzes: ‹Gras ist grün› sowohl darauf, daß die verwendeten Worte – ‹Gras›, ‹ist› und ‹grün› – eine lexikalische Bedeutung haben, als auch darauf, daß die Pflanze, die wir Gras nennen, faktisch grün ist und nicht etwa rot.

Analytische Urteile können dann als Grenzfälle bestimmt werden, bei denen die faktische Komponente ganz wegfällt, so daß die Wahrheit ausschließlich durch die Sinnkomponente bestimmt ist. Q. behauptet nun, daß eine solche Unterscheidung für einzelne Urteile nicht ohne Willkür durchzuführen sei. Nach seiner Auffassung – der des sog. Holismus* – kann die Unterscheidung – und auch dann unter Vorbehalt – nur auf eine Sprache als ganze angewendet werden, während sie für Urteile oder Sätze keinen eindeutigen Sinn hat.

Dieser Gedanke wird in *Word and Object* weiter entfaltet. Ausgangspunkt ist hier die These, daß wir, wenn wir eine Sprache verstehen, dies ausschließlich auf der Grundlage der Wahrnehmung der sprachlichen Reaktionen der Redenden und der unmittelbaren (wahrnehmbaren) Umgebung tun. Die sprachlichen Reaktionen sind durch zwei Faktoren bestimmt: zum einen durch das, was die Redenden mit ihren Äußerungen meinen, zum andern durch die Meinungen, die die Redenden von den betreffenden Sachverhalten haben. Die Frage ist dann, ob es auf der vorliegenden Grundlage – dem sprachlichen Verhalten der Redenden in konkreten Situationen – möglich ist, diese beiden Faktoren zu unterscheiden. Q. verneint diese Frage. Sinn – was die Redenden mit ihrer Rede meinen – und Theorie – was die Redenden über die Welt meinen – sind prinzipiell untrennbar. Diesen Gedanken, daß Sinn nicht eindeutig bestimmbar ist, formuliert Q. in der sog. Unbestimmtheitsthese. Nach dieser ist es immer möglich, eine Sprache in eine andere auf mehrere Weisen zu übersetzen, die je für sich mit sämtlichen Informationen über das sprachliche Verhalten des Redenden vereinbar, untereinander aber nicht vereinbar sind. Es hat deshalb keinen Sinn, von einer richtigen Übersetzung zu sprechen.

In Q. alternativem Sprachmodell wird die Sprache, und mit ihr die Erkenntnis, als ein einziges großes Netzwerk betrachtet, das als ein Ganzes gegenüber Erfahrung empfänglich ist und in dem kein Teil grundsätzlich gegen Umwertungen aufgrund neuer Erfahrungen immun ist. Selbst die Gesetze der Logik und die sog. analytischen Urteile sind gegenüber neuen Erfahrungen nicht unbezweifelbar immun. Apriorische Erkenntnis gibt es nicht, weder in der Logik noch in der Philos. Die ontologischen und begriffsmäßigen Untersuchungen, die traditionell für die Philos. kennzeichnend sind, müssen als integrierender Bestandteil der empirisch-wissenschaftlichen Erforschung der Welt angesehen werden. Sie besitzen keinen Sonderstatus, sondern sind der allgemeinen Unbestimmtheit der Sinnebene unterworfen und müssen stets in Relation zu einer bestimmten Sprache und einem bestimmten Begriffsapparat verstanden werden. Die Ontologie ist relativ-innersprachlich und hat keinen Anspruch auf Allgemeingültigkeit.

Ausg.: Grundzüge der Logik, 1969. Ontologische Relativität und andere Schriften, 1975. Die Wurzeln der Referenz, 1976. Wort und Gegenstand, 1980. Theorien und Dinge, 1985. – *Lit.:* R. B. Barrett/R. F. Gibson (Hg.): Perspectives on Q., 1990. D. Davidson/J. Hintikka (Hg.): Words and Objections. Essays on the Work of W. V. O. Q., 1969 (²1975). M. Gosselin: Nominalism and Contemporary Nominalism, 1990. L. E. Hahn/P. A. Schilpp (Hg.): The Philos. of W. V. Q., 1986. D. Koppelberg: Die Aufhebung der analytischen Philos. Q. als Synthese von Carnap und Neurath, 1987. H. Lauener: W. V. O. Q., 1982. R. Naumann: Das Realismusproblem in der analytischen Philos., 1993. M. Sukale: Denken, Sprechen und Wissen. Logische Untersuchungen zu Husserl und Q., 1988.

Quintessenz (von lat. *quinta essentia*, die fünfte Wesenheit). Bei Platon und Aristoteles ist der Äther* das fünfte und wesentlichste Element. Deshalb kann Q. auch den Kern, das Wesentliche einer Sache bezeichnen.

quod erat demonstrandum (lat.), was zu beweisen war. Schlußworte beim klassischen (deduktiven*) Beweis.

Ramsey, Frank Plumpton (1903–30), engl. Philos. und Logiker an der Universität Cambridge. Trug zur Vereinfachung des logischen Systems Russells, u. a. der Typentheorie*, bei und übte starken Einfluß auf die philos. Diskussion der Grundlage der Mathematik aus. R. Schriften, die auch den Wahrheitsbegriff*, das Induktionsproblem* und den Identitätsbegriff* behandeln, sind in dem posthum erschienenen Band *Foundations of Mathematics and Other Logical Essays* (1931) gesammelt.

Ausg.: Grundlagen. Abhandlungen zur Philos., Logik, Mathematik und Wirtschaftswissenschaft, 1980.

Ramus, Petrus (Pierre de La Ramée) (1515–72), franz. Philos. Bekannte sich 1562 zum Calvinismus und wurde in der Bartholomäusnacht ermordet. – R. stützte sich auf Platon, Cicero, Quintilian, insbesondere auf die rhetorische* Tradition, und wandte sich gegen die aristotelische* Logik. Sie sollte durch eine Logik der natürlichen Sprache ersetzt werden.

Ausg.: Dialecticae institutiones Aristotelicae animadversiones, 1964. Scholae in tres primas liberales artes, 1965. – *Lit.:* W. J. Ong: R., Method, and the Decay of the Art of Reason, 1958.

rational (von lat. *ratio*, Vernunft). 1. vernünftig*, verstandesgemäß, Gegensatz zu irrational. 2. Was in der Vernunft, nicht in der Erfahrung gründet, im 18. Jh. z. B. zur Unterscheidung von rationaler (d. h. spekulativer oder philos.) und empirischer Psychologie gebräuchlich. 3. In Besitz von Vernunft, im Gegensatz zu nicht-rational oder arational, etwa in der Charakterisierung des Menschen als eines verstandesgeleiteten Wesens.

Rationalismus (von lat. *ratio*, Vernunft, Verstand). Allgemein ein philos. Standpunkt, der die Rolle der *ratio* betont bzw. überbetont. Da der Begriff ‹R.› unterschiedlichen Begriffen entgegengesetzt werden kann, ergibt sich eine Vieldeutigkeit von R.

In Religion und Theologie konnte *ratio* mit blindem Offenbarungsglauben und mit Mystik kontrastiert werden. Theologischen R. nennt man demgemäß einen Standpunkt, bei dem die *ratio* auch in Glaubenssachen höchster Maßstab bleibt.

Im ethischen Kontext wurden die rationalen den irrationalen Seelenteilen bzw. -kräften (Affekte, Gefühle, Wille o. ä.) entgegengesetzt. Der ethische R. (auch Intellektualismus) betont dementsprechend den Vorrang des Wissens (des Guten) gegenüber dem Willen und den Affekten.

In erkenntnistheoretischen Zusammenhängen wurde *ratio* zumeist den Sinnen gegenübergestellt. Im Gegensatz zum Empirismus, insbesondere zum Sensualismus, versteht man dann unter R. eine Lehrmeinung, derzufolge der Vernunft bzw. dem Verstand als Erkenntnisquelle und/oder als Begründungsinstanz für Erkenntnisansprüche Priorität gegenüber der durch die Sinne vermittelten Erfahrung zukommt.

Rationalistische Philos. gab es in der Geschichte immer wieder. Die Zeit der großen rationalistischen Systeme (Descartes, Spinoza, Leibniz, Wolff) ist jedoch das 17. und 18. Jh; von daher findet der Ausdruck R. in einem engeren Sinn als Epochenbegriff Verwendung. Kennzeichnend für den R. sind: die Annahme angeborener, d. h. nicht-erworbener, nicht durch Erfahrung veranlaßter Ideen und Erkenntnisse; die Annahme von Erkenntnissen *a priori*, d. h. erfahrungsunabhängig zu rechtfertigenden Erkenntnissen; die Orientierung am mathematischen Wissen; die Verwendung der axiomatischen (‹geometrischen›) Methode; die Ordnung des Wissens in einem deduktiven System. – Kant versuchte, die Einseitigkeiten von R. und Empirismus zu überwinden. Unter veränderten Vorzeichen hat sich der Streit zwischen rationalistischen und empiristischen Standpunkten fortgesetzt. So ist etwa die rationalistische Theorie des Spracherwerbs (von N. Chomsky u. a.) auf vielfältige empiristische Kritik gestoßen.

Lit.: E. Cassirer: Die Philos. der Aufklärung, 1932, ³1973. P. Kondylis: Die Aufklärung im Rahmen des neuzeitlichen R., 1981. R. Specht (Hg.): R., 1979, 1993. J. Stelle: R. Today, 1995.

Raum (engl. *space*; franz. *espace*; lat. *spatium*). 1. Es wird traditionell unterschieden zwischen (a) mathematischem R. (der ein-, zwei-, drei- oder n-dimensionale R.), (b) physischem R. (innerhalb dessen sich physisches, ausgedehntes Seiendes* befindet und worin alle Bewegung geschieht); (c) anschaulichem R. (dem sinnlich erlebten R. mit seinen Perspektiven und Horizonten). 2. Es ist umstritten, welches Verhältnis zwischen den drei Formen von R. besteht. (a) Während der mathematische R. zwischen einer und n Dimensionen haben kann, sind dem physischen und anschaulichen R. drei und nur drei Dimensionen eigen. Es ergibt sich dabei die Frage, ob dies notwendigerweise so ist oder ob es sich bloß um einen kontingenten* Zug der physischen Welt handelt bzw. an der Beschränktheit unseres Anschauungsvermögens liegt. (b) Entsprechend stellt sich in bezug auf die mathematische Beschreibung des physischen oder anschaulichen R. die Frage, inwieweit es sich um einen euklidischen oder einen nicht-euklidischen R. handelt. Nach dem sog. Parallelenaxiom Euklids kann durch einen Punkt außerhalb einer Geraden eine und nur eine Gerade gezeichnet werden, die zur ersten parallel verläuft. In einem hyperbolischen oder lobachevskischen R. (nach N. I. Lobachevsky, 1793–1856) geht man dagegen davon aus, daß sich viele Parallelen durch den Punkt zeichnen lassen. Umgekehrt geht man in einem elliptischen oder riemannschen R. (nach G. F. B. Riemann, 1826–66) davon aus, daß es unmöglich ist, auch nur eine einzige Linie durch den Punkt zu zeichnen, die zu der ersten Linie parallel verläuft. Die meisten modernen Philos. halten es für eine empirische* Frage, ob der physische und der anschauliche Raum euklidisch oder nicht-euklidisch (d. h. hyperbolisch oder elliptisch) ist. Andere (u. a. Vertreter der Erlanger* Schule) meinen allerdings, daß der euklidische R. eine apriorische* Sonderstellung in der Auslegung unseres Meßsystems einnehme. (c) Schließlich stellt sich das Problem, wie R. aufgeteilt werden kann. Gibt es R.-Atome? Ist R. unendlich teilbar? Ist R. kompakt oder kontinuierlich*? Antworten auf solche Fragen haben u. a. die Probleme zu beachten, die sich in Zusammenhang mit den Paradoxen* Zenons ergeben. 3. Mit dem letztgenannten Problemkreis ist die Frage verknüpft, inwieweit es sinnvoll ist, von einem ganz oder teilweise leeren R. zu sprechen, ob R. nicht notwendigerweise gefüllter R. sein muß. 4. Nimmt man Newtons metaphorische Rede vom R. als einem ‹Behälter› ernst, wird es möglich, R. und das, was im R. ist, als zwei prinzipiell unabhängige Größen aufzufassen. Man spricht von Newtons absolutem R. Die klassische Alternative hierzu ist Leibniz' Auslegung des R. als die Summe bestimmter Relationen zwischen Dingen im R. Als moderne Alternative zu Newton gilt die Relativitätstheorie Einsteins, in der die Vorstellung eines absoluten R. ebenfalls aufgegeben ist. 5. Schließlich ist umstritten, ob R. und räumliche Relationen zwischen den physischen Dingen etwas an* sich Existierendes sind, oder ob R. bewußtseinsgebunden ist, d. h. nur als erfahrener R. oder als Bedingung der Erfahrung existiert. Kant ist der bekannteste Vertreter der letzteren Auffassung, da er R. als eine Anschauungsform *a priori* deutet, als einen Grundzug jeder möglichen, endlichen Anschauung*, d. h. jeder möglichen Erfahrung, die an die Sinne oder die Sinnlichkeit gebunden ist. – S. auch Zeit.

Lit.: J. Andretsch/K. Mainzer (Hg.): Philos. und Physik der R.-Zeit, 1988, ²1994. F. Brentano: Philos. Untersuchungen zu R., Zeit und Kontinuum, 1976. R. Carnap: Der R. Ein Beitrag zur Wissenschaftslehre, 1922. J. van Cleve/ R. Frederick (Hg.): The Philos. of Right and Left, 1991. R. Heinrich: Kants Erfahrungsraum. Metaphysischer Ursprung und kritische Entwicklung, 1986. B. Kanitscheider: Vom absoluten R. zur dynamischen Geometrie, 1976. F. Kaulbach: Die Metaphysik des R. bei Leibniz und Kant, 1960. H. Reichenbach: Philos. der R.-Zeit-Lehre, 1928. H. Schmitz: System der Philos. III. (Der R.), 1967–78. E. Ströker: Philos. Untersuchungen zum R., 1965.

Rawls, John (geb. 1921), amerik. Philos., geb. in Baltimore, studierte an den Universitäten von Cornell und Princeton, wo er 1950 promovierte, 1960 Prof. am Massachusetts Institute of Technology (MIT), seit 1962 Prof. an der Harvard University. R. Denken ist stark von der praktischen Philos. Kants beeinflußt. – R. Hauptwerk, *A Theory of Justice* (1971), ist ein großangelegter Versuch, die Kriterien anzugeben, nach denen sich beurteilen läßt, ob eine Gesellschaft in gerechter Weise eingerichtet ist oder nicht. R. stellt eine Reihe von Gerechtigkeitsgrundsätzen auf, die angeben, auf welche Rechte jedes Individuum Anspruch hat und wie die verschiedenen sozialen und wirtschaftlichen Güter zwischen den Bürgern der Gesellschaft zu verteilen sind. Zu diesen Grundsätzen gelangt man durch die imaginäre Vorstellung, wie Menschen eine Gesellschaft gestalten würden, wenn sie in einer ursprünglichen Situation wären, in der sie die allgemeinen Bedingungen der jeweiligen Gesellschaft, aber nicht ihre persönliche Identität und ihre besonderen Wünsche und Fähigkeiten kennen. Das Ergebnis dieses Denkexperiments ist, daß jedes Individuum umfassende persönliche und politische Rechte haben muß, etwa das Recht auf freie Meinungsäußerung, auf persönliches Eigentum, auf politische Mitbestimmung sowie auf dieselben Chancen wie andere, eine Ausbildung und Arbeit zu erhalten. Persönliche Freiheit darf nur begrenzt werden, wenn dies zur Sicherung der Freiheit anderer notwendig ist.

Ausg.: Eine Theorie der Gerechtigkeit, 1975. Gerechtigkeit als Fairness, 1977. Political Liberalism, 1993. Die Idee des politischen Liberalismus. Aufsätze 1978–1989, 1994. – *Lit.:* T. Bausch: Ungleichheit und Gerechtigkeit, 1993. J. A. Corlett (Hg.): Equality and Liberty, 1991. O. Höffe (Hg.): Über J. R. Theorie der Gerechtigkeit, 1977. W. Kersting: J. R. zur Einführung, 1993. R. Kley: Vertragstheorien der Gerechtigkeit. Eine philos. Kritik der Theorien von J. R., Robert Nozick und James Buchanan, 1986. Th. W. Pogge: J. R., 1994. A. Sattig: Kant und R. Eine kritische Untersuchung von R. Theorie der Gerechtigkeit im Lichte der praktischen Philos. Kants, 1985.

real (von lat. *res*, Ding, Sache), die Realität/Wirklichkeit betreffend, im Unterschied zu den bloßen Vorstellungen und Gedanken; gegenständlich, objektiv. Ähnlich wie sein Gegensatz, irreal, hat ‹r.› mehrere, miteinander nicht zu vereinbarende Bedeutungen. 1. Die physische Wirklichkeit. 2. Die objektive Wirklichkeit in einem weiteren Sinn als die physische, biologische, soziale und historische Wirklichkeit. 3. Die bewußtseinsunabhängige Wirklichkeit, was an* sich ist. 4. Das Wahrnehmbare, d. h. die objektive wie auch die psychische Wirklichkeit; die Lehre hiervon wird bisweilen Realwissenschaft genannt (im Gegensatz zur Idealwissenschaft, z. B. Mathematik, Geometrie oder Logik). 5. Das Faktische, das, was als Tatsache* gilt (im Gegensatz zum bloß Möglichen). 6. Das Wahre. 7. Das Wirkliche (im Gegensatz zum bloß Phantasierten oder Vorgestellten). 8. Das, was den Phänomenen* zugehört (im Gegensatz zu den Dingen*). 9. Das, was zum Wesen* des Seienden* gehört, wobei das Wesen als das eigentlich Wirkliche* am Seienden angesehen wird (vgl. 3) im Sinn einer Realdefinition. 10. Das Inhaltliche (im Gegensatz zum Formalen). 11. Nach E. Kaila ist der Sinn* eines Urteils* identisch mit seinem Realinhalt, d. h. mit allen verifizierbaren* Konsequenzen des Urteils.

Realismus (von lat. *res*, Ding, Sache), die Auffassung, daß die Wirklichkeit unabhängig von unserer Erfahrung und von unserem Bewußtsein existiert. Diese Auffassung wurde (von Dummett im Anschluß an Frege) sprachphilos. zu formulieren versucht: R. heißt, daß jeder Satz, der eine Behauptung zum Ausdruck bringt, einen objektiven Wahrheitswert* besitzt, d. h.: Jeder Satz über die Wirklichkeit ist entweder wahr oder falsch, auch wenn es für den jeweiligen Sprachbenutzer nicht möglich ist zu entscheiden, was der Fall ist. Z. B. wird ein Realist behaupten, daß der Satz ‹Caesar erwachte an seinem fünften Geburtstag auf dem Bauch liegend› entweder wahr oder falsch ist, auch wenn keine historischen Quellen existieren, die uns dabei helfen können, über den Wahrheitswert dieses Satzes zu entscheiden. Der Ausdruck R. wird im Zusammenhang der Diskussion über Wirklichkeitsformen auch in spezielleren Bedeutungen verwendet: 1. Begriffsr., der besagt, daß Allgemeinbegriffe *(Universalien*)*, im Gegensatz zu den Einzeldingen, die bloß an ihnen teilhaben, das eigentlich Reale sind. Z. B. ist die Farbe Rot nach dem Begriffsr. Grund für die Realität der roten Dinge. Allgemeinbegriffe können für einen Begriffsrealisten entweder unabhängig von den Einzeldingen existieren oder ihnen immanent* sein (Platon, Aristoteles, Hegel, Frege, Husserl, Ingarden, Russell). Der Begriffsr. steht im Gegensatz zum *Nominalismus**, der die Auffassung vertritt, daß Allgemeinbegriffe bloße Namen sind, die den realen Einzeldingen angehängt werden. Für den Nominalisten existieren Allgemeinbegriffe deshalb nur kraft unserer Erfahrungen. Der Streit zwischen Begriffsr. und Nominalismus prägte einen großen Teil der mittelalterlichen Philos. (vgl. Universalienstreit*). 2. Die Auffassung, daß die raum-zeitliche Wirklichkeit unabhängig vom menschlichen Bewußtsein existiert. Sie wird vom Idealismus* und gewissen Formen des Phänomenalismus* bestritten. Tritt fast immer gemeinsam mit (3) auf. 3. Die erkenntnistheoretische Auffassung, daß wir mit unseren sinnlichen Erfahrungen Zugang zu einer bewußtseinsunabhängigen Wirklichkeit haben. Dieser Gedanke kann drei verschiedene Formen annehmen: (a) Der sog. naive R., nach welchem unsere Sinneserfahrungen uns einen direkten und sicheren Zugang zur Wirklichkeit vermitteln. (b) Der sog. repräsentative R., nach welchem unsere sinnlichen Erfahrungen zwar von der physischen Wirklichkeit verursacht sind, uns aber niemals sichere Erkenntnis vermitteln können. Das was wir erfahren, sind stets Repräsentationen der Wirklichkeit, z. B. in der vermittelten Form von Sinneseindrücken *(sense data*)*; ein Vergleich dieser Repräsentationen mit der Wirklichkeit selbst ist uns unmöglich. (c) Der sog. kritische R., der eine Zwischenposition zwischen a und b einnimmt, hält einerseits daran fest, daß uns unsere sinnliche Erfahrung nur einen indirekten Zugang zur Wirklichkeit vermittelt, und behauptet andererseits, daß es möglich ist, hinter unsere Sinneserfahrung zurückzugehen, um zu einer in der Sache selbst begründeten Auffassung der physischen Wirklichkeit zu gelangen (Locke, Herbart, Moore, Hartmann). 4. Der sog. empirische R. behauptet, daß die Erfahrungswelt zwar unabhängig von dem einzelnen erkennenden Wesen existiert, nicht aber unabhängig von der Möglichkeit, daß überhaupt erkennende Wesen existieren (Kant).

Lit.: H. Albert: Kritik der reinen Erkenntnislehre. Das Erkenntnisproblem in realistischer Perspektive, 1987. R. F. Almeder: Blind Realism, 1992. R. Carnap: Scheinprobleme in der Philos. Das Fremdpsychische und der R. streit, 1928. R. M Chisholm (Hg.): Realism and the Background of Phenomenology, 1960. M. A. E. Dummett: Truth and other Enigmas (Realism), 1978. Forum für Philos. Bad Homburg (Hg.): R. und Antirealismus, 1992. N. Goodman: The Structure of Appearance,

1951, ³1977. N. Hartmann: Der Aufbau der realen Welt, 1940. E. v. Hartmann: Kritische Grundlegung des transzendentalen R., ³1885. D. Koch: Nicht-klassischer R. Die Quantentheorie als allgemeine Theorie objektivierender Erfahrung, 1982. R. Naumann: Das R.problem in der analytischen Philos., 1993. E. Oser/ E. M. Bonet (Hg.): Das R.problem, 1988. N. Rescher: Scientific Realism, 1987. B. Russell: Probleme der Philos., 1967. V. Schönfelder: Der kritische R., 1964. R. W. Sellars: Critical Realism, 1916. W. Stegmüller (Hg.): Das Universalien-Problem, 1978.

Rechtsphilosophie. Bezeichnung für die philos.-begriffliche Charakterisierung des Rechts und des Rechtssystems, thematisiert Entstehung und Zusammenhang des Rechtssystems mit philos. Problemen, etwa der Moralphilos. (Ethik*), Sinntheorie, Moralpsychologie oder Metaphysik. Einige Philos. (u. a. Hegel) verwenden das Wort R. im weiteren Sinn synonym mit ‹praktischer Philos.*›.
1. Die zentrale Frage in der klassischen R. ist, ob das Recht bzw. das Rechtssystem eine natürliche Grundlage besitzt (vgl. Naturrecht). 2. Der sog. Rechtspositivismus* des 18. und 19. Jh. (u. a. J. Bentham und J. Austin) kann als kritische Auseinandersetzung mit der naturrechtlichen Tradition verstanden werden. Die Existenz eines Rechtssystems wird nun in Hinblick darauf bestimmt, inwieweit die Bevölkerung sich daran gewöhnt hat, den Anordnungen einer Person oder einer Gruppe zu gehorchen, die die absolute Befehlsgewalt innehat. Diese einfache Auffassung, die mit dem traditionellen Naturrecht bricht, ist von vielen kritisiert worden, u. a. von Hart. Nach ihm ignoriert die Befehlstheorie die Notwendigkeit einer grundlegenden Rechtfertigung des Machtanspruchs und der Machtausübung. Recht ist nicht einfach eine Frage der Macht, sondern vielmehr eine Frage sinnvoller Regeln und derer Akzeptanz (vgl. den späten Wittgenstein). Für Hart besteht das Rechtssystem aus zwei Arten von Regeln, den primären und sekundären. Die primären Regeln werden als Pflichten verstanden, die für die Aufrechterhaltung der Gemeinschaft unerläßlich sind. Gäbe es allerdings nur diese Regeln, dann bestünde tendenziell die Gefahr, daß sie statisch und ineffektiv würden. Diese Möglichkeit soll durch sekundäre Regeln ausgeschlossen werden, die die Frage regeln, wie die primären Regeln zu behandeln sind. Die sekundären Regeln umfassen Kompetenznormen oder Anerkennungsregeln (engl. *rule of recognition*), die Kriterien dafür liefern, welche Regeln in einem Rechtssystem gültig sind (Kelsens Grundnorm). Die sekundären Regeln enthalten auch Regeln darüber, welche Personen das Recht haben, die primären Regeln zu ändern, und welche Personen das Recht haben, über Regelverstöße zu urteilen. Nur die Regeln, die den Kriterien der Entscheidungsregel genügen, sind in einem Rechtssystem gültig und verleihen ihm die nötige Einheit und eine hierarchische Struktur. Die Anerkennungsregel hat Gültigkeit, wenn sie von denen akzeptiert wird, die sie verwenden. Diese empirische Frage nach der faktischen Akzeptanz ist für Hart die einzige Möglichkeit, die Gültigkeit einer Anerkennungsregel zu prüfen. Der Inhalt der Anerkennungsregel kann von Gesellschaft zu Gesellschaft variieren. Die Unterscheidung zwischen der Gültigkeit einer Regel innerhalb des Rechtssystems und dem an einem äußeren Maßstab gemessenen Wert der Regel ermöglicht es, zwischen Recht und Moral zu unterscheiden. Da die einzelnen Rechtsregeln eine offene* Struktur haben, wird es häufig Fälle geben, in denen unklar ist, ob die Regel angewendet werden kann oder nicht. Im Fall eines Gerichtsprozesses muß der Richter nach eigenem Ermessen eine Entscheidung treffen, da das Gesetz immer einen Ermessensraum offenläßt. Solche Ermessensentscheidungen beruhen nach Hart oft auf utilitaristischen Erwägungen.
Harts Rechtsphilos. ist u. a. von Dworkin in zentralen Punkten kritisiert worden. Nach Dworkin besteht das Gesetz nicht nur aus Regeln, sondern auch aus Prinzipien und politischen Grundsätzen. Die

Prinzipien handeln von den individuellen Rechten, die politischen Grundsätze bestimmen kollektive Ziele. Regeln haben die Eigenschaft, daß sie auf eine konkrete Sache entweder angewendet werden können oder nicht. Prinzipien dagegen sind nicht in dieser Weise anwendbar oder nicht anwendbar, geben auch keine konkreten Handlungsanweisungen, sondern bilden den Grund dafür, daß überhaupt Regeln formuliert und begründet, d. h. in ihrer Legitimität gerechtfertigt werden können. Eine Anerkennungsregel kann nicht Prinzipien identifizieren, obwohl das Gesetz in verschiedener Weise auf sie verweist. Prinzipien stammen aus moralischen und politischen Idealen. In den Fällen, in denen ein Rechtsentscheid nicht von den Rechtsregeln bestimmt ist, hat der Richter die Pflicht, die relevanten Prinzipien zu finden, und er ist durch sie gebunden. Im Prinzip gibt es nach Dworkin immer eine korrekte Antwort auf rechtliche Differenzen und Streitigkeiten. Deshalb haben moralische Erwägungen wieder einen zentralen, rationalen Platz in der R. erhalten, nachdem sie von den Rechtspositivisten* als sinnlos außer Kraft gesetzt worden waren.

Lit.: A. Baruzzi: Freiheit, Recht und Gemeinwohl, 1990. R. Brandt (Hg.): R. der Aufklärung, 1981. J. Derrida: Du droit à la philos., 1990. J. Habermas: Faktizität und Geltung, 1992. H. L. A. Hart: Recht und Moral, 1971. Ders.: Der Begriff des Rechts, 1973. W. Hassemer: Einführung in R. und Rechtstheorie der Gegenwart, 1977. G. W. F. Hegel: Grundlinien der Philos. des Rechts. T. Hobbes: Leviathan, Kap. 13ff. V. Hösle (Hg.): Die R. des dt. Idealismus, 1989. I. Kant: Die Metaphysik der Sitten, 1. Teil. R. Lautmann/W. Maihofer/H. Schelsky (Hg.): Die Funktion des Rechts in der modernen Gesellschaft, 1970. U. Nembach (Hg.): Begründungen des Rechts, 1979.

Rechtspositivismus. Sammelbezeichnung für die auf der Trennung von Recht und Moral* beruhenden Theorien der Rechtsgeltung (u. a. J. Austin, H. Kelsen). Nach dem R. ist es Aufgabe der Rechtsphilos., die existierende Gesetzgebung und Rechtspraxis, das positive Recht, in einer politisch und moralisch neutralen Weise zu analysieren. Alleinige Rechtsquelle ist der normsetzende Wille des Souveräns. Das geltende Recht wird als dessen Befehl verstanden. Die Funktion des Richters ist die Anwendung festgesetzter Regeln auf neue Fälle. Auch wenn eine Rechtsregel moralisch gesehen verwerflich ist, führt dies nicht dazu, daß die Rechtsregel ungültig, d. h. ohne Rechtskraft ist. Recht ist allein das geltende Recht. Hierdurch unterscheidet sich der R. deutlich von den Naturrechtslehren. In der moralphilos. Frage sind die Meinungen der Rechtspositivisten geteilt. Einige, z. B. Austin und Bentham, sind Utilitaristen*, für die moralphilos. Probleme rational diskutiert und gelöst werden können. Andere sind Non-Kognitivisten*, für die moralische Behauptungen überhaupt keinen Sinn haben.

Lit.: J. Austin: Lectures on Jurisprudence or the Philosophy of Positive Law, ³1869. R. M. Dworkin: Bürgerrechte ernstgenommen, 1990. H. L. A. Hart: Der Begriff des Rechts, 1973. H. Kelsen: Reine Rechtslehre, 1934, ²1960. W. Rosenbaum: Naturrecht und positives Recht, 1972.

reductio ad absurdum (lat., Zurückführung auf das Widersinnige), Widerlegung einer scheinbar vernünftigen Behauptung durch den Nachweis, daß aus ihr logisch gesehen eine Reihe von widersprüchlichen oder sinnlosen Konsequenzen folgen.

Reduktion (von lat. *reducere*, zurückführen). 1. Unter theoretischer oder logischer R. der Theorie T_1 auf die Theorie T_2 ist zu verstehen, daß die Grundbegriffe in T_1 mit Hilfe von Begriffen aus T_2 definiert und zugleich Grundsätze (Axiome*) in T_1 in übersetzter Form im Rahmen von T_2 bewiesen werden. Z. B. hat der Logizismus* sich darum bemüht zu zeigen, wie Arithmetik sich auf Logik und Mengenlehre reduzieren läßt. Die Thermodynamik ist auf statistische Mechanik reduziert worden; ähnlich wurde auch versucht, große Teile der Chemie, Geologie und Astronomie auf physikalische Theorien zu reduzieren. Oft geht mit der R. einer Theorie die R. ihrer Gegenstände auf andere Gegenstände einher. So behauptet der Logizismus, daß natürliche Zahlen auf Mengen reduziert werden können und in diesem Sinn nichts anderes sind als Mengen. 2. Zur eidethischen R. s. Wesensschau. 3. Zur phänomenologischen oder transzendentalphänomenologischen R. s. Husserl und Konstitution.

reduction sentences (engl.), ein von Carnap in «Testability and Meaning» (*Philosophy of Science*, Vol. III–IV, 1936/37) eingeführter Begriff zur Lösung eines Problems bei der Einführung wissenschaftlicher Ausdrücke für dispositionelle* Eigenschaften. Eine explizite Definition eines Dispositionsausdrucks wie ‹wasserlöslich› könnte sein: ‹Ein Stoff x ist dann und nur dann wasserlöslich, wenn x seine sichtbaren Eigenschaften durch Eintauchen in Wasser verliert›. Die logische Form* dieses Satzes ist: ‹(x)(Ox ↔ (Vx→Mx))›, wobei ‹Ox› für ‹x ist wasserlöslich› steht, ‹Vx› für ‹x wird in Flüssigkeit eingetaucht› und ‹Mx› für ‹x verliert seine sichtbaren Eigenschaften›. Aber nach der Standardauffassung der materiellen Implikation* ‹→› (‹wenn – dann›) ist ein Satz dieser Form wahr, wenn der Vordersatz falsch ist. Also wird das definiens* der Definition, ‹Vx→Mx›, für jedes x wahr sein, das niemals in Wasser eingetaucht wird. Ein solches x wäre also nach der Definition wasserlöslich. Carnap schlägt nun vor, daß Dispositionsausdrücke nicht mit Hilfe eigentlicher Definitionen eingeführt werden, die notwendige und hinreichende Bedingungen für ihre Anwendung angeben. Vielmehr sollen sie mit Hilfe von *Reduktionen* eingeführt werden, verstanden als Vorgabe bestimmter Bedingungen, unter denen festgestellt werden kann, ob ein gegebenes x die bestimmte Disposition hat oder nicht. Für den Ausdruck ‹wasserlöslich› wäre die reduktive Aussage: ‹Wenn ein Stoff x in Wasser eingetaucht wird, ist er dann und nur dann wasserlöslich, wenn er seine sichtbaren Eigenschaften verliert›. Diese Aussage hat die Form ‹(x)(Vx→(Ox→Mx))› und ist also keine explizite Definition. Dafür aber führt sie den Ausdruck in einer Weise ein, die das angesprochene Problem vermeidet.

reell (von lat. *res*, Ding, Sache, das Wirkliche). Bei Husserl ist A ein reeller Teil von B, wenn A nur als Teil von B existieren kann. Z. B. sind Erlebnisse ein r. (immanenter*) Teil des Bewußtseinsstroms, weil Erlebnisse nicht unabhängig von diesem sein können. Sie stehen deshalb in einem Gegensatz zu den nicht-r. Teilen der Erfahrung (d. h. zu den Gegenständen und ihrem Sinn), die das Bewußtsein* überschreiten (transzendieren*). Das R. ist also nicht real im Sinn von etwas objektiv, wirklich Existierendem.

Referenz (von lat. *re.*, wieder, zurück, und *ferre*, tragen, führen, holen). Bezeichnung für das Verhältnis zwischen einem referierenden Ausdruck (einem Namen*, einer bestimmten Beschreibung*, einem Pronomen usw.) und dem Gegenstand, auf den sich der Ausdruck bezieht (sein Referent). – S. auch Bedeutung und Extension.

Lit.: W. Carl: Frege's Theory of Sense and Reference, 1993. P. T. Geach: Reference and Generality, 1962. N. Goodman: Sprachen der Kunst, 1995. W. V. O. Quine: Die Wurzeln der Referenz, 1976.

Reflexion (von lat. *re.*, wieder, zurück, und *flectere*, biegen, beugen). Bildlich gesprochen: ‹Das sich Zurückbeugen des Denkens auf sich selbst› – ähnlich einem Lichtstrahl, der zurückgeworfen (‹reflektiert›) wird, wenn er auf einen Spiegel trifft. In der Alltagssprache wird der Ausdruck R. in einem weiten, etwas ungenauen Sinn gebraucht für ‹gründliches Nachdenken und Erwägen von etwas unter Berücksichtigung früherer Ansichten zur Sache›, z. B.: ‹R. über die Folgen

eines Atomkriegs in Europa›. – Philos. lassen sich fünf Hauptbedeutungen von R. unterscheiden: 1. Auf der Grundlage der Unterscheidung zwischen Phänomen* und Wesen* bezeichnet das Wort R. die Erwägungen, durch die die Philos. zu einer Erkenntnis der wesentlichen Voraussetzungen eines Phänomens gelangt. 2. Kant unterscheidet in der *Kritik der reinen Vernunft* (B 316) zwischen einer Vorstellung und einer R. Während sich eine Vorstellung direkt auf die erfahrbaren Gegenstände bezieht, bezieht sich die R. nicht auf Gegenstände, sondern auf das Verhältnis zwischen der Vorstellung und den Erkenntnisquellen. Entsprechend unterscheidet Kant zwischen zwei Arten von Begriffen: Auf der einen Seite gibt es Begriffe für Gegenstände (z. B. ‹Vase›, ‹rund› und ‹Ding›), auf der anderen Seite gibt es sog. R.begriffe. Wenn ich z. B. sage: ‹Die Vase ist ein rundes Ding›, so äußere ich mich direkt über die Vase als einen erfahrbaren Gegenstand. Wenn ich aber sage, daß meine Erfahrung der Vase als eines runden Dings sinnliches Material sowie Raum und Zeit als Anschauungsformen (vgl. Anschauung) sowie den Begriff des Dings als Verstandesform voraussetzt, dann bediene ich mich der beiden R.begriffe ‹Form› und ‹Materie›. Diese Begriffe entsprechen nicht einem Inhalt, den ich direkt erfahren kann, indem ich einen sinnlich wahrnehmbaren Gegenstand untersuche, sondern sind Begriffe, über welche ich mir erst in der R. auf das Verhältnis zwischen meinen Vorstellungen von dem Gegenstand einerseits und meinem Erkenntnisvermögen andererseits klar werde. Außer ‹Form*› und ‹Materie› nennt Kant drei andere Paare von R.begriffen: ‹Einerleiheit› und ‹Verschiedenheit›, ‹Einstimmung› und ‹Widerstreit› sowie das ‹Innere› und das ‹Äußere›. – Im zweiten Teil seiner *Logik* entwickelt Hegel R.bestimmungen wie ‹Identität›, ‹Unterschied› und ‹Widerspruch›. Im Anschluß an Kant betont auch Hegel die Besonderheit solcher R.begriffe, die nicht direkt im Blick auf die Gegenstände der Erfahrung gewonnen werden können, sondern eine Denkarbeit besonderer Art erfordern. Im Gegensatz zu Kant deutet Hegel diese R.begriffe jedoch von einem ontologischen Gesichtspunkt her, da er sie als Momente* in der Selbstentfaltung des Geistes* (und damit der Wirklichkeit*) versteht.
3. Andere Philos. benutzen das Wort R. als Bezeichnung für das Richten der Aufmerksamkeit auf den Akt der Erfahrung *(intentio obliqua)* im Gegensatz zum Richten auf den Erfahrungsgegenstand *(intentio recta)*. Diese Art von R. wird auch als Selbstr. bezeichnet (vgl. Bewußtsein). Bei Locke stellt sie die Grundlage einer empirischen* Untersuchung des eigenen Seelenlebens dar (vgl. Introspektion). Bei Husserl ist die R. Grundlage der Beschreibung der Intentionalität* des Bewußtseins.
4. Innerhalb der analytischen* Philos. wird die R. über Begriffe und begriffliche Zusammenhänge als Gegensatz zur bloßen Anwendung der Begriffe in der Alltagssprache* und in den Fachwissenschaften verstanden. Das Wort R. wird hier synonym gebraucht mit ‹Begriffsanalyse›, d. h. einer Analyse* über den Sinn von Begriffen und deren Verhältnis zu anderen Begriffen.
5. Von einem reflexiven Argument oder einem transzendentalen Argument spricht man zumeist im Zusammenhang mit der Widerlegung einer Behauptung, indem gezeigt wird, daß aus der reflexiven Anwendung der Behauptung auf sich selbst ihre eigene Widerlegung folgt, oder daß sie von Voraussetzungen Gebrauch macht, die ihr widersprechen.

Lit.: W. Cramer: Die absolute R., 2 Bde., 1966/67. J. Heinrichs: R. als soziales System, 1976. D. Henrich: Hegels Logik der R. In: Hegel im Kontext, 1971. W. Kuhlmann/R. Böhler: Kommunikation und R. Zur Diskussion der Transzendentalpragmatik, 1982. W. Schulz: Das Problem der absoluten R., 1963. H. Wagner: Philos. und R. 1959, [3]1980.

reflexive Relation (von lat. *re*, wieder, zurück, *flectere*, biegen, beugen, und *relatio*). Eine Relation* R ist eine r. R., wenn für a gilt, daß aRa. Diese Eigenschaft einer Relation wird auch Autoreflexion oder Ipsoreflexion genannt.

Regel (lat. *regula*, Richtschnur). 1. Handlungsvorschrift, Norm. 2. Formel für ein anerkanntes Vorgehen, Praxis. 3. Begrifflich formulierte Einheitlichkeit, die Ausnahmen ausgesetzt sein kann und deshalb nicht mit gesetzmäßiger Notwendigkeit gilt.

Regreß (lat. *regressus*, Rückgang), bezeichnet den Rückgang von der Wirkung zur Ursache, von dem Bedingten zum Bedingenden usw. Wenn A B voraussetzt, das wiederum C voraussetzt usw. bis ins Unendliche, spricht man von einem unendlichen (infiniten) R. Bei Aristoteles und bei den rationalistischen Philos. findet sich der Begriff des unendlichen R. im folgenden Sinn: Wenn A einen Beweis von B her erfordert, welches wiederum einen Beweis von C her verlangt und so fort bis ins Unendliche, kann A nicht bewiesen werden. Die Beweiskette muß endlich sein und einen Abschluß in einer Sache haben, die selbst keinen Rückgang auf ein Begründendes mehr verlangt.

Regularitätstheorie, die Auffassung vom Verhältnis zwischen Ursache* und Wirkung, die auf D. Hume zurückgeht und die seither in der empiristischen* Tradition üblich ist. Gemäß der R. besteht die Relation zwischen Ursache und Wirkung nicht in einer notwendigen Verknüpfung, sondern in der gewohnheitsmäßigen Interpretation dessen, daß ein bestimmter Typ von Ereignissen als Ursachen immer einen bestimmten Typ von Ereignissen als Wirkungen nach sich zieht. Nach Hume ist es außerdem erforderlich, daß die beiden Ereignisse sich in Raum und Zeit nahe stehen. Solche gewohnheitsmäßige Verknüpfung läßt nur die Formulierung einer Regel, nicht aber eines Gesetzes zu.

Lit.: D. Hume: Ein Traktat über die menschliche Natur, 1904, Buch I, 3. Teil.

Reichenbach, Hans (1891–1953), dt. Philosoph, 1915 Dissertation in Erlangen, 1920 Habilitation in Stuttgart, 1926–33 Prof. in Berlin, 1933–38 in Istanbul und 1938–53 in Los Angeles. R. stand in engem Kontakt zum Wiener* Kreis, dessen Zeitschrift *Erkenntnis* er zusammen mit R. Carnap gründete; außerdem war er am Aufbau der Berliner Gruppe beteiligt. Nach der Machtergreifung der Nationalsozialisten war R. gezwungen zu emigrieren. – R. beschäftigt sich in seiner Philos., die in vielen Punkten eng mit dem logischen* Positivismus verwandt ist, hauptsächlich mit den Grundlagenproblemen der Naturwissenschaften. Nach R. beruht alle unsere Erkenntnis auf Wahrscheinlichkeitsschlüssen – man kann nicht durch Beobachtungen feststellen, daß die Behauptung eines Wissenschaftlers wahr ist, sondern nur, daß sie mehr oder weniger wahrscheinlich ist. Davon ausgehend modifiziert R. die Sinntheorie des logischen* Positivismus (vgl. das Verifizierbarkeitsprinzip), indem er behauptet, daß ein Satz nur dann kognitiven* Sinn hat, wenn Beobachtungen ermöglichen, ihm eine Wahrscheinlichkeit zuzusprechen. Großes Echo fanden seine Arbeiten über die philos. Grundlagen der Relativitäts- und Quantentheorie, wobei es ihm vor allem um eine Formulierung der Prinzipien der aus den Ergebnissen der Physik neu entstandenen Sicht von Raum und Zeit ging. Inbesondere kritisierte er Kants Theorie eines Raum- und Zeit-Apriori, weil Messungen gezeigt hätten, daß der wirkliche Raum gekrümmt und der euklidische Raum nur als Spezialfall angesehen werden könne.

Ausg.: Gesammelte Werke, I–IX (bisher ersch. I–V), 1977ff. Axiomatik der relativistischen Zeitlehre, 1924. Philos. der Raum-Zeit-Lehre, 1928. Atom und Kosmos, 1930. Wahrscheinlichkeitslehre, 1935. Philos. Grundlagen der Quantenmechanik, 1949. Der Aufstieg der wissenschaftlichen Philos., 1951. *Lit.:* G. Neu-

Thomas Reid

bauer: Das Wahrscheinlichkeitsproblem in der Philos. H. R., 1982. W. C. Salmon: R: Logical Empiricist, 1979.

Reid, Thomas (1710–96), schott. Philos., Prof. in Glasgow, bedeutender Repräsentant der schott. Philos. des *common* sense*. In *Inquiry into the Human Mind* (1764) weist R. nach, daß die skeptizistischen* Schlußfolgerungen Humes dem erkenntnistheoretischen Ausgangspunkt entspringen, den Hume mit Descartes, Locke und Berkeley gemeinsam hat: der Lehre von den Ideen oder Vorstellungen, «theory of ideas». Nach dieser Theorie werden alle Objekte außerhalb des Bewußtseins*, die Gegenstand von Wahrnehmung und Denken sind, durch Vorstellungen repräsentiert. Diese subjektiv-privaten Vorstellungen im Bewußtsein, nicht die äußeren Objekte sind Gegenstand direkter, sicherer Erkenntnis. Die Erkenntnis äußerer Gegenstände ist stets vermittelt und deshalb problematisch. Nach R. ist diese Theorie allerdings durch Hume selbst endgültig widerlegt, da Hume, konsequent von ihr ausgehend, zu inakzeptablen skeptizistischen Folgerungen gelangt ist.

In *Inquiry* und in *Essays on the intellectual Powers of Man* (1785), einer systematischen Erörterung von Sinneserfahrung, Erinnerung, Begriffsbildung, Urteil und Schluß, trägt R. seine eigene realistische* Alternative zu der subjektiv-idealistischen* Lehre von den Ideen vor. Sein Appell an den *common sense* gehört in diesen Zusammenhang. Jede Philos. oder wissenschaftliche Theorie muß sich nach dem Diktat des gesunden Menschenverstands richten, und hierunter versteht R. die Auffassungen, die von allen Menschen geteilt werden; z. B. daß jeder seine eigene persönliche Identität hat und in Raum und Zeit existiert, daß Dinge, die man klar und deutlich mit seinen Sinnen wahrnehmen kann, faktisch existieren und diejenigen Eigenschaften haben, die an ihnen wahrgenommen werden. Solche Überzeugungen sind offensichtliche Wahrheiten, auch wenn sie durch die Hirngespinste der Philos. durcheinandergebracht werden können. Sich Begründungen für sie zu erbitten, wäre ein Mißverständnis, das keine Antwort verdient, sondern nur den Nachweis, wie absurd* es ist, an diesen Überzeugungen zu zweifeln. Die Überzeugungen sind in unser ganzes Tun eingewoben und werden befolgt, ob wir dies nun zugeben oder nicht. Übereinstimmung mit den Grundsätzen des *common sense* ist der entscheidende Prüfstein für die Haltbarkeit einer philos. Theorie, ja sogar für ihre Verständlichkeit.

R. ist in seinen Diskussionen besonders des Gesichtssinns und der visuellen Erlebnisse viel mehr Psychologe als die früheren engl. Empiristen. Immer wieder betont er, wie schwierig es sei, gegenüber den eigenen Bewußtseinsphänomenen die Rolle des Betrachtenden und Beschreibenden einzunehmen. Dies zeigt, daß seine Analysen des Bewußtseinsleben in hohem Maß auf Selbstbeobachtung gründen.

R. übte besonders auf die franz. Philos. zu Beginn des 19. Jh. beträchtlichen Einfluß aus. Durch Viktor Cousin, zeitweilig franz. Unterrichtsminister, erlangte

R. Philos. des *common sense* fast den Status einer offiziellen franz. Philos.

Ausg.: Philosophical Works, ⁸1895. – *Lit.:* E. Lobkowicz: Common sense und Skeptizismus, 1986.

Reinhold, Karl Leonhard (1757–1823), österr. Philos., Prof. in Jena und Kiel. Arbeitete an einer weiteren Begründung der Kantischen Philos.; insbesondere bemühte er sich um den Nachweis einer einheitlichen Wurzel von Sinnlichkeit und Verstand. Er entwarf eine «Elementarphilos.», die auf einem einzigen Prinzip beruhen sollte, dem «Satz des Bewußtseins». Dieser besagt, daß im Bewußtsein* jede Vorstellung von dem Vorstellenden (Subjekt*) und dem Vorgestellten (Objekt) unterschieden und zueinander in ein Verhältnis gebracht wird. Die Beziehung der Vorstellung zum Subjekt ist durch die Form* *a* *priori* bestimmt, die Beziehung zum Objekt durch den Stoff *a posteriori*.

Ausg.: Versuch einer neuen Theorie des menschlichen Vorstellungsvermögens, 1789, (ND 1963). Briefe über die Kantische Philos., I–II, 1790/92. Transzendentalphilos. und Spekulation. Der Streit um die Gestalt einer Ersten Philos. (1799–1807). Quellenband. Hg. von W. Jaeschke, 1993. – *Lit.:* M. Bondeli: Das Anfangsproblem bei K. L. R., 1995. D. Henrich: Erschließung eines Denkraums. In: Konstellationen, 1991.

Reinkarnation (von lat. *re-*, wieder, zurück, *in*, in ...hinein, in, und *caro*, Fleisch), Wiedergeburt zu einem neuen irdischen Leben*; Wiedergeburt der Seele* in einem neuen Leib bei der Seelenwanderung (Wiederverkörperung).

Rekursionsformel (von lat. *recurrere*, zurückkehren), in Logik* und Sprachwissenschaft Bezeichnung für Regeln, die mehr als nur einmal zur Hervorbringung derselben Formel angewendet werden können. So ist die folgende (Formations-)Regel für Hervorbringung von Negationen* ‹Wenn F eine wohlgeformte Formel ist, dann ist – F auch eine wohlgeformte Formel› eine R., da sie immer wieder auf das Ergebnis ihrer eigenen Anwendung angewendet werden kann und damit von F z. B. zu – – – F führen kann. – Eine rekursive Wahrheitstheorie ist eine Theorie, die den Begriff der ‹Wahrheit› mit Hilfe von R. definieren will und die die rekursive Definition von Wahrheit als eine empirische Theorie der Wahrheitsbedingungen* für Sätze in einer gegebenen Sprache auffaßt.

Relation, extern/intern (von lat. *relatio*, eigentl., daß ein Gegenstand auf einen anderen hinweist oder mit ihm zusammenhängt), Verbindung zwischen zwei Dingen, zwischen einem Ding und einer Eigenschaft oder zwischen zwei Eigenschaften. Eine R. wird extern genannt, wenn dasjenige, was verbunden wird, sich in seinem Wesen nicht verändert, d. h. auch bei Abbruch der Verbindung dasselbe bleibt wie zuvor. So besteht eine e. R. zwischen einem Mann und seinem Hut; der Mann ist noch immer derselbe, auch wenn man den Hut von ihm nimmt. Eine interne R. verändert dagegen die Relata in ihrem Wesen. So besteht eine i. R. zwischen dem Junggesellendasein und dem Unverheiratetsein. Ein Mann ist nicht mehr Junggeselle, wenn er heiratet.

Das Verhältnis zwischen e. und i. R. ist seit dem Ende des 19. Jh. u. a. in der engl. und amerik. Philos. eingehend diskutiert worden. Ausgangspunkt war die Behauptung engl. und amerik. Idealisten (Bradley, Royce), daß alle R. intern seien. Danach wäre jedes Ding das, was es ist, kraft seiner R. zu anderen Dingen. Folglich wäre die vollständige Erkenntnis eines Dings nur möglich, wenn man das ganze Universum kennt. Die alltägliche Auffassung, die zwischen den wesentlichen und unwesentlichen Eigenschaften eines Dings unterscheidet, ist nach dieser Ansicht verfehlt (vgl. Wesen). Dieser idealistische Standpunkt, dessen Wurzeln auf den absoluten Idealismus* Hegels zurückgehen, wurde zu Beginn dieses Jh. von Moore in Frage gestellt. Nach Moore begehen die Idealisten den Fehler, daß sie von der wahren Behauptung: ‹Wenn ein Ding die Eigenschaften hat, die es hat, dann kann es nicht mit einem Ding identisch sein, das diese Eigenschaften nicht hat› auf die Behauptung schließen: ‹Ein Ding hat notwendigerweise gerade die Eigenschaften, die es hat›. Der amerik. Philos. Blanshard versuchte darauf, die idealistische Auffassung mit dem Argument zu verteidigen, daß kein entscheidender Unterschied zwischen kausaler (oder natürlicher*) Notwendigkeit auf der einen Seite und logischer Notwendigkeit auf der anderen bestehe. Deshalb könne man auch nicht zwischen e. und i. R. unterscheiden, da die e. R. sich gerade dadurch auszeichnen, ein Produkt kausaler Notwendigkeit zu sein. Der Unterschied zwischen den beiden Formen von Notwendigkeit liege allein in unserer begrenzten Einsicht. Demgegenüber haben die logischen* Positivisten (Ayer) sowie Nagel und Quine alle Notwendigkeit in sprachlichen Konventionen begründet. Die notwendigen Eigenschaften eines Dings sind in Wirklichkeit nur notwendig in bezug auf die Art und Weise unserer Bestimmung des Dings, nicht aber in bezug auf das Ding selbst. Das bedeutet, daß alle R., in denen Dinge stehen, in Wirklichkeit e. R. sind. Die Diskussion des Verhältnisses zwischen e. und i. R. hat ihren Grund in einer Reihe ungeklärter metaphysischer, erkenntnistheoretischer und sprachphilos. Probleme, so daß eine Problemlösung nur in Zusammenhang mit letzteren möglich ist.

Lit.: R. Carnap: Einführung in die Symbolische Logik, ³1973. H. D. Gerster: Aussagenlogik – Mengen – R., 1972. R.-P. Horstmann: Ontologie und R., 1984. W. V. O. Quine: Grundzüge der Logik, 1969. P. Schulthess: R. und Funktion, 1981.

relativ (lat. *relativus*), verhältnismäßig, im Gegensatz zu absolut*. Das Relative ist in erkenntnistheoretischer Hinsicht bestimmt in bezug auf etwas anderes, in ontologischer Hinsicht bedingt durch etwas anderes.

Relativismus (vgl. relativ, Relation; Gegensatz: Absolutismus). Allgemein ist in relativistischen Thesen davon die Rede, etwas sei nicht absolut (unbedingt, an und für sich), sondern nur in Beziehung auf anderes (bedingt) gültig. – R. werden nach mehreren Gesichtspunkten eingeteilt: (a) Nach dem Gegenstandsbereich des relativistischen Standpunkts: Was soll relativ sein? Besonders weitreichend und daher besonders strittig ist die Behauptung eines Wahrheits- oder Erkenntnisr. Neben dem kognitiven wird vor allem der ethische R. erörtert, bei dem die Begriffe des moralisch Richtigen und Falschen relativiert werden. (b) Nach dem Bezugspunkt, auf den hin die Geltung relativiert wird: In bezug worauf soll es relativ sein? Auf diese Weise kann man u. a. Relativität in bezug auf das erkennende Subjekt (Subjektr., Subjektivismus), auf die geschichtliche Lage, auf die gesellschaftlichen Bedingungen, auf die biologische Evolution (Biologismus), auf psychische Tatsachen (Psychologismus) usw. unterscheiden.

Relativistische Thesen werden seit der Sophistik diskutiert. Insbesondere Gorgias und Protagoras wurde ein Wahrheitsr. zugeschrieben. So wurde der – an sich vieldeutige – sog. Homo-mensura-Satz des Sophisten Protagoras («Der Mensch ist das Maß aller Dinge, der seienden, daß sie sind, der nicht seienden, daß sie nicht sind.») im Sinn eines Wahrheitssubjektivismus gedeutet. In der Tradition des Skeptizismus wurden relativistische Thesen und Argumentationen gepflegt. (Auch der ethische R. ist seit der Sophistik immer wieder verfochten worden.) Einem radikalen Wahrheitsr. hat man seit Platon stets entgegengehalten, er widerspreche sich selbst und hebe den Sinn des Wahrheitsbegriffs auf.

Gegenwärtig werden besonders die folgenden relativistischen Thesen diskutiert: (1) Die These von der Relativität des Begriffsschemas: Unterschiedliche Sprachen oder Begriffssysteme gliedern die Wirklichkeit in grundlegend verschiedenen, nicht ineinander überführbaren Weisen. Wahrheit und Wirklichkeit sind selbst auf das jeweilige Begriffsschema zu relativieren. Spielarten eines solchen R. werden Whorf, Quine, Kuhn u. a. zugeschrieben. (D. Davidson hat zu zeigen versucht, daß jeder Begriffsr., der von einem Dualismus von Schema und Inhalt ausgeht, sinnlos ist.) (2) Der R. N. Goodmans: Aus der Vielfalt der Weltentwürfe können mehrere mit demselben Recht beanspruchen, die richtigen zu sein, obwohl einige von ihnen einander widersprechen und wieder andere so verschiedenartig sind, daß unbestimmbar wird, ob sie verträglich sind oder nicht. Der Unterschied zwischen richtigen und falschen Weltversionen bleibt aber bestehen: Aus der Tatsache, daß mehr als ein Weltentwurf richtig ist, folgt mitnichten, keiner sei falsch.

Lit.: D. Davidson: «Was ist eigentlich ein Begriffsschema?» In: Wahrheit und Interpretation, 1986 (Orig. 1984). N. Goodman: Weisen der Welterzeugung, 1984 (Orig. 1978). J. Ladd (Hg.): Ethical Relativism, 1973. W. V. O. Quine: Ontologische Relativität und andere Schriften, 1975 (Orig. 1969). J. Thyssen: Der philos. R., 1941. H. Wein: Das Problem des R., 1942 (ND 1950). D. B. Wong: Moral Relativity, 1984.

Religion (lat. *religio*, vermutlich abgeleitet von *religere*, ‹noch einmal achten›, vielleicht aber auch von *religare*, anbinden, befestigen, oder *relegere*, von neuem lesen, wieder durchgehen). 1. Das Verhalten des Menschen zu einer Macht (das Heilige), die ihn selbst übersteigt und die für das menschliche Dasein die Grundbedingungen schafft. Die R. richtet sich insofern auf eine nicht-menschliche – übersinnliche und übernatürliche – Wirklichkeit, die zugleich der menschlichen Wirklichkeit vorgeordnet ist. Als höchste Macht wie als absoluter* Wert* bildet sie die entscheidende Instanz für das Menschliche und gibt ihm einen Sinn. Die R. enthält also ein Ganzheitsverständnis der menschlichen Wirklichkeit; bestimmend für die Wirklichkeit als solche ist der Bezug zur absoluten Macht. Das religiöse Verhalten des Menschen zu dieser Macht bestimmt sich durch die Gefühle von Abhängigkeit und Verpflichtung, durch Ehrfurcht und Verehrung. Diese Macht kann als höchstes Wesen aufgefaßt werden, als ein Gott*, zu dem der Mensch im Glauben in Beziehung tritt. 2. Gemeinschaft von Individuen, die durch den Glauben an etwas Heiliges und dessen kultische Verehrung verbunden sind. 3. Das Insgesamt von Gefühlen, Vorstellungen und Handlungen, deren Gegenstand etwas Heiliges ist. 4. Weltanschauung* und Lebensform, bestimmt vom Glauben an einen Gott oder an etwas Göttliches bzw. vom Gefühl der Abhängigkeit von und der Verpflichtung gegenüber einem Gott oder etwas Göttlichem als heiliger Macht.

Religionsphänomenologie, Bezeichnung für eine systematische Beschreibung religiöser Phänomene*. Während die Religionsgeschichte Erscheinungen der Religion auf ihre je besonderen historischen Zusammenhänge zurückführt und dadurch zu erklären sucht, ist die R. an ihren allgemeinen strukturellen Eigenschaften interessiert (z. B. Opfer und Gebet). Mit Hilfe von Klassifikation und Vergleich sucht sie das Wesen* der Religion zu verstehen. Der Grundcharakter aller religiösen Phänomene liegt der R. zufolge im Heiligen. Anders als die Theologie will die R. eine Beschreibung geben, die nicht an eine bestimmte Religion gebunden ist. Sie stützt sich mehr oder weniger direkt auf die methodischen Erwägungen der Phänomenologie* (besonders Husserls). Zu den wichtigsten Vertretern einer solchen R. gehören R. Otto, G. van der Leeuw und M. Eliade. In weiterem Sinn steht R. oft für die systematische Bearbeitung religionshistorischen Materials allgemein.

Lit.: R. G. Collingwood: R. and Philos., 1994. G. Lanczkowski: Einführung in die R., 1978.

M. Warner (Hg.): R. and Philos., 1992. G. Widengren: R., 1969.

Religionsphilosophie, philos. Theorie der Religion*. R. läßt sich auf doppelte Weise verstehen. 1. Philos. Betrachtung der Religion als ‹positiver› Religion, d. h. als vorliegende – psychologische, soziale, historische – Wirklichkeit, als Äußerung des Menschen. Die R. in diesem Sinn sucht Charakter und Bedeutung der religiösen Phänomene aufzuklären. 2. Philos. Betrachtung des Inhalts von Religion, d. h. philos. Untersuchung der religiösen Grundfragen wie der Frage nach Wesen* und Existenz* Gottes (vgl. Gottesbeweis), nach dem Verhältnis zwischen Gott und Welt und nach dem Bösen*. Eine solche R. wird oft Metaphysik* genannt; doch kann es sich bei R. in diesem Sinn um zwei entgegengesetzte Bestrebungen handeln: Einerseits kann sie sich positiv an eine Religion anschließen und als philos. Theologie versuchen, deren Behauptungen zu begründen. Andererseits kann sie als Religionskritik auftreten, indem sie eine bestimmte Religion oder die Religion überhaupt kritisch diskutiert (vgl. u. a. Feuerbach und Nietzsche).

Lit.: A. Halder: Experiment R., 3 Bde., 1986 ff. N. Hoerster (Hg.): Glaube und Vernunft. Texte zur R., 1979. N. Luhmann: Funktion der Religion, 1977, ²1990. U. Mann: Einführung in die R., 1970. R. Schaeffler: R., 1983. K. Wuchterl: Philos. und Religion, 1982.

Renaissance, Wiedergeburt, Wiederbelebung, Erneuerung. Bezeichnung für die Wiederentdeckung und Pflege der antiken Kultur und Philos.: die karolingische R. im Frankenreich während der Regierungszeit Karls des Großen (771–814) und – wichtiger – die von Italien im Übergang vom Mittelalter zur Neuzeit sich ausbreitende R. Über die Datierung dieser Epoche herrscht Uneinigkeit. Ihr Beginn wurde auf die Dichterkrönung Petrarcas in Rom 1341 oder die Eröffnung der Akademie* in Florenz 1459 gelegt; als ihr Ende galten die Schließung der Akademie in Florenz 1521, die Plünderung Roms 1527 oder die Verbrennung G. Brunos auf dem Scheiterhaufen im Jahre 1600. Philos. geschichtlich ist kritisiert worden, daß mit der R. die Philos. des Mittelalters und die der Neuzeit zu scharf voneinander getrennt würden. Vielmehr behielten die scholastischen* Begriffe und Problemstellungen bis zur Zeit C. Wolffs und I. Kants ihre Geltung. – S. auch Humanismus.

Lit.: Geschichte der Philos. in Text und Darstellung 3, R. und frühe Neuzeit. Hg. von S. Otto, 1984. T. Albertini (Hg.): Verum et Factum. Beiträge zur Geistesgeschichte und Philos. der R., 1993. K.-O. Apel: Die Idee der Sprache in der Tradition des Humanismus von Dante bis Vico, 1963. E. Bloch: Vorlesungen zur Philos. der R., 1977. J. Burckhardt: Die Kultur der R. in Italien, 1860. E. Cassirer: Individuum und Kosmos in der Philos. der R., 1927, ⁵1977. H.-B. Gerl: Einführung in die Philos. der R., 1989. R. Hönigswald: Denker der italienischen R., 1938. P. O. Kristeller: Humanismus und R., 2 Bde., 1974/76.

res cogitans/res extensa (lat. *res*, Ding, Sache; *cogitans*, denkend; *extensa*, ausgedehnt). Descartes' metaphysischer Dualismus* teilt das Seiende* in zwei Hauptgruppen ein: Das Materielle (die r. e., die ausgedehnte Substanz*, das Stoffliche) erstreckt sich in Raum und Zeit, während das Seelische (die r. c., die denkende Substanz, die Seele*) keine Ausdehnung besitzt. Daß sie ein Bewußtsein, d. h. eine unmittelbare Kenntnis ihrer eigenen Zustände und Tätigkeiten hat, ist die wichtigste Eigenschaft der Seele.

Lit.: R. Descartes: Meditationen über die Erste Philos. W. Röd: Descartes, 1964.

Reuchlin, Johann(es) (1455–1522), dt. Philos., Humanist*. Beeinflußt von der Akademie* in Florenz, von der Kabbala* und von Nicolaus Cusanus.

Ausg.: De verbo mirifico, 1494. De arte cabbalistica, 1517 (ND 1964). – *Lit.:* M. Brod: J. R. und sein Kampf. Eine historische Monographie, 1965. J. R. Phorcensis. Ein humanistischer Gelehrter. Hg. von H. P. Becht, 1986.

Rezeptivität (von lat. *recipere*, empfangen, aufnehmen), Empfänglichkeit. Für Kant das Vermögen, Sinneseindrücke zu erhalten. Gegensatz Produktivität, Spontaneität.

Rhetorik (griech. *rhetorike [techne]*, von *rhetor*, Redner), Redekunst, Kunst der schönen Rede, Lehre von der Redekunst. In Antike und Renaissance* (vgl. Humanismus) spielte die R. eine zentrale Rolle. Dabei steht sie zur Philos. in einem gespannten Verhältnis. Denn der rhetorischen Tradition zufolge betrifft R. als Kunst der Vermittlung nicht bloß die äußere Form oder Formulierung von Erkenntnis, sondern enthält ihrerseits eine Theorie der Erkenntnis: (a) Die Form und Formulierungsweise von Einsichten gehört zu diesen Einsichten notwendig hinzu. Eine Erfahrung wird erst zu wirklicher Erfahrung, wenn sie sprachlich gefaßt zu werden vermag. (b) Alles Verstehen bezieht sich auf Menschen. Es muß vermittelt werden, muß sich an jemanden richten. Es soll insbesondere vermittelt werden, um Handlung zu ermöglichen. In der Vereinigung von Verstehen und Handeln, von Erkenntnis und Gefühl liegt für die rhetorische Tradition das Ziel.

Lit.: D. Breuer: Einführung in die pragmatische Texttheorie, 1974. S. Ijsseling: R. und Philos., 1988. Ders.: Allgemeine R., 1973. J. Kopperschmidt (Hg.): R. 2 Bde., 1990/91. P. O. Kristeller: Studien zur Geschichte der R., 1981. H. Lausberg: Handbuch der literarischen R., 2 Bde., ²1973. G. K. Mainberger: Rhetorica, 2 Bde., 1987/88. H.-I. Marrou: Geschichte der Erziehung im klass. Altertum, 1957. H. Niehues-Pröbsting: Überredung durch Einsicht, 1987. P. L. Österreich: Fundamentalr., 1990. H. Schanze/J. Kopperschmidt (Hg.): R. und Philos., 1989.

Rickert, Heinrich (1863–1936), dt. Philos., Prof. in Freiburg 1894–1916 und Heidelberg ab 1916. Neukantianer*. Befaßte sich vor allem mit den Problemen der naturwissenschaftlichen Begriffsbildung und der Begriffsbildung in der Geschichtswissenschaft. Diese ist nach R. eine individualisierende Wissenschaft. Sie kann historische Personen (und Ereignisse) nur im Zusammenhang mit den Werten* dieser Personen (oder den Werten jener Zeit) verstehen. Ob bestimmte Werte für eine bestimmte Kultur von Bedeutung sind oder nicht, läßt sich nach R. empirisch feststellen. Aus diesem Grund ist das, was der Historiker als bedeutungsvoll auswählt, nicht von seiner besonderen Privatmeinung her bestimmt. Im Gegensatz zum Historismus* zieht R. aus seiner Philos. aber keine relativistischen* Konsequenzen; er bestreitet sogar, daß alle kulturellen Werte an einen historischen Ort gebunden seien. Wie den Naturwissenschaften absolute* Voraussetzungen zugrunde liegen, so setzen die Kulturwissenschaften, zu denen die Geschichtswissenschaft zählt, unbedingte, allgemeingültige und formale Werte voraus, von denen her sich alle Kulturen beurteilen lassen. R. formuliert sie als eine Art kategorischer Imperativ*.

Ausg.: Gegenstand der Erkenntnis, 1894. Grenzen der naturwissenschaftlichen Begriffsbildung (1896/1902). Allgemeine Grundlagen der Philos., 1921. – *Lit.:* L. Kuttig: Konstitution und Gegebenheit bei H. R., 1987, A. Riebel: Zur Prinzipienlehre bei H. R., 1992. H. Seidel: Wert und Wirklichkeit in der Philos. H. R., 1968.

Ricœur, Paul (geb. 1913), studierte Philos. in Rouen und an der Sorbonne in Paris. 1940–45 in dt. Kriegsgefangenschaft. 1948–56 Prof. für Philos.geschichte an der Universität Straßburg, 1956–66 Prof. für Philos. (Metaphysik) an der Sorbonne. Seit 1966 Prof. für Philos. an der Reformuniversität Nanterre, Paris. Seit 1970 zugleich Prof. in Chicago.
R. ist sowohl von der franz. Existenzphilos.* (bes. Marcel) als auch der Phänomenologie* (bes. Husserl) geprägt. Er schloß sich in den 30er Jahren der personalistischen* Bewegung um Mounier und der Zeitschrift *Esprit* an. 1950 wurde er Doktor der Philos. mit einer kommentierten Übersetzung von Husserls *Ideen I* und seinem ersten selbständigen Werk,

Le volontaire et l'involontaire. Diese Arbeit war der erste Teil einer umfassenden Analyse des Willens, seiner als Trilogie geplanten: *Philosophie de la volonté*. In *Le volontaire et l'involontaire* beschreibt R. in phänomenologischer Methode Strukturen des menschlichen Willens (z. B. Absicht, Motiv*). Obschon selbst in phänomenologischer Tradition stehend, kritisiert R. dabei die idealistische Gestalt, die Husserl der Phänomenologie gegeben hat. So stellt R. seine ursprüngliche Methode der direkten Beschreibung eines menschlichen Phänomens durch eine neutrale Beschreibung von dessen strukturellen Bedeutungen in Frage. Das Problem zeigt sich besonders bei der Beschreibung des fehlbaren Willens. 1960 veröffentlichte R. als Fortsetzung seiner «Willensphilos.» zwei Bände unter dem Titel *Finitude et culpabilité*. Sein Anliegen ist u. a. die Unterscheidung zwischen den beiden Größen Endlichkeit* und Schuld, die in der Existenzphilos.* oft identifiziert werden. Aber wie soll Schuld bzw. Erfahrung von Schuld beschrieben werden? Eigenartig jedenfalls ist, daß die Sprache eine Reihe von metaphorischen* Ausdrücken (z. B. ‹irren›, ‹auf Abwege geraten›, eine ‹Last tragen›, ‹von Schuld beladen sein›) enthält, mit denen wir über unsere Schuld sprechen. Der zweite Band von *Finitude et culpabilité* erhielt im Blick auf dieses alltagssprachliche Phänomen den Titel *La symbolique du mal* (Die Symbolik des Bösen). Mit dieser Arbeit vollzog R. eine Wende in seiner Methodik von der strukturellen Phänomenologie zu einer hermeneutischen* Phänomenologie. Die grundlegenden Erfahrungen, von denen der Mensch in einer indirekten Sprache spricht, verlangen eine Deutung. Ihre Bedeutung ist nicht unmittelbar gegeben.
Die Entwicklung der Philos. R. in den 60er Jahren vertieft diese Wende in der Beschreibungsmethode und stellt eine erweiterte Analyse des symbolischen, indirekten Selbstverhältnisses des Menschen dar, welches sich im Phänomen äußert, daß sich der Mensch indirekt zu sich selbst verhält, indem er eine ‹andere›, fiktive Welt auf der scheinbar direkt gegebenen Welt aufbaut – durch Mythen, Literatur, Kunst, Film usw. Die philos. Hermeneutik R. kann als Antwort auf die Frage nach der Bedeutung dieses Phänomens gelesen werden. R. gibt eine doppelte Antwort: Erstens geht es in dieser fiktiven Welt um die eigene Wirklichkeit des Menschen. Wir versuchen, unsere eigene Existenz durch diese andere, scheinbar von uns losgelöste Welt zu verstehen. Zweitens kann unser Verhältnis zu uns selbst nicht ein direktes sein, sondern nur eines, das durch eine kulturelle Welt vermittelt ist, in der wir uns ausdrücken und uns selbst verstehen können. Das Selbstverständnis ist nicht etwas unmittelbar Gegebenes, sondern Resultat eines immer wieder neuen Verstehensprozesses.

R. Versuche, diesen indirekten Charakter des Selbstverhältnisses des Menschen aufzudecken, verläuft in verschiedenen Phasen. Ein ihnen gemeinsamer Zug ist, daß die Analyse des indirekten Charakters mit einer Analyse der Sprache verknüpft ist. In den 60er Jahren näherte sich R. insbesondere der Psychoanalyse (so in *De l'interprétation*, 1965) und dem Strukturalismus* an; zentrale Aufsätze sind in *Le conflit des interprétations* gesammelt. In den 70er Jahren entwickelte R. eine radikale Theorie über Text und Textauslegung (u. a. *Interpretation Theory*, 1976). Auch in *La métaphore vive* (1975) beschäftigt R. das Verhältnis der metaphorischen, symbolischen Sprache zur Wirklichkeit. In den letzten Jahren konzentrierte sich R. besonders auf den Zusammenhang zwischen Narrativität (von lat. *narratio*, Erzählung) und Geschichtlichkeit*. Dies ist das Hauptthema seines letzten Buchs *Temps et récit* (Bd. 1, 1983).

Ausg.: Sexualität, 1963. Die Interpretation. Ein Versuch über Freud, 1969. Die Fehlbarkeit des Menschen, 1971. Symbolik des Bösen, 1971. Phänomenologie der Schuld, 2 Bde., 1971. Hermeneutik und Strukturalismus, 1973.

Hermeneutik und Psychoanalyse, 1974. Geschichte und Wahrheit, 1974. Die lebendige Metapher, 1986. Zeit und Erzählung, I–III, 1988–1991. – *Lit.:* M. Böhnke: Konkrete Reflexion. Philos. und theologische Hermeneutik. Ein Interpretationsversuch über P. R., 1983. D. Ihde: Hermeneutic Phenomenology. The Philos. of P. R., 1971. J. Mattern: R. zur Einführung, 1996. U. Meyer: P. R. Die Grundzüge seiner Philos., 1991. D. Rasmussen (Hg.): The Normative Path, 1989.

Riehl, Alois (1844–1924), österr. Philos., Neukantianer*. Verfaßte ein umfangreiches historisches und systematisches Werk über den Kritizismus*, das den Schwerpunkt auf die Kantische Erkenntnistheorie legt. Suchte diese Erkenntnistheorie in verschiedener Hinsicht weiter zu entfalten, z. B. indem er sie mit der Entwicklungslehre Darwins in Beziehung setzte. Überdies entwarf R. eine realistische* Metaphysik.

Ausg.: Der philos. Kritizismus und seine Bedeutung für die positive Wissenschaft. Bd 1, 2.1. u. 2.2., 1924–26. – *Lit.:* M. Jung: Der neukantianische Realismus von A. R., 1973. K. C. Köhnke: Entstehung und Aufstieg des Neukantianismus, 1986.

Ritter, Joachim (1903–74), studierte in Heidelberg, Marburg, Freiburg und Hamburg, promovierte dort 1925 bei E. Cassirer. 1932 Habilitation. 1946 Berufung nach Münster, wo er bis zu seiner Emeritierung blieb. 1953–56 Gastprofessur in Istanbul. Begründer und Herausgeber des *Historischen Wörterbuchs der Philos.*
R. Philos. liegt nicht als ein ausgestaltetes System vor, sondern besteht in erster Linie aus Aufsatzsammlungen und einer Reihe kleinerer Schriften. Er arbeitete im Bereich der Geistes- und Philos.geschichte, wobei für seine Arbeiten das Ineinandergehen von historischer und systematischer Form charakteristisch ist. So versteht R. das Moment der Geschichtlichkeit als wesentliche Determinante von Denken, Erkenntnis und Erfahrung. Das spezifische Weltverhalten von Denken und Erkennen wird als Ausdruck der jeweiligen historischen Epoche verstanden. Die übergreifende Einheit der historischen Komponente des Wissens und der sachlich-gegenständlichen Wahrheit ist für R. im «Zusammenhang der Epochen» und in der «Kontinuität des Wissens» garantiert.
Im Mittelpunkt des Interesses von R. stehen Aristoteles und Hegel. Auf dem Hintergrund der aristotelischen Politik und Ethik versteht R. die ethischen Institutionen, wie sie in Recht, Sitten und Gebräuchen der Polis vorliegen, als Garanten einer möglichen Verwirklichung des Menschen in seinem Subjektsein. Die Institutionen des Staats, der Familie und Gesellschaft sind insofern sittlich, als sie den Individuen nicht als fremde, «tote Gehäuse» gegenüberstehen, sondern als Verwirklichung von Subjektivität und das heißt nach der Franz. Revolution eminent der Freiheit gelten. Die Aufgabe der Geisteswissenschaften in der modernen Gesellschaft liegt für R. denn auch darin, die sich in ihr spiegelnde Entzweiung von «geschichtlicher Herkunftswelt» und Gegenwart zu kompensieren und «die geschichtliche und geistige Welt des Menschen offen und gegenwärtig zu halten».

Ausg.: Docta ignorantia. Die Theorie des Nichtwissens bei N. Cusanus, 1927. Mundus intelligibilis. Eine Untersuchung zur Aufnahme und Umwandlung der neuplatonischen Ontologie bei Augustinus, 1937. Die Lehre vom Ursprung und Sinn der Theorie bei Aristoteles, 1953. Hegel und die franz. Revolution, 1957. Die Aufgabe der Geisteswissenschaften in der modernen Gesellschaft, 1963. Landschaft. Zur Funktion des Ästhetischen, 1963. Metaphysik und Politik. Studien zu Aristoteles und Hegel, 1969. Subjektivität, 1974.

Romantik, philosophische, Bezeichnung für eine Strömung in der dt. Philos., die sich als Reaktion auf die Aufklärung* in den 1790er Jahren zu entwickeln beginnt. Unmittelbarer Vordenker ist J. G. Fichte, der bereits selbst zur p. R. gerechnet wird. Eine zusammenhängende, geschlossene Philos., die als romantische bezeichnet werden kann, arbeitet Schelling aus; neben ihm spielt Schleiermacher eine zentrale Rolle. Die p. R. steht in enger Beziehung zur literarischen R., insbesondere zur sog. Jenaer Frühromantik (mit F. Schlegel und Novalis). – Die p. R. genannte Periode wird auch als dt. Idealismus bezeichnet. Beide Begriffe decken mit der entscheidenden Ausnahme Hegels dieselben Theorien ab. Zwar wird zuweilen Hegel selbst zur p. R. gerechnet; allerdings gehört er selbst zu ihren schärfsten zeitgenössischen Kritikern.

In groben Zügen läßt sich die p. R. durch folgende Gedankenkomplexe charakterisieren: 1. Das Ich wird aufgefaßt als grundlegend produktiv und schöpferisch: Durch sein Tun prägt das Ich die Welt und kann sie deshalb auch verstehen. Eine herausragende Stellung nimmt die Kunst ein, da sie für jene formende Tätigkeit, die das Ich kennzeichnet, geradezu das Vorbild abgibt: Mittels der produktiven Einbildungskraft schafft der Künstler ein Werk, das Ausdruck seiner selbst ist (vgl. Genie). 2. Die Wirklichkeit*, auf die sich das formende Ich bezieht, ist ihrerseits eine zusammenhängende Ganzheit. In Abhebung von den rationalistischen Theorien ihrer eigenen Zeit wirft die p. R. ihnen vor, diesen Ganzheitsgedanken der Welt zu vergessen in der rein verstandesmäßigen Auffassung. Weil aber die Wirklichkeit als Ganzheit verstanden werden muß, stellt sich der Philos. die Ausarbeitung eines Systems* zur Aufgabe. 3. Die Wirklichkeit ist genauer eine hervorgebrachte, entwickelte Ganzheit. Sie ist historisch. So erhält der Geschichtsbegriff in der p. R. eine zentrale Bedeutung. Geschichte wird als organischer Prozeß aufgefaßt. 4. Die historische Entwicklung zielt auf die Versöhnung von Natur und Freiheit, Objekt und Subjekt*. Gleichzeitig jedoch nimmt die p. R. hinter der Geschichte eine ursprüngliche Einheit an. In dieser Einheit als dem Absoluten* liegt die Möglichkeit der Versöhnung begründet. Es geht darum, zu ihr zurückzufinden oder sie wiederherzustellen. Der ‹intellektuellen› oder ‹ästhetischen› Anschauung* ist die ursprüngliche Einheit unmittelbar zugänglich; der Sonderstatus der Kunst ist u. a. genau darin begründet, daß sie diese ursprüngliche Einheit zum Ausdruck bringt.

Diese vier Gedankenkomplexe sind für die p. R. idealtypisch*. Die ersten beiden von ihnen – über den produktiven Charakter des Ich und das System als philos. Aufgabe – stammen von Fichte, werden in der R. jedoch abgewandelt. Vor allem soll die Einseitigkeit der Fichteschen Position aufgegeben werden, und zwar durch die zusätzliche Betonung der Natur als organischer Ganzheit. Der p. R. zufolge muß die Synthese* von Natur und Freiheit, Subjekt und Objekt usw., um wirklich zu werden, auch die Natur einschließen. In dieser Synthese der Versöhnung liegt eine dringliche Forderung. Denn das gewöhnliche Leben besteht in der Erfahrung einer Entzweiung von Natur und Geist, Objekt und Subjekt, tatsächlichen historischen Bedingungen und idealen Zwecken usw. Vor allem die Erfahrung, daß die verschiedenen Lebensbereiche auseinanderfallen, nimmt sich die p. R. zum Ausgangspunkt. Ihr Hauptproblem kulminiert letztlich in der Frage nach Entzweiung und Versöhnung.

Hegel teilt dieses Grundproblem mit der p. R., sieht aber seine Lösung nicht in der Betonung einer ursprünglichen unmittelbaren Identität. Außerdem stuft er den Wert der Kunst in seiner Philos. niedriger ein, als Schelling dies in seinem *System des transzendentalen Idealismus* (1800) getan hatte; sie ist letztlich bloß eine Stufe auf dem Weg zur Philos. Schließlich kritisiert Hegel auch die organische Geschichtsauffassung der p. R.

Lit.: W. Benjamin: Der Begriff der Kunstkritik in der deutschen R., 1920, ⁵1991. K. H. Bohrer: Die Kritik der R., 1989. M. Frank: Vorlesungen über die Neue Mythologie I., 1982. Ders.: Einführung in die frühromant. Ästhetik, 1989. N. Hartmann: Fichte, Schelling und die R., 1923, ³1974. J. Hörisch: Studien zur R. und Idealistischen Philos., 1988. O. Pöggeler: Hegels Kritik an der R., 1956. H. Prang (Hg.): Begriffsbestimmung der R., 1968, ²1972. J. Sánchez de Murillo: Der Geist der dt. Romantik, 1986.

Rorty, Richard McKay (geb. 1931), amerik. Philos., seit 1970 Prof. an der Princeton University. R. ist vor allem bekannt geworden mit seinem Buch *Philosophy and The Mirror of Nature* (1979), in dem er die Auffassung kritisiert, es sei die wichtigste Aufgabe der Philos., die Grundlage aller Erkenntnis und der Kultur zu liefern. R. lehnt den Anspruch einer Ersten* Philos. ab und bestreitet, daß es ohne deren Hilfe nicht möglich ist, zwischen begründeten und unbegründeten Theorien, zwischen seriöser und unseriöser Kunst oder vernünftiger und unvernünftiger sozialer Praxis zu unterscheiden. Eine solche traditionelle Auffassung von Philos. sei z.B. bei Platon, Descartes, Locke, Kant, Russell und Husserl zu finden. In neuerer Zeit sei dieses Verständnis von Philos. mit einer verfehlten Kognitionstheorie verknüpft worden, nach der das Bewußtsein* spezielle mentale* Prozesse enthält, durch die die Wirklichkeit repräsentiert wird. Erkenntnistheorie wird dadurch zu einer Theorie über den Verlauf von mentalen Prozessen, die wiederum mit der Frage verknüpft ist, welche Gewißheit wir unserer vermuteten Erkenntnis zuerkennen können. Aber das Bewußtsein besteht nicht in speziellen mentalen Prozessen oder Akten*. Etwas intendieren*, verstehen* oder etwas meinen besteht für R. darin, daß man ein Zeichen* in Übereinstimmung mit einer anerkannten sozialen Praxis anwendet. Entsprechend gibt es keine privilegierten Tatsachen, die dem Bewußtsein unmittelbar gegeben* sind. Es handelt sich lediglich darum, daß gewisse Typen von Beschreibungen gewöhnlich als unabänderlich angesehen werden. Begriffe* und Bedeutungen existieren auch nicht als gesonderte Entitäten*, die Behauptungen irgendwelcher Art begründen können. Begründet ist das, was man in einem normalen sozialen Zusammenhang akzeptiert. Daß einige Behauptungen als notwendig oder gesichert akzeptiert werden, während andere als kontingent* und unsicher angesehen werden, ist allein Ausdruck dafür, daß man sich im jeweiligen sozialen Milieu darin einig ist, daß es sich so verhält.

Anstelle der traditionellen Auffassung, daß die Philos. oberste Richterin sei, versucht R. – unter Berufung auf Dewey, den späten Wittgenstein und den späten Heidegger –, einen hermeneutischen* und pragmatischen Begriff von Philos. zu entwickeln. Danach definieren bestimmte Themen- oder Problemstellungen, was Philos. ist. Philosophieren heißt, daß man in erbaulicher (engl. *edifying*) oder in kritischer Weise sich an Gesprächen beteiligt, die offenbleiben, ohne sich dem Zwang einer Systembildung auszuliefern (s. Diskurs).

Ausg.: Der Spiegel der Natur, 1981. Solidarität oder Objektivität?, 1988. Kontingenz, Ironie und Solidarität, 1989. Eine Kultur ohne Zentrum, 1993. Hoffnung statt Erkenntnis. Eine Einführung in die pragmatische Philos., 1994. – *Lit.:* S. Berberich: Die Philos. R.R., 1991. D.L. Hall: R.R., 1994. D. Horster: R.R. zur Einführung, 1991. W. Reese-Schäfer: R.R., 1991.

Rosenkranz, Karl (1805–79), dt. Philos.; Studium in Berlin, Halle und Heidelberg. 1831 a.o. Prof. für Philos. in Halle, 1833 o. Prof. in Königsberg. 1848 für kurze Zeit im Dienst des preußischen Kultusministeriums. Betrachtete sich selbst durchgängig als Hegelianer*, bewahrte jedoch Hegel gegenüber seine Selbständigkeit. In vieler Hinsicht stimmt R. mit den Rechtshegelianern überein; so schließt er sich ihrer Meinung an, der Gedanke einer individuellen Unsterblichkeit sei mit dem Hegelschen System vereinbar. Andererseits wird er von A. Ruge als der «allerfreieste der Althegelianer» bezeichnet. Ein Beispiel für R. eigenständiges Denken bietet etwa die *Psychologie oder die Wissenschaft vom subjectiven Geist* (1837), die u.a. auf Kierkegaards Abhandlung über den *Begriff Angst* (1844) großen Einfluß ausübte.

Ausg.: System der Wissenschaft, ein philos. Encheiridion, 1850. Meine Reform der Hegelschen Philos., 1852. Ästhetik des Häßlichen,

1853. Die Wissenschaft der logischen Idee, 2 Bde., 1858–59. Hegel als dt. Nationalphilos., 1870. – *Lit.:* W. Jung: Schöner Schein der Häßlichkeit oder Häßlichkeit des schönen Scheins. Ästhetik und Geschichtsphilos. im 19. Jh., 1987.

Ross, William David (1877–1973), engl. Philos. 1928–47 Prof. in Oxford. Legt in den Werken *The Right and the Good* (1930) und *Foundations of Ethics* (1939) eine intuitionistische* Beschreibung der ethischen Erkenntnis vor. Wie Moore und Prichard betrachtet R. das moralisch Gute als eine undefinierbare, sog. nichtnatürliche Eigenschaft von Handlungen. Große Verdienste kommen R. als Übersetzer, Herausgeber und Kommentator der Werke des Aristoteles zu.

Rousseau, Jean-Jacques (1712–78), geb. in Genf, schweiz.-franz. Philos., Schriftsteller und Musiker; ideeller Wegbereiter der Franz. Revolution. In Genf geboren und als Halbwaise dort aufgewachsen. Seine Lehre als Kupferstecher brach R. ab und verließ sechzehnjährig seine Vaterstadt. Es folgten vier Wanderjahre; 1732 ließ er sich bei seiner Gönnerin und Geliebten Mme de Warens in Chambéry nieder. Die folgenden zehn Jahre verbrachte R. v. a. mit autodidaktischen Studien (Philos., Theologie, Naturwissenschaften, Musik). Danach lebte er teils in Venedig, teils in Paris; ab 1745 fest in Paris. Zusammenleben mit Thérèse le Vasseur (Heirat 1768); fünf Kinder wurden geboren. Hier verkehrte R. im Kreis der Enzyklopädisten; er verfaßte die musiktheoretischen Beiträge für die Enzyklopädie*. 1749 begann seine eigentliche schriftstellerische Tätigkeit mit der Beantwortung einer von der Akademie Dijon ausgeschriebenen Preisfrage. 1755 bis 1762 entstanden R. große und berühmte Schriften. 1762 werden diese verboten, R. zur Verhaftung ausgeschrieben. Flucht in die Schweiz, 1766 auf Einladung D. Humes nach England, 1767 Rückkehr nach Frankreich; die letzten, sehr zurückgezogenen Jahre verbrachte R. in der Nähe von Paris; dort entstanden auch seine autobiographischen Schriften.

Jean-Jacques Rousseau

1750 beantwortete R. die Preisfrage, ob der Fortschritt von Wissenschaft und Kunst zur Läuterung von Sitten und Moral beigetragen habe *(Discours sur les sciences et les arts)*. Hier entfaltet R. erstmals die für ihn charakteristische fortschrittspessimistische Perspektive in bezug auf die Gattungsgeschichte der Menschen und stellt sich damit in einen deutlichen Gegensatz zum herrschenden aufklärerischen Fortschrittsoptimismus: Die zeitgenössische Welt ist nicht die einer emanzipierten Gesellschaft; sie ist im Gegenteil durch Selbstentfremdung und durch den Zerfall von Sittlichkeit und Moral gekennzeichnet. Der Fortschritt in Wissenschaften und Künsten ist ursächlich an diesen Entfremdungs- und Zerfallsprozessen beteiligt. R. entwickelt hier die Vorstellungen einer Frühzeit der menschlichen Gesellschaft, eines Naturzustands, der noch nicht durch Arbeitsteilung, soziale Differenzierung und Privateigentum sowie die mit diesen Phänomenen einhergehende Entfremdung bestimmt ist. R. Discours wurde ausgezeichnet, er selbst durch seine Antwort bekannt. Mit R. pessimistischer Gegenwartsdiagnose sind die thematischen Interessen, die in den folgenden Schritten behandelt werden, weitgehend bestimmt: Geschichtsphilos., Erziehung und Politik.

Im zweiten Discours, im *Discours sur l'origine et les fondements de l'inégalité parmi les hommes* (1755, Über Ursprung und Grundlagen der Ungleichheit unter den Menschen), werden zunächst die sozial- und zivilisationskritischen Gedankengänge und deren implizite Geschichtsphilos. weiterentwickelt. Die als Konstruktion verstandene Idee eines Naturzustands dient hier als Grundlage für die Beantwortung der Frage, wie es zu den kritisierten gesellschaftlichen Phänomenen (Privilegien, Privateigentum, Macht) und den daraus hervorgehenden psychischen Dispositionen (Haß, Neid usw.) gekommen ist. Im Naturzustand ist der einzelne ein autarkes, durch Selbstliebe *(amour de soi)* geprägtes Individuum, welches sich selbst erhalten will, ohne andere zu schädigen. Wird die Selbstliebe jedoch von der Selbstsucht *(amour propre)* verdrängt, so entsteht, weil der einzelne den anderen überlegen sein will, eine Gesellschaft, in der, mehr oder weniger sichtbar, der Mensch durch den Menschen versklavt wird. Recht und Staat sowie das von ihnen garantierte Eigentum sind nur späte Folgen der im Ansatz schon falschen, auf Selbstsucht beruhenden Entwicklung. Was R., ausgehend von der Ungleichheit in bezug auf Besitz und Lebensbedingungen, beschreibt und analysiert, ist die Bildung von Gesellschaft überhaupt. Ein Zurückgehen zum Naturzustand ist unmöglich. Deshalb denkt R. im folgenden über die Verbesserung der Menschen (Erziehung) und über eine legitime politische Ordnung (Staats- und Rechtsphilos.) nach.

In *Du contrat social ou principes du droit politique* (1762, Vom Gesellschaftsvertrag oder Prinzip des Staatsrechts) entwickelt R. eine in der Vertragstheorie fundierte Staatsphilos., die sowohl für die Franz. Revolution als auch für die Rechtsphilos. I. Kants, J. G. Fichtes, G. W. F. Hegels und K. Marx' von nicht zu unterschätzender Bedeutung war. Im Anschluß an den ersten und den zweiten Discours stellt R. hier die Bedingungen dar, unter denen die aus dem Naturzustand heraustretende Menschheit steht, und er formuliert die Normen, denen die Vergesellschaftung gehorchen soll. Ziel ist die Darstellung und legitime Fundierung einer Gesellschaft, in der der einzelne frei und in Harmonie mit dem Allgemeinen, dem er sich zwanglos unterordnet, leben kann. Grundlage eines solchen Staatswesens ist die vertragliche Übereinkunft *(contrat social)*, durch die sich die einzelnen zu einem Gemeinwesen mit einem gemeinsamen Ich *(moi commun)* und einem gemeinsamen Willen *(volonté général)* zusammenschließen. Der gemeinsame Wille, der sich im Akt der vertraglichen Übereinkunft manifestiert, hat das Wohl des Staats zu seinem Ziel. Dem gemeinsamen Willen ordnet sich der einzelne in einer freien Entscheidung unter, und umgekehrt garantiert der Staat die Freiheit aller einzelnen, die in der *volonté général* ihren eigenen Willen wiedererkennen. Vom Gemeinwillen unterscheidet R. den Willen aller *(volonté de tous)*, der nichts anderes ist als die Summe der Willen aller ihre Privatinteressen verfolgenden Einzelpersonen. Subjekt des Gemeinwillens und damit auch Souverän im Staat ist die Volksversammlung. Der Gemeinwille ist nicht übertragbar und nicht teilbar. Die Volksversammlung kann lediglich die Exekutivfunktion auf eine Regierung, die ihrerseits an den Gemeinwillen gebunden bleibt, übertragen.

Großen Einfluß auf die Pädagogik übte der zunächst heftig kritisierte Erziehungsroman *Émile ou de l'éducation* (1762, Émile oder über die Erziehung) aus. R. stellt hier – als Gegenbild zu der in den beiden Discours angeprangerten Entfremdung, die die moderne Zivilisation prägt – die gelungene Sozialisierung eines einzelnen dar. Ziel der gelungenen Erziehung ist Émiles Liebes- und Toleranzfähigkeit sowie seine soziale und familiäre Bindung in kritischer Loyalität. Der Erzieher hat in R. Konzept mehr die Aufgabe, die Anlagen und Fähigkeiten des Individuums den verschiedenen Kindes- und Jugendaltern gemäß zu wecken und sich entwickeln zu lassen, als selbst aktiv diese zu bilden – in der Anlage ist der einzelne gut, erst durch die verdorbene Gesellschaft kommt das Böse in und über ihn.

In der letzten Phase seines Lebens, in der R. von zunehmendem Verfolgungswahn geplagt wurde, verfaßte er autobiographische Schriften, die der schonungslosen Selbstanalyse wie auch der Apologie seiner eigenen intellektuellen Entwicklung dienten. Die *Confessions* (Bekenntnisse) und die *Rêveries du promeneur solitaire* (Träumereien eines einsamen Spaziergängers) sind posthum erschienen. Namentlich die *Confessions* übten einen großen Einfluß auf die Entstehung und Entwicklung der modernen Autobiographie aus, in der die Bildung von Individualität in ihrer Geschichte zum Thema wird.

Ausg.: Sämtliche Werke, 11 Bde., 1785–99. Schriften in zwei Bdn., hg. von H. Ritter, 1978 (NA 1988). Werke in 4 Bdn., 1978–81. – *Lit.:* R. Brandt: R. Philos. der Gesellschaft, 1973. E. Cassirer: R., Kant, Goethe, 1991. I. Fetscher: R. politische Philos. Zur Geschichte des demokratischen Freiheitsbegriffs, ³1980, ND 1988. M. Forschner: R., 1977. B. Gagnebin: J.-J. R. et son œuvre, Paris 1964. G. Holmsten: J.-J. R. in Selbstzeugnissen und Bilddokumenten, 1985. R. D. Masters: The Political Philosophy of R., 1968. A. M. Melzer: The Natural Goodness of Man, 1990. M. Rang: R. Lehre vom Menschen, 1959. R. Spaemann: R. – Bürger ohne Vaterland. Von der Polis zur Natur, 1992. J. Starobinski: R. Eine Welt von Widerständen, 1988. O. Vosseler: R. Freiheitslehre, 1963. R. Wokler: R., 1995.

Royce, Josiah (1855–1916), amerik. Philos., Prof. an der Harvard University. Im Einflußbereich von Hegel und Peirce vertritt R. als Schüler von Lotze einen absoluten Idealismus*, insbesondere einen idealistischen Personalismus: Die Individuen und ihre Erfahrungen sind als Manifestationen eines absoluten Prinzips oder eines absoluten Willens aufzufassen.

Ausg.: Prinzipien der Logik (in der Enzyklopädie der philos. Wissenschaften, I. Bd.: Logik, 1912). The World and the Individual, I–II, 1899/1901, 1959. The Problem of Christianity, ND 1968. – *Lit:* G. Bournique: La philos. de J. R., 1988.

Russell, Bertrand Arthur William (1872 bis 1970), engl. Philos., Logiker, Mathematiker, daneben auch als politischer Aufklärer und Gesellschaftskritiker tätig. R. studierte Mathematik und Philos. am Trinity College in Cambridge, wo er 1895–1901 als Fellow und 1910–16 als Dozent für Logik und Mathematik arbeitete. In diesen Jahren lernte er Ludwig Wittgenstein kennen, der ihn eine Zeitlang maßgeblich beeinflußte. Aufgrund seines aktiven Pazifismus verlor R. seine Dozentur; 1918 mußte er eine halbjährige Gefängnisstrafe absitzen. Zwischen den Weltkriegen bereiste R. China, Sowjet-Rußland und die Vereinigten Staaten. Von 1927 bis 1934 leitete er mit seiner zweiten Frau das Schulprojekt «Beacon Hill». Erst 1939 konnte R. die regelmäßige akademische Tätigkeit wiederaufnehmen, zunächst an verschiedenen amerik. Universitäten, seit 1944 erneut am Trinity College. R. Verdienste wurden 1950 mit dem Order of Merit und mit dem Nobelpreis für Literatur gewürdigt. Bis zu seinem Lebensende blieb R. publizistisch und politisch aktiv.

R. gehört zu den produktivsten Denkern dieses Jh. Nur ein Teil seiner Schriften beschäftigt sich mit philos. Fragen im engeren Sinn. Neben fachphilos. Werken verfaßte R. populärwissenschaftliche Bücher, Essays, politische Analysen und Streitschriften sowie literarische Werke. Seine bedeutendsten Leistungen liegen indes auf den Gebieten Logik, Philos. der Mathematik und der Sprache; daneben gab er Anstöße zur Metaphysik, Er-

Bertrand Arthur William Russell

kenntnistheorie und Philos. des Geistes.

R. war beeindruckt von der Gewißheit der mathematischen Erkenntnis, der Sinneserfahrung und der Naturwissenschaft. Dieser Gewißheit glaubte er am ehesten durch den Nachweis gerecht zu werden, daß die Mathematik ein Teil der Logik ist. So schloß er sich u. a. Freges Programm des Logizismus an, durch welches alle mathematischen Begriffe definitorisch auf Begriffe der Logik zurückgeführt und alle mathematischen Theoreme auf der Basis solcher Definitionen unter ausschließlicher Benutzung logischer Prinzipien bewiesen werden sollten. – Bei seinen Bemühungen um die logische Grundlegung der Mathematik stieß R. auf eine Paradoxie (bzw. Antinomie), welche den bis dahin für unproblematisch gehaltenen Begriff der Menge ins Zwielicht rückte: Es gibt Mengen, die Elemente ihrer selbst sind, und andere, die es nicht sind, so etwa die – in Freges System ohne weiteres zu bildende – Menge, die genau die Mengen enthält, welche sich nicht selbst als Element enthalten. Die ins Auge gefaßte Menge ist genau dann Element ihrer selbst, wenn sie nicht Element ihrer selbst ist.

Aus dem Bestreben, das logizistische Programm unter Vermeidung der mengentheoretischen und verwandten Paradoxien für die gesamte Mathematik anzuwenden, erwuchs die gemeinsam mit A. N. Whitehead verfaßten *Principia Mathematica* (1910–13), welche bis heute als Standardwerk der formalen Logik gelten. Die dort gegebene Analyse der Antinomien beruht auf dem Grundgedanken, sie kämen durch fehlerhafte Zirkel im Definieren zustande. Grundlegend für das System der *Principia* ist die sog. Typentheorie, die davon ausgeht, daß die logisch-mathematischen Gegenstände eine Hierarchie von Typen bilden. Das aus der Diagnose der Paradoxien resultierende Verbot einer gewissen Art von Definitionen (der sog. imprädikativen Definitionen) führt zu weiteren Komplikationen der Typentheorie.

Auf dem Weg zu den Lösungsideen der *Principia Mathematica* spielte die Theorie der Beschreibungen *(theory of descriptions)*, insbesondere der Kennzeichnungen *(definite descriptions)*, eine herausragende Rolle. Dieses in *On Denoting* (1905) entwickelte Lehrstück wurde zugleich zu einem Paradebeispiel logischer Analyse und infolgedessen zu einem Schlüsselwerk der Analytischen Philos. (Bereits in seinem Buch über Leibniz von 1900 hatte R. die Ansicht vertreten, alle gründliche Philos. müsse mit der Analyse von Sätzen beginnen, eine Auffassung, die er freilich schon bei Leibniz zu finden glaubte.)

Eine Kennzeichnung ist äußerlich betrachtet ein Ausdruck der Form ‹der (die, das) Soundso›, wobei ‹Soundso› für einen generellen Term steht und der bestimmte Artikel singulär verwendet wird. R. Analyse zufolge sind Kennzeichnungen keine Terme, sondern unvollständige Symbole, die nur im Zusammenhang eines Satzes bedeutungshaft sind. In der logischen Tiefenanalyse schlägt sich das so nieder, daß sie zugunsten von Prädikaten und Quantoren verschwinden. So wird ‹Das F ist G› analysiert als ‹Mindestens ein Ding ist F, und höchstens ein Ding ist F.› (d. h., genau ein Ding ist F), und: ‹Was immer F ist, ist G›. Sätze der Form ‹Das F existiert› werden umschrieben als ‹Mindestens ein Ding ist F, und höchstens ein Ding ist F›. (Der Wahrheitswert der analysierten Sätze ist entsprechend den angegebenen Analysen festzustellen.) Auch Autoren, die Einzelheiten dieser Analyse nicht teilten, erkannten gewisse allgemeine Züge solcher Analysen als für die philos. Methode bedeutsam an. So hat es Wittgenstein als R. Verdienst bezeichnet, gezeigt zu haben, daß die scheinbare logische Form eines Satzes nicht seine wirkliche sein muß. – Die Bedeutsamkeit der Kennzeichnungstheorie im Hinblick auf die *Principia Mathematica* ergibt sich daraus, daß Ausdrücke für Klassen – wie Kennzeichnungen – als unvollständige Symbole behandelt werden können; entsprechend können Klassenausdrücke zugunsten von Prädikaten und Quantoren als entbehrlich erwiesen werden.

Heutzutage ist man überwiegend geneigt, den Logizismus Freges und R. als gescheitert anzusehen. Frege war allenfalls eine Zurückführung der Mathematik auf Logik und Mengenlehre gelungen; aber Mengenlehre ist ihrerseits nach heutiger Ansicht nicht einfach als zur Logik gehörig zu betrachten. R. Versuche, (mit Hilfe der Typentheorie) Mengenlehre als Teil der Logik auszuweisen, sind insofern gescheitert, als sie nicht ohne Axiome auskamen, die keinen rein logischen Status besitzen (Unendlichkeitsaxiom, Reduzibilitätsaxiom).

Während R. logische Lehren und Analysen auch unter Kritikern von großem Einfluß blieben, finden die Beiträge, die teils die zu der entwickelten Logik ‹passende› Metaphysik und Erkenntnistheorie liefern, teils als Anwendungen der neuen Logik und der neuen Techniken logischer Analyse und Konstruktion dienen sollten, nicht mehr allgemeine Zustimmung. R. Metaphysik ist der sog. Logische Atomismus, der freilich eng mit seinen Methoden der logischen Analyse und Konstruktion verknüpft ist. Der logische Atomist glaubt an eine Isomorphie* (Strukturentsprechung) zwischen der Struktur einer idealen Sprache und der Struktur der Welt (Wirklichkeit). Bei dem Empiristen R. fließen jedoch erkenntnistheoretische Erwägungen in die Konzeption der ‹Atome› ein. Hier vertritt er eine Spielart des Phänomenalismus. Das Fundament der Wahrnehmung bilden sog. Sinnesdaten*. Alles Wissen, bei dem R. Wissen aufgrund von Bekanntschaft *(acquaintance)* und Wissen aufgrund von Beschreibung unterscheidet, muß letztlich auf unmittelbare Bekanntschaft zurückzuführen sein. Das gesamte Wissen kann mit Hilfe atomarer Sätze, die von momentanen Gehalten von Sinneserfahrungen handeln, und wahrheitsfunktionalen Verbindungen solcher Sätze ausgedrückt werden. Die Gegenstände der Naturwissenschaft werden als Funktionen von Sinnesdaten, als logische Konstruktionen aus Sinnesdaten, gedeutet. Die körperliche und die geistige Welt bilden Wirklichkeitsbereiche, welche aus einem Grundstoff konstruiert sind, der selbst weder körperlich noch geistig ist (nämlich aus den Sinnesdaten). Diesen ‹neutralen Monismus› breitet R. in *The Analysis of Mind* (1921) sowie in *The Analysis of Matter* (1927) aus. Die Unterschiede zwischen dem Physischen und dem Mentalen liegen nicht in den basalen Komponenten, sondern in der jeweiligen Art und Weise ihrer Zusammenfügung.

Ausg.: Einführung in die mathematische Philos., 1923 (Orig. 1919). Unser Wissen von der Außenwelt, 1926 (Orig. 1914). Probleme der Philos., 1926. Die Analyse des Geistes, 1927 (Orig. 1921). Philos. der Materie, 1929 (Orig. 1927). Mensch und Welt, 1930 (Orig. 1927). Philos. des Abendlandes, 1950 (Orig. 1945). Mystik und Logik. Philos. Essays, 1952 (Orig. 1910, 1918). Das menschliche Wissen, 1952 (Orig. 1948). Philos. und politische Aufsätze, 1971. Die Philos. des logischen Atomismus,

1976. Principia Mathematica (Vorwort und Einleitungen), 1984. B. R.: Mein Leben, 1967. – *Lit.:* A. J. Ayer: B. R., 1972. P. J. Hager: Continuity and Change in the Development of R. Philos., 1994. A. D. Irvine/G. A. Wedeking (Hg.): R. and Analytic Philos., 1993. R. Rheinwald: Semantische Paradoxien, Typentheorie und ideale Sprache. Studien zur Sprachphilos. B. R., 1988. R. M. Sainsbury: R., 1979. E. R. Sandvoß: B. R., 1980. Schilpp, P. A. (Hg.): The Philosophy of B. R., 1944.

Ryle, Gilbert (1900–76), engl. Philos., Prof. in Oxford 1945–68, wichtigster Vertreter der Oxfordphilos. (s. *ordinary language philosophy*). Abgesehen von einem frühen Interesse an der Phänomenologie* und einem bleibenden an philos.geschichtlichen Themen, besonders an Platon, widmet sich R. in seinen Arbeiten in erster Linie Fragen nach der Aufgabe und Methode der Philos. In diesem Zusammenhang sind vor allem seine Analysen der Bewußtseinsbegriffe von großer Bedeutung.

Die Philos. hat eine negative und eine positive Aufgabe. Die negative besteht darin, die Begriffsverwirrungen zu klären, die aus der Verwechslung der grammatischen* mit der logischen Form eines Satzes erwachsen. Zu dieser Verwechslung tragen Züge der Sprache selbst bei, z. B. die sog. systematisch irreführenden Ausdrücke. Der Ausdruck ‹Gedanke an einen Krankenhausaufenthalt› tritt in dem Satz ‹Peter haßt den Gedanken an einen Krankenhausaufenthalt› analog zu dem Ausdruck ‹seinen Nachbarn› in dem Satz ‹Peter haßt seinen Nachbarn› auf. Dies verleitet zu der falschen Auffassung, daß der ‹Gedanke an einen Krankenhausaufenthalt› ähnlich wie ‹sein Nachbar› ein Ding in der Welt bezeichnet. R. spricht in solchen Fällen, in denen ein Ausdruck einer anderen Kategorie zugerechnet wird, als er faktisch zugehört, von einem Kategorienfehler.

Die positive Aufgabe der Philos. besteht darin, die logische Geographie oder informelle Logik unserer Begriffssysteme aufzudecken (die sog. begriffslogischen Relationen). Die Methode besteht darin, systematisch zu ergründen, was im alltäglichen Sprachgebrauch ohne Absurdität gesagt werden kann und welche informellen Beziehungen bestimmte Aussagen zu anderen Aussagen haben, etwa ob sie sie voraussetzen oder implizieren. Ein Beispiel für die Anwendung dieser Methode ist R. Hauptwerk *The Concept of Mind* (1949), in welchem er den cartesianischen* Dualismus* – den «Mythos vom Gespenst in der Maschine» – bekämpft, der in seinen Augen ein einziger großer Komplex von Kategorienfehlern und ähnlichen Mißachtungen der informellen Logik der Sprache ist. Diesem Mythos gegenüber stellt er seine eigene Theorie – durch Aufdeckung des relevanten Begriffssystems der Alltagssprache –, nach der das Seelenleben von Personen als Handlungs- und Verhaltensdispositionen verstanden werden muß. Diese Theorie wird als logischer (oder hypothetischer) Behaviorismus* bezeichnet und hat in den letzten Jahren entscheidend zu einem erneuten philos. Interesse an behavioristischem Denken beigetragen.

In späteren Arbeiten hat R. die Bedeutungstheorie ausgebaut, die hinter seiner philos. Methode steht. Er versteht die Beschreibung des Sinns von Wörtern als Beschreibung ihres Gebrauchs, d. h. ihrer Funktion im allgemeinen Sprachgebrauch. Dabei kritisiert er die Anwendung von formalen Methoden in der philos. Semantik*, u. a. bei Carnap und Quine, in der er eine verfehlte Sprachauffassung sieht, die den Sinn sprachlicher Ausdrücke letztlich auf deren bestimmte Zuordnung zu Gegenständen der Wirklichkeit zurückführt, d. h. sie als Namen für die Gegenstände versteht. R. nennt diese Auffassung Fido-Fido-Theorie*. Er sieht in ihr den Grund für viele philos. Begriffsverwirrungen.

Ausg.: Der Begriff des Geistes, 1969. Begriffskonflikte, 1970. Collected Papers, 2 Bde., 1971. On Thinking, 1979. Aspects of Mind, 1993. – *Lit.:* L. Antoniol: Lire R. aujourd'hui, 1993. B. N. Rao: A Semiotic Reconstruction of R. Critique of Cartesianism, 1994. Th. Rentsch:

Sprachanalytische Verdinglichungskritik. G. R. Phänomenologie des Geistes. In: Ders.: Heidegger und Wittgenstein, 1985. E. v. Savigny: Die Philos. der normalen Sprache, 1969, ²1974.

S

Sache selbst, die, vor allem in der Phänomenologie* Bezeichnung für etwas, das an* sich ist. Was darunter näher zu verstehen ist, bleibt jedoch umstritten. Nach Husserl ist die S. s. identisch mit der S. als Phänomen*, d. h. mit der S., wie sie sich direkt in einer Anschauung* von ihr zeigt. Die Frage nach der Seinsweise der S., insofern sie nicht Gegenstand einer Anschauung ist, klammert Husserl allerdings aus. Seinen Begriff des Phänomens übernehmen Heidegger und Gadamer, fügen aber hinzu: Jede Erfahrung* einer S. ist zugleich ihre Auslegung (Deutung). Ferner ist es sinnlos, unabhängig von einer möglichen Auslegung über eine S. reden zu wollen. N. Hartmann dagegen unterscheidet zwischen der S. als Phänomen (Gegenstand) und der S. an sich, unabhängig von der Erfahrung. Bei Merleau-Ponty beinhaltet die Forderung, zur S. s. zu kommen, daß auf den Zusammenhang zwischen Subjekt* und Welt* zurückzugehen sei.

Sachverhalt. 1. Tatsache*. 2. In strengerem Sinn: mögliche Tatsache, d. h. etwas, von dem die Möglichkeit besteht, daß es der Fall ist. Sprachphilos. ausgedrückt: etwas, das durch einen wahrheitsdifferenten Aussagesatz beschrieben werden kann. Dieser Wortgebrauch geht vor allem zurück auf Wittgensteins *Tractatus Logico-Philosophicus*.

Säkularisierung (von lat. *saeculum*, Zeitalter, Jh.), Verweltlichung. Bezeichnung für den Prozeß, durch den die vom Menschen geprägte Welt (Wissenschaft, Kunst, Staat usw.) als ein Selbständiges hervortritt, d. h. als etwas, das keiner religiösen Begründung bedarf. Zur S. gehört das Streben nach immanenter* Erkenntnis der Wirklichkeit. Die Welt des Menschen soll aus sich selbst heraus verstanden und begründet werden. Historisch bezeichnet S. vor allem jene kulturelle Entwicklung, die mit der Renaissance* (vgl. Humanismus) und Reformation einsetzt und im Zeitalter der Aufklärung* zum Durchbruch kommt.

Lit.: H. Blumenberg: Die Legitimität der Neuzeit, 1966. Ders.: S. und Selbstbehauptung, 1974. K. Löwith: Weltgeschichte und Heilsgeschehen, 1953, ⁷1979. H. Lübbe: S., 1965, ²1975.

Saint-Simon, Claude Henri de (1760 bis 1825), franz. Sozialphilos. Betont in seinen historischen Analysen die Bedeutung der Gegensätze zwischen den gesellschaftlich produktiven und den unproduktiven Klassen: Unproduktiv sind Adel und Geistlichkeit, produktiv vor allem Handwerker, Arbeiter und Unternehmer. S. religiös gefärbte szientistische* Gesellschaftsphilos. vertraut ganz auf Planung und Zentralisierung. Die Nationalökonomen und Soziologen werden aufgefordert, die Führung der Gesellschaft zu übernehmen. – S. übte auf A. Comte starken Einfluß aus.

Ausg.: Œuvres I–VI, 1807–75 (ND 1966, 1978). L'Organisateur, 1819–20. Du Système industriel, 1821. Catéchisme des Industriels, 1823–24. – *Lit.:* F. Bedarida/J. Bruhat/J. Droz: Der utopische Sozialismus bis 1848, 1974. R. M. Emge: S.–S., 1987. R. P. Fehlbaums: S. und die Saint-Simonisten. Vom Laissez-Faire zur Wirtschaftsplanung, 1970.

Sallust(ius) (gest. 370 n. Chr.), Neuplatoniker*. Wie sein Freund Julian (322–363; 361–363 Kaiser) Mitglied der Pergamenischen Schule. In seinem Werk über *Götter und Welt* bekämpft S. das Christentum und befürwortet statt dessen den Polytheismus*.

salva veritate (lat., unter Bewahrung der Wahrheit), Austauschbarkeitsprobe. Das von Leibniz vorgeschlagene Kriterium für Synonymie*, wonach zwei Ausdrücke synonym sind, wenn sie in jedem beliebigen wahren (falschen) Satz ausgetauscht werden können, ohne daß der Satz dabei falsch (wahr) würde. Das Kriterium ist in der modernen philos. Semantik*, u. a. von Quine, stark kritisiert worden.

Santayana, George (1863–1952), amerik.-span. Philos. und Dichter. In Spanien geb.; studierte in den USA an der Harvard University und wurde dort später Prof. für Philos. 1912 zog sich S. zurück und lebte als freier Schriftsteller. – Die Aufgabe der Philos. sieht er in den frühen Werken in der psychologischen Beschreibung von Bewußtseinsfunktionen; Schönheit z. B. bestimmt er als objektivierte* Lust. Später versucht er, die beschreibende Psychologie durch eine Ontologie* zu ersetzen. Er radikalisiert dabei den traditionellen Skeptizismus*, um ihn zu überwinden: Wenn sich der Mensch ausschließlich auf das unmittelbar Gegebene* beschränkt, untergräbt er nicht nur seinen Glauben an die Existenz der Außenwelt, sondern auch den Glauben an die Existenz eines Ich oder anderer Personen mit Bewußtsein, an die Realität der Vergangenheit bzw. Zukunft. Übrig bleiben allein bestimmte Eigenschaften oder Essenzen (vgl. Wesen). Der animalische Glaube des Menschen aber ist stärker als sein theoretischer Skeptizismus, so daß sich die Gewißheit bezüglich einer Welt von Dingen und Ereignissen, die Eigenschaften oder Essenzen haben, durchhält. S. untersucht den ontologischen Status der Essenzen, ihr Sein, und glaubt, im Begriff der Selbstidentität das entscheidende Merkmal gefunden zu haben. Er analysiert vier verschiedene Weisen des Seins: Essenz, Stoff, Wahrheit und Geist.

Ausg.: The Works of G. S., I–XV, 1936–40 (ND 1980). Critical Edition (bisher I–III), 1986–1989.

Sartre, Jean-Paul (1905–80), franz. Philos. und Schriftsteller, geb. in Paris, 1924–29 Studium an der École Normale Supérieure, u. a. mit Merleau-Ponty. Hier traf er 1929 seine zukünftige Lebensgefährtin Simone de Beauvoir. 1931–33 Gymnasiallehrer in Le Havre, 1933–34 Stipendiat am Institut Français in Berlin, wo er sich mit der modernen dt. Phänomenologie* und Existenzphilos.* (Husserl, Heidegger, Jaspers, Scheler) beschäftigte. 1934–36 hatte er wieder eine Stelle als Gymnasiallehrer in Le Havre, 1936–37 in Laon, danach in Paris. 1936 erschien sein erstes Buch, das philos.-psychologische Werk *L'imagination*, und 1938 erzielte er mit dem Roman *La nausée* einen literarischen Durchbruch. Seit 1944 lebte S. ausschließlich als freier Schriftsteller.

S. erstes philos. Hauptwerk *L'être et le néant* (1943; Das Sein und das Nichts, 1966) ist maßgebend für die Entwicklung der franz. Philos. nach dem 2. Weltkrieg. Unverkennbar ist der Einfluß von Heidegger und Hegel. Sein besonderes Profil erhält das Werk aber durch S. Radikalisierung des Freiheitsproblems*. Ausgangspunkt bildet die These, daß nichts Gegebenes die Entscheidungen, die wir treffen, im voraus begründen kann. Entscheidungen lassen sich weder durch religiöse Instanzen, Traditionen, gesellschaftliche Normen oder im Rückgang auf die biologische Natur begründen. Die Grunderfahrung des Menschen, welche S. in seiner radikalen Freiheitsphilos. auf den Begriff bringt, ist diese Erfahrung der Unbegründetheit und Unbegründbarkeit vorgegebener faktischer Normen.

Radikal ist S. Freiheitsbegriff insofern, als er das Sein* des Menschen selbst als Freiheit bestimmt. Der Mensch existiert nicht erst, um dann über seine bloße Existenz hinaus eine Freiheit zu besitzen. Er existiert vielmehr als Freiheit. Das zeigt sich darin, daß Freiheit bereits Voraussetzung dessen ist, sich selbst die Freiheit abzusprechen. Die Preisgabe der Freiheit ist gleichermaßen ein Ausdruck von Freiheit. Ganz gleich, wie wir sind, wir sind dazu verurteilt, frei zu sein.

Um diesen radikalen Charakter der Freiheit zu bestätigen, unterscheidet S. scharf zwischen zwei Grundformen von Sein, nämlich An-sich-sein und Für-sich-sein (vgl. an* sich). Das An-sich-sein ist die Art und Weise, in der Dinge sind. Daß etwas «an sich» *(en soi)* ist, besagt, daß es nur das ist, was es ist. Es ist etwas Gegebenes, etwas bloß Vorliegendes. Der Mensch dagegen zeichnet sich dadurch aus, daß er nicht nur das ist, was er ist. Er kann sich stets auf andere Möglichkeiten hin «entwerfen», sich andere Ziele setzen. Er kann mit seinem bisherigen Dasein brechen, sich dafür entscheiden, etwas anderes zu werden. Sein Sein ist durch eine Negativität gekennzeichnet: Er kann das Gegebene verneinen, dieses und sich selbst als Gegebenes überschreiten. Er ist nicht nur, was er ist, sondern verhält sich zu seinem Sein, zu seiner Situation*, die erst dadurch zu einer solchen wird. Er ist «für sich» *(pour soi)*.

S. analysiert in *L'être et le néant* die Strukturen der menschlichen Existenz*. Diese selbst ist Freiheit: Überschreitung (Transzendenz*), Negativität, Sichverhalten. Gleichzeitig deckt er einen Selbstwiderspruch in dieser Bestimmung von Existenz auf: Sie ist grundlegend Freiheit, aber auch ein Suchen danach, an sich zu sein, sich selbst dieselbe Festigkeit zu geben wie sie den Dingen eigen ist (etwa in Form der Identifikation mit bestimmten sozialen Rollen, sozialen Positionen usw.). Dies deutet S. als den Versuch, die Angst* vor der eigenen Freiheit zu verdecken. Da die Existenz des Menschen durch Selbstüberschreitung gekennzeichnet ist, kann er sich selbst belügen, sich selbst täuschen *(mauvaise foi, Unredlichkeit)*.

Nach S. ist die Wahl absolut. Auf irgendeine andere begründende Instanz außerhalb unserer selbst zu verweisen, hieße unsere Verantwortung verflüchtigen. Wir selbst sind es, die wählen. Die Wahl eines Menschen ist etwas Einzigartiges,

Jean-Paul Sartre

Individuelles. Deshalb kann nichts im voraus Gegebenes die Wahl begründen. Durch das, was er tut, wählt der Mensch sich selbst. Diese Überlegungen S. können als Ausdruck eines extremen Subjektivismus* gedeutet werden.

L'être et le néant scheint in einer Lehre der unaufhebbaren Einsamkeit des Menschen in der Wahl seiner selbst zu enden. Allerdings wäre eine solche Deutung zu kurzsichtig; denn S. bringt bereits in diesem Buch seine Erfahrungen im Krieg auf die Einsicht, daß es notwendig sei, sich zu engagieren. So charakterisiert er schon in *L'être et le néant* das Wesen des Menschen als Engagement*. Als eine dritte Form von Sein, die das Sein-an-sich und das Sein-für-sich miteinander verbinden soll, beschreibt er das Sein-für-andere. Indem man für sich selbst ist, sieht man sich selbst zugleich durch den Anderen*, der einen sieht. S. prägte damit einen philos.-existentialistischen Begriff der gemeinsamen menschlichen Welt.

Erst mit dem zweiten philos. Hauptwerk *Critique de la raison dialectique* (1960; Kritik der dialektischen Vernunft, 1967) schafft S. jedoch die Grundlage für eine Philos. des Engagements als eines Handelns in einer sozialen und geschichtlichen Situation. Es gibt mehrere Ebenen in diesem Werk. Unmittelbar stellt es einen Versuch dar, den Marxismus als Geschichtsphilos. weiterzudenken, indem es dessen verdeckte existentielle Grundlage ans Licht bringt. Damit will es Marxismus und Existentialismus von ihrem gemeinsamen Ausgangspunkt her miteinander versöhnen: dem Humanismus*. Grundlegender jedoch als diese Versöhnung ist die systematische Ausarbeitung einer dialektischen Sozial- und Geschichtsphilos. In dieser Hinsicht stellt diese Arbeit den großangelegten Versuch dar, den Begriff der Dialektik* neu zu bestimmen.

Man hat diskutiert, wie sich S. beide Hauptwerke zueinander verhalten. Auf der einen Seite entwickelt *Critique de la raison dialectique* Ansätze aus *L'être et le néant* weiter, vor allem vermittelt durch die Sozial- und Geschichtsphilos. Merleau-Pontys. Dies gilt in erster Linie für den Begriff der Freiheit und die Analyse der gemeinsamen Welt. Andererseits vollzieht S. eine deutliche Korrektur der individualistisch geprägten Position von *L'être et le néant*. Das Verhältnis läßt sich verkürzt so beschreiben: S. Anliegen in *Critique de la raison dialectique* ist insoweit dasselbe wie in *L'être et le néant*, als es darum geht, das Charakteristische des menschlichen Seins, die Freiheit, zu bestimmen. Auch das zweite Hauptwerk konzentriert sich auf das Freiheitsproblem. Letztlich besteht das Ziel dieses Werks darin, die Dialektik als «Logik der Freiheit» zu begreifen. S. nimmt hier denn auch Schlüsselbegriffe aus *L'être et le néant* wieder auf, die sich aber bedeutungsmäßig verschieben. Diese Verschiebung besteht darin, daß die Überschreitung (Transzendenz) jetzt mehr als Praxis, als ein Handeln in der Welt bestimmt wird, das von kollektiven Gebilden oder Institutionen geprägt ist, d. h. die Freiheit nun deutlicher in einem sozialen und geschichtlichen Zusammenhang gesehen wird.

Ausg.: Ges. Werke in Einzelausgaben, 1981 ff. Philos. Schriften I–IX (bisher erschienen I–III, V–VI), 1978 ff. Das Sein und das Nichts. Versuch einer phänomenologischen Ontologie, 1952, 1991. Was ist Literatur, 1958. Die Transzendenz des Ego, 1964. Die Wörter, 1965. Kritik der dialektischen Vernunft, 1967. Bewußtsein und Selbsterkenntnis. Die Seinsdimension des Subjekts, 1973. Der Idiot der Familie. Gustave Flaubert 1821–57, 5 Bde., 1977–79. – *Lit.:* W. Biemel: J.-P. S. in Selbstzeugnissen und Bilddokumenten, 1964, 1980. A. Cohen-Solal: S., 1988. D. G. Cooper/R. D. Laing: Vernunft und Gewalt, 1973. A. C. Danto: J.-P. S., 1993. T. König (Hg.): S. Ein Kongreß, 1988. C. Lévi-Strauss: Geschichte und Dialektik. In: Ders.: Das wilde Denken, 1968. A. Ranant: S., le dernier philosophe, 1993. G. Seel: S., Dialektik, 1971. M. Theunissen: Der Andere. Studien zur Sozialontologie der Gegenwart, 1965.

Satz. 1. Lehrsatz, Theorem. 2. In Logik und Sprachwissenschaft Bezeichnung für die elementare sprachliche Einheit, mit der ein Sprechakt* ausgeführt werden kann; z. B. wird ein Urteil* behauptet (indikativischer S.), eine Frage gestellt (interrogativer S.) oder ein Befehl gegeben (imperativischer S.).

Lit.: E. Tugendhat/U. Wolf: Logisch-semantische Propädeutik, 1983.

Satz vom ausgeschlossenen Dritten, logisches Axiom, welches besagt, daß einem Subjekt x das Prädikat a entweder zukommt oder nicht zukommt und daß eine dritte Möglichkeit ausgeschlossen ist *(tertium non datur)*. Zum S. v. a. D. führt das Bivalenzprinzip, nach welchem ein Aussagesatz entweder wahr oder falsch ist.

Satz vom Grund (lat. *principium rationis sufficientis*), Bezeichnung von Leibniz für das Prinzip, daß ein zureichender Grund dafür existieren muß, daß ein Ding existiert, ein Ereignis eintrifft oder eine Wahrheit gilt. – S. Grund.

Saussure, Ferdinand de (1857–1913) schweiz. Sprachforscher, geb. in Genf, stud. 1876–80 in Leipzig, dann in Paris. Er lehrte 1881–91 in Paris an der Sorbonne, danach in Genf, zunächst als a. o., seit 1896 als o. Prof. für Sanskrit und indo-europäische Sprachen. Seit 1906 Prof. für allgemeine Linguistik. In den Jahren 1907–11 hielt S. drei Vorlesungsreihen über allgemeine Linguistik. Nach seinem Tod rekonstruierten Charles Bally und Albert Sechehaye, zwei seiner Schüler, seine Theorie auf der Grundlage von Hörernachschriften in einer Gesamtdarstellung. Er selbst pflegte seine Vorlesungsmanuskripte zu vernichten. S. gilt als Begründer der strukturellen Linguistik; er untersuchte die Sprache als ein System* von Zeichen* (vgl. Strukturalismus). In diesem Zusammenhang entwirft er die Idee einer allgemeinen Wissenschaft von Zeichensystemen, die Semiologie*, die er unter die Soziologie (Sozialpsychologie) einordnet.

Ausg.: Grundfragen der allgemeinen Sprachwissenschaft. Hg. von C. Bally u. A. Sechehaye, ²1967. – *Lit.:* T. M. Scherrer: F. d. S. Rezeption und Kritik, 1980.

Savigny, Friedrich Carl von (1779–1861) dt. Jurist und Politiker. 1810 Prof. in Berlin, 1812 dort Rektor. Seit 1817 Staatsrat. 1841–48 Minister. S. ist der Begründer der Historischen* Schule.

Ausg.: Das Recht des Besitzes, 1803. Vom Beruf unserer Zeit für Gesetzgebung und Rechtswissenschaft, 1814. – *Lit.:* H. Hammen: Die Bedeutung F. C. v. S., 1983.

Schaff, Adam (geb. 1913), polnischer Philos., Studium u. a. in Paris und Moskau. Seit 1957 Leiter des Instituts für Philos. und Soziologie der polnischen Akademie der Wissenschaften, 1968 entlassen. 1955–68 Mitglied des Zentralkomitees der Kommunistischen Partei Polens. S. tritt für einen humanistischen* Marxismus* ein.

Ausg.: Marxismus und das menschliche Individuum, 1965. Sprache und Erkenntnis, 1966. Einführung in die Semantik, 1969. Geschichte und Wahrheit, 1970.

Scheler, Max (1874–1928), dt. Philos. Studierte Medizin und Philos. in Jena (bei Eucken und Liebmann). 1899 Dissertation, 1900 Habilitation. 1907 reiste S. nach München, wo er sich auf Empfehlung Husserls bei T. Lipps umhabilitieren ließ. 1911 war S. Privatlehrer in Göttingen, kehrte dann aber nach München zurück. 1917–18 war er in Genf und im Haag, seit 1919 Prof. in Köln und seit 1928 in Frankfurt am Main. – S. betrachtete sich seit 1901, als er Husserl begegnete, bis zum 1. Weltkrieg als Phänomenologe* im weiteren Sinn des Wortes: Phänomenologie verstanden als eine Philos., die ihre Grundlage in einer Beschreibung des in der Erfahrung* Gegebenen* sucht. In seinen späteren Werken ging S. jedoch über das phänomenologische Programm hinaus und entwickelte eine religiös geprägte Philos.

Unter dem Einfluß der Lebensphilos.* glaubt S., daß die Grundlage des Lebens nicht der Geist* sei, sondern vielmehr eine Schicht irrationaler Triebe und Gefühle. Im Gegensatz zur Lebensphilos. lehnt er es jedoch ab, die geistige Seite des Menschen als ein bloßes Produkt von Trieben und Gefühlen anzusehen. Der Geist hat seine eigene selbständige Seinsweise, die bewirkt, daß der Mensch Person* sein kann und sich als solche vom Tier unterscheidet, daß er eine reine Wesenserkenntnis* und Einsicht in die objektiv existierende Hierarchie der Werte* haben kann. S. hat mit dieser Lehre großen Einfluß ausgeübt auf die moderne philos. Anthropologie*.

Ausg.: Gesammelte Werke, I–XIII, 1952ff. Der Formalismus in der Ethik und die materiale Wertethik, 1913/1916. – *Lit.:* B. Brenk: Metaphysik des einen und absoluten Seins,

Friedrich Wilhelm Joseph Schelling

1975. M. Frings: Drang und Geist, 1973. P. Good (Hg.): M. S. im Gegenwartsgeschehen der Philos., 1975. F. Hammer: Theonome Anthropologie? M. S. Menschenbild und seine Grenzen, 1972. H. Leonardy: Liebe und Person. M. S. Versuch, 1976. W. Mader: M. S. in Selbstzeugnissen und Bilddokumenten, 1980. E. W. Orth/G. Pfafferott (Hg.): Studien zur Philos. von M. S., 1994. J. Schmuck: Homo religiosus. Die religiöse Frage in der Wissenssoziologie M. S., 1987.

Schelling, Friedrich Wilhelm Joseph (1775 bis 1854), dt. Philos, geb. in Leonberg (Württemberg), Studium der Philos. und Theologie 1790-95 in Tübingen – gemeinsam mit Hegel und Hölderlin. Nach einer Zeit als Hauslehrer 1798 a. o. Prof. in Jena. Hier kam S. in den Kreis um F. Schlegel (die «Jenaer Frühromantik») und gewann entscheidenden Einfluß auf die Philos. der Romantik*. Überdies arbeitete S. eng mit Hegel zusammen; die beiden gaben 1802-03 ein *Kritisches Journal der Philosophie* heraus. 1803 o. Prof. in Würzburg. Ab 1806 Mitglied der Akademie der Wissenschaften und ab 1808 Generalsekretär der Akademie der bildenden Künste in München. Seine frühe Berühmtheit wurde jedoch allmählich von derjenigen Hegels überschattet. Ab 1820 unterrichtete S. in Erlangen und kehrte 1827 als Prof. nach München zurück. 1841 erhielt er einen Ruf nach Berlin, um dem Linkshegelianismus entgegenzuwirken (vgl. Hegelianismus). Doch wurden seine Vorlesungen ein Mißerfolg; 1846 zog er sich endgültig zurück.

Wirkungsgeschichtlich gesehen teilt S. mit Fichte das Los, als Figur des Übergangs in der Entwicklung von Kant bis Hegel betrachtet zu werden. Zudem gilt er als Denker, der seine philos. Position häufig wechselte. Schon Hegel merkte an, S. vollziehe seine philos. Sprünge in voller Öffentlichkeit. Dennoch wird seine Philos. von einer einzigen Grundfrage beherrscht, der er eine zunehmend radikalere Formulierung gibt, nämlich der Frage nach dem Absoluten* und dem Endlichen*. Anfangs (1794 – ca. 1800) tritt S. als Anhänger Fichtes auf. Er kritisiert wie dieser die traditionelle Bestimmung des Absoluten als etwas Dinghaftes; ‹Ding› bedeute nämlich, daß etwas vorliegt, durch etwas anderes be-dingt ist. Das Absolute dagegen sei per definitionem nicht bedingt, sondern das Bedingende. Als solches kann es nicht selber zu den Dingen gehören, sondern muß als eine Tätigkeit bestimmt werden, als ein ‹Ich›, das selber un-bedingt ist.

Für S. erweist sich dieses Denken jedoch bald als problematisch. Wenn das Absolute als das absolute Ich verstanden wird, muß die Natur als ‹Nicht-Ich› gelten, d. h. als etwas, das dem Ich fremd und entgegengesetzt ist. Die Natur wird zum bloßen Material reduziert, verfügbar für das Handeln des Ich. Diese Fichtesche Einseitigkeit will S. mit seiner Naturphilos. beheben, die ab 1797 Gestalt annimmt. Die Vernunft* beschränkt sich keineswegs auf die vernünftig formende Tätigkeit des Ich. Vielmehr ist sie bereits in der Natur wirksam, insofern die Natur einen sinnvollen Entwicklungszusammenhang darstellt. Zu zeigen, wie das Ich die Natur als die ihm äußere Welt formt, reicht daher nicht aus; vielmehr muß ebenfalls gezeigt werden, daß dieses bewußte Ich aus der Natur selber hervorgeht. Im *System des transzendentalen Idealismus* (1800) zieht S. aus dieser doppelten Forderung die Konsequenzen. Hier will er zugleich den Anspruch einlösen, die Philos. zum System* zu entwikkeln – indem er das System faktisch aufzeigt und darstellt. Die beiden Hauptgebiete des menschlichen Wissens, Natur und Geist*, müssen begrifflich im Zusammenhang verstanden werden. Die gesamte Philos. soll dargestellt werden «als das, was sie ist, nämlich als die sich entwickelnde Geschichte des Selbstbewußtseins» (vgl. Bewußtsein). Hier scheint S. die Hegelsche Philos. vorwegzunehmen. Doch setzt er als Abschluß seines Systems die Kunst, weil das künstlerische Schaffen Natur und Freiheit vereine (vgl. Genie). So gelingt es der Kunst, das Absolute – das Natur und Freiheit Vereinende und Umfassende – in endlicher, sinnlicher Gestalt auszudrücken (vgl. Einbildungskraft). Insofern die Philos. diese Vereinigung von Natur und Freiheit zu begreifen sucht, ist sie an die Kunst verwiesen.

Erst mit der Identitätsphilos.* oder dem Identitätssystem (1801–ca. 1806) wird S. Abkehr von Fichte ausdrücklich. Eine zusammenhängende Darstellung von Natur und Geist ist ihm zufolge insofern möglich, als beide einen ursprünglichen gemeinsamen Grund* besitzen. Das Absolute muß, wie angemerkt, Natur und Geist umfassen. Folglich wird es von S. jetzt bestimmt als die absolute Identität des Subjektiven (des Geistes) und des Objektiven (der Natur). Genauer bedeutet diese absolute Identität ‹Indifferenz›: Das Absolute an sich liegt allem Unterschied (aller Differenz) zwischen Natur und Geist voraus. Die Welt dagegen besteht wesentlich aus einer Stufenreihe verschiedener Kräfte (Potenzen*), in denen sich das Absolute in endlicher, differenzierter Gestalt äußert. Die ursprünglich zugrundeliegende Identität wird zugänglich in einer unmittelbaren intellektuellen Anschauung*, speziell in der Anschauung des Kunstwerks.

Die Identitätsphilos. wird in der Regel als die Philos. S. verstanden; mit ihr setzt sich auch Hegel in der Hauptsache auseinander. S. problematisiert sie jedoch später auch selbst. Die *Philosophischen Untersuchungen über das Wesen der menschlichen Freiheit* (1809) machen seinen Wandel deutlich. Einen bruchlosen Übergang vom Absoluten zur endlichen Welt des Menschen erkennt S. nicht länger an. Zwischen beide tritt die Freiheit. Sie bedeutet das Vermögen des Menschen, sich nicht nur von der Natur, sondern auch vom Absoluten (Gott) zu distanzieren.

Im deutlichen Gegensatz zu seiner früheren rastlosen Produktivität veröffentlicht S. von 1809 bis zu seinem Tod 1854 kaum noch Arbeiten. In dieser langen Periode des Schweigens entwickelt er auf der Grundlage der Freiheits-Abhandlung seine eigentliche, oft zu wenig beachtete Spätphilos. Hier stellt S. von innen her und in Auseinandersetzung mit Hegel die Grundannahme des dt. Idealismus, daß Wirklichkeit wesentlich als Vernunft bestimmt ist, radikal in Frage. Zwar geht S. Spätphilos. unmittelbar in eine religionsphilos. Richtung; doch hängt diese Wende zusammen mit einer systematischen Erwägung der Frage, ob die Vernunft sich überhaupt selber setzen und begründen kann. S. unterscheidet zwischen einer ‹negativen› und einer ‹positiven› Philos. Die negative Philos. bemüht sich, durch Aussonderung, also durch ein negatives Verfahren, den inneren Wesenszusammenhang der Wirklichkeit* zu denken. Sie will sich selber zum reinen Vernunftsystem erheben. Die Frage dabei ist aber, inwieweit das Wirkliche im Begriff aufgeht. Inwiefern vermag sich die Vernunft ihrerseits abzuschließen? Wenn sie sich selber zu denken versucht, denkt sich die Vernunft als ein bereits Gesetztes oder Gegebenes. Der Anfang ist immer schon gemacht. Deshalb setzt die Vernunft als negative Philos. etwas Anderes voraus, nämlich eine Wirklichkeit, die dem Denken zugrunde liegt. Die positive Philos. nimmt nun diese vorausgesetzte Wirklichkeit zu ihrem Ausgangspunkt, insbesondere als Philos. der Offenbarung. Zwar will auch sie die Wirklichkeit denken, aber eben als vorausgesetzte. Die positive Philos. ist immer noch die Tätigkeit von Vernunft, aber diese Vernunft hat ihre eigene Endlichkeit erfahren. – In seiner Spätphilos. nimmt S. in mancher Hinsicht die philos. Auseinandersetzung mit dem dt. Idealismus bereits vorweg, insbesondere die Ansätze der Existenzphilos.*

Ausg.: Gesamtausgabe, 14 Bde., 1856–61 (ND ²1958/59). Werke. Histor.-krit. Ausg., bisher 4 Bde., 1976ff. Philos. der Offenbarung 1841/42 (Paulus-Nachschrift). Hg. von M. Frank, 1977. – *Lit.:* H. M. Baumgartner (Hg.): S. Einführung in seine Philos. 1975. H. M. Baumgartner/H. Korten: S., 1996. Th. Buchheim: Eins von Allem. Die Selbstbescheidung des Idealismus in S. Spätphilos., 1992. S. Dietzsch: F. W. J. S., 1978. W. E. Ehrhardt: S. Die Wirklichkeit der Freiheit, 1976. K. Fischer: S. Leben. Werke und Lehre, I–II, 1872/77, ³1902. M. Frank: Eine Einführung in S. Philos., 1985. A. Gulyga: S. Leben und Werk, 1989. J. Habermas: Das Absolute und die Geschichte. Von der Zwiespältigkeit in S. Denken, Diss. 1954. L. Hasler (Hg.): S. Seine Bedeutung für die Philos. der Natur und Geschichte, 1979. R. Heckmann/H. Krings/R. W. Meyer (Hg.): Natur und Subjektivität, 1983. M. Heidegger: S. Abhandlung über das Wesen der menschl. Freiheit (1809), 1971. W. Hogrebe: Prädikation und Genesis, 1989. C. Iber: Das Andere der Vernunft als ihr Prinzip, 1994. J. Kirchhoff: F. W. J. von S. in Selbstzeugnissen und Bilddokumenten, 1982. D. Korsch: Der Grund der Freiheit, 1980. R. Lauth: Die Entstehung von S. Identitätsphilos. in der Auseinandersetzung mit Fichte, 1975. S. Peetz: Die Freiheit im Wissen. Eine Untersuchung zu S. Konzept der Rationalität, 1995. W. Schulz: Die Vollendung des dt. Idealismus in der Spätphilos. S., 1955. D. Sollberger: Metaphysik und Invention. Die Wirklichkeit in den Schlußbewegungen negativen und positiven Denkens in S. Spätphilos., 1996. X. Tilliette: S. im Spiegel seiner Zeitgenossen, 1974. X. Tilliette: Une philos. en devenir, I–II, Paris 1987.

Schema (griech.), Umriß, Figur, Grundmuster von etwas, insbesondere etwas Abstraktem (Nicht-Figürlichem, Nicht-Sinnlichem). Kant bezeichnet als transzendentales S. eine Vorstellung, die zwischen dem reinen Verstandesbegriff (Kategorie*) auf der einen und dem sinnlich Gegebenen* auf der anderen Seite vermittelt, indem sie die Anwendung des Verstandesbegriffs auf die Erscheinungen (s. Phänomen) ermöglicht. Das S. in dieser Bedeutung ist ein transzendentales* Produkt der Einbildungskraft*.

Schiller, Ferdinand Canning Scott (1864–1937), engl. Philos., Universitätslehrer in Oxford und Prof. in Los Angeles. S. philos. Position, die er selber Humanismus oder Voluntarismus nennt, ist eng verwandt mit dem Pragmatismus* W. James. Seiner Theorie zufolge müssen alle menschlichen Tätigkeiten, intellektuelle wie praktische, von den menschlichen Zwecken* her verstanden werden. Für Begriffssysteme, logische Schlußformen, wissenschaftliche Methoden usw. existiert nur eine einzige Art der Rechtfertigung: daß sie dem Menschen helfen, seine Ziele zu verwirklichen.

Ausg.: Humanismus, 1911. Formal Logic, 1912. Tantalus oder die Zukunft der Menschen, 1926. – *Lit.:* L. Marcuse: Amerik. Philos., 1959.

Schiller, Friedrich (1759–1805), dt. Dichter und Philos. S. ist stark von Kants Philos. geprägt. Er übernimmt Kants Freiheitsbegriff* als Autonomie* (Selbstbestimmung), wendet sich aber gleichzeitig gegen dessen einseitige Bindung der Freiheit an die Vernunft* und gegen die Aufspaltung des Menschen in Vernunft und Sinnlichkeit. Vielmehr lassen sich Vernunft und Sinnlichkeit, Geist und Natur, Pflicht* und Neigung vermitteln oder versöhnen, nämlich durch die Schönheit als «Freiheit in der Erscheinung», d. h. vor allem durch die Kunst. Damit ist die Kunst der sittlichen (und politischen) Erziehung des Menschen, der Humanität*. – Zentrale Bedeutung erhielt die Ästhetik* S. für die philos. Romantik* und den dt. Idealismus*.

Ausg.: Sämtliche Werke, 5 Bde., 1958, ⁸1984. – *Lit.:* K. L. Berghahn: S. Ansichten eines Idealisten, 1986. W. Hoyer (Hg.): S. Leben dokumentarisch, 1967. T. Mann: Versuch über S., 1955. H. G. Pott: Die schöne Freiheit, 1980. W. Wittkowski (Hg.): F. S., 1982.

Schlegel, Friedrich (1772–1829), dt. Dichter, Philos. und Sprachforscher. 1798 bis 1800 Mitherausgeber des *Athenäum*, der programmatischen Zeitschrift der dt. Romantik*. Prägte den zentralen Begriff der Universalpoesie. Zunächst sehr kritisch eingestellt gegenüber den kirchlichen Autoritäten und Institutionen, trat S. 1808 zum Katholizismus über und nahm danach eine konservative Haltung ein: Die Vernunft habe sich den kirchlichen Wahrheiten zu unterwerfen.

Ausg.: Krit. Ausg., I–XXXV, (unvollst.), 1958ff. – *Lit.:* E. Behler: F. S. in Selbstzeugnissen und Bilddokumenten, 1966. W. Benjamin: Der Begriff der Kunstkritik in der dt. Romantik, ²1955. M. Elsässer: F. S. Kritik am Ding, 1994. B. Lypp: Ästhetischer Absolutismus und politische Vernunft, 1972. H. Schanze: F. S. und die Kunsttheorie seiner Zeit, 1985. J. Zorko: Verstehen und Nichtverstehen bei F. S., 1990.

Schleiermacher, Friedrich Daniel Ernst (1768 – 1834), dt. Theologe und Philos. Ab 1796 Pfarrer in Berlin, wo er dem Kreis der Romantiker um F. Schlegel angehörte. 1804 a. o. Prof. in Halle, 1810 o. Prof. für Theologie in Berlin. – S. ist von der philos. Romantik* geprägt, auf welche er seinerseits Einfluß ausübte. Im Zentrum steht für ihn die Individualität, der einzelne Mensch in seiner Besonderheit. Ausdruck dieser Einzigartigkeit sind die menschlichen Werke. Gleichzeitig behauptet S. jedoch, die individuelle Besonderheit lasse sich nur entfalten, wenn der Mensch als Person zu einer Gemeinschaft teilhat. Entscheidend sei daher, daß die Individuen sich zum Ausdruck bringen, d. h. sich andern offenbaren oder mitteilen.
Diese Gedanken stehen hinter S. Umgestaltung der Hermeneutik*. Da die menschlichen Hervorbringungen Ausdruck von etwas sind, lassen sie sich auch verstehen (auslegen). S. entwickelt die Idee einer Hermeneutik als allgemeiner Lehre des Verstehens sprachlicher Ausdrücke. Die methodische Interpretation wird aufgrund der Möglichkeit von Mißverständnissen zur Aufgabe; die Lehre, Mißverständnisse zu vermeiden, formt sich bei S. zur Hermeneutik aus. Er unterscheidet zwischen einer grammatischen Deutung, welche den sprachlichen Ausdruck innerhalb eines lexikalischen Systems interpretiert, und einer technischen oder psychologischen Deutung. Diese untersucht rekonstruktiv den individuellen Stil, d. h. die nicht lexikalisch vom Sprachsystem vorgegebene Kombination der Ausdrücke. S. verändert insofern seine Position, als er in späterer Zeit die psychologische Deutung stärker gewichtet. Das gegenseitige Sich-Ausdrücken der Individuen vollzieht sich im Gespräch (Dialog*). Idealiter geht es nach S. beim Gespräch darum, sich gemeinsam der Wahrheit anzunähern. S. knüpft hier an Platon an. Die Dialektik* befaßt sich mit den Prinzipien der Gesprächsführung in bezug auf dieses gemeinsame Streben nach Wahrheit. Sie hat es mit der gemeinsamen Wahrheit als dem «transzendenten Grund» des Gesprächs (vgl. immanent/transzendent) zu tun. Daher gewinnt die Dialektik bei S. eine zentrale systematische Bedeutung.
Die Religion betrachtet S. gegenüber Philos. und Moral als einen selbständigen Bereich; denn sie beruht auf dem Gefühl absoluter «schlechthinniger Abhängigkeit» von Gott. Zugleich hebt S. aber hervor, daß die Religion als eine fundamentale menschliche Lebensäußerung zu verstehen sei: Je stärker das Selbstbewußtsein sich entwickelt, desto tiefer wird das religiöse Gottesbewußtsein. – Insgesamt spielte S. für die Entwicklung der protestantischen Theologie des 19. Jh. eine entscheidende Rolle.

Ausg.: Kritische Gesamtausgabe, 1980ff. Werke, 4 Bde., 1910–13, ND 1967. – *Lit.:* W. Dilthey: Das Leben S., 2 Bde., 1870/1966. M. Frank: Das individuelle Allgemeine. Text-

Friedrich Daniel Ernst Schleiermacher

strukturierung und -interpretation nach S., 1977. F. W. Kantzenbach: F. D. E. S. in Selbstzeugnissen und Bilddokumenten, 1977. D. Lange (Hg.): F. S. 1768–1834. Theologe – Philos. – Pädagoge, 1985. T. Lehnerer: Die Kunsttheorie F. S., 1987. W. Pleger: S. Philos., 1988. R. Rieger: Interpretation und Wissen, 1988. G. Scholtz: Die Philos. S., 1984.

Schlick, Moritz (1882–1936), dt. Philos. und Physiker, stud. Physik u. a. in Berlin (bei Max Planck), wo er 1904 promovierte. 1911 habilitierte er sich in Rostock mit einer Abhandlung über den Wahrheitsbegriff in der modernen Logik. S. war Prof. in Rostock (1917–21), Kiel (1921–22) und Wien (seit 1922) und außerdem zweimal als Gastprof. in den USA (1929 und 1931–32). Er war seit Anfang seiner philos. Laufbahn von Mach, Helmholtz und Poincaré beeinflußt. Später übten Carnap und Wittgenstein (seit etwa 1922) entscheidenden Einfluß auf sein Denken aus. S. war die integrierende Gestalt des Wiener* Kreises und schrieb grundlegende Beiträge zur Entwicklung des logischen* Positivismus. 1936 wurde er auf dem Weg zu einer Vorlesung von einem geistesgestörten Studenten niedergeschossen und starb kurz darauf.

S. tritt für eine empiristische* Auffassung der Erkenntnis ein, nach der jegliche Erkenntnis ihr Fundament in der Sinneserfahrung hat. S. nimmt allerdings an, daß die Erkenntnis nicht den Inhalt der Sinneserfahrung wiedergibt, sondern nur die Struktur oder Ordnung, die diesem Inhalt eigen ist. In seinem Hauptwerk *Allgemeine Erkenntnislehre* (1918) behauptet S., daß wir in unserer Erkenntnis Zugang zu einer bewußtseinsunabhängigen äußeren Welt haben; später aber gelangt er zu der Auffassung, daß die Diskussion zwischen Realisten* und Idealisten* auf einem Scheinproblem beruht. Nach S. ist die einzige Grundlage der Ethik das, was Menschen faktisch in ihren verschiedenen Handlungen erstreben. Von hier aus vertritt er die Auffassung, daß das fundamentale moralische Ziel die Schaffung größtmöglichen menschlichen Glücks sei (vgl. Eudämonismus).

Ausg.: Allg. Erkenntnislehre, ²1925. Fragen der Ethik, 1930. Die Probleme der Philos. in ihrem Zusammenhang, 1986. – *Lit.:* B. McGuinness (Hg.): Zurück zu S., 1985. H. Schleichert (Hg.): Logischer Empirismus – Der Wiener Kreis, 1975.

Schluß(folgerung), formales logisches Verfahren, aus mehreren Urteilen (Prämissen) ein einziges Urteil, die S., abzuleiten. Das Verfahren kann induktiv* vom Besonderen zum Allgemeinen oder umgekehrt, deduktiv*, aber auch abduktiv* erfolgen. S. können als Argumente* verwendet werden und sind wie diese gültig bzw. ungültig oder haltbar bzw. unhaltbar. Die einfachste Form der S. ist der Syllogismus*, bei welchem aus zwei Prämissen, dem Obersatz und Untersatz, auf die *conclusio* geschlossen wird. Als weitere S. sind zu nennen: kategorische* und hypothetische S. (vgl. hypothetischer Syllogismus).

Schlußfolgerungsregel, Regel, die angibt, unter welchen Bedingungen eine Schlußfolgerung* logisch* zulässig ist, d. h. wann die Verwendung der Regel zu einem gültigen Argument führt. Zuweilen werden S. Transformationsregeln genannt.

Schmidt, Alfred (geb. 1931), dt. Philos., studierte u. a. Geschichte, Philos. und Soziologie in Frankfurt a. M.; Prof. für Sozialphilos. ebd. Als Schüler von Horkheimer und Adorno ist S. stark von der Kritischen Theorie beeinflußt (vgl. Frankfurter Schule). In *Der Begriff der Natur in der Lehre von Marx* (1962) versucht S. eine Neuinterpretation der philos. Grundlage des Marxismus*. Der Materialismus von Marx enthält nicht notwendigerweise die Behauptung, daß in der Wirklichkeit alles auf unabwendbaren Naturvorgängen beruhe. Vielmehr ist er auch als Utopie* darüber zu verstehen, daß der Mensch sich gerade von dem Naturzwang befreien kann, der die Gesellschaft bestimmt. Die Diskussion des Marxismus wird in *Geschichte und Struktur* (1971) weitergeführt. S. hat außerdem in kleineren Arbeiten die Kritische Theorie und ihren geistesgeschichtlichen Hintergrund diskutiert.

Ausg.: Die kritische Theorie als Geschichtsphilos., 1976. Kritische Theorie/Humanismus/Aufklärung. Philos. Arbeiten, 1981. – *Lit.:* M. Lutz-Bachmann/ G. Schmid Noerr (Hg.): Kritischer Materialismus, 1991.

Schmitt, Carl (1888–1985), dt. Staats- und Verfassungsrechtler. Geprägt von einem traditionellen Katholizismus, durchlief S. in Berlin, München und Straßburg das Studium der Jurisprudenz hin zu seiner Habilitationsschrift *Der Wert des Staates und die Bedeutung des Einzelnen* (1916). Sein Beitritt zur NSDAP, sein Antisemitismus und sein aktives Sympathisieren mit den Nationalsozialisten machten ihn zum «Kronjuristen des Dritten Reiches». Nach seiner Internierung 1945–47 zog er sich an seinen Geburtsort Plettenberg im Sauerland zurück, wo er bis ins hohe Alter eine Reihe heftig umstrittener Schriften verfaßte. – In seinen frühen Arbeiten kritisiert S. auf dem Hintergrund eines Normativismus, der eine Prävalenz des Rechts vor dem Staat fordert, den Rechtspositivismus*, wie ihn insbesondere H. Kelsen formulierte. Er lehnt die Verankerung des Rechts in der Politik ab und in der Folge ebenso den liberalen Rechtsstaat und Parlamentarismus. Hinter jeder Rechtsnorm stehe ein konfliktuöser Grund, den es in einer Freund-Feind-Polarität zu erkennen gelte.

Mit der Wendung S. zur politischen Philos. weicht seine normativistische Haltung einem gegenrevolutionären Dezisionismus: Während der Liberalismus den Kampf um die «Entscheidung» – etwa über die notfalls auch durch physische Auslöschung der politischen Gegner durchzusetzende Homogenität der zufällig herrschenden Macht – durch Toleranz- und Gleichheitsdenken suspendiere, ziehe sich der Normativismus auf abstrakte Regelsysteme zurück. Dagegen sei der Antrieb zum wirklichen Entscheidungskampf stark zu machen, den S. – den Faschismus antizipierend – in Anlehnung an G. Sorel im Mythos* findet. Sein apokalyptisch-geschichtsphilos. Glaube an das selbstzerstörerische Ende des modernen «Ius Publicum Europaeum» ließ S. denn auch gegen das internationale Recht Stellung nehmen und die Ideologie des gerechten Krieges verherrlichen.

Ausg.: Politische Romantik, 1919. Die Diktatur, 1921. Politische Theologie, 1922. Der Begriff des Politischen. In: Archiv für Sozialwissenschaft und Sozialpolitik 58 (1927). Der Nomos der Erde im Völkerrecht des Ius Publicum Europaeum, 1950. Theorie der Partisanen 1963. Glossarium. Aufzeichnungen der Jahre 1947–51, 1991. – *Lit.:* A. Koenen: Der Fall C. S. Sein Aufstieg zum «Kronjuristen des Dritten Reiches», 1995. R. Mehring: C. S. zur Einführung, 1992. H. Meier. Die Lehre C. S. Vier Kapitel zur Unterscheidung Politischer Theologie und Politischer Philos., 1994. P. Noack: C. S. Eine Biographie, 1993.

Scholastik (von lat. *scholasticus*, einer, der an einer höheren Schule studiert oder lehrt, Gelehrter), Schulwissenschaft, Sammelbezeichnung für die abendländischen philos.-theologischen Lehren des Mittelalters, die an Universitäten und katholischen Lehranstalten gelehrt und praktiziert wurden. Die *Frühs.* vom 9. bis zum 12. Jh. war überwiegend durch die neuplatonische* Tradition geprägt, wobei auch gewisse aristotelische* Theorien studiert wurden, vor allem die durch den Aristoteles-Kommentar von Boethius vermittelten. Unter den führenden philos. Gestalten waren Johannes Scotus Eriugena, Hugo von St. Viktor, Anselm von Canterbury und Abélard. Vor allem letzterer war Wegbereiter des zunehmenden Interesses der damaligen Zeit für logisch-semantische* Untersuchungen, das u. a. im Universalienstreit* seinen Ausdruck fand. Die *Hochs.* des 13. Jh. entwickelte sich auf der Basis der lat. Übersetzungen der Werke des Aristoteles, die im 12. und 13. Jh. entstanden. Zusammen mit den arabischen Aristoteles-Kommentaren, vor allem von Averroës, führten diese neuen Texte zu einem intensiven Studium der aristotelischen Gedankenwelt. Bahnbrechend war hier Albertus Magnus, dessen Schüler Thomas von Aquin mit seinem philos.-theologischen System eine Vereinigung christlicher Theologie und aristotelischer Philos. schuf, die später zur offiziellen Lehrmeinung der katholischen Kirche werden sollte. Weitere große Denker der Hochs. waren Duns Scotus, ein herausragender Kritiker des Thomas von Aquin und der aristotelischen Lehre, Roger Bacon und Robert Grosseteste. Die *Späts.* (14. und 15. Jh.) ist im 14. Jh. vor allem durch ein freieres Verhältnis zu Aristoteles und die Entwicklung neuer, nicht-aristotelischer Begriffe bei der Behandlung logischer und naturphilos. Probleme geprägt. Im 15. Jh. entstehen Tendenzen zur Aufspaltung in ‹Schulen› – Thomisten, Scotisten u. a. Bekannte Vertreter waren Nicolaus Oresme, Johannes Buridan, Albert von Sachsen, Nicolaus Cusanus und nicht zuletzt Wilhelm von Ockham, der scharfe Angriffe gegen gewisse überkommene aristotelische Theorien richtete. Mit der Renaissance*, dem Durchbruch der neuen Naturwissenschaft im 17. Jh. und dem Vordringen des Humanismus*, verlor die S. allmählich ihre Position als die allein herrschende Form der Gelehrsamkeit und wurde mehr und mehr auf die katholisch geprägte Philos. eingeschränkt. Die *Neus.* umfaßt die neuthomistischen Strömungen des 19. und 20. Jh. Das zentrale Problem der gesamten S. war die Klärung des Verhältnisses zwischen Glaube – basierend auf der *Bibel* und repräsentiert durch die Kirche – und Vernunft – vertreten durch die Logik, die Mathematik und die Philos. des Aristoteles. Die Geschichte der S. läßt sich also als Konfrontation und Verschmelzung der katholischen Kirche mit aristotelischer Philos. und Naturlehre verstehen.

Lit.: I. A. Endres: Geschichte der mittelalterlichen Philos. im christlichen Abendlande, 1908. F. Fellmann: S. und kosmolog. Reform, 1971, ²1988. E. Gilson: Der Geist der mittelalterlichen Philos., 1950. M. Grabmann: Mittelalterliches Geistesleben, 3 Bde., 1926–56. J. Huizinga: Herbst des Mittelalters, ¹¹1975. A. Maier: Die Vorläufer Galileis im 14. Jh. Studien zur Philos. der Späts., ²1966. M. Müller: Sein und Geist. Systematische Untersuchungen über Grundprobleme und Aufbau mittelalterlicher Ontologie, 1940. J. Pieper: S., ²1986. J. de Vries: Grundbegriffe der S., 1980.

scholastisch (von lat. *scholasticus*, einer, der an einer höheren Schule studiert oder lehrt, Gelehrter). 1. Durch die Scholastik* geprägt oder ihr zugehörend. 2. Formalistische, veraltete, unfruchtbare und weltferne Art zu denken. Diese negative Konnotation des Begriffs stammt aus der Renaissance.

Schopenhauer, Arthur (1788–1860), dt. Philos, geb. in Danzig als Sohn einer Schriftstellerin und eines Großkaufmanns. Der Vater, der ein Studium für Zeitvergeudung hielt, schickte S. in eine Kaufmannslehre. Unmittelbar nach dem Tod des Vaters brach S. diese Ausbildung ab und zog mit der Mutter nach Weimar. In ihrem literarischen Salon begegnete er u. a. Goethe, Wieland und den Gebrüdern Schlegel. 1809–11 Studium in Göttingen; u. a. hörte S. Metaphysik und Psychologie bei G. E. Schultze. 1811–13 studierte er in Berlin u. a. bei Fichte und Schleiermacher. 1813 Dissertation mit einer Abhandlung *Ueber die vierfache Wurzel des Satzes vom zureichenden Grunde* (2. veränderte Aufl. 1847). 1816 erschien die an Goethes Farbenlehre orientierte Schrift *Über das Sehn und die Farben* und 1819 das Hauptwerk *Die Welt als Wille und Vorstellung* (3. endgültige Fassung 1859). 1820 habilitierte sich S. in Berlin und hielt ein Semester lang Vorlesungen als Privatdozent, jedoch ohne große Resonanz. Um Hegel zu provozieren, setzte er seine Vorlesungen zur selben Zeit an wie dieser. Von 1833 bis zu seinem Tod lebte S. als Privatgelehrter in Frankfurt. Durch das väterliche Erbe war er zeitlebens ökonomisch unabhängig. S. blieb als erklärter Frauenfeind unverheiratet.

«Die Welt ist meine Vorstellung» – diese Behauptung stellt S. an den Anfang seiner Schrift von 1819. Alles Erkennbare ist Objekt für ein Subjekt*. Als Objekt für ein Subjekt ist aber die Sinneswelt eine bloße Vorstellung*, eine Erscheinung (vgl. Phänomen*). Umgekehrt ist das Subjekt immer Subjekt für ein Objekt. Im Gedanken von der «Welt» als «meiner Vorstellung» liegt also, daß Subjekt und Objekt unauflöslich in einer Welt von Erscheinungen verbunden sind, insofern jede Erscheinung eine Subjekt- und eine Objektseite besitzt. Allerdings geht die Wirklichkeit in der Erscheinungswelt nicht auf. Wie Kant, als dessen eigentlicher Erbe sich S. verstand, unterscheidet er zwischen den Erscheinungen der Vorstellungswelt und dem Ding (oder der Welt) an* sich (*noumenon**). Im Gegensatz zu Kant deutet S. jedoch das Ding an sich als reiner Wille. So erklärt sich der Titel seines Hauptwerks: *Die Welt als Wille und Vorstellung*.

Ebenso wie Kant ist S. der Meinung, daß die Erscheinungen notwendigen Formen *a* priori* unterworfen sind. Kants zwölf Kategorien und zwei Anschauungsformen reduziert er auf drei Erkenntnisformen*: Zeit, Raum und Kausalität (vgl. Ursache). Kants scharfe Trennung zwischen den Anschauungsformen* Raum und Zeit und den Verstandesformen wie Kausalität übernimmt S. also nicht. Die unauflösliche Subjekt-Objekt-Beziehung hat eine gemeinsame Grenze in den apriorischen Formen, welche die Vorstellung mit Notwendigkeit bestimmen (konstituieren*). Das Ding an sich, das selber ohne Raum, Zeit und Kausalität ist, bedingt daher alle Erfahrung, ohne seinerseits in der Erfahrung vorzukommen. Die Vorstellung tritt immer auf als dieses bestimmte (Vorstellungs-)Objekt gegenüber diesem bestimmten (Vorstellungs-)Subjekt. Die Vorstellungswelt besteht also aus individuellen Subjekten und Objekten, weshalb sich sagen läßt, daß in der Vorstellungswelt das Individuationsprinzip* gilt. Nicht in Subjekte und Objekte gespalten ist dagegen das Ding an sich, es besteht als Einheit.

Wie Kant betrachtet auch S. Mathematik bzw. Geometrie als abstrakten Ausdruck der Zeit- bzw. Raumanschauung. Analog* deutet S. aber nun alle Begriffe und Theorien als abstrakte Ausdrücke der Tätigkeit des menschlichen Verstands*: Unsere Begriffe* sind nur praktische Hilfsmittel, mit denen wir uns in der Erscheinungswelt orientieren und unsere Erfahrungen mitteilen können. Das unmittelbar Gegebene* sind die Vorstellungen, die strukturierten Erscheinungen. Die Sprache ist nur ein abstraktes Kommunikationsmedium, das aus der Anschauung abgeleitet ist, in ihr ‹gründet›. Auch die Sprache unterliegt also den Erkenntnisformen *a priori*. Vehementer als Kant bestreitet S. daher die Möglichkeit, auf dem Weg der Vernunft zu einer begründeten Metaphysik zu kommen.

Dennoch sieht S. (in radikalem Gegensatz zu Kant) für die metaphysische Erkenntnis eine Grundlage: Auf der Ebene der Anschauung besteht die Möglichkeit,

Arthur Schopenhauer

das Ding an sich durch direkte Intuition* zu erkennen. In der Erfahrung des eigenen Körpers erfahren wir ein Objekt, das zugleich Subjekt ist. Zwar ist der Körper wie alle übrigen Vorstellungen in Zeit und Raum sowie als Glied einer Kausalkette gegeben. Aber die Körpererfahrung zeigt auch, daß unsere Bewegungen Ausdruck des eigenen Willens sind (der bei S. zumeist im Sinn von ‹Trieb› verstanden wird). S. behauptet, wir könnten durch direkte Intuition einsehen, daß dieser Wille unser innerstes Wesen ist und folglich auch das innerste Wesen unseres Körpers. Und von diesem Phänomen des Körpers will er nun auf alle übrigen Erscheinungen schließen, die für uns Objekte sind: Wenn wir erfahren können, daß im Willen das Wesen des Körpers besteht und daß sein raum-zeitlicher und kausaler Charakter eben auch nur seine Erscheinung ausmacht, dann müssen wir folgern: Auch alle sonstigen Objekte sind Objektivationen* eines zugrundeliegenden Willens. Dieser Weltwille ist identisch mit der Welt, wie sie an sich existiert. In der Vorstellung aber tritt der reine ungeteilte Wille, die Welt an sich, in individuierter Form auf – als in Raum und Zeit gegebenes kausalbestimmtes Objekt für ein Subjekt.

Der universale Wille strebt auf den verschiedenen Stufen des Seins nach der größtmöglichen Objektivierung seiner selbst. Zuerst drückt sich der Wille aus als Natur. So ist die rastlose Jagd der Himmelskörper durch das Universum Ausdruck eines unbefriedigten Triebs, ebenso wie sich in den Wasserstrahlen eines Springbrunnens ein Wille äußert (objektiviert). Auf all den verschiedenen Stufen äußert sich der Wille als Trieb zur Erhaltung der jeweiligen Eigenart; aber dieser Selbsterhaltungsdrang treibt die Stufen in einen Gegensatz zueinander, der wiederum höhere Stufen von Willensobjektivationen erzeugt. Als ein Glied dieses Selbsterhaltungstriebs entsteht auch das Bewußtsein; damit beginnt der Kampf der Tiere und später der Menschen untereinander, der letztlich bloßer Ausdruck für das universale Streben des Weltwillens ist. Die Liebe z.B., die gewöhnlich als etwas Gutes angesehen wird, muß als Mittel im Versuch des blinden Willens gelten, die Gattung und damit das eigene Streben zu erhalten. Zwar gibt es momentane Lustgefühle, aber auf sie folgen immer Ermüdung, noch verzweifeltere Langeweile und dadurch noch größeres Luststreben. S. formuliert hier eine durchgängig pessimistische Metaphysik. Nicht einmal der Selbstmord schafft Abhilfe, weil der Selbstmörder doch sterben will und also den Willen nie verneint. Im Augenblick des Todes geht er nur in eine andere Form des objektivierten Willens über. Immer ist der Mensch von der *Maya* gefangen. (Diesen Begriff der ‹Maya› entlehnt S. der indischen Philos., um den Scheincharakter der Erscheinungswelt auszudrücken.)

Für S. gibt es jedoch drei Wege, die – mehr oder weniger weit – zur Befreiung vom Willen führen. Den ersten Weg geht die ästhetische Kontemplation. Das interessenlose Betrachten von Kunst befreit den Menschen kurzzeitig aus seiner Abhängigkeit vom blinden Willen, indem es ihn aus seinem Besitztrieb heraushebt, einer der stärksten Willensobjektivationen. Die höchste Form der Kunst stellt die Musik dar, weil der Wille hier seinen höchsten Ausdruck findet, wir aber zugleich am wenigsten an ihn gebunden sind.

Eine tiefere Befreiung als die ästhetische des Augenblicks leistet die Ethik. Als ethisches Grundphänomen faßt S. das Mitleid auf. Gewöhnlich gilt uns der Nächste als Objekt unserer Begierde, z.B. als Objekt ökonomischer oder sexueller Ausbeutung. Über diese Begierde trägt aber das Mitleid hinweg. Es erzeugt die Einsicht, daß die Leiden des Nächsten identisch sind mit den eigenen Leiden, da der Nächste ebenso wie das eigene Ich bloß individuierter* Ausdruck des universalen Weltwillens ist.

Der vollkommenste Weg besteht jedoch in einer asketischen Gleichgültigkeit der Welt gegenüber, im völligen Resignieren und Aufgeben allen Strebens. Hier ist das Subjekt vollständig aus seinem Verhältnis zum Objekt befreit und daher auch aus seiner Bindung an die Subjekt-Objekt-Beziehung, die in der Erscheinungswelt die Individuierung des Weltwillens ausdrückt. In der Askese löst sich die Individualität des Subjekts auf, indem das Individuationsprinzip als solches überschritten wird. Dadurch verliert «der Schleier der Maya» seine Macht, und es gelingt die äußerste Befreiung (das Nirwana). – Insbesondere mit seiner Metaphysik der Kunst hatte S. auf Wagner und Nietzsche großen Einfluß. Seine Metaphysik des Willens wirkte, vermittelt durch E. von Hartmann, auch auf Freuds psychoanalytische Theorie.

Ausg.: Werke in 10 Bdn., 1977. Histor.-krit. Ausg., bisher 13 Bde., begonnen 1911. – *Lit.:* W. Abendroth: A. S. in Selbstzeugnissen und Bilddokumenten, 1967. A. Hübscher: Denker gegen den Strom – S.: gestern, heute, morgen, 1973. R. Malter: Der eine Gedanke. Hinführung zur Philos. A. S., 1988. R. Malter: A. S. Transzendentalphilos. und Metaphysik des Willens, 1991. K. Pisa: S. Der Philos. des Pessimismus, 1988. U. Pothast: Die eigentliche metaphysische Tätigkeit. Über S. Ästhetik und ihre Anwendung durch Samuel Beckett, 1982. H. Röhr: Mitleid und Einsicht, 1985. J. Salaquarda (Hg.): S., 1985. A. Schmidt: Idee und Weltwille. S. als Kritiker Hegels, 1988. R. Safranski: S. und die wilden Jahre der Philos., 1987. V. Spierling (Hg.): S. im Denken der Gegenwart, 1987. W. Weimer: S., 1982.

Schottische Schule, philos. Richtung Ende des 18. Jh. Trat unter Führung von Reid dem angelsächsischen Empirismus* entgegen mit dem Vorwurf, daß dieser mit seiner Lehre von den Ideen* als den unmittelbaren Gegenständen des Bewußtseins in einem extremen Skeptizismus* ende. Die S. S. entwickelte demgegenüber ihre eigene Erkenntnistheorie, in der die Auffassung des *common* sense* verteidigt wird, nach der unsere Sinne, unser Gedächtnis und unsere Fähigkeit zu denken uns direkten Zugang zu der äußeren, bewußtseinsunabhängigen Welt vermitteln.

Lit.: S. A. Grave: The Scottish Philos. of Common Sense, 1960. R. Metz: Die philos. Strömungen der Gegenwart in Großbritannien, 2 Bde., 1935. M. A. Stewart (Hg.): Studies of the Philos. of the Scottish Enlightenment, 1990.

Schulz, Walter (geb. 1912), dt. Philos., Prof. in Tübingen. S. Buch *Die Vollendung des deutschen Idealismus in der Spätphilosophie Schellings* (1955) revidiert die traditionelle Interpretation des späten Schelling. S. versucht zu zeigen, wie radikal Schelling in seinen späten Schriften den Anspruch der Vernunft, sich selbst zu begründen, durchdenkt. Nicht im Hegelschen System liege daher der Höhepunkt des dt. Idealismus*, sondern eben bei Schelling. Vor allem betont S. die untergründige Verbindung zwischen dem dt. Idealismus und der nachidealistischen Kritik (Kierkegaard, Marx, Nietzsche), während üblicherweise gerade hier von einem Bruch gesprochen wird. In seiner *Philosophie in der veränderten Welt* (1972) bemüht sich S., ausgehend von philos. Grundthemen, um eine umfassende Darstellung der modernen Philos. Zentralen Platz nimmt in diesem Werk die Ethik ein als Gesamtperspektive für die historische Wirklichkeit des Menschen und die Betonung des dialektischen* Charakters dieser Wirklichkeit.

Ausg.: Der Gott der neuzeitlichen Metaphysik, ³1962. Das Problem der absoluten Reflexion, 1963. J. G. Fichte. Vernunft und Freiheit, 1963. Wittgenstein. Die Negation der Philos., 1967. S. Kierkegaard. Existenz und System, 1967. Ich und Welt. Philos. der Subjektivität, 1979. Metaphysik des Schwebens. Untersuchungen zur Geschichte der Ästhetik, 1985. Grundprobleme der Ethik, 1989. Subjektivität im nachmetaphysischen Zeitalter, 1993. – *Lit.:* H. Alfes: Dialektik des Engagements, 1980. J. Wetz: Tübinger Triade. Zum Werk von W. S., 1990.

Searle, John Rogers (geb. 1932), amerik. Philos., Prof. in Berkeley, Kalifornien. Stud. in Oxford bei Austin und Strawson. Sein Buch *Speech Acts* (1969) ist zu einem Klassiker der modernen Sprachphilos.* geworden. S. baut Austins Theorie der illokutionären* Akte (Sprechakte*) zu einer allgemeinen Sinntheorie aus. Er verbindet Austins Grundbegriffe mit der Beschreibung des Sprachgebrauchs als einer Regeln unterworfenen Praxis (später Wittgenstein), mit P. Grice's Analyse des Begriffs der ‹Kommunikationsabsicht› sowie mit der Bestimmung sprachlichen Verstehens (sprachlicher Kompetenz) als einer unbewußten Kenntnis eines komplizierten Systems rekursiver* Regeln und Transformationsregeln* (Chomsky). Seine Hauptthese ist, daß der Gebrauch der Sprache geleitet ist von verschiedenen Arten konstitutiver* (im Gegensatz zu regulativen) Regeln für Sprechakte und daß das Studium der Semantik* einer Sprache deshalb identisch ist mit der Untersuchung der verschiedenen Typen von Sprechakten. S. untermauert diese These durch detaillierte Darstellungen von Regeln, die besonderen Sprechakten – Versprechen, Referenz* und Prädikation* – zugrunde liegen, und bringt auf diese Weise neues Licht in eine Reihe traditioneller philos. Probleme, z. B. in das Universalienproblem*. In Kap. 8 von «Speech Acts» wiederholt S. die Argumentation seines vieldiskutierten Artikels «How to derive ‹ought› from ‹is›» (1964), indem er zeigt, wie die Sprechakttheorie eine Ableitung einer wertenden Aussage (eines ‹Soll›-Satzes) aus beschreibenden Aussagen (‹Ist›-Sätze) ermöglicht. S. glaubt damit die These zu widerlegen, daß jeder derartige Versuch den sog. naturalistischen* Fehlschluß begehe (vgl. ethischer Naturalismus).

Die rasche Entwicklung der formalen Semantik in den 60er und 70er Jahren unter der Führung von Davidson und Kripke hat S. in die Defensive gedrängt und ihn dazu veranlaßt, Änderungen seiner Grundauffassungen zu erwägen. In einem Fernsehinterview aus dem Jahre 1978 deutet er an, daß und wie seine Interessen nun bewußtseinsphilos. Problemen gelten, vor allem dem Begriff der ‹Intentionalität›*. Er hat sich, wie seine neuesten Publikationen zeigen, auch auf diesem Gebiet wieder einen Namen geschaffen.

Ausg.: Sprechakte, 1971, ⁵1992. Intentionalität und der Gebrauch der Sprache, in: G. Grewendorf (Hg.): Sprechakttheorie und Semantik, 1979. Ausdruck und Bedeutung, 1982, ³1990. Intentionalität, 1991. Geist, Gehirn und Wissenschaft, 1986, ²1989. Die Wiederentdeckung des Geistes, 1993. – *Lit.:* E. Lepore / R. Van Gulick (Hg.): J. S. and his Critics, 1991. R. B. Nolte: Einführung in die Sprechakttheorie J. R. S., 1978. U. Parret / J. Verschueren (Hg.): S. on Conversation, 1992. E. Schäfer: Grenzen der künstl. Intelligenz. J. S. Philos. des Geistes, 1994.

Seele (engl. *soul, mind* oder *spirit*; franz. *âme*; griech. *psyche*; lat. *anima*). 1. Bei Aristoteles ist die S. die Form* des Körpers (griech. *eidos*); sie verleiht dem Körper seine Zweckbestimmung. Eine S. gibt es bei allen Lebewesen (Pflanzen, Tieren und Menschen), aber in unterschiedlicher Beschaffenheit – angefangen mit der vegetativen S. bis hin zur Vernunft* *(nous)*, die den Menschen auszeichnet. Als Form ist die S. zwar vom Leib unterschieden, kann aber nur in und mit dem Körper existieren – für Aristoteles wäre also die Rede von einer individuellen, unsterblichen S. sinnlos; denn dazu müßte die S. als selbständige Größe verstanden werden, die den Leib beim Eintritt des Todes verlassen kann. Eine solche Auffassung findet sich z. B. bei Homer. 2. In größerer, wenn auch nicht unmittelbarer Nähe zu Aristoteles liegt die Identifikation der menschlichen S. mit dem psychophysisch bestimmten Persönlichkeitskern. 3. Ausdruck einer typisch modernen und damit völlig unaristotelischen Problemstellung ist dagegen die Identifikation der S. mit dem Zusammenhang des psychischen Lebens (dem Ich* als Pol des Bewußtseinsstroms; vgl. Husserl).

In dieser Bedeutung läßt sich S. nur begreifen vor dem Hintergrund des sog. Leib-Seele-Problems (engl. *mind-body problem*), das in seiner neuzeitlichen Fassung auf Descartes' dualistische* Philos. zurückgeht. Nach Descartes sind das Seelische (d. h. das Bewußtsein*) und das Körperliche (Leibliche) wesensverschiedene und unabhängig voneinander existierende Bestandteile der Wirklichkeit. Das Körperliche ist in Raum und Zeit allgemein zugänglich, mit meßbaren Eigenschaften ausgestattet, objektiv (d. h. unabhängig davon existierend, ob es erfaßt wird) und nur auf unvollkommene Weise erkennbar. Das Seelische dagegen ist nicht in Raum und Zeit, nur privat* zugänglich, nicht meßbar, subjektiv* (d. h. existierend, insofern es erfaßt wird) und unmittelbar erkennbar. Bei S. und Leib handelt es sich also – für Descartes – um zwei ontologisch verschiedene Substanzen. Um die Beziehung zwischen S. und Leib zu erklären, benutzt er die sog. Wechselwirkungshypothese, nach der seelische Phänomene (z. B. Entschlüsse) körperliche Phänomene (z. B. Armbewegungen) verursachen können und umgekehrt. Diese Hypothese wurde schon von den Zeitgenossen als unverständlich zurückgewiesen: Zwischen zwei so grundverschiedenen Phänomenen könne es keine Verbindung geben. – Die späteren Theorien zum Leib-S.-Problem lassen sich in zwei Klassen einteilen, eine dualistische und eine monistische. Die erste übernimmt Descartes' Gedanken, daß es zwei unterschiedliche Arten von Seiendem gibt, akzeptiert aber nicht seine Erklärung für das Verhältnis der beiden Arten zueinander. Die zweite Klasse von Theorien behauptet, alles Existierende sei letztendlich von derselben Art; doch herrscht Uneinigkeit, wie sie genauer bestimmt werden soll.

Descartes' dualistische Kritiker verwerfen die Annahme einer wechselseitigen Kausalbeziehung zwischen S. und Leib. Im Okkasionalismus* von Malebranche und im Parallelismus* von Leibniz wird der Begriff der Ursache* gänzlich vermieden und statt dessen die Meinung vertreten, Gott sorge schon für einen Gleichklang der seelischen und leiblichen Zustände. Der Epiphänomenalismus* erkennt zwar ein Ursachenverhältnis an, aber nur in der Richtung vom Leib zur S. Das Seelische ist bloß unwirksames Nebenprodukt der Tätigkeit des Körpers. Die monistischen Theorien spalten sich auf in idealistische* (spiritualistische), materialistische* und neutralistische* Formen. Den idealistischen Theorien zufolge trägt alles Existierende seelischen Charakter. Und das Körperliche muß, wie u. a. Berkeley erklärt, als Erscheinungsform des Seelischen aufgefaßt werden.

Umgekehrt betrachten die materialistischen Bewußtseinstheorien die seelischen Phänomene als im Grunde körperlich. Für den sog. *central-state-materialism* sind sie in Wirklichkeit dasselbe wie bestimmte Vorgänge im Zentralnervensystem. Eine moderne Variante ist die Identitätstheorie*. Der Behaviorismus* als weitere materialistische Theorie deutet das Seelische als Handlungs- bzw. Verhaltensdisposition*. Die neueste materialistische Theorie, der sog. Funktionalismus* (Putnam u. a.), hält die seelischen Phänomene für identisch mit funktional bestimmten Zuständen des Gehirns.

Eine neutrale Position bezieht zunächst die Doppelaspekttheorie*, nach der Seelisches und Leibliches zwei verschiedene Aspekte derselben zugrundeliegenden Wirklichkeit bilden; über die eigentliche Beschaffenheit dieser Wirklichkeit läßt sich nichts aussagen. Des weiteren ist hier James', Machs und Russells neutraler Monismus* zu nennen. Strawson schließlich betrachtet den Begriff der Person als so fundamental, daß er auch in der Erklärung des S.-Begriffs vorausgesetzt werden muß.

Die bisher erwähnten Theorien erkennen Descartes' ursprüngliche Problemstellung grundsätzlich an. In jüngster Zeit gibt es allerdings zum Bewußtseinsproblem neue Ansätze, die sich von der analytischen* Philos. des späten Wittgenstein herleiten (vgl. Privatsprachenargument). Ihr Schwerpunkt liegt in der Untersuchung von Sprache als Bedingung für Bewußtsein, Erkenntnis und Handlung. Diese Ansätze wollen für zentrale Begriffe wie ‹Verstehen›, ‹Intentionalität›, ‹Selbstbewußtsein›, ‹Erlebnis› und ‹Beobachtung› neue Erklärungen bieten. Nach ihren – bisherigen – Resultaten enthält bzw. verdeckt der sog. Begriff des Bewußtseins (des Seelischen) eine Vielzahl verschiedener Begriffsstrukturen, die sich im Gegensatz zu Descartes' Annahme keineswegs auf einen gemeinsamen Nenner bringen lassen.

Lit.: Aristoteles: De anima. Descartes: Meditationen über die Erste Philos. P. Bieri (Hg.): Analytische Philos. des Geistes, 1981. W. Ellies: The Idea of the Soul in Western Philos. and Science, 1940. H. Hastedt (Hg.): Das Leib-Seele-Problem, 1989. D. Kamper/C. Wulf (Hg.): Die erloschene Seele. Disziplin, Geschichte, Kunst, Mythos, 1988. Platon: Phaidon. G. Ryle: Der Begriff des Geistes, 1969.

Sein (engl. *being*; franz. *l'être*; griech. *on*; lat. *esse*), das Gemeinsame dessen, was ist; das Seiende, d. h. Dinge, Eigenschaften, Relationen, Werte*, ideale* Größen (z. B. Zahlen), Sachverhalte* usw. Grammatisch handelt es sich um den substantivierten Infinitiv des Hilfsverbs ‹sein› mit ebenso vielen Verwendungsweisen wie dieses. Die Substantivierung drückt aber aus, daß die philos. Tradition die verschiedenen Verwendungsweisen von ‹sein› als zusammengehörig interpretiert hat: Sie werden als analog* aufgefaßt (z. B. bei Thomas von Aquin), sollen auf eine einzige Bedeutung zurückverweisen, an der die anderen Bedeutungen teilhaben (s. Platonismus) oder mit der sie eine gemeinsame Grundbedeutung bilden (s. z. B. Duns Scotus).
Wie viele ‹Formen› von S. es gibt, darüber herrscht ebensowenig Einigkeit wie über die Frage, wie viele Bedeutungen dem Wort ‹ist› zugesprochen werden können. Deshalb beansprucht die folgende Aufstellung keine Vollständigkeit.
1. Oft wird S. mit Existenz* gleichgesetzt (entsprechend ‹sein› mit ‹existieren›) – ein Sprachgebrauch, der allerdings das Bedeutungsfeld des Wortes S. einschränkt. Denn manche Philos. (z. B. Platon) würden einwenden, daß S. einen viel weiteren Sinn besitzt: Sowohl vom Selbstwidersprüchlichen (z. B. einem dreieckigen Viereck) wie vom bloß Möglichen (z. B. einem Pegasus) läßt sich sagen, daß ihm S. zukommt, obwohl es nicht existiert. – Was ‹Existenz› genauer heißt, ist ebenfalls umstritten. Nach Kant, Kierkegaard und Frege, aber auch gemäß dem Gebrauch des existentiellen Quantors* in der modernen Logik muß streng unterschieden werden zwischen dem, daß etwas ist (existiert), und dem, was etwas ist (d. h. welche Eigenschaften etwas hat). Zwischen S. als Existenz und S. als Eigenschaft (Akzidens* oder Wesen*) besteht demnach eine strikte Trennung. Moderner ausgedrückt: Der existentielle und der kopulative Gebrauch des Wortes ‹ist› darf nicht miteinander vermischt werden. Eine andere Auffassung, die auf den Platonismus zurückgeht und in Hegel gipfelt, legt dagegen Existenz als die Weise aus, in der das Wesen sich entäußert. Ihr zufolge gibt es verschiedene Grade von S. Die Erscheinungen oder Phänomene* enthalten nur eine abgeschwächte Form des S. – im Verhältnis zu der ‹Seinsfülle›, die das Absolute* (das Eine*, der Grund* des Daseins, Gott* usw.) kennzeichnet. – Darüber hinaus kann das Wort ‹Existenz› weitere Bedeutungen annehmen: (a) Der erwähnte existentielle Quantor (Existenzquantor) der Logik steht für eine neutrale Verwendungsweise, die sogar die Rede von einer Existenz der Zahlen, geometrischer Figuren oder Bedingungen* der Möglichkeit zuläßt. (b) Im Gegensatz dazu bezieht ein engerer Sprachgebrauch ‹Existenz› nur auf dasjenige, was in Raum und Zeit existiert. (c) Die Existenzphilos.* schließlich streitet ab, daß der Mensch (das Subjekt*, Dasein*) in derselben Weise existiert wie z. B. ein physischer Gegenstand. Ein physischer Gegenstand existiert als anwesender oder abwesender, aber allein der Mensch ist im Augenblick*, indem er sich befindet, zugleich in einem Verhältnis zu Vergangenheit und Zukunft. Aus diesem Grund reservieren Heidegger u. a. das Wort ‹Existenz› ausschließlich für die Existenz des Menschen (genauer des Daseins), während das übrige Seiende nur ‹vorhanden› oder ‹zuhanden› sein kann (vgl. Heidegger: *Sein und Zeit*). – 2. Gelegentlich werden die drei Modalitäten* Möglichkeit, Wirklichkeit* und Notwendigkeit als Seinsarten, Seinsmodi oder modale Seinsformen bezeichnet; doch schwankt diese Terminologie. – 3. Wird in einem Urteil* etwas über das Subjekt* ausgesagt (z. B. ‹Der Himmel ist blau› oder ‹Die Bundesrepublik Deutschland ist ein demokratischer Staat›), so liegt hier gemäß dem Sprachgebrauch der traditionellen Logik eine kopulative* oder prädikative* Verwendung des Wortes ‹ist› vor. Dem entsprechen die Begriffe des kopulativen oder prädikativen S. Diese Begriffe sind freilich etwas unge-

nau, weil das Wort S. sich hier auf Verschiedenes beziehen kann: (a) auf das S. des Subjekts (z. B. das S. des Himmels); (b) auf das S. der Eigenschaft (z. B. das Blausein); (c) auf das S. des Sachverhalts (z. B. das S., das dem Sachverhalt zukommt: ‹Der Himmel ist blau›). – 4. Ebenso wie dem Prädikat verschiedene Bedeutungen und Funktionen zugewiesen werden, wird in der Tradition zwischen diversen Klassen von Eigenschaften mit je einem eigenen Typus des S. unterschieden: (a) akzidentielles S. (s. Akzidens) im Gegensatz zu essentiellem S. (s. Wesen); (b) die beiden Seinsweisen reales* S. und ideales* S.; (c) die verschiedenen S.schichten, S.stufen, S.regionen, ontologischen* Stufen bzw. der je verschiedene ontologische Status oder Ort des S., z. B. das Physische, Biologische, Tierische und Geistige*. Daß es solche Schichten (Stufen) gibt, wird aber nur von den ontologischen Dualisten* und Pluralisten behauptet, während die ontologischen Monisten dies bestreiten. Für die Vertreter der Schichtenlehre gehört zu jeder ontologischen Stufe eine eigene Metaphysik (eine sog. materiale oder regionale Ontologie) mit besonderen Grundbegriffen (Kategorien*); das S. selbst übersteigt dagegen alle Stufen (weshalb der Begriff S. zu den sog. Transzendentalien* zählt). – Vgl. weiterhin Kategorienfehler (Ryle), Typentheorie (Russell), logische Konstitution und Reduktion (Carnap). – 5. Eine Menge A kann die Teilmenge einer Menge B sein, so daß A in B enthalten ist (symbolisch: $A \subset B$). Daher wird auch von einem mengeninklusiven Gebrauch des Wortes ‹ist› oder von mengeninklusivem S. gesprochen. Beispiele: ‹Der Mensch ist ein Lebewesen› oder ‹Ein Auto ist ein Fahrzeug›. – 6. Auf die identifizierende Verwendung des Wortes ‹ist› (z. B. in dem Satz ‹Goethe ist der Verfasser des *Wilhelm Meister*›) nimmt die Lehre Bezug, daß alles Seiende mit sich selbst identisch ist (vgl. numerische oder logische Identität sowie Identitätsprinzip). Moderne Philos. verschiedener Richtungen (u. a.

Frege und Adorno) werfen der Tradition vor, diesen identifizierenden Gebrauch des Wortes ‹ist› vom prädikativen nicht genügend unterschieden zu haben. – 7. Unter dem sog. veritativen S. (von lat. *veritas*, Wahrheit) wird ein S. verstanden, das Aussagen der Art ‹Es ist wahr, daß...› entspricht. – 8. Außerdem gibt es in der Sprache weitere Verwendungen des Wortes ‹ist›, z. B. in Definitionen*, Fragen, Wertungen und Wünschen. Ob hinter diesen Verwendungen eigene Formen von S. stehen und wie sie zu charakterisieren sind, ist umstritten. Ebenso umstritten ist das Verhältnis zwischen Zeit* und S. sowie zwischen Bewegung (Werden*) und S. – Vgl. auch Metaphysik und Ontologie.

Lit.: Aristoteles: Metaphysik. F. Fischer: Philos. des Sinnes vom S., 1980. E. Gilson: L'être et l'essence, 1948. K.-H. Haag: Kritik der neueren Ontologie, 1960. N. Hartmann: Das Problem des geistigen S., ²1949. Ders.: Zur Grundlegung der Ontologie, ²1941. G. W. F. Hegel: Wissenschaft der Logik I, 1: Die Lehre vom Sein, 1812. M. Heidegger: Sein und Zeit, 1927. J. König: S. und Denken, 1937, ²1969. E. Levinas: Jenseits des S. oder anders als S. geschieht, 1992. J. B. Lotz: Das Urteil und das S., 1957. J.-P. Sartre: Das S. und das Nichts, 1952 (franz. 1943). J. Stallmach: Ansichsein und Seinsverstehen, 1987. W. Stegmüller: Das Universalienproblem einst und jetzt, 1965. E. Stein: Endliches und ewiges S., ²1962. Thomas von Aquin: Über das S. und das Wesen, 1959. E. Tugendhat/U. Wolf: Logisch-semantische Propädeutik, 1983.

Selbst, s. Ich/Selbst.

Selbstbewußtsein (engl. *selfconsciousness*; frz. *conscience de soi*). 1. Das unmittelbare und nicht hintergehbare Bewußtsein* des Ich oder Selbst (a) von den eigenen Bewußtseinszuständen, (b) von den eigenen Meinungen, Theorien, Standpunkten usw. und (c) von der eigenen Existenz*, das als Möglichkeitsbedingung allen Erkennens jeder inhaltlichen Erkenntnis vorausgeht. Als Möglichkeitsbedingung von Erkenntnis ist S. keiner gegenständlichen Erfahrung zugänglich. Fundamentalbegriff der neuzeitlichen Philos. der Subjektivität (s. Apperzeption und Bewußtsein). 2. Umgangsprachlich: Überzeugung vom Wert der eigenen Person.

Lit.: R. M. Chisholm: Person and Object, 1976. W. Cramer: Grundlegung einer Theorie des Geistes, 1957. R. Descartes: Meditationen über die Erste Philos. J. G. Fichte: Wissenschaftslehre. M. Frank: S. und Selbsterkenntnis, 1991. G. W. F. Hegel: Phänomenologie des Geistes. D. Henrich: Fichtes ursprüngliche Einsicht, 1967. Ders.: S. In: Hermeneutik und Dialektik I, 1970. I. Kant: Kritik der reinen Vernunft. H. Krings: Transzendentale Logik, 1964. U. Pothast: Über einige Fragen der Selbstbeziehung, 1971. G. Ryle: Der Begriff des Geistes, 1969. J.-P. Sartre: Bewußtsein und Selbsterkenntnis, 1973. S. Shoemaker: Self-Knowledge and Self-Identity, 1963. E. Tugendhat: S. und Selbstbestimmung, 1979.

Selbsterkenntnis. 1. Selbstbewußtsein (s. Bewußtsein). 2. Selbstreflexion (s. Reflexion). 3. Wissen um das eigene tatsächliche Leben (im Gegensatz zum Selbstbetrug). 4. Wissen um das eigene Wesen*. 5. Wissen um den wahren Zweck des eigenen Lebens – oder Einsicht, daß es einen solchen Zweck nicht gibt, sondern nur das Absurde*.

Semantik (von griech. *semainein*, bedeuten, bezeichnen), bedeutungsmäßige Aspekte sprachlicher Ausdrücke oder deren Studium, im Gegensatz zu ihrer Syntax*, d. h. ihrem strukturellen Aufbau, und ihrer Pragmatik*, d. h. der Eigenschaften an ihnen, die von ihrem Kontext abhängig sind. S. wird als Bezeichnung für drei verschiedene Disziplinen verwendet: 1. In der Sprachwissenschaft oder Linguistik bezeichnet S. das empirische* Studium von Bewußtseinsphänomenen in faktisch vorkommenden Sprachen. Seit N. Chomskys Grundlegung der generativen Grammatik und S. haben diese Untersuchungen allerdings einen immer theoretischeren Charakter angenommen. 2. Die formale S. ist von Mitgliedern der Warschauer* Gruppe, vor allem von Tarski, begründet worden. Sie wird heute in der mathematischen Logik, oft unter der Bezeichnung Modelltheorie, kontrovers diskutiert. Sie erforscht die sinnrelevanten Eigenschaften formaler Sprachen in abstrakter Weise, indem sie die Form zulässiger Modelle für solche Sprachen untersucht und damit ihre logische Struktur aufdeckt. Die formale S. gibt die Wahrheitsdefinition einer Sprache an und bestimmt die Formen der Folgerung* in dieser Sprache. – Durch das Studium von Sprachen, die intensionale* Kontexte und Ausdrücke höherer Ordnung (s. Logik) enthalten, ist die formale S. bestrebt, sinntheoretische Aspekte natürlicher Sprachen darzulegen. 3. Die philos. S. wurde durch G. Frege begründet und ist eng verknüpft mit der formalen S., mit deren Methoden sie arbeitet. Ihre grundlegende Frage ist, wie eine Sinntheorie für eine natürliche Sprache aussehen müßte. Eine Antwort geben heißt eine weitere Frage beantworten: Was befähigt einen kompetenten Benutzer der Sprache, eine Sprache zu beherrschen, worin besteht dieses Wissen? Seit Frege wird allgemein angenommen, daß das Wissen um den Sinn eines Satzes in der Kenntnis der Wahrheitsbedingung* des Satzes liegt, d. h. in dem Wissen, was der Fall sein muß, wenn der Satz wahr ist. Entsprechend besteht seine Kenntnis vom Sinn eines Ausdrucks in der Kenntnis, wie das Vorkommen des Ausdrucks in einem Satz zu dessen Wahrheitsbedingung beiträgt. Die meisten, die daran glauben, daß es möglich ist, eine systematische S. natürlicher Sprachen zu entwickeln, folgen daher dem Programm Davidsons, nach dem die Sinntheorie einer natürlichen Sprache in einer rekursiven* Wahrheitstheorie besteht, die für jeden Satz dieser Sprache die Wahrheitsbedingung angibt. Dieses Programm sieht sich vor zwei Hauptschwierigkeiten gestellt: Erstens ist es bis heute nicht gelungen, einen überzeugenden semantischen Sinn mit der modelltheoretischen Methodik zu verbinden, wenn es darum geht, Wahrheitsbedingungen für Sätze zu formulieren, in denen intensionale Kontexte auftreten. Diese Vorgehensweise läßt sich nicht mit

Eigenschaften des wirklichen Sprachgebrauchs verbinden. Zweitens steht die philos. Semantik, wie M. Dummett aufgezeigt hat, vor einem entscheidenden Dilemma hinsichtlich der Auslegung des Wahrheitsbegriffs, der in der Formulierung von Wahrheitsbedingungen enthalten ist. Seit Frege hat man gemeint, daß der Satzsinn öffentlich zugänglich ist: Ein Benutzer der Sprache kann keinen Sinn mit seinen sprachlichen Ausdrücken verbinden, wenn dieser sich nicht erschöpfend anderen Benutzern der Sprache mitteilen läßt. Das Öffentlichkeitsprinzip für Sinn ist zudem durch die allgemeine Zustimmung zur These Wittgensteins bestätigt worden, daß der Sinn sprachlicher Ausdrücke ihr Gebrauch ‹ist›. Wenn sprachlicher Sinn vollständig kommunizierbar ist, müssen wir Wahrheitsbedingungen als Behauptbarkeitsbedingungen verstehen: Die Kenntnis der Sprache besteht im Wissen darüber, unter welchen Umständen ein Satz in dieser Sprache behauptet werden kann. Diese Auffassung, die Dummett semantischen Antirealismus im Gegensatz zum sinntheoretischen Realismus nennt, bedeutet, daß wir im allgemeinen die Gültigkeit des Bivalenzprinzips*, nach dem jeder Satz entweder wahr oder falsch ist, nicht behaupten können, wenn wir nicht grundsätzlich in der Lage sind festzustellen, ob ein Satz das eine oder das andere ist. Wenn der semantische Antirealist recht hat, ist unsere gängige Logik deshalb nicht uneingeschränkt haltbar. Statt dessen wären wir genötigt, eine intuitionistische* oder eine andere Form einer antirealistisch akzeptablen Logik anzunehmen. – S. auch Sinn.

Lit.: R. Carnap: Bedeutung und Notwendigkeit. Eine Studie zur S. und modalen Logik, 1972. M. Dummett: Truth and other Enigmas, 1978. G. Frege: Funktion, Begriff, Bedeutung, 1962. W. Künne: Abstrakte Gegenstände. S. und Ontologie, 1983. F. v. Kutschera: Sprachphilos., ²1975. F. v. Kutschera: Einführung in die intensionale S., 1976. C. K. Ogden/I. A. Richards: The Meaning of Meaning, 1923, ¹⁰1952. E. Tugendhat: Vorlesungen zur Einführung in die sprachanalytische Philos., 1976.

semantisch geschlossen. Tarski bezeichnet eine Sprache als s. g., wenn alle Sätze, die sich über Richtigkeit und Falschheit der Sätze dieser Sprache äußern, selbst dieser Sprache angehören. Wenn z. B. der Satz ‹Gras ist grün› einer s. g. Sprache zugehört, gehören die beiden Sätze «‹Gras ist grün› ist wahr» und «‹Gras ist grün› ist falsch» ebenfalls zur selben Sprache. Nach Tarski entstehen die semantischen Paradoxe unweigerlich in jeder Sprache, die sowohl s. g. ist als auch sich in Übereinstimmung mit den allgemeinen logischen Gesetzen befindet. Da eine natürliche Sprache immer s. g. ist, läßt sich für diese nach Tarski keine widerspruchsfreie Definition der Prädikate ‹wahr› und ‹falsch› geben. Für bestimmte formalisierte Sprachen ist eine solche Definition jedoch möglich, da sich hier eine Trennung zwischen Objektsprache* und Metasprache aufrechterhalten läßt.

semantischer Wahrheitsbegriff, s. Tarskis Fassung der Korrespondenztheorie der Wahrheit*.

Semiologie (von griech. *semeion*, Zeichen), allgemeine Wissenschaft von Zeichensystemen. Beispiele von Systemen von Zeichen* sind außer dem Sprachsystem (franz. *langue*) die Signalsprache (wie Verkehrszeichen), symbolische Rituale, Umgangsformen (Sitten), Verwandtschaftsbeziehungen. Ein Zeichensystem ist ein Code oder ein Regelsystem für Kommunikation in einer Gemeinschaft (Gesellschaft) und als solches von mehr oder weniger konventionellem* Charakter, d. h. ein soziales Gebilde oder eine soziale Institution*. Daraus ergibt sich Saussures Bestimmung der S.: Sie ist eine Wissenschaft, die das Leben der Zeichen im sozialen Kontext untersucht. Schon bei Saussure, der am die Jahrhundertwende die Idee einer S. entwirft, findet sich die folgende Zweideutigkeit: Die Linguistik – verstanden als Wissenschaft von der Sprache – ist nur Teil der allgemeinen Wissenschaft von Zeichensystemen, der S. Das Verhältnis läßt sich jedoch auch umkehren. Denn das System der Sprache hat grundlegende Bedeutung für die anderen Zeichensysteme. Und insofern setzt S. die Linguistik voraus. Das begründet, daß die Linguistik – nach Saussure – das allgemeine Modell jeder S. werden kann (vgl. Strukturalismus). Statt S. wird oft die Bezeichnung *Semiotik* benutzt. Vor Saussure entwarf Peirce die Idee einer allgemeinen Zeichentheorie, die er Semiotik nannte.

Lit.: R. Barthes: Elemente der S., 1979. U. Eco: Einführung in die Semiotik, 1972, ⁷1991. E. Holenstein: Linguistik, Semiotik, Hermeneutik, 1976. Ch. S. Peirce: Phänomen und Logik der Zeichen, 1983. F. de Saussure: Grundfragen der allgemeinen Sprachwissenschaft, ²1967.

Seneca (ca. 4 v. Chr. –65 n. Chr.), röm. Rhetor, Politiker, Schriftsteller und Philos. Geb. in Spanien, in Rom Ausbildung in Rhetorik und Philos. Lehrer und Erzieher Neros, 54–62 in hohen politischen Ämtern und sehr wohlhabend; mußte sich auf Neros Befehl das Leben nehmen. – S. Werk umfaßt neun Tragödien und eine Vielzahl moralphilos. Abhandlungen und Essays; er ist ein Hauptrepräsentant der röm. Stoa* und glänzender Stilist.

S. entwirft kein philos. System, sondern analysiert allgemeinmenschliche Zustände, die auch den Nicht-Philos. interessieren. So gilt der Zorn in S. Moralpsychologie als einer der Affekte, welche die Gemütsruhe stören. Zorn ist die Lust, eine erlittene Kränkung zu rächen. Doch wenn man von der Annahme ausgeht, daß ein Unrecht geschehen ist, ist man bereits nachdenklich geworden. Genau deshalb kann der Zorn auch beherrscht werden: indem man sich nicht kränken läßt. Handelte es sich beim Zorn um ein unabhängiges Gefühl, wäre er nicht zu zügeln. Aber der Mensch ist ein Vernunftwesen und nicht wie ein Tier der Gewalt seiner Instinkte und Impulse unterworfen. Daher besteht seine moralische Aufgabe in der Verwirklichung der menschlichen Natur und der Beherrschung seiner Affekte.

Die Idee der souveränen Vernunft und der moralischen Selbsterziehung gehört zum stoischen Gedankengut, das im Mittelalter und in früher Neuzeit wesentlich durch S. Schriften Verbreitung fand; der psychologische Realismus stammt von S. selbst. Ebenso wirkungsvoll wie seine Abhandlungen und Briefe waren seine Dramen, die lange Zeit mehr Beachtung fanden als ihre griech. Vorbilder. Auch in diesen Schauspielen werden S. moralphilos. Interessen und seine stoische Grundhaltung sichtbar.

Ausg.: Philos. Schriften I–IV, lat.-dt., 1969ff. Philos. Schriften, I–V, 1923/24, ND 1993. Tragödien, 1972. – *Lit.:* I. Hadot: S. und die griech.-röm. Tradition der Seelenleitung, 1969. G. Maurach (Hg.): S. als Philos., 1975. G. Maurach: S. Leben u. Werk, 1991. V. Sørensen: S. Ein Humanist an Neros Hof, 1984. P. Veyne: Weisheit und Altruismus. Eine Einführung in S. Philos., 1993.

sense data, s. Sinnesdaten.

sensibilia (lat. *sensibile*, was wahrgenommen werden kann), von Russell und anderen Phänomenalisten* verwendeter Ausdruck zur Bezeichnung von Sinneseindrücken (*sense data*; s. Sinnesdaten), von denen vermutet wird, daß sie existieren, ohne Gegenstand aktuellen* Erlebens zu sein.

sensorium (lat.), Fähigkeit der Wahrnehmung; Sinnesorgan. Von Newton und seinen Zeitgenossen benutzter Ausdruck zur Bezeichnung des Teils des Gehirns, der Sitz der Empfindung (engl. *sensation*) und Perzeption* (engl. *perception*) ist. Sensorium commune (vgl. *sensus communis*), gemeinsamer Sinn, das gemeinsame Sinnesorgan. Sensorium dei, Sinnesorgan Gottes. Nach Newton ist der Raum nicht eine leere Form, sondern Organ Gottes, durch das er in der Welt als allgegenwärtig wirkt und zugleich die Zustände aller Dinge auffaßt.

Sensualismus (von lat. *sensus*, die Fähigkeit, Eindrücke zu empfinden oder zu empfangen; Sinn). 1. Eine radikale Form des Empirismus*, die behauptet, alle Erkenntnis stamme aus Sinneseindrücken (vgl. Condillac, Empiriokritizismus, Epikureer, Hume, Kyrenaiker und Locke). 2. Der ethische S. entspricht dem Hedonismus*.

Serres, Michel (geb. 1930), franz. Mathematiker und Philos., Marineoffizier in den 50er Jahren, 1968 Doktorat in Philos., unterrichtet Wissenschaftsgeschichte an der Universität Paris I, ist seit 1984 Full Professor an der Stanford University und seit 1990 Mitglied der Académie française. – Historisch dem Philos. Leibniz verpflichtet, befaßt sich S. in seinen Studien mit Themen der Struktur* und Funktion*, der Epistemologie*, der *ars inveniendi* und der Kommunikation. In der Grundüberzeugung, daß alles Sein sich letztlich einer Aleatorik und Kombinatorik verdankt, versteht sich der Neo-Leibnizianer als Verteidiger einer pluralen, an die jeweiligen Wissensbereiche angepaßten Epistemologie. Es gibt nicht eine Philos., die sich – wie herkömmlich der Fall – als Königin der Wissenschaften verstehen dürfte; die Idee einer solchen Prinzipienwissenschaft wäre gemäß S. Ideologie. Vielmehr sind die positiven Wissenschaften mit ihren eigenen erkenntnistheoretischen Grundlagen als Modelle einer diskursiven Struktur zu begreifen. Zu verabschieden gilt es die Vorstellung eines «heroischen» Wissenssubjekts, das einem isolierten Objekt gegenübersteht, zugunsten eines Modells der Konfrontation einer intersubjektiven Kommunikationsgemeinschaft mit globalen Verflechtungen. Der Ort der Innovation liegt denn auch in den modernen Kommunikationstechniken; die *ars inveniendi* sind von der *ars communicandi* abhängig. Angesichts der komplexen Realität kann sich eine neue universale Wissenschaft à la Leibniz nur entwickeln aufgrund des Zusammenbruchs der eng begrenzten alten Disziplinen und ihrer normativen Vorgaben. Zunächst müssen die historischen, ideologischen, mit Macht infizierten Bedingungen des Wissens offengelegt werden, damit der Raum für eine Gegensätze vermittelnde «Philos. der Gemenge und Gemische», des linearen wie nicht-linearen Denkens, rechtfertigender wie inventiver Diskurse, der Vernunft sowie der Sinnlichkeit sich öffnen kann. Denn Vernünftiges ist gemäß S. eine Insel im Wirklichen, die Ordnung eine spezifische Form der Unordnung. Solche Philos., so S. optimistische Vision, verbindet «Globales und Lokales auf irenische Weise».

Ausg.: Le système de Leibniz et ses modèles mathématiques, 2 Bde., 1968. Hermes I–IV, 1991 ff. Der Parasit, 1981. Die fünf Sinne. Eine Philos. der Gemenge und Gemische, 1993. Der Naturvertrag 1994.

Sextus Empiricus, griech. Arzt und skeptischer* Philos. um 200–250 n. Chr. In seinem gegen die Dogmatiker und Mathematiker gerichteten Hauptwerk *Adversus mathematicos* setzt er sich mit den philos. und wissenschaftlichen Disziplinen (z. B. Grammatik und Astronomie) auseinander, die eine sichere Erkenntnis zu haben behaupten. Dasselbe Thema wird kürzer in den *Pyrrhonischen Grundzügen* behandelt (vgl. Pyrrhon). Nach S. E. beruhen alle Wissenschaften auf anfechtbaren Schlußfolgerungsregeln und ebenso anfechtbaren Prämissen. Jede Einsicht stammt von den Sinnen, die uns keine objektive Erkenntnis der Wirklichkeit vermitteln können, sondern uns nur über unsere privaten Erlebnisse unterrichten. Die beiden letzten Behauptungen werden durch zehn verschiedene Standardargumente untermauert (griech. *tropoi*), die davon handeln, daß wir keinen Anlaß haben zu meinen, daß das, was wir wahrnehmen, in Wirklichkeit existiert so ist, wie wir es wahrnehmen. Die Dinge werden von verschiedenen Menschen unterschiedlich aufgefaßt. Deren Meinungen können nicht alle wahr sein, da einige von ihnen miteinander unvereinbar sind. Wir bedürfen deshalb eines Wahrheitskriteriums*, um entscheiden zu können, welche Auffassungen oder Sinneseindrücke wir als wahr akzeptieren können. Aber da es verschiedene Wahrheitskriterien gibt, müssen wir wählen und unsere Wahl begründen, wenn es eine vernünftige und keine willkürliche Wahl sein soll. Diese Begründung führt entweder zu einem unendlichen Regreß* oder zu einem logischen Zirkel, so daß wir letztlich kein Kriterium erhalten. Da wir weder alle Meinungen noch alle Sinneseindrücke akzeptieren können, weil sie in Konflikt zueinander stehen, noch rational zwischen ihnen wählen können, weil wir kein Wahrheitskriterium besitzen, läßt sich keine der Meinungen und Sinneseindrücke als eine korrekte Wiedergabe der Wirklichkeit akzeptieren. Die entgegengesetzten Auffassungen erscheinen als genauso stark (griech. *isotheneia*). Wir müssen auf wahre Erkenntnis der Wirklichkeit verzichten (griech. *epoche*). Wenn wir das tun, erlangen wir Gelassenheit (griech. *ataraxia**), und ebendieser Gemütszustand ist nach S. E. vorzuziehen. An vielen Stellen ist sich S. E. durchaus der logischen Schwierigkeiten bewußt, die sich mit seinem Skeptizismus* verbinden. Skeptiker scheinen die objektive Erkenntnis zu besitzen, daß alle objektive Erkenntnis unmöglich ist. An ihrer eigenen Elle gemessen lösen die skeptischen Behauptungen und Prinzipien sich selbst auf. Ist Skeptizismus objektive Erkenntnis, wird er unmöglich, weil alle objektive Erkenntnis nach den Skeptikern unmöglich ist. Ist Skeptizismus keine objektive Erkenntnis, haben wir keinen vernünftigen Grund, ihn zu akzeptieren.

Diesen Konsequenzen sucht S. E. in verschiedener Weise zu entgehen. Nach ihm braucht der Skeptizismus gar keine Behauptungen aufzustellen und keine Prinzipien zu formulieren, auch nicht die obige Behauptung. Der Skeptiker kann nur von seiner persönlichen Erfahrung reden und davon berichten, daß er zufälligerweise niemals ein zwingendes Argument für eine philos. Behauptung gefunden hat und daß er stets imstande gewesen ist, ein Pro-Argument mit einem Contra-Argument zu widerlegen.

Ausg.: Werke. Hg. von Mutschmann, 2 Bde., 1912/14. Grundriß der pyrrhonischen Skepsis, 1968, ²1993. – *Lit.:* W. Heintz: Studien zu S. E., 1932 (ND 1972). J. Schmucker-Hartmann: Die Kunst des glücklichen Zweifelns. Antike Skepsis bei S. E., 1986.

Shaftesbury, Anthony Ashley Cooper (1671 bis 1713), engl. Schriftsteller und Philos. S. wurde u. a. von Locke unterrichtet. Im Geiste seines Lehrers verteidigt er die Freiheit des Denkens und der Meinungsäußerung und behauptet, daß die Moral unabhängig von der Religion ist, weil die Menschen von Natur aus moralisch sind. Er kritisiert die Rolle des Egoismus* bei Hobbes und hält dagegen, der Mensch besitze ein natürliches, soziales Gefühl, das unser Zusammenleben ermögliche. Wir finden das Glück, indem wir nach gemeinsamen Zielen streben; die soziale Harmonie ist ein Reflex der individuellen Harmonie.

Ausg.: Sämtliche Werke, ausgewählte Briefe, nachgelassene Schriften, dt.-engl., 1981 ff. – *Lit.:* T. Fries: Dialog der Aufklärung, 1993. W. H. Schrader: Ethik und Anthropologie in der englischen Aufklärung, 1984.

shefferscher Strich, logische Konstante*, Wahrheitsfunktion*, symbolisiert durch ⟨|⟩. ⟨p|q⟩ ist falsch, wenn sowohl ⟨p⟩ als auch ⟨q⟩ wahr sind, und sonst immer wahr. Der s. S. gibt deshalb an, daß mindestens einer der beiden Sätze falsch ist. Alle Konstanten der Wahrheitsfunktionen lassen sich allein durch den Gebrauch des s. S. definieren.

Sidgwick, Henry (1838–1900), engl. Philos., Prof. in Cambridge seit 1883. In seinem Hauptwerk *The Methods of Ethics* (1874) untersucht er den ethischen Intuitionismus*, den Utilitarismus* sowie den egoistischen Hedonismus* und versucht, eine Synthese* zwischen den beiden ersten Richtungen herzustellen.

Ausg.: Die Methoden der Ethik, 2 Bde., 1909. Textauszüge in: O. Höffe (Hg.): Einführung in die utilitaristische Ethik, 1975. – *Lit.:* J. B. Schneewind: S. Ethics and Victorian Moral Philos., 1986. A. G. Sinclair: Der Utilitarismus bei S. und Spencer, 1907.

Siger von Brabant (ca. 1240–82), niederl. Philos., neben Boethius* de Dacia der bedeutendste der ‹Averroisten› oder ‹radikalen Aristotelisten›, die in den 1260er und 70er Jahren bewußt eine harmonische Angleichung aristotelischer Gedanken an christliche Lehren vermieden.

Ausg.: Gesamtausgabe, 2 Bde., 1908/11. *Lit.:* W.-U. Klünker: Menschl. Seele und kosmischer Geist. S. v. B. in der Auseinandersetzung mit Thomas von Aquin, 1988.

Simmel, Georg (1858–1918), dt. Philos. und Soziologe, lehrte zunächst Philos. in Berlin, wo u. a. E. Bloch, G. Lukàcs und K. Mannheim seine Studenten waren, dann ab 1914 in Straßburg. S. pflegte enge Beziehungen zum Kreis um Max Weber* in Heidelberg, auf den er großen Einfluß ausübte und wo er F. Tönnies, K. Jaspers*, E. Lask kennenlernte sowie seine Berliner Studenten wieder traf. – Neben Reflexionen zu einer pragmatistischen Wahrheitstheorie und dem Versuch, Kants* Aprioritätslehre auf die Historik zu übertragen, steht im Mittelpunkt seiner «Lebensphilosophie*» die Spannung zwischen dem Leben selbst und den «objektiven Sachgehalten» der Kultur, in welchen sich das Leben manifestiert, also der Sittlichkeit, dem Recht, der Wissenschaft, Kunst und Religion. Dem Leben des einzelnen und den Beziehungen zwischen den Individuen als dem Prinzip gesellschaftlicher Institutionen ist selbst eine Transzendenz immanent: das Leben greift wesentlich über sich selbst hinaus als Beweggrund für anderes. Oder, wie S. in seiner späten Lebensmetaphysik formuliert: «Leben will immer mehr Leben» und «Leben ist immer mehr als Leben» (*Lebensanschauung*, 1918). Soziologisch bedeutet dies für S., daß ursprünglich authentische Lebensverhältnisse zwangsläufig zu ihrer Objektivierung in Form von Institutionen und Gegenständen tendieren, die den Individuen nicht nur entgleiten, sondern auch auf sie selbst wieder als Zwänge zurückschlagen. Die philos.-soziologische Analyse einer Gesamtkultur muß entsprechend die Dialektik von individuellem Leben und sozialer Formierung aufzeigen, wozu insbesondere Fragen der Über- und Unterordnung, der Konkurrenz und Arbeitsteilung sowie der Repräsentation gehören. S. oft in eine metaphysische Dimension ragenden Reflexionen zu den Beziehungsformen der Menschen untereinander und den Formen der Vergesellschaftung machten ihn zum Begründer der «formalen Soziologie». In seinem Hauptwerk *Soziologie des Geldes* kritisiert S. die Subordination des sozialen und kulturellen Lebens in seiner Qualität unter die Herrschaft des Geldes, der Quantität. S. sieht denn auch im kapitalistischen Produktionsmechanismus die eigentliche «Tragödie der Kultur»: die notwendige Entfremdung und Verdinglichung in der kulturellen Welt.

Ausg.: Gesamtausg., 1989 ff. Die Probleme der Geschichtsphilos., 1892. Philos. des Geldes, 1900. Hauptprobleme der Philos., 1910. Der Konflikt der modernen Kultur, 1918. Brücke und Tür. Essays, 1957. Der individuelle Geist, 1968. Schriften zur Soziologie, 1986. Schriften zur Philos. und Soziologie der Geschlechter, 1985. Vom Wesen der Moderne, 1990. – *Lit.:* H.-O. Dahme/ O. Ramstedt (Hg.): G. S. und die Moderne, ²1995. D. Frisby (Hg.): G. S., 1994. P. U. Hein (Hg.): G. S., 1990. W. Jung: G. S. zur Einführung, 1990. H.-J. Kelle: Soziologie und Erkenntnistheorie bei G. S., 1988.

Simplikios (5./6. Jh. n. Chr.), Schüler der Neuplatoniker Ammonios in Alexandria und Damaskios in Athen, deren widerstreitende Lehren er zu versöhnen suchte. Als die Akademie* in Athen 529 von Justinian (vgl. Platonismus) geschlossen wurde, wanderte S. zusammen mit der übrigen Schule nach Persien aus, kehrte aber 533 wieder zurück. Er ist vor allem wegen seiner Kommentare zu Schriften des Aristoteles bekannt (*Über die Seele*, *Kategorien*, *Physik*).

Ausg.: Aristoteles-Kommentare in der Akademie-Ausgabe., Bd. 7–11.

Singer, Peter (geb. 1946), nach seinem Studium in seiner Geburtsstadt Melbourne (Australien) sowie in Oxford erhielt S. 1977 eine Professur am Department of Philosophy der Monash University in Clayton (Melbourne). Seit 1983 ist S. Direktor des Centre of Human Bioethics. – Als engagierter Utilitarist setzt sich S. in einer Vielzahl von Veröffentlichungen für die Rechte schwächerer Gesellschaftsgruppen ein, so etwa für die gerechte Verteilung von Gütern, gegen Armut und Hunger sowie gegen Rassen- und Geschlechterdiskriminierung; auch plädiert S. für eine neue und angemessenere Haltung gegenüber Tieren (*Animal Liberation. A New Ethics for our Treatment of Animals*, 1984). Seine eigentliche Präsenz in den gegenwärtigen ethischen Diskussionen hat S. allerdings mit seinen Gedanken und Äußerungen zur Frage der Lebensrechte nicht nur von Tieren, sondern von Lebewesen überhaupt, d. h. zur Frage nach Wert und Unwert auch menschlichen Lebens gewonnen. Besonders umstritten ist dabei seine Haltung gegenüber dem sog. Problem schwerstgeschädigter Neugeborener: Indem er die traditionelle These von der «Heiligkeit des (menschlichen) Lebens» verwirft, stellt er Werte des Lebensrechts und des Lebensschutzes zur Disposition eines definitorischen Diskurses. Neue Definitionen dieser Werte dürfen sich nach S. nicht an intuitiv und religiös geprägten Normen orientieren, sondern sind an den objektiv vorliegenden Fähigkeiten und Bedürfnissen, die Menschen und Tieren jeweils eigen sind, auszurichten. Entscheidend bleibt nach S. letztlich, welchen Lebenswert das Leben für das jeweils betroffene Individuum hat. Die grundsätzliche philos. Kritik an S. Thesen lautet, daß das Leben nicht selbst als Wert wie andere Werte etwa des Glücks oder der Freundschaft betrachtet werden dürfe; vielmehr sei Leben die Bedingung dafür, daß irgend etwas überhaupt einen Wert haben könne. Die in seinem Buch *Praktische Ethik* und in weiteren Aufsätzen formulierten Forderungen im Zusammenhang mit Fragen des Lebens, der Abtreibung und Euthanasie wurden von vielen – nicht nur von philos. Interessierten, sondern auch von gesellschaftlich Engagierten, etwa Behindertenverbänden und Patientenorganisationen – als Provokation verstanden und entsprechend heftig beantwortet.

Ausg.: Democracy and Disobedience, 1973. Zs. mit H. Kuhse: Muß dieses Kind am Leben bleiben? Das Problem schwerstgeschädigter Neugeborener, 1993. Zs. mit D. Wells: Reproductive Revolution, 1984. Praktische Ethik, ²1994. Animal Liberation, 1984. Howe are we to live? 1994. – *Lit.:* Ch. Anstötz/ R. Hegselmann/H. Kliemt (Hg.): Peter Singer in Deutschland. Zur Gefährdung der Diskussionsfreiheit in der Wissenschaft, 1995.

Sinn (engl. *meaning*; franz. *sens, signification*). S. (auch ‹Bedeutung›) ist ein Grundbegriff der Semantik* und nimmt als solcher einen zentralen Stellenwert in der Klärung des Verhältnisses von Sprache, Wirklichkeit und Bewußtsein* ein. Die relevanten philos. Sinntheorien untersuchen das Verhältnis des S.-Begriffs zu anderen semantischen Begriffen – Wahrheit*, Referenz*, (sprachliches) Verstehen*, Kommunikation*, Sprachregel u. a. – sowie das Verhältnis des S.-Begriffs zu relevanten Begriffen der Bewußtseinstheorien – Intentionalität*, Verstehen*, Gedanke, Ansicht, Handlung* und Verhalten u. a. Dabei wird der allgemeine S.begriff oft durch spezifische Begriffe bzw. Bedeutungen ersetzt wie etwa durch den S. bei Frege, durch Konnotation (Mill), Intension (u. a. Carnap), *le signifié* (Saussure), während der S.begriff etwa bei Quine ganz verabschiedet wird als philos. und wissenschaftlich irrelevant. – Zu S.theorien in Phänomenologie* und Hermeneutik* s. Verstehen.

In der analytischen* Philos. wird der Begriff S. oft im Zusammenhang mit der Frage erörtert, wie eine vollständige S.theorie für eine natürliche Sprache aussehen kann. Der Leitgedanke dabei ist, daß eine solche S.theorie eine Theorie des Verstehens* sprachlicher Ausdrücke durch den Sprachbenutzer sein muß. Im allgemeinen geht man von der Behauptung Freges aus, daß der S. eines Satzes durch seine Wahrheitsbedingungen* festgelegt ist, so daß eine Person den S. eines Satzes versteht, wenn sie die Bedingungen kennt, unter denen der Satz wahr ist. Der Hauptstreit in den 1960er und 70er Jahren betraf die Frage, wie die Ausdrücke ‹kennen› und ‹wahr› in diesem Zusammenhang zu verstehen sind.

D. Davidson und seine Anhänger (vor allem J. McDowell) stellen folgendes Programm für eine vollständige S.theorie natürlicher Sprachen auf: 1. Die Aufgabe der S.theorie ist gelöst, wenn eine Theorie formuliert wird, die für jeden Satz ‹p› in einer natürlichen Sprache einen Satz der Form «‹p› ist wahr dann und nur dann, wenn ‹q›» (wobei ‹q› die Wahrheitsbedingungen für ‹p› angibt). Eine solche Theorie hat nach Davidson die Eigenschaft, daß eine Person, wenn sie diese Theorie kennen würde, imstande wäre, die betreffende natürliche Sprache zu sprechen (Hinlänglichkeitsthese). 2. Es besteht in sinntheoretischem Zusammenhang kein Bedürfnis, den Begriff Wahrheit* näher zu erläutern. Er wird durch die Wahrheitsdefinition Tarskis (die sog. Äquivalenzthese) als hinreichend beschrieben angesehen, nach der von jedem Satz, ‹p›, gilt: ‹Der Satz ‹p› ist wahr dann und nur dann, wenn p›. 3. Es ist davon auszugehen, daß das Bivalenzprinzip* für alle Sätze gültig ist, d. h. daß jeder Satz entweder wahr oder falsch ist (die Voraussetzung für jeden sog. sinntheoretischen Realismus*).

M. Dummett hat Davidsons Hinlänglichkeitsthese mit der Begründung angegriffen, daß eine Sinntheorie nicht nur formulieren soll, was ein Benutzer der Sprache weiß, wenn er die Sprache benutzt. Die S.theorie muß auch erklären, was es heißt, ein solches Wissen zu besitzen, d. h. worin das Sprachverständnis besteht. So muß die S.theorie imstande sein darzulegen, welche praktischen Sprachfertigkeiten eine Person besitzt, von der gesagt werden kann, die Wahrheitsbedingungen eines Satzes wie ‹Kiel ist eine Hafenstadt› seien ihr bekannt. Dann aber wäre der Wahrheitsbegriff durch die Äquivalenzthese nicht erschöpfend beschrieben. Es ist zwar richtig, daß der Satz ‹Kiel ist eine Hafenstadt› wahr ist, wenn Kiel eine solche ist; aber es bleibt noch immer die Aufgabe für den S.theoretiker darzulegen, unter welchen Bedingungen der Sprecher wissen kann, daß Kiel tatsächlich eine Hafenstadt ist.

Nach Dummett muß die Äquivalenzthese mit einer Theorie der Wahrheit als Behauptbarkeit verbunden werden. Ein Benutzer der Sprache kann nur sinnvoll behaupten, daß Kiel eine Hafenstadt ist, weil er einmal die ist. Sprache gelernt hat und zum anderen Kriterien* besitzt, mit Hilfe derer er entscheiden kann, ob die Behauptung wahr oder falsch ist. Aber wenn Wahrheit in dieser Weise als Behauptbarkeit verstanden wird, ist es nicht mehr selbstverständlich, daß jeder Satz entweder wahr oder falsch ist, wie dies das Bivalenzprinzip und der sinntheoretische Realist behaupten. Die antirealistische Herausforderung der S.theorie zielt denn auch darauf ab, die allgemeine Gültigkeit des Bivalenzprinzips in Frage zu stellen, da es in bezug auf unentscheidbare Sätze nur schwer aufrechtzuerhalten ist – z. B. bei Sätzen wie ‹Alle Raben sind schwarz›, ‹Wenn der Student G. Princip nicht den österreichischen Erzherzog ermordet hätte, hätte es 1914 keinen Krieg gegeben› oder ‹Es gibt unendlich viele Primzahlen›.

Lit.: R. Carnap: Logische Syntax der Sprache, 1934. M. Dummett: Truth and other Enigmas, 1978. M. Frank: Das individuelle Allgemeine, 1977. G. Frege: Funktion, Begriff, Bedeutung. Fünf logische Studien, 1962. H.-G. Gadamer: Wahrheit und Methode, 1960. H. Putnam: Die Bedeutung von Bedeutung, 1979. W. V. O. Quine: Wort und Gegenstand, 1980. L. Wittgenstein: Philos. Untersuchungen, 1953.

Sinn/Bedeutung. In der Sinntheorie Freges wird zwischen dem S. eines Audrucks und seiner B., d. h. seiner Referenz*, unterschieden. Die B. des Zeichens ist der bezeichnete Gegenstand, während der S. des Zeichens die Art des Gegebenseins betrifft. So haben z. B. Morgenstern und Abendstern dieselbe B., nicht aber denselben S. Es ist nicht allein der S. bestimmend für einen Satz, sondern auch die B., als dessen Wahrheitswert sie gilt. Bei Husserl werden die Termini S. und B. synonym* verwendet; der Gegensatz zu ihnen bildet der Begriff des ‹Gegenstands›.

Sinnesdaten (engl. *sense data*, von lat. *datum*, gegeben), Sinneseindrücke, von den klassischen engl. Empiristen* Idee* (Locke: «idea») oder Sinneseindruck (Hume: «impression») genannt. Mit S. werden von modernen Empiristen, insbesondere von Phänomenalisten* und Anhängern der repräsentativen Perzeptionstheorie*, diejenigen Eindrücke bezeichnet, die man als die unmittelbaren Gegenstände eines perzipierenden Bewußtseins* ansieht. Meist nimmt man an, daß ein S. etwas Inneres, Privates und Einfaches ist. Andere betrachten die S. als Teil des physischen Gegenstands oder als etwas, das in bezug auf den Gegensatz bewußtseinsmäßig/physisch neutral ist. Weiter nennen gewisse Empiristen alles, was direkt im Akt der Perzeption gegeben ist, ein S., ganz gleich, ob es einfach oder komplex ist.

Situation (von lat. *situare*, legen, stellen), in der Existenzphilos.* Heideggers Bezeichnung für eine Grundbestimmung der menschlichen Seinsweise: Der Mensch befindet sich immer schon im Augenblick* der Entscheidung mit einer konkreten Vergangenheit und einem Spielraum von Möglichkeiten, zu denen er sich frei verhalten kann oder muß. Insbesondere Heidegger und Merleau-Ponty heben hervor, daß das freie Verhältnis zu den Möglichkeiten der S. sich auf dem Hintergrund eines Verstehens* von Welt* und/oder von Sein* vollzieht. Nach Jaspers muß die allgemeine S. von extremen existentiellen S. her gedeutet werden, den sog. Grenzsituationen*. In ihnen sieht sich der Mensch dem Tod, dem Leiden oder der Schuld gegenübergestellt und wird zu einer Wahl gezwungen (vgl. auch Horizont).

Lit.: M. Merleau-Ponty: Phänomenologie der Wahrnehmung, ²1974. J.-P. Sartre: Das Sein und das Nichts, 1962, ND 1991. E. Schott: Probleme einer Theorie der S., 1978.

Situationsethik oder **Handlungsethik**, Theorie, für die der ethische Wert* einer Handlung ausschließlich (oder hauptsächlich) an die je besondere konkrete Situation gebunden ist. Im Gegensatz zu ihr behauptet die Regelethik, der Wert einer Handlung hänge ab von ihrer Übereinstimmung (bzw. Nichtübereinstimmung) mit allgemeinen ethischen Regeln. – S. Ethik.

Situationslogik (engl. *situational logic*), ein Versuch Poppers, die ökonomische ‹Grenznutzentheorie› zu verallgemeinern, so daß sie auch in anderen theoretischen Gesellschaftswissenschaften anwendbar wird. Die Methode verlangt, daß wir ein Modell der sozialen Situation konstruieren, in dem sich Personen befinden, so daß ihre Handlungen* in bezug auf die Zwecke und Motive, die für sie anzunehmen sind, rational erscheinen. Diese Modelle sind nachprüfbare sozialwissenschaftliche Hypothesen*. Die Rationalitätsannahme ist nach Popper ausschließlich eine Methodenregel, die etwas darüber aussagt, wie wir unsere Modelle für menschliches Handeln konstruieren sollten. Sie sagt nichts darüber aus, inwieweit Menschen meistens (oder gar immer) rational handeln. Dies bedeutet, daß man ein konkretes Modell der Rationalität immer falsifizieren* kann; die Methodenforderung selbst aber ist nicht zu widerlegen, ganz gleich, wie merkwürdig sich Menschen verhalten.

Skeptizismus (griech. *skopeo*, spähen, umherschauen, betrachten, untersuchen, nachdenken), philos. Auffassung, die die Möglichkeit sicherer oder objektiver Erkenntnis* bestreitet. In der Philos. der Antike hatte der S. Vorläufer unter den Vorsokratikern* und den Sophisten*, aber er bildete erst mit Pyrrhon von Elis und Timon eine eigentliche Schule. Diese fand Anschluß an den Platonismus* ca. 265–80 v. Chr. (z. B. Arkesilaos und Karneades) und ihre Fortsetzung im Neuskeptizismus (u. a. Ainesidemos, Agrippa und Sextus Empiricus). Unter Hinweis auf die Veränderlichkeit und die Relativität unserer Wahrnehmungen und unseres Wissens argumentierte Pyrrhon für eine Form von methodologischem* S., der die Weigerung, Urteile zu fällen, zur Grundvoraussetzung macht. Das Glück des Menschen hänge letztlich von drei Einsichten ab, nämlich daß die Dinge in Wirklichkeit unerkennbar seien, daß wir uns in unserer Einstellung zu den Dingen des Urteils enthalten sollen und daß wir durch eine solche Einstellung den Seelenfrieden, die *ataraxia**, erreichen. Die Anhänger der Schule argumentierten nicht zuletzt gegen die Stoiker*, denen sie Dogmatismus vorwarfen. Auf den Einwand, daß konsequenter S. notwendigerweise zur Handlungsunfähigkeit führen müsse, wurde geantwortet, auch wenn keine Überzeugungen als sicher gelten können, seien einige wahrscheinlicher (lat. *probabilis*) als andere und könnten daher als Grundlage des Handelns dienen. Deshalb wird der S. oft als Probabilismus* bezeichnet, da es nach dem S. kein sicheres Wissen gibt, sondern nur wahrscheinliche Meinungen.

In der neueren Philos. bezeichneten verschiedene Philos. gewisse Schlußfolgerungen als skeptisch. Am bekanntesten ist die Argumentation Humes, daß unser Glaube an die Existenz äußerer Gegenstände, die Vergangenheit, Kausalzusammenhänge und das Seelenleben anderer Personen nicht auf Wahrnehmungen und vernünftigen Überlegungen beruht, sondern allein auf instinktiven Neigungen und psychischen Mechanismen, etwa die Gewohnheit. Die Interpretation Humes als eines Skeptikers ist allerdings umstritten, da er auch als ein Verteidiger von *common* sense*-Überzeugungen gilt.

Lit.: H. Craemer: Für ein neues skeptisches Denken, 1983. W. Ehrhardt: Philos.geschichte und geschichtlicher S., 1967. O. Marquard: Skeptische Methode im Blick auf Kant, 1958. Ders.: Abschied vom Prinzipiellen, 1981. Ders.: Skepsis und Zustimmung, 1994. A. Naess: Scepticism, 1968. N. Rescher: Scepticism, 1980. W. Stegmüller: Metaphysik, Wissenschaft, Skepsis, ²1969. P. F. Strawson: S. und Naturalismus, 1987. M. Williams (Hg.): Scepticism, 1993.

Smith, Adam (1723–90), schott. Ökonom und Philos., studierte in Glasgow (bei Hutcheson) und in Oxford. Von 1751–64 Prof. an der Universität Glasgow erst für Logik, später für Moralphilos. 1764–67 arbeitete er als Privatlehrer und zog sich dann in seine Geburtsstadt Kirkcaldy zurück, wo er sein ökonomisches Hauptwerk *An Inquiry into Nature and Causes of the Wealth of Nations* (1776) vollendete. Von 1778 bis zu seinem Tod bekleidete er ein öffentliches Amt als Zollkommissar für Schottland. S. ist in seiner Philos. von Hume beeinflußt, mit dem er eng befreundet war. – S. wurde zwar in erster Linie als Ökonom bekannt; aber er hat auch ein wichtiges Werk über Moralphilos. geschrieben, *The Theory of Moral Sentiments* (1759), worin er die psychologische Grundlage der Moral darlegt. Alle Handlungen entspringen nach S. Gefühlen und die Moral der Fähigkeit des Menschen, sich an die Stelle des anderen zu setzen und zu beurteilen, wie er selbst als von den Handlungen Betroffener fühlen würde. Diese Fähigkeit nennt S. Sympathie. Die Menschen beurteilen ihre eigenen und die Handlungen anderer danach, ob ein unparteiischer Betrachter die Gefühle billigen würde, denen sie entspringen. Der Theorie S. liegt die Auffassung zugrunde, daß der Mensch von Natur aus mit einem Gefühlsleben

Adam Smith

ausgestattet ist, das als unsichtbare Hand das Verhältnis zwischen Menschen in der bestmöglichen Weise ordnet.

Ausg.: The Glasgow-Edition of Works and Correspondence of A. S., 7 Bde., 1976ff. Theorie der ethischen Gefühle, 1926, ND 1985. Der Wohlstand der Nationen, 1978. Der Wert unseres Geldes, 1984. – *Lit.:* D. Brühlmeier: Politische Ethik in A. S. Theorie der ethischen Gefühle, 1985. H. Kurz (Hg.): A. S., ²1991. D. D. Raphael: A. S., 1991. H. C. Reckenwald: A. S. Sein Leben und Werk, 1976. M. Trapp: A. S. Politische Philos. und politische Ökonomie, 1987.

Sohn-Rethel, Alfred (1899–1990), dt. Philos., geb. in Paris, kam in den 20er und 30er Jahren in Kontakt mit Adorno, Benjamin und Bloch; 1936 emigrierte er nach England. Später Prof. in Bremen. – In dem Buch *Geistige und körperliche Arbeit* (1970) versucht S. den Ursprung unserer grundlegenden Begriffe (Kategorien*) auf eine sogenannte Realabstraktion zurückzuführen. Diese Abstraktion geschieht in und mit den Transaktionen des Marktes in einer Warengesellschaft. Da der Markt hierin den Platz einnimmt, den das Subjekt in der Transzendentalphilos. Kants innehat, meint S., die Transzendentalphilos. mit der These von Marx vereinen zu können, daß das Denken jederzeit den materiellen Lebensbedingungen der Menschen entspringt und mit diesen harmoniert.

Ausg.: Geistige und körperliche Arbeit, 1970. Die ökonomische Doppelnatur des Spätkapitalismus, 1972. Ökonomie und Klassenstruktur des dt. Faschismus, 1973. Warenform und Denkform, 1978. Soziologische Theorie der Erkenntnis, 1985. *Lit.:* J. Halfmann/T. Rexroth: Marxismus und Erkenntnistheorie, 1976. O. Negt: A. S.-R., 1988.

Sokrates (ca. 470–399 v. Chr.), griech. Philos., lebte in Athen. Nahm als Soldat am Peleponnesischen Krieg teil, bei dem er sich mehrfach (431/30, 424) auszeichnete. Während des Tyrannenregimes 404/03 trat S. – bei mindestens einer Gelegenheit – gegen das Vorgehen der Regierung auf; doch wurde er nach 399 unter der wiederhergestellten Demokratie öffentlich angeklagt wegen Mißachtung der Staatsgötter und Verführung der Jugend. Dahinter standen allerdings auch politische und persönliche Motive, u. a. die Tatsache, daß einige der Mitglieder des Tyrannenregimes früher Schüler von S. waren. Sein kühnes und unnachgiebiges Verhalten während des Prozesses mag dazu beigetragen haben, daß man ihn zum Tod verurteilte. Das Angebot seiner Freunde, ihm zur Flucht zu verhelfen, schlug er aus und nahm ohne Klagen das Urteil auf sich, indem er den Schierlingsbecher trank. – S. hat keine Schriften verfaßt; seine Gedanken entwickelte er im Gespräch. Dennoch übte er auf die spätere Philos. einen ungeheuren Einfluß aus. Die wichtigsten Schüler waren Euklid von Megara, Aristipp(os) von Kyrene, Xenophon und Platon. – Über den genauen Inhalt der sokratischen Philos. herrscht große Unsicherheit, weil die verschiedenen Quellen (Aristoteles, Xenophon und Platon) widersprüchliche Angaben machen. Es besteht aber weitgehend Einigkeit darüber, daß die Platonischen Frühdialoge dem ‹historischen› S. nahekommen. Zur philos. Bedeutung von S. vgl. daher Platon.

Lit.: G. Böhme: Der Typ S., 1988. G. Figal: S., 1995. O. Gigon: S., ²1979. B. Gower/M. C. Stokes (Hg.): The Philos. of S. and its Significance, 1992. R. Guardini: Der Tod des S., 1945. K. Jaspers: Die maßgebenden Menschen, ⁷1983. E. Martens: Die Sache des S., 1992. G. Martin: S., 1967, ¹⁷1992. B. Waldenfels: Das sokratische Fragen, 1961.

sokratische Methode, s. Platon.

Solipsismus (von lat. *solus ipse*, ich allein), die Auffassung, daß allein ich und meine Bewußtseinszustände existieren (metaphysischer S.) oder daß ich und meine Bewußtseinszustände die einzigen Größen sind, die wirklich erkannt werden können (erkenntnistheoretischer S.). Die Bezeichnung ‹metaphysischer S.› wird oft polemisch gegen die Auffassung anderer verwendet, die damit widerlegt werden soll. Der Gedanke, der beiden Formen von S. eigen ist, ist der, daß jede Erkenntnis der Wirklichkeit in Erfahrungen begründet werden muß, die in dem Sinn unmittelbar, sicher und privat sind, als allein die Person, die die betreffenden Erfahrungen gemacht hat, direkten Zugang zu ihnen hat. Die Erkenntnis der Wirklichkeit wird so auf Sinneseindrücke oder Bewußtseinsinhalte reduziert, die nur die einzelne Person haben kann. Das einzige, was wirklich existiert, ist das, was sicher erkannt werden kann – und das einzige, was sicher erkannt werden kann, sind die privaten Sinneseindrücke. Alles andere, z. B. anderes Bewußtsein und die Existenz materieller Dinge außerhalb meines Bewußtseins, sind problematische Größen. Descartes führte das S.-Problem in die moderne Philos. ein, auch wenn er schließlich den S. verwarf. Die engl. Empiristen* Locke, Berkeley, Hume und Russell näherten sich mit mehr oder weniger Enthusiasmus dem S. Carnap wählte das Eigenpsychische als Grundlage seines Konstitutionssystems, das er methodischen S. nannte. – Ein Anhänger des S. wird Solipsist genannt. Wittgenstein* hat den S. als Methode einer erkenntnistheoretischen Wissensbegründung kritisiert mit seinem berühmt gewordenen Argument gegen die Möglichkeit einer Privatsprache.

Solon von Athen (ca. 640–560 v. Chr.), griech. Staatsmann, berühmt wegen seiner athenischen Gesetzesreformen. Nach Platon einer der ‹Sieben Weisen*› des Altertums.

Ausg.: Die Fragmente des solonischen Gesetzeswerkes. Hg. von E. Ruschenbusch, 1966. – *Lit.:* E. W. Eschmann: S. In: Die Großen der Menschheit, 1971. W. Jaeger: Paideia I, ³1954.

sophia (griech., Tüchtigkeit, Einsicht, Weisheit, Klugheit), bei Aristoteles die theoretische Weisheit, die sich mit der Metaphysik befaßt; gilt als die höchste menschliche Vollkommenheit.

Sophisten (von griech., *sophistes*, herausragend in seinem Fach, Weisheitsliebender). Historische Bezeichnung für eine Gruppe von Philos., die in Griechenland im 5. Jh. v. Chr. als Lehrer für Philos. und Rhetorik auftraten. Dazu gehören u. a. Protagoras von Abdera, Gorgias von Leontinoi, Prodikos von Keos und Thrasymachos. Sie alle wirkten in Athen. – Die S. waren die ersten Berufsphilos., die gegen Bezahlung arbeiteten. Sie unterrichteten u. a. in der Kunst, andere zu überreden, eine Fertigkeit, die für diejenigen nützlich war, die im demokratischen Athen Karriere machen wollten. Genau dies machte ihnen Platon, der gegen die Demokratie eingestellt war und dessen Schriften eine der Hauptquellen für unser Wissen von den S. sind, zum Vorwurf. Die S. verwarfen die Idee, daß die wirkliche Welt eine andere Welt sei als die der sinnlichen Erfahrung (vgl. Parmenides und Platon). Allerdings verband sie keine gemeinsame positive Philos., wenn auch viele S. dem Relativismus* nahestanden. Die älteren S., u. a. Protagoras, waren Kulturoptimisten und erste Anhänger der Fortschrittsidee. Sie verwarfen den Gedanken eines vergangenen Goldenen Zeitalters sowie die Idee der ewigen Wiederkehr, nach der sich alles in

regelmäßigen Abständen wiederholt. Nach Protagoras ist die Geschichte der Menschen die des Fortschritts und der Entwicklung von Fähigkeiten und sozialen Normen, die es ermöglichen, daß die Menschen friedlich in einem Rechtsstaat zusammenleben können. Moralische Vollkommenheit *(arete*)* ist erlernbar, und für Protagoras ist diese mit den jeweilig geltenden Normen der Zeit identisch. Da sich die Zeiten ändern, ändern sich auch die Normen.
Ein gemeinsames Thema in der Diskussion um Moral, Politik und Religion bei den S. ist der Unterschied zwischen Natur (griech. *physis*) und Sitte oder Konvention (griech. *nomos*). Moralische und politische Normen waren für Protagoras zweckmäßige Konventionen. Dagegen behauptete Antiphon, ein anderer S., daß es ein Naturrecht* gebe, das verlangt, alle Menschen gleich zu behandeln. Ein dritter S., Thrasymachos, meinte, daß das Recht des Stärkeren das Recht der Natur und daß Gerechtigkeit das sei, was dem Starken nützt.

Lit.: T. Buchheim: Die Sophistik als Avantgarde normalen Lebens, 1986. C. J. Classen: Sophistik, 1976. H. Gomperz: Sophistik und Rhetorik, 1915, 1985. A. Graeser: Sophistik und Sokratik, Plato und Aristoteles, 1993. B. H. F. Taureck: Die S. zur Einführung, 1995.

sophrosyne (griech., Besonnenheit, Mäßigung), für Platon die Selbstbeherrschung oder das harmonische Zusammenspiel zwischen den verschiedenen Ebenen der Seele*, genauer zwischen Begierde, Mut und Vernunft. Nach Aristoteles praktischer Begriff zur Charakterisierung einer Person, die den goldenen Mittelweg befolgt (vgl. *mesotes*).

Sorel, Georges (1847–1922), franz. Philos. S. suchte den Marxismus* zu revidieren, indem er das Schwergewicht auf das revolutionäre Handeln legte. Die Zukunft ist nicht Gegenstand einer wissenschaftlichen Theorie, sondern eine Frage innovativen Handelns. Von Vico beeinflußt, sieht S. die Geschichte als einen Wechsel zwischen heroisch schöpferischen Perioden und Verfallsperioden. Nach S. kann Gewalt ein legitimer Ausdruck revolutionärer schöpferischer Kraft sein (*Réflexions sur la violence*, 1908).

Ausg.: Über die Gewalt, 1928, 1981. Die Auflösung des Marxismus, 1978. – *Lit.:* H. Barth: Masse und Mythos. Die ideologische Krise an der Wende zum 20. Jh. und die Theorie der Gewalt: G. S., 1959. H. Berding: Rationalismus und Mythos. Geschichtsauffassung und politische Theorie bei G. S., 1969.

Sosein, s. Wesen.

Spaemann, Robert (geb. 1927), seit 1973 Prof. für Philos. in München. Studierte in Münster, München, Fribourg und Paris. 1952 Promotion in Münster, 1962 Habilitation und Professur für Philos. und Pädagogik in Stuttgart. 1969 in Heidelberg. – Wie den meisten der Schüler Joachim Ritters steht auch bei S. das Interesse an philos.-historischer Forschung im Vordergrund, wobei er deutlicher als andere die Philos. auf ihre metaphysischen Grundlagen verpflichtet. So versucht er gerade bei Rousseau, in dessen Leben und Werk sich der fundamentale Wandel der Neuzeit gegenüber Antike und Scholastik reich dokumentiert, die metaphysischen Wurzeln des Denkens in den «Antinomien der Moderne» auszuloten. «Es gibt keine Ethik ohne Metaphysik.» Zentrales Thema ist seit seiner Habilitation zu Fénelons Theorie der reinen Gottesliebe (*Reflexion und Spontaneität*, 1963) die Natur in ihrer universalen Zweckgerichtetheit. In Opposition zum evolutionistischen und systemtheoretischen Denken erweist sich S. in jüngster Zeit als einer der Erneuerer eines naturteleologischen Denkens aristotelischer Provenienz. Mit diesem Ansatz verbindet sich bei S. eine christliche Ethik des «Wohlwollens», die auf dem Hintergrund aristotelischer Grundbegriffe des Glücks und des gelingenden Lebens *(eudaimonia)* und in der Kritik am Utilitarismus auf eine Versöhnung der menschlichen Vernunft mit der Natur, auf einen «sympathetischen Lebenszusammenhang» alles Seienden hinzielt.

Ausg.: Der Ursprung der Soziologie aus dem Geist der Restauration, 1959. Reflexion und Spontaneität. Studien über Fénelon, 1963. Zur Kritik der politischen Utopie, 1977. Rousseau – Bürger ohne Vaterland, 1980. Die Frage Wozu? Geschichte und Wiederentdeckung des teleologischen Denkens (zusammen mit Reinhard Löw), 1981. Moralische Grundbegriffe, 1982. Philos. Essays, 1983, 1994. Das Natürliche und das Vernünftige. Aufsätze zur Anthropologie, 1987. Glück und Wohlwollen, 1989. – *Lit.:* R. Löw (Hg.): Oikeiosis, Festschrift für R. S., 1987.

Spekulation (von lat. *speculari*, auskundschaften, beobachten). 1. Rein betrachtendes (theoretisches), d. h. ein nur auf Erkenntnis (griech. *theoria*) gerichtetes Denken, das keine praktischen – technischen oder moralischen – Ziele verfolgt. 2. Indirekte Erkenntnis Gottes aus der Schöpfung. Die S. nimmt das Geschaffene als einen ‹Spiegel› (lat. *speculum*), in dem sich seine Ursache oder sein Grund erblicken läßt, also Gott (Scholastik*). 3. Theoretischer Gebrauch der Vernunft*, der über die Grenzen jeder möglichen Erfahrung hinausgeht (Kant); Versuch, mit Hilfe der Vernunft synthetische Sätze *a priori* über die Wirklichkeit* aufzustellen (vgl. analytisch/synthetisch und *a priori/a posteriori*). 4. Ein Denken, das hinter die selbstverständliche Alltagserfahrung zu deren Grundlage zurückgehen will. Diese S. faßt die Welt als zusammenhängendes Ganzes auf und fragt nach ihrem einheitsstiftenden Grund*, dem Absoluten*; als spekulative Philos. gibt ihr Hegel eine Sonderbedeutung: 5. Denken, das die entgegengesetzten Bestimmungen einer Sache – letztlich der Wirklichkeit selber – in einer Einheit zusammenhält, in der Einheit des Begriffs. Solches Denken ist spekulativ-dialektisch. S. und Erfahrung schließen sich nicht aus; vielmehr betont Hegel im Rahmen seiner Aristoteles-Interpretation: «das Empirische, in seiner Synthesis aufgefaßt, ist der spekulative Begriff». 6. (Abwertend:) Abstraktes, bloß theoretisches Denken; ein Denken, das willkürliche* Konstruktionen vornimmt – ohne Grundlage in der Erfahrung und damit in der Wirklichkeit. Den Gegensatz zur S. in diesem Sinn bilden erfahrungsorientierte Denkformen, insbesondere diejenigen der empirischen* Wissenschaften.

Lit.: W. Cramer: Die absolute Reflexion, 2 Bde., 1966/67. G. W. F. Hegel: Wissenschaft der Logik, 1812/16. W. Jaeschke (Hg.): Transzendentalphilos. und S., 1993.

Spencer, Herbert (1820–1903), engl. Philos. 1837–46 arbeitete S. als Eisenbahningenieur, ab 1848 als Schriftsteller; er pflegte engere Kontakte u. a. mit Fraser und J. S. Mill, dem Historiker Grote, dem Physiologen Huxley, dem Botaniker Hooker und dem Physiker Tyndall. Während die Fachwissenschaften die speziellen Gesetze untersuchen, die für bestimmte Bereiche des Daseins gelten, besteht nach S. die Aufgabe der Philos. darin, auf der Grundlage eines umfassenden, aus allen Fächern und der Erfahrung zusammengetragenen Materials allgemeine Gesetze aufzustellen, die für alle Ebenen der Wirklichkeit gelten. S. geht von gewissen Entwicklungsgesetzen aus, die von allgemeiner Gültigkeit sind. Die endgültige Version dieser Gesetze faßt er in einer Formel zusammen: Entwicklung *(evolution)* besteht aus einer Anhäufung *(integration)* von Materie *(matter)* und gleichzeitiger Zerstreuung von Bewegung *(concomitant dissipation of motion)*; hierdurch geht die Materie aus unbestimmter, unzusammenhängender Homogenität *(indefinite, incoherent homogeneity)* in eine bestimmte, zusammenhängende Inhomogenität *(definite, coherent heterogeneity)* über, während die rückläufige Entwicklung als Auflösung der Materie und Aufnahme von Bewegung gedacht wird (*First Principles*, [4]1893, S. 396). Diese Entwicklungsformel hat seiner Meinung nach Relevanz für die Beschreibung der Entwicklung innerhalb des Sternensystems, der Geolo-

Herbert Spencer

gie, der Biologie, des individuellen Menschen, der Gesellschaft, der Sprache, der Kunst, der Malerei, der Skulptur, der Poesie, der Musik und des Tanzes. Versuche, in diese nach allgemeinen Gesetzen erfolgende Entwicklung einzugreifen, können nach S. lediglich einen notwendigen Prozeß verzögern und behindern. Auf solchem Hintergrund verteidigt S. u. a. den radikalen Liberalismus* vor allem in Wirtschaft und Politik, da er eine weitgehende Analogie* zwischen der Entwicklung einer Gesellschaft und der eines Organismus* sieht. Von hier aus ist auch sein großer Einfluß auf die sog. Sozialdarwinisten zu verstehen. Der Ausdruck *the survival of the fittest* stammt denn auch von S., der Darwins biologische Entwicklungslehre (1859 vorgelegt) als eine Bestätigung seiner eigenen allgemeinen Entwicklungslehre ansah, die er Anfang der 1850er und in den 60er Jahren formulierte. – An anderen Stellen spricht S. jedoch so, als sei diese Formel mehr als eine Defintion* des Begriffs ‹Entwicklung› zu verstehen denn als Behauptung, daß sich tatsächlich alles nach diesem Gesetz verhalte.

Ausg.: Werke in 18 Bdn., 1910ff. A System of Synthetic Philosophy, 10 Bde., dt. 1875–1901. Eine Autobiographie, 1905. – *Lit.:* K.-D. Curth: Das Verhältnis von Soziologie und Ökonomie in der Evolutionstheorie von H. S., 1972. J. G. Kennedy: H. S., 1978. J. G. Muhri: Normen von Erziehung. Analyse und Kritik von H. S. evolutionistischer Pädagogik, 1982. M. W. Taylor: Men versus the State. H. S. and Late Victorian Individualism, 1992.

Spengler, Oswald (1880–1936), dt. Philos. Studium der Mathematik, Geschichte, Kunst und Philos. in München und Berlin. Diss. über Heraklit. Mathematiklehrer, dann freier Schriftsteller. – In seinem Hauptwerk *Der Untergang des Abendlandes* (geschrieben zum Teil während des 1. Weltkriegs, erschienen 1918–22) kritisiert S. die traditionelle Auffassung der Geschichte als eines zusammenhängenden, in Perioden einteilbaren Prozesses. Vielmehr besteht die Weltgeschichte aus voneinander unabhängigen Kulturen, die jeweils einen zyklischen Verlauf nehmen. S. beschreibt acht solcher Kulturstufen. Eine Kultur läßt sich in Analogie* zu einem Organismus* betrachten: Sie entsteht, durchläuft Jugend- und Reifezeit, verfällt und stirbt. Eine eigenständige Natur gibt es nicht. Alles Leben in einer Kultur, auch das geistige, ist ausschließlich von der geschichtlichen Entwicklungsstufe dieser Kultur bestimmt (vgl. historischer Relativismus). Durch Einfühlung (Intuition*) läßt sich die Grundstruktur aller kulturellen Entwicklung erfassen. Deren jeweils letzte Stufe, die Verfallszeit, nennt S. Zivilisation. Ihre Kennzeichen sind Dekadenz und Eklektizismus im künstlerischen Ausdruck, Nüchternheit und Skeptizismus*; weiter zeigt sie sich in der Existenz von Großstädten (wie Babylon, Theben, Alexandria, Rom – und Paris, London, New York in der Gegenwart). Aufgrund dieser Analyse glaubt S., daß die abendländische westliche Kultur bereits in der Zivilisationsphase steht und daher dem baldigen Untergang geweiht ist.

Ausg.: Der Untergang des Abendlandes. Umriß einer Morphologie der Weltgeschichte,

2 Bde., 1918–22. Der Mensch und die Technik, 1931. Preußentum und Sozialismus, 1920. – *Lit.:* Th. W. Adorno: S. nach dem Untergang. In: Prismen, 1976. A. Demandt/J. Farrenkopf (Hg.): Der Fall S., 1994. D. Felken: O. S. Konservativer Denker zwischen Kaiserreich und Diktatur, 1988. P. C. Ludz: S. heute, 1980. J. Naeher: O. S. Mit Selbstzeugnissen und Bilddokumenten, 1984. M. Schröter: Metaphysik des Untergangs. Eine kulturkritische Studie über O. S., 1969.

Speusippos (gestorben ca. 339 v. Chr.), griech. Philos., Neffe und unmittelbarer Nachfolger Platons als Leiter der Akademie* (348/47–339/38). S. setzte das Bestreben des späten Platon fort, die Ideenlehre* mit pythagoreischer* Zahlenmystik zu verbinden, und betrachtete die Zahl als das eigentlich Wirkliche.

Ausg.: P. Lang: De Speusippi academici scriptis; accedunt fragmenta, 1911. – *Lit.:* W. Guthrie: A History of Greek Philos., 1978.

Spieltheorie (engl. *game theory*), mathematische Theorie von dem vernünftigen, zielgerichteten Handeln zweier oder mehrerer Personen in Situationen, in welchen die Interessen sich ganz oder teilweise widersprechen. Die S., für deren Entwicklung in diesem Jh. besonders J. v. Neuman (1903–57) und O. Morgenstern (geb. 1902) von Bedeutung sind, wird zur Analyse spielähnlicher Situationen im politischen Leben, im Geschäftsleben, in internationalen Konflikten u. ä. m. angewendet.

Lit.: M. J. Holler/G. Illing: Einführung in die S., 1993. M. Medina: Normative S., 1974. M. J. Osborne/A. Rubinstein: A Course in Game Theory, 1994. E. Rasmusen: Games and Information, 1994. J. Szép: Einführung in die S., 1983.

Spinoza, Benedictus (Baruch) de (1632 bis 77), holl. Philos. Geb. im Getto von Amsterdam als Sohn eines wohlhabenden jüd. Kaufmanns, Ausbildung in einer jüd. Schule – mit Einführung in den *Talmud* und die jüd. Philos. von Maimonides u. a. Er lernte als angehender Rabbiner das Handwerk des Schleifens optischer Gläser. Studierte später Naturwissenschaften und las u. a. Descartes und Hobbes. Allmählich entfernte sich S. vom jüd. Glauben und wurde 1657 aus der Synagoge ausgeschlossen. Er lebte bis zum Tod von seinem Handwerk; einen Ruf an die Universität Heidelberg lehnte er ab. S. veröffentlichte nur eine Schrift unter eigenem Namen, die *Renati des Cartes principiorum philosophiae* (Die Prinzipien der cartesischen Philosophie, 1663); sein *Tractatus theologico-politicus* (Theologisch-politischer Traktat) erschien 1670 anonym. Die *Ethica, ordine geometrico demonstrata* (Ethik, nach der geometrischen Methode dargestellt), S. Hauptwerk, war 1675 vollendet, wurde aber wegen des religiösen Fanatismus und der Intoleranz, die zu jener Zeit herrschten, nicht publiziert. Erst nach seinem Tod gaben einige Freunde die *Opera posthuma* (Nachgelassene Schriften) heraus, die u. a. die *Ethica*, den *Tractatus politicus* (Politischer Traktat) und den *Tractatus de intellectus emendatione* (Traktat über die Verbesserung des Verstandes) enthielten.

Für S. ist die Philos. ein persönliches Anliegen von höchster Bedeutung: Es gilt, das ewig Gute zu finden. Die gewöhnlichen Güter wie Reichtum, Ehre und Sinnesfreuden unterliegen der Vergänglichkeit, ihnen nachzustreben ist eitel. Als das ewig Gute gilt S. vielmehr die Einsicht, daß die Welt ein systematisches Ganzes bildet. Die Erkenntnis über den wirklichen Zusammenhang der Dinge gibt den Menschen die Möglichkeit, Ursache ihres eigenen Handelns zu sein, und darin liegt die menschliche Freiheit. S. Hauptwerk *Ethica* stellt diese philos. Auffassung in systematischer Weise dar. Im Aufbau folgt es dem Vorbild der euklidischen Geometrie, d. h. es besteht aus Grundsätzen (Axiomen*) und Definitionen, aus denen verschiedene Lehrsätze bewiesen werden. Die fünf Teile handeln «Über Gott», «Über die Natur und den Ursprung des Geistes», «Über den Ursprung und die Natur der Affekte», «Über die menschliche Knechtschaft oder die Macht der Affekte» und «Über

Baruch de Spinoza

die Macht des Verstandes oder die menschliche Freiheit». Die unpersönliche und deduktive Darstellungsform bezeugt S. mathematisches Erkenntnisideal und drückt zugleich den rationalistischen* Grundgedanken aus, daß die Ordnung der Vernunft* (Grund*/Folge) dieselbe sei wie die Ordnung der Natur (Ursache*/Wirkung). Es muß eine Größe geben (die Substanz*), die Ursache ihrer selbst *(causa sui)* und identisch mit dem Universum ist, welches als systematisches Ganzes aufgefaßt wird. S. nennt diese Instanz Gott oder die Natur (lat. *deus sive natura*; ein Eigenname mit einer einzigen Referenz*). Die Substanz definiert S. als «das, was in sich ist und durch sich begriffen wird». Gäbe es eine solche Größe nicht, wäre eine abgeschlossene Erkenntnis der Wirklichkeit unmöglich. Es kann zudem nur eine Substanz existieren. Existierten mehrere Substanzen, dürften ihre wesentlichen* Eigenschaften nicht zusammenfallen, da sie sich sonst nicht unterscheiden ließen. Wenn sie aber unterschiedliche Eigenschaften besitzen, könnte eine Substanz nicht die Ursache einer anderen sein. Andererseits müßte sich doch eine Erklärung oder Ursache für diese Vielheit von Substanzen finden (vgl. die beiden Substanzen bei Descartes, Ausdehnung und Bewußtsein; denn alles unterliegt der Erklärbarkeit. Gäbe es nun eine Erklärung, dann läge die Ursache für die Vielheit außerhalb der Substanzen selbst. Aber dann wäre nicht mehr von Substanzen zu sprechen, weil es die Substanz gerade charakterisiert, daß sie aus sich selbst heraus verstehbar ist und aus sich selbst heraus existiert. Also kann es nur eine einzige Substanz geben.

Die traditionelle Gottesauffassung versteht unter Gott ein notwendiges und unendliches Wesen, von der Natur verschieden. Eine solche Differenz von Natur und Gott ist nach S. unmöglich; denn die Substanz muß unbegrenzt sein. Wäre sie nämlich begrenzt, müßte sie an einer anderen Substanz ihre Grenzen haben. Aber mehrere Substanzen können nicht existieren. Außerdem darf Gott, der unendlich und allmächtig ist, nicht durch Endliches oder Zufälliges begrenzt sein. Denn wäre dies der Fall, bliebe Gott endlich und unvollkommen – eine ebenso unmögliche wie blasphemische Annahme. Nur «was aus der Notwendigkeit seiner eigenen Natur heraus existiert», ist frei. Es gibt deshalb in der Welt nichts Zufälliges; vielmehr ist alles durch die Notwendigkeit der Natur dazu bestimmt, auf seine Weise zu existieren und zu wirken. Alles muß als ein Seiendes aufgefaßt werden, das von notwendigen Ursachen bestimmt wird (vgl. Determinismus) – soll das Universum überhaupt verstehbar sein. Und da Gott kein von der Welt abgetrenntes Wesen ist (d. h. keine transzendente Ursache) und selbst aus Notwendigkeit handelt, hätte er die Welt auch nicht anders schaffen können, als sie jetzt ist. Die wirkliche Welt ist die einzig mögliche Welt.

Unter einem Attribut versteht S. «das an der Substanz, was der Verstand als zu ihrem Wesen gehörig erkennt» (lat. *essentia*). So kommen der Substanz unendlich viele Attribute zu; denn je mehr Wirklichkeit* oder Sein* etwas hat, desto mehr Attribute besitzt es. Von diesen unendlich vielen Attributen der Substanz (d. h. Gottes oder der Natur) erkennt der Mensch allein zwei: die Ausdehnung der Körper, die in einer Ursachenkette geordnet sind, und das Denken in Vorstellungen oder Ideen (lat. *idea*), die durch die Grund-Folge-Relation geordnet sind. Bei den Attributen Ausdehnung und Denken (Bewußtsein) handelt es sich aber bloß um verschiedene Weisen, ein und dieselbe Ordnung aufzufassen. Die allgemeinen und notwendigen Charakteristika des Universums unter dem Attribut der Ausdehnung sind Bewegung und Ruhe. Diese Strukturen nennt S. die unendlichen Modi, wobei er Modus definiert als die Zustände oder «Affektionen der Substanz oder als das, was in einem anderen ist, durch das es auch begriffen wird». Die ausgedehnten Körper, die S. als die endlichen Modi bezeichnet, sind aus kleinsten Teilen zusammengesetzt; jeder Körper weist die Tendenz (lat. *conatus*) auf, sich selbst unter den verschiedensten Energietransformationen zu bewahren und zu erhalten. Das Wesentliche unter dem Attribut des Denkens ist die Vernunft* (lat. *intellectus*). Denken und Anschauung bilden also für S. zwei Aspekte derselben Wirklichkeit. Es gibt sowohl ausgedehnte Dinge (Körper) als auch Vorstellungen von ausgedehnten Dingen, und beide gehören zur selben

Substanz. Deshalb kann es auch weder Vorstellungen geben, die keine Vorstellungen von ausgedehnten Dingen sind, noch ausgedehnte Dinge, von denen es keine Vorstellungen gibt. Jeder Vorstellung entspricht ein Gegenstand. Mit diesem metaphysischen Postulat will S. sicherstellen, daß die Wirklichkeit sich durch das Denken begreifen läßt; zusätzlich will er mit ihm das Problem des Verhältnisses von Leib und Seele bzw. Bewußtsein klären: Bewußtsein oder Geist* *(mens)* besteht in der Vorstellung *(idea)*, die als Gegenstand *(ideatum)* den Körper hat *(corpus)*; denn damit Vorstellungen entstehen, muß auf den Körper eingewirkt werden. Und umgekehrt geht mit jeder Veränderung im Körper eine Veränderung im Bewußtsein einher.

S. unterscheidet zwischen verschiedenen Graden oder Gattungen der Erkenntnis. Die erste und unterste Gattung bildet die Erkenntnis aus vager Erfahrung, die unbestimmten, verstreuten Eindrücken und Einflüssen entspringt. Sie besteht in verworrenen Vorstellungen oder Meinungen und ist von zufälligen, ungeordneten Assoziationen abhängig. Diese Gattung umfaßt auch die gewöhnlichen Begriffe der Umgangssprache. Das Wissen von den grundlegendsten Eigenschaften der ausgedehnten Körper, das in den sog. *notiones communes* enthalten ist, gehört dagegen zur zweiten Gattung, der adäquaten* Erkenntnis. Adäquate Vorstellungen (Ideen) oder selbstevidente Urteile* handeln von den logisch notwendigen Beziehungen zwischen den Eigenschaften eines Gegenstands. Wer eine wahre oder adäquate Vorstellung besitzt, weiß zugleich unmittelbar von ihrer Wahrheit. Dazu bedarf es keines Wahrheitskriteriums, da die Wahrheit die Norm für sich selber und für Falschheit ist. Die dritte und höchste Gattung der Erkenntnis schließlich liegt in dem intuitiven* Wissen von Gott, d. h. in der Einsicht, daß die Welt «unter dem Gesichtspunkt der Ewigkeit» (lat. *sub specie aeternitatis*) rational geordnet ist.

In seiner naturalistischen* und mechanistischen* Psychologie betrachtet S. den Selbsterhaltungstrieb (lat. *conatus in suo esse perseverandi*) als zentral. Je größer die Macht des einzelnen ist, sich vor äußeren Gefahren zu schützen, desto wirklicher ist er. Die Energie oder Vitalität des Körpers kann vergrößert oder verkleinert werden. Diese physischen Zustandsänderungen lassen sich auch unter dem Attribut des Denkens beschreiben, und zwar als Lust oder Unlust. Lust heißt, daß die individuelle Macht der Selbsterhaltung oder die Energie vergrößert wird, während Unlust das Gegenteil besagt. Lust und Unlust gehören zu den primären Affekten, d. h. den grundlegenden Gefühlen, ebenso die Begierde (oder der Trieb); sie wird als Drang definiert, sich bewußt auf ein spezifisches Objekt zu richten. Aus Lust, Unlust und Begierde lassen sich nun nach S. alle anderen menschlichen Affekte (Gefühle) erklären. Z. B. besteht die Liebe aus «Lust, verbunden mit der Idee einer äußeren Ursache», der Haß aus der entsprechenden Unlust; und Sehnsucht, Dankbarkeit oder Zorn stellen verschiedene Formen von Begierde dar. Durch seine Vorstellungsassoziationen ist der Mensch den Affekten preisgegeben, weil er die äußeren Einwirkungen nicht zu beherrschen vermag, die zu diesen Affekten führen. Daher erscheint es zunächst als das Los des Menschen, den eigenen Leidenschaften unterworfen zu bleiben. S. unterscheidet jedoch weiter zwischen passiven und aktiven Affekten («Leiden» und «Handlung») – in Analogie* zur Unterscheidung von unbestimmter, inadäquater Erfahrung, die das Ergebnis zufälliger Einwirkungen ist, und adäquater Erkenntnis, also der logisch zusammenhängenden und geordneten Erkenntnis. Aktive Affekte stammen aus der eigenen menschlichen Natur. Zustände, die ihren Grund im Menschen selbst haben, besitzt dieser aber allein als logisch denkendes Wesen; und deshalb sind nur diejenigen Affekte aktiv, die durch klare oder adäquate Vorstellungen bestimmt sind. Nur von Affekten, die nicht von äußeren Ursachen bewirkt werden, gibt es eine adäquate Erkenntnis der Ursachen. Die aktiven Affekte entspringen der Seelenstärke (lat. *fortitudo*), die sich als Willenskraft (lat. *animositas*) äußert in bezug auf das, was für das Individuum selbst gut ist, und als Edelmut (lat. *generositas*) in bezug auf das, was für andere gut ist. Dem intellektuellen Fortschritt entspricht der moralische. Die Ursachen der eigenen Handlungen erkennen heißt, ungenaue und alltägliche Vorstellungen durch adäquate Vorstellungen ersetzen. So werden auch die passivsten Affekte von der Vorstellung der äußeren Ursache abgetrennt, die sie erzeugte, und dadurch vernichtet. Wenn nun das Individuum die wahre Natur der Dinge erkennt, sieht es nach S. ein, daß sie nicht anders sein können, als sie sind. Daß sie anders sein sollten, wird das Individuum dann sinnvollerweise nicht mehr wünschen. Der Mensch erlangt seine Freiheit*, indem er der eigenen Natur folgt, d. h. von äußerem Zwang frei ist. Diese Freiheit bedeutet selbstredend nicht, außerhalb der Ursachenkette der Natur zu stehen. Aber wenn der Mensch sich als notwendiges Glied im rationalen Zusammenhang des Daseins betrachtet, wird er von intellektueller Liebe zu Gott erfüllt. Und darin liegt der größte und tiefste aller Affekte. Ein dauerhaftes, ewiges Gut kann der Mensch also nur «unter dem Gesichtspunkt der Ewigkeit» finden.

Ausg.: Sämtliche Werke, 3 Bde., 1921/22. Briefwechsel, 1977. – *Lit.:* B. Auerbach: S. Ein Denkerleben, 2 Bde., 1980. W. Bartuschat: S. Theorie des Menschen, 1992. K. Cramer/W. G. Jacobs/W. Schmidt-Biggemann: S. Ethik und ihre frühe Wirkung, 1981. W. Cramer, S. Philos. des Absoluten, 1966. G. Deleuze, S. Praktische Philos., 1988. K. Jaspers, S., 1978. H. Seidel: S. zur Einführung, 1994. T. de Vries: B. de S. in Selbstzeugnissen und Bilddokumenten, 1970.

Spiritualismus (von lat. *spiritus*, Geist). 1. (allgemein) Lehre, welche die Wirklichkeit des Geistes* behauptet. 2. Lehre, nach der sich der Geist (das Bewußtsein*) nicht auf die Natur (die physiologischen Prozesse) zurückführen läßt (Gegensatz Naturalismus*, Materialismus*); hier vor allem die Lehre von der Existenz des Geistigen und des Körperlichen als zweier radikal verschiedener Substanzen* (vgl. Cartesianismus). 3. Lehre, die im Geist das eigentlich Wirkliche oder Absolute* erblickt. Eine besondere Prägung erhielt dieser S. als Strömung der franz. Philos. im 19. und beginnenden 20. Jh. (Maine de Biran, Ravaisson-Mollien, Lachelier, Bergson). Für sie gilt der Geist *(esprit)* als das eigentlich Wirkliche, weil er schöpferische Freiheit ist. Diese Freiheit oder Bestimmungskraft besitzt der Geist als Wille, nämlich in bezug auf den Körper (Voluntarismus*). 4. Lehre, nach der alles Wirkliche geistiger Natur ist. Das Materielle läßt sich auf das Geistige zurückführen (vgl. Berkeley und Idealismus). 5. (Theologische) Lehre, daß der Mensch den Geist unmittelbar von Gott in seinem Innern empfängt. Auf dem Hintergrund dieser Auffassung wird die Institution, insbesondere die äußere staatliche Organisation der Kirche, kritisiert.

Sprachphilosophie (von engl. *philosophy of language*), Bezeichnung für philos. Untersuchungen und Theorien zu Ursprung, Wesen und Funktion der Sprache, vor allem im Bereich der analytischen* Philos. 1. Die Hauptströmung in der angelsächsischen Philos. dieses Jh., die die traditionellen philos. Probleme durch die Untersuchung des Sinns zentraler sprachlicher Ausdrücke zu lösen versucht. Diese Untersuchungsansätze gehen in verschiedene Richtungen: die begriffsanalytische Richtung, die mit Moore begann, die formalistische Richtung, die von Frege und Russell, dem frühen Wittgenstein und Carnap ausging, sowie die sprachanalytische Richtung, die bei Ryle und Austin ihren Ausgang nahm. Diese Hauptströmung wird zuweilen als linguistische Philos. bezeichnet. 2. Jener Zweig der genannten Hauptströmung, der sich darauf spezialisiert, die Begriffe zu analysieren, welche für die sprachlichen Operationen notwendig sind. Es handelt sich um semantische* und psychologische Begriffe wie Analyse*, Kommunikation*, Sinn*, Name*, Behauptung*, Referenz*, Regel*, Synonymie*, Sprechakt* u. ä. Als die bekanntesten Theoretiker sind hier Austin, Grice, Strawson und Searle zu nennen. 3. Die philos. Disziplin, die ausgehend von den Arbeiten Freges eine systematische Sinntheorie zu entwickeln versucht, die die Wirkung der Sprache als Mittel des Denkens und der Kommunikation klären soll. Bahnbrechend waren hier Frege, Russell und der frühe Wittgenstein. Spätere Entwicklungen kommen besonders vom späteren Wittgenstein, von Quine, Dummett, Davidson, Kripke und Putnam. Nach diesen Theoretikern ist S. nicht eine methodologische Hilfsdisziplin für die übrigen Teile der Philos., sondern eine grundlegende Disziplin. Ontologische*, bewußtseinsphilos., handlungsphilos. und erkenntnistheoretische Fragestellungen lassen sich nach dieser Auffassung allein aufgrund sprachphilos. Untersuchungen adäquat klären.

Innerhalb der kontinentalen Philos. des 20. Jh. kann man zwischen folgenden Haupttendenzen unterscheiden: 1. Die klassische Phänomenologie*, die die Sprache als sekundär in bezug auf die Erfahrung* betrachtet (z. B. Husserl, Ingarden, Scheler, Hartmann). 2. Die philos. Hermeneutik*, die betont, daß alle Erfahrung und alles Verstehen* von der Geschichtlichkeit* der Sprache abhängen (z. B. Heidegger, Gadamer, Lipps, Ricœur). 3. Der Versuch in den 1960er und 70er Jahren, eine transzendentale Sprachpragmatik (Apel) oder eine Universalpragmatik (Habermas) zu entwickeln, wobei betont wird, daß die pragmatische* Dimension der Sprache in bezug auf ihre syntaktischen* und semantischen* Funktionen fundamental ist. 4. Der überwiegend franz. geprägte Strukturalismus* (z. B. Saussure, Hjelmslev, Jakobson, Lacan) und die poststrukturalistische Diskussion (z. B. Derrida).

Lit.: K.-O. Apel: Transformation der Philos., 2 Bde., 1973. J. L. Austin: Zur Theorie der Sprechakte, 1972. R. Carnap: Überwindung der Metaphysik durch logische Analyse der Sprache. In: Erkenntnis 2, 1932. M. Dascal/D. Gerhardus/K. Lorenz (Hg.): S. / Philos. of Language / La philos. du language. Ein internationales Handbuch zeitgenössischer Forschung, 1992. D. Davidson: Wahrheit und Bedeutung. In: M. Sukale (Hg.): Moderne Sprachphilos., 1976. J. Derrida: Grammatologie, 1974. G. Frege: Über Sinn und Bedeutung. In: Ders.: Funktion, Begriff, Bedeutung, 1962. H.-G. Gadamer: Wahrheit und Methode, 1960. J. Habermas: Vorbereitende Bemerkungen zu einer Theorie der kommunikativen Kompetenz. In: Ders./N. Luhmann: Theorie der Gesellschaft oder Sozialtechnologie, 1971. M. Heidegger: Sein und Zeit, 1927. J. Hennigfeld: Geschichte der S. Antike und Mittelalter, 1993. L. Hjelmslev: Die Sprache. Eine Einführung, 1968. E. Husserl: Logische Untersuchungen, 2 Bde., 1900/13. R. Jakobson: Aufsätze zur Linguistik und Poetik, 1979. S. Kripke: Name und Notwendigkeit, 1981. F. v. Kutschera: Sprachphilos., 1971. J. Lacan: Schriften, I–II, 1973/75. H. Putnam: Vernunft, Wahrheit und Geschichte, 1982. W. V. O. Quine: Wort und Gegenstand, 1980. P. Ricœur: Die lebendige Metapher, 1986. F. de Saussure: Grundfragen der allgemeinen Sprachwissenschaft, ²1967. E. v. Savigny: Die Philos. der normalen Sprache, 1993. L. Wittgenstein: Tractatus logico-philosophicus, 1921. Ders.: Philos. Untersuchungen, 1953.

Sprachspiel, Schlüsselbegriff in der späteren Philos. Wittgensteins, wie er ihn in den *Philosophischen Untersuchungen* (1953) darlegt. Grundsätzlich geht es Wittgenstein darum zu zeigen, daß zwischen der Praxis, eine Sprache zu gebrauchen, und derjenigen, ein Spiel zu spielen, verschiedene Analogien gezogen werden können. Sowohl beim Spiel als auch beim Sprechen lassen sich Regelmäßigkeiten erkennen, d. h. bestimmte Regeln, nach denen sich Spielende wie Sprecher verhalten. Um an einem Spiel teilnehmen zu können, muß man nicht nur die Spielregeln kennen, sondern auch ihren Sinn, d. h. man muß wissen, worum es geht, wenn diese oder jene bestimmte Situation im Spiel (z. B. Schach matt) gemäß den Regeln herbeigeführt werden soll. In derselben Weise müssen nach Wittgenstein die semantischen* Regeln der Sprache von ihrem pragmatischen Sinn her untersucht werden; der Sinn der nach bestimmten Regeln erfolgenden Sprechhandlungen muß klar sein. Wittgenstein macht im weiteren geltend, daß ähnlich wie bei den vielen verschiedenen Arten von Spielen, die zwar unterschiedlich aufgebaut, aber dennoch durch Verwandtschaften miteinander verbunden sind, auch das Sprechen einer Sprache als eine Praxis beschrieben werden kann, die aus vielen verschiedenen Praxisformen, S., besteht, die untereinander verwandt sind, aber kein einzelnes definierendes Merkmal gemeinsam haben. In einem S. sind sprachliche Aktivitäten, der Gebrauch von Äußerungen, mit nicht-sprachlichen Aktivitäten in einer solchen Weise verflochten, daß sich der Sinn* der Äußerungen nur von einer Beschreibung des Ganzen her verstehen läßt. Die Beschreibung muß zum einen die Anwendungsregeln der betreffenden Worte und Äußerungen in konkreten Handlungssituationen formulieren, zum andern den pragmatischen Sinn und Zweck des S. erklären. Letzteres heißt, daß gezeigt werden soll, welche Rolle und welchen Nutzen das S. in unserem Leben hat. Dies impliziert weiter eine Klärung der Voraussetzungen des betreffenden S. Wittgenstein gibt Beispiele für einzelne S.-Beschreibungen in den ersten Paragraphen seiner *Philosophischen Untersuchungen*. Seine wohl umfassendste und klarste Beschreibung findet sich in den Paragraphen 138–242, in denen er sich mit dem Verstehensbegriff auseinandersetzt. Im Blick steht hier u. a. die Wirkungsweise von sprachlichen Ausdrücken und von Sätzen. Wittgenstein glaubt, daß neben alltäglichen Mißverständnissen viele philos. Probleme aus der Verwechslung bzw. Nichtbeachtung der für bestimmte Ausdrücke und Sätze jeweils zutreffenden S. und ihrer Regeln entstehen; so daß Äußerungen ähnlich falsch verstanden und beurteilt werden, wie wenn einzelne Spielzüge des einen Spiels mit den Regeln eines andern Spiels bewertet würden. So wäre es unter Umständen ein gefährliches Nichtverstehen, wenn man die Äußerung ‹Der Hund ist bissig› als bloß deskriptive Beschreibung des Charakters des Hundes und nicht als Warnung vor dem Hund verstehen würde.

Lit.: M. Geier: Das S. der Philos., 1989. L. Wittgenstein, Philos. Untersuchungen, 1953. Ders.: Das Blaue Buch, 1970. K. Wuchterl: Struktur und S. bei Wittgenstein, 1969.

Sprechakt (oder Sprechhandlung; engl. *speech act*), von J. L. Austin in *How to do Things with Words* (1955, 1962 posthum erschienen) eingeführter Begriff, um den Handlungsakt sprachlicher Äußerungen zu bezeichnen. Austin untersucht in seinen Vorlesungen, inwiefern mit dem Äußern von Sätzen folgender Art Handlungen vollzogen werden: ‹Ich warne dich vor dem Hund›, ‹Morgen komme ich›, ‹Ich verspreche›, dich nie wieder zu verlassen›, ‹Öffne das Fenster› usw. Um das alte Vorurteil, Sprache diene ausschließlich zur deskriptiven Beschreibung der Welt, zu widerlegen, weist Austin auf Äußerungen hin, die zwar eine deskriptive Form haben, aber nichts feststellen, sondern Handlungen vollziehen.
Austin unterscheidet zunächst zwischen performativen und konstativen Äußerungen. Während für konstative Äußerungen gilt, daß sie wahr oder falsch sein können, haben performative Äußerungen zwei Merkmale: daß sie den Vollzug von Handlungen darstellen und daß sie weder wahr noch falsch sind. Die für sie relevante Beurteilungsdimension ist nicht die der Wahrheit, sondern die des Glückens bzw. Nicht-Glückens. Austin stellt einen Katalog von fünf Punkten zusammen, die erfüllt sein müssen, wenn eine sprachlich performierte Handlung erfolgreich sein soll: Sie muß z. B. aufgrund einer Konvention formuliert sein, die ihrerseits auf die richtige Situation angewendet werden muß; sie muß korrekt im Sinn der Konvention und vollständig sein; sofern sie Absichten und Gefühle darstellt, muß der Sprecher diese auch tatsächlich haben – eine perfor-

mative Äußerung kann nicht erfolgreich sein, wenn ich zwar verspreche zu kommen, aber gar nicht die Absicht habe zu kommen.

Später hat Austin diese Unterscheidung aufgrund theorieimmanenter Schwierigkeiten zugunsten einer neuen aufgegeben. Diese neue Distinktion beruht auf der Einsicht, daß nicht bloß mit einigen sprachlichen Ausdrücken, sondern mit allen Äußerungen Handlungen vollzogen werden. Seine Theorie der S. untersucht systematisch diesen Handlungscharakter. Austin beschreibt nun drei Aspekte eines S.: 1. den lokutionären, 2. den illokutionären und 3. den perlokutionären Akt. Während der lokutionäre Akt bloß den Akt des Etwas-Sagens bedeutet (‹Der Hund ist bissig›), wird mit dem illokutionären Akt das Gesagte in einer bestimmten Weise verwendet, etwa als Warnung, Rat oder Empfehlung. Dieser Akt kennzeichnet den eigentlichen Handlungscharakter der Äußerung. Der perlokutionäre Akt schließlich bezeichnet eine Handlung, die darauf abzielt, einen bestimmten Effekt hervorzurufen, z. B. den, daß jemand aufgrund meiner Warnung (illokutionärer Akt) ‹Der Hund ist bissig› den Weg durch den Garten zum Haus meidet (perlokutionärer Akt). Der Unterschied dieses Akts zum illokutionären Akt besteht in erster Linie darin, daß er nicht wie letzterer kraft einer Sprachkonvention nach Regeln vollzogen wird.

Nach dem Tod Austins (1960) wurde die S.-Theorie (die Theorie der illokutionären Akte) in zwei Hauptrichtungen weiterentwickelt. Die eine – vertreten von u. a. D. Bennett, P. Grice, S. Schiffer und P. F. Strawson – erklärt und systematisiert die Begriffe der Theorie mit Hilfe von Grices Analyse des Begriffs der ‹Kommunikationsabsicht›. Die zweite, die vor allem durch Searle vertreten ist, beschreibt die S. in erster Linie als eine Art regelgeleiteter Handlungen. Nach Searle läßt sich die semantische Struktur einer Sprache «als eine auf Konventionen beruhende Realisierung einer Serie von Gruppen zugrundeliegender konstitutiver Regeln begreifen». Beide Richtungen teilen die Annahme, daß das Studium von S. Ausgangspunkt für die Darstellung der Semantik* einer natürlichen Sprache sein muß. Diese Annahme ist neuerdings von Dummett und den Anhängern der sog. formalen Semantik, u. a. Davidson, scharf kritisiert worden.

Lit.: K.-O. Apel (Hg.): Sprachpragmatik und Philos., 1976. J. L. Austin: Zur Theorie der S., 1972. G. Grewendorf (Hg.): S.-Theorie und Semantik, 1979. E. v. Savigny: Die Philos. der normalen Sprache, 1974. J. R. Searle: S., 1971.

Sprung. 1. In bezug auf eine Argumentation oder Beweisführung spricht man von einem S., wenn eine Person Schlußfolgerungen zieht, ohne dafür eine Grundlage in den Prämissen* zu haben. 2. In einer existentiellen Ausdehnung des von Schelling verwendeten Begriffs «S.», wonach es zwischen Absolutem und endlicher Welt nur einen S. und keinen kontinuierlichen Übergang geben kann, ist auch bei Kierkegaard von einem existentiellen S. die Rede. Damit meint er, daß es nicht möglich ist, objektiv zu bestimmen, welche Lebensform (welches Stadium*) die beste ist. Der Übergang von einer Lebensform zu einer anderen geschieht durch einen S.: teils einen logischen S. (da wir keinen hierarchischen Zusammenhang zwischen den verschiedenen Stadien erkennen können) und teils einen S. in der Form einer freien (nicht ursächlich* bestimmten) Tat.

Lit.: S. Kierkegaard: Philos. Brocken. F. W. J. Schelling: Philos. und Religion, 1804.

Staat. 1. Eine unabhängige, politisch organisierte Gemeinschaft, näher bestimmt als die selbständige, politische Organisation einer solchen Gemeinschaft, die über ein eigenes Rechtssystem und eine zentrale Regierungsmacht verfügt und die die Souveränität* über ein bestimmtes Gebiet (Territorium) innehat. 2. Das System politischer Institutionen*, das durch seine Autoritätsstruktur die souveräne oder letztlich entscheidende Macht in einer Gesellschaft ausübt. 3. Ein konzentrierter (zentralisierter) institutioneller Apparat, der in größerem oder kleinerem Maß die Verhältnisse zwischen den Individuen und den Gruppen in einer Gesellschaft beherrscht. Inhaltlich läßt sich diese Bestimmung in verschiedener Weise verstehen: Als ein notwendiges, aber grundsätzlich begrenztes Machtinstrument, eine Rechtsordnung sicherzustellen, die die Freiheit der Individuen (Liberalismus*) schützt; als ein Macht- oder Unterdrückungsapparat, der für die bestehende Kluft zwischen Herrschenden und Beherrschten in einer Gesellschaft verantwortlich ist (diese negative Einschätzung des S. wird etwa im Anarchismus* vertreten); oder den Interessen der ökonomisch herrschenden Klasse dient (vgl. Marxismus). In den letzten beiden Fällen wird der S. aufgrund einer Idealvorstellung kritisiert, die eine Gesellschaft ohne staatliche Macht zum Ziel hat (so spricht der klassische Marxismus vom ‹Absterben› des S.). Der institutionelle Machtapparat kann selbst zum Gegenstand eines Machtkampfs zwischen verschiedenen Interessen (Gruppen) in der Gesellschaft werden. Diese Einsicht kann zu einer S.auffassung führen, wonach der S. nichts anderes ist als ein institutioneller Machtprozeß zwischen den verschiedenen Interessengruppen in einer Gesellschaft (z. B. A. F. Bentley, H. Lasswell). Das wiederum bedeutet, daß es kein gemeinsames Gut gibt, dessen sich der S. anzunehmen hätte. 4. Eine soziale, politische Einheit, die den Sonderinteressen der verschiedenen Individuen und Gruppen übergeordnet ist und sowohl die Einheit der Gesellschaft als auch die Bestimmung des Individuums als eines Gemeinschaftswesens zum Ausdruck bringt (Aristoteles, Rousseau). Der S. wird hier im Zusammenhang mit der Frage nach dem Allgemeinen, dem höchsten Gut für den Menschen, d. h. nach der moralischen Bestimmung des Menschen gesehen. Diese Auffassung wird von Hegel aufgenommen und umgestaltet; er bestimmt den S. als überindividuelle Ganzheit, in der die Freiheit verwirklicht wird. – Vgl. politische Philos., Rechtsphilos.

Lit.: Aristoteles: Politik. J. G. Fichte: Staatslehre. G. W. F. Hegel: Grundlinien der Philos. des Rechts, §§ 257–360. T. Hobbes: Leviathan. O. Höffe: Polit. Gerechtigkeit, 1994. I. Kant: Zum ewigen Frieden. M. Kriele: Einführung in die S.lehre, 1975. H. Kuhn: Der S., 1967. J. Locke: Über die Regierung. N. Machiavelli: Discorsi. Gedanken über Politik und Staatsführung, 1966. K. Marx: Kritik der Hegelschen Rechtsphilos. R. Nozick: Anarchie, S., Utopia, 1976. Platon: Der S. J.-J. Rousseau: Der Gesellschaftsvertrag.

Stadium (von griech. *stadion*, ein Längenmaß von ca. 180 m; Rennbahn), Abschnitt oder Stufe einer Entwicklung. Z. B. stellt Kierkegaard eine Theorie der «Stadien» auf, d. h. der verschiedenen existentiellen Möglichkeiten oder grundlegenden Lebensformen; ihre Abfolge ist zwar nicht im Sinn einer organischen* Entwicklung zu verstehen, bezeichnet aber trotzdem eine stufenweise Entwicklung des Selbst (vgl. Ich/Selbst).

Stagirite, Bezeichnung für Aristoteles, der in dem makedonischen Ort Stageira geboren wurde.

Steffens, Henrik (1773–1845), norweg. Mineraloge, Philos. und Schriftsteller. Studium in Dänemark, Norwegen und Deutschland, 1797 Dissertation in Kiel. 1798 in Jena Vorlesungsbesuch bei Fichte und Schelling und Bekanntschaft mit den Brüdern Schlegel, mit Tieck und Novalis. 1804–06 und 1808–11 Prof. für Philos., Mineralogie, Physiologie und Naturgeschichte in Halle; Kontakte u. a. zu Schleiermacher. 1811–32 Prof. in Breslau, dann in Berlin. – In seinem Werk *Beiträge zur inneren Naturgeschichte der Erde* (1801) und in den Kopenhagener Vorlesungen (1802/03) zeigt sich S. als Anhänger der romantischen* Philos. Schellings. Auf allen Ebenen des Daseins findet ein Kampf statt zwischen dem ‹egoistischen› Individuationstrieb*, der

Edith Stein

das Universum in eine unendliche Mannigfaltigkeit zersplittern will, und einem einheitsstiftenden Totalitätstrieb, der alle Individualität aufzuheben trachtet. Zu zeigen, wie diese beiden Prinzipien miteinander versöhnt werden können, ist die Hauptaufgabe der Philos. Weder die empirischen* Wissenschaften noch eine nur rationalistische* Philos. können dieses Problem lösen. Die romantische Philos. dagegen vermag zumindest eine Ahnung von der ursprünglichen Einheit zu vermitteln, aus der die Spaltung in Natur und Geschichte hervorging.

Ausg.: Grundzüge der philos. Naturwissenschaft, 1806. Anthropologie, 2 Bde., 1823. Von der falschen Theologie und dem wahren Glauben, ²1831. – *Lit.:* T. Leinkauf: Kunst und Reflexion, 1987.

Stegmüller, Wolfgang (1923–91), österr. Philos., Philos.historiker und Wissenschaftstheoretiker, habilitierte sich 1949 in Philos. an der Universität Innsbruck mit der Schrift *Sein Wahrheit und Wert in der heutigen Philosophie*. Von 1958–1990 war S. Ordinarius für Philos. und Vorstand des Seminars für Philos., Logik und Wissenschaftstheorie an der Universität in München. Vor allem seit den 60er Jahren befaßte sich S. zunehmend mit Problemen der sog. Standard-Wissenschaftstheorie, d. h. mit Fragen der Kausalität, Erklärung, Gesetzmäßigkeit, Begriffstypologie etc. Aus dieser Auseinandersetzung entstand das bisher umfassendste Werk im deutschsprachigen Raum zur klassischen Wissenschaftstheorie im 20. Jh., die vierbändige Reihe *Probleme und Resultate der Wissenschaftstheorie und Analytischen Philos.*. Aus seiner Beschäftigung mit den wissenschaftstheoretischen Arbeiten von W. V. O. Quine, Th. S. Kuhn und J. D. Sneed entwickelte S. in den 70er und 80er Jahren einen pragmatisch-epistemologischen Ansatz der Rekonstruktion der Wissenschaftsentwicklung, die er als «neuen Strukturalismus» bezeichnet (*Theorie und Erfahrung. Die Entwicklung des neuen Strukturalismus seit 1973*, 1986). Danach sollen wissenschaftliche Theorien nicht mehr als Klassen von Propositionen verstanden, sondern als komplexe Strukturen besonderer Art sowie durch die Vielfalt der Methoden charakterisiert werden.

Ausg.: Hauptströmungen der Gegenwartsphilos., 1952, ⁷1987, Bd. 4, 1989. Das Wahrheitsproblem und die Idee der Semantik, 1957, ³1977. Metaphysik, Skepsis und Wissenschaft, ²1969. Wissenschaftliche Erklärung und Begründung, ²1974. Theorienstrukturen und Theoriendynamik, 1974. Neue Wege der Wissenschaftsphilos., 1980. – *Lit.:* C. U. Moulines: Le rôle de W. S. dans l'épistémologie allemande contemporaine. In: Archives de Philos. 50 (1987).

Stein, Edith (1891–1942), dt. Philos.; 1916–18 Assistentin Husserls, betraut mit den Vorbereitungen zur Herausgabe seiner Manuskripte (z. B. *Ideen*, Bd. 2–3, und die Zeit-Vorlesungen ab 1905). Zunächst Arbeiten im Rahmen der Husserlschen Phänomenologie*. 1922 Übertritt zum Katholizismus.

Rudolf Steiner

Danach Bestreben, eine platonische*, thomistische* Philos. mit Teilen der nicht-idealistischen Husserlschen Phänomenologie sowie mit verschiedenen Philosophemen Reinachs, Pfänders, Schelers, Conrad-Martius' und Heideggers zu verbinden. Wegen ihrer jüdischen Herkunft wurde S. nach Auschwitz deportiert und dort 1942 ermordet.

Ausg.: Zum Problem der Einfühlung, 1917. Eine Untersuchung über den Staat, 1924. Thomas von Aquins Untersuchungen über die Wahrheit, 2 Bde., ²1952. Endliches und Ewiges Sein, 1950. Welt und Person, 1962. Gesammelte Werke, 5 Bde., 1950–59. – *Lit.:* A. Bejas: E.S. – von der Phänomenologie zur Mystik. Eine Biographie der Gnade, 1987. E. Endres: E.S. Christliche Philos. und jüd. Märtyrerin, 1987. C. Feldmann: Liebe, die das Leben kostet. E.S. Jüdin, Philos., Ordensfrau, 1987. A. Höfliger: Das Universalienproblem in E.S. Werk «Endliches und Ewiges Sein», 1968. B. Imhof: E.S. philos. Entwicklung, 1987. P. Schulz: E.S. Theorie der Person, 1994.

Steiner, Rudolf (1861–1925), philos. Schriftsteller aus Österreich; 1890–97 Mitarbeiter an der Weimarer Goethe-Ausgabe. 1891 philos. Dissertation in Rostock, 1894 (vergeblicher) Habilitationsversuch. 1902 Generalsekretär der Theosophischen* Gesellschaft, dt. Sektion. Nach dem Ausschluß aus dieser Vereinigung Gründung der Anthroposophischen* Gesellschaft (seit 1923: Allgemeine Anthroposophische Gesellschaft) mit Sitz in Dornach/Schweiz. 1919 Errichtung der ersten Waldorfschule (in Stuttgart). – Der Mensch besteht nach S. aus dem Geist* (als Inbegriff für Denken, Fühlen und Wollen), der Seele* (dem Triebhaften, Tierischen) und dem Leib. Nach dem Tod des Individuums vereinigt sich die Seele mit dem Geist; aber durch den Hang der Seele zum Physischen erhält sie erneut körperliche Gestalt (vgl. Reinkarnation). Dieser Wechsel setzt sich fort, bis die Seele ihren Hang überwunden hat. Die gewöhnliche menschliche Erkenntnis bleibt an die Sinneserfahrung gebunden, welche die Seele empfängt; aber durch bestimmte (meditative*) Übungen läßt sich die – intuitive* – Einsicht erlangen, daß es hinter dem Physischen eine höhere geistige Wirklichkeit gibt, die über Natur und Mensch waltet. In dieser Einsicht wird deutlich, daß der Geist sich durch Freiheit auszeichnet und daß der Mensch als geistig-erkennendes Wesen selbst frei ist.

Ausg.: Die Philos. der Freiheit, 1894. Goethes Weltanschauung, 1897. Theosophie, 1904. Die Rätsel der Philos., 1914. Mein Lebensgang, ²1949. Gesamtausg., 1957ff. – *Lit.:* F. Carlgren: R.S. und die Anthroposophie, 1982. W. Klingler: R.S. Menschenbild im Spannungsfeld zwischen Philos. und Okkultismus, 1986. C. Rudolph: Waldorf-Erziehung – Wege zur Versteinerung, 1987. G. Wehr: R.S. Wirklichkeit, Erkenntnis und Kulturimpuls, 1982.

Stevenson, Charles Leslie (1908–78), amerik. Philos., Prof. an der Michigan University. Sein Hauptwerk *Ethics and Language* (1944) stellt einen Höhepunkt der emotiven Werttheorie dar (vgl. Emotivismus). S. behauptet, daß die moralische Beurteilung von Äußerungen und Handlungen als gut oder richtig darin besteht, daß ein Sprecher mit seiner Äußerung seine persönliche Billigung oder Mißbilligung zum Ausdruck bringt und sich darum bemüht, dieselbe Haltung bei seinem Zuhörer hervorzurufen. Moralische Ausdrücke sind kraft ihres emotiven Sinns als Mittel zur Beeinflussung anderer besonders geeignet. Sogenannte moralische Argumentation ist nach S. bloßer Deckmantel für einen mit Hilfe emotiver Worte und anderer Mittel geführten Überredungsversuch. – S. auch persuasive Definition*.

Ausg.: Facts and Values, 1963. Seven Theories of Human Nature, 1974. The Metaphysics of Experience, 1982.

Stirner, Max (Pseudonym für Johann Caspar Schmidt; 1806–56), dt. Theologe und Philos.; Studium in Berlin 1826–28 u. a. bei Marheineke, Hegel und Schleiermacher, danach in Erlangen und Königsberg. Lebte als Lehrer und Journalist in Berlin. – S. ist vom Linkshegelianismus beeinflußt, besonders von Feuerbach und B. Bauer; er wirft ihnen jedoch vor, die Konsequenzen, die aus dem Bruch mit dem hegelianischen* spekulativen* Idealismus* folgten, seien nicht radikal genug gezogen worden. Im Hauptwerk *Der Einzige und sein Eigentum* (1845) betrachtet S. die Philos. im Lichte einer von Hegel geprägten Geschichtskonstruktion, die aber zu einem Hegel entgegengesetzten Ergebnis führt. Die Antike identifizierte die Welt mit der wahrnehmbaren, natürlichen Welt der Dinge und sah im Geist* nur ein Mittel, um die Dinge zu beherrschen. Mit dem Christentum entstand zwischen Welt und Geist eine scharfe Trennung; dabei galt allein der Geist als Wahrheit* und die Welt als ein Nichts. Diese Aufspaltung der Wirklichkeit (Dualismus*) prägt auch das neuere Denken. Wenn Luther die Welt durch den Glauben an den geistigen Gott zu heiligen sucht, wenn die Erkenntnis der Welt bei Descartes mit allgemeinen Vernunftwahrheiten begründet wird oder bei Hegel mit der spekulativen Vernunft* der Weltgeschichte, dann haben Luther, Descartes und Hegel aller Unterschiede zum Trotz dieses gemeinsam: Sie sehen vom individuellen, natürlichen, sinnlichen Menschen ab. Auch Feuerbach in seiner Kritik am Hegelianismus und orthodoxen Christentum geht nach S. nicht weit genug. In *Das Wesen des Christentums* (1841) macht Feuerbach geltend, daß der jenseitige (transzendente*) Gott in Wirklichkeit nur eine mythische* Vorstellung vom Wesen* der menschlichen Gattung sei; das Wesen des Menschen wird nun selbst zum Inhalt des Gottesbegriffs erhoben. Damit spaltet Feuerbach jedoch den Einzelmenschen auf in ein wesentliches und ein unwesentliches Ich*. Im Gegensatz dazu behauptet S., das einzig Existierende sei das individuelle Ich, das alles zu seinem Eigentum umschaffen will. Daraus folgt für die Ethik: Jedes Ich handelt nur um seiner selbst willen. Es herrscht der Egoismus, der Kampf aller gegen alle. Weder Gesetz, Staat oder sonstige Institutionen noch die Liebe zu anderen können das Ich binden. Die erkenntnistheoretische Konsequenz dieser Auffassung ist: Allgemeinbegriffe (Universalien*) sind bloße Sammelbezeichnungen (vgl. Nominalismus), und das Ich braucht sich keiner Wahrheit zu verpflichten (auch nicht derjenigen der Philos. S.). Nicht Geist* oder Mensch, sondern vielmehr mein individuelles Ich macht die grundlegende Wirklichkeit aus. – S. radikaler Individualismus wirkte prägend auf den Anarchismus*.

Ausg.: Geschichte der Reaktion, 2 Bde., 1852. Kleinere Schriften, 1898. Das unwahre Prinzip unserer Erziehung, ²1927. – *Lit.:* H. G. Helms: Die Ideologie der anonymen Gesellschaft. M. S. «Einziger» und der Fortschritt des demokratischen Selbstbewußtseins vom Vormärz bis zur Bundesrepublik, 1966. J. H. Mackay: M. S. Sein Leben und Werk, 1898. D. McLellan: Die Junghegelianer und Karl Marx, 1974. U. Simon: Zur Kritik der Philos. M. S., 1982.

Stoa, Schule (Bewegung) der griech.-röm. Philos. von ca. 300 v. Chr. bis ca. 200 n. Chr. Benannt nach ihrem ursprünglichen Versammlungsort, einer

Säulenhalle (griech. *stoa*) in Athen. Man unterscheidet in der Entwicklung der Schule drei Perioden: Die ältere Stoa (300–150 v. Chr.) wurde durch Zenon von Kition gegründet; zusammen mit Kleanthes und Chrysippos legte er das systematische Fundament. Die röm. mittlere Stoa (150–50 v. Chr.) mit Panaitios und Poseidonios entwickelte das Gedankengut der älteren S. in selbständiger Weise weiter. Ab ca. 100 v. Chr. wurde die Schule jedoch zunehmend eklektisch*, indem sie die eigene Tradition mit dem Aristotelismus* und Platonismus* vermengte. In der jüngeren Stoa (50 v. Chr.–200 n. Chr.), repräsentiert durch Seneca, Marcus Aurelius und Epiktet, traten die ursprünglich dominierenden logischen, metaphysischen und kosmologischen* Fragestellungen in den Hintergrund. Statt dessen konzentrierte sich das Interesse auf Moral und Psychologie. Von Anfang an versteht sich die S. als systematische Philos.; sie gliedert sich in Logik, Physik und Ethik. Die Logik gibt Regeln zur Beurteilung des Wahrheitswerts* von Behauptungen. Die Physik, die aus der Anwendung dieser Regeln entsteht, beschreibt und erklärt die Struktur der Welt (griech. *kosmos*); die Ethik schließlich zeigt auf, wie der Mensch in Übereinstimmung mit dem Kosmos leben kann.

In ihrer Logik unterscheiden die Stoiker zwischen Zeichen oder Laut, Sinn oder Inhalt (griech. *lekton*) und der Referenz*, dem äußeren Objekt. So wird etwa inhaltlich differenziert zwischen Aussagen, die als solche wahr oder falsch sein können, und Fragen. Die stoische Philos. entwickelt daraus die Aussagenlogik (vgl. Logik) als axiomatisches* System. Aussagen (Urteile, Behauptungen) werden durch logische* Konstanten wie ‹entweder–oder›, ‹und› bzw. ‹wenn–dann› miteinander verbunden, und der Wahrheitswert dieser Verbindung wird als eine Funktion* der Wahrheitswerte der einzelnen Aussagen bestimmt. Die Stoiker beschäftigen sich u. a. auch mit dem Problem der materiellen Implikation*. Als Ergänzung zur deduktiven* Logik stellen sie verschiedene Wahrheitskriterien* auf, die der Entscheidungsfindung über Wahrheit und Falschheit einer Aussage dienen sollen. Durch Sinneseindrücke werden im Menschen Vorstellungen erzeugt; eine wahre Erkenntnis besteht in denjenigen Vorstellungen, denen der Intellekt zustimmt. Einige Vorstellungen sind der S. zufolge so klar, exakt und überzeugend, daß der Mensch ihnen seine Zustimmung gar nicht verweigern kann. Dieses Wahrheitskriterium wurde von seiten der akademischen Skeptiker (vgl. Platonismus) heftig kritisiert.

Die Physik der S. handelt vom Universum und seinen Prinzipien. Alles Wirkliche ist körperlich. Der Kosmos besteht aus einer vernünftigen Ordnung und bildet eine zusammenhängende dynamische Einheit. Die vier Elemente* – Erde, Wasser, Luft und Feuer – verändern sich ständig, und die kosmische Entwicklung mündet in einem Weltenbrand, worauf derselbe Prozeß von neuem beginnt – in einer ewigen* Wiederkunft der Dinge (vgl. Nietzsche).

Die Ethik erläutert, wie der Mensch sich selbst erhalten und behaupten kann in Übereinstimmung mit sich selbst, mit der Vernunft* und mit der Natur*, was für die S. gleichbedeutend ist. Der Weise lebt in einer solchen Harmonie. Als weise gilt demnach derjenige, der sich nicht von äußeren Umständen leiten läßt, sondern Herr seiner selbst ist, indem seine Vernunft alle Leidenschaften und Triebe – definiert als ‹Impuls *(phora)* der Seele zu etwas› – souverän beherrscht. Dies ist in der Gemütsruhe *(ataraxia*)* als der höchsten Glückseligkeit erreicht. Um zu diesem Zustand zu gelangen, bedarf es der Tugenden, u. a. der Tapferkeit, Gerechtigkeit und Mäßigung. Das Gute besteht also in dem, was zu einem Leben in Übereinstimmung mit sich selbst und der Natur gehört oder beiträgt. Alles übrige ist indifferent. Die Pflicht wird insofern erstmals zum zentralen Begriff der Ethik, als in der S. zwar die harmonische Persönlichkeit des Individuums Ziel der Lebensweise ist, dieses Ziel aber nur als in Gemeinschaft mit anderen erreichbares konzipiert wird. Aus diesem Grundgedanken entwickeln sich die sozialen Maximen, welche der S. bleibende Bedeutung geben – etwa die Maxime der Rücksichtnahme auf andere, aus welcher wiederum einige Stoiker die Forderung ableiten, daß jede Person so achten respektiert werden müsse, und zwar ungeachtet ihrer kulturellen und sozialen Stellung (vgl. die späteren Theorien der Menschenrechte).

Lit.: G. Abel: Stoizismus und frühe Neuzeit, 1978. K. Döring/Th. Ebert (Hg.): Dialektiker und Stoiker. Zur Logik der S. und ihrer Vorläufer, 1993. M. Forschner: Die stoische Ethik, 1981, ²1995. M. Frede: Die stoische Logik, 1974. K. Hülser (Hg.): Die Fragmente zur Dialektik der Stoiker, 4 Bde., 1987/88. M. Pohlenz: Die S. Geschichte einer geistigen Bewegung, 2 Bde., ⁴1970/72. R. T. Schmidt: Die Grammatik der Stoiker, 1979.

stochastisch (von griech. *stochastikos*, zum Zielen geschickt, zum Vermuten geschickt, scharfsinnig, zufallsabhängig). 1. Zwei Ereignisse werden als s. unabhängig bezeichnet, sofern die Wahrscheinlichkeit dafür, daß beide eintreffen, mit dem Produkt der Wahrscheinlichkeiten gleich ist, daß jedes der beiden Ereignisse eintritt. 2. Von einer s. Variablen ist bei Funktionen* die Rede, deren Werte* zufällig sind.

Straton von Lampsakos (340–ca. 268 v. Chr.), griech. Philos., Nachfolger Theophrasts als Leiter der Peripatetischen* Schule (des Lykeion*) ca. 286 bis 268 v. Chr. Bildet die Lehre des Aristoteles zu einer pantheistischen* und materialistischen* Philos. um (von Bayle und später Hume als stratonischer Atheismus* bezeichnet). Das Göttliche ist die Natur selbst. Diese funktioniert nach rein physikalischen Gesetzen, d. h. sie besitzt weder ein Bewußtsein* noch einen sie selbst übersteigenden (transzendenten) Zweck.

Ausg.: Auswahl. In: W. Nestle (Hg.): Die Sokratiker, 1922. – *Lit.:* M. Gatzemeier: Die Naturphilos. des S. v. L., 1970.

Strauß, David Friedrich (1808–74), dt. Theologe und Philos. Wurde unter dem Einfluß der Romantik* und der Schleiermacherschen Glaubenslehre zum Anhänger der Hegelschen Religionsphilos. Nach Hegel stimmen Religion und Philos. dem Inhalt nach überein, unterscheiden sich aber in der Form: Während die Religion bildliche Vorstellungen verwendet, ist die Erkenntnisform der Philos. das begriffliche Denken. Hegels Lehre führt jedoch dort zu Auslegungsproblemen, wo bildliche Vorstellung und Denken in Konflikt geraten; das ist z. B. beim zentralen Dogma* des Christentums der Fall, Gott sei in Jesus (und nirgends sonst) Mensch geworden. In seinem Werk über *Das Leben Jesu* (1835/36) behauptet S., daß das Göttliche (die unendliche Idee*) mit der menschlichen Natur eins werden muß, darin sind sich Christentum und Philos. einig; daß sich diese Einheit aber in nur einem Menschen verwirklicht haben soll, widerstreitet aller Vernunft. Solche Vorstellung ist bloßer Mythos. Vielmehr erfolgt die Menschwerdung Gottes in der ganzen menschlichen Gattung und ihrer Geschichte, nicht in einem einzigen Exemplar dieser Gattung. Alle Eigenschaften, welche die Kirche Christus beimißt, gehören also in Wirklichkeit zur Menschheit als ganzer. Gott ist keine ferne (transzendente) Macht, welche die scharfe Trennung zwischen sich und dem Menschen ein einziges Mal aufgehoben hat. Gott ist vielmehr die Grundlage der Existenz von Welt und Mensch, aber er kann allein durch die Menschheit Selbstbewußtsein* und Persönlichkeit gewinnen. Und dies geschieht in der Religion in nur unvollkommener Weise. Erst die Philos. bringt einen angemessenen Ausdruck hervor, insofern sie die ‹absolute› Immanenz* Gottes lehrt, d. h. seine innere Einheit mit Welt und Mensch.

Ausg.: Werke, 5 Bde., 1895. Briefwechsel mit F. T. Vischer 1836–51, 1952/53. – *Lit.:* K. Barth: D. F. S. als Theologe 1839–1939, 1939. K. Löwith: Von Hegel zu Nietzsche, 1941. G. Müller: Identität und Immanenz. Zur Genese der Theologie D. F. S., 1968. F. Nietzsche: D. F. S., der Bekenner und Schriftsteller, 1873. J. F. Sandberger: D. F. S. als theologischer Hegelianer, 1972. P. Schrembs: D. F. S. Der «alte und der neue Glaube» in der zeitgenössischen Kritik, 1987.

Strawson, Peter Frederick (geb. 1919), engl. Philos., seit 1968 Prof. in Oxford. Führende Gestalt der von Austin und dem späteren Wittgenstein ausgehenden analytischen Philos. des Sprachgebrauchs. S. früher Aufsatz «On Referring» (1950) fand mit seiner Kritik an Russells Theorie bestimmter Beschreibungen* viel Beachtung. S. behauptet dort, daß die Probleme, die Russells Theorie zugrunde liegen, sich vollständig auflösen, wenn die semantische* Satzanalyse im Licht des Sprachgebrauchs (Sprechakte*) vorgenommen wird, d. h. zwischen Sätzen (abstrakten Größen im Sprachsystem) und Behauptungen (Größen im Sprachgebrauch, nämlich Sprechakte, die durch den Gebrauch von Sätzen ausgeführt werden) unterschieden wird. *Introduction to Logical Theory* (1952) behandelt das Verhältnis zwischen den formalen logisch-semantischen Systemen und dem allgemeinen Sprachgebrauch, wobei S. zu zeigen versucht, daß der Abstand zwischen alltäglichem Sprachgebrauch und formalisiertem Sprachsystem größer ist als gemeinhin angenommen. In *Individuals* (1959), einer der ersten an fundamentalphilos. Problemen systematisch ansetzenden Arbeit innerhalb der Philos. der normalen Sprache, untersucht S. traditionelle metaphysische, insbesondere bewußtseinsphilos. Probleme. Er entwickelt eine Theorie der Identifikation individueller Dinge* mittels Sprache. Seine zentrale These* lautet, daß der Begriff ‹materieller Körper› für die Definition von Einzeldingen grundlegend sei. Diese Körper stellen nach S. das einheitliche System der wahrnehmbaren, raum-zeitlich sich ausdehnenden Größen dar, die Bedingung* der Möglichkeit dafür sind, die einzelnen Typen von Einzeldingen zu benennen und zu identifizieren. S. erörtert insbesondere die Bedingungen des sinnvollen Redens von Bewußtseinsphänomenen und kommt zu dem Ergebnis, daß man von Bewußtsein nur reden kann, wenn man einen noch grundlegenderen Begriff voraussetzt, nämlich den der Person. Personen sind zwar Einzeldinge, zugleich aber Subjekte*, denen sowohl Bewußtseinszustände als auch körperliche Zustände eigen sind. Nach S. Theorie muß der Personbegriff als einfacher* Begriff anerkannt werden. Er kann nicht – wie z. B. Descartes es versuchte – mit Hilfe der Begriffe Bewußtsein und materialer Körper erklärt werden, sondern ist vielmehr selbst Grundlage für die Erklärung des Begriffs Bewußtsein*. – Zur späteren Arbeit S. gehören Abhandlungen zu logisch-semantischen Themen, zur Handlungstheorie sowie zum tranzendentalanalytischen Rekonstruktionsversuch der theoretischen Philos. Kants.

Ausg.: Einzelding und logisches Subjekt, 1972. Die Grenzen des Sinns. Ein Kommentar zu Kants «Kritik der reinen Vernunft», 1981. Skeptizismus und Naturalismus, 1987. Analyse und Metaphysik, 1993. – *Lit.:* H. Wiesendanger: S. Ontologie. Eine Kritik, 1984.

Struktur (lat. *structura*, abgeleitet von *struere*, bauen, aufbauen, ordnen), (innerer) Aufbau, systematische Anordnung der Einzelteile im Aufbau des Ganzen. 1. Der Zusammenhang zwischen Teilen, die ein Ganzes bilden; die Weise, in der die verschiedenen Teile eines Ganzen im Verhältnis zueinander geordnet sind. S. kann auch das geordnete Ganze bedeuten (vgl. System). 2. Speziell der Zusammenhang zwischen Elementen, die untereinander nach bestimmten Gesetzen, Regeln oder Prinzipien verbunden sind. S. sind dann die durch Gesetze oder Regeln bestimmten Relationen zwischen den Elementen. 3. In der strukturalen Linguistik (Strukturalismus*) bezeichnet S. sowohl den inneren, ordnenden Zusammenhang zwischen den Elementen in einem Zeichensystem als auch dieses System* selbst als ein geordnetes Ganzes. Die abstrakten Lautelemente (Phoneme) in einem Sprachsystem z. B. bedingen sich insofern, als sie erst durch ihr Verhältnis zueinander – oder genauer durch ihre Verschiedenheit voneinander – gebildet und erkannt bzw. wahrnehmbar werden. Sie sind nur, was sie sind, in dieser Ganzheit. S. bezeichnet in diesem Sinn eine selbständige Ganzheit innerer Abhängigkeitsverhältnisse. Eine solche Ganzheit (z. B. eines Sprachsystems) ermöglicht eine systemimmanente Analyse ohne Einbezug externer (äußerer) Faktoren. 4. Besonders in den Geisteswissenschaften kann S. die Einheit komplexer Phänomene bedeuten, genauer ihren Bedeutungszusammenhang; die einzelnen Phänomene erhalten ihren vollen Sinn erst im Hinblick auf die Ganzheit, deren Teil sie sind (z. B. die S. einer Dichtung). S. bezeichnet hier den Bedeutungszusammenhang zwischen Teilen, die vom Ganzen bestimmt sind. 5. In der Philos. kann S. die allgemeinen Züge eines Phänomens* bezeichnen, die das Phänomen als solches kennzeichnen. S. kann auch die Gesamtheit dieser Eigenschaften bedeuten.

Lit.: R. Carnap: Der logische Aufbau der Welt. Scheinprobleme der Philos., ²1961. F. Kambartel: Erfahrung und S., 1968. N. A. Luyten: S. und Ereignis, 1982. H. Naumann (Hg.): Der moderne S.-Begriff, 1973. H. Rombach: S.-Ontologie, 1971.

Strukturalismus. 1. Eine Theorie oder Methode, die Strukturen* zum Untersuchungsgegenstand hat; eine strukturelle Betrachtungsweise. 2. Eine Betrachtungsweise, die in der Sprachwissenschaft seit Saussure entwickelt worden ist. Die strukturelle Linguistik untersucht die Sprache als ein System* von Zeichen*, die durch die zwischen ihnen bestehenden Differenzen und Abhängigkeiten bestimmt sind. Sie hebt den Charakter des Sprachzeichens als Unterscheidungsmerkmal hervor: Das einzelne Zeichen ist nichts in sich selbst, sondern wird erst durch die Unterschiede zu anderen Zeichen der Sprache gebildet. Die Sprache stellt in dieser Weise ein durch Differenzen zusammenhängendes Ganzes dar. Saussure gebrauchte hierfür die Bezeichnung System. Nach ihm beginnt die sog. Prager Schule (N. S. Trubetzkoy, Roman Jakobson) von der ‹Struktur eines Systems› zu sprechen, wobei ‹Struktur› den Charakter der Sprache als System hervorheben soll. Struktur meint ‹Ordnungszusammenhang zwischen den Elementen der Sprache›. Schließlich wird die Bezeichnung ‹strukturell› für die Methode selbst verwendet. Im Gegensatz zu Richtungen, die die Elemente der Sprache je für sich untersuchen, geht es dem S. um die Beziehungen zwischen den Elementen. Weiter unterscheidet sich der S. von genetischen Betrachtungsweisen, die die Sprache von ihrer Entwicklungsgeschichte her verfolgen. – Nach Saussure wurde die strukturelle Linguistik vor allem von der Prager Schule und der sogenannten Kopenhagener Schule um L. Hjelmslev weiterentwickelt. Während Hjelmslev an den Unterscheidungen Saussures im wesentlichen festhält (besonders die von Sprachsystem, *langue*, und Sprachgebrauch, *parole*), will Roman Jakobson sie überwinden, um zu einem Ganzheitskriterium der Sprache zu gelangen. 3. Die Übertragung bzw. Anwendung von strukturellen Betrachtungsweisen auf Bereiche wie die Ethnologie, z. B. auf verwandtschaftliche Beziehungen und Mythen (Lévi-Strauss), auf die Psychoanalyse (Lacan), auf Literatur und Ideologie (Barthes). Seit den 1950er Jahren gibt es eine Tendenz in den Sozial- und Humanwissenschaften, die von der Idee einer allgemeinen Wissenschaft der Zeichensysteme (Semiologie*) ausgeht und die strukturelle Linguistik als Modell benutzt. 4. Eine Lehre, die philos. Konsequenzen aus der strukturellen Betrachtungsweise zu ziehen sucht. Dieser philos. S. hebt den unbewußten Charakter der Dimension hervor, welche die Strukturanalyse aufdeckt. Er behauptet, daß das eigentlich Wirkliche oder Wirkende anderswo als auf der ‹subjektiven›, bewußten Ebene, der Erfahrung oder der Erlebniswelt des Subjekts anzusiedeln ist. Diese subjektive Ebene sei vielmehr durch unbewußt wirkende Strukturen bestimmt. Dieser philos. S. (Lévi-Strauss, Foucault, Althusser) fand in den 60er Jahren großes Interesse in Frankreich. Er kann als Reaktion auf den Existentialismus* bzw. die phänomenologisch*-dialektische* Tradition, die die franz. Philos. seit dem Krieg bestimmt hatte, verstanden werden. Der philos. S. wendet sich gegen diese Richtung, welche er als Subjektphilos. und ‹Humanismus*› verabschieden will.

Lit.: R. Barthes: Mythen des Alltags, 1964. J. Derrida: Die Schrift und die Differenz, 1972. U. Eco: Einführung in die Semiotik, 1972. M. Foucault: Die Ordnung der Dinge, 1971. M. Frank: Was ist Neostrukturalismus, 1983. L. Hjelmslev: Die strukturelle Linguistik. In: Ders.: Aufsätze zur Sprachwissenschaft, 1974. R. Jakobson: Aufsätze zur Linguistik und Poetik, 1979. J. Lacan: Die vier Grundbegriffe der Psychoanalyse, 1978. H. Lang: Die Sprache und das Unbewußte, 1973. C. Lévi-Strauss: Strukturale Anthropologie, 1967. Ders.: Mythologica, 5 Bde., 1971/75. J. Piaget: Der S., 1973. P. Ricœur: Hermeneutik und S., 1973. F. de Saussure: Grundfragen der allgemeinen Sprachwissenschaft, ²1967. G. Schiwy: Der franz. S., 1969. N. S. Trubetzkoy: Grundzüge der Phonologie, 1939.

Stumpf, Carl (1848–1936), dt. Philos. und Psychologe. S. hebt, beeinflußt von F. Brentano, Natur- und Geisteswissenschaft voneinander ab und führt ihren Unterschied auf die Verschiedenheit von «sinnlichen Erscheinungen» und «psychischen Funktionen» zurück. Die Psychologie ist für die Erkenntnistheorie unentbehrlich, auch wenn sie nicht deren Grundlage ausmacht. Wahrheit* wird als das Evidente* bestimmt, da das wirklich Gegebene* nach S. in erster Linie aus unserem eigenen Seelenleben besteht und erst in zweiter Linie aus den äußeren Dingen, deren Einwirkung auf unsere Psyche wir beobachten. Eine Wissenschaft der äußeren Dinge, die das Physische als «sinnliche Erscheinung» untersucht, nennt S. (ab 1905) Phänomenologie*. Diese steht zwischen Pychologie und traditioneller Physik.

Ausg.: Tonpsychologie, 2 Bde., 1883–90. Erscheinungen und Funktionen, 1907. Zur Einteilung der Wissenschaften, 1907. Erkenntnislehre, 2 Bde., 1939/40. – *Lit.:* N. Hartmann: Gedächtnisrede auf C. S., 1937.

Suárez, Francisco (1548–1617), span. Jesuit, als Philos. steht er in der scholastischen* Tradition. S. war Lehrer für Philos. und Theologie an verschiedenen Universitäten, Interpret und Kommentator der aristotelischen Philos. S. *Metaphysische Disputationen* gelten als wichtige Quelle für die Kenntnis der scholastischen Philos.

Ausg.: Gesamtausgabe, 1630. Disputationes metaphysicae, 2 Bde., 1597 (ND 1965). Über die Individualität und das Individuationsprinzip, dt.-lat., 2 Bde., 1976. – *Lit.:* E. Conze: Der Begriff der Metaphysik bei F. S., 1928. S. C. Cubells: Die Anthropologie des S., 1962. H. Siegfried: Wahrheit und Metaphysik bei S., 1967. J. Soder: F. S. und das Völkerrecht, 1973.

Subjekt/Objekt (engl. *subject/object*; franz. *sujet/objet*; griech. *hypokeimenon/antikeimenon*; lat. *subjectum/objectum*). 1. In der spätantiken und scholastischen* Philos. wird das lat. Wort *subjectum* (das ‹Darunterliegende›) als Übersetzung des griech. Wortes *hypokeimenon* verwendet, das den zugrundeliegenden Träger aller Eigenschaften*, Veränderungen oder Zustände bezeichnet. Ein *subjectum* ist nach diesem älteren Sprachgebrauch dasselbe wie ein Substrat oder eine Substanz* (z. B. ein Busch, der Träger der Eigenschaften grün, ca. 75 cm hoch, blühend usw. ist). So spricht man in der klassischen Logik von dem S. in einem Urteil, das Träger der Prädikate* ist. Das Gegenstück zu einem S. (z. B. ein Stein, ein Kaninchen, ein Mensch), von welchem im Urteil etwas ausgesagt wird, ist ein *objectum*

(z. B. die Vorstellung eines Steins, der Gedanke an ein Kaninchen bzw. an einen Menschen). Während ein *subjectum* unabhängig von mir existiert, ist ein *objectum* etwas nur Vorgestelltes, Gedachtes. 2. Von dieser scholastischen Terminologie her kann die Seele* oder das Bewußtsein* als Träger von Bewußtseinszuständen* verstanden werden. Diese speziellere Bedeutung des Wortes *subjectum* setzt sich im 17. Jh. allmählich durch. S. ist nach diesem modernen Sprachgebrauch die Bezeichnung für die Einheit des Bewußtseins, d. h. das allem Gefühl*, aller Wahrnehmung*, allem Denken (Verstand* und Vernunft*) und dem Willen* Zugrundeliegende. Das Wort S. wird hiernach meist synonym mit Worten wie ‹das Ich*› oder ‹das Selbst› gebraucht. Ende des 18. Jh. ändert auch das Wort *objectum* seine Bedeutung, indem es nun den Gegenstand bezeichnet, dem das S. gegenübersteht (lat. *objectum*, von *obicere*, entgegenwerfen, gegenüberstellen). 3. Im 19. Jh. verfestigt sich diese moderne Verwendung der Worte S. und O. zu philos. Termini. Der Unterschied zwischen S. und O. oder zwischen dem Subjektiven und dem Objektiven wird mit dem Unterschied zwischen dem Bewußtsein und dem Gegenstand identifiziert. Der Tendenz nach läßt sich also sagen, daß die Worte S. und O. die genau entgegengesetzte Bedeutung erhalten haben zu der im scholastischen Sprachgebrauch üblichen. Aufgrund dieses Bedeutungswandels fallen beide Begriffe nun in einen Problembereich (z. B. in der S.theorie), in dem erkenntnistheoretische* und ontologische* Fragestellungen miteinander verwoben sind. Als wichtigste sind hier zu nennen: Wie sind S. und O. näher bestimmt? Welches Verhältnis besteht zwischen S. und O.? Wie gelangt das S. zum O. bzw. wie erlangt die Erkenntnis des S. objektive Gültigkeit?

Lit.: R. Bubner/K. Cramer/R. Wiehl: S. und Person, 1988. J. G. Fichte: Grundlage der gesamten Wissenschaftslehre, 1794. M. Frank u. a. (Hg.): Die Frage nach dem S., 1988. G. W. F. Hegel: Wissenschaft der Logik, 1812/16, III. Buch. Ders.: Enzyklopädie der philos. Wissenschaften, 1817, Teil III. I. Kant: Kritik der reinen Vernunft. H. Nagl (Hg.): Tod des S.?, 1987. W. Schulz: Ich und Welt, 1979. P. F. Strawson: Einzelding und logisches S., 1972.

subjektiv (zur Etymologie siehe Subjekt/Objekt). 1. Das Subjekt betreffend, bezeichnet die Erkenntnis der eigenen Bewußtseinszustände*, insoweit ich diese durch Introspektion* erkenne im Gegensatz zur objektiven Erkenntnis eines Gegenstands. 2. Bezeichnung für etwas, was zu einem Subjekt*, insbesondere seinen Bewußtseinszuständen gehört. 3. Bezeichnung für etwas, das nur für das Subjekt gilt, d. h. keine objektive allgemeine Gültigkeit hat. 4. Umgangssprachlich das Private*, Sache des Ermessens oder der Willkür*.

Subjektivismus (oder subjektivistischer Standpunkt bzw. subjektivistische Theorie). 1. Bezeichnung für die erkenntnistheoretische* Behauptung, daß die Erkenntnis von den eigenen Bewußtseinszuständen des Subjekts auszugehen habe (vgl. z. B. Descartes und Hume). Im Gegensatz zum S. behauptet der Objektivismus, daß die Erkenntnis von den zu erkennenden Objekten auszugehen habe, seien diese physische Gegenstände oder sprachliche Ausdrücke. 2. Dasselbe wie Relativismus*. 3. S. in bezug auf gewisse Arten des Urteils, z. B. über kausale* Notwendigkeit (etwa bei Hume) oder moralische Urteile (vgl. Kognitivismus/Nonkognitivismus), bedeutet, daß Behauptungen, die scheinbar von bewußtseinsunabhängigen Tatbeständen handeln, lediglich Gefühle oder Haltungen des Subjekts zum Ausdruck bringen.

subkonträr (lat. *sub*, unter, und *contrarius*, entgegen, widersprechend). In der klassischen Logik* gelten I-Urteile und O-Urteile mit gleichem Subjekt und gleichem Prädikat als s. Beispiele: ‹Einige Deutsche sind Logiker› (I) und ‹Einige Deutsche sind nicht Logiker› (O). Wenn der Subjektbegriff nicht leer ist, kann von der Falschheit des einen Urteils auf die Richtigkeit des anderen geschlossen werden; denn s. Urteile können zwar beide zugleich wahr, aber nicht beide zugleich falsch sein.

Subsistenz (von lat. *subsistere*, stillstehen, aufhören, verharren), das zeitlose, selbständige Sein der Substanz*. Als subsistent wird bezeichnet, was wie eine Substanz selbständig existiert, durch sich selbst besteht.

Substanz (von lat. *substantia*, das Zugrundeliegende, Selbständige; Übersetzung des griech. *hypostasis*, Grundlage. Platon und Aristoteles sprechen von *hypokeimenon*, Unterlage, das Zugrundeliegende; außerdem verwendet Aristoteles das Wort *ousia*, ursprünglich Eigentum, Besitz), Ding, das Zugrundeliegende, Selbständige.

Ausführlich wird das Problem der S. bei Aristoteles erörtert. Er unterscheidet zunächst zwischen primärer und sekundärer S. Bei der primären S. handelt es sich um das konkrete individuelle Ding (z. B. dieser Mensch hier), bei der sekundären S. um eine Art (z. B. Mensch) oder eine Gattung (z. B. Lebewesen). Eine primäre S. vermag durch sich selbst zu existieren, unabhängig von allen anderen. Dies unterscheidet sie von Eigenschaften und Relationen*, die als Eigenschaften nur an oder als Relationen nur zwischen primären S. existieren können. Die sekundäre S. ist eine Essenz (ein Wesen*), d. h. ein Kernbestand wesentlicher Eigenschaften; dabei stellt die Art in höherem Maß eine S. dar als die Gattung (oder Klasse), weil sie den konkreten Einzeldingen näher steht. Nach Aristoteles zeichnet sich eine S. vor allem dadurch aus, daß sie (unwesentliche) entgegengesetzte Eigenschaften (Akzidentien*) annehmen kann und doch immer ein und dieselbe bleibt. Die S. bildet also das Dauerhafte oder Zugrundeliegende in aller Veränderung. Schließlich fungiert sie als logisches Subjekt*; die S. (oder das Substrat) ist das, «von dem das übrige ausgesagt wird, während es selbst von keinem anderen ausgesagt wird».

Um die primären und sekundären S. ins Verhältnis zu setzen, behauptet Aristoteles, die eigentliche S. (griech. *ousia prote*) sei das konkrete, individuelle Ding. Es besteht aus Materie und Form*. Durch die Materie lassen sich die verschiedenen Individuen derselben Art unterscheiden (vgl. Individuationsprinzip), während etwas durch die Form erst zu einem Ding wird, das man als solches erkennen kann. Mit dieser Differenz verbindet Aristoteles im Rahmen des S.-Begriffs auch die Differenz von Möglichem und Wirklichem: Der Stoff oder die Materie ist das Mögliche, die Form das Wirkliche (vgl. *dynamis/energeia*). Aufgrund ihrer Natur* besitzen die Dinge bestimmte Möglichkeiten, d. h. bestimmte Eigenschaften, die entfaltet (verwirklicht) werden können und sollen.

Aristoteles' Behandlung des S.-Problems wurde für den Großteil der späteren Diskussion richtungweisend. In der aristotelischen Tradition bestimmt z. B. Descartes die S. als etwas, das existiert und zu seiner Existenz nichts anderes benötigt. In diesem Sinn ist Gott* die einzige S. Allerdings begreift Descartes auch das materielle Ding und die Seele (als Träger von Bewußtseinszuständen) als S., weil sie als Geschaffene für ihre Existenz nur Gott benötigen. Mit dieser scharfen Trennung von Materiellem und Seelischem vertritt Descartes – anders als Aristoteles – einen radikalen Dualismus*. Im weiteren differenziert er zwischen wesentlicher und zufälliger Eigenschaft, Attribut* (Essenz) und Modus* (Akzidens). Seiner Meinung nach kann man ein Attribut nicht bestimmen, ohne es zugleich einer S. zuzuschreiben. Wenn es ein Attribut gibt, muß es auch eine S. geben, der es angehört (vgl. das Argument des *cogito**, bei dem vom Denken auf einen Denkenden als Träger des Denkens geschlossen wird). Umgekehrt läßt sich eine S. nicht ohne ihre Eigenschaften auffassen, weil die Unterscheidung von

S. und Attribut eine Distinktion der Vernunft ist. Die wesentliche Eigenschaft der Seele liegt im Denken (d. h. im Bewußtsein). Ich kann mir nicht vorstellen, daß ich nicht denke, während ich mir sehr gut vorstellen kann, keinen Körper zu haben. Die wesentliche Eigenschaft oder das Attribut der materiellen Dinge liegt in der Ausdehnung; denn um sie als materielle Dinge überhaupt identifizieren zu können, ist Ausdehnung notwendig.

Descartes' Auffassung der S. wird von Spinoza noch radikalisiert. Er definiert die S. als das, «was in sich ist und durch sich begriffen wird», und das Attribut als das, was für den Verstand die Wesensbeschaffenheit der S. ausmacht. Es gibt nur eine S., und Spinoza nennt sie Gott oder Natur (lat. *deus sive natura*). Existierten mehrere S., müßte es für diese Vielheit auch eine Erklärung geben; das würde bedeuten, daß sich die S. als Wirkungen von Ursachen erklären ließen. Da eine S. jedoch als das bestimmt ist, was aus sich selbst verstehbar ist, muß sie ihre eigene Ursache sein. Deshalb sind mehrere S. nach Spinoza eine Unmöglichkeit. Die S. oder die Natur bildet ein aus sich selbst zu verstehendes und zu erklärendes vernünftiges Ganzes.

Für Leibniz dagegen gibt es unendlich viele S., Monaden* genannt. Bei ihnen handelt es sich um nicht-ausgedehnte, unteilbare, unvergängliche und geschaffene Entitäten, die die Fähigkeit zu wirken besitzen. Sie fungieren als logische Subjekte; und weil nach Leibniz das Prädikat in einem wahren bejahenden Satz immer im Subjekt enthalten ist, umfaßt jede einzelne S. alles, was sich mit ihr jemals ereignen kann. D. h. die S. ist von allem anderen unabhängig.

Die empiristischen* Philos. Locke, Berkeley und Hume kritisieren die traditionellen S.-Begriffe auf verschiedene Art und Weise. Für Locke zeigt unsere Erfahrung, daß bestimmte Eigenschaften regelmäßig zusammen auftreten. Um auf die Summe dieser Eigenschaften zu referieren*, benutzen wir sprachliche Ausdrücke (Wörter), wobei wir annehmen, daß es Dinge gibt, die ihnen entsprechen. Wir schließen auf die Existenz von etwas Zugrundeliegendem, das die jeweiligen Eigenschaften trägt und zusammenhält. Und dieses Unbekannte nennen wir S. – Daß sich eine S. in diesem Sinn findet, also etwas, das bei aller Veränderung konstant bleibt, lehnt Berkeley strikt ab. Von einer solchen Größe kann der Mensch keine Erfahrung besitzen, und deshalb ist die S. ein Unding.

Für Kant wiederum existieren S. sehr wohl. Die einzelnen Sinneseindrücke sind nicht nur in einer zeitlichen Sukzession (einem Nacheinander) gegeben. Durch den Verstand* erhält die Erfahrung vielmehr etwas Dauerhaftes, «Bleibendes und Beharrendes» in der Sukzession. Die bewußtseinsmäßige Erscheinungswelt ist also notwendigerweise in bleibende Dinge eingeteilt. Ob diese Einteilung einer Struktur der bewußtseinsunabhängigen Welt (dem Ding an* sich) entspricht, bleibt aber für Kant – im Gegensatz zur Tradition bis Locke – eine offene Frage.

In der modernen analytischen* Philos. wird der Begriff der S. weitgehend vermieden. Statt dessen besteht die Tendenz, alle singulären Terme, d. h. Ausdrücke, die auf Unikate* referieren, zu eliminieren; sie sollen durch Quantoren*, gebundene Variablen* und rein prädikative Terme ersetzt werden (vgl. Quine, Goodman, Ayer). Diese Tendenz entspricht ganz der empiristischen Tradition, der zufolge ein individuelles Ding nur eine Summe (ein Bündel) von Eigenschaften ist. Strawson wendet allerdings ein, daß sich der Gebrauch von Quantoren nicht verstehen läßt, ohne ein Verständnis des Gebrauchs bestimmter Subjektausdrücke schon vorauszusetzen. Deshalb können Sätze über individuelle Dinge nicht auf Sätze über Eigenschaften reduziert werden. Zum Teil im Anschluß an Strawson versucht D. Wiggins, die aristotelische Lehre von den sekundären S. (Essenzen) durch

	Individuum (Einzelnes)			Wesentliche (notwendige) Eigenschaften des Individuums	Nicht wesentliche (nicht notwendige) Eigenschaften des Individuums
	Gott	Konkretes (materielles) Ding	Seele		
Aristoteles	ousia	ousia		to ti en einai	symbebekos
Aristotelische Scholastik	prima substantia	prima substantia	prima substantia	secunda substantia, attributum, essentia	accidentia, modus
Descartes		substantia		attributum	modus
Spinoza	substantia			attributum	modus
Leibniz	Monade	Monade	Monade	–	–
Kant		Substanz		–	–
Wiggins	–	individual	–	sortal predicate	–

eine Theorie der sog. sortalen Prädikate zu modernisieren (s. Individuation/Individuationsprinzip).

Lit.: Aristoteles: Metaphysik. A. J. Ayer: Sprache, Wahrheit und Logik, 1970. R. Descartes: Prinzipien der Philos., Teil I. N. Goodman: Weisen der Welterzeugung, 1984. I. Kant: Kritik der reinen Vernunft. G. W. Leibniz: Monadologie. W. V. O. Quine: Wort und Gegenstand, 1980. B. Spinoza: Ethik, Teil I. P. F. Strawson: Einzelding und logisches Subjekt, 1972.

Substitution (lat. *sub*, unter, und *statuere*, setzen, stellen), Ersatz, Austausch, Einsetzen von etwas an die Stelle von etwas anderem. In der modernen Logik* bezeichnet S. die Operation, mit der bestimmte Symbole in all ihren Vorkommen in einer gegebenen Formel durch andere Symbole desselben logischen Typs ersetzt werden. Eine S.-Regel in einem logischen System ist eine Schlußfolgerung, die die Ausführung von S.-Schlüssen erlaubt. Unter S. identischer Größen versteht man das Austauschen eines Ausdrucks durch einen anderen, der dieselbe Extension* wie der erste hat. Nach diesem Prinzip kann man in einem gegebenen Kontext Ausdrücke durch andere Ausdrücke mit derselben Extension austauschen, ohne daß dies den Wahrheitswert des Kontexts* ändert. Dieses Prinzip gilt nur für die sog. extensionalen* Kontexte.

subsumieren/Subsumtion (lat., einbeziehen, einordnen). 1. Einen Begriff* einem anderen umfassenderen Begriff unterordnen, z. B. den Begriff ‹Apfel› unter den Begriff ‹Frucht›. 2. Ein Individuum in eine bestimmte Art einordnen (vgl. *genus/species*).

Summa, scholastische* Bezeichnung für eine Abhandlung, die systematisch einen Stoff zusammenfaßt, z. B. Wilhelm von Ockhams *S. totius logicae* oder Thomas von Aquins *S. theologica*.

superveniente Eigenschaften (engl. *supervenient characteristics*, von lat. *supervenire*, dazukommen), Qualitäten oder Eigenschaften, die von anderen Qualitäten oder Eigenschaften abhängen. Als s. E. werden im allgemeinen die Werte* betrachtet. Selbst wenn die Rückführung von Werten auf andere Eigenschaften als naturalistischer* Fehlschluß aufzufassen ist, gilt immer noch der Satz: ‹Wenn X und Y in allen Hinsichten qualitativ identisch sind, müssen X und Y auch denselben Wert besitzen›. Keine Einigkeit herrscht dagegen über die Frage, ob sekundäre Qualitäten* wie etwa ‹rot› s. E. zu den primären Qualitäten sind.

Supposition (von lat. *supponere*, an die Stelle oder darunter setzen), in der scholastischen* Logik Bezeichnung für die Weisen, in denen dasselbe Substantiv je nach Zusammenhang verschiedene Dinge meinen kann. Ein Wort hat materiale S., wo es für sich selbst steht, z. B. ‹Mensch› in: ‹‚Mensch' hat eine Silbe› oder: ‹‚Mensch' ist ein Substantiv›. Es hat formale (logische) S., wo es für das steht, was durch seinen Sinn* festgelegt ist, z. B. als Definition von ‹Mensch› in: ‹Der Mensch ist ein vernünftiges Tier›. In der hochentwickelten, aber auch sehr umstrittenen Lehre von der S. wurden bis zu zwölf verschiedene Formen von S. unterschieden.

Supranaturalismus (von lat. *supra*, oberhalb, über, und *natura*, Natur). 1. (Allgemein) die Behauptung einer übernatürlichen Wirklichkeit, also einer Realität jenseits der naturgegebenen Welt – zumeist mit dem Hinweis verbunden, daß diese transzendente* Wirklichkeit für die natürliche Vernunft des Menschen unzugänglich bleiben muß: S. als Gegensatz zum Naturalismus* und Rationalismus*. 2. (Speziell) die theologische Lehre, welche die Notwendigkeit der Offenbarung und die Autorität der Schrift *(Bibel)* hervorhebt. Zugleich faßt der S. – im Gegensatz zur natürlichen Religion (vgl. Deismus) – die Wirklichkeit der Offenbarung als eine Realität auf, die ‹über› der naturgegebenen Welt des Menschen liegt und von ihm getrennt ist.

Swedenborg, Emanuel (1688–1772), schwed. Schriftsteller, Naturforscher und Theosoph*. Studium der Physik und Mathematik, zahlreiche Auslandsreisen. Als Adliger Mitglied des schwed. Reichstags. 1729 Aufnahme in die Wissenschaftliche Gesellschaft in Uppsala, Briefwechsel u. a. mit Wolff. Ab 1743 wachsende Zweifel an der Möglichkeit, grundlegende Probleme mit Hilfe von Wissenschaft und rationaler* Philos. zu lösen. Der Mensch ist laut S. im wesentlichen ein Geist*, der unter anderen Geistern lebt. Diese anderen Geister (Engel oder Teufel) erfährt er trotz seiner Bindung an den Körper schon im jetzigen Leben. Welche Stellung der Mensch nach seinem Tod im Geisterreich einnehmen wird, hängt u. a. von seinem moralischen Verhalten ab. S. gilt innerhalb des Spiritismus als Autorität. Mit ihm setzte sich Kant kritisch auseinander (*Träume eines Geistersehers*, 1766).

Ausg.: Die Weisheit der Engel von der göttlichen Liebe und der göttlichen Weisheit, 1821. Die Erdkörper in unserem Sonnensystem, welche Planeten genannt werden und einige Erdkörper am Fixsternhimmel, sowie ihre Bewohner, Geister und Engel, 1875. – *Lit.:* H. Michael: E. S. in Deutschland, 1979.

Syllogismus (von griech. *syllogismos*, Zusammenzählung, Raisonnement), ein Argument mit zwei Prämissen und einer Schlußfolgerung. In einem kategorischen S. sind alle drei Aussagen kategorisch*, z. B.:

Alle Menschen sind fehlbar.
Alle Philos. sind Menschen.
Alle Philos. sind fehlbar.

In einem hypothetischen S. ist mindestens eine Prämisse ein zusammengesetztes Urteil des Typs ‹Wenn p, dann q›. In einem disjunktiven S. ist eine Prämisse ein zusammengesetztes Urteil des Typs ‹Entweder p oder q›. – Vgl. Logik, klassische.

Symbol (griech. *symbolon*, abgeleitet von *symballein*, zusammenwerfen, Kennzeichen, Zeichen). 1. In einem allgemeinen Sinn ein Zeichen*, das stellvertretend für etwas anderes steht. 2. Zeichen, für das gilt, daß die Bezugnahme auf ein Bezeichnetes nur innerhalb eines sozialen, kulturellen Zusammenhangs verständlich wird. S. sind dann sozial bedingte Zeichen und von Konventionen abhängig. Gemäß dem Strukturalismus* sind S.-Systeme die Bande, die die Institutionen zusammenhalten (z. B. S. und symbolische Handlungen in der Kirche). Meist hat das S. hier eine weitergehende Bedeutung (wodurch es sich u. a. von Verkehrszeichen und mathematischen S. unterscheidet, die konventionell sind im Sinn von zufällig gewählt und auswechselbar). 3. Zeichen, die eine übertragene, tiefere Bedeutung haben (vgl. Metapher); Zeichen, bei denen eine Spannung zwischen dem direkten wörtlichen Sinn und der übertragenen Bedeutung besteht, so daß der tiefere Sinn des S. über den wörtlichen hinaus erfaßt werden muß (z. B. das Lamm in der christlichen Symbolik). Diese S. treten in einem bestimmten – z. B. religiösen, poetischen, politischen – Bedeutungszusammenhang auf, innerhalb dessen sie zu interpretieren sind. Solche S. sind in besonderem Maß sozial bedingte Zeichen, da sie sich mit ihrem Bedeutungszusammenhang auf eine sozial erfahrene Wirklichkeit als ganze beziehen. 4. Ein Bild, das anschaulich einen abstrakten Tatbestand bezeichnet (Sinnbild). Besonders in der Romantik* ist das S. ein anschauliches Zeichen für etwas, das eine unendliche Bedeutungsfülle besitzt und das man deshalb nicht genau oder erschöpfend mit Hilfe von Begriffen beschreiben kann, sondern das über diese hinausweist.

Lit.: H.-J. Braun / H. Holzhey / E. W. Orth (Hg.): Über Ernst Cassirers Philos. der symbolischen Formen, 1988. E. Cassirer: Philos. der symbolischen Formen, 3 Bde., 1923–29. U. Eco: Semiotik und Philos. der Sprache, 1985. S. Langer: Philos. auf neuem Wege. Das S. im Denken, im Ritus und in der Kunst, 1984, 1994.

symmetrische Relation. Eine Relation ‹R› gilt als s. dann und nur dann, wenn für alle x und y gilt: Wenn xRy (d. h. x hat die Relation R zu y), dann yRx. Z. B. sind ‹identisch mit› und ‹verheiratet mit› s. R.

Symptom (griech. *sym(p)tom*, Zufall), Kennzeichen, besonders von Krankheiten. In *The Blue Book* (Das Blaue Buch, Schriften Bd. 5, 1970, S. 48) unterscheidet Wittgenstein zwischen S. und Kriterium* in folgender Weise: Auf die Frage: ‹Woher weißt du, daß das-und-das der Fall ist?›, antworten wir manchmal, indem wir ‹Kriterien›, und manchmal, indem wir ‹Symptome› angeben. – Das Kriterium dafür z. B., daß jemand Angina hat, ist das Vorhandensein eines bestimmten Bazillus, das S. für Angina dagegen ist der entzündete Hals. Aufgrund dieser Unterscheidung läßt sich sagen, daß die Aussage ‹Jemand hat Angina, wenn sich dieser Bazillus bei ihm befindet› eine Tautologie* oder eine unscharfe Formulierung der Definition von ‹Angina› ist, die Aussage dagegen ‹Jemand hat Angina, wenn er einen entzündeten Hals hat› eine zu verifizierende Hypothese. Die Auslegung dieser Unterscheidung hat in der analytischen Philos. zu einer längeren Diskussion geführt.

Synderesis (von griech. *synteresis*, Bewahrung). Ausdruck der mittelalterlichen Ethik für eine Form von intuitiver* Einsicht in die Gültigkeit moralischer Regeln, ein unzerstörbares Gewissensphänomen, das sich nicht durch Leidenschaft, Affekte u. a. verdrängen läßt. S. ist mitunter, wie bei Bonaventura, ein Bestandteil des Willens, während andere, Thomas von Aquin und Duns Scotus, sie dem Intellekt zurechnen.

synkategorematisch (griech.), mitbezeichnend. In der traditionellen Logik wird ein Ausdruck s. genannt, wenn er nur in bezug auf andere Ausdrücke Sinn hat, z. B. ‹und›, ‹alle›. Den Gegensatz bilden kategorematische Ausdrücke, die eigenständigen Sinn haben, z. B. ‹Pferd› und ‹rot›. In der modernen Logik wird die Bezeichnung breiter verwendet, da gewisse Ausdrücke, die grammatisch kategorematisch zu sein scheinen, logisch gesehen als s. bezeichnet werden müssen. Dies gilt z. B. für Ausdrücke wie ‹klein› und ‹gut›, die erst in bezug auf andere Ausdrücke einen bestimmten Sinn erhalten. Beispiel: ‹Ein kleiner Elefant ist ein großes Tier›.

Synkretismus (die Herkunft des Wortes ist unsicher: Plutarch glaubt, daß es sich um ein kretisches Wort handelt, das den Zusammenhalt der Kreter gegen gemeinsame Feinde ausdrückt; griech. *synkrinein*, zusammensetzen, verbinden), Verschmelzung oder Vermischung von Gedankengut aus verschiedenen Religionen oder Philos. ohne Nachweis einer inneren Einheit, wobei deren Widersprüchlichkeit überdeckt wird. Im 16. Jh. war ‹Synkretist› die Bezeichnung für einen Philos., der Aristoteles' Denken mit dem Platons zu verbinden suchte. – Vgl. Eklektizismus.

Synonymie (griech. *syn*, mit, zusammen, und *onoma*, Name), die Relation, die zwischen zwei Ausdrücken mit verschiedener Form und demselben Sinn besteht, z. B. zwischen ‹ein Kind erwarten› und ‹schwanger sein›. Die Ausdrücke werden als synonym bezeichnet. Es gibt keine allgemein anerkannten Kriterien für S., obwohl Sprachwissenschaft und Philos. mit ihrer Semantik* etliche Vorschläge vorgelegt haben.

Syntax (griech. *syntaxis*, Zusammenstellung). 1. In der Sprachwissenschaft Bezeichnung für das Regelsystem einer natürlichen Sprache, das die Bildung der Sätze der Sprache bestimmt. 2. In der Philos. Bezeichnung für die Unterdisziplin der Semiotik*, die die formalen Relationen der sprachlichen Zeichen* untereinander unabhängig von ihren Bedeutungen* untersucht. Zur logischen S. einer formalisierten Sprache zählt man in der Logik die Spezifikation der Grundsymbole der Sprache sowie die Regeln (Formationsregeln) für ihre Kombination zu größeren Einheiten (wohlformulierte Formeln).

Synthese (griech. *synthesis*, Zusammensetzung). 1. Zusammenstellung oder Vereinigung verschiedener Größen (Entitäten*) zu einem Ganzen – insbesondere zu einer holistischen oder organischen Ganzheit bzw. einem Organismus. 2. Bei Descartes eine Vorgehensweise, bei der ein Gegenstandsgebiet mit Hilfe von strengen logischen Operationen (Deduktionen*) rekonstruiert wird. 3. Vereinigung zweier widerstreitender Urteile* oder Gesichtspunkte. (a) Wenn es sich um kontradiktorische* Urteile handelt, sind diese unmöglich zu vereinen. (b) Zwei konträre* Urteile können in einem vagen Sinn als in einer S. vereint betrachtet werden, wenn sich beide als falsch erwiesen haben, es aber möglich ist, ein drittes, wahres Urteil zu finden, das denselben Aspekt des Themas betrifft wie die beiden widerstreitenden Urteile. (c) Schließlich kann eine S. zweier sich widersprechender Urteile dem Nachweis gleichkommen, daß es sich nur um scheinbare kontradiktorische oder konträre Urteile handelt. – Hegels Dialektik* wird fälschlicherweise oft als eine Entwicklung von These* über Antithese* zu Synthese dargestellt, als ob die S. eine Vereinigung kontradiktorischer Gegensätze wäre. 4. Bei mehreren neuzeitlichen Philos. ist das Bewußtsein synthetisierend. So behauptet Kant, daß der Verstand* die verschiedenen Sinneseindrücke synthetisiert (verbindet); gemäß Husserl synthetisiert das Bewußtsein verschiedene Bewußtseinsakte in einer solchen Weise, daß sich alle auf ein und denselben Gegenstand richten. – Zum synthetischen Urteil (oder Satz) s. analytisch/synthetisch.

synthetische Philos. (von griech. *synthetos*, zusammengesetzt, *philos*, Freund, und *sophia*, Einsicht, Weisheit). 1. Spencers Bezeichnung für seine eigene Philos., die auf der Grundlage eines breiten, aus verschiedenen Wissenschaften stammenden Erfahrungsmaterials neue allgemeine (Entwicklungs-)Gesetze aufzustellen versucht. 2. Eklektizismus*. 3. Eine Weltanschauung*, die, ohne zureichende Argumente zu besitzen (und in der Annahme, daß man solche auch nicht haben kann), dennoch eine zusammenhängende (‹synthetisierende›) Deutung von Religion, Kultur, Politik, Wissenschaft usw. zu geben versucht. 4. Eine moderne, ungenaue Sammelbezeichnung für gewisse Formen angelsächsischer und kontinentaler Philos., die sich im Gegensatz zur analytischen* Philos. befindet; entspricht am ehesten der Lebensphilos.*.

System (griech. *systema*, die Zusammenstellung, das Zusammengesetzte). 1. Komplex von Elementen, die miteinander verbunden und voneinander abhängig sind und insofern eine strukturierte Ganzheit bilden (vgl. Struktur); ein geordnetes Ganzes, dessen Teile nach bestimmten Regeln, Gesetzen oder Prinzipien ineinandergreifen. In dieser allgemeinen Bedeutung steht S. in den Einzelwissenschaften für eine Vielzahl unterschiedlichster Zusammenhänge. Eine besondere Rolle spielt das S. in der strukturalen Linguistik (vgl. Strukturalismus). S. meint hier eine Ganzheit von Elementen, die sich zueinander in einem inneren Abhängigkeitsverhältnis befinden, und zwar so, daß ein einzelnes Element nicht durch sich selbst, sondern nur durch die Unterschiede zu anderen Elementen definiert ist. 2. Die Wissenschaft besteht nicht aus einer Anhäufung von Erkenntnissen; vielmehr läßt sich nach Kant erst dann von Wissenschaft sprechen, wenn ihre verschiedenen Erkenntnisse ein S. ausmachen. S. bedeutet hier die «Einheit der mannigfaltigen Erkenntnisse unter einer Idee*» oder einem Vernunftprinzip. In dieser systematischen Einheit, die Erkenntnis zur Wissenschaft erhebt, liegt das eigentlich Wissenschaftliche (Kant, *Kritik der reinen Vernunft*, B 860 ff.). Das S., als Begründungszusammenhang verstanden, ist das Ziel der wissenschaftlichen Arbeit. 3. In der neueren Philos. mit und seit Descartes steht das Problem im Vordergrund, wie sie sich selbst, wie sie ihren eigenen Ausgangspunkt begründen könne. In diesem Rahmen wird der Begriff des S. als Begründungszusammenhang aufgenommen. Philos. ist Streben nach S. in einem radikalen Sinn: Sie soll einen letzten Grund* oder eine begründende Instanz für das menschliche Wissen aufzeigen. Damit will die Philos. zugleich das Fundament der Einzelwissenschaften freilegen. Descartes und seine Nachfolger entdecken den letzten Grund der Erkenntnis im Selbstbewußtsein (vgl. Bewußtsein).

Daß Philos. S. sein müsse, diese Forderung erhebt der dt. Idealismus* (Fichte, Schelling, Hegel) ausdrücklich zum Programm, und zwar auf dem Hintergrund einer Zweideutigkeit innerhalb der kritischen Philos. Kants. Für Kant liegt es im Charakter der Vernunft*, nach systematischer Ganzheit zu streben; ob eine umfassende systematische Erkenntnis der Wirklichkeit überhaupt möglich sei, stellt er aber in Frage. Die Idee eines solchen umfassenden Zusammenhangs ist für ihn nur regulativ.

Der philos. S.begriff des dt. Idealismus hat zwei Seiten: Zum einen wird das S. als umfassende Begründung aus einem einzigen absoluten* Prinzip entfaltet. Zum anderen gilt die Wirklichkeit selbst als S., insofern das Ganze das Wahre oder Wirkliche ist. Gemäß dem idealistischen S.verständnis ist die Wirklichkeit als ein zusammenhängendes sinnvolles Ganzes aufzufassen und, weil sie von einem einheitsstiftenden Prinzip durchdrungen oder geformt ist (dem Absoluten*), kann sie auch nur im Zusammenhang verstanden werden (s. auch Fichte, Schelling und Hegel).

Seiner Doppelung entsprechend wird der radikale philos. S.begriff des dt. Idealismus in der nachhegelschen Zeit in zweifacher Weise in Frage gestellt. Einerseits weist man die Forderung und die Behauptung zurück, Philos. solle und könne zum S. werden. Wohl bildet die Wirklichkeit für Gott ein S., nicht aber für den Menschen in seiner endlichen Existenz (Kierkegaard). Auf der anderen Seite wird der Begriff der Wirklichkeit als S. gänzlich aufgegeben, und das S. verliert jeden ontologischen Stellenwert. Die Frage nach dem S. wird zur Frage nach systematisierenden, klassifizierenden Verfahrensweisen und nach einem methodischen Prinzip.

S.theorie ist eine Theorie über die gemeinsamen S.prinzipien in den verschiedenen Wissenschaften, wobei S. als Komplex von wechselseitig wirkenden Elementen verstanden wird. S.theorie hat insbesondere in der Analyse der Gesellschaft als ganzer ein fruchtbares, aber nicht unumstrittenes Anwendungsfeld gefunden (N. Luhmann u.a.).

Lit.: A. Diemer (Hg.): S. und Klassifikation in Wissenschaft und Dokumentation, 1968. J. Habermas/N. Luhmann: Theorie der Gesellschaft oder Sozialtechnologie – Was leistet die S.forschung?, 1971. I. G. Fichte: Grundlage der gesamten Wissenschaftslehre, 1794. G. W. F. Hegel: Enzyklopädie der philos. Wissenschaften im Grundriß, 1830, §§ 1–18. F. Kambartel: «S.» und «Begründung» als wissenschaftliche und philos. Ordnungsbegriffe. In: Ders.: Theorie und Begründung, 1976. I. Kant: Kritik der reinen Vernunft, 2. Abt., 3. Hauptstück. H. Lenk: S.theorie. In: Handbuch wissenschaftstheoretischer Begriffe III, 1980. O. Ritschl: S. und systematische Methode in der Geschichte des wissenschaftlichen Sprachgebrauchs und der philos. Methodologie, 1906. W. Strombach: Einführung in die systematische Philos., 1992. J. Vuillemin: What are Philos. Systems?, 1986.

Systemtheorie. Sammelbezeichnung für eine formale Theorie, die nach dem 2. Weltkrieg entwickelt wurde, vor allem durch den österr.-kanadischen Biologen Ludwig von Bertalanffy (1901–72). In dem Bemühen, eine interdisziplinäre Basis für alle Wissenschaften zu legen, behauptet Bertalanffy, daß Systeme den Gegenstand der Wissenschaften bilden und von allgemeinen Prinzipien gesteuert werden, die je für sich untersucht und auf alle Fachgebiete angewendet werden können. Bedeutsam ist die Unterscheidung von geschlossenen und offenen Systemen; nur die offenen Systeme stehen mit ihrer Umwelt in Wechselwirkung.

Innerhalb der Sozialwissenschaften erarbeitet der amerik. Soziologe Talcott Parsons (1902–79) eine strukturell-funktionalistische* S. Von einer Analyse des Begriffs der Handlung ausgehend, sieht Parsons jedes soziale System vor das Problem von Ordnung und Integration gestellt. Die Lösung dieses Problems geschieht durch Entwicklung eines ökonomischen, eines politischen, eines integrativen und eines strukturbewahrenden Systems (AGIL-Schema). Systeme können sich nicht beliebig wandeln, sondern müssen innerhalb bestimmter Grenzen bleiben, d. h. innerhalb eines Rahmens von Normen und Sanktionen, über die minimale Einigkeit herrscht.

Eine neuere S. stammt von dem chilenischen Biologen Humberto Maturana (geb. 1928). Ein sog. autopoietisches System (von griech. *autos*, selbst, und *poiesis*, Schöpfung) besteht nicht aus Elementen, die in Strukturen verbunden werden, sondern schafft seine Elemente, seine Strukturen und seine Einheit selber – in einem Prozeß, der erst mit dem Zerfall des Systems zum Stillstand kommt. Alles im System wird vom System selbst geschaffen, wenn es sich von der Umwelt abgrenzt und abschließt. Nur zu seinen eigenen Operationen hat das System Zu-

gang, so daß es sich zur Umwelt nur verhalten kann, indem es die Umwelt in sich repräsentiert. Autopoietische Systeme sind selbstreferentiell und deshalb unvorhersagbar: Jeder Einfluß von außen wird von innen bearbeitet. Sie können zerstört, aber nur mit Hilfe ihrer eigenen Strukturen beeinflußt werden.
Die Theorie der autopoietischen Systeme wird weitergeführt durch den dt. Soziologen Niklas Luhmann (geb. 1927), der sie zum Ausgangspunkt für eine allgemeine S. nimmt. Ein System muß ständig auf die Komplexität der Umwelt und die eigene Komplexität reagieren, aber auch auf die eigene Instabilität und muß sich durch eine Kette von Selektionen aufrechterhalten.

Lit.: L. von Bertalanffy: General Systems Theory. Foundations, Development, Application, 1968. N. Luhmann: Soziale Systeme. Grundriß einer allgemeinen Theorie, 1984. H. Maturana: Autopoiesis and Cognition, 1980. T. Parsons: The Social Systems, 1951.

Szientismus (von lat. *scientia*, Wissenschaft), oft pejorativ verwendet, der (Natur-)Wissenschaft große Bedeutung beimessen; Überschätzung der Wissenschaft (bes. der Naturwissenschaft); fachwissenschaftliche Selbstgefälligkeit. Das Wort S. wird in schwächeren und stärkeren Bedeutungen verwendet: 1. Die Fachwissenschaften als gegeben anerkennen und behaupten, die Philos. müsse auf diesen aufbauen und von ihnen her extrapolieren. 2. Die Fachwissenschaften als gegeben anerkennen und behaupten, sie könnten die gesamte Wirklichkeit erklären. Philos. wäre dann mit Wissenschaftstheorie* identisch, die entweder konventionell die Methoden der Wissenschaft festlegen soll oder die Aufgabe hat, die fachwissenschaftlichen Grundbegriffe zu analysieren (z. B. logischer* Positivismus und dialektischer Materialismus*). 3. Die Fachwissenschaften als selbstgenügsam und selbstlegitimierend ansehen, so daß Philos., Religion und Kunst erkenntnismäßig überflüssig oder sinnlos sind. Die Wissenschaftstheorie wird dann mit der Wissenssoziologie* identifiziert (z. B. Kuhn). 4. Adorno versteht unter S. all diejenigen Positionen, die die Wert- und Normfreiheit der Wissenschaften behaupten und die Wissenschaftlichkeit geradezu mit Normfreiheit gleichsetzen. Als wissenschaftlich gelten nur Fakten, d. h. all das, was von der instrumentellen Vernunft* unabhängig von der philos. (reflektierenden*) Vernunft beherrscht werden kann. 5. Methodologischer S.: Als szientistisch gilt auch der Versuch, die Methodik der Naturwissenschaften auf die Sozial- und Geisteswissenschaften zu übertragen.

Lit.: T. W. Adorno (u. a.): Der Positivismusstreit in der dt. Soziologie, 1969. K.-O. Apel: S. oder transzendentale Hermeneutik? In: Ders.: Transformation der Philos., Bd. 2, 1973. P. Lorenzen: S. versus Dialektik. In: Hermeneutik und Dialektik, Bd. 1. Hg. von R. Bubner u. a., 1970.

tabula rasa (lat., unbeschriebene Tafel). Umschreibung für die Annahme, daß das Bewußtsein, ehe es Sinneseindrücke empfängt, leer ist wie ein unbeschriebenes Blatt, d. h. daß es keine angeborenen* Ideen gibt, die unseren Erfahrungen vorausgehen (vgl. Locke).

Tarski, Alfred (1902–83), poln.-amerik. Mathematiker und Logiker, Prof. in Warschau und führende Gestalt der Warschauer Schule bis zu deren Auflösung beim Ausbruch des 2. Weltkriegs, später Prof. an der University of California, USA. T. Arbeiten zur Metalogik und logischen Semantik* sind für die Entwicklung dieser Disziplinen von grundlegender Bedeutung. Sein berühmtestes Werk trägt den Titel *Der Wahrheitsbegriff in den formalisierten Sprachen* (1935). Hier zeigt er, wie es für bestimmte logische Kunstsprachen möglich ist, eine inhaltlich adäquate und formal problemfreie Wahrheitsdefinition* zu geben, verstanden als ein Satz von Regeln, von dem jede einzelne Regel für jeden der unendlich vielen Sätze der Sprache die Bedingungen spezifiziert, unter denen der Satz wahr ist. Durch seine Unterscheidung zwischen Objektsprache* und Metasprache* und mit Hilfe seiner Methode, die Relationen zwischen sprachlichen Ausdrücken und deren Extensionen* zu formalisieren, vermeidet T. die semantischen Paradoxe (s. Paradox/Antinomie), die traditionell mit dem Wahrheitsbegriff verbunden sind. Während bei T. hinsichtlich der Frage, ob die Wahrheitsdefinition auf natürliche Sprachen übertragbar sei, noch keine eindeutige Antwort zu finden ist, gilt es als zentrale Aufgabe in der neueren Sprachphilos., nicht zuletzt als Folge der Sinntheorie von Davidson (vgl. auch Sinn), eine solche Übertragung zu ermöglichen.

Ausg.: Einführung in die mathematische Logik, 1977. – *Lit.:* L. F. Moreno: Wahrheit und Korrespondenz bei T., 1993. M. Scherb: Künstliche und natürliche Sprache. Bemerkungen zur Semantik bei T. und Wittgenstein, 1992. W. Stegmüller: Das Wahrheitsproblem und die Idee der Semantik. Eine Einführung in die Theorien von A. Tarski und R. Carnap, 1977.

Tatsache (engl. *[matter of] fact*; franz. *fait*; lat. *factum*), der Umstand, daß etwas der Fall ist; faktisch vorliegender und erkannter Sachverhalt. Eine T. ist das, was ein wahrer Aussagesatz beschreibt. Als gegeben und sicher bzw. als objektiv werden die T. unterschieden von den Theorien, welche Begründungen und Deutungen der T. zu sein beanspruchen, und von den als subjektiv aufgefaßten Werten*. Über die Berechtigung dieser Unterscheidungen gibt es in der Philos. eine höchst kontroverse Diskussion. – S. auch Korrespondenztheorie der Wahrheit.

Lit.: G. Patzig: T. – Normen – Sätze, 1980. F. P. Ramsey: Tatsachen und Sätze. In: Ders.: Grundlagen, 1980. B. Russell: Die Philos. des logischen Atomismus, 1976.

Tautologie (griech. *to auto legein*, dasselbe sagen). 1. Aussagen, in denen dasselbe mehrmals mit verschiedenen, jedoch synonym verwendeten Ausdrücken gesagt wird; nichtssagende Aussagen. Oft wird eine zweifelhafte Aussage in die Form einer T. gekleidet, um ihr dadurch den Anstrich unbestrittener Wahrheit zu verleihen, so in dem Satz: ‹Krebs, der rechtzeitig erkannt wird, kann geheilt werden›, der je nach Ausformulierung tautologisch wird: ‹Krebs, der im Hinblick auf eine sichere Heilung rechtzeitig erkannt wird, kann geheilt werden›, oder falsch wird: ‹Krebs, der in einem frühen Stadium erkannt wird, kann immer geheilt werden›, oder sich als wahre Aussage verstehen läßt: ‹Krebs, der in einem frühen Stadium erkannt wird, kann in gewissen Fällen geheilt werden›. 2. In der modernen Logik Bezeichnung für die urteilslogischen Wahrheitsfunktionen, die bei allen Auslegungen ihrer Variablen* wahr sind (s. Wahrheitsfunktion). 3. Bei einigen Autoren wird zwischen analytischen* Aussagen im allgemeinen (z. B. ‹Alle Junggesellen sind unverheiratet›) und T. im Sinn von 2. (z. B. ‹Entweder es regnet, oder es regnet nicht›) unterschieden. Andere Autoren gebrauchen die Bezeichnung ‹wahre und analytische Aussage› und T. synonym*.

Taylor, Charles Margrave (geb. 1931), kanad. Philos. und Politikwissenschaftler; 1976 Prof. in Oxford, ab 1982 Prof. für Politikwissenschaft an der McGill University in Montreal.
T. bemüht sich seit seinem Werk *Erklärung und Interpretation in den Wissenschaften vom Menschen* (dt. 1975), in dem er den Platz nicht-behavioristischer*, das Selbstverständnis handelnder Subjekte einbeziehender Handlungsmodelle in der analytischen Philos.* bestimmt, um die Gewinnung eines angemessenen (nicht am dafür unangemessenen Objektivitätsideal der Naturwissenschaften orientierten) Selbstverständnisses des Menschen in einer philos. Anthropologie* (*Philosophical Papers*, 2 Bde, 1985; eine Auswahl in *Negative Freiheit*, 1988). Vor dem Hintergrund insbesondere der Oxford* Philosophy, in Auseinandersetzung mit *Hegel* (dt. 1983) und unter Aufnahme der Sprachtheorien von Herder, Humboldt und Hamann (‹triple-H-theory›) gewinnt T. einen ‹kommunitaristischen› (vgl. MacIntyre, Walzer) Begriff personaler Identität, der Identität nicht – wie die Kommunitaristen dies unter dem Titel ‹Atomismus› dem Liberalismus* vorwerfen – als ‹vorgesellschaftlich›, sondern als in die kommunikativen Strukturen der Gemeinschaft als in ihre Ermöglichungsbedingungen eingelassen darstellt. Gesellschaft ist nach T. nicht Resultat des Zusammenspiels vorgesellschaftlicher Interessen, vielmehr setzen Bildung und Artikulation von subjektiven Interessen Sozialität schon voraus. Anders als Apel und Habermas setzt T. an diesem Punkt allerdings nicht auf das doppelte Apriori idealer und realer Vergemeinschaftung und deren Verklammerung in einer formal-prozeduralistischen Ethik; vielmehr gehe es darum, in vorbehaltloser ‹Selbstbeschreibung› des ‹neuzeitlichen Subjekts›, welche T. in *Quellen des Selbst* (dt. 1994) unternimmt, den konkreten Gehalt und werthaften Charakter gerade jener ‹starken Wertungen› aufzudecken, aus denen universalistische Positionen in der Nachfolge Kants schöpften, ohne dies einzugestehen. ‹Theismus›, ‹Naturalismus› und ‹Expressionismus der Romantik› gelten T. als Hauptquellen der ‹neuzeitlichen Identität›, deren Beschreibung dadurch, daß sie jenseits der Unterscheidung von Tatsachen und Werten operiere, normativ gehaltvoll sei (vgl. *The Ethics of Authenticity*, 1991).

Ausg.: Sprache und Gesellschaft. In: A. Honneth/H. Joas (Hg.): Kommunikatives Handeln, 1986, S. 35–52. Multikulturalismus und die Politik der Anerkennung, 1993. Das Unbehagen an der Moderne, 1995. – *Lit.:* R. Forst, Kontexte der Gerechtigkeit, 1994.

Technik, Philos. der (von griech. *techne*, Kunst, Kunstwerk, Fertigkeit, handwerkliches/künstlerisches Können). 1. In der *Nikomachischen Ethik* unterscheidet Aristoteles zwei Formen von Handlung, *praxis* und *techne*. Während *praxis* den Zweck in sich selber trägt, steht *techne* immer im Dienst von etwas anderem, ist bloßes Mittel. 2. Die Entwicklung der Naturwissenschaften und insbesondere ihrer technischen Nutzung seit Mitte des 18. Jh. gaben den Anstoß für sozialphilos. T.theorien. Die franz. Aufklärungsphilos.* und später die utopischen* Sozialisten nehmen (wie früher bereits F. Bacon) eine entschieden optimistische Haltung gegenüber der T. ein: Von der T. wird erwartet, daß sie – zusammen mit universaler Aufklärung und einer Rationalisierung des gesellschaftlichen Lebens – zur Vervollkommnung des Menschen beiträgt. Gleichzeitig existieren aber auch pessimistische Einstellungen; nach Rousseau z. B. führt die Zunahme von Wissen und Zivilisation zu einer immer stärkeren moralischen Pervertierung des Menschen. Sowohl Befürworter als auch Kritiker der T. unterscheiden allerdings noch nicht zwischen den Wirkungen von Aufklärung im allgemeinen und den Folgen des sich vergrößernden konkreten technischen Wissens; zudem gibt es im 17. und 18. Jh. (auch bei Autoren aus anderen Epochen) zwischen Wissenschaft und T. noch keine klare Trennung.

3. Marx interpretiert die T. in gesamtgesellschaftlicher Perspektive. Auf der einen Seite betrachtet er sie als Mittel der Befreiung; sie kann einerseits die Arbeit* selbst erleichtern, die mit Hilfe der T. weniger anstrengend und weniger eintönig wird; sie kann aber auch den Menschen von der Arbeit befreien, indem sie eine Herabsetzung der notwendigen Arbeitszeit ermöglicht. In *Das Kapital* skizziert Marx die Utopie* einer Gesellschaft, in der dank vollständiger Automatisierung der Produktion das Spiel an die Stelle der Arbeit tritt. Auf der anderen Seite steht für ihn die T. bisher nur im Dienst der Ausbeutung: Sie fördert die Profitmaximierung und damit das Elend der Arbeiter. Letztlich jedoch vertritt Marx eine optimistische Auffassung gegenüber der T.: Der Fortschritt der Produktivkräfte u. a. im Kapitalismus wird den Rahmen dieser Produktionsform sprengen, worauf sich dann eine sozialistische Gesellschaft entwickelt. 4. Der orthodoxe dialektische Materialismus* des 20. Jh. hebt die optimistische Seite bei Marx besonders heraus. Vor allem die auf der Kybernetik* basierenden Steuerungstechnologien würden eine technisch-naturwissenschaftliche Revolution mit sich bringen, die Marx' Vision in die Wirklichkeit umsetzt.

5. Zum überwiegenden Teil trägt die T.-Literatur dieses Jh. einen sozial-, geschichts-, kultur- und wertphilos. Charakter und reicht über die Grenze der Philos. hinaus in die Geschichtsschreibung, Soziologie und Anthropologie. Häufiges Thema ist dabei der Imperialismus von T. und technischer Rationalität; diese Problematik wird von verschiedenen Autoren behandelt, etwa von A. Gehlen, H. Freyer, J. Ellul, Ortega y Gasset, J.-P. Sartre, von der Frankfurter* Schule (Horkheimer, Adorno, Marcuse, Habermas) sowie von sozioökonomisch orientierten Autoren wie O. Ullrich. Einige von ihnen sehen in der Vorherrschaft der T. nicht ausschließlich Negatives, während andere sie rückhaltlos verurteilen. Die einzige Lösung der Probleme der modernen Industriegesellschaft besteht nach Bloch und Marcuse in einem radikalen Wandel der T. selbst: Die gegenwärtig bekannten bzw. angewandten Technologien müssen durch nicht auf Naturbeherrschung gerichtete, ‹sanfte›, alternative Technologien ersetzt werden. Seit den 70er Jahren wird die pauschalisierende T.kritik zunehmend von einer praxisorientierten Analyse neuer T. und Technologien hinsichtlich ihrer Vernetzungen und der in verschiedenen Bereichen zu erwartenden Konsequenzen abgelöst. Unter dem Begriff der T.folgenabschätzung institutionalisierte sich eine zumeist interdisziplinär praktizierte T.philos., die insbes. nach den handlungsnormierenden Implikationen einzelner T. fragt und sich um die Bewertung neuer Technologien bemüht. Die T.folgenabschätzung versucht dabei die Vor- und Nachteile sowie die Risiken, die mit der Entwicklung und Verwendung bestimmter T. verbunden sind, auf den verschiedenen und oft nur schwer zueinander ins Verhältnis zu setzenden technischen, ökonomischen, politischen, sozialen, ethischen und ästhetischen Ebenen zu analysieren und abzuschätzen. 6. Mehrere der erwähnten Autoren sind durch Heideggers seinsgeschichtliche Deutung der T. beeinflußt. Ihm zufolge besitzt die T. eine besondere Seinsart, das «Gestell». Sie bzw. ihre Artefakte* sind Träger eines eigenen Typus von In-

tentionalität*, welche die Phänomene der Welt auf sehr verkürzte Weise hervortreten läßt, z. B. unter Ausschluß der ästhetischen Dimension. Der stille Waldsee erscheint nur als geeignetes Wasserreservoir, und die Bäume um ihn herum gelten als bloßes Nutzholz.
7. Eine umfangreiche apologetische Literatur zur T., meist nicht von Fachphilos. geschrieben, stützt sich auf F. Dessauers Untersuchungen über das Wesen der technischen Erfindung. Wenn ein Ingenieur oder Techniker zur perfekten Lösung eines technischen Problems vorstößt, so erfindet er diese Lösung nicht, sondern entdeckt sie nur, da sie ideell gesehen bereits existiert. 8. Seit Mitte der 60er Jahre hat sich (vor allem in den USA und in Deutschland) ein starkes Interesse an der Methodologie* der technischen Wissenschaften herausgebildet. Mit dem Unterschied zwischen technischen und ‹reinen› Wissenschaften befassen sich u. a. Agassi, Bunge und Wisdom. 9. Analytische* Philos. wie H. Putnam und D. Wiggins untersuchen die Ontologie* der Artefakte, insbesondere deren Individuationsprinzipien*.

Lit.: H. Arendt: Vita activa, 1960. W. M. Baron: T.folgenabschätzung. Ansätze zur Institutionalisierung und Chancen der Partizipation, 1995. H. Beck: Kulturphilos. der T., 1979. E. Bloch: Das Prinzip Hoffnung, 1959. M. Buhr/G. Kröber (Hg.): Mensch, Wissenschaft, T., 1977. F. Dessauer: Philos. der T., 1927. H. Freyer: Gedanken zur Industriegesellschaft, 1970. H. Lenk: Zur Sozialphilos. der T., 1982. J. Ortega y Gasset: Betrachtungen über die T. In: Ges. Werke, Bd. 4, 1956. A. Gehlen: Die Seele im technischen Zeitalter, 1957. J. Habermas: T. und Wissenschaft als Ideologie, 1968. M. Heidegger: Die T. und die Kehre, 1962. H. Lenk/ S. Moser (Hg.): Techne, T., Technologie, 1973. H. Marcuse: Der eindimensionale Mensch, 1967. K. Marx: Das Kapital. Grundriß zur Kritik der politischen Ökonomie, 3 Bde., 1867–94. F. Rapp: Analytische T.philos., 1978. F. Rapp: Die Dynamik der modernen Welt. Eine Einführung in die Technikphilos., 1994. H. Stork: Einführung in die Philos. der T., 1977, ³1991. O. Ullrich: T. und Herrschaft, 1977. R. Vahrenkamp (Hg.): Technologie und Kapital, 1973. R. von Westphalen (Hg.): T.folgenabschätzung als politische Aufgabe. ²1994.

Teleologie (von griech. *telos*, Ziel, Zweck, Vollendung, Ende), Auffassung, daß etwas vom Ziel oder Zweck her bestimmt ist. Die T. steht traditionell im Gegensatz zum Mechanismus*, d. h. der Lehre, nach der sich alles Natürliche mit Hilfe der physikalischen Gesetze der Mechanik als Körper in Ruhe oder Bewegung erklären läßt.
Eine spezielle Form der T. stellt die anthropomorphe* T. dar. Ihr zufolge ist die Welt von einem personal verstandenen Gott, der wie ein Mensch als denkend, wünschend und wollend vorgestellt wird, erschaffen und zweckmäßig eingerichtet. Diese religiöse Hypothese* sieht in der Annahme einer solchen schöpferischen und ordnenden Macht die beste Erklärung für die vielfältigen Verhältnisse in der Natur, z. B. für die Anpassung der Tiere an ihre Umgebung. Die Hypothese beruht auf einer Analogie*: Offensichtlich ist der Mensch in der Lage, zweckmäßige Dinge zu erzeugen wie Häuser oder Uhren; auf dieselbe Weise nun soll Gott die Natur so geschaffen haben, daß sie für Mensch und Tier zweckmäßig sei. Nach Humes religionsphilos. Einwand liegt genau in dieser Analogie die Schwäche der Hypothese. Zwar läßt sich die Beziehung zwischen dem Menschen und seinen Werken empirisch* überprüfen, nicht aber die Beziehung zwischen Gott und Welt, da Gott letztlich nur aus seinen Werken bekannt ist. Dieser Rückschluß von den Prozessen in der Welt, die als Wirkungen Gottes verstanden werden, auf Gott selbst ist nach Hume unzulässig. – Geistesgeschichtlich hat Darwins Evolutionstheorie als neue, naturwissenschaftlich plausible Erklärung für die Anpassung biologischer Wesen an ihre Umwelt die religiöse, teleologische Hypothese abgelöst.
Andere Formen der T. gehen allerdings nicht von der Idee eines persönlichen Schöpfers und Welterhalters aus (vgl. Aristoteles). Als Merkmal teleologischer Erklärung wird dann vielmehr die Präsupposition betrachtet, daß etwas als Ziel oder Zweck betrachtet werden kann, von

dem her etwas anderes als ein Mittel zu verstehen ist. In diesem Zusammenhang wird die teleologische oder finale Ursache der Wirkursache gegenübergestellt. Die Möglichkeit teleologischer Erklärung ist in der modernen Diskussion stark umstritten. Nach Mackie etwa mag sich zwar bei der Erklärung z. B. des zweckmäßigen Verhaltens von Tieren die T. als unentbehrlich erweisen; daß Naturvorgänge objektiv teleologisch, d. h. nicht auf Wirkursachen rückführbar sind, läßt sich jedoch unmöglich nachweisen. Ein weiteres Problem ist die Frage, ob Motive sich durch Wirkursachen erklären lassen oder nicht. So läßt sich ein Motiv nicht identifizieren, ohne daß auf die Handlung verwiesen wird, die von dem Motiv ausgelöst wird. Ebenso kann man von Wright zufolge nur nachprüfen, ob eine Person ein Motiv hat, indem man die Handlung berücksichtigt, welche diese Person ausführt. Da jedoch Ursache und Wirkung nach der Regularitätstheorie* logisch unabhängig voneinander existieren müssen, kann ein Motiv nie Ursache einer Handlung sein. Dieser Auffassung wird u. a. von Davidson und Mackie widersprochen. Sie geben zwar zu, daß die Ausdrücke ‹das Motiv A› und ‹die Handlung B› in einem logischen Zusammenhang stehen, wenn die Ereignisse A und B als ‹Motiv› bzw. ‹Handlung› beschrieben werden. Sie lassen sich allerdings auch auf andere Weise beschreiben, nämlich als ‹psychische Zustände› bzw. ‹körperliches Verhalten›. Und dann ist es sehr wohl möglich, A als Ursache für B zu verstehen, weil die Ausdrücke ‹der psychische Zustand A› und ‹das körperliche Verhalten B› nicht logisch miteinander verknüpft sind.

Lit.: Aristoteles: Physik, Buch II u. III. H. Driesch: Philos. des Organischen, [4]1928. N. Hartmann: Teleologisches Denken, 1951. H. Jonas: Das Prinzip Verantwortung, 1979. I. Kant: Kritik der Urteilskraft, 1790. R. Löw: Philos. des Lebendigen, 1980. R. Spaemann/ R. Löw: Die Frage Wozu?, 1981. W. Stegmüller: T.: Funktionsanalysen, Selbstregulation, 1969. W. Theiler: Zur Geschichte der teleologischen Naturbetrachtung bis auf Aristoteles, 1925. G. H. v. Wright: Erklären und Verstehen, 1974.

Term, Terminus (engl. *term*, Ausdruck, Wendung, von lat. *terminus*, Grenze). 1. Seit der Scholastik* gleichbedeutend mit einem in der Wissenschaft gebräuchlichen Begriff*. 2. In der modernen Logik* werden Namen* und bestimmte Beschreibungen* singuläre T. und Prädikatsausdrücke* (Substantive, Ergänzungsworte und Verben) generelle T. genannt. – Plural Terme, Termini.

tertium comparationis (lat., ‹das Dritte eines Vergleichs›). Wenn zwei Gegenstände in Beziehung gesetzt werden, ist das t. c. die Eigenschaft* oder die Dimension, die die beiden Gegenstände gemeinsam haben und die den Vergleich erst ermöglicht.

tertium non datur (lat., ‹ein Drittes gibt es nicht›), traditionelle Bezeichnung für das Prinzip des ausgeschlossenen Dritten.

Tertullian, Quintus Septimus Florens (ca. 160–nach 220), Kirchenvater. Geb. in Karthago, Studium der Philos. (vor allem Platon und Stoa*), später Übertritt zum Christentum. T. glaubt, allein das Christentum befinde sich im Besitz der Wahrheit, während die griech. Philos. als Teufelswerk zu verurteilen und zu bekämpfen sei. Sein Antirationalismus wird in dem Ausspruch *certum est, quia impossibile est* (‹Es [d. h. die Fleischwerdung Gottes in Christus] ist sicher, weil es unmöglich ist.›) besonders deutlich. T. scharfe Trennung von Christentum und griech. Philos. wurde in der christlichen Theologie jedoch bald aufgegeben; bereits Clemens von Alexandria knüpft an das Bemühen Justins wieder an, die griech. Philos. als Vorläufer des Christentums zu begreifen. – Nachhaltigen Einfluß hatte T. auf die lat. Kirchensprache.

Ausg.: Werke, Bd. I, 1980. Q. S. F. Tertulliani Adversus Iudaeos, 1964. Verteidigung des Christentums, 1952. De virginibus velandis.

Ein Beitrag zur altkirchlichen Frauenfrage, 1974. – *Lit.:* E. Heck: Me theomachein, oder: Die Bestrafung des Gottesverächters, 1987. B. J. Hilberath: Der Personbegriff der Trinitätstheologie in Rückfrage von Karl Rahner zu T. «Adversus Praxean», 1986.

Thales von Milet (von ca. 640/39 [624/23?]–546/45 v. Chr.), griech. Philos. Gilt traditionell als Begründer der Philos. überhaupt; Platon rechnet T. zu den Sieben Weisen* des Altertums. Für T. besteht alles nur aus einer einfachen Materie, dem Urstoff Wasser.

Ausg.: Diels/Kranz: Fragmente der Vorsokratiker, Bd. 1, ^{6}1951/52. – *Lit.:* J. Burnet: Die Anfänge der griech. Philos., ^{2}1913. W. Capelle: Die Vorsokratiker, ^{8}1973. H.-G. Gadamer: Zur Begriffswelt der Vorsokratiker, 1968. W. Röd: Thales. In: Ders. (Hg.), Geschichte der Philos., Bd. 1, 1976.

Theismus (von griech. *theos*), Lehre von der Existenz eines Gottes (Gegensatz Atheismus*), der als Person außerhalb der Welt existiert, d. h. von ihr unterschieden ist (Gegensatz Pantheismus*) und sie nicht nur geschaffen hat, sondern auch erhält und lenkt (d. h. in ihr wirkt) (Gegensatz Deismus*).

Theodizee (von griech. *theos*, Gott, und *dike*, Recht), Rechtfertigung Gottes. Von Leibniz eingeführte Bezeichnung für die positive Lösung des Problems, wie sich der Glaube an einen allwissenden, allgütigen und allmächtigen Gott mit dem Vorhandensein des Übels bzw. des Bösen in der Welt vereinbaren läßt. Warum gibt es z. B. Naturkatastrophen oder soziale Ausbeutung, wenn Gott doch davon weiß und sie verhindern könnte und sollte? Dieses Problem stellt sich allen philos. Entwürfen und Theologien, die sich die Welt als Schöpfung und unter der Lenkung einer absolut guten Macht oder eines absolut guten Prinzips denken. Die klassische Diskussion des T.-Problems innerhalb des christlichen Denkens findet sich bei Augustinus. Er gibt zwei Antworten, die beide auf Plotin zurückgehen: 1. Das Böse existiert nur als Abwesenheit des Guten und ist deshalb nicht im selben Sinn geschaffen wie dieses Gute. Es entsteht, wenn sich der Mensch durch seinen freien Willen dem Guten versagt, d. h. sündigt. Dann tritt das Böse entweder als direkte Folge der Sünde auf oder als Strafe Gottes für die Sünder. 2. Das Böse ist Teil der Schöpfung Gottes und als solches gut. Das Vollkommene bildet zusammen mit dem Unvollkommenen ein Ganzes, das umfassender und daher besser ist als eine nur aus vollkommenen Dingen bestehende Ganzheit. Im übrigen kann das Böse als Kontrast dienen, um das Gute hervorzuheben. Beide Antworten eröffnen eine lange Traditionskette und werden in ähnlicher Form auch von Leibniz übernommen. – Nach Kant verfügt die menschliche Vernunft* hingegen über keinerlei Vermögen, das über das Verhältnis zwischen Welt und Gott Erkenntnisse gewinnen könnte. Der Versuch einer T. muß notwendigerweise scheitern. 3. Eine weitere Antwort auf das T.-Problem stammt von dem griech. Kirchenvater* Irenaeus: Nach ihm ist das Böse eine notwendige Bedingung, um das Gute im Menschen zu verwirklichen. Zwar hat Gott den Menschen nach seinem Ebenbild geschaffen; um aber die ihm gegebenen Möglichkeiten zu realisieren, muß der Mensch einen mühseligen und schmerzhaften Prozeß durchlaufen. Dieser Gedanke wird dann auch von Hegel rezipiert. Wie andere dt. Idealisten versteht Hegel die historische Entwicklung der Menschheit mit all ihren Leiden und Irrungen als langwierigen Bildungsprozeß*. Er führt die Menschheit immer mehr zur Selbsterkenntnis und damit auch zu einer vollkommenen politischen Ordnung. – Kritisiert wird diese Hegelsche Auffassung u. a. von Kierkegaard: Für das Leiden und Verderben des einzelnen kann es keine geschichtliche Rechtfertigung geben.

Lit.: C. Geyer: Die T., 1992. H. G. Janssen: Gott, Freiheit, Leid. Das T-Problem in der Philos. der Neuzeit, 1989. G. W. Leibniz: Die T. O. Marquard: Idealismus und T. In: Ders.: Schwierigkeiten mit der Geschichtsphilos.,

1973. W. Oelmüller (Hg.): T. – Gott vor Gericht?, 1990. E. Rudolph: T. – diesseits des Dogmas, 1994. W. Schmidt-Biggemann: T. und Tatsachen, 1988. W. Sparn: Leiden, Erfahrung und Denken. Materialien zum T.-Problem, 1980. H. M. Wolff: Leibniz, T., Allbeseelung und Skepsis, 1961.

Theokratie (von griech. *theos*, Gott, und *kratos*, Macht), Gottesherrschaft. Staatsform, in der Gott direkt als höchste politische Gewalt gilt, so daß die weltliche und geistliche Macht in derselben Instanz vereinigt ist. Beispiele sind das alttestamentliche Israel, Tibet unter dem Dalai Lama oder der Iran nach der islamischen Revolution von 1979.

Lit.: M. Buber: Königtum Gottes, 1956.

Theologie (von griech. *theos*, Gott, und *logos*, Lehre), Lehre von Gott, vom Verhältnis zwischen Welt und Gott und zwischen Mensch und Gott. 1. Als metaphysische T. wird die philos.-metaphysische Lehre von Gott bezeichnet. T. ist hier Teilbereich der Metaphysik*, genauer der sog. *metaphysica specialis*, zu der außerdem die Lehre von der Seele/Geist (Psychologie oder Pneumatologie; vgl. *pneuma*) und die Lehre von der Welt (Kosmologie*) gehören. Unter diesen drei Disziplinen nimmt die metaphysische T. allerdings einen derart zentralen Raum ein, daß *metaphysica specialis* und metaphysische T. letztlich zusammenfallen (vgl. Ontotheologie). 2. Im Rahmen der christlichen T. werden vor allem unterschieden: die übernatürliche T. oder Offenbarungst., welche auf die Offenbarung (das Wort Gottes) Bezug nimmt und daher an die Schrift *(Bibel)* gebunden ist, sowie die natürliche T., die sich auf menschliche Vernunft* und Erfahrung* stützt. Traditionell wird die natürliche T. als Form der philos.-metaphysischen T. betrachtet, da sie von Gott nur insoweit handelt, als er sich durch das natürlich gegebene Erkenntnisvermögen des Menschen erfassen läßt (vgl. Religionsphilos.). Negative T. heißt eine Lehre, der zufolge Gott über alle Bestimmungen (Prädikate*) erhaben und deshalb nur mit Hilfe negativer Aussagen beschreibbar ist. – S. auch dialektische T., Gott, Religion und Religionsphänomenologie.

Lit.: Lexikon der T. und Kirche. Hg. von J. Höfer u. K. Rahner, 1957ff. Die Religion in Geschichte und Gegenwart. Hg. von K. Galling, 1957ff. C. Andresen (Hg.): Handbuch der Dogmen- und T.geschichte, 1980ff. H. Beck: Natürliche T. Grundriß philos. Gotteserkenntnis, 1986. W. Brugger: Kleine Schriften zur T. und Philos., 1984. H. Fries/G. Kretschmar: Klassiker der T., 1981. M. Gatzemeier: T. als Wissenschaft?, 2 Bde., 1974/75. H. Gollwitzer/ W. Weischedel: Denken und Glauben. Ein Streitgespräch, 1965. H. O. Jones: Die Logik theologischer Perspektiven. Eine sprachanalytische Untersuchung, 1985. J. Moltmann: Was ist heute T.?, 1988. E. Neuhäusler/E. Gössmann: Was ist T.?, 1969. W. Pannenberg: Wissenschaftstheorie und T., 1973. H. Peukert: Wissenschaftstheorie – Handlungstheorie – fundamentale T., 1976. B. Weißmahr: Philos. Gotteslehre, 1983.

Theophrast(os) (ca. 371–ca. 287 v. Chr.), griech. Philos. und Wissenschaftler. Schüler und Nachfolger des Aristoteles als Leiter der Peripatetischen* Schule. T. setzt das aristotelische Denken getreu fort, weicht aber in Einzelfragen von seinem Lehrer ab; so kritisiert er die Theorie des ersten Bewegers*, die universale Verwendung des Teleologie-Gedankens und die Auffassung vom Raum. Auch auf Schwierigkeiten im aristotelischen Begriff der Vernunft* macht T. aufmerksam. Seine Abhandlung über die Sinneserfahrung, die Teil einer Geschichte der Physik und Metaphysik ist, stellt heute eine der wichtigsten Quellen für die Kenntnis der Vorsokratiker* dar. T. begründete die Botanik und verfaßte mehrere wissenschaftliche Werke, in denen er die aristotelische Theorie auf die Empirie (Erfahrung) anwendet.

Ausg.: Opera, 1854–62. Die logischen Fragmente, 1973. – *Lit.:* W. F. Fortenbaugh (Hg.): Th. of Erens, 2 Bde., 1992. K. Gaiser: T. in Assos. Zur Entwicklung der Naturwissenschaft zwischen Akademie und Peripatos, 1985. F. Wehrli: T. In: H. Flashar (Hg.): Die Philos. der Antike, Bd. 3, 1983. G. Wöhrle: T. Methode in seinen botanischen Schriften, 1985.

Theorem (griech. *theorema*, Anblick, Schauen), Lehrsatz, bezeichnet in der Logik* und Mathematik einen Satz, der in einem axiomatischen System bewiesen* werden kann, d. h. aus den Axiomen* des Systems und mit Hilfe der Schlußfolgerungsregeln* gefolgert werden kann.

Theorie (griech. *theorein*, betrachten, schauen), Gedanke, Lehre, Erklärung. Eine T. läßt sich allgemein definieren als zusammenhängende Reihe von singulären und universalen Aussagen, die es – über ein reines Beschreiben hinaus – ermöglichen, den Gegenstand der T. zu begründen, zu erklären* oder zu verstehen*. Was dies genauer heißt, ist jedoch umstritten. 1. Seit der Antike (Platon, Aristoteles) und bis ins 20. Jh. hinein (z. B. bei Husserl und in Teilen des logischen* Positivismus) wird die theoretische, betrachtende Einstellung von einer praktischen, handlungsorientierten geschieden. Demgegenüber behaupten u. a. Marx, Nietzsche, Heidegger, Horkheimer, Adorno und Habermas, daß jede T. von praktischen Erkenntnisinteressen abhängt. 2. Während Platon, Aristoteles und zuletzt Schelling die Intuition* (die intellektuelle Anschauung*) einer Ganzheit als höchste Form theoretischer Erkenntnis* ansehen, ist es seit der frühen Neuzeit üblich, T. als deduktives* System aufzufassen, bestehend aus Definitionen*, Grundsätzen (Axiomen*), Schlußregeln* und abgeleiteten Sätzen (Theoremen*); eine T. muß entweder auf empirischem* oder auf logischem Weg überprüft werden. Zwar ordnen Philos. wie Descartes und Spinoza die deduktive Darstellung noch der Intuition unter, die spätere Wissenschaftstheorie* hingegen betont hauptsächlich den deduktiven Charakter der T. 3. Traditionell wird von einer T. verlangt, daß sich bestätigen läßt. Deshalb hebt man die T. terminologisch von einer Hypothese* ab: Sie ist im Gegensatz zur Hypothese bewiesen und damit Ausdruck von Erkenntnis. Diese Forderung wird bei den logischen Positivisten noch zugespitzt, insofern dort nur verifizierbare* T. überhaupt als sinnvoll gelten. Umgekehrt stellt Popper an eine T. die folgenden Ansprüche: (a) Sie muß nicht verifiziert werden können, aber falsifizierbar* sein; (b) sie muß mehr Probleme lösen als eine alternative T.; (c) sie muß sich Prüfungen unterzogen und (d) diese Tests bestanden haben. 4. In bezug auf empirische T., die nur mit Hilfe der Sinne zu beweisen oder zu widerlegen sind, suchten empiristisch* orientierte Philos. (wie Mach und die logischen Positivisten) von der T. selber theoriefreie Basissätze (auch Elementar-, Beobachtungs- oder Protokollsätze genannt) abzutrennen, durch welche die T. bewiesen oder widerlegt werden kann. Diese Trennung hat sich jedoch als äußerst problematisch herausgestellt und ist heute im wesentlichen aufgegeben; statt dessen wird die These vertreten, daß alle Aussagen theoriegeladen sind. 5. Schließlich steht zur Diskussion, ob es möglich ist, eine die gesamte Wirklichkeit umfassende T. aufzubauen, d. h. ein eigentliches philos.-wissenschaftliches System*, oder ob die T. prinzipiell nur Teile oder Aspekte der Wirklichkeit abdecken kann. Während sich die meisten modernen Philos. mit der letztgenannten Auffassung bescheiden, war die philos. Tradition von Platon bis Hegel gekennzeichnet durch das Streben nach einem einheitlichen System. – S. auch Wissenschaftstheorie.

Theoriesprache, Bezeichnung für den Teil einer empirischen Wissenschaft, in welchem deren theoretische Gesetze oder Hypothesen* formuliert sind. Die Sätze in der T. umfassen neben logischen und mathematischen Ausdrücken die speziellen theoretischen Termini der jeweiligen Wissenschaft. Mit Hilfe von sog. Zuordnungsregeln (Korrespondenzregeln, Brückenprinzipien) werden diese Sätze mit Sätzen der Beobachtungssprache* verbunden. Beispiel: ‹Die Temperatur eines Gases ist proportional mit der durchschnittlichen kinetischen Energie

Michael Theunissen

in den Gasmolekülen.› Der Ausdruck ‹durchschnittliche kinetische Energie in den Gasmolekülen› wird als ein theoretischer Terminus verwendet, der der T. zugehört; ‹Temperatur› dagegen gilt als ein Terminus, der der Beobachtungssprache zugehört (gemessen wird mit einem Thermometer, welches abgelesen wird).

Theosophie (von griech. *theos*, Gott, und *sophia*, Weisheit), höhere Erkenntnis Gottes* und des Göttlichen durch mystische* Schau. 1. Das griech. Ursprungswort *theosophia* geht auf Porphyrios und Proklos zurück, bei denen es ein das Göttliche betreffendes Wissen bezeichnet. Theosophische Erörterungen in diesem Sinn finden sich u. a. in der Gnosis*, bei J. Böhme und bei E. Swedenborg. 2. Heute bezieht sich die Bezeichnung T. primär auf die Anschauungen der «Theosophischen Gesellschaft», die 1875 u. a. von H. Blavatsky (1831–91) in New York gegründet wurde. Ihre T. besteht aus einer Mischung von hinduistisch-buddhistischen Inkarnations- und Karmalehren sowie neuplatonischen* Emanationsvorstellungen*. – Vgl. auch Anthroposophie und R. Steiner.

Lit.: G. Wehr: Die dt. Mystik. Mystische Erfahrung und theosophische Weltsicht, 1988.

theozentrisch (von griech. *theos*, Gott, und *kentron*, Mittelpunkt). Als t. wird eine Auffassung bezeichnet, die Gott als Mittelpunkt oder Zweck der Welt bzw. Schöpfung setzt. Zumeist als Gegensatz zu anthropozentrisch* gebraucht.

These (griech. *thesis*, setzen, stellen), Urteil*, Behauptung oder Lehrsatz, der mit dem Anspruch auf Wahrheit aufgestellt wird. – Vgl. Antithese.

Theunissen, Michael (geb. 1932), dt. Philos., 1967 Prof. in Bern, 1971 in Heidelberg und seit 1980 in Berlin. – In seinen philos. Anfängen verteidigt T. eine Dialogphilos.*, die sich zum Teil an M. Buber anschließt; in den 70er Jahren entwickelt er sie zu einer dialektischen* Philos. weiter; seit ca. 1980 konzentriert sich T. auf den sog. Negativismus* als die künftige Aufgabe der Philos. Im Anschluß an Kierkegaard meint T. mit dem Begriff des Negativismus primär nicht eine besondere Bevorzugung der *via negationis*, auch glaubt er nicht, daß sich das negativistische Verfahren aus dem Mangel an analytischen Untersuchungen des Seelenlebens ergäbe; vielmehr ist er der Auffassung, daß wir aufgrund der Tatsache, daß «wir nicht mehr wissen, wer wir als Menschen sind und was wir als Menschen zu sein haben», eine negativistische Haltung des Sichverweigerns gegenüber den modernen Lebensbedingungen einnehmen müssen, um in der Reflexion auf die geschichtlichen und anthropologischen Bedingungen vielleicht wieder so etwas wie «wahrhaft menschliches Selbstsein aufzuspüren».

Ausg.: Gesellschaft und Geschichte. Zur Kritik der kritischen Theorie, 1969. Hegels Lehre vom absoluten Geist als theologisch-politischer Traktat, 1970. Der Andere. Studien zur Sozialontologie der Gegenwart, ²1977. Sein und Schein. Die kritische Funktion der Hegelschen Logik, 1978. Negative Theologie der Zeit, 1991. Der Begriff der Verzweiflung, 1993. – *Lit.:* E. Angehrn/H. Fink-Eitel/Ch. Iber/G.

Thomas von Aquin

Lohmann (Hg.): Dialektischer Negativismus. M. T. zum 60. Geburtstag, 1992. M. Hattstein (Hg.): Erfahrung der Negativität. Festschrift für M. T., 1992.

Thomas von Aquin (ca. 1225–74), ital. Philos. und Theologe, geb. in einer Familie aus dem niederen Adel auf der Burg Roccasecca bei Neapel. Im Alter von fünf Jahren wurde er in das Benediktinerkloster Monte Cassino geschickt. 1239 ging er an die Universität in Neapel, 1244 trat er in den Dominikanerorden ein. Der junge Adlige, nun Bettelmönch, studierte von 1245–52 bei Albertus Magnus in Paris und Köln. Zwischen 1252 und 1256 hielt er Vorlesungen in Paris, 1256 wurde er Magister theologiae, und seit 1257 war er Prof. in Paris. Schon 1259 stellte T. jedoch seine Lehrtätigkeit ein, möglicherweise wegen des konservativen Widerstands gegen ihn. Die nächsten zehn Jahre hielt er sich in Italien auf; 1268–72 war er wieder als Prof. in Paris tätig. Danach kehrte er nach Italien zurück und beendete 1272 sein philos. Arbeiten, weil ihm alles, was er geschrieben hatte, «als Spreu erschien im Vergleich zu dem, was er in seiner mystischen Vereinigung mit Gott erfahren hatte». Auf seinem Sterbebett legte er für die Mönche das *Hohelied der Liebe* aus, das von der damaligen Theologie als die Vereinigung der Seele mit Gott verstanden wurde. 1323 wurde T. heiliggesprochen, 1557 zum Kirchenvater* erklärt, und seit 1879 gilt er als Patron der höheren katholischen Lehranstalten, die sich gemäß dem Willen Papst Leos XIII. um eine spezifisch katholische Philos. bemühen (vgl. Thomismus). Er erhielt den Beinamen *doctor angelicus*. Seine Werke entstanden zwischen 1254 und 1272. Die mehr als 80 Schriften umfassen zehn Kommentare zur *Bibel*, 13 Kommentare zu aristotelischen* Werken, fünf große systematische Werke, u. a. die *Summa theologica*, ein theologisches Handbuch oder Kompendium, die *Summa contra Gentiles*, ein Handbuch gegen die Heiden sowie die *Quaestiones Disputatae*, theologischphilos. Fragen der Zeit im scholastischen Stil der *quaestiones* diskutiert, daneben eine Vielzahl anderer Schriften.

Zur Zeit des T. war Aristoteles durch Übersetzungen der nicht-logischen Werke wieder zu einer philos. Größe geworden. Die katholische Kirche sah sich hier mit einer philos. durchdachten Gesamtschau konfrontiert, die im buchstäblichen Sinn eine unchristliche, rational unabweisbare Alternative zur eigenen Lehre darstellte. Daraus ergaben sich Probleme der Vermittlung beider Lehren; insbesondere bereitete die Einbindung des aristotelischen Gottesbegriffs in die christliche Schöpfungslehre große Mühe, da Aristoteles Gott nicht als den

Schöpfer der Welt, sondern als unpersonales Bewegungsprinzip, im weiteren die Welt als ungeschaffen und ewig denkt und nicht zuletzt die christliche Vorstellung individueller unsterblicher Menschenseelen nicht kennt. T. versuchte, eine solche Vermittlung zwischen Religion und Philos., d. h. zwischen dem katholischen Glauben und einem durch Aristoteles beeinflußten Denken, zu leisten.

Angesichts der Vielzahl verschiedener Vermittlungsversuche seiner Zeit – die einen behaupteten etwa, sie glaubten, weil es absurd* sei; andere wiederum meinten (zurückgehend auf Augustinus), man müsse glauben, um wissen zu können (d. h. der Glaube sei Bedingung von Erkenntnis überhaupt) – macht T folgende Unterscheidungen: (a) Es gibt Wahrheiten, die durch den Gebrauch der Vernunft erkannt werden können, die sich aber nicht durch Offenbarung bestätigen; (b) sodann gibt es Wahrheiten, die durch die Offenbarung (die *Bibel* u. a.) bekannt sind, zu denen man aber auch durch Vernunft gelangen kann (natürliche Theologie), und schließlich (c) Wahrheiten, die ausschließlich durch Offenbarung gewußt werden (Offenbarungstheologie). Das Dogma der Trinität etwa ist ein Beispiel für die Wahrheit im Sinn von (c); die Existenz Gottes gilt als Beispiel für (b); die meisten alltäglichen Wahrheiten dagegen gehören zum Typ (a). Für T. kann es keinen Widerspruch zwischen dem Offenbarten und dem natürlich Erkannten geben. Denn damit würde Gott sich selbst widersprechen, da auch die natürliche Erkenntnis von Gott kommt. Er hat unser menschliches Erkenntnisvermögen so geschaffen, daß wir in der Weise erkennen, wie wir es nun einmal tun. Gelangen wir also zu einer Einsicht, die nicht mit der Offenbarung übereinstimmt, dann muß es sich um eine falsche Anwendung der natürlichen Vernunft handeln. So können die Beweise, die man dafür vorgebracht hat, daß die Welt keinen Anfang in der Zeit haben kann, nicht haltbar sein, da sie dem geoffenbarten Glauben widersprechen. Auf der andern Seite enthält die These, daß die geschaffene Welt immer existiert hat, keinen Selbstwiderspruch. Nur die Offenbarung kann die Frage nach dem Anfang der Welt beantworten. Die Glaubenssätze vermitteln zwar einen gewissen Einblick in das, was der Mensch nicht richtig verstehen kann – aber auch nicht mehr.

Hauptthemen der Philos. von T. bilden also Gott als Weltschöpfer, die geschaffene Welt und die Geschöpfe mit ihrem Ort in der Welt. Seine Überlegungen erfolgen im Rahmen einer vorwiegend aristotelisch geprägten Terminologie mit zentralen Unterscheidungen wie: Wesen*/Sein*, das Mögliche/das Wirkliche sowie Form*/Materie. Jedes existierende Individuum (eine Substanz*) hat zwei ontologisch voneinander geschiedene Seiten: Wesen oder Natur oder Essenz (lat. *essentia, natura, quidditas*) und Sein oder Existenz (lat. *esse, existentia*). Die Natur bzw. das Wesen des Individuums oder des Dings läßt sich definieren. Ob etwas wirklich Existierendes einer solchen Definition entspricht, hängt davon ab, ob das definierte Seiende Sein *(esse)* besitzt, d. h. existiert oder nicht. Sein ist das, was eine Substanz zu etwas Realem oder Wirklichem macht. Daß eine Substanz zu einer wirklich existierenden Substanz gemacht worden ist, läßt sich auch so ausdrücken, daß die Möglichkeit (lat. *potentia*) der Substanz aktualisiert oder verwirklicht worden ist (lat. *actus*). Die Verwirklichung einer Möglichkeit oder eines Potentials ist als Vorgang der Veränderung ein Prozeß hin zur Vollkommenheit; denn das Wirkliche ist vollkommener als das Mögliche. So ist Gott das vollkommenste Seiende, da in ihm alle positiven Möglichkeiten realisiert sind – Gott ist reiner Akt (lat. *actus purus*). Gott ist das vollkommenste Wesen, weil Unvollkommenheit die Gegenwart nicht realisierter Möglichkeiten mit sich bringt. Nach T. ist gemäß dem zweiten Buch Mose die rechte Bezeichnung für Gott «der, der ist» (lat. *qui est*), da das Wesen

Gottes nach T. sein Sein ist, d. h. Wesen und Existenz in ihm zusammenfallen. In dieser Perspektive verhält sich Wesen (Essenz) zu Sein *(esse)* wie Möglichkeit zu Wirklichkeit, wie Materie zu Form; denn das Sein realisiert in Gott alle möglichen Wesenheiten. Die für T. charakteristische Hervorhebung des Seins findet ihren Ausdruck darin, daß er von der Einheit von Wesen und Sein in Gott spricht; zugleich aber deutet T. damit das dynamische Verhältnis zwischen Wesen und Sein an. Die geschaffenen Dinge – die Substanzen – sind weniger vollkommen als Gott, weil sie einige nicht realisierte Möglichkeiten haben. Sie sind aber dennoch wirklicher als die reine Möglichkeit, da sie trotz allem existieren. Wenn die reine Möglichkeit existieren könnte, wäre sie mit der reinen Materie (lat. *prima materia*, die erste Materie) identisch; da dies aber unmöglich ist, muß Materie stets in Verbindung mit irgendeiner Form existieren. Wie die Dinge unter den Aspekten Wesen/Sein und möglich/wirklich gesehen werden können, so können die materiellen Dinge auch von der Unterscheidung zwischen Form und Materie her gesehen werden. Wenn die Materie geformt wird, werden Möglichkeiten verwirklicht, d. h. Sein wird zum Wesen hinzugefügt. Was die menschliche Vernunft in den Dingen erkennt, ist die Form bzw. das, was ihnen gemeinsam ist. Für T. gehören Seiendes* (lat. *ens*, ‹existierende Substanz›) und Wahrheit zusammen, da ein Urteil* wahr ist, wenn das Seiende, das im Urteil angenommen wird, dem Seienden in der Wirklichkeit entspricht (vgl. Korrespondenztheorie der Wahrheit).

Aufgrund dieser Unterscheidungen schildert T. die Welt als eine Hierarchie, an deren Spitze Gott steht, die Größe, die ganz verwirklicht und das Sein selbst *ist* – während alles andere nur Sein *hat*. Am untersten Ende der Hierarchie befindet sich die reine Möglichkeit oder die erste Materie. Dazwischen befinden sich die Engel, andere intelligente Wesen, die Menschen, die einen Körper haben, das Tier- und Pflanzenreich sowie die vier Elemente*. Gott hat die Welt erschaffen, was nichts anderes bedeutet, als daß er demjenigen Sein hinzufügt, welches er schafft. Gott ist als Schöpfer des Seienden auch Garant der Wahrheit, weil das Seiende Grundlage der Wahrheit darstellt.

In der Frage nach der Erkenntnis des Wesens Gottes meint T., daß eine solche das menschliche Erkenntnisvermögen überschreite. Menschliches Erkennen beruht auf sinnlicher Wahrnehmung, so daß allein die sinnlich erfahrbare Welt der Erkenntnis zugänglich ist. Wir können zwar schließen, daß die wahrnehmbaren Dinge eine erste Ursache (Gott) haben müssen; aber das Wesen dieser Ursache ist mit einer Erkenntnis, die von der Betrachtung der Sinnenwelt ausgeht, nicht begreifbar. Ist das Wesen Gottes auch unerkennbar, so ist doch seine Existenz rational beweisbar. Zwar verwirft T. den apriorischen* bzw. ontologischen Gottesbeweis*, gibt jedoch fünf Wege an, auf denen ein Existenzbeweis Gottes möglich ist. Die Beweise gehen davon aus, daß es eine Welt gibt, deren Existenz eine Ursache erfordert, und daß die Reihe von Ursachen endlich ist. Daraus folgt der Schluß, daß es eine erste Ursache gibt, die nur mit Gott identifiziert werden kann. Erkenntnis der Eigenschaften Gottes kann der Mensch lediglich auf zwei Weisen erlangen. Wir können in bezug auf Gott alles verneinen, was von ihm nicht ausgesagt werden kann. So kann Gott etwa weder beweglich noch veränderlich sein, da seine Vollkommenheit keinen Grund für Veränderung, Bewegung oder gar Streben gibt (der negative Weg). Oder wir gelangen zur Erkenntnis der Eigenschaften Gottes, indem wir die Analogien* untersuchen, die zwischen Gott und der geschaffenen Welt bestehen. Es bestehen ein Zusammenhang und eine Gleichheit zwischen Ursache (Gott) und Wirkung (geschaffene Welt), auch wenn die Wirkung endlich und die Ursache unendlich ist (der positive Weg). Der relative Grad an Vollkommenheit,

der in der Welt existiert, muß als defizienter Modus der absoluten Vollkommenheit Gottes verstanden werden. Deshalb können wir nach T. Gott allmächtig, allwissend, allgut und frei nennen.
Das Problem des Bösen* entsteht durch die Konfrontation zwischen Gott, der allgut, allmächtig und allwissend ist, und dem Bösen in der Welt (vgl. Theodizee). T. versucht das Problem zu lösen, indem er das Böse als Mangel oder Abwesenheit von etwas Gutem erklärt, wobei er gut funktional bestimmt als gut für etwas. So ist das Fehlen der Beine für den Menschen zwar ein Übel, nicht aber für eine Schlange. Böse ist also dasjenige, was die volle Entfaltung der natürlichen Möglichkeiten eines Dings verhindert, d. h. gegen seine Natur (sein Wesen) steht. Da das Böse bloß ein Mangel an Gutem ist, können wir nicht mit Recht sagen, daß Gott es geschaffen hat. Physische Übel wie der biologische Tod haben ihren Platz im Werk Gottes. Denn wenn es etwas Unvergängliches gibt, muß es auch etwas Vergängliches geben – wo es Licht gibt, muß es auch Schatten geben. Die Übel, die der Bosheit des Menschen entspringen, sind als Möglichkeiten notwendig, weil sie eine Konsequenz der Wahlfreiheit des Menschen sind, die den Menschen eben auch instand setzt, Gott zu lieben und ihm zu dienen.
Der Mensch, der das Werk Gottes ist, ist eine Einheit von Form und Materie; denn die Seele* (lat. *anima*) ist die Form des Körpers. Die Menschen unterscheiden sich voneinander, weil sie verschiedene Körper haben; die Materie hat somit die Funktion eines Individuationsprinzips*. Die Seele des Menschen, der keine angeborenen Ideen* innewohnen, ist vom Körper abhängig, was z. B. die sinnliche Wahrnehmung betrifft, die Ausgangspunkt aller menschlichen Erkenntnis ist. Aber nach T. ist die Seele auch unsterblich, weil sie gewisse geistige Funktionen ausübt, die nicht an den Körper gebunden sind. Deshalb kann die Seele den Körper überleben. Die verschiedenen Sinneseindrücke werden durch einen inneren gemeinsamen Sinn (lat. *sensus communis*) gesammelt, wobei die Seele durch Abstraktion imstande ist, die Formen der Dinge zu erkennen. Hierdurch bildet sie universale Begriffe (Universalien*), die für T. keine Existenz außerhalb des Bewußtseins haben (vgl. Universalienstreit), da sie nur in der Seele existieren. Andere seelische Funktionen sind die rationalen Neigungen oder der Wille (lat. *voluntas*) sowie die sinnlichen Neigungen (lat. *appetitus sensitivus*), die in Gefühlen und Leidenschaften ihren Ausdruck finden. Nach T. sind die sinnlichen natürlichen Neigungen nur sündhaft, wenn sie sich der Herrschaft der Vernunft widersetzen. Es gibt nur eine Größe, die absolut gut ist und als das höchste Ziel gilt, wonach der Wille notwendigerweise strebt, nämlich Gott. Das was gut für den Menschen ist, ist, daß er sich in Übereinstimmung mit der Vernunft befindet. Diese Vernunft manifestiert sich u. a. in den Gesetzen, die für das ganze Universum gelten, den ewigen oder göttlichen Gesetzen (lat. *lex aeterna, lex divina*), und in den Gesetzen, die für die einzelne Person, betrachtet als eine Einheit von Fähigkeiten und Neigungen, gelten, dem natürlichen Gesetz (lat. *lex natura*). Dem natürlichen Gesetz, das die Teilhabe des rationalen Wesens an dem ewigen Gesetz garantiert, folgen die natürlichen Neigungen des Menschen und stimmen mit diesem insoweit überein, als sie durch die Vernunft reguliert sind. Nach dem natürlichen Gesetz sollen wir Leben erhalten und anderen nichts Böses tun.
In solchen die Ethik betreffenden Fragen schließt sich T. Aristoteles an, der in der Schau der Wahrheit den höchsten Glückszustand sieht. Allerdings verbindet T. diesen Gedanken mit der christlichen Lehre von einem künftigen Leben nach dem Tod. Der Mensch ist gerade dadurch Mensch, daß seine Seele die Funktionen des Verstands umfaßt, die darin bestehen, Wahrheiten und das Wesen der Dinge zu begreifen. Dies wird nach T. aber nur durch Kontakt zur absoluten

Wahrheit (Gott) und durch die Schau seines Wesens möglich. Da das Wesen Gottes dem menschlichen Erkenntnisvermögen jedoch unzugänglich bleibt, ist eigentliches Glück, die volle Entfaltung der besonderen menschlichen Fähigkeiten, erst im Jenseits zu erlangen. In diesem Leben kann man nur ein bedingtes Glück erlangen, das sich auf theoretische Einsicht und moralisches Handeln konzentriert. Diese irdische Realisierung des Menschen bleibt mangelhaft, wie auch irdische Erkenntnis, aber eben bloß mangel-, nicht fehlerhaft. Auch hier läßt sich das durchgängige Thema von T. aufzeigen, daß sich das natürlich Erkennbare nicht im Widerspruch zum Übernatürlichen befindet, sondern wahr und gut ist, indem es an dem Göttlichen und vollkommen Wahren und Guten teilhat.

Ausg.: Summa theologica, dt.-lat., 32 Bde., 1934–85. Summa contra gentiles, lat.-dt., 1974/84. Quaestiones disputatae, 1964/65. Von der Wahrheit, 1985. Über Seiendes und Wesenheit, 1988. Über den Lehrer, 1988. – *Lit.:* N. Bathen: Thomistische Ontologie und Sprachanalyse, 1988. K. Bernath: T. v. A., 1978. D. Chenu: Das Werk des T. v. A., 1960, 1992. R. Heinzmann: T. v. A. Eine Einführung in sein Denken, 1994. W. Kluxen: Philos. Ethik bei T. v. A., ²1980. M. Lutz-Bachmann (Hg.): Ontologie und Theologie. Beiträge zum Problem der Metaphysik bei Aristoteles und T. v. A., 1988. G. Mensching: T. v. A., 1995. J. Pieper: T. v. A. Leben und Werk, ³1986. G. Pöltner: Schönheit. Eine Untersuchung zum Ursprung des Denkens bei Th. v. A., 1978. J.-P. Torrell: Magister T. Leben und Werk des T. v. A., 1995. A. Zimmermann (Hg.): T. v. A. Werk und Wirkung im Licht neuerer Forschungen, 1988.

Thomas von St. Victor (gest. 1226), auch Thomas Gallus genannt, franz. Scholastiker* und Mystiker, vom Mystizismus* des sog. Pseudo-Dionysios beeinflußt, zu dessen Lehre er einen Kommentar schrieb.

Ausg.: Kommentar zu Pseudo-Dionysios, lat., 1502. Kommentar zum Hohen Lied. In: J. P. Migne: Patrologia Latina, Bd. 206. – *Lit.:* M. Grabmann: Mittelalterliches Geistesleben, 3 Bde., 1926/29.

Thomasius, Christian (1655–1728), dt. Jurist und Philos. Als Aufklärungsphilos. betrachtet T. die Vernunft* als einzige Grundlage der Philos. und bekämpft scholastische* Lehren, Buchstabenglauben und Orthodoxie – ausgenommen die Lehre des Urchristentums, die einen Herrscher als Verkörperung der Staatsmacht postuliert. Er schließt sich in der Diskussion um das Naturrecht* der Lehre Pufendorfs an. Eines seiner Hauptverdienste ist sein Kampf gegen die Hexenprozesse.

Ausg.: Einleitung zur Vernunftlehre, 1968. Ausübung der Vernunftlehre, 1968. Einleitung zur Sittenlehre, 1968. Ausübung der Sittenlehre, 1968. Vom Laster der Zauberei und Über die Hexenprozesse, 1967. – *Lit.:* E. Bloch: C. T., 1953. R. Lieberwirth: C. T. Sein wissenschaftliches Lebenswerk. Eine Biographie, 1955. W. Schmidt: Ein vergessener Rebell. Leben und Wirken des C. T., 1995. W. Schneiders: Naturrecht und Liebesethik im Hinblick auf C. T., 1971. W. Schneiders (Hg.): C. T., 1655–1728, 1989.

Thomismus. Sammelbezeichnung für die philos. Richtungen, die von der Philos. und der Theologie des Thomas von Aquin ausgehen. Der T. setzte bereits nach der Reformation ein, gewann aber vor allem (unter der Bezeichnung Neuthomismus) nach 1879, als Papst Leo XIII. Thomas zum offiziellen Philos. der katholischen Kirche ernannte, an Bedeutung. Der T. vertritt eine systematisch angelegte Philos., die auf einem metaphysischen Realismus* und einer Erkenntnistheorie beruht, die der sinnlichen Erfahrung großes Gewicht beilegt. Er verwirft die Theorie von angeborenen Ideen* und tritt für eine Korrespondenztheorie der Wahrheit* ein. Das Sein wird als hierarchische Stufung mit Gott*, dem Schöpfer und dem Ziel aller Dinge, an der Spitze dargestellt. Der Mensch bildet eine Einheit von Geist* und Körper und befindet sich deshalb in der Mitte der Systemhierarchie.

Tillich, Paul (1886–1965), dt.-amerik. Theologe; 1929 Nachfolger Schelers als Prof. für Philos. und Soziologie in Frankfurt, 1933 wegen seiner führenden Rolle im «Bund religiöser Sozialisten» entlassen. Emigration in die USA; Prof. in New York, ab 1955 in Harvard und ab 1962 in Chicago. – T. betrachtet sein Denken als dritten Weg zwischen liberaler* und dialektischer* Theologie. In der liberalen Theologie besteht die Tendenz, die Trennung oder Grenze von Gott* und Welt zu verwischen; dagegen betont die dialektische Theologie diese Grenze so stark, daß jede Verbindung – und damit jede wirkliche Abgrenzung – unmöglich erscheint. In beiden Fällen droht die Grenze also zu verschwinden, und daran zeigt sich für T., daß die Alternative von liberaler und dialektischer Theologie falsch ist. T. versteht sein eigenes Denken als Vermittlung zwischen Christentum und weltlicher Kultur, insbesondere zwischen Theologie und Philos. Trotz ihrer Unterschiedlichkeit sind beide aufeinander verwiesen. Ihre Gemeinsamkeit besteht darin, daß sie die höchste Frage aufwerfen, die Frage nach dem Sein*. Getrennt sind sie aber durch die besondere Art der Fragestellung: Die Philos. fragt ‹theoretisch› nach den Strukturen des Seienden, während die Theologie ‹existentiell› nach dem Sinn des Seins für den Menschen oder dem absoluten Interesse forscht, d. h. nach dem, was der Mensch letztlich und eigentlich will.

Ausg.: Mystik und Schuldbewußtsein in Schellings philos. Entwicklung, 1912. Ideen zu einer Theologie der Kultur, 1921. Kairos. Zur Geistesslage und Geisteswendung der Gegenwart, 2 Bde., 1926–29. Der Protestantismus als Kritik und Gestaltung, 1929. Die sozialistische Entscheidung, 1933. Zwei Wege der Religionsphilos., 1946. Systematische Theologie, 3 Bde., 1955–67. Liebe, Macht, Gerechtigkeit, 1955. Der Mut zum Sein, 1991. – *Lit.:* R. Albrecht/W. Schüßler (Hg.): P. T. Sein Werk, 1986. K.-D. Nörenberg: Analogia Imaginis. Der Symbolbegriff bei P. T., 1966. E. Rolinck: Geschichte und Reich Gottes. Philos. und Theologie der Geschichte bei P. T., 1976. M. K. Taylor: P. T., 1987. G. Wenz: Subjekt und Sein. Die Theologie P. T., 1979.

Tocqueville, Alexis de (1805–59), franz. Schriftsteller und Politiker. Das politischphilos. Hauptthema T. ist das Verhältnis zwischen Gleichheit und Freiheit*. Gleichheit ist nach T. ein Prinzip der Demokratie* und schließt als solches Vor- und Sonderrechte in der Gesellschaft aus. Die Entstehung und Festigung demokratischer Gesellschaften sieht T. in Europa und Amerika geradezu als unabänderlich an. Freiheit, ebenso demokratisches Prinzip, existiert in den Gesellschaften, in denen die Individuen die Möglichkeit besitzen, ihre Vorzüge und Besonderheiten wahrzunehmen und zu entfalten. Die Wirklichkeit der Freiheit in der Gesellschaft hängt nach T. weitgehend vom Einsatz einzelner Menschen ab. In der Demokratie der USA, die T. in *La démocratie en Amérique* (1835–40) schildert, ist ein demokratisches Bewußtsein entstanden, aus welchem sich Institutionen festigen konnten, die ein vorwiegend positives Zusammenspiel von Gleichheit und Freiheit ermöglichen. Dagegen stößt die Freiheit auf äußerst ungünstige Bedingungen in dem modernen zentralisierten und gleichgeschalteten Frankreich, dessen nachrevolutionäre Entwicklung Thema von T. zweitem Hauptwerk ist: *L'ancien régime et la révolution* (1846).

Ausg.: Über die Demokratie in Amerika, 1976. Der alte Staat und die Revolution, 1969. – *Lit.:* H. Dittgen: Politik zwischen Freiheit und Despotismus. A. d. T. und Karl Marx, 1986. M. Hereth: T. zur Einführung, 1991. P. A. Lawler: The Restless Mind. A. d. T. and the Perpetuation of Human Liberty, 1993. J. P. Mayer: A. d. T. Analytiker des Massenzeitalters, ³1972. H. A. Rau: Demokratie und Republik. T. Theorie des politischen Handelns, 1981.

Tod, s. Leben/Tod

Toleranz (lat. *tolerare*, dulden, ertragen, aushalten), das Dulden und Ertragen der Anschauungen, Sitten und Lebensformen anderer, die von den eigenen abweichen. T. darf schon von diesem Wortsinn her nicht mit Indifferenz oder ethischem Relativismus verwechselt werden, der alle Positionen für gleich-gültig erklärt. Sie verlangt vielmehr die Duldung gerade jener Meinungen oder Handlungen anderer, die man selbst als falsch ansieht und denen man deshalb keineswegs indifferent gegenübersteht. Der Gegensatz zur T., die Intoleranz, besteht darin, abweichende Meinungen und Lebensformen zu bekämpfen und zu unterdrücken.

Das zentrale historische Problem war – mit dem aufkommenden Christentum – über Jahrhunderte hinweg die Frage der religiösen T. Das klassische philos. Plädoyer für T., J. Lockes *Epistola de Tolerantia* von 1688, steht noch deutlich in diesem Kontext: Zum Glauben, so argumentiert Locke, kann man niemanden zwingen, denn der Glaube ist eine innere, private Angelegenheit. Durch Zwang erzeugt man höchstens äußere Anpassung, d. h. Heuchelei. Die Kirche, so lautet sein zweites Argument, kann daher nur eine freiwillige Gesellschaft sein und muß losgelöst werden von der Staatsgewalt, die nicht für das Seelenheil der Menschen zuständig ist, sondern für den Schutz der Rechte und Freiheiten der Bürger. Lockes Argumente für die T. haben – selbst innerhalb des Katholizismus – allgemeine Zustimmung gefunden. Auf derselben Linie wie Locke bewegt sich J.S. Mill, der zweite große Verfechter des T.gedankens. Mill legt das Gewicht allerdings nicht bloß auf die T. von seiten des Staats und der Kirche; ihm geht es primär um T. in Fragen der Moral und der ungeschriebenen gesellschaftlichen Normen. Er plädiert für möglichst große Freiheit, Individualität und Vielfalt, die weder durch den Staat noch durch öffentlichen Druck eingeschränkt werden dürfen, solange sie nur den einzelnen selbst betreffen und anderen nicht schaden.

Die von Mill verfochtene liberale T. ist zu einer Grundvoraussetzung demokratischer Staaten in der pluralistischen Industriegesellschaft geworden. T. in der Demokratie bedeutet zunächst, daß zum Meinungskampf alle politischen Ansichten zugelassen werden müssen (ohne Diskriminierung ihrer Vertreter); T. bedeutet aber auch, daß die im Meinungskampf unterliegende Minderheit sich dem Entscheid der Mehrheit beugt, und umgekehrt, daß die Mehrheit in substantiellen Fragen auf Anliegen der Minderheit Rücksicht nimmt und nicht zur Mehrheitstyrannei entartet. – Die Kritik am kapitalistischen Gesellschaftssystem hat in jüngerer Zeit die T.diskussion wieder in Gang gesetzt. T. zu üben in der heutigen Gesellschaft bedeutet, wie etwa H. Marcuse argumentiert, daß die emanzipativen oppositionellen Bewegungen geschwächt und die reaktionären Kräfte gestärkt werden. Ohne grundlegende Veränderung der Gesellschaft bleibe T. deshalb ‹repressiv›. Marcuse hält es aus diesem Grund für gerechtfertigt, daß «unterdrückte und überwältigte Minderheiten» in Ausübung ihres «Naturrechts» auf Widerstand auch außergesetzliche Mittel anwenden, wenn die gesetzlichen sich als wirkungslos herausgestellt haben – eine These, die auch innerhalb der Linken selbst zu Mißverständnissen und Kontroversen geführt hat.

Lit.: J. Locke: Ein Brief über T. J.S. Mill: Über die Freiheit. A. Mitscherlich: T. Überprüfung eines Begriffs, 1974. R. Saage: Herrschaft, T., Widerstand, 1981. U. Schulz (Hg.): T., 1974. R.P. Wolff/B. Moore/H. Marcuse: Kritik der reinen T., 1966.

Toleranzprinzip, Terminus technicus bei Carnap (*Logische Syntax der Sprache*, Sektion 17, 1934) für das Prinzip der freien Wahl zwischen Regeln oder Konventionen, die dazu dienen, problematische Sätze – z. B. über abstrakte, theoretische Größen – mit Sätzen zu verbinden, die direkt durch Beobachtung nachprüfbar sind.

Topik (von griech. *topos*, Stelle, Ort). 1. Lehre von den Schlußfolgerungen aus wahrscheinlichen Sätzen und deren Begründung durch die Findung plausibler, in allgemeiner Akzeptanz stehender Argumente. Zuerst behandelt in der *Topik* des Aristoteles. 2. Lehre von den allgemeinen Gesichtspunkten, den ‹Gemeinplätzen›, die bei der Erörterung eines Themas geltend gemacht werden können.

to ti en einai (griech. ‹das Was im Sein›; lat. *essentia*, *natura*, *quidditas**), aristotelische Bezeichnung für Wesen*.

Toulmin, Stephen (geb. 1922 in London), studierte Mathematik, Physik und Philos. an der Univ. Cambridge, wo er auch promovierte, 1955–59 Prof. in Leeds, 1960–64 Leiter der Nuffield Foundation Unit for History of Ideas in London. 1965–69 Prof. für Ideengeschichte und Philos. an der Univ. Brandeis, 1969 Prof. für Philos. an der Michigan State Univ., 1972–73 Leiter des Crown College, Univ. of California, Santa Cruz, zahlreiche Gastdozenturen, zuletzt an der Univ. of Chicago und am Dartmouth College. T. hat zahlreiche Werke zu Themen der Ethik*, der Argumentationslehre, Wissenschaftsphilos. und – in Zusammenarbeit mit seiner Frau June Goodfield – zur Wissenschaftsgeschichte veröffentlicht. In seinen Arbeiten zur Argumentationslogik, insbes. in *Der Gebrauch von Argumenten* (1975), argumentiert T. für die Neuorientierung der Beweisführung am Modell der Argumentation, für welche er das juristische Modell des Gerichtsverfahrens hervorhebt. Im Gegensatz zur Logik des deduktiven Schließens, welche für Argumentationen irrelevant ist, weil bereichsunspezifisch und einer zeitlosen Axiomatik verpflichtet, gilt es nach T. für die Entwicklung einer argumentationslogischen Beweisführung, auf die Mittel der Topik, Rhetorik und praktischen Philos. zurückzugreifen. Im Rahmen seiner Wissenschaftstheorie versucht T., im Gegensatz zu Th. S. Kuhn den Prozeß der wissenschaftlichen Entwicklung nicht als diskontinuierliche Revolution, sondern als evolutionären Prozeß verständlich zu machen. Der Entwicklungsprozeß der Wissenschaften stellt sich als Konkurrenz verschiedener Theorien dar, in welcher sich jene mit der stärkeren Erklärungskraft durchsetzt und weiter tradiert. Ähnlich wie biologische Prozesse folgt die Wissenschaftsentwicklung den Prinzipien der Variation und Selektion, wobei T. im Gegensatz zum biologischen Evolutionskonzept die beiden Prinzipien der Entwicklung so miteinander verknüpft, daß konzeptionelle Varianten schon aufgrund ihrer Einpassung in die wissenschaftliche Tradition vorselektioniert werden.

Ausg.: Voraussicht und Verstehen. Ein Versuch über die Ziele der Wissenschaft, 1968. Der Gebrauch von Argumenten, 1975. Wittgensteins Wien, 1984. The Abuse of Casuistry, 1988 Kosmopolis, 1991. Kritik der kollektiven Vernunft, 1978.

Toynbee, Arnold J. (1889–1975), engl. Historiker und Geschichtsphilos. Von 1919 bis 1924 lehrte T. als Prof. für byzantinische und griechische Sprache, Literatur und Geschichte an der Universität London, von 1925 bis 1955 war er Director of Studies am Royal Institute of International Affairs sowie Prof. für Internationale Geschichte an der Universität London. Zeitweilig war T. als Beamter des britischen Außenministeriums tätig. – Seine umfassende Studie zur Kulturentwicklung der Menschheit (*A Study of History*, 12 Bde., 1934–61), die T. 1929 zu schreiben begann, ist der vielleicht letzte großangelegte, die Fülle historischer Erkenntnisse integrierende Versuch einer philos. Gesamtdeutung der Kulturgeschichte. In vergleichenden Untersuchungen zahlreicher Gesellschaften versucht T. zu zeigen, wie die Zivilisationen auseinander hervorgehen. Obschon die verschiedenen Gesellschaften alle ähnliche Züge aufweisen und alle einem Zyklus von Aufstieg und Zerfall folgen, ist doch die Art ihrer Entwicklung jeweils sehr verschieden, je nachdem, welche kreativen Kapazitäten und spirituellen Kräfte in einer Sozietät zu einer bestimmten Zeit gerade existieren. Die kreativen Minoritäten sind es denn auch, welchen nach T. in der Kulturentstehung eine zentrale Rolle zukommt. Ihre Antworten auf die ständig neuen Herausforderungen der Umwelt zeichnen den Weg einer Gesellschaft als ganzer vor. Geht eine Gesellschaft dieses kreativen Potentials verlustig, so droht ihr der Niedergang. Denn der Versuch der sozialen Minorität, ihre erworbene Machtstellung zu sichern, indem sie die vormals relativen Werte nun verabsolutiert, leitet den Prozeß sozialer Zwietracht ein. Im Glauben an die jederzeit mögliche Abwendung eines gesellschaftlichen Zerfalls unterscheidet sich T. aber von marxistisch-geschichtsphilos. Auffassungen, die die Notwendigkeit bestimmter Geschichtsverläufe behaupten.

Nach T. sind es allein die großen Weltreligionen, welche im Auf- und Niedergang der Kulturen überleben und dadurch als vermittelnde kulturelle Brücken fungieren. Das kontinuierliche Fortbestehen dieser Religionen und deren gemeinsames Ziel eines ‹Königreichs Gottes› auf Erden wird für T. zum Zeichen einer allmählichen moralischen und geistigen Vervollkommnung der Menschheit.

Ausg.: Greek Civilization and Character, 1924. Christianity and Civilization, 1940. Kultur am Scheidewege, 1949. Der Gang der Weltgeschichte, 2 Bde., 1949–58. Von Ost nach West, 1960. – *Lit.:* W. H. McNeill: A. J. T., 1989. R. W. Thompson (Hg.): T. Philosophy of World History and Politics, 1985.

Transformationsregel (lat. *transformare*, umbilden), Umbildungsregel. 1. In der modernen Logik* Bezeichnung für die Schlußfolgerungs- oder Ableitungsregeln eines logischen Systems, z. B. in der Aussagenlogik des *modus* ponendo ponens*: ‹Aus den beiden Prämissen der Formel P→Q und P kann man auf Q schließen›. 2. In der von Chomsky begründeten Transformationsgrammatik Bezeichnung für die syntaktischen* Regeln, die von den Tiefenstrukturen der Sätze zu ihren Oberflächenstrukturen führen. So führt eine T. von dem Satz ‹Peter schlägt Paul› zu dem Satz ‹Paul wird von Peter geschlagen›.

transitiv (lat. *transitivus*, übergehend). 1. Eigenschaft von Verben, die einen Objektakkusativ fordern. 2. Eine Relation*, R, wird t. genannt, wenn für beliebige a, b, c gilt, daß aRc aus aRb und bRc folgt*. Z. B. wenn a größer ist als b und b größer als c ist, dann ist a größer als c.

transparent (engl.), durchsichtig, im Gegensatz zu opak (engl. *opaque*), undurchsichtig. Termini in der philos. Semantik*, von Russell und Whitehead (t.) bzw. von Quine (opak) eingeführt. Ein Satz oder Kontext* wird als (referentiell) t. bezeichnet dann und nur dann, wenn sein Wahrheitswert* beim Austauschen der vorkommenden singulären Termini* durch andere singuläre Termini, die dieselbe Referenz wie die ursprünglichen Termini haben, unverändert bleibt. Ansonsten ist der Satz opak. Z. B. ist der Satz ‹Der Morgenstern befindet sich zwischen der Sonne und dem Mond› t., da der singuläre Terminus Morgenstern durch einen anderen mit gleichem Referenten ersetzt werden kann, ohne daß sich dabei der Wahrheitswert ändert: ‹Der Abendstern befindet sich zwischen der Sonne und der Erde›. Dagegen ist der Satz ‹Es war eine interessante Entdeckung, daß der Morgenstern mit dem Abendstern identisch ist› opak. Ein durch Austausch eines der singulären Termini aus ihm gebildeter Satz wie ‹Es war eine interessante Entdeckung, daß der Morgenstern mit dem Morgenstern identisch ist› hat offensichtlich nicht mehr denselben Wahrheitswert. In t. Sätzen haben singuläre Termini rein referentielle Funktion, d. h. sie dienen allein dazu, einen bestimmten Gegenstand zu benennen, von dem im Rest des Satzes etwas ausgesagt wird. In opaken Sätzen ist die Funktion solcher Ausdrücke ungeklärt; es ist jedoch deutlich, daß ihr Sinn (Intension) hier mehr und anderes bedeutet als das Festlegen der Referenzen. Opake Sätze bereiten Schwierigkeiten für die Anwendung der Identitätslogik sowie der Prädikatenlogik. – S. auch extensional.

transzendent/transzendieren (lat. *transcendere*, hinübersteigen, überschreiten), übersteigend/übersteigen. Zu den verschiedenen Bedeutungen von t. siehe immanent/transzendent.

transzendental (von lat. *transcendere*, überschreiten, hinübersteigen). 1. In der scholastischen Philos. Bezeichnung für das, was die Transzendentalien (Wesen*, Einheit, Wahrheit* usw.) betrifft. 2. Seine neuzeitliche Prägung erhält der Begriff t. durch Kant. Dieser unterscheidet grundlegend zwischen den Gegenständen der Erfahrung (den sinnlich wahrnehmbaren Objekten) und den t. Bedingungen dafür, daß diese Gegenstände überhaupt als Objekte erfahrbar sind – daß es sich also nicht bloß um subjektive Vorstellungen handelt. So gilt es etwa als Bedingung der Möglichkeit von Objekterkenntnis, daß sich der betreffende Erkenntnisgegenstand in Raum* und Zeit* sowie als Glied in einer Ursache-Wirkungs-Kette befindet. Solche t. Bedingungen unterscheiden sich wesentlich von den physischen, biologischen, psychischen oder sozialen Bedingungen der Erkenntnis. Z.B. gehört der spezifische Aufbau des Zentralnervensystems zu den biologischen Bedingungen der Erfahrung; ohne das Gehirn wäre Erfahrung unmöglich. Diese Voraussetzung bildet jedoch keine t., sondern eine empirische* Bedingung. Denn zum einen ist das Großhirn selbst ein erfahrbarer Gegenstand und kann daher unmöglich als objektive Bedingung der Möglichkeit von empirischer Erkenntnis überhaupt Gültigkeit beanspruchen; zum anderen läßt sich die Existenz von Lebewesen, die trotz fehlendem Großhirn Erfahrungen besitzen, nicht prinzipiell ausschließen. Eine t. Bedingung gibt im Unterschied zu empirischen Bedingungen zunächst an, welche Voraussetzungen erfüllt sein müssen, damit ein Objekt überhaupt erst als solches erkennbar wird. T. Bedingungen geben also auch nicht nur die der Erfahrbarkeit empirischer Gegenstände an, sondern klären zugleich die Bedingungen der Möglichkeit der Gegenstände der Erfahrung. Dies ist Kants erkenntnistheoretische Wendung des ontologischen Objektbegriffs.

Von den erfahrbaren Gegenständen handeln die sog. empirisch-aposteriorischen Urteile* (z. B. ‹Das Haus ist rot› oder ‹Physische Körper fallen entsprechend dem Fallgesetz›). Solche Urteile lassen sich nur verifizieren oder widerlegen, indem eine Untersuchung über den Gegenstand (bzw. Gegenstandsbereich) angestellt wird, von dem die Urteile handeln. Dagegen beanspruchen t. Urteile apriorische* Gültigkeit für die Erfahrung; sie sind unabhängig von der Sinneserfahrung. Sie betreffen nicht die erfahrbaren Gegenstände, sondern die notwendigen Bedingungen für die Erfahrbarkeit von Gegenständen. Die t. Urteile gleichen insofern den logischen Urteilen, als es in beiden Fällen um solche geht, die *a priori* erkannt werden können. Während es jedoch selbstwidersprüchlich (kontradiktorisch*) ist, ein logisch wahres Urteil zu verneinen, gilt dies für t. Urteile nicht. (Ein Beispiel für ein t. Urteil wäre die Aussage ‹Wenn die Sonne auf einen Stein scheint und sich dieser erwärmt, so ist dieser kausale Zusammenhang als solcher nur unter der Voraussetzung möglich, daß alle erfahrbaren Gegenstände dem Gesetz von Ursache und Wirkung unterliegen.› Diese Aussage zu bestreiten impliziert keinen Selbstwiderspruch.) Um in der Begrifflichkeit Kants zu sprechen: Die logischen Urteile sind analytisch* a priori, die t. Urteile dage-

gen synthetisch a priori. Daher läßt sich über die Wahrheit oder Falschheit t. Urteile nicht wie über die der logischen Urteile durch logische Analyse entscheiden; ihre apriorische Gültigkeit muß auf anderem Weg erwiesen werden. Dieser Geltungsbeweis, d. h. der Nachweis der objektiven Gültigkeit der Kategorien bzw. t. Urteile, steht in dem zentralen Kapitel der *Kritik der reinen Vernunft*, welches Kant mit «T. Deduktion der reinen Verstandesbegriffe» überschrieb. Als oberstes Prinzip dient ihm das in unmittelbarer Gewißheit gegebene Selbstbewußtsein (das t. Ich oder die t. Einheit der Apperzeption), aus welchem die Kategorien bzw. t. Urteile hergeleitet («deduziert») werden sollen. Diese für Kants theoretische Philos. wohl zentrale Herleitung galt ihm selbst als eine der dunkelsten Passagen der *Kritik der reinen Vernunft* und bleibt bis heute Gegenstand zahlreicher Rekonstruktionsversuche wie auch heftiger Kritik. Mit der Beurteilung dieses Geltungsbeweises steht und fällt letztlich die Möglichkeit der Transzendentalphilos.
Andere (nachkantische) Philos. verlagern die Diskussion über t. Bedingungen in den Bereich des intentionalen* Bewußtseins (z. B. Husserl), der Geschichte (z. B. Gadamer, in gewisser Weise schon Hegel), in die existentiale* Struktur des Menschen (Heidegger) oder in die Sprache (z. B. Apel, Habermas und Strawson). Nicht selten wird diesen Versuchen (u. a. jenen von Apel und Habermas) vorgeworfen, echte t. Bedingungen mit allgemeinen empirischen, etwa soziologischen Gesetzmäßigkeiten, zu vermischen. – Empiristisch* und skeptisch* orientierte Philos. bestreiten dagegen die Möglichkeit apriorischer Erkenntnis und Begründungen schlechthin.

Lit.: K.-O. Apel: Transformation der Philos., 2 Bde., 1973. In: K.-O. Apel (Hg.): Sprachpragmatik und Philos., 1976. R. Aschenberg: Sprachanalyse und T.philos., 1982. W. Cramer: Grundlegung einer Theorie des Geistes, 1965. J. G. Fichte: Grundlage der gesamten Wissenschaftslehre, 1794. J. Habermas: Was heißt Universalpragmatik? D. Henrich: Identität und Objektivität, 1976. H. Holz: Einführung in die T.philos., 1991. I. Kant: Kritik der reinen Vernunft. M. Niquet: T. Argumente, 1991. E. Schaper/W. Vossenkuhl (Hg.): Bedingungen der Möglichkeit. ‹Transcendental arguments› und t. Denken, 1984. P. Strawson: Die Grenzen des Sinns, 1981. H. Wagner: Philos. und Reflexion, 1959.

transzendentale Analytik (von lat. *transcendere*, hinüberschreiten, übersteigen, und griech. *analytike techne*, Kunst der Analyse), bei Kant Teil der sog. transzendentalen Logik*. Die t. A. «ist die Zergliederung unseres gesamten Erkenntnisses a priori in die Elemente der reinen Verstandeserkenntniß. Es kommt hiebei auf folgende Stücke an: 1. Daß die Begriffe reine und nicht empirische Begriffe seien. 2. Daß sie nicht zur Anschauung und zur Sinnlichkeit, sondern zum Denken und Verstande gehören. 3. Daß sie Elementarbegriffe seien und von den abgeleiteten oder daraus zusammengesetzten wohl unterschieden werden. 4. Daß ihre Tafel vollständig sei, und sie das ganze Feld des reinen Verstandes gänzlich ausfüllen» (Kant, *Kritik der reinen Vernunft*, B 89.).

transzendentale Bedingung, Bedingung* der Möglichkeit der Erfahrung bzw. des Denkens, d. h. eine notwendige Bedingung, die in jeder möglichen Erfahrung bzw. jedem möglichen Denken vorausgesetzt ist, ohne aber zur Erfahrung oder zum Denken in einem Ursache-Wirkungs-Verhältnis zu stehen.

transzendentale Deduktion, Kants Bezeichnung für einen Beweis, der zeigen soll, daß Grundbegriffe (Kategorien*) wie ‹Substanz› (‹Ding›) oder ‹Ursache/ Wirkung› objektive Gültigkeit für die Erfahrung besitzen. «Unter den mancherlei Begriffen aber, die das sehr vermischte Gewebe der menschlichen Erkenntniß ausmachen, giebt es einige, die auch zum reinen Gebrauch a priori (völlig unabhängig von aller Erfahrung) bestimmt sind, und dieser ihre Befugniß bedarf jederzeit einer Deduction... Ich nenne daher die Erklärung der Art, wie sich Begriffe a priori auf Gegenstände beziehen können, die *transscendentale Deduction* derselben und unterscheide sie von der *empirischen* Deduction, welche die Art anzeigt, wie ein Begriff durch Erfahrung und Reflexion über dieselbe erworben worden, und daher nicht die Rechtmäßigkeit, sondern das Factum betrifft, wodurch der Besitz entsprungen» (Kant, *Kritik der reinen Vernunft*, B 117.).

Lit.: P. Baumanns: Kants t. D. der reinen Verstandesbegriffe (B). Ein kritischer Forschungsbericht. In: Kant-Studien 82 (1991), S. 329–48 und 436–55. Kants t. D. und die Möglichkeit von Transzendentalphilos. Hg. vom Forum für Philos., 1988.

transzendentale Form, bei Kant Bezeichnung für eine Form*, Ordnung oder Struktur, die notwendig alle Erfahrung* prägt und eine Bedingung* der Möglichkeit jeder Erfahrung darstellt. Es gibt laut Kant zwei Arten t. Form: die Formen der Anschauung* (Zeit und Raum) und die Formen des Verstandes (Kategorien*, z.B. ‹Substanz› und ‹Ursache/Wirkung›).

transzendentale Logik, bei Kant eine «Wissenschaft, welche den Ursprung, den Umfang und die objektive Gültigkeit» der reinen Verstandesformen (Kategorien*) bestimmt (*Kritik der reinen Vernunft*, B 81). Wie die formale Logik (s. Logik, klassische) ist die t. L. eine Wissenschaft *a* priori*. Während sich die formale Logik jedoch auf analytische* Urteile über das beschränkt, was formal gesehen für jeden möglichen Gegenstand notwendig gilt, formuliert die t. L. synthetische Urteile *a priori* darüber, was für jeden Gegenstand mit Notwendigkeit gelten muß, wenn er ein erfahrbarer und damit erkennbarer Gegenstand sein soll. Die t. L. gliedert sich in zwei Teile, einen positiven und einen negativen: Die transzendentale* Analytik untersucht den Ursprung und die Begründung der Kategorien*, während es Aufgabe der transzendentalen Dialektik* ist, einen falschen Gebrauch der Kategorien zu kritisieren.

transzendentaler Idealismus (oder kritischer Idealismus), Kants Bezeichnung für seine eigene Philos. Ihr zufolge vermag der Mensch die Dinge nicht so zu erkennen, wie sie an* sich sind, sondern nur so, wie sie erscheinen (vgl. Phänomen; s. auch Idealismus).

transzendentaler Realismus, Theorie, die gleich der Transzendentalphilos.* (1) die epistemologische Auffassung vertritt, daß ein Ding (Seiendes*) notwendig apriorischen* Formen* unterliegen muß, um überhaupt erfahrbar zu sein, und (2) die ontologische Behauptung des Realismus* vertritt, daß die Dinge an* sich existieren – unabhängig davon, ob sie erfahren werden oder nicht.

transzendentales Argument. Ein t. A. setzt ein Urteil ‹p› voraus und sucht dann nach anderen Urteilen ‹q›, ‹r› und ‹s› –, welche die notwendigen* Bedingungen dafür bilden, daß ‹p› wahr sein kann. Ein t. A. will also nicht die Wahrheit von ‹p› beweisen. Vielmehr will es zeigen, was notwendig der Fall sein muß, soll die Möglichkeit, daß ‹p› wahr ist, überhaupt gegeben sein. Die Einteilung der t. A. sowie ihre Gültigkeit sind umstritten. Verwandte Argumentationsformen sind die Paradigmen*-Argumente (Argumente, die mit polaren* Begriffen operieren) sowie die reflexiven* Argumente.

transzendentales Bewußtsein, Inbegriff* derjenigen Eigenschaften des Bewußtseins*, welche die transzendentalen* Bedingungen für Erfahrung und Denken ausmachen.

Transzendentalien (lat. *transcendentalia*, grenzüberschreitende Grundbegriffe), in der scholastischen* Philos. Bezeichnung für solche Begriffe, welche alle aristotelischen* Kategorien überschreiten, d. h. zu keiner dieser Kategorien gehören und demnach gleichermaßen von Substanzen, Eigenschaften, Relationen und dem, was unter die übrigen Kategorien fällt, ausgesagt werden können. Zu den T. zählen Grundbestimmungen wie ‹wahr›, ‹gut›, ‹identisch›, ‹verschieden›, ‹Sein*› und ‹Ding›. – S. Aristoteles, Duns Scotus.

Lit.: Thomas von Aquin: Von der Wahrheit, I, a 1.

Transzendentalismus. 1. Synonym zu Transzendentalphilos.*. 2. Bezeichnung für eine idealistisch*, anti-empiristisch und metaphysisch orientierte amerik. Philos. aus dem 19. Jh. Bedeutendster Vertreter ist R. W. Emerson (1803–82).

Transzendentalphilosophie. 1. Die Philos. Kants* und des Kantianismus*, auch als Bezeichnung der Philos. Fichtes sowie der Frühphilos. Schellings verwendet, Philos. der Neukantianer*. 2. Allgemeine Bezeichnung für eine Philos., die mit transzendentalen* Argumenten arbeitet.

Trendelenburg, Friedrich Adolf (1802–72), dt. Philos. und Philologe, Prof. in Berlin. Als Anhänger der aristotelischen Philos. kritisierte T. Kant und insbesondere Hegel und entwarf eine teleologisch geprägte, organische Weltanschauung.

Ausg.: Logische Untersuchungen, 2 Bde., 1860. Naturrecht auf dem Grunde der Ethik, 1840. Notwendigkeit und Freiheit in der griech. Philos., 1967.

trial and error (engl., ‹Versuch und Irrtum bzw. Fehler›), die Methode des Probierens. Ausdruck, der von dem amerik. Psychologen E. L. Thorndike eingeführt wurde, um die Methode einer Problemlösung zu bezeichnen, die darin besteht, daß verschiedene Möglichkeiten aufs Geratewohl erprobt und dabei die falschen ausgeschlossen werden. Von Popper verwendet, um das Grundprinzip wissenschaftlicher Methode zusammenzufassen. – S. kritischer Rationalismus.

Trilemma (griech. dreifache Annahme), ein Urteil, welches einem Gegenstand eines von drei sich gegenseitig ausschließenden Prädikaten zuschreibt. Von einem T. ist auch bei distributiven Syllogismen die Rede, wenn im Obersatz drei sich ausschließende Möglichkeiten angegeben sind, so daß aufgrund des Ausschlusses zweier Möglichkeiten im Untersatz eine Konklusion auf die dritte Möglichkeit gezogen werden kann. – Vgl. Dilemma.

Troeltsch, Ernst (1865–1923), dt. Theologe und Philos.; Prof. für Theologie in Heidelberg 1894, ab 1915 Prof. für Philos. in Berlin. Der bedeutendste Vertreter der Religionsgeschichtlichen Schule, die die liberale Theologie in ihrer dritten und letzten Phase prägte. T. beschäftigt sich in eingehenden Analysen mit jenen Problemen, die sich aus dem historischen und kulturellen Relativismus ergeben (vgl. Historismus). Mit seinen Arbeiten weist er bereits über die liberale Theologie hinaus.

Ausg.: Ges. Schriften, 4 Bde., 1922–25. Der Historismus und seine Überwindung, 1924. – *Lit.:* G. Becker: Neuzeitliche Subjektivität und Religiosität, 1982. H. Bosse: Marx, Weber, T. Religionssoziologie und marxistische Ideologiekritik, 1970. H.-G. Dreschner: E. T., 1991. E. Lessing: Die Geschichtsphilos. E. T., 1965.

Trope (oder Tropus; griech. *tropos*, Wendung, Umkehr, Art und Weise; lat. *tropus*). 1. In der Philos. Bezeichnung der antiken Argumente des Skeptizismus*, z. B. die zehn T. (‹Gründe›) des Ainesidemos. 2. In der Rhetorik: sprachliches Ausdrucksmittel uneigentlicher Rede (z. B. Ironie und Metapher); Wörter oder Wendungen, die nicht im eigentlichen Sinn, sondern in einer übertragenen, bildlichen Bedeutung verwendet werden, etwa ‹Blüte› für ‹Jugend›. 3. In der Musik Teil oder Form des gregorianischen Kirchengesangs.

Ernst Tugendhat

Tugendhat, Ernst (geb. 1930), dt. Philos. jüd. Abstammung, geb. in Brünn in der Tschechoslowakei. Kam 1938 mit der Familie in die Schweiz und emigrierte 1941 nach Venezuela. 1945-49 Studium der klassischen Philologie an der Stanford University in Kalifornien, 1949-56 studierte er Philos., Griechisch und Latein an der Univ. Freiburg. Promotion bei Karl Ulmer. 1956-58 Studien an der Univ. Münster, 1958-64 Assistent bei Karl Ulmer an der Univ. Tübingen. 1962 dt. Staatsbürger. 1965 Visiting lecturer an der University of Michigan in Ann Arbor. 1966 Habilitation in Tübingen. 1966-75 Prof. für Philos. in Heidelberg, 1975-80 Mitarbeiter am Max-Planck-Institut in Starnberg. Von 1980 bis 1992 Prof. für Philos. an der Freien Univ. Berlin. – T. ist ursprünglich durch die Phänomenologie in ihrer von Husserl und Heidegger geprägten Form beeinflußt. Schon in den frühen Schriften wird jedoch seine kritische Distanz deutlich, und seit Anfang der 70er Jahre gilt T. als einer der Hauptvertreter der angelsächsischen analytischen* Philos. im dt. Sprachraum. Sein Verdienst besteht in erster Linie darin, der analytischen Philos. durch ihre Anwendung auf klassische philos. Probleme ein Traditionsbewußtsein vermittelt zu haben. Von ursprünglich hauptsächlich ontologischen und erkenntnistheoretischen Fragestellungen hat sich T. im Lauf der 70er Jahre zunehmend ethischen Themen zugewendet.

Ausg.: Der Wahrheitsbegriff bei Husserl und Heidegger, 1967. Vorlesungen zur Einführung in die sprachanalytische Philos., 1976. Selbstbewußtsein und Selbstbestimmung, 1979. (Zus. mit U. Wolf:) Logisch-semantische Propädeutik, 1983. Probleme der Ethik, 1984. Philos. Aufsätze, 1992. Vorlesungen über Ethik, 1993. – *Lit.:* W. Lütterfelds: Bin ich nur eine öffentliche Person? E. T. Idealismuskritik (Fichte). Ein Anstoß zur transzendentalen Sprachanalyse, 1982.

Twardowski, Kasimir (1866–1938), poln. Philos., Prof. in Lwow seit 1885. Schüler von F. Brentano, dessen Gedanken er in dem Hauptwerk *Zur Lehre vom Inhalt und Gegenstand der Vorstellungen* (1894) weiterentwickelt hat. T. war später in der Zwischenkriegszeit ein führender Vertreter des Neopositivismus und hatte großen Einfluß auf die Warschauer* Gruppe, auch Lwow-Warschauer Kreis genannt.

Ausg.: Idee und Perzeption, 1892. Über sog. relative Wahrheiten, 1902. Über begriffliche Vorstellungen, 1903.

Tychismus (von griech. *tyche*, Zufall), die Lehre, daß die Weltgeschichte von Zufällen beherrscht ist. Besonders von Peirce vertreten.

Typentheorie. Von Russell und Whitehead begründete Theorie (von F. P. Ramsey ausgebaut) zur Auflösung gewisser Paradoxe, die sich im Zusammenhang mit dem Problem der Selbstreferenzen ergeben, insbesondere das Klassen-Paradox (vgl. Russells Paradox). Die Bestandteile der Wirklichkeit stellen eine hierarchisch geordnete (logische) Typenstruktur dar, in der die erste Ebene – Typ 1 – Individuen umfaßt, die nächste – Typ 2 – Mengen von Individuen, die nächste wiederum – Typ 3 – Mengen von Mengen von Individuen usw. Eine Menge eines uns gegebenen Typs n kann nur Mitglieder des Typs n-1 haben und Mitglied einer Menge des Typs n+1 sein. Nach Russell hat jeder allgemeine Terminus einen Bedeutungsbereich, verstanden als die Menge der Gegenstände, von denen er sinnvoll ausgesagt werden kann. So ergibt der Ausdruck ‹die Menge aller Mengen, die sich selbst nicht enthalten› nach der T. keinen Sinn, sondern führt in ein Paradox, da aufgrund der implizierten Selbstreferenz des Ausdrucks die Menge aller Mengen, die sich selbst nicht enthalten, sich selbst sowohl enthält als auch nicht enthält. Um dieses Paradox zu vermeiden, wird die Typenunterscheidung eingeführt, welche bewirken soll, daß als Elemente einer Menge (Argumente und Werte einer Funktion, Glieder einer Relation) nur Objekte auftreten dürfen, die in der Typenhierarchie einem niedereren Typus als diese Menge (Funktion oder Relation) angehören.

Ulrich von Straßburg (ca. 1230–77/78), dt. Dominikaner, war in Köln Schüler von Albertus Magnus, 1272–77 Ordensprovincial; ging 1277 nach Paris, um seine theologische Ausbildung abzuschließen. Sein Hauptwerk *De summo bono* orientiert sich an der neuplatonisch-arabisch geprägten Strömung des mittelalterlichen Denkens (Emanationstheorie, Hierarchie von Intelligenzen, Illuminationstheorie der Erkenntnis u. a.) und hat nachhaltig das Werk Meister Eckharts inspiriert.

Ausg.: De summo bono; Ausgabe innerhalb der Reihe «Corpus philosophorum Teutonicorum medii aevi»; Bde. I–IV, 1987–1989.

Unabhängigkeitsbeweis. In einem U. für ein formales* System mit den Axiomen* $A_1 \ldots A_n$ wird für jedes einzelne Axiom bewiesen, daß weder das Axiom noch seine Negation* von den übrigen Axiomen abgeleitet werden können. Ähnliches gilt in bezug auf die Schlußfolgerungsregeln. Durch den U. wird gezeigt, daß keines der Axiome (keine der Schlußfolgerungsregeln) überflüssig ist.

Unbestimmtheit. Bezeichnung für die Eigenschaft von Ausdrücken, besonders von Prädikaten*, die sich darin zeigt, daß ihre Verwendung nicht immer zu eindeutig bestimmten Aussagen führt. Z. B. ist ‹kahlköpfig› ein solches unbestimmtes Prädikat, weil es keine präzise Grenze dafür gibt, wie viele Haupthaare ein Kahlköpfiger haben darf. Unbestimmte Wörter, hierunter alle Wahrnehmungsprädikate (z. B. Farbenprädikate), führen zur sog. Sorites-Paradoxie, weshalb unbestimmte Sprachen traditionell als logisch inkohärent angesehen werden, da ihr Gebrauch zu unlösbaren Selbstwidersprüchen führt.

unio mystica, s. Mystik.

universal (lat. *universalis*), allgemein, allumfassend. Was für alle Dinge einer bestimmten Art oder für das Ganze gilt. Als u. Urteil wird in der traditionellen Logik ein Urteil bestimmt, in welchem das Prädikat P von allen unter den Subjektbegriff* fallenden Gegenständen ausgesagt wird. In der modernen Logik* werden u. Urteile mit Hilfe des u. Quantors ausgedrückt; Gegensatz: partikulär. – S. Logik.

Universalien (lat. *universale*, Plural *universalia*), scholastische* Bezeichnung für die Allgemeinbegriffe im Gegensatz zu den Partikularien (lat. *particulare*, von *particula*, kleiner Teil), den individuellen Einzeldingen. U. sind abstrakte Eigenschaften* oder Relationen*, Partikularien werden die konkreten Einzeldinge genannt; sie sind Beispiele (oder Instanzen*) für die U. In diesem Sinn gelten (die Eigenschaft) rot und (die Relation) Liebe als U., während ein bestimmter roter Apfel eine Instanz (oder ein partikuläres Beispiel) der Eigenschaft ‹rot› und das Paar Romeo und Julia ein Beispiel der Relation ‹Liebe› ist. Ein Partikular nimmt immer eine bestimmte Raum-Zeit-Stelle ein, besitzt gewöhnlich Kontinuität* in Raum und Zeit und schließt alle anderen Partikularien – mit Ausnahme seiner Teile – aus jenem Raum-Zeit-Bereich aus, den es selbst einnimmt. Weiter kann ein Partikular durch einen Namen* benannt werden (konkret singulärer Term*). Eine U. kann nicht durch Kategorien des Raumes und der Zeit bestimmt werden. U. werden mit abstrakt singulären Termini bezeichnet, die mit konkret generellen Termini (‹rot›), temporalen Ausdrücken (‹heute›), Relationsbegriffen (‹Liebe›) oder generellen Termini (‹Mutterschaft›) verbunden sein können. – S. U.streit.

Universalienstreit, moderne Bezeichnung für den scholastischen* Streit um die Frage nach der Seinsweise der Universalien* (Allgemeinbegriffe). Vereinfacht lassen sich vier Auffassungen unterscheiden: 1. platonischer Realismus, 2. aristotelischer Realismus, 3. Konzeptualismus, 4. Nominalismus.

1. Der platonische Realismus behauptet, daß Universalien wie Menschlichkeit, die Farbe Weiß usw. unabhängig von den Einzeldingen (Menschen, weiße Gegenstände) existieren und die konkreten Einzeldinge nur kraft ihrer Teilhabe an den Universalien bestehen. Solche Universalien werden *universalia ante res* (Universalien vor den Dingen) genannt; sie sind sowohl Seins- als auch Erkenntnisgrund der Einzeldinge, d. h. sie begründen die Anwendung allgemeiner Ausdrücke (‹Mensch›, ‹weiß›) auf Einzeldinge. Allein vermöge der Universalien haben die Einzeldinge für uns überhaupt eine Bedeutung.

2. Der aristotelische Realismus verwirft die Auffassung der *universalia ante res* als eine unnötige Erweiterung unseres Inventars existierender Gegenstände. Die Frage, weshalb Einzeldinge groß, weiß usw. sind und was es uns erlaubt, sie so zu nennen, wird beantwortet, indem die Universalien als untrennbar von den Einzeldingen, in diesen selbst existierend angenommen werden: *universalia in rebus sunt*. Sokrates ist ein Mensch und weise, weil die Form der Menschlichkeit und die Eigenschaft der Weisheit in ihm existieren. Die Schwierigkeit des platonischen Realismus zu erklären, wie das Universale ‹Weisheit› in mehreren Individuen exemplifiziert werden kann, ist mit der Position des aristotelischen Realismus ausgeräumt; dagegen hat dieser die Schwierigkeit verständlich zu machen, warum die ‹Weisheit› des Sokrates und jene von Platon nicht zwei vollkommen verschiedene Dinge sind. Denn wären sie das, könnten sie nicht mehr verglichen und al-

so auch nicht mehr beide mit ‹Weisheit› bezeichnet werden.
3. Der Konzeptualismus (von lat. *conceptus*, Begriff) behauptet, daß die Begriffe in unserem Denken insofern als Universalien zu bezeichnen sind, als sie eine Mehrzahl verschiedener Einzeldinge unter einem Aspekt zusammenfassen. Die sich dabei eröffnende Frage, ob es dann aber nicht zufällig ist, welche Gegenstände unter einem Begriff wie ‹Mensch› zusammengefaßt werden, wird von vielen Konzeptualisten verneint; denn die Allgemeinbegriffe sind nicht einfach gegeben, sondern werden aufgrund von Abstraktionsprozessen, in denen gewisse Ähnlichkeiten zwischen wahrgenommenen Gegenständen feststellbar sind, im Denken gebildet. Diese Begriffe sind demnach als *universalia post res* (Universalien nach den Dingen) zu bezeichnen. Damit rücken die ‹Ähnlichkeiten› leicht in die Nähe der *universalia in rebus*, mit dem Unterschied allerdings, daß es sich beim Konzeptualismus bezüglich der Universalien nicht um ontologische, sondern bloß um epistemologische Bestimmungen handelt.
4. Der Nominalismus* (von lat. *nomen*, Name) behauptet, daß die einzigen Universalien die Wörter selbst sind, z. B. ‹Mensch›, die auf viele Einzeldinge angewendet werden. Ein reiner Nominalismus stößt auf ähnlich Probleme wie der Konzeptualismus. Es scheint eine Frage von zufälligen Konventionen zu sein, welche Dinge denselben Namen tragen. Schwierigkeiten stellen sich insbesondere bei der Erklärung dafür ein, weshalb normalerweise bei der Anwendung eines Wortes wie ‹Mensch› auf ein bestimmtes Individuum ein Konsens besteht, auch wenn vorher keine Absprache darüber getroffen wurde, eben dieses Individuum mit dem Namen ‹Mensch› zu bezeichnen. Der scholastische Streit hat seine Wurzeln in antiken, hauptsächlich durch Boethius überlieferten Philosophemen. Viele verschiedene, sehr differenzierte Argumentationen wurden vorgetragen, so daß es oft irreführend ist, einen Philos. lediglich als Realisten oder Nominalisten zu bezeichnen. So nahmen auch Philos. wie etwa Wilhelm von Ockham, die gemeinhin als Nominalisten gelten, die Existenz von universalen Begriffen an.

Das Universalienproblem war auch in der Neuzeit Gegenstand philos. Diskussion (z. B. bei Hobbes und Locke). Im 20. Jh. haben u. a. Russell und Quine das Thema im Zusammenhang mit der Ausarbeitung einer Philos. der Mathematik, insbesondere im Zusammenhang mit der Frage nach dem ontologischen* Status der Mengen, aufgegriffen. Die drei Hauptrichtungen innerhalb der Philos. der Mathematik – Realismus (Platonismus), Intuitionismus* und Formalismus – werden oft mit Begriffsrealismus, Konzeptualismus bzw. Nominalismus verglichen. – S. auch natürliche* Klassen.

Lit.: R. Hönigswald: Abstraktion und Analysis. Zur Problemgeschichte des U., 1961. W. Stegmüller (Hg.): Das U.problem, 1978. Ders.: Das U.problem einst und jetzt, 1965. H.-J. Wöhler (Hg.): Texte zum U.streit, 1992.

universalisierbar. Ein moralisches Urteil wird u. genannt, wenn es zu einem allgemeinen Prinzip erhoben werden kann. Z. B. ist das Urteil ‹Es war falsch von N, sein Versprechen zu brechen› u., weil es auf dem allgemeinen Grundsatz beruht, daß man seine Versprechen halten soll. Die Frage nach der Universalisierbarkeit moralischer Urteile wurde in verschiedener Weise begründet: Nach Kant sollen die Maximen unseres Handelns in dem Sinn u. sein, daß sie ohne Widerspruch zum allgemeinen Handlungsgesetz für alle Menschen erhoben werden können. Ähnliche Auffassungen finden sich in den meisten Religionen (vgl. die goldene* Regel). Nach R. M. Hare gilt es als ein logischer Zug moralischer Urteile, daß sie u., d. h. in Sätzen formulierbar sein müssen, die keine Hinweise auf bestimmte gegebene Personen oder Situationen enthalten. Diese Auffassung wird als Universalisierbarkeitsthese bezeichnet.

Lit.: J. Habermas: Diskursethik – Notizen zu einem Begründungsprogramm. In: Ders.: Moralbewußtsein und kommunikatives Handeln, 1983. R. Wimmer: Universalisierung in der Ethik, 1980.

univok/äquivok (von lat. *unus*, einer, *aequus*, gleich, und *vox*, Stimme, Wort), eindeutig/mehrdeutig. Im Gegensatz zu ä. Begriffen, die trotz gleicher Lautgestalt verschiedene Bedeutung haben – so daß derselbe Terminus ‹logisch falsch› für zwei oder mehrere unterschiedliche Bedeutungen steht –, bilden u. Begriffe eine Bedeutungseinheit, die Gegenstände von verschiedenem ontologischen Status vereinigt. So sind etwa nach Duns Scotus metaphysische Begriffe nur als u. wissenschaftlich brauchbar; in diesem Sinn ist der Begriff ‹seiend› u., da er in metaphysischen Aussagen von Gott sowie in empirischen Aussagen von Gegenständen der Erfahrung gleichbedeutend verwendet werden kann. – S. analogia entis.

Unterbegriff, Untersatz, s. Logik, klassische.

unvollständiges Symbol (engl. *incomplete symbol*), von Russell in die Logik und philos. Semantik* eingeführte Bezeichnung für Ausdrücke, die eine scheinbar selbständige semantische Funktion haben, bei logischer Analyse* jedoch aus den Sätzen verschwinden. In seiner Theorie der bestimmten Beschreibungen* behauptet Russell, daß Ausdrücke wie ‹König von Frankreich› u. S. sind, da ein Satz ‹Der König von Frankreich hat eine Glatze› folgende logische* Form hat: ‹Es gibt ein und nur ein Ding, das König von Frankreich ist, und dieses Ding hat eine Glatze›. Einem u. S. darf nach Russell keine eigene Referenz* zugeschrieben werden, d. h. es kann nur im Zusammenhang mit anderen Ausdrücken definiert werden. Russell nennt die scheinbaren Referenten u. S. logische Fiktionen. U. a. versuchte er zu zeigen, daß die Bezeichnungen für Mengen u. S. und Mengen somit logische Fiktionen sind (die sog. *no-class theory* in der Mengenlehre).

Uppsala-Philosophie, schwed. philos. Richtung, die um 1905 von A. Hägerström und A. Phalén, beide Prof. an der Universität Uppsala, begründet wurde. Die begriffsanalytische Methode der U. greift jener G. E. Moores voraus, und wie bei Moore wird die Methode u. a. gegen den Idealismus* verwendet. In ihrer Metaphysikfeindlichkeit und ihrer Auffassung, daß Werturteile Ausdruck von Gefühlszuständen sind, die folglich sinnvollerweise nicht als wahr oder falsch bezeichnet werden können, gleicht die U. in vieler Hinsicht dem logischen* Positivismus. Die Richtung spielte eine bedeutende Rolle in der schwed. akademischen Philos. und Kulturdebatte. Zu ihren jüngeren Vertretern gehören I. Hedenius und K. Marc-Wogau.

Lit.: J. Bjarup: Skandinavischer Realismus. Hägerström, Lundstedt, Olivecrona, Ross, 1978. T. Geiger: Vorstudien zu einer Soziologie des Rechts, 1947. Ders.: Über Moral und Recht, 1979.

Ursache/Wirkung (engl. *cause/effect*; franz. *cause/effet*; lat. *causa/effectus*). 1. Zu den verschiedenen U. in der antiken und insbesondere der scholastischen Philos. s. *causa*. 2. Nach Hume ist ein Ereignis a genau dann U. eines anderen Ereignisses b, wenn b unmittelbar aus a folgt und jedes Ereignis der gleichen Art wie a ein Ereignis der gleichen Art wie b nach sich zieht. Z. B. ist das Lagerfeuer die U. dafür, daß das Wasser über dem Feuer kocht; denn jedesmal wenn wir Wasser über dem Feuer erhitzen, kommt es zum Kochen (vorausgesetzt, daß man es lange genug erhitzt, daß das Feuer kräftig genug ist, daß die Wärme nicht entweicht usw.). Hume ist jedoch nicht der Auffassung, daß zwischen U. und W. ein notwendiger Zusammenhang besteht. Der einzige Zusammenhang, der zwischen U. und W. besteht, beruht nach Hume allein auf einem psychischen Mechanismus in der menschlichen Wahrnehmung: der

Gewohnheit. Diese begründet keinen notwendigen Kausalzusammenhang, d. h. beschreibt nichts Objektives, sondern resultiert aus der subjektiven Erwartung und begründet daher bloß eine Wahrscheinlichkeit.

3. Mit dieser Regularitätstheorie bildete Humes Analyse den Ausgangspunkt aller späteren empiristischen* Analysen der Kausalität. Allerdings wurde Humes Überzeugung zumeist aufgegeben, daß U. und W. sowohl zeitlich als auch räumlich eng verbunden seien. Ebenso wurde seine psychologische Theorie der Gewohnheit modifiziert oder ganz verworfen. Statt dessen wurde die Forderung nach einem ‹regelmäßigen Zusammenhang› zwischen zwei Ereignissen verschärft; denn wie schon J. S. Mill aufzeigte, ist Humes Analyse zu schwach, um den Kausalitätsbegriff vollständig abzudecken. Damit die Ereignisse der Typen a und b in ein Kausalitätsverhältnis zu stehen kommen, genügt es nicht, daß das faktische Erscheinen von a-Ereignissen immer mit dem faktischen Erscheinen von b-Ereignissen verbunden ist. Nach Mill müssen a- und b-Ereignisse unbedingt verbunden sein, d. h. sie müssen unter allen vorstellbaren (oder allen möglichen) Umständen und nicht nur unter den tatsächlich gegebenen verbunden sein. Tag und Nacht sind faktisch immer verbunden, jedoch ist die Möglichkeit durchaus vorstellbar, daß die Nacht sich ins Unendliche fortsetzen könnte. Das Phänomen Nacht ist daher nicht die U. des Phänomens Tag. Um diesen Unterschied zu erklären, hat man den Begriff ‹regelmäßiger Zusammenhang› durch den Begriff ‹(Natur-)Gesetz*› ersetzt. Das Kausalitätsverhältnis zwischen a und b wird nun als gesetzmäßiger Zusammenhang verstanden, so daß im Fall des Eintretens von a b gemäß Naturgesetz als notwendige Folge eintreten muß. Vom empiristischen Standpunkt her ist die Unterscheidung zwischen ‹regelmäßigem Zusammenhang› und ‹Gesetz› allerdings schwer aufrechtzuerhalten, da die Empiristen gerade Gesetze als Formulierungen dessen, was faktisch geschieht und nicht was geschehen kann bzw. nicht geschehen kann, verstanden wissen wollen.

4. In der Diskussion nach 1960 ist die Regularitätstheorie im großen und ganzen aufgegeben worden, ohne daß jedoch eine konsensfähige Alternative angeboten wurde. Gemäß einer verbreiteten Auffassung muß zwischen dem Sinn des Urteils ‹a ist U. von b› und der Möglichkeit, die Wahrheit des Urteils zu bestätigen oder zu widerlegen, unterschieden werden. Hume (und die Empiristen nach ihm) begehen nach dieser Auffassung den Fehler, den Sinn des Urteils ‹a und b sind (in irgendeinem Sinn) notwendig verbunden› durch den Hinweis auf regelmäßige Zusammenhänge oder gewohnheitsmäßige Vorstellungen erfassen zu wollen. Dennoch kann es richtig sein, daß der Nachweis einer faktischen Regelmäßigkeit oft das beste Kriterium* für das Vorliegen eines notwendigen Zusammenhangs ist.

5. Die genaue Bedeutung des Ausdrucks ‹notwendiger Zusammenhang zwischen U. und W.› ist auch in der gegenwärtigen Diskussion stark umstritten. Möglichkeiten, welche diskutiert werden, sind etwa, die U. als hinreichende Bedingung der W. (Reichenbach), eventuell als notwendige* und hinreichende Bedingung oder als notwendige Bedingung der W. zu verstehen. Mackie hat vorgeschlagen, die U. als eine INUS-Bedingung (nicht hinreichender, aber notwendiger Teil einer Bedingung, die selbst nicht notwendig, aber hinreichend für die W. ist) zu deuten; allerdings fand sein Vorschlag kaum Zustimmung. In den 70er Jahren hat man versucht, das Verhältnis zwischen U. und W. mit Hilfe kontrafaktischer* Konditionalsätze und dem Begriff ‹möglicher Welten› zu fassen.

6. Neben der empiristischen Tradition wurde besonders in der kontinentalen Philos. versucht, Kants Analyse des Kausalitätsbegriffs weiterzuführen. Kant stimmt Hume darin zu, daß wir von unserer Erfahrung abhängig sind, wenn wir in

konkreten Fällen entscheiden sollen, welche Ereignisse in einem Kausalverhältnis stehen. Im Gegensatz jedoch zu Hume glaubt Kant nicht, daß die Regelmäßigkeiten in unserer Erfahrungswelt eine bloß kontingente* Tatsache darstellen. Unsere Erkenntnis ist so beschaffen, daß wir überhaupt nicht zwischen subjektiven Vorstellungen und objektiven Ereignissen unterscheiden könnten, wenn wir nicht bereits die Begriffe U. und W. besäßen. Diese Begriffe sind Grundbegriffe (Kategorien*), die als Werkzeuge des Verstands bei der Deutung der Phänomene notwendigerweise vorliegen müssen, damit objektive Erkenntnis überhaupt erst möglich wird. Daher gilt das Kausalitätsprinzip (= jedes Ereignis hat eine U.) notwendigerweise für unsere gesamte Erfahrungswelt. Ob es auch für die Welt der Dinge an* sich Geltung hat, ist eine Frage, die nach Kant prinzipiell weder von der Philos. noch von den Wissenschaften beantwortet werden kann.

Die philos. Analysen des Begriffs der U. haben u. a. zu folgenden Unterscheidungen und Begriffsbildungen geführt: 1. Kausalitätsverhältnis (oder Kausalnexus bzw. Kausalitätsbeziehung), d. h. die Verbindung zwischen U. und W. 2. Kausaler Zusammenhang (oder Kausalkette), d. h. jenes Netz von U. und W., in die ein Ereignis eingeflochten ist. 3. Mitwirkende U., d. h. eine der vielen U., die in einen kausalen Zusammenhang eingehen, die aber nicht allein die W. hervorbringen kann. 4. Vollständige U., d. h. die Summe sämtlicher mitwirkender U. (Mill verwirft die Unterscheidung zwischen mitwirkender und vollständiger U.; für ihn ist die U. immer mit einer vollständigen U. identisch.) 5. Entscheidende (oder ausschlaggebende) U., d. h. jene mitwirkende U., die der W. unmittelbar vorausgeht (z. B. ‹Der Tropfen, der den Becher zum Überfließen bringt›). 6. Wesentliche U., d. h. jene mitwirkende U., die eine notwendige* Bedingung (oder evtl. eine INUS-Bedingung) der W. ist. Dieser Ausdruck wird allerdings nicht allgemein anerkannt.

Lit.: S. Artuk: Das Problem der Kausalität in der Philos. des 17. und 18. Jh., 1982. M. Bunge: Kausalität, Geschichte und Probleme, 1987. W. K. Essler: Wissenschaftstheorie IV (Erklärung und Kausalität), 1979. P. Frank: Das Kausalgesetz und seine Grenzen, 1988. D. Hume: Eine Untersuchung über den menschlichen Verstand. I. Kant: Kritik der reinen Vernunft. E. Sosa und M. Tooley (Hg.): Causation, 1993. Kausalität. Neue Hefte für Philos. 32/33, 1993. W. Stegmüller: Das Problem der Kausalität. In: E. Topitsch (Hg.): Probleme der Wissenschaftstheorie, 1960. H. Titze: Der Kausalbegriff in Philos. und Physik, 1964. M. Tooley: Causation: a Realist Approach, 1987. G. H. v. Wright: Erklären und Verstehen, 1974.

Urteil (engl. *judgment, statement*; franz. *jugement*). Als philos. Terminus bezeichnet U. sowohl den sprachlichen Ausdruck des Aussagesatzes wie ‹Kopenhagen ist eine Hafenstadt› – in der angelsächsischen Philos. auch Proposition genannt – als auch den Aussageinhalt selbst, der mit einem Aussage-Satz* ausgedrückt wird. In diesem Sinn unterscheidet Frege zwischen U. und ‹Gedanke›. U. sind wahrheitsdifferente Sätze, die behauptet, bestritten, begründet, bewiesen, angenommen, vermutet, vorausgesetzt, hinzugedacht usw. werden können. Zwei oder mehrere verschiedene Sätze aus derselben oder aus verschiedenen Sprachen können das gleiche U. ausdrücken, z. B. ‹Peter schlägt Paul› und ‹Paul wird von Peter geschlagen›; auch kann derselbe Satz je nach situationalem Kontext verschiedene U. zum Ausdruck bringen (vgl. Sprechakt). In einem U. wird immer ein Sachverhalt zum Ausdruck gebracht, d. h. eine Bestimmung dessen gegeben, was der Fall ist; dies ist der Grund der Wahrheitsdifferenz von U., d. h. der Grund dafür, daß sie entweder wahr* oder falsch sind – im Gegensatz etwa zu Befehlen oder Fragen, die keinen Wahrheitswert haben.

In der Logik werden verschiedene U.formen unterschieden: Kategorisch wird ein U. genannt, wenn es keine weiteren U. enthält und lediglich darin besteht, daß ein Prädikat* von einem Subjekt ausgesagt wird. Kategorische U. teilt man in

singuläre U., in denen der Subjektausdruck ein Name* oder eine bestimmte Beschreibung* eines Einzeldings ist, z. B. ‹Oslo ist die Hauptstadt Norwegens› und ‹Norwegens Hauptstadt ist eine Hafenstadt›, und generelle U., die quantifizierende Ausdrücke wie ‹alle›, ‹keine› oder ‹einige› enthalten. Innerhalb der generellen U. wird weiter unterschieden zwischen universalen (allgemeinen) U. (die mit Hilfe sog. Quantoren wie ‹alle› oder ‹keine› formuliert werden) und partikulären U. (‹einige›). Gegenüber den kategorischen U. stehen U., die ein oder mehrere U. in Verbindung mit einer oder mehreren logischen Konstanten* enthalten. Hier unterscheidet man u. a. zwischen Negationen (‹Es regnet *nicht*›), Konjunktionen (‹Es regnet, *und* die Straße ist naß›), Disjunktionen (‹Es regnet, *oder* es schneit›), hypothetischen U. (Bedingungs- oder Konditionalsätze: ‹Wenn es regnet, *dann* wird die Straße naß›) und Bi-Konditionalen (‹Die Straße ist *genau dann* naß, *wenn* es regnet›). In der modernen Logik werden universale U. als eine Form von hypothetischen U. ausgelegt (s. Quantor).
In der modernen Sprachphilos.* wird die Frage diskutiert, inwiefern U. (Propositionen) in einem strengen Sinn überhaupt existieren können. U. a. haben Frege und Moore es als unumgänglich angesehen, die Existenz von U. als abstrakter Größen anzunehmen, die in ihrem Seinsstatus unabhängig sowohl von sprachlichen Ausdrücken als auch vom Begriffenwerden zu bestimmen sind. Nach ihrer Auffassung repräsentieren U. die Gegenstände der verschiedenen intentional* gerichteten Bewußtseinsakte und werden in dieser Weise als Sinn der indikativischen Sätze gefaßt. Nominalistisch* orientierte Philos. wie Quine haben dieser Auffassung, daß U. ein selbständiger ontologischer* Status zuzuerkennen sei, widersprochen. Neben den traditionellen nominalistischen Einwänden gegen abstrakte Größen ist ihr Haupteinwand, daß der Begriff des U. obsolet sei. Denn wenn von zwei Sätzen gesagt wird, sie brächten dasselbe U. zum Ausdruck, dann heißt dies nicht, daß sie sich zu einem selbigen Dritten, dem U., verhalten, sondern daß sie zueinander in einem bestimmten Verhältnis stehen, daß sie nämlich gleichbedeutend (synonym) sind (denselben Platz im Sprachsystem einnehmen).
Ein anderes, vieldiskutiertes Problem zielt auf die Frage, inwieweit indikativische Sätze immer U. zum Ausdruck bringen. In der englischsprachigen Moralphilos. gilt es als eine Grundthese des Non-Kognitivismus, daß moralische Äußerungen, auch wenn sie in der Form indikativischer Sätze vorgebracht werden, dennoch keine U. im strengeren Sinn sind. Ihnen kann deshalb auch kein Wahrheitswert zugesprochen werden; logisch gesehen handelt es sich nach dieser Auffassung um Gefühlsausdrücke (Emotivismus*) bzw. Vorschriften (Präskriptivismus*), die weder wahr noch falsch sind.

Lit.: F. Carnap: Bedeutung und Notwendigkeit, 1972. G. Frege: Funktion, Begriff, Bedeutung, 1962. Ders.: Der Gedanke. In: Logische Untersuchungen I, 1966. E. Husserl: Erfahrung und U., 1948. H. Lenk: Kritik der logischen Konstanten. Philos. Begründungen der U.formen vom Idealismus bis zur Gegenwart, 1968. G. Nuchelmans: Theories of the Proposition, 1973. E. Tugendhat: Vorlesungen zur Einführung in die sprachanalytische Philos., 1976. E. Tugendhat/U. Wolf: Logisch-semantische Propädeutik, 1983.

Urteilskraft, Urteilsfähigkeit (vgl. Urteil). Als philos. Begriff wurde U. vor allem durch Kant geprägt. Das Problem, welches Kant zu lösen versucht, betrifft die Frage, wie das Besondere, das in der Anschauung gegeben ist, mit dem Allgemeinen, nämlich den Begriffen des Verstands*, verbunden wird, inwiefern unsere Begriffe also auf gegebene Phänomene* Anwendung finden. Kant definiert U. generell als die Fähigkeit zu urteilen im Sinn von «das Besondere als im Allgemeinen enthalten denken». Kant unterscheidet zwischen zwei Formen der U.: 1. die Fähigkeit, ein besonderes Phänomen unter einen bereits gegebenen Begriff unterzuordnen, d. h. das Phänomen als bestimmtes Phänomen zu bestimmen (subsumierende oder bestimmende U.); 2. die Fähigkeit, einen Begriff überhaupt erst zu finden, der einem gegebenen Phänomen entspricht (reflektierende U.). In beiden Fällen geht es um die Anwendung des Allgemeinen (des Begriffs, der Regel, des Gesetzes) auf das besondere Phänomen. Im ersten Fall setzt die Anwendung der Verstandesbegriffe jedoch die Aktivität der Einbildungskraft* voraus. Im zweiten Fall stellt sich ein besonderes Problem: Dort ist nämlich von einem Phänomen die Rede, von welchem nicht unmittelbar ein Begriff vorliegt, unter den es subsumiert werden könnte. Der Begriff ist weder gegeben, noch entspringt er allein der Spontaneität des Verstands. Vielmehr ist eine besondere Aktivität erforderlich, die Reflexion*. Die Begriffe, in deren Besitz wir sind, vermögen das gegebene Phänomen nicht vollständig zu erfassen, und trotzdem kann es nur aufgrund von Begriffen verstanden werden. Die U. wird also als Vermögen gedacht, welches zwischen Anschauung und Verstand vermittelt und als bestimmende bzw. reflektierende U. in der Subsumtion des Besonderen unter bereits gegebene oder aber neu zu bildende Begriffe ein Verstehen und Denken von Phänomenen ermöglicht. In der *Kritik der Urteilskraft* (1790) versucht Kant, die U. als unabdingbare Voraussetzung eben solchen Verstehens sowohl für die Gegenstände der Kunst (ästhetische U.) als auch für die Natur (teleologische U.) auszuweisen.

Dieser Begriff der U. wird, vermittelt durch Hegel, in der philos. Hermeneutik*, insbesondere von Gadamer, wiederaufgenommen. In seiner *Logik* wirft Hegel Kant vor, daß die Unterscheidung zwischen subsumierender und reflektierender U. eine Abstraktion sei. Die Urteilskraft ist nach Hegel beides zugleich: Indem ein Besonderes (ein gegebenes Phänomen) einem Begriff untergeordnet bzw. durch diesen bestimmt wird, wird zugleich der Begriff selbst bestimmt. Das Allgemeine wird in seiner Anwendung selbst als konkret gedacht.

Lit.: W. Bartuschat: Zum systematischen Ort von Kants ‹Kritik der U.›, 1972. H.-G. Gadamer: Wahrheit und Methode, ⁵1986. I. Kant: Kritik der U. M. Riedel: Urteilskraft und Vernunft: Kants ursprüngliche Fragestellung, 1989.

Utilitarismus (engl. *utilitarianism*, von lat. *utilitas*, Nutzen), ethische Theorie, die eine Handlung danach bewertet, ob sie im Vergleich mit anderen Handlungsalternativen die größte Anzahl positiver, nicht-moralischer Werte* hervorbringt. Der ethische Wert wird als davon abhängig definiert, inwieweit die Handlung die Anzahl der positiven Werte nicht-moralischer Art, z. B. Glück, Reichtum, Gesundheit, Schönheit, Einsicht usw., zu vermehren vermag.

Es wird – im Hinblick auf die jeweils vorausgesetzte Werttheorie – zwischen hedonistischem* und ideellem (idealistischem) U. unterschieden. In seiner klassischen Formulierung findet sich der hedonistische U. bei Bentham; er anerkennt nur eine Form von positivem (nicht-ethischem) Wert, das Erleben von Lust *(pleasure)*. Dabei identifiziert er Erleben von Lust mit Glück und dieses mit Nutzen und formuliert das Nutzenprinzip so: Jene Handlung muß als ethisch wertvollste beurteilt werden, die das größtmögliche Glück für die größtmögliche Anzahl Menschen erzielt. J. S. Mill differenziert im Unterschied zu Bentham zwischen den Formen von Lust und argumentiert, daß selbst eine geringe geistige Freude (z. B. an Wissensgewinn) einem größeren leiblichen Lustempfinden vorzuziehen sei (vgl. seinen Satz ‹Lieber ein unzufriedener Sokrates als ein glückliches Schwein›). G. E. Moore geht einen Schritt weiter als Mill. In *Principia Ethica* (1903) entwirft er einen idealen U., in dem neben Lusterlebnissen auch Erkenntnis, Weisheit, Liebe und Selbstentwicklung zu positiven Werten erklärt werden.

Ein stets wiederkehrendes Problem für utilitaristische Werttheorien ergibt sich bei der Frage, wie die verschiedenen Wertvorstellungen zu vergleichen seien. Die mangelnde Kommensurabilität scheint eine vollständige Beurteilung der Konsequenzen einer Handlung unmöglich zu machen; genau dies ist aber Voraussetzung einer utilitaristischen Wertung. Wenn z. B. die Ausstrahlung eines Fußballspiels im Fernsehen einer großen Anzahl von Menschen gute Unterhaltung bringt, während die Alternative – in derselben Sendezeit ein Schauspiel von Ibsen auszustrahlen – einer kleineren Anzahl einen dauerhaften Erkenntnisgewinn vermittelt, muß die utilitaristische Werttheorie diese zu erwartenden Güter vergleichbar machen. Es geht demnach darum, einen gemeinsamen Maßstab zu finden, aufgrund dessen die verschiedenen Werttypen beurteilt werden können. Auch wenn die Werte (wie bei J. S. Mill) in eine Rangordnung gebracht werden, bleibt das Problem, angeben zu müssen, ob und wann ein kleines Quantum eines höheren Werts einem relativ größeren Quantum eines geringeren Werts zu weichen hat.

Man unterscheidet zwischen *Handlungsu.* und *Regelu.* In der ersten Version wird die einzelne Handlung direkt nach den aus ihr folgenden (zu erwartenden) Konsequenzen und ohne Rücksicht darauf beurteilt, welche Art Handlung jeweils vorliegt; so kann z. B. ein Vertrauensbruch je nach den möglichen Konsequenzen als besser beurteilt werden als Treue. Beim Regelu. ist die Beurteilung der einzelnen Handlung von ihrer Übereinstimmung mit Handlungsregeln abhängig, z. B. mit der Regel: ‹Es ist falsch, sein Versprechen zu brechen›. Eine Handlung ist richtig, wenn sie einer Handlungsregel entspricht, deren Befolgung im Vergleich zu anderen Handlungsregeln die nützlichsten Folgen hat. In neueren Analysen ist diese Unterscheidung jedoch auf Kritik gestoßen. U. a. hat D. Lyons gezeigt, daß die beiden Versionen in der Praxis, d. h. in bezug auf die Handlungen, die befohlen, erlaubt oder verboten werden, zu denselben Ergebnissen führen. Lyons' Argumentation wurde später jedoch ihrerseits wieder angefochten.

Die meisten Vertreter des U. waren ethische Naturalisten*, von Ausnahmen wie G. E. Moore abgesehen. Ihnen wurde vorgeworfen, den sog. naturalistischen Fehlschluß* zu begehen. Allgemein hat man gegen den U. eingewandt, er widerspreche akzeptierten moralischen Auffassungen, die sich etwa mit dem ethisch zentralen Begriff der Gerechtigkeit* verbinden. Insbesondere vermißt man beim U. in seiner klassischen Form bei Bentham und Mill eine theoretische Begründung für den Grundsatz der gerechten Behandlung jedes einzelnen Menschen. Z. B. bietet der U. keine Grundlage, den Mord an einem möglicherweise unschuldigen Menschen zu verurteilen, falls diese Tat für möglichst viele Menschen ein möglichst hohes Gut gewährt. In den jüngsten Versionen der Theorie wird denn auch versucht, das Prinzip des Nutzens mit dem Prinzip der Gerechtigkeit zu verbinden.

Lit.: U. Gähde/W. H. Schrader (Hg.): Der klassische U.: Einflüsse, Entwicklungen, Folgen, 1992. J. Glover (Hg.): Utilitarism and its Critics, 1990. O. Höffe (Hg.): Einführung in die utilitaristische Ethik. Klassische und zeitgenössische Texte, 1975. N. Hoerster: Utilitaristische Ethik und Verallgemeinerung, ²1977. J. S. Mill: Der U., 1976. U. Steinvorth: Klassische und moderne Ethik, 1990. R. Trapp: ‹Nicht-klassischer› U. Eine Theorie der Gerechtigkeit, 1988. B. Williams: Kritik des U., 1979.

Utopie (von griech. *ou*, nicht, und *topos*, Ort, Stelle), was es nirgends gibt. Bekannt geworden ist der Begriff vor allem durch das Werk von Thomas More: *Utopia* (1516), in dem er die damaligen Zustände in Europa mit einer idealen Gesellschaft, genannt ‹Utopia›, vergleicht. Utopisches Denken kennt man jedoch lange vor More, z. B. in Platons *Staat*. Nach Mores Buch sind zu erwähnen etwa die Staatsu. von Campanella (*La città del* *sole*, 1602) und Bacon (*New Atlantis*, 1627), die kommunistischen, humanitären U. der Aufklärung* von Mably (*De la législation ou principes des lois*, 1776) und Morelly (*Code de la nature*, 1755–60), der utopische Sozialismus der frühen Sozialisten Fourier, Saint-Simon, Owen und Proudhon sowie die marxistische U. von Bloch und Marcuse. Eine besondere Form ist die negative U., z. B. Huxleys Buch *Brave New World* (1932), das die totale biologische und ideologische* Manipulation des Individuums durch die Staatsmacht beschreibt, oder Orwells Roman *1984* (1948), der das Bild einer Gesellschaft zeichnet, die auf Gewalt und Terror beruht. Schließlich lassen sich bestimmte Romane der modernen Science fiction-Literatur als U. lesen.

U. unterscheiden sich auf der einen Seite von religiösen, eschatologischen* Vorstellungen von einem kommenden Gottesreich; in der U. wird kein göttliches Eingreifen vorausgesetzt, sondern implizit oder explizit gefordert, daß die Menschen die gesellschaftlichen Verhältnisse verändern. Auf der anderen Seite unterscheiden sich U. von einem Parteiprogramm oder einem politischen Manifest, da die U. nicht bloß von einer ‹besseren›, sondern von einer ‹vollkommenen› Gesellschaft spricht. Aufgrund dieses idealen Charakters haben die utopischen Gesellschaften oft etwas Statisches an sich, die Geschichte scheint geradezu aufgehoben* zu sein.

Die Idealität der U. kann in verschiedener Weise gedeutet und beurteilt werden. 1. U. ist die Vision einer Gesellschaft, die im Prinzip verwirklicht werden kann, auch wenn wir nicht die Mittel zu ihrer Verwirklichung kennen oder über sie verfügen. In dieser Form wird der U. oft vorgeworfen, unrealistisch und realitätsferne Phantasterei zu sein. Marx wirft den utopischen Sozialisten in diesem Sinn vor, sie könnten im Gegensatz zu seinem eigenen ‹wissenschaftlichen Sozialismus› keinen Weg zur U. aufzeigen, sondern bloß von ihr träumen. Nach Popper ist der Marxismus* selbst eine U., weil er eine totale Umwälzung aller bekannten gesellschaftlichen Verhältnisse voraussetzt. Popper stellt diesem utopischen Denken seine eigene Idee einer stufenweisen Veränderung der Gesellschaft entgegen (*piecemeal reformist social engineering*). 2. Das utopische Ideal erhält den Charakter einer konkreten U., wenn es auf der Grundlage einer Analyse* der bestehenden Gesellschaft und ihrer Tendenzen* entwickelt wird, so daß U. nicht nur ein neues Ziel* anweist, sondern sich auch der Aufgabe unterzieht, die Mittel zur Verwirklichung dieses Ziels zu analysieren. Nach Bloch ist der Marxismus ein Beispiel für eine konkrete U. Auch Marcuses Theorie der totalen Negation* der kapitalistischen Gesellschaft stellt den Versuch einer solchen U. dar. 3. Im Gegensatz dazu kann U. auch als eine regulative Idee* aufgefaßt werden, d. h. als ein Prinzip, das lediglich Handlungen regelt, deren Verwirklichung aber nicht im vollen Umfang erwartet wird. Die Theorien der herrschaftsfreien Kommunikationsgemeinschaft* (Apel, Habermas) können in diesem Sinn als U. bezeichnet werden. Apel behauptet gar, wenn man (wie Marcuse) U. als etwas auffasse, was faktisch verwirklicht werden soll, führe die U. – gegen ihre eigene Intention – unversehens zum totalitären Staat. 4. Schließlich kann unter U. eine bewußte Abstraktion* in Gestalt einer idealtypischen* Konstruktion einer Gesellschaft verstanden werden, in der eine oder mehrere Faktoren aus der wirklichen Welt (z. B. die Vernunft*, das Gemeinschaftsgefühl, die Rollen der Geschlechter usw.) bis zu ihrer äußersten Konsequenz geführt werden, ohne daß man sich vorstellt, daß eine solche Gesellschaft jemals verwirklicht werden soll. Platons *Staat* und Mores *Utopia* lassen sich etwa in dieser Weise deuten.

Lit.: E. Bloch: Geist der U., 1918, ²1923. Y. Friedmann: Machbare U., 1977. W. Kamlah: U., Eschatologie, Geschichtsteleologie, 1969. A. Neusüss (Hg.): U. Begriff und Phänomen des Utopischen, ³1986. G. Picht: Prognose, U., Planung, ²1968. B. Schmidt: Kritik der reinen U., 1988. W. Voßkamp (Hg.): U.forschung, 3 Bde., 1982.

V

Vaihinger, Hans (1852–1933), dt. Philos.; 1883 Prof. in Straßburg, 1884–1906 in Halle. Begründer der *Kant-Studien* (1897) und der Kant-Gesellschaft* (1904). – Nach V. war es die ursprüngliche Funktion des Denkens, dem Willen als Mittel zur Erreichung seiner Lebenszwecke zu dienen. Da es sich aber allmählich verselbständigte, steht das Denken nun vor unlösbaren Aufgaben und Paradoxien*. Es ist nicht in der Lage, das Gegebene* mit Hilfe rein theoretischer Erwägungen zu fassen. Daher kann es eine Wahrheit* im Sinn von Übereinstimmung mit der Wirklichkeit (vgl. Korrespondenztheorie der Wahrheit) niemals erlangen. So dürfen wissenschaftliche Theorien auch nicht danach beurteilt werden, ob sie wahr sind; ausschlaggebend ist vielmehr ihr praktischer Wert für das Dasein. Es geht darum, nützliche, lebensfördernde Fiktionen* zu erzeugen, die bei ihrer Anwendung so betrachtet werden, als ob sie wahr seien. Die eigene Philos. nennt V. deshalb Philos. des Als-Ob oder Fiktionalismus und definiert die Fiktionen als «inadäquate, subjektive, bildliche Vorstellungsweisen, deren Zusammentreffen mit der Wirklichkeit von vornherein ausgeschlossen ist». Als Beispiele für solche Fiktionen gelten so verschiedenartige Begriffe wie Atom, Ding an* sich, moralische Weltordnung, Punkt oder Seele. Ihre Aufgabe besteht allein darin, lebenspraktischen Zwecken zu dienen; ob sie selbstwidersprüchlich sind oder sich sonst irgendwie als falsch erweisen, spielt dabei keine Rolle. Von den Fiktionen sind nach V. die Hypothesen* streng zu unterscheiden; denn diese haben sehr wohl zum Ziel, in der Prüfung durch die Erfahrung* wahrscheinlich gemacht (verifiziert*) zu werden.

Ausg.: Die Philos. der Als-Ob, 1911. Nietzsche als Philos., [5]1930. Pessimismus und Optimismus vom Kantschen Standpunkt aus, 1924. Kommentar zu Kants «Kritik der reinen Vernunft», 2 Bde., [2]1922.

Valentinus (2. Jh. n. Chr.), christlicher Vertreter einer gnostischen Anschauung, die sich mit neuplatonischen* Philosophemen verbindet. Wurde namentlich von Irenaeus kritisiert und von der katholischen Kirche als Ketzer betrachtet. – S. auch Gnosis.

Validität (von lat. *validus*, stark), ein Schluß* besitzt V. oder Gültigkeit, wenn die Konklusion* logisch aus den Prämissen* folgt. Ein Satz ist valid, wenn er logisch* wahr ist.

Valla, Laurentius (Lorenzo della Valle, 1407–57), ital. Philos. der Renaissance*. Als Anhänger der von Cicero ausgehenden rhetorischen* Tradition kritisiert V. die aristotelisch*-scholastische* Logik, insbesondere Aristoteles' Lehre von den Kategorien* und der Substanz* (*Dialecticae disputationes contra Aristotelicos*, zuerst 1499). In seiner Ethik teilt V. die Auffassung der Epikureer*, daß im Genuß das höchste Gut liege; dieses höchste Gut kann aber seiner (christlichen) Anschauung zufolge erst im Jenseits erlangt werden. Das unbezweifelbare Zusammenbestehen des freien Willen des Menschen und der Allmacht Gottes, das logisch gesehen unmöglich ist, betrachtet V. als Mysterium.

Ausg.: Über den freien Willen – De libero arbitrio, 1987. De voluptate ac vero bono, 1431, [2]1433. De professione religiosorum, 1445. Opera, 1540. – *Lit.:* H.-B. Gerl: Rhetorik als Philos. L. V., 1974.

Variable (von lat. *variabilis*, veränderlich), eine Größe, die verschiedene Werte* annehmen kann. 1. Zur Unterscheidung zwischen abhängiger/unabhängiger

V. siehe Funktion. 2. In der modernen Logik* Bezeichnung für ein Symbol*, das in einer Formel die Stelle angibt, an welcher eine Konstante* von der Art der V. eingesetzt werden kann. In der Aussagenlogik werden ‹p›, ‹q›, ‹r› usw. als Aussagen-V. verwendet, um die logischen Formen der Aussagenverbindungen darzustellen, z. B. ‹(p→q)→ −(p→ −q)›. In der Prädikatenlogik werden die Individuen-V. ‹x›, ‹y›, ‹z› usw. als Platzhalter für individuelle Gegenstände verwendet, z. B. in dem Prädikat* ‹x liebt y›. Solche V. können frei vorkommen, wenn sie in dem betreffenden Ausdruck durch Namen oder andere Kennzeichnungen ersetzbar sind (z. B. ‹Romeo liebt Julia›). V. sind gebunden, wenn sie sich innerhalb der Reichweite eines Quantors* befinden, z. B. ‹y› in ‹(y) (Romeo liebt y)›. Die Extension* (die Definitionsmenge) einer V. umfaßt die Menge all jener Konstanten, welche für die betreffende V. eingesetzt werden können.

Varro, Marcus Terentius (Reatinus) (116 bis 127 v. Chr.), röm. Schriftsteller und Philos., Schüler des Antiochos, von Poseidonios beeinflußt. Bekannte sich wie sein Freund Cicero zur Neueren Akademie* (vgl. Platonismus), deren Elektizismus* er in seinen enzyklopädischen Werken auch selber praktizierte. Aus philos. Sicht gibt es nach V. nur einen einzigen Gott; jedoch meint er, daß sich der Philos. aus politischen Gründen den Anschein geben soll, er würde die Volksreligion und ihre Vielgötterei anerkennen.

Ausg.: Gesamtausgabe von Stephanus, 1581–91. – *Lit.:* B. Cardauns: Stand und Aufgaben der V.-Forschung, 1982. W. Hübner: V. instrumentum vocale im Kontext der antiken Fachwissenschaften, 1984.

Vattimo, Gianni (geb. 1936), ital. Philos., studierte von 1954 bis 1959 Philos. und Literaturwissenschaft an der Universität Turin, wo er, von 1964 bis 1982 zunächst als Prof. für Ästhetik mit Gastprofessuren in den USA, seit 1982 ein Ordinariat für Theoretische Philos. innehat. – Aus seiner Beschäftigung mit Problemen der Sprache, die auf eine Auseinandersetzung mit der philos. Hermeneutik Schleiermachers sowie Heideggers und Gadamers zurückgeht, versucht V., die Krise der Moderne im Identitätsdenken der traditionellen Metaphysik zu verorten. In Referenz auf Nietzsche und Heidegger kritisiert er die autoritäre Herrschaft metaphysischer Kategorien und stellt ihr eine Gegenkonzeption, eine «Ontologie des Verfalls», entgegen. Der Mensch ist nicht mehr als autonomes Subjekt zu betrachten, sondern als endliches Wesen unter vielen, was auch seine Offenheit für Kommunikation, dem auf Differenz gegründeten geschichtlichen und interkulturellen Gespräch, zum Tragen bringt. V. gilt als einer der Hauptexponenten des ‹postmodernen Denkens›.

Ausg.: Jenseits vom Subjekt, 1986. Das Ende der Moderne, 1990. Die transparente Gesellschaft, 1992. Nietzsche. Eine Einführung, 1992.

Verifikation (von lat. *verus*, wahr und *facere*, tun). 1. Überprüfung; systematische Untersuchung der Wahrheit eines Satzes (einer Theorie oder einer Hypothese). 2. Beweis; der Erweis der Wahrheit. In diesem Sinn wurden bestimmte Formen der V. unterschieden: Die direkte V. ist eine V. eines Beobachtungssatzes* durch das Aufweisen entsprechender beobachtbarer Umstände. Eine indirekte V. ist die V. eines Satzes über eine direkte V. eines oder mehrerer Beobachtungssätze, aus denen der zu verifizierende Satz folgt. So kann der Beobachtungssatz ‹Hier ist eine Katze› direkt verifiziert werden, der Satz ‹Hier gibt es Katzen› dagegen nur indirekt, nämlich über die V. des ersten Satzes. Als starke V. wird die V. eines Satzes durch (direkte oder indirekte) Beobachtung bezeichnet. Demgegenüber ist eine schwache V. die V. eines Satzes, z. B. ‹Alle Raben sind schwarz›, der nur mit einer gewissen Wahrscheinlichkeit* wahr sein kann. Ein Satz wird Gegenstand prinzipieller V. (d. h. ist im Prinzip verifizierbar), wenn es logisch möglich ist, die-

jenigen Bedingungen anzuführen, unter denen er verifiziert werden kann, z. B. die Bedingungen für den Satz ‹Vor tausend Jahren wuchs an dieser Stelle eine Blume›. Ein Satz ist Gegenstand praktischer V., wenn in einem praktisch durchführbaren Verfahren Bedingungen geschaffen werden, unter denen eine Verifikation des Satzes möglich wird. Die Wahrheitsbedingungen eines Satzes heißen verifikationstranszendent, wenn der Satz weder praktisch noch prinzipiell verifizierbar ist.

Unter Verifikationismus versteht man eine Position, die das Verifizierbarkeitskriterium* übernimmt; in der analytischen Sprachphilos. werden damit bestimmte Formen eines bedeutungstheoretischen Anti-Realismus bezeichnet. – S. Dummett, Realismus und Semantik.

Lit.: A. J. Ayer: Sprache, Wahrheit und Logik, 1970. P. K. Feyerabend: Wider den Methodenzwang, 1976. C. G. Hempel: Philos. der Naturwissenschaften, 1974. L. Krüger (Hg.): Erkenntnisprobleme der Naturwissenschaften, 1970. T. Kuhn: Die Struktur wissenschaftlicher Revolutionen, 1974. K. R. Popper: Logik der Forschung, [7]1982. W. Stegmüller: Theorie und Erfahrung, 1970. A. Wellmer: Methodologie als Erkenntnistheorie, 1967.

Verifizierbarkeitskriterium / Verifikationsprinzip (von lat. *verus*, wahr, *facere*, tun, machen, und *principium*, Anfang, Ursprung), ein bedeutungstheoretisches Prinzip, nach dem ein Satz nur dann einen (kognitiven*) Sinn hat, wenn er entweder analytisch* ist oder wenn es möglich ist, aufgrund von Sinnesdaten* über die Wahrheit des Satzes zu entscheiden. Das V. bildet die Grundlage des logischen* Positivismus. Erste Formulierungen dieses Prinzips finden wir bei den klassischen Empiristen* Hume und J. S. Mill, später auch bei Mach. In seiner stärksten Formulierung lautet das V., daß ein nicht-analytischer Satz nur dann einen (kognitiven) Sinn hat, wenn es de facto oder prinzipiell möglich ist, mit Hilfe einer endlichen Anzahl von Sinnesdaten die Wahrheit des Satzes zu bestimmen (Waismann, auch Carnap). Dies bedeutet, daß ein nicht-analytischer, sinnvoller Satz entweder eine Beobachtung ausdrückt oder logisch von einer endlichen Anzahl von Sätzen, die eine Beobachtung zum Ausdruck bringen, hergeleitet werden kann (vgl. Basissätze). Es hat sich allerdings bald gezeigt, daß das V. in dieser Form eine Reihe von Sätzen als sinnlos ausschließt, die gerade als Grundaxiome des Empirismus gelten (etwa Sätze, die allgemeine Gesetzmäßigkeiten oder Sinnkriterien festsetzen). Andererseits werden Sätze wiederum als sinnvoll betrachtet, die dies normalerweise nicht sind. Deshalb hat man innerhalb des logischen Positivismus versucht, das V. zu modifizieren. U. a. sind folgende zwei Änderungsvorschläge gemacht worden: 1. Ein nicht-analytischer Satz ist nur dann sinnvoll, wenn (evtl. mit Hilfshypothesen ergänzt) ein oder mehrere aus ihm folgende Beobachtungssätze wahr sind (Ayer). 2. Ein nicht-analytischer Satz ist nur dann sinnvoll, wenn er in eine künstliche Sprache übersetzt werden kann, in der gilt, daß jeder Satz durch Beobachtungssätze bestätigt werden kann (der späte Carnap; vgl. Bestätigung). Die Diskussion um den Status des V., die schon bald die Schwierigkeiten einer Selbstbegründung mit Hilfe des eigenen Sinnhaftigkeitskriteriums offenlegte, führte zur Auffassung, daß es sich beim V. eigentlich um keine wissenschaftlich begründbare Behauptung handle, sondern bloß um eine methodologische* Vorschrift oder Empfehlung.

Vermittlung, Ausgleich oder Versöhnung zwischen zwei Extremen bzw. Gegensätzen. Im Erkenntnisprozeß stellt die V. jenes Moment dar, welches die verschiedenen Bereiche der Erkenntnis (z. B. Subjekt* und Objekt*) durch Begriffe*, Sprache, Symbole* oder irgendein anderes Medium miteinander verbindet. Nach Hegel ist die Wirklichkeit Ergebnis eines Werdens*, in dem die Gegensätze durch V. aufgehoben* werden.

Vernunft (engl. *reason*, griech. *dianoia, logos, nous*; lat. *intellectus, ratio*). 1. Die metaphysische oder kosmologische V. gilt als ein Prinzip*, das dem Kosmos*, der Wirklichkeit* oder Welt* Sinn, Struktur* und Ordnung verleiht. Die V. wird in diesem Sinn primär als ordnendes Prinzip (griech. *logos*) im Kosmos verstanden. Als Ordnungsprinzip, welches auch im Menschen waltet, hat es neben einem kosmologischen auch einen epistemologischen* Status als Grund möglicher Welterkenntnis. Dieser kosmologisch-metaphysische V.begriff findet sich in verschiedenen Varianten bereits in der antiken Philos. (Anaxagoras, Heraklit, Platon, Aristoteles, Stoizismus*). Obwohl die Skeptiker* und Empiristen* in der Geschichte der Philos. wiederholt die kosmologisch-metaphysische Erklärung der menschlichen Fähigkeit zur V.erkenntnis kritisiert haben, hatte diese Auffassung bis Ende des 18. Jh. Gültigkeit. Kant holte dann zu einer systematischen und in ihrer Wirkung einzigartig gebliebenen Kritik am kosmologisch-metaphysischen V.-Begriff aus. Ausgehend von seiner Bestimmung des möglichen Vernunftgebrauchs überhaupt kritisiert Kant die Hypostasierung* der menschlichen V. Diese löst die V. von der menschlichen Erkenntnis ab und spricht ihr eine selbständige, kosmologische Existenz zu, die ihr nicht zukommen kann. – Die Reaktionen auf die Kantische Kritik kommen in erster Linie von seiten der dt. Idealisten*. Hegel meint, es sei gerade ein Wesensmerkmal der kosmischen V. («Weltgeist»), daß sie sich geschichtlich entfalte. Ziel der Geschichte sei eine Entwicklung der menschlichen V., in deren Verlauf der Mensch einsehe, daß seine eigene V. teilhabe an der universellen, objektiven V. Erst dann komme die V. oder der Geist* durch die menschliche V. zum Bewußtsein ihrer bzw. seiner selbst. Hegel gilt mit diesem umfassenden subjektphilos. System als der letzte große Verfechter eines kosmologisch-metaphysischen V.begriffs.

2. Die theoretische V. bezeichnet ein menschliches und/oder göttliches Erkenntnisvermögen. Je nach philos. Auffassung wird die theoretische V. als ein Moment* in der kosmologischen V. oder ausschließlich als ein Erkenntnisvermögen verstanden. In der Alltagssprache wie in der Philos. wird der Begriff der ‹theoretischen V.› oft synonym mit Verstand* verwendet. Theoretische V.erkenntnis wird in diesem Fall mit begründeter, allgemeiner Erkenntnis* (Wissen) gleichgesetzt und steht hier im Gegensatz zum bloßen Glauben.

Schon bei Platon (im Liniengleichnis des *Staat*) und Aristoteles findet sich die Unterscheidung von *noesis** und *dianoia*. Während erstere das Vermögen bezeichnet, die Ideen* oder das Wesen* als das wahrhaft Seiende *(to ontos on)* zu erkennen, stellt die *dianoia* im Gegensatz zu der intuitiven Schau und Einsicht das Operieren, Durchdenken und methodisch-diskursive Bestimmen mittels Begriffen dar. Die lateinische Terminologie hat das Noetische als das Intuitive dem *intellectus* zugeschrieben, das Dianoetische als das Diskursive der *ratio*. Gehört nun zwar, etymologisch gesehen, Vernunft zu ‹vernehmen› und Verstand* zu ‹verstehen›, so ist es terminologiegeschichtlich betrachtet so, daß seit Meister Eckhart und Martin Luther Verstand und Vernunft Übersetzungen der Begriffe *intellectus* und *ratio* sind, wobei der Verstand als Übersetzung von *intellectus* (!) bis Kant als das höhere Erkenntnisvermögen der Vernunft *(ratio)* übergeordnet wurde. Kant kehrte dieses Verhältnis um und bestimmte die Vernunft als das oberste Denk- und Erkenntnisprinzip – was den philos. Sprachgebrauch schließlich prägte.

Der Verstand und die Verstandesbegriffe sind nach Kant an das Sinnesmaterial gebunden, welches dem Wahrnehmungsvermögen, der ‹Sinnlichkeit› gegeben ist. Die theoretische V. im engeren Sinn ist dem Verstand übergeordnet, weil sie die Fähigkeit begründet, Schlüsse zu ziehen und nach dem Unbedingten (den Vernunftsideen) zu suchen. Während der

Verstand an ein sinnlich Gegebenes (Empirisches*, *Aposteriorisches*) gebunden ist, strebt die V. nach erfahrungsunabhängiger *(apriorischer*)* Erkenntnis.

V. im engeren Sinn ist demnach *reine* V., d. h. ein Erkenntnisvermögen, das von jedem sinnlichen Inhalt ‹gereinigt› ist. Während die klassischen Rationalisten versuchen, alle Wissenschaft und Philos. auf diese reine V. zu gründen (vgl. Rationalismus, Descartes, Spinoza, Leibniz), macht es sich Kant zur Aufgabe, aufgrund seiner zweiseitigen Kritik gegen die Rationalisten und die Empiristen den Gebrauch der reinen V. in Umfang und Grenze zu bestimmen. Nach Kant kann die V. keine Aussage über die Wirklichkeit selbst machen. Die Ideen*, zu denen die reine V. gelangt, gelten ausschließlich als regulative Ideen, d. h. Ideen, die den Erkenntnisprozeß leiten, denen aber in der Wirklichkeit nichts entspricht. Solche V.ideen sind die von ‹Seele*›, ‹Gott*› und ‹Welt*›. Zwar gibt es nach Kant sehr wohl eine apriorische, erfahrungsunabhängige Erkenntnis; aber diese sagt nichts über die Wirklichkeit an sich aus, sondern ausschließlich über die Bedingungen einer jeden möglichen Erkenntnis von Gegenständen, sie ist «Bedingung der Möglichkeit der Erfahrung» (vgl. transzendental).

Im dt. Idealismus bezeichnet das Wort V. in erster Linie eine Erkenntnisfähigkeit, die uns eine Einsicht in das Unendliche, Absolute* und Übersinnliche ermöglicht. Mit dem Zusammenbruch der Hegelschen Philos. und dem mit ihr verbundenen kosmologisch-metaphysischen V.-begriff bricht auch der Glaube an eine reine V. zusammen. Historismus*, Psychologismus* und Neukantianismus* des späten 19. Jh. verhalten sich dem Gedanken einer reinen V. gegenüber äußerst kritisch (s. auch Kantianismus). Ähnliches gilt für die Hegelsche Linke (Feuerbach, Bauer, Marx, Stirner), Schopenhauer und Nietzsche. In der Philos. des 20. Jh. ist die Idee einer reinen V. in der Hauptsache auf die Frage nach der Möglichkeit apriorischer Erkenntnis (synthetisch-apriorischer Urteile) reduziert worden.

3. Unter *praktischer* V. versteht man eine menschliche und/oder göttliche Fähigkeit der Anleitung und Bestimmung des Willens*. Die praktische V. erstrebt die Erlangung einer zweckmäßigen Einheit von Handlungen*. Kant bestimmt die praktische V. als das Vermögen, allgemeine ethische Prinzipien aufzustellen, nach denen der Wille die Handlungen ausrichten soll. Nach ihm hat die praktische V. einen selbständigen Status, da es nicht möglich ist, die Prinzipien der Ethik ausschließlich mit Hilfe der theoretischen V. zu begründen. Die dt. Idealisten Fichte, Schelling und Hegel betonen dagegen die Einheit von theoretischer und praktischer V. In der Philos. des 20. Jh. werden die Probleme der praktischen V. hauptsächlich im Zusammenhang mit der Frage diskutiert, inwiefern handlungsanleitende Argumentationsweisen möglich und in welcher Weise sie zu begründen sind. Offen bleibt dabei die Frage, ob ethisch-normative Aussagen überhaupt einen Wahrheitswert besitzen und ob in der Ethik nicht eher von Intuitionen* zu sprechen sei.

4. Von Horkheimer und Adorno wurde der Ausdruck *instrumentelle* V. geprägt. Sie bezeichnen damit eine an der Zweck-Mittel-Relation orientierte V., die sich Welt und Natur (auch die menschliche) allein unter den Gesichtspunkten der Beherrschung und technischen Verfügbarkeit unterwirft. Die Orientierung an der instrumentellen V. führt nach Horkheimer/Adorno zur totalen Herrschaft und Barbarei. Dennoch halten die Vertreter der Frankfurter* Schule am V.begriff fest. Habermas stellt der instrumentellen V. den Begriff der *kommunikativen* V. entgegen. Diese untersucht die Bedingungen eines gewaltfreien und auf gegenseitiger Anerkennung beruhenden Diskurses.

Lit.: T. W. Adorno/M. Horkheimer: Dialektik der Aufklärung, 1947. H. Albert: Traktat über kritische V., 1968. H.-G. Gadamer: V. im Zeitalter der Wissenschaft, 1976. J. Habermas: Erkenntnis und Interesse, 1968. R.-P. Horstmann: Die Grenzen der V., 1991. L. Honnefelder (Hg.): Sittliche Lebensform und praktische V., 1992. I. Kant: Kritik der reinen Vernunft. Ders.: Kritik der praktischen Vernunft. P. Kolmer/H. Korten (Hg.): Grenzbestimmungen der V., 1993. H. Lübbe: Theorie und Entscheidung. Studien zum Primat der praktischen V., 1971. H. Putnam: V., Wahrheit und Geschichte, 1982. H. Schnädelbach: V. und Geschichte 1987. W. Welsch: V., 1995.

Verstand (engl. *understanding*; franz. *entendement*), ein Erkenntnisvermögen, das dem Menschen zukommt und traditionell als Unterscheidungsmerkmal gegenüber dem Tier dient: der Mensch als animal rationale (des Vernunftgebrauches fähiges Wesen). Der V. verfährt 1. begrifflich im Gegensatz zur Sinnlichkeit, 2. diskursiv* und argumentierend im Gegensatz zur Intuition* und Vernunftseinsicht* und ermöglicht 3. eine Art von Erkenntnis im Gegensatz zum Willen* und Gefühl*.

Die V.fähigkeit ist seit der Antike Thema der Philos., bei Platon und Aristoteles als *noesis*, welche die intuitive Schau der Ideen und Einsicht in das Wesen der Dinge bezeichnet. Terminologisch wird der Begriff V. bis Kant als Übersetzung des (lat.) *intellectus* gebraucht, der seinerseits die Übersetzung des griech. *noesis* bildet; erst mit Kant wird das Wort V. zur Bezeichnung für das begrifflich analysierende, diskursive Denken, welches im Mittelalter der *ratio* (Vernunft) zugeschrieben wurde. Bei Kant ist der V. die Fähigkeit, begriffliche Bestimmungen zu geben und Urteile zu fällen, durch die die Sinneseindrücke miteinander verbunden (synthetisiert*) werden. Die V.fähigkeit ist jedoch laut Kant auf dasjenige eingeschränkt, was Gegenstand einer Wahrnehmung werden kann, im Gegensatz zur Vernunft*, die über jede mögliche Sinneserfahrung hinausgeht, indem sie Begriffe wie Welt, Seele* und Gott* bildet. Die Vernunft kann daher im Vergleich zur V.erkenntnis nur eine regulative* Funktion haben. – Im dt. Idealismus* (Fichte, Schelling, Hegel) wird diese Unterscheidung Kants zwischen V. und Vernunft kritisiert und der V. als Moment in der Vernunfterkenntnis aufgefaßt.

Lit.: D. Hume: Untersuchung über den menschlichen V., ND 1961. I. Kant: Kritik der reinen Vernunft. Locke: Über den menschlichen V., 1913 (ND 1962). P. F. Strawson: Die Grenzen des Sinns, 1981.

Verstehen (engl. *comprehension* oder *understanding*, auch *interpretation*; franz. *compréhension*), Erkennen des Sinns* (der Bedeutung*) von etwas. Das V. betrifft beispielsweise die Bedeutung eines Zeichens*, etwa eines Wortes oder geschriebenen Textes (im Gegensatz zum bloßen Hören eines Lautes oder Sehen von Farbflecken); den Zweck einer Handlung* (im Gegensatz zum bloßen Wahrnehmen physischer Bewegung); den Sinn einer sozialen Institution*. – Umstritten ist, welche Beziehung zwischen dem Sinn von Zeichen, Handlungen und Institutionen besteht.

Da V. die Einsicht in den Sinn von etwas ist, muß sich eine Theorie des V. notwendig mit einer Theorie des Sinns verbinden. Wenn man (wie Dilthey) bestreitet, daß es in der Natur überhaupt Sinn gibt, läßt sich diese Auffassung als Grundlage für eine methodologische Unterscheidung zwischen natur- und geisteswissenschaftlicher Erkenntnis verwenden. Die Geisteswissenschaften bemühen sich um ein V., die Naturwissenschaften um ein Erklären* ihrer Gegenstände. Umgekehrt fassen die Naturalisten* den Sinn als besondere Form von Natur auf und das V. infolgedessen als Spezialfall der Erklärung; einige (z. B. Quine) gehen sogar soweit, Begriffe wie ‹Sinn› für überflüssig zu halten.

Die Begriffe Sinn und V. werden weiter im Zusammenhang folgender Problemfelder und Fragestellungen diskutiert: 1. Kann der Sinn einer Aussage oder Handlung mit einer bestimmten Art psychischer Vorgänge oder Leben identifiziert werden, so daß V. des von anderen hervorgebrachten Sinns mit dem Wissen um ihre psychischen Vorgänge oder ihr Leben identisch ist? Zumeist liegt einer solchen Fragestellung der Begriff Einfühlung* zugrunde, mit dem das Sichhineinversetzen in die Psyche oder das Leben der anderen gemeint ist. Dieser Theorieansatz findet sich u. a. im Psychologismus* und (in einigen Passagen) bei Dilthey. 2. Eine Modifikation dieser ersten Auffassung unterscheidet zwar deutlicher zwischen Sinn und psychischen Vorgängen bzw. Leben, hält aber zugleich daran fest, daß der Sinn nur mit Hilfe von Einfühlung in die ihn erzeugende Psyche oder das Leben verstehbar ist. Dieser Ansatz läßt sich ebenfalls bei Dilthey sowie in Teilen des Husserlschen Werks finden. 3. Schließlich kann Sinn als eine objektiv zugängliche Größe betrachtet werden. Zwar mag Sinn ursprünglich der Psyche einer Person oder einer besonderen Lebensform entstammen; er ist aber von diesem Ursprung wesensverschieden und läßt sich daher auch ohne dessen Kenntnis einsehen. Diesen Standpunkt, insbesondere im Hinblick auf die Frage nach der Bedeutung von Zeichen, vertreten u. a. Frege, Husserl, Ingarden und Popper (in seiner Lehre von der Bedeutung als «dritter Welt» neben der physischen und der psychischen).

4. Auch der späte Wittgenstein (*Philosophische Untersuchungen*, Teil I) stellt die Frage, was es eigentlich heißt, einen sprachlichen Ausdruck zu verstehen (die Bedeutung eines sprachlichen Ausdrucks zu erfassen). Formelhaft ausgedrückt lautet seine Antwort: ‹Verstehen ist Können.› Wittgenstein kritisiert die Auffassung, im korrekten Gebrauch eines Ausdrucks werde ein äußeres Zeichen bloß als Mittel zur Repräsentation eines inneren, privaten Bewußtseinszustands oder -prozesses, eines Vorstellungsbilds verwendet. Zwar versucht diese Auffassung zu Recht den Zusammenhang zwischen einem sprachlichen Ausdruck und seiner bestimmten Bedeutung, wie sie in einer semantischen* Regel festgelegt ist, dadurch zu erklären, daß sie auf die Fähigkeit des Sprachbenutzers hinweist, den Ausdruck richtig anzuwenden, d. h. die Regel zu befolgen. Dabei werde aber ein V.begriff verwendet, der diese Fähigkeit der Sprachbenutzer begründen soll, Ausdrücke gebrauchen und entscheiden zu können, ob ihre Verwendung in der jeweils besonderen Situation korrekt ist oder nicht. Die Annahme eines ‹inneren› V. als Bindeglied zwischen dem Ausdruck und seiner korrekten Verwendung kann jedoch nach Wittgenstein keinerlei Erklärungskraft beanspruchen. Denn worin das Glied auch bestehen soll – etwa im Vorstellungsbild eines Würfels, das mit dem Wort ‹Würfel› assoziiert wird –, es stellt sich doch immer die Frage, wie diese innere Kraft des V. zu interpretieren ist: Was genau am Vorstellungsbild des Würfels ist etwa für die richtige Verwendung des Wortes ‹Würfel› verantwortlich, die Farbe, die Form oder etwas Drittes? So führt das Einschieben eines ‹inneren› Zwischenglieds zum Ausgangsproblem zurück, das es erkären soll. Das bewegte Wittgenstein, den V.begriff zu verabschieden und V. direkt als Fähigkeit zur richtigen Verwendung eines Ausdrucks zu begreifen, als Fähigkeit, an jener sprachlichen Praxis teilzunehmen, in der der betreffende Ausdruck* von Relevanz ist (s. auch Semantik, Sinn/Bedeutung).

5. Für Heidegger und Gadamer ist Sinn nicht an Zeichen oder Handlungen als Ausdruck des Geistes gebunden. Vielmehr handelt es sich beim Sinn um einen Grundzug der Welt*, in der sich das Dasein*, der einzelne Mensch, befindet und auf die hin er sich im Verhalten zu sich selbst, zu anderen Menschen oder zur – kulturellen wie natürlichen – Umgebung entwirft. V. gilt hier als allgemeines Charakteristikum der menschlichen Seinsart, nicht, wie bei Dilthey, als besondere Erkenntnisform unter anderen. Jede einzelne Erkenntnis setzt voraus, daß das Erkannte auf dem Hintergrund eines Sinnhorizonts erkannt wird, von dem her sich der einzelne versteht, insofern er das Erkannte als dieses oder jenes auslegt. Wenn ich einen fremden Text lese, be-

Giambattista Vico

gegne ich dort einem fremden Sinnhorizont; und das V. liegt darin, daß mein eigener und dieser fremde Horizont* miteinander verschmelzen und sich so ein neuer Bedeutungsrahmen für die Auslegung des Textes ergibt (s. auch Hermeneutik).

Lit.: W. Dilthey: Die Entstehung der Hermeneutik. In: Gesammelte Schriften, Bd. 5, 1924. H.-G. Gadamer: Wahrheit und Methode, ^{5}1986. M. Heidegger: Sein und Zeit, 1927. J. Hörisch: Die Wut des V. Zur Kritik der Hermeneutik, 1988. M. Riedel: V. oder Erklären?, 1978. F. D. E. Schleiermacher: Hermeneutik. Hg. von H. Kimmerle, 1959. L. Wittgenstein: Philos. Untersuchungen, 1960. G. H. v. Wright: V. und Erklären, 1974. Ders.: Erklären und V. in der Wissenschaft, 1988.

Vico, Giambattista (1668–1744), ital. Philos., geb. in Neapel. 1699–1741 Prof. für Rhetorik ebd. – V. setzt sich kritisch mit dem Cartesianismus* auseinander, insbesondere mit Descartes' Auffassung, daß die Geschichte von Willkür* geprägt sei und deshalb nicht in ihrem Grund erkannt werden könne, während die Natur aufgrund ihrer notwendigen Gesetzmäßigkeiten dem subjektiven Erkenntnisvermögen durchaus zugänglich sei. Demgegenüber behauptet V., daß wir im eigentlichen Sinn die Natur gar nicht erkennen können, sondern nur das, was wir selbst hervorgebracht haben, d. h. vom Menschen geschaffene Phänomene. Solche Phänomene können wir von innen her verstehen, weil wir sie in der Phantasie nachzuvollziehen wissen. (Wir wissen, was es heißt, ein Mensch zu sein, z. B. Absichten und Gefühle zu haben.) Die Wahrheit solcher Erkenntnis beruht demnach auf der wesentlichen Verwandtschaft von Erkenntnisobjekt und Erkenntnissubjekt, die sich aus dem Geschaffensein des Objekts durch das Subjekt ergibt. Modell solcher Erkenntnis bildet die Geometrie. V. drückt das mit der Wendung aus: *Verum et factum convertuntur* (Erkennbar ist, was gemacht ist). Naturphänomene dagegen sind etwas Äußerliches, in der Weise nicht Nachvollziehbares. (Wir wissen z. B. nicht, was es heißt, ein Baum zu sein.) Dieses Prinzip versucht er auf die Geschichte zu übertragen. Die Geschichte beschäftigt sich mit einer menschlich hervorgebrachten Welt, mit dem, was die Menschen getan haben, und den Erfahrungen, die sie daraus gezogen haben. Wir können deshalb die Geschichte von innen her verstehen oder nachvollziehen. Mehr noch, die Geschichte ist wesentlich für das Verständnis des Menschen; denn was der Mensch ist, zeigt sich erst in seinen Taten und damit in seiner Geschichte. Was wir im eigentlichen Sinn verstehen können, sind geschichtliche Phänomene; denn Geschichte ist die Geschichte dessen, was wir und andere hervorgebracht haben. Dies bedeutet umgekehrt, daß das Verständnis der Geschichte ein Selbstverständis ist. Die Austauschbarkeit von *verum et factum* begründet die Möglichkeit überhaupt von Geschichtsphilos. – V. nimmt so zentrale geschichtsphilos. Einsichten vorweg, die erst Ende des 18. Jh. wiederaufgenommen wurden.

Ausg.: Die neue Wissenschaft von der gemeinschaftlichen Natur der Nationen, 1981. Vom Wesen und Weg der geistigen Bildung, 1947. – *Lit.:* B. Croce: Die Philos. G. V., 1927. F. Fellmann: Das V.-Axiom: Der Mensch macht die

Geschichte, 1976. R. Flint: V., 1984. K. Löwith: Die theologischen Voraussetzungen der Geschichtsphilos. In: Ders.: Weltgeschichte und Heilsgeschehen, 1953. S. Otto: G. V., 1989. L. Pompa: Human Nature and Historical Knowledge: Hume, Hegel and V., 1990. R. W. Schmidt: Die Geschichtsphilos. G. V., 1982. J. Trabant: Neue Wissenschaft von alten Zeichen. V. Sematologie, 1994.

Vitalismus (lat. *vita*, Leben), biologische Theorie, die sich gegen eine rein physikalisch-chemische Erklärung des Lebens richtet. Der V. nimmt an, daß organisches Leben durch nicht-physische Lebenskräfte bedingt ist. Während der ältere V. (L. Dumas) von einer besonderen Lebenskraft (lat. vis vitalis) ausgeht, spricht der neuere oder Neo-V. (H. Driesch) hingegen von nicht räumlichen, nicht physikalischen oder metaphysisch wirkenden Faktoren, den Entelechien*. Entelechien sind ordnungsstiftend und ganzheitsmachend und wirken bei den formbildenden Prozessen der Organismen. Obwohl der V. heute allgemein als widerlegt gilt, bleibt die Frage nach den Ursachen der Formbildungsprozesse weiterhin ein ungelöstes Problem der Biologie.

Volkelt, Johannes (1848–1930), dt. Philos. Studium in Wien, Jena und Leipzig. Dissertation in Jena 1876, 1879 dort Prof., 1883 in Basel, 1889 in Würzburg und 1894–1921 in Leipzig. – V. wurde zunächst von Hegel, dann von Schopenhauer und E. von Hartmann beeinflußt und vertrat schließlich einen metaphysisch orientierten Neukantianismus*. Kritische Metaphysik, die sich nur hypothetisch* über das Wesen* der Dinge äußert, ist nicht nur möglich, sondern auch erforderlich. Denn schon die Naturwissenschaften überschreiten die Grenzen der Erfahrung* – z. B. in der Formulierung der physikalischen Erhaltungssätze, denen zufolge Materie* (oder Substanz*) und Energie (oder Kraft*) konstante Größen bilden. Die kritische Metaphysik baut auf der sog. «transsubjektiven Minimum» auf; dieses besagt, daß die subjektive Gewißheit* der Erfahrung, d. h. die Grundlage aller unserer Erkenntnis, zur Annahme von fremdem Bewußtsein und transsubjektiven Wesenheiten überschritten werden muß. Deshalb nennt V. seine Auffassung einen «subjektivistischen Transsubjektivismus». In seinen umfassenden, systematisch angelegten Arbeiten zur Ästhetik* versteht er diese als in der Psychologie fundierte normative* Wissenschaft mit analysierender Methode.

Ausg.: Über die Möglichkeit einer Metaphysik, 1884. System der Ästhetik, 3 Bde., 1905–14. Gewißheit und Wahrheit, 1918. – *Lit.:* W. Wirth: Grundfragen der Ästhetik im Anschluß an die Theorien J. V., 1926.

vollständig/unvollständig, ein formales* System ist v., wenn jede wohlgeformte Formel* des Systems bewiesen* oder widerlegt, d. h. wenn entweder die Formel oder ihre Negation* bewiesen werden kann. Im entgegengesetzten Fall ist das System u. – Vgl. Logik, moderne.

volonté générale (franz.), Rousseaus Bezeichnung für den Gemeinwillen des Volkes im Unterschied zur *volonté de tous*, die das bezeichnet, was alle und jeder oder eine einfache Mehrheit beschließen wollen. Eine echte Demokratie ist gemäß Rousseau dadurch gekennzeichnet, daß in Übereinstimmung mit dem v.g. regiert wird.

Lit.: J.-J. Rousseau: Vom Gesellschaftsvertrag. In: Politische Schriften, Bd. 1, 1977.

Voltaire (eigentlich François Marie Arouet, 1694–1778), franz. Philos., Schriftsteller und Historiker, Hauptgestalt der franz. Aufklärungsphilos.* 1726–29 Aufenthalt in England, wo V. von Lockes Empirismus*, dem engl. Deismus* und der politischen Theorie und Praxis des Liberalismus* starke Anregungen empfing. Seine Begeisterung für das Englische schlug sich in den *Lettres philosophiques* (Philosophische Briefe, 1731) nieder; sie trugen entscheidend dazu bei,

Voltaire

die neuen engl. Ideen in Frankreich zu verbreiten. – V. kämpfte beharrlich gegen Descartes' rationalistische* Naturauffassung, die bei den Zeitgenossen in hohem Ansehen stand; an deren Stelle setzte er eine deistische Grundeinstellung. Ihr zufolge muß der regelgeleitete Gang der Natur durch die Annahme eines Schöpfers erklärt werden, dessen Wesen und Wille letztlich unbegreiflich bleiben. Das Übel ist, wie V. u. a. unter dem Eindruck des Lissaboner Erdbebens von 1755 hervorhebt, ein Bestandteil der Welt und läßt sich durch keinen Hinweis auf den höheren Willen und die höheren Pläne des Schöpfers wegdiskutieren. Es gehört geradezu notwendig zur Welt und kann nicht Gott zur Last gelegt werden, weil er in seinen Schöpfungsakten keineswegs völlig frei ist. Gegen Leibniz' philos. Optimismus, daß die Welt von Gott als die beste aller möglichen Welten geschaffen wurde, wendet sich vor allem der satirische Roman *Candide* (1759). Die philos. Werke wie der *Dictionnaire philosophique portatif* (Philosophisches Taschenwörterbuch, 1764) tragen V. metaphysische, politische und ethische Anschauungen im Zusammenhang vor. 1746 wurde V. in die Académie Française aufgenommen. Trotz dieser Anerkennung setzte er sich wegen seiner scharfen Kritik an Königshaus, Adel und Kirche heftigen Anfeindungen aus. Für seine Schriften wurde er mehrfach gerichtlich belangt, eingekerkert und ins Exil getrieben.

Ausg.: Œuvres. Hg. von Moland, 52 Bde., 1877–85. Dt. Ausgabe u. Übers. in 29 Bdn., 1783–91. Œuvres complètes de Voltaire, 13 Bde., 1885–89. – *Lit.:* A.J. Ayer: V. 1994. H. Baader (Hg.): V., 1980. G. Holmsten: V. in Selbstzeugnissen und Bilddokumenten, 1971.

Voluntarismus (von lat. *voluntas*, Wille), eine Lehre, die den Willen* besonders gegenüber der Vernunft* hervorhebt (vgl. Rationalismus, Intellektualismus). Man unterscheidet zwischen vier Formen: 1. Der psychische V. behauptet, daß das Grundlegende des Menschen sein Wille sei (z.B. Hobbes, Hume). Die Vernunft ist dem Willen untergeordnet, noch radikaler: Der Wille ist blinde Begierde (Schopenhauer). 2. Der ethische V. behauptet, daß etwas nur dann moralisch gut sei, wenn es gewollt (d. h. Gegenstand eines menschlichen Willens) ist (z.B. James). Speziell eine Lehre, die behauptet, daß der Wille Werte erzeugt und daher die existentielle Grundlage der Werte in einem umfassenden Sinn darstellt (Nietzsche). 3. Der metaphysische V. steigert die Ursprünglichkeit der Werte im Willen noch und sieht in ihm den Grund des Daseins, das eigentlich Wirkliche (Schopenhauer). 4. Der theologische V. ist eine Lehre, die den Willen Gottes gegenüber der menschlichen und göttlichen Vernunft hervorhebt (Wilhelm von Ockham).

Lit.: V.J. Bourke: Will in Western Thought, 1964. L. Klages: Die Lehre vom Willen. In: Ders.: Der Geist als Widersacher der Seele, Bd. 2, 1960. F. Nietzsche: Zur Genealogie der Moral. In: Kritische Studienausgabe, Bd. 5, 1980. A. Schopenhauer: Die Welt als Wille und Vorstellung, 1818.

Vorsokratiker, die griech. Philos. bis zur Zeit des Sokrates (ca. 470–399 v. Chr.). Traditionell unterscheidet man mehrere Schulen: die *ionischen Denker* (Thales, Anaximander, Anaximenes und Heraklit), die den Urgrund aller Dinge in einem Urstoff suchen, aus dem sie nach ewigen Gesetzen entstehen und vergehen; die *Pythagoreer*, die in der Zahl das Wesen der Dinge sehen und in den Prinzipien der Zahlen (z. B. gerade/ungerade, begrenzt/unbegrenzt) auch die Prinzipien der Dinge; die *Eleaten* (Xenophanes, Parmenides, Melissos, Empedokles, Zenon), die ein einziges unwandelbares Sein annehmen und jede Vielheit, jedes Werden und Vergehen bestreiten; die *Atomisten* (Leukippos und Demokrit), die mit ihrer konsequent mechanistischen Welterklärung den Gegensatz zwischen den Eleaten und der heraklitischen Philos. zu überwinden suchen; die *Sophisten* (u. a. Gorgias und Protagoras), die sich von den naturphilos. Spekulationen abwenden und den Menschen als erkennendes und wollendes Subjekt in den Mittelpunkt rücken.

Keine Epoche der Philos. bietet so viele Verständnisschwierigkeiten wie die der V. Dies liegt zum einen darin, daß die Philos. zu dieser Zeit ihre begriffliche Sprache erst zu finden suchten, zum anderen in der Überlieferung selbst. Von den V. ist keine einzige Schrift als ganze erhalten; was wir von ihnen wissen, beruht auf den Berichten anderer, weit späterer Autoren, die die Thesen der V. jeweils unter ihren Fragestellungen und mit ihren Begriffen erläuterten.

Lit.: J. Barnes: The Presocratic Philosophers, 1982. Th. Buchheim: Die V., 1994. L. DeCrescenzo: Geschichte der griech. Philos. Die V., 1985. H. Diels: Die Fragmente der V. [18]1989. O. Gigon: Grundprobleme der antiken Philosophie, 1959. K. Held: Heraklit, Parmenides und der Anfang von Philos. und Wissenschaft, 1980. G. S. Kirk/J. E. Raven/M. Schofield (Hg.): Die vorsokratische Philos., 1994. W. Röd: Die Philos. der Antike 1. Von Thales bis Demokrit (Geschichte der Philos., Bd. 1), 1976. W. Schadewaldt: Die Anfänge der Philos. bei den Griechen, 1978.

Vorstellung (engl. *idea, conception, notion*; franz. *idée, conception, notion*; griech. *phantasia, phantasma*; lat. *perceptio, imaginatio, repraesentatio, idea*). Grundsätzlich ist zu unterscheiden zwischen V. im Sinn eines Vermögens, im Sinn der Ausübung dieses Vermögens und im Sinn des Resultats dieser Ausübung. Der Terminus V. zeigt in der Geschichte der Philos. eine bald engere, bald weitere Fassung. In seiner weitesten Version fällt jedes (geistige) Erfassen eines Inhalts unter den Begriff V., auch bereits die Wahrnehmung. Bei Kant etwa ist V. *(repraesentatio)* Oberbegriff für Perzeption (V. mit Bewußtsein), Empfindung, Erkenntnis, Anschauung, Begriff und Idee (als Vernunftbegriff).

V. werden nach mehreren Gesichtspunkten eingeteilt, die nicht miteinander verwechselt werden sollten. Am geläufigsten ist wohl die Einteilung nach den Sinnen, mit denen sie auf die eine oder andere Weise (qualitativ, kausal usw.) verknüpft sein sollen: visuelle, auditive, olfaktorische, gustatorische, taktile V. Ferner unterteilt man sie nach der seelischen Funktion (z. B. Erinnerungsv., Phantasiev. usw.). Bei den Phantasiev. ging man traditionell davon aus, daß sie durch Trennung und Verbindung bereits ‹vorrätiger› V. gebildet werden. Schließlich kann man sie nach der Art der beteiligten Zeichensysteme klassifizieren (verbale V., bildhafte V. usw.).

Das häufig zugrundegelegte Modell, demzufolge V. private innere Gegenstände (etwa eine Art innere Bilder oder andere innere Zeichen) sind, welche dem Vorstellenden durch eine Art innerer Wahrnehmung zugänglich sind, ist besonders in diesem Jh. auf vielfältige Kritik gestoßen. Neuerdings werden V. unter dem Schlagwort ‹geistige (mentale, innere) Repräsentation› erörtert, das ebenfalls in einer bald engeren, bald weiteren Bedeutung verwendet wird. Der Streit um Fragen wie die, ob das Postulieren solcher Repräsentationen zur Erklärung der geistigen Vorgänge unvermeidlich ist, ob die Annahme geistiger

Repräsentationen begrifflich kohärent ist, welcher Art diese sein sollen usw., dauert an.

Lit.: Aristoteles: De anima. J. A. Fodor: Representations, 1981. I. Kant: Kritik der reinen Vernunft. G. Ryle: Der Begriff des Geistes, 1969. A. Schopenhauer: Die Welt als Wille und V. A. R. White: The Language of Imagination, 1990. L. Wittgenstein: Philos. Untersuchungen, 1953.

Vorverständnis, das vorgängige Verstehen*, das die Auslegung des Sinns* von Texten oder von etwas anderem Sinnhaftem leitet. Dieser bei den Hermeneutikern, z. B. Gadamer oder Ricœur, zentrale Begriff ist im wesentlichen bestimmt durch Heideggers Analyse jenes Phänomens, das er selbst als *Verstehen** bezeichnet. Alle Auslegung ist nach Heidegger (*Sein und Zeit*, § 32) bestimmt durch (1) Vorhabe, d. h. einen konkreten Verweisungsrahmen, in dem sich der Auslegende befindet, ohne ihn zu thematisieren; (2) Vorsicht, d. h. Bezugnahme auf einen besonderen Aspekt oder eine besondere Perspektive dessen, was ausgelegt werden soll; (3) Vorgriff, d. h. die dem Auslegenden zur Verfügung stehenden begrifflichen Bestimmungen, die er in der konkreten Situation auf das je Auszulegende anwenden will. – Aufgabe der Auslegung ist es, das vorausgesetzte V. einerseits zu artikulieren, andererseits zu korrigieren.

Lit.: H.-G. Gadamer: Wahrheit und Methode, ⁵1986. P. Ricœur: Hermeneutik und Strukturalismus, 1973. Ders.: Hermeneutik und Psychoanalyse, 1974.

Wahl, Jean (1888–1974), franz. Philos., Prof. an der Sorbonne in Paris. Wegbereiter der modernen franz. Philos. (insbesondere der Existenzphilos.*), der er vor allem mit seinen Interpretationen zu Hegel, Kierkegaard und Heidegger entscheidende Anstöße gab.

Ausg.: Existence humaine et transcendance, 1944. La pensée de l'existence, 1951.

Wahrheit (engl. *truth*; franz. *vérité*; griech. *aletheia*; lat. *veritas*), Bestimmung desjenigen, das ‹wahr› im Gegensatz zu ‹falsch› genannt wird. 1. Im weiteren Sinn kann man von einem wahren Ereignis, einem wahren Leben, einem wahren Kunstwerk usw. reden, womit gemeint ist, daß das Ereignis, das Leben oder das Kunstwerk echt, wirklich oder gut sind. Häufig liegt diesem Begriff von W. die Vorstellung zugrunde, daß es für jedes Ding eine ideale Gestalt gebe und daß ein Ding um so ‹wahrer› werde, je näher es diesem Ideal kommt (vgl. z. B. Platon, Hegel und Kierkegaard). Im Bereich der Ästhetik* werden etwa Kunstwerke als wahr bezeichnet, wenn sie in irgendeinem Sinn eine glaubwürdige Wiedergabe der Wirklichkeit* (entweder der faktisch vorhandenen oder einer dahinter liegenden, eigentlichen und wesentlichen* Wirklichkeit) sind. – 2. Im engeren Sinn wird der Begriff als Bestimmung von Urteilen* oder Aussagen verwendet, allenfalls auch in bezug auf mentale* Akte und Zustände.

Die wichtigsten Theorien der W. in dieser engeren Bedeutung sind die folgenden: die *Korrespondenztheorie* (von lat. *co-*, mit, und *respondere*, antworten) oder Übereinstimmungstheorie der W., nach welcher etwas wahr ist, wenn es dem ‹entspricht› oder mit dem ‹übereinstimmt›, von dem es ausgesagt wird. So ist die Aussage ‹Der Durchmesser der Sonne beträgt 1 400 000 km› wahr dann und genau dann, wenn das, was ausgesagt wird, mit der Wirklichkeit übereinstimmt. Diese Theorie geht auf Aristoteles zurück (vgl. seine *Metaphysik* 1011 b25), ihre klassische Formulierung erlangt sie jedoch erst bei Thomas von Aquin: *Veritas est adaequatio rei et intellectus* (W. ist die Übereinstimmung von Ding und Intellekt). Die neuzeitliche Diskussion versucht vor allem zu klären, was es bedeutet, daß etwas mit etwas anderem ‹übereinstimmt›. Bei Wittgenstein und Russell erhält die Korrespondenztheorie eine strenge Fassung, indem die Übereinstimmung als eine Relation* zwischen zwei Dingen verstanden wird: zwischen dem, was wahr ist (eine Aussage, ein Glaubenszustand, eine Behauptung usw.), und dem, was es wahr macht (ein Ereignis, eine Tatsache*, ein Sachverhalt* oder ein Faktum). Die Übereinstimmung soll darin bestehen, daß die beiden ‹Dinge› dieselbe Struktur* haben, so daß von einer Aussage gesagt werden kann, sie sei Abbild* der Struktur des wirklichen Faktums. Die so verstandene Korrespondenztheorie, die W. als Übereinstimmung oder Abbildverhältnis von Aussage und Wirklichkeit faßt, wurde heftig kritisiert und findet heute kaum noch Vertreter. Die Kritik zielt in erster Linie darauf, daß die Aussagestruktur (z. B. das Verhältnis zwischen Subjekt* und Prädikat* in der Aussage ‹Die Erde ist ein Planet›) von vollkommen anderer Art ist als die Strukturen und Relationen der Wirklichkeit, die Inhalt der Aussage sind. Weiter wurde geltend gemacht, daß ‹Dinge› oder ‹Tatsachen› nicht unabhängig von den spezifischen Ausdrücken identifizierbar sind, d. h. die ‹Wirklichkeit› und die ‹Sprache› nicht als zwei voneinander unabhängige Dimensionen faßbar sind, zwischen denen ein kontingentes* (äußeres) ‹Korrespondenzverhältnis› bestünde. – Um diesen Einwänden gerecht zu werden, wurde etwa von Popper versucht, die Korrespondenztheorie in der Weise zu modifizieren, daß eine Aussage dann als wahr zu bezeichnen ist, wenn sie in irgendeiner Form mit einem Faktum ‹korreliert›.

Eine besondere Variante der Korrespondenztheorie ist die semantische* W.theorie Tarskis, die sich auf formalisierte Kunstsprachen bezieht. Wenn der Satz ‹Der Schnee ist weiß› in einer formalisierten Sprache Sinn hat, dann, so behauptet Tarski, ist der Satz ‹Der Schnee ist weiß› genau dann und nur dann wahr, wenn der Schnee weiß ist. Allgemein formuliert: Wenn p ein Satz in einer formalisierten Sprache ist, dann gilt, daß der Satz ‹p› dann und nur dann wahr ist, wenn p. Tarski wurde allerdings entgegengehalten, daß diese Formulierung der Korrespondenztheorie zwar korrekt, aber philos. gesehen in dem Sinn unzureichend sei, daß sie in solcher Formalisierung den Unterschied zwischen der Korrespondenztheorie und anderen W.auffassungen verwische. – Die Einwände gegen die verschiedenen Fassungen der Korrespondenztheorie wurden insbesondere von Brentano zu einer allgemeinen Kritik an dieser Theorie schlechthin erweitert: Die Theorie berücksichtige nicht verneinende Aussagen von der Art: ‹Es gibt keine Löwen auf Grönland›, es sei denn, man führe eine unendliche Menge ‹negativer Fakten› ein. Weiter: Wenn die W. in einer Übereinstimmung zwischen der Aussage und der Wirklichkeit besteht, kann W. nicht erkannt werden. Denn um die W. zu erkennen, müßte ich etwas Wahres über die Übereinstimmungsrelation zwischen der Aussage und der Wirklichkeit sagen können, was aber die Gewißheit der W. einer neuen Aussage verlangte, die als wahre Aussage selbst mit irgend etwas übereinstimmen muß, was wiederum die W. einer dritten Aussage voraussetzte usw. in einem unendlichen Regreß.

Nach der *Kohärenztheorie* der W. (von lat. *co-*, zusammen mit, und *haerere* festhängen), ist eine Aussage dann und nur dann wahr, wenn sie in widerspruchsfreier Weise mit dem gesamten Satz- bzw. Sprachsystem ‹zusammenhängt› und mit ihm vereinbar ist. Diese Theorie findet sich in ihrer klassischen Formulierung bei Leibniz, erfuhr aber verschiedenste Abwandlungen bei idealistischen* Philos. wie Hegel, Bradley und Blanshard. Dieser Theorie wird entgegengehalten, daß sie nicht erklärt, was unter ‹Zusammenhang› zwischen Aussagen zu verstehen sei; denn Widerspruchsfreiheit ist zwar notwendige, aber nicht hinreichende Bedingung der W. Weiter wird eingewendet, daß es durchaus möglich ist, zwei gleich umfassende, unvereinbare Systeme von Aussagen aufzubauen, die je für sich als eine in sich kohärente Ganzheit anzusehen wären.

Die *Evidenztheorie* der W. (von lat. *evidentia*; *ex*, heraus, und *videre*, sehen) bestimmt dasjenige als wahr, was sich in einer evidenten Erfahrung* zeigen kann. Die Evidenz-Erfahrung kann als ein psychologischer Zustand gedeutet werden – was jedoch u. a. von Brentano und Husserl abgelehnt wird. Brentano bestreitet, daß es überhaupt möglich ist, eine Theorie der W. zu entwickeln, die keinen Zirkelschluß enthält. Evidenz muß deshalb Grundbegriff einer W.theorie sein. Bei Husserl wird W. als die vollständige Übereinstimmung zwischen Gemeintem und Gegebenem definiert, und die Evidenz wird als Gewißheit verbürgende Erfahrung dieser Übereinstimmung verstanden. Die Argumente gegen die Evidenztheorie der W. beruhen hauptsächlich auf der Kritik gegen den Begriff der Evidenz* überhaupt. – Bei Heidegger wird die Evidenztheorie durch eine Theorie der W. ersetzt, die sich aus dem griech. Begriff der *aletheia** (von griech. *a-*, nicht, und *lethein*, verbergen) herleitet, d. h. W. wird als Unverborgenheit, Unverdecktheit, als das Entdeckte verstanden. Heidegger glaubt, damit den ursprünglichen voraristotelischen W.begriff der Griechen wiederentdeckt zu haben.

Die W.theorie des *Pragmatismus** (von griech. *pragma*, Wirksamkeit, Tun) vertritt die Auffassung, daß etwas wahr ist, wenn es in der Praxis fruchtbar bzw. nützlich ist – sei es aus der Sicht des Lebens oder der Wissenschaften (vgl. z. B. Nietzsche). Bei Peirce und Apel werden Aspekte der pragmatischen W.theorie mit der *Konsensustheorie* der W. (von lat. *consensus*, Übereinstimmung, Einigkeit) verbunden. Diese bestimmt Aussagen dann als wahr, wenn eine potentiell unendlich große Menge von Menschen unter idealen Kommunikationsbedingungen dieser Aussage allgemein zustimmen würde.

Die *Redundanztheorie* der W. (von lat. *redundantia*, überströmende Fülle in der Rede), die auf Ramsey zuürckgeht, eliminiert die Ausdrücke ‹wahr›/‹falsch› mit der Begründung, daß der Zusatz ‹ist wahr› zu einer Behauptung p nur wiederholt, daß p: Die Aussagefunktion ‹p ist wahr› meint nach Ramsey genau dasselbe wie «p» und ist demnach logisch überflüssig. Diese Sichtweise wird auch als *No truth*-Theorie der W. bezeichnet. Strawsons performative Theorie der W. (von engl. *to perform*, ausführen, durchführen), auch als die dito-Theorie der W. bezeichnet (von altital. ‹gesagt›), baut auf der Sprechakttheorie auf. W. ist nach Strawson nicht nur keine Eigenschaft von Zeichen, sondern überhaupt keine Eigenschaft. Das Wort ‹wahr› ist kein metasprachliches Prädikat, sondern mit Wörtern wie ‹ja› oder ‹dito› vergleichbar. Eine Behauptung oder Aussage als ‹wahr› zu bezeichnen, heißt also eigentlich nichts anderes, als sie bestätigen, was keine Beschreibung, sondern ein Tun ist.

Lit.: A. J. Ayer: Sprache, W. und Logik, 1970. F. Brentano: W. und Evidenz, 1930. H. Cooman: Die Kohärenztheorie der W., 1983. D. Davidson: W. und Interpretation, 1985. V. Gerhardt (Hg.): W. und Begründung, 1985. J. Habermas: W.theorien. In: Wirklichkeit und Reflexion, W. Schulz zum 60. Geb., 1973. M. Heidegger: Vom Wesen der W., 1943. L. B. Puntel: W.theorien in der neueren Philos., ³1993. Ders.: Grundlagen einer Theorie der W., 1990. G. Skirbekk (Hg.): W.theorien, 1977. P. F. Strawson: Bedeutung und W.. In:

Ders.: Logik und Linguistik, 1974. A. Tarski: Der W.begriff in den formalisierten Sprachen. In: K. Berka/ L. Kreiser (Hg.): Logik-Texte, 1971. Thomas von Aquin: Von der W., 1985. E. Tugendhat: Der W.begriff bei Husserl und Heidegger, 1967.

Wahrheitsbedingung (engl. *truth condition*). 1. In der modernen Logik* seit Frege erklärt man den Sinn* logischer Symbole*, indem man die Bedingungen dafür angibt, unter denen die Sätze, in denen diese Symbole verwendet wurden, wahr bzw. falsch sind. So wird ‹–› (das Symbol für ‹nicht›) in folgender Weise erklärt: Der Satz* ‹–p› ist wahr, wenn der Satz ‹p› falsch ist, und er ist falsch, wenn ‹p› wahr ist. Oder mit anderen Worten: ‹–p› ist wahr dann und nur dann, wenn ‹p› falsch ist. Auf genau dieselbe Weise wird z. B. auch ‹&› (‹und›) erklärt: ‹p & q› sind wahr, dann und nur dann, wenn sowohl ‹p› als auch ‹q› wahr sind. Von einem solchen Symbol kann also gesagt werden, daß sein Sinn bestimmt ist durch die Festsetzung der W. für die Sätze, in denen es vorkommt. 2. In der Sprachphilos. dieses Jahrhunderts spielt der Begriff W. eine zentrale Rolle bei dem Versuch, ‹Sinn› und ‹(sprachliches) Verstehen› mit Hilfe des Begriffs ‹Wahrheit› zu erklären. Nach Frege und dem frühen Wittgenstein heißt einen Satz verstehen: wissen, was der Fall ist, wenn er wahr ist. Den Sinn eines Satzes kennen heißt seine W. kennen. Ein Satz wie ‹Kiel ist eine Hafenstadt› hat seinen bestimmten Sinn dadurch, daß er kraft der Regeln der Sprache mit einem (evtl. mehreren) möglichen Sachverhalt verbunden ist, so daß der Satz dann und nur dann wahr ist, wenn dieser Sachverhalt faktisch vorliegt. Ein Wort verstehen, z. B. den Namen ‹Kiel›, heißt wissen, in welcher Weise dieses Wort in einem vorliegenden Satz mitbestimmt, was der Fall sein muß, damit der Satz wahr ist. – In der modernen Philos. ist der ontologische* Status der W. umstritten. So besteht Uneinigkeit darüber, was ontologisch darunter zu verstehen sei, daß ein Sachverhalt faktisch vorliegt.

Wahrheitsfunktion. In der modernen Logik* nennt man eine Urteilsverbindung eine W. der betreffenden Urteile, wenn ihr Wahrheitswert* in jedem einzelnen Fall eindeutig durch die Wahrheitswerte der betreffenden Urteile bestimmt ist. Die urteilslogischen Konstanten – ‹nicht›, ‹und›, ‹oder›, ‹wenn›, ‹dann und nur dann, wenn› – bilden W. gemäß der folgenden Tabelle:

P	Q	–P	P&Q	PvQ	P→Q	P↔Q
w	f	w	w	w	w	w
w	f	f	f	w	f	f
f	w	w	f	w	w	f
f	f	w	f	f	w	w

Mit Hilfe der Tabelle kann der Wahrheitswert jeder beliebigen urteilslogischen Formel berechnet werden, wenn die Wahrheitswerte ihrer Variablen* gegeben sind. Eine Formel, die unter allen möglichen Verteilungen von Wahrheitswerten auf ihre Variablen den Wert wahr annimmt, heißt eine Tautologie* (tautologe Formel). Wenn eine Formel immer den Wert falsch annimmt, heißt sie kontradiktorisch; nimmt sie in einigen Fällen den Wert wahr, in anderen den Wert falsch an, heißt sie kontingent*.
Die wahrheitsfunktionale Auslegung der Konstanten der Aussagenlogik ist eine Anwendung der für die moderne Logik grundlegenden Extensionalitätsthese*. Besonders die wahrheitsfunktionale Auslegung des Wortes ‹wenn› ist auf viel Kritik gestoßen, die zur Entwicklung einer Reihe von alternativen Systemen der Aussagenlogik geführt hat.

Wahrheitskriterium, besonderes Kennzeichen, das wahre Urteile* kennzeichnet und durch das deren Wahrheit festgestellt werden kann. – S. Kriterium, Wahrheit.

Wahrheitstafel, in der modernen* Logik verwendete graphisch-tabellarische Aufstellung der möglichen Kombinationen von Wahrheitswerten*, die entstehen, wenn zwei Urteile* mit Hilfe von logischen Konstanten* zusammengesetzt werden. W. ermöglichen in rein formaler Weise zu entscheiden, ob ein zusammengesetztes Urteil eine Tautologie* (d. h. notwendig wahr aus rein logischen Gründen), eine Kontradiktion* (d. h. ein logischer Selbstwiderspruch) oder ein kontingentes* Urteil (d. h. ein Urteil, dessen Wahrheitswert nicht auf rein formallogischem Weg entschieden werden kann) ist. Der Gebrauch von W. setzt voraus, daß die zusammengesetzten Urteile als Wahrheitsfunktionen* der einfacheren Urteile dargestellt werden. Die Methode ist nahezu gleichzeitig von Wittgenstein und Emil L. Post entwickelt worden.

Wahrheitswert, in der klassischen* Logik hat jeder Satz einen bestimmten W.: Er ist entweder wahr oder falsch. In der polyvalenten* Logik wird mit mehr als diesen zwei W. gearbeitet, während die intuitionistische Logik nur zwei W. anerkennt, dafür aber nicht jedem Satz einen bestimmten W. zuschreibt. Letzteres folgt daraus, daß Wahrheit und Falschheit dort als Behauptbarkeit bzw. nachweisbare Falschheit verstanden werden. – Vgl. Verifikationsprinzip.

Wahrnehmung/Empfindung (engl. *sensation/perception;* franz. *sensation/perception;* griech. *aistesis;* lat. *sensus, perceptio*), dasselbe wie Sinneserfahrung, d. h. eine Erfahrung, die auf der Sinnlichkeit, der Fähigkeit zur W. beruht. – Die Frage nach der W. ist seit der Antike verbunden mit der Frage nach der Erkenntnis. Schon Heraklit betont, daß das Wissen ‹durch das Tor der Sinne› in den Menschen gelange. Die Wertschätzung der W. bei der Gewinnung von Erkenntnis ist seit je kontrovers. Platon schätzt den Wert der W. im Erkenntnisprozeß im Vergleich zum reinen Denken gering. Für ihn ist die sinnlich wahrnehmbare Welt nur ein Schatten des wahrhaften Seins, der Ideen, die in einem zunehmenden Abstraktionsprozeß nur denkend erkannt werden (Höhlengleichnis, *Politeia*, 514a). Wenngleich auch Aristoteles vom reinen Denken spricht, so erfährt bei ihm die W. eine Aufwertung, indem sie Erkenntnis konstituiert. Kein Denken ohne W. Im Empirismus (speziell im Sensualismus) bildet die W. nicht nur den Ausgangspunkt, sondern das Kriterium gültiger Erkenntnis schlechthin. Seit Th. Reid wird zwischen zwei Typen von W. unterschieden: den Sinneseindrücken (Empfindungen) und der strukturierten W. eines Gegenstands, der sog. Perzeption (W. im engeren Sinne). Auch Kant unterscheidet zwischen dem sinnlichen Empfinden und dem bewußtseinsmäßigen Gewahrwerden der sinnlichen Anschauung. Die W. liefert dem Denken das sinnliche Material. Der Erkenntnisvorgang beginnt bei der passiv-rezeptiven W. Synthetische Urteile *aposteriori* sind nach Kant W.urteile, denn sie bilden eine Synthese sinnlicher Anschauungen (z. B. meine Augen sind grün). Synthetische Urteile *apriori* (z. B. der Kreis ist rund), die nicht auf W. beruhen, sind objektiv und allgemeingültig. W.urteile sind hingegen bloß subjektiv und damit nicht in strengem Sinn wissenschaftlich. Die Frage nach der Bewertung der W. im Erkenntnisvorgang ist auch verknüpft mit der Frage, ob es sich bei der W. um einen bloß passiven, rezeptiv-erleidenden oder einen aktiv-gestaltenden Vorgang handelt. Die vom dynamischen Selbstorganisationsgedanken ausgehende Gestaltpsychologie (Ehrenfels, Wertheimer, Köhler, Koffka) entdeckt um die Jahrhundertwende, daß sinnliche W. immer schon ganzheitlich gestaltete und nicht elementaristisch-reizhafte W. ist (vgl. Gestalt). E. Cassirer greift diesen Gedanken auf und verallgemeinert ihn dahingehend, daß menschliche Wahrnehmung als dynamisch-prozessualer Vorgang immer schon symbolisch vermittelt ist. Doch nicht nur Symbole*, auch Medien wie Sprachlichkeit (Oralität), Schriftlichkeit (Literalität), Buchdruck, Verkehrssignale, Fernsehen, Computer und neuerdings virtuelle Welten strukturieren unsere W. Umstritten ist, ob es eine reine, symbol- und medienfreie, ungedeutete W. gibt, wie beispielsweise die

Mystiker oft behaupten, oder ob alle W. bereits vorstrukturierte Sinneserfahrung von etwas als etwas ist (vgl. auch Beobachtungssprache und Theoriesprache). Fraglich sind zudem auch die Rangordnung und Rolle der Sinne im Aufbau der Erkenntnis. Während über lange Zeit dem Gesichtssinn der Vorrang gegeben und der Geruchs- und Geschmackssinn ignoriert oder gar abgewertet wurden, besteht in der Moderne die Tendenz, die vormals niederen Sinne aufzuwerten.

Lit.: E. Cassirer: Philos. der symbolischen Formen, III: Phänomenologie der Erkenntnis, ²1954. M. Hauskeller: Atmosphären erleben. Philos. Untersuchungen zur Sinnesw., 1995. E. Husserl: Ideen zu einer reinen Phänomenologie und phänomenologischen Philos., Husserliana Bde. III u. IV, 1950/52. I. Kant: Kritik der reinen Vernunft. M. Merleau-Ponty: Phänomenologie der W., 1966. R. Schanz: Der sinnliche Gehalt der W., 1990. M. Segall u. a. (Hg.): The Influence of Culture on Visual Perception, 1963. M. Stadler u. a. (Hg.): Psychologie der W., ²1985. G. J. Warnock (Hg.): The Philosophy of Perception, 1967.

Wahrscheinlichkeit (engl. *probability*; franz. *probabilité*). 1. Grad der rationalen Glaubwürdigkeit eines Urteils oder einer Theorie. 2. Der Umstand, daß ein relatives Übergewicht guter, aber nicht zwingender Gründe dafür vorliegt, daß etwas wahr ist. 3. Grad rationaler Erwartung des Eintretens eines Ereignisses. 4. Grad der Neigung, etwas für wahr zu halten (subjektive W.). 5. Das Verhältnis zwischen dem Eintreten eines Ereignisses und allen anderen möglichen Alternativen. So ist die W., daß mindestens einer von zwei Würfeln, die gleichzeitig geworfen werden, eine 6 zeigt, 11 : 36, da 11 aller 36 möglichen Ergebnisse eine 6 enthalten. 6. *Statistische W.* ist die relative Häufigkeit des Vorkommens eines Ereignisses, verstanden als das Verhältnis zwischen der Zahl von Fällen, in denen das Ereignis faktisch eintritt, und der Zahl von Fällen, in denen es eintreten könnte. So besteht die statistische W. dafür, daß eine bestimmte Person von einem bestimmten Leiden heimgesucht wird, aus der Anzahl Personen, die von diesem Leiden betroffen sind, dividiert durch die gesamte Zahl von Personen. – Vgl. stochastisch.

Lit.: R. Carnap: Induktive Logik und W., 1959. L. J. Cohen: An Introduction to the Philosophy of Induction and Probability, 1989. J. Hacking: The Tamming at Chance, 1990. K. Hinderer: Grundbegriffe der W.theorie, ³1985. B. Juhos/W. Katzenberger: W. als Erkenntnisform, 1970. I. Schneider: Die Entwicklung der W.theorie von den Anfängen bis 1933, 1988.

Waismann, Friedrich (1896–1959), öster. Philos., geb. in Wien, studierte Mathematik und Physik. Mitarbeiter von M. Schlick, 1927–35 persönliche Kontakte zu Wittgenstein. W. flüchtete wegen der dt. Invasion 1938 nach England. Dort hielt er sich zunächst kurze Zeit an der Cambridge University auf; danach unterrichtete er bis zu seinem Tod an der Universität Oxford. W. entwickelte die Gedanken Wittgensteins aus dem *Tractatus* zu einem philos. Gebäude weiter, das an Wittgensteins Spätphilos. erinnert. Er wurde vor allem wegen seiner Theorie der *open texture* empirischer* Ausdrücke (von W. «Porösität» genannt) bekannt.

Ausg.: Logik, Sprache, Philos., 1976. Wille und Motiv, 1983.

Walzer, Michael (geb. 1937), amerik. Sozialwissenschaftler, Prof. in Princeton. Das politische Denken W. wird dem sog. Kommunitarismus* zugerechnet (vgl. Taylor, MacIntyre). Nach seinen Überlegungen zum Verhältnis von *Jus ad bellum* und *jus in bello* (*Gibt es den gerechten Krieg?* dt. 1982) vertritt W. insbes. in seinem Hauptwerk *Sphären der Gerechtigkeit* (dt. 1992) eine betont ‹liberale› Variante der kommunitaristischen Kritik an den Selbstaufhebungstendenzen des Liberalismus*. Wenn der Liberalismus auch seine eigenen moralischen, sozialintegrativen Ermöglichungsbedingungen erodiere, bedeute der Kommunitarismus keine Alternative, sondern vielmehr eine Ergänzung bzw. eine ständige Begleiterscheinung des Liberalismus; ‹Freiheit› und ‹Gleichheit› bleiben so Regulative einer Theorie der Politik, die in kritischer Gegenwendung gegen das Konzept der homogenen Republik, des politischen Technizismus bzw. des eigeninteressierten Nutzenkalküls sowie des Nationalismus ‹zivile Gesellschaft› und ‹Staat› etwa unter dem Titel «Sozialdemokratie» in einem gegenseitigen Bedingungsverhältnis sieht (*Zivile Gesellschaft und amerikanische Demokratie*, dt. 1992). Inhaltsneutrale, formal-prozeduralistische Normsetzungsverfahren (W. spricht insbes. in bezug auf Rawls vom ‹Weg der Erfindung›) kranken ebenso wie die großen Gesellschaftskritiken dieses Jahrhunderts (*Zweifel und Einmischung*, dt. 1991) daran, daß sie nicht – was schon Aristoteles' Ethik gegen Platon und Hegel gegen Kant vorbrachten – auf dem ‹Weg der Interpretation› an die ‹bestehende Sittlichkeit›, die faktisch gemeinschaftlich geteilten moralischen Intuitionen anknüpfen (*Kritik und Gemeinsinn*, dt. 1990). W. hütet sich allerdings davor, die Notwendigkeit hermeneutischen Anschlusses an die Sittlichkeit zum antiliberalen moraltheoretischen Argument par excellence zu stilisieren; zum einen versagt derlei Entgegensetzung ob der Zugehörigkeit des Liberalismus zum sittlichen Bestand westlicher Gesellschaften; zum anderen distanziert sich Walzer von einer ‹Romantisierung› der Sittlichkeit, wie sie dem Kommunitarismus bisweilen vorgeworfen worden ist. Kritische Distanz jener gegenüber dürfe zwar nicht in Fundamentalopposition zum Bestehenden führen, sondern bleibe ‹eine Frage von Zentimetern›, für W. immerhin Raum genug, um gegenüber dem hermeneutischen Anschluß von moralischen und rechtlichen Normen an das je sittlich Eingelebte die Frage nach der Integration verschiedener Sittlichkeitssphären bzw. universaler Normgeltung etwa der Menschenrechte nicht aus dem Blick zu verlieren. Mit dem Begriff des ‹reiterativen Universalismus› versucht Walzer, die sich dabei stellende Frage nach der sittlichen Einbettung sittlichkeitstranszendenter Normregelung zu beantworten.

Ausg.: Lokale Kritik, globale Standards, 1996. – *Lit.:* R. Forst: Kontexte der Gerechtigkeit, 1994. A. Honneth (Hg.): Kommunitarismus, 1993.

Warschauer Gruppe / Warschauer Schule.
Ein Kreis poln. Philos. und Logiker im Warschau der 20er und 30er Jahre. Ihr Begründer Lesniewski und andere führende Vertreter – unter ihnen Ajdukiewicz (1890–1963), Lukasiewicz (1878–1956) und Kotarbinsky (geb. 1886) – standen unter dem Einfluß von Twardowskis (1866–1938) Positivismus*. Ihr Hauptinteresse konzentrierte sich jedoch auf die formale Logik, die Philos. der Mathematik und die philos. Semantik*. Die W. G. hatte große Bedeutung für die spätere Entwicklung dieser neuen philos. Disziplinen. Tarski gilt als einer ihrer wichtigsten Repräsentanten.

Weber, Max (1864–1920), dt. Soziologe und Historiker. Jurastudium in Heidelberg und Berlin, 1891 Habilitation und ein Jahr später Prof. der Rechte in Berlin. 1894–96 Prof. für Nationalökonomie in Freiburg und bis 1898 in Heidelberg. Mußte seine Professur wegen eines Nervenzusammenbruchs aufgeben, welcher ihn für fünf Jahre arbeitsunfähig machte. Setzte danach als Privatgelehrter seine wissenschaftliche Tätigkeit fort. Ab 1919 Prof. für Nationalökonomie in München. – W. Verdienste liegen vor allem auf dem Gebiet der Soziologie. Er gilt u. a. als Begründer der Religionssoziologie. Seine Theorien über die Grundlagen der Gesellschaftswissenschaften sind auch für die Philos. von großer Bedeutung. Philos. gesehen steht er u. a. unter dem Einfluß von Kant, Hegel, Marx und Nietzsche. Nach W. liegt die Aufgabe der Soziologie nicht darin, Regelmäßigkeiten in menschlichen Handlungen, wie sie in den verschiedenen Gesellschaften und Kulturen auftreten, einfach festzustellen. Viel-

Max Weber

mehr muß sich die Soziologie auch Rechenschaft über den Sinngehalt oder die Werte* geben, die den jeweiligen Handlungen zugrunde liegen. Dies soll unter Zuhilfenahme der sog. Idealtypen* geschehen, d. h. aufgrund idealisierter Modelle rationalen menschlichen Handelns. Die Sozialwissenschaften können und sollen in dem Sinn wertfrei* sein, daß sie zu den Werten, die in den von ihnen untersuchten Handlungsformen zum Ausdruck kommen, keinerlei Stellung beziehen. Für W. gründet der Begriff der Rationalität, den er als zentrale sozialwissenschaftliche Kategorie einführt, nicht in der menschlichen Natur oder der reflexiven Vernunft, sondern, nach dem Vorbild der Ökonomie, in zweckgerichtetem Handeln. «Zweckrational handelt, wer sein Handeln nach Zwecken*, Mitteln und Nebenfolgen orientiert und dabei sowohl die Mittel gegen die Zwecke, wie die Zwecke gegen die Nebenfolgen, wie endlich auch die verschiedenen Zwecke gegeneinander *abwägt*.»

Ausg.: Gesammelte Aufsätze zur Religionssoziologie, 2 Bde., 1920–21. Wirtschaft und Gesellschaft, 3 Bde., ^{5}1976. Ges. Aufsätze zur Wissenschaftslehre, 1922. Rechtssoziologie, ^{2}1967. Gesamtausgabe, 1984ff. – *Lit.*: H. N. Fügen: M. W. mit Selbstzeugnissen und Bilddokumenten, 1985. D. Henrich: Die Einheit der Wissenschaftslehre M. W., 1952. K. Jaspers: M. W. Gesammelte Schriften, 1988. K.-H. Nusser: Kausale Prozesse und sinnerfassende Vernunft. M. W. philos. Fundierung der Soziologie und der Kulturwissenschaften, 1986. W. Schluchter: Rationalismus der Weltbeherrschung. Studien zu M. W., 1980. G. Wagner (Hg.): M. W. Wissenschaftslehre, 1994.

Weil, Simone (1909–43), franz. Philosophin und Mystikerin, besucht die Eliteschulen von Paris (1928–31 die École Normale), ihr wichtigster Lehrer ist Alain (A. C. Chartier). Sie erhält 1931 ihre Agrégation und unterrichtet anschließend als ‹schlechte Pädagogin› Philos. in Le Puy, wird 1932 nach Auxerre strafversetzt, arbeitet 1933–34 in mehreren Fabriken, engagiert sich stark für die Arbeiterbewegung (bekannt als ‹rote Jungfrau›), beteiligt sich 1936 für kurze Zeit am spanischen Bürgerkrieg, 1938 erstes mystisches Erlebnis, wendet sich dem Christentum zu, ab 1940 Sanskritstudium und Mitarbeit an den *Cahiers du Sud*, illegale Tätigkeit in der Resistence, emigriert 1942 nach New York, reist weiter nach England, wo sie ein Jahr später stirbt. – Ihr Werk ist unsystematisch, teilweise widersprüchlich, existenziell. Es spiegelt zeitkritisch die Entwicklung ihres rastlosen Lebens von der radikalen kommunistischen Kämpferin zur christlichen Mystikerin. W. beschreibt mechanistische Arbeitsvorgänge und zeigt, in welchem Ausmaß der Arbeiter dabei zum Maschinenteil versklavt wird. Arbeit ist für sie eine von keiner äußeren Zielsetzung bestimmte Notwendigkeit. Die Unterdrückung der Arbeiter führt nicht, wie Marx annimmt, zur Revolution des Proletariats, sondern zu Regression und Abstumpfung. Im politisch-militärischen Machtkampf und nicht in der Dualität von Proletariat und Kapital liegt die Triebkraft der Geschichte. Der Vergleich der

Erkenntnisse der Religionen und die Auseinandersetzung mit der Kirche sind die Themen ihrer letzten Jahre.

Ausg.: Schwerkraft und Gnade, 1952. Das Unglück und die Gottesliebe, 1953. Fabriktagebuch, 1978. Entscheidung zur Distanz, 1988. Cahiers I–III, 1970–74 (dt. 1991ff (bisher Bd. I–II). Unterdrückung und Freiheit 1975. Die Einwurzelung, 1956. Œuvres complètes, 1988 (bisher Bd. 1–2.3). – *Lit.:* H. Abosch: S. W. zur Einführung, 1990. J. Cabaud: S. W. Die Logik der Liebe, 1968. M. G. Dietz: Between the Human and the Divine: the Political Thought of S. W., 1988. T. A. Idinopulos u. a. (Hg.): Mysticism, Nihilism, Feminism: New Critical Essays on the Theology of S. W., 1984. D. MacLellan: Utopian Pessimist: the Life and Thought of S. W., 1990. A. Moulakis: S. W. Die Politik der Askese, 1981. P. Winch: S. W., 1989.

Weisen, die sieben. In der älteren griech. Tradition Bezeichnung für sieben Staatsmänner aus dem 7. und 6. Jh. v. Chr. Nach Platons Dialog *Protagoras* sind dies: Bias von Priene, Chilon von Lakedaimon, Kleobulos von Lindos, Periandros von Korinth, Pittakos von Mytilene, Solon von Athen und Thales von Milet. Mitunter werden auch andere Namen genannt, z. B. Myson. Die s. W. sind vor allem wegen der Lebensregeln bekannt, die ihnen die Tradition zugeschrieben hat, z. B. «Alles zur rechten Zeit» (Pittakos), «Die meisten Menschen sind böse» (Bias), «Alles mit Maß» (Solon), «Erkenne dich selbst» (Thales).

Lit.: W. Capelle: Die Vorsokratiker, [8]1973.

Weiße, Christian Hermann (1801–66), dt. Philos.; Studium der Rechte, der Literaturgeschichte, Philos. und Kunstgeschichte in Leipzig. 1823 Habilitation, ab 1844 Prof. in Leipzig. – W. stand zunächst der Hegelschen Philos. nahe, wandte sich aber später von ihr ab, weil er bei Hegel die Idee eines persönlichen Gottes vermißte. Wurde in der Entwicklung seiner theistischen* Religionsphilos. vom späten Schelling beeinflußt. 1837 gründete W. zusammen mit I. H. Fichte u. a. die *Zeitschrift für Philosophie und spekulative Theologie*.

Ausg.: System der Ästhetik als Wissenschaft von der Idee der Schönheit, 1830. Philos. Dogmatik oder Philos. des Christentums, 3 Bde., 1855–62. – *Lit.:* A. Hartmann: Der Spätidealismus und die Hegelsche Dialektik, 1937. D. Henrich: Der ontologische Gottesbeweis, 1960.

Weizsäcker, Carl Friedrich von (geb. 1912), dt. Physiker und Philos. 1929–33 Studium der Physik in Berlin, Göttingen, Kopenhagen (bei Bohr) und Leipzig (bei Heisenberg). Dissertation 1933, Habilitation 1936. 1942–44 Prof. für theoretische Physik in Straßburg, 1946–57 Abteilungsleiter am Max-Planck-Institut für Physik in Göttingen, 1957–69 Prof. für Philos. in Hamburg, 1970 Direktor des Max-Planck-Instituts in Starnberg. – Nach W. Auffassung soll die Philos. nicht ein apriorisches* Fundament der Fachwissenschaften liefern, sondern muß von den faktischen Wissenschaften ausgehen und nach der Berechtigung der in ihnen vorausgesetzten Prinzipien fragen. Für W. stellt sich der Philos. die programmatische Aufgabe, zu einem Verständnis der Einheit der Natur vorzudringen. W. wendet sich hier gegen die traditionelle Trennung zwischen Geistes- und Naturwissenschaften. Er verteidigt u. a. die Hypothese, daß die Biologie von der Physik her begriffen werden kann, daß die Evolutionstheorie Gültigkeit habe und daß der Mensch mit Hilfe von kybernetischen Modellen als Teil der Natur verstanden werden kann.

Ausg.: Zum Weltbild der Physik, 1943. Die Geschichte der Natur, 1948. Die Verantwortung der Wissenschaft im Atomzeitalter, 1957. Die Einheit der Natur, 1971. Aufbau der Physik, 1985. Wahrnehmung der Neuzeit, [4]1983. Wege in der Gefahr, [5]1977. – *Lit.:* P. Akkermann (Hg.): Erfahrung des Denkens, Wahrnehmung des Ganzen, 1989. M. Drieschner: C. F. v. W. zur Einführung, 1992. K. M. Meyer-Abich (Hg.): Physik, Philos. und Politik, 1982. M. J. C. Schüz: Einheit des Wirklichen. C. F. v. W. Denkweg, 1986.

Welt/Weltall/Universum (engl. *world, universe*; franz. *monde, univers*; griech. *kosmos*; lat. *mundus, universum*). 1. In der Astronomie ist W. gleichbedeutend mit Universum und bezeichnet unser Sonnensystem als Teil der Milchstraße sowie alle anderen Sternen- und Planetensysteme, die außerhalb des Milchstraßensystems liegen. 2. Da das Universum nicht Gegenstand unserer Erfahrung (d. h. einer endlichen Reihe von Erfahrungen) sein kann, ist die W. bei Kant eine sog. regulative Idee* (ein Grenzbegriff*), der zwar unsere Erfahrungen leitet, aber nicht selbst erfahrbar ist. 3. Oft spricht man von der ‹W. der Physik› oder der ‹W. der Biologie›. Hier bezeichnet das Wort W. eine Seinsregion. Ein berühmtes Beispiel ist Poppers Annahme, daß es neben der physischen und psychischen W. auch eine ‹dritte W.› gibt, eine Welt objektiver Bedeutungen* mit all dem Wissen, das schriftlich festgehalten wird. 4. In einem religiösen Zusammenhang bezeichnet W. die materielle oder irdische W. im Gegensatz zur heiligen oder himmlischen W. 5. In der traditionellen Philos. bezeichnet W. die Summe oder den Inbegriff* aller Dinge*. Der junge Wittgenstein kritisiert im *Tractatus* (1 und 1.1) diesen W.begriff und bestimmt W. statt dessen als ‹alles, was der Fall ist›. Die W. ist ‹die Gesamtheit der Tatsachen, nicht der Dinge›. 6. Bei Leibniz und in der modernen Modallogik* (z. B. bei Kripke) finden wir den Begriff möglicher W. etwa im Zusammenhang einer Semantik möglicher W. (engl. *possible world-semantics*). Unklar beim Begriff der möglichen W. ist deren ontologischer* Status, ob die Verwendung dieses Ausdrucks bloß eine Redeweise von gewisser praktischer Bedeutung ist und erst in den (ontologisch neutralen) modallogischen Formalisierungen präzise bestimmt wird oder ob der Begriff etwas Reales bezeichnet. 7. Bei Husserl ist die sog. Lebensw. für die abstrakte, physische W., wie wir sie von den Naturwissenschaften her kennen, konstituierend*. Das Wort ‹Lebenswelt› bedeutet sowohl die Menge wahrnehmbarer Gegenstände als auch die Struktur dieses Wahrnehmungsfelds. 8. Auf der Grundlage des cartesischen Dualismus* zwischen Körper und Seele*, wird zwischen der inneren W. des Bewußtseins* und der äußeren W. (auch Außenwelt* genannt) unterschieden. 9. Um genau diesen Dualismus zu überwinden, faßt Heidegger W. als dasjenige, in dem der Mensch (das Dasein*) lebt. Die W. ist die Bewandtnisganzheit, ihre Struktur nennt Heidegger Bedeutsamkeit. Das Dasein wird existentialontologisch als «In-der-Weltsein» bestimmt, d. h. W. ist eine existentiale Bestimmung des Daseins. Als solche bezeichnet sie eigentlich eine Verstehensdimension, von der her sich das Dasein vorgängig versteht und woraufhin Seiendes begegnet, d. h. bedeutsam wird. 10. Beim späten Heidegger und bei Gadamer bezeichnet die W. den Bedeutungsspielraum, in dem das Seiende ausgelegt wird.

Lit.: H. Blumenberg: Die Lesbarkeit der Welt, 1981. H.-G. Gadamer: Wahrheit und Methode, [5]1986. M. Heidegger: Sein und Zeit, 1927. I. Kant: Kritik der reinen Vernunft. 2. Abt. Die transzendentale Dialektik. K. Löwith: Der W.begriff der neuzeitlichen Philos., [2]1938.

Weltanschauung, um 1800 im Umkreis der Romantik* entstandener Begriff ohne feste allgemein anerkannte Bedeutung. 1. Oft wird mit ihm das Gesamtverständnis eines Individuums oder eines Volks von der Welt*, in der es lebt, bezeichnet (u. a. bei Dilthey, Jaspers und Scheler; ein synonymer Ausdruck ist Lebensanschauung). Die W. gilt als Inbegriff der Einsichten wissenschaftlichen und metaphysischen Deutens und dient als Grundlage des menschlichen Handelns, indem sie die Fragen nach dem Sinn (Zweck) und Wert* von Welt und Leben (positiv oder negativ) zu beantworten sucht. 2. Gelegentlich wird W. als Sammelbezeichnung für Philos.*, insbesondere Metaphysik* und Religion verwendet; dieser Sprachgebrauch findet sich vor allem bei Philos., die eine Form des historischen Relativismus* vertreten. 3. W. als Gegensatz zu einer Philos., die ihre Erkenntnisse mit rationalen Gründen und Argumenten zu rechtfertigen sucht. – Vgl. Anschauung und Perspektive.

Lit.: W. Dilthey: W.-Lehre. In: Gesammelte Schriften Bd. 8, 1931. G. Dux: Die Logik der Weltbilder, 1982. K. Jaspers: Psychologie der W., ⁵1968. H. Meyer: Abendländische W., 3 Bde., ²1952/53. M. Scheler: Schriften zur Soziologie und W.-Lehre, 4 Bde., 1923/24.

Weltschmerz, In der Romantik* und Nachromantik Bezeichnung für das alles durchdringende (metaphysische) Gefühl der Schwermut, daß die Welt keineswegs «die beste aller möglichen Welten» (Leibniz) sei, sondern im Gegenteil ohne Sinn. Der W. richtet sich also nicht auf etwas einzelnes, sondern auf die Welt oder das Dasein im ganzen. So entspricht dem W. nicht die Hoffnung auf eine Änderung der privaten, gesellschaftlichen oder ökonomischen Verhältnisse, sondern sein Verlangen zielt auf kosmische Erlösung. In den radikalsten Formen des W. wird jedoch auch die Möglichkeit einer solchen Erlösung pessimistisch beurteilt. Zu den bedeutendsten Vertretern in der Dichtung gehören George Byron (1788–1824), Heinrich Heine (1797 bis 1856), Nikolaus Lenau (1802–50) und Giacomo Leopardi (1798–1837).

Weltseele, bei Platon Bezeichnung für das bewegende Prinzip der Welt. Dabei wird die Welt im ganzen als Makrokosmos* in Analogie* zum einzelnen Menschen, dem Mikrokosmos*, verstanden; wie dieser besitzt sie Leib und Seele. Die W. ist durch harmonische Verhältnisse definiert, welche das Ewige und Unveränderliche, die Ideen*, mit dem Zeitlichen und Veränderlichen, den Erscheinungen (Phänomenen*), verbinden (vgl. Platon). Plotin greift den Gedanken auf, sieht die W. jedoch hervorgegangen aus der Weltvernunft. Statt von W. spricht die Stoa* von Pneuma*. Dieser Begriff fließt später in die Gnosis* ein. In der Renaissance spielt der Begriff der W. vor allem bei G. Bruno eine zentrale Rolle, der sie als ein alles belebendes, nach der Art des Künstlers schaffendes Prinzip vorstellt. Herder und Goethe verstehen den Begriff der W. ähnlich wie Hegels Begriff des Weltgeistes. In der Romantik verwendet Schelling den Begriff im Anschluß an Bruno. W. ist das Prinzip, welches unbewußt schaffend ‹die ganze Natur zu einem allgemeinen Organismus verknüpft.› Im Vitalismus* Fechners steht die Frage nach dem Verhältnis der W. zu den Einzelseelen sowie des übergreifenden Organismus (verstanden als Lebens- und Ordnungsprinzip) zu den Einzelorganismen im Vordergrund. In der indischen Vedanta-Philosophie bildet das Brahman (die W.) das Prinzip der Welt. Das Brahman schafft, trägt und erhält alles.

Lit.: G. Bruno: Von der Ursache, dem Prinzip und dem Einen, 1584. Cicero: De natura deorum. G.T. Fechner: Über die Seelenfrage, 1907. E. Franwaller: Geschichte der indischen Philosophie, 1953. Platon: Timaios. Plotin: Enneaden. F.W. Schelling: Von der W., 1798.

Werden, Veränderung, Übergang von einer Seinsform in eine andere; Bewegung. – In der antiken Philos. ist das Problem des W. eines der Grundthemen. Während nach Heraklit alles in steter Bewegung ist, betrachten die Eleaten* jedes W. als bloßen Schein*. Anaxagoras, Empedokles, Demokrit und Epikur führen das W. auf die Trennung und Verbindung von selbst unteilbaren und unveränderlichen Elementen* (Atome*) zurück. Für Platon befinden sich nur die sinnlichen Erscheinungen (Phänomene*) in dauerndem W.; dagegen sind die Ideen* als das wahrhaft Seiende und der Seinsgrund der Erscheinungswelt ewig und unveränderlich.

Aristoteles unterscheidet (*Physik*, 5. Buch, Kap. 1–2) mehrere Bedeutungen von W.: Einerseits bezeichnet der Begriff den Übergang von der Möglichkeit (griech. *dynamis**; lat. *potentia*) zur Wirklichkeit (griech. *energeia**; lat. *actus*). Andererseits bezeichnet W. die vier Formen der Veränderung (griech. *meta-*

bole): 1. Substantielle* Veränderung, d. h. die Veränderung des Wesens* eines Seienden. Wenn z. B. ein Apfel verfault, unterliegt er einer substantiellen Veränderung. Der Apfel hört auf, als Apfel zu existieren und wird zu Humus. 2. Qualitative Veränderung (griech. *kinesis*), in der ein Seiendes seine Qualität* wechselt, z. B. die Farbe. 3. Quantitative Veränderung, welche die Quantität eines Seienden betrifft, z. B. die Größe des Seienden. 4. Ortsveränderung, d. h. Bewegung im engeren Sinn, bei der ein Seiendes seinen räumlichen Ort wechselt, z. B. wenn ein Apfel vom Baum fällt und wegrollt. Diese Unterscheidungen in der mittelalterlichen Scholastik* übernommen.

In der Renaissance* und der frühen Neuzeit (im Zusammenhang mit der Entstehung der modernen Physik) richtet sich die Aufmerksamkeit vor allem auf das Problem der Ortsveränderung. Newton unterscheidet zwischen relativer und absoluter* Bewegung. Ein physischer Körper bewegt sich relativ, wenn er sein räumliches Verhältnis zu einem anderen physischen Körper ändert. Er bewegt sich absolut, wenn er sich in bezug auf den absoluten Raum* bewegt. In Einsteins Relativitätstheorie wird später der Gedanke eines absoluten Raums aufgegeben und alle Bewegung als relativ angesehen.

Hegel greift in seiner dialektischen* Logik auf die ontologische Tradition der Griechen zurück (vgl. Ontologie). Er bemüht sich erneut um die Prägung eines umfassenden Begriffs von W., in dem die raumzeitliche Bewegung bloß eine Art des W. darstellt. Wird vom Begriff des reinen Seins* ausgegangen, ohne näher zu bestimmen, was das ist, was ist, dann läßt sich das reine Sein (d. h. die reine Unbestimmtheit) vom reinen Nichts* gar nicht unterscheiden. «Die Wahrheit des Seins sowie des Nichts ist daher die *Einheit* beider; diese Einheit ist das *Werden*» (*Enzyklopädie*, § 88). W. bezeichnet hier nicht nur den besonderen «Übergang» zwischen Sein und Nichts, sondern auch eine Grundbestimmung der Dialektik selbst und etwas Allgemeines, das sich in jeder Veränderung wiederfindet, ob diese Veränderung raumzeitlicher Art ist oder nicht: A und B gehen ineinander über, wenn sich zwischen A und B unterscheiden läßt und sie sich in irgendeiner Form gegenseitig voraussetzen. Insofern stellt die Bewegung in Raum und Zeit eine Art des W. dar; denn die raumzeitlichen Positionen physischer Körper unterscheiden sich, gehören aber als verschiedene Momente* derselben Bewegung auch zusammen und setzen sich dadurch gegenseitig voraus. Ebenso gilt aber, daß z. B. der Begriff des Nenners aus der Bruchrechnung in den Begriff des Zählers auf unzeitliche Weise «übergeht», weil Nenner und Zähler verschieden sind und zugleich einander bedingen. Auf der Grundlage dieses weiten Begriffs von W. spricht Hegel davon, daß alle philos. Grundbegriffe auf unzeitliche Weise auseinander hervorgehen bzw. ‹werden›, weil sie verschieden sind und doch zusammengehören.

Für Hegel zeigt ein W. an, daß der Ausgangspunkt widersprüchlich oder unzulänglich war; das W. selbst bedeutet die Aufhebung* dieses Widerspruchs oder Mangels. In der Logik wird ein unzulänglicher Begriff aufgehoben, indem er sich mit den anderen Begriffen verbindet (in sie ‹übergeht›), die ihm als seine Negation zugehören. In der Geschichte hebt z. B. der Krieg einen Widerspruch zwischen zwei Staaten auf. Hegel behauptet also nicht, die Rede vom W. sei in sich widersprüchlich – wie seine Dialektik oft mißdeutet wurde. Vielmehr behauptet er, daß ein W. das Vorliegen eines Widerspruchs (oder einer Unzulänglichkeit) zum Ausdruck bringt, der gerade durch das W. aufgehoben wird. Von der Bewegung eines physischen Körpers zu sprechen ergibt demnach keineswegs einen Widerspruch. Vielmehr ist Bewegung selber die Aufhebung – und damit zugleich Ausdruck – eines Widerspruchs; der Widerspruch bezüglich der Bewegung eines Körpers besteht z. B. darin, daß dieser in seiner Ausgangslage sowohl der Schwerkraft unterworfen als auch ohne festen Halt im Raum ist.

Fänden sich in der Welt keine Widersprüche oder Unzulänglichkeiten, so gäbe es auch kein W. Die Welt wäre, wie Parmenides schon meinte, eine unterschiedslose identische Einheit. Nun gibt es aber sehr wohl Unterschiede, Mängel und ein dauerndes Entstehen von Widersprüchen (Kontradiktionen); auf der anderen Seite ist es aber logisch unmöglich, daß in der Welt wirklich eine Kontradiktion existieren kann. Hegel akzeptiert das Kontradiktionsprinzip* durchaus; doch können ihm zufolge Kontradiktionen nur als verschwindende, ‹aufgehobene› existieren – und eben diesen Sachverhalt bezeichnet er mit dem Begriff W. Zugleich entsteht durch das W. als dem Verschwinden von Widersprüchen etwas Neues. (In der Sprache Hegels: Der widersprüchliche Zustand wird nicht bloß negiert, sondern geht in seine bestimmte Negation* über.) Der dialektische Übergang ist demnach ein W., welches Widersprüche so aufhebt, daß als Ergebnis des W. eine strukturierte Wirklichkeit zustande kommt. Die wahre Wirklichkeit* ist Ergebnis des W. In der Logik wird dieses Ergebnis dargestellt, insofern die verschiedenen Begriffe aufeinander verweisen (‹dialektisch ineinander übergehen›) und sich im Begriff des Absoluten* vereinigen. In der Natur gibt es die physische Bewegung, sie kann aber im Rahmen des Physischen nie zu einem endgültigen Ergebnis kommen. Dagegen findet in der Geschichte nicht nur ein W., sondern ein Fortschritt statt; denn deren Entwicklung weist auf ein Ende des W. hin, in dem der Weltgeist im Menschen sich selbst erkennt, d. h. den absoluten, dialektischen Zusammenhang der Wirklichkeit in deren verschiedenen Momenten begreift.

S. Kierkegaard kritisiert den rein dialektischen Begriff des W. bei Hegel, insbesondere dessen Anspruch, damit alle möglichen Formen von Übergängen erklärt zu haben. Die Form des ‹pathetischen› Übergangs kann nach Kierkegaard nicht dialektisch verstanden werden (*Tagebücher*, Bd. V, C1). Die Wirklichkeit besteht aus Wesen* und Existenz* (Sein*). Innerhalb des Wesens sind die Übergänge in der Tat dialektisch, d. h. streng logisch und notwendig. Aber der Übergang vom Wesen zur Wirklichkeit, von der Möglichkeit zur faktischen Existenz ist ein pathetischer, ein logisch nicht mehr erklärbarer Sprung* (vgl. das «Zwischenspiel» der *Philosophischen Brocken*). Daß eine rein dialektische Wesensanalyse möglich ist, gesteht Kierkegaard in seiner Hegel-Kritik also zu, begrenzt den dialektischen Übergang jedoch auf Wesenszusammenhänge. Die geschichtliche und menschliche Entwicklung vollzieht sich dagegen, ohne dialektisch notwendig auf bestimmte Endzwecke ausgerichtet zu sein.

F. Engels sucht die Hegelsche Lehre vom W. zu einer allgemeinen Dialektik auf materialistischer* Grundlage umzugestalten. Dazu formuliert er drei Gesetze, die für alles W. gelten sollen (dialektischer Materialismus*). Dieser Glaube an die Existenz allgemeiner W.gesetze wurde allerdings von anderen marxistischen* Philos. sowie z. B. der Frankfurter* Schule und Sartre wieder aufgegeben.

Lit.: K. Acham: Analytische Geschichtsphilos., 1974. E. Angehrn: Geschichtsphilos., 1991. A. Cesana: Geschichte als Entwicklung?, 1988. F. Kaulbach: Der philos. Begriff der Bewegung, 1965. A. Maier: Zwei Grundprobleme der scholastischen Naturphilos., ²1951. W. Wieland: Die aristotelische Physik, 1962.

Wert (engl. *value*; franz. *valeur*). 1. Ursprünglich wurde das Wort ausschließlich im ökonomischen Sinn als W. (im Sinne von Tauschw.) eines Dings verwendet. Ende des 19. Jh. führten Lotze u. a. den Begriff in die Philos. ein, wo er eine umfassendere Bedeutung erhielt. 2. In Disziplinen mit formalen Fachsprachen wie Mathematik, Physik und dergl. bezeichnet der Begriff Meßgrößen. 3. In der symbolischen Logik ist ein W. ein Element der Extension einer gegebenen Variablen. Außerdem nimmt ein Funktionsausdruck (z. B. ein zusammengesetzter Satz, der als Wahrheitsfunktion aufgefaßt wird) für die gegebenen W. der variablen Teilausdrücke einen W. an. 4. Ausgehend von der Alltagssprache haben W. lebens- und sinnstiftende Funktion. Wir richten unser Leben auf Ziele aus, die uns als wertvoll erscheinen. Für Nietzsche sind W. und W.schätzungen die physiologischen Forderungen zur Erhaltung einer bestimmten Art von Leben, das Leben des christlich geprägten Ressentimentmenschen. Daher fordert er im *Zarathustra*, die mosaischen Tafeln zu zerbrechen und eine Umwertung aller W. Nietzsches Destruktion traditioneller W. beschränkt sich nicht auf den moralischen Bereich, sondern gilt auch dem Bereich der Kunst. Den W. der Kunst sieht er nicht im Ausdruck der Schönheit oder Wahrheit*, sondern in deren Fähigkeit, W. zu verschleiern, um damit die menschliche Existenz erträglich zu machen (Ästhetizismus). 5. Es lassen sich verschiedene Dimensionen von W. unterscheiden, z. B. Güterw. (Nützlichkeit, Brauchbarkeit), ästhetische W. (das Schöne), religiöse W. (das Heilige), ethische W. (das Gute) und logische W. (das Wahre). 6. W. können entweder als absolute, an sich bestehende W. oder als relative W., deren W.charakter ausschließlich in bezug auf etwas anderes liegt, betrachtet werden. So kann etwa das Bücherlesen ein W. an sich sein, die Buchhandlungen haben jedoch nur einen relativen W., bezogen auf das Bücherlesen.

Lit.: M. Eberhardt: Das Werten, 1950. R. Frodizi: What is Value?, 1963. S. Hart: Treatise on Values, 1949. J. E. Heyde: Gesamtbibliographie des W.begriffes, in: Literarische Berichte aus dem Gebiet der Philos., 1928. V. Kraft: Die Grundlagen einer wissenschaftlichen W.lehre. [2]1951. L. Lavelle: Traité des valeurs, 2. Bde., 1951–55. M. Riedel: Norm und W.urteil, 1979. M. Scheler: Der Formalismus in der Ethik und die materiale W.ethik, 1916.

wertfreie Wissenschaft, das Ideal* einer Wissenschaft, die ausschließlich aus Beschreibungen* und Erklärungen* besteht und sich aller expliziten* oder impliziten* Wertungen enthält. Dieses Ideal setzt eine scharfe Trennung zwischen Tatsachen* und Werten* voraus (vgl. naturalistischer Fehlschluß). Die Wertfreiheit besteht allein darin, daß man nicht selbst Wertungen vornimmt. Das Ideal einer w. W. liegt Max Webers gesellschaftswissenschaftlichem Programm zugrunde. Bei den logischen* Positivisten ist das Postulat einer w. W. zu einem methodologischen* Prinzip geworden.

Die Frankfurter* Schule (Adorno, Habermas, Horkheimer) hat eine w. W. als Forderung und auch als methodologisches Prinzip entschieden zurückgewiesen.

In der Diskussion des Ideals einer w. W. hat sich eine Unterscheidung zwischen interner und externer Wertfreiheit ergeben. Eine Theorie ist intern wertfrei, wenn es unmöglich ist, syntaktisch* oder semantisch* aus ihr Wertungen herzuleiten. Dagegen ist eine Theorie extern wertfrei, wenn sie keinen bestimmten Interessen (moralischer, politischer, religiöser oder ökonomischer Art) dient. Es gilt nahezu als unbestritten, daß es kaum wissenschaftliche Theorien gibt, die extern wertfrei sind. Es ist aber weiterhin umstritten, ob wissenschaftliche Theorien intern wertfrei sind (sein können oder sollen). Der Streit dreht sich jeweils insbesondere darum, wie weit bei der Anwendung einer bestimmten Forschungsmethode, eines bestimmten wissenschaftlichen Paradigmas, eines Forschungsprogramms oder eines Kriteriums für wissenschaftliche Relevanz interne oder externe Wertungen mit im Spiel sind.

Lit.: T. W. Adorno (Hg.): Der Positivismusstreit in der dt. Soziologie, 1969. H. Albert/E. Topitsch (Hg.): Werturteilsstreit, 1971. W. Schluchter: Wertfreiheit und Verantwortungsethik, 1971. M. Weber: Gesammelte Aufsätze zur Wissenschaftslehre, [3]1968 (darin bes.: «Wissenschaft als Beruf»).

Wertnihilismus (von lat. *nihil*, nichts), die philos. Bezeichnung der Uppsala-Schule* für ihre Theorie, daß Wertungen keinerlei Wahrheitswert* haben, sondern als Ausrufe oder Gebote (Imperative) gedeutet werden müssen, denen ausschließlich ein emotiver* Sinn zukommt (vgl. Nonkognitivismus und Ethik). Zu den Vertretern dieser Theorie gehören I. Hedenius, A. Hägerström, M. Moritz und A. Phalén.

Wertphilosophie, ein Zweig der Philos., der die gemeinsame Grundlage verschiedener Formen von Wertungen untersucht, z. B. technische, juristische, ästhetische und moralische Wertungen. So wird etwa der Gebrauch bestimmter wertender Wörter oder Begriffe untersucht, die in den verschiedensten Wertbereichen Anwendung finden. Zentral ist dabei der Begriff gut*. So spricht man von guten Gegenständen, guten Kunstwerken und guten Handlungen. Im Gegensatz etwa zur Metaethik untersucht die W. nicht nur die Verwendung sprachlicher Ausdrücke wie gut, schön usw., sondern fragt auch danach, was denn das Gute sei. Die W. ist als selbständige philos. Disziplin erst im 19. Jh. entstanden. Aber schon bei Platon etwa finden wir eingehende wertphilos. Diskussionen. Für Utilitaristen ist W. ein Teil der Ethik. Andere ethische Theorien hingegen sind der Auffassung, daß es sich umgekehrt verhält oder daß Ethik und W. nichts miteinander zu tun haben. Einigkeit besteht allerdings darin, daß zu unterscheiden ist zwischen dem An-sich-Wertvollen und dem Relativ-Wertvollen, das bloß in bezug auf ein An-sich-Wertvolles selbst einen Wert hat.

Die W. beschäftigt sich mit zwei grundlegenden Fragen: 1. Was ist ein Wert an sich? 2. Was heißt ‹Wert an sich›? Um die erste Frage zu beantworten, benötigen wir eine normative oder materiale (d. h. inhaltlich bestimmte) Wertlehre. Im Umkreis des logischen* Positivismus hat man in diesem Jh. die philos. Klärung einer solchen Frage als sinnlos bezeichnet. Die Philos. hat sich daher vornehmlich mit der zweiten Frage beschäftigt, d. h. mit der kritischen Untersuchung der verschiedenen Formen von Werten* und der Frage, welche ontologische, erkenntnistheoretische und sprachphilos. Grundlage Werte haben. Es lassen sich hierbei drei Hauptgruppen von Philos. unterscheiden: Objektivisten, Naturalisten und Subjektivisten.

Die *Objektivisten* (Platon, Moore, Scheler, Hartmann) behaupten, daß Dinge und Handlungen gewertet werden können, weil sie eine besondere Werteigenschaft besitzen. Diese Eigenschaft wird auf gleiche Weise erkannt wie z. B. die Farbe eines Dings: durch eine besondere Form der Erfahrung. Werturteile sind deshalb in derselben Weise als wahr oder falsch zu bezeichnen wie deskriptive Urteile, die den Dingen etwa Farbeigenschaften zuschreiben. Die *Naturalisten* bestreiten die Existenz besonderer Werteigenschaften. Für sie beruht der Wert von Dingen und Handlungen auf bestimmten natürlichen oder empirischen Eigenschaften. Das Wertvolle kann z. B. darin bestehen, daß es bei den meisten Menschen angenehme Gefühle erzeugt. Die *Subjektivisten* (Hume, Ayer, Russell, Stevenson) schließlich behaupten, daß Werte nichts anderes sind als Projektionen* subjektiver* Gefühle und Einstellungen. Wenn man ein Ding oder eine Handlung bewertet, sagt man überhaupt nichts über das Ding oder die Handlung aus, sondern gibt einem subjektiven Gefühl oder einer persönlichen Haltung Ausdruck. Moralische Wertungen können daher weder wahr noch falsch sein. Hare, Toulmin u. a. haben versucht, den Subjektivismus mit einer Theorie zu vereinbaren, der eine vernünftige Diskussion über Fragen der Wertung ermöglicht.

Wesen oder Sosein, Washeit (engl. *essence*; franz. *essence*; griech. *to ti en einai*; lat. *essentia* oder *natura, quidditas*). Wie die mit ihm verwandten Termini Form*, Idee*, Natur* oder Substanz* besitzt das Wort W. in der Philos. keine festumrissene Bedeutung. Für gewöhnlich lassen sich bei der Diskussion über das W.problem folgende Bestimmungen unterscheiden:

1. Das W. eines Seienden* besteht aus denjenigen Eigenschaften, die dieses Seiende nicht verlieren kann, ohne aufzuhören, es selbst zu sein. So herrschte z. B. traditionell die Ansicht, daß ein Mensch nicht mehr Mensch ist, wenn er den Gebrauch der Vernunft* verliert. Es wird unterschieden zwischen den wesentlichen Eigenschaften (essentiellen Eigenschaften oder kurz: der Essenz) und den unwesentlichen Eigenschaften (akzidentiellen Eigenschaften, s. Akzidens; *modi*, s. Modus). Ob ein W. existieren kann, ohne an unwesentliche Eigenschaften gebunden zu sein, darüber gibt es keine Einigkeit. Daß dies unmöglich ist, behaupten u. a. Aristoteles und Hegel. Ihnen zufolge kann wohl die einzelne unwesentliche Eigenschaft verschwinden, aber es wird immer eine andere an ihre Stelle treten (z. B. wenn die Größe eines Menschen sich ändert). 2. Im Anschluß an (1) läßt sich das W. eines Seienden mit dem Bleibenden (‹Ewigen›) an ihm gleichsetzen – im Gegensatz zu den veränderlichen (‹zeitlichen›) Erscheinungen (Phänomen*). 3. Oft werden (1) und (2) so abgewandelt, daß das W. eines Seienden nicht etwas ein für allemal Gegebenes bildet. Vielmehr muß es erst verwirklicht werden – in einem auf diesen Zweck gerichteten Vorgang. Danach ist es z. B. das Wesen (oder der Zweck) des Samens, zur Blume zu werden (Aristoteles), oder das W. der Geschichte, den freien Staat zu verwirklichen (Hegel). Das ‹Bleibende› besteht hier nicht in einer Summe fester Eigenschaften, sondern in einer Disposition* oder Tendenz (vgl. *causa finalis, dynamis/energeia*, Teleologie). 4. Wenn das W. als Zweck betrachtet wird, gilt es vielfach auch als Ideal*, Norm* oder Wert* – im Gegensatz zum faktischen Vorkommenden. Dann ist das W. eines Seienden die ‹innere› (immanente*) Norm, die verwirklicht werden soll, weil die eigentliche Daseinsweise des Seienden in seinem W. liegt. 5. Es herrschen unterschiedliche Auffassungen, ob vor allem bei den individuellen Seienden (Entitäten*), den überindividuellen Strukturgebilden (z. B. Staaten) oder der Universalien* (vgl. *genus/species*) von W. gesprochen werden kann. Gibt es ein rein individuelles W., oder sind alle W.bestimmungen allgemein (universal)? Häufig wurde der Begriff W. mit dem des *genus* (Gattung) verknüpft. Denn man glaubte, daß zwar das Individuum (z. B. die einzelne Giraffe) vergeht, aber die jeweilige Gattung (hier die Gattung Giraffe) bestehen bleibt – mit einer Reihe von Eigenschaften, die ihr notwendig zugehören und die also das W. ausmachen. Seit dem Aufkommen der Entwicklungslehre wird diese Form der W.theorie allerdings stark kritisiert (vgl. Essentialismus). 6. Für Aristoteles bleibt die Rede vom W. des Seienden an die faktisch existierende Welt gebunden. Dagegen war es in der scholastischen* Philos. üblich, zwischen dem W. als der Washeit und der Existenz als der Daßheit zu unterscheiden. Danach beinhaltet das W. eine festgelegte ewige Möglichkeit für Existenz. Seine ‹Notwendigkeit› läßt sich nach dieser mittelalterlichen Unterscheidung aber auf mindestens dreierlei Weise auslegen:

(a) ‹Es ist notwendig, daß Seiende mit den Eigenschaften A und B existieren› (Notwendigkeit *de dicto*).

$$\Box\ \exists(x)\,[A(x)\ \&\ B(x)]$$

Beispiel: ‹Es ist notwendig, daß Seiende existieren, die Herzen und Nieren haben.›

(b) ‹Es existieren Seiende, von denen notwendig gilt, daß sie die Eigenschaften A und B haben› (Notwendigkeit *de re*).

$$\exists(x)\ \Box\,[A(x)\ \&\ B(x)]$$

Beispiel: ‹Es existieren Seiende, von denen notwendig gilt, daß sie Herzen und Nieren haben.›

(c) ‹Es ist notwendig, daß dann, wenn es Seiende mit der Eigenschaft A gibt, diese auch die Eigenschaft B haben.›

$$\Box\ \forall(x)\,[A(x) \to B(x)]$$

Beispiel: ‹Es ist notwendig, daß dann,

wenn es Seiende mit Herzen gibt, diese auch Nieren haben.›

Die Aussagen (a), (b) und (c) setzen stillschweigend voraus, die Notwendigkeit des W. sei mehr als nur eine logische* Notwendigkeit (vgl. analytisch/synthetisch; Tautologie). Im übrigen sind die beiden ‹kategorischen*› Formen von Notwendigkeit (a) und (b) mit der modernen biologischen Entwicklungslehre unvereinbar, während die ‹hypothetische› Version (c) sich mit ihr durchaus in Einklang bringen läßt. Wenn die Phänomenologen* des 20. Jh. (Husserl, Hartmann, Ingarden, Scheler u. a.) vom W. oder von W.gesetzen oder W.notwendigkeit sprechen, beziehen sie sich auf W. in Bedeutung (c).

7. Für die Rationalisten* läßt sich das W. unabhängig von den Sinnen durch den bloßen Gebrauch der Vernunft* erkennen (vgl. *a priori/a posteriori*). Da sie eine von der sinnlichen Wahrnehmung unabhängige Erkenntnis für unmöglich halten, lehnen die Empiristen* (Hume) so etwas wie ein W. überhaupt ab. Im 20. Jh. geht die Phänomenologie wieder von apriorischer W.erkenntnis aus und spricht in diesem Zusammenhang von ‹Wesensschau*›. 8. Seit Locke unterscheidet man zwischen Realessenz und Nominalessenz. Unter Realessenz versteht Locke W. in der traditionellen Bedeutung, d. h. die Konstitution* der Dinge oder die Summe von notwendigen Eigenschaften, die dem Ding objektiv, unabhängig von jeder Definition*, zukommen. Diese Eigenschaften bleiben allerdings letztlich unbekannt. Die Nominalessenz umfaßt demgegenüber diejenigen Eigenschaften, die zur Definition eines Begriffs benutzt werden bzw. die (bekannten) Charakteristika eines Seienden, aufgrund derer man dieses Seiende mit einem bestimmten Namen bezeichnet. Gemäß Hume und den logischen* Positivisten gibt es keine Realessenzen, sondern nur Nominalessenzen.

9. Ohne philos. Hintergrund finden sich in der dt. Sprache weitere Verwendungsweisen für W. etwa im Sinn von Seiendem (z. B. ‹dieses winzige W.› für ‹Säugling›) oder als Sammelbezeichnung (z. B. ‹Gesundheitsw.›, ‹Schulw.›).

Lit.: T. v. Aquin: De ente et essentia. Aristoteles: Metaphysik, Buch VII. D. Henrich (Hg.): Die Wissenschaft der Logik und die Logik des W., 1978. J. Locke: Versuch über den menschlichen Verstand, 3. Buch, VI. Kap. Platon: Politeia; ders.: Phaidon. E. Tugendhat: Ti kata tinos, ²1968. J. de Vries: Grundbegriffe der Scholastik, 1980.

Wesensschau, Grundbegriff der Husserlschen Phänomenologie. Nach Husserl ist es bei jedem individuellen Gegenstand möglich, seine zufälligen und seine wesentlichen Eigenschaften voneinander zu unterscheiden. Die wesentlichen Eigenschaften gelten mit Notwendigkeit für alle Gegenstände der entsprechenden Klasse. Das Wesen* *(eidos*)* des individuellen Gegenstands ist nach Husserl ein eigener idealer* Gegenstand, den man in der W. erfahren kann (auch eidetische Deskription, eidetische Reduktion, eidetische Variation oder Ideation genannt). Dazu muß der Gegenstand in der Phantasie vorgestellt und verändert werden. So vermag man zu sehen, welche Eigenschaften ihm notwendig zukommen und welche sich wegdenken lassen, ohne daß der Gegenstand dabei sein Wesen, d. h. seine Zugehörigkeit zu einer bestimmten Klasse, verliert. Auf diese Weise läßt sich eine direkte Erfahrung des Wesens gewinnen.

Whitehead, Alfred North (1861–1947), engl. Mathematiker und Philos., Studium der Mathematik in Cambridge. 1903 Mitglied der Royal Society, 1911 Berufung an das University College in London, 1914–24 Lehrstuhl für angewandte Physik am Imperial College in South Kensington, von 1924 bis 1937 lehrt er an der Harvard-University. – W. Werk kann in drei Abschnitte eingeteilt werden. 1. Vor 1914 wird es von Logik und Mathematik dominiert. In dieser Zeit entsteht in Zusammenarbeit mit B. Russell das monumentale Werk *Prin-*

cipia Mathematica (I–III, 1910–13), in welchem eine rein mengentheoretische Axiomatisierung der Mathematik angestrebt wird sowie eine formallogische Deskription ihrer Verfahren, d. h., es wird zu zeigen versucht, daß Mathematik sich letztlich auf Logik zurückführen läßt. 2. Zwischen 1914 und 1924 schreibt W. eine Reihe von Werken, die sich um eine philos. Grundlegung der Naturwissenschaften bemühen. Dabei gibt W. eine phänomenalistische* Deutung der Grundbegriffe und Erkenntnisse der Naturwissenschaften. Die Naturwissenschaften suchen nicht nach einer tieferliegenden Wirklichkeit, welche unsere Wahrnehmung irgendwie kausal verursacht, sie sind vielmehr als begrifflicher Überbau unserer Wahrnehmungen aufzufassen. Daher lassen sich alle mathematischen und physikalischen Grundbegriffe auf Begriffe zurückführen, die unmittelbar auf das in der Erfahrung Gegebene anwendbar sind. 3. In seiner letzten Schaffensperiode (1924–47) kreist sein Denken um metaphysische und religionsphilosophische Themen. Systematisch entfaltet er seine Metaphysik 1929 in *Process and Reality. An Essay in Cosmology.* Der Untertitel betont W. umfassenden Anspruch. Es geht ihm um eine Rekonstruktion der Genese des Kosmos. Dabei tritt der Begriff des Prozesses an die Stelle des traditionellen Substanzbegriffs. W. denkt die Welt aus genau umgrenzten Einzelwirklichkeiten (‹actual entities› oder ‹actual occasions›), ähnlich den Leibnizschen Monaden, aufgebaut. Gott kommt nun aber nicht wie bei Leibniz die Aufgabe zu, eine prästabilierte Harmonie unter diesen Einzelwirklichkeiten zu stiften, sondern er stiftet gerade umgekehrt Unruhe und Disharmonie und stachelt auf diese Weise die Schöpfung zu immer höheren Formen der Selbstverwirklichung und damit zur Bildung neuartiger Einzelwesen an.

Ausg.: Philos. und Mathematik, 1949. Abenteuer der Ideen, 1971. Wissenschaft und die moderne Welt, 1984. Principia mathematica, 1984. Prozeß und Realität, 1979. Wie entsteht Religion?, 1985. – *Lit.:* M. Hauskeller: A. N. W. zur Einführung, 1994. H. Holzhey u. a. (Hg.): Natur, Subjektivität, Gott. Zur Prozeßphilos. A. N. W., 1990. E. Laszlo: La métaphysique de W., 1970. G. A. Lucas: Outside the Camp: Recent Work on W. Philos., 1985. P. A. Schilpp (Hg.): The Philosophy of A. N. W., 1941. E. Wolf-Gazo (Hg.): W. Einführung in seine Kosmologie, 1980

Widerspruch, Satz vom, s. Kontradiktionsprinzip.

Wiener Kreis, eine Gruppe von Wissenschaftlern und Philos, die sich um 1923 in Wien bildete und die auf der Grundlage des Positivismus des 19. Jh. den Neopositivismus oder logischen* Positivismus entwickelte. Einer der wichtigsten Repräsentanten des W. K. war M. Schlick. Hauptthema bildete die Grundlage und Methode der Wissenschaften. 1929 trat der W. K. mit der Gründung der Zeitschrift *Erkenntnis* als philos. Bewegung an die Öffentlichkeit. Neben dieser Zeitschrift wurden in den Folgejahren verschiedene Monographien veröffentlicht und eine Reihe von internationalen Kongressen veranstaltet. Mit Schlicks Tod im Jahr 1936 endeten die Aktivitäten des W. K. Die meisten seiner Mitglieder gingen Ende der 30er Jahre ins Exil und übten weiterhin bedeutenden Einfluß auf die Entwicklung des logischen Positivismus aus. Hauptvertreter des W. K. neben Schlick waren Frank, Hahn, Neurath, Carnap (seit 1926), Reichenbach, Feigl, Gödel, Kraft und Waismann. Ayer, Hempel, Kelsen und Popper nahmen vorübergehend an den Aktivitäten der Gruppe teil. Der W. K. arbeitete eng zusammen mit der Berliner und der Warschauer* Gruppe.

Lit.: H.J. Dahms (Hg.): Philos., Wissenschaft, Aufklärung. Beiträge zur Geschichte und Wirkung des W. K., 1985. M. Geier: Der W. K., 1992. V. Kraft: Der W. K. Der Ursprung des Neopositivismus, ²1968. F. Kreuzer: Grenzen der Sprache, Grenzen der Welt. Wittgenstein, der W. K. und die Folgen, 1982. H. Schleichert (Hg.): Logischer Empirismus –

der W. K. Ausgewählte Texte mit einer Einleitung, 1975. F. Waismann: Wittgenstein und der W. K., 1967.

Wilhelm von Ockham (um 1290–um 1349), engl. Philos. und Theologe. W. wurde Franziskaner* und studierte in Oxford. Aufgrund einer Anklage wegen Ketzerei begab er sich 1324 an den Hof des Papstes in Avignon. Hier wurde er in einen Disput zwischen dem Papst Johannes XXII. und den Franziskanern über die Haltung der Kirche zum Eigentumsrecht verwickelt. 1328 flüchtete W. mit seinem Ordensgeneral nach München und suchte Unterstützung bei Kaiser Ludwig. Dieser befand sich bereits in einem anderen Zusammenhang im Streit mit dem Papst und suchte eine Stütze in W., der in verschiedenen Abhandlungen die Legitimität von Johannes XXII. und der Päpste überhaupt bestritt, als Oberhaupt auch der weltlichen Mächte aufzutreten. Diese Auseinandersetzung veranlaßte W., eine selbständige politische Philos. zu konzipieren. Nach dieser läßt sich die Legitimität der weltlichen Macht nicht religiös begründen, hat aber umgekehrt auch nichts mit geistlichen Angelegenheiten zu schaffen. Keine Institution verfügt über den einzelnen Menschen und dessen natürliche Rechte, keine Institution kann dem einzelnen das Denken abnehmen. Der eigentliche Gegenstand unserer Loyalität sind nicht die gesellschaftlichen Einrichtungen, sondern unsere Mitmenschen.

Größeren Einfluß übte W. jedoch als Erkenntnistheoretiker und Logiker aus (vgl. Erkenntnis, Logik). Seine Arbeiten in diesen Bereichen stammen aus den Jahren 1317–28: Aristoteleskommentare, Vorlesungen über die *Sentenzen* des Petrus Lombardus sowie ein großes Werk zur Logik, *Summa totius logicae*. W. vertritt die Auffassung, daß die erschaffene Welt* zufällig ist: Nur Gott* ist notwendig, seiner Allmächtigkeit *(potentia Dei absoluta)* sind keine Grenzen gesetzt außer jener des logischen Prinzips des Satzes vom Widerspruch*, an welches auch Gott notwendig gebunden ist. Naturgesetze jedoch haben keine Notwendigkeit*, obwohl die normale Machtausübung Gottes *(potentia Dei ordinata)* in geregelter und erkennbarer Weise vor sich geht. Eine andere Grundannahme W. ist die, daß es keine andere Seinsform gibt als die Existenz der Einzeldinge. Nur Substanzen* mit wahrnehmbaren Eigenschaften können eine selbständige Existenz haben. Deshalb sind weder unvergängliche ‹Wesen*› (Essenzen), noch Ursachen* oder Relationen* mögliche Gegenstände wissenschaftlicher Erkenntnis. Vorausgesetzt, daß die Natur ihren gewohnten Gang geht, haben allein diejenigen Urteile* einen Anspruch auf Wissenschaftlichkeit, die aussagen, was der Fall sein wird, wenn etwas anderes der Fall ist. Urteile bestehen aus Lauten oder Schriftzeichen, ihnen entsprechen mentale Urteile (Gedanken), die den eigentlichen Gegenstand unseres Wissens, Zweifelns usw. ausmachen. Entsprechend den bedeutungstragenden Ausdrücken der gesprochenen Urteile enthalten die Gedanken ihren Ausdruck in den Begriffen*. Ein Begriff ist selbst ein Einzelding, das in der Konfrontation mit anderen Einzeldingen gebildet wird. Er ist aber zugleich universell, indem er ein ‹natürliches Zeichen› mehrerer Einzeldinge ist, die als solche jeweils nicht aktualiter präsent zu sein brauchen, um eine Vorstellung von ihnen zu haben. So ist mein Begriff ‹Mensch› nicht nur ein Zeichen für Peter, den ich kenne, sondern auch für andere Einzelpersonen, die ich nicht kenne. Der Bezug (die Referenz*) eines bestimmten mentalen oder sprachlichen Urteils hängt aber nicht nur von den einzelnen Ausdrücken ab, sondern von dem gesamten Urteil. Der Bezug *(suppositio*)* des einzelnen Ausdrucks in einem Urteil – und damit die Wahrheitsbedingungen* des Urteils – beruht insofern auf einer Analyse dieses Urteils. Jedes Urteil, das sich scheinbar auf Universalien* bezieht, kann als abstrakter, verkürzter Ausdruck eines Urteils betrachtet werden, das lediglich auf Einzeldinge Bezug nimmt.

W. radikale Kritik der Realität von Universalien stellt einen Bruch mit großen Teilen des Denkens des 13. Jh. dar, wurde allerdings von weiten Kreisen akzeptiert (vgl. Nominalismus, Universalienstreit). W. Logik war über Jahrhunderte hinweg von größter Bedeutung.

Ausg.: Opera philosophica et theologica (kritische Gesamtausgabe). Hg. vom Franciscan Institute 1967ff., 16 Bde. R. Imbach: Texte zur Theorie der Erkenntnis und der Wissenschaft, 1984. Dialogus. Auszüge zur polit. Theorie, 1992. – *Lit.:* K. Bannach: Die Lehre von der doppelten Macht Gottes bei W. v. O., 1975. R. Imbach: W. v. O., 1984. M. Kaufmann: Begriffe, Sätze, Dinge. Referenz und Wahrheit bei W. v. O., 1994. G. Martin: W. v. O. Untersuchungen zur Ontologie der Ordnungen, 1949. J. Miethke: O. Weg zur Sozialphilos., 1969. C. Panaccio: Les mots, les concepts et les choses, 1991.

Wille (engl. *will*; franz. *volonté*; griech. *boulesis*, *orexis*, *prohairesis*; lat. *voluntas*, *volitio*, *appetitus*, *arbitrium*). Grundsätzlich kann unterschieden werden zwischen W. im Sinn eines Vermögens und W. im Sinn eines einzelnen Wollens (*volitio*, Willensakt). Daneben kann sich W. auf den Inhalt eines Wollens (das Gewollte) beziehen. – Der Ausdruck W. ist in der Philos. (und außerhalb) ein ‹Schwerstarbeiter›. In zahlreichen philos. Disziplinen (Ethik*, Handlungstheorie, Philos. des Geistes*, Rechtsphilos.*) sowie einigen außerphilos. (Theologie*, Psychologie, Jurisprudenz) war oder ist W. ein Schlüsselbegriff. Vor allem wurde die Berufung auf den W. und die W.akte für unentbehrlich gehalten, um gewisse grundlegende Unterscheidungen verständlich machen bzw. rechtfertigen zu können.

An erster Stelle ist die Trennung zwischen willentlichem und nicht-willentlichem Verhalten zu nennen. Für Sittlichkeit und Recht ist die Unterscheidung zwischen dem wesentlich, wofür eine Person (im moralischen Sinn) verantwortlich ist, wofür sie Lob oder Tadel, Lohn oder Strafe verdient, und demjenigen, dem gegenüber derlei zurechnende soziale Reaktionen nicht angemessen sind. Überwiegend geht man davon aus, daß eine bestimmte Form von Freiheit* notwendig ist für (moralische) Verantwortlichkeit. Auch für die Abstufungen auf der *scala naturae* (Pflanze, Tier, Mensch, Engel, Gott) wurde der W. herangezogen, beispielsweise in der Form, daß man den göttlichen, den menschlichen und den tierischen W. jeweils unterschiedlich charakterisiert. Schließlich will man (bereits im Alltag) willensschwache von willensstarken Menschen abheben. Das philos. Problem der W.schwäche besteht darin zu erhellen, wie es überhaupt möglich ist, daß eine Person eine bestimmte Handlung nach gründlicher Überlegung für die beste oder die richtige hält – und dann dennoch anders handelt. Der Terminus W. verwies infolgedessen beständig auf mehrere (mehr oder weniger miteinander verknüpfte) ‹Problemlagen›, die sich zudem historisch mehrfach änderten. Der jeweilige Problemkontext blieb nicht ohne Einfluß auf den Sinn des jeweils einschlägigen W.begriffs.

Sowenig es einen einheitlichen W.begriff gab, sowenig eine einheitliche Fassung der Freiheitsfrage. Sie stellte sich auf je unterschiedliche Weise, wenn es sich um die Unabhängigkeit gegenüber den Affekten oder um die Freiheit von anderen inneren oder äußeren Zwängen handelte. Eine scharfe Form nimmt das Freiheitsproblem an, sobald deterministische Beschreibungen der Welt gängig werden (etwa in der Stoa*, in Teilen der christlichen Philos., endgültig seit dem mechanistischen Materialismus* der franz. Aufklärung*). Es fragt sich dann, ob – und wenn ja, wie – die Vorstellung einer durchgängigen kausalen Verkettung aller Ereignisse in Einklang gebracht werden kann mit unserem Eindruck, daß wir in der Regel frei sind zu tun, was wir wollen (Handlungsfreiheit), und in der Regel aus freien Stücken wollen, was wir wollen (W.freiheit). Umstritten ist insbesondere, ob für die moralisch relevante Freiheit ein negativ bestimmter Begriff (etwa: Unabhängigkeit von Naturkausa-

lität) hinreicht oder ob ein weiterreichender positiver Freiheitsbegriff vonnöten ist.
Die Geschichte der Philos. hat eine Fülle verschiedenartiger W.begriffe hervorgebracht, die sich vor allem in der Bestimmung des Verhältnisses des W. zur Vernunft* (bzw. zum Intellekt) unterscheiden. Die Optionen reichen von der Auffassung des W. als eines durch die Vernunft, durch Gründe, bestimmten Strebens oder Wählens bis zu der Kennzeichnung des W. als eines blinden, alogischen Drangs. Der klassischen griech. Ethik lag eine Entgegensetzung von W. und Intellekt fern. Bei Platon und Aristoteles überwiegt die Bedeutung ‹vernünftiges Begehren› für *boulesis*. Erst im christlichen Denken – bei Augustin und der durch ihn beeinflußten Scholastik* – wird der W. dem Intellekt als eigenständiges, handlungsbestimmendes Vermögen gegenübergestellt. Sobald die Dichotomie etabliert ist, erheben sich Streitigkeiten darüber, welches der beiden Vermögen Vorrang vor dem anderen hat. In der Scholastik steht der Intellektualismus* des Thomas von Aquin, demzufolge der Geist Vorrang vor dem W. hat (in seiner Kernbedeutung als *appetitus rationalis*, ‹vernünftiges Begehren›, gefaßt), dem Voluntarismus* des Duns Scotus gegenüber.
Kant nähert sich mit seinem W.begriff in manchen Hinsichten wieder dem klassischen griech., wenn er ihn als das durch Vernunft bestimmte Begehrungsvermögen faßt. Mit Hilfe dieses W.begriffs bewerkstelligt Kant die Grundlegung seiner kritischen Ethik, in der gezeigt werden soll, wie Vernunft, insbesondere reine Vernunft, praktisch sein kann. W. und praktische Vernunft fallen zusammen: «Ein jedes Ding der Natur wirkt nach Gesetzen. Nur ein vernünftiges Wesen hat das Vermögen, nach der Vorstellung der Gesetze, d. i. nach Prinzipien, zu handeln, oder einen Willen. Da zur Ableitung der Handlungen von Gesetzen Vernunft erfordert wird, so ist der Wille nichts anderes als praktische Vernunft.»
Freiheit des W. besteht nach Kant nicht nur als Unabhängigkeit von Naturkausalität, sondern darüber hinaus als Autonomie* (Selbstgesetzgebung) der Vernunft. Sie erweist sich an der Gültigkeit des Sittengesetzes, dessen Bewußtsein ein «Faktum der reinen Vernunft» ist. Sittengesetz und Freiheit (des W.) gehören nach Kant untrennbar zusammen.
Schopenhauer machte im 19. Jh. eine W.metaphysik populär, in welcher er einen überpersönlichen W. als metaphysisches Weltprinzip annimmt und zu dem Ding an sich erklärt. Der so verstandene W. ist ein ‹blindes› vernunftloses Drängen und Streben, welches sich in der Natur auf verschiedenen Stufen objektiviert. Dieser irrationalistische W.begriff wirkte mit unterschiedlichen Akzentsetzungen u. a. auf E. v. Hartmann, F. Nietzsche und S. Freud.
Seit geraumer Zeit hat man eine Reihe von Einwänden sowohl gegen die Idee einer einheitlichen Instanz W. wie auch gegen die Postulierung von handlungsverursachenden W.akten erhoben. Schon früh hat man auf die zweifelhafte Hypostasierung* aufmerksam gemacht, die mit dem abstrakten Verbalsubstantiv ‹der W.› häufig einhergeht. Das tatsächliche Subjekt des Wollens ist der einzelne Mensch und nicht, wie ein bestimmter philos. Sprachgebrauch nahelegt, ‹der W.›.
In vielen traditionellen Theorien wird angenommen, daß der W. (als W.akt) eine oder die Ursache des Verhaltens ist. Gegen diese Auffassung hat man eingewendet, daß (nach einer gängigen Kausalitätstheorie) Ursache und Wirkung logisch unabhängig voneinander sein müssen. Nun kann bestritten werden, daß diese Bedingung im Fall des W. und des Verhaltens, dessen Ursache er sein soll, erfüllt ist. Ein anderer Einwand macht darauf aufmerksam, daß die Theorie der W.akte das Ausgangsproblem gleichsam bloß um eine Stufe verschiebt. Es fragt sich nämlich, ob der W.akt selbst willentlich ist oder nicht. Wird er, wie die Wortwahl nahelegt, als (willentliche) Hand-

lung aufgefaßt, so müßte dem Modell entsprechend ein weiterer W.akt (höherer Stufe) postuliert werden, welcher den erstgenannten verursacht; auf diese Weise droht ein unendlicher Regreß*. Ist der W.akt hingegen selbst nicht willentlich, könnte ich also beispielsweise nicht umhin, ins Kino gehen zu wollen, dann scheint das Vorliegen des W.akts doch – entgegen dem Modell – nicht zu garantieren, daß die Handlung (mein Gang ins Kino) willentlich ist.

Angesichts solcher grundsätzlicher Bedenken gegenüber der traditionellen Theorie des W. und der W.akte ist man vielfach dazu übergegangen, die Berechtigung der obengenannten Unterscheidungen (zwischen willentlichem und nicht-willentlichem Verhalten usw.) ohne Berufung auf einen einheitlichen Inbegriff der W.vorgänge und auf W.akte aufzuklären. Daneben gibt es Versuche, die Theorie der W.akte nur so zu fassen, daß sie den Standardeinwänden nicht ausgesetzt ist.

Lit.: Aristoteles: Nikomachische Ethik. Augustinus: De libero arbitrio (Vom freien Willen). B. Berofsky: Freedom from Necessity, 1987. A. Dihle: Die Vorstellungen vom W. in der Antike, 1985. A. Flew: Agency and Necessity, 1987. Hegel: Grundlinien der Philos. des Rechts, 1821. D. Hume: Ein Traktat über die menschliche Natur. I. Kant: Grundlegung zur Metaphysik der Sitten. Ders.: Kritik der praktischen Vernunft. W. Keller: Psychologie und Philos. des Wollens, 1954. P. Ricœur: Philos. de la volonté, I, 1950. G. Ryle: Der Begriff des Geistes, 1969. A. Schopenhauer: Die Welt als W. und Vorstellung, 1818.

Willensfreiheit, s. Freiheit, Wille, willkürlich.

Williams, Bernhard (geb. 1929), engl. Philos., seit 1979 Dekan des King's College of Oxford. – Seine Arbeiten bewegen sich in Bereichen der Ethik und deontischen Logik, ebenso gelten sie der Analyse von Individuationsprozessen. In seiner Opposition zu Strawson* versteht er sich auch als Kritiker Kants und Lockes. Zwar gehorchen moralische Urteile hinsichtlich ihrer Gültigkeit der normativen Logik, dennoch müssen die Gültigkeitskriterien in Beziehung zu kulturellen, sprachlichen und alltäglichen Bedingungen gesetzt werden – und nicht einfach nur in Beziehung zu einem abstrakten Regel- und Wertekatalog.

Ausg.: Kritik des Utilitarismus, 1979. Moralischer Zufall. Philos. Aufsätze 1973–80, 1984. Ethics and the Limits of Philosophy, 1985. Descartes, 1988. Shame and Necessity, 1993. – *Lit.:* J. E. J. Altham/ R. Harrison (Hg.): World, Mind, and Ethics. Essays on the Ethical Philosophy of B. W., 1995.

willkürlich (engl. *arbitrary*; franz. *arbitraire*), unbestimmt, ungebunden, frei von Prinzipien. 1. Eine Handlung* heißt w., wenn der sie motivierende Wille* unbestimmt ist, und zwar im doppelten Sinn: nicht von äußeren Ursachen bestimmt (determiniert*) und frei in der Wahl zwischen verschiedenen alternativen Möglichkeiten (vgl. *liberum arbitrium*). Willkür bedeutet dann die Fähigkeit zu tun, was man will. Weil aber die Entscheidung unbestimmt, weil ungebunden ist, kann sie eine bloß subjektive sein. 2. Eine unbegründete Wahl, die lediglich Ausdruck des rational unbegründeten Gutdünkens des Subjekts ist. Die Handlung kann zwar von bewußten Absichten geleitet sein, jedoch hat sich das Handlungssubjekt nicht von allgemeinen Prinzipien ethischer, politischer, religiöser o. a. Art leiten lassen. 3. Eine Handlung kann auch dann w. heißen, wenn sie ausgeführt wird, ohne daß ihr eine bewußte Absicht zugrunde liegt, z. B. Reflexhandlungen. 4. In der strukturellen* Linguistik (Saussure) wird w. bezüglich der Frage nach der Motiviertheit von Zeichen in der ersten Bedeutung verwendet. Ein Zeichen ist w. (arbiträr), wenn es in seiner Bedeutung oder Referentialität von dem natürlich Gegebenen* unabhängig, d. h. seine Bedeutung Ausdruck einer Konvention ist – die, nota bene, keineswegs bloß subjektiv ist.

Winch, Peter (geb. 1926), engl. Philos., Prof. in London. In seinem einflußreichen Buch *The Idea of a Social Science* (1958) setzt er sich kritisch mit dem logischen* Positivismus auseinander und entwickelt eine Neubestimmung der Gesellschaftswissenschaften. Auf der Grundlage von Wittgensteins Untersuchungen zu Begriffen wie Verstehen*, Regel* und Lebensform vertritt W. die Ansicht, daß gesellschaftswissenschaftliche Erklärungen* prinzipiell von naturwissenschaftlichen Erklärungen zu unterscheiden sind. Handlungen, zwischenmenschliche Beziehungen und gesellschaftliche Institutionen seien von Regeln und nicht von Naturgesetzen gesteuert. Deshalb können gesellschaftliche Phänomene nur durch eine Klärung der Regelsysteme verstanden werden, nicht aber durch kausale Erklärungen. Sein hermeneutisches Erklärungsmodell versucht W. aufgrund von Analysen der Funktion der Alltagssprache* als Mittel zwischenmenschlichen Verstehens zu entwickeln.

Ausg.: Die Idee der Sozialwissenschaft und ihr Verhältnis zur Philos., 1966. Ethics and Action, 1972. Versuchen zu Verstehen, 1992. Simone Weil, 1989.

Winckelmann, Johann Joachim (1717–68), dt. Kunsthistoriker, Ästhetiker* und Archäologe. Wendete sich gegen den Fortschrittsglauben der Aufklärungsphilos.* und setzte dieser neuzeitlichen Philos. das Ideal der Kunst der griech. Antike gegenüber; ihre «edle Einfalt und stille Größe» ist das unerreichte Vorbild, dem es nachzueifern gilt. W. beeinflußte in entscheidender Weise das Griechenlandverständnis der Weimarer Klassik sowie die Auffassung von Kunst-, Literatur- und Geistesgeschichte bei Herder, Schlegel und Hegel.

Ausg.: Gesamtausgabe, 8 Bde., 1808–20. Bd. 9–11, Briefe, 1824/25. – *Lit.:* M. Käfer: W. hermeneutische Prinzipien, 1986. W. Leppmann: W. Ein Leben für Apoll, 1982. W. Schadewaldt: W. und Homer, 1941.

Windelband, Wilhelm (1848–1915), dt. Philos. und Philos.historiker. Studium in Jena, Berlin und Göttingen bei K. Fischer und H. Lotze. Prof. in Zürich 1876, Freiburg 1877, Straßburg 1882 und Heidelberg 1903. – W. ist der Begründer der neukantianischen* Badischen Schule. Er geht von der Kantischen Erkenntnistheorie* aus, begrenzt ihre Gültigkeit aber auf das Gebiet der Naturwissenschaften; die Kulturwissenschaften (Geisteswissenschaften*) dagegen bedürfen einer eigenständigen erkenntnistheoretischen Analyse. Die beiden Formen von Wissenschaft unterscheiden sich in ihrer Methode*: Die Naturwissenschaften stellen allgemeine Gesetze auf, während die Geisteswissenschaften Tatsachen nach deren Eigenart beschreiben (vgl. nomothetisch/idiographisch). Die Naturwissenschaften untersuchen also das Allgemeine, die Geisteswissenschaften das Individuelle. Dabei kommt der geisteswissenschaftlichen Erkenntnis die höhere Bedeutung zu, weil der Mensch nur durch die Erfahrung des Individuellen ein Gefühl für Werte* erhält. Aufgabe der Philos. ist es laut W., ewige (d. h. überhistorische) Werte zu finden – das Wahre, Schöne und Gute –, mit deren Hilfe die individuellen (historischen) Tatsachen sich beurteilen lassen. – Diese Kultur- und Wertphilos. wurde von H. Rickert weiterentwickelt.

Ausg.: Geschichte der neueren Philos., 2 Bde., 1878–80. Einleitung in die Philos., 1914. Platon, 1900. Geschichtsphilos., 1916.

Wirklichkeit (engl. *reality*; franz. *réalité*; griech. *energeia*; lat. *actualitas, realitas*), Bezeichnung für das Wirklichsein und den Inbegriff* alles Wirklichen. Diese Unterscheidung läßt sich auf zweierlei Weise verstehen:
1. W. als Verwirklichung im Gegensatz zur Möglichkeit oder das Verwirklichte im Gegensatz zum Möglichen. In der engl. und franz. Philos. bezeichnen *reality* und *réalité* Existenz*, faktisches Vorkommen, das Bestehen oder Realsein einer Tatsache* im Gegensatz zur Möglichkeit bzw. das Existierende, das fak-

tisch Vorkommende, den Inbegriff aller Tatsachen oder alles Realen* im Gegensatz zum Möglichen. In der dt. Philos. geht das Wort W. dagegen auf Meister Eckharts* Übersetzung des lat. Worts *actualitas* (Wirksamkeit) zurück. Es bezeichnet die wirkende Existenz bzw. das, was wirksam ist und auf anderes einwirkt. In dieser Bedeutung ist die Unterscheidung zwischen Möglichkeit und W. der griech. Unterscheidung von *dynamis** und *energeia* verwandt.

2. Im Gegensatz zu dem Schein* oder dem nur Scheinbaren spricht man auch von einer wahren W., obwohl es sich hierbei strenggenommen um einen Pleonasmus handelt. Gerade dieser Wortgebrauch liegt zugrunde, wenn Hegel W. definiert als «die unmittelbar gewordene Einheit des Wesens und der Existenz oder des Inneren und des Äußeren» (*Enzyklopädie*, § 142). Die W. besteht nach Hegel nur aus jenem Teil der tatsächlichen Welt, der mit seinem Wesen (seiner Idee*) übereinstimmt. Und weil er Wesen mit Vernunft* identisch setzt, kann er in der Einleitung zur *Rechtsphilosophie* formulieren: «Was vernünftig ist, das ist wirklich; und was wirklich ist, das ist vernünftig.»

Lit.: H. Binder: Probleme der W. Von der Naturwissenschaft zur Metaphysik, 1975. N. Hartmann: Möglichkeit und W., 1938. B. Kanitscheider: Geometrie und W., 1971. D. Klein: Vernunft und W., 1973. N. A. Luyten (Hg.): Struktur und Ereignis, 1982. P. Mittelstaedt: Sprache und Realität in der modernen Physik, 1986. R. Reininger: Metaphysik der W., II, 1948. H. Stachowiak (Hg.): Modelle. Konstruktion der W., 1983.

Wissenschaftstheorie, philos. Disziplin, die bestrebt ist, philos. Fragestellungen mit ähnlicher Methodologie und v. a. derselben Vorstellung von Genauigkeit und begrifflicher Klarheit zu behandeln, wie dies in den Einzelwissenschaften, insbesondere den Naturwissenschaften geschieht. Ihre theoretischen Überlegungen zielen – zumindest im Bereich der analytischen Philos. – oft auf eine methodologische Begründung der Einzelwissenschaften. Als selbständige Disziplin hat sie sich erst in den 30er Jahren an den Universitäten etabliert. Ihr Verhältnis zu andern metawissenschaftlichen Disziplinen – Wissenschaftslogik, Wissenschaftsethik, Wissenschaftsgeschichte, Wissenschaftspsychologie und -soziologie – ist ungeklärt und umstritten.

1. Zu den zentralen Problemfeldern der W. gehören: (a) das Verhältnis zwischen wissenschaftlicher Theorie* und Praxis; (b) das Verhältnis zwischen Theorie und Empirie*; (c) das Verhältnis zwischen Theorie und Wirklichkeit (s. Realismus, Instrumentalismus); (d) wissenschaftliche Argumentation* und Begründung, Methodenfragen (s. hypothetisch-deduktive Methode, Hermeneutik, Induktion); (e) die logische Struktur* und Bedeutung von Theorien; (f) die Entwicklung der wissenschaftlichen Erkenntnis*; (g) das Verhältnis zwischen verschiedenen Formen von Wissenschaft; (h) wissenschaftliche Erklärung*; (i) wissenschaftliche Objektivität*; (j) das Verhältnis zwischen Wissenschaft und Technologie; (k) das Verhältnis zwischen Wissenschaft und Ideologie*; (l) die gesellschaftliche Funktion der Wissenschaft. Im Zusammenhang mit all diesen Problembereichen stehen zentrale wissenschaftstheoretische Begriffe wie Abstraktion*, Definition*, Experiment*, Interpretation, Kausalität (Ursache*/Wirkung), Gesetz*, Modell, Messung, Beobachtung, Reduktion* und Regel*.

2. Die Haupttraditionsstränge innerhalb der W. sind: (a) die empiristische* Tradition, die den logischen* Positivismus, spätere Formen analytischer* Philos. (u. a. Ryle, der ältere Carnap, Toulmin, Smart, Mackie) und Mischformen des Pragmatismus* (u. a. Popper, Quine, Putnam, Kuhn) umfaßt. Diese Tradition beherrscht die englischsprachige W. und ist durch die Gewichtung des Studiums der Naturwissenschaften (engl. *philosophy of science*) charakterisiert. (b) Die hermeneutische* Tradition, die auf Dilthey und Rickert zurückgeht, hat Anregungen von der Phänomenologie*, der

Existenzphilos.* und dem Neomarxismus aufgenommen. Diese Richtung ist überwiegend geprägt von der kontinentaleuropäischen, insbesondere dt. Philos. und beschäftigt sich vornehmlich mit den Geisteswissenschaften*. (c) Die marxistische Tradition, die die (dialektisch-)materialistische W., teilweise auch die Frankfurter* Schule (Kritische Theorie), die Kapitallogik und die Althusser-Schule umfaßt. Hier stehen vorwiegend geschichts- und gesellschaftswissenschaftliche Problembereiche im Vordergrund. (d) Die strukturalistische* Tradition ist überwiegend in Frankreich vertreten und beschäftigt sich vor allem mit den Geistes- und Gesellschaftswissenschaften. Wichtige Vertreter dieser Richtung sind Lévi-Strauss, Lacan, Foucault und Barthes. Neben diesen Haupttraditionen kann auch die sog. konstruktivistische W. erwähnt werden, die in erster Linie im Programm der Erlanger* Schule ihren Ausdruck findet.

Lit.: K.-O. Apel: Transformation der Philos., 2 Bde., 1973. H. Holzhey (Hg.): Wissenschaft/Wissenschaften, 1974. A. Menne: Einführung in die Methodologie, 1980. H. Seiffert: Einführung in die W., 2 Bde., 1969/70. W. Stegmüller: Probleme und Resultate der W. und Analytischen Philos., Bd. I–IV, 1969–73. E. Ströker: Einführung in die W., 1973. P. Weingart: Wissenschaftssoziologie, 2 Bde., 1971/76. G. H. v. Wright: Erklären und Verstehen, 1974.

Wissenssoziologie (engl. *sociology of knowledge*), die Lehre von den sozialen Prozessen, die unsere Erkenntnis* und unser Verständnis der Wirklichkeit* begrenzen und womöglich steuern. Der Begriff ist ungenau, weil sich die W. nicht nur mit dem sozialen Hintergrund unseres Wissens beschäftigt, sondern auch eine soziologische Erklärung des Ursprungs politischer, religiöser und wissenschaftlicher Ideologien* und Vorstellungen zu geben versucht. Die moderne W. geht auf M. Scheler und K. Mannheim zurück, aber Ansätze zu einer W. finden sich bereits bei Marx und Freud. In seiner radikalen Version behauptet die W., daß die sozialen Umstände eine notwendige* und hinreichende Bedingung der Entstehung von (wahren oder falschen) Meinungen darstellen. In einer schwächeren Version behauptet die W., nur die notwendigen oder die relativ notwendigen Bedingungen anzugeben. Habermas und Kuhn sind Vertreter dieser schwächeren Version.

Lit.: P. L. Berger/Th. Luckmann: Die gesellschaftliche Konstruktion der Wirklichkeit. Eine Theorie der W., 1969. J. Habermas: Technik und Wissenschaft als Ideologie, 1968. T. S. Kuhn: Die Struktur wissenschaftlicher Revolutionen, ²1976. Ders.: Die Entstehung des Neuen, 1977. K. Mannheim: W. In: Handwörterbuch der Soziologie, 1931. M. Scheler: Versuche zu einer Soziologie des Wissens. In: Ders.: Die Wissensformen und die Gesellschaft, ²1960. P. Weingart: Wissensproduktion und soziale Struktur, 1976.

Wittgenstein, Ludwig Josef Johann (1889 bis 1951), österr.-engl. Philos., 1939–47 Prof. in Cambridge, Hauptvertreter der analytischen Philos. des 20. Jh. Von seinem Vater, dem Wiener Industriellen Karl W., hatte W. ein starkes Interesse für Technik übernommen. Er studierte Ingenieurwissenschaft, zunächst in Berlin 1906–08 und danach in Manchester bis 1912. Hier wurde er mit Russells Schriften über die Grundlagen der Mathematik bekannt, die ihn so sehr beeindruckten, daß er 1912 sein Ingenieurstudium aufgab, um in Cambridge unter Russells Anleitung Mathematik und Logik zu studieren. Unter dem Einfluß der Ideen G. Freges ging W. jedoch bald seine eigenen Wege und begann, eine umfassende Theorie über die Grundlage der Logik und die Wirkungsarten der Sprache zu entwickeln. Dieses Projekt verfolgte er mit großem Eifer während seines Einsiedlerdaseins in Norwegen 1913–14 und während der Kriegsjahre, in denen er sich freiwillig als Artillerist an die Ostfront meldete. Ergebnis dieser Studien ist der *Tractatus Logico-Philosophicus* (Logisch-philos. Abhandlung), der 1921 auf dt. in den «Annalen der Naturphilos.», 1922 auf engl. erschien. Mit dem Verfassen dieses Werks hielt W. seine philos. Aufgabe für beendet. Nach der Entlassung aus ital. Kriegsgefangenschaft ließ er sich deshalb als Volksschullehrer ausbilden, um 1920 in einem kleinen österr. Dorf Lehrer zu werden. Hier arbeitete er ohne besondere Begeisterung bis 1926, als er sich in Wien niederließ. In den folgenden Jahren nahm W. Kontakte mit Schlick und dem Wiener* Kreis auf, die den *Tractatus* mit größtem Interesse studierten. 1929 kehrte er nach Cambridge zurück, um dort seine philos. Arbeiten fortzusetzen. In der Zwischenzeit hatte er aber zu gewissen Kernpunkten des *Tractatus* eine kritische Haltung eingenommen. Seine Vorlesungen und Notizen aus den Jahren 1930–36 zeigen die Entwicklung neuer Gedanken, die er seit 1936 zu einem Werk zusammenzustellen begann, welches das wichtigste seiner Spätphilos. werden sollte: die *Philosophischen Untersuchungen*. 1939 übernahm er G. E. Moores Professur in Cambridge. Während der Kriegsjahre 1941–44 arbeitete er als Hilfskraft in Krankenhäusern in London und Newcastle. 1944 nahm er seine Vorlesungen in Cambridge wieder auf, entwickelte aber allmählich so großen Widerwillen gegen die Lehrtätigkeit und das akademische Leben überhaupt, daß er 1947 seinen Abschied einreichte, um fortan in ländlicher Abgeschiedenheit in Irland zu leben und zu arbeiten. Seine Arbeitsfähigkeit litt jedoch unter einer 1950 konstatierten, weit fortgeschrittenen Krebserkrankung. Nach Besuchen bei Verwandten und Freunden in Wien und Oxford sowie einem kurzen Aufenthalt in Norwegen starb W. 1951 in Cambridge.

Neben dem *Tractatus* veröffentlichte W. lediglich den Artikel *Some Remarks on Logical Form* (1929). Die *Philosophischen Untersuchungen* wurden 1953, zwei Jahre nach seinem Tod, herausgegeben. Später wurden verschiedene mehr oder weniger abgeschlossene W.-Texte veröffentlicht. Aus den ersten Jahren von W. Spätphilos. besitzen wir die Vorlesungsreferate *The Blue and Brown Books* (1933–34, dt. Das Blaue Buch. Eine philos. Betrachtung, 1970), *Philosophische Grammatik* (1931–34) und *Philosophische Bemerkungen* (1936). Aus den späteren Jahren stammen die *Bemerkungen über die Grundlagen der Mathematik* (1935–36), *Zettel* (1945–48) und *Über Gewißheit* (1949–51). Darüber hinaus gibt es Notizen, Vorlesungen und Gesprächsreferate über verschiedene Themen, u. a. über Religion und Ästhetik.

Beherrschendes Thema in W. Philos. ist zweifellos die Sprache, deren Wirkungsweisen er zu erklären sucht. Im *Tractatus* betrachtet er die Sprache primär als Mittel, um sich im Denken die Wirklichkeit zu vergegenwärtigen – um für uns und andere darzulegen, wie sich die Dinge verhalten. Den Ausgangspunkt bildet die Frage nach den Bedingungen, die die Sprache und die Welt notwendigerweise erfüllen müssen, damit eine solche Beziehung zwischen beiden überhaupt möglich ist. Die Antwort hierauf ist W. *Abbildtheorie*, die auf den folgenden Überlegungen zu den Begriffen ‹Bedeutung› und ‹Wahrheit› beruht: Das Verständnis eines Satzes, z. B. ‹Die Katze ist auf der Fußmatte›, beinhaltet, daß man die Wahrheitsbedingungen* des Satzes kennt; man muß also wissen, was der Fall sein muß, damit der Satz wahr ist. ‹Die Katze ist auf der Fußmatte› versteht man, wenn man einsieht, daß der Satz nur dann wahr ist, wenn eine bestimmte Katze auf einer bestimmten Fußmatte ist; in allen anderen Fällen ist der Satz falsch. Die Anwesenheit der Katze auf der Fußmatte ist die mögliche Tatsache* (Sachverhalt) in der Welt, deren faktisches Auftreten den Satz wahr machen würde. Ein Satz erhält daher seine Bedeutung – seine Verwendbarkeit als Darstellungsmittel –, wenn er einer bestimmten möglichen Tatsache entspricht. Für Satzverbindungen – und für W. sind alle Sätze im gewöhnlichen Sprachgebrauch Satzverbindungen – beruht diese Korrespondenz (Übereinstimmung) auf logischen Strukturen* (genauer: Wahrheitsfunktionen*) von letzten Endes atoma-

Ludwig Wittgenstein

ren Sätzen (Elementarsätzen oder Basissätzen*). In bezug auf die atomaren Sätze ist die Beziehung zu den entsprechenden möglichen Tatsachen eine direkte, weil die Sätze mit den entsprechenden Tatsachen eine Strukturgleichheit (Isomorphie*) aufweisen. Der einzelne Satz ist eine Kombination von einfachen Namen*, die (einfache) Gegenstände in der Wirklichkeit unmittelbar wiedergeben. Der Satz ist selber eine Tatsache – die Tatsache, daß diese bestimmten Namen auf diese bestimmte Weise kombiniert sind –, und er bekommt seinen Sinn, indem er sagt, daß die benannten Gegenstände auf gleiche Weise kombiniert sind. Die atomaren Sätze sind in diesem Sinn logische Bilder möglicher atomarer Tatsachen. Ihre Existenz und damit die Funktion der Sprache als Mittel der Wiedergabe ist von einer eindeutigen Korrespondenz zwischen einfachen Namen und einfachen Gegenständen abhängig sowie davon, daß Sprache und Wirklichkeit die gleiche logische Form haben, d.h. gegenseitige Isomorphie aufweisen. W. Argumentation bedient sich in hohem Maß Freges und Russells neuen Methoden formallogischer Satzanalyse. Er selbst formuliert eine Reihe von logischen Thesen, z.B. die Extensionalitätsthese*. Große Teile des Buchs betreffen Sätze, die aus irgendeinem Grund weder logische Bilder der Wirklichkeit sind noch auf solche reduziert werden können. Hierzu gehören die Sätze der Mathematik und der Logik. Diese sagen nichts über die Wirklichkeit aus, sondern sind Tautologien*, die gewisse Grundzüge unserer Art und Weise, die Wirklichkeit darzustellen, formulieren. Philos. Sätze, d.h. auch W. eigene Theorien, sind ebensowenig Bilder, und W. räumt ein, daß seine Aussagen im *Tractatus* strenggenommen Unsinn sind! Unsinn aber, der eine aufklärende Funktion hat; denn die Theorie gibt Einsicht in die Wirkungsarten der Sprache und verhindert fehlerhafte Auffassungen. Auch die Sätze der Ethik* sind nach W. hoffnungslose Versuche, das Unsagbare zu sagen.

Wenn z.B. Liebe einen Wert* darstellt, muß sie notwendigerweise ein Wert sein. Aber die Welt* beinhaltet nur das, was faktisch der Fall ist. Wenn dennoch das Dasein Werte zu enthalten scheint, so unterliegen wir einer Täuschung der Sprache, denn Werte können weder sinnvoll noch in der Welt sein. «In der Welt ist alles wie es ist und geschieht alles wie es geschieht; es gibt *in* ihr keinen Wert – und wenn es ihn gäbe, so hätte er keinen Wert» (*Tractatus*, 6.41).

Obwohl nicht strittig ist, daß sich W. spätere Schriften, besonders seine *Philosophischen Untersuchungen*, kritisch mit dem *Tractatus* auseinandersetzen, ist die Frage bis heute kontrovers, ob es sich bei seiner Spätphilos. um eine Weiterführung oder eine radikale Abgrenzung vom *Tractatus* handelt. Folgende Neuorientierungen lassen sich feststellen: Erstens ändert W. seine Auffassung von der Funktion der Sprache. Ihre primäre Aufgabe wird nun nicht mehr in der Wiedergabe der nichtsprachlichen Wirklichkeit bestimmt. Die grundlegende Funktion der Sprache ist jetzt die eines Mittels zwischenmenschlicher Kommunikation. Sprache wird damit ins sozio-kulturelle Umfeld eingebunden. Sie ist wesenhaft Medium, dessen sich eine Sprachgemeinschaft bedient. Maßgebliche Gründe für diese Neuorientierung liegen in W. Argumenten zur Bedeutung des Regelbegriffs und in seiner Ablehnung der Möglichkeit einer Privatsprache.

Zweitens setzt W. an die Stelle formallogischer Idealsprachen die Analyse der Alltagssprache. Die alltäglichen Sprachspiele sind nicht auf formallogische Basissätze reduzierbar. Sprachspiele stehen immer schon in Praxiszusammenhängen, sind unlöslich mit nicht-sprachlichen Aktivitäten verflochten. Sprechen ist Teil einer Tätigkeit, einer Lebensform. Die Bedeutung eines Worts liegt in der Bestimmung seines Gebrauchs. Will ich wissen, was das Wort ‹Hammer› bedeutet, so erfahre ich dies nur anhand der Beschreibung des Lebenszusammenhangs, in welchem das Wort Verwendung findet.

Die Regeln, nach denen ein Wort angewendet wird, bestimmen sich nach der sozialen Praxis. Es gibt nach W. keine Privatsprache. Im Vergleich einzelner Sprachspiele finden sich keine identischen Strukturen, sondern lediglich Familienähnlichkeiten. Wie im *Tractatus* bestreitet W. in seinen späteren Jahren, daß die Philos. eine Wissenschaft ist, die zur Vermehrung unseres Wissens beitrage. Philos. ist eine Aktivität, ein fortwährender, therapeutischer Einsatz zur Lösung von Problemen, die aufgrund unserer eingewurzelten, fehlerhaften Vorstellungen über die Wirkungsweise der Sprache entstehen. In der Forschung ist die Frage umstritten, ob der späte W. die im *Tractatus* zum Ausdruck gebrachte Intention zu einer allgemeinen und systematischen philos. Theorie der Wirkungsweise der Sprache gänzlich verwirft oder nur modifiziert. Die erste Interpretation ist von der sog. *ordinary language philosophy** vertreten worden, die selbst die Möglichkeit einer solchen Theorie bestreitet. Die Sprache ist eine unsystematische Sammlung verschiedenartiger Aktivitätsformen – Sprachspielen; es hat daher keinen Sinn, nach dem Wesen* der Sprache zu suchen. Es gibt vielerlei Sprachen. Obwohl sich diese Interpretation auf viele Textstellen in W. späteren Werken berufen kann, gibt es doch auch – wie u. a. Dummett und Kripke aufgezeigt haben – Zeugnisse, die in die andere Richtung weisen, d. h. auf eine Modifikation. Demgemäß lehnt W. wohl die Theorie des *Tractatus* ab, insbesondere dessen Grundthese, daß die Bedeutung eines Satzes durch seine Wahrheitsbedingung festgelegt ist. Der Ablehnung dieser Grundthese folgt jedoch nicht ein Verwerfen jeglicher Möglichkeit, eine Theorie über die Wirkungsweise der Sprache zu entwickeln. Vielmehr zeigt W. – und das ist der rote Faden durch alle seine Untersuchungen –, daß die Bedeutung eines Satzes von den Bedingungen her festgelegt wird, unter denen er mit Recht gebraucht werden kann (sog. Behauptbarkeitsbedingungen). Gemäß dieser zweiten Interpretation hat der späte W. den Versuch, zu einer umfassenden Theorie der Wirkungsweise der Sprache zu gelangen, nicht aufgegeben. Im Gegenteil, seine neuen Schlüsselbegriffe – ‹Gebrauch›, ‹Kriterium›, ‹Sprachspiel›, ‹Lebensform› u. a. – können als Grundbegriffe einer solchen Theorie angesehen werden.

W. Spätschriften enthalten auch Analysen zentraler Begriffe wie Bewußtsein*, Verstehen*, Denken, Gefühl*, Absicht, Handlung*, Regel*, logische* Notwendigkeit, mathematische Wahrheit*, Beweisführung, Wissen und Sicherheit. Der Versuch, solche Grundbegriffe der Philos. mit den Mitteln seiner Spätphilos. neu zu bestimmen, bildet mit einen Grund für seinen großen Einfluß auf die neueste Philos., die W. Ansätzen eine lange Reihe weiterführender Untersuchungen folgen ließ.

Ausg.: Schriften, 8 Bde., 1960–1982. Briefe, 1980. Vorlesungen 1930–35, 1984. – *Lit.:* G. P. Baker/P. M. S. Hacker: An Analytical Commentary on the Philosophical Investigations, I–IV, 1980–95. D. Birnbacher u. A. Burkhardt (Hg.): Sprachspiel und Methode, 1985. K. Buchheister u. a.: L.W., 1991. A. Kenny: W., 1974. N. Malcolm: Erinnerungen an W., 1987. Ders.: L.W., 1961. B. McGuinness: W. frühe Jahre, 1988. R. Monk: W., 1994. J. Schulte: W. Eine Einführung, 1989. W. Schulz: W. Die Negation der Philos., ²1979. E. Tugendhat: Selbstbewußtsein und Selbstbestimmung, Kap. 5 u. 6, 1979. W. Vossenkuhl (Hg.): Von W. lernen, 1992. Ders.: Ludwig W., 1995. G. H. von Wright: W., 1986.

Wolff, Christian (1679–1754), dt. Philos. und Mathematiker, Prof. in Halle 1706, in Marburg 1723 und ab 1740 wieder in Halle. W. entwickelte nach Leibnizschem Vorbild ein umfassendes rationalistisches* System, das in der dt. Philos. bis zu Kants Kritizismus* eine beherrschende Rolle spielte. Von Leibniz übernahm er dessen Prinzipienlehre, so die Sätze der Kontradiktion*, des zureichenden* Grundes, der Identität*, des Nicht-Unterscheidbaren und der Kontinuität*. Seine *Philosophia prima sive Ontologia* (Die Erste Philosophie oder

Christian Wolff

Ontologie, 1730) verknüpft in streng systematischer Weise die Grundbegriffe der aristotelisch-scholastischen* Ontologie mit den neuen Theorien von Descartes und Leibniz. W. will den Traditionsbruch überwinden, der mit diesen neuen Theorien einherging, indem er deren ontologische Voraussetzungen und Konsequenzen mit den von der Tradition bereitgestellten Mitteln zu erhellen versucht.

In seinen zahlreichen Schriften beschäftigt er sich mit so unterschiedlichen Gebieten wie Logik, Kosmologie, Physik, Theologie, Psychologie, Ethik und Biologie. Dabei schließt er sich Leibniz' teleologischer* Sichtweise an und entwickelt diese zu einer systematischen Naturlehre weiter: Die Natur* ist das Schöpferwerk Gottes, der Mensch ihr höchstes Ziel. W. zielt dabei auf eine Harmonie der mechanistischen und religiösen Betrachtungsweise. Jedes Lebewesen funktioniert zwar ähnlich wie eine Maschine, aber zugleich ist der Mensch ein Geschöpf nach dem Ebenbild Gottes.
– W. hat aufgrund seiner zumeist auf dt. gehaltenen Vorlesungen und verfaßten Arbeiten maßgeblich zur Bildung einer dt. philos. Fachsprache beigetragen; u. a. führte er Termini wie ‹Begriff*›, ‹Bewußtsein*›, ‹Vorstellung*› und ‹Wissenschaft› ein, während seine Kollegen in den Universitäten derzeit noch überzeugt waren, allein das Latein wäre zuträglich, sich in Schrift und Sprache wissenschaftlich zu artikulieren. Neben seinen philos. Arbeiten liegt wohl das Hauptverdienst von W. darin, mit den mittelalterlichen Traditionen der lat. Gelehrtensprache gebrochen zu haben.

Ausg.: Gesammelte Werke. Mehrere Abteilungen, 1965 ff. – *Lit.:* H. M. Gerlach u. a. (Hg.): C. W. als Philos. der Aufklärung in Deutschland, 1980. W. Schneiders (Hg.): C. W., 1679–1754: Interpretationen zu seiner Philos. und deren Wirkung, 1983. M. Wundt: C. W. und die deutsche Aufklärung, 1941.

Wright, Georg Henrik von (geb. 1916), finn. Logiker und Philos., Prof. in Helsinki 1946, in Cambridge 1948–51, seit 1961 Prof. an der Finnischen Akademie. W. Beiträge zu deontischen Logik*, Präferenzenlogik, Zeitlogik, Modallogik* und dem logischen Studium der Induktion* und Wahrscheinlichkeit* haben großen Einfluß auf die neueste Entwicklung dieser Disziplinen ausgeübt. In dem grundlegenden Artikel «Deontic Logic» (*Mind*, 1951) macht W. auf bestimmte formale Analogien* aufmerksam, die zwischen den deontischen Begriffen ‹Pflicht*›, ‹Erlaubnis›, ‹Verbot› auf der einen Seite, den modallogischen* Grundbegriffen ‹Notwendigkeit›, ‹Möglichkeit› und ‹Unmöglichkeit› auf der anderen Seite bestehen (vgl. deontologische Ethik). Er verwendet diese Analogiebetrachtungen für die Konstruktion seines formalen Systems. Sein Versuch, die deontische Logik auf der Modallogik aufzubauen, hat sich später auch bei der Ausarbeitung semantischer* Systeme für diese Logik als fruchtbar erwiesen. Neben diesen eher formalistischen Arbeiten hat W. in *The Varieties of Goodness* (1963) und *Norm and Action* (1963) Begriffe wie Handlung*, Wert* und Norm* analysiert. In *Explanation und Understanding* (1971) stellt er der kausal-erklärenden* Erkenntnisform der Naturwissenschaften die hermeneutisch*-verstehende Erkenntnisform gegenüber, die eher den Geisteswissenschaften zugerechnet wird. W. geht davon aus, daß das sog. *covering* law-model* die naturwissenschaftlichen Erklärungen umfaßt, weist aber die These zurück, daß dieses Modell auch für Handlungserklärungen wie denjenigen in der Geschichtswissenschaft Geltung habe. Motiverklärungen können seiner Meinung nach keine kausalen Erklärungen sein. Motiv* und Handlung lassen sich nicht wie Ursache* und Wirkung voneinander trennen, weil die Identität des Motivs nicht unabhängig von der Identität der Handlung festgelegt werden kann und umgekehrt. Der Zusammenhang, in dem Motiv und Handlung gleichzeitig bestimmt werden, hat nach W. die Form eines praktischen Syllogismus*. Hierbei treten die Motive in den Prämissen* auf, zusammen mit einer Beschreibung des Hintergrunds, auf dem sie verwirklicht werden sollen, und die Konklusion identifiziert die Handlung, die erklärt werden soll.

Ausg.: Erklären und Verstehen, 1974. Handlung, Norm und Intention, 1977. Norm und Handlung, 1979. Normen, Werte und Handlungen, 1994. The Varieties of Goodness. 1963.

Wundt, Wilhelm (1832–1920), dt. Philos. und Psychologe. W. studierte Medizin in Tübingen, Heidelberg und Berlin und habilitierte sich mit einer Abhandlung über Physiologie (1857). 1864 Prof. für Physiologie in Heidelberg, 1874 Prof. für Philos. in Zürich und 1875 in Leipzig. Dort gründete W. das erste Institut für experimentelle Psychologie*. Die große Bedeutung W. liegt vor allem auf dem Gebiet der Psychologie, der er mit Hilfe experimenteller Methoden einen sicheren Grund zu geben versuchte. Seine zahlreichen Schüler haben diese Arbeit weitergeführt und viele Institute nach dem Vorbild des Leipziger Instituts gegründet. – Gegenstand der Psychologie ist für W. nicht eine Seelensubstanz, sondern die Summe von seelischen, unmittelbar und aktuell erlebten Vorgängen (vgl. Seele). Seelische und körperliche Vorgänge sind von verschiedener Art, laufen aber parallel zueinander ab. Diese Position des psychophysischen Parallelismus versteht W. allerdings nur als heuristisches* Prinzip und nicht als Gesetz*. Auf der Grundlage seiner auf das individuelle Bewußtsein gerichteten experimentellen Psychologie und der von ihm ebenfalls entwickelten Völkerpsychologie, die das in Sprache*, Mythos* und Sitte sich ausdrückende Gemeinschaftsleben untersucht, entwickelte W. eine Willensmetaphysik: Das Wesen* alles Seins ist geistiger Natur. Die äußere Natur ist bloß «Hülle, hinter der sich ein geistiges Schaffen, ein Streben, Fühlen und Empfinden verbirgt, dem gleichend, das wir in uns selbst erleben» (vgl. Wille).

Ausg.: Grundzüge der physiologischen Psychologie, 3 Bde., 1874. System der Philos., 2 Bde., 1889.

Xenokrates (ca. 396–314 v. Chr.), griech. Philos., Nachfolger des Speusippos als Leiter der Platonischen Akademie* (339/38–312/13). Identifizierte unter dem Einfluß der Pythagoreer* die Ideen* mit den Zahlen. Gliederte als erster die Philos. in Dialektik* (Logik*), Physik (Naturphilos.*) und Ethik*, eine Dreiteilung, die auch die Stoiker* später verwendeten.

Lit.: R. Heinze: X. Darstellung der Lehre und Sammlung der Fragmente, 1892 (ND 1965).

Xenophanes von Kolophon (ca. 580–ca. 480 v. Chr.), griech. Dichter und Philos. Kritisiert die tradierte griech. Auffassung der Götter als Wesen, die dem Menschen ähnlich sind (vgl. Anthropomorphismus). Statt dessen vertritt X. einen abstrakten Monotheismus*. Obwohl es eine endgültige Wahrheit gibt, vermag der Mensch sie nicht zu finden, und wenn es ihm auch gelänge, auf sie zu treffen, so wüßte er nicht, daß er sie gefunden hat, denn Schein ist über alles ausgebreitet. Als Lehrer von Parmenides beeinflußte X. die Eleaten*.

Ausg.: X.: Die Fragmente. Hg. von E. Heitsch, 1983. – *Lit.:* W. Jaeger: Die Theologie der frühen griech. Denker, 1953. A. Lumpe: Die Philos. des X. v. K., 1952. W. Röd: Die Philos. der Antike I, Von Thales bis Demokrit, 1976.

Xenophon von Athen (ca. 430/25–ca. 354 v. Chr.), griech. Söldner, Historiker und Schriftsteller. Als Philos. bedeutsam wegen seiner *Memorabilien* («Erinnerungen an Sokrates»). In ihnen zeichnet X. das Bild eines biederen, prosaischen Sokrates, der sich vor allem mit politischen und moralischen Fragen befaßt. Der Wert der Schrift als historischer Quelle ist umstritten, u. a. weil X. bürgerlicher Sokrates zu Platons souveränem Ironiker* Sokrates in krassem Gegensatz steht.

Ausg.: Auswahl aus dem Gesamtwerk, ²1981. Erinnerungen an Sokrates, griech.-dt., 1953.

Yin und Yang, zwei Prinzipien, die nach der klassischen chines. Philos. (seit ca. dem 4. Jh.) alle Stufen des Kosmos* bestimmen. Bei diesen beiden Prinzipien handelt es sich um komplementäre* Gegensätze: Yin ist das weibliche, dunkle, kalte, passive Prinzip, Yang das männliche, helle, warme, aktive.

Yoga (Sanskr., Joch, Anspannung). In der indischen Kultur verwurzelte Lehre, verbunden mit kontemplativ-praktischen Methoden der Schulung der Konzentration zur Beherrschung von Körper und Geist, mit dem Ziel, zu übersinnlicher, mystischer Einsicht und übernatürlichen Fähigkeiten zu gelangen (vgl. Mystik). Der Y. wird bereits in den Veden, später in den Upanischaden erwähnt und von Patanjali (vermutlich im 2. Jh.) im Y.sutra kanonisiert. Y. lehrt den Heilsweg der acht Glieder: 1. Zügelung körperlicher Begierden, 2. äußere und innere Reinheit, 3. Beherrschung des Atmens, 4. Einnehmen bestimmter Körperhaltungen, 5. Abwendung der Sinnesorgane von den Objekten, 6. Konzentration, 7. Meditation, 8. Versenkung. Im Verlauf der Geschichte bildeten sich verschiedene Schulen, die je andere Aspekte des achtfachen Pfades in den Vordergrund stellten. Der Y. bildete u. a. die theoretische wie auch die kontemplativ-praktische Grundlage des Buddhismus.

Lit.: M. Eliade: Y. Unsterblichkeit und Freiheit, 1960. Evans-Wetz: Die große Befreiung, 1955. S. Vivekananda: Karma-Y. und Bhakti-Y., 1953. W. Wood: Y., 1959.

Yorck von Wartenburg, Paul (1835–97), dt. Graf. Y. Briefwechsel mit Dilthey 1877–97 spielte bei der Entwicklung des Begriffs Geschichtlichkeit* eine entscheidende Rolle. Insbesondere für Heidegger (vgl. *Sein und Zeit*, S. 397–404) und Gadamer (vgl. *Wahrheit und Methode*, S. 237–240) gewann Y. Denken Bedeutung.

Lit.: K. Gründer: Zur Philos. des Grafen P. Y. v. W., 1970.

Zarathustra (Zoroaster, vor 550 v. Chr.), Gründer der altpersischen Religion des Parsismus* (auch Mazdaismus genannt). Nach Z. wird die Welt von zwei Grundprinzipien beherrscht, dem Guten und dem Bösen, Hellen und Dunklen, Geistigen* und Materiellen*. Der Mensch vermag aus freiem Entschluß entweder für das Gute oder für das Böse zu kämpfen. Dieser Kampf ist ein ethischer. Nach dem Tod wird der gute Mensch ins Reich des guten Gottes aufgenommen. – Nietzsches Gebrauch der Z.-Gestalt in *Also sprach Zarathustra* hat zum historischen Z. kaum eine Beziehung.

Lit.: W. Hinz: Zarathustra, 1961.

Zeichen (engl. *sign*, franz. *signe*). – 1. Etwas, das für etwas anderes steht; ein physisches Objekt, das auf etwas anderes verweist, etwas ausdrückt, etwas bedeutet. In diesem allgemeinen Sinn lassen sich folgende Z. unterscheiden: Ikon (griech. *eikon*, Bild, Abbild), ein Objekt, das etwas durch die Ähnlichkeit mit ihm anzeigt (z. B. die Zeichnung eines Gesichts). Der Ähnlichkeit wegen gilt das Ikon als ‹motiviertes› oder gebundenes Z. (Peirce). Index oder Indicium (von lat. *indicare*, angeben, anzeigen), ein natürliches Objekt, das etwas bezeichnet, indem es selbst faktisch – insbesondere kausal (ursächlich) – in Zusammenhang steht (z. B. das Symptom einer Krankheit; Rauch als Z. für Feuer) (Peirce). Signal (lat. *signum*, Marke, Zeichen), eine Handlung (ein Gestus) oder ein bearbeitetes Objekt (künstliches Produkt), das in einer bestimmten Situation Anweisungen gibt (z. B. der Pfiff eines Zugführers als Z. für Abfahrt; die Verkehrsampel an einer Kreuzung). Symbol*, etwas, das aufgrund bloßer Konvention etwas bezeichnet; es ist also dadurch Z., daß es in einer Gesellschaft «als solches gebraucht und verstanden wird» (z. B. das Lamm in der christlichen Symbolik). Gewöhnlich zählen auch *Wörter* zu den Symbolen, weil sie konventionelle, sozial bedingte Z. sind. Z.systeme als Regelsysteme für die Kommunikation innerhalb einer Gesellschaft (vgl. Semiologie) können Symbolsysteme heißen. Als konventionelle, sozial begründete Z. lassen sich die Signale ebenfalls zu den Symbolen rechnen.
2. Sprachz. (linguistisches Z.): Nach der strukturellen Linguistik (Saussure) ist ein Z. charakterisiert durch eine komplexe Beziehung zwischen dem, was bezeichnet, und dem, was bezeichnet wird. Die Sprache verbindet ein «Lautbild» und einen «Begriff». Um diese innere Verbindung in einem Z. (franz. *signe*) hervorzuheben, nennt Saussure das abstrakte Lautbild *signifiant* (das Bezeichnende) und den Begriff *signifié* (das Bezeichnete); zwischen beiden Seiten, der Ausdrucks- und der Inhaltsseite, herrscht ein wechselseitiges und zugleich «arbiträres» (willkürliches* oder ungebundenes) Verhältnis; arbiträr heißt dieses Verhältnis, das Z. selbst, da es rein durch Konvention, durch soziale Regel festgelegt ist. Saussure unterscheidet zwischen Sprachz. (darunter Wörtern) und Symbol, insofern beim Symbol noch ein Rest an natürlicher Verbindung zwischen Ausdruck und Inhalt besteht – im Gegensatz zum durchgängig arbiträren Sprachz.

Lit: W. P. Alston: Philosophy of Language, 1964, Kap. 3. M. Bense: Allgemeine Theorie der Z., 1967. T. Borsche/ W. Stegmaier: Zur Philos. des Z., 1992. K. Bühler: Sprachtheorie. Die Darstellungsfunktion der Sprache, 1978. W. Burks: Icon, Index and Symbol. Philosophy and Phenomenological Research 9 (1949). U. Eco: Einführung in die Semiotik, [7]1991. J. Hoopes (Hg.): Peirce on Signs, 1991. R. Jacobson: Poetik. Ausgewählte Aufsätze 1921–1971, [2]1989. Ch. W. Morris: Grundlage der Z.theorie, 1988. W. Nöth: Handbuch der Semiotik, 1995. Ch. S. Peirce: Phänomen und Logik der Zeichen, 1989. F. de Saussure: Grundfragen der allgemeinen Z.theorie, ²1967.

Zeit/Ewigkeit (engl. *time/eternity*; franz. *temps/éternité*; griech. *chronos/aion*; lat. *tempus/aeternitas*). Von alters her wurde die Z. in Zusammenhang mit dem Veränderlichen, Prozeßhaften und Vergänglichen gebracht, während die E. als Ausdruck des Unveränderlichen, Immerwährenden, d.h. der Z.losigkeit resp. der Z.enthobenheit galt. Die E. war nicht bloß eine Negation der Z., sie nahm gegenüber der Z. eine Vorrangstellung ein, sie galt, ontologisch* gesehen, als fundamentaler, dem Bereich des (göttlichen) Seins* zugehörig. Die Z. und mit ihr das Zeitliche galten als im Ewigen fundiert. Die modernen Wissenschaften glauben, diese Beziehung auflösen zu können. Die Z. wird nicht mehr von der E. her definiert, weil man diesem Ausdruck weder Sinn* noch Bedeutung* beimessen könne. Während die philos. Tradition die Hauptschwierigkeiten in der Bestimmung dessen, was Z. heißen soll, gesehen hat und E. als weniger problematisch gilt, glaubt man heute aufgrund der Ergebnisse der Physik zu wissen, was Z. sei, während E. nun ein leerer Ausdruck der alten Metaphysik* behandelt wird. Bei näherem Hinsehen ergeben sich allerdings auch für die heutigen Wissenschaften eine Vielzahl von theoretischen Ansätzen und Erklärungsversuchen, die nicht ohne weiteres widerspruchsfrei nebeneinander stehen können. Teilweise entsprechen ihnen auch Schwierigkeiten, die schon in der Antike gesehen wurden. Drei Problembereiche lassen sich unterscheiden, nämlich (1) welche Phänomene mit dem Ausdruck Z. bezeichnet werden können resp. in welchen Gestalten und Strukturen* Z. begegnet und mit welchen Konzepten diese sich darstellen lassen, (2) welchen Status Aussagen über Zeit beanspruchen können und von welcher Art unser Zugang zu ihr ist und (3) ob der Z. überhaupt Realität zugesprochen werden kann resp. welche Strukturen die der objektiv realen Zeit sind.

1. Folgende Aspekte werden unterschieden: (a) Die Z. wurde immer schon in Zusammenhang mit den Prozessen und Geschehnissen von Natur* und Kosmos* gebracht; heute werden darüber hinaus weitere Zeitphänomene unterschieden, so die Erlebnisz., die psychische Z. (z. B. Langeweile), die Z. der Geschichte*, die soziale Z. usw. Bisweilen werden diese verschiedenen Phänomene in zwei Gruppen, in die objektive und die subjektive Z., eingeteilt. (b) Unabhängig von der Vielzahl möglicher Z.phänomene ist zu fragen, ob Z. etwas für sich Seiendes unabhängig von Prozessen resp. Ereignissen ist oder ob sie nur in deren Zusammenhang auftreten kann. Aristoteles hat als einer der ersten behauptet, daß die Z. bloß etwas an der Bewegung ist, daß es prinzipiell keine Z. ohne Bewegung und umgekehrt geben könne. Newton hat die Z. als eine Art ‹Behälter› verstehen wollen, die unabhängig von allen möglichen Prozessen ‹fließt› und einer mathematischen Darstellung unabhängig von der Bewegung der Materie zugänglich ist (absolute Z.). Dieser Auffassung hat die Relativitätstheorie vehement widersprochen; denn sie konnte zeigen, daß Z.messungen nicht unabhängig von Gravitationskräften resp. von der Eigengeschwindigkeit des Beobachters sind. Bereits Leibniz war Newton bezüglich der absoluten Z. nicht gefolgt, wollte er doch unter Z. bloß die Verhältnisse der Positionen von Ereignissen hinsichtlich ihres Nacheinanders verstanden wissen. (c) Unstrittig ist, daß die Z. einen quantitativen Aspekt hat, daß sie gemessen werden kann. Glaubte man früher, daß der Umlauf der Gestirne Ausdruck dieses Maßes sei, vertritt man heute die Auffassung, daß Z.messung bloß als ein relativer Vergleich zweier Uhren möglich ist. Das Universum verfügt über keinen ruhenden Bezugspunkt, der die Bestimmung eines universell gültigen Z.maßes erlauben würde. (d) Kontrovers ist, ob die Z.

aus Z.punkten zusammengesetzt ist oder nicht. Wenn ja, könnte man sagen, daß die Z.punkte die Atome der Z. sind, wobei diese entweder ausgedehnt wären oder nicht. Wenn sie ausgedehnt sind, müßte man eine Grenze ziehen können gegenüber den anderen Punkten, der Ausdehnung müßte bestimmt werden können. Wären andererseits die Punkte ausdehnungslos, so würde man ja etwas Unausgedehntes als Prinzip für die zweifellos ausgedehnte Z. ansetzen. Es ist deshalb plausibler, die Z. nicht aus Z.punkten zusammengesetzt zu denken. Man faßt sie als ein Kontinuum (vgl. Kontinuität) auf, das beliebig unterteilt und eingeteilt werden kann. Die Z. besteht nicht aus Z.punkten, diese werden vielmehr bloß gesetzt, um Z.maß und Z.ordnung bestimmen zu können. (e) Zwei Modelle zur Darstellung der Z. stehen sich von alters her gegenüber. Platon und Aristoteles betrachteten die Z. als gleich einem Kreis sich bewegende. Die Sukzession geschah wohl ohne Grenzen, jedoch nicht ins Unendliche fort. Das Bild des Kreises zeigt die Abgeschlossenheit und den Kreislauf der Z. Platon kennt ein vollständiges Jahr, das dann abgeschlossen ist, wenn sämtliche Bewegungen der Himmelskörper zu ihrem Ausgangspunkt zurückgekehrt sind. Eine moderne Version dieses Gedankens ist die Urknall-Theorie, die eine unbegrenzte Abfolge von Expansion und Zusammenziehen des Kosmos annimmt. Das andere Modell veranschaulicht die Z. mit Hilfe einer Geraden oder der Zahlenreihe. Demgemäß ist es unmöglich, daß je ein Ereignis oder eine Z.stelle wieder eintritt. Die Z. ist offen, und jede bestimmte Zeitstelle ist in gewisser Hinsicht einmalig. Bergson hat in diesen Modellen eine (fälschliche) Verräumlichung der Z. gesehen. Die moderne Physik ihrerseits glaubt, daß die Z. nicht unabhängig vom Raum dargestellt werden kann (vierdimensionaler Tensorraum). (f) Eng im Zusammenhang mit diesen Modellen steht die Frage, ob die Z. unendlich oder endlich ist. Davon zu unterscheiden ist das Problem, ob ihr eine Grenze zukommt, oder ob sie grenzenlos ist. Diesbezüglich gibt es etliche Gemeinsamkeiten zwischen der Antike und der modernen Physik. Beide wollen die Unendlichkeit vermeiden, wobei dies Grenzenlosigkeit nicht ausschließt. (Die Fortbewegung auf einem Kreis resp. einer Kugel ist durch keine Grenze eingeschränkt.) Umstritten ist freilich die Frage, ob die Z. selbst zusammen mit dem Kosmos einen Anfang hat oder nicht. Platon hatte dies, wie auch später Augustinus, bejaht; einige Interpreten der Urknall-Theorie nehmen dies ebenfalls an. Aristoteles hat diese Auffassung verworfen und die Z. und mit ihr die Welt als ewig und unentstanden aufgefaßt. Kant sah in diesem Problem eine Antinomie, denn es lassen sich beide Auffassungen beweisen; aber es können nicht beide zugleich wahr sein. (Die Antinomie ergibt sich nur unter Voraussetzung der Prämisse einer Z. an sich.) (g) Während es für das Alltagsbewußtsein fraglos ist, daß die Z. in einer und nur einer Richtung fließt, will die moderne Physik dies nicht ohne weiteres gelten lassen. Die Gesetze der Physik sind zeitrichtungsinvariant, d. h. sie führen zu demselben Resultat, ob t oder −t eingesetzt wird. Dies ergibt sich aus den für physikalische Gesetze gestellten Symmetrieanforderungen. Das Problem der Z.richtung stellt sich auch im Zusammenhang mit der Frage nach der Isotropie/Antisotropie der Z. Es gibt auch physikalische Gesetze, die eine Zeitrichtung implizieren, so insbesondere das Entropiegesetz (vgl. Entropie). Verschiedene philos. Theorien führen den Z.pfeil auf das Bewußtsein zurück (z. B. Erwartung und Erinnerung). (h) Neben dem bisher Erwähnten sind zwei weitere Strukturen von größter Bedeutung: die Beziehung ‹früher als – später als› sowie ‹Vergangenheit, Gegenwart, Zukunft›. McTaggart nannte die Verhältnisse ‹früher-später› «B-Reihe», heute verwendet man hierfür eher die Bezeichnung Lagez., da mit ‹früher-später› das zeitliche Verhältnis der Positionen zweier oder mehrerer Er-

eignisse zueinander bestimmt wird. ‹Vergangenheit, Gegenwart, Zukunft› wurde von McTaggart «A-Reihe» genannt; heute findet sich oft der Ausdruck Modalz.; denn diese Prädikate dienen der Bestimmung der Weisen, wie Ereignisse und Dinge (im Verhältnis zum Menschen) sein können. Ob die beiden Strukturen miteinander verträglich sind, ist heftig umstritten. Die Modalz. wird oft nur als besondere Weise unserer Z.erfahrung dargestellt, während die Z. unabhängig von unserer Erfahrung von ihr bloß die Struktur ‹früher-später› habe (z. B. Russell), wobei verschiedentlich in Beweisen die Struktur ‹früher-später› mit dem Kausalprinzip in Zusammenhang gebracht wird. Allerdings wird damit ein Z.pfeil gesetzt, was wiederum zu Schwierigkeiten mit der Physik führt.
2. Parallel zur Diskussion über unterschiedliche Z.konzepte gibt es eine Reihe von epistemologischen Kontroversen. Die bedeutendste ist diejenige bezüglich der Apriorität* resp. Empirizität* der Z. Kant hat die Z. als Anschauungsform *a priori* aufgefaßt (vgl. Anschauung). Er verstand dies derart, daß alle unsere sinnlichen Erfahrungen immer gemäß den zeitlichen Formen ‹nacheinander› oder ‹zugleich› strukturiert seien, wobei diese Formen nicht selbst wiederum aus der Erfahrung hergeleitet werden können. Auch innerhalb der Phänomenologie (Husserl; Z.strom des Bewußtseins) und der Sprachanalytik (Strawson, Tugendhat; Regeln der Verwendungsweise der zeitlichen Ausdrücke wie ‹jetzt›, ‹damals› u. a.) wurde die Apriorität betont, wenn man auch im einzelnen Kant nicht folgte (vgl. Analytische Philos.). Demgegenüber glaubte vor allem die Physik mit der Theorie des gekrümmten vierdimensionalen Zeitraums die Apriorität der Z. widerlegt zu haben. Konkrete (d. h. empirische) Messungen hätten es gezeigt, welche Struktur der wirklichen Z. zugesprochen werden müsse. – Der Streit um die Apriorität der Z. hat einige Bedeutung hinsichtlich der Möglichkeiten menschlicher Erkenntnis* überhaupt.

Erkenntnisse *a priori* würden nichts über die Wirklichkeit* selbst aussagen, sondern bloß über die Möglichkeit unserer Erkenntnis. Erkenntnisse *a priori* ersetzen keine empirischen Untersuchungen. Aus der Apriorität würde folgen, daß unser Wissen letztlich immer in Abhängigkeit von unserem Bewußtsein bleibt, daß wir demnach über die Dinge, wie sie an sich sind, nichts zu wissen vermögen. Können wir dagegen die Struktur der Z. feststellen, wie sie an sich, d. h. völlig unabhängig vom menschlichen Bewußtsein ist, so steht auch einer möglichen Erkenntnis des An-sich der Dinge nichts im Weg.
3. Umstritten sind seit je die Konsequenzen, die aufgrund der Vielzahl der Phänomene und Strukturen für den ontologischen Status der Z. folgen (vgl. Ontologie). Gibt es die Z. wirklich, kann ihr objektive Realität zugesprochen werden? Gibt es eine Z. oder bloß eine Vielzahl von Z.? Berühmtheit erlangt haben die Zenonschen Paradoxien*, denen gemäß z. B. Achill nie eine Schildkröte einholen könnte. Zenon verwendete seine Beispiele dazu, um die Behauptung der Realität der Z. ad absurdum zu führen, wobei er gleichermaßen Bewegung/Veränderung als bloß scheinhaft betrachtet. In seiner Nachfolge wurde immer wieder versucht, aufgrund scheinbarer oder tatsächlicher Widersprüche im Begriff der Z. selbst auf deren Nicht-Realität zu schließen. In der Antike hat man die Schwierigkeiten zumeist beim ‹jetzt› resp. der ‹Gegenwart› zu sehen vermeint, weil das ‹jetzt› eigentlich nie ist, vielmehr immer bereits vergangen ist. Im 20. Jh. legte McTaggart einen Beweis der Nicht-Realität vor, indem er zu zeigen versuchte, daß für den Begriff der Zeit die Reihe ‹Vergangenheit, Gegenwart, Zukunft› unverzichtbar ist, die Reihe selbst aber einen Widerspruch in sich enthalte und nur zirkulär bestimmt werden könne. Ein Ereignis ist nämlich gemäß McTaggart einmal in Zukunft gewesen, jetzt Gegenwart und wird dann vergangen sein. Für die Bestimmung der Zu-

kunft benötigt man demnach immer auch die Bestimmung der Vergangenheit (ist gewesen), womit aber von einer Sache zugleich A und non-A ausgesagt werde. Vorausgesetzt wird, daß die Realität in sich selbst nicht widersprüchlich sein kann. Wohl stimmen die Befürworter der Realität der Z. der eben genannten Voraussetzung zu, bestreiten jedoch eine Widersprüchlichkeit in der Sache. Der Widerspruch käme nur daher, daß verschiedene Momente fälschlicherweise zusammengebracht würden, nämlich die Struktur des objektiven Z. mit derjenigen unserer psychologischen Wahrnehmung. Die Reihe ‹Vergangenheit, Gegenwart, Zukunft› sei allein Produkt unserer Psyche und gehöre zur besonderen Weise, wie wir Menschen Z. erfahren. Der Irrealitätsbeweis McTaggarts basiere z. B. auf der fälschlichen Temporalisierung der Kopula und übersehe, daß die A-Reihe die B-Reihe voraussetzt (und nicht umgekehrt). Die Struktur der Z. könne widerspruchsfrei unabhängig von unserer besonderen Wahrnehmung formuliert werden. Ein dritter Weg innerhalb dieser Diskussion wurde von der Transzendentalphilos.* und der Phänomenologie beschritten. Bei beiden wird die Realität der Z. nicht bestritten, es werden jedoch grundlegende Konstitutionsleistungen dem menschlichen Bewußtsein zugewiesen. Erinnerung und Erwartung resp. Retention und Protention sind für die Phänomenologie keine zu vernachlässigenden (weil psychologischen) Aspekte, vielmehr grundlegend für jegliches Wissen von Z.

Ebenso umstritten wie das Verständnis der Z. ist schließlich dasjenige der ‹Ewigkeit›. Bisweilen wird E. bloß als unendlich lange Z. verstanden, als eine Zeitfolge ohne Anfang und Ende. Diese E. als potentiell immer vergrößerbare Zahl nennt Hegel schlechte Unendlichkeit (vgl. endlich/unendlich). Platon hat die Z. als vollständiges Abbild des *aion* bezeichnet, was zumeist mit E. übersetzt wird. Die E. ist etwas von der Z. Verschiedenes, die Z. selbst gründet in der E. Innerhalb der christlichen Theologie wird der E. Gottes die Z. der geschaffenen, vergänglichen Welt entgegengesetzt. Innerhalb des Platonismus wird E. auch mit dem indifferenten Einen* verbunden, während die Z. immer eine Differenz mit sich bringt, als Differenzkriterium somit zu behandeln ist. Ferner wird E. als das den Zusammenhang der zeitlichen Folge Garantierende aufgefaßt. Z. und E. stehen sich nicht gegenüber, die E. entäußert sich in der Z., um als E. überhaupt zu sich zu kommen. Diesen von Hegel entwickelten Begriff der E. benutzt Kierkegaard in seiner Theorie der Zeitlichkeit und des Augenblicks*. Der Mensch kommt nicht wie ein Ding oder ein Tier bloß in der Z. vor, er verhält sich auch zu seiner Existenz in der Z. Damit verwandelt sich die Z. zur Z.lichkeit und der Z.punkt zum Augenblick, in dem Z. und E. sich berühren. Diese Verknüpfung und dieser Begriff der Z. ist von Heidegger aufgenommen und umgeformt worden (s. dort).

Lit.: Aristoteles: Physik, 4. Buch, Kap. 10–14. Augustinus: Bekenntnisse, 11. Buch. Ders.: Der Gottesstaat 11. u. 12. Buch. H. M. Baumgartner (Hg.): Das Rätsel der Z., 1993. H. Bergson: Z. und Freiheit, 1911. P. Bieri: Z. und Z.erfahrung, 1972. D. Braine: The Reality of Time and the Existence of God, 1988. P. Burger: Die Einheit der Z. und die Vielheit der Zeiten. Zur Aktualität des Z.rätsels, 1993. G. Dux: Die Zeit in der Geschichte, 1989. R. M. Gale (ed.): The Philosophy of Time, 1968. S. Hawking: Eine kurze Geschichte der Z., 1988. G. W. F. Hegel: Phänomenologie des Geistes, 1807. W. Heisenberg: Physik und Philos., 1959. P. Howrich: Asymmetries in Time. Problems in the Philosophy of Science, 1987. E. Husserl: Phänomenologie des inneren Zeitbewußtseins, 1928. P. Janich: Die Protophysik der Z., ²1980. I. Kant: Kritik der reinen Vernunft, 1789. S. Kierkegaard: Der Begriff Angst, 1844. J. McTaggart: The Unreality of Time. In: Mind 17 (1908). N. L. Oaklander: Temporal Relations and Temporal Becoming. A Defense of a Russellian Theory of Time, 1984. N. L. Oaklander/Q. Smith (Hg.): The New Theory of Time, 1994. Platon: Timaios. A. N. Prior: Past, Present, and Future, 1967. H. Reichenbach: Philos. der Raum-Z.-Lehre, 1928. B. Russell: On the Experience of Time, 1915. In: Collected Papers 7, 1984. Q. Smith: Language and Time,

1993. M. Steinhoff: Z.bewußtsein und Selbsterfahrung, 1983. P.F. Strawson: Einzelding und logisches Subjekt, Teil I, 1. Kap., 1972. E. Tugendhat: Vorlesungen zur Einführung in die sprachanalytische Philos., 1976. Z.begriffe. Hg. von G. Heinemann, 1986. W. Ch. Zimmerli/M. Sandbothe (Hg.): Klassiker der modernen Z.philos., 1993.

Zenon von Elea (ca. 495 – nach 445 v.Chr.), griech. Philos., Schüler von Parmenides, dessen ontologischen Monismus* er mit Hilfe seiner Paradoxien* verteidigte. Sie sollen die Unmöglichkeit von Bewegung und Vielheit beweisen, indem sie aus der gegenteiligen Annahme Widersprüche ableiten. Z. ist der erste griech. Philos., der diese Form der Argumentation, den indirekten* Beweis, verwendet. Aristoteles bezeichnet ihn als Erfinder der Dialektik*.

Ausg.: H. Diels/W. Kranz (Hg.): Fragmente der Vorsokratiker, ⁶1951/52. J. Mansfeld: Die Vorsokratiker, griech.-dt., 1987. – *Lit.:* R. Ferber: Z. Paradoxien der Bewegung und die Struktur von Raum und Zeit, 1981.

Zenon von Kition (ca. 333–262 v.Chr.), Philos. aus Kition auf Zypern. Von Sokrates, Heraklit, den Kynikern* und den Megarikern* beeinflußt. Eröffnete um 300 in Athen eine philos. Schule, aus der sich die Stoa* entwickelte. Schrieb u.a. über Erkenntnis und Moral.

Lit.: A. Graeser: Z.v.K., 1975.

zureichenden Grund, Prinzip vom (lat. *principium rationis sufficientis*), Leibniz' Bezeichnung für das Prinzip, daß es einen Grund* geben muß, der die Existenz von etwas, das Eintreffen eines Ereignisses oder die Gültigkeit einer Wahrheit* zureichend erklärt.

Zweck. 1. Die bewußte oder unbewußte Absicht (Intention) einer Handlung*. 2. Das Ziel, zu dessen Erreichen (Verwirklichung) etwas anderes Mittel ist. 3. Das einer Entwicklung immanente* Ziel. – S. *causa finalis*; Teleologie.

Allgemeine Literaturhinweise zum Studium der Philosophie

Wörterbücher und Lexika

Adorno, T. W.: Philosophische Terminologie. 2 Bde. Frankfurt/M. 1973–74.
Austeda, F.: Lexikon der Philosophie. 2 Bde. Wien 1989.
Baumgartner, H. M. u. a. (Hrsg.): Handbuch philosophischer Grundbegriffe. 6 Bde. München 1973 ff.
Blackburn, S.: The Oxford Dictionary of Philosophy. Oxford/New York 1994.
Braun, E./Radermacher, H.: Wissenschaftstheoretisches Lexikon. Graz u. a. 1974.
Brown, S./Collinson, D./Wilkonson, R. (Hrsg.): Biographical Dictionary of Twentieth-Century Philosophers. London/New York 1996.
Brugger, W. (Hrsg.): Philosophisches Wörterbuch. Freiburg u. a. 1988.
Brunner, O. u. a. (Hrsg.): Geschichtliche Grundbegriffe. Historisches Lexikon zur politisch-sozialen Sprache in Deutschland. Stuttgart 1972 ff.
Burckhardt, H./Smith, B. (Hrsg.): Handbook of Metaphysics and Ontology. 2 Bde. München 1991.
Clarke, P. B./Linzey, A. (Hrsg.): Dictionary of Ethics, Theology and Society. London/New York 1996.
Diemer, A./Frenzel, I. (Hrsg.): Das Fischer Lexikon «Philosophie». Frankfurt/M. 1958.
Edwards, P. u. a. (ed.): The Encyclopedia of Philosophy. New York 1967.
Eisler, R.: Wörterbuch der philosophischen Begriffe, 3 Bde. Hrsg. v. K. Roretz. Berlin 1927–30.
Ferber, R.: Philosophische Grundbegriffe. München 1994.
Hegenbart, R.: Wörterbuch der Philosophie. München 1984.
Henckmann, W./Lotter, K. (Hrsg.): Lexikon der Ästhetik. München 1992.
Höffe, O. (Hrsg.): Lexikon der Ethik. München 1986.
Hoffmeister, J. (Hrsg.): Wörterbuch der philosophischen Begriffe. 2. Aufl. Hamburg 1988.
Hönigswald, R./Pachnicke, E. (Hrsg.): Wörterbuch der Philosophie. Göttingen 1985.
Hoerz, H. (Hrsg.): Philosophie und Naturwissenschaften: Wörterbuch zu den philosophischen Fragen der Naturwissenschaft. Berlin (Ost) 1983.
Jacob, A. (Hrsg.): Encyclopédie philosophique universelle. Paris 1989.
Klaus, G./Buhr, M.: Philosophisches Wörterbuch. 2 Bde. Berlin 1975.
Kondakov, N. I.: Wörterbuch der Logik. Hrsg. v. E. Albrecht/G. Asser. 2. Aufl. Leipzig/Berlin 1983.
Krings, H. u. a. (Hg.): Handbuch der philosophischen Grundbegriffe. 6 Bde. München 1973 ff.
Kurtz, P./Vasel, G. (eds.): International directory of philosophy and philosopher. Bowling Green (Ohio) 1986–89.
Labica, G. (Hrsg.): Dictionnaire critique du marxisme. Dt. hrsg. v. W. F. Haug: Kritisches Wörterbuch des Marxismus. Berlin 1988.

Lalande A. (Hrsg.): Vocabulaire technique et critique de la philosophie. Paris 1988.
Lange, E. (Hrsg.): Philosophenlexikon. Ausgabe für die BRD und West-Berlin. Berlin 1987.
Lotter, K. (Hrsg.): Marx-Engels-Begriffslexikon. München 1984.
Lutz, B. (Hrsg.): Metzler Philosophen Lexikon. 2. Aufl. Stuttgart 1995.
Mautner, Th.: A Dictionary of Philosophy. Cambridge (Mass.) 1996.
Meyers kleines Lexikon Philosophie. Mannheim u. a. 1987.
Mittelstraß, J. (Hrsg.): Enzyklopädie Philosophie und Wissenschaftstheorie. 4 Bde. Mannheim/Wien/Zürich 1980ff.
Müller, M. (Hrsg.): Philosophisches Wörterbuch. Freiburg u. a. 1988.
Nida-Rümelin, J. (Hrsg.): Philosophie der Gegenwart in Einzeldarstellungen von Adorno bis v. Wright. Stuttgart 1991.
Noack, L.: Philosophiegeschichtliches Lexikon: historisch-bibliographisches Handwörterbuch zur Geschichte der Philosophie. Stuttgart 1986.
Nordhofen, E. (Hrsg.): Physiognomien. Philosophen des 20. Jahrhunderts in Portraits. Königstein 1980.
Prechtl, P./Burkard, F.-P. (Hrsg.): Metzler Philosophie Lexikon, Stuttgart 1996.
Ricken, F. (Hrsg.): Lexikon der Erkenntnistheorie und Metaphysik. München 1984.
Ritter, J./Gründer, K. (Hrsg.): Historisches Wörterbuch der Philosophie. Darmstadt/Basel 1971 ff.
Rullmann, M. u. a.: Philosophinnen. Zürich/Dortmund 1993.
Sandkühler, H. J. (Hrsg.): Europäische Enzyklopädie zu Philosophie und Wissenschaften. 4 Bde. Hamburg 1990.
Schmidt, H.: Philosophisches Wörterbuch. Neubearb. v. G. Schischkoff. 21. Aufl. Stuttgart 1982.
Seiffert, H. (Hrsg.): Handlexikon zur Wissenschaftstheorie. München 1989.
Spaemann, R.: Moralische Grundbegriffe. München 1983.
Speck, J. (Hrsg.): Handbuch wissenschaftstheoretischer Begriffe. 3 Bde. Göttingen/Zürich 1980.
Stockhammer, M.: Philosophisches Wörterbuch. Essen 1980.
Ströker, E./Wieland, W. (Hrsg.): Handbuch Philosophie. Freiburg/München 1981 ff.
Volpi, F./Nida-Rümelin, J. (Hrsg.): Lexikon der philosophischen Werke. Stuttgart 1988.
Ziegenfuß, W./Jung, G.: Philosophen-Lexikon. Handwörterbuch der Philosophie nach Personen. 2 Bde. Berlin 1949.

Einführungen in die Philosophie

Anzenbacher, A.: Einführung in die Philosophie. Wien etc. 1981.
Ayer, A. J.: Die Hauptströmungen der Philosophie. München 1976.
Böhme, G.: Weltweisheit, Lebensform, Wissenschaft. Eine Einführung in die Philosophie. Frankfurt/M. 1994.
Bubner, R. (Hrsg.): Geschichte der Philosophie in Text und Darstellung. 8 Bde. Stuttgart 1978ff.
Frankena, W. K.: Analytische Ethik. Eine Einführung. München 1981.
Geyer, C.-F.: Einführung in die Philosophie der Kultur. Darmstadt 1994.
Gondosch, D. u. a.: Lehrbuch Philosophie. Frankfurt/Berlin 1980.
Grodin, J.: Einführung in die philosophische Hermeneutik. Darmstadt 1990.
Hoche, H.-U.: Einführung in das sprachanalytische Philosophieren. Darmstadt 1990.

Höffe, O. (Hrsg.): Klassiker der Philosophie. 2 Bde. München 1981.
Honnefelder, L./Krieger, G. (Hrsg.): Philosophische Propädeutik. Paderborn/Zürich 1994.
Kaulbach, F.: Einführung in die Metaphysik. Darmstadt 1972/1989.
Koppe, F.: Grundbegriffe der Ästhetik. Frankfurt/M. 1983.
Kutschera, F. v.: Grundfragen der Erkenntnistheorie. Berlin etc. 1982.
Ders.: Sprachphilosophie. München 1971/75.
Martens, E./Schnädelbach, H. (Hrsg.): Philosophie – Ein Grundkurs. 2 Bde. Reinbek bei Hamburg 1991.
Nagel, T.: Was bedeutet das alles? Eine ganz kurze Einführung in die Philosophie. Stuttgart 1990.
Newen, A./Savigny, E. v.: Analytische Philosophie. Eine Einführung. München 1996.
Oelmüller W., Dölle R. u. a. (Hrsg.): Philosophische Arbeitsbücher (Diskurs). Paderborn 1977ff.
Pieper, A.: Ethik und Moral. Eine Einführung in die praktische Philosophie. München 1985.
Rehfus, W. D.: Einführung in das Studium der Philosophie. 2. Aufl. Heidelberg 1992.
Rothacker, E.: Einleitung in die Geisteswissenschaften. (Tübingen 1920) Darmstadt 1972.
Runggaldier, E.: Analytische Sprachphilosophie. Stuttgart/Berlin/Köln 1990.
Scheer, B.: Einführung in die philosophische Ästhetik. Darmstadt 1990.
Schlick, M.: Die Probleme der Philosophie in ihrem Zusammenhang. Vorlesungen aus dem Wintersemester 1933/34. Hrsg. v. H. L. Mulder u. a. Frankfurt/M. 1986.
Seiffert, H.: Einführung in die Wissenschaftstheorie. 3 Bde. München 1969ff.
Speck, J. (Hrsg.): Grundprobleme der großen Philosophen. 8 Bde. Göttingen 1972ff.
Stegmüller, W.: Hauptströmungen der Gegenwartsphilosophie. 4 Bde. Stuttgart 1976.
Strawson, P. F.: Analyse und Metaphysik. Eine Einführung in die Philosophie. München 1994.
Strombach, W: Einführung in die systematische Philosophie. Paderborn/Zürich 1992.
Ströker, E.: Einführung in die Wissenschaftstheorie. Darmstadt 1977.
Rombach, H.: Die Gegenwart der Philosophie. Die Grundprobleme der abendländischen Philosophie und der gegenwärtige Stand des philosophischen Fragens. 3. Aufl. Freiburg/München 1988.
Taureck, B.: Französische Philosophie im 20. Jahrhundert. Analysen, Texte, Kommentare. Reinbek bei Hamburg 1988.
Tugendhat, E./Wolf, U.: Logisch-semantische Propädeutik. Stuttgart 1983.
Wahl, F. (Hrsg.): Einführung in den Strukturalismus. Frankfurt/M. 1973.
Weischedel, W.: Die philosophische Hintertreppe. 34 große Philosophen in Alltag und Denken. München 1966.
Wuchterl, K.: Methoden der Gegenwartsphilosophie. Bern/Stuttgart 1977.
Ders.: Lehrbuch der Philosophie. 2. Aufl. Bern/Stuttgart 1986.

Handbücher zur Geschichte der Philosophie

a) allgemein

Aster, E. v.: Geschichte der Philosophie. 17. Aufl. Stuttgart 1980.
Brisson, L./Jamme, Ch.: Einführung in die Philosophie des Mythos. 2 Bde. Darmstadt 1991–1996.

Capelle, W. u. a.: Geschichte der Philosophie. Berlin 1954ff.
Dascal, M. u. a. (Hg.): Sprachphilosophie. Ein internationales Handbuch zeitgenössischer Forschung. Berlin 1992.
Glockner, H.: Die europäische Philosophie von den Anfängen bis zur Gegenwart. Stuttgart 1960.
Gründer, K. (Hrsg.): Philosophie in der Geschichte ihres Begriffs. Darmstadt 1990.
Helferich, Ch.: Geschichte der Philosophie, 2. Aufl. Stuttgart 1992.
Höffe, O. (Hrsg.): Klassiker der Philosophie. 2 Bde. München 1981.
Hoerster, N. (Hrsg.): Klassiker des philosophischen Denkens. 2 Bde. München 1982.
Hörz, H. u. a. (Hrsg.): Philosophie und Naturwissenschaften. Wörterbuch zu den philosophischen Fragen der Naturwissenschaften. 2 Bde. 3. Aufl. Berlin 1991.
Kenny, A. (ed.): The Oxford Illustrated History of Western Philosophy. Oxford 1994.
Röd, W. (Hrsg.): Geschichte der Philosophie. 12 Bde. München 1976ff.
Skirbekk, G./Gilje, N.: Geschichte der Philosophie. Eine Einführung in die europäische Philosophiegeschichte mit Blick auf die Geschichte der Wissenschaften und die politische Philosophie. 3 Bde. Frankfurt/M. 1993.
Störig, H. J.: Kleine Weltgeschichte der Philosophie. 16. verb. Aufl. Stuttgart 1993.
Überweg, F.: Grundriß der Geschichte der Philosophie (Nachdruck). 5 Bde. Basel 1951–53.
Ders.: Grundriß der Geschichte der Philosophie (gänzlich neu bearbeitete Ausgabe). Basel/Stuttgart 1983ff.
Vorländer, K.: Geschichte der Philosophie mit Quellentexten. Bd. 1: Altertum. Bd. 2: Mittelalter und Renaissance. Bd. 3: Neuzeit bis Kant. Reinbek bei Hamburg 1990.
Vorländer, K./Erdmann, J.: Geschichte der Philosophie. 7 Bde. Reinbek bei Hamburg 1963ff.
Waithe, M. E. (Hrsg.): A History of Women Philosophers. 3 Bde. Dordrecht/Boston/Lancaster 1987–1994.
Windelband, W.: Lehrbuch der Geschichte der Philosophie. 18. Aufl. Tübingen 1993.

b) nach Epochen

Antike

Fink, E.: Grundfragen der antiken Philosophie. Würzburg 1985.
Geyer, C.-F.: Einführung in die Philosophie der Antike. Darmstadt 1978.
Ricken, F.: Philosophie der Antike. Stuttgart u. a. 1988.
F. Ricken (Hrsg.): Philosophen der Antike. 2 Bde. München 1996.
Schadewaldt, W.: Die Anfänge der Philosophie bei den Griechen. Frankfurt/M. 1978ff.

Mittelalter

Beckmann, J. P.: Mittelalter. In: K. Vorländer: Geschichte der Philosophie. Bd. 2. Reinbek bei Hamburg 1990.
Ders. (Hrsg.): Philosophie im Mittelalter. Entwicklungslinien und Paradigmen. Hamburg 1987.
Copleston, F. C.: Geschichte der Philosophie im Mittelalter. München 1976.
Flasch, K.: Das philosophische Denken im Mittelalter. Von Augustin zu Machiavelli. Stuttgart 1986.
Pieper, J.: Scholastik. Gestalten und Probleme der mittelalterlichen Philosophie. München 1960.

Price, B. B.: Medieval Thought, Oxford 1992.
Scherrer, G.: Philosophie des Mittelalters. Stuttgart 1993.
Zimmermann, A. (Hrsg.): Aristotelisches Erbe im arabisch-lateinischen Mittelalter. Berlin 1986.

Neuzeit

Baruzzi, A.: Einführung in die politische Philosophie der Neuzeit. 3. Aufl. Darmstadt 1993.
Baumgartner, H. H./Sass, H.-M.: Philosophie in Deutschland: 1945 bis 75. Meisenheim 1978.
Bochenski, I. M.: Europäische Philosophie der Gegenwart. Basel 1994.
Cassirer, E.: Das Erkenntnisproblem in der Philosophie und Wissenschaft der neueren Zeit. 4 Bde. Frankfurt/M. 1911.
Copenhaver, B. P./Schmitt, Ch. B.: Renaissance Philosophy. Oxford 1992.
Coreth, E. u. a.: Philosophie des 17. und 18. Jahrhunderts. 2. Aufl., Stuttgart 1993.
Ders.: Philosophie des 19. Jahrhunderts. Stuttgart u. a. 1984.
Ders.: Philosophie des 20. Jahrhunderts. Stuttgart u. a. 1986.
Fleischer, M.: Philosophen des 20. Jahrhunderts. Eine Einführung. Darmstadt 1990.
Hübener, W.: Vom Geist der Prämoderne. Würzburg 1985.
Hügli, A./Lübcke, P. (Hrsg.): Philosophie im 20. Jahrhundert. 2 Bde. Reinbek bei Hamburg 1992/1993.
Landgrebe, L.: Philosophie der Gegenwart. Bonn 1952.
Noack, H.: Die Philosophie Westeuropas im 20. Jahrhundert. 2. neubearb. Aufl. Basel/Stuttgart 1976.
Schnädelbach, H.: Philosophie in Deutschlasnd 1831–1933. Frankfurt/M. 1983.
Schulz, W.: Philosophie in der veränderten Welt. Pfullingen 1972.
Spierling, V. (Hrsg.): Die Philosophie des 20. Jahrhunderts. München u. a. 1986.
Warnock, G. J.: Englische Philosophie im 20. Jahrhundert. Stuttgart 1971.
Weier, W.: Die Grundlegung der Neuzeit. Typologie der Philosophiegeschichte. Darmstadt 1988.
Zahn, L.: Die letzte Epoche der Philosophie: von Hegel bis Habermas. Stuttgart 1980.

Zeitschriften und Reihen

Hogrebe, W. u. a.: Periodica Philosophica. Eine internationale Bibliographie philosophischer Zeitschriften von den Anfängen bis zur Gegenwart. Düsseldorf 1972.
Allgemeine Zeitschrift für Philosophie. Stuttgasrt.
Analecta Husserliana. Dordrecht.
Annalen der Philosophie und philosophischen Kritik. Leipzig.
Archiv für Begriffsgeschichte. Bonn.
Archiv für Geschichte der Philosophiie. Berlin.
Archiv für Philosophie. Stuttgart.
Archiv für Rechts- und Sozialphilosophie. Wiesbaden.
Beiträge zur Philosophie des deutschen Idealismus. Veröffentlichungen der Deutschen Philosophischen Gesellschaft. Erfurt.
Blätter für deutsche Philosophie. Erfurt.
Conceptus. Zeitschrift für Philosophie. Innsbruck.
Deutsche Zeitschrift für Philosophie. Berlin.
Dialectica. Internationale Zeitschrift für Philosophie der Erkenntnis. Biel.

Dialektik. Hamburg.
Die Philosophin. Tübingen.
Erkenntnis. An International Journal of Analytic Philosophy. Hamburg/Dordrecht.
Ethik & Unterricht. Frankfurt/M.
Ethik und Sozialwissenschaften. Opladen.
Feministische Studien. Weinheim.
Grazer Philosophische Studien. Amsterdam.
Hegel-Jahrbuch. Meisenheim.
Hegel-Studien. Bonn.
Husserl Studies. Boston.
Information Philosophie. Lörrach.
Internationale Zeitschrift für Philosophie. Stuttgart.
Jahrbuch für Philosophie und phänomenologische Forschung. Halle.
Kant-Studien. Philosophische Zeitschrift der Kant-Gesellschaft. Berlin/New York.
Logos. Internationale Zeitschrift für Philosophie der Kultur. Tübingen.
Merkur. Deutsche Zeitschrift für europäisches Denken. Stuttgart.
Metaphilosophy. Oxford.
Neue Hefte für Philosophie. Göttingen.
Nietzsche-Studien. Berlin/New York.
Perspektiven der Philosophie. Neues Jahrbuch. Hildesheim.
Phänomenologische Forschungen. Freiburg/München.
Philosophia Naturalis. Meisenheim.
Philosophischer Anzeiger. Zeitschrift für die Zusammenarbeit von Philosophie und Einzelwissenschaft. München/Basel.
Philosophischer Literaturanzeiger. Meisenheim.
Philosophisches Jahrbuch. Im Auftrag der Görres-Gesellschaft. Freiburg/München.
Philosophische Rundschau. Heidelberg/Tübingen.
Philosophische Studien. Berlin.
prima philosophia. Cuxhaven.
Revue internationale de philosophie. Bruxelles.
Studia Philosophica. Bern/Stuttgart.
Theologie und Philosophie. Frankfurt/Pullach/Freiburg.
Wiener Jahrbuch für Philosophie. Wien.
Zeitschrift für allgemeine Wissenschaftstheorie. Dordrecht.
Zeitschrift für philosophische Forschung. Meisenheim.
Zeitschrift für Philosophie und philosophische Kritik. Halle.
Zeitschrift für Wissenschaftsforschung. Wien.

Bibliographien

Bochenski, J. M.: Bibliographische Einführung in das Studium der Philosophie. Bern 1948ff.
Ders./Monteleone, F.: Allgemeine philosophische Bibliographie. Bern 1948ff.
Bulletin signalétique. Paris 1956ff.
Detemple, S.: Wie finde ich philosophische Literatur. Berlin 1986.
Fornet-Betancourt, R.: Kommentierte Bibliographie zur Philosophie in Lateinamerika. Frankfurt/M. 1985.
Geldsetzer, L.: Allgemeine Bücher- und Institutionenkunde für das Philosophie-Studium. Freiburg/München 1971.

Ders. (Hrsg.): In honorem. Eine Bibliographie philosophischer Festschriften und ihrer Beiträge. Düsseldorf 1975.
De George, R. T.: A Guide to philosophical Bibliography and Research. New York 1900ff.
Guerry, H. (ed.): A Bibliography of Philosophical bibliographies. Westport/London 1977.
Hogrebe, W. u. a.: Periodica Philosophica. Eine internationale Bibliographie philosophischer Zeitschriften von den Anfängen bis zur Gegenwart. Düsseldorf 1972.
Jasenas, M.: A History of the Bibliography of Philosophy. New York/Hildesheim 1973.
Koehler und Volckmar-Fachbibliographien: Philosophie und Grenzgebiete 1945–64. Köln/Stuttgart 1964.
Koren, H. J.: Research in Philosophy. A bibliographical Introduction to Philosophy and a few Suggestions for Dissertations. Pittsburgh 1966.
A. Pieper/U. Turnherr: Was sollen Philosophen lesen? Berlin 1994.
Répertoire bibliographique de la philosophie. Louvain 1949ff.
The Philosopher's Index. 3 Vol., Bowling Green (Ohio) 1980.
Tice, T. N./Slavens, T. P.: Research guide to philosophy. Chicago 1983.
Totok, W.: Bibliographischer Wegweiser der philosophischen Literatur. Neu bearbeitet v. H.-D. Finke. Frankfurt/M. 1985.
Totok, W. (Hrsg.): Handbuch der Geschichte der Philosophie. 6 Bde. Frankfurt/M. 1964–90.
Varet, G.: Manuel de bibliographie philosophique. Paris 1956.